南泉 權五乘 敎授 停年紀念論文集

市場經濟와 社會調和

2015

法 文 社

Festschrift for the retirement of Prof. Dr. Ohseung Kwon

Market Economy and Social Harmonization

2015
Bobmun Sa
Paju Bookcity, Korea

權五乘 教授 近影

賀　　書

南泉 권오승 교수가 정년을 맞이했습니다. 도저히 믿기지 않습니다만 현실로 닥쳐왔고, 그를 아끼는 제자들이 기념 논문집을 만들어 봉정하는 것을 기리고 또 진심으로 축하하는 바입니다. 가까이에서 권교수의 일생을 지켜 본 사람으로서 건강한 모습으로 정년을 맞이하는 권오승 교수의 지난날을 돌이켜 보며 경하해 마지않습니다.

첫째로, 권교수는 우리나라의 경쟁법의 토대를 마련하고 경제법의 기틀을 잡아 주었습니다. 연보에 나타난 권오승 교수의 저술 목록을 보면 단행본 30여 권, 논문 170여 편, 연구용역 20여 편에 이르고 있습니다. 일단 수량으로만 보더라도 놀라운 연구의욕과 넘치는 집필능력을 과시하고 있습니다. 그 위에 권교수의 학문 세계를 보면 그는 원래 민법전공으로 출발하였으나 1984년 Humboldt 재단의 지원으로 독일 Freiburg대학에 방문학자로 간 것을 계기로 경쟁법 내지 경제법의 연구에 매진하고 몰두하게 되었습니다. 여기에는 당시 Freiburg대학에 계시던 Fritz Rittner 교수의 영향이 지대하였습니다. 그리하여 권교수는 법학의 기초법리를 제공하는 민법의 바탕 위에 경쟁법 내지 경제법의 법리를 구축하여 자기만의 학문세계를 고유한 전문분야로 확립하였습니다. 그리하여 민법 분야에서는 약 50여 편의 연구실적을 남긴 반면, 경제법 분야에서는 그 두 배인 약 100여 편의 연구업적을 남겼습니다.

독점규제법이나 경쟁법 등 경제법은 비교적 새로운 법률분야로서 그 연조가 매우 짧습니다. 더구나 유구한 역사를 지닌 민법과 견주면 비교가 되지 않습니다. 자본주의 시장경제에 내재하는 모순으로 말미암아 나타나는 사회적 폐해를 시정하기 위하여 미국에서 세계 최초의 독점금지법인 Sherman법을 제정한 것이 1890년이었으며, 이것이 지구를 돌고 돌아 우리나라에 들어온 것이 1980년의 세칭 '공정거래법'이었습니다. 그러므로 현재의 우리나라를 기준으로 하면 불과 35년, 전 세계를 아우르더라도 125년의 역사밖에 안 되는 새로운 법역에 권오승 교수가 일찍이 눈을 뜨고 관심을 가지며 필생의 연구업적을 남기게 된 것은 경쟁법의 발전을 위해서나, 40대의 신진학자이었던 권교수의 앞날을 위해서나, 경쟁원리에 따른 시장경제질서가 하루속히 우리 사회에 뿌리내리도록 하기 위해서나, 커다란 행운이었다고 봅니다.

1992년 권오승 교수가 10년 이상 정들었던 경희대학교를 떠나 서울대학교 법과대학 교수로 부임하였고 여기에서 20년 이상 학문적 열정을 불태우며 national scholar로서의 leadership을 발휘하였습니다. 1998년에는 필생의 역작인 主著 「경제법」(법문사, 1998)을 완성하여 금년 3월까지 12판이 간행되어 우리나라 경제법 교과서의 표준 model을 제공하였습니다. 그리고 "선생은 있어도 스승은 없다"는 교육의 불모지인 우리나라에서 철저한 교육과 자상한 지도로 수많은 제자들을 양성하여 경쟁법 분야에서 이른바 권오승 사단을 형성하기에 이르렀습니다. 독점규제법 제정 30주년을 기념하여 권오승 교수가 그의 제자를 총동원하여 집필한 「독점규제법 30년」(법문사, 2011)은 권교수가 아니었으면 해낼 수 없는 기념사업이었으며 독점규제법제사에 길이 남을 금자탑이라고 생각합니다. 세계 최초의 독점금지법인 미국 Sherman법제정 백주년 기념사업인 Antitrust Centennial에서 초창기의 자료빈곤이 많이 논란되었다는 것은 이를 입증하고도 남음이 있습니다.

둘째로, 권오승 교수는 우리나라 경쟁법을 국제화하고 세계화하는 데에 크게 이바지하였습니다. 지구촌의 국가간 교류가 빈번하고 밀접해짐에 따라 세계화·국제화의 현상이 나타나고 이는 법의 영역에 있어서도 예외는 아니었습니다. 법에 있어서의 세계화·국제화는 대개 Inbound 방향과 Outbound 방향이 있는데 권교수는 양방향에 모두 걸쳐서 혁혁한 기여를 하였습니다. 먼저 Inbound 방향에 있어서 권교수는 독일의 Freiburg대학과 Mainz대학, Marburg대학, 그리고 미국의 Harvard대학과 Washington대학, 나아가 일본의 와세다대학의 방문교수로 장기 해외연구를 통하여 습득한 선진 경쟁질서와 경제제도를 우리나라에 도입하고 입법에 반영하였습니다. 이러한 과업을 수행하는 데에 있어서 권교수는 직접 창설하거나 관여한 학회, 시민단체, 또는 정부기관을 십분 활용하고 또 도움을 받았습니다. 반면 Outbound 방향에 있어서도 권교수는 Inbound에 못지 않은 많은 업적을 쌓았습니다. 중국의 화동정법대학과 동북사범대학 그리고 연변대학의 객좌교수로서, 그리고 우리나라의 아시아법연구소와 서울대 아시아태평양법연구소를 통하여 권교수는 우리나라 경제법 특히 독점규제법의 이론과 경험을 아시아 여러 나라에 열심히 전파해 왔습니다. 특히 중국에는 권교수가 온

갖 정성을 다하여 우리 경제법의 이론과 경험을 전달하여 주었고 결국 권교수의
「경제법」이 「韓國經濟法」(北京大學出版部, 2009)으로 중국어 번역본까지 출판되기
에 이르렀습니다. 그리하여 중국이 WTO의 요구에 따라 2008년부터 시행한 중
국 반독점법의 입법과 집행에 직접·간접으로 지대한 영향을 미친 바 있습니다.

셋째로, 권오승 교수는 공정거래위원회의 위원장을 역임하였습니다. 주지하
는 바와 같이 공정거래위원회는 세칭 공정거래법을 집행하는 주무관서이며, 단
순히 행정기능뿐만 아니라 준입법적·준사법적 권한까지 지닌 전형적 독립규제
위원회입니다. 그러기에 시장경제의 파수꾼 또는 경제검찰로도 불리는 공정거
래위원회에 권교수가 제13대 위원장으로 임명되어 2006년 3월 16일부터 2008
년 3월 5일까지 재임하였습니다. 거기서 권교수는 역대 공정거래위원장이 전가
의 보도처럼 휘두르던 막강한 경제권력을 자제하고 기독교 신앙에 따라 함양된
"섬기는 leadership"을 발휘하였습니다. 공정거래위원회의 전 직원이 참여하는
workshop을 분기별로 개최하며, "여러분 사랑합니다"로 인사말을 시작하고, 위
원장이 직접 배식봉사하며 모든 프로그램에 직접 참여하는 등 권위주의적 공직
사회에서는 꿈도 꿀 수 없는 "섬기는 leadership"을 통하여 취임 6개월도 안되
어 공정거래위원회 전 직원을 하나로 묶어 공정거래위원회가 활기차게 일할 수
있도록 했습니다. 뿐만 아니라 공정거래법에 공포심과 적대감을 가지고 있던 기
업이나 사업자가 스스로 경쟁질서를 준수하도록 하기 위하여 마련된 자율준수프
로그램을 확산하고 강화하는 데에도 주력하였습니다. 예를 들면, 자진신고자감면
제도인 leniency에 따라 혜택을 본 자진신고회사가 업계에서 왕따를 당하자 그
회사의 사장과 임원들을 직접 오찬에 초청하여 격려하고 동기유발을 한 에피소
드는 아직도 보험업계에서 회자되고 있습니다. 그 결과, 세계 경쟁당국평가의 권
위지라 할 수 있는 영국의 GCR(Global Competition Review)은 2007년 한국 공
정거래위원회를 10위에서 7위로 3단계씩 upgrade시키게 되었습니다.

공정거래위원장 재임 중 권오승 교수를 가장 괴롭힌 것은 재벌문제, 특히 출
자총액제한제도이었습니다. 출자총액제한제도란 재벌의 문어발식 사업확장을 억
제하기 위하여 1986년에 도입된 제도로서 독점규제법의 고유한 목적인 경쟁질
서의 확립과는 직접 관련이 없는 것으로서 그 존폐가 무상하게 반복되어 왔습니
다. 권교수는 출자총액제한제도는 폐지하는 대신에 악성순환출자를 금지하는 제
도를 마련하기 위하여 노력하였으나, 이명박 정권이 들어선 뒤 2009년 순환출자

를 금지하는 제도는 도입하지 못한 채 출자총액제한제도만 결국 폐지하고 말았습니다. 권오승 교수는 일반 교수로서는 경험하기 어려운 새로운 차원의 경험을 한 뒤 임기를 1년 이상 남겨 놓은 채 정권교체로 인하여 본직인 서울대학교 교수직으로 돌아왔습니다.

지금까지 권오승 교수가 65년간 살아오면서 남긴 업적 중 가장 커다란 경쟁법을 중심으로 한 족적만을 살펴보았습니다. 그러나 권교수의 인생은 그 길이와 넓이와 폭 그리고 그 높이와 깊이에 이르기까지 모두가 가이없어 이를 전부 담아낸다고 하는 것이 불가능할 것으로 봅니다. 아쉬운 대로 이 정도로 마무리 짓고, 정년을 넘어선 나머지 생애는 1991년 하나님과의 인격적 만남이라는 중생의 사건을 통하여 서원한 대로 하나님께서 주신 모든 학문적 소양과 능력 및 에너지를 이 땅 위에서 남김없이 소진함으로써 하나님 나라를 위하여 헌신하기를 기도드립니다. 아울러 이 세상에서 가장 아끼는 사모님 우일강 권사님, 그리고 사랑하는 자손들과의 오손도손한 일상의 기쁨과 평안 및 행복을 만끽하기를 빕니다.

2015년 3월

연세대학교 박길준 드림

賀　書

　세월이 유수와 같다고 하더니 어느새 南泉 權五乘 교수님께서 정년을 맞으셨습니다. 권 교수님의 정년을 기념하여 제자와 동료 및 후학들로부터 이처럼 소중한 기념논문집을 헌정 받으시는 기회에 하서를 통해서나마 감사와 존경의 글을 쓰게 된 것을 큰 영광으로 생각합니다.

　권 교수님과 인연을 맺게 된 것은 30년 전 독일 Freiburg대학교 유학시절 프리츠 리트너(Fritz Rittner) 교수 밑에서 동문수학한 때로 거슬러 올라갑니다. 당시 국내에서 박사과정을 마친 후 뒤늦게 다시 박사과정 입학허가를 받아 프라이부르크에 도착하였는데, 교수님께서는 이미 훔볼트 방문학자로서 그 곳에 자리잡고 계셨습니다. 권 교수님의 적극 추천으로 당시 독일의 대표적 경제법학자이셨던 리트너 교수의 박사후보생(Doktorand)이 될 수 있었고, 이를 계기로 권 교수님과는 동문수학한 사형(師兄)으로서 뿐만 아니라 평생 경제법 연구의 기회를 열어주신 학문적 은인(恩人)으로서 잊을 수 없는 관계를 맺게 되었습니다. 당시만 해도 우리나라 법학계에서 경제법은 그 개념조차 생소한 실정이었지만, 교수님께서는 30대 중반의 소장학자로서 리트너 교수님의 지도로 질서자유주의 이념에 기초한 경제질서와 시장경쟁에 대한 체계적 연구를 수행하셨습니다. 돌이켜보면 교수님의 독일에서 연구기간은 분명 후일 경제법의 대가로서 그리고 경쟁당국의 수장으로서 우리나라 경제법이론의 발전과 경쟁정책의 선진화에 크게 기여하실 수 있었던 풍부한 자양분이 되었을 것입니다.

　지난 30년간 권 교수님과 가까이 지내오면서 늘 느끼는 바이지만 교수님은 인간적으로 평소 소탈한 성격과 포용력의 소유자인 동시에 불의와 타협하지 않는 올곧은 정의감과 목표를 향한 놀라운 집중력과 결단력을 지니고 계신 분입니다. 남들이 하나도 제대로 갖기 어려운 능력을 모두 갖추신 것은 어린 시절부터 어려운 역경을 스스로 극복하면서 자신의 꿈을 이루어 오셨고, 무엇보다 은혜로우신 하나님을 섬기면서 형성된 자기인격의 완성에서 자연스럽게 우러나오는 결과일 것입니다. 이러한 능력은 수많은 사람들을 교수님 주위에 한데 모이게 하는 원동력이기도 합니다. 권 교수님의 자전적 에세이 「법으로 사랑하다」에 따르면 교수님은 가난한 농촌에서 태어나 고등학교 진학을 위해 홀로 상경한 후 가정교사 생활을 하면서 힘겨운 시련의 기간을 이겨내셨고, 정치적으로 암울하였던 대학 시절에는 어려운 여건 속에서도 학생운동과 농촌봉사활동에 참여하셨으며, 그 후에도 때에 따라 곳에 따라 우리 사회의 의식 있는 지식인으로서 이웃사랑을 실천하셨습니다.

권 교수님은 자타가 공인하는 우리나라 경제법 연구의 선구자인 동시에 최고의 경제법학자입니다. 일찍이 독일에서 경제법을 체계적으로 연구하신 후 귀국하여, 초기에는 경제법 분야를 국내에 소개하고 그 이론적 토대를 마련하는데 심혈을 기울이셨습니다. EC경쟁법(1992), 소비자보호법(1994), 독일 경쟁법(1997), 경제법(1998) 등과 같은 저서는 당시만 해도 생소하였던 경제법에 대한 법학전공자들의 관심을 일깨우는데 크게 기여하였습니다. 2000년대에 들어서면서 교수님께서는 자유경쟁과 공정거래(2002), 공정거래와 법치(2004), 시장경제와 법(2006) 등의 저술을 통하여 시장에서의 자유경쟁과 공정거래를 둘러싼 주요 쟁점을 정리하고, 입법적 개선방안을 제시하는데 앞장서 오셨습니다. 또한 규제산업에서의 공정거래법의 의미와 역할을 다룬 통신산업과 경쟁법(2006)이나 공정거래법과 규제산업(2007)은 교수님의 연구가 점차 규제산업 분야에까지 지평을 넓혀가는 과정을 보여주고 있으며, 공정거래법 시행 30주년을 기념하여 편저로 발간하신 독점규제법 30년(2011)은 우리나라 공정거래법의 분야별 이론과 심판결 변천과정을 한눈에 보여주는 학술적 가치가 돋보이는 저술이라고 볼 수 있습니다. 그 밖에도 교수님은 단지 현재의 그리고 국내의 경제질서뿐만 아니라 미래 여러 나라의 문제에도 많은 관심을 가지고 계셨으며, 체제전환국 법제정비의 지원(2005)이나 베트남의 체제전환과 법(2013)의 저술은 이를 나타내주는 단적인 예라고 할 수 있습니다.

권 교수님의 학문적 활동은 국내에 한정되지 않고 국제적으로도 활기차게 이루어졌습니다. 미국 하버드 로스쿨과 워싱턴 대학교, 독일 마인츠 대학교와 마부르크 대학교, 일본 와세다 대학교, 중국 동북 사범대학교와 연변 대학교 등 수많은 대학교에서 방문교수 또는 객좌교수로서 연구 및 강의를 담당하여 우리나라 경제법의 전파에 큰 역할을 담당하셨습니다. 또한 독일의 드레어(Meinrad Dreher) 교수, 프랑크(Rainer Frank) 교수, 중국의 량후싱(Liang, Huxing) 교수, 왕샤오예 (Wang, Xiaoye) 교수, 슈쉬잉(Xu, Shiying) 교수, 일본의 야수나가(Yasunaga,

Masaaki) 교수, 히에누키(Hienuki, Toshifumi) 교수, 무라카미(Murakami, Mashiro) 교수, 츠치다(Tsuchida, Kazuhiro) 교수 등은 교수님의 오랜 친구들로 이들과의 빈번한 만남을 통해 인간적·학문적 교류의 폭을 넓히셨으며, 각종 국제학술대회에서 발표자, 사회자 또는 토론자로서 끊임없는 왕성한 활동을 펼치고 계십니다.

　권 교수님의 업적 가운데 가장 돋보이는 것 중의 하나는 서울대학교 법과대학 교수로 부임하신 이래 경제법 분야의 수많은 후학들을 양성하여 이들이 오늘날 학자 또는 실무가로서 경제법 연구의 대를 이어가고 있다는 점입니다. 이는 교수님께서 단지 후학들을 가르치신 데서 끝난 것이 아니라, 학회나 센터의 설립 등을 통하여 이들이 경제법을 지속적으로 연구하고 실무에 응용할 수 있는 환경을 만들어 주셨기 때문에 가능한 일이었습니다. 무엇보다 인상적인 것은 한때 경제법관련 연구학회들이 중심을 잃고 표류하고 있을 때 오로지 학문적 열정 하나로 한국경쟁법학회의 재창립을 주도하셔서 오늘날 경제법 연구의 메카로 일구셨다는 점입니다. 권 교수님께서 만약 경제법을 전공하지 않으셨다면 지금 우리의 수준이 어디에 와있을까 생각하면 교수님의 존재감이 더욱 무겁게 느껴집니다.

　권 교수님은 잠시 대학을 떠나 경쟁당국의 수장으로서 우리나라 경쟁정책을 수립하고 집행하는 소임을 다하시기도 하셨습니다. 교수님께서는 공정거래위원장으로 재직하시면서 평소의 학자적 소신대로 시장경제의 주인은 기업과 소비자이며, 공정하고 자유로운 경쟁은 소비자 중심적 경제원리에 기반하고 있다는 점을 늘 강조하셨습니다. 또한 공정거래위원회가 기업들이 반칙 없이 마음껏 기량을 펼치고 소비자들이 주권자로서 합리적으로 제품을 선택할 수 있는 환경을 조성하는 시장경제 파수꾼으로서의 역할을 다하도록 하는데 중점을 두셨습니다. 그러면서도 기업들에 대한 타율적 규제보다는 기업이 스스로 공정경쟁 질서를 확립할 수 있도록 지원함으로써 가능한 한 시장에서 경쟁(競爭)의 원리와 사적자치(私的自治)의 원칙이 작동하도록 배려하셨습니다. 그리고 정부주도 하의 급속한 경제성장과정에서 나타난 주요 산업의 독과점 구조와 대규모기업집단의 문제를 우리 경제의 가장 큰 경쟁제한적 요소로 이해하시고, 이를 해소하기 위한 노력을 게을리하지 않으셨습니다. 그 일환으로 지주회사의 설립 및 전환을 촉진하기 위하여 관련 제도를 합리적으로 보완하고, 부당한 공동행위나 불공정거래행위에 대한 효율적 규제방안을 마련함으로써 공정한 경쟁질서가 구축되도록 하였습니다. 제도개혁에도 앞장서서 기업결합 신고제도를 합리적으로 조정하시는 한편, 불공정거래행위로 인해 발생하는 피해구제의 실효성을 높이기 위하여 분쟁조정제도를 처음으로 도입하고, 법집행의 효율성과 예측가능성을 높이는데 심혈을 기울이셨습니다. 외국기업의 국내시장에서의 독과점이나 불공정거래행위에 대해서는 마이크로소프트사 과징금 부과사례에서처럼 단호한 입장을 보임으로써 후일 공정거래위원회의 국제적 위상을 한 단계 높였다는 평가를 받으시기도 하였습니다.

하지만 권 교수님에 대한 그 어떠한 평가보다 앞서는 것은 자신에게 주어진 그리스도인의 소명을 실천하시는 참 신앙인이라는 점입니다. 교수님께서는 오랜 신앙생활 가운데 하나님을 인격적으로 만나 진정한 크리스천으로 거듭나는 체험을 하면서 하나님께서 그에게 주신 모든 학문적 소양과 능력을 이 땅에 다 소진하겠다는 소신을 가지시게 되었습니다. 더 나아가 교수님께서는 늘 하나님 보시기에 아름다운 경제질서 구현의 소명을 가지고, 한국을 넘어 아시아 전체가 하나님의 은총 속에 국경을 초월한 경제공동체를 이루고 하나님의 사랑이 흘러넘치기를 꿈꾸고 계십니다. 사단법인 아시아법연구소 소장과 이사장을 차례로 맡으시며 법을 통한 우리의 경험을 바탕으로 아시아 시장경제 체제로 전환하는 국가의 법제 정비를 지원하고, 여러 나라의 법률가와 차세대 지도자 양성에 대한 지원과 협력은 물론 장기적으로 아시아 경제공동체 형성을 위한 법적·제도적 기반을 조성하는데 애쓰고 계신 것도 이러한 꿈을 실현하기 위한 교수님의 소명인 동시에 다름 아닌 예수님께서 우리에게 가르치신 이웃사랑의 실천이라고 할 수 있습니다.

교수님께서 햇수로는 정년을 맞으셨지만, 어깨에 지고 가셔야 할 짐들이 아직도 많이 남아 있습니다. 부디 年富力強하셔서 경제법학자로서 그리고 신앙인으로서 이제까지 꿈꾸어 오셨던 바를 향해 계속 정진해주시길 부탁드립니다. 오랜 세월 내조를 아끼지 않으시는 우일강 권사님과 온 가족께도 주님의 은총 가운데 늘 평강하시길 기도드리며, 南泉 權五乘 교수님께 다시금 감사와 존경의 마음을 담아 이 글을 올립니다.

2015년 3월
연세대학교 교학부총장
신현윤 배

南泉 權五乘 敎授 年譜・論著目錄

Ⅰ. 年　　譜

본　　적 : 경북 안동시 남선(南先)면 이천(梨泉)리 200번지

생년월일 : 1950년 1월 12일(실제: 1949년 음 7월 2일)

주　　소 : 서울 서초구 남부순환로 309길 67. 203호(방배동 동양파라곤 아파트)

부 : 權大洽　　　모 : 金慶和

처 : 우일강　　　자 : 권혁태, 혁주

자부 : 이유미, 조윤주

손자녀 : 권순유, 순범, 예지

e-mail: o_kwon@hotmail.com, kwonos@snu.ac.kr

〈학력〉

1965. 2.	안동중학교 졸업
1968. 2.	용산고등학교 졸업
1973. 2.	서울대학교 법과대학 행정학과 졸업(법학사)
1975. 2.	서울대학교 대학원 법학과 졸업(법학석사: 농지소유권에 관한 연구)
1987. 2.	서울대학교 대학원 법학과 졸업(법학박사: 기업결합규제법에 관한 연구 -독일법과 한국법의 비교-)

〈서훈・표창〉

1996. 11. 1.	국민훈장 동백장
2009. 12. 31.	청조 근정훈장
2011. 10. 15.	서울대학교 20년 근속공로표창

〈경력〉

1975. 6. – 1978. 6.	육군 제3사관학교 교관(법학담당 전임강사)
1978. 7. – 1979. 3.	서울대학교 법과대학 조교

1979. 3. – 1980. 8.	동아대학교 법정대학 전임강사
1980. 9. – 1992. 2.	경희대학교 법과대학 조교수, 부교수, 교수
1992. 2. – 1996. 3.	서울대학교 법과대학 조교수
1993. 3. – 2003. 5.	서울대학교 법학연구소 법률상담실장
1994. 3. – 1996. 2.	서울대학교 법과대학 학생담당 학장보
1996. 3. – 2014. 2.	서울대학교 법과대학 전문분야법학연구과정 (공정거래법 분야) 주임교수
1996. 4. – 2001. 3.	서울대학교 법과대학 부교수
2001. 4. – 2009. 2.	서울대학교 법과대학 교수
2008. 11. – 2012. 8.	서울대학교 법학연구소 경쟁법센터장
2009. 3. – 2015. 2.	서울대학교 법학전문대학원 교수
2012. 8. – 2014. 8.	서울대학교 아시아·태평양법 연구소장
2015. 3. ~	서울대학교 법학전문대학원 명예교수

〈학외 경력〉

1978. 9. – 현재	한국민사법학회 회원, 간사 및 이사
1978. 9. – 현재	한국경제법학회 회원, 간사 및 이사
1983. 4. – 2006. 3.	소비자문제를 연구하는 시민의 모임 이사, 부회장
1990. 9. – 2014. 12.	한국법제연구원 정책자문위원회 위원
1994. 8. – 1998. 8.	공정거래위원회 약관심사자문위원
1995. 7. – 1998. 8.	통일원 교류협력분과 정책자문위원
1997. 2. – 1998. 8.	공정거래위원회 경쟁정책자문위원회 자문위원
2001. 5. – 2005. 9.	공정거래위원회 경쟁정책자문위원회 자문위원
2002. 5. – 2006. 5.	사단법인 한국경쟁법학회 회장
2001. 5. – 2006. 3.	공정거래위원회 경쟁정책자문위원회 자문위원
2004. 6. – 2006. 3.	사단법인 아시아법연구소 소장
2005. 5. – 2006. 3.	한국경쟁포럼 이사
2005. 9. – 2006. 3.	방송위원회 분쟁조정위원회 위원
2005, 9. – 2006. 3.	공정거래위원회 경쟁정책자문위원회 위원장
2006. 3. – 2008. 3.	공정거래위원회 위원장
2006. 3. – 현재	사단법인 한국경쟁법학회 명예회장

2008. 8. – 2011. 12.	사단법인 아시아법연구소 소장
2010. 2. – 현재	KCC 사외이사
2010. 5. – 현재	CLA(Christian Leadership Academy) 대표
2010. 12. – 2014. 12.	한국법제연구원 정책자문위원회 위원장
2012. 1. – 현재	사단법인 아시아법연구소 이사장
2014. 2. – 2015. 1.	한국경쟁포럼 이사
2015. 2. – 현재	한국경쟁포럼 회장

〈장기해외연구 및 국제교류〉

1984. 6. – 1986. 7.	독일 Freiburg 대학 방문학자(Humboldt 재단의 지원)
1989. 6. – 8.	독일 Freiburg 대학 방문학자
1998. 8. – 1999. 4.	미국 Harvard Law School, East Asian Legal Studies 방문학자
1999. 5. – 8.	독일 Mainz 대학 방문교수
2000. 7. – 8.	일본 早稻田 대학 방문교수
2000. 7. ~	중국 東北師範 대학 객좌교수
2001. 7. – 8.	독일 Mainz 대학 방문교수
2002. 7. – 8.	독일 Mainz 대학 방문교수
2003. 3. – 현재	Zeitschrift für Wettbewerbsrecht (Journal of Competition Law) Herausgeberbeirat(편집고문)
2003. 11. – 12.	미국 Washington University 방문교수
2005. 7.	독일 Mainz 대학 방문교수
2010. 8.	독일 Mainz 대학 방문교수
2011. 6. ~	중국 東北師範 대학 人文學院 법률계 객좌교수
2011. 11. – 2014. 10.	중국 延邊 대학 겸직교수
2011. 11. ~	중국 延邊科學技術 대학 겸직교수
2011. 12. ~	중국 華東政法 대학 경쟁법연구소 겸직연구원
2012. 7. – 8.	독일 Mainz 대학, Marburg 대학 및 Freiburg 대학 방문교수
2014. 7. – 8.	독일 Mainz 대학 방문교수

II. 論著 目錄

1. 單行本

경제법(공저), 서울: 법문사, 초판(1978), 개정판(1981), 제2개정판(1983), 전정판
(1989), 신정판(1991), 신고판(1995), 제5정판(1996).

경제법(공저), 한국방송대학교 출판부, 초판(1986), 개정판(1987), 제3판(1988), 제4
판(1989).

기업결합규제법론, 서울: 법문사, 1987.

북한의 법과 법이론(공저), 서울: 경남대학교 극동문제연구소, 1988.

민법의 쟁점, 서울: 법원사, 1990.

EC경쟁법, 서울: 법문사, 1992.

공정거래법 실무해설, 서울: 한국상장회사협의회, 1993.

민법특강, 서울: 홍문사, 1994.

소비자보호법, 서울: 법문사, 초판(1994), 제2판(1996), 제3판(2001), 제4판(2002),
제5판(2005).

시장경제와 한국의 자본주의(한림과학원총서 28), 서울: 소화, 1994.

공정거래법 심결례 100선(공저), 서울: 법문사, 1996.

공정거래법강의(편저), 서울: 법문사, 1996.

사법도 서비스다(법조개혁: 김영삼 정부 개혁 총서 08), 서울: 미래미디어, 1996.

독일 경쟁법(역저), 서울: 법문사, 1997.

경제법, 서울: 법문사, 초판(1998), 제2판(1999), 제3판(2001), 제4판(2002), 제5판
(2005), 제6판(2008), 제7판(2009), 제8판(2010), 제9판(2011), 제10판(2013), 제
11판(2014), 제12판(2015).

공정거래법강의 II(편저), 서울: 법문사, 2000.

자유경쟁과 공정거래(편저), 서울: 법문사, 2002.

제조물책임법(공저), 서울: 법문사, 2003.

통신산업과 경쟁법(편저), 서울: 법문사, 2004.

공정거래와 법치(편저), 서울: 법문사, 2004.

체제전환국 법제정비의 지원(공저), 서울대학교 출판부, 2005.

시장경제와 법, 서울대학교 출판부, 2006.

공정거래법과 규제산업(공편), 파주: 법문사, 2007.

韓國經濟法(중국어), 북경대학 출판부, 2009. (역자: 최길자)

독점규제법(공저), 파주: 법문사, 초판(2010), 제2판(2012), 제3판(2014), 제4판(2015).

법으로 사랑하다(자전적 에세이), 서울: 홍성사, 2010.

독점규제법 30년(편저), 파주: 법문사, 2011.

베트남의 체제전환과 법(공저), 서울대학교 출판문화원, 2013.

2. 論 文

(1) 민법

토지소유권의 본질, 대학원논문집(경희대) 제4집 하권, 1980. 11.

토지소유권의 법적 성질, 현대 민법학의 제 문제(청헌 김증한 박사 화갑기념), 1981.

독일 매매법상 제조자 및 판매자의 품질보증(역), 경희법학 제17권 1호, 1981. 12.

의료과오와 의사의 주의의무, 민사판례연구 제4권, 1982. 5.

토지소유권의 법적 성질과 그 제한, 법과 토지, 삼영사, 1982. 5.

보통거래약관의 해석, 법률신문 1468호, 1982. 11.

계약해제의 효과, 사법행정 제24권 4호, 1983. 4.

민법 제126조의 표현대리와 일상가사대리권, 민사판례연구 제5권, 1983. 5.

명예의 의의와 명예훼손의 모습, 언론중재 제3권 3호(통권 8호), 1983. 9.

서독의 체약강제이론, 계약법의 특수문제, 고시계, 1983. 12.

의사의 주의의무, 사법행정, 제25권 1호, 1984. 1.

보통거래약관의 효력한계, 사회과학논총 창간호, 1984. 7.

보통거래약관의 내용통제, 법과 약관, 삼영사, 1984.

사법과 사적자치(역), 경희법학 제21권 1호, 1986. 11.

사적자치의 기초이론, 민사법과 환경법의 제문제(송헌 안이준 박사 화갑기념), 1986.

일조권의 법적 보호(공저), 경희법학 제23권 2호, 1986.

소유권유보부매매, 민법학의 현대적 과제(매창 고창현 박사 회갑기념), 1987. 10.

리스계약에 관한 연구(공저), 경희법학 제22권, 1987. 12.

의사의 설명의무, 현대법의 과제(송암 전창조 박사 고희기념), 진영문화사, 1987.

리스(시설대여)계약의 성질, 민사판례연구 제10권, 1988. 3.

의사의 설명의무, 판례월보 제212호, 1988. 5.

신원보증법의 문제점과 개선방안, 사법행정 제29권 6호, 1988. 6.

계약자유와 계약공정, 계약법의 제 문제(사법연구 3), 고시계, 1988.

불공정한 법률행위의 요건, 판례월보 제219호, 1988. 12.

독일법상 인공수정에 관한 문제점(역), 경희법학 제23권 1호, 1988.

의사의 설명의무, 민사판례연구 제11권, 1989. 4.

토지문제와 토지공개념, 인권과 정의 제155호, 1989. 7.

토지소유권의 남용, 민사판례연구 제12권, 1990. 4.

불법행위법의 형성과 전개, 손해배상법의 제 문제(성헌 황적인 박사 화갑기념), 박영사, 1990.

의사의 주의의무, 민사법학 제8권, 1990. 4.

토지소유권의 규제방안, 법과 사회 제2권 1호, 1990.

책임능력 있는 미성년자의 불법행위와 감독의무자의 책임, 판례월보 제248호, 1991. 5.

농지소유권의 제한, 토지법학 제7호, 1991.

포괄근보증에 관한 일반거래약관의 효력, 판례월보 제256호, 1992. 1.

책임능력 있는 미성년자의 불법행위와 감독의무자의 책임, 민사판례연구 제14권, 1992. 5.

책임능력 있는 미성년자의 감독의무자의 책임에 관한 판례의 흐름, 법률구조 통권 3호(92년 여름/가을 합병호), 1992. 9.

공동불법행위, 사법연구 제1권, 1992. 10.

금융리스의 법률관계, 인권과 정의 제195호, 1992. 11.

할부매매, 사법행정 제34권 1호, 1993. 1.

이른바 예문해석의 문제점, 민사판례연구 제15권, 1993. 5.

한국의 농지문제와 농지제도개산방안 – 농지법시안을 중심으로(공저), 농업경영정책연구 제20권 1호, 1993.

의료과오와 의사의 주의의무, 민사판례연구 제4권, 1993. 1.

민법 제126조의 표현대리와 일상가사대리권, 민사판례연구 제5권, 1993. 5.

강요에 의한 증여계약, 판례월보 제282호, 1994. 3.

통일후 토지제도의 정비, 부동산법학 제3권, 1995.

의료분쟁조정법안의 문제점과 개선방안, 서울대 법학 제36권 1호(통권 97호), 1995. 5.

사용자책임에 대한 검토, 상사법논총(제남 강위두 박사 화갑기념), 1996. 2.

강박에 의한 의사표시와 행정지도, 민사판례연구 제18권, 1996. 5.

사용자책임: 불법행위법 개정안 의견서, 민사법학 제15호, 1997. 4.

(2) 경제법

농업협동조합법에 관한 판례연구(1), 사법행정 제17권 10호, 1976.

농업협동조합법에 관한 판례연구(2), 사법행정 제17권 11호, 1976.

서독의 소비자단체소송, 법조 제29권 1호, 1980. 1.

현대사회의 소비자의 지위와 권리, 법과 소비자보호, 삼영사, 1981. 4.

소비자의 권리와 소비자보호, 법과 소비자보호, 삼영사, 1981. 4.

부당한 공동행위의 제한, 경제법연구 창간호, 1982.

독일 경쟁제한방지법상의 카르텔규제, 경희법학 제18권 1호, 1983. 9.

시장지배적 사업자의 규제, 경희법학 제18권 2호, 1983.

미국 독점금지법상 삼배배상제도, 노동법과 현대법의 제 문제(남관 심태식 박사 화갑기념), 법문사, 1983. 5.

서독 경쟁제한방지법상의 중소기업의 협동화촉진, 경희법학 제19권 1호, 1984. 12.

독일의 기업결합규제의 형성과 전개, 경희법학 제20권 1호, 1985. 12.

유럽공동체의 경제법과 각국의 경제법(역), 동아법학 제3호, 1986.

기업결합규제의 문제점, 경제법연구 제2호, 1986.

한국독점규제・공정거래법의 입법론적 문제점 상, 중, 하, 법률신문 제1654, 1655, 1656호, 1986. 10.

소비자보호와 법률가의 역할, 한일・일한변호사협의회 제6호, 1987. 10.

독일의 기업결합규제법, 현대경제법학의 과제(소산 문인구 박사 화갑기념), 삼지원, 1987. 11.

소비자문제와 다수당사자소송, 다수당사자소송연구(법무자료 제90집), 법무부, 1987.

독점규제법의 문제점과 개선방안, 법률학의 제 문제(유기천 박사 고희기념), 1988. 6.

소비자문제와 피해구제, 피해구제업무편람, 한국소비자보호원, 1988.

에너지문제의 경제법적 규제, 경희법학 제23권 2호, 1988.

경제법의 의의와 본질, 경희법학 제23권 1호, 1988. 10.

독점규제법의 과제와 방향, 법과 사회 창간호, 1989. 8.

경제체제와 경제질서, 경제법・상사법논집(춘강 손주찬 교수 정년기념), 1989.

경제체제의 사회이론적 기초, 경희법학 제24권 1호, 1989. 12.

EEC조약 제86조, 경쟁법연구 제2권, 1990. 12.

경제법의 이론과 체계(역), 서울대 법학 제31권 1・2호, 1990. 8.

소비자보호법제의 정비, 지방화시대에 대비한 소비자운동방향, 소비자문제를 연구하는 시민의 모임, 1990.

중소기업의 협동화와 독점규제법, 경희법학 제25권 1호, 1990. 12.

중소기업의 협동화와 독점규제법, 법경제연구(I), 한국개발연구원, 1991.

EC의 기업결합규제, 공정거래 제3호, 1991. 4.

EC조약 제85조 제3항, 경쟁법연구 제3권, 1991. 12.

독점규제법의 형성과 전개, 한국법사학논총(영산 박병호 교수 화갑기념), 1991. 10.

소비자보호와 단체소송, 인권과 정의 179호, 1991. 7.

한국 경제법의 과제와 전망, 법제연구 창간호 1991. 12.

부당한 공동행위규제의 검토, 경희법학 제26권 1호, 1992. 2.

남북한 통신교류의 촉진을 위한 법제의 정비, 서울대 법학 제33권 2호(통권 90호), 1992. 9.

재벌의 문제점과 그 대책, 서울대 Fides 제35호, 1992. 12.

재벌의 경제력집중에 대한 법적규제, 법과 사회 제7권 1호, 1993. 1.

독점규제법상의 재벌규제, 인권과 정의 제197호, 1993. 1.

경제정의실현을 위한 법제개혁방안, 법제연구 제4호, 1993. 6.

독점규제법의 문제점과 개선방안, 인권과 정의 제205호, 1993. 9.

불공정거래행위와 소비자보호, 경쟁법연구, 제5 · 6권, 1994. 6.

국제화와 경제개혁, 법과 사회 제10권 1호, 1994.

약관의 규제, 채권법에 있어서 자유와 책임(김형배 교수 화갑기념), 1994. 10.

약관규제법의 실효성제고 방안, 서울대 법학 제35권 3호, 1994. 12.

독점규제법상의 적용제외, 법경제연구(II), 한국개발연구원, 1995.

시장지배적 지위의 남용금지, 인권과 정의 제234호, 1996. 2.

비자금과 정경유착에 대한 경제법적 검토, 법과 사회 제13호, 1996. 6.

독일 통일과정에서 나타난 기업법 및 회사법상의 문제(역), 법과 사회 제13호, 1996. 6.

공정거래법 개정안에 대한 검토, 인권과 정의 제241호, 1996. 9.

미국의 '지적재산권의 이용허락에 관한 독점규제법 시행지침'(공저), 서울대 법학 제 37권 3 · 4호(통권 102호), 1996. 12.

우리나라 경제질서와 독점규제법, 질서경제저널 제1권, 1997. 10.

독점규제법상 손해배상책임 – 시정조치 전치의 의미를 중심으로, 판례월보 제328호, 1998. 1.

Transformation of Economic Order in Korea, WuW, 1999. 11.

시장경제의 활성화를 위한 법제개혁방향, 법제연구 제17호, 1999. 12.

한국에 있어서 소비자보호를 위한 법과 정책, 서울대 법학 제40권 4호, 2000.

한국독점규제법의 개선, 서울대 법학 제41권 1호, 2000. 6.

시장경제의 발전과 사회조화의 실현, 법제연구 제19호, 2000. 11.

日本財閥의 解體와 그것이 韓國財閥政策에 주는 意味, 서울대 법학 제41권 4호, 2001. 2.

전자상거래와 소비자보호, 경쟁법연구 제7권, 2001. 4.

리트너 교수의 생애와 학문, 경쟁법연구 제7권, 2001. 4.

계약자유와 소비자보호, 서울대 법학 제42권 2호(통권 119호), 2001. 7.

契約自由与消費者保護, 民商法雜誌 제3호, 中國, 2001.

契約自由と消費者保護, 橫浜國際經濟法學 제10권 3호, 日本, 2002. 3.

한국의 약관규제, 경쟁법연구 제8권, 2002. 2.

韓國的約款規制法, 民商法雜誌 제4호, 中國, 2002.

21세기 독점규제법과 정책에 대한 전망: 일본 반독점법과 공정거래위원회를 참고로 (역), 경쟁법연구 제8권, 2002.

소비자보호의 계약법적 구성과 한계: 독일 민법개정과 일본 소비자계약법 제정을 중심으로(공저), 서울대 법학 제43권 3호, 2002. 9.

韓國 反獨占法的 形成及發展, 國際貿易(Intertrade), 日本, 2003. 2.

우리는 왜 경쟁을 해야 하는가?, 경쟁법연구 제9권, 2003.

경제적 경쟁에 있어서 국가의 역할, 서울대 법학 제45권 1호(통권 130호), 2004. 3.

Die Rolle des Staates im wirtschaftlichen Wettbewerb, 서울대 법학 제45권 1호(통권 130호), 2004. 3.

독일경쟁법의 집행체제, 경쟁법연구 제9권, 2003. 4.

독점규제법의 집행기구 및 절차의 개선, "절차적 정의와 법의 지배", 박영사, 2003. 5.

韓國における不公正取引と不正競爭行爲に對する規制, 國際商事法務, Vol. 31, No. 5(通卷491号), 2003. 5. ~ Vol. 32, No. 4(通卷502号), 2004. 4.

기업의 사회적 책임 제고를 위한 경쟁법의 과제, 법제연구 제26호, 2004. 6.

"Applying the Korean Experience with Antitrust Law to the Development of Competition Law in China", Washington University Global Studies Law Review Vol. 3, No. 2, 2004.

전력산업과 공정거래법, 서울대 법학 제46권 1호(통권 134호), 2005. 3.

競爭秩序の確立を沮害する諸要因, 神戶法學雜誌 제55권 1호, 日本, 2005. 6.

Restropect and Prospect on Korean Antitrust Law, Journal of Korean Law Vol. 4, No. 2, 2005.

아시아 경쟁법의 비교, 경쟁법연구 제12권, 2005. 8.

일본 독점금지법의 집행(역), 경쟁법연구 제12권, 2005.

중국 독점규제입법에 있어서 몇 가지 문제점(역), 경쟁법연구 제12권, 2005.

정보통신산업과 독과점규제, 서울대 법학 제46권 4호(통권 137호), 2005. 12.

Some Issues on Competition Law Enforcement in Korea, Rechtsreform in Deutschland un Korea im Vergleich, Schriften zum Internationalen Recht Band 163, Duncker & Humblot, Berlin 2006.

Competition Law and Policy in East Asia, FIW Conference in Innsburg, 2008. 2.

경제질서와 사법상의 법률관계(공저), 비교사법 제14권 1호, 2007.

동아시아공동체의 형성과 경쟁법, 한양법학 제21권, 2007.

동아시아공동체의 형성과 법률가의 역할, 동북아법연구 제2권 2호, 2008.

약관규제법집행의 개선, 아세아여성법학 제12호, 2009.

Efficient Enforcement of Competition Law, 경쟁법연구 제20권, 2009. 11.

독점규제 및 공정거래관련법의 집행시스템, 서울대 법학 제51권 4호, 2010.

독점규제법은 시장경제의 기본법이다, 경쟁법연구 제23권, 2011.

한국 독점규제법의 역외적용, 경쟁법연구 제24권, 2011. 11.

韓國競爭法中的相關市場劃定, 反壟斷法中的相關市場劃定, 中國 北京: 社會科學文獻出版社, 2012. 5.

시장경제와 사회조화의 실현, 경쟁과 법 창간호, 2013. 10.

중소기업관련법과 정책의 개선, 서울대 법학 제55권 2호(통권 171호), 2014. 6.

(3) 사법개혁·법학교육

법학교육의 개혁방향, 법과 사회 제9권 1호, 1994. 5.

사법제도개혁의 방향과 문제점, 서울대 법학 제35권 1호, 1994.

변호사의 성공보수, 판례월보 제272호, 1993. 5.

변호사의 성공보수, 민사판례연구 제16권, 1994. 5.

변호사보수에 관한 검토, 법과 사회 제11권 1호, 1995. 5.

법률가양성제도의 개혁, 고시계 제40권 7호(통권 461호), 1995. 6.

법학전문대학원의 법학교육, 한국법학원보 제70호, 1996.

법학교육개혁의 과제와 추진, 법학연구 제7권, 1997. 10.

삶의 질 향상과 법률서비스, 법과 사회 제18권 1호, 2000.

법학교육개혁의 과제와 추진, 법과 사회 제18권 1호, 2000.

(4) 환경법

배출부과금제도와 유사한 제도, 환경법연구 제5권, 1983. 12.

지하수오염의 방지대책(공저), 환경법연구 제7권, 1985.

환경소송의 효용과 한계, 민법학논총, 제2(후암 곽윤직 교수 고희기념), 박영사, 1995. 12.

(5) 아시아법

동아시아공동시장의 형성과 경쟁법의 과제, 서울대 법학 제46권 3호(통권 136호), 2005. 9.

법제정비 지원의 효과적 추진, 아세아여성법학 제13호, 2010. 11.

아시아법연구의 어제와 오늘 그리고 내일, 서울대 법학 제52권 4호(통권 161호), 2011. 12.

크리스천 법률가의 시대적 사명, DALS 저널 제2권 1호, 동아대 법학전문대학원, 2012. 4.

亞洲法硏究: 過去, 現在与未來, 法制与社會發展(Law and Social Development) 제18권 제5기(총제107기), 2012. 5.

3. 연구용역 보고서

소비자보호법 및 소비협동조합법에 관한 연구(공동), 아산사회복지재단, 1980. 8.

불공정약관 규제제도의 정착과 장기발전방향(책임), 공정거래위원회, 1994. 12.

양질의 법률서비스와 국가경쟁력 -사법개혁의 배경과 의의-, 1995. 6.

통신산업 경쟁력 강화를 위한 정책방향 연구(공동), 서울대 사회대 세계경제연구소, 1997. 5.

전문자격 서비스분야 규제개혁방안에 관한 연구(책임), 공정거래위원회, 1997. 12.

기업결합심사제도의 개선방안에 관한 연구(책임), 공정거래위원회, 2000. 12.

미국 경쟁법이론 및 판례의 분석과 시사점(책임), 공정거래위원회, 2001. 12.

제조물책임법의 국내 담배산업에 대한 영향 분석(책임), 2002.

주요국의 심결사례 분석 및 시사점 연구(책임), 공정거래위원회, 2002.

과징금제도 개선방안에 관한 연구(책임), 공정거래위원회, 2003.

사업자단체가 개입된 카르텔유형 및 근절방안 연구(책임), 서울대 법학연구소, 2004.

보험회사와 보험설계사 관계의 경제법적 정당화에 관한 연구(책임), 2004. 11.

출자총액제한제도 개선 및 공정경쟁관련법령 제·개정연구(책임), 한국전자통신연구
　원, 2004. 11.

체제전환국 법정비지원사업의 현황과 과제, 아시아법연구소(책임), 2004. 12.

전력산업 환경변화에 따른 전기수급거래 이론정립 연구(책임), 서울대 법학연구소,
　2005. 7.

공정경쟁 법령구조의 위상 및 연관분석을 통한 미래지향적 법체계 제개정에 관한
　연구(책임), 한국전자통신연구원, 2005. 11.

미국의 경제위기극복 및 경제활성화 법제연구 – 2009년 경기부양법(ARRA)을 중심
　으로(책임), 법제처, 2009. 9.

'국제개발협력과 법'의 관점에서 본 베트남의 체제전환에 대한 연구(책임), 서울대
　아시아연구소, 2011. 5.

차   례

제1부 시장경제와 경쟁법

제 2 부   규제산업과 경쟁법

제 3 부   공정거래와 사회조화

[대담]

남천 권오승 교수 정년기념 대담

일   시 : 2015. 2. 12. (목) 15:00～18:00
장   소 : 서울대 서암관 506호 백충현 세미나실
대 담 자 : 이봉의(서울대학교 법학전문대학원 교수)
　　　　　신동권(공정거래위원회 상임위원)
　　　　　신은주(한동대학교 법학부 교수)
　　　　　이민호(광장 변호사)
　　　　　서   정(김앤장 변호사)
　　　　　황태희(성신여자대학교 법학과 교수)
녹취 · 정리 : 이상훈(서울대학교 법학연구소 조교)

〈정년소감, 근황〉

이봉의: 먼저 그동안 평안하셨습니까?

권오승: 예. (웃음)

이봉의: 이제 정년을 며칠 남겨놓고 계시는데, 정년을 맞으신 소감이 어떠신지요?

권오승: 정년소감을 이야기하기 전에, 바쁘신 중에도 멀리서 많이 오시게 해서 혹시 부담을 준 게 아닌가 한편 고맙고 한편 미안하고 그렇습니다. 와주셔서 감사하고, 특히 신동권 위원님은 공직에 매인 분인데, 시간을 내 줘서 감사합니다. 정년을 앞두고 소감이 어떠냐고 그랬는데, 얼마 전까지만 해도 '빨리 정년이 왔으면 좋겠다.'고 생각했거든요. 다른 사람들은 "아쉽지 않습니까?", "정년을 연장하는 방법도 있다는데 어떻습니까?"고 하기도 하는데, 저는 '빨리 끝났으면 좋겠다.' 그런 느낌이었어요. '좀 더 자유로워지고 싶었거든요.' 그러면 다른 사람들은 "뭐가 그렇게 부자유스럽게 하는 것이 있었습니까?"하고 묻는데, 저는 '이젠 마무리를 잘했으면 좋겠다.'하는 생각이 있었고, 또 '이제 드디어 자유로워지는구나!'하는 생각도 있었는데, 최근에 와서는 제가 조금 '예민해져 있구나!'하는 생각도 들어요. '왜 그럴까?'하고 생각해 보니 다른 것은 별 차이가 없는데, 대학에서 연구실을 빼는 것이 중요한 차이인 것 같아요. 연구실을 옮기려고 하니까 '저 책들을 어떻게 정리해야 하나, 어떤 것을 버리고 어떤 것을 가져가야 하나'하는 걱정도 되고 그래요. 그러다보니깐 '내가 그동안 너무 편하게 살았구나!'하는 생각도 들어요. 학교에 나와서 연구실에서 하고 싶은 것만 하고, 그랬으니깐 그런 부분들이 신경이 쓰이는 것 같아요. 지금은 '그동안 열심히 노력했는데 대과(大過) 없이 잘 마무리해서 참 좋다! 드디어 자유를 얻었구나!'하는 생각과 아울러, 변화과정에서는 몇 가지 신경 쓰이는 일도 있고, 그런 것 같아요. 한 가지 덧붙이자면, 집사람과 정년한 뒤에 뭘 할까 하는 얘기를 하다가, 저는 솔직히 '그동안 수고 많이 했어요. 이제 마음껏 쉬세요.' 뭐 그런 얘기를 듣고 싶었는데, 집사람은 '당신은 워크홀릭(workholic)이라 쉬라고 해도 쉬지 못할 사람이에요.'(웃음) 라고 하더라고요. 그래서 내가 진짜 못 쉬는 사람인지 시험해 보고 싶은 마음도 있어요.

신동권: 사모님이 선생님께서 못 쉬는 사람이 되기를 바라고 하시는 말씀이 아닐까요? (웃음)

권오승: 집사람 생각은 두 가지인 것 같아요. 하나는 내가 밖에 안 나가고 집에만 있으면 자기가 상당히 불편해질 것에 대한 우려가 있어서, 어디든지 좀 나가줬으면 좋겠다는 것이고(웃음), 다른 하나는 내가 계속 일을 해야 경제적으로 안정이 된다는 것이 아닌가 싶어요.

신은주: 앞으로 얼마나 잘 쉬시는지 한번 보여주세요. 사모님께서 그 말씀을 후회하시도록. (웃음)

권오승: 그런데 제가 얼마 전에 대구와 포항을 잠깐 다녀왔거든요. 사흘 정도 예정하고 갔는데 이틀 만에 돌아왔어요. 그랬더니 둘째 아들이 "그거 보세요. 사흘도 제대로 못 쉬고 오시면서 뭘 쉰다고 그러세요?"라고 하는 거예요. 쉬는 것도 싫지 않더라고요. (웃음)

신동권: 지금 정년을 앞두고 계신데도 굉장히 건강해 보이시는데, 평소 운동은 계속해 오셨는지요? 앞으로 퇴임하시면 건강관리가 더 중요해질 텐데, 특별하게 건강관리를 하시는 것이 있으시면 말씀해 주세요.

권오승: 저는 원래 타고난 체질이 건강했던 것 같아요. 그런데 지금은 운동부족으로 인하여 성인병도 나타나고, 과체중이고 그래요. 공정위에 있을 때는 매일 아침 6시 반에 집에서 나가서 한 시간 정도 운동하고 8시 반에 사무실에 나갔어요. 그때 그렇게 하지 않았으면 그 바쁜 일정을 소화하기가 어려웠을 것 같은데, 지금은 좀 편해져서 그런지 계속 운동부족인 상태에 놓여 있어요. 일주일에 한 번이라도 골프를 치고 오면 훨씬 기분이 상쾌해지고, 저는 골프장에 가면 카트를 안타고 계속 걸어 다니니깐, 몸이 훨씬 더 좋아지는 것을 느끼고 그래요. 일주일에 이틀 정도라도 등산을 하든지 헬스를 가든지 해야 되는데, 생각만 하고 실천을 못하고 있어요. 집사람이랑 같이 저녁에 30분 정도 산책은 하는데, 그걸로는 운동은 되는 것 같아요. 운동을 하려면 땀이 날 정도로 해야 하는데, 운동부족현상을 극복하는 것이 현실적인 과제 중의 하나입니다.

신은주: 선생님께서 오랫동안 산행을 즐겨하신 것으로 알고 있는데 요즘은 어떠신지요?

권오승: 요즘은 산행은 잘 안 해요.

신은주: 산행 대신에 다른 운동을 하고 계신 건가요?

권오승: 골프하면서부터 산행이 줄었어요. 한동안은 골프가 잘 안 맞으니깐, '어떻게 하면 좀 실력이 더 늘어서 남들한테 폐 안 끼치고 칠 수 있나,' 그런 생각을 하고 있었는데 작년부터는 조금 재미가 붙었어요. 조금만 더하면 90은 깰 수 있을 것 같은데 ……. (일동 웃음) 골프는 운동은 안 된다고는 하는데, 그래도 나갔다가 오면 기분이 훨씬 더 좋아지는 것 같아요.

〈지금까지의 저술〉

서 정: 그동안 저술하신 책 중에 가장 애착이 가는 책은 어떤 것인지요?

권오승: 민법 쪽은 첫 번째 단행본으로 정리한 책이 『민법의 쟁점』(1991)이고, 경제법 분야에서는 아무래도 『경제법』교과서와 『기업결합규제법론』(1987)이 애착이 가는데, 후자는 박사학위논문을 출판한 것으로서, 물론 지금은 논의 수준이 훨씬 더 올라갔지만, 당시에는 상당히 의미 있는 작품이었던 것 같아요. 다음에 『독점규제법 30년』(2011)은 여러 제자들과 함께 공동으로 작업한 것으로서, 나름대로 한 단계를 마무리한 것이니깐 특별한 의미를 가지고 있지 않나 생각돼요.

〈선생님의 성품, 신앙을 통한 변화〉

이봉의: 저는 상당히 오랫동안 선생님의 모습을 가까이서 지켜보면서, 선생님의 성품이나 성향이 미묘한 조합을 이루고 있다는 생각이 들어요. 그러니깐 안동에서 태어나셨는데, 그곳이 우리나라에서 가장 보수적인 지역이다 보니까 대인관계나 예절 면에서 상당히 엄격하고, 높은 수준의 보수적 가치를 중시하는 안동의 색깔이 묻어나는 점이 있는가 하면, 다른 한편에서 경제법이라는 전공이나 사회문제를 바라보는 시각에서 보면 안동의 전형적인 시각과는 분명히 다른, 진보적이라고 할 수 있는 서로 다른 색깔이 조합되어 있는 것 같은 생각이 드는데요, 그것이 어떻게 가능한지 궁금합니다. (일동 웃음)

권오승: 아주 재미있는 질문인데, 한번은 제자 중의 한 사람이 선생님의 사고는 상당히 진보적인데, 윤리관은 상당히 보수적이라고 하더라고요. 저도 그 생각에 대체로 동의하고 있는데, 예를 들어 선거 때에 보면 우리 집에서는 한 번도 우리 자식들이나 며느리들과 지지하는 후보가 다른 적이 없었어요. 다른 집들의 경우를 보면 그렇지 않잖아요. 대체로 제 나이 또래 사람들과 젊은 사람들은 지

지하는 후보가 다른 경우가 많은데, 제가 아직 철이 덜 들어서 그런지? (웃음) 그리고 학생들과 얘기할 때도 저는 별다른 격의가 없어요. 어떤 때에는 제가 학생들보다 더 진보적인 것이 아닌가 하는 생각이 들 경우가 있어요.

그래서 '왜 그럴까?' 생각해 보면, 제가 대학 들어와서 처음 관심을 가진 사회문제가 농촌문제였는데, 처음에는 내가 시골출신으로서 농촌문제는 잘 알고 있는데, 군이 공부를 더 해야 하나 생각했는데, 사회과학적으로 접근해 보니깐 그게 단순히 정책적인 차원의 문제가 아니라 시스템의 문제이더라고요. 자본주의 체제하에서 농촌은 어쩔 수 없이 열악한 처지에 있을 수밖에 없겠구나 하는 생각을 하기 시작하면서 자본주의 시스템에 대한 근본적인 문제의식을 갖게 되었고, 또 경제법을 공부하면서 어떻게 하면 시스템을 좀 더 발전시킬 수 있을까 하는 생각을 하다보니깐, 사고는 상당히 진보적인 쪽으로 바뀐 것 같아요.

그런데 안동에서 태어났고 안동 권가이고, 어렸을 때부터 엄격한 가정환경에서 자라다 보니깐, 윤리관은 아직 보수적인 측면이 남아 있는 것 같아요. 며칠 전에 우리 둘째 아들과 함께 이야기하다가, 요즘 젊은 애들 중에는 건배할 때 술잔을 내 잔보다 더 높이 들어 올리는 애들이 간혹 있던데, 속으로 '이건 아니지'하면서도 못 본 척하고 지나치기도 했는데, "아까 보니까, 너는 내 잔보다 높이 올리지 않더라."고 했더니, "아빠, 제가 얼마나 야단을 많이 맞으면서 자랐는지 아세요?"라고 하더라고요. (일동 웃음) 그러니깐 어릴 때부터 그렇게 야단 맞으면서 자란 애들은 당연히 그렇게 하는 것이고, 전혀 지적받지 않고 자란 애들은 아무 생각 없이 그렇게 행동하는 것인데, 그런 것들이 사소한 것 같지만, 저에게는 눈에 거슬리고 그래요. 저는 아마 환경, 교육, 성장과정 그런 것들은 유교적인 영향을 많이 받았고 사회과학을 공부하면서 사고는 자유롭게, 진보적이고 리버럴하게 형성된 것 같아요. 신은주 교수가 옛날에 제 연구실에 있을 때, 당시 제가 하나님을 인격적으로 만나고 나서 삶에 큰 변화를 경험하고 있을 때인데, "가장 유교적인 성품을 지닌 선생님이 어떻게 저렇게까지 변화될 수 있을까?"하면서 상당히 놀라워하고 그랬는데. (웃음) 그렇게 기독교적인 방향으로 바뀌었지만 윤리관에는 여전히 유교적인 요소가 남아 있고, 제가 널리 이해하려고 노력은 하지만 밑바닥에는 여전히 장유유서(長幼有序)랄까, 뭐 그런 생각들이 남아 있어서 아직 완전히 극복하지 못한 것 같아요. (웃음)

신은주: 그런 부분에서 선생님의 대인관계라든가, 성품 면에서의 변화가 눈에 띄게 나타나는 시점에 제가 선생님과 함께 있었는데요. 제가 처음 강의실에서 선생

님을 만났을 때는 굉장히 자유주의를 신봉하시고 진보적인 분이라고 생각했었는데, 연구실에 와서 가까이서 지켜보니까 굉장히 예의와 격식을 중요하게 생각하시고, 그래서 '과연 어떤 모습이 선생님의 진짜 모습일까?' 궁금하게 생각했는데, 나중에 시간이 지나고나서 보니까 선생님은 두 모습을 다 가지고 계셨던 것 같아요. 그 중에서 제가 선생님께 발견했던 것 중에 하나는, 경상도에서 태어나서 죽 자라오신 분들의 경우 굉장히 과묵하고, 감정표현이 서툴고 그런 경우가 많은데, 선생님께서도 예전에는 제자들에게 감정표현을 드러내서 하시거나 그러시지 않았던 것 같아요. 왜냐하면 예전에 선생님께 배운 제자들은 선생님께 가까이 가기를 상당히 어려워하고 있더라고요. 그런데 선생님이 신앙적으로 거듭나신 후에 성격이 굉장히 다정다감하게 변하시고, 감정표현도 많이 하시고 그래서, 이런 것들이 신앙적인 영향인지, 아니면 원래 선생님의 성품에 그런 것들이 있었는데 제자들이 그걸 잘 알아채지 못했던 것인지 굉장히 궁금했었어요.

권오승: 이렇게 말할 수 있을 것 같아요. 저는 지금도 엄한 편이긴 한데, 어떤 사람들은 제가 무섭다고 하더라고요. 그런데 우리 둘째는 아빠는 무서운 사람이 아니라 엄한 분이라고 하더라고요. 그게 무슨 말이냐고 했더니, 아빠는 아빠가 생각하는 기준만 잘 지켜주면 전혀 문제가 안 되고, 그 기준을 침범할 때에 비로소 문제가 생긴다고 하더라고요. 우리 집안에서는 큰 아들은 사춘기 때 그 기준을 수없이 넘나들면서 야단도 많이 맞았고, 둘째는 아예 그 기준에서 멀리 떨어져서 근접조차 못했고, 엄마는 그 기준을 자유롭게 넘나든다는 거예요. (웃음) 그래서 참 재미있는 표현이라고 생각했는데, 기준만 명확하면 어떤 때에 화를 내고 어떤 때는 그렇지 않은지를 예측할 수 있잖아요. 그 기준만 잘 지켜주면 불편한 것이 전혀 없을 텐데 말이에요. 또 한 가지 변화는 옛날에는 학생들이 연구실에 찾아오는 것이 즐겁지 않았어요. 왜냐하면 교수는 열심히 시간과 싸우면서 연구를 해야 하는데, 학생들이 자꾸 찾아와서, 지금도 그렇지만 그들이 용건만 간단히 얘기하고 돌아가지 않잖아요. 한참 이런 저런 얘기를 하다가 '이제 그만 돌아갔으면 좋겠다.' 싶을 때, "사실은요 …"라고 하면서 본론을 꺼내거든요. (웃음) 그런 학생들이 몇 명만 다녀가면 하루가 다 가는 거예요. 그래서 누가 찾아오면 처음부터 방어적으로 대하게 되는 거예요. 그런데 제가 하나님을 인격적으로 만난 뒤에는 그러한 태도를 애써 바꿔보려고 노력했어요. '나와 상담하는 학생들에게는 그 시간이 인생에서 매우 중요한 의미를 가질 수

도 있겠다.'하는 생각이 들어서, 내 연구에는 다소 방해가 되더라도 좀 더 진지하게 들어주고 친절하게 대해 주자 이런 생각으로 바뀌었어요. 그러다 보니깐 그 전에 나를 만났던 제자들은 나를 어려워하는데 반하여, 그 이후에 만났던 제자들은 그렇게 어렵게 생각하지 않는 것 같아요. 간혹 선배들이 학교에 와서 후배들이 나를 대하는 것을 보고, '옛날에 우리는 저렇게 하지 못했는데……'라고 하거나 '저 정도면 선생님이 옛날 같으면 야단을 치셨을 텐데 지금은 야단도 안치시는구나.'라고 하기도 하고 그래요. (웃음)

신동권: 저도 느끼는 것은 저는 선생님을 오래 뵈었기 때문에 지금은 편하게 말씀드리고 또 선생님께서 성품이 온화하시다는 생각이 들거든요. 그런데 대학 1학년 때 선생님께 처음 민법총칙 강의를 들었는데 그때 선생님께서 30대 초반의 젊은 교수셨음에도 굉장히 엄하셨어요. 당시 저희 학교(경희대)에서도 학내 문제가 많아서 데모를 많이 했는데, 나가더라도 수업은 듣고 나가야 한다고 하셔서 그런 문제들로 학생들과 많이 부딪히기도 하고 그랬던 기억이 납니다. 80년대다 보니깐 사회문제도 많았잖아요. 그런 문제의식도 많이 가지고 계셨지만, 학생들의 생활지도면에서는 굉장히 엄하게 하시니깐 학생들은 헷갈려 하고 그랬어요. (웃음) 지금은 오래 지내다 보니깐 굉장히 부드럽고 온화하시고, 거기다가 기독교 신앙까지 겹쳐지다 보니깐 더 그러신 것 같은데요. 옛날에 배웠던 제자들은 아직도 선생님을 매우 엄하신 분으로 기억을 하고 있어요.

신은주: 저는 석사과정 때 이화여대 대학원에 채권법 세미나를 하러 오신 선생님을 처음 뵈었는데, 당시 이대에서는 인기폭발이었거든요. (웃음) 그래서 저희는 당연히 선생님께서 몸담고 계신 학교(경희대)에서도 인기폭발일 것이라고 생각하고 있었는데, 거기서는 학생들이 '가까이하기에는 너무나 먼 당신'이라고 하며 옆에 가기도 어려워하고 그랬어요. (일동 웃음) 그리고 우리가 선생님을 좋아했던 이유 중에 하나는 선생님이 페미니스트이셨어요. 그래서 유교적인 환경에서 자라신 분인데 페미니스트이셔서, 처음 선생님의 이력을 보고 추정했던 모습과 실제 선생님을 뵙고 나서 알게 된 모습이 너무 많이 달랐거든요. 저희들은 아직도 선생님께서 페미니스트라고 생각하고 있는데, 선생님은 스스로를 어떻게 평가하고 계신지요? (웃음)

권오승: 그전에 경희대 얘기부터 하면, 제가 경희대에 가서 채권법 강의를 처음으로 시작하게 되었는데, 그때 대학의 분위기가 신임교수를 환영하는 분위기가 아니

었거든요. 제가 학교가 어려운 상황에서 임용되어 왔기 때문에 많이 긴장하고 있었어요. 지금도 기억이 나는데, 강의하기 전날은 제대로 자리에 누워서 자본적이 없었어요. 이불을 덮고 누어서 자면 잠이 깊이 들까봐 방바닥에 책상을 놓고, 잠시 눈만 붙이고 일어나서 다시 연구할 정도로 참 열심히 준비해서 가르쳤어요. 학생들도 참 우수했고요. 학생들은 '젊은 교수가 와서 잘난 척하는 것 같은데 한번 두고 보자.' 그런 분위기였어요. 그게 한편 대견스럽기도 하고 맹랑하기도 하고, '그래 우리 한번 싸워보자, 너희들이 나를 넘어뜨리려면 열심히 공부해야 할 것이고, 나도 너희들한테 지지 않으려면 열심히 연구해야 할 것이니, 그렇게 하다보면 서로 상승하게 될 게 아니냐?'하는 생각으로 정말 열심히 노력했어요. 그 대신에 저는 학생들이 적당히 하는 것은 용납하지 않았어요. 그때 민법공부는 일주일 내내 열심히 해도 B 학점을 받기가 어렵고, 다른 과목은 한 시간만 공부해도 A 학점을 받는다는 말이 있을 정도였어요. 사실 민법이 법학에서 차지하는 비중이 매우 큰 과목이고, 또 나한테 민법총칙부터 민법연습까지 다 들어야 하니깐, 학생들이 나한테 잘못 보이면 졸업도 못하게 되는 거예요. 경제법이야 들어도 그만 안 들어도 그만이지만. (웃음) 그만큼 제가 당시 학생들에게 중요한 영향력을 가지고 있었는데, 그런 제가 열심히 노력하니깐 학생들과 신뢰가 형성되고 영향력도 생기고 그랬던 것 같아요. 교수는 강의와 연구를 제대로 해야지, 그것을 제대로 안 하면서 다른 것을 가지고 하려고 하면 안 되는 거예요.

그런데 나중에는 학생들이 정치적으로 바뀌어서 저는 참 큰 충격을 받았어요. 제가 눈길만 줘도 좋아할 정도로 순진하고 착한 학생들이었는데, 독일에 갔다가 돌아오니깐, 당시 사회분위기가 어느 지방대학에서는 학생들이 교수의 머리를 깎았다고 하는 기사가 나오고 그러던 때였거든요. 그래도 저는 '교수가 하기 나름이지, 제대로 하면 왜 그런 일이 생기겠어.'라고 생각했는데, 제가 옛날 생각만 하고 학생총회에 참석해 보니깐, 학생들이 학내문제에 대하여 말도 안 되는 주장을 하고 있더라고요. 교수들은 원래 학생총회에는 안 가잖아요. 그런데 제가 거기서 "나도 한마디 하자."고 했더니, 사회를 보던 학생이 못마땅해 하면서 마지못해 발언할 기회를 주더라고요. 제가 학생들이 제기하는 문제들에 대하여 하나씩 설득력 있게 얘기를 했더니, 학생들이 다 흩어져 버리는 거예요. 모처럼 학생들을 모아서 밖으로 나가서 한바탕 해보려고 주최 측에서는 난감하게 된 것이지요. 제가 산통을 다 깨어버린 셈예요. 그랬더니 학생회 간부들이 저를 적으로 보기 시작한 것이에요. 저 사람을 제거하지 않고는 앞으로 우리가 아무 일도 하지 못하겠구나!'라고 생각한 거예요. 그 때부터 그들이 전혀 근거 없는 이야기를 만들어서 저를 공격하기 시작하더라고요. 그것이 저에게는 큰 상처가 되었어요. 사립대학에 여러 문제가 있기는 하지만 학생들은 순수하니까 그들에게 애정을 가지고 열심히 가르치려고 노력하고 있었는데, 믿었던 학생들이 정치적인 논리로 나를 공격하고 있다고 생각하니깐, 학교에 가기가 싫어지는 거예요. 그때 받은 충격이 상당히 컸어요. 그전까지는 아침 일찍 학교 연구실에 나가서 밤 10시까지 연구실에서 연구하다가 돌아오곤 했는데, 그 이후에는 강의가 있을 때만 학교에 나가서 강의를 하고 강의가 끝나면 곧장 집으로 돌아 왔어요. 그 후에 1991년 여름 서울대로 옮기는 과정에서 하나님을 인격적으로 만났는데, 그러고 나서 보니깐 경희대 제자들한테 참 미안하더라고요. 경희대에서는 제가 열심히 가르치기는 했으나 학생들을 깊이 배려해 주거나 사랑하지는 못했어요. 돌이켜 보면 '학생들한테 좀 더 친절하게 해주고 더 배려해 줬더라면 훨씬 더 좋았을 텐데'하는 아쉬움이 있어요. 그래서 늘 경희대 제자들한테는 미안하게 생각하고 있어요. 서울대에서는 이미 신앙적인 변화를 경험한 뒤였기 때문에 가능한 한 학생들에게 따뜻하게 대해 주려고 노력했던 것 같아요.

신은주: 그런데 이대에서는 양성평등에 대해서 관심이 많았고, 그러다보니까 강의하시는 선생님들의 성향에 대해서도 관심이 많았는데, 그 부분에 있어서 선생님의 페미니스트 성향이 참 좋았어요.

권오승: 그때는 왜 그랬는지 잘 모르겠는데, 저는 지금도 여자 제자들한테 좀 더 친절하게 대한다는 말을 들어요. (일동 웃음) 저도 그걸 부인하지는 않아요. (웃음) 왜냐하면 내가 아들만 둘이고 딸이 없어서 그런 것 같은데, 지금도 며느리들한테는 제가 참 잘하는 편이거든요. 아들한테보다는 며느리한테 먼저 전화하고 며느리들 하고 참 가깝게 지내고 그래요. 둘째 며느리의 경우에는 친구들을 만나서 시댁얘기가 나오면 자기는 할 말이 없다고 해요. 그러면 친구들이 이상하게 생각하는 것 같다고 하는데, 저는 요즈음도 며느리들하고 얘기를 더 많이 하고 그래요. 그 이유를 생각해보니깐 내가 딸이 없어서 그런 것이 아닌가 싶어요. 하여튼 제가 여성들한테 더 친절하게 대한다는 것은 사실이에요. (웃음)

이봉의: 저희도 이대에 강의가면 다 페미니스트가 될 거에요. (일동 웃음)

권오승: 그런데 신 교수는 내 연구실에 와있으면서, 내가 여학생들을 대하는 법을 잘 모르는 것 같다고 말했던 적이 있어요. 그런 점도 있었던 것 같아요.

서 정: 저는 선생님을 서울대 오신 다음에 92년에 처음 뵈었는데요, 다정다감하고 학생들 배려도 잘해주시고 그랬는데, 오늘 여러분들의 말씀을 들어보니까 오늘에서야 선생님의 과거의 모습을 알게 되었습니다. (일동 웃음)

신동권: 예, 제가 선생님의 과거를 들춘 것 같은데 (일동 웃음), 어쨌든 그런 부분들이 선생님에 대한 기억 중에서 굉장히 강하게 남아 있어요. 지난주에 대학 동기들을 만났는데 선생님 퇴임 얘기가 나와서 그런 얘기를 했습니다. 나중에라도 선생님을 뵙고 그동안 못했던 얘기를 하면서 그때 저한테 왜 그렇게 하셨냐고 하면서 회포를 한번 풀어보라고 얘기했어요. (일동 웃음) 준비 단단히 하셔야 할 겁니다. (웃음)

권오승: 지금은 이름이 기억이 안 나는데, 저한테 민법총칙을 여섯 번 들은 학생이 있었어요. 다섯 번째 듣고 기말시험을 보던 중에 컨닝을 하다가 적발이 되었어요. 군복무를 마친 후 복학하고 나서 재수강으로 듣다보니깐 욕심이 났나 봐요. 그래서 연구실로 불려 왔는데, "선생님, 이번에 학점 못 받으면 저는 죽습니다."라고 하더라고요. 그때 제가 한 말이, "그런 이유로 죽으려면 죽어라."고 했어요. 그래놓고 나서 가만히 생각해보니깐 정말 죽으면 어떻게 하나 하는 걱정이 되더라고요. 그 후 겨울방학 때에 한 달쯤 지나서 편지가 왔는데, 내용은 처음에는 저를 많이 원망했는데 시간이 지나면서 생각해보니 선생님께서 진정으로 자기에게 바라는 것이 무엇인지를 알게 되었다고 하더라고요. 그래서 자기가 앞으로는 선생님을 실망시키지 않고 당당하게 살아가겠다고 하면서 심려를 끼쳐서 죄송하다고 하더라고요. 그 편지 받았을 때 제가 얼마나 기뻤는지 몰라요. 곧바로 답장을 쓰고, 그다음 학기가 시작될 때 그 학생을 만나서 격려도 해주고 그랬어요. 그런데 학기말 시험 때 보니까, 시험 보러 온 학생이 머리에 붕대를 감고 있더라고요. 그 이유를 물었더니 전날 도서관에서 늦게까지 공부하다가 집으로 돌아가는 버스에서 미끄러져 넘어져 다쳤다고 하더라고요. 얼마나 안타깝고 애처롭던지. 지금도 저는 열심히 노력하는 학생들한테는 학점을 잘 줘야 하지만, 그렇지 않은 학생들한테는 엄격하게 평가해서 그에 대한 대가를 지불하도록 해야 한다고 생각하는데, 그게 학생들 입장에서 보면, 저 분은 '왜 저렇게 피도 눈물도 없는가!'라고 생각되는 것 같아요.

서 정: 선생님께서 서울대 오시기 전 얘기가 상당히 흥미진진하네요.

(일동 웃음)

〈법대 진학과 대학원 진학 결심〉

서 정: 학창시절 공부를 좋아하셨지만 대학 진학할 때 법학을 선택하셨잖아요. 다른 학과는 생각해 보신 적이 없으신지요?

권오승: 그게 안동의 영향이 아닌가 싶은데, 그때 시골에서는 대체로 법대가 아니면 육사(육군사관학교)를 지망했거든요. 법대에 가서 장관이나 판검사가 되거나 육사에 가서 장군이 되고자 했어요. 그때는 아마 군사정권 때라서 그랬을 것 같은데, 저는 육사에는 별로 끌리지 않았고, 법대에 가서 판검사보다는 행정관료 쪽으로 생각했어요. '행정공무원이 돼서 장관이나 그런 것을 하면 좋지 않을까.' 하고 생각했지요. 그래서 법대에 온 것이고, 따로 법학에 대하여 특별한 관심이 있었던 것은 아니었어요. 당시에 공부를 잘하면 문과에서는 법대, 이과에서는 공대를 지망하고 그랬잖아요. 그런 영향도 있었겠지요.

서 정: 결국 장관은 하셨지만(일동 웃음), 그 과정은 행정공무원 쪽은 아니었고, 학자의 길을 계속 걷게 되셨는데, 어떤 계기에서 그렇게 되셨는지요?

권오승: 그것은 제가 법대에 들어와서 1학년 때에 선배들의 권유로, '농촌법학회'에 가입하게 되었어요. 그것도 제가 농촌출신이어서 그랬던 것 같아요. 그런데 그 학회에서 공부를 얼마나 열심히 시키는지 경제사에서 시작해서 정치사 등등에 관한 책도 읽고 농촌문제를 비롯한 사회문제에 대한 세미나도 열심히 하고, 그러면서 제가 서서히 사회과학적 훈련을, 지금 생각해 보면 정치경제학적 훈련을 받은 거예요. 그래서 '한 사회의 경제발전은 생산력과 생산관계의 발전이다.' 라는 것부터 배우기 시작하면서, 점차 사회과학적인 관점으로 세상을 보기 시작했어요. 그렇게 보면 법과 제도는 상부구조이잖아요. 그것은 하부구조와 무관하게 존재하는 것이 아니기 때문에, 전체적인 시스템의 변화를 추구하는 입장에서 보면 법학을 공부하는 것이 과연 옳은 것인가 하는 회의가 들기 시작했어요. 게다가 우리 때는 학생들이 행정고시는 상당히 기피하는 경향이 있었어요. 왜냐하면 당시에는 정부가 민주적이지 않았기 때문에, 거기에 들어가서 관료생활을 하기가 싫었던 것이죠. 그 다음에는 사법시험을 보는 길이 있는데, 법학에 큰 흥미가 없다가 보니깐 그 쪽에 대해서도 별로 관심이 없었어요. 그래서 학

부 때 제 성적표를 보면, '법(法)'자 안 들어가는 과목은 모두 다 A 학점인데, (웃음) '법'자 들어가는 것 중에는 A 학점이 별로 없어요. 그때 경제학 교수 중에서 『제2자본론』이라는 책을 쓰신 임원택 교수님이 법대에 계셨고, 재정학 교수로 배복석 교수님도 법대에 계셨어요. 저는 경제발전론, 경제정책론, 재정학 등 그 분들의 강의는 다 들었어요. 그런데 제가 보기에는 법학은 너무 형식 논리적이었어요. 법대에 들어 와서 제일 실망했던 것이, 「피데스(Fides)」라는 잡지에 '대가(大家)들의 논쟁'이라는 제목으로 김증한 교수와 곽윤직 교수님의 논쟁이 실렸는데, 그 주제가 재단법인 설립에 있어서 출연재산의 귀속시기, 즉 설립등기를 하기 전이냐 후냐 하는 문제였어요. 제가 보기에는 그것이 뭐 그리 대단한 문제인가 싶었어요. '그게 대세에 무슨 영향을 주는가? 등기하기 전이면 어떻고 후이면 어떠냐?'하는 생각이 들었어요. 그때 우리 젊은 학생들이 고민하고 있던 것은 '우리나라가 경제발전과 민주화를 이룩하려면 어떻게 해야 하는지?' '젊은이들이 목숨 바쳐 추구해야 할 꿈과 비전은 어떠한 것인지?'하는 것과 같은 거창한 주제들이었어요. 그런 고민을 하고 있던 우리들에게 '대가들의 논쟁'에서 다루고 있는 주제는 너무 작은 주제들이었어요. 그러다보니깐 법학과는 점점 더 멀어지고 대학 3학년 때는 본격적으로 전과를 하려는 생각도 해 봤어요. 그때 경제학과에 다니던 친구가 있었는데, 지금은 어느 대학에서 교수를 하고 있지만, 평소에는 경제학에 대해서 저보다 더 많이 안다고 생각하지 않았는데(웃음), 하루는 모리스 돕(Maurice Dobb)의 경제발전이론에 대해서 얘기를 하는 거예요. 저는 그것은 처음 들었어요. 그래서 어디서 들었냐고 물었더니, 강의시간에 들었다는 거예요. 그 때 저는 경제학을 제대로 공부하려면 혼자 독학해서 안 되고 경제학과에 가서 배워야 하겠구나 하는 생각을 하게 되었어요. 그러나 저는 결국 전과를 하지 못하고 법대를 졸업하게 되었고, 그 이후에 대학원에 진학할 때에도 법학과로 가느냐, 경제학과로 가느냐를 놓고 고민을 했는데, 일단 법학과에 들어가서 전공분야를 찾아보기로 했어요.

황태희: 농촌법학회 활동을 하시고, 특별히 농촌문제에 관심을 가지고 계시면서, 서당 시절을 거쳐서 대학원에 진학하시게 된 계기는 무엇인지요?

권오승: 그때까지 저는 농촌운동가가 되겠다는 생각을 가지고 있었어요. 당시 저희 선배들은 농촌운동을 하려면 농촌에 들어가야 한다고 생각하고 있었어요. 그 방법으로 (농사지을 땅이 없으니깐) 중고등학교 교사 자격증을 받아 가지고 농촌으로 들어가는 거예요. 서울법대 나와서 사회과 교사의 자격으로 거창에도

가고 마산이나 창원에도 가고 그랬어요. 저도 그것을 선택지 중의 하나로 생각
하고 있었는데, 10월 유신(維新)이 나고 휴교령이 내리면서 저는 서울을 떠나
부여에 내려가서 한학을 공부하고 있었는데, 당시 농촌운동을 하면서 만난 선
배의 소개로 서당에 들어가서 공부하고 있었어요. 서암(瑞巖) 선생님이라고 율
곡 선생님 후예로서 대표적인 한학자 중의 한분이신데, 그 선생님이 저를 그렇
게 반기고 예뻐하셨어요. 어느 날, 그 선생님이 저와 다른 친구 한명을 데리고
군산엘 가자고 하시더라고요. 부여에서 버스를 타고 또 배를 타고 갔는데, 거기
에 선생님의 제자 중에 한학을 공부하다가 그만 두고 관상학을 전공해서 관상
을 보는 분이 있더라고요. 그분한테 제 관상을 봐 달라고 하시더라고요. (웃음)
그 분이 다른 친구는 제쳐 놓고 저에게만 깊은 관심을 가지고 이것 저것을 물
어 보더라고요. "장래희망이 뭐냐?"고 묻길래, "시골에 가서 중고등학교 선생님
하는 것입니다."라고 하니깐, "너는 중고등학교 선생 할 사람이 아니다."라고
하는 거예요. 그러면서 "꼭 선생을 하려면 대학선생을 하라."고 하시더라고요.
(웃음) 그러면서 여러 가지로 상당히 긍정적인 얘기를 많이 해 줬어요.

그 후에 제가 그 서당에서 율곡 선생의 <만언봉사(萬言封事)>를 읽고, 가슴
이 벅차서 잠을 이루지 못한 적이 있어요. 그때까지 제가 알고 있던 지식인들
은 모두 사회문제를 비판하기만 하고 그 대안을 제시하지 못 했어요. 그런데
율곡 선생은 국가의 현안문제를 낱낱이 분석하여 문제점을 지적한 뒤에 그것을
해결할 수 있는 대안을 제시하는 거예요. 그것이 상소문인데, 율곡 선생은 그
내용 중에 단 한 점이라도 잘못된 것이 있으면 지금 당장 자기의 목을 치라고
전제한 뒤에 그 상소문을 써서 올린 거예요. 저는 거기서 큰 감동을 받았어요.
'오늘날 어떤 학자가 자기 목숨을 걸고 사회의 제반 문제를 분석하여 문제점을
정확히 제시하고 나아가 그 대안까지 저렇게 명쾌하게 제시할 수 있겠는가?'
엄청난 감격이었어요. 저도 율곡과 같은 학자가 되었으면 좋겠다는 생각이 들
었어요. (웃음) 제가 학문을 해야 하겠다고 결심한 것은 바로 그때였어요. 그
전까지는 좀 더 실천적인 것, 즉 사회운동을 하려고 했었지요. 그런데 막상 학
문을 하려고 하니, 어떤 학문을 할지를 모르겠어요. 법학을 해야 하나 경제학을
해야 하나를 놓고 고민을 하고 있다가, 당시에 제가 관심을 가지고 있던 농업경
제학을 전공하신 건국대 김병태 교수님을 찾아 가서 말씀을 드렸더니, 건국대
에 와서 공부를 하라고 하셨는데, 사립대는 등록금이 너무 비싸서 갈 수가 없었
어요. 그리고 어떤 선배에게 조언을 구했더니, '법학은 분야가 매우 넓으니까

법학 안에서도 하고 싶은 분야를 한 번 찾아보라.'고 하더라고요. 그래서 저는 일단 서울대 대학원 법학과에 들어와서 그 길을 찾아보기로 하고 대학원에 진학하게 되었어요.

황태희: 그런데 대학원에 오셔서 민법을 전공하게 되셨는데, 거기에 특별한 이유가 있으신지요?

권오승: 그때, 우연히 일본 동경대학 와가즈마 사카에(我妻 榮) 교수의 『민법과 나』라는 책(자서전)을 읽게 되었어요. 그런데 거기서 저는 '여기에 길이 있구나!'하는 생각을 하게 되었어요. 우리가 통상 민법 교과서에서 소유권의 성질을 설명하는 것을 보면, 절대성, 전면적 지배권성, 통일성, 탄력성, 항구성 등과 같은 추상적인 이야기를 늘어놓게 되잖아요. 그런데 그 분은 소유권을 경제학적으로 설명한 뒤에 이를 법적으로 설명하면 어떻게 된다고 설명하는데, 그게 눈에 확 들어오는 거예요. '아, 법학을 이렇게 해야 되겠구나! 형식논리에 매어 달리지 말고, 사물에 대한 실체적 이해를 바탕으로 해서 그것을 법적인 논리로 설명하기 위해서 노력해야 하겠구나!'그렇게 해보니깐 정말 재미있더라고요. 그러니깐 그 분이 유럽 유학을 마치고 귀국하면서, 자본주의와 사법(私法)의 관계를 해명하겠다고 하시면서 민법연구서를 시리즈로 출판하셨고, 또 민법에 관한 교과서도 시리즈로 출판하셨죠. 그렇게 해서 제가 소유권에 관심을 가지게 되었고, 계속 공부하다가 보니깐 여러 가지 논리적인 측면을 벗어나는 이념적인 측면의 문제도 나오고 아주 재미있더라고요. 그 다음으로 계약에 대하여 관심을 가지게 되고, 그렇게 조금씩 넓혀가다가 보니깐, 민법도 재미있게 공부할 수 있게 되더라고요. (웃음) 자네들이 처음 내가 하는 민법 강의를 들었을 때, 내가 하는 강의가 다른 교수들의 강의와 다른 점이 있다고 느꼈다면 그것은 아마 그러한 데에서 나온 것이 아닌가 생각돼요. 제가 법대에 들어와서 처음부터 법학적인 개념이나 논리를 당연한 것으로 받아들이고 그것을 그대로 외우고 익히는 식의 공부를 했다면 저도 그렇게 가르쳤을 거예요. 그런데 저는 민법을 그렇게 공부하지 않았어요. 저의 관심은 좀 더 깊은 곳에 있었고 그것을 해소하려고 노력하다가 얻은 성과를 정리해서 얘기하니깐 종래의 전통적인 방법으로 법학을 공부한 다른 사람들과는 다른 설명을 하게 되었던 것 같아요.

신동권: 선생님은 강의를 문제 중심으로 하셨어요. 지금도 제 기억에 남아 있는 것이, 선생님은 기억 못하시겠지만, 민법총칙 강의를 하실 때에 다른 분들이라면

이론을 추상적으로 설명하셨을 텐데, 선생님께서는 '너희들이 아침에 학교에 올 때 버스 탈 때를 생각해보면, 버스를 타고 요금을 내지 않니, 그런데 너희들이 몰라서 그렇지, 그게 다 계약으로 설명이 되는 것이야.' 이런 식으로 강의하신 것이 참 인상적이었습니다. 그리고 지금 말씀하시니깐 기억이 나는데, 민법강의 때 왜 민법을 전공하게 되었는가에 대하여 와가즈마 교수에 관한 말씀을 하시면서, 민법학을 통해서 사회를 변화시킬 수 있다는 취지의 말씀도 하신 것 같아요.

〈경제법과의 만남〉

신동권: 나중에 선생님의 연구분야가 경제법으로 바뀌었는데, 그것은 사회를 바꾸는 수단으로서 민법에 한계를 느끼셔서 그렇게 하신 것인지, 아니면 추가적으로 민법을 보완하는 무엇인가가 더 필요하다고 생각하셔서 그렇게 하신 것인지 궁금합니다.

권오승: 재미있는 질문인데, 와가즈마 교수가 1920년대에 대학에 다닐 때, 그때 일본 지식인들의 진로가 두 갈래로 갈렸다고 하는데, 하나는 관료가 되어서 일본의 근대화에 기여하는 것이고, 다른 하나는 농촌에 들어가서 민중들과 함께 사회를 변화시키는 것이었다고 해요. 그리고 당신은 관료가 되어서 사회변화를 주도하고자 하는 입장을 가지고 있었다고 해요. 그런데 평소에 존경하고 있던 동경대 민법담당 교수이신 하토야마 히데오(鳩山秀夫) 교수가 와가즈마에게 자기 방에 와서 조수(助手)를 하면서 조수논문을 쓰라고 하셨다고 해요. 그 말씀을 듣고서, 와가즈마는 '교수가 되어서 사회발전에 어떤 기여를 할 수 있을지?' 그리고 '더구나 민법학을 통하여 어떻게 사회발전에 기여할 수 있을지?'가 궁금했다고 해요. 그럼에도 불구하고, 워낙 평소에 존경하는 교수님의 지엄하신 분부라서 이를 감히 거절하지 못하고 그 교수님 방에 들어가서 2년간 조수로 있으면서 조수논문을 쓰고 나니깐, 미국에 가서 사회학을 공부하라고 해서 사회학을 공부하고 귀국하니깐, 다시 독일로 가서 경제학을 공부하라고 해서 독일에 가서 경제학을 공부하고, 돌아오는 길에 프랑스에 가서 자본주의 비판서적을 통독하고 나서 일본에 귀국하면서, 자기는 장차 자본주의와 사법(私法)의 관계를 해명하겠다고 선언하는 것을 볼 수 있는데, 여기서 저는 법학자의 사명과 법학을 연구하는 자세에 대하여 새로운 인식을 하게 되었어요. 와가즈마 교수가 기존에 가지고 있던 문제의식을 가지고 사회과학적 훈련을 거친 뒤에 평생

동안 법학을 연구하고 나서 돌이켜 보니까, '법학은 전투대열에 비유하면 최전 선은 아니지만 적어도 본진은 된다는 거예요. 최전선에서 적진을 향해 공격할 수는 없지만, 적어도 본진에서 앞에서 싸우는 군사들을 지원해 주지 않으면 최 전선이 적진에 넘어가 함락될 수도 있으니까, 그렇게 되지 않도록 하려면 법학 이 사회발전을 지탱해주는 본진의 역할을 제대로 해야 한다는 것이에요.' 저는 와가즈마 교수의 그러한 설명을 접하면서, 저런 문제의식을 가지고 법학을, 민 법을 연구하는 것도 의미가 있겠구나 하는 생각이 들더라고요. 그래서 소유권 과 계약에 관심이 가지고 연구하기 시작했는데, 그것을 충분히 해명하지 못한 상태에서 경제법에 관심을 가지게 되었어요. 그 계기는 1977년에 박사과정의 지도교수이신 황적인 교수님이 저를 부르시더니, 당신이 학부에서 경제법을 강 의하시기 위하여 만들어 놓으신 강의안을 주시면서 그것을 기초로 해서 경제 법 교과서를 썼으면 좋겠다고 하시더라고요. 당신의 말씀으로는 80%는 해놓 았으니까 20%만 하면 된다고 하셨는데, 그것을 받아 가지고 와서 읽어 본 뒤 에 일본과 독일의 경제법 분야의 교과서를 찾아보니까, 일본에는 경제법 분야 의 대표적인 저서로서 金澤良雄(가네자와 요시오)교수의 "경제법"과 今村成和 (이마무라 시게카즈)교수의 "독점금지법"이 있고, 독일에는 게르트 링크(Gerd Rinck)교수의 "경제법"(Wirtschaftsrecht)라는 책이 있더라고요. 그래서 그 세 권을 갖다 놓고 읽으면서 교과서의 틀을 잡고, 우리나라 자료들을 챙겨서 교과 서를 쓰기 시작했어요. 그런데 그 작업이 만만치 않았어요. 그렇게 해서 1978년 에 황적인 교수님과 공저로 출판한 것이 우리나라 최초의 경제법 교과서였어요. 그것이 경제법에 관심을 갖게 된 계기였어요. 그 책을 쓰면서 자본주의 시장경 제 체제에서는 독점금지법이 경제법의 핵심이라는 것도 알게 되었어요.

그런데 당시에 우리나라에는 아직 독점규제법이 제정되지 않았어요. 우리나 라에서도 1963년부터 독점규제법 또는 공정거래법을 제정해야 한다는 주장이 있었지만, 그 때마다 이른바 시기상조론에 밀려서 독점규제법을 제정하지 못하 고 있어요. 그러다가 1980년에 '독점규제 및 공정거래에 관한 법률'이 제정되어, 1981년 4월부터 시행되게 되면서, 독점규제법에 대하여 관심을 가지고 연구를 하게 되었지요. 그런데 당시에는 법과대학에 경제법 강의가 없는 경우도 많았 고, 있더라도 1년에 한 번이나 2년에 한 번 정도 있을 정도이었으며, 저도 민법 교수로서 민법강의를 담당하고 있었기 때문에 민법을 연구하느라 경제법 연구 에 많은 시간과 노력을 투입하지 못했어요. 그렇지만 경제법에 흥미를 가지고 있었기 때문에, 박사학위 논문은 경제법 분야의 주제로 써야겠다는 생각을 하고 있었어요. 그런데 당시 국내의 연구여건으로 볼 때 국내에 연구하는 것만으로는 경제법 분야에서 훌륭한 학위논문을 쓰기가 어렵겠다고 판단되어, 유학을 가기로 결심하고 그 준비를 하게 되었어요. 막상 유학을 가려고 하니 어느 나라로 가는 것이 좋을지 잘 모르겠더라고요. 왜냐하면 경제법의 핵심인 독점금지법은 미국에서 최초로 제정되었을 뿐만 아니라 미국이 세계에서 가장 발달한 나라라고 할 수 있지만, 미국은 우리나라와 법체계가 다르고, 대륙법계에 속하는 나라 중에서 독점금지법이 가장 발달한 나라는 독일과 일본이더라고요. 그런데 두 나라는 모두 2차 대전의 패전국인데 두 나라를 비교해 보니깐, 가장 큰 차이가 나는 것은 일본은 전후 맥아더 사령부가 와서 미국의 셔먼법(Sherman Act, 1890), 클레이튼법(Clayton Act, 1914), 연방거래위원회법(Federal Trade Commission Act, 1914)을 하나로 합쳐서 만들어준 「사적독점의 금지 및 공정거래의 확보에 관한 법률」을 덥석 받아들여서 1951년부터 시행을 했지만, 그 후에 그 법을 제대로 시행하지 못하고 있다가 1970년대에 오일쇼크가 나면서 비로소 그 법을 적극적으로 집행하기 시작했는데 반하여, 독일은 똑같은 패전국이면서도 점령당국의 요구사항들을 받아들여서 그 법을 제정하려고 노력하는 과정에서 이를 자국의 법체계와 경제현실에 부합되게 만들기 위해서 110여 차례의 회의를 거치는 등 진지한 노력을 거쳐서 1957년에 비로소 경쟁제한방지법(Gesetz gegen Wettbewerbsbeschränkungen, GWB)을 제정하고 이를 시행을 하고 있을 뿐만 아니라, 그 후에도 이를 계속 수정해 가면서 세계에서 가장 실효성 있는 법으로 발전시켜 나가고 있더라고요. 그래서 저는 '이 분야를 제대로 공부하려면 독일로 가야겠다.'고 생각하고 독일로 가기 위한 준비를 하게 되었어요.

〈독일 유학, 리트너 교수와의 만남〉

황태희: 선생님께서 훔볼트 재단의 지원으로 독일 유학을 다녀오시게 된 계기와 그 과정은 어떠셨나요? 그리고 선생님께 리트너 교수님은 어떤 분이셨습니까?

권오승: 독일 유학을 가기로 결심하고 독일문화원에 다니면서 독일어 회화공부도 하고 그랬는데, 당시 재정적으로는 DAAD(독일학술교류처)나 훔볼트 재단의 지원을 받는 길밖에 없었어요. 그런데 DAAD는 이미 나이가 너무 많아서 안 되고, 훔볼트 재단의 지원을 받는 길밖에 없었는데 그게 만만치 않았어요. 연구

계획서와 지도교수 추천서이 가장 중요한 서류인데, 연구계획서야 제가 쓰면 되지만 추천서의 경우에는 영향력 있는 교수가 적극적으로 추천을 해야 한다는데, 그게 쉽지 않았어요. 1980년에 독일 프라이부르크 대학의 리트너 교수(Fritz Rittner, 1921~2010)가 한독경상학회의 초청으로 한국에 오셔서 전경련에서 논문을 발표하신 적이 있는데, 그 때 저보고 토론자로 참석해 달라고 해서 제가 토론을 한 적이 있어요. 그러한 인연으로 하여 제가 리트너 교수님께 직접 편지를 써서 독일에 가서 당신의 지도로 경쟁법을 연구하고 싶은데, 추천서를 써주실 수 있겠냐고 여쭈었더니, 그 분이 한국에서 논문발표를 할 때 제가 무슨 질문을 했는지를 기억하고 있다고 하시면서 기꺼이 추천서를 써주셨어요. 그래서 저는 훔볼트 재단의 지원을 받아 독일로 유학을 가게 되었어요. 그게 저한테는 큰 행운이었지요.

권오승: 제가 독일로 유학 갈 때에 매우 절실한 마음으로 갔으니깐 프라이부르크 대학에서 리트너 교수님의 강의와 세미나도 다 들었고 또 그 분의 논문과 책까지 다 구해서 읽었어요. 그런데 읽어 보니까 그 분이 너무 자유주의자이시더라고요. 그 분은 모든 독점에 대해서 반대하는 입장을 가지고 있었어요. 그 분은 2차 대전에 군인으로 참전했다가 전쟁포로가 되어서 러시아 수용소에서 5년간이나 포로생활을 하신 분이거든요. 포로수용소에서 자유에 대한 억압을 직접 몸으로 체험하신 분이기 때문에 모든 구속과 제한에 대해서 반대하셨어요. (웃음) 저는 자유가 중요하긴 하지만 필요하면 정부가 규제도 해야 한다고 생각하고 있었는데, 그 분의 생각은 다르더라고요. 제가 2년 동안 독일에서 연구할 계획을 가지고 있었는데, 2년 동안 그 분의 지도만 받고 있다가 돌아오면 만족하지 못할 것 같은 생각이 들어서, 그 분께 직접 도전해 보고 나서 다음 계획을 짜야 하겠다고 생각했어요. 그래서 제가 면담신청을 했더니, 언제든지 오라고 하시더라고요. 그래서 연구실로 찾아 갔더니, 갈 때마다 안 계시는 거예요. (일동 웃음). 나중에 알고 보니 독일 교수들은 평소에 연구실에 나와 있지 않아요. 집이 워낙 좋으니깐 평소에는 집에서 연구를 하고 강의나 회의가 있을 때만 학교 사무실에 나오시는데, 강의 시작 한 시간 전쯤 나와서 비서와 조교를 만나서 업무를 처리하고 학생들 면담은 사전에 예약을 받아서 약 5분간 간단히 하고 마는 거예요. 그래서 저는 이렇게 해서는 도저히 안 되겠다 싶어서 약속시간을 잡아서 따로 만나자고 말씀드렸더니, 매주 월요일 학생면담이 끝난 뒤에 한 시간을 저와 면담하는 시간으로 비워 놓을 테니 그때 이야기하도록 하자고 하시더라고

요. 그렇게 해서 저는 특별한 대우를 받게 된 셈이지요. (웃음)

저는 궁금한 것이 너무 많으니깐 무엇부터 여쭈어 봐야 할지 고민이 되더라고요. 처음에는 질문지를 만들지 않고 그냥 들어갔는데, 제 질문을 정확하게 표현하기도 쉽지 않고 또 거기에 상당한 시간이 걸려서, 그 다음에는 질문을 1번부터 10번까지 정리한 질문지를 만들어 가지고 가서, 이를 제시하면서 당신이 대답하기 좋은 순서대로 대답해 달라고 말씀드렸어요. 처음에는 의문이 많아서 질문지를 만드는 것이 어렵지 않았는데, 면담이 한참 진행되고 나니깐 질문지를 작성하기가 점점 더 어려워지더라고요. 이미 했던 질문을 다시 반복할 수도 없고, 질문이 점차 발전해 나가야 할 터인데 발전된 질문을 하기가 쉽지 않더라고요. 그렇다고 해서, 모처럼 얻은 좋은 기회를 놓칠 수도 없고, 나중에는 매주 월요일 마다 있는 면담시간이 엄청 부담이 되었어요. 그래서 저는 주말마다 질문지를 작성하느라 끙끙거렸어요. (웃음) 1985년 크리스마스 때에 그 분이 우리 가족을 댁으로 초대했어요. 사모님이 아내에게 요즈음 어떻게 지내냐고 물어보셨는데, 아내가 "주말마다 이 사람이 질문지 작성하느라 방에 틀어박혀 있어서 우리는 아무 것도 못해요"라고 하는 거예요. 그러니깐 사모님이 리트너 교수님께 "왜 면담시간을 월요일로 잡아서 권교수 가족의 주말을 망치게 하느냐?"고 핀잔을 하시더라고요. 그런데 리트너 교수님이 "그럼, 화요일로 바꿀까요?"라고 하니까, 아내가 "아니에요, 그냥 두세요. 화요일로 바꾸면 주말만이 아니라 월요일까지 고생하게 하게 될 거예요"라고 해서, 다 같이 웃었던 기억이 나요. (일동 웃음)

그렇게 1년을 보냈는데, 처음에는 독일 교수들 정말 냉정하더라고요. 저는 강의 시간마다 맨 앞줄에 앉아서 열심히 들었는데, 강의 마치고 나가면서 인사도 안 하고 가는 거예요. 제가 쫓아가서 인사를 해도 인사도 제대로 안 받고 지나치기도 하고……. 처음에는 내가 뭘 잘못했는가 하는 걱정도 하고 그랬는데, 그렇게 냉정했던 분이 매주 월요일마다 가진 면담시간을 통하여 마음을 활짝 열고 당신 속에 있는 것을 다 털어놓기 시작하더라고요. 이제 책이나 자료는 그만 읽고 논문을 쓰라고 하시면서, 저의 근본적인 질문에 대하여는 그 문제는 법학의 차원에서는 해결이 안 된다. 헤겔을 읽어 보라, 칸트를 읽어 보라고 하시면서 당신의 깊은 속내를 드러내기 시작하시더라고요. 그러한 과정을 거치면서 저는 리트너 교수님을 더욱 깊이 신뢰하게 되었어요. 한번은 리트너 교수님이 몇 년에 걸침 교과서 개정판을 마치고 나서, 전국에 흩어져 있는 집필에 참여한

제자들을 초청해서 파티를 개최하신 적이 있는데, 저를 그 모임에 초대하시는
거예요. 그래서 저는 제가 거기에 무슨 기여를 했느냐고 여쭈어 봤더니 (웃음),
당신도 기여를 했으니 좌우지간 오라고 하시더라고요. 파티에는 전국에서 온
제자들과 사모님 그리고 비서가 참석했는데, 분위기가 한참 무르익어가니깐, 그
분이 일어나서 거기에 참석한 한 사람 한 사람을 지명해 가면서, 책을 집필하는
과정에 누가 무엇을 어떻게 기여했는지에 대하여 설명하면서 칭찬을 하시더라
고요. 저는 나한테는 무슨 말씀을 하려나 하고 궁금해 하고 있었는데, 내 순서
가 되니까, 권 교수는 이른바 월요면담(Montagsgespräch)을 통해서 경제법의
기본적인 문제에 대해서 끊임없이 질문을 제기함으로써 당신으로 하여금 총론
파트를 전면적으로 다시 검토하도록 했다고 칭찬하시는 거예요. 그런데 놀라운
것은 그때까지는 저를 외국인 손님으로 대하던 제자들이 그 때부터 저를 같은
문하생으로 받아들이는 거예요. 저는 지금도 그 자리를 잊을 수가 없어요. 그
후에 저는 독일의 경제법 교수와 실무가들을 많이 만나 봤는데, 리트너 교수와
같은 분은 없더라고요. 리트너 교수는 질문을 받으면 주저 없이 바로 대답을
하셨는데, 다른 교수들은 그렇게 하지 못하더라고요.

그런데 그 과정에서 제 머리카락이 희어지기 시작했어요. 제가 프라이부르크
에 있을 때에 그러한 현상을 처음 경험했는데, 그전까지는 공부나 연구는 책이
나 논문을 보고 지식이나 정보를 얻는 과정이라고 생각하고 있었어요. 다시 말
하자면 새로운 이론이나 정보를 수집해서 그것을 제 머리 속에 차곡차곡 쌓아
가는 것이라고 생각했어요. 그런데 그 당시에 저는 제가 오랫동안 가지고 있던
사고의 틀이 깨어지고 새로운 틀이 형성되는 것을 경험하게 되었어요. 그 과정
에서 저는 마치 병아리가 알을 깨고 나오는 것과 같은 진통을 경험한 것이지요.
그 이전에 저는 국가가 경제활동을 더 많이 규제해야 한다고 생각하고 있었는
데, 그 때부터 시장과 국가의 관계에 대하여 근본적으로 재고할 필요가 있다는
생각을 하게 되었어요. 그밖에 자본주의와 사회주의의 관계, 시장경제에 있어서
정부의 역할 등과 같은 문제에 대하여 근본적으로 재고하기 시작했어요. 다시
말하자면, 제가 지난 35년간 간직해 온 사고의 틀 그 자체에 대하여 그것이 과
연 옳은 것인지 다시 생각해 보게 된 것이지요. 당시에 우리나라 지식인들이
대체로 그런 경향을 가지고 있었지만, 자본주의 시장경제가 과연 우리의 대안
이 될 수 있는가 하는 의문을 가지고 그 대안을 모색하고 있었어요. 그런데 그
러한 사상의 틀이 깨어지기 시작한 거예요. 그래서 한동안은 더 이상 책을 보

지 못하겠더라고요. 프라이부르크 시내에 있는 쉬로스 베르크(Schloßberg)라고 산이 있는데, 그 산에 올라가서 산책을 하면서 많은 생각을 했지요. 그러한 진통을 겪고 나서 1986년에 귀국을 했더니 제자들이 선생님이 많이 바뀌었다고 하는 거예요. 독일에 갔다 오더니 자유주의자가 돼서 돌아왔다고 하더라고요. (일동 웃음) 상당히 실망스럽게 생각하는 학생들도 있었어요. 그 때는 아직 중국이 개방되기 전이었거든요. 그 후에 제가 잘 알고 있던 선배들 중에 중국이 개방되는 것을 보고 통곡했다는 분도 있었다고 해요. 왜냐하면 당시에 우리는 중국의 모택동 사상을 읽으면서 거기서 우리의 모델을 찾으려고 했는데, '우리가 모델로 생각하고 있던 대안이 저렇게 허무하게 무너지는구나!'하는 생각에서 큰 실망을 하게 되었던 거지요. 저는 그러한 경험을 이미 독일에서 하고 돌아왔기 때문에 중국의 변화를 있는 그대로 받아들일 수 있었고, 또 독일에 있을 때에 이미 헝가리, 체코, 러시아 출신 학자들이 리트너 교수를 찾아와서 경제시스템의 변화에 대해서 어떻게 대처해야 할 것인지를 문의하는 모습을 지켜보고 왔기 때문에, 한국에 와서 경험한 중국의 변화가 저에게는 놀라운 것이 아니었지요. 이미 어느 정도 면역이 형성된 셈이지요. (웃음) 그렇지 않았던 사람들은 상당히 큰 충격을 받았던 것 같아요. 제가 학문 활동을 하는 과정에서 독일에 가서 리트너 교수님을 만난 것은 큰 행운이었다고 생각해요. 그런 점에서 저는 리트너 교수님을 늘 마음 속 깊이 존경하고 있으며, 독일에 가면 꼭 프라이부르크에 가서 교수님과 몇 시간이라도 함께 보내면서 여러 가지 이야기를 나누고 했는데, 몇 년 전에 그 분이 돌아가셔서 그것을 할 수 없는 것이 무척 아쉬워요.

서　정: 선생님께서 독일 가시기 전에는 주로 민법을 연구하셨는데, 독일 리트너 교수에게 가실 때에는 경제법을 연구하시러 가신건가요?

권오승: 예, 제가 독일 갈 때에는 경제법을 하려고 간 것이었어요. 그러나 계약법이나 소유권, 불법행위법 등과 같은 부분에는 관심이 있어서 민법분야 강의나 연습과목(Übungen) 및 세미나에도 참석하고 그랬어요. 독일 교수들은 다 아는 바와 같이 우리나라처럼 전공이 그렇게 세분화되어 있지 않아요. 리트너 교수님의 명함을 보면 그 직함이 Professor für BGB, Handelsrecht, Wirtschaftrecht, Arbeitrecht und Sozialversicherungsrecht(민법, 상법, 경제법, 노동법, 사회보장법 담당교수)로 되어 있어요. 독일에서는 교수자격논문(Habilitation)을 기준으로 해서 교수자격이 부여되는데, 리트너 교수는 전공의 범위가 아주 넓어

요. 경제법은 물론이고 민법과 상법도 하고 세법도 하고 그랬어요. 물론 연세가 드신 뒤에는 다른 분야의 강의는 하지 않고 경제법에만 전념하셨지만. 그래서 1992년에 제가 서울대로 옮겨와서 경제법만 하게 되었다고 했을 때, 리트너 교수님은 한편으로는 매우 기뻐하시면서 다른 한편으로는 제가 경제법만 하게 된 것을 아쉽게 생각하셨어요. 그 이유는 두 가지인데, 하나는 경제법만 하게 되면 기술적으로 될 수 있다는 것이고, 다른 하나는 경제법만 하게 되면 법학계에서 발언권이 약해지게 된다는 것이었어요. 민법과 다양한 분야를 함께 연구해야 법학계에서 비중 있는 발언을 할 수 있다고 하시더라고요. 그런데 우리나라에서는 민법을 하는 사람은 민법만 하고 경제법을 하는 사람은 경제법만 하는 방식이 굳어져 있잖아요. 그러나 지금 돌이켜 생각해 보면, 제가 서울대에 와서 경제법만 담당하게 된 것이 감사하더라고요. 만약 제가 민법과 경제법을 함께 담당했더라면, 법대에서는 민법에 대한 부담이 매우 크기 때문에 경제법에 전념하기가 어려웠을 것이고, 그 성과도 많이 내지 못했을 것 같아요.

신은주: 민법 전공자인 저로서는 그런 것이 매우 아쉬운 부분이기도 해요. 저는 선생님께서 계속 민법도 하시고 경제법도 하셨으면 더 좋았을 거라는 생각을 해요. 어차피 민법을 도외시하고 경제법만 할 수 있는 것도 아니잖아요. 그런데 학부시절 실천적 활동을 하시면서 선생님께서 시스템의 개혁에 대해서 관심을 많이 가지셨기 때문에, 나중에 선생님께서 계속 경제법 쪽에 집중하셨을 때, 저는 어떤 생각을 했었냐 하면, 선생님의 주된 관심은 매크로한 담론에 있었기 때문에, 민법을 하신 것이 오히려 일종의 일탈이 아니었을까 하는 생각도 했었거든요. 그런데 제가 궁금했던 것은 대학시절에 거시적인, 시스템의 개혁을 법을 가지고 풀어내려면 그 도구가 적어도 민법은 아니지 않았을까 하면서, 처음에 민법을 연구하시고 그 다음에 경제법에 전념하시게 된 이유가 궁금했었는데, 아까 말씀하신 것을 들어 보면 아주 자연스럽게 민법에 관심을 가지고 연구하시게 된 것으로 보이거든요.

권오승: 그것은 이런 점과도 관련이 있을 것 같아요. 사실, 제가 젊을 때 거시적 안목을 가지고 고민하면서 공부할 때에는 자꾸 관심분야가 넓어지더라고요. 그런데 그렇게 해 가지고는 구체적인 성과를 내기가 어렵잖아요. 연구성과를 내려면 어느 분야를 깊이 파고 들어가야 하는데, 그렇게 하면 또 제 시야가 너무 좁아지는 것 같더라고요. 그래서 관심분야를 넓히다보면 '내가 도대체 뭘 하고 있는 것인가?'하는 의문이 들고 하더라고요. (웃음) 저도 젊을 때 그런 과정을 거

쳤어요. 제가 민법교수가 된 계기는 아주 간단해요. 제가 대학원에 와서 법학을 연구하기 시작하면서 그때까지 연구해 왔던 농촌문제를 법학적 관점에서 연구해 보고 싶은 마음이 있었어요. 그래서 석사학위 논문의 주제를 농촌문제와 연결되는 농지소유권에 관한 것으로 잡았어요. 농촌문제의 핵심은 농지문제와 농산물가격문제인데, 농지문제는 기본적으로 법과 제도문제이고, 농산물 가격문제는 정책문제라고 할 수 있어요. 그것이 소유권에 대하여 관심을 가지게 된 계기도 되었고요. 제가 농지소유권에 관한 논문을 썼다는 것이 민법교수로 초빙을 받을 수 있게 된 계기도 되었고요.

그런데 지금 돌이켜 생각해 보면, 사람이 무엇을 계획한다고 해서 그대로 되는 것이 아니라 뭔가 '보이지 않는 손'에 의하여 이끌리는 측면이 있는 것 같아요. 저는 군복무를 마치고 박사과정에 복학해서 한동안 법대의 조교를 하고 있었는데, 당시에는 서울법대에 조교가 딱 두 명밖에 없었어요. 교수님은 약 삼십 분 정도 되었고요. 나하고 같이 조교를 했던 분은 신문대학원에 가서 공부하시다가 뒤늦게 법대로 다시 돌아오신 분으로서 나중에 숙명여대 교수로 가셨는데, 저보다 2~3년 정도 선배였어요. 그러니까 조교가 해야 할 일은 거의 다 제가 할 수밖에 없는 형편이었어요. (웃음) 그때 저는 이렇게 생각하고 공부했어요. 제가 아침 9시부터 오후 6시까지는 매인 몸이니까, 그 시간에는 '누가 무슨 일을 시키더라도 다 해드린다.' 그러나 방과 후의 자유시간은 '어느 누구로부터도 침범 받지 않고 공부에 전념하겠다.' 그래서 저는 밤 11시까지 조교실에서 연구하다가 퇴근하는 생활을 하고 있었는데, 마음을 그렇게 먹고 나니깐 일과 중에 누가 무슨 일을 시켜도 아무 불평 없이 일을 하게 되고, 아무도 일을 시키지 않는 날이 있으면 그것이 아주 고맙게 생각되는 거예요. 저는 혼자서 그렇게 열심히 노력하고 있었을 뿐 제가 무엇을 공부하는지 누구에게 얘기해 본 적이 없는데, 관심 있는 분들은 서울대 박사과정에 누가 있는지, 조교를 누가 하고 있는지를 다 알고 있더라고요. 당시 경희대에 계시던 구연창 교수님이 전화로 동아대에서 민법교수를 뽑는데 혹시 갈 생각이 없느냐고 물으셨어요. 저는 처음에는 갈 생각이 없었어요. 그때 저는 조교를 마치고 독일로 유학 갈 마음을 먹고 있었는데, 지도교수이신 황적인 선생님께 여쭤보니깐, "무슨 소리냐? 독일에서 학위를 받고 돌아와도 자리 잡기가 힘든 판인데, 아무 소리 말고 무조건 가라"고 하시더라고요. (웃음) 저는 그런가보다 하고 부산으로 내려갔지요. 그렇게 해서 민법 교수가 되었어요. 일단 민법교수가 되었으니깐 민법을 열심히 연구해야 되잖아요. 저는 그때 만난 제자랑 지금도 좋은 인연을 맺어가고 있어요. 그런데 1년 후에 구연창 교수님이 저를 다시 경희대로 불러 올렸어요. 구 교수님은 저를 데려다 놓고 당신은 그 다음 해에 미국으로 유학을 떠나셨어요. (웃음) 제가 경희대에서 한 학기 강의를 마치고 나니깐, 철 없는 학생들이 구 교수님을 찾아가서 "권 교수가 구 교수님보다 강의를 더 잘 한다."고 했다는 거예요. (웃음) 구연창 선생님은 환경법 전공이시고 약간 눌변이거든요. 아주 훌륭하신 분인데 당신이 아시는 것을 말로 표현하는 능력이 좀 부족한 측면이 있었어요. 만약 학생들이 저에게 찾아와서 그렇게 얘기했다면 저는 기분이 상했을 것 같은데, 그 분은 "그러니깐 내가 그 분을 모셔왔지. 안 그렇다면 내가 왜 모셔왔겠어?"라고 하셨다는 거예요. 그렇게 대답하시니깐, 당신도 올라가고 저도 올라가고, 둘 다 올라갔을 뿐만 아니라 학생들은 아무 말도 못하고 돌아갔대요. (웃음) 저는 구 교수님께 지금도 매우 고맙게 생각하고 있어요. 참 좋으신 분이셨는데, 아쉽게도 일찍 돌아가셨어요. 저는 경희대에 11년간 근무하다가 서울대로 부임해 와서 23년간 근무했어요.

〈사법개혁위원회 활동과 로스쿨 도입〉

이봉의: 화제를 돌려서, 김영삼 정부 때 로스쿨 도입 논의가 우리나라에서 공식적으로 시작되었고, 그 당시에 선생님께서 로스쿨 도입을 추진하는 데 관여하셨던 것으로 알고 있습니다. 당시 '세계화추진위원회'(세추위)에서 법조인력의 양성 방식을 선진화 하겠다는 취지에서 로스쿨의 도입을 추진하게 된 것 같은데요, 그때 그것을 추진하던 분들이 생각하셨던 로스쿨의 모습이 2007년 여름에 갑자기 로스쿨 법이 통과되면서 실제로 도입된 로스쿨 모습과는 상당한 차이가 있을 것 같은데요, 선생님은 그것을 어떻게 보시는지 궁금합니다.

권오승: 그것은 상당히 중요하고 어려운 주제인데요, 제가 1992년에 서울대에 부임해 왔는데, 1995년 초에 갑자기 청와대에서 '세추위' 이름으로 사법개혁의 일환으로 법률가 양성제도를 대폭 바꾼다는 발표를 하더라고요. 상당히 충격이었어요. 저는 '저렇게 아무런 준비도 없이 덜컥 발표하면 어떻게 하나.'라고 생각하고 있었는데, 박세일 교수, 당시 청와대에 수석으로 계시던 분이 전화로 사법개혁을 추진해야 되겠는데 권 교수가 실무적인 책임을 맡아서 일해 달라고 해서, 제 이름을 밖에 알리지 않는 조건으로 도와드리기로 하고 열심히 준비했어요. 그런데 하루는 신문에 사법개혁을 추진하는 사람들을 '법조 5적'이라고 하면서

비난하는 기사가 실렸는데, 그 중에는 K교수도 있더라고요. 그래서 저는 'K교수는 누굴까?'라고 궁금해 하고 있었는데, K교수가 누군지에 대해서 다른 사람들은 다 알고 있는데, 저 혼자만 모르고 있더라고요. (웃음) 저는 순진하게 제 이름을 발표하지 않기로 했으니깐 남들은 모를 줄 알았어요. 그런데 세상에 비밀이 없잖아요. 그때는 기자들이 저를 만나기 위해서 연구실로 전화도 하고 찾아오기도 하고 그랬는데, 저는 기자들을 안 만났어요. 그 당시에 저희들이 추구했던 목표가 두 가지인데, 하나는 법률가의 수를 대폭 늘리는 것이고, 다른 하나는 법률가 양성방법을 바꾸는 것이었어요. 법률가 양성방법을 바꾼다는 것은 사시를 통해 선발하는 시스템에서 교육을 통해 양성하는 시스템으로 바꾼다는 것이고, 이를 위해서 로스쿨 제도를 도입한다는 것이었어요. 2+3이냐, 4+3이냐를 놓고 한참 논의를 하고 그랬는데, 그때 우리는 로스쿨을 전국에 다섯 개 정도 두느냐, 아니면 두세 개 정도를 두느냐 놓고 상당히 고민을 하고 그랬어요.

이봉의: 그렇게나 적게요?

권오승: 우리 생각에는 전국에 고등법원 소재지에 하나씩, 그리고 서울에 복수로 두게 되면 최대 7개 정도를 생각했어요. 법원 쪽에서는 그것도 많다고 하면서 사법연수원을 개편해서 하는 방안을 제안하면서 한 개 내지 두 개 정도를 두자는 이야기를 하고 그랬는데, 그 안이 상당히 진척이 되었어요. 그래서 성사될 법도 했는데, 총선에서 여당이 다수당에서 졸지에 소수당으로 바뀌면서, 정치력을 통해서 개혁하려고 했었는데 정치적인 힘이 빠져 버리니깐, 그때까지 우리를 못 만나서 애쓰던 사람들이 썰물처럼 다 빠져나가더라고요. 그때 제가 다급한 마음에 기자들한테 도움을 청하기 위해서 연락을 했더니, 얼마 전까지 저를 만나지 못해 안달하던 기자들이 저를 만나주지 않는 거예요. (웃음) 힘이 있을 때는 몰려오다가 힘이 빠지면 쫙 빠져나가는 것을 실감했어요. 기자의 생리가 그렇다는 것을 처음 느꼈어요. 그래서 그것이 결국은 실패로 끝났지만, 법률가 숫자를 늘리는 것은 성공하고, 교육제도를 바꾸는 것은 실패했으니 절반의 성공에 그친 셈이었지요. 우리 경제법 공부하는 사람들끼리 하는 얘기지만, 그때 청와대에서 일하던 사람들이 저한테 미안하니깐, 사시의 선택과목을 늘리면서 경제법을 선택과목으로 넣어준 거예요. (웃음) 그때 제가 경제법에 독점규제법, 중소기업법과 소비자보호법을 다 넣어야 하다고 했더니, 그렇게 많이 넣으면 누가 선택하느냐고 해서 (웃음) 독점규제법과 소비자보호법만 넣고 중소기업법은 시험범위에 넣지 않았어요.

　그 후에 우여곡절을 거쳐서 2007년에 법이 통과돼서 2008년부터 로스쿨이 도입되었는데, 로스쿨제도가 비로소 도입되었으니까, '잘 정착되었으면 좋겠다.' 하는 생각에서 2008년 3월에 공정위에서 학교로 돌아와서 제1기 학생들을 가르치면서 온갖 정성을 다 쏟았지요. <시장경제와 법적 규제> 강의를 하면서 조별로 만나서 면담도 하고 격려도 하면서 애정을 가지고 열심히 노력했는데, 시간이 지나면서 점차 로스쿨 강의가 재미가 없어지더라고요. 뭔가 이상하다는 느낌과 아울러 '이게 아닌데'하는 생각이 들기 시작했어요. 그 주된 이유는 학생들이 너무 여유가 없는 것 같아요. 우리는 학생들을 사시의 압박으로부터 해방시켜서 좀 더 여유 있게 그리고 장기적 안목을 가지고 다양한 분야에 대한 법률지식과 경험 및 서비스 정신을 고루 갖춘 유능한 법률가를 양성해 내고 싶었는데, 요즈음 학생들을 보니깐 학점 따느라고 쩔쩔매고 변호사시험 때문에 노심초사하고, 선택과목 중에서 변호사시험과목이 아니면 아예 수강도 하지 않고…, 이러한 모습을 지켜보면서 안타까운 마음을 금할 수가 없어요. 그리고 로스쿨 졸업생들의 진로도 법원과 검찰 및 대형 로펌 그리고 몇몇 대기업 이 그 주조를 이루고 있는데, 이것은 사시 출신들의 진로와 다를 바가 없어요. 게다가 그 대우가 사시 출신들보다 열악한 경우도 적지 않다고 해요. 그런데 그것은 우리가 기대했던 모습이 아니지요. 우리는 로스쿨 출신들을 좀 더 다양한 분야, 예컨대 정부의 부처나 지방자치단체, 기업, 문화 예술, 사회복지 등 종래 전문적인 법률서비스를 제공받지 못하고 있던 분야에까지 널리 확산시키려는 의도를 가지고 있었어요. 그 대표적인 예로서 로스쿨 제도가 정착되면 행정고시나 외무고시는 이를 폐지하거나 대폭 축소하는 것이 바람직할 것으로 생각돼요. 물론 이러한 목표가 하루아침에 이루어질 수 없겠지요. 그러나 적어도 로스쿨 제도가 그러한 방향으로 조금씩이라도 발전해 나가고는 있어야 하지 않겠어요. 이제 로스쿨을 도입한 지 7년이 지났으니까, 이 제도가 당초의 의도대로 제대로 발전해 나가고 있는지를 점검해 보고, 만약 그렇지 않은 점이 있다면 이를 개선하기 위하여 적극적으로 노력할 필요가 있다고 생각해요. 우리가 그동안은 로스쿨 제도를 도입해서 정착시키기 위해서 노력해 왔지만, 앞으로는 이를 더욱 발전시키기 위하여 지혜를 모을 필요가 있다고 생각해요.

〈경쟁법과 제자양성〉

황태희: 예전에 법대시절을 거치면서 일반대학원 법학과에서는 경제법을 학문적으

로 연구하고자 노력했던 선생님의 제자들이 상당히 많았는데요, 제자들이 그렇게 많이 모였던 원동력은 무엇이라고 생각하시며, 지금 말씀하셨던 로스쿨 체제에서 실무 중심의 교육이 이루어졌었을 때 앞으로 경제법에 관심을 가지고 있는 젊은 변호사들이나 학생들이 좋은 연구자로서 성장, 발전할 수 있도록 하기 위하여 선생님께서 생각하고 계시는 방안 같은 것이 있으면 말씀해 주세요.

권오승: 경제법 쪽도 그렇지만, 로스쿨이 되고 나서 전반적으로 매우 아쉽게 생각하는 것은 실무 쪽으로 나갈 학생들은 많이 있는데, 평생 공부하겠다는 학생들이 대폭 줄어서, 지금은 조교시킬 학생을 찾기도 어려워요. 외국인 학생밖에 없을 정도예요. 그래서 교수들은 학문후속세대의 양성을 어떻게 해야 하느냐 하는 문제를 놓고 고민하고 있는데, 뾰족한 대안이 없어요. 그런데 법학이 원래 순수 학문은 아니잖아요. 그러니까 실무에 대한 경험을 가지고 또 이론적인 관점에서 계속 공부해 나가는, 그러니깐 양쪽을 겸비한 사람들이 많이 나왔으면 좋겠어요. 경제법이 실제의 사회에서 어떻게 기능하고 있는지를 경험한 뒤에 그것을 바탕으로 해서 우리나라 경제질서 내지 경쟁질서가 안고 있는 문제점을 찾아내어 이를 해결할 수 있는 방안을 모색하기 위하여 진지하게 노력하는 사람들이 좀 더 많이 나왔으면 좋겠어요. 우리나라 경제법을 더욱 발전시키기 위해서는 우리보다 앞선 여러 선진국의 법제도와 이론 및 경험을 연구할 필요도 있지만, 그것을 우리나라의 실정에 맞게 수정해서 적용하기 위한 노력도 매우 중요하다고 생각해요. 그런데 요즈음 대학원에 오는 학생들은 대부분이 실무에 종사하고 있는 사람들이예요. 따라서 그들은 실무에 도움이 되는 것에 대하여는 관심이 많지만, 그렇지 않은 것에 대하여는 별다른 관심을 기울이지 않는 것 같아요. 물론 관심은 있어도 그것을 집중적으로 연구할 수 있는 시간적인 여유가 없는 경우가 더 많겠지요. 그러다 보니깐 그들에게 장기적인 안목을 가지고 좀 더 긴 호흡으로 깊이 있는 연구를 하라고 할 수가 없어요. 그래서 저는 제도적으로 실무경험을 갖춘 사람들 중에서 학문적 소양이나 열정이 있는 사람을 선발해서 학문후속세대로 양성할 수 있는 프로그램을 개발할 필요가 있다고 생각해요. 예를 들면 박사과정에 다니는 학생들 중에서 그러한 소양이나 능력을 갖춘 학생들을 선발해서 그들이 다른 걱정을 하지 않고 오로지 연구에만 전념할 수 있도록 재정적으로 지원할 수 있는 방안을 강구할 필요가 있어요. 우선, 우리 경쟁법센터에서라도 1년에 한 명씩 그러한 학생을 선발해서 지원하는 프로그램을 시작해 봤으면 좋겠어요.

그런데 돌이켜 보면 지금은 그래도 예전보다는 형편이 많이 좋아진 것 같아요. 제가 서울대에서 배출한 첫 제자들이 84학번들이고, 그들이 현재 경제법학계에서 중추적인 역할을 담당하고 있는데, 그들의 성장과정도 결코 쉬운 길은 아니었어요. 제가 1992년에 서울대에 부임해 온 뒤에 경제법에 관심을 가지고 있는 학생들의 수가 많이 늘어났어요. 돌이켜 보면, 학문에 대한 학생들의 관심도 시대의 흐름에 영향을 받거나 유행을 타는 경향이 있는 것 같아요. 그 전에는 노동법 쪽에 학생들이 많이 몰렸으나, 그 후에는 경제법 쪽에 학생들이 많이 왔어요. 저는 석사과정까지는 학생들을 비교적 쉽게 받는 편인데, 박사과정에는 평생 함께 공부할 사람들을 뽑으려고 했거든요. 그런데 당시에 우수한 학생들이 많이 와서 열심히 노력하니까 좋기는 한데, 한편으로는 '저 사람들이 평생 동안 일할 수 있는 자리를 마련해 줘야 할 텐데, 그것이 가능할까.'하는 걱정이 되는 거예요. 왜냐하면 당시에 경제법 전임교수가 있는 대학이 서울대와 전남대 두 곳밖에 없었고, 장차 경제법 전임교수를 채용할 가능성이 있는 대학도 거의 없었거든요. 그러나 지나놓고 보니까, 모두 다 자리도 잡고, 또 열심히 노력해서 학문의 발전에 상당한 기여를 하고 있는 것을 보면, 앞으로도 그러한 것들에 대하여는 너무 걱정하지 말고 공부하고자 하는 사람들은 가능한 한 격려해 주고 도와주는 것이 좋을 것 같아요. 저는 제자가 비교적 많은 편인데, 특히 제가 경제법이라고 하는 특수한 분야를 전공하고 있는 점을 감안하면 저는 참 제자 복이 많은 것 같아요. 모두 다 하나님의 은혜라고 생각해요.

신동권: 로스쿨 졸업생들 중에서 학문을 전업으로 하겠다는 사람이 예전보다 줄어든 원인이 무엇이라고 생각하십니까? 로스쿨을 졸업하면 바로 변호사가 된다는 점에서 여건은 오히려 더 좋아진 편이 아닌지요?

권오승: 글쎄, 그 원인은 좀 더 분석해 봐야겠지만, 일반적으로 짐작하기로는 우선, 장래에 대한 불확실성이 크다는 점이고. 그 다음은 아마 대우문제가 아닐까 싶어요. 로스쿨 졸업하고 판사나 검사 또는 변호사가 되면 미래를 예측할 수 있잖아요. 그런데 공부를 계속 하고자 할 경우에는 그 길이 보이지 않는 거예요. 계속 공부만 하고 있으면 되는 것인지, 아니면 어디서 무엇을 어떻게 해야 하는지를 알 수가 없다는 점이 가장 큰 어려움일 것 같고, 두 번째로는 대우에 엄청난 차이가 난다는 점이에요. 예를 들어 대형로펌에 취직하면 당장 보수를 교수보다 더 많이 받지 않습니까. 그런데 조교가 되어봐야 한 달에 150 내지 200만 원 정도를 받을 텐데, 그것도 정식 조교가 되어야 그 정도 받지요. 그 밖의 경

우에는 그 정도도 어렵거든요.

황태희: 선생님께서 생각하시는 좋은 방법이 있으신지요?

권오승: 저는 독일의 제도에 관심을 가지고 있는데, 독일에서는 교수들이 조교(Mit-arbeiter)를 몇 사람씩 두고 있는데, 그들이 2년 단위로 계약을 맺고 대학에서 일을 하고 있어요. 그동안에 박사논문(Dissertation)을 쓰기도 하고, 계속 연구할 사람들은 그 기간을 더 연장해서 교수자격논문(Habilitation)을 쓰기도 하는데, 그렇게 대학에서 연구하다가 실무에 들어가도 절대 손해를 보지 않는 거예요. 왜냐하면 우수한 교수 밑에서 조교를 한 경력이 실무에서도 높이 평가를 받고 있기 때문이죠. 그런데 우리나라에는 아직 그런 제도가 없어요. 저는 우리나라에서도 그러한 제도를 도입할 필요가 있다고 생각하는데, 대학에서 그러한 제도를 도입하려면 시간이 많이 걸릴 터이니, 그 때까지는 우선 연구소나 센터같은 곳에서 그러한 제도를 도입해서 시행해 보면서, 이를 점차 확대해 나갈 필요가 있다고 생각해요.

신은주: 제자에 관한 이야기인데요. 선생님께서 예전에 예수님처럼 12제자만 키우겠다고 말씀하신 적이 있거든요. (웃음) 그런데 지금 선생님의 제자가 상당히 많거든요. (웃음) 그 이유가 특별히 노동법에서 경제법으로 변화하는 시대적 추이때문인지, 아니면 또 다른 이유가 있는지요?

권오승: 그게 무슨 이유인지는 저도 잘 모르겠어요. 제가 처음 서울대에 강의하러왔을 때의 분위기를 얘기하면 그 상황을 짐작할 수 있을지 모르겠는데, 제가1987년에 박사학위를 받고 그해부터 서울대학교에서 대학원 강의를 시작했는데, 당시에는 대학원 강의를 문화관에서 했어요. 제가 매주 경희대에서 여기까지 와서 강의를 했는데, 그때는 이상하게 느낀 것은 제가 강의실에 들어가서 강의를 시작하기 전에는 같은 강의를 듣는 대학원 학생들이 서로 이야기를 하지않고 있더라고요. 자존심 때문인지 모르지만 서로 인사도 안 해요. 그러다가 학기가 끝나고 종강 파티를 하면 그 때 비로소 서로 자기소개를 하고 그랬어요. 이래서는 안 되겠다 싶어서 학기 중에 1박 2일간 블록세미나를 하기 시작했지요. 사회과학은 사람들 간의 관계를 다루는 학문인데, 사람들이 서로를 깊이 이해하지 못한 상태에서 어떻게 깊이 있는 토론을 할 수 있겠어요. 그래서 우선 서로 인간적으로 가까워지도록 해야겠다는 생각을 했어요. 학기가 시작되고 한 달쯤 지나서 블록세미나를 다녀 온 뒤에는 수업 분위기가 완전히 달라지는 거

예요.

그리고 학부의 경우에는 경제법이 폐강될 위기에 처해 있었어요. 학부강의는 제가 1989년인가 90년부터 시작한 것 같은데, 당시 교무부학장을 맡고 있던 최송화 교수님이 저한테 전화로 경제법 강의가 폐강될 위기인데 혹시 경제법 강의를 맡아줄 수 있겠느냐고 하시길래, 저는 만사를 제쳐 놓고 하겠다고 했지요. 저는 경제법을 전공하고 있는 사람인데 서울대에서 경제법이 폐강되면 어떻게 합니까. 그렇게 해서 강의를 시작하게 되었는데, 그때 저는 '서울대에서 경제법 강의를 하게 되었다.'는 사실이 매우 기뻤어요. 그래서 열심히 준비해 가지고, 첫 시간에 당시 박사과정에서 경제법을 전공하고자 하는 대학원생 한 명을 데리고 강의실에 들어갔더니, 강의실에 학생이 한 명도 없는 거예요. (일동 웃음) 그때 제가 얼마나 당황하고 얼굴이 화끈거릴 정도로 창피했던지, '차라리 혼자 왔으면 이렇게 창피하지나 않을 걸……', 같이 온 박사과정 학생에게 미안하기도 하고 또 체면이 서지 않는 거예요. (웃음) 그런데 나중에 곰곰이 생각해 보니, 그 당시의 시대 상황이 학생들이 경제법에 관심을 가질 수 있는 분위기가 아니었어요. 왜냐하면 시장경제를 경제질서의 기본으로 삼고 있는 나라에서 경제법의 핵심인 독점규제법은 시장의 기능을 유지하기 위하여 자유롭고 공정한 경쟁을 촉진하는 것을 목적으로 하고 있는데, 당시에는 시장경제가 우리의 대안이 될 수 있는지에 대하여 의문을 품고 있는 학생들이 적지 않았거든요. 이와 같이 강의의 주제나 내용이 시대정신에 부합하지 않은데다가 강사에 대한 사전정보도 부족하고, 또 개강 첫 주에는 강의가 제대로 진행되지 않는 경향도 있어서, 학생들이 나오지 않은 것이었더라고요. 그런데 저는 그것도 모르고 첫 시간부터 강의를 하겠다고 달려 왔는데, 강의실에 아무도 없었으니 얼마나 당황했겠어요. 다행히 그 다음 주에는 20명 정도가 들어와서 강의가 진행되었어요. 그런데 수강생들의 태도가 그다지 좋지 않았어요. 신문을 보거나 팔짱을 끼고 앉아서 시간강사가 하는 강의를 '들어 준다'는 식이었어요. 나중에 들리는 이야기가 주로 공부 열심히 하지 않는 널널한 애들만 들어 왔대요. (웃음) 그러나 저는 강의를 아주 열심히 했어요. 학기말에 어떤 여학생이 강의평가를 올렸는데, 자기는 정말 법대에 와서 이런 강의를 처음 들어 봤다고 하면서 강추한다고 했더라고요. 수강하는 학생들의 태도가 그다지 성실하지 않았으니 답안지가 좋을 리가 없잖아요. 그래서 수강생의 절반 정도에게 F를 줬어요. 시간강사로 와서 수강생의 절반에게 낙제 학점을 주었어요. 그런데 그 다음 해에는 수강생이 40명으로 늘어났어요. 저도 깜짝 놀랐어요. '확실히 서울대는 다르구나!'하는 생각이 들더라고요. (일동 웃음) 그런데 나중에 알아보니 그 이유가 다양하더라고요. 경제법 그 자체에 관심이 있어서 신청한 학생들도 있고, 작년도의 강의 평가를 듣고 수강 신청을 한 학생들도 있고, 작년에 F학점을 받고 재수강을 하는 학생들도 있더라고요. (웃음) 그런데 그 이후에도 해마다 배씩 늘어나는 거예요. 40명에서 80명으로, 그 다음 해 제가 전임으로 왔을 때에는 120명 들어가는 강의실이 꽉 찰 정도이었어요. 그러면서 경제법에 대한 관심이 서서히 높아지기 시작했지요. 그리고 대학원에서도 경제법에 대한 관심을 점차 높아지기 시작하여 한동안은 경제법 전공자가 아닌 학생들 중에도 제 강의를 수강하는 학생들이 많았어요. 그런데 시간이 지나면서 그러한 분위기는 또 바뀌는 것 같아요.

〈공정거래위원장〉

서　정: 선생님께서 말씀하신 것처럼 처음에 서울대에 강의하러 오셨을 때에는 학생들이 없다가 점점 늘어났듯이 처음에는 경쟁법 자체가 상당히 마이너(minor)한 과목이었고, 독점규제법도 1980년에 제정되기는 했지만, 어떻게 보면 정책의 수단 정도로 여겨졌고 그랬는데, 선생님께서 계속 연구하시면서 경쟁법 분야도 발전하고, 선생님은 공정거래위원회 위원장까지 하시게 되었습니다. 결과적으로 선생님은 마이너한 학문으로서 경쟁법을 계속 키우시면서 연구하시고 가르치시고 또 나가서 경쟁당국의 수장으로서 실무를 직접 담당하시면서 양쪽을 다 경험을 하시게 되었는데 그 계기가 무엇인지, 그리고 학자와 관료로서의 역할이 어떻게 달랐는지에 대하여 여쭈어 봅니다.

권오승: 좋은 질문인데, 제가 그렇게 경쟁법을 열심히 하기는 했지만, 당시에는 우리나라에서 '경쟁법'이라는 개념 자체가 아주 생소했잖아요. 제가 1986년에 독일에서 돌아와서 1987년에 박사학위를 받고 1988년부터 '경쟁법연구회'라는 모임을 만들어서 활동하기 시작했는데, 그 후 모임이 한동안 휴면상태로 있다가 2000년에 다시 중흥총회를 열어서 한국경쟁법학회로 출발하게 되었는데, 지금도 기억나지만, 선배 교수 한 분이 어느 자리에서 "야, 경쟁법학회라는 것이 생겼단다. 경쟁법이 뭐지? 법을 경쟁하듯이 하는 것인가?" (일동 웃음) 제가 옆에 있는 것도 모르고 비웃듯이 말씀하신 적이 있었어요. 그만큼 경쟁법이라는 용어 자체가 생소했던 거예요.

그런데 제가 경제법 내지 경쟁법을 연구하다가 보니깐 정책과 현실에 대하여 자꾸 비판을 하게 되잖아요. 저는 우리나라가 좀 더 잘 되었으면 좋겠다는 생각에, 이러 저러한 제안도 해 보고 비판적인 의견을 글로 표현하기도 하다가 보니깐 공정위에서는 제가 상당히 부담스러웠던가 봐요. 그런데 1996년 4월 1일이 공정거래법 시행 15주년 기념일인데, 김인호 전 위원장이 저한테 그 날 기념식에 와서 지난 15년 동안 공정거래법 집행의 성과와 앞으로의 전망에 대해서 강연을 해달라고 요청하시는 거예요. 3월 중순경에 그러한 요청을 받고 강연을 준비하기 시작했는데, 막상 원고를 써놓고 보니까 그 내용이 상당히 비판적인 거예요. 그래서 그 내용과 표현을 좀 더 다듬어 보려고 노력했으나 그것이 쉽게 되지 않는 거예요. 시간이 충분히 있었으면 내용은 그대로 두더라도 표현만이라도 좀 더 부드럽게 다듬어서 듣는 사람들이 부담스럽게 느끼지 않도록 했을 터인데, 그것도 제대로 되지 않더라고요. 그래서 저는 15주년 기념식에 가서 솔직하게 얘기하기로 했어요. 공정거래법 시행 15주년 기념식은 결국 공정위로 말하자면 생일잔치인 셈인데, 제가 생일잔치에 와서 축하하고 덕담을 해야 하는데, 원고를 준비해 놓고 보니까 덕담이 아니라 고언(苦言)을 하게 될 것 같습니다. (웃음) 그러나 15살이면 사람으로 치면 고1에 해당되는 나이인데, 앞으로 3년을 어떻게 보내느냐에 따라 일류대학을 진학할 수도 있고 그렇지 못할 수도 있는 아주 중요한 시기입니다. 이와 같이 공정위도 앞으로 3년을 어떻게 보내느냐에 따라서 일류기관으로 성장할 것이고 이류 내지 삼류기관으로 전락할 수도 있습니다. 그래서 저는 공정위가 일류기관으로 발전했으면 좋겠고 또 공정거래법이 한 단계 업그레이드되었으면 좋겠다는 간절한 소망을 가지고 이야기를 할 터이니, 듣기에 다소 부담스러운 이야기가 있더라도 오해 없이 들어 달라고 양해를 구한 뒤에 강연을 시작했어요. 그런데 그 때가 마침 김인호 전 위원장이 취임하고 두 달 정도밖에 안 되었을 시기라서 장차 공정위를 어떻게 이끌어 나가야 할지에 대한 구상이 다 잡히지 않은 상태이었던 것 같아요. 그 분이 제일 앞자리에 앉아서 열심히 받아적기 시작하더라고요. 그런데 관료사회가 다 그렇잖아요. 위원장이 앞자리 앉아서 열심히 받아쓰면 상임위원을 비롯한 다른 간부들도 다 그렇게 하더라고요. (일동 웃음) 강연회의 숙연했지요. 뒤에 기자들도 많이 들어 와 있고 해서 저는 은근히 걱정이 되었어요. 이렇게 얘기하다가 내일 아침신문에 비판적인 기사가 크게 보도되면 어떻게 하나 하고 걱정을 했는데, 이상하게도 다음 날 다른 신문에는 아무런 기사도 나오지 않았는데, 유독 한겨레신문에서 박스 기사로 '서울대 권오승 교수, 공정위 발가 벗기다!'라는 제목으로 (웃음) 자세한 기사가 났는데, 내용을 보니깐 아주 잘 썼 더라고요. '위원장이 특별히 권 교수에게 공정위를 발가벗겨 달라고 주문을 해 서 권 교수가 비판적으로 이야기를 했는데, 그 분위기가 후끈했다.'는 내용의 기사가 났더라고요. 나중에 알아보니까 공정위의 대변인이 기자들한테 이야기 해서 다들 기사를 안 쓰기로 했는데, 한겨레 기자만 그런 기사를 썼다고 하더라 고요. (웃음) 그런데 그 후 1986년 말에 공정거래법을 개정할 때에, 제가 그 강 연에서 주장한 내용을 많이 반영했더라고요. 법 제3조의 시장구조의 개선과 같 은 것이 그 대표적인 예라고 할 수 있어요. 결국 제가 그러한 방법으로 법 개정 에 상당한 기여를 할 수 있었구나 하고 생각하니 가슴이 뿌듯하더라고요.

그러나 독점규제법에 대하여는 제가 아무리 좋은 의견을 제시하더라도 국회 나 공정위가 이를 들어주지 않으면 아무런 의미가 없다는 생각이 드는 거예요. 고시계에 민법에 관한 글을 쓰면 수험생이 보고 좋아하는데, 독점규제법에 대 해서는 아무리 고민을 해서 좋은 글을 쓰더라도 보는 사람이 몇 사람 되지 않 으니, 그 파장이 크지 않아요. 그래서 저는 '이게 무슨 의미가 있는가. 이왕 하 려면 제가 집행당국에 들어가서 제대로 해야 되는 것이 아닌가?'하는 생각을 하게 되었어요. 그런데 그런 기회가 오지 않잖아요. 저를 정책자문위원회 위원 으로 오라고 해서, 가서 여러 가지 의견을 제시해 보지만 그것도 형식적으로 지 나가는 것이지 진지하게 되지 않더라고요. 그런데 한번은 당시 공정위 사무처 장을 맡고 분이 저보고 "권 교수님은 언제까지 자문만 하고 있을 겁니까? 직접 자문 받는 자리로 한번 가보시지요!"라고 하더라고요. 그런 것들이 계기가 되어 서 제가 공정위에 가면 잘 할 수 있을까 하는 생각을 해 보게 되었어요. 마침 청와대에서 후임 공정거래위원장의 인선을 놓고 고민하고 있을 때인데, 저도 하마평 중 마지막에 오르게 되었어요. 그러나 가능성은 별로 없었어요. 그런데 어떻게 된 일인지 제가 유력한 후보 중에 한 명으로 되더니, 드디어 제13대 공 정거래위원장으로 지명되게 되었어요. 그러나 당시, 노무현 정부 때만해도 정부 가 경쟁법이나 경쟁정책과 같은 것은 잘 몰랐고, 전임 위원장이었던 강철규 교 수도 재벌규제 쪽에 관심이 있는 분이었지 경쟁정책을 연구하신 분은 아니잖아 요. 그래서 청와대에서 저를 검증할 때에도 주로 재벌규제에 대한 저의 생각이 나 입장을 체크했지, 경쟁법이나 경쟁정책에 대해서는 관심이 없었던 것 같아 요. 제가 서울대 '법학'에 일본의 재벌 해체와 그것이 우리나라에 주는 의미에 대해 쓴 글이 있는데, 그것이 저를 긍정적으로 평가하는 데 도움이 되었다고 해요. 그것을 통해서 제가 재벌문제에 대해 가지고 있는 생각이 그들과 큰 차이가 없다는 것을 확인했던 것 같은데, 당시에 저는 공정위가 재벌규제기관이 아니라 경쟁당국으로서 제 역할을 다했으면 좋겠다는 생각을 하고 있었고, 그렇게 하려면, 공정위가 종래 주로 불공정거래행위나 카르텔 규제와 같은 행태규제에 치중하던 태도를 버리고, 앞으로는 기업결합규제, 시장지배적 사업자의 지위 남용규제에 중점을 두고 구조규제를 더 적극적으로 해야 한다고 생각하고 있었어요. 특히 우리나라처럼 시장의 독과점화가 고착된 나라에서는 시장지배적 사업자에 대해 좀 더 적극적으로 규제할 필요가 있고, 기업결합에 대해서도 적극적으로 규제하되 그 시정조치는 구조적 조치를 중심으로 해서 시장구조가 악화되는 것을 막아야 한다고 생각했는데, 지금 돌이켜 생각해 봐도 그것이 시대적인 요구에 맞았던 것 같아요. 그런 상태에서 재벌규제 문제가 다시 제기되어서 제가 생각해 보니깐, 개별시장 중심의 경쟁정책 이걸 아무리 강조해도 재벌의 계열회사들이 순환출자를 통해서 거미줄처럼 연결되어 있는 이러한 구조를 해결하지 않고서는 개별 시장의 경쟁제한의 문제도 제대로 해결되지 않겠다 싶어서 먼저 이러한 순환출자부터 해소해야 하겠다고 생각하고 그것을 시작하려고 했더니, 당시 부위원장이 "그거 시작하시면, 다른 일은 하기 힘들 겁니다."라고 하면서 자꾸 말리더라고요. 그때까지 저는 그 말이 갖는 의미를 정확하게 깨닫지 못했어요. 그 일은 공정위 내부적으로 보면, 그 일은 '기업집단과'가 하면 될 문제인데, 그것이 뭐 그리 큰 문제가 될까? 하고 간단히 생각했는데, 막상 시작해보니깐, 그게 아니더라고요. 우리나라에서 재벌의 힘이 얼마나 큰 지를 실감할 수 있었어요. 저는 공정위에 들어가서 재벌문제를 건드리기 전에는 재벌의 힘이 얼마나 강한지를 제대로 알지 못했던 것 같아요. 대통령이 연초에 경제부처를 순시하면서 업무보고를 받지 않습니까, 그런데 김대중 대통령은 공정위에 제일 먼저 가서 공정위에 힘을 실어 주셨잖아요. 그것은 정말 잘 하신 일인데, 당시 대통령이 공정위에 가서 기껏 질문하신 것이 재벌문제와 하도급문제 이었어요. 저는 그것을 보고, '저것이 공정위의 주된 과제가 아닌데, 왜 저걸 지적하시지?'라고 생각했는데, 그것은 제가 잘 몰라서 그랬던 것이에요. 왜냐하면 정치적으로 보면, 공정위가 하는 업무 중에서 가장 중요한 것이 재벌규제와 하도급규제라고 할 수 있거든요.

제가 공정위에 가서 느낀 점은 대학에 있을 때는 열심히 연구해서 발표해도 공정위가 그것을 받아들여서 법을 집행해 주지 않으면 의미가 없다고 생각되었는데, 막상 공정위에 가서 재벌문제를 어떻게 해결해야 할지를 놓고 고민을 해보니깐 정확한 답이 없더라고요. 순환출자를 해소한다고 하더라도 이를 어떻게 해소할 수 있는지, 그리고 그것을 해소하고 나면 그 다음 문제는 어떻게 풀어야 하는지. 해결해야 할 과제가 한두 가지가 아니더라고요. 제가 거기서 느낀 점은 아무리 집행권한을 주어지더라도 연구가 축적되어 있지 않으면 문제를 해결할 없구나 하는 것이었어요. 단기적으로는 연구와 법집행 사이에 시차가 있는 것처럼 보이지만, 장기적으로는 연구 성과가 계속 쌓여야 집행기관이 이를 집행할 수가 있고, 또 법의 집행이 제대로 되어야 그것을 자료로 해서 다시 연구를 진행할 수 있어요. 따라서 연구와 법집행은 상호보완관계에 있다고 할 수 있어요. 그러한 의미에서 우리나라에서도 연구인력도 점차 늘어나고 연구업적도 많이 쌓이고, 또 법집행기관의 실무도 더욱 발전하여, 양자가 조금 더 긴밀하게 상호보완적인 관계를 유지할 수 있었으면 좋겠다고 생각해요. 그런데 중국이 2002년 베이징에서 반독점법의 도입을 위한 국제회의를 개최했을 때에, 제가 그 자리에서 우리나라 독점규제법 집행의 성과와 경험에 대하여 발표하면서, 상당히 비판적으로 얘기한 적이 있어요. 그랬더니 미국에서 온 학자가 "그래도 아시아에서는 한국이 가장 활발하게 법을 집행하고 있는데, 당신은 왜 그렇게 비판적이냐?"고 하더라고요. 그래서 저는 "독점규제법은 경제질서의 기본법인데, 우리나라에서는 독점규제법이 아직 경제질서의 기본법으로서 제 역할을 다하지 못하고 있기 때문"이라고 대답했더니, 그 분이 하는 말씀이 "그게 하루아침에 될 수 있는 줄 아느냐? 우리는 100년이 걸렸고, 유럽도 60년이 걸렸다. 그런데 너희는 아직 20년 정도밖에 안 되었지 않는가? 20년에 그 정도하면 잘 하는 것이 아닌가."라고 하더라고요. 그러나 저는 "너희들이 100년 걸렸다고 우리도 100년 걸려야 하느냐? (일동 웃음) 우리는 좀 더 단축할 수도 있지 않는가?"라고 대응한 적이 있는데, 그 후에 시간이 지나면서 저도 그 말이 맞다는 것을 인정하게 되었을 뿐만 아니라, 중국이나 다른 개발도상국에서 온 사람들에게 '그게 하루아침에 되는 것이 아니니, 조급하게 생각하지 말고 인내를 가지고 대처하라'고 조언을 하는 경우가 있더라고요. 당시에 그 사람들은 저에게 "그래도 한국에는 집행기관도 있고 너와 같은 전문가도 있지 않느냐? 그것도 대단한 것이다."고 하면서 저를 위로해 주기도 했어요. 제가 그 얘기를 듣고 비로소 '그럴 수도 있겠다. 우리가 짧은 기간에 이만큼 성장한 것도 상당히 많이 발전한 것이라고 할 수 있겠다.'라는 생각을 하게 되었어요. 그런데 경쟁법을 제대로 집행하고 있는 나라와 비교해보면 우리나라에는 아직도 해결해야 할 것이 너무 많은 것이 사실이에요. 그러나 일본, 중국 등과 같은 이웃나라와 비교해 보면, 우리나라는 그래도 상당히 열심히 하는 편이라는 생각도 들고, 또 베트남이나 태국 또는 인도네시아와 같은 나라에서는 우리나라의 법집행을 많이 부러워하고 있는 것 같아요.

신동권: 선생님께서 공정거래위원장에 임명될 당시에 제가 청와대에 있었는데, 그 당시 청와대에서 중요하게 생각한 것이 선생님이 재벌에 대해서 어떤 생각을 가지고 있는가 하는 점이었고, 그것을 논문으로 검증한 것으로 알고 있습니다. 그런데 선생님이 위원장으로 임명되고 나서 언론과 인터뷰를 하셨는데, 뜻밖에도 신문 인터뷰 제목이 "경쟁질서만은 바로 잡겠다"로 나와 있더라고요. 그전까지만 하더라도 역대 위원장들은 주로 재벌정책에 관심이 있었는데, '경쟁질서를 바로 잡겠다'라는 소신은 선생님이 학자이시기 때문에 가능했다는 생각이 들었습니다. 그때부터 공정거래법이 원래 그런 기능을 하는 것이라는 인식이 생기기 시작했던 것 같아요. 왜냐하면 그전까지는 사실은 경쟁질서에 관해서는 교수들이 학문적으로 연구는 했지만 전체적으로 경쟁질서가 무엇인지에 대해서는 인식이 별로 없었거든요. 그런 것에 대해서 신호탄을 쏘신 것이 그때가 아닌가 싶은데, 제가 여쭤보고 싶은 것은 실제로 법을 집행하시면서 공부해 오던 것과는 다른 점도 많고, 또 한계나 의문도 많이 드셨을 텐데 구체적으로 어떤 생각이 드셨는지요?

권오승: 대개 학자들이 공직에 나가면 조직장악에 실패하는 경우가 많잖아요. 대부분이 붕 떠 있다가 돌아오는 경우가 많다고 하던데, 저도 처음에 그러한 위기를 경험했어요. 공정위에 가서 2주도 안 되었을 때인데, 인사과장이 부이사관 승진 서류를 들고 와서 결재를 해달라고 하더라고요. 그래서 저는 "내가 아직 인사현황 파악도 제대로 못하고 있는데, 무슨 승진서류냐?"고 했더니, 인사과장이 "사실은 전임위원장이 결재하고 가셨어야 할 것인데, 그렇게 하지 못하신 것이니까, 위원장님은 그냥 싸인만 하시면 됩니다."라고 하는 거예요. 제가 만약 그때 거기에 싸인을 했더라면 임기 내내 상황파악도 못하고 계속 싸인만 하다가 돌아왔을 것 같아요. 그런데 그것은 아니잖아요. 조직관리에 있어서 인사권이 핵심적 지위를 차지하고 있는데, 인사권을 그들에게 내어 주고 나면 저는 조직관리를 어떻게 합니까? 아마 강연만하고 다니다가 돌아 왔을지 몰라요. 저는

"그렇게 할 수는 없으니까 조금 있다가 합시다."라고 했더니 복도통신에서 들리는 얘기가 신임 위원장이 앞으로 몇 달간 인사를 하지 않겠다고 했다는 소문이 도는 거예요. 인사는 적절한 때가 있는 것인데, 몇 달간 인사를 안 한다고 하면 어떻게 합니까? 조직에 불만이 쌓일 수밖에 없잖아요. 제가 그 얘기를 듣고 바로 간부회의를 소집해서 "이 조직이 건강하지 못하다."고 지적하면서 야단을 친 뒤에 인사과장을 바꾸어 버렸어요. 그랬더니, 그 인사과장이 "제가 무슨 죄가 있습니까?"라고 하더라고요. "당신에게 어떤 죄가 있는 것은 아니지만 그래도 어쩔 수 없습니다. 당분간 기다려 주세요."라고 하면서 그대로 밀고 나갔지요. 그 후에도 조직 안에서 발생하는 여러 가지 일을 정리하는 데 상당히 시간이 소요되었어요. 그러한 방법으로 결국 조직장악에 성공했지요.

또 하나는 청와대가 전폭적으로 지원을 해 주었어요. 제가 노무현 대통령으로부터 임명장을 받고 배석자들과 함께 차를 마시는 자리에서 대통령께서 저한테 "하실 말씀 있으면 해보라"고 하시더라고요. 그래서 제가 "두 가지만 부탁드리겠습니다."라고 했어요. "하나는 공정위는 재벌과 싸워야죠, 힘센 경제부처와도 싸워야죠, 온갖 힘이 있는 사람과 싸워야 할 텐데, 공정위가 무슨 힘이 있습니까? 청와대가 전폭적으로 지원해 주지 않으면 제가 무슨 힘으로 그들과 싸울 수 있겠습니까. 그러니 청와대에서 전폭적으로 지원해주십시오." 그랬더니 "예 좋습니다. 지원하겠습니다."라고 하시더라고요. 그 말만 하고 나왔으면 됐을 텐데(웃음), 저는 한 걸음 더 나가서 "그러나 구체적 케이스에 대해서는 간섭하지 마십시오."라고 했더니, 대통령께서 깜짝 놀라는 표정을 지으시면서 "전임 위원장에게 한번 물어보세요. 내가 간섭한 적이 있는지. 이때까지 간섭한 적이 없지만 앞으로도 간섭하지 않겠습니다. 다만 정책은 협의해야 합니다."라고 하시는 거예요. 저는 "좋습니다. 정책은 협의하겠습니다."라고 약속을 하고 나왔는데, 나중에 어떤 사람이 "그게 어떤 자리라고 거기서 그런 소리를 하느냐"고 하더라고요. 그 사람은 임명장을 받았으면 "'예, 신명을 바쳐서 일하겠습니다.'라고 말하고 나와야지"라고 하는 거예요. (웃음) 그런데 그것은 제가 학자이기 때문에 가능했던 것 같아요. 그리고 실제로 그게 도움이 되었어요. 그 자리에 저 혼자 있었던 것이 아니라 경제부총리와 비서실장도 다 함께 배석하고 있었거든요. 그리고 노무현 대통령이 정치적 센스가 아주 발달한 분이라서, 국무회의에서도 가끔씩 공정거래위원장에게 힘을 실어 주곤 했어요. 공정거래위원장이 국무회의에 배석하기는 하지만 다른 부처에서 일어나는 일에 대해서는 별로 할 말이 없잖아요. 저는 다른 국무위원들이 하는 얘기를 계속 듣고 있다가 가끔씩 고개를 끄떡하기도 하고 그랬어요. 그러다가 한번은 대통령과 눈이 마주쳤어요. 그냥 넘어가시면 될 텐데, 대통령께서 갑자기 "제가 지금 공정거래위원장과 눈이 마주쳤거든요."라고 하시면서, "공정거래, 이거 아주 중요합니다. 우리나라에서는 공정거래가 잘 돼야 해요."라고 하시는 거예요. 저는 대통령께서 별 다른 의미 없이 한 말씀하신 것으로 알았는데, 오랫동안 관료생활을 해 왔던 분들의 생각은 다르더라고요. 국무회의를 마치고 나오는데, 어떤 분이 "대통령께서 위원장에게 힘을 확확 실어주시네요."라고 하시더라고요. 그래서 그런지 모르지만, 그 당시에는 국무위원 중에서 어떤 사람도 저한테 무리한 부탁이나 요구를 하지 못했어요. 이와 같이 청와대가 잘 도와줘서 저는 정부 내에서는 별다른 어려움 없이 일을 잘 할 수 있었던 것 같아요.

아무리 그렇다고 하더라도 거기에는 일정한 한계가 있지요. 제 경험에 비추어 볼 때, 공정위의 한계는 우수한 직원들이 다 열심히 일을 하고 있지만, 그들이 구체적인 사건을 처리하는 태도를 보면, 대체로 정책지향적이어서 규범적으로는 철저하지 않아요. 예컨대 카르텔에 가담한 사업자를 규제할 때에도 '이 놈은 나쁜 놈이니깐 잡아야 한다!'는 생각이 앞서서 그들의 행위가 법적인 요건을 갖추고 있는지에 대하여 꼼꼼하게 따지지 못하는 경우가 많더라고요. 그 결과, 일을 열심히 하고 나서도 나중에 법원에 가서 패소하는 경우가 자주 나타나고 그래요. 그들은 사회적으로 비난받아 마땅한 사안에 대하여 열심히 조사해서 규제했는데, 규범적인 요건을 제대로 검토하지 못해서 패소하는 경우가 많아요. 그래서 저는 '그렇게 해서는 안 되겠다'고 판단하고, 공정위가 준사법적 독립규제기관으로서 그 역할을 다하도록 하기 위해서는 직원들이 정책적 어프로치에 만족하지 않고 규범적으로 조금 더 정치하게 따질 수 있는 능력을 배양할 필요가 있다고 생각하여, 법률전문가를 대폭 충원하기로 했어요. 그런데 그게 하루 아침에 할 수 있는 일이 아니잖아요. TO는 제한되어 있는데 그 자리에 법률가를 충원하려면 그 대신에 행시 출신의 충원을 줄여야 할 뿐만 아니라 6급에서 승진하는 직원들의 수도 줄여야 하거든요. 그러니깐 그 저항이 만만치 않더라고요. 게다가 변호사들은 공정위에 와서 오래 근무하지를 않는 경향이 있어요. 몇 년 정도 있다가 이제 일할 만하다 싶으면 나가려고 하는 거예요. 그러다보니 조직 내부에서는 법률가의 충원을 좋아하지 않은 거예요. 그런 분위기에서는 위원장이 특별히 노력하지 않으면 법률가를 대폭 충원하기가 어려워요. 이와 같이 법률가를 신규로 채용하기도 어렵지만, 이미 잘 훈련된 중견법률가를 충원하기는 더욱 어려워요. 그래서 저는 궁여지책으로 대법원장을 찾아가서 부장판사 2명을 파견해 달라고 요청한 뒤에, 로펌에서 공정거래법 전문가로 일하고 있는 변호사를 계약직으로 충원하기로 했어요. 여기에 대해서도 적지 않은 저항이 있었지만, 초빙되어 오신 분들이 전문성은 물론이고 서비스정신을 잘 발휘해 줘서 이를 잘 극복할 수 있었어요. 그러는 과정에서 공정위의 규범적인 역량이 제고되기 시작했어요. 국회에 가면 공정위가 왜 법원에서 패소하는 경우가 그렇게 많은가 라는 비난을 받고 그랬는데, 이에 대하여 저는 "제 후임 위원장은 적어도 그런 것으로는 비난받지 않게 하겠습니다."라고 장담했는데, 최근에 그러한 문제가 다시 제기되고 있다고 하더라고요. (웃음) 저는 그러한 방법으로 공정위가 준사법기관으로서 면모를 제대로 갖춰 나갈 수 있도록 노력해 왔는데, 문제는 우리 법률가들 중에서도 경쟁법의 원리를 제대로 이해하고 있는 사람이 그다지 많지 않다는 거예요. 그것도 장차 우리가 풀어야 할 과제라고 생각해요. 여기서 한 가지 덧붙이자면 공정위가 제 역할을 다하려면, 정치력도 갖추어야 할 것 같아요. 앞으로 공정위 출신들이 국회에도 많이 진출하고 해서 공정위가 법을 개정하거나 할 때 국회에서도 적극적인 지원을 받을 수 있도록 했으면 좋겠어요.

이민호: 선생님은 공정위 위원장으로서 경쟁법의 집행과 경쟁정책을 총괄하는 귀한 경험을 하셨는데요, 위원장을 하시고 나서 기존의 경쟁법 이론에 대해 생각이 바뀌신 부분이 있다거나 연구나 교육에 있어서 달라져야 하겠다고 생각하신 부분이 있으시면 말씀해 주세요.

권오승: 그런 측면에서 근본적인 차이는 없는 것 같아요. 제가 공정위에 있을 때 개인적으로 가까운 제자에게 했던 얘기 중에서, "로펌에서 변호사들이 매일 밤늦게 까지 일한다고 하길래, 나는 무슨 일이 그리 많을까 하고 생각했었는데, 막상 공정위 심판정에서 변호사들이 주장하는 것을 듣고 있다가 보니까, 그들이 반드시 필요한 주장만 하는 것 같지는 않더라. 그렇게 쓸데없는 이야기를 하기 위하여 그렇게 밤늦게까지 일하고 있느냐?"고 말한 적이 있어요. (일동 웃음) 그랬더니 그 제자는 "선생님, 심판정에서는 위원장만 듣고 있는 게 아니지 않습니까. 거기는 선생님처럼 이론적으로 밝은 사람들만 있는 것이 아니라 경쟁법을 잘 모르는 분들이나 고객들도 있고 하니까, 그렇게 할 수 밖에 없습니다. 저희들도 먹고 살아야 하지 않습니까."라고 하더라고요. (일동 웃음) 저는 그

말을 듣고서 그런 측면도 있겠구나 하고 생각했어요. 그런데 제가 공정위에서 가장 안타깝게 생각했던 것은 상임위원들의 전문성 부족이었어요. 상임위원들이 전문성을 가지고 좀 더 철저하게 심리해줬으면 얼마나 좋을까 하는 생각을 많이 했어요. 상임위원들이 사안을 철저히 검토하고 대리인이나 피심인들에게 날카로운 질문을 하면 그들이 얼마나 긴장을 하겠어요. 그런데 그들이 사안을 제대로 파악하지 못하고 엉뚱한 질문을 하면, 대리인이나 피심인들이 속으로 뭐라고 생각하겠어요. 그러나 상임위원들 중에는 경쟁법은 물론이고 법학 교육을 제대로 받지 않은 분들도 있고, 또 공정위가 오랫동안 주로 불공정거래행위만 규제해 왔기 때문에, 시장지배적 지위의 남용이나 기업결합과 관련되는 사안에 대해서는 잘 모르고 있는 경우도 있었던 것 같아요. 그리고 심리가 끝나고 합의할 때에 보면 주심위원이 제시하는 조치의견이 소수의견이 되는 경우가 간혹 있어요. 그런 경우에 그 주심위원이 부끄러운 줄도 모르고, "왜 주심위원의 의견을 존중하지 않느냐?"고 따지게 되면, 저는 "왜 주심위원의 의견이 소수의견이 됩니까? 그렇게 되지 않도록 좀 더 설득력 있게 만들었어야지요."라고 한 적도 있었어요. 그런데 그러한 현상이 생기는 이유가 경쟁법이나 경쟁정책을 바라보는 시각차이 때문인 경우도 있었어요. 저는 공정위가 좀 더 적극적으로 규제했으면 하는 입장인데, 상임위원들 중에는 반드시 그렇게 생각하지 않는 경우도 있더라고요. 그들이 왜 공정위에서 근무하고 있는가 하는 의문이 생길 정도로, 아주 친기업적인 경우도 있었어요. (웃음) 그러한 문제를 해결하기 위해서는 공정위가 좀 더 전문화가 되었으면 좋겠어요. 저는 개인적으로 공정위의 전문성 부족이 가장 안타까웠어요.

다음으로 경쟁법 소사이어티(society)가 좀 더 크고 강해졌으면 좋겠는데, 학부나 로스쿨에서는 경쟁법 강의를 하더라도 기본적인 내용만 강의할 수밖에 없으니까 어쩔 수 없다고 하더라도, 대학원의 경우에는 좀 달라야 할 터인데, 대학원도 별다른 차이가 없는 것 같아요. 제가 대학원에서 경제법 세미나에 참가하거나 경쟁법을 전공하려는 학생들에게 그 이유가 무엇이냐고 물어본 적이 있어요. 그런데 그 대답이 대체로 다음 두 가지 중의 하나로 나오는 거예요. 하나는 "그 분야가 앞으로 잘 나갈 것 같아서"라는 대답이었고, 다른 하나는 "어차피 어떤 전문성을 가지고 일을 해야 할 터인데, 그 중에서 시장진입장벽(market entry barrier)이 가장 높은 분야가 경쟁법인 것 같아서 그 분야를 전공하려 한다."는 대답이었어요. 솔직한 것은 좋지만 어떻게 그렇게 대답할 수 있는지, 저는 잘 이해가 되지 않아요. '우리나라 경제질서의 기본인 시장경제가 제대로 작동하려면 자유롭고 공정한 경쟁질서가 확립되어야 하는데, 아직 우리나라 산업분야 중에는 경쟁질서가 제대로 확립되지 않고 있는 분야가 많기 때문에, 그러한 분야에 경쟁질서를 확립하는 데에 기여하기 위하여 경쟁법을 연구하고자 합니다.'라고 대답하는 학생들이 있으면 얼마나 반갑겠어요. 하긴 동기야 어떻든 간에 경쟁법을 연구하다가 보면, 그들이 문제의식도 갖게 되고 전문성도 갖추게 되면서 경쟁질서의 확립에 어느 정도 기여할 수 있는 날이 오지 않겠는가 하는 기대를 가지고 그들을 격려하기도 하고 또 도전을 하기도 하고 그러고 있어요.

〈아시아법연구소와 정년 이후의 계획〉

이봉의: 선생님이 2004년에 아시아법연구소를 설립하신 것은 다 아는 사실인데, 아시아법연구소에 대해 말씀을 하자면 정년이후 계획과도 밀접한 관련이 있는 것 같은데요. 선생님은 누구보다도 아시아 쪽에 깊은 관심을 가지고 활동을 하고 계신데, 향후 선생님께서 역점을 두고 추진하고자 하시는 일들이 있으면 말씀해 주시기 바랍니다.

권오승: 그것은 제 신앙적인 사명과 관련이 있는데, 아는 분들은 다 아시겠지만 저는 어렸을 때부터 교회를 다녔지만 신앙생활을 제대로 하기 시작한 것은 1991년 제가 서울대로 오는 과정에서 하나님을 인격적으로 만난 체험을 한 뒤부터였어요. 제가 서울대로 옮겨온 뒤에 한동안 힘들었던 것은, 서울대에 왔으니까 전공인 법학을 더 열심히 연구해야 할 터인데, 법학이 더 이상 의미가 없어지고 신학이 더 중요하게 생각되는 거예요. 그래서 전공을 신학 쪽으로 옮겨야 하지 않을까 하는 생각을 하면서 진지하게 고민한 적이 있어요. 진로를 놓고 고민하면서 기도하는 과정에서, 저는 '하나님께서 제가 지난 20년간 법학, 특히 경제법을 열심히 연구하게 하신 데에는 분명 무슨 뜻이 있을 것이다.'라는 생각에서 그 뜻을 찾기 위해 노력하기 시작했어요. 그러한 과정에서 깨달은 것이 두 가지예요. 하나는 경제법은 바람직한 경제질서를 형성하기 위해서 국가가 경제활동을 규제하는 법인데, 여기서 키워드(key word)는 '바람직한 경제질서'인데, 그것은 누구의 관점에서 보느냐에 따라 달라질 수밖에 없잖아요. 그동안 저는 제 눈으로, 즉 제 가치관과 세계관을 기준으로 바람직한 경제질서를 모색하려고 노력해 왔는데, 앞으로는 하나님의 눈으로, 즉 하나님 보시기에 아름다운 경

제질서를 형성하는 데 기여하기 위하여 노력해야 하겠다는 것이고, 다른 하나는 그동안 우리나라가 경험한 것을 잘 정리해서 우리보다 늦게 시장경제를 도입하여 시행하는 나라를 돕는 데 기여할 수 있도록 해야 하겠다는 것이었어요. 우리나라의 법과 제도가 아직도 부족한 점이 많이 있지만, 이웃나라들 중에는 우리의 경험을 통하여 배우고자 하는 나라들이 많이 있기 때문에, 그러한 나라를 도울 수 있는 방안을 모색하기 위해서 2004년에 사단법인 아시아법연구소를 설립했어요. 그런데 아마 가까운 교수들 중에서도 '저 양반이 왜 저러나?'하고 의아하게 생각했던 분들도 있었던 것 같아요. 그러한 일로 제가 외국에 자주 나가는 것을 보고, "권 교수는 외국에 선교하러 가는 건지 세미나 하러 가는 건지 잘 모르겠다."고 이야기하는 사람들도 있었던 것 같아요. 사실 그것은 저도 잘 모르겠어요. 제가 외국에 나갈 때 선교하러 나가는 경우도 있고 세미나 하러 나가는 경우도 있는데, 때로는 그 목적이 애매한 경우도 있어요. 세미나 하러 갔다가 교회에서 간증이나 설교를 해 달라고 하면 간증이나 설교를 해 주기도 하고, 반대로 선교하러 갔다가 대학에서 특강이나 세미나를 해달라고 하면 특강이나 세미나를 해 주기도 하고 그랬거든요. 그리고 제가 국내에서 외국인 교수를 초청할 때에는 가능한 한 대접을 잘 해주려고 노력해요. 그러나 이 점에 대하여는 동료 교수들 중에서 그렇게까지 할 필요가 있느냐 하고 문제제기를 하는 분들도 있어요. 개발도상국, 특히 중국 교수들은 자존심이 강한 편인데, 그들에게 무엇을 가르쳐 줄 터이니 '와서 들어 보라'고 하면 그들은 잘 오지 않거든요. 그러나 학술대회에 그들을 초청해서 발표를 시키면 그들도 기꺼이 참석하려고 하는데, 그들이 학술대회에 참석해서 발표를 하게 되면 그들의 발표와 다른 사람의 발표를 비교해 볼 수 있게 되잖아요. 그렇게 되면 그들은 돌아가면서 예외 없이 많이 배웠다고 하는 거예요. 우리도 처음에는 그렇게 배웠잖아요. 저는 우리가 가능한 한 우리나라보다 늦게 발전하는 나라에 대하여 낮은 자세로 접근해서 그들이 한 걸음씩 가까이 다가올 수 있게 해 줄 필요가 있다고 생각하고, 앞으로도 그렇게 하려고 해요. 제가 정년을 앞두고 정년한 뒤에 무엇을 할까 하고 깊이 생각해 봤는데, 정년 후에 전혀 새로운 일을 시작할 수는 없을 것 같고, 여태까지 해오던 일을 계속 추진해나가는 것이 좋겠다는 생각을 하고 있어요. 제가 여태까지 해 오던 일은 두 가지로 요약되는데, 하나는 경제법 연구이고, 다른 하나는 아시아법 연구와 법제정비 지원인데, 두 가지 모두 기독교정신을 바탕에 깔고 있어요. 저는 앞으로 시간과 건강이 허락하는 한, 위의 두 가지 일을 꾸준히 추진해 나가려고 하는 생각을 하고 있어요.

신은주: 아시아법과 법제정비에 관해서 한 때 선생님께서 강한 의지를 표명하신 적
　　도 있고, 규범적으로 '아시안 스탠다드'를 만들어보자고 말씀하신 적도 있는데,
　　어찌 보면 체제전환국이나 개발도상국들의 법제 정비를 도와주는 과정에서 경
　　쟁법이 대표적인 분야가 될 수 있을 것 같은데, 그런 사업을 계속 이어 나가시
　　거나 구체화시킬 생각이 있으신지요?

권오승: 좋은 말씀인데, 제가 최근에 반성하고 있는 것 중에 하나가 학내에 아시아
　　태평양법연구소를 설립해서 제가 초대소장을 맡았잖아요. 여기서 저는 각국에
　　서 한국법에 관심 있는 젊은 변호사들이나 법학자들을 불러서 1~2년 정도의
　　LL.M. 코스를 만들어서 운영해 보려고 했어요. 그런데 결국 그것을 하지 못하
　　고 임기를 마치게 되었는데, 제가 만약 그렇게 거창한 것만 생각하지 말고 우선
　　가능한 작은 일부터 시작했더라면 어느 정도 성과를 거둘 수 있었을 텐데 하는
　　아쉬움이 남아요. 너무 큰 것만 생각하다가 막상 할 수 있는 작은 일도 하지 못
　　하고 마치게 된 게 아닌가 하는 생각이 들어서 스스로 반성을 하고 있어요. 그
　　래서 아시아법연구소의 경우에도 제가 너무 큰 목표만 추구하다가 쉽게 할 수
　　있는 작은 일조차 하지 못하고 마는 우를 범하지 않도록 주의를 기울여야 하겠
　　다고 생각하고 있어요. 지금도 저는 베트남이나 몽골, 또는 태국이나 인도네시
　　아 등과 같은 나라의 경쟁법을 정비하는데 이바지할 수 있는 기회가 있으면 기
　　꺼이 참여하여 지원할 생각을 가지고 있지만, 그런 일이 아니더라도 우선 각국
　　의 법과 제도에 대한 정보를 수집하는 작은 일부터 시작해서 연구나 경험도 축
　　적하고, 교류나 협력도 확대해 나갈 수 있었으면 하는 소망을 가지고 있어요.
　　그리고 우리나라에서는 이민법도 상당히 중요하다고 생각해요. 특히 우리나라
　　에 들어와서 살고 있는 다양한 국적의 사람들 간에 문제가 발생했을 때 그러한
　　나라의 법과 제도 및 문화에 대한 연구가 이루어져 있지 않으면, 왜 그러한 문
　　제가 발생하는지, 그리고 그것을 어떻게 해결해야 하는지 알 수 없는 경우가 많
　　은데, 우리나라에는 그러한 연구가 거의 이루어지지 않고 있거든요. 따라서 앞
　　으로는 너무 큰 과제만 생각하지 말고 그때그때 주어지는 작은 일부터 시작해
　　서 할 수 있는 사업을 꾸준히 추진해 나가려고 합니다. 그렇게 하다가 보면 언
　　젠가는 '아시안 스탠다드'가 만들어질 수 있지 않을까요? 최근 여러 개도국들이
　　한국법에 대하여 관심을 가지고 있는 주된 이유는 한국법이 미국법이나 유럽법
　　보다 앞서 있기 때문이 아니라 그들이 우리나라의 압축성장이나 민주화를 부러

워하거나 따라잡기가 쉬울 것으로서 여겨서 그런 것이 아닌가 생각되는데, 그런 측면에서 보면, 경쟁법의 경우에도 마찬가지라고 생각됩니다. 우리나라처럼 시장의 규모가 작은 나라에서 정부주도로 소수의 능력있는 대기업을 집중적으로 지원하는 방법으로 고도성장에 성공한 나라에서 경쟁법이 어떠한 역할을 할 수 있는지에 대하여 관심을 가지고 있는 것 같아요. 그것은 미국이나 유럽의 경쟁법과는 다를 수밖에 없지 않을까 생각돼요. 미국이나 유럽의 경쟁법이 우리나라의 경쟁법보다 더 발달했다고 해서 그것을 글로벌 스탠다드라는 이름으로 우리나라에 바로 적용할 수 없듯이, 우리나라의 경쟁법을 베트남이나 몽골 등에 그대로 이식할 수는 없지 않겠어요. 그래서 우리는 경쟁법의 집행에 있어서 글로벌 스탠다드와 내셔널 스탠다드를 비교해 보고, 각 나라의 실정에 맞는 경쟁법의 모델을 개발할 필요가 있다고 생각해요. 어제 어떤 정치인을 만났더니, 영화산업의 발전을 위해서 "CJ와 영화상영관을 계열분리를 시키면 안 됩니까?"라고 하더라고요. 어떻게 하면 영화상영관에서 소규모의 영화제작업자들도 마음 놓고 그들의 작품을 상영할 수 있게 할 수 있을지 그 방법을 모색하기 위하여 노력할 필요가 있지 않겠습니까? 그런 문제와 관련해서, 우리가 복잡하게 얽혀 있는 재벌구조를 하루아침에 어떻게 개혁할 수는 없겠지만, 그러한 재벌구조 하에서라도 공정한 경쟁을 실현할 수 있는 방법을 찾아야 하지 않겠어요. 부당지원행위만 금지하면 되는 것인지? 아니면 순환출자를 해소하지는 못하더라도 계열기업이 독자적으로 경영을 할 수 있게 해 줄 수 있는 방법은 없는지, 이렇게 작은 문제에서부터 해답을 찾아가면서 그러한 노력이 우리나라와 비슷한 문제를 가지고 있는 나라에 하나의 모델이 될 수 있게 해주면 좋지 않을까 하는 생각을 하고 있어요. 그리고 가능하면 우리나라의 경제발전 과정에서 법제도가 어떻게 발전해 왔고 또 어떠한 기여를 했는지에 대하여 체계적으로 잘 정리해서, 한국말을 모르는 사람들도 읽을 수 있도록 영어나 중국어 등으로 번역해서 공급하는 작업도 해봐야 하지 않겠나 하는 생각을 하고 있는데, 여기에는 상당한 인력과 돈이 필요한 것 같아요. (일동 웃음)

이봉의: 마지막으로 후학들에게 들려주시고 싶은 말씀은 무엇이신지요?

권오승: 예, 세 가지를 당부하고 싶어요. 우선, 경제법의 핵심인 독점규제법의 연구를 좀 더 열심히 해서, 자유롭고 공정한 경쟁질서를 확립하는 데 적극적으로 기여해 주기를 바랍니다. 그러기 위해서는 우리나라에서 자유롭고 공정한 경쟁질서를 저해하는 요인들이 무엇인지, 각 산업분야의 실태를 정확히 파악하여 그

러한 요인들을 제거하기 위하여 열심히 노력할 필요가 있을 거예요. 그리고 시장경제에 있어서는 시장이 제대로 작동하도록 하는 것이 중요하지만, 그것만으로는 해결되지 않는 문제가 있잖아요. 중소기업이나 소비자보호와 같은 경제적 약자의 보호를 통한 사회조화의 실현에 대하여도 좀 더 많은 관심을 기우릴 필요가 있다고 생각해요. 특히 최근에는 양극화가 심해지니까 경제적 약자의 보호가 더욱 절실하게 느껴지는 것 같아요. 저는 이러한 관점에서 작년에 중소기업법에 관한 논문도 써보고 대학원에서 세미나도 해보고 했는데, 이 분야에 대한 연구가 아주 부족한 것 같아요. 이 분야를 연구하는 전문가가 좀 더 많아졌으면 좋겠어요. 마지막으로 이웃나라, 특히 체제전환국이나 개발도상국가의 경제법에 대하여도 깊은 관심을 가지고, 그들이 시장경제를 제대로 정착시킬 수 있도록 지원하는 동시에, 그들과 교류와 협력을 강화함으로써 장차 아시아에서도 경제공동체를 형성할 수 있도록 노력했으면 좋겠어요.

이봉의: 그럼 이것으로써 아쉽지만 선생님과의 대담을 마치도록 하겠습니다. 선생님, 감사합니다!

일 동: 선생님 감사합니다! (일동박수)

제1부

시장경제와 경쟁법

독점규제법의 목적에 관한 고찰

김 성 훈*

I. 서   론

독점규제 및 공정거래에 관한 법률(이하 '독점규제법'이라 한다)이 어떤 목적을 가지고 있는지를 규명하는 것은 독점규제법에 규정된 많은 불확정개념을 어떻게 해석할 것인지에 관하여 일정한 기준을 제시해 줄 수 있고, 나아가 입법론에도 어느 정도 기여를 할 수 있다는 점에서 중요한 주제이다. 그런데 현재 독점규제법의 목적론에서 역사적 고찰에 관한 연구는 부족한 실정이다. 따라서 이 연구에서는 시각을 좀 더 과거로 돌려서 조선시대에서부터 독점규제법에 대응할 만한 제도나 논의가 있었는지를 찾아보고 그 제도나 논의의 현대적 의미를 발굴하여 이를 독점규제법의 목적론과 연결시킴으로써 독점규제법 목적론의 시야를 넓혀 보려 한다. 나아가 미국, 유럽연합에서 독점규제법 목적론을 비교법적으로 고찰하여 우리의 역사라는 수직적 측면과 다른 관할권에서의 논의라는 수평적 측면에서 함께 볼 때 독점규제법의 목적을 어떻게 보아야 하는지에 관한 의견을 제시하려 한다.

---

* 전주지방법원 부장판사

Ⅱ. 역사적 고찰

1. 조선 후기 토지제도개혁론과 독점규제법 목적론에 대한 시사점

(1) 조선 후기 토지제도개혁론

1) 사회 · 경제적 배경

조선 후기에는 모내기법이라는 새로운 기술로 인하여 과거 직파법으로는 10마지기도 못 짓던 농가가 20마지기 내지 40마지기까지도 지을 수 있게 되었고 그로 인하여 호당 경지면적이 더 넓어지는 광작이 촉진되었다.[1] 이에 따라 일부 자작농은 부농층으로 성장하여 상품으로서 쌀을 생산하기에 이르렀지만, 한편으로는 농경지가 일부 광작농민에게로 집중되면서 소작농민들이 경작지를 잃게 되어 상공업인구, 유민 혹은 농업노동자로 바뀌어 갔다.[2] 이와 같은 흐름이 지속된 결과 소수의 부농과 중농에 의해 많은 농지가 소유되고, 다수의 소농, 빈농은 극히 적은 토지를 소유하고 있으며, 많은 무전농민은 소유에서 배제되었다.[3] 예컨대 19세기 후반의 광무양안에 나타는 농민들의 토지실태를 보면 경기도 광주지방의 경우 6.5%의 부농(1결[4] 이상)이 전 농지의 40.5%를, 6.5%의 중농(50부-1결)이 26.4%를, 9.6%의 소농(25-50부)이 16.9%를, 35.5%의 빈농(25부 미만)이 16.2%의 농지를 소유하고 있었다.[5] 특히 농업경영 형태에서는 소작경영이 확대되고 있었고, 이러한 소작관계 농민 중에서는 일부 자작과 일부 소작을 하는 자소작농도 있고 순소작농도 있으나 대체로 자소작농의 비중이 훨씬 높고, 자소작농은 대부분 소농과 빈농이었다.[6] 소작관계는 당사자 간에 소작계약에 의하여

---

1) 강만길, 고쳐 쓴 한국 근대사, 창비, 2008, 97면.

2) 위의 책, 97면.

3) 강만길, 한국 자본주의의 역사, 역사비평사, 2005, 74면.

4) 농토의 면적단위로서 시대에 따라 조금씩 변하였다. 100부가 1결이다. 인조 12년(1634)부터 1등전 1결의 넓이는 10,809㎡가 되었다가 대한제국 광무 6년(1902)부터는 1만㎡인 1ha를 1결로 제정하였다. 비옥한 정도가 높은 1등에서 그 정도가 낮은 6등으로 갈수록 1결의 면적은 일정한 비율로 넓어진다. 한국민족문화대백과, http://terms.naver.com/entry.nhn?docId=566280&cid=46637&categoryId=46637에서 확인 가능.

5) 강만길, 한국 자본주의의 역사, 역사비평사, 2005, 74면.

6) 위의 책, 75면.

이루어졌고, 조선조 초기에는 소작인이 소작료로 수확량의 반을 지급하는 병작반수제가 일반적이었는데, 병작반수제는 수확의 풍흉에 관계없이 그 반을 소작료로 지급하는 방식이었으므로 소작인이 자신의 노력으로 풍년을 이루어도 실제로 가져가는 것은 많이 늘지 않는 방식이었다.[7] 다만 조선 후기에는 계약된 지대를 해마다 지급하기면 하면 되는 도조법도 어느 정도 확대되었다.[8]

위와 같은 상황 속에서 사적 소유의 무한 편중현상과 그로 인해 벌어지는 토지모순을 해결하기 위하여 다양한 토지개혁론이 제시되었다.[9] 이러한 개혁론의 시작은 동양적 이상사회인 하·은·주 시대의 토지제도인 정전제였고, 이를 실행할 수 없다는 난행설과 어떠한 방식으로든지 이를 복구해야 한다는 가행설이 대립하게 되었다.[10] 난행설에서는 토지소유를 제한하거나 부정할 수는 없다는 점에서 토지소유권을 인정하는 전제에서 그 수조권을 제한하는 방식을 취했고, 가행설에서는 사적소유를 통제하는 방법을 통해 농업생산력 전반을 제고시키면서 농민의 항산을 보장하는 방법을 구상해야 한다는 입장을 취했다.[11] 이하에서는 토지개혁론을 간단히 소개한다.

2) 고대의 이상적 토지제도 – 정전제

뛰어난 정치철학자라고 할 수 있는 맹자의 설명이 정전제의 이상을 가장 잘 설명하고 있는 것으로 보이며, 아래 인용하는 바와 같은 맹자 주장의 핵심인 항산항심(恒産恒心)이 조선 후기 토지개혁론의 이념적 기초라고 할 것이다.

> 백성들이란 안정적인 생업(恒産)이 있으면 안정된 마음(恒心)을 가지게 되고 안정적인 생업이 없으면 안정된 마음이 없게 됩니다. … (중략) … 사방 각 일리의 토지가 한 단위의 정(井)이고 각 정의 넓이는 구백무인데, 그 정의 중앙을 공전으로 합니다. 여덟 가구가 각각 그 주위에 있는 백무의 땅을 사전으로 가지면 공전을 여덟 가구가 공동으로 경작합니다(맹자 등문공 상편).[12]

---

7) 김상용, "한국전통법에서 토지사유의 형성원인과 사유의 구현모습에 관한 고찰", 지엄 이선영박사화갑기념논문집 「토지법의 이론과 실무」, 법원사, 2006, 521면.
8) 강만길, 고쳐 쓴 한국 근대사, 창비, 2008, 104면.
9) 최윤오, "조선후기 소유론과 토지론", 한국실학사상연구 2, 도서출판 혜안, 2006, 196면.
10) 위의 책, 195면.
11) 위의 책, 196면.
12) 박경환 역, 맹자, 홍익출판사, 2008, 147-148면.

맹자는 또한 "지금은 백성들의 생업을 제정해 주되 위로는 부모를 섬기기에 부족하고 아래로는 처자를 먹여 살리기에 부족하며, 풍년에는 내내 고생하고 흉년에는 죽음을 면하지 못하게 합니다. 이래 가지고서는 죽음에서 자신을 건져 낼 여유조차 없는데 어느 겨를에 예의를 익히겠습니까?"[13]라고 하며 당시 토지소유의 모순과 이를 해결하기 위한 정전제의 이상을 강하게 주장하였으므로, 조선 후기 토지개혁론자들은 맹자의 현실인식과 조선 후기 사회에 유사성을 발견하고 공감하였을 것으로 추정된다.

3) 소유권 인정론 – 난행설

소유권 인정론을 전제로 하는 토지제도개혁론으로는 감조론, 균작론, 한전론을 들 수 있다.

감조론은 지주의 수취량에 대해 통제를 가함으로써 지주제 확대를 억제하는 방법이다. 지주제는 일반적으로 병작반수 형태로 경영되었는데, 이와 같은 지대 1/2을 1/3, 1/4, 심지어는 1/10까지 낮추자는 논의까지 나오게 되고, 이렇게 된다면 지주제는 강제력을 사용하지 않더라도 자연히 사라지게 될 것이라는 생각이다.[14]

균작론은 감조론과 함께 조선 후기의 토지모순을 해결하기 위해 차선책으로 제시된 것으로서, 지주의 토지소유권을 그대로 인정하되 국가가 경작권을 적절히 분배하고 경작자는 분배받은 토지에 대한 지대를 지주에게 납부하는 방식이다.[15] 당시 지주제가 발달하면서 차지(借地)를 둘러싼 경쟁이 치열해지고 있었고, 지주측에서는 지대수취를 안전하게 보장해 줄 수 있는 일부 대농민층에게 주로 토지를 대여하고 있었으므로 소농민층은 거기로부터 더욱 배제되었기 때문이다.[16]

한전론은 토지사유제를 전제로 국가가 소유를 제한하는 방법으로, 상한선을 제한하는 방법, 상한과 하한선을 동시에 정하는 방법, 하한선만을 제한하는 방법이 있을 수 있고, 주로 상한을 제한하는 형식으로 16세기부터 꾸준히 제기되어 온 방책이다.[17] 대표적인 이론은 이익이 제안한 것으로서 일정한 기준토지를 한

---

13) 위의 책, 51면.
14) 최윤오, 앞의 책, 223면.
15) 위의 책, 225면.
16) 위의 책, 225면.

가구의 영업전으로 하고, 그 매매를 엄금하며, 그 외의 토지에 대하여는 무제한 자유매매를 허락하는 방식이다.[18]

4) 소유권 부인론 – 가행설

소유권 부인론을 전제로 하는 토지제도개혁론으로는 균전론, 정전론, 여전론을 들 수 있다.

유형원은 균전론을 주장하였는데, 그 주된 주장은 모든 농민에게 균일하게 토지를 분배하고, 그에 따라 군역과 부세를 일률적으로 부과해야 한다는 것이었다.[19]

정약용은 관료 시기에는 여전론을, 유배 시기에는 정전론을 주장하였다.[20] 여전론은 전국의 모든 경지를 국유화하고, 그것을 대략 30호 정도의 농가로 이루어진 '여(閭)'를 기본단위로 집단농장화하여 공동으로 생산한 뒤에 노동일수에 따라 분배하는 생산방식이다.[21] 이를 통해 빈부의 차이가 없이 모든 백성이 잘 살 수 있도록 살림을 고르게 하는 것, 즉 균산을 이루는 것이 그 주된 목표였다.[22] 이후 유배시절에 정약용은 정전론 쪽으로 생각이 바뀌어 갔고, 정전론은 농민에게만 토지를 분급하되 노동 능력 순으로 하여 우선 농업 생산력의 증대를 위한 치전과 증산을 꾀하고, 다음으로 공평하게 세금을 부담시키는 균세를 목표로 한다는 점에서 여전제와 차이가 있다.[23] 다산은 토지몰수와 분배에 대하여는 구체적인 언급을 하고 있지는 않지만 지주층의 토지를 국가가 무상몰수하고 그에 대해 1/10세를 행하는 방식으로 농민의 균산을 생각하고 있었고 나아가 국가의 부강을 꾀했다.[24]

(2) 광복 이후의 토지개혁

위와 같은 조선 후기의 토지개혁론은 실제 정책에 반영되지 못하다가 결국 1945년 이후의 남한의 농지개혁과 북한의 토지개혁으로 마무리되었다.[25]

---

17) 위의 책, 228면.
18) 김상용, 앞의 논문, 525면.
19) 위의 논문, 525면.
20) 박홍기, 다산 정약용과 아담 스미스, 백산서당, 2008, 322면.
21) 위의 책, 322면.
22) 위의 책, 322면.
23) 위의 책, 322면.
24) 최윤오, 앞의 책, 243면.

남한의 제헌헌법은 재산권을 보장함과 동시에 그 제68조에 '농지는 농민에게 분배하며 그 분배의 방법, 소유의 한도, 소유권의 내용과 한계는 법률로써 정한다'고 규정함으로써 헌법의 이른바 기본권에 대한 특별유보를 설정하였고, 이에 기한 농지개혁법에 의하여 농지개혁이 실시되었다.[26] 농지개혁법은 정부가 농지를 지주로부터 유상취득하여 농민에게 유상분배함으로써 자연법적 법이념인 '경자유전의 원칙'을 실현하여 농지소유를 실질적으로 가능케 한 뒤, 농지의 3정보 초과소유제한 및 농지소유권이전에 대하여 통제를 가하고 소작 및 이에 유사한 제도를 금지하여 소유권의 사회화를 기함을 그 내용으로 하고 있다.[27] 이러한 농지개혁은 탈식민지 토지개혁에 성공할 수 있는 근거가 되었으며 더 나아가 지주계층의 저항과 농민혁명을 방지하여 사회경제적 평등을 확산시켜 산업발전을 이룰 수 있는 거시적 토대가 되었다.[28]

(3) 조선 후기 토지제도개혁론의 현대적 의미

조선 후기 토지제도개혁론은 당대에는 현실화되지 못하였으나, 끝내 광복 이후의 농지개혁으로 이어졌고 이는 우리나라 경제발전의 큰 밑거름이 되었다. 이는 집중의 분산을 그 주된 내용으로 하는 토지개혁론이 현실 세계에서도 경제발전을 실현시킬 수 있다는 좋은 예가 될 수 있을 것이다. 토지제도개혁론은 경제발전만이 아니라, 그 사회 구성원의 빈부격차의 해소를 통한 해당 사회의 통합성 유지도 그 목적으로 한다. 조선 후기, 당대의 석학들이 국가전체의 개혁론을 내 놓을 때 그 핵심적인 내용으로 토지제도개혁론을 주장한 것도 단지 경제발전만이 아니라 이러한 사회 전체의 통합 유지를 큰 그림으로 보았기 때문이다.

토지소유가 고도로 집중화되어서 그로 인한 빈부격차가 커질 때 그 집중을 해소하고 이를 적절한 방법으로 분산하고자 하는 것은 아시아적 시각에서는 매우 일관된 사상[29]이었고, 토지제도개혁론에서도 그 특성이 뚜렷하게 드러난다.

---

25) 위의 책, 197면.
26) 윤호일, "대법원판례를 중심으로 한 농지개혁법의 해석", 법조 제16권 제8호, 법조협회, 1967, 54면.
27) 위의 논문, 54면.
28) 박명림, "헌법, 국가의제, 그리고 대통령 리더십: 건국헌법과 전후 헌법의 경제조항 비교를 중심으로", 국제정치논총 제48집 제1호, 2008, 430면.
29) 중국 근대사상가인 양계초도 중국의 유교학자들은 전통적으로 빈부격차에 대한 해결책으로 정전제를 주장하였다고 하면서 정전제를 독점 자본주의에 대한 해결책으로도 인식한다. 양계초, 음빙실합집 제5책, 중화서국, 1989, 음빙실전집의 28, 52면. 자이위중, 홍순도·홍광훈 역, 국부책, 도서출판 더숲, 2010, 153면에서 재인용.

독점규제법 역시 인적·물적·유기적 조직체로서의 생산수단인 기업의 경제력 집중으로 인한 폐해를 바로잡기 위한 목적으로 제정된 것이라는 점에서 토지제도개혁론이 가진 문제의식과 매우 유사하다. 나아가 현대사회에서 토지소유의 편중은 경제력집중의 결과인 동시에 그 원인이기도 하기 때문에, 경제력집중의 해결이 없이는 토지문제도 제대로 해결되지 않을 것[30]이라는 관점까지 더하면 조선 후기 토지제도개혁론은 독점규제법의 목적론에 상당한 시사점을 줄 수 있다.

토지제도개혁론을 현대적인 관점에서 보았을 때는 시장집중의 문제와 일반집중의 문제가 섞여 있는 것으로 볼 수 있다. 조선 후기 사회는 산업이 분화되지 않았으므로 정보통신 산업, 자동차 산업, 전자 산업 등 현대의 산업은 존재하지 않았고, 농업과 관련된 극소수의 시장만 상정할 수 있을 것이다. 농업생산을 위해서 가장 필수적인 토지임대시장 혹은 토지매매시장과, 생산된 농산물을 수요자에게 공급하는 시장 정도가 유의미한 시장이었을 가능성이 크다. 그러나 토지매매는 극소수의 사람들에게나 참여가 가능한 시장이었을 것으로 추정되고, 당시 시장경제가 충분히 발달하지 못하여 많은 사람들은 농산물을 자가소비하였고, 한양 거주민 등의 일부 사람들만 농산물 시장을 통해 농산물을 공급받았다는 점을 고려해 볼 때 농산물 공급시장의 규모는 제한적이었을 것이다.[31] 따라서 전국을 기준으로 볼 때 의미를 가지는 시장은 토지 임대시장 정도였을 것으로 보인다. 당시는 농민의 이동이 활성화되지 않고 교통이 크게 발달하지는 않았던 것으로 보이므로, 관련지역시장이라고 할 수 있는 범위는 매우 좁았을 것으로 보이고, 그 좁은 관련 지역시장을 단독 혹은 소수의 지주가 독점 혹은 과점하면서 농민에게 토지를 임대하는 시장을 상정하는 것이 합리적일 것으로 보인다. 해당 관련 시장에서만 토지임대시장을 독과점하는 지주가 있는 경우에는 시장집중의 모습을 가지게 되고, 소수의 지주가 여러 지역에서 토지를 소유하는 경우에는 일반집중의 모습도 가지게 될 것이지만, 당시 토지 임대 시장에서 나타나는 폐해나 그에 대한 해결책은 일반집중보다는 시장집중 쪽에 더 가까워 보인다.

---

30) 권오승, "토지소유권의 규제방안", 법과 사회 제2호, 법과사회이론학회, 1990, 31면.

31) 그 농산물 시장에서도 국가가 부여한 독점의 폐해가 발생하였고, 이를 규제한 것이 아래에서 언급할 신해통공정책이다. 이런 점에서 조선후기의 개혁가들은 전반적으로 현대의 경쟁정책에 해당하는 정책을 옹호하고 있었던 것으로 보인다.

수년 전 이른바 납품단가 후려치기로 인한 대기업 혹은 재벌의 행위가 사회적 문제[32]가 되면서 납품단가를 공정화하기 위해 정부가 개입하고 이러한 관점에서 대규모유통업에서의 거래공정화에 관한 법률이 2011. 11. 14. 제정되기도 하였고, 시장지배적 지위남용의 경우에 이른바 착취남용을 금지하는데, 위에서 언급한 감조론은 독과점 사업자의 지위에 있는 지주가 임대료를 병작반수로 너무 높게 받자 이를 국가가 개입해서 낮추겠다는 것으로서 위 납품단가 후려치기에 대한 정부의 대응이나 착취 남용 금지와 그 접근방식이 유사하다. 또한 이른바 물량 몰아주기에 대한 사회적 비판이 커지자, 공정거래위원회가 간접적으로 개입하여 기업집단인 삼성, 현대자동차, 에스케이, 엘지가 대기업 혹은 재벌의 발주물량에 대해 비계열회사에 대하여도 입찰기회를 주기로 하는 자율적인 공생발전 계획[33]을 선포하기도 하였는데, 형식적으로는 자율적이라는 점에서는 차이가 있으나 위에서 언급한 균작론과 접근방식이 매우 유사하다. 그리고 중소기업적합업종 제도는 대기업이 진출할 수 있는 업종을 제한하는 제도로서 한전론과 유사하며, 정전제 가행설의 경우 미국에서 논의되고 있는 기업분할과 외관상[34] 유사하다.

위와 같은 점을 볼 때 조선 후기 토지제도개혁론은 그 자체만으로도 의미 있으나, 현대적 의미라고 할 수 있는 독점가격의 제한, 생산수단에의 접근이 어려운 사람에 대한 접근 가능성 증대, 중소기업정책, 미국에서 논의되는 기업분할 등은 독점규제법과 연계해서 검토하여도 많은 시사점을 주는 부분으로 보인다.

2. 독점규제법의 목적에 관한 논의

(1) 신해통공 – 맹아적 형태

좀 더 직접적인 독점규제법의 맹아적 형태는 조선 후기의 신해통공에서 찾을 수 있다. 원래 조선시대의 경제는 자급자족을 위주로 하고 있었으나, 조선시대

---

32) 2012. 3. 18. 조선일보 인터넷 기사.
   http://biz.chosun.com/site/data/html_dir/2012/03/18/2012031801410.html에서 참고 가능.
33) 2012. 1. 16. 국민일보 인터넷 기사.
   http://news.kukinews.com/article/view.asp?page=1&gCode=kmi&arcid=0005743265&cp=nv 에서 참고 가능.
34) 다만 정전제 가행설은 지주의 기존 소유권을 박탈하는 것을 전제로 하나, 미국에서 논의되는 기업분할은 주식이라는 권리자체는 인정하는 것을 전제로 출자구조를 조정하도록 하여 어떤 사업자의 독점화를 방지한다는 점에서 차이가 있다고 할 수 있다.

후반기에 이르러 서울 인구가 급증하여 상품 수요가 급증하고 광농의 등장으로 인한 상업적 농업의 발달로 공급이 증대되면서 적어도 한양은 시장경제체제로 이행하고 있었던 것으로 보인다.[35] 그러한 상황 속에서 시전 상인들에게 부여한 금난전권은 독점가격의 설정을 초래하였고, 이를 해결하기 위해 금난전권을 폐지하여 경쟁을 촉진한 신해통공은 초기 형태의 경쟁정책이라고 할 수 있다.[36] 통공정책에 대하여 시전상인들은 심하게 반발하면서 그 폐지를 요구했으나, 정부는 '서울 시내 백성의 십중팔구가 통공법이 옳다고 생각하고 있다', '금난전법은 실로 중민 공공의 이로움이 되지 못한다'는 이유로 이를 번번이 거절하였고, 이후 전반적으로 통공정책의 원칙은 변하지 않았다.[37] 이런 점에서 신해통공은 전통적인 서양 경제학이 독점규제의 근거로 들고 있는 독점사업자의 독점가격 설정의 문제를 현실세계 속에서 발견하고 이를 규제하였다는 점에서 큰 의의가 있다.[38]

(2) 독점규제법 제정 전의 논의

독점규제법 제정 논의가 있기 전부터도, 우리 국민경제가 통제자본주의의 형태를 가지고 있기 때문에 국민경제의 안전과 발전을 위하여 경제법을 시행하는 것은 필요하다는 견해[39]나, 독점으로 인하여 기존과 같이 경제질서의 형성을 가격법칙에 입각하여 자동 조절하는 기능에 일임하는 형태는 지양하고 국가가 이에 개입하는 것을 전제로 하는 경제법의 존재를 인식하고 기존의 상법과는 독자적인 지위를 부여해야 한다는 취지의 견해[40] 등이 있어서 법률 전문가 집단에서 경제법 시행의 필요성에 관한 인식은 이미 존재하였던 것으로 보인다.

이후 우리 사회가 오늘날의 독점규제법 규율대상이 되는 현상으로서 일종의 독과점적 폐해를 체득하는 최초의 계기가 된 일인 1963년의 '3분파동'이 발생하였다.[41] 경제개발계획 개시 직후인 1962년에 불거졌던 이 독과점 사건은 시멘트, 제분, 제당 등 3가지 종류의 가루상품의 시장을 과점하고 있던 대기업들이

---

35) 김성훈, "독과점에 대한 규제", 독점규제법 30년(권오승 편), 법문사, 2011, 172면.
36) 위의 책, 172면.
37) 강만길, 고쳐 쓴 한국 근대사, 창비, 2008, 114면.
38) 김성훈, 앞의 책, 172면.
39) 이해동, "경제의 발전과 경제법규의 필요", 법제월보 제1권 제9호, 법제처, 1958, 28면.
40) 이시윤, "상법과 경제법과의 관계", 고시계 제6권 제1호, 국가고시학회, 1961, 85면.
41) 신영수, "독점규제법의 변천과 발전", 독점규제법 30년(권오승 편), 법문사, 2011, 121면.

고시 가격의 3~4배에 이르는 가격조작과 폭리를 취한 것이 문제가 된 것으로, 폭리 규모는 정부발표 10억원, 야당발표 50억원에 이르렀다.[42] 1963. 4. 1. 사건의 전모가 발견되어 총 8억 7천여 만원의 세금이 부과되었고, 정부는 위와 같은 비리의 재발을 방지하고 거래의 공정성을 보장하기 위하여 법적·제도적 장치가 필요함을 느껴 서울대학교 상과대학 부설 한국경제연구소가 네덜란드의 경제경쟁법을 참고하여 작성한 공정거래법시안을 참고로 하여 1964. 9. 전문 29조의 공정거래법 초안을 작성하였다.[43] 이 초안의 골자는 부당한 가격 및 거래조건을 규제하기 위하여 경제기획원에 공정거래위원회를 설치하고, 거래에 실질적인 영향을 주는 사업자 또는 사업자단체의 협정 또는 공동행위를 적절히 규제할 수 있도록 하는 것이었다.[44] 이에 대하여 당시 한국경제인협회는 "일부 기업의 상업자본 축적과 유통시장 지배는 경제발전과정에서 나타나는 하나의 과도기적 현상으로 이해되어야 하며, 기업의 독점이윤추구를 죄악시할 것이 아니라 오히려 이윤추구의 극대화를 뒷받침함으로써 기업의 투자의욕을 자극하는 정책을 펴나가야 한다"고 주장하였고,[45] 많은 논란 끝에 위 법안은 각의에 상정되지도 못한 채 폐기되었다.

1969년도에는 이른바 코로나자동차 사건이 있었다. 코로나자동차는 1966년 신진자동차가 도요타자동차와 기술제휴로 조립생산한 모델로, 국제판매가격이 800달러(22만원)인데 반해 국내판매가는 87만원으로 자동차생산 독과점업체인 신진자동차의 폭리가 문제된 사건이다. 이를 계기로 독과점횡포문제가 크게 부각되었고 경제기획원은 1969년 4월 독점규제법안을 국회에 제출하였으나 독점규제법은 아직 시기상조라는 업계의 적극적인 반대에 밀려 7대 국회 회기종료로 사실상 폐기되었다.[46]

1971년도 공정거래법안은 세계가 경제불황 속에서 물가가 상승하는 스태그플레이션 현상에 처해 있었고, 특히 환율인상조치로 물가가 높아지자 이에 대응하

---

42) 위의 책, 121면; 김성훈, 앞의 책, 173면.
43) 김찬진, "한국 독점규제법의 제정연혁", 경쟁법연구 제1권, 한국경쟁법학회, 1989, 120면; 권오승, "독점규제법의 형성과 전개", 박병호교수환갑기념논문집 II, 1991, 588면.
44) 권오승, 위의 논문, 588면.
45) 신영수, 앞의 책, 122면.
46) 공정거래위원회 보도자료, 공정거래제도 도입 20년, 5-6면.
http://www.ftc.go.kr/policy/compet/competView6.jsp?bbsNo=10&bbsTribuNo=1&currpage=3&searchKey=&searchVal=&startdate=&enddate=에서 다운로드 가능.

여 제안되었다가 제정에 실패하였고, 1971년부터 1차 석유파동의 영향으로 국내 물가가 극도로 불안하자 1973년에 제정된 물가안전에 관한 법률에 기존 공정거래법안의 일부 내용을 추가하는 물가안정 및 공정거래에 관한 법률이 1975년 제정되었다.[47]

한편 법제처도 1979년 서민생계에 부담을 주는 물가의 앙등, 매점매석행위, 투기행위 등 여러 가지 태양의 폐단이 발생하였고 이러한 폐해를 방지하고 공정하고 자유로운 경쟁질서를 확립함으로써 국민생활의 안정과 국가경제의 발전을 기하여야 하므로 공정거래제도확립에 도움이 되기 위해 선진국의 공정거래제도를 검토했다면서 '각국의 공정거래 및 독과점규제관계법'이라는 법제자료를 내는 등 정부 차원에서 독점규제법의 제정은 꾸준히 준비되어 왔다.[48]

이후 1980. 12. 31.에 와서야 법률 제3320호 독점규제 및 공정거래에 관한 법률이 제정되어, 1981. 4. 1. 시행되었고, 그 헌법적 근거는 1980. 10. 27. 개정된 대한민국 헌법 제120조 제3항 '독과점의 폐단은 적절히 규제 · 조정한다'는 규정이었다.

(3) 독점규제법 제정 후의 논의

1) 1980년대의 논의

독점규제법을 제정하자는 논의가 촉발된 사건들은 거의 모두 독점가격 설정 혹은 전반적인 물가인상이 주로 문제가 된 것이었지만, 독점규제법의 목적에 관한 논의는 가격 측면에만 집중되지는 않았고, 그 주된 이유는 독점규제법의 목적 조항이 여러 가치를 규정하고 있었기 때문인 것으로 보인다. 독점규제법의 제1조의 목적 조항은 아래와 같고, 제정 이후 현재까지 한 번도 개정되지 않았다.

> '이 법은 사업자의 시장지배적지위의 남용과 과도한 경제력의 집중을 방지하고, 부당한 공동행위 및 불공정거래행위를 규제하여 공정하고 자유로운 경쟁을 촉진함으로써 창의적인 기업활동을 조장하고 소비자를 보호함과 아울러 국민경제의 균형있는 발전을 도모함을 목적으로 한다.'

---

47) 신영수, 앞의 책, 126-129면.
48) 각국의 공정거래 및 독과점규제관계법, 법제자료 제103집, 법제처, 1979, 2면.

당시 위 법의 시행일인 1981. 4. 1.에 발표된 경제기획원 장관 담화문은 '본법은 공정하고 자유로운 경쟁질서를 확립하기 위한 기본적인 규범을 정하는 법'이라고 하고 있고,[49] 독점규제법 제정 직후에 목적조항을 다음과 같이 체계적으로 분석한 입장이 있었는데, 이후 상당 기간 이 분석이 약간의 변화는 있지만 표준적인 목적조항의 해석론이 되었다.[50]

> 목적규정의 1단계는 사업자의 시장지배적 지위의 남용과 과도한 경제력의 집중을 방지하고, 부당한 공동행위 및 불공정거래행위를 규제하는 것이고, 이 1단계의 규제는 '공정하고 자유로운 경쟁을 촉진'한다는 2단계를 직접적인 목적으로 하고 있다. 자유로운 경쟁은 경쟁에 가담하려는 의사와 능력을 가진 모든 사업자에게 시장이 개방되어 있어야 하고, 경쟁관계에 있는 자들 사이에 경쟁이 자유롭게 이루어지고 있는 두 가지 요건이 필요하고, 공정한 경쟁은 경쟁이 그 사업자의 사업상의 장점에 기하여 행하여진다고 하기보다는, 양질염가의 상품이나 서비스를 제공하는 것으로 통하여 보다 많은 고객을 확보하려고 하는 능률경쟁이 중심이 된다는 것을 의미한다. 한편 '창의적인 기업활동을 조장하고' 부분은 독점규제법의 목적이라고 하기보다는 현대자본주의경제에 있어서 독점규제법이 가지는 의의 내지 가치를 표현한 것이라고 보아야 한다. 소비자보호나 국민경제의 균형 있는 발전은 그 궁극적 목적이기는 하지만 그 자체가 이 법의 직접적인 목적이 아니라, 공정하고 자유로운 경쟁을 촉진하는 것을 통하여 위 두 목적으로 달성하는 것으로, 공정하고 자유로운 경쟁을 촉진하는 것이 바로 소비자를 보호하고 국민경제의 균형있는 발전을 도모하는 것이 된다.

한편, 독점규제법이 제정된 후 얼마 되지 않은 1983년에 근래 일부의 강한 지지를 받고 있는 경제의 효율성 달성을 그 주된 목적으로 내세운 입장도 있었다. 그에 따르면 목적의 해석은 경쟁촉진을 수단으로 하여 소비자보호와 국민경제의 균형 있는 발전을 목적으로 하고 있음을 명시하고 있는데, 무조건적인 경쟁의 촉진이 반드시 소비자를 보호하고 국민경제의 균형 있는 발전을 이룩하여 주는 것은 아니므로, 이 두 가지의 궁극목적의 달성을 위한 경쟁촉진의 목적이 무엇인가를 규명하는 것이 필요하다고 하면서, 경쟁촉진의 목적은 경제의 효율성 달성에 있으며, 그 경우 경쟁의 목표상태는 유효경쟁상태로서 이것을 기준으로 하여 각개 규정해석의 척도로 삼아야 한다는 것이다.[51]

---

49) 한부환, "한국의 독점규제 및 공정거래에 관한 법률과 미국의 독점금지법의 비교연구 4", 법조 제32권 제1호, 법조협회, 1983, 33면.
50) 아래 부분은 황적인·권오승, 경제법(개정판), 법문사, 1981, 57-62면을 요약한 것임.

2) 1990년대의 논의

공정거래위원회는 독점규제법 시행이 10년 지난 시점에서 국민경제의 균형발전을 독점규제법의 궁극적인 목적으로 보면서 이는 정치, 경제, 사회의 조화 속에서 경제체제의 발전을 의미하는 것으로 이해해야 하며, 공정·자유경쟁은 경제체제의 가장 기본적인 행동규범이 된다고 하였다.[52] 공정경쟁은 국민적 합의에 바탕을 두고 공정하게 설정된 규범을 모든 경제주체가 준수하여 이를 위반할 경우에는 공정하게 제재를 부과한다는 경제활동의 도덕성을 강조하는 개념이고, 자유경쟁은 재산권, 계약자유 등 자본주의의 기본적인 원칙 아래에서 각자가 다른 경제주체의 간섭 없이 자유의사에 따라 경쟁하는 것을 말하며,[53] 독점규제법은 정치적 민주주의에 대응하는 경제적 민주주의의 실현을 목표로 하므로, 단지 경쟁을 촉진하여 경제적 효율성을 증진시킨다는 차원을 넘어 경제적 효율성과 사회적 형평성이 조화된 사회적 효율성을 달성하는 효과를 가지며 이를 통하여 국가체제의 민주적인 균형발전이 보장되는 것이라는 것이 당시 공정거래위원회의 인식이었다.[54]

그리고 1990년대부터는 소비자보호를 좀 더 중시하는 주장이 강화되었다. 예컨대 경쟁유지정책은 소비자보호의 달성에 있어서 제도적으로 중요할 뿐만 아니라 그 달성에 직접적인 관계가 있는 것이므로, 소비자보호가 비록 공정거래법의 각 규정의 직접적인 목적은 아니라고 하더라도 경쟁유지정책이 소비자보호의 달성수단으로서 다른 정책수단보다 우선시 되어야 한다는 점을 분명히 하고 있다고 해석하여야 한다는 입장[55]도 있었고, 기존의 통설적 견해인 경쟁의 자유와 공정성을 강조하는 견해를 비판하고 공정거래법 제1조의 법문상 해석에 반대하면서 독점규제법이 일반적으로 추구해야 할 목적은 경제적 효율성, 소비자 후생이며, 여타의 사회적·정치적 가치는 개별조항의 입법의도로 판단될 때에만 특수 목적으로 존중하되 가능하다면 경제적 효율성을 저해하지 않도록 조성할 필요가 있다는 입장이 있었다.[56] 이 입장은 공정거래법 제1조의 핵심은 '소비자보

---

51) 한부환, 앞의 논문, 34면.
52) 공정거래 10년 편찬 위원회, 공정거래 10년 -경쟁정책의 운용성과와 과제-, 공정거래위원회, 한국개발연구원, 1991, 37면, 44면.
53) 위의 책, 37면.
54) 위의 책, 37면, 38면.
55) 이동규, 독점규제 및 공정거래에 관한 법률 개론, 행정경영자료사, 1995, 23-24면.

호', 즉 소비자가 되도록 값싼 가격으로 충분한 물량의 상품과 용역을 구입할 수 있도록 한다는 것이며 경제이론에서 말하는 경제적 효율성에 해당한다는 것이다.57) 따라서 공정거래법을 적용하여 어떤 행위를 금지하는 것은 소비자 이익에 합치할 때로 한정된다.58)

3) 2000년대 이후의 논의

2000년대부터는 논의가 좀 더 다양해지게 되고 추상적 의미의 목적조항을 좀 더 구체화시키려 하거나 혹은 그 추상성으로 인하여 이에 큰 의미를 부여하지 않는 입장 등이 나타나게 된다.

예컨대 창의적인 기업활동의 조장, 소비자보호, 국민경제의 균형달성은 경쟁정책의 의의나 가치 또는 공정거래법의 국민경제적 의미 정도로 이해하여야 한다는 입장이 있다.59) 이 입장에 의하면 창의적인 기업활동의 조장은 경쟁이 제대로 기능하는 경우에 자연히 도출되는 것이고, 소비자보호는 경쟁이 제대로 기능할 경우에 소비자에게 돌아가는 간접적인 이익을 말하는 것으로서 소비자보호가 공정거래법의 궁극적이거나 추가적인 목적이 될 수 없으며, 국민경제의 균형있는 발전은 경쟁촉진이 효율성 증대와 국민경제의 발전을 가져올 것이라는 점을 확인하고 있는데 불과하다는 것이다.60) 목적 조항을 이렇게 보는 경우 공정거래법의 목적은 오로지 기업의 사적인 경쟁제한으로부터 경쟁을 보호하는 것이 된다.61)

한편 현행 독점규제법이 경제적 효율성만을 목적으로 한다고 보는 것은 곤란하고 그보다는 더 넓은 목적을 상정하고 있으며, 특히 경제력 집중 억제 조항들은 개별 시장에서의 공정하고 자유로운 경쟁의 촉진이나 전통적인 의미에서의 경제적 효율성이라는 이념과 직접 연결시키기 어렵다는 점에 주목하면서 현행 독점규제법의 목적은 법 제1조의 해석론만으로는 규명할 수 없고, 동법상의 다양한 규제내용으로부터 귀납적으로 판단할 수밖에 없다고 하는 입장도 있다.62)

---

56) 이문지, "공정거래법의 목적", 경영법률 제18권, 한국경영법률학회, 1998, 627면.
57) 위의 논문, 628면.
58) 위의 논문, 628면.
59) 이봉의, "공정거래법의 목적과 경쟁제한행위의 위법성", 경제법판례연구 제1권(경제법판례연구회 편), 법문사, 2004, 10면.
60) 위의 책, 11면.
61) 위의 책, 11면.
62) 이호영, 독점규제법(개정판), 홍문사, 2010, 3면.

그리고 국민경제의 균형 있는 발전에 대하여 의미 있는 견해도 찾을 수 있는데, 그 견해는 국민경제의 균형있는 발전을 위해서는 규제를 통하여 대기업과 중소기업의 불균형을 시정하고 차별적 취급을 금지하거나, 집중되어 있는 경제력을 분산시켜 시장에서의 자유롭고 공정한 경쟁이 일어날 수 있도록 하는 동등한 경쟁의 수준을 만들어야 한다는 것이다.[63] 특히 경제력 집중의 방지가 독점규제법 제1조의 자유롭고 공정한 경쟁을 촉진하기 위한 수단 내지 방법의 하나로 규정되고 있는 것에 주목하면서 경제력 집중의 방지는 정치적 민주화와 사회적 형평의 실현을 통한 국민경제의 균형 있는 발전을 위하여 꼭 필요하다고 언급하고 있다.[64]

(4) 판례, 결정례

우리 헌법재판소는 독점규제법의 목적에 관한 결정을 내린 적은 없으나 주세법 위헌 여부에 관한 1996. 12. 26. 선고 96헌가18 전원재판부 결정과 신문고시의 위헌성이 문제가 된 헌법재판소 2002. 7. 18. 선고 2001헌마605 전원재판부 결정에서 헌법상 우리나라의 경제체제와 독과점규제의 정당성에 관하여 아래와 같이 판시하고 있다.

　　헌법 제119조 제2항은 '국가는 ― 시장의 지배와 경제력의 남용을 방지하기 위하여 ― 경제에 관한 규제와 조정을 할 수 있다'고 규정함으로써, '독점규제와 공정거래유지'라는 경제정책적 목표를 개인의 경제적 자유를 제한할 수 있는 정당한 공익의 하나로 하고 있다. 국가목표로서의 '독점규제와 공정거래유지'는 스스로 맡겨진 경제는 경제적 자유에 내재하는 경제력집중적 또는 시장지배적 경향으로 말미암아 반드시 시장의 자유가 제한받게 되므로 국가의 법질서에 의하여 공정한 경쟁질서를 형성하고 확보하는 것이 필요하고, 공정한 경쟁질서의 유지는 자연적인 사회현상이 아니라 국가의 지속적인 과제라는 인식에 그 바탕을 두고 있다.

헌법재판소의 논리구조에 따르면 1차적으론 '공정한 경쟁질서의 유지'라는 공익이, 2차적으로는 공정한 경쟁질서를 통한 '시장의 자유의 확보'라는 공익이 보호되고, 그것이 독점규제법의 정당성의 근거가 된다.

---

63) 권오승·이봉의·이호영·홍대식·홍명수·조성국·신영수·황태희, 독점규제법, 법문사, 2010, 18면.
64) 위의 책, 19면.

한편 대법원은 포스코 판결[65]에서 시장지배적 지위 남용 규제에 한정한 것이기는 하지만 독과점적 시장에서의 경쟁촉진을 그 입법목적으로 판시하고 있다. 관련 부분은 다음과 같다.

> 공정거래법 제3조의2 제1항 제3호의 시장지배적 사업자의 지위남용행위로서의 거래거절의 부당성은 '독과점적 시장에서의 경쟁촉진'이라는 입법목적에 맞추어 해석하여야 할 것이므로, 시장지배적 사업자가 개별 거래의 상대방인 특정 사업자에 대한 부당한 의도나 목적을 가지고 거래거절을 한 모든 경우 또는 그 거래거절로 인하여 특정 사업자가 사업활동에 곤란을 겪게 되었다거나 곤란을 겪게 될 우려가 발생하였다는 것과 같이 특정 사업자가 불이익을 입게 되었다는 사정만으로는 그 부당성을 인정하기에 부족하고 … (후략)

그러나 다른 대법원 판결은 '소비자의 이익을 현저히 저해할 우려가 있는 행위의 부당성은 시장지배적사업자의 지위 남용행위의 규제 목적이 단순히 그 행위의 상대방인 개별 소비자의 이익을 직접 보호하고자 하는 데 있는 것이 아니라, 독과점 시장에서 경쟁촉진과 아울러 시장지배적사업자의 과도한 독점적 이익 실현행위로부터 경쟁시장에서 누릴 수 있는 소비자의 이익을 보호하고자 하는 데 있음을 고려할 때, 시장지배적사업자의 행위의 의도나 목적이 독점적 이익의 과도한 실현에 있다고 볼 만한 사정이 있는지, 상품의 특성·행위의 성격·행위기간·시장의 구조와 특성 등을 고려하여 그 행위가 이루어진 당해 시장에서 소비자 이익의 저해의 효과가 발생하였거나 발생할 우려가 있는지 등을 구체적으로 살펴 판단하여야 한다'고 판시하여,[66] 소비자의 이익도 동등한 지위에 올려 놓는 판시를 하고 있다.

또 다른 판결은 이른바 화물연대와 화주업체와의 합의에 관하여 공동행위의 부당성을 판단하면서, 아래와 같이 그 고려사항으로서 '사회적 비용'이나 '경제전반의 효율성 증대'를 언급하고 있고, 이는 독점규제법의 목적을 상당히 포괄적으로 이해하는 것을 전제로 하고 있는 것으로 보인다.

> 사업자들이 공동으로 가격을 결정하거나 변경하는 행위는 그 범위 내에서 가격경쟁을 감소시킴으로써 그들의 의사에 따라 어느 정도 자유로이 가격 결정에 영향을 미치거나 미칠

우려가 있는 상태를 초래하게 되므로 원칙적으로 부당하고(대법원 2009. 3. 26. 선고 2008두21058 판결 참조), 다만 그 공동행위가 법령에 근거한 정부기관의 행정지도에 따라 적합하게 이루어진 경우라든지 또는 경제전반의 효율성 증대로 인하여 친경쟁적 효과가 매우 큰 경우와 같이 특별한 사정이 있는 경우에는 부당하다고 할 수 없다. … (중략) … 이 사건 합의 중 컨테이너 운임적용률에 관한 부분은 이 사건 기록에 의하여 알 수 있는 다음과 같은 사정들, 즉 2003. 5.경 화물연대가 전면 파업에 돌입하자 정부가 이를 수습할 목적으로 2003. 5. 15. 화물연대의 주요 요구안을 수용하여 '화물운송노동자 단체와 운수업 사업자단체 간에 중앙교섭이 원만히 이루어질 수 있도록 적극 지원하고, 화주업체의 협조가 필요한 부분이 있는 경우에는 적극 참여하도록 지원한다'는 내용의 '노·정합의문'을 발표한 데 이어, 2003. 8. 22.에는 원고들 및 소외 회사 임원들로 하여금 '화물연대 관련 컨테이너운송업자 임원 대책회의'를 개최하게 하였고, 2003. 8. 25.에는 '하불료 13% 인상' 등의 후속조치를 취하도록 촉구하는 등 강력한 행정지도를 펼친 사실이 인정되는바, 그 과정에서 원고들 및 소외 회사들이 화주로부터 지급받는 컨테이너 운임의 적용률을 인상하는 내용의 이 사건 합의에 대하여도 위와 같은 정부의 행정지도가 있었다고 볼 여지가 있는 점, 화물연대의 요구사항 중의 하나인 하불료를 인상해 주기 위하여는 원고들이 화주들로부터 받는 운송료가 인상되어야 하는 등 어느 정도의 수익 증가가 원고들에게 필요하다고 보이는 점, 피고는 원고들이 화주들로부터 지급받는 운임적용률을 공동으로 결정한 행위만을 문제삼고 있고, 화물차주들에게 지급할 하불료를 공동으로 결정한 행위에 대하여는 아무런 문제를 제기하고 있지 아니한 점, 원고들 및 소외 회사들이 이 사건 합의를 하게 된 경위는 위와 같이 하불료를 인상하는 데 필요한 재원 마련에 있었는데, 우리나라 육상화물 운송시장의 특성상 하불료는 지입차주들의 소득과 직결되어 있어 정부가 컨테이너 운임의 덤핑을 방치할 경우 출혈가격경쟁이 발생하여 이로 인한 전국적인 산업 분류, 물류의 차질 및 교통안전 위해 등의 문제가 발생할 수 있고, 이를 해결하기 위하여 추가되는 사회적 비용은 육상화물 운송시장에서의 가격경쟁으로 인한 소비자 후생 증대효과에 비교하여 적다고 볼 수 없는 점 등에 비추어 볼 때, 친경쟁적 효과가 매우 커 공동행위의 부당성이 인정되지 않을 여지가 있다.

(5) 소결론

독점규제법의 목적에 관하여는 제정 초기에 별다른 논의가 없었으나, 1990년 대부터 여러 가지 견해가 제시되고 있으며, 그 주장은 하나의 틀로 묶어 내기는 어렵지만, 크게 봐서는 자유롭고 공정한 경쟁이라는 개념을 중시하는 흐름과 소비자보호를 중시하는 흐름이 있다고 할 수 있다.

헌법재판소와 대법원은 목적 조항 자체에 대한 해석론을 전개하지는 않았지만, 공정한 경쟁질서의 유지를 통한 '시장의 자유의 확보', 독과점 시장에서 경쟁 촉진, 시장지배적사업자의 과도한 독점적 이익 실현행위로부터 경쟁시장에서 누릴 수 있는 소비자의 이익 보호, 사회적 비용, 경제전반의 효율성 증대 등 여러 가치를 그 목적으로 제시하고 있다.

Ⅲ. 비교법적 고찰

1. 미국에서 독점규제법의 목적에 관한 논의

미국은 전통적으로 두 가지 입장이 팽팽하게 대립되어 왔다. 미국 독점규제법 집행 초기에는, 경제력이 과도하게 집중된 경우 비민주적인 정치적 압력이 증가할 우려가 있고, 소수의 사람들이 중요한 결정을 내리는 경우를 줄여서 다수의 개인적 자유가 증가해야 하며, 만약 경제가 소수의 사람들에게 지배되면 정부의 개입이 필수적이라는 등의 비경제적 고려사항이 반독점법의 목적에 포함되어야 한다는 입장[67]이 있었다. 이러한 비경제적 고려사항을 실제 사안에 적용할 때는 특정 사안에서 양쪽 주장이 팽팽할 때 한쪽을 이기게 하는 근거로 사용하거나, 형사소송이 아닌 한 독점적 행위가 정당화 된다고 주장하는 자가 해당 비경제적 고려사항이 존재하지 않는다는 것을 입증할 책임이 있는 것으로 하거나, 경제적 분석을 할 때도 여러 가지 견해가 가능한 경우가 있고 그 경우 비경제적 고려사항도 충분히 존중되어야 하며, 수직결합 혹은 혼합결합의 경우에도 비경제적 고려를 할 수 있을 것이라는 구체적인 제안까지도 나오고 있다.[68]

실제로 미국의 독점규제법 집행 초기에는 비경제적 고려사항이 많이 존중되었다. 펙햄(Peckham) 대법관은 소규모 자영업자들을 배려해야 한다고 하였고, 핸드(Learned Hand) 판사도 산업에서 작은 단위의 기업가들이 모여 있어야 실효적으로 경쟁할 수 있다는 입장을 취하였다.[69] 미국 판례나 각종 문헌들이 들

---

67) Robert Pitofsky, *The Political Content of Antitrust*, University of Pennsylvania Law Review, Vol. 127, 1978, pp. 1051-1075.
68) Louis B. Schwartz, *"Justice" and Other Non-economic Goals of Antitrust*, University of Pennsylvania Law Review, Vol. 127, 1978, pp. 1076-1081.
69) Robert H. Bork, *The Antitrust Paradox*, The Free Press, 1978, pp. 51-52, 66.

고 있는 고려요소들에는 독립한 중소기업의 유지, 시장진입의 용이성 보호, 민주적 정치제도, 경제력의 분산, 경제력 또는 정치적 힘의 집중에 대한 염려, 상거래의 도덕 또는 공정성 촉진 등이 포함된다.[70]

그러나 이에 대하여 미국 독점규제법의 입법과정이나 법문을 보더라도 위와 같은 비경제적 고려들을 해야 할 필연적 이유들은 없으며 오히려 '소비자 복지'(consumenr welfare)가 가장 중요한 기준이라는 강력한 반론[71]이 있었고, 소비자 복지를 강조하는 입장에 의하면 미국의 셔먼법, 연방거래위원회법, 클레이튼법 등은 기본적으로 부(富)가 소비자로부터 생산자로 부당하게 이전되는 것을 막는 것을 목적으로 한다고 한다.[72] 현재 미국 법원은 전반적으로 이와 같은 기준을 수용하고 있는 것으로 보인다. 예컨대 브룩 그룹(Brooke Gruop) 사건에서 연방대법원은 미국 독점규제법의 전통적인 관심사는 '소비자 복지 및 가격 경쟁'이라고 판시하였고, 웨이어하우저(Weyerhaeuser) 판결에서도 소비자에 대한 영향에 관련된 언급을 12회나 하면서 소비자 복지를 중시하였고, 리진(Leegin)사건에서는 합리의 원칙은 소비자에게 해가 되는 경쟁제한적인 행위와 소비자에게 가장 이익이 되는 경쟁을 촉진하는 행위를 구분할 수 있다고 언급하면서 역시 소비자 복지를 중요한 기준으로 제시하고 있다.[73]

그러나 미국 독점규제법의 목적에 대하여는 여전히 많은 논쟁이 있고, 미국 독점규제법의 일부를 형성한다고 할 수 있는 미국 연방거래위원회 제5조는 우리 독점규제법의 불공정거래행위에 대응하는 불공정 경쟁행위(Unfair method of competition)를 규제하고 있는데, 법시행 초기에는 그 금지행위를 셔먼법보다 더 넓게 해석하는 경향을 보이다가, 이후 그 적용범위가 좁아졌었는데, 최근에 다시 그 적용범위를 셔먼법의 적용범위를 넘어서서 독점 전단계에서 이루어지는 남용적 행태까지에도 확장하려는 경향을 보이고 있다는 점[74]에서 두 입장 사이의 긴장을 엿볼 수 있다.

---

70) 이문지, "공정하고 자유로운 경쟁은 목적인가 아니면 수단인가?", 상사법연구 제16권 제2호, 한국상사법학회, 1997, 634면.
71) Robert H. Bork, *The Antitrust Paradox*, The Free Press, 1978, p. 66.
72) Robert H. Lande, "Wealth Transfer as the Original and Primary Concern of Antitrust", *Hastings Law Journal*, 34, 1982, pp. 150-151.
73) John B. Kirkwood and Robert H. Lande, *The Chicago School's Foundation is Flawed, How the Chicago School Overshot the Mark*, Oxford University Press, 2008, pp. 94-95.
74) 김성훈, "미국 연방거래위원회법 제5조의 해석 동향", 서울대학교 경쟁법센터 편, 공정거래법의 쟁점과 과제, 법문사, 2010, 323면.

2. 유럽연합에서 경쟁법의 목적에 관한 논의

유럽연합 경쟁법의 기본적인 목적은 단일시장통합에 기여하는 것이고, 이 역할을 이해하는 것은 유럽연합 경쟁법을 이해하는데 매우 중요하다.[75] 유럽연합 경쟁법은 경쟁이라는 목적과 단일시장 통합이라는 목적에 함께 봉사해 왔고, 때때로 후자가 모든 법의 발전방향을 제시하면서 경쟁을 단일시장 통합의 수단으로 사용했다.[76]

그러나 1999년 유럽연합집행위원회는 경쟁법을 단일시장을 진행시키는 수단으로서가 아니라 단일시장의 형성과 동등한 목적으로 본다는 현대화 백서를 발간했다.[77] 이후 유럽연합은 소비자 복지를 경쟁법의 주된 목적으로 삼아 왔다. 그러나 비경제적인 목적이 무시된다고 할 수는 없고 오히려 더 궁극적인 목적이 될 수도 있다. 유럽연합 경쟁당국의 사무처장인 로베(P. Lowe)는 2006년 "경쟁은 그 자체로서 목적이 아니고 소비자 복지라는 공익을 달성하기 위한 수단이다. 동시에 경쟁정책은 다른 목적에도 기여할 수 있다: 예컨대 유럽연합의 관점에서는 그것은 성장과 고용의 증진에 기여할 수 있고, 국가 개입의 역할과 산업 규제에 관한 공론을 형성할 수도 있다"고 언급하였다.[78]

경쟁을 보호한다는 것이 무엇을 의미하는지에 관하여는 적어도 아래와 같이 네 가지 의견이 제시되어 왔고,[79] 그 사실 자체로 유럽연합에서 경쟁이라는 개념은 여러 가지 가치를 포함해야 한다는 입장과 소비자보호를 좀 더 중시해야 한다는 입장이 대립하고 있다는 점을 엿볼 수 있다.

첫 번째는 직접경쟁 및 경쟁과정 보호이다. 이 입장은 경쟁자를 보호하는 것이라는 오해를 받아오기도 하였으나, 실제로 중요시 하는 것은 경쟁자가 없으면 효과적인 경쟁이 존재할 수 없다는 점이었고, 그런 측면에서 경쟁 과정 자체를 중시하는 것이다. 특히 거래거절의 경우 이 입장을 좀 더 잘 설명할 수 있는데, 어떤 상업적 거래를 정당한 사유 없이 중단하는 것은 해당 제품이 필수적인 것

---

75) Alison Jones and Brenda Sufrin, *EC Competition Law* (Third Edition), Oxford University Press, 2008, p. 42.

76) *Ibid.*, p. 42.

77) *Ibid.*, p. 43.

78) *Ibid.*, p. 52.

79) 이하 네 가지 견해는 Christian Ahlborn and Jorge Padilla, *From Fairness to Welfare*, European Competition Law Annual 2007, Oxford and Portland Oregon, 2008, pp. 59-61 요약.

이 아니라고 하더라도 부당한 거래거절이 된다. 두 번째는 경제적 자유의 보호 및 시장지배적 지위의 제한이다. 경쟁 보호는 번영하는, 자유롭고 평등한 사회에 필수적이며, 대기업의 정치적·경제적 힘을 제한하는 중요한 수단이라는 입장이다. 세 번째는 공정성이다. 이 견해는 정보가 충분한 대기업은 마치 시장지배력이 없는 것처럼 행동하면서 중소기업의 상업 활동을 억제하면 안되고, 이러한 범위를 넘어서게 되는 행위는 불공정하게 된다. 네 번째는 소비자 복지와 효율성이다.

Ⅳ. 결   론

우리 독점규제법에는 목적조항이 있기 때문에 그 문언의 해석론이 독점규제법의 목적에 관한 출발점이 되어야 한다. 그리고 그 문언의 개념이 너무 좁아서 독점규제법의 목적에 관한 논의를 불가능하게 할 정도로 어렵게 한다면 그 때에 문언의 의미를 여러 가지로 확장하는 것을 고려해 볼 수 있을 것이지만, 독점규제법의 목적조항은 오히려 그 개념의 추상성과 포괄성이 문제될 수 있을 뿐이지, 개념의 협소성은 큰 문제가 되지 않는다.

이런 관점에서 볼 때 위에서 언급한 독점규제법의 목적조항의 해석에 관한 흐름, 공정하고 자유로운 경쟁을 목적으로서 좀 더 강조하는 경향과 소비자보호를 좀 더 강조하는 경향은 둘 다 약간의 단점이 있다. 이 중 첫 번째 경향은 '창의적 기업활동의 조장'을 목적으로 인정하지 않고 있는 점에서, 두 번째 경향은 목적조항에서 동등한 지위를 차지하고 있는 창의적 기업활동의 조장과 국민경제의 균형있는 발전을 뚜렷한 이유 없이 소비자보호의 뒷전에 놓고 있다는 점에서 문언 자체의 내용에는 반한다.

위와 같은 문제점을 인식한다면 목적조항의 해석론은 문언 자체에 충실하게 1차적 목적은 공정하고 자유로운 경쟁을 촉진하는 것으로, 1차적 목적을 수단으로 한 2차적 목적은 창의적인 기업활동 조장, 소비자보호, 국민경제의 균형있는 발전으로 이해하되, 구체적 사안에서 1차적 목적인 공정하고 자유로운 경쟁의 의미를 해석할 때 창의적인 기업활동 조장, 소비자보호, 국민경제의 균형 있는 발전의 측면을 고려해야 한다고 보는 것이 합리적이다. 이런 해석은 문언 자체에 충실하면서도, 변화하는 경제상황에 맞게 공정하고 자유로운 경쟁의 의미를 탄력적으로 해석할 수 있다. 특히 '공정'한 경쟁이라는 문언은 매우 함축성이 강한 개념으로서 여러 가지 가치를 체계적으로 포함할 수 있는 가능성이 있다.

또한 대부분의 산업과 시장에 진출하고 있는 다수 기업의 집단으로서 총수 일가에 의하여 운영되고 있는 재벌의 존재는 시장의 경쟁기능을 활성화하는데 중요한 장애 요인으로 작용하고, 이를 극복하기 위하여 기존의 개별 시장 중심의 규제만으로는 한계가 있다는 인식이 유력하였고, 이에 기초하여 제5공화국 말기인 1986년에 일반집중 내지 소유집중의 관점에서 경제력집중을 규제하는 제도가 동법 개정을 통하여 도입되었는데,[80] 그 때 목적조항이 개정되지 않았다는 점은 목적조항이 이미 재벌문제까지도 그 규제목적으로 포함하고 있었다는 것으로 해석할 수 있다. 즉 목적조항은 일반집중, 소유집중의 문제까지도 원래부터 포함하고 있었다고 보는 것이 합리적인 것이다.

실제로 우리 역사를 보아도 신해통공은 독점가격 설정의 문제점을 주로 시정하기 위한 것이었지만, 조선 후기의 토지제도개혁론은 사회 전체의 문제점을 해결하기 위한 방안으로서 시장집중 혹은 일반집중되어 있던 토지임대시장의 독과점적 지위를 혁파하고자 하였던 것이므로 단지 경제적 목적의 달성 혹은 소비자보호의 달성만을 그 목적이라고 보기 어렵다.

우리 역사에서만 이러한 특성이 나타나는 것이 아니고, 미국이나 유럽연합에서도 소비자보호를 거의 유일한 목적으로 고려해야 한다는 거센 주장이 있음에도 불구하고 다양한 가치를 독점규제법의 목적에 도입해야 한다는 주장은 오랫동안 생명력을 유지하였던 것으로서, 그 주장의 보편성을 확인할 수 있다.

다만 이렇게 독점규제법의 목적에 다양한 가치를 포함한다고 할 경우 창의적인 기업활동 조장, 소비자보호, 국민경제의 균형 있는 발전이 구체적으로 무엇인지에 관해 여전히 논란이 남을 수밖에 없으나, 복잡한 경제현상을 규제하기 위하여 개별조항에 추상적인 개념을 도입한 독점규제법의 특징상 그 구체적인 내용은 사안별·개별규제별로 조명될 수밖에 없다고 생각된다. 예컨대 토지제도개혁론에서 볼 수 있는 독점가격의 제한, 생산수단에의 접근 가능성 증대,[81] 중소

---

80) 홍명수, "경제력 집중의 억제", 독점규제법 30년(권오승 편), 법문사, 2011, 246면.
81) 현대적인 의미로는 대규모 기업집단 비계열사가 그 기업집단에 속해 있는 대기업과 거래할 가능성 증대라고 할 수 있을 것이다.

기업정책, 미국에서 논의되는 기업분할 등, 대법원 판결이나 헌법재판소 결정에서 나타난 바와 같이 공동행위의 부당성 판단에서 경제전반의 효율성 증대, 시장의 자유의 확보, 독과점 시장에서 경쟁촉진 등, 그 밖에 동등한 경쟁의 수준 조성 등 여러 가치가 그 준거점이 될 수 있다. 그리고 목적조항 자체는 위와 같은 다양한 가치가 자유롭고 공정한 경쟁의 해석에 투영될 수 있다는 큰 지침을 제공하는 것으로 그 역할을 다했다고 보는 것이 타당하다.

▨ 참고문헌 ▨

▣ **국내문헌**

각국의 공정거래 및 독과점규제관계법, 법제자료 제103집, 법제처, 1979.

강만길, 고쳐 쓴 한국 근대사, 창비, 2008.

_____, 한국 자본주의의 역사, 역사비평사, 2005.

공정거래위원회 보도자료, 공정거래제도 도입 20년.

    http://www.ftc.go.kr/policy/compet/competView6.jsp?bbsNo=10&bbsTribuNo=1
    &currpage=3&searchKey=&searchVal=&startdate=&enddate=에서 다운로드 가능.

공정거래 10년 편찬 위원회, 공정거래 10년 -경쟁정책의 운용성과와 과제-, 공정거래위원
    회, 한국개발연구원, 1991.

권오승, "독점규제법의 형성과 전개", 박병호교수환갑기념논문집 Ⅱ, 1991.

_____, "토지소유권의 규제방안", 법과 사회 제2권, 법과사회이론학회, 1990.

권오승·이봉의·이호영·홍대식·홍명수·조성국·신영수·황태희, 독점규제법, 법문사,
    2010.

김상용, "한국전통법에서 토지사유의 형성원인과 사유의 구현모습에 관한 고찰", 지엄 이
    선영박사화갑기념 논문집 「토지법의 이론과 실무」, 법원사, 2006.

김성훈, "독과점에 대한 규제", 독점규제법 30년(권오승 편), 법문사, 2011.

_____, "미국 연방거래위원회법 제5조의 해석 동향", 서울대학교 경쟁법센터 편, 공정거
    래법의 쟁점과 과제, 법문사, 2010.

김찬진, "한국 독점규제법의 제정연혁", 경쟁법연구 제1권, 한국경쟁법학회, 1989.

박경환 역, 맹자, 홍익출판사, 2008.

박명림, "헌법, 국가의제, 그리고 대통령 리더십: 건국헌법과 전후 헌법의 경제조항 비교
    를 중심으로", 국제정치논총 제48집 제1호, 2008.

박홍기, 다산 정약용과 아담 스미스, 백산서당, 2008.

신영수, "독점규제법의 변천과 발전", 독점규제법 30년(권오승 편), 법문사, 2011.

윤호일, "대법원판례를 중심으로 한 농지개혁법의 해석", 법조 제16권 제8호, 법조협회,
    1967.

이동규, 독점규제 및 공정거래에 관한 법률 개론, 행정경영자료사, 1995.

이문지, "공정거래법의 목적", 경영법률 제18권, 한국경영법률학회, 1998.

이문지, "공정하고 자유로운 경쟁은 목적인가 아니면 수단인가?", 상사법연구 제16권 제2
    호, 한국 상사법학회, 1997.

이봉의, "공정거래법의 목적과 경쟁제한행위의 위법성", 경제법판례연구 제1권(경제법판례연구회 편), 법문사, 2004.

이시윤, "상법과 경제법과의 관계", 고시계 제6권 제1호, 국가고시학회, 1961.

이해동, "경제의 발전과 경제법규의 필요", 법제월보 제1권 제9호, 법제처, 1958.

이호영, 독점규제법(개정판), 홍문사, 2010.

자이위중, 홍순도·홍광훈 역, 국부책, 도서출판 더숲, 2010.

최윤오, "조선후기 소유론과 토지론", 한국실학사상연구 2, 도서출판 혜안, 2006.

한부환, "한국의 독점규제 및 공정거래에 관한 법률과 미국의 독점금지법의 비교연구 4", 법조 제32권 제1호, 법조협회, 1983.

홍명수, "경제력 집중의 억제", 독점규제법 30년(권오승 편), 법문사, 2011.

황적인·권오승, 경제법(개정판), 법문사, 1981.

▣ 국외문헌

Ahlborn, Christian and Jorge Padilla, *From Fairness to Welfare*, European Competition Law Annual 2007, Oxford and Portland Oregon, 2008.

Bork, Robert H., *The Antitrust Paradox*, The Free Press, 1978.

Jones, Alison and Brenda Sufrin, *EC Competition Law* (Third Edition), Oxford University Press, 2008.

Kirkwood, John B. and Robert H. Lande, The Chicago School's Foundation is Flawed, How the Chicago School Overshot the Mark, Oxford University Press, 2008.

Lande, Robert H., "Wealth Transfer as the Original and Primary Concern of Antitrust", *Hastings Law Journal*, 34, 1982.

Pitofsky, Robert *The Political Content of Antitrust*, University of Pennsylvania Law Review, Vol. 127, 1978.

Schwartz, Louis B., *"Justice" and Other Non-economic Goals of Antitrust*, University of Pennsylvania Law Review, Vol. 127, 1978.

복수의 법인격 주체에 대한 경제적 단일체 이론의 적용

서 정*

I. 서 론

독점규제 및 공정거래에 관한 법률(이하 '공정거래법' 또는 '법')은 시장참가자가 준수해야 하는 행위규범이다. 동법은 시장에서 공정하고 자유로운 경쟁을 보호하는 목적을 갖고, 이를 위하여 경쟁을 제한하는 사인의 행위를 금지하고 있다. 공정거래법의 입법취지에 비추어 시장활동과 무관한 자는 규제대상에서 제외할 필요가 있다.[1] 이를 위하여 공정거래법은 사업자 개념을 사용하고 있다. 사업자라 함은 제조업, 서비스업, 기타 사업을 행하는 자를 말한다(법 제2조 제1호 제1문).[2] 공정거래법상 시정조치 및 과징금납부명령의 대상이 되려면 사업자로 인정되어야 한다. 사업자는 민사상 손해배상책임의 부담주체도 된다(법 제56조 제1항).

그런데 법문언만으로는 사업자를 사업자 아닌 자와 구분하는 기준이 분명하지 않다. 따라서 '경쟁을 제한할 수 있는 사인'으로서의 사업자에 본래 취지에 주목할 필요가 있다. 학설은 사업자에 관하여 영업성과 독립성을 갖출 것을 요구한다.[3] 하급심 판결 중에는 "자기의 계산으로 재화나 용역을 공급하는 경제활동을 하면서 그 활동과 관련된 각종 결정을 독자적으로 할 수 있는 자"를 의미

---

 * 김·장 법률사무소 변호사, 법학박사
 1) 이봉의, "경제적 동일체이론과 공동의 시장지배에 관한 소고", 경제법판례연구 제5권, 2008, 7면.
 2) 사업자는 구체적인 경제 활동 측면에서 기능적, 상대적으로 파악되는 개념이다. 따라서 국가나 지방자치단체, 공공기관은 물론, 변호사, 의사 등 개인도 사업자에 해당할 수 있다.
 3) 권오승, 경제법, 법문사, 2009, 122면; 신현윤, 경제법, 법문사, 2012, 133면; 이기수·유진희, 경제법, 세창출판사, 2012, 24면; 정호열, 경제법, 박영사, 2012, 84면.

한다고 판시한 사례가 보인다.[4] 즉, 사업자는 영업활동을 독립적으로 수행하는 하나의 경제적 단위(single economic entity)라고 말할 수 있다.[5] 회사 내부의 임직원 혹은 사업부서 사이에서 이루어지는 가격결정의 협의가 경쟁법의 규율대상이 아닌 것은 하나의 경제적 단위 내부에서 이루어지는 활동에 불과하기 때문이다.

여기에서 한 가지 의문이 제기될 수 있다. 하나의 회사 내부의 사업부서간 행위가 경쟁법의 규율대상에서 제외된다면, 모회사와 100% 완전자회사 내지 그 자회사들 상호관계와 같이 경제적 실질 면에서 사업부서 관계와 다르지 않은 경우에도 경쟁법적으로 마찬가지의 취급을 해줘야 하지 않는가? 구체적으로, A 회사가 자사의 사업부분을 분사하여 B 회사를 설립하는 경우에 A 회사와 B 회사를 하나의 사업자로 볼 것인가 하는 것이 경제적 단일체 이론의 출발점이다. 별개의 법인격을 지닌 회사라고 하더라도 양자 사이에 독립적 활동의 가능성이 존재하지 않는다면, 독립성이 없으므로 별개의 사업자로 보기 어렵고, 그렇다면 하나의 경제적 단위, 즉 경쟁법상으로 하나의 사업자로 인식하여야 한다는 것이다. A 회사와 B 회사가 동일한 관련시장에 참여하는 경우에 양자 사이에 가격 등의 협의가 부당한 공동행위가 되는지, 혹은 A 회사가 제조, B 회사가 판매를 담당하는 경우에 A 회사가 B 회사에 판매가격을 정해주는 것이 재판매가격유지행위가 되는지에 대한 답은 경제적 단일체 이론의 수용 여부에 달려 있다고 해도 과언이 아니다. 이러한 경제적 단일체 이론은 미국과 EU의 재판례를 통해 발전해 왔다. 그렇기 때문에, 각국 간에 조금씩 차이가 있고 그 기준이 명확하지 않은 면이 있다.

그렇다면 우리나라에서 경제적 단일체 이론은 어떻게 작용하고 있는가? 이 글은 우리 공정거래법 체계에 경제적 단일체 이론이 수용된 현황을 살펴보고, 우리 공정거래법에서 경제적 단일체 이론의 의미와 내용, 그리고 체계정합성 등을 조망하고자 한다. 결론부터 말하자면, 경제적 단일체 이론에 관한 우리 경쟁당국의 수용방식은 체계적이거나 논리적이지 못하고, 법원 또한 일관되지 못한 태

---

4) 서울고등법원 2003. 5. 27. 선고 2001누15193 판결.
5) 유럽사법재판소(European Court of Justice, 이하 'ECJ')는 경쟁법상 사업자(undertaking)는 합의의 실질적 목적을 추구하는 하나의 경제적 단위를 지정한 것으로 이해되어야 한다고 판시하였다. Hydrothem v. Compact, Case 170-83 ECJ (1984) ECR 2999. 즉, EU에서 영업성과 독립성은 사업자의 개념 요소로 이해된다.

도를 보이고 있다. 굳이 말하자면 법원이나 공정거래위원회(이하 '공정위')는 행위
유형별로 다른 접근태도를 취하고 있는 것으로 보인다. 이러한 현상이 나타나는
이유는 경제적 단일체 이론의 수용과정에서 법률적으로 충분한 검토 과정을 거
치지 않았기 때문으로 보인다. 경제적 단일체에 관한 비정합성은 공정거래법의
기본적인 수범단위인 사업자 개념에 관한 불확실성의 증대라는 부작용을 가져오
고 있다.

이 글의 전개는 다음과 같다. Ⅱ.에서는 경제적 단일체 이론의 개요를 설명하
고, 비교법적 사례를 소개한다. Ⅲ.에서는 우리 공정거래법상 경제적 단일체 이
론이 수용된 현황을 기술한다. Ⅳ.에서는 경제적 단일체 이론의 적용에 관한 판
례 및 심결례의 태도를 요약하고 파생되는 문제점을 지적한다. Ⅴ.에서는 결론으
로서 마무리한다.

Ⅱ. 경제적 단일체 이론의 내용과 비교법적 검토

1. 경제적 단일체 이론의 논거

경제적 단일체 이론은, 실질적으로 독립성이 없는 회사들에 대해서 엄격하게
경쟁법을 적용할 경우, 기업활동의 자유를 지나치게 침해하고 오히려 효율성을
저해할 우려가 있기 때문에 이러한 회사들은 하나의 사업자로 취급한다는 경쟁
법상의 이론이다. 예컨대, A 기업이 수도권, 충청권, 호남권, 영남권 등 각 지역
별로 특화된 마케팅 및 유통전략을 전개하기 위하여 100% 자회사인 B, C, D,
E 기업을 설립할 것인지 아니면 별도의 법인 설립 없이 자체적으로 수행할지를
고민하고 있다고 하자. A 기업이 자회사를 통하여 사업활동을 수행할 것인지,
아니면 직접 수행할 것인지는 고도의 경영판단 사항으로서 존중될 필요가 있다.
그런데 위 사례에서 A 기업이 모든 사업활동을 자체적으로 수행하는 경우에는
사업부서 간 커뮤니케이션이나 업무협조 등 활동은 기업 내부활동으로 인정되어
경쟁법이 적용되지 않을 것이다. 반면, A 기업이 자회사를 통하여 수행하는 경
우에는 별개의 법인격이라는 이유로 A 기업과 그 자회사들 사이의 커뮤니케이
션이나 업무협조 등에 대해서 부당한 공동행위를 비롯한 공정거래법의 금지규정

이 적용된다면, 사실상 조직구성 형태에 따라서 공정거래법 적용 여부가 결정되는 결과가 발생한다. 이러한 결과에 대해서 경쟁법이 사업자의 조직선택을 사실상 어느 한쪽으로 강제한다는 점에서 바람직하지 못하다는 비판이 제기되었다. 따라서 복수기업 간에 경영상 실질적 독립성이 없는 경우라면 하나의 사업자로 취급하여 내부의 경영판단에 간섭하지 아니한다는 이론이 발전하였는데, 이것이 경제적 단일체 이론이다. 즉 별개의 법인격을 가진 사업자들이 외부적으로 독립된 법적 주체 간의 합의와 같은 형식을 취하는 경우라도, 실질적으로 이러한 합의가 내부적인 기능 할당(internal allocation of functions)에 불과한 경우라면, 전체로서 단일한 경제주체의 의사로 환원된다는 것이다.[6]

2. 경제적 단일체 이론과 구분되는 개념

(1) 기업집단에서 사회통념상 경제적 동일체

기업집단은 동일인이 사실상 사업내용을 지배하는 회사의 집단이다(법 제2조 제2호). 법 시행령 제3조는 사실상 사업내용 지배의 형식적 · 실질적 기준을 열거하면서 동조 제2호 라목에서 보충적 일반 기준으로 "사회통념상 경제적 동일체" 개념을 제시하고 있다. 당해 회사가 동일인의 기업집단의 계열회사로 인정될 수 있는 영업상의 표시행위를 하는 등 사회통념상 경제적 동일체로 인정되는 회사는 기업집단의 범위에 포함된다. '삼성', '현대', 'LG', 'SK' 등의 브랜드를 공통으로 사용하는 회사들을 지분보유 현황과 상관없이 사회통념에 기반하여 기업집단으로 포착하기 위한 규정으로 이해된다.

기업집단은 복수의 회사들을 동일인을 중심으로 하나의 규제단위로 묶기 위해 만들어진 도구적 개념이다. 실제 기업집단 소속 회사가 동일인의 사실상 지배를 받는다고 하더라도 계열회사 상호 간의 관계에 있어서는 회사 목적이나 손익분배 등에서 완전히 별개의 독립적 사업자들로 구성되는 경우가 많다. 따라서 기업집단에 관한 보충적 표지개념 혹은 한계설정 기준이라 할 수 있는 '사회통념상 경제적 동일체'는 '경제적 단일체' 이론과는 다르다고 할 것이다.[7]

다만, 법 시행령 제4조 제3항은 시장지배적 사업자와 관련해서는 기업집단 내

---

6) 홍명수, "부당한 공동행위 성립에 있어서 경제적 단일체 문제의 검토", 법학연구 제54권 제1호, 부산대학교 법학연구소, 2013. 2, 123면.
7) 홍명수(주 6), 124면.

계열회사를 하나의 사업자로 의제함으로써 하나의 사업자의 범위를 대폭 확대하고 있다. 이 부분에 관해서는 뒤에서 더 자세히 살펴보기로 한다.

(2) 법인격 부인론

별개의 법인격을 갖는 회사를 하나의 사업자로 취급하는 것은 회사의 법인격을 부인하는 것 아닌가 하는 의문이 들 수 있다. 법인격 부인론은 회사와 그 배후에 있는 주주를 동일시하는 법리이다. 회사가 외형상으로는 법인의 형식을 갖추고 있으나 법인의 형태를 빌리고 있는 것에 지나지 아니하고 실질적으로는 완전히 그 법인격의 배후에 있는 사람의 개인 기업에 불과하거나, 그것이 배후자에 대한 법률적용을 회피하기 위한 수단으로 함부로 이용되는 경우 비록 외견상으로는 회사의 행위라 할지라도 회사와 그 배후자가 별개의 인격체임을 내세워 회사에게만 그로 인한 법적 효과가 귀속됨을 주장하면서 배후자의 책임을 부정하는 것은 신의성실의 원칙에 위배되는 법인격의 남용으로서 심히 정의와 형평에 반하여 허용될 수 없다는 것이 법인격 부인론이다.[8]

경제적 단일체 이론은 법인격의 남용을 문제 삼는 것이 아니라는 점에서 법인격 부인론과는 구분된다. 경제적 단일체 이론은 상호독립성이 부존재하는 회사들에 대하여 경제적 현실을 무시하고 이들을 독립적인 회사인 것처럼 취급하는 것은 독립된 사업자간 경쟁 가능성을 전제로 하는 경쟁법의 본래 취지에 벗어난다는 고려에 기인한다. 따라서 회사의 법인격 자체가 형해화되는 경우에 한하여 법인격이 부인되는 것에 비하여, 경제적 단일체 이론은 법인격의 남용 여부와 무관하게 적용될 수 있다.

3. 경제적 단일체 이론에 대한 비교법적 검토

(1) 미 국

경제적 단일체 이론에 대한 미국 법원의 입장은 1984년 Copperweld 판결[9]

---

8) 대법원 2001. 1. 19. 선고 97다21604 판결; 대법원 2008. 9. 11. 선고 2007다90982 판결 등. 다만, 신의성실의 원칙이나 권리남용의 일반적 원칙을 적용하여 구체적인 제도의 운용을 배제하는 것은 법 해석에 있어 또 하나의 대원칙인 법적 안정성을 해할 위험이 있으므로 그 적용에는 신중을 기할 필요가 있다는 것이 판례의 태도이다(대법원 2008. 5. 29. 선고 2004다33469 판결; 대법원 2011. 10. 27. 선고 2011다54709 판결 등).

9) Copperweld corp. et al. v. Independence tube, 467 U.S. 752 (1984).

을 계기로 바뀌게 된다. Copperweld 판결 이전 시기의 경우, 자회사라고 하더라도 법적으로는 모회사로부터 독립된 주체인 이상 단순히 자회사가 모회사의 지배하에 있다는 이유만으로 셔먼법 제1조의 책임이 배제되지 않는다는 이른바 기업 내 공모이론(intra-enterprise conspiracy)이 유지되고 있었다.[10] 그러나 기업 내 공모이론은 기업이 자회사를 설립하여 하는 사업활동을 전개하는 것에 많은 제약을 가한다는 비판이 제기되었다.[11]

Copperweld 판결은 모회사와 100% 완전소유 자회사는 셔먼법 제1조의 적용에 관해 단일체(single entity)를 구성하며 형식적으로 법인격이 분리되었다고 하더라도 공동목적과 지배가능성 등을 고려할 때 그들 사이에서는 공모가 성립할 수 없다고 하였다. 이 사건의 사실관계는 다음과 같다. 강관 제조회사인 Regal Tube(피고 2)는 Copperweld(피고 1)가 100% 지분을 보유한 완전 자회사이다.[12] Copperweld가 Regal Tube를 인수하기 얼마 전에 Independence Tube(원고)가 설립되어 Regal Tube와 경쟁하게 되었다. Independence Tube는, Copperweld, Regal Tube가 Yoder(피고 3)로 하여금 Independence Tube와 체결한 배관제조기 주문 계약을 취소하도록 함으로써, 자신의 강관 제조시장 진입을 9개월간 지연시켰다는 등의 이유로, 피고 1, 2, 3을 셔먼법 제1조 위반으로 제소하였다. 연방지방법원은 Yoder는 공모의 당사자가 아니라고 사실인정을 하였고, 모자관계인 Copperweld와 Rega Tube 사이의 공모만 인정하여 셔먼법 제1조 위반을 이유로 배상을 명하였다. 이 판결은 연방항소법원에서도 그대로 유지되었다. 피고 1, 2는 연방대법법원에 상고하였다.

연방대법원에서의 쟁점은 모회사(Copperweld)와 100% 자회사(Regal Tube) 사이에서 과연 셔먼법 제1조가 규정한 공모가 성립할 수 있는가 여부이었다. 연방대법원은 기존의 기업 내 공모이론이 기업구조의 형식을 보느라 실체를 간과하였다고 평가하였다. 즉, 모자회사 사이의 협조행위는 하나의 기업 내 임직원 간 혹은 부서 간 협조행위와 같이 취급되어야 한다고 보았다. 동 법원은, 모회사와 100% 지분 보유의 자회사는 언제나 공동의 목적을 갖고 있으므로 셔먼법

---

10) Unites Dates v. Yellow Cab Co., 332 U.S. 218 (1947).
11) 아래에서 보는 Copperweld 사건에서 미국 정부도 기업 내 공모이론의 폐기를 지지하는 의견서를 법원에 제출하였다.
12) Regal Tube는 원래 Lear Siegler라는 회사의 강관 제조 사업부서이었는데, Copperweld가 인수하면서 100% 자회사로 만들었다.

제1조 적용과 관련하여 하나의 기업으로 취급되어야 한다고 판단하였다. 그들은 모회사가 자회사에 대하여 강력한 지배를 행사하고 있는지와 상관없이 공통의 목적을 공유하고, 모회사는 자회사가 모회사의 최선의 이익에 따라 행위하지 않는 경우에 언제든지 완전한 지배를 행사할 수 있다는 점이 논거이었다.

사 건	지분 비율	경제적 단일체 인정 여부	주요 근거
Leaco Enters. v. Gen. Elec. Co.[13]	92%	인정	모회사가 모자회간의 합병을 강제할 수 있는 지분을 소유하고 있는지 여부가 Copperweld 적용의 기준이 됨.
Bell Atl. Bus. Sys. Servs. v. Hitachi Data Sys. Corp.[14]	80%	인정	모회사가 자회사의 80%의 지분을 가진다면, 법적 지배권(Legal control)이 인정됨.
Livingstone Downs Racing Ass'n v. Jefferson Downs Corp.[15]	72%	인정	회사의 지배권(control)이 존재함.
Vision Ctrs. v. Cohen.[16]	54%	불인정	회사의 궁극적인 경제적 이해관계는 주주들에 의해 결정되는데, (54%를 제외한) 나머지 46%는 대주주와 다른 경제적 이해관계를 가지고 있음.
Novatel Communications, Inc. v. Cellular Telephone Supply, Inc.[17]	51%	인정	모회사가 가진 51%의 지분율은 자회사에 대한 완전한 지배권을 가지고, 언제든지 모회사의 이익을 위해 자회사에 개입할 수 있음.
Sonitrol of Fresno, Inc. v. American Tel. & Tel. Co.[18]	23.9~ 32.6%	불인정	AT&T가 CBI 지분의 32.6%, SNET 지분의 23.9%를 보유하고 있던 사안에서 AT&T가 이들을 사실상 지배하고 있었지만, 법적으로 지배하지 못하였기 때문에 AT&T와 계열회사 간의 공모를 인정할 수 있음.

13) 737 F. Supp. 605(D. Or. 1990).
14) 849 F. Supp. 702(N.D. Cal. 1994).
15) 257 F. Supp. 2d819(M.D. La. 2002).
16) 711 F. Supp. 721(E.D.N.Y. 1989).
17) 1986 WL 15507 (N.D.Ga., 1983).
18) 1986 WL 953 (D.D.C., 30, 1986).

Copperweld 판결은 모회사와 100% 완전자회사의 관계만을 다루었고, 100% 지분 관계가 아닌 모자회사 관계를 경제적 단일체로 볼 것인가에 관해서는 판단이 없었다. 이 부분에 관해서 하급심의 판결들만 있고 연방대법원 판결은 아직 없다. 하급심 판결들의 경우에 앞의 표에서 보듯이 지분 비율이 적어질수록 경제적 단일체로 인정되지 않을 가능성이 높아지기는 하나, 단일의 명쾌한 기준이 제시된 것은 아니다.

연방대법원의 American Needle 판결[19]에서는 셔먼법 제1조의 적용이 배제되는 경제적 단일체의 범위를 어디까지 인정할 수 있는지가 다투어졌다. 이 사건의 피고 전미미식축구협회(National Football League, 이하 'NFL')는 미식축구를 하는 프로스포츠구단들을 회원사로 하고 있었다. NFL은 NFL Properties(이하 'NFLP')라는 별도 회사를 설립하여 운용하였다. 이 회사는 개별적으로 구단들이 보유하고 있는 지적재산권을 사용하거나 실시하여 이를 통하여 수익을 올리는 것을 목적의 하나로 하는 회사이다. 이 회사는 NFL과의 계약을 통하여 각 미식축구구단들의 로고 등에 대한 전용실시권을 가지고 있었다. 이 사건에서는 32개의 독립적인 사업자들인 각 구단들이 자신들의 개별적인 지적재산권을 NFLP에 전용실시권을 부여하는 방식으로 포괄실시권(blanket license)을 부여한 행위가 셔먼법 제1조 위반인지가 쟁점이었다. 피고측은 NFL과 32개의 구단은 경제적으로 하나의 단일체이므로 셔먼법 제1조의 적용 여지가 없다고 주장하였다. 1심과 항소심 법원 모두 피고의 주장을 받아들였다. 연방대법원은 이 사건에서 Copperweld 판결을 선결례로 사용하면서도, NFL의 각 팀은 직접적으로 지식재산권의 실시에 있어서 경쟁관계에 있을 수 있다고 보았고, 따라서 Copperweld 판결에 따른 경제적 단일체로 보기 어렵다고 판단하였다.[20]

---

19) American Needle Inc. v. NFL, 560 U.S. 183 (2010). 이 사건은 경쟁관계에 있는 다수의 회원사들이 공동목적 수행을 위하여 회사를 설립한 경우에 당해 회사와 그 회사에 지분을 출자한 회원사가 경제적 단일체에 해당하는지가 다투어졌다는 점에서, 후술하는 우리나라의 비씨카드 사건과 기본적 구도가 유사하다. 차이가 있다면 American Needle 사건에서는 경제적 단일체 이론이 부당한 공동행위를 부정하는 사업자의 항변사유로서 주장된 반면, 비씨카드 사건에서는 경제적 단일체 이론이 복수의 회사들을 하나의 시장지배적 사업자로 인정하기 위한 논거로서 공정위에 의해서 주장되었다는 점이다. 두 사건 모두에서 경제적 단일체 이론의 적용은 배척되었다.

20) American Needle 사건에 대한 보다 상세한 소개는 신영수, "카르텔 성립요건으로서 행위주체의 복수성의 의미", 경쟁저널 제145호, 2009. 7, 48-57면; 최승재, "지적재산권의 전용실시와 공동행위, 그리고 경제적 단일체 항변", 경쟁저널 제158호, 2011. 9, 50-63면 참고.

(2) EU

유럽기능조약(Treaty on the Functioning of the European Union; 이하 'TFEU') 제101조 제1항은 'agreements between undertakings'라고 하여 다른 사업자들 사이의 합의를 전제로 하고 있다. EU 법원은 오래 전부터 경제적 단일체로 인정되는 복수의 회사 간에는 제101조가 적용되지 않는다는 판례를 형성해왔다.[21]

모회사와 전액출자 자회사의 관계와 관련하여 ECJ의 Viho 판결이 리딩 케이스이다.[22] Parker Pen Ltd(이하 'Parker')는 100% 출자 자회사에 기반한 유통망을 운영하면서, 회원국 내에 자회사 이외의 유통업자들에 대하여 자사 제품을 공급하지 않는 정책을 채택하였다. Viho Europe BV(이하 'Viho')는 집행위원회에 심사를 청구하면서 Parker와 그 자회사들이 취한 지역할당 정책이 회원국별로 시장을 분할하는 결과를 낳았다는 점에서 TFEU 제101조 위반에 해당한다고 주장하였다. 이에 대하여 집행위원회는 Parker의 자회사들이 행위 과정에서 실질적인 자율권을 갖고 있지 않으며 전적으로 모회사에 의존하고 있다는 점에 근거하여 Parker와 그 자회사들의 행위가 제101조 위반에 해당하지 않는다고 결정하였다. 이에 대한 불복소송에서 유럽일반법원(General Court)[23]은 독립적인 사업자들 간의 합의가 부재하다는 점에서 Viho의 청구를 기각하였고, ECJ도 이러한 입장을 유지하였다. ECJ는 Parker와 그 자회사들의 행위가 전체적으로 단독행위로 볼 수 있다면, TFEU 제102조의 요건을 충족할 경우에 시장지배적 지위남용행위로서 규제될 수 있다고 판시하였다.

Akzo Nobel 사건은 경제적 단일체를 구성하는 모회사와 자회사 간에 책임귀속의 문제를 다루고 있다.[24] 이 사건에서 집행위원회는 동물 사료첨가제로 쓰이는 염화콜린(비타민 B4)의 가격인상 및 시장분할 담합에 참여한 사업자들에 과징금을 부과하였다. Akzo Nobel 그룹에 소속된 4개 자회사들이 위 담합에

---

21) 56 and 58/64, Établissements Consten S.à.R.L. and Grundig-Verkaufs-GmbH v. Commission of the European Economic Community [1966] ECR 299.

22) Case C-73/95 P, Viho Europe BV v. Commission of the European Communities [1996] ECR I-5457.

23) 과거 명칭은 Court of First Instance(CFI)이었다.

24) Akzo Nobel and Others v. Commission, Case C-97/08 ECJ (2009) 5 CMLR 23.

가담하였고, Akzo Nobel 회사는 이들 자회사의 지분을 직간접적으로 보유하는 모회사이었다. 집행위원회는 Akzo Nobel 회사와 그 자회사들을 하나의 경제적 단일체로 보아 이들에 과징금을 연대하여 부과하였다. Akzo Nobel 그룹 소속 5개사는 이에 불복하였으나, 법원은 집행위원회의 처분을 지지하였다. ECJ는 자회사의 100% 지분을 보유한 모회사는 당해 자회사에 대하여 결정적 영향력(decisive influence)을 행사한다고 추정되므로, 집행위원회는 자회사의 위반 행위에 대한 인적 관련성의 입증 없이도 과징금을 부과할 수 있으며, 모회사는 자회사의 독립성을 입증함으로써 경제적 단일체의 추정을 복멸할 수 있다고 판시하였다.

결정적 영향력(decisive influence)은 EU 법원이나 경쟁당국이 경제적 단일체를 인정할지를 결정하는 주요한 징표이다. 모회사가 50% 미만의 지분만 보유하는 경우에는 EU에서도 결정적 영향력이 없다고 보아 경제적 단일체로 인정을 하지 않는 경향이 강하다. Gosme/Martell-DMP 사건에서는 두 회사에 의해 각각 50%씩 소유되고 있는 회사(DMP)와 모회사 중 일방(Martell) 사이에 병행수출을 금지하기로 하는 합의가 TFEU 제101조 위반에 해당하는가 여부가 다투어졌다. 이 사건에서 집행위원회는 모회사가 그 자회사를 통제할 수 있는 지위에 있지 않기 때문에 독립적인 사업자라고 결정하였고, 법원도 이를 지지하였다.[25] Ijsselcentrale 사건에서 4개의 발전회사가 공동으로 자회사를 설립하였는데, 이들 모회사와 자회사는 그들 사이에서 TFEU 제101조가 적용되지 않는다고 주장하였다. 그러나 집행위원회는 그들이 독립하여 행동을 결정할 수 있다고 보았다.[26]

(3) 소결론

미국 반독점법이나 EU 경쟁법에서 볼 수 있듯이, 모회사가 자회사 지분의 100%를 보유하고 있는 경우처럼 사업자들 간의 지배구조로부터 독자적 행동 가능성을 거의 기대하기 어려운 경우에는 경제적 단일체가 용이하게 인정될 수 있다. 그러나 이에 이르지 않는 경우에도 지배 관계의 실질에 따라서 경제적 단일체로 인정될 가능성이 있으며, 이를 위하여 관련 사업자들의 거래행태나 의사

---

25) OJ [1991] L 185/23, [1992] 5 CMLR 586, para. 30.
26) OJ [1991] L 28/32, [1992] 5 CMLR 154, paras. 22-24.

결정 과정에 대한 구체적인 분석이 요구된다. 결국 경제적 단일체의 인정 여부는 사업자들 간의 지배 관계에 대한 구조적인 분석과 구체적인 의사 결정 과정에 대한 실질적인 분석의 이중적인 접근에 의하게 될 것이다.

경제적 단일체 이론이 단순히 공동행위의 성부와만 결부되는 문제가 아님을 유의할 필요가 있다. EU에서 복수의 법인격 주체를 하나의 경제적 단위로 인정하는 경우에 수반되는 법률효과는 이들 복수의 회사를 모두 시정조치나 과징금의 부과대상으로서 단일 사업자로 파악한다는 것이다. 그 결과 매출액의 10% 범위에서 과징금을 산정할 때에도 직접 법위반에 관여하지 않은 회사의 매출액을 모두 합산한다. 역외의 모회사가 역내의 자회사를 설립하여 그 사업활동을 지배하고 있는 경우 자회사의 행위를 모회사에 귀속시키는 것 또한 그 이론적 기초는 이들을 하나의 경제단위로 본다는 점이다.[27]

Ⅲ. 우리 공정거래법에서 경제적 단일체 이론의 수용 여부

1. 시장지배적 지위남용의 경우

법 시행령 제4조 제3항은 시장지배적 사업자의 정의 및 추정과 관련된 규정(법 제2조 제7호 및 제4조)을 적용함에 있어서 당해사업자와 그 계열회사는 이를 하나의 사업자로 본다고 규정하고 있다. 위 조항은 1997. 3. 31. 법 시행령 일부 개정시 신설되었다.[28] 신설 당시 규정은 "법 제2조(정의) 제7호의 규정을 적용함에 있어서 당해 사업자와 그 계열회사는 이를 하나의 사업자로 본다."는 것이었다. 제·개정이유에는 위 조항 신설에 대한 별도의 설명은 없다.[29] 위 조항은 다시 1999. 3. 31. "법 제2조(정의) 제7호 및 법 제4조(시장지배적사업자의 추정)의 규정을 적용함에 있어서 당해사업자와 그 계열회사는 이를 하나의 사업자로 본다."고 개정되었다.[30] 마찬가지로 제·개정이유에는 그 사유에 대해서 침묵하고

---

27) 이봉의(주 1), 9면.
28) 대통령령 제15328호.
29) 법 시행령 제4조의 개정이유는 다음과 같다. "시장지배적사업자의 요건을 종전에는 상품 또는 용역의 연간 총국내공급금액이 500억원이상인 시장에 당해 상품 또는 용역을 공급하는 사업자로 하던 것을, 앞으로는 1천억원이상인 시장에 당해 상품 또는 용역을 공급하는 사업자로 상향조정하고, 시장이 충분히 개방되어 있고 진입제한등이 없는 경우에는 당해 사업자가 시장지배적지위를 남용할 우려가 없다고 보아 시장지배적사업자에서 제외할 수 있도록 함(슈 第4條)."

있다. 법 시행령 제4조 제3항이 신설된 공식적 이유는 불분명하지만, 동 조항은 복수의 법인격 주체를 하나의 사업자로 본다고 명시하고 있다는 점에서 경제적 단일체 이론을 수용하고 있다고 할 수 있다.[31]

2이상의 회사가 동일한 기업집단에 속하는 경우에 이들 회사는 서로 상대방의 계열회사가 된다(법 제2조 제3호). 기업집단은 동일인이 사실상 그 사업내용을 지배하는 회사의 집단으로서(법 제2조 제2호), 동일인 내지 동일인관련자가 30% 이상의 지분을 소유하는 경우로서 최다출자자인 회사이거나(법 시행령 제3조 제1호) 동일인이 당해 회사의 경영에 대하여 지배적인 영향력을 행사하고 있다고 인정되는 회사(법 시행령 제3조 제2호)가 포함된다. 따라서 모회사와 100% 완전자회사는 물론이거니와 동일인이 30% 지분을 보유하고 있는 계열회사의 경우, 심지어 동일인 지분이 30%에 미치지 못하더라도 동일인이 사실상 지배하고 있다고 인정되는 계열회사의 경우에도 하나의 사업자로 된다.

2. 부당한 공동행위의 경우

부당한 공동행위가 성립하려면 2 이상의 사업자가 주체가 되어야 한다(법 제19조 제1항). 공정위는 2007. 12. 21. 부당한 공동행위에 관한 예규인 공동행위 심사기준[32]을 개정하면서, 경제적 단일체 이론을 수용하였다. 공동행위 심사기준은 다수의 사업자를 실질적·경제적 관점에서 '사실상 하나의 사업자'로 볼 수 있는 경우에는 그들 간에 이루어진 법 제19조 제1항 각호의 사항(단, 입찰담합은 제외)[33]에 관한 합의에는 법 제19조 제1항을 적용하지 아니한다고 규정하고 있다(공동행위 심사기준 Ⅱ.1.나.(1) 본문).

공동행위 심사기준에서 '사실상 하나의 사업자'로 보는 요건은 시장지배적 사업자에 관한 법 시행령 제4조 제3항의 요건보다 엄격하고, 앞에서 살펴본 미국이나 EU 판례의 태도와 유사하다. 우선 형식적 기준으로서 사업자가 다른 사업자의 주식을 모두 소유한 경우 당해 사업자들 모두를 '사실상 하나의 사업자'로

---

30) 대통령령 제16221호.

31) 이봉의(주 1), 10면.

32) 공정거래위원회 예규 제165호.

33) 경쟁법상 입찰담합 위법성의 본질은 경쟁의 외관(Schein)을 창출하는 것에 의하여 경쟁침해적 효과를 낳는 것에 있다는 점을 상기한다면, 비록 실질적으로 하나의 사업자의 행위라 하더라도 형식적으로 복수의 사업자 행위를 가장한 것 자체가 경쟁제한적 행위로서 규제가 가능한 것으로 볼 수 있다. 홍명수(주 6), 132면.

본다(공동행위 심사기준 Ⅱ.1.나.(2)(가)).34) 따라서 모회사와 100% 완전자회사는 '사실상 하나의 사업자'로 취급된다. 100% 모자관계가 성립하지 않는 경우에는 그 판단이 애매한 측면이 있다. 공동행위 심사기준은 "사업자가 다른 사업자의 주식을 모두 소유하지 아니한 경우라도 주식 소유 비율, 당해 사업자의 인식, 임원겸임 여부, 회계의 통합 여부, 일상적 지시 여부, 판매조건 등에 대한 독자적 결정 가능성, 당해 사안의 성격 등 제반사정을 고려할 때 사업자가 다른 사업자를 실질적으로 지배함으로써 이들이 상호 독립적으로 운영된다고 볼 수 없는 경우에는 '사실상 하나의 사업자'로 본다.35) 다만, 관련시장 현황, 당해 사업자의 활동 등을 고려할 때 경쟁관계에 있다고 인정되는 경우에는 그러하지 아니하다."고 규정하고 있다(공동행위 심사기준 Ⅱ.1.나.(2)(나)).

한편, 부당한 공동행위에 대한 공동감면신청과 관련하여 법 시행령 제35조 제1항 가목 단서 및 동조 동항 제3호 가목 단서에서 '실질적 지배관계'에 있는 계열회사의 공동감면신청을 허용하고 있다. 따라서 공동감면신청이 허용되는 '실질적 지배관계'에 있는 계열회사와 전술한 '사실상 하나의 사업자' 사이의 관계가 문제될 수 있다. 그런데 부당한 공동행위 자진신고자 등에 대한 시정조치 등 감면제도 운영 고시(이하 '감면고시')36)에는 공동감면신청의 전제 요건이 되는 '실질적 지배관계'의 개념을 공동행위 심사기준상 '사실상 하나의 사업자' 개념과 동일하게 정의하고 있다(감면고시 제4조의2 제1항). 즉, 계열회사라고 하더라도 일방이 타방을 실질적으로 지배함으로써 이들이 상호 독립적으로 운영된다고 볼 수 없는 경우에만 공동감면신청이 허용될 수 있다는 것이 공정위의 입장이다.

공동행위 심사기준은 '사실상 하나의 사업자'의 개념을 통하여 경제적 단일체 이론을 수용하고 있는 것으로 보인다. 그렇지만, 위 심사기준의 문언을 살펴보면, 100% 모자관계를 형성하거나 어느 사업자가 다른 사업자를 실질적으로 지배함으로써 독립성을 상실한 경우에, 이들은 기본적으로 별개의 사업자이지만, 공정거래법 제19조 제1항을 적용함에 있어서는 '사실상' 하나의 사업자로 취급

---

34) 100% 지분 관계라 하더라도 자회사의 독자적 행위 가능성이 있으므로 EU의 경우와 같이 '추정'의 형식을 취하는 것이 바람직하고, '간주'의 형식을 취한 것은 재고될 필요가 있다. 홍명수(주 6), 133면.

35) 사실상 하나의 사업자의 개념표지인 '실질적 지배'는 기업집단에 관한 '사업내용의 지배'와는 구분되어야 하는 개념으로서 더 강한 지배를 의미한다고 이해된다. 그렇게 해석하지 않으면 계열회사는 모두 사실상 하나의 사업자라는 결론에 이를 수도 있다.

36) 공정거래위원회 고시 제2011-11호.

을 하여 동 규정을 적용하지 않겠다는 취지로 해석될 수 있다. 다시 말해서, 부당한 공동행위 이외의 행위유형에 관해서 어느 한쪽이 독립성을 상실하였을 경우에 그 회사를 별개의 사업자로 취급할 것인지 아니면 하나의 사업자로 취급할지가 불확실하다.

3. 소 결

이상에서 살펴보듯이 우리 공정거래법 시행령이나 공정위 예규 등은 경제적 단일체 이론을 명문으로 수용하고 있다. 이는 미국이나 EU에서 경제적 단일체 이론이 명문의 규정 없이 판례법을 통해 발전해 온 것에 비추어 보면 특색 있는 모습이다. 그렇지만, 과연 우리나라에서 위와 같은 방식의 경제적 단일체 이론의 수용이 체계적이고 논리적으로 이루어졌는지는 의문이다.

우선, 시장지배적 지위남용의 경우와 부당한 공동행위의 경우에 하나의 사업자로 인정하는 폭에 있어서 큰 차이가 있는데, 동일한 사업자 개념의 적용에 관하여 이러한 차이를 두는 근거가 무엇인지 명확하지 않다. 또한, 시장지배적 지위남용과 부당한 공동행위 이외의 행위유형에 대해서는 침묵하는 까닭은 무엇인지도 알기 어렵다. 이로 인해 예측이 곤란한 영역이 많이 생긴다.

둘째, 연결되는 문제로서 시장지배적 지위남용의 경우에는 계열회사이기만 하면 하나의 사업자로 인정되는데 너무 넓은 것 아닌가 하는 생각이 있다. 공식적인 개정이유가 없기 때문에 정확한 이유를 확인하기 어렵지만, 경쟁당국 입장에서 시장지배적 지위에 대한 입증부담을 감경하고자 법 시행령 제4조 제3항을 신설한 것은 아닌가 하는 막연한 추측이 가능하다. 우리나라에서 기업집단의 선단식 기업경영을 통한 막대한 자금력과 규모가 소속 회사의 시장지배력에 기여를 하므로 이를 포착할 필요가 있다는 의견은 충분히 설득력이 있다. 예를 들어, '현대차 기업집단에 소속된 현대글로비스'와 '가상의 독립기업으로서 현대글로비스'에 대한 규범적 평가는 달라질 수밖에 없다. 이러한 맥락에서, 법 시행령 제4조 제3항은 기업집단에 소속됨으로써 얻을 수 있는 시장지배력을 포착하여 규제하려는 것이라는 의견도 있을 수 있다. 그러나 기업집단 소속 기업의 강화된 시장지배력을 포착할 의도라면 그러한 취지의 규정을 둘 것이지, 공정거래법 적용의 기본단위인 사업자 개념을 자의적으로 조작할 것은 아니다. 위와 같은 기업집단이라는 존재로부터 나오는 시장지배력의 문제는 굳이 사업자 개념을 확장시킬 것이 아니라, 시장지배력의 평가에 있어서 위와 같은 요소를 참작함으로써 포착할 수도 있기 때문이다. 반면, 사업자의 개념을 기업집단 내 다른 독립적 회사까지 확장해버리면, 독립적 회사 사이에 행위귀속과 책임확장 문제, 부당한 공동행위 등 타 위법행위 유형에 있어서는 이들을 어떻게 처리할 것인가 등 여러 가지 새로운 문제가 발생하게 된다.

경제적 단일체 이론과 관련한 명문규정을 두고는 있지만, 그 기준이 서로 다르고 많은 영역에서 공백지가 존재하기 때문에 법적 불확실성은 여전히 큰 편이다. 물론 이러한 문제는 판례 및 심결례의 발전과 보충을 통해 어느 정도 해소될 수 있다. 문제는 아래에서 보듯이 판례 및 심결례 역시 경제적 단일체 이론의 수용가능성은 열어두되, 기준은 여전히 애매모호하여 수범자의 예측가능성이 떨어진다는 것이다.

Ⅳ. 경제적 단일체 이론의 적용에 관한 판례 및 심결례의 태도

1. 경제적 단일체 이론의 적용을 긍정한 사례

(1) 비씨카드 사건

경제적 단일체 이론이 본격 논의된 것은 비씨카드 사건이다. 비씨카드 사건은 결론적으로 경제적 단일체 이론의 적용이 부정된 사안이지만, 경제적 단일체 이론의 수용에 관한 의미 있는 주장과 판단이 사업자와 공정위 그리고 법원에 의해서 이루어졌다.

비씨카드는 발급 및 카드전산망 공동사용 등 신용카드 업무를 공동으로 처리하기 위하여 12개 회원은행의 공동출자로 설립되었다. 이들 회원은행들은 '비씨카드'라는 공동브랜드와 비씨카드의 전산망을 공동으로 이용하였고 위 회원은행 중 8개 은행의 임직원이 비씨카드의 비상임 이사직을 겸임하고 있었다. 공정위는 비씨카드와 12개 회원은행이 수수료율의 결정, 유지 등에 있어 신용카드업 시장에서 하나의 경제적 행위 동일체로서의 영향력을 가지고 행동하고 있다는 점을 들어 하나의 사업자로 보고, 가격남용으로 과징금납부명령 등을 내렸다.

이 사건의 쟁점 중 하나는 BC카드가 경제적 단일체로서 직접적으로 시장지배적 사업자의 지위를 가지는지 여부이었다. 공정위는 시장지배적 사업자 개념은 시장에서 하나의 경제적 행위 동일체로서의 영향력을 가지고 행동하는 경우도 포함하는 개념이므로 우연한 기회나 일시적인 이익의 실현을 위한 것이 아니라 각 사업자의 설립과정이나 운영형태상 지속적으로 일정한 방향으로 영업을 조정 내지 통일할 수 있는 경우라면 하나의 사업자로 보아야 할 것인데, 원고들은 전산망을 공동으로 사용하고, 카드발급, 가맹점 가입승인 및 관리, 카드고지서 발급 등의 업무를 비씨카드에게 위임하여 공동으로 수행하고 있고, 브랜드를 공동으로 사용하고 있고(이로 인하여 수요자인 카드고객도 동일한 브랜드로 인식하고 있다.), 12개 회원은행이 모두 비씨카드의 지분을 가지고 경영에 참여하고 있어 회원은행 상호간에 수수료율의 결정, 가맹점 모집 등 영업활동에 관한 정책 및 정보를 공유, 교환할 수 있는 관계에 있다는 등의 사유를 들어 비씨카드와 회원은행들을 '사실상 하나의 사업자'라고 주장하였다. 원고들은 비씨카드와 12개 회원은행은 독자적으로 회원 및 가맹점을 모집하고 가맹점에게 대금을 지급하며, 카드사업에 필요한 자금을 조달하고, 취급하는 상품의 종류와 수수료율 및 연체율을 결정하는 등 이 사건 카드사업에 필요한 각종 의사결정을 독자적으로 행하고 있으며, 카드사업으로 인한 수익과 손실 또한 개개 회원은행들에게 귀속될 뿐 공동으로 분배하거나 분담하지 아니하고, 개개 회원은행들의 경영에 관한 의사결정에 간섭하는 기구나 관행도 없으므로 법적으로 완전히 독립된 별개의 사업자들이라고 주장하였다.[37]

서울고등법원은 별도의 독립된 사업자로서 각기 자기의 계산으로 사업을 하고 있더라도 실질적으로는 단일한 지휘 아래 종속적으로 경제활동에 참가하고 있어 독자성을 갖추지 못하고 있는 경우에는 이를 하나의 사업자로 해석할 여지도 있다고 하여, 우선 경제적 단일체 이론에 대해서는 받아들이는 입장을 취하

---

37) 원고들은 시중은행들이 개별적으로 카드사업을 위한 시설과 인력(카드발급 및 가맹점관리를 위한 시설과 인력 등)을 갖추려고 할 경우 개발비, 시설비와 운영비 등이 과다하게 중복하여 지출될 수 있으므로 이러한 중복지출을 방지하기 위하여 비씨카드를 설립한 것이고, 비씨카드는 자체의 카드사업을 제외하고는 개별 회원 은행들의 카드발급업무와 가맹점의 가입승인 및 관리업무, 카드 고지서 발급업무와 같은 신용카드사업 중 비교적 기능적이고 부수적인 업무를 대신 처리하고 수수료를 지급받는 것에 불과하다고 주장하였다.

였다. 다만, 독자적으로 경제활동을 하는 개별 사업자들이 시장에서 그 활동과 관련한 각종 결정을 사실상 동일 또는 유사하게 함으로써 영향력을 행사하는 경우까지 하나의 사업자에 해당한다고 볼 근거는 없으므로 독자성을 갖춘 사업자들이 연합하거나 단체를 구성하여 시장에서 사업과 관련한 각종 결정을 사실상 동일 또는 유사하게 하였다고 하더라도 이러한 행위가 부당공동행위 또는 사업자단체의 금지행위 위반에 해당할 수 있음은 별론으로 하고, 위 사업자들을 통틀어 하나의 사업자로 볼 수는 없다고 판단하였다. 즉, 경제적 단일체 이론은 수용하되, 그 범위는 모회사가 자회사에 단순히 영향력을 행사하는 수준으로는 부족하고 사업자로서 갖는 독자성을 상실하는 수준에 이르러야 한다는 엄격한 기준을 적용하였다.[38]

대법원은 별도의 독립된 사업자들이 각기 자기의 책임과 계산하에 독립적으로 사업을 하고 있을 뿐 손익분배 등을 함께 하고 있지 않다면 그 사업자들을 통틀어 하나의 사업자에 해당한다고 볼 수는 없다고 판단하여, 원심 판결을 지지하였다.[39] 이 재판례는 사안 자체에서는 비씨카드와 그 회원은행들이 경제적 단일체를 구성하지 않는다고 결론내렸지만, 동시에 복수의 법인격 주체가 독립적으로 사업수행을 하지 않을 경우에는 하나의 사업자로 인정될 가능성도 열어두었다는 점에 의의가 있다.[40]

(2) 해운대방송과 동부산방송의 부당한 공동행위 사건

씨제이케이블넷 해운대기장방송㈜(이하 '해운대방송')와 ㈜동부산방송(이하 '동부산방송')의 부당한 공동행위가 문제된 사안에서, 공정위는 100% 모자관계인 회사 사이에 부당한 공동행위는 성립할 수 없다고 보았다.[41] 원래 해운대방송과 동부산방송은 독립된 회사로서 부산시 해운대구 및 기장군지역내에서 경쟁관계에 있었는데, 해운대방송의 모기업인 씨제이홈쇼핑의 계열사들이 동부산방송의 주식을 100% 취득하였다. 공정위는 동부산방송이 씨제이홈쇼핑의 계열사로 편입된 2004. 11. 16.을 위 부당한 공동행위의 종기라고 판단하였다.[42] 즉, 동일한

---

38) 서울고등법원 2003. 5. 27. 선고 2001누15193 판결.
39) 대법원 2005. 12. 9. 선고 2003두6283 판결.
40) 이봉의(주 1), 24면.
41) 공정위 2008. 8. 11. 의결 제2008-230호.
42) 동부산방송은 해운대방송과 계열관계를 유지하다가 2007. 4. 9. 해운대방송에게 흡수·합병되어 소

모기업에 의해서 지배되는 자회사들을 '사실상 하나의 사업자'로 취급하여 이들 간의 가격에 관한 합의는 사업자 내부의 행위로서 공정거래법 적용대상이 아니라고 본 것이다.[43)]

2. 경제적 단일체 이론의 적용을 부정한 사례

불공정거래행위의 경우에는 시장지배적 지위남용 및 부당한 공동행위와 달리 하나의 사업자에 관한 별도의 법령이나 예규 규정은 없다. 법 제23조 제1항 본문은 사업자는 불공정거래행위를 하거나, 계열회사 또는 다른 사업자로 하여금 이를 행하도록 하여서는 아니 된다고 규정하고 있을 뿐이다. 경제적 단일체 이론을 전면 수용하여 100% 모자회사와 같은 경우에는 모회사 및 자회사를 하나의 사업자로 취급한다고 하면, 모회사와 자회사 사이의 내부행위에서 불공정거래행위가 성립할 여지는 없게 된다. 이러한 거래는 단일 사업자 내의 내부거래로서 단일 회사[44)]의 별개 사업부서 간 거래와 달리 볼 이유가 없기 때문이다.

그러나 법원 및 공정위는 불공정거래행위 중 부당지원행위에 관해서 경제적 단일체 이론의 적용을 부정하고 있다. 대법원 2004. 11. 12. 선고 2001두2034 판결은 엘지칼텍스가스가 100% 자회사인 원전에너지에게 무담보 대여금을 제공한 행위에 대해서 과징금부과처분 등이 내려진 사안이다. 엘지칼텍스가스는 원전에너지가 100% 판매자회사로서 모회사와 경제적인 이익과 손실을 완전히 같이 하는 단일한 경제단위(a single economic unit)에 해당하고, 제조·판매의 동일한 업무연관관계에 있으므로 부당지원행위가 성립하지 않는다고 주장하였다. 법원은 모회사가 주식의 100%를 소유하고 있는 완전자회사라고 하더라도 양자는 법률적으로 별개의 독립한 거래주체라 할 것이고, 부당지원행위의 객체

멸되었다.

43) 경제적 단일체라고 인정하지는 않았지만, 경제적 단일체 이론의 기준에 따라 경제적 단일체 여부를 판단한 사례도 보인다. 모토로라코리아는 주파수공용통신장치(TRS)를 국내 총판인 리노스 등 3개 회사를 통해 판매하였다. 공정위는 TRS 구매입찰에서 모토로라코리아, 리노스 등 4개사가 담합을 하였다고 판단하여 시정명령 및 과징금을 부과하였다. 리노스는, 총판 3개사는 모토로라 제품의 판매에 관하여 경쟁관계가 없는 '경제적 동일체'이므로 다른 총판 2개사는 리노스에 대하여 다른 사업자에 해당하지 않는다는 등의 이유로 위 처분의 취소를 구하는 소를 제기하였다. 이에 대하여 서울고등법원은 총판 3개사가 그 영업활동을 수행함에 있어 모토로라코리아와 독자적으로 판단할 여지가 있다고 보아 총판 2개사는 리노스에 대한 관계에서 다른 사업자에 해당한다고 보았다. 서울고등법원 2009. 9. 10. 선고 2008누15277 판결. 동 사건에 대한 상고는 심리불속행 사유로 기각되었다. 대법원 2009. 12. 24. 선고 2009두18509 판결.

44) 하나의 회사가 하나의 사업자인 통상의 상황을 전제한 것이다.

를 정하고 있는 공정거래법 제23조 제1항 제7호의 '다른 회사'의 개념에서 완전 자회사를 지원객체에서 배제하는 명문의 규정이 없으므로 모회사와 완전자회사 사이의 지원행위도 공정거래법 제23조 제1항 제7호의 규율대상이 된다고 판단하였다. 위 2001두2034 판결 이후에, 현대중공업이 76.31% 지분을 보유한 현대 울산종금에 대한 부당지원이 문제된 사례,45) 한국산업은행이 97.49% 지분을 보유한 산은캐피탈에 대한 부당지원이 문제된 사례46)에서도 같은 취지의 판결이 선고되었다.

위 엘지칼텍스가스 판결에서 들고 있는 논거는 2가지로 압축된다. 첫째, 모자 회사는 법률적으로 별개의 독립한 거래주체이고, 둘째, 법해석상 다른 회사의 개념에서 완전자회사가 배제되지 않는다는 것이다. 그 중 첫 번째 논거는 경제적 단일체 이론의 근거를 사실상 정면으로 부정하고 있다는 점에서 흥미롭다. 사업자 개념과 관련하여 독립성이 주요한 개념표지이고, 100% 모자회사의 경우에는 모회사가 자회사를 법적으로나 사실상으로 지배·통제하므로 독립성을 인정할 수 없어서 하나의 사업자로 보아야 한다는 것이 경제적 단일체 이론의 가장 핵심적 논거이다. 법인격이라는 형식이 아니라 영업의 독립성이라는 실질을 중시하자는 것이다. 반면, 위 판결은 법인격의 분리라는 형식 자체가 독립성이라는 실질의 표지라고 보는 것이다. 두 번째 논거는 다분히 결론을 내리고 이유를 갖다 붙인 것에 불과하다. 경제적 단일체 이론은 복수의 회사를 하나의 사업자로 인정한다는 것이다. 경제적 단일체 분석에 있어서 행위자의 법적 형식은 특별한 고려요소가 되지 않는다. 경제적 단일체 이론을 수용하지 않는다면 위 판결과 같이 지원주체인 사업자(모회사)와 지원객체인 다른 회사(자회사)의 분리가 자연스러울 수 있지만, 경제적 단일체 이론을 수용한다면 지원주체는 '모회사+자회사'인 사업자이므로, 지원객체인 다른 회사에서 자회사는 제외되어야 한다고 해석하여야 논리적으로 자연스럽다. 그렇지 않으면 지원주체('모회사+자회사'인 사업자)가 동시에 지원객체(자회사)가 되어 그 자체로 논리모순에 빠지기 때문이다.

---

45) 대법원 2006. 4. 14. 선고 2004두3298 판결.
46) 대법원 2011. 9. 8. 선고 2009두11911 판결.

3. 기업집단에 대하여 경제적 단일체 이론을 적용할지 여부: SK가스 사건

SK가스 사건은 실질적 지배관계에 있는 계열회사의 공동감면 신청을 허용하는 법 시행령 제35조 제1항 가목 단서 및 동조 동항 제3호 가목의 해석이 쟁점이 되었다. 법 시행령 제35조 제1항의 해당 규정들은 계열회사 중에서도 실질적 지배관계가 있는 경우에만 공동감면 신청을 허용한다. 이 사건에서는, 기업집단 소속 계열회사이면 그 자체로 실질적 지배관계가 있다고 볼 것인지, 아니면 실질적 지배관계란 단순히 동일한 기업집단 소속인 것만으로는 부족하고 그 이상의 다른 요건을 필요로 하는지가 쟁점이 되었다.

LPG 수입사인 SK가스는 계열회사인 SK에너지를 비롯한 LPG 수입사 및 정유사들과 LPG 가격에 관한 담합을 했다. SK가스, SK에너지, SK의 SK 기업집단 소속 3사는 공동으로 자진신고를 하였다. 공정위는 SK에너지와 SK에 1순위 조사협력자 지위를 인정하여 과징금을 전액 면제한 반면, 같은 계열회사인 SK가스는 2순위 조사협력자임을 이유로 과징금을 50% 감면 부과하였다. 공정위 감면고시는 공동감면신청의 요건인 '실질적 지배관계'에 관하여 '사실상 하나의 사업자'에 대한 공동행위 심사기준과 동일하게 규정하고 있다.

SK가스는 공정위의 공동행위 감면신청에 대한 거부처분에 불복하여 제소하였다. SK가스의 주장은 감면고시의 공동감면의 요건인 실질적 지배관계에 있는 계열회사의 의미는 기업집단의 범위와 관련된 사실상 그 사업내용을 지배하는 회사와 같게 보아야 한다는 것이었다. 서울고등법원은 기업집단과 관련된 '사실상 그 사업내용을 지배하는 회사'의 의미에 관한 규정들은 상호출자금지, 채무보증금지 등의 규제대상이 되는 기업집단의 범위를 정하기 위한 것이고, 위 규정을 원용할 경우 계열회사에 속하기만 하면 공동감면이 허용되므로, 기업집단 관련 규정을 실질적 지배관계의 해석에 그대로 원용할 수는 없다고 판단하였다. 나아가 실질적 지배관계의 해석에 관하여 실질적 지배관계에 있는 계열회사는 사실상 하나의 사업자로 볼 수 있는 경우이거나 그에 준하는 관계에 있어 서로 경쟁관계가 없는 경우를 의미한다고 보았다.[47]

---

47) 서울고등법원 2012. 5. 24. 선고 2010두32901 판결(2014. 12. 31. 현재 대법원 2012두13962호로 계

위 판결은 기업집단 소속 계열회사에 대한 경제적 단일체 이론의 적용을 정면으로 다룬 것은 아니다. 부당한 공동행위에 관한 공동감면신청이라는 국한된 이슈에 대한 판단일 뿐이지만, SK가스 측의 주장은 경제적 단일체 이론의 적용을 기업집단 내 계열회사까지 확장하려는 시도이었고, 이러한 SK가스 측의 주장은 시장지배적 지위에 관해서는 이미 법 시행령 제4조 제3항에 반영되어 있다. 이 사건은 경제적 단일체 이론을 공정거래법 전체적으로 통일적으로 받아들여야 하지 않는가에 대한 문제제기이었다는 점에서 의미를 찾을 수 있다. 공정위의 실무가 체계적으로 정립되지 않은 상황에서 경제적 단일체 이론의 적용과 관련하여 서울고등법원 SK가스 판결의 의미는 두 가지 상반된 의미로 받아들일 수 있다. 첫째는 경제적 단일체 이론을 각 행위유형별로 달리 적용하여 시장지배적 사업자의 경우에는 기업집단 소속 계열회사까지 포괄하는 반면, 부당한 공동행위의 경우에는 100% 모자관계 내지 그에 준하는 협소한 범위만 인정하는 등 행위유형에 따라 하나의 사업자 범위를 달리 보는 현재의 공정위 실무를 용인한 것으로 볼 여지가 있다. 둘째는 공정거래법에서 복수의 회사에 대하여 공동감면신청을 인정해줄 정도의 특별 취급을 위해서는 모회사와 100% 완전자회사 내지 그에 준하는 정도의 강한 지배관계가 존재하여야 하는 것으로서, 오히려 시장지배적 사업자와 관련하여 계열회사를 하나의 사업자 취급하는 것에 대한 간접적 비판으로 읽을 수도 있다.

4. 현행 판례 및 심결례의 문제점

경제적 단일체 이론의 적용과 관련해서 우리나라의 상황은 혼란스러운 구석이 존재한다. 시장지배적 지위남용에 관해서는 복수 법인격을 하나의 사업자로 인정하는 명문의 규정이 존재하고 그 범위도 계열회사로 상당히 넓다. 부당한 공동행위에 관해서는 법령상에 명문의 규정은 없지만 공정위 예규로서 '사실상 하나의 사업자' 개념을 규정하고 있다. '사실상 하나의 사업자' 개념이 부당한 공동행위에 대해서만 특별히 적용되는 개념인지는 모호하여 다투어지고 있는데, SK가스 사건의 하급심은 이를 법 시행령 제4조 제3항과는 달리 파악하고 있다. 부당지원행위 사안에서 판례는 일관되게 경제적 단일체 이론을 부정하고 있다.

속 중).

재판매가격유지행위 등 다른 위반행위 유형에서 100% 모자관계가 존재하여 실질적으로 독립성이 없는 회사 간에 사업자 개념이 어떤 식으로 전개될지는 불확실하다.

공정거래법 적용의 기본단위가 되는 사업자의 개념을 명확한 기준 없이 그때그때 달리 보는 것은 다음과 같은 이유에서 바람직하다고 말하기 어렵다. 첫째, 법집행이 자의적이어서 수범자의 예측가능성이 떨어진다는 비판에서 자유롭지 못하다. 현대자동차 기업집단에 소속된 현대자동차(이하 '현대차')와 기아자동차(이하 '기아차')를 예로 들기로 하자. 양사는 계열회사 관계이므로,[48] 시장지배적 지위남용에 관하여 현대차와 기아차는 하나의 사업자로 취급된다. 반면, 부당지원행위와 관련하여 현대차와 기아차는 별개의 사업자로 취급된다.[49] 그렇다면 현대차가 대리점과 배타조건부 거래를 하여 그것이 시장지배적 지위남용과 불공정거래행위로 동시에 인정될 경우에, 기아차의 경우에도 현대차와 하나의 시장지배적 사업자이므로 시정조치 및 과징금의 대상이 될 수 있는가? 그렇지 않다면, 동일한 행위가 시장지배적 지위남용에도 해당하고, 불공정거래행위에도 해당하는 경우에 법 시행령 제4조 제3항은 어떠한 역할을 하는 것인가? 이러한 문제들에 대해서 현행 법령이나 기존의 판례 및 심결례는 체계적이고 논리적인 답을 제시하지 못하고 있다.

위 현대차와 기아차의 가상의 사례에서 볼 수 있듯이, 행위 유형에 따라서 하나의 사업자이면서 동시에 별개의 사업자로 취급되는 현상은 수범자의 예측가능성 측면에서 바람직하다고 보기 어렵다. 경제적 단일체 이론의 수용과정에서 깊은 고민 없이 즉흥적으로 규정을 신설하다 보니 법집행 과정에서의 난제가 서서히 수면 위로 떠오르고 있는 것으로 보인다. 향후 공정거래법의 여러 영역에서 사업자 개념에서 경제적 단일체 이론의 적용에 관한 이슈들이 터져 나올 것으로 예상이 된다. 지금이라도 경제적 단일체 이론의 수용에 대한 전반적인 검토가 필요한 이유이다.

둘째, 현재의 법령과 판례 및 심결례의 태도 중 입장이 비교적 명확한 부분은 시장지배적 지위남용과 부당지원행위에 관한 부분인데, 전자는 경제적 단일체를

---

48) 2014년 현재 현대자동차가 기아자동차의 지분 33.9%를 보유하고 있다.
49) 서울고등법원 2009. 8. 19. 선고 2007누30903 판결(확정). 기아차가 부담해야 할 자동차 부품의 단가인상 금액을 현대차가 대신 납부한 행위가 부당지원행위로 처벌된 사안이다.

인정하는 범위가 너무 넓고, 후자는 너무 좁다는 비판이 가능하다. 시장지배적 사업자와 관련해서 법 시행령 제4조 제3항은 계열회사 관계에 있으면 하나의 사업자로 인정하는데, 계열회사 관계에 있더라도 두 회사 사이에 독립성이 존재하는 경우가 많다. 엄연하게 행위의 독립성이 있는 회사들을 하나의 사업자로 취급하는 것은 영업성과 독립성을 요소로 하는 사업자 개념에 반한다. 전술한 현대차와 기아차의 사례를 보면, 양사는 계열회사인지만 사회통념상 기아차가 현대차에 완전히 지배·종속되어 독립성 없이 운영되고 있다고 보기는 쉽지 않다. 오히려 양사는 계열사이지만 독립하여 운영된다. 이처럼 독립하여 영업활동을 전개하는 하는 회사를 독립성이 없는 회사로 의제하여 하나의 사업자로 취급할 이유가 없다.

반대로 부당지원행위의 경우에는 판례가 모회사와 100% 완전자회사 사이에서의 거래도 처벌대상으로 하고 있는데, 100% 모자관계가 존재한다면 대부분의 경우 자회사의 독립성을 인정하기는 쉽지 않을 것이다. 단지 모회사 A 회사와 100% 완전자회사 B 회사의 법인격이 다르다는 것은 경쟁법이 개입할 논거로서는 빈약하다. 오히려 사업자 개념의 요소인 독립성이 부존재한 회사에 대하여 독립적으로 행동할 것을 요구하는 것이 현실과 유리되었다는 비판이 제기될 수 있다. 법정책적 측면에서, A 회사가 그 내부의 B 사업부분을 사업상 필요에 의해 100% 완전자회사인 B 회사로 분사한 경우에, 전자는 문제 삼지 않으면서 후자만 그 거래내역을 일일이 따지면서 문제를 삼는다면, 기업은 전자의 방식이 사업상으로는 비효율적이라도 처벌의 위험을 피하기 위하여 이를 그대로 유지할 가능성도 있다. 이것은 사회적으로 바람직하지 않은 결과이다.

셋째, 부당한 공동행위와 관련하여 '사실상 하나의 사업자'로 취급한다는 규범적 의미가 불명확하다. 하나의 사업자인가, 아니면 원래는 별개의 사업자인데 법 제19조 제1항이 적용되는 상황에서만 하나처럼 취급한다는 것인가? 공동행위 심사기준의 문언상으로는 후자로 읽히기는 한다.[50] EU에서는 모회사와 100% 완전자회사를 하나의 사업자로 보아 모회사의 직접적 행위관련성이 입증되지 않은 경우에도 원칙적으로 자회사의 담합가담에 관해서 모회사에 그 책임을 묻고 있다.[51] 우리나라에서 A 회사와 B 회사가 '사실상 하나의 사업자'로 취급되는

---

50) 이 경우에는 시장지배적 지위남용과 부당한 공동행위에 있어서 사업자 개념을 달리 파악해야 하는 규범적 근거가 무엇인지 규명되어야 할 것이다.

상황에서 B 회사가 다른 경쟁사업자와 부당한 공동행위를 한 경우에 A 회사도 B 회사와 '사실상 하나의 사업자'이므로 책임을 져야 하는가? 아니면 '사실상' 하나의 사업자일 뿐이지 '법률적으로' 별개의 사업자이므로 책임을 안 져도 되는 가? 만일 우리도 EU와 같이 B 회사의 행위에 관해서 A 회사가 책임을 져야 한다면, 그냥 하나의 사업자로 취급하는 것과 '사실상 하나의 사업자'로 취급하 는 것의 규범적 차이가 무엇인가 하는 의문이 제기될 수 있다. 공동행위 심사기 준과 감면고시의 내용도 공정거래법 전반과 체계정합성이 확보될 수 있도록 정 비할 필요가 있다.

V. 결   론

이상에서 논의한 것을 요약하면 다음과 같다. 첫째, 사업자는 독립성을 요소 로 하고, 독립성이 없는 회사를 포함한 복수의 회사를 하나의 사업자로 포섭하 는 것이 경제적 단일체 이론이다. 둘째, 경제적 단일체 이론은 법 시행령 제4조 제3항, 공동행위 심사기준 등 우리 공정거래법 시스템에 이미 수용이 되어 있다. 셋째, 경제적 단일체 이론의 수용은 비체계적으로 이루어졌고, 그 결과 시장지배 적 지위남용 행위의 경우에는 그 인정범위가 아주 광범위한 반면, 부당한 공동 행위의 경우에는 그보다 좁고, 불공정거래행위 중 부당지원행위에 관해서는 전 혀 인정이 되지 않는 등 일관성이 없다. 넷째, 이러한 상황은 수범자의 규범에 대한 예측가능성을 낮추고 자의적이라는 비판에서 자유롭지 못하다. 다섯째, 최 근 들어 이러한 비체계적인 관련 규정과 판례의 태도로 인하여 새로운 이슈들이 제기되기 시작하였다. 이러한 문제에 대한 대응은 임기응변식으로 진행할 것이 아니라, 현행 법령의 개정을 포함하여 경제적 단일체 이론에 관한 진지한 재검 토가 되어야 할 것이다.

이 글은 우리 공정거래법의 경제적 단일체 이론의 수용상황을 조망하고, 현재 의 문제점을 지적하는 시론이다. 최근 우리나라에서 기업지배구조는 지주회사 중심체제로 재편되는 과정에 있다. 또한 책임경영의 확산과 원활한 구조조정을 위하여 기업 내 사업부서를 분사하거나 반대로 합병하는 경우도 많아지고 있다.

---

51) Richard Whish & David Bailey, *Competition Law*(7th ed.), 2011, p. 96.

이러한 상황에서 경제적 단일체 이론의 적용이 이슈가 되는 사례는 더욱 많아질 것으로 보인다. 차제에 경제적 단일체 이론에 관한 충분한 논의를 통해 일관되고 통일된 기준을 설정할 필요가 있다. 우선 현재 시장지배적 사업자에 관한 법 시행령 제4조 제3항(너무 넓다), 그리고 부당지원행위에 관한 판례의 태도(너무 좁다)의 재고를 제안한다.

▌▌ 참고문헌 ▌▌

◉ 국내문헌

권오승, 경제법, 법문사, 2009.

신영수, "카르텔 성립요건으로서 행위주체의 복수성의 의미", 경쟁저널 제145호, 2009. 7.

신현윤, 경제법, 법문사, 2012.

이기수·유진희, 경제법, 세창출판사, 2012.

이봉의, "경제적 동일체이론과 공동의 시장지배에 관한 소고", 경제법판례연구 제5권, 2008.

정호열, 경제법, 박영사, 2012.

최승재, "지적재산권의 전용실시와 공동행위, 그리고 경제적 단일체 항변", 경쟁저널 제158호, 2011. 9.

홍명수, "부당한 공동행위 성립에 있어서 경제적 단일체 문제의 검토", 법학연구 제54권 제1호, 부산대학교 법학연구소, 2013. 2.

◉ 국외문헌

Whish, Richard & David Bailey, *Competition Law*(7th ed.), 2011.

독점규제법상 시장지배적 지위
남용행위 규제의 목적*

조 혜 신**

I. 서 론

우리나라에서 시장지배적 지위 남용행위에 대한 규제가 시작된 것은 「독점규제 및 공정거래에 관한 법률」(이하 '독점규제법'이라 한다)이 시행된 1981년이지만, 동규제에 관한 논의가 본격적으로 시작된 것은 공정거래위원회가 시장지배적 사업자의 남용행위를 적극적으로 규제하기 시작한 2006년 이후이며,[1] 특히 대법원의 ㈜포스코의 거래거절행위에 대한 판결(이하 '포스코 판결'이라 한다)[2]은 보다 깊이 있는 논의로 나아가도록 한 결정적인 계기가 되었다. 하지만 포스코 판결에서 제시한 독점규제법 제3조의2 제1항 제3호 '사업활동 방해행위'로서의 거래거절행위의 부당성 판단기준[3]은 이후 법원의 판결과 공정거래위원회의 심결에

---

* 이 글은 조혜신, 독점규제법상 방해남용에 관한 연구, 서울대학교 대학원 법학과 법학박사학위논문, 2011. 2, 58면 이하 "제3장 방해남용에 대한 규제의 정당성" 부분을 보완하여 발전시킨 것입니다.
** 한동대학교 법학부 조교수, 법학박사

1) 1981년 이래 공정거래위원회에 의한 시장지배적 지위 남용행위 규제의 집행성과를 개관하여 분석한 것으로서, 조혜신, "독점규제법 30년 회고: 시장지배적 지위 남용행위 규제에 관한 공정거래위원회 심결례의 분석", 경쟁법연구 제23권, 2011. 5, 221면 이하 참조.
2) 대법원 2007. 11. 22. 선고 2002두8626 전원합의체 판결.
3) 포스코 판결에서의 다수의견에 따르면, 독점규제법 제3조의2 제1항 제3호의 시장지배적 지위 남용행위로서의 거래거절의 부당성을 인정하기 위해서는, 개별 거래의 상대방인 특정 사업자가 불이익을 입게 되었다는 사정만으로는 부족하고, 상품의 가격상승, 산출량 감소, 혁신저해, 유력한 경쟁사업자의 수의 감소, 다양성 감소 등과 같은 경쟁제한의 효과가 생길 만한 우려가 있는 행위로서 그에 대한 의도와 목적이 있었다는 점을 입증하여야 하고, 거래거절행위로 인하여 현실적으로 위와 같은 효과가 나타났음이 입증된 경우에는 그 행위 당시에 경쟁제한을 초래할 우려가 있었고 또한 그에 대한 의도나 목적이 있었음을 사실상 추정할 수 있지만, 그렇지 않은 경우에는 거래거절의 경위 및 동기, 거래거절행위의 태양, 관련시장의 특성, 거래거절로 인하여 그 거래상대방이 입은 불이익의 정도, 관련시장에서의 가격 및 산출량의 변화 여부, 혁신저해 및 다양성 감소 여부 등 여러 사정을

많은 영향을 주었고, 그 판단기준에 따른 공정거래위원회의 입증부담 가중으로 인하여[4] 최근 시장지배적 지위 남용규제는 상당히 위축되어 있다.

하지만 국민경제 전체에서의 경제력집중과 주요 산업에서의 시장집중이 날로 심화되고 있으며, 이러한 집중현상과 무관하지 않은 대·중소기업간 불공정거래 및 소비자이익 침해도 개선되는 조짐이 보이지 않고 있는 것을 보건대, 이러한 상황은 결코 바람직하다고 하기 어려울 것이다. 특히 시장지배적 사업자에 대한 행태적 규제의 핵심이라 할 수 있는 남용규제가 전혀 제 기능을 못하는 현실에서 자유롭고 공정한 경쟁을 통하여 경제의 민주화는 물론이고 경제의 활성화를 도모하겠다는 목표의 달성은 실로 요원한 것이다. 이제 '독점규제법상 시장지배적 지위 남용행위 규제의 목적이 무엇인가'라는 근본적인 질문으로 다시 돌아가서, 우리의 현실에 비추어 보았을 때 독점규제법의 집행을 통하여 자유롭고 공정한 경쟁을 실현하는데 있어서 남용규제가 담당하여야 할 기능과 역할이 무엇인지를 검토해 보고, 그 규제의 정당성을 다시 새겨보아야 할 시점에 이른 것으

종합적으로 고려하여 거래거절행위가 위에서 본 경쟁제한의 효과가 생길 만한 우려가 있는 행위로서 그에 대한 의도나 목적이 있었는지를 판단하여야 한다고 판시하였다. 대법원의 다수의견에 따른 부당성 성립요건은 주관적 요소와 객관적 요소로 이루어지며, 특히 이 중 객관적 요소에 해당하는 '경쟁제한의 효과가 생길 만한 우려가 있는 행위'에 대해서는 행위의 결과로서 경쟁제한의 효과가 현실적으로 발생한 경우에 예외적으로 객관적 요건과 주관적 요건이 경험칙상 추정될 수 있도록 함으로써 부당성 요건의 입증을 완화시키고 있다. 그러면서 상품의 가격상승, 산출량 감소, 혁신저해, 유력한 경쟁사업자의 수의 감소, 다양성 감소 등과 같은 경쟁제한의 효과를 초래할 우려가 있는 행위로서 그에 대한 의도와 목적이 있었는지를 종합적으로 판단하는 근거가 되는 사정에 대한 공정위의 입증책임을 강조하고 있다. 홍대식, "시장지배적 지위 남용행위의 판단기준 개선방안", 경쟁법연구 제21권, 2010. 5, 124-5면.
 4) 이호영, "공정거래법상 시장지배적사업자 규제의 쟁점과 과제", 저스티스 제104호, 2008. 6, 96면에 따르면, 대법원이 예시하고 있는 경쟁제한적 효과는 그 기준이 지나치게 높아서 사실상 경쟁당국이 입증하기 어려운 것들이므로 결국 주관적인 의도나 목적을 입증해야 하는 결과가 되었다고 비판하고 있다. 즉 대법원이 의도를 추정할 수 있는 '경쟁제한적 효과'로서 예시하고 있는 것들은 시장지배적 사업자가 행하는 남용행위로부터 즉시 나타나는 결과들이 아니며, 장기간에 걸쳐서 나타날 뿐만 아니라, 법집행 실무상 이를 판단하기 위하여 사용할 수 있는 비교기준 자체가 존재하지 않는 것들이라는 것이다. 또한 윤성운·신상훈, "포스코 시지남용건 관련 대법원 판결을 통해 본 경쟁제한성 입증의 문제", 경쟁저널, 2008. 3, 9-11면에서는, 이 사건 거래거절 당시에 '경쟁제한효과를 발생시킬 우려'가 있는지 여부에 대한 평가를 생략하는 등 사후적 관점에서의 경쟁제한효과만을 강조함에 따라, 앞으로 공정거래위원회는 경쟁제한효과를 적극적으로 입증해야 하는 지나치게 높은 입증부담을 지게 되었다고 지적하고 있다. 포스코 판결의 법리가 갖는 문제점은 비단 이러한 입증상의 어려움에 그치는 것은 아니며, 근본적으로 독점규제법상 남용규제의 범위를 상당히 축소시켰다는 측면에서 가해지는 비판도 있다. 이봉의, "포스코 판결과 방해남용의 향방", 경쟁저널, 2008. 9, 17면에 따르면, 시장지배적 사업자가 일견 불공정거래행위의 방법으로 다른 사업자를 방해함으로써 지배력의 인위적인 유지·강화·이전을 가져올 우려가 있는 경우에 남용에 해당될 수 있는 것이고, 그 밖에 다른 방법에 의한 경우에도 남용이 충분히 가능하므로, 포스코 판결과 같이 일견 거래상대방에게 피해 내지 불이익이 발생한다는 점만을 들어 당해 방해행위의 경쟁관련성을 부인하고, 이를 남용규제의 대상에서 일률적으로 배제하는 태도는 타당하지 않다는 것이다.

로 생각된다.

이에 독점규제법상 시장지배적 지위 남용행위 규제의 목적을 논하고자 하는 본고에서는 먼저 이견 없이 널리 수용되고 있는 것으로 보이는 '경쟁의 보호' 목적이 의미하는 바가 무엇인지를 구체적으로 밝히고, 이 밖에도 '경쟁의 자유의 보호'가 남용규제의 이원적 목적의 하나로서 인정되어야 함을 논증하고자 한다. 여기에는 시장지배적 사업자의 남용행위에 대한 경쟁법적 규제의 본질 내지 의의에 대한 검토가 그 중요한 기초를 제공할 수 있을 것이기에, 이하에서는 먼저 독점규제법상 시장지배적 지위 남용행위 규제의 의의에 대하여 살펴보도록 한다.

Ⅱ. 시장지배적 지위 남용행위 규제의 의의

경쟁법적 규제는 금지규범(Verbotsgesetz)을 통해 이루어질 수도 있고 남용규범(Mißbrauchsgesetz)을 통해 이루어질 수도 있다. 일반적으로 '원인금지주의'로 이해되고 있는 금지규범에서는 원칙적으로 경쟁제한행위를 금지하고, 여기에 몇 가지 예외구성요건을 규정한다.[5] 반면 '폐해규제주의'로 이해되고 있는 남용규범에서는 원칙적으로 경쟁제한행위를 허용하지만, 경쟁당국에게 구체적으로 일정한 경쟁제한행위에 대해 조치를 취할 권한을 부여한다.[6] 우리 독점규제법 제19조의 부당한 공동행위의 금지는 금지규범에 해당하고, 제3조의2의 시장지배적 지위의 남용금지와 제7조의 기업결합의 제한은 남용규범에 해당한다고 할 수 있을 것이다. 물론 이는 규범의 가장 기본적인 특징을 설명하고 있는 것이고, 실제로는 이 두 가지 규제방식의 다양한 조합을 통해 상당히 복잡한 구조를 갖게 된다.

위에서 설명한바 남용규범(Mißbrauchsgesetz)에 해당한다고 할 수 있는 독점규제법 제3조의2의 시장지배적 지위 남용행위에 대한 규제는 '남용'이라는 불확정적 개념을 통해 경쟁제한행위의 허용한계를 설정하게 되는데, 이 개념의 형성은 일차적으로 경쟁당국에게 맡겨지므로, 현실적으로 남용규제는 상당 부분 경

---

5) Baur, *Der Mißbrauch im deutschen Kartellrecht*, J.C.B. Mohr (Paul Siebeck) Tübingen, 1972, S. 1.
6) Baur, 위의 책, S. 1.

쟁정책적 성격을 띠지 않을 수 없다. 공정거래위원회를 중심으로 하는 행정적 규제모델(administrative control model)을 취하고 있는 우리나라의 경쟁법 집행 체계를 고려할 때, 이는 독점규제법상 시장지배적 지위 남용행위 규제의 본질에 대한 적절한 설명이 될 수 있을 것이다.

이처럼 경쟁당국의 광범위한 재량 하에 이루어지는 남용규제에는 공익적 혹은 국민경제적 요구를 실현하는 측면이 분명히 있지만, 이것이 남용규제의 주된 본 질이라고 말하기는 어렵다. 왜냐하면 남용규제는 근본적으로 수범자인 시장지배 적 사업자가 그 경쟁사업자, 거래상대방 사업자, 소비자 등과의 관계에서 경쟁과 거래를 통하여 자신의 이익을 실현하는 관계를 규율하는 것이지, 수범자의 행태 를 통제함으로써 경쟁당국이 설정한 일정한 정책목표를 실현하는 수단은 아니기 때문이다. 이러한 점에서 남용규제의 일차적 의의는 시장참여자 사이의 관계를 경쟁의 관점에서 규율함으로써 사법제도의 기능을 보장(Funktionssicherung)하는 데 있다고 볼 수 있을 것이다. 이러한 입장을 따른다면 남용규제는 일차적으로 수범자에 대한 행위규범으로 기능하여야 할 것이고, 법을 해석하고 집행하는데 있어서도 이러한 기능이 우선적으로 충족되어야 할 것이다. 경쟁정책으로서의 남 용규제는 그 본질적 기능을 충실히 수행하는 과정에서 간접적으로 그 기능을 다 할 수 있을 것인데, 법령의 제·개정시 혹은, 구체적 사건에서 남용여부를 판단 하는데 있어서 법문의 해석과 판례를 통해서도 메워지지 않는 형성의 여지가 있 는 경우가 바로 그 계기가 될 수 있다.

남용규제의 일차적 의의가 사법제도의 기능보장에 있다고 본다면,[7] 경쟁규범 의 해석에 있어서 사법질서 및 이를 구성하는 요소들, 특히 계약자유와의 일정 한 기능적 관련성에 주목하게 된다. 개인의 자기결정(Selbstbestimmung)은 계약 자유[8]의 핵심적 요소이고, 계약 당사자들의 자기결정이 보장되는 한도 내에서 당사자간의 주관적 정당성(das subjektive Richitige)이 실현된다.[9] 하지만 계약

---

7) 이러한 입장으로서 대표적으로 Mestmäcker, "Über das Verhältnis des Rechts der Wett-bewerbsbeschränkungen zum Privatrecht", AcP 168(1968), 235 참조.

8) 계약의 자유는 법질서가 허용하는 한계 내에서만 인정될 수 있는데, 그 한계는 강행법규와 선량한 풍속 기타 사회질서에 의하여 정해진다(민법 제103조, 제104조). 특히 독점규제법은 계약자유의 한 계를 설정하는 강행법규의 하나가 되고, 또한 경쟁질서는 계약자유가 개인의 이익을 위해서가 아니 라 사회공공의 이익을 위하여 제한될 수 있는 계약자유의 내재적 한계가 되는 '사회질서'의 하나가 된다. 권오승, 시장경제와 법, 183면 이하 참조.

9) 권오승, 위의 책, 186면.

당사자의 자기결정이 보장되지 않은 경우에, 계약자유는 경제적 강자가 경제적 약자를 상대로 자신의 이익을 실현시키는 지배수단으로 전락하게 된다. 지위의 대등성이 확보되지 않은 상태에서의 계약자유는 우월적 지위에 있는 자만의 일방적 자유이며, 열등한 지위에 있는 자의 자유에 대한 침해가 되는 것이다. 이러한 점에서 계약자유는 계약의 이익조정 메커니즘을 무력화시킬 수 있는 '경제력'의 문제에 대한 적절한 대응을 전제로 한다고 할 수 있을 것이다.

어떤 시장에 그 시장을 지배하는 사업자가 있다는 것은 곧 그 시장에 힘의 불균형(die ungleiche Machtverteilung)이 발생했다는 것을 의미하고, 이는 곧 사적 자치의 전제가 붕괴되어 계약의 자유와 경쟁의 자유가 더 이상 당해 시장을 지도하는 원리로 기능하지 못하고 있다는 것을 의미한다. 시장에서 경쟁에 참여하고 있는 사업자들이 모두 대등한 지위에서부터 경쟁을 시작하는 것은 아니다. 물론 법이 이를 보장하여야 하는 것도 아니다. 하지만 경쟁관계에서 우위에 있는 사업자가 존재한다는 것만으로도 당해 시장에서 자유로운 경쟁이 이루어질 가능성은 그만큼 제한될 수밖에 없고, 이러한 상황에서 열위에 있는 사업자에게 경쟁의 자유란 그렇게 제한되고 '남은' 자유를 의미할 뿐이다. 즉 경쟁에 참여하는 사업자들간에 존재하는 지위의 비대칭성은 그들 각자가 누리는 경쟁의 자유에 있어서의 차이를 그대로 보여주는 것이다. 또한 경쟁상 우위에 있는 사업자가 누리는 자유는 자신이 현재 누리고 있는 자유의 폭을 더욱 넓힐 수 있는 수단을 마음껏 구사할 수 있는 자유를 의미하기 때문에, 이들 사이에 존재하는 자유의 폭의 차이는 시간이 갈수록 더욱 커질 수밖에 없다.

이 때에는 공평한 제3자의 입장, 즉 객관적 정당성(das objektive Richtige)의 관점에 따라 계약내용을 제한하지 않으면 안 된다.[10] 이에 경제적 열등성으로 인하여 자기결정이 침해되고 있는 경제적 약자를 보호하기 위하여 '계약공정(Vertragsgerechtigkeit)'이라는 관념이 등장하게 된다.[11] 법질서는 무기대등의 원칙을 실현함으로써[12] 계약관계에 있어서 교환적 정의(Tauschgerechtigkeit) 혹은 계약공정의 원리가 유지될 수 있도록 해야 하는데, 이는 한편으로 경쟁의 지배력 해체효과(machtzerstörende und machtausgleichende Wirkung)가 발휘될 수

---

10) 위의 책, 188면.
11) 위의 책, 193면.
12) Raiser, "Rechtsschutz und Institutionenschutz im Privatrecht", in: *Summum ius summa iniuria*, 1963, S. 161ff. 참조.

있도록 경쟁을 보호하는 것을 의미하며, 다른 한편으로 시장지배적 사업자의 행위규범을 확립함으로써 이들이 사법질서에 통합되도록 하는 것을 의미한다.[13] 독점규제법이 행위주체와 행위의 상대방, 나아가 행위의 효과가 미치는 자를 구별하여 행위요건을 구성하는 것은, 행위당사자 사이의 추상적이고 형식적인 평등을 전제로 하는 사법과 달리, 행위유형에 따라 정도의 차이는 있지만 거래상의 지위 또는 시장에서의 지위가 균등하지 않은 구체적인 경제현실에 주목하고 있기 때문이라고 할 수 있다.[14] 이처럼 경쟁법상의 남용규제도 사법제도의 기능보장이라는 관점에서 파악되어야 할 것이고, 이러한 관점을 따랐을 때 남용규제의 목적은 시장지배적 사업자의 영향력 하에 있는 모든 제3자의 자유를 보장하고, 또한 이를 통하여 계약메커니즘의 기능을 보장하는 법체계 내에서 시장지배적 사업자의 행동의 자유에 대해 일정한 한계를 지우는 것에 있다.[15]

요컨대, 시장지배적 사업자의 남용행위에 대한 규제는 시장지배적 사업자에 대하여 계약법상 공정의 원리로부터 도출되는 경쟁의 한계를 설정함으로써 사법제도의 기능을 보장한다는데 그 의의가 있다. 이는 남용규제의 행위규범으로서의 본질을 의미하는 것이라 할 수 있다. 이하에서는 남용규제의 의의에 관한 위에서의 논의를 바탕으로 시장지배적 지위 남용행위 규제의 목적을 논하고자 하는데, 여기에서 중요한 것은 계약자유와 계약공정과 같은 사법질서의 지배원리가 경쟁질서에 어떻게 적용 내지 확장될 수 있을 것인가, 특히 모든 시장참여자의 자유를 '실질적으로' 보장하는데 있어서 자유의 원리 못지않게 중요한 의미를 가지는 '공정'의 원리가 시장지배적 사업자와의 '경쟁관계'에 어떻게 적용할 것인가 하는 문제이다. 이것은 최근의 논쟁에서 '경쟁의 보호' 이외에 '경쟁의 자유의 보호'를 남용규제의 목적으로서 인정할 것인지 여부로 쟁점화되었다.

---

13) Baur, 앞의 책, S. 51 참조.
14) 홍대식, "사법적 관점에서 본 불공정거래행위", 경쟁법연구 제18권, 2008. 11, 224면.
15) Baur, 앞의 책, S. 51.

Ⅲ. 시장지배적 지위 남용행위 규제의 이원적 목적

남용규제의 목적으로서 검토해 보아야 할 쟁점은 크게 두 가지이다. 하나는 '경쟁의 보호'에 대한 것인데, 이것이 남용규제의 목적이라는 것에 대해서는 대체로 이견이 없는 것으로 보이지만, 구체적으로 그것이 의미하는 바가 무엇인가에 대해서는 큰 견해의 차이가 있다. 특히 미국 독점금지법이나 독일 경쟁제한방지법(Gesetz gegen Wettbewerbsbeschränkungen, 이하 'GWB'라 한다) 모두 경쟁의 보호를 경쟁법의 목적으로 인식하는 데에는 일치하지만, 독점화 규제를 통한 경쟁보호와 남용규제를 통한 경쟁보호는 그 내용이 상당히 다를 뿐만 아니라 사안에 따라서는 전혀 다른 결론으로 귀결되기도 하기 때문이다.

두 번째 쟁점은 '경쟁의 자유에 대한 보호'가 남용규제의 목적이 될 수 있는가 하는 문제이다. 때로 이는 '경쟁자의 보호'와 혼동되기도 하고, 이것이 '경쟁의 보호'와 양립할 수 없는 목적인 것으로 보는 견해도 있다. 사실 독일[16]과 스위스[17]에서는 오래 전부터 '제도보호(Institutionsschutz)'와 '개인보호(Individualschutz)'가 경쟁법의 이원적 목적으로서 확고하게 인식되어 왔기 때문에, 제도보호로서의 '경쟁의 보호'와 개인보호로서의 '경쟁의 자유의 보호'의 갈등적 측면은 오히려 양자간에 상호제약적·한계적 원리로서 기능하는 것으로 설명되었다. 그러나 최근에 EU를 중심으로 이른바 경쟁법에 대한 '경제적 접근의 강화(more economic approach)'가 강조되면서, '경쟁의 보호'와 '경쟁의 자유의 보호' 사이의 모순적 측면이 양자의 조화를 불가능하게 하는 것으로, 특히 개인보호의 측면이 제도보호의 실현을 저해하는 것으로 주장되고 있다. 이하에서의 위 두 가지 쟁점에 대하여 차례로 검토하도록 한다.

---

16) 이에 관한 독일에서의 대표적인 논의로서, Meskmäcker, *Der verwaltete Wettbewerb – Eine vergleichende Untersuchung über den Schutz von Freiheit und Lauterkeit im Wettbewerbsrecht*, J.C.B.Mohr (Paul Siebeck), 1984, S. 78ff. 참조.

17) 이에 관한 스위스에서의 대표적인 논의로서, Künzler, *Effizienz oder Wettbewerbsfreiheit? – Zur Frage nach den Aufgaben des Rechts gegen private Wettbewerbsbeschränkungen*, Walter Eucken Institut Untersuchung zur Ordnungstheorie und Ordnungspolitik 56, Mohr Siebeck Tübingen, 2008, S. 297ff. 참조. 특히 여기에는 최근의 '경제적 접근(more economic approach)'에 관한 논의가 경쟁법의 보호목적인 '제도보호'와 '개인보호'의 관계에 대한 이해에 미친 영향이 검토되고 있다.

1. 경쟁의 보호

남용규제의 목적이 경쟁의 보호에 있다는 데에는 규제체계를 달리하는 여러 경쟁법제 사이에 혹은 경쟁관념을 달리하는 여러 이론체계 사이에도 차이가 없어 보이지만, 각각의 경쟁법제 혹은 이론체계에 있어서 경쟁의 보호가 갖는 의미나 위상에 대한 이해가 같지 않다는 점에 유의해야 할 것이다. 이는 크게 경쟁 그 자체를 '제도로서' 보호하는 입장과 경쟁을 다른 목적을 위한 '수단으로서' 보호하는 입장으로 나누어 볼 수 있다. 이를테면 독일, 스위스 그리고 EU와 같이 남용규제를 취하는 경쟁법제에서 전통적으로 전제해 온 경쟁관념에 따르면 경쟁은 자신만의 고유한 본질을 갖는 것으로서 '제도' 그 자체로 보호되어야 하는 것을 의미하는 반면, 소비자 후생을 경쟁법의 유일한 목적으로 보는 입장에서 전제로 하는 경쟁관념은 사전적으로 설정된 일정한 목적을 달성하기 위한 '수단'의 의미를 갖는다.[18]

(1) 경쟁을 '제도'로서 보호하는 관점

먼저 제도로서의 경쟁은 사회적 효율성의 달성을 목표로 하는 성과지향적 혹은 목적지향적 개념이 아니라, 일련의 게임의 규칙(rules of game)에 의하여 규율되는 '과정'을 의미하는 것이다. 경쟁이라는 과정을 통하여 경제활동이 규율될 때 사회적 효율성이 달성될 수 있으나, 이는 경쟁이 그러한 결과를 직접적인 목적으로 추구했기 때문이 아니고 어디까지나 부산물일 뿐이다. 1958년에 제정된 독일 GWB는 질서자유주의의 위와 같은 경쟁관념으로부터 깊은 영향을 받았다.[19] 1957년에 체결된 EC조약 내의 경쟁규정 역시 같은 영향을 받았으며, EU 법원은 오늘날에도 여전히 질서자유주의의 영향 하에 형성되어 온 판례의 흐름

---

18) Künzler, 위의 책, S. 301 참조.
19) Walter Eucken, Franz Böhm, Alfred Müller-Armack 등을 아우르는 Freiburg 학파에 의해 형성된 질서자유주의의 핵심은 다음과 같이 요약될 수 있다. 경쟁법의 목적은 경쟁에 있어서 시장 및 시장참여자의 자유를 보장하는 것이고, 국가는 시장참여자로서 경쟁에 개입할 수 없지만, 입법의 영역을 통하여 경쟁의 자유를 보장해야 한다. 이를 위하여 질서자유주의는 강력한 경쟁법과 독립적인 경쟁당국을 강조한다. Engelsing, "Modernisierung von Art. 82 EC: Konsumentenwohlfahrt und Effizienz als neue Leitbilder?", in: *Marktmacht und Missbrauch*, Schriftenreihe des EUROPA-KOLLEGS HAMBURG zur Integrationsforschung Band 53, Nomos, 1. Aufl., 2007, S. 90-1 참조.

을 이어가고 있다. 최근 EU의 집행위원회는 '경쟁법의 현대화(modernization)'[20]
의 일환으로 경제적 접근을 강조하는 Discussion Paper[21] 및 Guidance[22]를
발간하는 등 이와 관련된 논의를 주도하고 있는데, 그럼에도 불구하고 여전히
EU 법원의 판례에는 뚜렷한 변화가 감지되지 않고 있으며, 최근의 판례에서도
기본적으로는 종전의 입장이 유지되고 있음에 주목하게 된다.[23] 이러한 점에서
EU 경쟁법은 여전히 조약 체결 당시에 전제가 되었던, 경쟁을 제도로서 바라보
는 입장을 유지하고 있다고 보아야 할 것이다. 경쟁관념을 이렇게 파악하는 것
은 미국 독점금지법의 역사에서도 전혀 낯선 것이 아니다. 미국 독점금지법의

---

20) 이에 관한 상세한 내용은, 조혜신, "EU 경쟁법에 대한 현대화(Modernization)의 절차적 및 실체적
측면에 대한 고찰", 경쟁법연구 제26권, 2012. 11, 292면 이하 참조.

21) European Commission, DG Competition, DG Competition Discussion Paper on the
Application of Article 82 of the Treaty to Exclusionary Abuses (Dec. 19, 2005).

22) European Commission, Communication from the Commission, Guidance on the
Commission's Enforcement Priorities in applying Article 82 EC Treaty to Abusive
Exclusionary Conduct by Dominant Undertakings (Brussels 3 December 2008).

23) 이를 잘 보여주는 최근의 판례로서, Case COMP/E-1/38.113, Prokent-Tomra [2006] O.J. 734;
Case T-155/06, Tomra Systems ASA and Others v. Commission [2010]; Case C-549/10 P
[2012] 참조. Discussion Paper에서 제안하고 있는 리베이트의 남용여부 판단기준은 기본적으로
리베이트를 감안한 '가격'이 '동등하게 효율적인 경쟁자(equally efficient rivals)'를 배제할 가능성
이 있는지 여부라는 점에서, 이하에서 살펴보는 바와 같이 구매자의 선택의 여지를 박탈함으로써
'경쟁자 봉쇄' 여부를 기준으로 리베이트의 남용여부를 판단하는 기존의 EU 판례와는 대조적인 접
근방식이라고 할 수 있다. 하지만 위 Tomra 사건에 대한 상고심에서 Tomra 측은 경쟁위원회가
소급효 리베이트(retroactive rebates)의 지급 결과 비용보다 낮은 가격이 부과되었는지 여부를 심
리하지 않았음을 주장하면서, 위원회의 Guidance에서 제시되고 있는 가격과 비용의 비교는 리베이
트의 경쟁제한성을 판단하는데 있어서 본질적인 것이라고 하였다. 하지만 ECJ는 관련 판례에 비추
어 볼 때 이른바 '음의 가격(negative prices)', 즉 비용 이하 가격의 존재는 지배적 사업자의 리베
이트의 남용행위 성립요건이 아님을 분명히 하였다. Id., para. 73. 그리고 ECJ는 위원회가 그 심결
에서 가격-비용의 비교가 아닌 다른 요소들, 이를테면 일정한 임계치에 도달한 구매자의 경우 구매
량 전체에 대하여 보너스가 지급되도록 한 시스템, 리베이트 제공조건이 구매자 각각에 대하여 개별
적으로 설정된 점, 구매자의 총 소요량에 대한 추정치 및/혹은 과거의 구매량을 바탕으로 한계치가
설정된 점, 최대량 구매자의 충실을 확보하기 위한 목적에서 리베이트가 제공되는 경우가 종종 있었
다는 점 등에 대한 고려를 바탕으로 지배적 지위의 남용에 해당함을 입증하였다고 판단하였다. 더
나아가 일반법원(General Court, 구 CFI) 역시 남용행위의 성립여부에 대한 판단은 충분하고도 적
절한 것이었다고 판시하였다. 요컨대 경쟁위원회나 GC 그 누구도 Tomra 그룹이 부과한 가격이 장
기평균증분비용(long-run average incremental costs)보다 낮았는지 여부를 심리할 의무는 갖지
않는다는 것이다. Id., para. 80. 이에 대해서 Faella, "The Antitrust Assessment of Loyalty
Discounts and Rebates", Paper delivered at the Third Annual Conference of the Italian
Society of Law & Economics (ISLE), Luigi Bocconi University, Milan, November 9-10,
2007, p. 17, 30에 따르면, 이들 사건에 대한 위원회의 심결과 법원의 판결에서는 단순히 충실을 유
인하고 경쟁자를 방해하는 '경향'이 있다는 점만으로 당해 행위를 금지하고 있다는 점에서 오히려
EU 경쟁당국과 법원이 고수해 온 전통적 접근방식을 강화하고 있다면서 비판하고 있다. 조혜신,
"시장지배적 사업자의 리베이트 제공행위에 관한 EU의 판례에 대한 분석", 경쟁법연구 제27권,
2013. 5, 128-9면.

초기에 경쟁은 '시장과정(market process)', 즉 누구에게나 개방된 시장에서 크고 작은 경쟁자들 사이에 경쟁이 이루어지는 과정으로 정의되었다.[24] 즉 독점금지 법과 정책이 목적으로 하는 바는 개인 혹은 기업의 성공과 실패가 경쟁과정에 의해 결정되도록 하는 것이며, 그것은 한계비용 이상으로 가격을 올리거나 공급 량을 줄이는 것과는 무관한 것이라는 견해[25]도 같은 맥락에 있는 것으로 이해 된다.

이처럼 경쟁을 제도로서 바라보는 경쟁관념을 따를 경우에는 경쟁메커니즘을 보호하고 경쟁의 전제를 유지하는 것이 경쟁법적 규제의 핵심과제가 될 것이다. 또한 남용규제의 보호목적 역시 사인의 경제적 행동의 자유를 제도화한[26] 경쟁 제도이며, 이러한 경쟁제도에 대한 보호는 시장지배적 사업자의 경제적 행동의 자유의 행사가 다른 동등한 권리 및 공익과 조화될 수 있는 조건을 유지하기 위 한 제도보호의 차원에서 요구되는 것이다.

(2) 경쟁을 '수단'으로서 보호하는 관점

남용규제를 통하여 보호해야 할 경쟁을 수단적 혹은 기능적 관점에서 파악하 는 관점은 미국 독점금지법에 지대한 영향을 끼친 시카고 학파[27]의 이론을 기 초로 하고 있다. 이에 따르면 '소비자 후생(consumer welfare)'이 경쟁법의 유일 하면서도 궁극적인 목적이 되는데, 소비자 후생은 소비자의 수요가 충족될 수 있도록 자원이 배분될 때에 최대화되는 것으로서, 다른 말로 '국부(wealth of the nation)'라고도 할 수 있다.[28] 법의 개입이 필요한 유일한 사회적 폐해는 생산자

---

24) 미국 독점금지법상 전통적인 구조주의적 관점에 대한 설명으로, Sullivan ed., *The Political Economy of The Sherman Act - The First One Hundred Years*, Oxford University Press, 1991, p. 166 참조.
25) Flynn, "The "IS" and "OUGHT" of Vertical Restraints after Monsanto Co. v. Spray-Rite Service Corp.", 71 *Cornell Law Review*, 1095 (1986), p. 1100, n 23.
26) 경쟁제도와 경쟁의 자유의 관계에 대해서는 이하 2. 경쟁의 자유의 보호 부분에서 상술한다.
27) 시카고 학파(Chicago School)는 1960년대 이후 미국에서 독점금지법(Antitrust Law)을 비롯한 각 종 법과 정책에 대한 분석의 틀(frame)을 제공하는 이론체계를 형성한 일군의 학자들을 일컫는다. 시카고 학파가 독점금지법을 비롯한 경제 관련 법과 정책에 있어서 지배적인 담론이 되었던 시기를 1970년대 후반 이후로 보는 것이 일반적인데, 그 시작점은 연방대법원의 Sylvania 판결(Continental T.V. v. GTE Sylvania, 433 U.S. 36 (1977))이 내려졌던 1977년으로 볼 수 있다. 시카고 학파의 등장은 법과 경제학의 관계에 근본적인 변화를 가져왔다고 할 수 있는데, 그 이유는 이 때부터 법이 상당히 경제학에 의존하게 되었다는 점과 분배(distribution)와 같은 경제 외적인 목적은 배제되고 효율성이 유일한 목적으로 여겨지기 시작했다는 점에 있다.
28) Bork, *Antitrust Paradox - A Policy At War With Itself*, The Free Press, 1978, p. 90.

들이 최소한 경쟁가격을 지불하고자 하는 모든 소비자들을 만족시킬 수 있는 수준까지 생산량을 늘리지 않음으로써 발생하는 자원손실이다.[29] 그리고 효율성 개념도 이러한 소비자 후생 개념과 관련하여 정의되는데, 효율성은 경제적으로 측정 가능한 자산의 총 가치를 증가시키도록 자원을 배분하는 의사결정 혹은 사건을 의미하는 것으로서,[30] 생산자들이 효율적으로 생산활동을 수행하여 소비자들의 수요를 만족시킬 때 소비자 후생이 달성된다. 예컨대 생산량 증대, 비용절감, 기술혁신 그리고 상품 차별화 등이 바로 효율성이 된다. 경쟁 역시 효율성 개념을 통하여 정의되는데, 부의 분배가 어떻게 이루어지는가에 상관없이, '경제적 효율성을 극대화하는 행동'이 바로 경쟁이다.[31] 이러한 입장을 따랐을 때 규제가능성이 있는 것은 오로지 '독점적 사업자'의 '경쟁자 배제행위'인데, 여기에서 '독점적 사업자'는 남용규제에서의 '시장지배적 사업자'보다 훨씬 높은 정도의 시장지배력을 보유한 사업자를 의미하며, '경쟁자 배제행위' 역시 '방해행위' 보다 훨씬 좁게 정의되는 개념으로서 경쟁사업자를 관련시장에서 축출하는 정도에 이르게 하는 행위를 의미하기 때문에, 수단적 경쟁보호의 관점을 따르게 되면 규제의 범위가 상당히 좁아지게 된다. 이는 이 이론이 주로 '독점화(monopolize)'를 구성요건으로 하는 미국 Sherman법을 논의의 대상으로 삼고 있기 때문이기도 하지만, 그보다는 이 이론의 철학적·정치적 전제 때문일 것이다.[32] 시카고 학파의 등장 자체가 하버드 학파의 개입주의(interventionism)에 대한 반

---

29) Rousseva, *Rethinking Exclusionary Abuses in EU Competition Law*, Hart Publishing, 2010, p. 39.

30) Brodley, "The Economic Goals of Antitrust: Efficiency, Consumer Welfare, and Technological Progress", 62 *New York University Law Review*, 1020 (1987), p. 1025.

31) Sullivan ed., 앞의 책, p. 162.

32) 시카고 학파가 등장한 20세기 후반의 미국의 역사적 및 사회적 맥락에서 살펴보면, 시카고 학파의 이론체계가 보수적이고 자유주의적인(libertarian) 정치철학이라는 분명한 정치적 입장에 의해 지지되고 있음을 알 수 있다. 특히 시장에서의 국가의 역할과 관련하여, 국가가 효율성을 해하는 거래만을 금지시킴으로써 시장에 대한 간섭을 최소화해야만 자유의 가치가 보존된다고 주장한다. 또한 사업자 권력의 존재에도 의문을 던지면서, 여러 사업자가 보유하는 권력보다는 하나의 중앙 정부가 보유하는 권력이 더 문제라고 한다. 그리고 동등한 능력을 가진 모든 사람은 동등한 경제적 기회를 가지며, 소비자를 가장 잘 만족시킨 사업가는 성공할 것이고, 시장에서 기회를 동등하게 만들기 위한 어떠한 시도도 능력주의(meritocracy)를 훼손할 것이라고 주장한다. 시카고 학파의 철학적·정치적 전제에 관한 비판적 검토에 관하여, Fox & Sullivan, "Antitrust – Retrospective and Prospective: Where are we coming from? Where are we going?", 62 *New York University Law Review*, 936 (1987); Fox, "The Modernization of Antitrust: A New Equilibrium", 66 *Cornell Law Review*, 1140 (1981); Hovenkamp, "Antitrust Policy After Chicago", 84 *Michigan Law Review*, 213 (1985) 등 참조.

작용이었다는 설명도 이를 뒷받침한다.

이른바 '경제적 접근의 강화'에 관한 논의를 위해 최근 EU의 집행위원회가 펴낸 Discussion Paper를 살펴보면, 먼저 EC조약 구 제82조(현 TFEU 제102조)의 일차적인 목적은 어디까지나 경쟁의 보호라는 점을 분명히 하고 있다. 이러한 목적을 바탕으로 남용규제에 있어서 '경제적 접근의 강화'는 다음의 세 가지 요소를 의미한다.[33] (1) 소비자 후생에 대한 보호의 강화, (2) 행위효과의 강조(이른바 '효과중심적 접근', 'effect-based approach'), (3) 효율성 형량의 강조 등이다. 결국 EU의 집행위원회는 소비자 후생의 증진이 경쟁법의 궁극적인 목적이라는 입장을 분명히 한 것이다. 따라서 경쟁제한성은 직접적으로 소비자 후생의 관점에서 판단되며, 소비자 후생에 미치는 영향이 그 판단기준이 된다. 이러한 '경제적 접근의 강화', 즉 '신경쟁정책(New Competition Policy)'을 지지하는 입장이 이를 뒷받침하는 중요한 논거로 내세우는 것 중 하나는 바로 과다집행의 오류와 그로 인한 비용이다. 즉 경쟁적인 것과 경쟁제한적인 것을 가려내기가 특히 어려운 일방적 행위의 경우에는 과도집행으로 인해 사업자의 경쟁의욕이 꺾일 위험이 크므로 과소집행보다는 과다집행의 오류를 더욱 경계해야 한다는 것이다. 경쟁의 자유는 경쟁제한성의 표지를 통하여 정확히 평가되는 것이 불가능하며, 자유에 대한 제한의 합리성(reasonableness) 내지 불합리성(unreasonableness)에 대한 판단은 언제나 '그 제한이 얼마나 수인 가능한가'라는 '가치판단(value judgment)'을 요구한다면서, 경제적 접근은 좀 더 명확한 판단기준을 제시한다는 장점이 있다고 한다.[34]

(3) 검 토

경쟁의 수단적 보호와 경쟁의 제도적 보호 사이의 목적 논쟁은 '효율성' 대 '경쟁의 자유'의 구도로 설명되기도 한다. 이와 관련하여 가장 먼저 제기되는 의문은 소비자 후생과 자원배분의 효율성이 목적의 위계에 있어서 가장 높은 위상을 차지하는 것이 정당한 이유가 무엇인가 이다. 경쟁의 궁극적 수혜자는 소비

---

33) Albers, "Der more economic approach bei Verdrängungsmissbräuchen", in: *Marktmacht und Miβbrauch*, Schriftenreihe des EUROPA-KOLLEGS HAMBURG zur Integrationsforschung Band 53, Nomos, 1. Aufl., 2007, S. 11; Engelsing, 앞의 글, S. 89.

34) Zäch/Künzler, "Efficiency or freedom to compete? Toward an axiomatic theory of competition law", ZWeR 3/2009, p. 270.

자이며, 소비자에게 염가양질(廉價良質)의 상품이 제공되도록 하는 것이 경쟁의 이상이라는 것은 전통적인 제도적 경쟁관념에서도 새로운 것이 아니다. 그럼에도 불구하고 소비자 후생을 경쟁법의 유일한 목적으로 자리매김하는 사조의 등장에는 법 외적인 배경이 작용한 것으로 볼 수 있다.[35][36] 즉 경쟁법 적용의 전제가 되는 이론체계가 외적 조건의 변화에 따라 일종의 패러다임의 전환과 같이 바뀌어 왔다는 점을 고려하면, 최근에 목도되는 경쟁을 소비자 후생을 달성하기 위한 수단으로 보는 관점의 등장이 경쟁법의 지형을 영구적으로 바꾸었다고 하

---

[35] Basedow, "Konsumentenwohlfahrt und Effizienz‒Neue Leitbilder der Wettbewerbspolitik?", WuW 7 u. 8/2007, S. 713.

[36] 미국의 경우 1970년대 중반까지의 전통적인 구조주의적 관점, 1970년대 중반부터 법과 정책의 방향을 근본적으로 바꿀 만큼 큰 영향을 끼쳤던 시카고 학파의 관점, 그리고 시카고 학파를 둘러싼 논쟁을 통해 이론적 정교화가 이루어지면서 나타난 거래비용(transaction cost) 학파와 전략적 행위에 주목하게 된 후기 시카고 학파(Post-Chicago School) 등이 경쟁법을 이해하는 이론체계로서 차례로 등장하였다. 특히 시카고 학파의 등장 이후를 일컬어 '독점금지법의 현대화(Modernism in antitrust 혹은 New Learning)'라고 하여 그 이전과 구별하기도 한다. 그런데 이들 이론체계의 변천은 외적인 조건의 변화와 관련지어 이해할 필요가 있다. 예컨대, 시카고 학파가 등장하기 전인 1960년대에만 해도 미국의 의회는 경제력의 분산이나 시장에 대한 진입장벽의 완화와 같은 목적을 중요시하였고, 연방 대법원은 경제력을 보유한 기업의 비용절감과, 경제력이 없는 기업의 자유 및 기회의 보호 사이에서, 법은 후자를 우선한다고 선언한바 있으며, 또한 경제력의 분산에 대한 의회의 선호를 존중한다는 입장을 분명히 하였다. 비록 그러한 법집행이 때때로 높은 비용을 발생시키더라도 말이다. 하지만 1970년대에 들어와 미국에서는 새로운 분위기가 형성되기 시작하였는데, 이는 당시 가파른 인플레이션, 낮은 생산성, 재정적자의 증가, 세계시장에서 일본과 독일 기업의 극적인 성장 등과 같은 경제환경에 의해 영향을 받은 것으로서, 생산적 효율성에 대한 관심이 커지게 된 배경이 되었다. 한편 유럽의 경우에는 1980년대에 미국에서 신고전경제학의 영향으로 독점금지법에 있어서 이른바 '법경제학 혁명(law and economic revolution)'이 위세를 떨칠 무렵, Valentine Korah와 같은 유럽의 학자들이 이로부터 영향을 받기 시작했다. 하지만 당시만 하여도 시카고 학파의 다소 극단적인 효율성 중심의 분석방법이 유럽에 받아들여지기는 어려웠다. 그 후 1990년대에 들어오면서 후기 시카고학파에 의하여 법경제학적 분석방법이 정교하게 다듬어지게 됨에 따라, 특히 수직적 합의에 관한 법리를 시작으로 하여 유럽에서도 '형식 중심의 접근방법(form-based approach)'으로부터 '효과 중심의 접근방법(effect-based approach)'으로의 이행이 어느 정도 수월하게 받아들여질 수 있게 되었다. 여기에는 또한 집행위원회의 분위기 변화도 하나의 배경이 되었다고 할 수 있는데, 즉 1999년부터 2005년까지 경제학자인 Mario Monti가 위원으로 재임하게 됨에 따라 주요 사건을 지원하기 위한 경제학자들로 이루어진 팀이 설립되는 등 집행위원회의 구성에도 변화가 일어나게 되었다. 그는 높은 수준의 지적 깊이와 경제학 중심으로의 변화에 대한 개방성을 주입하였으며, 이는 유럽에 큰 영향을 미쳤다. 이 밖에도 미국과 유럽의 실무가 및 학자들 사이의 교류가 활발해지면서 유럽의 실무가들과 학자들이 미국 경쟁법의 동향을 면밀히 파악하게 되었다는 점을 그 배경으로서 지적할 수 있다. 경제학자들을 비롯한 유럽과 미국의 경쟁법 전문가간의 만남이 빈번해지고 그 규모도 커지면서, 주로 미국의 법 원리와 그 집행 경험을 공유하게 되었고, 이러한 자리를 통하여 EU 집행위원회는 미국의 전문가들로부터 많은 비판과 개선의 압력을 받게 되었다. 여기에 더하여 1990년대 당시 미국의 경제가 유럽 국가들에 비해서 월등한 성장세를 보이면서, 유럽이 미국과 같은 경제성장을 이루기 위해서는 유럽의 경쟁법 집행에도 변화가 필요하다는 주장이 설득력을 얻게 되었던 것도 고려하여야 할 배경 중 하나가 될 수 있을 것으로 보인다. 이와 관련된 상세한 내용은 조혜신, "경쟁법의 목적으로서의 '효율성(Efficiency)'에 대한 법철학적 검토", 가천법학 제7권 제3호, 2014. 9, 88-89면; 조혜신, "EU 경쟁법에 대한 현대화(Modernization)의 절차적 및 실체적 측면에 대한 고찰", 경쟁법연구 제26권, 2012. 11, 320면 이하 참조.

기는 어렵고, 향후 얼마든지 또 다른 법 외적인 조건의 변화로 인해 소비자 후생이 아닌 다른 목적에 주목하게 될 가능성이 있는 것이다. 요컨대 소비자 후생이 경쟁법의 궁극적 목적이라는 주장은 경쟁법을 바라보는 다양한 관점의 하나일 뿐 경쟁법 자체의 존재의의 및 목적으로부터 필연적으로 도출되는 것은 아니다.

독점규제법 제1조 목적조항에 비추어 검토해 보아도, 동법에서 '소비자보호'를 궁극적 목적으로 밝히고 있다고는 하나, 이 때의 소비자보호가 경쟁의 수단적 보호 관점에서 말하는 소비자 후생과 같은 것이라고 말하기는 어렵다. 뿐만 아니라 동법상 소비자보호는 '창의적인 기업활동의 보장' 및 '국민경제의 균형 있는 발전'과 더불어 궁극적 목적의 하나이며, 소비자보호 이외의 다른 두 가지 목적에 대해 적극적 의미를 부여하기 어렵다는 점[37]과의 균형을 고려하면, 소비자보호를 경쟁의 수단적 보호 관점에서 주장하는 바와 같이 유일한 목적이라고 해석하는 것은 무리이다. 게다가 동법상 목적조항의 해석에 관해서는 견해가 일치하지 않으나, '공정하고 자유로운 경쟁의 촉진'을 동법의 핵심적 목적으로 파악하는 점에는 대체로 견해가 일치한다고 보았을 때, 독점규제법상 소비자 후생이 궁극적 목적의 하나로 해석될 여지가 있을지 모르나, 적어도 '공정하고 자유로운 경쟁의 촉진'보다 우위에 있는 목적이라고 볼 수는 없으며, 특히 소비자 후생의 증진이 공정하고 자유로운 경쟁의 촉진과 충돌하는 경우에 이를 무력화시키는 효력이 있다고 보는 것은 동 조항에 반하는 해석이 될 것이다. 이처럼 소비자 후생을 유일한 규제목적으로 삼는 경쟁의 수단적 보호 관점은 독점규제법의 목적조항인 제1조에 비추어 볼 때 받아들이기 어렵다.

다음으로 제기되는 문제는 만약 소비자 후생이 '목적'이고 경쟁이 '수단'이라고 하고, 소비자 후생이 증가하는 경우에만 경쟁을 보호한다고 한다면, 이 목적과 수단 사이에 충돌이 발생하는 경우, 즉 경쟁의 보호가 소비자 후생을 명백히 증가시키지 않거나 심지어 감소시키는 경우에 어떻게 해야 하는가 이다.[38] 이와 관련하여 독점규제법상 남용규제가 부당한 공동행위나 경쟁제한적 기업결합과는 분명히 다른 태도를 취하고 있음에 유의해야 할 것이다. 즉 이들 규제의 경우에는 목적과 수단 사이에 충돌이 발생할 경우에 예외적으로 허용될 가능성이 법에

---

37) 권오승, 경제법(제11판), 법문사, 2014, 75면 이하 참조.
38) Basedow, 앞의 글, S. 712-3.

규정되어 있는데 반해(제19조 제2항 및 제7조 제2항), 남용규제에서는 법상 이러한 가능성이 존재하지 않는다. 따라서 경쟁의 수단적 보호 관점에 따라 우리 법상 남용규제를 운용한다면, 남용행위를 금지한 결과 소비자 후생의 감소가 예상되는 경우에는 이를 규제할 수 없게 되어, 결국 법에서 예정하지 않는 예외가 허용될 가능성이 생기게 된다. 이처럼 하나의 판단과정에서 경쟁제한성 판단과 효율성 판단을 결합시키는 것은 매우 높은 불확실성을 야기하게 될 것이다.[39] 즉 원칙과 예외라는 명확한 구조 대신에, 우선순위와 중요도가 대체로 자의적으로 결정되는 판단의 혼합물이 자리잡게 되는 것이다.[40]

이러한 점에서 독점규제법상 남용규제의 목적인 경쟁의 보호는 경쟁을 '제도'로서 바라보는 관점에서 이해해야 할 것이다. 그런데 경쟁의 제도적 보호 관점을 따르게 되면, 경쟁의 보호 그 자체만으로는 의미를 갖기 어려우며, 제도보호(Institutionsschutz)로서의 경쟁의 보호와 개인보호(Individualschutz)로서의 경쟁의 자유의 보호가 함께 보장되어야 한다는 입장을 취하게 된다. 왜냐하면 경쟁의 제도적 보호 관점에서는 경쟁제도를 사인의 경제적 행동의 자유, 즉 경쟁의 자유에 대한 헌법적 보장을 '제도화(Institutionalisierung)'한 것으로 보기 때문이다. 따라서 경쟁의 자유는 경쟁제도와 불가분의 관계에 있게 된다.[41] 이처럼 경쟁의 자유에 대한 보호는 제도로서의 경쟁의 보호로부터 논리필연적으로 도출되는데, 이에 대해서는 이하에서 상술한다.

2. 경쟁의 자유의 보호

(1) 경쟁의 보호와 경쟁의 자유와의 관계

우리 헌법재판소는 경쟁의 자유의 헌법상 근거가 헌법 제15조 직업선택의 자유이며, 이 직업선택의 자유의 내용으로서 영업의 자유와 경쟁의 자유가 보장된다고 한다. 즉 "직업의 자유는 영업의 자유와 기업의 자유를 포함하고, 이러한 영업 및 기업의 자유를 근거로 원칙적으로 누구나 자유롭게 경쟁에 참가할 수 있다. 경쟁의 자유는 기본권의 주체가 직업의 자유를 실제로 행사하는 데에서 나오는 결과이므로 당연히 직업의 자유에 의하여 보장되고, 다른 기업과의 경쟁

---

39) 위의 글, S. 713.
40) 위의 글, S. 713.
41) Künzler, 앞의 책, S. 303.

에서 국가의 간섭이나 방해를 받지 않고 기업활동을 할 수 있는 자유를 의미한다."[42] 그리고 직업선택의 자유는 "각자의 생활의 기본적 수요를 충족시키는 방편이 되고, 또한 개성신장의 바탕이 된다는 점에서 주관적 공권의 성격이 두드러진 것이기는 하나, 다른 한편으로는 국민 개개인이 선택한 직업의 수행에 의하여 국가의 사회질서와 경제질서가 형성된다는 점에서 사회적 시장경제질서라고 하는 객관적 법질서의 구성요소"[43]라고 할 수 있다. 이에 따르면 경쟁의 자유 역시 직업선택의 자유와 마찬가지로 주관적 공권인 동시에 객관적 법질서의 구성요소라는 이중적 성격을 갖는다고 할 수 있으나, 경쟁제도와의 관계에 대해서는 좀 더 설명이 필요하다.

제도보장과 기본권의 관계는 다음의 세 가지 중 하나로 설명할 수 있다. 첫째, 특정한 기본권을 확보하기 위한 수단으로서 제도가 보장되는 경우(제도보장의 기본권 수반형), 둘째, 기본권 보장이 동시에 제도보장이 되는 경우(양자의 보장병존형), 셋째, 특정 제도가 헌법상 보장됨으로써 부수적·간접적으로 특정한 기본권이 보장되는 경우(기본권의 제도종속형) 등이다.[44] 경쟁의 자유와 경쟁제도의 관계는 이 중 두 번째 경우, 즉 기본권 보장이 곧 제도보장이 되는 경우로 설명할 수 있으며, 사유재산권의 보장이 사유재산제도의 보장을 의미하는 것과 같이 경쟁의 자유의 보장은 곧 경쟁제도의 보장을 의미하게 된다. 즉 경쟁제도는 사인의 경제적 행동의 자유에 대한 보장을 '제도화(Institutionalisierung)'한 것이다. 이러한 점에서 경제적 행동의 자유, 즉 경쟁의 자유는 경쟁제도와 불가분의 관계에 있게 된다.[45] 경쟁은 다수의 시장참여자가 자신의 상품을 경쟁자의 그것보다 더 나은 조건으로 제공함으로써 거래상대방과 거래를 체결하고자 하는 노력으로 나타나기 때문에, 시장에 진입하여 경쟁에 참여할 자유와 자신의 자유로운 의사결정에 따라 상품을 제공할 자유가 전제되지 않으면 경쟁이 이루어질 수 없는 것이다.

(2) 남용규제를 통한 경쟁의 자유의 보호

이처럼 남용규제를 통하여 보호해야 할 경쟁제도를 개인적 자유에 대한 보장

---

42) 헌재 1996. 12. 26. 96헌가18, 주세법 제38조의7 등에 대한 위헌제청.
43) 헌재 1996. 8. 29. 94헌마113, 공시지가및토지등의평가에관한법률시행령 제30조 등 위헌확인.
44) 성낙인, 헌법학(제10판), 법문사, 2010, 320면 참조.
45) Künzler, 앞의 책, S. 303.

을 제도화한 것으로 파악하게 되면, 제도보호의 차원에서 경쟁의 자유에 대해 일정한 한계를 지우는 것이 정당화된다. 즉 주관적 권리의 제도화는 동시에 그 행사에 대한 국가적 개입을 정당화하는데,[46] 거래거절이나 배타조건부거래 등의 금지규범을 통해 시장지배적 사업자의 계약자유에 개입하는 것이 그 예가 될 것이다. 이러한 제도보장은 주관적 권리의 행사가 다른 동등한 권리 및 공익과 조화되도록 하는 조건을 유지하는데 초점이 맞춰져 있다.[47] 이러한 제도화로 말미암아 사법상 절대적인 것으로 여겨지는 주관적 권리, 특히 사적 소유권이 상대화되고, 입법자 및 법원은 제도의 기능을 존중하면서 주관적 권리의 내용을 구체화하고 사회적 및 경제적 상호관계에서 권리의 한계를 설정할 임무를 맡게 된다.[48] 시장지배적 사업자의 남용행위에 대한 규제도 바로 경쟁의 제도적 보호 차원에서 시장지배적 사업자와 다른 사업자와의 거래관계 내지 경쟁관계에서 경쟁의 자유 행사의 한계를 설정하기 위하여 요구되는 것이라고 할 수 있다.

그렇다면 경쟁의 자유로부터 시장참여자의 주관적 권리(subjektives Recht)를 도출할 수 있는가라는 의문이 제기될 수 있는데, 이는 부정하는 것이 타당할 것이다. 경쟁의 자유는 경쟁이라는 제도적 한계 내에서 행사되며 보호되는 것이고, 이것이 바로 경쟁의 '제도적' 보호가 의미하는 바이다. 경쟁의 제도적 보호는 개인적 경쟁의 자유로부터 도출되는 것이므로 일반이익을 보호하는 것은 아니지만, 그렇다고 경쟁자 혹은 거래상대방의 개인적 이익만을 보호하는 것도 아니다.[49] 이는 남용규제를 통한 모든 시장참여자의 경쟁의 자유에 대한 보호가 경쟁에서 이들의 생존 내지 존속을 후견적으로 보장하는 방식이 아니라, 단지 경쟁과정에서 이들 사이에 발생하는 이익충돌을 조정하는 방식으로 이루어진다는 것을 의미한다. 따라서 남용규제를 통한 개별적인 시장참여자의 경제적 행동의 자유에 대한 보호가 일부 사업자들에게 특혜를 주는 것이거나 시장참여자간의 그 어떤 불균형을 간섭적으로 시정하고자 하는 것이어서는 안 된다.[50] 경쟁의

---

46) Mestmäcker, 앞의 책, S. 79.

47) 위의 책, S. 79.

48) 위의 책, S. 79.

49) Raiser, "Marktbezogene Unlauterkeit", Festschrift für Eugen Ulmer zum 70. Geburtstag, Rechtsvergleichung, *Interessenausgleich und Rechtsfortbildung*, Gewerblicher Rechts-schutz und Urheberrecht, Internationaler Teil, 1973, S. 443, 445 (Mestmäcker, 위의 책, S. 80에서 재인용).

50) Künzler, 앞의 책, S. 307.

자유는 이를 보유하는 자에게 일정한 수입 내지 이익을 보장하는 것이 아니고, 단지 그의 경제적 활동에 있어서 자유로운 형성의 가능성을 보장하는 것이기 때문이다.[51] 요컨대 경쟁제도에 있어서 모든 참여자의 경쟁의 자유에 대한 보호는 시장참여자간 충돌하는 이익을 조정함으로써, 각자가 누리는 자유영역의 한계를 설정하는 방식을 통해 실현되는 것이다.

(3) 방법적 원칙으로서의 '이익형량'

경쟁의 자유의 보호를 목적으로 하는 시장지배적 지위 남용규제는 구체적 사건에서의 남용여부 판단에 있어서, 시장지배적 사업자를 포함하여 관련당사자들 각자가 누리는 자유의 영역 혹은 보호가치 있는 이익의 범위를 확정하고, 이를 바탕으로 충돌하는 자유나 이익을 조정하는 방법적 원칙인 '이익형량(Inter-essenabwägung)'으로 구체화된다. 이익형량은 헌법상 기본권 제한에 있어서 특히 중요한 의미를 갖는 비례의 원칙의 한 표현으로서,[52] 시장지배적 사업자의 경쟁의 자유의 행사가 소기의 목적을 달성하는데 적합하여야 하고(방법의 적절성), 자유의 행사로 인한 이익침해의 정도는 최소한으로 그쳐야 하며(침해의 최소성), 시장지배적 사업자의 자유의 행사에 대한 이익과 그로 인해 침해되는 이익 사이에는 상당한 비례관계가 있어야 한다(이익의 균형성)는 것을 의미한다.[53] 남용판단에 있어서 비례의 원칙은 시장지배의 정도가 강하고 그 행위로 인해 야기된 경쟁저해의 정도가 높을수록 남용금지 규범을 통해 설정된 시장지배적 사업자의 자유영역의 범위가 좁아진다는 것을 의미한다. 또한 문제의 행위로 인해 그의 시장지배력이 제3의 시장에까지 확장될 위험이 클수록 시장지배적 사업자의 자유영역은 더욱 강하게 제한되어야 한다.[54] 경우에 따라서는 이익형량에서 시장지배적 사업자에 대한 종속성의 정도가 고려될 수 있는데, 시장지위가 강하면 강할수록 그에게 종속된 영세 및 중소사업자와의 관계에서 시장지배적 사업자에게 부과되는 책임이 더 커진다.[55]

---

51) 위의 책, S. 307.

52) Zäch/Künzler, 앞의 글, p. 283.

53) 독일 GWB 제19조 제4항의 '실질적으로 정당한 이유의 결여(Fehlen eines sachlich gerecht-fertigten Grundes)' 및 제20조 제1항의 '부당성(Unbilligkeit)' 역시 '경쟁의 자유를 보호하는 GWB의 목적을 고려한 관련 당사자들의 이익에 대한 전체적인 형량'을 통하여 판단된다.

54) Lettl, *Kartellrecht - Grundnisse des Rechts*, Verlag C.H.Beck, 2005, S. 238.

55) 위의 책, S. 261.

요컨대, 거래관계 및 경쟁관계에 있어서 경제적 혹은 사회적으로 열위에 있는 시장참여자의 개인적 이익을 시장지배적 사업자의 우월적인 힘의 행사로부터 보호하는 규범으로서 그 의의를 갖는 남용규제에 있어서, 이익형량은 대립하는 시장참여자들의 자유영역 사이에 한계를 설정하는 방법적 원칙이라 할 수 있다. 이익형량에서 고려되어야 하는 것은 개인적 이익, 즉 사적자치 및 남용규범을 통해 보호되는 경쟁에 있어서의 형성의 자유이지 경제적 분석방법이 아니다.56) 또한 남용규제의 목적, 특히 시장참여자의 경쟁의 자유에 대한 보호를 고려할 때 이익형량에서는 경쟁에 대한 관련 당사자들의 개인적 이익이 기본적인 형량의 대상이 되어야 할 것이다.

이익형량은 관련 당사자들의 개인적 이익에 대하여 구체적 사안별로 이루어지는 것이지만, 이것은 규범적 가치판단과 무관하게 이루어지는 것이 아니라 여기에 일정한 기준 내지 근거를 제공하는 규범 하에서 이루어진다. 이 규범에 따라서 관련 당사자의 특정한 이익이 형량될 수 있는 것인지 여부, 그리고 그 이익이 다른 관련 당사자의 이익에 대해 우선되는 것인지 여부 등이 가려진다. 따라서 이익형량에서는 당해 사안의 이익형량에 근거를 제공하는, 이익에 대한 법적인 가치평가가 담겨 있는 규범을 발견할 수 있는지가 결정적인 의미를 갖는다.57) 이 때 그 규범의 구성요건이 직접적으로 적용되는 것이 아니고, 그 규범에 구현된 가치평가(Wertung)가 적용되는 것이다.58)

남용여부의 판단에 있어서 이익형량의 원칙이 되는 규범은 약관거래를 규율하는 규범에서 찾을 수 있다.59) 약관거래에 있어서 가치평가의 출발점이 되는 것은 영세하고 경험이 부족한 거래상대방에 대해 입법자와 유사한 지위를 차지하면서 약관을 부과하는 자의 강력한 경제적 지위이다. 이러한 자에게는 특별한 의무 내지 구속이 따르는데, 독일 연방대법원의 판례에 따르면, 약관을 부여하는 자는 약관을 작성하는데 있어서 신의성실의 원칙에 따라 그 계약상대방의 이익을 적절하게 고려해야 할 의무를 진다. 만약 그가 오로지 자신만의 이익을 관철시킨다면, 계약자유를 남용한 것이 된다. 시장지배적 사업자에게도 약관작성자에게 부여되는 것과 유사한 의무, 즉 거래에 있어서 거래상대방의 정당한 이익과

---

56) 위의 책, S. 260.
57) Baur, 앞의 책, S. 103.
58) 위의 책, S. 103.
59) 위의 책, S. 103.

합리적인 기대를 고려해야 할 의무가 지워지며, 바로 이 점이 시장지배적 사업자와 그의 거래상대방 사이의 이익형량을 지배하는 중요한 원칙으로 자리잡아야 한다.

시장지배적 사업자의 개인적 이익과 다른 시장참여자들의 개인적 이익을 형량할 때에는 시장지배적 사업자에 의해 제기된 정당화 사유와 정황 모두를 종합적으로 평가하여야 하고, 이들 정당화 사유와 정황이 각각 그 자체로는 당해 행위를 정당화할 수 없을지라도, 이들 모두를 전체적으로 고려할 때에는 시장지배적 사업자의 이익이 다른 시장참여자들의 이익을 능가할 수 있다.[60] 그리고 관련 당사자들의 이익형량이 단지 시장지배적 사업자가 제기한 객관적 정당화 사유에 대한 당부 판단에 그쳐서는 안 되고, 개인적 이익형량 단계에서부터 대립하는 정당화 내지 이익 주장 사이에서 가중판단(Gewichtung) 및 상호 형량이 이루어져야 한다.[61] 즉 대립하는 주장 사이에는 우선순위가 있기 때문에, 단순한 평면적 이익형량이 이루어져서는 안 된다는 것이다. 이익형량시 대립하는 이익간의 우선순위는 이익형량의 근거규범에 따라 결정되고, 이 때 규범의 목적이 중요하게 고려되어야 한다.

Ⅳ. 결 론

2007년 대법원에서 포스코 사건에 대한 판결이 선고된 이래 한 동안 독점규제법상 시장지배적 지위 남용규제가 경쟁법적 논의의 중심에 서기도 하였으나, 대법원이 동판결에서 제시한 거래거절행위의 부당성 판단기준은 여러 학자들의 예상대로 공정거래위원회의 남용규제를 위축시키는 결과를 가져온 것으로 판단된다. 다른 한편 소수의 대규모 기업 혹은 기업집단에 대한 국민경제의 의존도가 높아지고 있고, 전반적으로 경제력집중이 심화되고 있다는 우려의 목소리도 높아지고 있으며, 몇몇 사건을 통하여 대기업과 중소기업간 비대칭적 관계에서 행해지는 각종 불공정거래관행에 대한 문제의식도 커지고 있음에 주목하게 된

---

60) Immenga/Mestmäcker, *GWB Kommentar zum Kartellgesetz*, Verlag C.H. Beck, 3. Aufl., 2001., §20, Rn. 134 (Markert 집필부분).
61) 위의 책, §20, Rn. 135 (Markert 집필부분).

다. 이와 같은 우리나라의 현실을 고려했을 때, 대법원의 포스코 사건에 대한 판결과 그것이 남용규제의 운용에 미친 영향을 다시 비판적으로 검토해 볼 시점에 이른 것이 아닌가 생각된다.

특히 '독점규제법상 시장지배적 지위 남용행위 규제의 목적이 무엇인가'라는 근본적인 질문을 던져봄으로써, 독점규제법의 집행을 통하여 자유롭고 공정한 경쟁을 실현하는데 있어서 남용규제가 담당하여야 할 기능과 역할이 무엇인지, 그리고 그 규제의 정당성이 무엇인지를 생각해 볼 필요가 있을 것이다. 시장지배적 사업자의 남용행위에 대한 규제는 사인의 경제적 행동의 자유, 즉 경쟁의 자유가 실질적으로 보장되도록 하는데 그 일차적인 목적이 있다. 즉 거래관계 및 경쟁관계에 있어서 경제적 혹은 사회적으로 열위에 있는 시장참여자의 이익이 시장지배적 사업자의 우월적 힘의 행사로부터 보호될 수 있도록 하는데 그 의의가 있는 것이다. 이러한 의미에서, 시장지배적 사업자는 거래에 있어서 거래 상대방의 정당한 이익과 합리적인 기대를 고려하여야 할 의무가 지워진다. 경쟁 제도는 위와 같은 개인적 자유에 대한 헌법적 보장을 제도화한 것으로서, 이 또한 경쟁의 자유에 대한 보호와 더불어 남용규제의 보호목적이 된다. 그리고 이러한 경쟁제도에 대한 보호는 시장지배적 사업자의 경제적 행동의 자유의 행사가 다른 동등한 권리 및 공익과 조화될 수 있는 조건을 유지하기 위하여 요구되는 것이라 할 수 있으며, 사인의 경쟁의 자유에 대해 일정한 한계를 지우는 것이 정당화된다. 따라서 시장지배적 사업자는 자신의 존재 그 자체로 인하여 이미 상당히 제약되고 있는 경쟁이 더 이상 저해되지 않도록 하여야 할 책임을 질 뿐 아니라, 유효경쟁이 일어나고 있는 시장에서라면 혹은 시장지배적 지위에 있지 않은 사업자라면 자유롭게 구사할 수 있는 경쟁수단이라도 시장지배적 사업자가 행사하였을 때에는 남용이 될 수 있다.

물론 제도보호로서의 경쟁의 보호와 개인보호로서의 경쟁의 자유의 보호 사이에는 갈등적·모순적 측면이 존재하는 것도 사실이기 때문에, 경쟁 그 자체의 보호를 철저하게 관철하다보면 거래관계 혹은 경쟁관계에 있어서 열등한 지위에 있는 사업자가 누리는 경쟁의 자유는 형해화되기 쉽고, 반대로 경쟁의 자유에 대한 보호만을 강조하다 보면 법의 인위적 개입으로 인해 경쟁과정이 왜곡될 가능성이 있다. 따라서 양 목적을 조화롭게 실현하는 것이 바로 남용규제를 통하여 해결하여야 할 중대한 과제가 될 것이다. 이러한 남용규제의 이원적 목적이라는 관점에서 보았을 때, 시장지배적 사업자의 남용행위에 대한 실효적 집행이 이루어지지 않을 경우, 이 시장지배적 사업자와 경쟁관계에 있거나 거래관계에 있는 다른 사업자의 경쟁의 자유가 실질적으로 보장되기 어려울 것이다. 대부분의 경쟁참여자들은 이미 당해 시장을 지배하고 있는 사업자의 존재로 인하여 그만큼 제한되고 '남은' 자유만을 누리고 있는 반면, 시장지배적 사업자는 자신의 현재 누리고 있는 자유의 폭을 더욱 넓힐 수 있는 수단을 상대적으로 더 많이 가지고 있음에도 불구하고, 이를 적절하게 규율할 수 있는 규제수단이 작동하지 않고 있기 때문이다. 그 결과 시장지배적 사업자와 이보다 경쟁상 혹은 거래상 열위에 있는 사업자 사이에 존재하는 자유의 폭의 차이는 시간이 갈수록 더욱 커지게 될 것이다. 과연 이것이 우리 독점규제법이 지향하는 경쟁질서, 더 나아가 우리 헌법이 천명하고 있는 경제질서, 특히 '시장의 지배와 경제력의 남용 방지' 그리고 '경제주체간의 조화를 통한 경제의 민주화'라는 지향에 부합하는 것인지 의문을 갖지 않을 수 없다. 향후의 논의를 통하여 독점규제법상 시장지배적 지위 남용행위에 대한 규제가 동법의 목적을 달성하고 헌법상 경제질서를 실현하는데 있어서 뿐 아니라, 다양한 경로를 통하여 표출되는 시대적 요구를 충족시키는데 있어서, 마땅한 제 기능과 역할을 다 할 수 있기를 기대해 본다.

공정거래법상 방해남용의 해석과 경제적 접근방법

이 봉 의*

Ⅰ. 머 리 말

1. 논의의 배경

경쟁법의 여러 특징 중 하나는 그 발전이 법적 기준(legal rules)의 변화보다는 새로운 경제이론의 발전과 그것이 경쟁법의 해석·적용에 가져온 변화를 통해서 이루어져 왔다는 점이다. 미국에서는 1960년대 후반 시카고학파의 득세 이후 경제이론의 영향력이 지대하였던 반면, 유럽에서는 1990년대 후반에 들어오면서 "more economic approach"라는 기치 아래 경제이론의 폭넓은 활용이 강조되고 있다.[1] 이러한 맥락에서 2005년 12월 유럽집행위원회가 시장지배적 사업자의 배제행위에 관한 Discussion Paper[2]를 발표하고, 2007년 4월 미국의 독점금지현대화위원회(Antitrust Modernization Commission; AMC)가 Report and Recommendations를 공표한 것은 놀라운 일이 아니다. 우리나라에서도 2000년대 이후 독점규제 및 공정거래에 관한 법률(이하 '공정거래법'이라 한다)상 각종 경쟁제한행위, 특히 시장지배적 지위남용을 심사하면서 경제적 접근방법을 보다 강조하는 주장이 폭넓게 제기되고 있다.

여기서 '경제적 접근방법'이란 경쟁법의 목적을 경쟁 그 자체보다는 소비자후생이나 경제적 효율성에서 찾고, 그에 따라 일견 경쟁을 제한하는 행위일지라도

---

* 서울대학교 법학전문대학원 교수, 법학박사

1) 그 배경에는 산업경제학(industrial economics) 내지 산업조직론(industrial organization)으로 불리는 현대 경제이론의 새로운 시각과 접근방법이 자리잡고 있다.

2) DG Competition Discussion Paper on the application of Article 82 of the Treaty to Exclusionary Abuses, 2005. 12. 그 밖에 유럽에서 전개된 경제적 접근방법에 대해서는 이봉의, 남용규제와 경제적 접근방법, LEG Working Paper, 2009 참조.

그것이 궁극적으로 소비자후생이나 효율성을 현저히 저해하는지, 오히려 경쟁제한성을 상쇄할 정도의 소비자후생 또는 효율성 증대효과를 가져오는지 여부에 따라 당해 행위의 위법성을 판단하는 것이다.[3] 그런데 각국의 경쟁법과 마찬가지로 공정거래법은 시장 및 경쟁행위를 다루는 특성상 무엇보다도 기업결합규제와 관련하여 이미 오래 전부터 경제적 접근방법을 폭넓게 수용하고 있는바, 현재의 논의는 그것을 남용규제의 경우에도 보다 적극적으로 수용할지 여부를 둘러싼 것이다.[4]

실제로 미국과 유럽에서 경제적 접근 및 경쟁법적 규제완화의 조류가 거의 절정에 달하던 2000년대 중반에 이르러 우리나라에서도 대법원은 이른바 "포스코 판결"[5]을 통하여 거래거절의 부당성을 일견 경쟁제한효과를 중심으로 판단하는 기준을 제시한 바 있다. 그에 따르면 시장지배적 지위남용으로서의 거래거절은 불공정거래행위와 달리 원칙적으로 경쟁제한의도와 경쟁제한효과가 발생할 우려가 입증되는 경우에 남용에 해당된다는 것이고, 그 후 방해남용이 문제된 일련의 대법원 판결 및 하급심판결이 포스코 판결의 태도를 그대로 원용하면서, 이른바 효과중심의 접근방법(effects-based approach)이 나름 자리잡고 있다고 평가할 여지를 제공하고 있다.

2. 공정거래법상 경제적 접근방법의 수용상황

경제적 접근방법은 여러 가지 방법으로 공정거래법의 해석·적용에 활용되고 있다. 대표적으로 기업결합규제와 관련하여 시장획정시 SSNIP 테스트가 일찍이 「기업결합 심사기준」[6]에 도입되었는데, 이것은 수요자의 관점에서 합리적 대체가능성을 판단하는 전통적인 방식과 구별된다. 수요의 대체탄력성이라는 기준은 경제적 접근방법이 시장지배력이나 경쟁제한효과를 판단할 때 중요시하는 "특정 기업이 실제로 가격을 인상할 수 있는 능력이 있는지"를 설득력 있게 보여주지 못하기 때문이다. 반면, 흔히 "가상적 독점사업자 테스트"(hypothetical

---

3) 경제적 접근방법은 무엇보다 미국 시카고학파에 의해 주도되었다는 점에서 그 이론적 내용은 시카고 내지 후기 시카고학파의 그것과 거의 유사하다.

4) 후술하는 바와 같이 경제적 접근방법은 글로벌 스탠더드로 인식되면서, 특히 기업결합과 카르텔 규제에 폭넓게 받아들여졌다. 반면, 시장지배적 지위남용의 경우 여전히 국가별로 접근방법의 차이가 두드러지게 나타나고 있다.

5) 대법원 2007. 11. 22. 선고 2002두8626 전원합의체 판결.

6) 공정위 고시 제1998-6호, 1998. 6. 15. 제정; 최근 개정된 것으로는 고시 제2013-9호, 2013. 12. 24.

monopoly test)로 알려진 SSNIP 테스트는 사업자가 이윤을 누리면서 가격을 인상할 수 있는 능력(capability of a profitable price increase)에 초점을 맞추고 있으며, 구체적인 사례에서는 여러 실증자료를 기초로 하여 임계매출감소분석(critical loss analysis)이나 전환율(diversion ratio), Elzinga-Hogarty 테스트 등의 기법이 활용되고 있다.

종래 기업집중의 정도를 파악하는 대리변수(proxy)로 실무상 활용되던 허핀달-허쉬만 인덱스(Herfindahl-Hirschman Index; HHI) 또한 경쟁한성이 없는 것으로 추정되는 기업결합의 판단과 관련하여 위 고시에 명문화되었다(기업결합 심사기준 Ⅵ.1.가. 참조).[7] 뿐만 아니라 기업결합의 경쟁제한성을 판단하는 요소로서 단독효과(unilateral effect)와 협조효과(coordinative effect)가 명시되었다(기업결합 심사기준 Ⅵ.2. 참조).

그 밖에 카르텔 금지와 관련해서도 과점이론을 비롯하여 게임이론이 원용되기도 하고, 「공동행위 심사기준」[8]에서는 일정한 경우에 경쟁제한효과와 함께 효율성 증대효과를 비교형량할 수 있도록 규정되었다(동 심사기준 Ⅴ.2.). 아울러 불공정거래행위의 경우에도 「불공정거래행위 심사지침」[9]이 거래거절이나 차별취급 등 경쟁제한성을 위주로 위법성을 판단하는 행위유형에 대해서 경제적 효율성과의 비교형량을 규정하고 있다. 재판매가격유지행위와 관련해서도 최고RPM에 대하여 정당한 이유가 인정되는 경우에 예외를 명시하는 한편(법 제29조 제1항 단서), 「재판매가격유지행위 심사지침」[10]에서는 정당한 이유의 존재 여부는 경쟁제한효과와 효율성 증대효과, 소비자후생 증대효과를 비교형량하여 위법성 여부를 판단하도록 하고 있다(동 심사지침 3.나.(2)).[11] 끝으로, 「경제분석 의견서 등의 제출에 관한 규정」[12]은 경쟁제한성이나 효율성, 소비자후생 등에 관한 경제분석결과를 공정위에 제출하는 것에 관한 세부기준을 담고 있다.

---

7) 이것은 구체적인 사례마다 효율성을 분석하여 입증하는데 따른 관리비용과 법적 불확실성 등을 해결하기 위한 방법의 하나로서, HHI가 일정 수준 미만인 경우에는 처음부터 경쟁제한성이 없는 것으로 추정하려는 것이다(이른바 general presumption approach).

8) 공정위 예규 제165호, 2012. 8. 21.

9) 공정위 예규 제134호, 2012. 4. 25.

10) 공정위 예규 제138호, 2012. 8. 21.

11) 문제는 이러한 심사지침의 접근방법이 최저RPM과 최고RPM의 위법성 판단에 있어서 일관된 기준을 제시하지 못하게 된다는 점이다. 더구나 최저RPM에 대해서도 정당한 이유를 살피도록 하는 대법원 판결이 내려진 현재로서 동 심사지침의 개정이 불가피할 것이다. 대법원 2010. 11. 25. 선고 2009두9543 판결 및 2011. 3. 10. 선고 2010두9976 판결 참조.

12) 공정위 고시 제2013-7호, 2013. 12. 26.

이러한 맥락에서 최근 들어 일견 경제적 접근방법에 기초한 것으로 보이는, 적어도 경제이론의 영향을 적지 않게 받은 것으로 보이는 일련의 대법원 판결이 내려지고 있는 현상은 전혀 의외의 일이 아니다. 시장지배적 지위남용에 관해서는 전술한 포스코 판결을 비롯하여 티브로드 판결,[13] 농협 판결[14] 등이 그러하고, 기업결합시 시장획정이나 경쟁제한성 심사는 말할 것도 없고, 최저재판매가격유지행위에 관하여 내려진 최근의 판결들[15]에 이르기까지 경제이론은 공정거래법의 해석·적용에 직접적이고 강력한 영향을 미치고 있다.

3. 문제의 제기

남용규제는 독과점적 구조를 보이는 시장에서도 경쟁이 여전히 견제기능을 충분하게 수행할 수 있는지에 대한 신뢰 유무[16]와 시장지배력을 보유한 사업자에 대하여 시장행위의 측면에서 차별적인 의무를 부과할 필요가 있는지에 대한 철학의 차이를 기반으로 유럽과 미국이 서로 다른 접근방법을 보이고 있다. 이러한 논란은 일견 오래 전 미국에서 전개된 하버드학파와 시카고학파의 해묵은 논쟁을 연상시키기도 하고, 동시에 이들 논쟁이 여전히 끝나지 않은 것임을 확인시켜 주기도 한다. 여기서, 남용규제를 둘러싼 상이한 접근방법을 조화시키는 작업은 결국 전통적인 규범적 접근방법을 경제적 사고방식과 적절히 접목하는 것이다.

그런데 우리나라에서는 공정거래법의 역사가 짧은 반면 이론 및 실무의 발전이 매우 빨리 이루어지는 과정에서, 헌법상 경제질서나 사법질서(私法秩序)의 틀 속에서 경쟁질서와 공정거래법이 갖는 의미가 충분히 규명되지 않은 채 주로 경

---

13) 대법원 2008. 12. 11. 선고 2007두25183 판결. 여기서는 시장지배적 사업자의 불이익강제에 대해서도 포스코 판결에서 제시한 경쟁제한효과를 강조하는 한편, 무엇보다 시장지배력의 전이이론을 활용하여 원고의 시장지배적 지위 자체를 인정하지 않았다.

14) 대법원 2009. 7. 9. 선고 2007두22078 판결. 여기서는 배타조건부거래의 경우 통상 그 행위 자체에 경쟁제한의 목적이 포함되어 있다고 볼 수 있는 경우가 많을 것이라는 점을 지적하고 있으나, 무엇보다 이미 식량작물용 화학비료시장에서 경쟁제한효과가 발생하였음을 인정하여 쉽게 부당성이 인정되었다.

15) 대법원 2010. 11. 25. 선고 2009두9543 판결("한미약품"); 대법원 2011. 3. 10. 선고 2010두9976 판결("한국캘러웨이"). 여기서는 최저RPM에 대해서도 정당한 이유를 고려하여야 한다는 판시 외에, 법리전개의 기초로 공정거래법의 목적이 소비자후생에 있다는 점을 적시하고 있는 점이 눈에 띈다.

16) 시장기능에 대한 신뢰유무와 신뢰의 정도는 미국에서도 시카고학파와 후기 시카고학파간에 적지 않은 차이가 있다. Symposium: Post-Chicago economics, Editor's Note, 63 Antitrust L.J. 445, 446 (1995).

제적 접근을 강조하는 미국의 이론과 판례가 다분히 편향적으로 소개·수용됨으로써 전체 법질서 속에서 공정거래법의 고유한 가치와 해석방법론을 정립하는 데에 더욱 어려움을 겪고 있다. 실제로 국내에서는 행태 또는 효과중심의 접근방법 (form or effects-based approach)[17]을 당연위법(per-se)이나 합리성의 원칙(rule of reason)과 동일한 의미로 사용하거나, 이를 근거로 특정 국가의 남용규제를 이중 어느 하나로 편입하여 설명하기도 하고, 효과중심의 접근방법을 경제적 접근 방법과 전혀 동일한 것으로 이해하기도 하는 등 학계나 실무에서 용어상의 혼란도 나타나고 있다.[18] 이러한 용어상의 혼선은 경제학과 경쟁법학에서 나타나는 접근방법의 차이뿐만 아니라 두 영역에서 사용하고 있는 기본개념, 예컨대 '경쟁'이나 '효율성', 또는 '소비자후생'에 대한 상이한 이해와도 관련되어 있다.

보다 심각한 문제는 공정거래법의 금지행위별로 이러한 경제학적 개념의 규범적 의미내용을 밝히거나 동법이 추구하는 가치에 비추어 효율성이나 소비자후생이라는 요소를 어떻게 고려하여야 하는지에 관한 충분한 논의 없이 특정 경제학파의 이론이 법령의 개정이나 판결에 수용되기도 한다는 점이다.[19] 이러한 배경하에 시장지배적 지위남용에 관한 법규정을 해석·적용함에 있어서 규범적 기준과 경제적 기준의 내용과 양자의 관계를 밝히는 것은 매우 중요한 출발점을 제공한다. 이 글에서는 먼저 공정거래법상 남용규제의 규범목적이 과연 효율성이나 소비자후생에 국한될 수 있는지를 살펴보고, 남용규제에 경제적 접근방법을 무비판적으로 수용할 경우 예상되는 문제점과 한계를 지적함으로써 경제분석이 공정거래법의 해석·적용과정에서 어떻게 조화될 수 있는지를 모색하고자 한다.

---

17) 흔히 행태중심이라고 하여 외관상 일정한 행위가 언제나 남용에 해당한다는 의미는 아니고, 그 실질을 기준으로 판단하게 된다. 예컨대, 유럽에서 리베이트의 경우 그 외관이 아니라 실질에 있어서 단순히 규모의 경제를 반영한 수량할인인지, 아니면 그와 무관한 충성리베이트인지 여부를 심사하고 있다. 이러한 맥락에서 경제적 접근방법에 대한 비판으로는 Kallaugher/Sher, Rebates Revisited: Anti-Competitive Effects and Exclusionary Abuse under Article 82, ECLR 2004 25(5), 263, 268면.

18) 이들간의 개념관계에 대해서는 Paul K. Gorecki, Form- versus Effects-Based Approaches to the Abuse of a Dominant Position: The Case of TicketmasterIreland, J. of Comp. Law and Eco., 2006 2(3), 538면 이하.

19) 예컨대, 설사 공정거래법의 궁극적인 목적이 경쟁촉진을 통한 소비자후생 증대에 있다고 하더라도, 소비자후생이 동법의 해석·적용시 어떠한 의미내용을 갖는지, 그것이 규범해석에 곧바로 들어올 수 있는지는 다른 차원의 문제이다.

II. 남용규제의 목적과 경제적 접근방법

시장지배적 지위남용에 대하여 경제적 접근방법을 강조할 경우, 개별 사례마다 경쟁제한효과에 대한 엄밀한 입증을 요구하게 된다. 이때 경쟁제한효과는 일반적으로 승인된 방법론에 기초한 경제분석을 통해서만 객관적으로 확인할 수 있을 것이다. 이와 관련하여 두 가지 점을 검토할 필요가 있다. 하나는 경제적 접근방법에 따를 경우 남용 여부 판단에 엄청난 비용이 수반되는 반면 그 효과 입증에 실패할 우려가 커지게 되어 시장지배적 사업자의 잘못된 행위를 남용으로 문제삼기 어렵게 되는지 여부이다. 다른 하나는 남용에 경쟁제한효과를 강조하는 이면에는 불공정거래행위와의 준별이 수반되는바, 불공정거래행위는 공정거래법상 규제에서 폐지하자거나 이 또한 경쟁제한효과를 기준으로 하여야 한다는 주장으로 이어지게 된다.[20] '불공정성'과 같은 가치관념은 경제분석의 대상이 될 수 없고, 그 결과 자칫 자의적인 법집행이 이루어질 소지가 있기 때문이라고 한다. 이러한 주장의 타당성 여부 또한 경제적 접근방법의 허용한계를 밝힘에 있어서 따져보아야 할 중요한 쟁점이다.

1. 경제이론과 공정거래법의 해석

공정거래법 또한 다른 법률과 마찬가지로 3단논법에 따른 해석에 따른다. 이를테면 시장지배적 사업자는 부당하게 다른 사업자의 사업활동을 방해하는 행위를 해서는 안 되는데, 문제된 사안에서 특정 사업자가 시장지배적 지위에 있는지, 다른 사업자의 사업활동을 방해하였는지, 그것이 부당한지를 따져서, 최종적으로 법 제3조의2 제1항 제1호 위반 여부가 가려지게 되는 것이다.

그런데 공정거래법에는 경제학에서 유래한 많은 개념들이 사용되고 있고, 심지어 명시적인 근거가 전혀 없는 경우에도 법위반 여부를 심사하는 과정에서 다양한 경제이론의 툴(tool)이 이용되기도 한다.[21] 법도그마틱을 적용하기 위해서

---

20) 변동열, "거래상 지위의 남용행위와 경쟁", 저스티스 제34권 4호, 2001, 165면 이하; 변동열, "불공정거래행위로서의 끼워팔기 – 경쟁제한은 요건이 아닌가?", 경제법판례연구 제7권, 2011, 160면 이하. 여기서는 이들 불공정거래행위가 아무런 구체적인 위법성 징표나 경쟁관련성을 갖고 있지 않다거나, 경쟁제한성을 위법성 판단기준으로 삼아야 한다고 주장한다.

도 이를테면 관련시장의 획정이 이루어져야 하고, 지배력을 판단하여야 하는 바, 그 과정에서 경제이론의 활용은 어느 정도 불가피하기도 하다. 구체적인 시장분석이 경쟁과 관련된 금지요건이나 부당성, 기타 불확정개념을 해석하는 일응의 기준을 제공할 수 있기 때문이다. 다만, 남용규제 등 공정거래법의 목적이 경제적인 것 외에 비경제적인 가치(non-economic values)를 함께 포섭하게 마련이고, 구체적인 사안에서 특정 경제분석에 따른 결과가 남용규제의 규범적 내용(normative content)을 확정함에 있어서 곧바로 결정적인 논거를 제시하기 어렵다는 데에 경제분석의 한계가 존재한다.[22]

여기서 경제학과 공정거래법의 차이에 유의하지 않으면 안 된다.[23] 경제이론은 그 성질상 경제상의 경험칙으로서 경쟁과 관련된 개별 사실관계를 분석하고 공정거래법이 적용될 특정한 경제행위의 경제적 의미를 '설명'하기 위한 것인 반면, 공정위나 법원은 공정거래법을 구체적인 사례에 해석·적용하는 기관으로서 언제나 경쟁행위의 여러 복잡한 측면을 단순화하는 작업을 수행하게 된다.[24] 공정위나 법원이 공정거래법을 적용하는 과정은 언제나 상반된 이해관계에 대한 비교형량과 가치판단을 수반하고, 이때 그 해결의 방향을 제공하는 것이 바로 공정거래법 내지 개별 금지조항의 목적인 것이다.[25]

한편, 경제분석이란 그 자체로는 '목적중립적'(zweckneutral)인 것이어서, 일정한 가정하에 계량화된 결과를 제공함으로써 다른 특정한 목적에 기여하게 된다. 즉, 본질적으로 경제분석은 그 자체가 목적이 아니라, 개방된 시장경제의 제도적 보장이나 남용행위의 방지를 목적으로 확립된 법규범의 실현을 돕는 수단이

---

21) 대표적인 예가 2007. 12. 기업결합 심사기준이 개정되기 이전에 공정위가 기업결합의 경쟁제한성을 판단함에 있어서 HHI를 명시적으로 참고하는 경우이다(델피니엄 엔터프라이즈의 기업결합제한규정 위반행위에 대한 건(공정위 의결 제98-269호, 1998. 11. 20); ㈜호텔롯데 등 5개사의 기업결합 건(공정위 의결 제2000-70호, 2000. 4. 26); SK텔레콤-신세기통신의 기업결합 건(공정위 의결 제2000-76호, 2000. 5. 16) 등 참조. 그 밖에 시장획정에 있어서 SSNIP 테스트나 Elzinga-Hogarty 테스트를 채용한 경우를 들 수 있다(공정위 의결 제2003-27, 2003. 1. 28. "무학-대선의 기업결합 건" 참조).

22) Michael Huchings, The Competition between Law and Economics, ECLR 2004 25(9), 531면 이하.

23) Bodo Börner, Wirtschaftswissenschaftliche Begriffe im Gesetz gegen Wettbewerbsbeschränkungen?, in: FS Hartmann (1976), 77면, 81면 이하.

24) Meinrad Dreher, Die Zukunft der Missbrauchsaufsicht in einem ökonomisierten Kartellrecht, WuW 2008, 23면 이하.

25) "목적은 모든 법의 창조자이다"(der Zweck ist der Schöpfer des gesamten Rechts). Rudolf von Jhering, Der Zweck im Recht, Bd. I (1893), 8면.

다.[26] 경제분석이란 그 자체로 구체적인 법규범의 해석·적용이 될 수는 없는 것이다.[27] 따라서 계량화를 통한 단순화과정에서 많은 정보를 포기해야 하는 경제분석의 한계를 차치하고라도, 공정위나 법원이 여러 경제이론이나 경제분석 중 어느 것에 의존하여 경쟁제한 여부 등을 판단할 것인지는 해당 법규범의 목적이 무엇인지에 관한 공정위나 법원의 판단에 좌우되게 마련이다. 법학자로서 질서자유주의의 기초를 닦았던 뵘(F. Böhm)이 일찍이 강조한 바와 같이 규범적 가치판단을 하는 과정에서 경제이론을 '경제학'의 언어에서 '법·규범'의 언어로 전환하는 작업이 매우 중요한 의미를 갖게 된다.[28]

2. 이론적 대척점

경제적 접근방법과 규범적 접근방법의 관계를 어떻게 이해할 것인지와 관련하여 먼저 양자 사이에 이론적으로 존재하는 두 가지 차원의 대척점을 추론할 수 있다. 하나는 남용규제의 목적을 경쟁 또는 경쟁의 자유 그 자체에서 찾을 것인지, 아니면 효율성 증대의 수단으로서 경쟁을 이해할 것인지에 관한 것이다. 다른 하나는 남용규제의 목적으로 효율성을 파악하는 경우에도 그것이 유일한 목적인지, 그 밖에 다른 목적과의 비교형량이 필요한지에 관한 것이다. 이러한 대척점을 어떻게 정리하고 가느냐에 따라 공정위나 법원의 절차에서 법적인 가치판단과 경제적 사고가 서로 어떻게 작용할 것인지가 달라지며, 나아가 구체적인 사건에서 남용에 대한 입증방법과 증명의 정도도 달라질 수 있다.

(1) 제도보호 vs. 결과지향

제도보호의 입장에서 공정거래법의 목적은 경쟁적인 시장구조를 유지하고 과정으로서의 경쟁을 보호하는 데에 있다. 2003년 British Airways 사건에서 유

---

26) 이러한 맥락에서 경쟁법의 과제는 합리적인 적용기준을 모색하는 과정에서 경제학의 확립된 이론들을 적절히 활용하는 것이다. Christiansen/Kerber, Competition Policy with Optimally Differentiated Rules instead of "Per Se" Rules vs Rule of Reason, J. of Comp. L. & Eco. 2(2), 2006, 215면 이하. 그 밖에 경쟁법학과 경제학의 상호보완적 역할에 대해서는 O'Donoghue/Padilla, The Law and Economics of Article 82 EC and the Commission Guidance Paper on Exclusionary Conduct, 2006, p. xii.
27) E.-J. Mestmäcker, A Legal Theory without Law, Nr.174, Beiträge zur Ordnungstheorie und Ordnungspolitik, 2007, 11-15면.
28) Franz Böhm, Wettbewerb und Monopolkampf, 1933.

럽1심법원(현재는 일반법원; General Court)이 판시한 내용 중에서 "조약 제82조는 문제된 행위가 소비자에게 현실적으로나 직접적으로 어떤 효과를 야기할 것을 요구하지 않는다. 경쟁법은 시장구조를 인위적인 파괴로부터 보호하는 데에 초점을 맞출 뿐이며 이를 통하여 중장기적인 소비자이익을 최대한 보호하는 것이다"라는 언급에서도 확인할 수 있다.[29]

반면, 결과 내지 효과를 지향하는 경제적 접근의 관점에서 경쟁이란 그 자체가 공정거래법의 목적이 아니라 단지 경제적 목적을 실현하기 위한 수단에 불과하게 된다. 이때, 유일하게 고려할 가치가 있는 목적은 물론 소비자후생과 (배분적) 효율성이다. 유효경쟁은 통상 배분적 효율성을 보장하고, 동태적 효율성을 위한 유인을 제공하며, 최대한의 소비자후생을 가져온다는 것이다. 경쟁은 이러한 결과를 위한 수단에 불과하기 때문에, 일견 경쟁제한행위가 보다 나은 효율성을 가져오는 경우에는 이를 금지해서는 안 된다는 결론에 이르게 된다.

여기서 제기되는 의문은 과연 소비자후생이나 배분적 효율성을 어떻게 측정할 것인지에 관한 것이다. 즉, 소비자후생이 낮은 가격이나 품질향상 등과 같이 비교적 계량화할 수 있는 요소로 축소 또는 환원될 수 있는지는 의문인데,[30] 이를테면 가격인하효과가 보다 많은 공급자와 여러 상품들이 존재하는데 따른 소비자선택의 다양성 훼손을 상쇄할 수 있는지는 또 다른 비교형량과 가치판단을 요하기 때문이다. 또 다른 의문은 공정거래법이 소비자후생의 증대를 유일 또는 최고의 목적으로 삼는다고 하더라도, 그것이 정책적 함의를 갖는 선언에 그치는 것인지 아니면 구체적인 행위의 위법성 판단기준으로 작용하는지를 구별할 필요가 있다는 데에서 출발한다. 남용규제의 규범적 목적에 초점을 맞추어야 하는 이유도 바로 여기에 있다.

(2) 자유보호 vs. 후생증대

위와 같은 입장의 차이는 다시 공정거래법이 소비자후생이나 효율성과 같은 경제적 목적만을 추구하는지,[31] 아니면 그 밖에 개인과 기업의 사업활동의 자유,

---

29) CFI, Case T 219/99, para. 264 "British Airways/Comm." (2003. 12. 17).
30) Amato, 앞의 책, 23면. 참고로, 효율성을 강조하는 시카고학파의 경우 소비자후생은 무엇보다 가격으로 판단하게 된다. 그 결과 방해 또는 배제로 인한 경쟁제한효과는 결국 가격효과(price effect)로 축소 내지 단순화된다.
31) 대표적으로 Robert H. Bork, The Antitrust Paradox: A Policy at War with Itself, 1978, 91

나아가 중소기업보호 등과 같은 또 다른 목적을 갖는지[32]에 관한 논의에서도 그대로 이어진다. 경제적 접근방법을 강조하는 견해는 공정거래법에 경제적 가치 이외의 요소를 고려할 경우 객관적으로 신뢰할만한 규제가 이루어지기 어렵다고 한다. 경제적 접근방법을 활용할 경우 법집행의 예측가능성이 높아진다고도 한다. 반면, 공정거래법이 효율성만을 추구할 수는 없으며, 다른 경제·사회적 가치도 동법의 목적에 함께 포함되어야 한다는 반론이 제기된다.[33] 일찍이 피토프스키(R. Pitofsky)가 지적한 바와 같이 경제적 가치만을 강조하는 입장은 그에 따른 법집행의 객관성이나 비경제적 가치 고려에 따르는 관리상의 문제를 과장하는 측면도 있어 보인다.[34]

여기서 관건은 자유보호(Freiheitsschutz)냐 효율성이냐가 아니라 양자의 적절한 비교형량(balancing)이다. 자유보호란 단지 개별 경제주체의 경제적 자유보호뿐만 아니라 경쟁이 갖는 이른바 사회정책적 분권화기능(gesellschaftspolitische entmachtende Funktion des Wettbewerbs)과도 관련되어 있다는 점에서 개별 기업의 효율성보다 열위에 놓일 수는 없다.[35] 다만, 미국이나 독일의 초기 독점금지 역사에서 자유보호라는 가치가 중요한 역할을 담당하기도 하였으나, 아직까지 이러한 가치가 독점금지법의 적용에 있어서 '일반적으로 승인된' 기준으로 작용할 수 있는지에 대한 의문도 간과할 수 없다.

생각컨대, 공정거래법상 남용규제의 규범적 목적이란 결국 구조적으로 이미 경쟁이 약화된 시장에서 지배력을 가진 사업자에게 '특수한 책임'(special responsibility)를 강조할 것인지, 시장지배적 사업자의 자유와 다른 경쟁사업자의 자유, 나아가 경쟁과 효율성의 비교형량에 대한 가치결단에 관한 것으로 이해할 수 있다.

면. 여기서 효율성은 배분적 효율성과 생산적 효율성을 말한다.

32) Herbert Hovenkamp, Antitrust Policy after Chicago, 84 Mich. L. Rev. 213, 249-255 (1985).

33) 이기종, "공정거래법의 목적 – 비교법적 고찰을 중심으로", 비교사법 제14권 3호, 2007, 1079면 이하. 여기서는 그 논거로 우리나라 고유의 정치·정치·사회적 요청을 들고 있는 것으로 보인다.

34) Robert Pitofsky, The Political Contest of Antitrust, 127 U. Pa. L. Rev. 1065 (1979). 예컨대, 평균가변비용을 초과하는 가격인 경우 약탈가격을 부인하자는 기준 또한 정확한 비용산정의 어려움 등으로 인하여 현실적으로 예측가능성이 높고 신뢰할 만한 증거를 제공하기에 적합하지 않다고 한다.

35) Ingo Schmidt, Wettbewerbspolitik und Kartellrecht, 8. Aufl., 2005, 30면 이하.

3. 남용규제에 관한 규범적 목적론의 기초

공정거래법은 경쟁제한적 기업결합, 부당한 공동행위, 불공정거래행위를 비롯하여 시장지배적 지위남용을 금지함으로써 공정하고 자유로운 경쟁을 촉진하고자 한다(법 제1조). 그런데 우리나라에서 남용규제가 실제로는 경쟁 그 자체가 아니라 효율성이 약한 경쟁사업자나 중소기업보호를 위하여 이루어지는 경향이 있다는 비판이 제기되고 있고, 동 규제의 목적이 효율성 내지 소비자후생의 증대이어야 한다는 주장도 어렵지 않게 찾아볼 수 있다.36) 남용규제의 규범적 목적을 둘러싼 논란은 무엇보다 유럽과 미국의 규제태도를 단순 비교하거나, 이들의 실무에 깔린 철학적 배경을 명확하게 이해하지 못하고 있는 데에서도 그 원인을 찾을 수 있다. 아래에서는 남용규제의 목적을 논함에 있어서 염두에 두어야 할 세 가지만을 지적하고자 한다.

첫째, 모든 법률이 그러하듯, 공정거래법의 목적은 헌법에서 도출되고 그로부터 정당성을 갖는다. 여기서 경제법의 기초이자 일 분과인 공정거래법은 무엇보다 헌법상 기본권조항을 포함한 경제질서에서 그 목적을 찾을 수 있고, 헌법이 상정하는 경제질서, 그 중에서도 시장경제질서가 공정하고 자유로운 경쟁을 본질적 구성요소로 함에는 의문이 없다. 이때 자유경쟁의 기초는 개별 경제주체의 경쟁의 자유(freedom to compete)이고, 공정경쟁의 기초는 개별 기업의 효율성과 무관하게 불공정한 경쟁으로부터 경쟁자를 보호하는 데에 있는 것이다.37) 그 당연한 결과로 시장지배적 사업자의 효율성 제고가 부당하게 거래거절 또는 차별취급을 당하는 사업자의 경제적 자유보다 우선한다는 법원칙은 어디에서도 도출되지 않는다. 이 점은 구체적인 사례에서 남용판단에 있어 비교형량하여야 할 상충되는 이익이 무엇인지를 밝힘에 있어서도 중요한 의미를 갖는다.

이와 관련하여 경제적 자유를 강조하고 이를 형량의 대상으로 삼는 경우에 경제적 접근이 갖는 효용에 대해서는 대표적으로 독일의 원로경제학자인 바이츠제

---

36) 대표적으로 전술한 "한국캘러웨이 판결"을 들 수 있고, 여기서는 소비자후생을 법문과 무관하게 공정거래법의 궁극적 목적으로 삼고, 나아가 재판매가격유지행위의 위법성 판단에 적극 고려하고 있다. 상세한 내용은 이봉의, "한국캘러웨이 판결에 나타난 경제적 접근과 법해석의 한계", 법경제학연구, 2011. 12 참조.

37) 이 점에서 자유경쟁과 공정경쟁은 서로 유기적으로 연계되어 시장경제를 지탱하는 것으로서, 관념상 일도양단식으로 양자를 구분할 수는 없다. 반면, 경쟁자보호는 경제적 접근방법이 제기하는 비판의 주된 근거가 된다.

커(von Weizsäcker) 교수가 나름의 흥미로운 근거를 제시하고 있다. 그에 따르면, 재판매가격유지행위(resale price maintenance; RPM)란 개별 판매업자단계의 브랜드내 경쟁을 제한하는 반면, 제조업자단계의 브랜드간 경쟁을 촉진하는 측면이 있고, 브랜드내 경쟁이나 브랜드간 경쟁이나 모두 판매업자나 제조업자의 '경쟁의 자유'의 다양한 모습을 보여주는 것이며, 재판매가격유지행위를 금지하기 위해서는 양자의 비교형량이 필요한데 이러한 작업은 경제학적 비용·편익분석을 통한 소비자후생기준에 의지할 수밖에 없다고 한다.[38] 다만, 경제분석이 서로 대척점에 있는 양 사업자의 경쟁의 자유를 비교형량하기에 적절하고도 명확한 지침을 제공할 수 있는지 의문이다. 비교형량작업이란 결국 공정거래법의 보호가치에 관한 규범적 인식의 틀 속에서 이루어질 수밖에 없을 점이기 때문이다.

둘째, 구체적으로 남용규제의 목적은 시장지배력으로부터 비롯되는 경쟁의 왜곡을 방지하는 데에 있다.[39] 이미 유효경쟁이 제대로 기능하지 않는 독과점시장에서 잔존경쟁(remaining competition)을 보호하고, 거래상대방이나 경쟁사업자의 사업활동의 자유를 보장하며, 공정경쟁의 기회를 제공하려는 취지에서 남용규제가 이루어지는 것이다. 이때 경제적 자유의 관점에서 남용규제의 목적을 이해하는 태도는 시장경제와 규범간의 관계에 대한 고민을 통해서 자리잡은 것이다. 유럽의 경우 학설과 실무가 시장지배적 사업자에게 능률경쟁의 적극적 의무[40]를 부과하는 배경에는 자유민주주의의 구성요소인 시장경제의 영역에서도 힘의 적절한 견제와 균형이 필요하다는 인식이 깔려 있다. 이것은 일찍이 A. Smith나 Friedrich v. Hayek가 인식한 바와 같이 시장경제를 '규범없는 시스템'(System ohne Recht)으로 본 맑스주의나 규범을 효율성과 같은 선험적 목적의 하위에 놓는 공리주의와 구별되는 법개념(Rechtsbegriff)으로 접근하는 것에서 출발한다. 이러한 관점에서 공리주의식 접근은 효율성이 과연 공정거래법이 추구하여야 할 목적인지, 아니면 자유로운 경쟁의 산물인지에 관한 근본적인 의문을 간과하고 있는 것이다.

셋째, 자유시장경제는 자유경쟁과 함께 공정경쟁을 본질적인 요소로 삼고 있

---

38) Christian von Weizsäcker, Kosumentenwohlfahrt und Wettbewerbsfreiheit: Über den tieferen Sinn des "Economic Approach", WuW 2007, 1078-1079면.
39) Thomas Eilmansberger, How to Distinguish Good from Bad Competition under Article 82, CMLR 42, 2005, 129, 132면.
40) Loewenheim/Meessen/Riesenpampf, Kartellrecht Bd.1 Europäisches Recht, 328면.

다는 점에 주목하여야 한다. 공정성이 담보되지 않는 자유경쟁은 방종에 지나지 않고, 시장경제 자체에 대한 경제주체의 신뢰를 훼손할 뿐만 아니라, 종국에는 자유경쟁마저 위태롭게 할 수 있기 때문이다. 불공정거래행위와 경쟁제한행위의 경계가 언제나 명확한 것도 아니고, 양자는 서로 중첩될 수 있을 뿐만 아니라 상호보완적인 관계에 있는 것이다.[41] 그 결과 시장경제를 기본으로 하는 나라는 예외 없이 불공정거래행위를 규제하고 있으며, 차이라면 이를 규제하는 방법에서 찾을 수 있을 뿐이다.

III. 경제적 접근방법의 한계: 법도그마틱의 관점에서

공정거래법도 다른 법규범과 마찬가지로 오로지 경제적 목적만을 추구하는 것이 아니며, 언제나 이익형량과 가치관념을 내포하고 있다. 이때의 이익형량과 가치관념은 나름의 설득력을 가지는 것이어야 하는데, 이것은 어떤 경제이론이 갖는 방법론상의 정당성에만 기초하는 것이 아니라 동시에 민주적 정당성에 기반하지 않으면 안 된다. 동시에 법이란 언제나 추상성과 구체적 정당성 사이의 연결고리이고, 법원칙이나 기준은 개별 사례를 넘어서 보다 일반적으로 작용하기 때문에 상당히 추상적일 수밖에 없다. 그 결과 개별 경쟁행위의 복잡성을 여러 가지 측면에서 규명하고자 하는 경제학과 달리 법원칙은 불가피하게 그러한 복잡성을 감소시켜야 한다는 요구를 받게 된다.

1. 논의의 출발: 경쟁의 자유

정교한 경제분석이 공정거래법 적용에 점차 원용되면서 바람직한 결과를 가져오기도 하였으나, 다른 한편으로 공정거래법·정책의 목적이나 공정거래법이 해결해야 할 문제를 모호하게 하는 문제점도 수반하였다. 경쟁법은 나라마다 차이는 있으나 자유민주주의를 기반으로 하는 정치적 가치와 무관하지 않다. 그리고 자유민주사회에서 유념해야 할 두 가지 원칙이라면 정치권력이 부당하게 획득·행사되지 않아야 한다는 것과 경제력 또한 부당한 내지 정당성이 없는 힘

---

41) Katri Paas-Mohando, Fairness Principle in the competition laws of some Asian countries, ECLR 2010, 466면.

(unlegitimate power)이 되어서는 안 된다는 것이다.[42] 이때, 공정거래법은 자유민주주의가 지배하는 경제영역에서 경제력의 형성과 행사에 일정한 한계를 정해주는 중요한 의미를 갖는다.

그런데 국내외를 막론하고 경제적 접근방법을 주장하는 논거에서는 헌법상 경쟁 내지 경쟁의 자유가 갖는 의미나 경제력의 한계에 대한 언급을 찾을 수 없다.[43] 즉, 헌법이 기본적 경제질서로 추구하는 시장경제와 이를 뒷받침하는 경쟁원리가 비단 효율성으로 치환될 수 있는 것인지에 대한 근본적인 고민이 없는 것이다.[44] 그런데 헌법상 직업선택·수행의 자유, 결사의 자유, 재산권보장 등의 기본권이 그로부터 도출되는 계약자유와 결부되어 경쟁의 자유라는 원칙이 법원칙으로서 인정된다면, '자유경쟁'이라는 제도는 결국 경쟁참가자의 '주관적 권리'(subjektives Recht)를 통하여 구체화되는 것으로 이해할 수 있다. 따라서 경쟁이란 이러한 권리주체가 자신의 경제적 자유를 구체적으로 행사하는 과정에서 발생하고, 이러한 자유가 인위적으로 제약될 때 일견 경쟁제한이 인식될 수 있는 것이다.[45]

2. 구체적인 한계요소

(1) 법적 안정성의 문제

법적 안정성(Rechtssicherheit)은 법의 일반원칙으로 널리 인정되어 있는바, 무릇 법규범의 내용이 수범자들에게 명확할 것을 요구한다. 더구나 남용을 금지하는 공정거래법 제3조의2는 위반시 시정조치와 과징금의 제재를 상정하고 있기 때문에, 수범자들은 자신의 권리와 의무를 명확하게 알아야 하고, 그에 따라 자신의 행위를 결정할 수 있어야 한다. 그런데 경제적 접근방법에 따라 문제된 행위의 남용 여부를 예컨대 배분적 효율성이나 소비자후생에 근거하여 판단하고자 할 때에는 법적 안정성이 쉽게 보장되기보다는 오히려 현저히 저해될 우려가 있다. 독일 연방카르텔청장이었던 하이처(Heitzer) 박사가 지적한 바와 같이 경제

---

42) 이러한 관점에서 1세기 이상의 역사를 갖는 미국의 독점금지법과 반세기에 걸친 유럽경쟁법의 전개 과정을 분석한 것으로는 Giuliano Amato, Antitrust and the Bounds of Power, 1997 참조.
43) Di Fabio, Wettbewerbsprinzip und Verfassung, ZWeR 2007, 266면 이하.
44) Rittner/Dreher, Europäisches und deutsches Wettbewerbsrecht, 2008, §2 Rn. 65.
45) Volker Emmerich, Kartellrecht, 10. Aufl., 2006, 2-4면.

적 접근방법은 자칫 법적용을 위한 행정절차나 사법절차의 효율성을 저해할 뿐만 아니라 수범자의 관점에서 법적 안정성을 위태롭게 할 수 있는 것이다.[46]

물론 경제적 접근방법이라도 구체적인 적용방식에는 차이가 있을 수 있다. 예컨대, 유럽집행위원회의 Discussion Paper는 배제남용에 "actual or likely anticompetitive effects"와 "harm consumers in a direct or indirect way"로 족한 것으로 규정하고 있으며, 이는 일응 행태중심의 접근과 효과중심의 접근을 절충한 것으로 이해되고 있다.[47] 반면, 대표적으로 포스코 판결은 경쟁제한효과를 경쟁사업자의 수를 줄이거나 생산능력의 축소를 통하여 기존 냉연강판시장의 가격이나 공급량 등에 직접적으로 영향을 미치는지 여부로 파악함으로써, 일견 효과중심의 인식을 보여주고 있다. 이처럼 엄격한 경쟁제한효과를 입증하도록 요구할 경우 법적 안정성이 크게 훼손되어 남용규제가 시장지배적 사업자의 행위규범(code of conduct)으로 작용하기 어려울 뿐만 아니라, 오히려 잘못된 행위라도 일단 이를 조장할 우려가 있음은 전술한 바와 같다.

(2) 정보상의 문제

경제적 접근방법에 입각한 효과분석이 남용 여부 판단에 충분한 신뢰를 제공하기 위해서는 관련시장에서의 경쟁과정과 참가사업자들에 관하여 매우 방대한 지식과 정보가 있어야 한다. 어떤 행위가 현실적으로 경쟁, 그것도 가격이나 생산량에 미치는 효과가 남용 여부를 좌우할수록, 요구되는 정보의 양은 폭증하게 된다. 유럽집행위원회 역시 이러한 정보상의 한계를 인식하여 Discussion Paper에서는 차선의 방법을 함께 제시하고 있다. 이를테면 'as efficient competitor test'를 적용할 때 해당 시장지배적 사업자의 비용에 관한 신뢰할 만한 정보가 결여되어 있을 때에는 비교가능한 확실히 효율적인 경쟁사업자의 비용구조를 활용하거나 일정한 행위가 경쟁에 미치는 효과에 관하여 신뢰할만한 남용사례에 근거한 일반적인 원칙을 활용하도록 하는 방법이 그것이다.[48] 그러나 Discussion Paper의 제안이 갖는 효용 또한 제한적일 수밖에 없다. 경제분석이란 그에 필요한 정보를 충분히 갖고 있는 경우에만 그만큼의 신뢰를 가질

---

46) Bernhard Heitzer, Schwerpunkt der deutschen Wettbewerbspolitik, WuW 2007, 854, 855면. 2009년 이후로는 Andreas Mundt가 연방카르텔청장을 맡고 있다.
47) M. Dreher, 앞의 글, 25면.
48) Discussion Paper, para. 56, 67.

수 있는바, 이를테면 어떤 경쟁사업자가 확실히 효율적인지, 이 경우 확실히 효율적인 사업자의 비용구조가 어떠한지를 판단하는 작업 또한 그에 관한 방대한 추가 정보를 전제로 할 것이기 때문이다.

뿐만 아니라 경제적 접근방법은 단기에 걸친 가격인상(short-term price increase)에만 초점을 맞추고 있는바, 불가피한 측면이 있다고 하더라도 그 또한 충분한 개연성을 가지고 예측하기 어렵고 분석에 적지 않은 비용이 소요되는 문제점 외에도, 경쟁 자체가 왜곡 또는 제한됨에 따른 중·장기적 효과 내지 경쟁의 자유 훼손에 내재된 시장참가자의 이익침해는 제대로 고려될 수 없는 한계를 안고 있다.

(3) 입증곤란 및 비용의 문제

여기서 정보수집의 문제와 밀접하게 관련되어 있는, 경제적 접근방법이 갖는 또 하나의 한계는 바로 입증에 관련된 부분에서 찾을 수 있다. 시장지배적 사업자의 남용행위를 법적으로 판단함에 있어서 핵심적인 부분은 바로 남용 및 객관적 정당화사유의 부존재를 어떻게 입증할 것인지, 그리고 누가 입증책임을 부담하는지에 관한 것이다. 원칙적으로 남용 내지 부당성에 대해서는 경쟁당국인 공정위가 입증책임을 지고, 정당화사유에 대해서는 해당 시장지배적 사업자가 입증하여야 한다.[49]

그런데 공정거래법상 정당화사유를 사업자가 입증하여야 할 경우에 구체적으로 효율성증대나 소비자후생증대 등의 효과를 확실히 입증하기란 매우 어렵고 (Type I Error; over-enforcement), 경제분석을 통한 확실한 입증이란 처음부터 불가능한지도 모른다. 마찬가지로 공정위가 사업자에게 정당화사유가 존재하지 않음을 적극적으로 입증하는 것은 더욱 곤란할 것이기 때문에(Type II Error; under-enforcement), 복잡한 남용사례에서 과다규제나 과소규제의 문제는 근본적으로 해결되지 않는다. 2007년 6월 28일 미국 최고법원이 100년에 걸친 최저 RPM에 대한 당연위법의 원칙을 합리성의 원칙으로 전환한 Leegin vs. PSKS 판결에서 4인의 반대의견[50] 또한 복잡한 경제적 기준을 채용하는데 따른 심각

---

49) 반면, 유럽의 절차규칙 제2003/1호 제2조는 유럽차원이나 개별 회원국차원에서 조약 제82조의 남용을 규제할 경우 법위반행위에 대한 입증책임을 경쟁당국이 부담하는 것으로 명시하고 있으며, 이 경우 부당성이나 정당화사유를 따로 구분하지 않고 있다.

50) Leegin Creative Leather Products, Inc. v. PSKS, Inc. 127 S. Ct. 2705 (2007). "One cannot

한 비용문제를 언급하고 있는 것도 경제적 접근방법을 둘러싼 논쟁이 미국에서도 완전히 종결된 것이 아님을 보여주고 있다.[51]

끝으로, 시장지배적 지위남용의 적어도 일부 행위유형과 관련하여 공정경쟁의 저해가 문제될 수 있다면, 다시 말해서 공정경쟁의 저해가 남용 판단에 고려되어야 한다면 입증의 문제는 전혀 새로운 도전에 직면하게 된다. 경쟁의 '공정성', 어떤 경쟁수단이 성과 내지 능률에 기초한 것인지 여부는 가치(value)의 문제이고, 가치의 문제는 나라마다 제각기 다른 역사와 전통, 정의관념에 따라 달리 판단될 수 있기 때문에 계량화된 방법으로 당·부당을 논할 수 없는 영역에 속하기 때문이다. 이러한 측면은 경제적 접근방법을 강조하는 측에서 제기하는 규범적 접근의 핵심적인 문제점이기도 하나, 그렇다고 하여 가치를 둘러싼 판단을 포기하는 것은 법의 해석·적용기관에 부여된 책무를 포기하는 것이나 다름없다.

(4) 경쟁보호상의 흠결

남용규제를 포함한 공정거래법적 규제에 경제적 접근방법을 전적으로 또는 우선적으로 적용할 경우에는 유효경쟁의 흠결 없는 보호에도 문제가 생길 수 있다. 이러한 위험에 가장 먼저 직면하게 되는 것은 바로 경쟁당국이다. 시장지배적 사업자의 어떤 행위가 실제로 경쟁에 어떤 영향을 미칠 것인지를 조사하기 위해서는 결국 당해 행위가 종료되고, 그 이후에 비로소 그 행위를 확정하여 경제분석을 시행하고, 그 결과에 입각하여 법적 평가를 하여야 한다. 따라서 경쟁당국이 일견 경쟁상 문제가 있어 보이는 행위에 대응하는 시간이 길어질 수밖에 없다. 더구나 특정 행위나 그 행위의 효과가 처음부터 단기간에 한정되어 있는 경우에는 어쩔 수 없이 경쟁당국의 규제는 단순한 사후약방문에 그칠 수밖에 없게 된다.

다른 한편으로, 효과중심의 경제적 접근방법은 행태중심의 접근방법을 취하는 경우와 다른 결론이 도출되고, 후자에 의할 경우 남용으로 판단되는 행위가 전

---

fairly expect judges and juries in such cases to apply complex economic criteria without making a considerable number of mistakes, which themselves may impose serious costs."
51) ICN에서 경제적 접근방법을 둘러싼 논의과정을 보면 가히 '문명의 충돌'(clash of cultures)이라는 인상을 줄만하다고도 한다. BKartA, Die Zukunft der Missbrauchsaufsicht in einem ökonomosierten Wettbewerbsrecht, Hintergrundpapier zu der Tagung des Arbeitskreises Kartellrecht, 2007, 2면.

자에 의할 경우에는 친경쟁적인 것으로 밝혀지는 경우에 그 의미를 가질 것이다. 따라서 효과중심의 접근방법을 뒷받침하기 위해서는 위와 같은 모순된 결과가 나타날 것인지를 밝혀야 하는바, 이는 양자에 따른 분석을 모두 거친 연후에야 비로소 알 수 있게 된다. 또한 분석결과 그 중 일부 사례에서만 효과중심의 접근방법이 정당한 것으로 밝혀질 경우에 결과적으로 과소규제나 규제공백의 문제가 발생할 수밖에 없다. 이러한 규제공백으로 인하여 남용규제가 적시에 이루어지지 못할 경우 원상회복이 거의 불가능한 시장집중이 초래될 수 있음은 물론이다.

끝으로, 포스코 판결에서 드러난 바와 같이 경쟁제한효과가 발생할 우려를 입증하기가 곤란할 경우에 그러한 집행방식은 시장지배적 사업자에게 일단 경쟁사업자 배제전략으로 나아가는 것이 현명하다는 신호를 주게 된다. 배제전략이 성공할 경우에 적어도 유력한 경쟁사업자를 제거하는 소득이 있을 뿐만 아니라, 실패할 경우에도 당연히 경쟁제한효과가 발생할 우려조차 입증하기 어려워서 아무런 책임을 지지 않을 것이기 때문이다. 더구나 방해의 상대방이 시장점유율이 미미한 사업자의 경우라면 시장지배적 사업자의 문제된 행위로 인하여 시장에서 퇴출되더라도 경쟁제한효과가 발생하거나 발생할 우려는 없을 것이기 때문에, 공정거래법상 이처럼 배제되는 개별 사업자가 보호를 받지 못할 것이고, 그러한 배제과정이 반복될 경우 결국 해당 시장의 독과점화는 심화될 수밖에 없음은 물론이다.

(5) 사적집행의 문제

공정거래법의 사적집행(private enforcement)은 공적집행과 더불어 경쟁제한으로 인한 피해의 구제와 경쟁의 효과적인 보호를 위한 수단으로 이해되고 있다. 그런데 공정거래법 적용에 있어서 경제적 접근방법을 폭넓게 수용할 경우, 예컨대 남용 내지 경쟁제한효과의 판단에 경제분석에 입각한 입증을 요구할 경우, 사인에 의한 집행은 더욱 어려워질 수밖에 없다. 피해를 입었다고 주장하는 자로서는 법위반행위를 입증하기가 더욱 곤란해질 뿐만 아니라, 인과관계나 손해액의 입증 또한 지극히 어려운 작업이 될 것이기 때문이다.

특히 공정위조차 남용판단이 쉽지 않아 시정조치를 내리지 못함으로써 피해자가 공정위의 남용남용에 따른 사실상 추정의 이익도 누릴 수 없는 경우, 즉 이른바 stand-alone action의 경우에 이러한 문제는 더욱 두드러질 것이다. 그 밖에도 사인의 경우에는 경쟁당국과 달리 아무런 조사권한도 없기 때문에 전술한 정보상의 불균형문제가 더욱 크고, 경제분석에 관한 의견서를 활용하는 방법 또한 그 설득력은 차치하고라도 비용상의 문제로 인하여 적절한 대안이 되지 못할 것이다.

IV. 결   론

1. 공정거래법은 선험적인 경쟁 내지 경쟁질서에 내재된 자연법(칙)을 기술한 것이 아니라, 국가의 지속적인 과제로서 헌법이 추구하는 경제질서의 구성요소인 시장경제를 구체적으로 실현하는 법규범이다.52) 따라서 공정거래법의 목적, 나아가 남용규제의 목적 또한 헌법과의 관련성 속에서 이해할 수 있고, 헌법의 틀 속에서 그 규범적 정당성을 찾아야 한다. 이때, 공정거래법이 추구하는 공익적 가치로서의 경쟁은 비단 효율성으로 환원될 수 없으며, 경제적 접근방법은 계량화할 수 없는 '공정성'(fairness)이나 '경쟁의 자유'(freedom to compete)에 대한 해답을 제공할 수 없다. 반면, 공정거래법은 이처럼 헌법이 추구하는 경제민주주의, 개인과 기업의 경쟁의 자유 등의 가치를 도외시할 수 없으며, 경제헌법(Wirtschaftsverfassung)으로서의 공정거래법에 대한 사회적 승인은 이러한 가치로부터 도출될 수 있다.

2. 이러한 맥락에서 남용규제의 일차적인 규범적 목적은 자유로운 경쟁과정(competitive process)을 보호하고, 경쟁자들에게 장점에 기한 경쟁(competition on the merits)의 기회를 보장하는 데에서 찾아야 한다. 자유경쟁과 공정경쟁은 보호법익으로서의 경쟁이 갖추어야 할 양대 지주라고 할 수 있으며, 시장지배적 사업자의 구체적인 행위가 남용에 해당하는지를 판단함에 있어서 이러한 두 가지 측면이 모두 고려되지 않으면 안 된다. 여기서 배분적 효율성이나 소비자후생이란 자유로운 경쟁과정과 장점에 기한 경쟁이 실현될 경우에 그로 인하여 기대할 수 있는 긍정적 효과로서 경쟁에 앞서 위법성을 좌우할 수 있는 요소로는

---

52) 헌법재판소 1996. 12. 26. 선고 96헌가18 결정; 2002. 7. 18. 선고 2001헌마605 결정.

적절하지 못하다.

  3. 경제적 접근방법이 공정거래법의 집행과정에서 합리적인 설명과 경제적 추론을 제공하는 과정과 경제이론 및 분석의 결과를 규범해석에 수용하는 과정에는 차이가 있고, 양자는 경제분석과 법적 분석 내지 해석학이라는 평행선이 아니라 보다 구체적인 분업양식을 요한다. 경제적 접근방법은 무엇보다 경쟁정책의 방향을 설정하거나 공정거래법상 남용여부를 판단하는 과정에서 고려하게 될 경쟁제한효과를 이해하는데 중요한 시사점을 제공할 수 있을 것이다. 반면, 가치와 이익의 충돌을 적절한 형량을 통하여 조화 또는 해결하는 작업은 법도그마틱의 기본적인 방법론으로서 공정거래법상 남용의 해석에도 원칙적으로 타당하다. 이러한 이익형량은 시장경제뿐만 아니라 역사와 사회에 대한 종합적인 이해를 기초로 하고, 법도그마틱에 대한 합리적 비판과 검증수단으로서 경제적 접근방법은 여전히 그 존재의의를 가질 것이다.

  4. 공정거래법의 해석작업은 무엇보다 독과점적 시장구조가 고착되어 있는 우리나라의 실정에 맞는 남용개념을 합리적으로 정립하고, 시장지배적 사업자에 고유한 경쟁의 룰과 지켜야 할 의무를 명확히 하며, 이를 통하여 남용행위의 예방과 자유롭고 공정한 경쟁질서의 정착을 도모하는데 기여하는 방향으로 이루어져야 한다. 그 과정에서 공정위와 법원의 법발견(Rechtsfindung)과 그 과정에서 전개되는 법리형성의 작업은 경제이론을 그대로 수용하는 것이 아니라 헌법과 공정거래법에 내재된 핵심가치를 찾아내어 이를 구체적인 사안에 실현하고자 하는 노력에 기초하여야 할 것이다.

수직결합의 경쟁제한성 판단기준

이 민 호*

Ⅰ. 서   론

기업결합은 대부분의 경우에 경쟁제한효과가 발생하지 않거나 경쟁제한효과에 비하여 친경쟁적인 효과가 더 크지만, 경쟁제한효과가 친경쟁적인 효과보다 더 큰 예외적인 경우에는 그러한 기업결합을 규제할 필요가 있다. 이에 따라 독점규제 및 공정거래에 관한 법률(이하 '법') 제7조 제1항에서는 일정한 거래분야에서 경쟁을 실질적으로 제한하는(이하 '경쟁제한성') 기업결합 행위를 금지하고 있다. 기업결합은 흔히 경쟁관계 있는 회사 간의 결합인 수평형 기업결합(이하 '수평결합'), 원재료의 생산에서 상품 또는 용역(이하 '상품'이라고만 한다)의 생산 및 판매에 이르는 생산과 유통과정에 있어서 인접한 단계에 있는 회사 간의 결합인 수직형 기업결합(이하 '수직결합'), 수평결합 또는 수직결합 이외의 기업결합인 혼합형 기업결합(이하 '혼합결합')으로 분류된다.[1] 기업결합 자체가 대부분의 경우 경쟁제한성이 문제 되지 않지만, 수평결합에 비하여 수직결합 및 혼합결합에서는 경쟁제한성이 문제되는 빈도가 더 낮게 나타난다. 실제로 2014년 말 기준으로 모두 59건의 기업결합에 대하여 공정거래위원회가 시정조치를 명하였는데, 그 중 수평결합 측면에서 주로 문제된 사건이 44건으로 가장 많았고, 수직결합 측면에서 주로 문제된 사건이 13건이 있었으며, 혼합결합 측면에서 주로 문제된 사건은 2건에 불과하였다.

---

* 법무법인 광장 변호사, 법학박사
1) 기업결합 심사기준(공정거래위원회고시 제2013-9호; 이하 '심사기준') Ⅱ.7. 내지 9. 한편 수직결합과 혼합결합 사이에 본질적인 차이가 있다고 보지 않는 입장에서는 수평결합과 비수평결합으로 분류하고, 다시 비수평결합을 수직결합과 혼합결합으로 분류하기도 한다.

수평결합의 경우에는 그 경쟁제한성을 설명하는 이론들이 비교적 잘 정립되어 있는 반면에 수직결합의 경우에는 경쟁제한성을 설명하는 다양한 이론들이 제기되고 있으나 아직 확고하게 정립되어 있다고 보기는 어렵고, 그러한 이론들을 실제 사례에 적용하여 법을 집행하는데 이용할 수 있는 비교적 이해하기 쉬운 분석도구도 잘 갖추어져 있지 않은 면이 있다.[2] 이 글에서는 수직결합의 경쟁제한성 판단기준과 관련하여 그 특성과 내용을 살펴봄으로써 그에 대한 이해를 높이고자 한다. 다만 수직결합의 경쟁제한성을 설명하는 여러 이론들의 당부 및 그러한 이론들에 따르면 어떠한 조건 하에서 경쟁제한성이 발생하는지를 분석하는 것은 다음 기회로 미루기로 한다.

이하에서는 먼저 수직결합의 경쟁제한성을 판단하는 분석틀을 이해하는데 도움이 되는 범위 내에서 기업결합 심사에 공통되는 일반적인 체계를 설명하고 (Ⅱ), 수직결합의 경쟁제한성 판단에 있어서의 특성과 역사적 전개과정을 검토하기로 한다(Ⅲ). 그리고 수직결합의 경쟁제한성을 설명하는 판단기준을 단독효과와 협조효과로 나누어서 살펴보고(Ⅳ), 수직결합의 경쟁제한성 판단기준에 관한 심사기준의 관련 내용과 그 개선방안을 검토한 후(Ⅴ), 결론을 도출하기로 한다 (Ⅵ).

Ⅱ. 기업결합 심사의 일반적 체계

경쟁을 실질적으로 제한하는 기업결합이란 기업결합으로 인하여 일정한 거래분야에서 경쟁이 감소하여 특정한 기업 또는 기업집단이 어느 정도 자유로이 상품의 가격·수량·품질 기타 거래조건이나 혁신, 소비자선택가능성 등의 결정에 영향을 미치거나 미칠 우려가 있는 상태를 초래하거나 그러한 상태를 상당히 강화하는 기업결합을 의미한다.[3] 기업결합의 경쟁제한성을 판단함에 있어서는 당해 기업결합이 없을 경우의 시장상황과 당해 기업결합으로 인하여 변할 시장상황을 비교할 필요가 있다. 통상적으로는 당해 기업결합 이전의 시장상황과 당해

---

2) Phillip E. Areeda & Herbert Hovenkamp, *Antitrust Law*, vol. ⅣA (3d ed., Aspen Publishers 2009), 137면 참조.
3) 심사기준 Ⅱ.6.

기업결합으로 변화할 것이 예상되는 시장상황을 비교하게 되지만, 만약 당해 기업결합이 없더라도 관련시장에 변화가 예상되는 경우에는 그와 같이 변화될 시장상황을 전제로 하여 당해 기업결합으로 변화할 것이 예상되는 시장상황과 비교하여야 한다.[4] 이러한 원칙은 수직결합의 경우에도 동일하게 적용될 것이다.[5] 경쟁을 실질적으로 제한하는 기업결합을 가려내기 위하여 심사기준은 다음과 같은 체계로 심사를 하도록 하고 있다.

심사기준에 따르면 먼저 심사의 첫 단계에서 경쟁제한성이 없는 것으로 추정되는 간이심사대상 기업결합을 가려내어 원칙적으로 신고내용의 사실여부만을 심사하여 단기간 내에 심사를 완료하도록 하고 있다.[6] 간이심사대상 기업결합에 해당하는 유형들은 그 특성상 경쟁제한효과가 문제될 가능성이 매우 낮기 때문에 공정거래위원회가 그러한 유형에 해당하는지만 확인한 후 조기에 심사를 완료하도록 하는 것이다. 간이심사대상 기업결합에 해당되지 않는 일반심사대상 기업결합에 대해서는 일반적으로 지배관계 형성여부, 관련시장 획정, 경쟁제한성 판단, 경쟁제한성 완화요인 검토, 효율성 증대효과 및 도산기업항변 인정 여부의 순서로 심사를 진행하게 된다. 그러나 이러한 판단 순서가 절대적인 것은 아니고, 개별 사건의 특성에 따라서는 이와 다른 순서로 판단을 하거나 다른 단계에 속하는 요소들을 통합적으로 함께 고려하는 것이 더 적절한 경우도 있을 수 있다. 따라서 여러 고려요소들과 제반 이론들의 관계에 대한 정확한 이해를 바탕으로 심사기준에서 예정하고 있는 체계와 순서를 원칙적으로 따르면서도 개별 사안의 구체적인 필요에 따라서는 유연하게 이를 변형하여 적절하게 심사를 진행할 필요가 있다.[7]

관련시장 획정은 경쟁제한성을 판단하기 위한 전제가 되기 때문에 관련시장 획정과 경쟁제한성 심사는 밀접한 관계를 가지고 그 분석이 상호 영향을 미치게 된다. 관련시장은 경쟁관계가 성립될 수 있는 분야를 인위적으로 나누어 보는 것이다. 관련시장을 획정하게 되면 당해 기업결합이 수평결합, 수직결합, 혼합결

---

4) 이민호, 기업결합의 경쟁제한성 판단기준-수평결합을 중심으로-, 경인문화사, 2013, 131면.
5) 유럽집행위원회, 기업결합규제에 관한 규칙 하에서의 비수평결합 판단 지침(Guidelines on the assessment of non-horizontal mergers under the Council Regulation on the control of concentrations between undertakings; 이하 '유럽 비수평결합지침') para. 20 참조.
6) 심사기준 II.1. 및 III.
7) 이민호, 앞의 책, 6-8면 참조.

합의 유형 중 어느 유형에 해당하는지가 명확해진다. 수평결합, 수직결합, 혼합결합의 경쟁제한성을 설명하는 이론은 차이가 있고, 이러한 이론의 차이를 반영하여 심사기준은 경쟁제한성 판단기준을 각 유형에 따라 달리 규정하고 있다. 심사기준은 먼저 수평결합과 수직결합 및 혼합결합으로 나누어서 시장집중도 및 그 변화정도가 일정한 기준에 미달하는 경우(이른바 안전지대에 해당하는 경우) 그 기업결합이 경쟁을 실질적으로 제한하지 않는 것으로 추정하고 있다.[8] 그러나 안전지대에 해당하는 경우라고 하더라도 시장상황에 비추어 볼 때 경쟁제한효과가 나타날 수도 있다는 의심이 드는 경우에는 일반적인 심사를 진행할 수 있다.[9] 다만 시장집중도 분석은 기업결합이 경쟁에 미치는 영향을 분석하는 출발점으로서의 의미를 가지며, 안전지대에 해당하지 않는다고 해서 경쟁제한성이 추정되는 것은 아니고 경쟁제한성 판단을 위한 여러 고려요소 및 경쟁제한성 완화요소들을 종합적으로 고려하여 경쟁이 실질적으로 제한되는지 여부를 판단하게 된다.[10] 심사기준은 수평결합의 경우 단독효과, 협조효과, 구매력 증대에 따른 효과를, 수직결합의 경우 봉쇄효과와 협조효과를, 혼합결합의 경우 잠재적 경쟁의 저해효과, 경쟁사업자 배제효과, 진입장벽 증대효과를 고려하여 경쟁제한성을 판단하도록 하고 있다.[11] 그리고 경쟁제한성이 인정되는 경우 경쟁제한성 완화요인으로 해외경쟁의 도입수준 및 국제적 경쟁상황, 신규진입의 가능성, 유사품 및 인접시장의 존재, 강력한 구매자의 존재를 고려하도록 규정하고 있다.[12] 이러한 경쟁제한성 완화요인은 수평결합뿐만 아니라 수직결합 및 혼합결합에도 공통적으로 적용된다. 경쟁제한성 완화요인은 경쟁제한성이 일응 인정되는 경우에 이를 번복하는 요소이므로, 기업결합 당사회사는 반증의 방법으로 경쟁제한성 완화요인을 입증함으로써 경쟁제한성이 인정되지 않도록 할 수 있을 것이다.[13] 다만 경쟁제한성 판단 시에 고려할 요소들과 경쟁제한성 완화요인의 구별이 반드시 명백한 것은 아니어서 통상적으로는 경쟁제한성을 먼저 판단한 후 경쟁제한성 완화요인을 판단하게 되지만, 구체적인 개별 사건에 따라서는 경쟁제

---

8) 심사기준 Ⅵ.1.가.
9) 이민호, 앞의 책, 176면.
10) 심사기준 Ⅵ.1.가.
11) 심사기준 Ⅵ.2. 내지 4.
12) 심사기준 Ⅶ.
13) 이민호, 앞의 책, 300면.

한성을 판단할 때 경쟁제한성 완화요인을 통합적으로 고려하여 함께 분석하는 것이 적절한 경우도 있을 수 있다.[14] 특히 수직결합의 경우에는 기업결합 당사회사의 전략적 행위에 대하여 상방시장과 하방시장의 실제적 또는 잠재적 경쟁사업자들이 어떻게 대응할 것인지 및 그 거래상대방들이 어떻게 대응할 것인지 등에 따라 경쟁제한효과가 나타날 수도 있고 그렇지 않을 수도 있으므로, 경쟁제한성 완화요인들을 경쟁제한성 판단 시에 함께 고려하는 것이 적절한 경우가 많을 수 있다.

마지막으로 경쟁제한성이 인정되더라도 효율성 항변 또는 도산기업 항변이 성립되면 예외를 인정하는 법 제7조 제2항에 따라 심사기준은 효율성 증대효과 및 도산기업 항변이 성립되는지를 판단하도록 하고 있다.[15] 효율성 항변 및 도산기업 항변 또한 수평결합뿐만 아니라 수직결합과 혼합결합에도 적용된다. 우리 법상으로는 효율성 항변 및 도산기업 항변이 소송법상의 항변에 해당하지만, 기업결합에서 발생하는 경쟁제한성의 유형과 효율성의 유형에 따라서는 이를 통합적으로 분석하는 것이 적절한 경우도 있다. 특히 경쟁제한성이 가격인상 효과로 나타나고 효율성이 가격인하 효과로 나타나는 경우에는 양자를 통합적으로 분석하여 순효과로 그 시장에서 가격이 인상될 것인지 여부를 판단하는 것이 보다 간명할 수도 있다.[16]

III. 수직결합의 특성 및 수직결합 심사의 역사적 전개과정

1. 수직결합의 경쟁제한성 심사에 있어서 고려할 특성

수직결합의 경우 수평결합과 달리 경쟁사업자들 사이의 직접적인 경쟁을 제거하지 않을 뿐만 아니라 상당한 효율성이 발생하는 경우가 많기 때문에 통상적으로 수평결합에 비하여 경쟁제한성이 문제되는 빈도가 낮고 경쟁제한성을 명확

---

14) 위의 책, 178-179면, 299-300면 참조.
15) 심사기준 Ⅷ.
16) 이민호, 앞의 책, 403-404면 참조. 수직결합에서는 많은 경우에 경쟁제한성과 효율성의 원천이 동일하기 때문에 경쟁제한성과 효율성을 분리하여 분석하는 것이 부적절하다는 지적이 있다. Simon Bishop, *(Fore) Closing the Gap: The Commission's Draft Non-Horizontal Merger Guidelines*, 29(1) E.C.L.R. 1 (2008), 2면.

하게 판단하기 어려운 경우가 많다.[17] 기업결합의 경쟁제한성 심사 자체가 기업
결합으로 인하여 장래 발생할 시장상황의 변화를 합리적으로 예측하는 것이 요
구되기 때문에 불확실성을 피하기 어렵지만, 수직결합 및 혼합결합의 경우에는
수평결합에 비하여 이러한 특성이 더욱 크게 나타난다. 수평결합의 경우에는 시
장의 구조적 변화가 나타남에 따라 기업결합 당사회사가 경쟁제한적인 행위를
할 개연성을 예측하기가 좀 더 용이한 측면이 있다. 물론 수평결합의 경우에도
유사한 어려움이 있기는 하지만, 수직결합이나 혼합결합의 경우에는 구체적인
시장상황 하에서 기업결합 당사회사의 행위와 이에 대응하는 다른 시장참여자들
의 행위에 따라 경쟁제한성이 나타날 수도 있고 그렇지 않을 수도 있어서 이를
합리적으로 예측하는 것은 보다 어려울 수 있다.

또한 이론적으로나 경험적으로나 대부분의 수직결합은 효율성을 증가시키므
로 수직결합의 집행에 있어서는 오류를 최소화하기 위하여 더욱 주의를 기울일
필요가 있다.[18] 특히 보완관계에 있는 사업자들 사이의 수직결합은 이중이윤의
내부화(internalisation of double mark-ups)를 통하여 가격을 낮추고 생산량을
증가시킬 수 있다.[19] 수직결합 이전에는 상위시장(upstream market)과 하위시장
(downstream market)에서 시장력(market power)을 보유하고 있는 별개의 두 사
업자가 이윤극대화를 위해서 각각 한계비용에 이윤을 추가하여 가격을 책정하던
것이 수직결합 이후에는 하나의 사업자로 통합됨에 따라서 상위 사업부문에서
추가적인 이윤을 부과하지 않고 투입물을 한계비용으로 하위 사업부문에 내부적
으로 이전함으로써 하위시장에서 가격이 낮아지고 생산량이 증가하는 현상을 이
중이윤의 내부화라고 한다.[20] 또한 수직결합은 범위의 경제나 상위 사업부문과
하위 사업부문의 협력을 증대시켜서 생산적 효율성 및 비용절감의 효율성 증대
효과를 낳을 수도 있고, 상위 사업부문과 하위 사업부문의 유인을 정합적으로
맞추거나(alignment of incentives) 무임승차를 방지하여 수직적 외부성(vertical

---

17) David T. Scheffman & Richard S. Higgins, *Vertical Mergers: Theory and Policy*, 12 Geo.
   Mason L. Rev. 967 (2004), 967면; OECD, *Vertical Mergers*, DAF/COMP(2007) 21, 7면;
   ABA Section of Antitrust Law, *Mergers and Acquisitions* (3d ed. 2008), 439-440면;
   Jeffrey Church, *Vertical Mergers*, in *Issues in Competition Law and Policy* vol. II (ABA
   Section of Antitrust Law 2008), 1455, 1461-1462면 참조.
18) OECD, 앞의 자료, 7면; Jeffrey Church, 앞의 논문, 1463면.
19) 유럽 비수평결합지침 para. 13.
20) ABA Section of Antitrust Law, 앞의 책, 440면; Jeffrey Church, 앞의 논문, 1461면 참조.

externalities)을 내부화함으로써 효율성을 창출할 수도 있으며, 상위 사업부문과 하위 사업부문 사이에 거래비용을 낮추고 기회주의적 행동(이른바 "holdup problem")을 효과적으로 해결할 수 있도록 함으로써 효율성을 증대시킬 수도 있다.[21]

특히 수직결합 이후 기업결합 당사회사와 그 경쟁사업자들 사이에 비용 비대칭성(cost asysmmetry)이 발생할 수 있는데, 이러한 비용 비대칭성이 경쟁제한효과와 효율성의 동일한 원천이 된다는 점에서 수직결합의 경쟁제한성을 판단하기가 더욱 어려운 측면이 있다.[22] 즉 이중이윤의 내부화가 발생하는 경우 기업결합 당사회사는 감소된 비용을 바탕으로 하여 하위시장에서 가격을 인하하고 산출량을 증가시킬 유인을 가질 수도 있는 반면에 기업결합 당사회사가 상위시장에서 증대된 시장력을 바탕으로 하위시장의 경쟁사업자에게 공급하는 투입물의 가격이 인상되도록 하여 그들이 하위시장에서 가격을 인상하고 산출량을 감소시키도록 할 수도 있다. 따라서 수직결합의 순효과는 그와 같은 양자의 효과 중 어느 쪽이 더 큰지를 비교형향 하여 판단할 필요가 있고, 그 밖에도 다른 종류의 효율성이 발생하는 경우에는 그러한 효율성과도 경쟁제한효과를 비교형량 할 필요가 있다.[23]

이러한 특성으로 인하여 법 집행이 용이하도록 수직결합에서 경쟁제한성이 발생하는 제반 조건들을 일반화 하는 것이 쉽지 않다.[24] 수직결합의 경쟁제한성을 설명하는 다양한 이론들은 특정한 조건이 갖추어진 제한적인 경우에만 수직결합으로 인하여 경쟁제한성이 발생할 수 있는 것으로 설명하고 있다. 따라서 경쟁제한성을 판단함에 있어서 그 사안의 구체적 사실관계가 그 사안에 적용되는 경쟁제한성을 설명하는 특정 이론을 설득력 있게 뒷받침하는지 및 친경쟁적인 다른 이론적 설명을 배제할 수 있는지를 면밀히 검토할 필요가 있을 것이다.[25]

---

21) Jeffrey Church, 앞의 논문, 1492-1495면; 곽상현·이봉의, 기업결합규제법, 법문사, 2012, 148-151면 참조.
22) Jeffrey Church, 앞의 논문, 1462면.
23) 위의 논문, 같은 면.
24) Herbert Hovenkamp, *Federal Antitrust Policy: The Law of Competition and its Practice* (4th ed., Thomson Reuters 2011), 421면.
25) Jeffrey Church, 앞의 논문, 1463면.

2. 수직결합의 경쟁제한성 판단기준에 관한 역사적 전개과정

과거 미국의 1970년대 중반 이전의 수직결합에 관한 판례들은 하버드 학파의 영향을 받아서 시장집중도를 바탕으로 한 구조적 분석으로부터 쉽게 봉쇄효과를 인정하는 경향을 보였다. 대표적으로 미국 연방대법원은 Brown Shoe Co. v. United States[26] 판결에서 신발제조시장에서 약 5%의 시장점유율을 가진 Brown Shoe와 신발소매시장에서 미국 전역을 기준으로 약 1%의 시장점유율을 가진 Kinney의 수직결합을 금지하기도 하였다. 그런데 1960년대 무렵부터 시카고 학파는 하나의 독점이윤(single monopoly profit) 이론을 주장하면서 한 시장의 독점적 사업자가 다른 시장의 사업자를 수직결합 한다고 해서 추가적으로 이윤을 얻을 수 없으므로 수직결합의 경쟁제한성을 인정하기는 어렵고 오히려 효율성을 창출하는 경우가 일반적이라는 이론을 전개하였다. 이러한 시카고 학파의 영향으로 미국의 법원들도 1970년대 중반 이후 점차 수직결합에 대한 태도를 바꾸었고, 미국 법무부가 1984년에 제정한 기업결합지침에서는 수직결합과 관련하여 봉쇄효과를 직접적으로 언급하지 않고, 당해 기업결합이 진입장벽을 높이는 경우, 협조적 행위를 조장하는 경우 및 규제산업에서 요금제한을 회피하기 위한 경우에 경쟁제한적인 것으로 규정하였다.[27]

그 이후 사안별로 개별적인 분석의 중요성을 강조하는 포스트 시카고 학파는 특정한 상황 하에서는 수직결합이 경쟁제한성을 초래할 수도 있음을 보여주었는데, 포스트 시카고 학파의 수직결합에 관한 최근의 이론들은 봉쇄가 어떻게 경쟁사업자의 비용을 증가시키거나 수익을 감소시키는지, 이러한 경쟁사업자에 대한 불이익이 어떻게 경쟁제한효과를 낳게 되는지에 초점을 맞추고 있다.[28] 이러한 포스트 시카고 학파의 이론들이 최근의 미국 법원들이나 경쟁당국의 집행에 영향을 미치고 있고, 유럽연합의 비수평결합지침의 내용에도 큰 영향을 미친 것으로 보인다.[29]

---

26) 370 US 294 (1962).
27) 미국 1984년 기업결합지침 4.2. 미국에서는 1992년과 2010년에 법무부와 연방거래위원회가 공동으로 수평결합지침(Horizontal Merger Guidelines)을 제정하였으나 수직결합의 경쟁제한성 판단기준은 포함하고 있지 않으므로, 수직결합의 실체적 판단기준과 관련하여서는 여전히 미국 1984년 기업결합지침의 관련 부분이 계속 적용된다고 볼 수 있다. ABA Section of Antitrust Law, 앞의 책, 23면; Herbert Hovenkamp, 앞의 책, 431면.
28) OECD, 앞의 자료, 16면.

Ⅳ. 수직결합의 경쟁제한성 판단기준

1. 개 요

수직결합의 경우 유럽 비수평결합지침[30])에서 분류한 바와 같이 그 경쟁제한 효과를 단독효과와 협조효과로 나누어서 설명할 수 있다.[31]) 단독효과는 기업결합 이후 기업결합 당사회사가 다른 경쟁사업자의 협조 없이도 단독으로 경쟁제한효과를 낳게 되는 경우를 지칭하는 것인 반면에 협조효과는 기업결합 이후 다른 경쟁사업자와의 협조를 통하여 경쟁제한효과를 낳게 되는 경우를 지칭한다.[32]) 심사기준은 수직결합의 경쟁제한성을 시장의 봉쇄효과, 협조효과 등을 종합적으로 고려하여 심사하도록 하고 있는데, 봉쇄효과가 단독효과의 주된 내용이라고 할 것이어서 우리 심사기준상으로도 단독효과와 협조효과로 나누어서 설명할 수 있을 것이다.

이론적인 측면에서 볼 때 수직결합의 경우 단독효과나 협조효과가 발생하기 위해서는 기업결합 당사회사가 상위시장 또는 하위시장 중 최소한 어느 한 시장에서는 상당한 정도의 시장력(market power)을 보유하고 있어야 한다. 따라서 본격적인 경쟁제한효과의 분석에 들어가기에 앞서 상위시장과 하위시장의 시장 집중도 및 기업결합 당사회사의 시장에서의 지위를 일차적으로 살펴볼 필요가 있을 것이다. 따라서 아래에서는 시장집중도 및 기업결합 당사회사의 시장에서의 지위에 관하여 먼저 검토하고, 봉쇄효과와 기타의 단독효과, 그리고 협조효과를 차례로 검토하기로 한다.

---

29) 수직결합 규제에 관한 미국의 역사적 전개 과정은 ABA Section of Antitrust Law, 앞의 책, 441-474면; Herbert Hovenkamp, 앞의 책, 425-431면; 곽상현·이봉의, 앞의 책, 151-174면 참조.

30) 2007년에 제정된 유럽 비수평결합지침은 수직결합에 대한 최근까지 발전된 이론과 집행 경험을 반영하고 있어서 실제 우리 법의 집행에 있어서도 참고가 될 수 있을 것이다. 유럽 비수평결합지침의 내용을 상세히 소개하고 있는 글로는 유진희·심재한, EU경쟁법상 비수평적 기업결합에 대한 판단기준, 세계화시대의 기업법, 박영사, 2010; 이호영·신영수, 비수평결합 심사기준 개선방안 연구(정책연구용역 보고서), 2012. 10, 106-120면 참조.

31) 유럽 비수평결합지침은 비협조효과(non-coordinated effects)와 협조효과(coordinated effects)라는 용어를 사용하고 있다. 단독효과와 비협조효과라는 용어의 차이에 대해서는 이민호, 앞의 책, 165면, 각주 49) 참조.

32) 위의 책, 163-164면.

2. 시장집중도 및 기업결합 당사회사의 시장에서의 지위

(1) 일차적 고려요소로서의 시장력(market power)

수직결합은 기업결합 당사회사가 상위시장이나 하위시장 중 어느 한 시장에서 시장지배적 지위에 이르지는 않더라도 상당한 정도의 시장력[33]을 가지고 있지 않는 한 경쟁제한성이 문제되기 어렵다.[34] 수직결합 이후에 기업결합 당사회사가 경쟁사업자와의 거래를 중단하더라도 경쟁적인 시장에서는 경쟁에 별다른 영향을 미치지 못할 것이며, 과점시장이라고 하더라도 별다른 영향이 없는 경우가 자주 있다.[35] 경쟁적인 시장에서는 수직결합 이후 기업결합 당사회사가 경쟁사업자와 거래를 중단하더라도 그 경쟁사업자는 다른 대체거래선을 쉽게 발견하여 거래를 할 수 있을 것이기 때문에 단순히 기존의 거래관계가 서로 바뀌면서 재정렬 되는 정도의 결과만을 가져오기 쉬울 것이다.[36] 과점시장에서 기업결합 당사회사가 경쟁사업자와 거래를 중단하더라도 기업결합 당사회사와 경쟁사업자들의 행동에 따라서는 단순히 거래관계가 재정렬 되는 결과만 낳을 수도 있고 기업결합 당사회사가 효율성을 바탕으로 가격인하를 하는 경우에는 오히려 경쟁이 촉진될 수도 있다.[37] 나아가 독점시장이라고 하더라도 수직결합으로 인하여 효율성이 큰 경우에는 경쟁이 촉진될 가능성도 있다. 그러므로 수직결합에서 상당한 정도의 시장력은 경쟁제한성이 인정되기 위한 필요조건이기는 하지만 충분조건이라고 볼 수는 없다.[38] 경쟁당국의 자원을 효율적으로 사용하기 위해서는 기업결합 당사회사가 상위시장이나 하위시장에서 상당한 정도의 시장력을 가지고 있지 않으면 특별한 사정이 없는 한 경쟁제한성이 문제되지 않을 것으로 판단하여 심사를 종결하고, 기업결합 당사회사가 상위시장이나 하위시장에서 상당한 정도의 시장력을 가지고 있는 경우에 한하여 경쟁제한성이 발생할 것인지를 본격적으로 심사하는 것이 합리적일 것이다.

---

33) 시장력은 사업자가 산출량 감소를 통한 가격인상으로 경쟁 수준의 가격보다 더 높은 가격을 책정할 수 있는 능력을 말하며, 독점력(monopoly power)이나 시장지배력(dominance)보다는 낮은 정도의 능력만으로도 충족되는 것으로 이해할 수 있을 것이다. 위의 책, 159-161면 참조.
34) 유럽 비수평결합지침 para. 23.
35) Phillip E. Areeda & Herbert Hovenkamp, 앞의 책, 159면.
36) 위의 책, 161-162면.
37) 위의 책, 162-163면.
38) 유럽 비수평결합지침 para. 27.

(2) 안전지대

이를 반영하여 심사기준에서도 이른바 안전지대를 규정하여 두고 이에 해당하는 경우에는 특별한 사정이 없는 한 경쟁제한성이 없는 것으로 추정하고 있다. 수직결합의 경우 ① 기업결합 당사회사가 관여하고 있는 관련시장에서 각 경쟁사업자의 시장점유율의 제곱의 합인 허핀달-허쉬만지수(이하 'HHI')가 2,500 미만이고 기업결합 당사회사의 시장점유율이 25% 미만인 경우 또는 ② 관련시장에서 기업결합 당사회사가 각각 4위 이하 사업자인 경우에 안전지대에 해당하는 것으로 규정하고 있다.[39] 즉 상위시장과 하위시장이 모두 고도로 집중된 시장이 아니고 기업결합 당사회사의 시장점유율이 25%에 미치지 못하거나, 상위시장과 하위시장의 시장집중도가 높다고 하더라도 기업결합 당사회사가 각각 4위 이하 사업자여서 시장에 미치는 영향력이 크지 않으면, 수직결합으로 인하여 경쟁제한성이 발생하지 않을 것으로 추정하는 것이다. 다만 이는 추정일 뿐이므로 시장상황에 비추어 볼 때 경쟁제한효과가 나타날 수 있다는 의심이 드는 경우에는 일반적인 심사를 진행할 수 있을 것이다.[40]

그러나 이러한 안전지대의 기준을 넘는다고 하여 기업결합 당사회사가 항상 상당한 정도의 시장력을 가지고 있다고 볼 수는 없을 것이다. 예를 들어 HHI가 2,500이 넘는 고도로 집중된 시장에서 기업결합 당사회사가 그렇게 시장점유율이 높지 않는 3위 사업자인 경우라면 상당한 정도의 시장력을 가지고 있다고 보기 어려울 것이다. 설령 기업결합 당사회사가 상당한 정도의 시장력을 가지고 있다고 하더라도 이는 경쟁제한성의 필요조건이지 충분조건은 아니므로 경쟁제한성을 추정할 수는 없고, 실제로 경쟁제한성이 발생할 것인지를 구체적인 시장상황 하에서 면밀히 검토할 필요가 있다. 심사기준에서도 시장집중도 분석은 기업결합이 경쟁에 미치는 영향을 분석하는 출발점으로서의 의미를 지닐 뿐이며, 경쟁이 실질적으로 제한되는지 여부는 시장의 집중상황과 함께 시장의 봉쇄효과, 협조효과 등과 경쟁제한성 완화요인들을 종합적으로 고려하여 판단하여야 하는 것으로 규정하고 있다.[41]

---

39) 심사기준 Ⅵ.1.가.(2). 한편 유럽 비수평결합지침에서는 수직결합 이후 각각의 관련시장에서 기업결합 당사회사의 시장점유율이 30% 미만이고 HHI가 2,000미만인 경우를 안전지대로 규정하고 있다 (para. 25). 이러한 안전지대의 기준이 너무 낮다는 견해로는 Simon Bishop, 앞의 논문, 2면 참조.
40) 이민호, 앞의 책, 176면.

(3) 경쟁제한성 추정 조항

법 제7조 제4항에서는 시장점유율을 바탕으로 경쟁제한성을 추정할 수 있는 두 가지 경우를 규정하고 있는데, 그 중 대규모회사가 직접 또는 특수관계인을 통하여 중소기업의 시장점유율이 3분의 2 이상인 거래분야에서 기업결합을 하고 이로 인해 5% 이상의 시장점유율을 가지게 되면 경쟁제한성을 추정하도록 한 제2호는 수직결합에 적용될 수 있을 것이다.[42] 다만 실제 사안들을 보면 중소기업들을 보호하기 위한 제2호의 추정요건을 적용할 현실적인 필요성은 크지 않고, 오히려 개별적인 사안별로 그 경쟁제한성을 구체적으로 검토하는 것이 실무에도 부합하는 것으로 보이므로, 제2호는 폐지하는 것이 바람직할 것이다.[43]

3. 단독효과

(1) 봉쇄효과

1) 봉쇄와 경쟁제한적인 봉쇄

봉쇄(foreclosure)는 수직결합으로 인하여 상위시장이나 하위시장에 있는 기업결합 당사회사의 실제적 또는 잠재적 경쟁사업자들이 투입물 또는 시장에 접근하는 것이 배제되거나 저해되어서 경쟁사업자들이 경쟁할 수 있는 능력이나 유인을 약화시키는 경우를 의미한다.[44] 경쟁사업자의 신규진입을 저해하거나 경쟁사업자가 관련시장에서 퇴출되는 경우 봉쇄가 인정되지만, 그에 미치지 못하더라도 경쟁사업자가 경쟁상 불이익을 당하여 덜 효과적으로 경쟁하도록 하는 것만으로도 봉쇄를 인정하기에 충분하다.[45]

그러나 이와 같이 실제적 또는 잠재적 경쟁사업자들의 경쟁 능력이나 유인이 약화된다고 하여 반드시 소비자의 후생이 저해되는 것은 아니다. 즉 수직결합으로 인하여 실제적 또는 잠재적 경쟁사업자들의 경쟁 능력이나 유인이 약화된다고 하더라도 관련시장에서 경쟁이 충분히 이루어진다면 소비자의 후생은 악화되

---

41) 심사기준 Ⅵ.1.가.
42) 이민호, 앞의 책, 211-212면 참조.
43) 위의 책, 223-225면 참조.
44) 유럽 비수평결합지침 paras. 18, 29.
45) 유럽 비수평결합지침 paras. 29, 58.

지 않거나 오히려 증대될 수도 있을 것이다. 이러한 측면에서 봉쇄와 경쟁제한
적인 봉쇄(anticompetitive foreclosure)는 구별될 필요가 있다. 경쟁제한적 봉쇄
는 봉쇄의 결과로 기업결합 당사회사가 소비자에게 공급하는 상품의 가격이 인
상되거나, 산출량이 제한되거나, 상품의 품질이나 선택가능성이 감소하거나, 혁
신이 저해되는 등의 경쟁제한효과[46]가 발생할 개연성이 있는 경우를 의미한
다.[47] 수직결합 심사에 있어서는 수직결합이 경쟁사업자에게 악영향을 미친다는
점만으로는 바로 경쟁제한성을 인정하기에 부족하고, 경쟁사업자에 대한 악영향
으로 인하여 소비자후생을 저해하는 경쟁제한효과가 발생할 개연성이 있는지를
구체적으로 살펴볼 필요가 있다.[48]

이와 관련하여 봉쇄의 발생 가능성과 경쟁제한효과 발생 가능성이 별개의 요
건이 되는 것이 아니라 봉쇄라는 표현 자체에 경쟁사업자의 시장접근 가능성 제
한의 정도가 경쟁제한효과가 발생할 개연성이 있는 정도에 이른 경우를 함축한
다고 보고, 다만 봉쇄의 결과 발생할 수 있는 경쟁제한효과의 내용을 분명히 확
인할 필요는 있다는 유력한 견해도 있다.[49] 봉쇄를 그와 같은 의미로 사용한다
면 봉쇄가 바로 경쟁제한적인 봉쇄를 의미하는 것으로 이해할 수 있을 것이다.
이와 유사하게 유럽 비수평결합지침과 관련하여 봉쇄와 경쟁제한적 봉쇄의 구분
은 혼란만 가져오기 때문에 양자의 개념 구분을 없애고 봉쇄라는 용어를 중대한
경쟁제한효과가 인정되는 경우에만 사용하자는 견해도 있다.[50] 봉쇄와 경쟁제한
적인 봉쇄의 구별에 비판적인 이러한 견해들에 따르더라도 단순한 봉쇄만으로는
경쟁제한성을 인정하기에 충분하지 않고 경쟁제한효과가 발생할 개연성이 있는
경우에만 규제의 대상이 된다는 점은 명백하다고 할 것이다.

2) 봉쇄효과의 분석틀

유럽 비수평결합지침에서는 경쟁제한적인 봉쇄가 발생할 것인지를 판단함에
있어서 수직결합 이후 기업결합 당사회사가 투입물 또는 고객에 대한 접근을 실
질적으로 봉쇄할 능력이 있는지, 그렇게 할 유인이 있는지, 그러한 봉쇄 전략이

---

46) 이하에서는 가장 전형적인 경쟁제한효과인 가격인상을 중심으로 설명을 전개하기로 한다.
47) 유럽 비수평결합지침 paras. 18, 29 참조.
48) OECD, 앞의 자료, 8면; 유럽 비수평결합지침 para. 16; 곽상현·이봉의, 앞의 책, 164면 참조.
49) 홍대식, "심사기준의 개정 내용에 대한 검토-경쟁제한성 판단기준을 중심으로-", 법조 통권 622호,
    법조협회, 2008. 7, 187-188면 참조.
50) Simon Bishop, 앞의 논문, 1-2면.

하위시장에서의 경쟁 또는 고객들에 중대한 악영향을 미칠 것인지를 검토하도록 하고 있다.[51] 봉쇄의 능력, 유인, 경쟁에 대한 영향으로 나누어서 특정한 사실관계가 미치는 영향을 고려해 보는 것이 정치한 분석을 하는데 도움이 될 수는 있지만, 실제 사례에서는 특정 사실관계가 봉쇄의 능력, 유인, 경쟁에 대한 영향에 공통적으로 작용하고 위 요소들도 서로 간에 밀접하게 연관되어 있기 때문에 위 요소들을 개별적으로 나누어서 분석하기보다는 오히려 통합적으로 분석하여 구체적인 사실관계들이 복합적으로 작용할 때 경쟁제한적인 봉쇄가 발생할 것인지를 판단하는 것이 적합한 경우가 많이 있다.[52] 수직결합에서 경쟁제한적인 봉쇄가 발생할 것인지를 판단하기 위해서는 구체적인 상위시장과 하위시장의 상황 하에서 수직결합 이후 기업결합 당사회사가 취할 수 있는 전략적 행동들과 이에 대응하여 실제적 또는 잠재적 경쟁사업자들이나 그 거래상대방 등이 어떠한 대응전략을 취할 것인지, 그리고 그 결과 가격인상 등의 경쟁제한효과가 나타날 것인지를 분석하는 것이 중요할 것이다.

한편 경쟁제한적인 봉쇄가 발생하더라도 수직결합으로 인한 효율성으로 인하여 기업결합 당사회사가 하위시장에서 가격을 인하하게 되면, 전체적으로 소비자에게 미치는 순효과는 중립적이거나 긍정적일 수도 있다.[53] 따라서 수직결합으로 인한 경쟁제한효과와 효율성 증대효과를 비교형량 할 필요가 있는데, 우리 법상 효율성은 항변에 해당하지만 수직결합으로 인한 이중이윤의 제거나 생산비용의 절감과 같이 효율성 증대효과의 내용이 가격인하 효과인 경우에는 경쟁제한적인 봉쇄로 인한 가격인상 효과를 먼저 판단한 다음에 그와 같은 가격인하 효과를 별도로 분석하여 비교형량하기보다는 양자를 통합적으로 분석하여 순효과로 가격이 어느 방향으로 움직일 것인지 판단하는 것이 보다 용이할 수 있다. 그 밖에 수직결합은 상위 사업부문과 하위 사업부문의 협력을 강화하여 시너지를 창출하거나 양자의 이해관계를 일치시켜서 투자를 제고하는 등의 비가격적인 효율성 증대효과도 발생시킬 수 있는데, 이러한 효율성 증대효과는 그 성격상 경쟁제한효과와 통합적으로 분석하기 어려울 것이다.[54]

---

51) 유럽 비수평결합지침 paras. 32, 59.
52) 유럽 비수평결합지침 para. 32에서도 봉쇄의 능력, 유인, 경쟁에 대한 영향은 서로 밀접하게 연관되어 있기 때문에 실무적으로 종종 함께 검토된다고 기술하고 있다.
53) 유럽 비수평결합지침 para. 31.
54) OECD, 앞의 자료, 8면.

3) 봉쇄효과의 유형

봉쇄효과는 다시 투입물 봉쇄(input foreclosure)와 고객 봉쇄(customer fore-closure)의 두 가지 유형으로 구분할 수 있다.

(가) 투입물 봉쇄

투입물 봉쇄는 수직결합 후에 기업결합 당사회사가 기업결합이 없었더라면 공급하였을 상품에 대한 접근을 제한하여 하위시장의 경쟁사업자가 기업결합이 없었을 경우와 유사한 가격 및 거래조건에 투입물의 공급을 받는 것을 어렵게 함으로써 그들의 비용을 증가시킬 개연성이 있는 경우에 발생할 수 있다.[55] 투입물 봉쇄는 경쟁사업자 비용 증가 이론(raising rivals' cost)에 근거를 두고 있는데, 투입물 봉쇄로 인하여 하위시장의 경쟁사업자들이 더 높은 비용으로 투입물에 접근하도록 함으로써 그들이 하위시장 상품의 가격을 인상하도록 해서 기업결합 당사회사가 하위시장에서 추가적인 이윤을 얻을 수 있다는 것이다.[56] 이러한 투입물 봉쇄가 하위시장에서 경쟁사업자들의 경쟁 능력이나 유인을 약화시키는 것을 넘어서 하위시장의 가격인상을 초래하거나 달리 소비자에 피해를 입히는 경우에 경쟁을 실질적으로 제한하는 것으로 볼 수 있을 것이다.[57]

투입물 봉쇄에 관한 이론을 적용함에 있어서는 먼저 수직결합 후에 기업결합 당사회사가 상위 사업부문에서 생산하는 투입물에 대하여 하위시장 경쟁사업자들과의 거래를 중단하거나 기업결합이 없었을 경우에 비하여 가격을 인상하거나 거래조건을 불리하게 변경할 개연성이 있는지, 그리고 그 경우 하위시장 경쟁사업자들의 비용이 증가될 것인지를 살펴보아야 한다. 기업결합 당사회사가 투입물 봉쇄 전략을 취하기 위해서는 상위시장에서 상당한 정도의 시장력을 가지고 있어야 할 것이고,[58] 그 투입물이 하위시장의 중요한 생산요소여야 할 것이다.[59] 기업결합 당사회사는 구체적인 시장상황 하에서 투입물 봉쇄 전략을 취할 경우 예상되는 상위시장의 이윤감소와 하위시장의 이윤증가를 비교하여 후자가 더 커서 전체적인 이윤이 증가할 것으로 예상되는 때에만 그러한 전략을 사용하

---

55) 유럽 비수평결합지침 para. 31.
56) ABA Section of Antitrust Law, 앞의 책, 460-461면; Jeffrey Church, 앞의 논문, 1472-1473면 참조.
57) OECD, 앞의 자료, 17면; 유럽 비수평결합지침 para. 47 참조.
58) 유럽 비수평결합지침 para. 35.
59) 유럽 비수평결합지침 para. 34.

게 될 것이다.[60] 또한 하위시장의 경쟁사업자가 상위시장에서 충분한 대체거래선을 확보할 수 있다면 기업결합 당사회사가 투입물에 대한 접근을 제한하여 하위시장의 경쟁사업자를 시장에서 배제하거나 경쟁상 불이익을 가하는 것이 어려울 것이므로, 상위시장 및 하위시장의 실제적 또는 잠재적 경쟁사업자들이 기업결합 당사회사의 전략적 행위에 대하여 어떻게 대응할 것인지도 함께 고려하여야 한다.

하위시장 경쟁사업자들의 비용이 증가하더라도 경쟁 압력으로 인하여 하위시장에서 가격인상이 어려운 경우에는 소비자후생이 저해되지 않을 것이므로, 투입물 봉쇄로 인하여 실제로 경쟁제한효과가 발생할 것인지를 검증할 필요가 있다. 하위시장에서 비용이 증가된 경쟁사업자들이 상품 가격을 인상하고, 기업결합 당사회사도 이로 인한 추가이윤을 향유하는 경우에는 경쟁제한성이 인정될 수 있을 것이다. 그러나 다른 대체거래선을 확보하거나 수직계열화를 하는 등의 방법으로 그 생산비용이 증가되지 않는 하위시장의 경쟁사업자들이 충분히 남아 있다면 경쟁제한효과가 발생하기 어려울 수도 있을 것이다.[61] 또한 하위시장의 고객으로 강력한 구매자가 존재하면 경우에 따라 경쟁제한성이 완화될 수도 있을 것이다.[62] 나아가 투입물 봉쇄로 인하여 투입물의 가격이 인상되더라도 기업결합 당사회사가 이중이윤의 제거 등으로 인한 효율성을 바탕으로 하위시장에서 생산량을 증대시키고 가격을 인하하는 전략을 취하는 경우에도 경쟁제한성이 발생하지 않을 수 있다.[63]

한편 투입물 봉쇄로 인하여 잠재적 경쟁사업자가 효과적으로 경쟁하기 위하여 상위시장 및 하위시장에 동시에 진입할 필요가 생기는 경우에는 진입장벽 증대로 인하여 경쟁제한성이 발생할 수 있다.[64] 이러한 위험이 발생하기 위해서는 기업결합 이전에도 이미 상위시장과 하위시장 중 한 시장에서는 진입장벽이 존재하고 있어야 할 것이다. 그렇지 않고 양 시장 모두 진입장벽이 낮다면 수직결

---

60) OECD, 앞의 자료, 17면; 유럽 비수평결합지침 para. 40.
61) 유럽 비수평결합지침 para. 50.
62) 유럽 비수평결합지침 para. 51.
63) OECD, 앞의 자료, 17면.
64) 미국 1984년 기업결합지침 4.21; 유럽 비수평결합지침 para. 49. 고객 봉쇄로 인하여 잠재적 경쟁사업자가 상위시장 및 하위시장에 동시에 진입할 필요가 생기는 경우에도 경쟁제한성이 발생할 수 있는데, 이러한 측면에서는 투입물 봉쇄와 고객 봉쇄가 동일한 전략의 일부분일 수도 있다. 유럽 비수평결합지침 para. 75.

합 이후 어느 한 시장에 진입하려고 하는 잠재적 경쟁사업자는 다른 시장에도 쉽게 진입할 수 있거나 다른 시장에 진입하려고 하는 다른 사업자와 거래를 할 수 있을 것이기 때문이다.[65] 수직결합으로 인하여 진입장벽이 증대되는 경우는 결국 봉쇄로 인하여 나타나는 효과라는 점에 비추어 보면, 이를 봉쇄효과가 발현되는 한 형태로 이해할 수 있을 것이다.[66]

(나) 고객 봉쇄

기업결합 당사회사가 상위시장의 실제적 또는 잠재적 경쟁사업자에 대하여 충분한 고객 기반에 접근하는 것을 봉쇄하여 그들의 경쟁 능력 또는 유인을 감소시킬 수 있는데, 그 경우 하위시장의 경쟁사업자들이 기업결합이 없었을 경우와 유사한 가격 및 거래조건으로 투입물을 공급받는 것을 어렵게 함으로써 그들의 비용을 증가시키고 기업결합 당사회사는 하위시장에서 더 높은 가격을 설정하여 이익을 얻을 수 있는 경우에 고객 봉쇄가 발생할 수 있다.[67] 고객 봉쇄는 경쟁사업자 수익 감소 이론(reducing rivals' revenues)에 근거를 두고 있는데, 고객 봉쇄로 인하여 상위시장 경쟁사업자의 수익을 감소시키고 그 비용을 증가시킴으로써 투입물의 가격을 인상하도록 하고, 이로 인해 더 높은 비용으로 투입물에 접근하게 되는 하위시장의 경쟁사업자들이 자신의 상품 가격을 인상하도록 하여 하위시장에서 경쟁제한효과가 발생할 수 있다는 것이다.[68]

고객 봉쇄로 인하여 가격인상의 경쟁제한효과가 발생할 것인지를 판단하기 위해서는 기업결합 당사회사가 상위시장의 경쟁사업자들에 대하여 고객 기반에 접근하는 것을 봉쇄할 수 있는지, 그 경우 상위시장 경쟁사업자의 비용이 증가하는지, 그 비용증가분을 가격인상을 통하여 하위시장의 사업자들에게 전가할 수 있는지, 하위시장의 사업자들은 다시 그로 인한 비용증가분을 가격인상을 통하여 하위시장의 소비자들에게 전가할 수 있는지 등을 차례로 검증해 볼 필요가 있다. 고객 봉쇄를 위해서는 기업결합 당사회사가 하방시장에서 상당한 정도의 시장력을 가진 중요한 고객이어야 한다.[69] 고객 봉쇄와 관련하여서도 기업결합 당사회사가 수직결합 이후에 어떠한 전략적 행동을 취할 것인지, 이에 대응하여

---

65) Phillip E. Areeda & Herbert Hovenkamp, 앞의 책, 190-191면.
66) 곽상현·이봉의, 앞의 책, 176면; 이호영·신영수, 앞의 보고서, 102면.
67) 유럽 비수평결합지침 paras. 58, 72.
68) ABA Section of Antitrust Law, 앞의 책, 460-461면; Jeffrey Church, 앞의 논문, 1473면 참조.
69) 유럽 비수평결합지침 para. 61.

상위시장과 하위시장의 실제적 또는 잠재적 경쟁사업자들이나 거래상대방 등이 어떠한 행동을 취할 것인지, 그 결과 가격인상 등 경쟁제한효과가 나타날 것인지를 분석할 필요가 있다.

(2) 기타의 단독효과

수직결합으로 인하여 봉쇄효과 이외에도 다른 형태의 단독효과가 발생할 수 있다. 기업결합 당사회사가 수직결합 이후 상위시장 또는 하위시장의 경쟁사업자에 관한 영업상 민감한 정보에 접근할 수 있게 되면 그러한 정보를 이용하여 가격경쟁 등을 완화함으로써 소비자의 후생을 저해하거나 경쟁사업자를 경쟁상 불이익하게 하는 경우가 발생할 수 있다.[70]

또한 가격규제를 받고 있는 독점적 사업자가 그와 같은 규제를 회피하기 위한 수단으로 수직결합을 이용할 수 있을 것이다. 예를 들어 가격규제를 받는 상위시장의 독점적 사업자가 규제를 받지 않는 하위시장의 사업자를 통합하여 하위시장에서 독점적 이윤을 실현하거나,[71] 가격규제를 받는 하위시장의 독점적 사업자가 상위시장의 사업자를 수직결합 하고 내부거래를 하면서 투입물의 가격을 인위적으로 인상하여 하위시장 상품의 생산원가에 반영함으로써 하위시장 상품의 가격이 인상되도록 하는 방법으로 소비자의 후생을 저해할 개연성이 있는 경우에는 경쟁제한성이 인정될 수 있다.[72]

4. 협조효과

수직결합은 경쟁의 양상을 변화시켜서 이전에는 협조적 행위를 하지 않던 사업자들이 기업결합 이후에 가격인상 등 경쟁을 제한하는 협조적 행위를 할 개연성을 발생시키거나, 기업결합 이전부터 존재하던 사업자들 사이의 협조적 행위를 더욱 용이하게 하거나 더욱 안정적으로 유지되도록 하거나 더욱 효과적으로 만들어서 경쟁제한성을 발생시킬 수 있는데, 이를 협조효과라고 한다.[73] 협조효과는 수직결합 이후 부당한 공동행위가 나타날 것이라는 정도에 이르지 않더라

---

70) 유럽 비수평결합지침 para. 78.
71) Jeffrey Church, 앞의 논문, 1471면.
72) 미국 1984년 기업결합지침 4.23.
73) 유럽 비수평결합지침 paras. 19, 79.

도 의식적 병행행위 내지 협조적인 상호작용 등을 통하여 관련시장의 성과가 악화될 개연성이 있으면 인정될 수 있다.[74] 다만 그 이론적인 가능성에도 불구하고 실무적으로는 수직결합에서 협조효과를 근거로 경쟁제한성을 문제 삼는 경우는 많지 않은 것으로 보인다.[75]

협조효과가 발생하기 위해서는 협조 조건에 대하여 사업자들이 쉽게 합의 내지 공동의 이해에 도달할 수 있어야 할 뿐만 아니라 이탈하는 사업자를 쉽게 발견하고 적절하게 제재할 수 있어야 한다.[76] 또한 협조적 행위에 참여하지 않는 실제적 또는 잠재적 경쟁사업자나 고객과 같은 외부자들이 대응전략을 통하여 협조적 행위를 억제할 수 있는지를 검토해 볼 필요가 있다.[77] 수직결합은 사업자들 사이의 유사성을 증대시키거나 시장의 투명성을 증대시키거나 협조적 행위를 어렵게 하는 독행기업(maverick)을 제거하거나 경쟁사업자에 대한 비밀정보에 접근할 수 있게 되는 등의 방법으로 상위시장 또는 하위시장에서 사업자들이 협조 조건에 대하여 공동의 이해에 도달하기 용이하게 하거나 이탈행위에 대한 감시를 용이하게 할 수 있다.[78] 수직결합의 협조효과를 설명하는 이론들은 상위시장과 하위시장 중에 적어도 어느 한 시장에서 협조의 경향(conductive to coordination)이 있다는 것을 전제로 하고 있음을 유의할 필요가 있다.[79] 한편 전체적으로 수직적 통합의 정도가 낮은 시장의 경우에 수직결합을 통하여 기업결합 당사회사와 경쟁사업자들 사이에 비용의 비대칭성이 발생하게 되면, 오히려 기업결합 당사회사가 독행기업으로 행동하게 되어 협조적 행위를 완화할 가능성도 검토할 필요가 있을 것이다.[80]

---

74) 이민호, 앞의 책, 167, 278면.
75) OECD, 앞의 자료, 10면 참조. David T. Scheffman & Richard S. Higgins, 앞의 논문, 973면은 협조효과에 근거하여 수직결합의 경쟁제한성을 인정하는 것은 보다 명확한 증거가 있는 경우에만 조심스럽게 적용할 필요가 있다고 지적하고 있다.
76) 이민호, 앞의 책, 278-279면; 유럽 비수평결합지침 para. 81.
77) 유럽 비수평결합지침 para. 81.
78) 미국 1984년 기업결합지침 4.221; 유럽 비수평결합지침 paras. 82-85; ABA Section of Antitrust Law, 앞의 책, 466면 참조.
79) Jeffrey Church, 앞의 논문, 1489면.
80) 위의 논문, 1492면.

V. 심사기준의 관련 내용 및 개선방안

1. 수직결합의 경쟁제한성 판단기준에 관한 현행 심사기준의 내용

심사기준의 문언상 봉쇄효과와 협조효과가 수직결합의 경쟁제한성 판단기준
이라는 점은 명백하다. 그런데 심사기준에 명문의 규정이 없으므로 봉쇄효과 이
외의 단독효과를 근거로 수직결합의 경쟁제한성을 인정할 수 있을 것인지 문제
될 수 있으나, 심사기준은 시장의 봉쇄효과, 협조효과 "등"을 종합적으로 고려하
도록 하고 있으므로[81] 봉쇄효과와 협조효과를 예시적인 것으로 보아서 기타의
단독효과가 발생하는 경우에도 경쟁제한성을 인정할 수 있을 것이다.

심사기준에서는 수직결합을 통해 기업결합 당사회사가 경쟁관계에 있는 사업
자의 구매선 또는 판매선을 봉쇄하거나 다른 사업자의 진입을 봉쇄할 수 있는
경우에는 경쟁을 실질적으로 제한할 수 있다고 규정하고 있으므로,[82] 우리 심사
기준 하에서도 봉쇄효과를 투입물 봉쇄와 고객 봉쇄로 나누어서 살펴볼 수 있을
것이다. 한편 그와 같은 심사기준의 문언은 봉쇄만으로 바로 경쟁제한성이 인정
된다는 것인지 아니면 봉쇄에 더하여 경쟁제한효과를 추가로 입증하여야 한다는
것인지 명확하지 않은 면이 있다. 그러나 법 제7조 제1항에서 경쟁을 실질적으
로 제한할 것을 요건으로 하고 있는 이상 봉쇄만으로는 부족하고 그로 인해 경
쟁제한효과가 발생할 개연성까지 입증하여야만 위법한 기업결합으로 볼 수 있을
것이다. 따라서 심사기준의 위 문언은 수직결합으로 봉쇄가 발생하면 경우에 따
라서 경쟁제한성이 인정될 수도 있다는 정도의 의미로 해석하여 봉쇄에 더해 그
로 인한 경쟁제한효과를 입증할 것을 요구하는 것으로 보아야 할 것이다.

심사기준은 봉쇄효과와 관련하여 투입물 봉쇄와 고객 봉쇄로 나누지 않고 9
개의 고려요소를 일괄적으로 나열하고 있는데,[83] 심사기준에서 나열하고 있는

---

[81] 심사기준 VI.3.

[82] 심사기준 VI.3.가.

[83] ① 원재료 공급회사의 시장점유율 또는 원재료 구매회사의 구매액이 당해시장의 국내총공급액에서
차지하는 비율, ② 원재료 구매회사의 시장점유율, ③ 기업결합의 목적, ④ 수출입을 포함하여 경쟁
사업자가 대체적인 공급선·판매선을 확보할 가능성, ⑤ 경쟁사업자의 수직계열화 정도, ⑥ 당해 시
장의 성장전망 및 당사회사의 설비증설등 사업계획, ⑦ 사업자간 공동행위에 의한 경쟁사업자 배제
가능성, ⑧ 당해 기업결합에 관련된 상품과 원재료의존관계에 있는 상품시장 또는 최종산출물 시장

고려요소들은 예시적인 것으로 보고 구체적인 사안에 따라 그 밖의 요소들을 고려하는 것이 적정한 경우에는 그러한 요소들도 같이 고려할 수 있다고 해석하는 것이 타당할 것이다.[84] 또한 심사기준에서는 수직결합의 결과로 경쟁사업자간의 협조 가능성이 증가하는 경우에는 경쟁을 실질적으로 제한할 수 있는 것으로 규정하면서 3개의 고려요소를 나열하고 있는데,[85] 협조효과와 관련하여 고려하여야 할 모든 요소를 망라하여 규정하고 있는 것은 아니므로 심사기준에서 나열된 고려요소들은 예시적인 것으로 보아야 할 것이다.

2. 심사기준의 개선방안

현행 심사기준은 체계적인 면에서 볼 때 수직결합의 경쟁제한성 판단기준을 명확하고도 포괄적으로 설명하지 못하고 있는 것으로 보인다. 수직결합의 경쟁제한성 판단기준의 체계를 먼저 단독효과와 협조효과로 분류하고, 단독효과에는 봉쇄효과와 기타의 단독효과가 있을 수 있음을 명확히 한 후 봉쇄효과는 다시 투입물 봉쇄와 고객 봉쇄로 나누어진다는 점을 밝힐 필요가 있을 것이다. 다만 심사기준에서 투입물 봉쇄와 고객 봉쇄로 나누어서 그 개념을 각각 설명하더라도 양자를 판단하기 위하여 고려할 요소들은 상당 부분 동일할 것이므로, 현재의 규정 방식과 같이 고려요소들을 단순히 나열하는 방식을 취한다면 투입물 봉쇄와 고객 봉쇄를 판단함에 있어서 고려할 요소들을 별개의 항목으로 구분하여 규정할 필요까지는 없을 것으로 보인다.[86] 또한 봉쇄효과와 관련하여 앞에서 본 바와 같이 봉쇄만으로는 부족하고 경쟁제한효과가 발생할 개연성이 있어야 한다는 점, 즉 경쟁제한적 봉쇄가 요구된다는 점을 명확히 밝히는 것이 바람직할 것이다. 협조효과의 경우에는 수평결합의 경쟁제한성 판단기준으로 제시된 협조효

의 상황 및 그 시장에 미치는 영향, ⑨ 수직결합이 대기업간에 이루어지거나 연속된 단계에 걸쳐 광범위하게 이루어져 시장진입을 위한 필요최소자금규모가 현저히 증대하는 등 다른 사업자가 당해 시장에 진입하는 것이 어려울 정도로 진입장벽이 증대하는지 여부. 심사기준 Ⅵ.3.가.(1) 내지 (9).

84) 이민호, 앞의 책, 40~44면 참조.

85) ① 결합이후 가격정보 등 경쟁사업자의 사업활동에 관한 정보입수가 용이해지는지 여부, ② 기업결합 당사회사 중 원재료구매회사가 원재료공급회사들로 하여금 협조를 하지 못하게 하는 유력한 구매회사였는지 여부, ③ 과거 당해 거래분야에서 협조가 이루어진 사실이 있었는지 여부 등. 심사기준 Ⅵ.3.나. (1) 내지 (3).

86) 이호영·신영수, 앞의 보고서, 172면에서도 투입물 봉쇄와 고객 봉쇄는 개념적으로 명확하게 구분되지만 실제 이를 판단하기 위해 고려해야 할 사항들은 대부분 중첩되므로 실제 기업결합 심사 시 적절히 고려하면 되고, 반드시 심사기준에서 이를 구분하여 규정할 필요는 없을 것으로 보고 있다.

과의 분석틀[87]을 참고하여 협조 조건에 대한 상호 이해의 용이성, 이행감시 및 제재의 용이성 등으로 나누어서 고려요소들을 규정하는 것이 수범자의 이해를 도울 수 있을 것으로 보인다.

　다음으로 현재와 같이 고려요소를 단순히 나열하는 방식을 취할 것인지, 아니면 유럽 비수평결합지침과 같이 각각의 고려요소가 경쟁제한성 판단에 어떻게 영향을 미치는지를 좀 더 자세히 설명하거나 예시를 하는 방식을 취할 것인지를 생각해 볼 필요가 있다. 고려요소를 단순히 나열하는 방식은 경쟁당국이 개별 사안 별로 그 상황에 맞추어 각각의 요소들이 미치는 영향을 신축적으로 해석하고 적용하기가 쉽다는 장점이 있으나, 수범자 입장에서는 각각의 요소들이 기업결합 심사에서 구체적으로 어떠한 의미를 가지는 것인지 알기 어렵고 경쟁당국이 일관되지 못한 법집행을 할 우려가 있을 것이다. 반면에 개별 고려요소가 경쟁제한성 판단에 미치는 영향을 구체적으로 설명하고 예시하는 방식은 수범자와 경쟁당국의 예측가능성을 높일 수 있으나, 개별 사안에서 그 사안의 구체적인 상황을 고려하여 경쟁당국이 이와 다르게 판단하는 경우 수범자는 더욱 혼란에 빠질 수 있다는 단점이 있을 것이다.[88] 심사기준이 보편타당하게 적용될 수 있도록 현재와 같이 고려요소를 단순히 나열하는 방식을 유지하는 것이 적절할 수도 있을 것이나, 그 경우 수범자와 경쟁당국의 예측가능성을 증대시키기 위해서 심사기준과는 별도로 해석지침 내지 실무적인 해설서를 별도로 발간하여 수직결합이 어떠한 경우에 경쟁제한성을 발생시키는지 그 이론적 모형을 설명하고 구체적으로 각 요소들이 기업결합 심사에서 가지는 의미와 구체적인 적용사례 등을 밝혀주는 것이 바람직할 것이다.[89]

　또한 봉쇄효과와 관련하여 유럽 비수평결합지침과 같이 봉쇄의 능력, 유인, 경쟁에 대한 영향으로 나누어서 체계적으로 규정하는 것이 바람직할 것인지도 생각해 볼 수 있는데, 앞에서 본 바와 같이 실제 사례에서는 그와 같이 구분하여 분석하기보다는 통합적으로 분석하는 것이 적합한 경우가 많다는 점을 고려하면 심사기준에서 굳이 그렇게 구분할 필요는 없을 것으로 보인다. 특히 현행 심사기준과 같이 고려요소들을 단순히 나열하는 방식을 유지한다면, 하나의 고

---

87) 심사기준 Ⅵ.2.나.
88) 이민호, 앞의 책, 47-48면 참조.
89) 위의 책, 48면 참조.

려요소가 봉쇄의 능력, 유인, 경쟁에 대한 영향의 분석에 중첩적으로 영향을 미칠 것이어서 고려요소들을 명확하게 구분하여 규정하기도 쉽지 않을 것이다.[90]

한편 현행 심사기준은 봉쇄효과와 관련하여 9개의 고려요소를, 협조효과와 관련하여 3개의 고려요소를 예시하고 있는데, 실제 심사에서 고려할 수 있는 다양한 요소들을 충분히 반영하고 있지 못한 것으로 보인다. 따라서 관련된 이론들의 논의, 유럽 비수평결합지침의 내용 및 경쟁당국의 집행경험 등을 참고하여 실제 심사에서 비교적 자주 적용되는 고려요소들을 추가하는 것이 바람직할 것이다.[91] 다만 심사기준에서는 봉쇄효과와 관련하여 사업자간 공동행위에 의한 경쟁사업자 배제가능성도 고려요소의 하나로 규정하고 있는데, 수직결합의 경쟁제한성을 판단함에 있어서 협조효과를 봉쇄효과와 구분하면서 사업자간 공동행위에 의한 경쟁사업자 배제가능성을 봉쇄효과의 고려요소로 규정하고 있는 것이 적절한지 의문이 있다.[92]

마지막으로 수직결합에서 경쟁제한성이 발생하기 위해서는 기업결합 당사회사가 어느 한 시장에서 상당한 정도의 시장력을 가지고 있어야 한다는 점에 비추어 볼 때 현행 심사기준상 안전지대의 기준을 높일 필요는 없는지 살펴보는 것이 바람직할 것이다. 지금까지 공정거래위원회에 신고된 수직결합의 사례들 및 외국의 관련 규정 등을 검토하여 안전지대의 기준이 적정한 수준인지 점검해 볼 수 있을 것이다.

Ⅵ. 결   론

수직결합은 상당한 효율성이 발생하는 빈도가 높을 뿐만 아니라 경쟁제한효과와 효율성의 원천이 동일할 수 있어서 수평결합에 비해 경쟁제한성을 판단하기 어려운 경우가 많다. 수직결합을 심사함에 있어서는 개별 사안의 구체적 사실관계와 경쟁제한성을 설명하는 특정 이론 사이의 정합성을 면밀히 살펴볼 필요가 있다. 수직결합의 경쟁제한성은 단독효과와 협조효과로 나누어서 설명할

---

90) 이호영·신영수, 앞의 보고서, 173면 참조.
91) 위의 보고서, 173-177면에서는 추가할 몇 가지 고려요소를 제안하고 있다.
92) 홍대식, 앞의 논문, 188면.

수 있고, 그 중에서도 단독효과의 일종인 봉쇄효과가 수직결합 규제에 적용되는 가장 주된 이론적 도구라고 할 수 있다. 봉쇄효과는 다시 투입물 봉쇄와 고객 봉쇄로 나눌 수 있는데, 수직결합이 상위시장이나 하위시장에서 경쟁사업자들의 경쟁 능력이나 유인을 약화시키는 것만으로는 부족하고, 그로 인해 소비자에 대한 가격인상 등 소비자후생을 저해하는 효과가 발생할 개연성이 있는 경우에만 경쟁제한성을 인정할 수 있을 것이다.

현행 심사기준은 수직결합의 경쟁제한성을 봉쇄효과와 협조효과로 나누어서 판단하도록 하면서 그 고려요소들을 나열하고 있는데, 체계적인 면에서 볼 때 수직결합의 경쟁제한성 판단기준을 명확하고도 포괄적으로 설명할 수 있도록 적절히 개정할 필요가 있을 것이다. 또한 수직결합 심사에서 적용되는 다양한 고려요소들을 충분히 반영하고 있지 못한 것으로 보이므로 실제 심사에서 비교적 자주 사용되는 고려요소들을 심사기준에 추가하는 것이 바람직할 것이다. 이밖에 현행 심사기준상의 안전지대 기준이 적정한 수준인지 점검해 보는 것도 바람직할 것으로 보인다.

회생절차에서의 M&A와 공정거래법상 기업결합규제에 있어서 도산기업의 항변

조 혜 수*

Ⅰ. 들어가며

독점규제 및 공정거래에 관한 법률(이하 '공정거래법'이라 한다) 제7조 제2항 제2호는 상당기간 대차대조표상의 자본총계가 납입자본금보다 작은 상태에 있는 등 회생이 불가한 회사와의 기업결합으로서 대통령령이 정하는 요건에 해당하는 경우의 기업결합에 대하여는 경쟁제한적인 기업결합의 금지에 관한 같은 조 제1항의 규정을 적용하지 아니한다고 규정하고 있다. 이는 기업결합 규제에 있어서 이른바 '도산기업의 항변(failing firm defense)'을 도입한 것이라고 설명된다.

한편 채무자 회생 및 파산에 관한 법률(이하 '통합도산법'이라 한다)은 채무자 회사로 하여금 회생절차 개시 이후 회생계획 인가 전 및 인가 후의 영업양도(법 제62조 제1항, 제200조), 제3자 배정 신주인수, 주식의 포괄적 교환 또는 이전, 합병, 분할, 분할합병, 신회사의 설립(법 제206조 내지 제215조) 등 다양한 형태의 M&A(merger and acquisition)를 내용으로 하는 회생계획을 수립할 수 있도록 하고 있다.[1]

이 글에서는 통합도산법에 따라 회생절차가 개시된 채무자 회사가 M&A를 내용으로 하는 회생계획안을 제출하였을 때, 해당 M&A가 공정거래법에 따른 기업결합 규제의 대상이 될 경우에 대비한 행정적, 사법적 절차에 관하여 알아

---

* 전주지방법원 판사, 경제법 박사과정 수료

1) 2005년 통합도산법이 제정된 이후 구 회사정리법 시행 당시보다 M&A를 추진하는 사례가 점차 증가하고 있는 추세라고 한다. 서울중앙지방법원 파산부 실무연구회, 회생사건실무(하), 제4판, 2014, 178면.

본다. 또한 당해 기업결합이 공정거래법 제7조 제1항의 경쟁제한적 기업결합에 해당한다고 판단되더라도 도산기업의 항변을 주장하여 예외를 인정받을 수 있는 요건 및 효과 등에 관하여 살펴본다.

Ⅱ. 통합도산법상 기업회생절차에서의 M&A와 기업결합규제

1. 통합도산법상 회생절차 개요 및 회생절차에서의 M&A

(1) 통합도산법상 회생절차 개요

통합도산법 제1조는 재정적 어려움으로 인하여 파탄에 직면해 있는 채무자에 대하여 채권자·주주·지분권자 등 이해관계인의 법률관계를 조정하여 채무자 또는 그 사업의 효율적인 회생을 도모하는 것을 회생절차의 목적으로 삼고 있다. 회생절차를 통한 채권채무관계의 해결과 채무자의 회생이 파산적 청산에 비하여 채권자 일반에게 이익이 되고, 사회·경제적으로도 유리하다고 판단되는 경우, 채권자 등 이해관계인의 실체적·절차적 권리를 제한하면서 회생절차를 통하여 채무자에게 재기의 기회를 주게 된다.[2]

회생절차의 개략적인 흐름은, ① 채무자의 회생절차 개시신청 및 보전처분, 중지명령, 포괄적 금지명령 신청[3] → ② 회생절차 개시요건 심사 후 회생절차 개시결정 → ③ 채권목록신고, 조사확정(통합도산법 제147조 내지 제156조) → ④ 재산실태조사 및 기업가치 조사(법 제87조) → ⑤ 회생계획안 제출(법 제193조 내지 제231조) → ⑤ 관계인 집회(제1회 및 제2, 3회 집회)[4] → ⑥ 회생계획인가 또는 불인가(법 제242조 내지 제244조) → ⑦ 회생계획의 수행 또는 변경(법 제257조 내지 제282조) → ⑧ 회생절차의 종결 또는 폐지(법 제285조 내지 제289조)의 단계

---

2) 서울중앙지방법원 파산부 실무연구회, 앞의 책, 3면.
3) 회생절차 개시신청이 있는 경우 법원은 채무자의 업무 및 재산에 관하여 가압류·가처분 그 밖에 필요한 보전처분을 명할 수 있으며(법 제43조), 회생채권 또는 회생담보권에 기한 강제집행 등의 절차의 개별적 중지(법 제44조) 또는 포괄적 금지(제45조)를 명할 수 있다.
4) 채무자가 제출한 회생계획안의 심리를 위한 관계인 집회(제1회) 및 추후보완된 채권의 특별조사기일 및 회생계획안의 심리·결의를 위한 관계인 집회(제2회 및 제3회)이다. 회생계획안의 결의를 위한 관계인 집회에서 회생담보권자 조의 경우 의결권 총액의 3/4 이상의 동의가, 회생채권자 조의 경우 의결권 총액의 2/3 이상의 동의가, 주주의 조는 출석한 주식 총수의 1/2 이상의 동의가 있어야 회생계획안이 가결된다(법 제237조 제1호, 제2호).

로 진행된다.

통합도산법 제34조 제1항은 회생절차를 개시하기 위한 적극적 요건으로 ①
사업의 계속에 현저한 지장을 초래하지 아니하고는 변제기에 있는 채무를 변제
할 수 없는 경우(제1호), ② 채무자에게 파산의 원인인 사실이 생길 염려가 있는
경우(제2호)를 들고 있다.[5] 법 제305조 제1항은 파산의 요건으로 "채무자가 지
급을 할 수 없는 때"를 규정하면서, 제2항에서 채무자가 지급을 정지한 때에는
지급을 할 수 없는 것으로 추정한다고 규정한다. 법 제306조 제1항은 법인의 경
우 부채의 총액이 자산의 총액을 초과하는 때에는 파산선고를 할 수 있다고 규
정하고 있다.

통합도산법상 파산의 원인인 지급불능의 상태란 채무자의 재산·신용·수입
에 의하더라도 채무의 일반적·계속적인 변제가 불가능하다고 객관적으로 판단
되는 상태를 의미한다.[6] 이에 비하여 회생절차의 개시요건으로서 법 제34조 제1
항 제1호에서 말하는 "채무의 변제불능"은 법 제305조에서 규정한 파산원인인
"지급불능"에 이를 정도로 심각한 상태일 것을 요하지는 않는다. 파산의 정도에
이르기 전에 미리 채무조정을 통하여 채무자의 회생을 가능하게 하자는 것이 회
생절차의 취지이므로 변제는 가능하지만 그 변제로 인하여 또는 변제자금을 마
련하기 위하여 사업의 계속에 지장이 초래되는 정도의 상대적 변제불능 상태에
서도 회생절차가 개시될 수 있다.[7]

회생절차에서는 채무자가 계속 존속하면서 사업을 할 때 얻는 이익(계속기업가
치)이 채무자를 청산할 때의 이익(청산가치)보다 커야 하며, 회생절차개시가 진행
되는 도중 청산가치가 계속기업가치보다 큰 것이 밝혀졌을 경우에는 회생절차의
폐지사유가 된다(통합도산법 제285조, 제286조 제2항).

---

5) 채무자의 회생절차 개시신청에 대하여 채무자가 회생절차의 비용을 미리 납부하지 아니한 경우(통
   합도산법 제42조 제1호), 회생절차개시신청이 성실하지 아니한 경우(제2호), 그 밖에 회생절차에 의
   함이 채권자 일반의 이익에 적합하지 아니한 경우(제3호)의 기각사유가 없으면 법원은 회생절차개
   시결정을 한다. 개시결정시에는 관리인 및 조사위원 선임결정 및 재산목록·대차대조표, 각종 보고
   서의 제출기간 결정 등을 함께 한다(법 제50조). 회생절차 개시결정이 있으면 파산 또는 회생절차개
   시의 신청, 회생채권 또는 회생담보권에 기한 채무자의 재산에 대한 강제집행 등을 할 수 없고, 파
   산절차나 채무자의 재산에 대하여 이미 행한 회생채권 또는 회생담보권에 기한 강제집행 등은 중지
   된다(법 제58조).
6) 대법원 2009. 3. 2. 자 2008마1651 결정 참조.
7) 서울중앙지방법원 파산부 실무연구회, 앞의 책, 3면.

(2) 회생절차에서의 M&A

M&A란 합병과 매수(인수)를 포괄하는 개념으로서 회사의 합병, 영업의 양수, 지배주식의 취득 등의 방법으로 회사의 지배권 내지 경영권을 직접 혹은 간접으로 취득하는 여러 가지의 행위를 총칭한다.[8] 회생절차에서의 M&A는 일반적으로 채무자 회사의 독자생존을 전제로 하는 회생계획의 수립이나 그 수행이 불투명한 경우에 대체수단으로 강구되는 경우가 많다. 회생절차가 개시된 기업의 경우 M&A 절차의 시종이 법원의 감독 하에 이루어지고, 회생채권이나 회생담보권에 대한 조기변제가 이루어지거나 회생계획의 변경이 수반된다는 점에서 당사자들 간에 이루어지는 일반적인 M&A와는 다른 특수성이 있다.[9] 따라서 회생절차에서 이루어지는 M&A에 있어서는 공정하고 투명한 매각절차의 보장이 관건이 된다.[10]

회생절차에서의 M&A 절차는 일반적으로 ① 매각 주간사의 선정(선정 필요성 검토, 선정 기준 마련, 용역제안서 접수 및 평가, 매각주간사 내정, 계약조건에 관한 협상, 매각주간사와의 용역 계약 체결, 법원의 허가 등) → ② 투자 유치를 위한 마케팅(회계법인 등을 통한 채무자의 자체 실사 및 평가, M&A 전략 수립, 잠재적 투자자의 물색, 매각 공고, 인수희망서 접수 및 평가, 회사설명자료 발송, 실사를 위한 자료실 준비, 입찰 안내서 배포, 인수희망서 제출자의 간이 실사 등) → ③ 우선협상대상자 선정(선정기준 마련, 구속력 있는 인수제안서의 접수 및 평가, 우선협상대상자 선정, 이행보증금 납입 및 양해각서의 체결, 법원의 허가 등) → ④ 회생계획의 변경 및 준비과정(우선협상대상자의 정밀실사 및 인수대금의 조정, 계약금 납입 및 인수계약체결, 법원의 허가, 채무재조정을 위한 채권자와의 협상, 변경회생계획안 제출, 인수대금의 완납, 채권자 집회 또는 서면결의, 변경회생계획안의 인가) → ⑤ 회생절차 종결(인수기획단

---

8) 서울중앙지방법원 파산부 실무연구회, 앞의 책, 181면.
9) 박형준, "법정관리기업 인수·합병(M&A)의 실무와 전망", 사법논집 제44집, 2007, 575면.
10) 서울중앙지방법원 파산부 실무연구회, 앞의 책, 179면. 서울중앙지방법원은 2006. 4. 1. 채무자의 재무구조를 개선하고 회생채무를 조기에 변제함과 아울러 회생절차를 조기에 종결하기 위하여 관리인으로 하여금 M&A를 적극적으로 추진하게 하고, M&A가 효율적이고 공정하게 이루어짐과 동시에 악용되지 않도록 적정한 절차 운영의 기준을 제시함을 목적으로 '회생절차에서의 M&A에 관한 준칙(회생실무준칙 제11호, 이하 'M&A 준칙'이라 한다, 최근 2014. 5. 27.자로 개정되었다)'을 제정하여 시행하고 있다. M&A준칙은 회생계획안이 인가된 이후의 M&A를 원칙적인 모습으로 상정하면서, 회생절차 개시 전에 M&A 절차를 추진하다가 회생절차 개시를 신청한 사건들에 대하여 회생절차 개시 전에 진행된 제3자 매각 절차의 승인에 관한 특칙(제7항), 회생절차 개시 후 회생계획인가 전 제3자 매각에 관한 특칙(제8항)에 관하여 규정하고 있다.

의 파견, 임원진의 개편, 감자·유상증자·출자전환 등 절차 이행, 회생채무의 변제, 담보권의 말소, 회생절차의 종결 등)의 단계로 진행된다.[11]

2. 회생절차에서의 M&A와 기업결합 규제

(1) 공정거래법상 기업결합 규제 개요

공정거래법 제7조 제1항은 일정한 거래분야에서 경쟁을 실질적으로 제한하는 기업결합을 금지하면서 금지되는 기업결합의 유형으로 각호에서 주식의 취득 또는 소유, 임원 또는 종업원의 겸임, 합병, 영업양수, 새로운 회사설립에의 참여 등을 열거하고 있고, 법 제7조 제4항은 기업결합에 있어서 경쟁제한성 추정의 요건을 규정하고 있다.

법 제7조 제5항은 공정거래위원회는 경쟁을 실질적으로 제한하는 기업결합에 관한 기준을 정하여 고시할 수 있다고 규정하고, 이에 따라 제정된 기업결합 심사기준(2013. 12. 24. 개정 공정거래위원회 고시 제2013-9호, 이하 '기업결합 심사기준'이라 한다)은 제VI.항에서 취득회사 등과 피취득회사간의 관계를 고려하여 수평형 기업결합, 수직형 기업결합, 혼합형 기업결합 등 유형별로 구분하여 기업결합의 경쟁제한성 판단기준을 제시하고 있다.[12]

나아가 공정거래법 제16조 제1항은 공정거래위원회는 법 제7조 제1항의 기업결합의 제한 규정에 위반하거나 위반할 우려가 있는 행위가 있는 때에는 당해 사업자 또는 위반행위자에 대하여 시정조치로서 1. 당해행위의 중지, 2. 주식의 전부 또는 일부의 처분, 3. 임원의 사임, 4. 영업의 양도, 5. 채무보증의 취소, 6. 시정명령을 받은 사실의 공표, 7. 기업결합에 따른 경쟁제한의 폐해를 방지할 수 있는 영업방식 또는 영업범위의 제한, 8. 기타 법위반상태를 시정하기 위하여 필요한 조치를 명할 수 있다고 규정한다. 또한 위와 같은 시정조치를 받은 후 그 정한 기간 내에 이행을 하지 않은 경우에는 일정 규모의 이행강제금을 부과할 수 있도록 하고 있다(법 제17조의3).

---

11) 서울중앙지방법원 파산부 실무연구회, 앞의 책, 194-216면.
12) 대법원은 수평적 기업결합에 있어서 실질적 경쟁제한성 유무를 판단하는 경우에는 공정거래법 제7조 제4항 제1호가 규정하고 있는 경쟁제한성 추정요건의 충족 여부 이외에도 해외경쟁의 도입수준 및 국제적 경쟁상황, 신규진입의 가능성, 경쟁사업자들 사이의 공동행위의 가능성, 유사품 및 인접시장의 존재 여부 등을 고려하여 개별적으로 판단하여야 한다고 한다(대법원 2009. 9. 10. 선고 2008두9744 판결 참조).

공정거래법 제12조 제1항, 같은 법 시행령 제18조 제1항, 제2항, 제6항 등에 의하면 취득회사의 자산총액 또는 매출액의 규모가 2,000억원 이상(임원 겸임 방식에 의한 기업결합의 경우 2조원 이상)이고 피취득회사의 자산총액 또는 매출액의 규모가 200억원 이상인 회사 사이의 기업결합의 경우에는 당해 기업결합일로부터 30일 이내에 공정거래위원회에 신고하여야 한다(원칙적 사후신고). 다만, 법 제12조 제6항 단서, 제7항 등에 의하면 당사회사 중 1 이상이 대규모 회사인 경우와, 당해 기업결합이 주식취득, 최다출자자화, 합병, 영업양수, 회사신설 등인 경우에는 합병계약을 체결한 날 등 대통령령이 정한 날로부터 30일 이내에 신고를 하여야 한다(예외적 사전신고).

공정거래법 제12조 제7항은 공정거래위원회는 제6항에 따라서 신고를 받으면 신고일로부터 30일 이내에 기업결합의 경쟁제한성 여부에 관하여 심사하고, 그 결과를 해당 신고자에게 통지하여야 하며, 다만, 공정거래위원회가 필요하다고 인정하는 경우에는 그 기간의 만료일 다음 날부터 90일까지 그 기간을 연장할 수 있다고 규정하고 있다. 또한 법 제12조 제8항은 제6항 단서의 규정에 따라 신고를 하여야 하는 자는 제7항에 따른 공정거래위원회의 심사결과를 통지받기 전까지 각각 주식소유, 합병등기, 영업양수계약의 이행행위 또는 주식인수행위를 하여서는 안 된다고 규정하고 있다.

(2) 회생절차에서의 M&A와 기업결합 규제

회생절차에서의 M&A가 공정거래법상 기업결합 규제의 대상이 되는 경우 당사자로서는 당해 기업결합이 공정거래법상 경쟁제한적 기업결합에 해당되는지 여부에 관한 쟁점을 조기에 해소하는 것이 필요하다.

먼저 회생절차에서의 M&A가 공정거래법상 신고대상 기업결합에 해당할 경우에는 회생계획의 수행가능성 및 인가 요건 충족 여부를 명확히 하기 위하여 늦어도 회생계획인가 전 또는 변경인가 전까지 공정거래위원회로부터 신고에 대한 심사결과의 통지(공정거래법 제12조 제7항)를 받아야 할 것이다.

그리고 회생절차에서 이루어지는 M&A가 공정거래위원회에 의하여 공정거래법상 경쟁제한적 기업결합으로서 판단되어 시정조치의 대상이 되는 경우에는 이와 같은 M&A를 내용으로 하는 회생계획은 그 수행가능성이 불명확하게 된다.[13] 통합도산법 제243조 제1항 제1호 후단은 '회생계획이 법률의 규정에 적합할 것'을 규정하고 있는데, 여기에서 말하는 법률의 규정에는 통합도산법의 관련 규정들뿐만 아니라 민법 등 관련법의 내용도 포함되는 것으로 해석된다.[14) 따라서 회생절차에서의 M&A가 공정거래법상 경쟁제한적 기업결합으로서 법에 위반된다고 판단될 경우, 이를 내용으로 하는 회생계획은 통합도산법 제243조 제1항 제1호 후단의 인가요건을 구비하지 못하였다고 볼 수 있을 것이다.

한편 공정거래법 제12조 제9항은 법 제7조 제1항에 규정된 기업결합을 하고자 하는 자는 제6항에 규정된 신고기간 이전이라도 당해 행위가 경쟁을 실질적으로 제한하는 행위에 해당하는지 여부에 관하여 공정거래위원회에 심사를 요청할 수 있다고 규정하여 이른바 '임의적 사전심사 요청제도'를 도입하고 있다. 공정거래위원회는 위 규정에 따른 심사를 요청받은 경우에는 30일(공정거래위원회가 필요하다고 인정할 때에는 그 기간의 만료일 다음날로부터 기산하여 90일의 범위 안에서 그 기간을 연장할 수 있다) 이내에 그 심사결과를 요청한 자에게 통지하여야 한다(법 제12조 제10항).

이와 같은 임의적 사전심사요청제도는 기업결합에 관련된 당사자들로 하여금 그 거래의 지속 여부에 관한 예측가능성을 높이고, 경쟁제한성이 없는 거래의 신속성을 제고하는 데 그 제도의 취지가 있다. 회생절차에서의 M&A가 공정거래법상 기업결합 심사의 대상이 되는 경우 절차의 지연을 방지하고 회생계획안의 수행가능성을 판단하기 위하여 기업결합의 당사자들로서는 가급적 임의적 사전심사요청제도를 활용하여 조기에 공정거래위원회로부터 경쟁제한적 기업결합인지 여부의 판단을 받는 것이 바람직할 것이다.[15)

실무상 회생절차 진행시 회생절차가 개시된 사업자에 대하여 법원이 회생계획안의 심리 및 결의를 위한 관계인집회 기일(제2, 3회 관계인 집회) 또는 서면결의의 회신기간의 만료일까지 공정거래위원회로부터 당해 기업결합의 경쟁제한성 여부에 관한 심사결과의 통지를 받지 못한 경우에는 관계인집회에서 회생채권자와 회생담보권자에 의하여 변경회생계획안이 가결되더라도 공정거래위원회의 심사결과의 통지 이후로 인가결정을 미루는 것이 바람직할 것이다.[16)

---

13) 물론 당해 공정거래위원회의 처분에 대한 행정소송을 통하여 법원에서 최종적인 판단이 이루어져야 하겠지만, 회생계획 인가 시점에서 행정소송을 통한 처분의 취소가능성이 불분명하고, 소송이 확정되는데 소요되는 시간을 감안한다면 이와 같은 내용의 회생계획은 그 수행가능성이 매우 불명확하다고 할 것이다.
14) 서울중앙지방법원 파산부 실무연구회, 위의 책, 62면.
15) 박형준, 앞의 논문, 604-605면.

Ⅲ. 기업결합 규제에 있어서 도산기업의 항변

1. 연혁 및 미국 수평결합 심사지침상의 기준

도산기업의 항변은 일반적으로 미국 연방대법원이 1930년대 International Shoe Co. v. FTC 판결[17]에서 최초로 제시한 도산기업의 법리(failing firm doctrine)에서 유래하는 것으로 이해되고 있다. 위 판결에서는 '기업결합의 당사자들인 두 개의 신발회사 사이에 실질적으로 경쟁이 존재하지 아니하여 당해 기업결합이 경쟁에 대하여 중대한 부정적 효과(significant adverse effect)를 야기하지 않고, 피취득회사가 주주들 및 생산설비가 위치한 지역사회에 손실을 야기할 수 있는 중대한 사업실패의 가능성에 직면하여 있으며, 다른 대체매수자가 없고 경쟁제한적인 의도가 아닌 인수자의 기존의 사업을 수행하기 위한 의도에 의하여 이루어지는 인수이므로 당해 기업결합은 경쟁을 실질적으로 제한하는 것으로 볼 수 없다'고 판단하였다.[18]

그 후 미국 연방대법원은 1969년의 Citizen Publishing Co. v. United States 판결[19]에서 '피취득기업의 재원이 심각하게 고갈되고 재건의 가능성이 너무 낮아 심각한 도산의 가능성에 직면하였을 것(the grave probability of business)과 연방파산법에 의한 재건의 전망이 불투명하거나 거의 없을 것(dim or non-existent) 및 기업결합의 당사회사들이 당해 기업결합 이전에 경쟁사업자가 아니거나 덜 위협적인 대체매수자를 성실하게 물색하였으나 실패하였을 것'을 도산기업의 항변의 요건으로 제시하였다.

한편 미국에서는 경쟁 보호 내지는 경제적 효율성의 증진이라는 반독점법의 목적에 비추어 앞서 본 International Shoe 판결에서 판시한 '기업의 도산으로 인한 주주와 그 생산설비가 위치한 지역사회의 손실' 개념의 모호성을 비판하고,

---

16) 서울중앙지방법원 파산부 실무연구회, 앞의 책, 206면.
17) 280 U. S. 291, (1930). FTC는 두 개의 신발 제조업체의 수평적 기업결합이 클레이튼법 제7조를 위반한 것으로 판단하였으나, 연방대법원은 위와 같은 이유로 당해 기업결합이 경쟁제한적인 것이 아니라고 하였다.
18) 280 U. S. 291, (1930) 299, 301.
19) 394 U. S. 131, (1969).

도산기업의 항변은 채권자나 주주, 근로자 등 도산기업에 관련된 이해관계인들의 사적 이익을 증진하기 위해서가 아니라 경쟁법적 관점에서 볼 때 당해 기업결합이 관련시장에서 경쟁제한성을 야기할 우려가 없고, 규모 또는 범위의 경제를 실현하는 등 효율성을 증진하는 경우에 한하여 제한적으로 인정되어야 한다는 견해가 제기되었다.[20]

미국 법무부와 연방거래위원회는 1992년 수평적 기업결합 가이드라인(Horizontal Merger Guideline, 이하 '미국 수평결합지침'이라 한다)에서 도산기업의 항변에 관하여 규정하였다. 도산기업의 항변이 인정되는 이유는 도산이 임박하여 관련 시장에서 그 자산이 퇴출될 우려가 있는 기업과의 기업결합은 시장지배력을 생성 또는 제고하거나, 이를 행사하는 것을 촉진할 것(to facilitate its exercise)으로 볼 수 없고, 그와 같은 상황에서는 합병 이후의 관련 시장에서의 행태(performance)가 그 합병이 불허됨으로써 당해 자산이 시장에서 퇴출되는 경우에 비하여 더 나빠질 것이 없기 때문이다.[21]

그 요건으로는 1) 가까운 시일 내에 도산기업이 재정적인 의무를 이행하기 불가능할 것, 2) 미국 연방 파산법 제11장[22]에 의해서 성공적으로 회생(reorganization)할 수 없을 것, 3) 관련시장에서 유·무형의 자산을 유지하면서도 아울러 당해 기업결합에 경쟁상의 위험을 덜 야기할 수 있는 다른 합리적인 대체적인 매수제의를 이끌어 내기 위한 성실한 노력(good-faith efforts)을 하였으나 실패하였을 것, 4) 당해 기업결합이 없으면 관련 시장에서 당해 기업의 자산이 퇴출될 것을 규정하였다.

미국 수평결합지침은 2010년 개정되었는데, 2010년 개정 지침 Section 11에서는 도산기업의 항변의 요건에 관하여 1992년 지침 중 4)항을 제외한 1), 2), 3)항의 요건을 그대로 규정하였다.[23]

---

20) Philip E. Areeda, Herbert Hovenkamp, & John L. Solow, Antitrust Law: An Analysis of Antitrust Principles and Their Application, Vol. Ⅳ(Revised Ed., 1998) ¶ 952C. 226-227면.
21) U. S. Department of Justice & Federal Trade Commmssion, Horizontal Merger Guidelines (1992) Section 5. Failure and Exiting Assets.
22) 11 U. S. C. §§ 1101-1174 기업회생절차를 규정하고 있다.
23) U. S. Department of Justice & Federal Trade Commmssion, Horizontal Merger Guidelines (2010) 위 지침 Section 11.

2. 근거 및 취지

우리 공정거래법은 1999. 2. 5. 법률 제5813호 개정(이하 '제7차 개정'이라 한다)시 경쟁제한적 기업결합의 예외사유로 효율성항변과 도산기업의 항변을 도입하였다. 개정 전 구법은 '산업합리화 또는 국제경쟁력 강화를 위하여 공정거래위원회가 필요하다고 인정한 기업결합'을 경쟁제한적 기업결합의 예외적 인정사유로 규정하였으나, 이와 같은 요건은 지나치게 불명확하여 그에 관한 입증 및 판단이 어렵고 경쟁질서의 유지·촉진이라는 공정거래법의 목적과 조화되기 어렵다는 비판이 있었다. 이에 제7차 개정시 기업의 구조조정을 촉진하고 기업결합 심사의 투명성과 신속성을 제고하고자 경쟁법의 법리와 국제적인 기준에 부합하도록 효율성 항변과 도산기업항변의 예외사유를 도입한 것이다.[24]

우리 공정거래법 제7조 제2항의 도산기업의 항변의 취지에 관하여 국내의 문헌들에는 도산기업을 구제하고자 하는 공익적인 관점[25]이나 해당 기업의 퇴출로 인한 사회적 비용을 줄여 효율성을 향상시킬 수 있다는 점에서 정상적인 기업들 사이의 기업결합에 비하여 특별한 고려를 하는 것[26]이라는 견해를 제시하고 있다. 부실회사를 인수하는 것을 규제한다면 도산기업의 인력·장비·지적재산권·노우하우·영업망 등을 통합한 유기적인 조직체로서의 가치가 상실되고, 그 회사의 시설이나 장비 등이 관련시장에서 퇴출될 우려를 드는 견해[27] 또한 이러한 맥락으로 볼 수 있다.

미국 연방대법원의 판례의 발전과정을 보면 당초 도산기업의 항변은 재정적 파탄상태에 빠진 기업의 효율적인 재건에 상당한 방점을 두고 도입된 것으로 볼 여지가 있다. 그러나 그 후 구체적인 사안에서 도산기업의 항변을 받아들여 경쟁제한적 기업결합을 허용할지 여부를 검토하면서 그 요건이 경쟁제한성과의 관련성 하에서 정치하게 다듬어져 왔다고 할 수 있다.[28]

따라서 우리 공정거래법상 기업결합규제에 있어서 도산기업의 항변을 인정하

---

24) 공정거래위원회, 1999년판 공정거래백서 제24면, 홍대식, "도산기업의 인수·합병", 공정거래법 강의 Ⅱ(2000), 365면 각주 49)에서 재인용. 제7차 개정 법 개정이유 참조.
25) 권오승, 경제법(제11판), 법문사, 2014, 213면.
26) 홍대식, 각주 24)의 논문, 347면.
27) 임영철, 공정거래법-해설과 논점, 법문사, 2007, 74면.
28) 미국 연방대법원의 판례의 전개에 관하여는 홍탁균, "기업결합의 규제와 관련한 효율성 항변과 도산기업 항변에 대한 연구", 검찰 116호, 2005. 11, 178면.

는 근거 또한 단순히 도산기업의 효율적인 회생을 도모하는 것에 그치지 않고, 도산위기에 처한 기업을 대상으로 하는 기업결합을 허용하지 않을 경우 그 회사의 생산설비 등이 더 이상 활용될 수 없어 관련시장에서의 산출량이 감소하고 가격이 상승할 우려가 있으며, 따라서 당해 기업결합을 허용하더라도 관련시장에서의 경쟁에 부정적인 영향을 미치지 않는다는 점에 있다고 보아야 할 것이다.29)

3. 요 건

공정거래법 제7조 제2항 제2호는 도산기업의 항변의 구체적인 요건을 하위법령인 대통령령으로 정하도록 위임하고 있다. 법 제7조 제5항은 제2항의 규정에 의하여 제1항의 규정을 적용하지 아니하는 기업결합에 관한 기준은 공정거래위원회가 정하여 이를 고시할 수 있다고 규정하고 있다.

기업결합 심사기준은 Ⅷ. 2.항 이하에서 도산기업의 항변이 성립할 수 있는 구체적인 요건을 규정하고 있다.30)

(1) 회생불가능한 회사일 것

기업결합 심사기준 Ⅷ. 2. 가.항은 법 제7조 제2항 제2호의 "회생이 불가한 회사"란 회사의 재무구조가 극히 악화되어 지급불능의 상태에 처해 있거나 가까운 시일 내에 지급불능의 상태에 이를 것으로 예상되는 회사를 말하며 이는 (1) 상당기간 대차대조표상의 자본총액이 납입자본금보다 작은 상태에 있는 회사인지 여부, (2) 상당기간 영업이익보다 지급이자가 많은 경우로서 그 기간 중 경상손익이 적자를 기록하고 있는 회사인지 여부, (3) 통합도산법 제34조 및 제35조의

---

29) 이민호, "기업결합의 경쟁제한성 판단기준-수평결합을 중심으로-", 서울대학교 대학원 법학박사학위논문, 2012. 8, 311면.

30) 기업결합 심사기준의 법적 성격에 관한 직접적인 판례는 아직 도출된 바 없으나, 상위법인 법 제7조 제5항에 공정거래위원회가 도산기업의 항변의 적용에 관한 구체적인 요건을 규정할 수 있도록 하는 직접적인 위임근거가 마련되어 있고 그 내용이 위임근거인 상위법령의 위임의 범위 내에 있는 한 법률보충적 행정규칙의 하나로서 상위법령과 결합하여 대외적 구속력을 가진다고 보아야 할 것이다. 다만 기업결합의 경쟁제한성이나 그 예외에 해당하는지 여부에 관한 판단기준을 설정하는 것은 성질상 공정거래위원회가 고도의 전문적·기술적인 영역에서 법률에 따라 당해행위의 위법성을 판단하고 법 집행을 하는 과정에서 합리적인 재량권을 행사하기 위한 기준을 설정하기 위함이므로, 위 심사기준에 제시된 고려요소들은 일응 예시적인 것으로 이해될 수 있을 것이다. 홍대식, "공정거래법 집행자로서의 공정거래위원회의 역할과 과제", 법학 52권 2호(159호), 서울대학교 법학연구소, 2011, 190-191면.

규정에 따른 회생절차개시의 신청 또는 동법 제294조 내지 제298조의 규정에 따른 파산신청이 있은 회사인지 여부, (4) 당해 회사에 대하여 채권을 가진 금융기관이 부실채권을 정리하기 위하여 당해회사와 경영의 위임계약을 체결하여 관리하는 회사인지 여부를 고려하여 판단한다고 규정한다.

위 심사기준에서 제시하고 있는 사항들은 공정거래법 제7조 제2항 제2호에서 말하는 회생이 불가한 회사에 해당하는지 여부를 판단하는데 있어서의 형량요소 또는 고려요소들을 예시하고 있는 것으로, 회생절차 개시 신청 또는 회생절차의 진행 여부는 도산기업의 항변의 요건으로서 인정되는 '회생불가능성' 판단에서 하나의 간접사실로 고려될 수 있을 것이다.

따라서 회생절차가 개시되어 진행 중이라는 점만으로는 도산기업의 항변에서 말하는 회생이 불가능한 회사로 인정될 수는 없다고 할 것이다. 기업결합의 당해 회사가 회생절차 등 기업구조조정 등의 절차나 당해 기업결합 외의 방법에 의하여 독자적으로 재건에 성공할 경우에는 기업결합 이전의 시장구조가 유지될 수 있고, 관련 시장에서 취득회사의 유력한 경쟁자가 될 수 있으므로, 공정거래법 제7조 제1항의 경쟁제한적 기업결합에 대한 절대적인 예외사유를 규정한 도산기업의 항변이 인정되는 회생이 불가능한 회사로 보기는 어렵기 때문이다.[31]

이러한 맥락에서 우리 공정거래법이나 심사기준에는 미국 수평결합지침이 명문으로 인정하고 있는 '미국 연방파산법 제11장에 의한 회생의 불가능성'을 규정하고 있지 않으나, 도산기업의 항변에 있어서 회생불가능성의 요건 판단시에는 기업구조조정을 통하여 독자적으로 생존 가능한지 여부가 고려되어야 할 것이다.[32]

공정거래위원회는 삼익악기 등의 영창악기에 대한 기업결합 사건에서 위 기업결합이 국내 업라이트 피아노, 그랜드 피아노, 디지털 피아노의 각 거래시장에서 경쟁을 실질적으로 제한하는 기업결합으로서 공정거래법 제7조 제1항의 경쟁제한적 기업결합에 해당한다고 보고 시정명령을 내렸는데,[33] 그 후 위 처분에

---

31) 홍대식, 각주 24)의 논문, 349면.
32) 홍대식, 각주 24)의 논문, 349-350면. 1969년의 Citizen Publishing Co. v. United States 사건에서 미국 연방대법원은 앞서 본 International Shoe판결이 있었던 1930년대 이후 다수의 기업들이 보전관리인 제도(receivership)이나 연방 파산법 제10장 또는 제11장의 절차를 통하여 재건되어 관련시장에서 강력한 경쟁자로 등장하였던 것을 목격하였으며, 1940년대의 Citizen사의 재건의 가능성은 불투명하거나 거의 없다(dim or non-existent)고 하였다(394 U. S. 131(1969), 138).
33) 공정거래위원회 2004. 9. 24. 의결 제2004-271호, 2004기결1200호.

대한 취소소송에서 구 회사정리법상 회사정리절차가 개시된 영창악기에 대한 삼
익악기 등의 기업결합이 회생이 불가능한 회사와의 결합에 해당되는지 여부에
관한 쟁점이 상세히 다루어졌다.[34]

　위 기업결합 당시인 2004. 3. 12.경을 기준으로 이전 4년간인 2000년부터
2003년까지의 영창악기의 재무현황을 보면, 2003년에 이르러 누적된 당기순손
실분이 회계에 반영된 결과 2003년도의 자본총계가 191억원으로 납입자본금
266억원에 비하여 적은 자본잠식 상태에 놓이게 되었고, 2002년부터 2003년까
지 사이에 지급이자가 영업이익보다 큰 상태였다. 영창악기는 2004. 8.을 기준으
로 금융기관으로부터의 차입금 492억원과 삼송공업으로부터의 차입금 23억원이
있었고, 그 중 신한은행 차입금 22억원은 2004. 6. 말로 만기가 도래하였다. 또
한 2003년 말 구조조정을 위하여 대규모 인원감축(약 260명)을 함에 따라 130억
원 가량의 퇴직금과 위로금 자금이 필요하였으나 이를 조달하지 못하였고, 위
기업결합 이후 영창악기는 지급불능상태에 빠져 2004. 10. 20. 인천지방법원에
서 구 회사정리법상 회사정리절차 개시결정을 받았다.

　서울고등법원은 영창악기의 자금사정이 열악하다고 볼 만한 위의 제반 사정
들에도 불구하고 위 기업결합 당시 영창악기의 자금부족의 원인은 2003년 말의
대규모 인원감축의 구조조정에 따른 것으로 일시적인 것이어서 장기적으로 인건
비 절감 등 경영개선을 가지고 올 수 있고, 채권자인 한국 외환은행이 작성한
용역보고서에 의하면 영창악기의 계속기업가치가 청산가치보다 훨씬 크며, 향후
매출 성장을 이루고 수익성을 개선하며 인건비 감소를 토대로 흑자전환 및 경영
정상화가 가능한 것으로 분석된 점, 채권자인 한국외환은행이 채권회수를 연기
하였던 점, 당초 영창악기는 부동산 매각, 신규차입, 구조조정, 관계사로부터의
현금 유입 등의 경영정상화 방안을 내놓았다가 삼익악기 측 이외에 다른 회사와
사이에 유상증자를 통하여 투자를 유치하기로 협의가 되어 있었던 점 등의 제반
사정에다가 영창악기가 회사정리절차 개시결정을 받기는 하였으나 2005. 7. 26.
회사정리계획안의 인가결정을 받았고 향후 법정관리를 통하여 재건에 성공할 경
우에는 피아노 시장에서 유력한 경쟁사업자가 될 수 있다는 점 등에 비추어 영

---

34) 서울고등법원 2006. 3. 15. 선고 2005누3174 판결. 사실관계를 단순화하면, 삼익악기 및 삼익악기가
　그 발행주식의 100%를 소유하고 있는 삼송공업은 영창악기의 제3자 배정 유상증자에 참여하는 방
　식으로 영창악기의 발행주식 중 합계 48.58%를 소유하여 최대주주가 되었고, 그 특수관계인들이 영
　창악기의 임원으로 선임되어 영창악기를 취득한 사안이다.

창악기에 대한 회사정리절차가 진행 중이라는 사실만으로는 회생이 불가능한 회사로 인정하기 부족하다고 판단하였고, 위와 같은 판단은 상고심인 대법원 2008. 5. 29. 선고 2006두6659 판결에서도 그대로 인용되었다.

한편 공정거래위원회는 인천제철 주식회사(이하 '인천제철'이라 한다)의 삼미특수강 주식회사(이하 '삼미특수강'이라 한다)에 대한 기업결합 사안[35])에서 삼미특수강을 '회생불가기업'으로 인정하였다. 즉, 삼미특수강은 1997. 3. 부도 후 구 회사정리법상 법정관리 중으로 1994년 이후 자본잠식 상태에 빠져 1999년 말 현재 자본총계가 -1,791억원으로 완전 자본잠식상태이고, 회사정리계획에도 불구하고 정리채권 및 정리담보권의 상환이 개시되는 2004년부터는 자금부족이 심화되어 지급불능 상태에 빠질 것으로 예상되며, 법정관리 중으로 자기자본이나 타인자본의 조달이 사실상 불가능하고 영업이익 증가에 의한 회생을 기대하기 어렵고, 기업결합에 의한 자금유입이 없으면 지급불능에 빠져 사업지속이 곤란한 회생불가능한 회사에 해당한다는 것이다.[36])

(2) 생산설비의 활용불가능성

공정거래법 시행령 제12조의4 제1호는 기업결합을 하지 아니하는 경우 회사의 생산설비 등이 당해 시장에서 계속 활용되기 어려운 경우를 도산기업의 항변이 인정되기 위한 요건의 하나로 규정하고 있다.

위 요건은 당해 기업결합이 이루지지 않아 도산기업의 생산설비가 파산적 청산을 거쳐 관련시장에서 퇴출될 경우 당해 기업결합으로 인하여 달성할 수 있는 규모의 경제 또는 범위의 경제 등 경제적 효율성을 달성할 수 없게 되므로, 당해 생산설비를 활용할 수 있는 취득기업에게 매도하는 편이 자원배분의 효율성 측면에서 바람직하다는 견지에서 요구되는 것이다.

이에 관한 국내의 대표적인 심결 사례로는 현대자동차 주식회사의 기아자동차 주식회사에 대한 기업결합 사안을 들 수 있다. 공정거래위원회는 위 사안에

---

35) 2000. 9. 30. 공정거래위원회 의결 제2000-151호, 2000기결0846호.
36) 그러나 위 사안에서는 인철제철 이외에 경쟁제한성이 더 적은 기업결합이 가능함 동부제강이 예비협상대상자로 선정되어 있음을 들어 공정거래법 제7조 제2항의 예외인정사유인 도산기업의 항변을 배척하였다. 한편 위 사안에서는 당해 기업결합이 공정거래법 제7조 제1항에 위반된다고 하면서도 법 제16조 제1항 제4호의 영업의 양도가 아니라 법 제7호의 기업결합에 따른 경쟁제한의 폐해를 방지할 수 있는 영업방식 또는 영업범위의 제한의 시정조치를 명하였다.

서 기아자동차의 부실기업 여부 판단에 있어서 당해 기업결합이 없을 경우 기아자동차의 생산시설은 관련시장에서 퇴출될 것으로 판단된다고 하였다.[37]

(3) 대체매수자의 부재

공정거래법 시행령 제12조의4 제2호는 도산기업의 항변이 인정되기 위하여는 당해 기업결합보다 경쟁제한성이 적은 다른 기업결합이 이루어지기 어려운 경우에 해당하여야 한다고 규정하고 있다.

회생절차에서는 재정적 파탄에 처한 기업의 효율적 회생이라는 목적이 우선시되므로 회생 채무자인 회사를 가급적 가장 높은 인수가격을 제시한 매수자에게 매각함으로써 도산기업이 처한 재정적 어려움을 해소하고, 회생채권이나 회생담보권의 변제율을 상향하여 채권자와 주주 등 관련 이해관계인의 이익을 보호하는 것이 중요하게 된다.

그러나 도산기업의 항변에 있어서 위 요건의 구비여부를 판단함에 있어서는 대체매수자가 있을 경우에도 그 대체매수자가 제시한 인수조건이 채무자 회사의 원활한 회생에 도움이 된다는 관점에서 더 적합한가보다는, 대체매수자와의 기업결합이 공정거래법의 관점에서 덜 경쟁적인 기업결합을 가능하게 할 것인지 여부, 즉 경쟁제한의 정도를 기준으로 판단하여야 한다.

그리고 대체매수자가 청산가치 이하의 매각대금을 제시한 경우에 피취득기업으로서는 기업결합보다는 청산을 선택하는 것이 유리하므로, 여기에서의 대체매수자는 적어도 청산가치 이상의 매각대금을 제시한 자에 한정되는 것으로 새겨야 할 것이다. 즉, 대체매수자는 적어도 청산가치 이상의 매각대금을 제시할 것이 요구된다.[38]

---

37) 1999. 4. 7. 공정거래위원회 의결 제1999-43호, 9901기결0126호. 이 사안은 1999. 2. 5. 법률 제5813호로 개정되기 전 구 공정거래법이 적용되었던 사안으로, 회생불가 요건 이외에 생산시설의 퇴출 가능성 및 대체취득자의 부존재 등의 요건과 관련하여서는 충분한 논증이 없어 도산기업의 항변의 법리를 모범적으로 적용한 사례로 보기 어렵다는 비판이 있다. 유진희, "도산기업 구제를 위한 기업결합: 도산기업 항변에 관한 비교법적 검토 및 적용사례 검토를 중심으로", 고려법학 49호, 2007. 11, 369-370면.

38) 2010년 개정 미국 수평결합지침 Section 11 각주 16에서는 대체매수자의 요건과 관련하여 청산가격 이상의 가격을 제시하였다면 곧 대체매수자의 자격을 갖춘 것으로 평가하는 듯한 표현을 하고 있으나("Any offer(밑줄 필자) to purchase the assets of the failing firm for a price above the liquidation value of those assets will be regarded as a reasonable offer. Liquidation value is the highst value the assets could command for use outside the relevent market") 합리적인 대체매수제의로 인정될 수 있는 최소한의 요건으로 이해하여야 할 것이다.

공정거래위원회는 앞서 본 인천제철의 삼미특수강에 대한 기업결합 사건에서 이 부분 쟁점에 관하여 상세하게 판단하였다. 당시 인천제철은 인수대금 4,464억원(현가기준 4,077억원)의 주식양수, 고용승계 보장의 인수조건을 제시하였으나, D제강은 인수대금 3,410억원(현가기준)의 자산양수 방식,[39] 고용승계 여부는 추후협의예정의 인수조건을 제시하여, D제강의 인수조건은 인천제철의 인수가액보다 약 667억원 정도 낮은 수준이었다.

그러나 공정거래위원회는 인수조건의 차이로 경쟁제한성이 더 적은 대체매수자가 존재하지 아니하는 경우로 보기 어렵다고 하면서 다음과 같은 취지에서 인천제철의 주장을 배척하였다. 'M&A 시장에서는 기업결합을 통하여 시장지배력을 획득 또는 강화하려는 기업은 독과점 이윤을 기대하면서 다른 업체에 비하여 높은 가격을 제시할 유인이 있고, 이러한 유인은 피취득기업의 주주나 채권자의 이해관계와도 일치하지만, 기업결합심사제도는 피취득기업의 주주나 채권자의 금전적 이익이 감소하더라도 독과점 이윤을 획득하고자 하는 취득기업의 유인을 차단하고 시장의 경쟁구조를 유지하는 것이 제도의 취지이므로 인수조건의 차이는 중요한 고려요소가 되지 않는다'는 것이다.

4. 효과 및 입증책임

법 제7조 제1항의 경쟁제한성이 인정되는 기업결합이라고 하더라도 공정거래위원회가 법 제7조 제2항의 도산기업의 항변의 요건이 충족된다고 판단할 경우 법 제7조 제1항이 적용되지 아니한다. 이 경우 해당요건의 충족에 대한 입증책임은 당해 사업자가 부담한다.

법 규정의 문언상 도산기업의 항변이 받아들여질 경우에는 경쟁제한성과의 형량이 불가능한 것으로 해석되는바, 도산기업의 항변은 이른바 절대적인 항변으로 이해된다.

한편 기업이 재정적 파탄상태에 빠져 도산에 이르게 되는 원인은 급격한 외부적 경제상황의 변화에 대한 부적응이나 경영실패, 유동성의 위기, 시장에서의 초과생산량의 존재로 인한 구조조정의 필요 등으로 다양할 수 있는바, 실제 사

---

39) 이 외에도 삼미특수강은 자산양수방식에 따른 조세 및 직원 퇴직금 등의 추가부담이 약 583억원 가량 발생하여, 인수조건의 차이가 1,251억원에 이른다고 주장하였다.

안에서 도산기업의 항변을 주장하는 사업자에게 어느 정도의 입증책임을 지울 것인가와 관련하여서는 도산의 원인과 당시의 경제상황 및 시장상황에 관한 실증적인 자료를 바탕으로 개별 사안별로 구체적인 판단이 필요할 것이다.

Ⅳ. 결   론

통합도산법상 회생절차에서는 재정적 파탄에 있는 채무자의 채권자와 주주 등 관련 이해관계자의 이익을 조정하여 채무자의 효율적인 회생을 도모하는 것이 우선시 된다. 공정거래법이 도산기업에 대하여 기업결합규제의 예외사유로서 도산기업 항변을 도입한 것 또한 재정적 위기에 빠진 기업의 효율적인 회생을 도모함으로써 당해 기업의 생산설비가 시장에서 퇴출됨으로써 발생하는 사회적 손실을 줄이고자 하는 취지가 있음을 부인할 수는 없을 것이다.

그러나 해당 기업이 회생불가 회사에 해당한다는 점은 도산기업 항변을 인정하기 위한 필요조건의 하나에 불과하고, 관련 시장에서의 경쟁 보호와 경쟁적인 시장구조의 유지라는 기업결합규제 본연의 목적에 부합하도록 나머지의 요건들을 경쟁제한성의 관점에서 해석하는 것이 필요하다고 할 것이다.

▌▍ 참고문헌 ▍▌

◼ 단행본

권오승, 경제법(제11판), 법문사, 2014.

서울중앙지방법원 파산부 실무연구회, 회생사건실무(하), 제4판, 2014.

임영철, 공정거래법-해설과 논점, 법문사, 2007.

Antitrust Law: An Analysis of Antitrust Principles and Their Application, Vol.
    Ⅳ(Revised Ed., 1998).

◼ 논　문

박형준, "법정관리기업 인수·합병(M&A)의 실무와 전망", 사법논집 제44집, 2007.

유진희, "도산기업 구제를 위한 기업결합: 도산기업 항변에 관한 비교법적 검토 및 적용사
    례 검토를 중심으로", 고려법학 49호, 2007. 11.

이민호, "기업결합의 경쟁제한성 판단기준 - 수평결합을 중심으로 -", 서울대학교 대학원
    법학박사학위 논문, 2012. 4.

홍대식, "공정거래법 집행자로서의 공정거래위원회의 역할과 과제", 법학 52권 2호(159
    호), 서울대학교 법학연구소, 2011.

_____, "도산기업의 인수·합병", 공정거래법 강의 Ⅱ, 법문사, 2000.

홍탁균, "기업결합의 규제와 관련한 효율성 항변과 도산기업 항변에 대한 연구", 검찰 116
    호, 2005. 11.

기업결합신고에 대한 시정조치 부과대상 및 행위내용의 기준[*]

이 선 희[**]

I. 서 론

최근 미국에 본사를 둔 Microsoft社(이하 'MS'라고 한다)가 핀란드에 본사를 둔 Nokia社(이하 'Nokia'라 한다)의 단말기 사업부분을 인수하면서 우리나라 공정거래위원회(이하 '공정위'라 한다)를 비롯한 여러 국가의 경쟁당국에 기업결합신고를 하고 이에 대하여 다소 내용을 달리 하는 결정들이 내려짐에 따라, 현재 위 신고에 대한 심사가 진행 중인 공정위의 결정이 어떻게 될 것인가에 대하여 관심이 쏠리고 있다.

위 기업결합신고는 여러 가지 쟁점을 가지고 있지만, 본고의 주제와 관련하여 본다면 첫째, MS-Nokia 기업결합의 취득회사인 MS 외에 영업양도 후 존속하는 Nokia에 대하여도 시정조치를 부과할 수 있는지, 둘째 Nokia에 대하여도 시정조치가 가능하다고 할 때 시정조치를 부과하는 행위내용으로 삼을 수 있는 Nokia의 경쟁제한적 행위는 어떤 범위의 것이 되어야 하는지가 문제된다.

위 사건을 계기로 필자는 기업결합신고에 대한 시정조치 부과대상 및 행위내용에 대한 일응의 기준을 세워볼 필요성을 느끼게 되었다.

이를 위해서 먼저 일반론으로서 기업결합의 개념, 사전규제로서의 기업결합, 지배관계와 경쟁제한성의 판단 등 기업결합 규제를 개관하고자 한다.

* 본고는 2014년 법·경제분석그룹(LEG)에서 연구과제로 선정되어 필자가 수행한 연구의 최종발표 내용을 보완한 것으로서, 한국공정거래조정원의 "공정거래 학술연구지원사업"의 지원을 받아 작성되었다.
** 성균관대학교 법학전문대학원 교수, 법학박사, 변호사

다음으로 시정조치의 부과대상과 관련하여서는, 공정위가 기업결합신고에 대한 심사결과로서 시정조치를 부과할 수 있는 근거규정인 독점규제 및 공정거래에 관한 법률(이하 '독점규제법'이라 한다) 제16조와 공정위의 '기업결합 심사기준'(2013. 12. 24. 개정된 공정위고시 제2013-9호. 이하 '우리나라 심사기준'이라 한다) 등을 검토하며 독점규제법의 다른 규정과의 관계를 살펴봄으로써, 과연 기업결합의 피취득회사에 대해서도 시정조치를 부과할 수 있는 것인지에 대하여 고찰하기로 한다.

그리고 시정조치를 부과하는 행위내용과 관련하여서는, 기업결합의 심사범위인 결합특유의 경쟁제한성을 어디까지로 볼 것인지, 특히 피취득회사가 기업결합과 관련하여 야기할 우려가 있는 경쟁제한성도 기업결합의 심사대상으로 삼을 수 있는지를 살펴보기로 한다.

위와 같은 연구를 수행함에 있어서 관련된 공정위의 심결례와 미국, 중국, 대만, 일본 및 유럽연합의 관련규정과 판결 및 심사례 등을 참고하게 될 것이다.

Ⅱ. 기업결합규제의 개관

1. 기업결합의 개념

우리 독점규제법은 제7조 제1항에서 "누구든지 직접 또는 대통령령이 정하는 특수한 관계에 있는 자를 통하여 다음 각 호의 1에 해당하는 행위(이하 '기업결합'이라 한다)로서 일정한 거래분야에서 경쟁을 실질적으로 제한하는 행위를 하여서는 아니된다"라고 규정하고 있다. 위와 같은 규정형식은 기업결합에 해당하는 행위를 각 호로 정한 다음에 해당 행위의 경쟁제한성을 판단하는 구조이고, 내용에 있어서 규제의 대상이 되는 기업결합은 경쟁제한적인 것에 한정된다.

그런데 위에서 본 바와 같이 우리 독점규제법은 기업결합이 성립하기 위한 본질적인 개념요소에 대하여 아무런 규정을 두지 않고 있다. 이러한 태도는 뒤에서 보게 될 미국 및 중국, 대만, 일본의 입법례와 유사하며, 지배력의 획득이라는 실질적인 기준을 통해 기업결합을 정의하고 있는 EC 기업결합규칙과는 차이가 있다.

우리나라의 학설로는 일반적으로 '기업 간의 자본적·인적·조직적인 결부를 통하여 기업활동을 단일한 관리체제 하에 통합시킴으로써, 개별기업의 경제적인 독립성을 소멸시키는 기업 간의 결합의 과정 또는 행태를 말한다'[1]고 정의한다. 그리고 지배관계의 형성이 기업결합 개념의 본질적 요소라고 설명한다.[2]

그러나 이러한 학설상의 기업결합에 대한 정의에 대해서는, 합병이나 영업의 전부양수를 제외한 나머지의 경우, 이를테면 주식취득이나 임원겸임, 영업의 일부양수 그리고 신 회사 설립에 의한 참여와 같은 경우에 당사회사의 경제적 독립성이 언제나 소멸한다고 볼 수 없기 때문에 모든 기업결합 유형을 포섭하지 못한다는 비판이 있다.[3] 또한 주식취득, 임원겸임 또는 회사신설의 경우에는 그 행위로 지배관계가 형성되지 않을 수 있다는 점을 지적하고 또한 주식의 일부취득으로 지배관계가 형성되지 않는 경우에도 기업결합으로 규제할 수 있는 가능성을 열어두는 견해도 있다.[4] 따라서 앞서 본 학설상의 정의 또는 설명이 모든 기업결합의 유형에 그대로 타당하다고 보기는 어렵다.

본고의 주요관심사는 영업의 일부양도 후 피취득회사가 잔존부분으로 여전히 영업을 하는 경우로서, 앞서 본 기업결합에 관한 학설상의 정의로는 포섭할 수 없는 경우에 해당한다. 그렇다면 앞서 본 설명에 기초한 기업결합심사에 대한 기존의 일반론 또한 본고의 주요 관심사를 포섭하지 못할 가능성이 있음을 시사한다.

2. 사전규제 대상으로서의 기업결합

기업결합의 규제는 일반적으로 지배관계의 형성과 그 경쟁제한성에 대한 기업결합심사 그리고 최종적으로 위법판단에 기초한 시정조치의 부과로 이어진다. 그러므로 기업결합으로 인하여 형성될 지배관계의 주체가 시정조치의 부과대상이 되고, 이와 같이 형성될 지배관계가 야기하는 경쟁제한성을 해소하기 위한

---

1) 권오승, 경제법, 법문사, 2014, 181면; 임영철, 공정거래법, 법문사, 2007, 51면; 홍명수, "독점규제법상 기업결합의 규제체계와 효율성 항변에 대한 고찰", 경제법론(I), 경인문화사, 2008, 158면; 이호영, 독점규제법(제3판), 홍문사, 2011, 91면; 신동권, 독점규제법, 박영사, 2011, 216면; 신현윤, 경제법(제6판), 법문사, 2014, 165면.
2) 이봉의, "합작기업의 경쟁법적 고찰", 경쟁법연구 제7권, 2001, 57면; 곽상현·이봉의, 기업결합규제법, 법문사, 2012, 46면; 이호영, 94면.
3) 이봉의, 54-55면; 곽상현·이봉의, 46면.
4) 이민호, 기업결합의 경쟁제한성 판단기준 - 수평결합을 중심으로-, 경인문화사, 2013, 23-27면.

조치가 시정조치의 내용을 이루게 되는 것이 원칙적인 모습이 된다. 현재 우리나라 심사기준도 이러한 지배관계로 야기되는 경쟁제한성을 문제 삼고 있다.

시장지배적 지위남용행위, 부당한 공동행위, 불공정거래행위의 규제와 비교할 때, 기업결합규제의 가장 큰 특색은 기업결합 후 장래 관련시장에 나타날 효과를 예측하여 판단하는 사전규제라는 점에 있다.[5]

공정위는 이행된 지 얼마 되지 않은 행위(사후신고의 경우) 또는 장래 행하여질 행위(사전신고의 경우)에 대하여 시정조치에 의하여 기업결합을 금지하거나 기업결합 그 자체는 인용하지만 조건을 붙인다. 그러한 심사를 위하여 일정 이상의 규모의 기업결합에 있어서는 사전신고의무가 법정되어 있다.

위와 같이 기업결합에 있어서 사전규제가 가능하게 된 배경은 기업결합이라는 것이 반경쟁적인 폐해를 초래하는 구조변화를 일으키는 행위이고(수평결합의 경우에 대표적으로 일어난다), 구조변화가 일어난 후에 원점으로 되돌리는 것은 간단하지 않다는 인식에 기초한다.[6]

반면, 시장지배적 지위남용행위, 부당한 공동행위, 불공정거래행위 등의 규제는 당해 행위를 함으로써 경쟁제한적 폐해가 발생하거나 발생할 우려가 있을 때 비로소 경쟁당국이 개입하는 사후규제적 성격을 가진다.

그런데 영업의 일부양도 후 피취득회사가 잔존부분으로 영업을 계속하면서 해당 거래분야에서 경쟁제한적 행위를 할 우려가 있을 경우를 상정해 보자. 이 경우에 경쟁당국으로서는 피취득회사가 향후 행할 것으로 예상되는 경쟁제한행위를 기업결합심사단계에서 사전적으로 규제할 수 있는가? 아니면 피취득회사는 기업결합으로 새로이 형성될 지배관계를 구성하지 않는다는 이유로 향후 위 시장지배적 지위남용행위 등의 요건을 충족하는 경우에만 비로소 사후적으로 규제할 수 있는가?

이에 기업결합 심사에 있어서 기업결합으로 형성될 지배관계와 경쟁제한성 판단의 상호관계를 어떻게 파악할 것인지가 문제된다.

---

5) 홍명수, 152면은 기업결합의 실질적 경쟁제한성 판단과 관련하여, 우리 독점규제법이 폐해규제적 입장에서 시장지배적 지위남용행위를 규제하고 기업결합의 규제는 이와 같은 중요한 예외가 되고 있다는 법체계적 인식이 전제되어야 한다고 한다.

6) 白石忠志, "企業結合規制の概要と諸問題", ジュリスト 1451호(2013. 3.), 有斐閣, 12면.

3. 지배관계와 경쟁제한성의 판단

(1) 지배관계

통상 기업결합에 있어서 지배관계의 유무가 문제되는 경우는 주식취득이나 소유, 임원겸임 및 회사신설의 경우로 한정되고, 당해 행위자체로 지배관계가 형성되는 합병 또는 영업양수의 경우에 그다지 문제되지 않는다. 이에 따라 우리 나라 심사기준도 합병이나 영업양수는 그 자체로 지배관계가 성립되는 것으로 보고 나머지 경우에 한하여 실질적 영향력의 존부를 검토한다.[7] 그 이유는 합병 이나 영업영수의 경우에는 기업결합을 통하여 경제적 독립성을 상실하고 하나의 경쟁단위로 활동하게 되므로 더 이상 지배관계의 형성에 대하여 논의할 필요가 없기 때문이라고 설명된다.[8]

그리고 지배관계의 형성을 기업결합 개념의 본질적인 요소로 보게 되면, 이와 같이 기업결합으로 인하여 형성될 지배관계의 주체가 시정조치의 부과대상이 되는 것이고, 영업양도 후 잔존 영업부분으로 존속하는 피취득회사의 경우에는 위 지배관계 밖에 위치하는 것이기 때문에 기업결합 심사단계에서 시정조치의 부과 대상으로 삼을 수 없다는 결론에 자연스럽게 도달하게 될 것이다.

그러나 영업양도 후 존속하는 피취득회사가 새로이 형성될 지배관계에 밖에 위치한다고 하여, 위 형성될 지배관계와 이해를 같이 하여 피취득회사가 경쟁제 한행위를 할 위험을 기업결합의 내용 자체에 포함하고 있다고 하더라도 기업결 합 심사단계에서는 규제할 수 없고 시장지배적 지위남용행위 등을 통한 사후규 제에 의하는 수밖에 없다는 결론이 과연 타당한 것인가?

지배관계는 우리 독점규제법이 규정하고 있는 용어는 아니며 기업결합을 심 사함에 있어서 도구적인 개념으로 사용되고 있는 것이다. 그렇다면 기업결합으 로 새로이 형성될 지배관계와 시정조치의 대상이 반드시 일치되어야 할 이유는 없지 않은가 하는 의문이 생긴다.[9] 경쟁제한적인 기업결합에 참가한 사업자 중

---

7) 우리나라 심사기준 IV. 참조.
8) 이호영, 94면.
9) 이민호, 27면은 주식의 일부취득 등 부분적 인수로 지배관계가 형성되지 않는 경우도 기업결합에 해당하는 것으로 보아 사전적 규제를 할 것인지 여부는 다분히 정책적인 영역에 속하는 것으로 볼 수 있다고 한다.

어느 범위까지를 시정조치의 대상으로 할 것인지는 정책적으로 결정할 문제이며, 위법한 경쟁제한적인 기업결합에 참가한 자 이상으로 확대되지 않는 한 그 자체로 타당성을 결하는 것으로 볼 것은 아니라고 생각되기 때문이다.

(2) 경쟁제한성

원칙적으로는 기업결합에서 심사하게 되는 경쟁제한성은 위 법조문에서 말하는 바와 같이 기업결합 자체의 경쟁제한성이다. 그런데 실제로는 기업결합으로 인하여 시장의 경쟁상황이 어떻게 변화할 것인지를 검토하여 경쟁제한성을 판단하게 된다. 사전신고 대상이든 사후신고에 의한 것이든 대부분의 경우에 기업결합 심사 시에 그 경쟁제한효과 또는 효율성이 현실화되지 않은 상태일 것이고, 경쟁당국은 향후 그 기업결합으로 변화될 시장상황과 그 기업결합이 없었을 경우의 시장상황을 미리 예측하여 판단하여야 하기 때문이다.[10]

특히 수직결합 및 혼합결합의 경우에는, 시장의 구조적 변화로 인한 직접적인 경쟁제한성이 문제되는 수평결합[11]과는 달리, 사업자들 사이의 관계가 변화함으로써 그러한 사업자들이 기업결합 이전과 달리 행동을 하게 될 개연성이 생길 수 있으므로 사업자들의 관계 및 그들이 취할 행동에 따라서 경쟁제한성 여부가 달라질 수 있다. 수평결합의 경우에도 정도의 차이는 있지만 구조적인 변화 그 자체로 경쟁제한성을 인정하는 것이 아니라 기업결합으로 인하여 시장의 경제상황이 어떻게 변화할지를 검토하여야 한다는 점에서 비수평결합의 경쟁제한성 판단과 공통점이 있다.[12]

그렇다면 기업결합으로 새롭게 형성될 지배관계가 발생시키는 경쟁제한성 외에도, 기업결합과 인과관계에 있는 예상 가능한 일정 범위의 경쟁제한행위를 기업결합의 심사에 포함시키고 이에 대하여도 시정조치를 할 수 있는 것이 아닌가

---

10) 이민호, 133면.

11) 수평형 결합, 수직형 결합, 혼합형 결합의 분류는 시장에서의 경쟁제한 효과에 따른(권오승, 187–189면; 이기수·유진희, 경제법(제9판), 세창출판사, 2012, 77면), 또는 기업상호간의 관계에 따른(양명조, 경제법강의(제10판), 신조사, 2012, 132면; 신동권, 237–255면) 분류인데(정호열, 경제법(제4판), 박영사, 2012, 224면은 양자 모두를 언급한다), 법에서 이러한 분류기준을 규정하고 있지는 않지만 우리나라 심사기준에서 사용하고 있다. 미국도 수평형 기업결합에 대한 심사지침(U.S. Department of Justice and the Federal Trade Commission Horizontal Merger Guidelines, 2010)과는 구별하여 기타의 기업결합은 '법무부 기업결합 심사지침(U.S. Department of Justice Merger Guidelines, 1984)'으로 운영하고 있다.

12) 이민호, 147–148면.

생각된다.

(3) 소 결

기업결합의 개념에 대한 종래의 통설적 견해에 의하면, 기업결합의 심사는 원칙적으로 기업결합으로 형성될 지배관계를 가지는 사업자를 대상으로 기업결합 자체의 경쟁제한성을 문제삼는 것이다.

그러나 위와 같은 원칙에도 불구하고 단일한 지배관계 밖에 있는 기업결합의 당사자가 기업결합으로 인하여 경쟁제한적인 행위를 할 우려가 있을 경우에, 이를 사전적 규제인 기업결합 심사단계에서 시정조치의 부과대상 및 행위내용으로 삼을 수 있는지를 본고의 관심사로 삼고 이 점에 대하여 알아보기로 한다.

Ⅲ. 시정조치의 부과대상

1. 우리나라의 관련 법령 규정과 적용사례

(1) 법령 등의 규정

우리나라의 독점규제법 제7조 제1항에서 규제대상으로 삼고 있는 기업결합행위의 유형은 "다른 회사의 주식의 취득 또는 소유(제1호), 다른 회사와의 합병(제3호), 다른 회사의 영업의 전부 또는 주요부분의 양수·임차 또는 경영의 수임이나 다른 회사의 영업용고정자산의 전부 또는 주요부분의 양수(이하 '영업양수'라 한다)(제4호)" 등이다.

그리고 위 규정에 위반하거나 위반할 우려가 있는 행위가 있는 때에 이를 규제하기 위한 시정조치를 부과하는 근거규정인 제16조는 "당해 사업자[기업결합 당사회사(기업결합 당사회사에 대한 시정조치만으로는 경쟁제한으로 인한 폐해를 시정하기 어렵거나 기업결합 당사회사의 특수관계인이 사업을 영위하는 거래분야의 경쟁제한으로 인한 폐해를 시정할 필요가 있는 경우에는 그 특수관계인을 포함한다)를 말한다] 또는 위반행위자에 대하여" 당해 행위의 중지(제1호), 주식의 전부 또는 일부의 처분(제2호), 영업의 양도(제4호), 기업결합에 따른 경쟁제한의 폐해를 방지할 수 있는 영업방식 또는 영업범위의 제한(제7호), 기타 법위반상태를 시정하기 위하여 필요한 조치(제8호)를 공정위가 명할 수 있다고 규정하고 있다.

위 규정에 의하면 공정위가 부과하는 시정조치의 상대방은 당해 사업자뿐만 아니라 당해 사업자 외의 위반행위자까지 포괄하고, 위 당해 사업자는 기업결합에 있어서 당사회사와 동일시되는 것이지만 경쟁제한의 폐해를 시정할 필요가 있는 때에는 특수관계인까지 포함하는 것이다.

다만, 위 제16조의 '당해 사업자' 또는 '당사회사'를 위 법률에서 명시적으로 정의하지 않아서 그 해석이 문제된다.

이와 관련하여 첫째, 독점규제법 제7조 제5항[13])에 의거한 우리나라 심사기준이 Ⅱ.에서 기업결합의 취득회사(제4호)와 피취득회사(제5호)를 정의하고, Ⅲ. 2.에서 당사회사를 "이 기준 Ⅱ. 4. 및 Ⅱ. 5.에 규정된 취득회사와 피취득회사를 말한다. 이하 같다."라고 규정하고 있음을 주목할 필요가 있다. 그런데 위 Ⅱ. 5.에서 '피취득회사'라 함은 주식취득·소유의 경우에는 당해 주식을 발행한 회사, 새로운 회사설립에의 참여의 경우에는 새로 설립되는 회사, 합병의 경우에는 합병으로 소멸되는 회사, 영업양수의 경우에는 양도회사를 말한다고 되어 있다. 따라서 위 심사기준에 의하면 당사회사에 취득회사뿐만 아니라 피취득회사(영업양도방식에 의한 기업결합의 경우에는 양도회사)가 포함된다고 해석된다.[14]

둘째, 독점규제법 제16조 제3항[15])에 의거하여 제정된 공정위의 "기업결합 시정조치 부과기준(2011. 6. 22. 제정된 공정위 고시 제2011-3호, 이하 '시정조치 부과기준'이라 한다)"은 시정조치에 대한 사항을 규정하고 있는데 위 부과기준의 Ⅱ. 1.에서도 "「결합당사회사」란 해당 기업결합의 취득회사, 피취득회사, 취득·피취득회사의 특수관계인, 포괄승계인 및 임직원 등을 모두 말한다"고 정의하고 있다. 따라서 위 시정조치 부과기준도 당사회사에 피취득회사를 포함하고 있다.

셋째, 독점규제법 제12조는 기업결합의 신고에 대하여 규정하면서 제1항[16])에

---

13) 제1항의 규정에 의한 일정한 거래분야에서 경쟁을 실질적으로 제한하는 기업결합과 제2항의 규정에 의하여 제1항의 규정을 적용하지 아니하는 기업결합에 관한 기준은 공정거래위원회가 정하여 이를 고시할 수 있다.

14) 공정위는 하이트/진로 기업결합사건(주식취득에 의한 기업결합)에서 피취득회사인 진로를 하이트와 함께 공동피심인으로 하였으며, 하이트 뿐만 아니라 진로에 대해서도 시정조치를 명한 바 있다(공정거래위원회 의결 제2006-009호). 이처럼 피취득회사에 대하여 시정조치를 하는 것의 타당성에 대한 의문을 표시하는 견해로는 임영철, 85면 참조 .

15) 공정거래위원회는 제7조(기업결합의 제한) 제1항을 위반하는 행위에 대하여 제1항 각 호의 시정조치를 부과하기 위한 기준을 정하여 고시할 수 있다.

16) 자산총액 또는 매출액의 규모가 대통령령이 정하는 기준에 해당하는 회사(제3호에 해당하는 기업결합을 하는 경우에는 대규모회사에 한하며, 이하 이 조에서 '기업결합 신고대상회사'라 한다) 또는 그

서 '기업결합 신고대상회사와 상대회사'라는 용어를 사용하고, 신고기간에 대하여 규정한 제5항[17]에서는 임원겸임의 방식을 제외한 기업결합에 있어서 기업결합의 당사회사 중 1 이상의 회사가 대규모회사인 경우에는 예외적으로 사전신고를 하도록 하고 있다. 여기에서 기업결합의 '당사회사'는 신고대상회사와 상대회사를 말하는 것임은 문언상 명백하고, 이는 앞서 본 심사기준 및 시정조치 부과기준에서의 취득회사와 피취득회사 모두를 포괄하는 개념인바, 그렇다면 동일한 용어를 사용하고 있는 독점규제법 제16조의 당사회사에 피취득회사가 포함된다고 볼 것이다.

이와 같은 해석은 시정조치의 내용으로서 포괄조항이라고 할 수 있는 독점규제법 제16조 제1항의 "8. 기타 법위반상태를 시정하기 위하여 필요한 조치"외에도 1999. 2. 5. 개정시 신설된 같은 항 제7호로 '기업결합에 따른 경쟁제한의 폐해를 방지할 수 있는 영업방식 또는 영업범위의 제한(제7호)'의 시정조치를 할 수 있도록 규정한 취지에도 부합한다.

즉, 우리 독점규제법 제7조 제1항의 문리해석만으로는 기업결합의 수범자를 다른 회사의 주식을 취득하거나 영업을 양수하는 이른바 취득회사 측에 한정할 여지가 있지만(뒤에서 보는 바와 같이 우리 독점규제법 제7조의 규정형식과 유사한 미국 클레이튼법 제7조의 해석론은 그러하다), 기업결합이 유형적으로 다양하게 전개됨에 따라 시정조치로써 취득회사뿐만 아니라 피취득회사의 기업결합 후 영업활동 등에 대하여도 광범위하게 규율할 필요가 있기 때문이다.

위의 내용을 종합해 보면, 기업결합이 경쟁제한적이어서 독점규제법 제7조 제1항에 위반된다고 할 때, 우리 법령의 규정상 피취득회사는 독점규제법 제16조상 시정조치의 대상이 될 수 있는 기업결합의 당사회사에 포함되고, 공정위는 피취득회사의 기업결합 후 영업활동을 규제하는 시정조치를 할 수 있다고 할 것이다.

특수관계인이 자산총액 또는 매출액의 규모가 대통령령이 정하는 기준에 해당하는 다른 회사(이하 이 조에서 '상대회사'라 한다)에 대하여 제1호부터 제4호까지의 어느 하나에 해당하는 기업결합을 하거나 기업결합 신고대상회사 또는 그 특수관계인이 상대회사 또는 그 특수관계인과 공동으로 제5호의 기업결합을 하는 경우에는 대통령령이 정하는 바에 따라 공정거래위원회에 신고하여야 한다.

17) 제1항의 규정에 의한 기업결합의 신고는 당해 기업결합일부터 30일 이내에 이를 하여야 한다. 다만, 제1항 제1호·제2호·제4호 또는 제5호의 규정에 의한 기업결합(대통령령으로 정하는 경우는 제외한다)으로서 기업결합의 당사회사 중 1 이상의 회사가 대규모회사인 경우에는 합병계약을 체결한 날 등 대통령령이 정하는 날부터 기업결합일 전까지의 기간 내에 이를 신고하여야 한다.

(2) 적용사례

아래와 같은 공정위의 심결례가 있다. 아직 이 문제를 다룬 법원의 판결은 없다.

1) ㈜씨제이오쇼핑의 기업결합 제한규정 위반행위에 대한 건(공정위 2010. 8. 31. 의결 제2010-110호, 사건번호 2010기결1477)

홈쇼핑 및 일반 방송채널사용사업을 영위하고 있는 ㈜씨제이오쇼핑은 2009. 12.경 일반(만화채널) 방송채널사용사업을 영위하고 있는 ㈜온미디어의 주식 약 55%를 취득하는 계약을 체결하고 공정위에 기업결합 신고를 하였다.[18]

공정위는 위 기업결합의 경쟁제한 효과를 인정하고, 취득회사인 ㈜씨제이오쇼핑뿐만 아니라 피취득회사인 ㈜온미디어, 나아가 피취득회사의 3개 계열회사들에 대해서까지 기업결합당사자와 경쟁관계에 있는 다채널유료방송사업자에게 동등한 채널접근기회를 제공할 것 등을 명하는 행태적 시정조치를 부과하였다.

특히 공정위는 위 의결에서, 피취득회사의 3개 계열회사들에 대하여 법 제16조 제1항에 따라 피심인 적격성을 인정하였다. 즉, 위 3개 계열회사들이 피취득회사의 자회사로 기업결합 이후 관련시장에서 부당한 경쟁제한 행위의 주체가 될 수 있어 TV홈쇼핑방송사업자인 취득회사와 위 피취득회사에 대한 시정조치만으로는 경쟁제한으로 인한 폐해를 시정하기 어렵거나 취득회사의 계열 7개사와 피취득회사의 계열 3개사가 사업을 영위하는 거래분야(일반 방송채널사용사업)에서의 경쟁제한 행위로 인한 폐해를 방지할 필요가 있다는 것이다.

위 사건에서 공정위는 피취득회사도 대상으로 하여 채널거래에 있어서 거래거절 등의 행위를 하지 않을 것을 내용을 하는 시정명령을 내렸지만, 이 때 행태적 시정조치의 대상이 된 사업자는 취득회사인 씨제이오쇼핑에 흡수된 회사이므로 영업양수에 있어서 양도인에 대한 시정조치 가능성을 논의함에 있어서 원용하기는 어려울 것이다.

그렇지만 적어도 우리 독점규제법이 시정조치의 상대방이 취득회사에 한정하지 않고 피취득회사 등에까지 상당히 넓게 규정하고 있다는 앞서의 해석론을 이

---

18) TV홈쇼핑도 방송채널사용사업의 일종이기는 하지만 운영체계나 서비스제공방식, 공급하는 상품의 성질, 방송법상 관리방식의 차이 등에 있어서 영화, 드라마, 만화 등 일반 방송채널사용사업과 구분되며, 이러한 이유로 통상 '방송채널사용사업'이라고 하면 TV홈쇼핑방송을 제외한 일반 방송채널사용사업을 의미한다(위 의결서 10면 참조).

미 공정위가 취하고 있음을 보여주고 있다.

2) 오웬스코닝의 기업결합 제한규정 위반행위에 대한 건(공정위 2007. 12. 5. 의결 제2007-548호, 사건번호 2007시정2618)[19]

유리강화 제조·판매업계의 세계 1위인 오웬스코닝(Owens Corning)사와 2위인 상고방 베트로텍스사(Compagnie de Sanit-Gobain Vertrotex)는 2006. 6. 1. 양사의 유리강화섬유사업을 통합하기 위하여 오웬스코닝 사가 상고방베트로텍스사의 유리강화섬유 사업부문에 해당하는 자산 및 지분일체를 인수하는 계약을 체결하고 기업결합 신고를 하였다.

공정위는 위 기업결합의 경쟁제한성을 인정하고, 취득회사인 오웬스코닝 사 뿐 아니라 영업의 일정부분을 양도하고 나머지 영업으로 존속하게 되는 피취득회사인 상고방 베트로텍스사 및 그 계열회사 상고방 베트로텍스 인터내셔널(Saint-Gobain Vertrotex International), 한국 내 상고방 베트로텍스의 유리강화섬유사업을 양수받아 영위하고 있는 알앤시코리아에게 다음과 같은 구조적 시정조치를 부과하였다.

> "1. 피심인 오웬스코닝, 상고방 베트로텍스 및 동 계열사인 상고방 베트로텍스 인터내셔널은 보유하고 있는 피심인 알앤시코리아 주식 전부를 매각하거나, 피심인 오웬스코닝, 상고방 베트로텍스, 상고방 베트로텍스 인터내셔널 및 피심인 알앤씨코리아는 알앤씨코리아의 유리강화섬유 사업 관련 설비 일체(인프라설비에 대한 임대차 관계 승계 포함)를 매각하여야 한다. 다만 매각 상대방은 '독점규제 및 공정거래에 관한 법률' 시행령 제11조의 규정에 의한 특수관계인의 범위에 속하지 아니한 제3자에 한한다.
> 2. 피심인들은 위 1.의 시정명령을 이행하였을 경우 매각일로부터 30일 내에 시정명령 이행내역을 공정거래위원회에 보고하여야 한다."

위 시정조치의 내용 중 피취득회사인 상고방 베트로텍스사에 대한 부분은, 위 회사가 보유하고 있는 알앤시코리아에 대한 주식을 매각하거나 알앤시코리아의 유리강화섬유사업 관련설비일체의 매각과 관련된 것이다.

위와 같이 위 심결에서 공정위는 영업양도방식에 의한 기업결합에 있어서도

---

19) 그런데 위 의결에 따른 제3자에 대한 매각이 이루어지지 않음에 따라 공정위는 기업결합을 승인하되 두 번째 의결(공정위 2008. 11. 3. 의결 제2008-294호, 사건번호 2008제조1492)을 통하여 시정조치의 대상을 오웬스코닝으로 한정하여 행태적 시정조치를 명하였다.

피취득회사를 상대로 일정한 행위를 명하는 시정조치가 가능하다는 견해를 취하였다. 다만, 위 심결에서 시정조치의 내용은 양수된 사업부문에 대한 것이고 영업양도 이후 잔존 사업부문에서 영업양도인이 갖게 되는 시장에서의 지위나 시장에 미칠 영향 등과 관련된 경쟁제한성에 대한 것은 아니다.

2. 외국 법규정 및 적용사례와의 비교

위와 같이 우리 독점규제법의 규정 및 그 해석에 의하면, 기업결합의 피취득회사에 대하여 시정조치가 가능하고, 이는 이제까지 공정위가 행한 시정조치례에도 부합한다.

그럼에도 불구하고 위와 같은 우리 법령의 규정 및 그 해석이 다른 나라의 경우와 확연히 동떨어진 것은 아닌지, 이른바 국제기준(Global Standard)의 견지에서 문제는 없는지를 검토할 필요는 있을 것으로 생각된다. 이를 위하여 주요 경쟁당국의 해당 규정 및 그에 대한 해석과 결정례를 살펴보도록 한다.

(1) 미 국

1) 법 규정의 개요 및 해석

미국의 클레이튼법(Clayton Act) 제7조(1950년 Celler-Kefauver Act에 의하여 수정된 것, 15 U.S.C. §18)는 '기업결합의 규제와 관련하여, 누구도 직접 또는 간접적으로 다른 회사의 주식이나 지분의 전부 또는 일부를 취득하거나 자산의 전부 또는 일부를 취득함으로써 (중략) 경쟁을 실질적으로 감소시키거나 독점을 형성하는 결과를 초래해서는 안 된다'고 규정하고 있다.

미국의 기업결합심사는 기업결합 당사회사들의 신고로부터 개시된다는 점에서 우리 독점규제법의 경우와 유사하나[20] 경쟁제한적이라고 판단된 기업결합을 금지하거나 승인을 하되 조건을 부가할지 여부는 최종적으로 법원이 결정한다는 점에 특징이 있다.

즉, 신고 받은 기업결합을 심사한 법무부나 연방거래위원회는 당해 기업결합이 경쟁제한성이 있다고 판단할 경우 대기기간(waiting period) 내에 각각 연방

---

20) 1976년에 제정된 Hart-Scott-Rodino Antitrust Improvements Act는 일정규모 이상의 기업결합에 대하여 당사회사에게 법무부와 연방거래위원회에 대한 사전신고의무를 부과하였다.

법원에 클레이튼법이 예정하고 있는 민사소송으로서 금지청구를 한다.[21] 이러한 경우 당사회사는 대개 기업결합을 포기함으로써 기업결합절차가 종료되지만 법원이 최종적으로 금지를 명하는 판결을 하기도 한다. 또한 경쟁제한적 개연성이 있는 기업결합이지만 전면적으로 금지할 필요는 없을 경우에 경쟁당국은 일정한 조건을 부여하기 위하여 법무부에 의한 동의판결(consent decree) 또는 연방거래위원회의 동의명령(consent order)을 활용한다.[22]

이 때 경쟁당국이 금지청구 또는 동의판결이나 동의명령을 하는 상대방은 주로 취득회사이다. 이는 클레이튼법 제7조의 규정형식 및 내용상 수범자가 취득회사로 읽혀진다는 이유와, 동의명령은 위반행위 혐의자에 대하여 행해지는 것이며, 대부분 기업결합에 있어서 취득회사의 이해관계가 크기 때문인 것으로 이해된다.

그러나 미국 연방법원은 아래와 같이 클레이튼법 제15조(15 U.S.C. § 25)[23]에 근거하여, 기업결합으로 발생한 경쟁제한 효과를 배제하기 위하여 필요한 경우에는 기업결합 이후 피취득회사를 상대로도 금지청구 등을 할 수 있다는 입장이다.

2) 적용사례

다음 예들은 법원이 클레이튼법 제15조에 의거하여 피취득회사에 대하여 구제조치를 명한 판결들이다.

(가) US v. Coca-Cola Bottling Co., 575 F.2d 222(9th Cir. 1978)

Arrowhead사가 Aqua Media사의 캘리포니아 공업용수 사업자산의 상당부분을 매입하고 기업결합을 신고한 건과 관련하여, 법무부는 클레이튼법 제7조에서 금지하고 있는 반경쟁적인 기업결합임을 주장하며 취득회사인 Arrowhead사 및 위 회사의 주식을 100% 소유한 모회사인 Coca-Cola Bottling사와 피취득회사인 Aqua Media사 및 A. M. Liquidating Company(이하 'Aqua Media

---

21) Hart-Scott-Rodino Antitrust Improvements Act 시행 초기에는 주로 예비적 금지청구(preliminary injunction)를 활용하였다고 한다.

22) Balto, Lessons from the Clinton Administration: The Evolving Approach to Merger Remedies, 69 Geo. Wash. L. Rev. 2001, p. 958; 곽상현·이봉의, 231면; 이호영, "독점규제법상 기업결합에 대한 시정조치의 개선", 저스티스 90호, 2006. 4, 203면 등 참조.

23) "연방지방법원이 클레이튼법 위반행위에 대한 관할권을 부여받았으며, 법무부 소속 검사들은 위 법 위반을 방지하거나 제한하기 위하여 형평법상의 소송(proceeding in equity)을 제기할 의무가 있다. … (중략) … 이러한 형평법 소송이 계류 중인 법원은 정의실현을 위해 필요하다고 판단될 경우 소송 중에 있는 당사자들 이외의 당사자들을 법원에 소환할 수 있다."

사 등'이라 한다)를 상대로 금지소송을 제기하였다.

위 사안에서 Aqua Media사 등은 피취득회사가 클레이튼법 제7조의 규제대상이 아니라고 항변하였으나, 제9 연방항소법원은 위 항변을 배척하면서, 클레이튼법 제7조가 명시적으로 제3자의 행위에 대하여 다루지 않고 있지만, 제3자의 행위가 반경쟁적인 효과에 직접적으로 연관이 있어서 완전한 구제조치(relief)을 만들어내기 위하여 필요한 경우, 정의(interest of justice)를 위하여 제3자도 반경쟁적인 기업결합소송의 피고로 할 수 있다고 판시하였다.[24]

위 Aqua Media사 등은 캘리포니아 공업용수 사업자산의 상당부분의 영업을 양도한 후 나머지 영업부분으로 존속하는 회사라는 점에서 본고의 관심사인 피취득회사의 지위에 있다는 점 또한 주목할 만하다.

(나) US v. Pabst Brewing Co., 183 F. Supp. 220(E.D. Wis. 1960)

Pabst Brewing사가 The Val사(Schenley Industries사의 자회사)의 모든 자산 및 사업을 매입한 건과 관련하여, 법무부는 Pabst Brewing사, The Val사, Schenley Industries사 모두를 피고로 소송을 제기하였다.

The Val사, Schenley Industries사는 피취득회사인 자신들을 상대로 소송을 제기한 것은 부당하다고 주장하였으나, 위스콘신주 동부 지방법원은 "클레이튼법 제7조 소송에서 해당 법령이 금지하고 있는 기업결합의 경쟁제한적인 효과를 제거하기 위하여 필요하다고 판단될 경우 법원은 동 법령을 위반한 당사자들 뿐 아니라 그 외의 다른 당사자들에 대한 시정조치도 승인할 권한이 있다"고 판시하였다.

특히 Schenley Industries사는 자회사를 양도하는 위 기업결합 후에도 나머지 영업부분으로 존속하는 회사라는 점에서 이 사건의 관심사인 피취득회사의 지위에 있다는 점은 앞의 (가)사건의 예와도 같다.

(다) US v. E.I. du Pont de Nemours & Company, 177 F. Supp. 1
     (N.D. Ill. 1959)

E.I. Dupont De Nemours사가 General Motors사의 보통주 630만 주(23%

---

24) 클레이튼법 제7조 위반의 기업결합을 법원이 소급적으로 소멸시키는 조치를 할 수 있다고 연방항소법원(federal circuit court)의 차원에서 최초로 판시한 위 판결에 대한 평석으로는 James P. Montague, Availability of Rescission in Redressing Clayton Act Section 7 Violations – United States v. Coca-Cola Bottling Company, 12 Loy. L.A. L. Rev. 255-266 (1978).

지분)를 매입한 건과 관련하여, 일리노이주 지방법원은 클레이튼법 제7조 위반행위에 대하여 클레이튼법 제15조에 기하여 제기한 정부의 청구를 기각하였으나 미 연방대법원은 해당 기업결합이 클레이튼법 제7조를 위반하는 행위라고 판단하고, 지방법원이 좀 더 심리하여 위 기업결합으로 인한 반경쟁적인 효과를 제거하기 위하여 공공의 이익에 필요하고 적합한 형평법상의 시정조치를 마련할 것인지를 결정하라면서 파기환송하였다.[25]

이에 따라 일리노이주 지방법원은 대상판결에서 "클레이튼법 제15조에 의거하여 연방법원들은 특정 사례의 긴급성을 고려하여 형평에 맞는 판결을 내릴 넓은 재량권이 있다. 또한 클레이튼법 제7조 소송에서 법원이 피취득회사를 상대로 시정조치를 마련하는 것이 경쟁제한적인 기업결합 효과를 제거하여 대중에게 이익이 되는데 필요하고 적절하다고 판단된다면 그렇게 할 수 있다"고 판시하면서 취득회사인 E.I. du Pont de Nemours사뿐 아니라 피취득회사인 General Motors사에 대하여도 서로 차별적인 거래를 하지 못하도록 하고 그 외 다양한 금지조건(injunctive provision)을 부가하는 판결을 내렸다.

위 소송은 다시 상고되었고, 연방대법원은 지방법원이 마련한 조치가 경쟁제한적 효과를 제거함에 적절하지 않다는 이유로 대상판결을 파기하였다.[26] 그러나 연방대법원은 위 지방법원이 대상판결에서 판시한 클레이튼법 제15조의 적용가능성을 수긍하였다는 점에서 대상판결에 의미를 부여하였다.

3) MS-Nokia 기업결합에 대한 심사결과[27]

미국에서 위 기업결합은 MS가 2013. 11. 29. 제출한 사전신고(pre-merger notification)에 대하여 조기종결통지(early termination notice)로 2014. 1. 15. 아무런 조건 없이 승인되었다.

이러한 미국 경쟁당국의 태도에 대해서는 여러 해석이 가능하지만, 혼합결합 유형의 기업결합에 대해서는 일반적으로 소극적인 태도를 취하고 있는 미국 경쟁당국의 입장[28]에 따른 것으로도 볼 수 있다.

---

25) United States v. E.I. du Pont de Nemours & Co., 353 U.S. 586, 589 (1957).
26) 366 U.S. 316 (1961).
27) http://www.ftc.gov/enforcement/premerger-notification-program/early-termination-notices/ 20140115 참조.
28) 곽상현·이봉의, 189면.

(2) 중 국

1) 법 규정 및 해석

중국의 반독점법[29]은 기업결합에 해당하는 경영자집중을 제20조에서 정의하고 있는데, 경영자가 합병(合幷)하는 행위(제1호), 경영자가 주식 또는 자산을 취득하는 방식을 통해 기타 경영자에 대한 통제권을 취득하는 행위(제2호), 경영자가 계약 등의 방식을 통하여 기타 경영자에 대한 통제권을 취득하거나 기타 경영자에 대하여 충분히 결정적인 영향을 가할 수 있는 행위(제3호)라고 규정하고 있다.

그리고 일정한 신고표준을 정하여 이에 해당하는 경우에 신고의무를 부과하고 있는 점(제21조, 제22조), 심사결과 경영자집중이 경쟁을 배제 또는 제한하는 효과를 가지거나 가질 수 있는 경우에 금지결정을 하는 점(제28조), 금지하지 않는 경영자집중에 대해서도 국무원 반독점법 집행기구는 경영자집중이 경쟁에 미치는 불리한 영향을 감소시킬 수 있는 제한성 조건을 부가하여 결정할 수 있도록 한 점(제29조) 등은 우리 독점규제법 규정과 유사하다.

그런데 기업결합의 심사대상 범위와 관련하여 보면, 시정조치의 상대방이나 부가할 수 있는 제한성 조건에 대한 하등의 규정을 두지 않아 피취득회사의 경우에도 상당히 넓은 범위에 걸쳐 시정조치를 부과할 수 있을 가능성이 열려 있다고 볼 수 있다.

2) 적용사례

중국 상무부는 경쟁제한적 기업결합의 폐해를 시정하기 위하여 필요한 경우 취득회사 뿐만 아니라 피취득회사 역시 심사대상으로 하여 시정조치를 부과하고 있고, 부가하는 제한성 조건의 내용에 피취득회사의 기업결합 후의 사업활동에 대한 것까지 포함된 경우도 있다.

---

29) 법무부가 발간한 해외진출 우리기업을 위한 사례중심 현지법령해설서, 중국 Ⅲ, 공정거래편, 2010, 14면에 의하면, 반독점법 법명의 원문은 '反壟斷法'(반농단법)으로서 여기에서 '壟斷'이란 독점을 포함한 '경쟁제한행위' 전체를 통칭하는 개념이라고 이해된다고 한다.

(가) Western Digital – Hitachi 인수건(중국 상무부 공고 2012년 제9호)[30]

Western Digital사, Western Digital 아일랜드지사(Western Digital사의 100% 자회사)와 Hitachi사 및 Viviti Technology사(Hitachi의 100% 자회사이 자 Hitachi Global Storage Technologies(이하 'Hitachi GST'라 한다)의 지주회 사, 이하 'Viviti사'라 한다)가 지분양수도 계약을 체결하여, Western Digital 사 가 Viviti사 보유의 Hitachi GST주식 100%를 인수하기로 하고 중국 상무부에 기업결합신고를 하였다.

위 기업결합은 취득회사와 피취득회사가 각 HDD 제조·판매업을 영위하고 있는 경쟁관계에 있으므로 수평형 기업결합에 해당하는바, 중국 상무부는 위 기 업결합이 컴퓨터 하드디스크시장에서 경쟁을 배제 또는 제한하는 효과를 초래할 수 있다고 판단한 후, 취득회사인 Western Digital사뿐만 아니라 피취득회사인 Viviti사[31]에 대하여도 (i) 기업결합 후 관련시장에서 Viviti사가 독립적인 경 쟁자로서 존재하는 것을 유지할 것, (ii) 시장수요상황에 따라 생산능력과 생산 량을 합리적으로 확정하고 매월 관련 상황을 감독수탁인에게 보고하여 감독을 받을 것, (iii) 기업결합 완료 후 기존의 사업모델을 실질적으로 변경하여서는 안 되고, 고객이 배타적으로 두 회사로부터만 하드제품을 구매하도록 강요하지 아니할 것, (iv) 제품혁신분야에 연구개발자금을 지속적으로 투입함으로써 고객 에게 더욱 많은 혁신 제품과 솔루션을 제공할 것 등의 조건을 부가하여 승인하 였다.

특히 (i)의 조건과 관련하여, 중국 상무부는 피취득회사인 Viviti사에 대해 ① 연구개발, 생산, 구매, 마케팅, A/S, 행정, 재무, 투자, 인사 등 모든 면에서 독립적인 법인의 지위를 유지하고 독립적으로 사업을 영위함으로써 기업결합 이 전의 상태를 그대로 유지할 것, ② 기업결합 완료 후 기존의 생산라인과 관련

---

30) www.westlawchina.com의 Laws & Regulations에서 Announcement [2012] No. 9 of the Ministry of Commerce로 검색가능. 위 사안은 공정위가 심사한 바 있는 웨스턴 디지털 코포레이 션의 기업결합 제한규정 위반행위에 대한 건(공정위 2012. 2. 3. 의결 제2012-017호, 사건번호 2011 기결3313)과 같은 사안이고, 미국, 유럽연합, 일본에서도 같은 사안에 대하여 시정조치를 내렸는데, 위 경쟁당국들과는 달리 중국이 Viviti를 포함하여 합병 당사자들에게 서로 경쟁할 것을 내용으로 하는 시정조치를 내린 점은 특징적이다. - Ilene Knable Gotts, *The Merger Control Review*, Law Business Research Ltd., 2012, pp. 473-476 참조.

31) 위 기업결합 후에도 Viviti사는 Hitachi Global Storage Technologies Netherlands B.V.와 그 계 열회사 등을 소유하며 법적 실체를 유지한다.

생산부서를 통해 하드디스크제품을 생산하고, 기존의 판매부서가 거래 전 사용한 브랜드 및 독립적이고 합리적인 가격결정 메커니즘을 사용하여 지속적으로 독립적인 판매활동을 하며, 이를 보장하기 위해 양사 간에 방화벽(firewall)을 설치하여 경쟁적 정보의 교환을 하지 않을 것, ③ 독립적인 연구개발기관을 유지하고, 양사 간의 연구개발협력이 필요할 때는 구체적인 협력방안을 사전에 상무부에 제시하여 비준을 받을 것 등의 세부조건을 부가하였다.

이 사안은 피취득회사에 대하여 시정조치를 부과하였다는 점뿐 아니라 나아가 그 내용이 기업결합 후 관련시장에서 피취득회사의 사업활동에 관련된 것이라는 점에서 본고의 관심사인 피취득회사에 대한 시정조치를 부과하는 행위내용에 있어서도 시사점을 찾을 수 있을 것이다.

(나) Mitsubishi Rayon‑Lucite 인수건(중국 상무부 공고 2009년 제28호)[32]

Mitsubishi Rayon Co., Ltd.(이하 'Mitsubishi Rayon'이라 한다)은 Lucite International Group(이하 'Lucite'라 한다)의 100% 지분을 인수하기로 하고, 중국 상무부에 기업결합 신고를 하였다. 중국 상무부는 수평적 측면에서는 위 기업결합으로 인하여 결합당사자의 중국 관련시장에서의 시장점유율이 64%에 이르러 시장집중도의 변화폭이 클 것이라는 점, 수직적 측면에서는 인수로 인해 양수인이 관련시장에서 취득하는 시장지배력은 수직적 봉쇄효과를 가질 것이라는 판단을 한 후, 취득회사인 Mitsubishi Rayon뿐만 아니라 피취득회사인 Lucite에 대하여도 위 기업결합 전에(upfront) 당사 회사의 생산능력을 분리하고, 제3자로 하여금 독립적으로 운영하게 것 등의 조건을 부가하여 승인하였다.

이를 좀 더 구체적으로 보면, 중국 상무부는 피취득회사의 자회사인 Lucite International (China) Chemical Industry Co., Ltd.(이하 'Lucite China'라 한다)가 (i) 연간 생산능력의 50%를 분리하여 일회성으로 1개 또는 다수의 관계회사가 아닌 제3자 매수인에게 매각하고, 5년의 분리기간 동안 제3자 매수인이 원가로 Lucite China가 생산한 관련 제품을 구매할 수 있도록 하며, 분리기간 중에 분리를 완성하지 못할 경우 Lucite China의 100% 지분을 독립적인 제3자에게 매각할 것, (ii) 기업결합 완료 후부터 위 생산능력 분리 또는 전부자산 매각을 완성 시까지의 기간 동안 Mitsubishi의 중국 관련사업과 독립적으로 사업을

---

32) www.westlawchina.com의 Laws&Regulations에 Announcement [2009] No. 28 of the Ministry of Commerce로 검색가능(중문자료와 대조가능).

영위하고 각자의 경영진 및 이사회를 운영하며, 해당 기간 동안 중국시장의 가격결정, 고객 및 기타 경쟁적 정보를 교환하지 않을 것 등의 조건을 부가하였다.

(다) GM-Delphi 인수건(중국 상무부 공고 2009년 제76호)[33]

GM자동차유한회사(이하 'GM'이라 한다)는 Delphi Corporation(이하 'Delphi'라 한다)의 주요 자산을 인수하기로 하고, 중국 상무부에 기업결합 신고를 하였다. 위 기업결합은 수직적 결합에 해당하는데, 중국 상무부는 GM의 중국을 포함한 전 세계 자동차시장에서의 선두적인 지위, Delphi의 중국을 포함한 전 세계 자동차부속품시장에서의 선두적인 지위와 성장추세 및 중국 관련시장의 경쟁상황을 감안하여, 위 기업결합이 경쟁을 배제, 제한하는 효과를 일으킬 수 있다고 판단하고, 취득회사인 GM뿐만 아니라 피취득회사인 Delphi에 대하여도 시정조치를 하였다.

피취득회사 Delphi에 대한 시정조치의 내용은, (i) 기업결합 완료 후 Delphi 및 Delphi가 지배하는 관계회사가 지속적으로 차별 없이 중국 내의 자동차생산업체에 부품을 공급하고 불합리한 조건을 부가하지 아니할 것, (ii) 기업결합 완료 후 불법으로 GM에게 Delphi가 보유한 중국 국내 자동차업체의 경쟁적 비밀정보를 공개하거나 공식·비공식적 방법을 통해 불법으로 제3자의 경쟁적 비밀정보를 교환하지 않을 것, (iii) Delphi 및 Delphi가 지배하는 관계회사가 고객의 합법적인 요구가 있는 경우 공급업체를 안정적으로 변경하도록 협조하고 고의로 그 과정을 지연시키거나 제한적 조건을 부가함으로써 변경에 소요되는 비용을 증가시키지 않을 것 등이다.

이 사안은 주요자산의 인수방식에 의하였다는 점에서 영업양도방식에 의한 MS-Nokia 기업결합의 구조와 유사하며, 시정조치의 내용이 피취득회사가 자산을 양도한 관련시장과 인접한 시장에서 영업을 계속함으로써 발생할 수 있는 문제와 관련된 것이라는 점도 주목할 만하다.

(라) Panasonic - Sanyo 인수건(중국 상무부 공고 2009년 제82호)[34]

Panasonic 주식회사(이하 'Panasonic'이라 한다)가 Sanyo 전기 주식회사(이하

---

33) www.westlawchina.com의 Laws&Regulations에서 Announcement of the Ministry of Commerce 2009 No. 76로 검색가능(중문자료와 대조가능).
34) www.westlawchina.com의 Laws&Regulations에서 Announcement No. 92 [2009] of the Ministry of Commerce로 검색가능(중문자료와 대조가능).

'Sanyo'라 한다)의 50.19% 지분을 인수하기로 하고, 중국 상무부에 기업결합을 신고하였다. 중국 상무부는 위 기업결합이 코인형 리튬2차전지, 민용 니켈수소전지 및 자동차용 니켈수소전지 3개 제품시장에서 경쟁을 배제, 제한하는 영향을 미치게 될 것이라는 판단을 한 후, 취득회사인 Panasonic뿐만 아니라 피취득회사인 Sanyo에 대해서도 시정조치로서 다음과 같은 조건을 부가하여 승인하였다.

부가한 조건의 내용은 (i) 코인형 리튬 2차전지와 관련하여, 취득회사인 Panasonic과 피취득회사인 Sanyo는 기업결합 완료 후 6개월 내에 Sanyo의 코인형 리튬 2차전지사업을 분리·매각하고, 매각이 완료되기 전까지는 서로 가격, 고객정보 및 기타 경쟁적 정보를 공개하지 아니할 것, (ii) 민용 니켈수소전지와 관련하여, 피취득회사인 Sanyo가 기업결합 완료 후 6개월 내에 Sanyo 일본 공장의 민용 니켈수소전지사업을 독립적인 제3자 매수인에게 양도하고 중국 강소성 소주시의 Sanyo 공장이 생산하는 특정 전지를 OEM 방식으로 해당 제3자 매수인에게 제공하며 Sanyo가 보유한 민용 니켈수소전지 관련 지식재산권에 대한 라이선스를 해당 제3자 매수인에게 허용하든지, 그렇지 않으면 취득회사인 Panasonic이 중국 내 공장의 민용 니켈수소전지 사업을 매수인에게 양도하고 매수인의 요구에 기초하여 자산 등을 이전하며 위 생산과 관련된 지적재산권을 사용하도록 허용할 것 (iii) 자동차용 니켈수소전지와 관련하여, 취득회사인 Panasonic은 기업결합 완료 후 6개월 내에 일본 공장의 자동차용 니켈수소전지사업을 독립적인 한 제3자 매수인에게 양도하고, 취득회사인 Panasonic과 피취득회사인 Sanyo는 기업결합완료 후 6개월 내에 반경쟁적 효과를 제거하기 위한 조치를 이행하여야 하며 위 조치를 완전히 이행하기까지는 서로 가격, 고객정보 및 기타 경쟁과 관련되는 정보를 공개하지 아니할 것 등이다.

이 사안에서는 피취득회사로 하여금 지식재산권에 대한 라이선스를 해당 제3자 매수인에게 허용할 것 등의 사항도 포함하고 있다는 점이 특징이다.

(마) MS-Nokia 기업결합에 대한 결정(중국 상무부공고 2014년 제24호)[35]

MS는 2013. 9. 3. Nokia로부터 그의 단말기 및 서비스 사업(Devices & Services Business) 부문을 양수하기로 하고(이하 'MS-Nokia 기업결합'이라 한다),

---

35) www.westlawchina.com의 Laws&Regulations에서 Announcement [2012] No. 25 of the Ministry of Commerce로 검색가능(중문자료와 대조가능).

중국 상무부에 기업결합을 신고하였다.

MS가 Nokia로부터 양수한 단말기 및 서비스 사업부문에는 단말기 및 서비스 사업 생산시설, 단말기 및 서비스 관련 판매와 마케팅 활동, 관련된 지원 기능과 단말기 및 서비스 사업에서 생산된 단말기에 적용되는 디자인 특허 전부를 포함한 모바일 폰과 스마트폰 단말기 사업 부문, 디자인 팀과 운영부서가 포함된다. 아울러 Nokia가 Qualcomm, IBM, Motorola 등 제3자로부터 받은 60건 이상의 특허 라이선스를 승계한다. 그러나 위 기업결합에는 MS가 Nokia로부터 약 30,000건의 특허기술에 대하여 기간을 10년으로 하면서 추가적 보상을 전제로 영구적으로 연장할 수 있는 선택권을 갖는 배타적이지 않은 라이선스를 부여받는다는 내용이 포함되어 있다. 이는 MS가 Nokia로부터 단말기 및 서비스 사업을 양수하면서도 그 시장에서의 경쟁력과 밀접한 관련을 갖고 있는 통신 및 모바일 단말기 관련특허는 양수하지 않고 Nokia에 남겨두었기 때문이다.

중국 상무부는 2014. 4. 8.자로 MS와 Nokia 양사에게 일정한 의무를 부과하는 조건부 승인을 하였다. 특히 Nokia에 대하여, 기업결합 후 Nokia가 휴대폰 제조시장에서는 퇴출할 것이지만 모든 통신 및 스마트폰 관련 발명특허를 계속 보유하므로 보유한 특허의 허여를 이용해 중국 스마트폰시장의 경쟁을 배척하고 제한할 수 있다고 판단하여 위 특허의 사용과 관련된 시정조치를 하였다.

영업의 일부양도에 있어서 피취득회사에게 시정조치를 하였다는 점 외에도 그 시정조치의 내용이 피취득회사가 보유한 특허를 사용하여 영업을 양도한 관련시장에서의 경쟁제한행위가 가능할 것을 전제로 하였다는 점이 주목할 만하다.

(3) 대 만

1) 법령의 규정[36] 및 해석

대만 독점규제법(원문은 ‘公平交易法’이다)은 제6조에서 합병, 주식의 보유 또는 취득, 영업 전부 또는 주요부분의 양수 또는 임차 등을 기업결합이라고 정의하고, 제12조에서 경쟁당국이 기업결합을 심사하여 무조건 승인할 수 있으며 합병의 전반적인 경제적 이익이 경쟁상의 제한으로부터 유래하는 불이익을 능가하도록 조건을 붙이거나 결정문상에서 해당 기업들에게 요구할 수도 있다고 규정하

---

36) http://law.moj.gov.tw/ENG/Law/LawSearchResult.aspx?p=A&&t=A1&k1=Fair%20Trade%20Act에서 검색가능.

고 있다. 또한 제13조는 기업결합에 대한 시정조치로서 결합의 금지, 기업의 분할을 위한 상당한 기간의 지정, 주식 전부 또는 일부의 처분, 사업 중 일부의 양도, 임원의 해임 및 기타 필요한 처분을 할 수 있도록 규정하고 있다.

그리고 동법 시행령 제7조[37]는 기업결합신고에 대하여 규정하고 있는데, 합병이나 영업양수에 의한 경우에는 그 당사회사들이 신고의무자이다.

그러나 위 법 및 그 시행령은 시정조치의 상대방에 대하여는 별다른 언급을 하지 않고 있다. 그러므로 경쟁당국으로서는 필요한 경우에 취득회사뿐 아니라 피취득회사(일정 부분의 영업을 양도하고 존속하는 회사)에 대하여도 시정조치를 할 수 있다고 해석된다. 그런 이유에서인지 최근 대만에서 MS-Nokia 기업결합에 대하여 아래와 같이 피취득회사인 Nokia를 포함하여 시정조치를 부과하는 것에 대한 언급은 결정문에서 찾아볼 수 없다.

한편 공평교역위원회의 합병신고처리지침(Fair Trade Commission Guidelines on Handling Merger Filings)에 의하면, 위원회가 기업결합을 승인하면서 부가하거나 기업결합당사자에게 요구하는 조건의 유형으로서 구조적 조치와 행태적 조치를 언급하면서, 후자와 관련하여서는 합병당사자들이 합병 외 사업자에게 중요한 설비나 필수요소를 계속 공급하고, 합병외 사업자로 하여금 그들의 지적재산권을 사용하도록 라이선스하고, 배타적 거래와 차별적 취급 또는 끼워팔기를 강요하지 않도록 요구하는 것을 예로 들고 있다.[38]

2) 적용사례

최근 대만의 공평교역위원회는 2014. 2. 19. MS-Nokia 기업결합을 조건부 승인하는 결정을 발표하면서 MS뿐 아니라 Nokia에 대하여도 시정조치를 발하였다.[39]

---

37) 그 영문번역에 의하면, Article 7 A report of a merger of enterprises under Article 11, Paragraph 1 of the Law shall be filed with the Competent Central Authority by the following enterprises: the enterprises in the merger, where an enterprise is merged into another, assigned by or leases from another enterprise(s) of the operations or assets of another, regularly runs operation jointly with another, or is commissioned by another enterprise to run operation; (이하 생략)

38) http://www.ftc.gov.tw/internet/english/doc/docDetail.aspx?uid=656&docid=2719 참조.

39) http://www.ftc.gov.tw/internet/english/doc/docDetail.aspx?uid=179&docid=13429 및 http://www.ftc.gov.tw/internet/main/doc/docDetail.aspx?uid=126&docid=13373 등 참조. 이에 대하여 2014. 3.18. MS-Nokia 양사는 대만의 각료위원회인 Petitions and Appeals Committee of the Executive Yuan(이하 '청원위원회'라 한다)에 청원(petition)을 제기하였다. 조건부승인에 대한 불

그 중 Nokia에 대한 시정조치는 Nokia가 표준필수특허(SEP)의 라이선스 허여에 대해 '공평하고 합리적이며 비차별적인'(FRAND) 원칙을 계속적으로 준수하여야 하며, 만일 Nokia가 다른 사업자에게 자사의 표준필수특허를 양도하고자 하는 경우, 이를 양도받은 사업자가 라이선스를 허여할 때 위 FRAND 원칙을 준수하도록 확실히 보장(ensure)하여야 한다는 것으로서 Nokia의 영업양도 후에도 존속하게 되는 사업부문의 영위와 관련되는 것이다.

(4) 일 본

일본의 「사적 독점금지 및 공정거래 확보에 관한 법률」은 제13조 내지 제16조에서 기업결합의 형식적 태양마다 조문을 나누어 규정하고 있다.

그 중 영업양도의 방식에 의한 경우에는 제16조 제1항에서 "회사는 다음에 열거한 행위를 하는 것에 의거, 일정한 거래분야에 있어서 경쟁을 실질적으로 제한하는 것이 될 경우에는, 당해 행위를 하여서는 아니 되며, 또한 불공정한 거래방법에 의거 다음에 열거한 행위를 하여서는 아니 된다."고 하면서 '다른 회사의 영업 전부 또는 중요부분의 양수(제1호), 다른 회사의 영업상 고정자산의 전부 또는 중요부분의 양수(제2호), 다른 회사의 영업 전부 또는 중요부분의 임차(제3호), 다른 회사의 영업 전부 또는 중요부분에 대한 경영 수임(제4호), 다른 회사와 영업상의 손익 전부를 공통으로 하는 계약 체결(제5호)'를 규정하고 있다.

그리고 위 규정에 위반한 사업자에 대한 시정조치 부과근거조항인 제17조의2 제1항은 위 제16조 제1항에 위반되는 행위가 있을 경우 제8장 제2절에 규정된 절차에 따라 사업자에게 "영업의 일부 양도 및 이들의 규정에 위반되는 행위를 배제하기 위한 필요한 모든 조치를 명할 수 있다"고 규정하고 있다.

위 규정에 대해서는, 사업을 양수하여 승계한 측이 기업결합과 관련된 위 규정의 수명자로서 규제대상이 된다고 해석하고 있는데,[40] 公正取引委員會의 심결 중 피취득회사를 상대방으로 하여 시정조치를 한 예는 발견되지 않는다.

복은 이 사건이 최초의 사례로서 이례적이라고 받아들여지고 있다. 청원위원회의 결정에 대하여 다시 불복하는 경우에는 대만행정법원에 항소할 수 있다.

40) 白石忠志, 獨禁法講義(제7판), 有斐閣, 2014, 210면.

(5) 유럽연합

1) 법령의 규정 및 해석

EC 기업결합규칙(이하 '규칙'이라 한다)[41]은 기업결합(concentration)을 지배력의 변화(change of control)라고 정의하여, 이를 1) 이전에 독립적이었던 기업들이나 기업의 일부들에 대한 둘 이상간의 합병(merger)과 2) 지배의 획득(acquisition of control)의 두 범주로 나누고(제3조 제1항), 위원회는 어떤 기업결합이 공동시장에서 유효경쟁을 심각하게 제한할 우려가 있는지를 심사한다고 규정하고 있다(제2조 제3항).

기업결합신고에 대한 심사결과로 유럽연합 집행위원회(이하 '위원회'라고 한다)가 선택할 수 있는 방법으로 위 규칙에서 규정하고 있는 바는 크게 세 가지이다.[42]

첫째는, 위원회가 어떤 기업결합이 경쟁제한의 우려가 없다고 판단할 경우에 아무런 별도의 결정 없이 허용하는 것이다(규칙 제6조 제1항 b).

둘째는, 위원회가 제기한 경쟁제한의 우려를 상쇄하기에 충분한 내용으로 관련기업이 그 계획의 일부를 수정하는 내용의 이른바 시정방안(remedies; commitment)을 제안하고, 위원회가 이를 수락하여 일정한 조건을 부가함으로써 절차를 종료하는 방법이다(규칙 제6조 제2항, 제8조 제2항). 이를 조건부 승인이라고 하는데, 위원회가 일방적으로 조건을 부가할 수는 없으며, 반드시 당사회사가 제출한 시정방안에 기초하여야 한다.

셋째는, 당해 기업결합으로 인한 경쟁제한성이 매우 심각하여 다른 방법으로는 이를 상쇄할 수 없는 경우로서, 금지결정을 내리게 된다(규칙 제8조 제3항).

위 세 가지 방법들은 조건부 승인에 있어서의 절차상 약간의 차이 외에는 우리나라나 중국, 대만의 경우와 유사하다.

유럽연합의 규칙은 시정조치의 상대방을 취득회사로 한정하지 않고 관련기업(undertakings concerned)이라고 규정하고 있다(제6조 등).

그런데 「기업결합의 관할권에 관한 고시」(이하 '고시'라고만 한다)[43]에 의하면,

---

41) EC Merger Regulation {Council Regulation(EC) No 139/2004}

42) 이하 세 가지 대안에 대하여는, 곽상현 · 이봉의, 232-233면 참조. 이러한 결정에 이르기까지 심사절차의 상세는, 김한종, "유럽연합의 기업결합규제에 관한 연구: 이사회 기업결합규칙(Mr. 139/2004)을 중심으로", 비교사법 12권 3호(통권 30호), 2005. 9, 342-355면 참조.

관련기업이라 함은 집중에 참여하고 있는 기업을 말하는데(C.Ⅱ.의 1.),[44] 합병의 경우에 관련기업은 각 합병하고 있는 주체(merging entity)라고 규정하고 있다 (C.Ⅱ.의 2.). 이 점은 합병신고를 합병당사자가 공동으로(Jointly by the parties to the merger) 신고하고(규칙 제4조 제2항), 심사대상 여부를 판단하기 위한 매출액도 합병당사자들의 것이 합산되는 점(고시 Ⅳ.5.1. 참조)과도 관계가 있다.

그런데 유럽연합은 기업 전체가 아닌, 기업의 일부에 해당하는 영업양도 방식에 의한 기업결합의 경우에는 특별한 취급을 하고 있다. 즉, 위 규칙은 공동체 차원(dimension)에서의 모든 기업결합에 대하여 적용되는데(제1조 제1항), 공동체 차원에서 의미를 가지는 기업결합의 규모를 관련사업자의 매출액 등을 기준으로 하고(제1조 제2항), 기업 전부의 합병이 아닌 일부에 해당하는 영업양도의 경우에는 "기업결합이 양도인의 사업 일부를 매각하는 형태일 경우, 양도인으로부터 매각되는 부분의 매출액만을 고려한다"(제5조 제2항)고 규정하였다.

더 나아가 고시 C.Ⅱ.3.은 "해당 기업결합이 시장에 미치는 잠재적인 영향을 기업결합으로 양수인의 경제적·재무적 자원과 결합이 되는 부분만을 기준으로 판단하고 양도인에게 남아있는 사업부문은 고려하지 않는다. 이러한 경우, 기업결합 관련자는 양수인과 양수되는 사업부문에 국한되며, 양도인에게 남아 있는 사업부분은 고려대상이 아니다"라고 규정하였다.

위와 같은 규정들을 종합하여, 현재 위원회에서는 기업결합에 있어서 사업의 일부를 매각한 양도인은 기업결합의 관련기업이 아닌 제3자에 해당하여, 시정조치의 대상이 아니라고 일반적으로 해석하고 있다.

그렇지만 위원회의 심사과정에서 위와 같은 양도인이 관련기업이 아닌 제3자에 해당하여 그에 대하여 일체의 시정조치를 할 수 없다고 결론을 내리기는 어렵다.[45]

---

43) Commission Consolidated Jurisdictional Notice under Council Regulation(EC) No 139/2004 on the control of concentrations between undertakings. 위 고시 A. 2.에 의하면, 이는 종래의 '기업결합의 개념에 관한 고시(the Notice on the concept of concentration)', 완전합작기업에 관한 고시(the Notice on the concept of full-function joint ventures)', '관련사업자의 개념에 관한 고시(the Notice on the concept of undertakings concerned)' 및 '매출액산정에 관한 고시(the Notice on calculation of turnover)'를 통합하여 1998년 제정한 것이다.

44) 또한 고시 C. Ⅱ.의 3.에서는 지배권 이전의 경우에도, 취득하는 측이나 취득되는 측이나 각각이 기업결합규칙에서 의미하는 관련기업이라고 규정하고 있다.

45) 위원회 시행규칙(Communication Regulation (EC) No 802/2004 of 7 April 2004 implementing Council Regulation (EC) No 139/2004 on the control of concentrations between under-takings) 제11조에서도 청문절차상 구별되어야 하는 개념으로서 신고당사자(notifying party or

먼저, 기업결합 관련자는 양수인과 양수되는 사업부분에 국한되며, 양도인에게 남아 있는 사업부분은 고려대상이 아니라는 규정은 위원회 내부의 지침인 고시의 규정일 뿐이다. 상위법규인 이사회가 제정한 규칙에는 앞서 본 바와 같이 '관련기업'에 대하여 시정조치를 내릴 수 있다고 규정하고 있다(제6조). 그리고 기업결합이 양도인의 사업 일부를 매각하는 형태일 경우, 양도인으로부터 매각되는 부분의 매출액만을 고려한다는 규칙 제5조 제2항의 규정은 기본적으로 해당 기업결합이 규칙의 적용을 받는 공동체규모인지를 판별하기 위한 기준일 뿐, 시정조치의 대상을 양수회사로 한정하기 위한 목적으로 둔 규정은 아니라고 볼여지가 있다.

2) 적용사례

(가) MS-Nokia 기업결합에 대한 결정내용[46]

위원회는 MS가 2013. 10. 29. 제출한 기업결합신고에 대하여 심사한 결과, 2013. 12. 4. 위 기업결합을 무조건 승인하였다.

위원회는 혼합결합 그 자체는 경쟁중립적이지만 예외적인 상황 하에서는 반경쟁적 효과를 초래할 수 있으며 그러한 경우에는 금지되어야 한다는 입장을 보여 왔는데,[47] 대상사안은 이러한 예외적인 상황에 해당하지 않는다고 판단한 것으로 평가할 수 있다.

위원회는 Nokia가 기업결합 심사대상에 해당하는지와 관련하여, 규칙 및 고시에 비추어 Nokia의 기업결합 이후 행위는 기업결합 심사대상범위를 벗어난다고 판단하고, 나아가 Nokia의 특허 남용능력은 기업결합 특유적인(merger-specific) 것이 아니라는 이유로 경쟁제한성이 없다고 판단하였다.

(나) 기업결합심사의 대상 및 행위내용과 관련된 위 의결서의 해석

위원회는 위 기업결합에 관한 의결서 중 판단부분에서, 영업양도에 의한 기업결합의 경우 양도회사를 제3자로 보면서도[48] "기업결합 후 제3자의 행위가 결합기업(merged entity)의 활동과 더불어 관련시장에서 반경쟁적인 효과를 발생

---

parties), 기타 관련당사자(other involved partied)와 제3자(third partied)를 들면서 seller를 기타 관련당사자의 범주에 속하는 것으로 봄으로써 제3자와는 취급을 달리 하고 있다.
46) Case No COMP/M.7047 - Microsoft/Nokia, Commission decision of 4 December 2013.
47) 곽상현·이봉의, 189면.
48) 4.2.3.4.2. Scope of the Merger Regulation, para. (224) 내지 (232) 41-43면 참조.

시킬 경우"[49]에는 제3자에 대하여도 시정조치를 발할 수 있음을 전제로, 위 요
건에 해당하는지 여부를 판단하고 있다.

그렇다면 원칙적으로 영업양도 후 잔존부분을 영업하는 피취득회사는 기업결
합의 제3자에 해당하여 시정조치의 대상이 되지 않는다고 하더라도, 예외적으로
앞서 본 요건 ― 결합기업의 활동과 더불어 관련시장에서 반경쟁적인 효과를 발
생시킬 경우 ― 을 갖출 경우에는 시정조치를 할 수 있다고 할 것이며, 다만 이
번 결정은 Nokia에 대하여 위와 같은 예외를 적용할 요건을 갖추지 못하였다고
판단한 것으로 위 결정문을 이해할 수 있을 것이다.

이와 같이 해석하게 되면, 미국이 클레이튼법 제15조를 통하여 판례가 "제3자
의 행위가 반경쟁적인 효과에 직접적으로 연관이 있어서 완전한 구제조치를 만
들어내기 위하여 필요한 경우"에는 제3자를 피고로 삼아 조건을 부가할 수 있도
록 함으로써, 제7조의 경직된 적용을 완화하고 있는 태도와도 일맥상통한다.

3. 부과대상의 기준

위에서 본 내용을 종합하면, 시정조치의 부과대상은 원칙적으로 기업결합결과
형성될 지배관계가 인정되는 주체 ― 즉 합병의 경우에는 존속법인, 영업양수의
경우에는 양수인 ― 가 되는 취득회사이지만, 우리 독점규제법령 및 고시 등의
해석상 피취득회사도 시정조치의 대상으로 할 수 있다. 실제로 공정위가 피취득
회사를 대상으로 시정조치를 명한 예도 있으며, 기업결합에 관한 하위법규에 정
치한 규정을 두지 아니한 중국이나 대만이 경우도 그러하다.

다만, 앞서 본 바와 같이 기업결합의 규제의 본질은 원칙적으로 기업결합으로
새롭게 형성될 지배관계가 야기하는 경쟁제한성이므로, 피취득회사가 시정조치
의 대상이 되는 것은 예외적인 경우에 한한다고 할 것이다. 미국도 클레이튼법
제15조를 적용하여 예외적으로 피취득회사를 규제의 대상으로 삼고 있고, 유럽
연합도 MS-Nokia 사건의 결정문을 통하여 예외적인 경우에 그 가능성을 열어
두고 있는 것으로 해석할 수 있다.

---

49) MS 및 Nokia의 주장 내용 중에 나오는 "제3자의 행위로 야기된 유효경쟁에 대한 심각한 방해와
관련하여 결합된 기업이 적극적인 역할을 수행하거나 적어도 결합된 기업이 이러한 제3자의 행위에
밀접하게 제휴할 유인을 가질 경우"{결정문 4.2.3.3. The views of the Notifying Party and of
Nokia, para. (214), 39면 참조}도 유사한 맥락으로 볼 수 있다.

이와 같이 예외적으로 피취득회사를 시정조치의 대상으로 삼게 되는 구체적인 기준은 아래에서 보는 기업결합으로 인한 경쟁제한성과의 관계에서 검토함으로써 설정할 수 있을 것이다.

Ⅳ. 시정조치를 부과하는 행위내용의 기준

1. 기업결합으로 인한 일정범위의 경쟁제한행위

앞서 본 바와 같이 예외적으로 피취득회사를 시정조치의 대상으로 삼게 될 경우, 그 행위내용은 '해당 기업결합이 야기하는 경쟁제한행위'가 될 것이다.

앞서 본 미국의 판결이나 유럽연합의 결정문을 통하여 시사점을 얻을 수 있을 것이므로 이에 관한 내용을 모아 보면 다음과 같다.

- 피취득회사의 행위가 기업결합의 반경쟁적인 효과에 직접적으로 연관이 있을 것: US v. Coca-Cola Bottling Co., 575 F.2d 222(9th Cir. 1978)
- 피취득회사의 행위가 결합기업(merged entity)의 활동과 더불어 관련시장에서 반경쟁적인 효과를 발생시킬 경우: MS- Nokia 기업결합에 대한 유럽연합의 결정문 중 유럽집행위원회의 판단(4.2.3.4.2. para.(232) 43면 참조)
- "제3자의 행위로 야기된 유효경쟁에 대한 심각한 방해와 관련하여 결합된 기업이 적극적인 역할을 수행하거나 적어도 결합된 기업이 이러한 제3자의 행위에 밀접하게 제휴할 유인을 가질 경우: MS- Nokia 기업결합에 대한 유럽연합의 결정문 중 MS와 Nokia의 가정적 주장(4.2.3.3. para.(214), 39면 참조)

위 내용들은 기업결합 후 피취득회사가 초래할 수 있는 경쟁제한행위 전반을 시정조치의 대상행위로 삼는 것은 아니고, 일정범위 내에서 제한하는 기준을 제시하고 있다. 기업결합으로 새롭게 형성될 지배관계와 인과관계 있는 피취득회사의 경쟁제한행위로서, 피취득회사가 주도적으로 또는 새롭게 형성될 지배관계의 주체와 더불어 행하는 경쟁제한행위에 국한시키고 있는 것이다.

2. '결합특유적' 경쟁제한행위

(1) '결합특유적(merger specific)'이라는 용어의 유래

이러한 인과관계의 범위를 한정하는 도구로서, 결합특유적(merger specific)이라는 개념을 사용할 수 있을 것이다.

그러나 원래 위 개념은 피취득회사의 행위 중 일정 범위의 행위까지 기업결합의 심사대상으로 삼기 위하여 사용된 것은 아니다. 이와는 달리, 경쟁제한적인 기업결합에 해당함에도 기업결합으로 인한 효율성 증대효과가 그 경쟁제한성을 상쇄한다는 이유로 효율성 항변을 받아들일 때 그 항변의 적용범위를 제한하기 위한 용도로 미국에서부터 사용된 것이다.[50] 현재는 마찬가지 용도로 현재 유럽연합[51] 및 우리나라[52]에서도 사용되고 있다.

우리나라 심사기준에 의할 때, 효율성 항변이 받아들여지기 위한 요건은, '(1) 효율성증대효과가 당해 기업결합 이외의 방법으로는 달성하기 어려운 것이어야 하며,[53] 당해 결합이 없었더라도 달성할 수 있었을 효율성 증대부분은 효율성 증대효과에 포함되지 않는다. (2) 효율성 증대효과는 가까운 시일 내에 발생할 것이 명백하여야 하며, 단순한 예상 또는 희망사항이 아니라, 그 발생이 거의 확실한 정도임이 입증될 수 있어야 한다. (3) 효율성 증대효과는 당해 결합이 없었더라도 달성할 수 있었을 효율성 증대부분을 포함하지 아니한다'[54]는 것이다. 이는 기업결합과의 인과관계를 요구할 뿐만 아니라 단순한 인과관계 이상의 시간적 근접성·특별한 관련성을 필요로 함을 말해준다.

---

50) Hovenkamp, *Federal Antitrust Policy: The Law of Competition and its Practice*(3rd ed., Thomson/West), 2005, pp. 508-509; 곽상현·이봉의, 218면; 이민호, 385면 및 미국의 수평적 기업결합 가이드라인(Horizontal Merger Guidelines, 2010)의 10장 효율성(Efficiencies) 부분 참조.

51) ICN Merger Working Group: Investigation and Analysis Subgroup, ICN Merger Guidelines workbook, 2006의 효율성 부분(F. Efficiencies 14.)에서 기업결합의 위법성을 능가하는 효율성항변과 관련하여 "만일 다른 대체수단에 의하여 효율성을 가져올 수 있다면 그러한 효율성은 결합특유의 것이 아니"라고 기술되어 있고, 유럽연합 수평결합지침(Guidelines on the assessment of horizontal mergers under the council Regulation on the control; of concentrations between undertakings, 2004) Ⅶ.(효율성항변)에 규정되어 있다.

52) 우리나라에서는 독점규제법 제2항에서 효율성항변을 규정하고 있고, 구체적인 기준으로 우리나라 심사기준 Ⅷ. 1. 나.는 '결합특유적'의 개념을 상정하여 규정하고 있다.

53) 홍대식, "「기업결합심사기준」의 개정내용에 대한 검토 – 경쟁제한성 판단기준을 중심으로-", 법조 통권 622호, 2008. 7, 198면은 이 부분을 '당해 기업결합 특유의(merger-specific) 효과일 것'이라는 요건을 규정한 것으로 파악한다.

54) 우리나라 심사기준 Ⅷ. 1. 나.의 (1) 내지 (3) 참조.

이와 유사한 항변으로서 도산기업의 항변이 있다. 위 항변은 회생이 불가한 회사와의 기업결합으로서 일정한 요건에 해당하는 경우 ― (1) 기업결합을 하지 아니하면 회사의 생산설비 등이 당해 시장에서 계속 활용되기 어려운 경우 (2) 당해 기업결합보다 경쟁제한성이 적은 다른 기업결합이 이루어지기 어려운 경우[55] ― 에는 바로 경쟁제한적인 기업결합에 해당하지 않는 것으로 보는 절대적 항변으로 파악된다.[56] 여기에도 '결합특유적'이라는 관념을 상정하고 있는 것으로 보이나, 효율성항변에 비해서는 기업결합과의 밀접성이 덜한 것으로 여겨진다.

(2) 시정조치를 부과하는 행위내용으로서 '결합특유적' 경쟁제한행위의 요건

미국 클레이튼법 제7조의 해석론으로는 원칙적으로 피취득회사가 기업결합규정의 수범자가 아니므로, 영업양도인의 행태와 관련하여 결합특유(merger specific)의 해석을 시도할 필요는 없었던 것으로 보이고 그러한 예도 찾아볼 수 없다. 다만 형평의 견지에서 예외적으로 취득회사 외의 제3자에 대한 규제를 허용한 클레이튼법 제15조에 의할 때 '피취득회사의 행위가 기업결합의 반경쟁적인 효과에 직접적으로 연관이 있을 것'이라는 조건을 사용하였는데, 그 의미를 '결합특유적인' 것으로 해석할 수 있지 않을까 한다.

그러나 유럽연합에서는 MS-Nokia 기업결합 사건에 대한 집행위원회의 결정문에서 피취득회사인 Nokia의 특허 남용능력은 기업결합 특유적인(merger-specific) 것이 아니라는 이유로 Nokia를 시정조치의 대상에서 제외할 때 위 개념을 사용하였다.[57] 그리고 위 사건에서 피취득회사의 행위가 결합기업(merged entity)의 활동과 더불어 관련시장에서 반경쟁적인 효과를 발생시킬 경우에 해당하지 않는다고 유럽경쟁법위원회가 판단한 바 있음은 앞서 본 바와 같다.

우리나라에서 공정위가 시정조치를 발하는데 있어서 위 개념을 어떻게 사용할 수 있을 것인가? 앞서 본 미국의 판결이나 유럽연합의 결정문, 그리고 효율성 항변이나 도산기업의 항변이 인용되기 위한 요건을 참고하여 다음과 같은 요

---

55) 우리나라 심사기준 Ⅷ. 2. 나.의 (1), (2) 참조.
56) 유진희, "도산기업 구제를 위한 기업결합-도산기업 항변에 관한 비교법적 검토 및 적용사례 검토를 중심으로-", 고려법학 제49호, 2007. 10, 351-352면; 이민호, 410면.
57) Antonio Bavasso & Alistair Lindsay, Causation in EC Merger Control, *Journal of Competition Law and Economics*, Vol. 3, Issue 2 (June 2007), pp. 181-202은 "유럽경쟁법위원회는 결합특유적 이슈를 해결하기 위해서만 개입할 권한이 있다"고 한다.

건을 추출할 수 있을 것이다.

첫째, 기업결합과 특별한 인과관계가 있어야 할 것이다.

둘째, 기업결합으로 피취득회사가 새롭게 어떠한 행위를 할 유인이 생기거나 또는 원래부터 보유하고 있던 특정한 행위를 할 유인이 매우 높아지게 되어야 할 것이다.

셋째, 예상되는 특정한 행위의 행태는 피취득회사가 주도적으로 행하거나 적어도 새롭게 형성될 지배관계의 주체와 더불어 행하는 것이어야 할 것이다.

넷째, 해당 행위의 경쟁제한성이 상당한 정도로 예상되는 경우, 즉 경쟁제한의 우려가 있는 경우이어야 할 것이다.

위와 같이 시정조치의 대상이 될 수 있는 피취득회사의 경쟁제한행위의 범위를 설정한다면, 경쟁제한의 효과가 발생하기 전이라도 그 폐해를 방지하기 위한 시정조치를 할 수 있다고 할 것이다.

그렇다고 하더라도 법 위반상태의 시정을 위하여 필요한 조치라는 내용상의 한계가 있을 뿐 아니라, 공정위의 시정조치는 행정처분인 이상 행정청의 재량권 행사의 일탈·남용에 관한 비례의 원칙 등 행정법의 일반원칙과 시정조치 부과 기준 Ⅲ.항이 정한 제한[58]을 받으므로, 기업결합심사와 관련된 기업결합 당사회사들의 예측가능성을 침해하는 것도 아니다.

더욱이 위와 같이 범위를 설정하게 되면, 기업결합심사의 사전규제적 성격과도 부합하면서도 기업결합규제를 회피하기 위하여 복잡한 거래구조를 취하는 경우까지도 기업결합심사를 통하여 효과적으로 규제할 수 있게 될 것이다.

예를 들어 취득회사가 일정한 사업부문을 양수하면서도 특허권은 양도인에게 남겨두는 등의 사유로 피취득회사로 하여금 결합기업의 활동과 더불어 관련시장에서 반경쟁적인 효과를 발생시킬 수 있도록 거래구조를 마련하였다고 가정해 보자. 이 경우에 피취득회사는 기업결합으로 형성될 지배관계 내에 있는 것은 아니라고 할지라도 새로운 경쟁상황 하에서 취득회사의 경쟁제한행위에 밀접하게 제휴하여 특허권의 남용 등 경쟁제한행위를 새로이 시도하거나 강화하리라고 예상되는 경우가 있고, 심지어 피취득회사가 위와 같은 경쟁제한행위의 주도적인 역할을 수행할 것으로 예상되는 경우도 있다. 이 때 경쟁당국으로서는 피취

---

58) 필요한 최소한도일 것, 명확하고 구체적일 것, 이행할 수 있을 것 등의 요건을 말한다.

득회사가 실제로 위와 같은 경쟁제한행위를 하기를 기다리지 않고서도 '결합특유적인' 경쟁제한성을 이유로 사전규제로서 적절한 조치를 명할 수 있을 것이다.

(3) '결합특유적'인 경쟁제한성 인정의 난점

피취득회사에 대하여 시정조치를 부과함에 있어서 피취득회사에 의한 '결합특유적'인 경쟁제한성을 인정하는 데에는 다소의 어려움이 예상된다.

일단 생각할 수 있는 것은 위와 같은 결합특유적인 경쟁제한행위가 행해지는 시장의 범위를 어떻게 설정할 것인지의 문제이다. 통상은 새로이 형성될 지배관계의 주체와 동일한 관련시장에 피취득회사가 속하는 경우를 상정하지만, 나아가 그 인접시장에 피취득회사가 속하는 경우도 포함될 여지가 있다. 이는 관련시장의 획정을 어떻게 할 것인지의 문제와도 관련되는데, 나아가 경쟁제한행위의 내용이 특허권의 남용과 같은 경우에는 관련시장을 특허권까지 포괄하여 획정할 것인지, 또는 관련시장은 특허권을 포함하지 않은 시장으로 하되 행위내용을 위 관련시장의 인접시장에서의 경쟁제한행위까지 확대할 것인지 등이 문제가 될 수도 있다.

보다 근본적으로 특정 사안에서 과연 피취득회사에 의한 결합특유적인 경쟁제한성이 있다고 볼 것인지는 장래 발생될 사실을 예측하는 것이기 때문에 구체적인 자료에 기초한 합리적인 판단에 의존할 수밖에 없을 것이다.

3. 소 결

기업결합규제의 목적은 시장구조의 변경에 따른 경쟁위험을 방지하는 것에 있으므로, 기업결합으로 인하여 발생하는 현상에 대하여는 기업결합심사과정에서 통제할 수 있다고 생각되며, 새롭게 형상된 지배관계에 의한 경쟁제한성에 심사대상을 한정할 필요는 없다고 할 것이다. 따라서 새롭게 형성된 지배관계 밖에 위치한 피취득회사의 행위라고 하더라도 '결합특유적인 경쟁제한성'을 기준으로 삼아 예외적으로 시정조치를 발할 수 있다고 할 것이다.

다만, 위와 같은 결합특유적인 경쟁제한성을 인정함에 있어서는 관련시장의 획정을 비롯한 다소의 어려움이 있다. 따라서 이러한 작업은 자칫 경쟁에 활력을 불러일으킬 수 있는 기업결합의 시도에 찬물을 끼얹을 위험을 가지고 있다.

그러나 이는 사전규제의 대상인 기업결합의 심사가 가지고 있는 본질적인 위험일 뿐, 그 위험을 이유로 형식적인 잣대를 통과하기만 하면 경쟁당국이 심사조차 할 수 없다는 논리를 정당화할 수는 없으므로 부득이하다고 생각된다.

V. 결 론

기업결합의 본질적 개념을 지배관계의 형성으로 보는 종래의 통설에 의하면, 시정조치의 부과대상은 원칙적으로 기업결합으로 형성될 지배관계의 주체가 되는 취득회사임을 부정할 수 없다. 그러나 우리 독점규제법령 및 공정위고시는 시정조치의 대상을 취득회사로 한정하지 않았으므로 피취득회사도 시정조치의 대상으로 삼을 가능성은 열려있다. 따라서 영업양도방식에 의한 기업결합에 있어서, 위 영업양도 후 잔존영업부분으로 존속하게 되는 회사에 대하여, 피취득회사라는 이유만으로 공정위가 시정조치를 부과할 수 없는 것은 아니라고 보여진다.

위와 같이 예외적으로 피취득회사에 대하여 시정조치가 가능하다고 할 때, 피취득회사의 기업결합 후 영업활동이 앞서 검토한 '결합특유'의 경쟁제한성 — 즉, 기업결합과 특별한 인과관계가 있고, 기업결합으로 피취득회사가 새롭게 어떠한 행위를 할 유인이 생기거나 또는 원래부터 보유하고 있던 특정한 행위를 할 유인이 매우 높아지게 되며, 예상되는 특정한 행위를 피취득회사가 주도적으로 행하거나 적어도 새롭게 형성될 지배관계의 주체와 더불어 행하는 것이면서, 해당 행위의 경쟁제한성이 상당한 정도로 예상될 것 — 이라는 요건을 충족한다면, 이를 시정조치를 부과하는 행위내용으로 삼을 수 있다고 할 것이다.

위와 같은 해석은 다른 경쟁당국이나 법원의 태도와도 크게 다르지 않다. 우선, 미국 연방법원이 예외적으로 클레이튼법 제15조의 해석을 통하여 피취득기업에 대하여도 구제조치를 할 수 있도록 한 판례의 태도와 부합한다고 보여진다. 이는 또한 법령상 시정조치의 상대방이나 조치내용에 하등의 제한을 두지 않은 중국이나 시정조치의 상대방에 대하여는 하등의 규정을 두지 않았으나 시정조치의 내용에 대하여는 폭넓은 조치가 가능하도록 규정한 대만이 공히 영업양도 방식에 의한 기업결합 후 양도회사의 영업활동을 규제하는 시정조치를 한 심사례와 부합하는 것이다. 그리고 유럽연합은 MS-Nokia 기업결합에 대한 의

결서를 통하여, 당해 사안과는 달리 "영업양도 방식에 의한 기업결합 후에도 잔존하는 양도회사의 행위가 결합기업의 활동과 더불어 관련시장에서 반경쟁적인 효과를 발생시킬 우려가 있는 경우"에는 시정조치를 발할 여지를 남겨두었다고 볼 수 있다.

이와 같이 우리나라의 관련법령이나 다른 경쟁당국 등의 태도를 참조하여 기업결합의 시정조치 부과대상 및 행위내용의 기준을 파악함으로써, 기업결합심사의 예측가능성을 훼손하지 않고도 다양한 구조를 가진 기업결합신고에 대하여 효과적으로 대처할 수 있을 것으로 기대한다.

▒▌ 참고문헌 ▐▒

▣ 국내문헌

곽상현·이봉의, 기업결합규제법, 법문사, 2012.

권오승, 경제법, 법문사(제11판), 2014.

김한종, "유럽연합의 기업결합규제에 관한 연구: 이사회 기업결합규칙(Mr. 139/2004)을 중심으로", 비교사법 12권 3호(통권 30호), 2005. 9.

신동권, 독점규제법, 박영사, 2011.

신현윤, 경제법(제6판), 법문사, 2014.

양명조, 경제법강의(제10판), 신조사, 2012.

유진희, "도산기업 구제를 위한 기업결합-도산기업 항변에 관한 비교법적 검토 및 적용사례 검토를 중심으로-", 고려법학 제49호, 2007. 10.

이기수·유진희, 경제법(제9판), 세창출판사, 2012.

이민호, 기업결합의 경쟁제한성 판단기준 - 수평결합을 중심으로-, 경인문화사, 2013.

이봉의, "합작기업의 경쟁법적 고찰", 경쟁법연구 제7권, 2001.

이호영, "독점규제법상 기업결합에 대한 시정조치의 개선", 저스티스 90호, 2006. 4.

_____, 독점규제법(제3판), 홍문사, 2011.

임영철, 공정거래법, 법문사, 2007.

정호열, 경제법(제4판), 박영사, 2012.

홍대식, "「기업결합심사기준」의 개정내용에 대한 검토 - 경쟁제한성 판단기준을 중심으로 -", 법조 통권 622호, 2008. 7.

홍명수, "독점규제법상 기업결합의 규제체계와 효율성 항변에 대한 고찰", 경제법론(I), 경인문화사, 2008.

▣ 국외문헌

白石忠志, 獨禁法講義(제7판), 有斐閣, 2014.

_____, "企業結合規制の槪要と諸問題", ジュリスト- 1451호, 有斐閣, 2013. 3.

Balto, Lessons from the Clinton Administration: The Evolving Approach to Merger Remedies, 69 Geo. Wash. L. Rev. 2001.

Bavasso, Antonio & Alistair Lindsay, Causation in EC Merger Control, *Journal of Competition Law and Economics*, Vol. 3, Issue 2 (June 2007).

European Commissions, Guidelines on the assessment of horizontal mergers under the Council Regulation on the control of concentrations between undertakings, 2004.

Gotts, Ilene Knable, *The Merger Control Review*, Law Business Research Ltd., 2012.

Hovenkamp, *Federal Antitrust Policy: The Law of Competition and its Practice*, 3rd ed., Thomson/West, 2005.

ICN Merger Working Group: Investigation and Analysis Subgroup, ICN Merger Guidelines workbook, 2006.

Montague, James P., Availability of Rescission in Redressing Clayton Act Section 7 Violations—United States v. Coca-Cola Bottling Company, 12 Loy. L.A. L. Rev. 255-266, 1978.

U.S. Department of Justice and the Federal Trade Commission, Horizontal Merger Guidelines, 2010.

U.S. Department of Justice, Merger Guidelines, 1984.

사업활동방해 담합

손 동 환*

I. 들어가며

독점규제 및 공정거래에 관한 법률(이하 '독점규제법'이라 한다)은 부당한 공동행위를 금지하면서 그 유형 중 하나로 제19조 제1항 제9호에서 '제1호부터 제8호까지 외의 행위로서 다른 사업자의 사업활동 또는 사업내용을 방해하거나 제한하는 행위'[1]를 들고 있다. 이를 소위 사업활동방해 담합이라 한다.

사업활동방해 담합은 규정의 문언 내용이나 규정 위치 탓에 그 성격에 관하여 열거규정이라든가, 예시규정이라든가의 논의가 가능하지만, 형사벌의 구성요건적 성격 때문에 이를 예시규정이라고 보기는 어렵다. 다만 다른 담합규정들에 대한 보충적 기능을 위해서 사업활동방해 담합의 규제범위를 넓게 인정할 필요도 생긴다. 이러한 양면적 성격 탓에 사업활동방해 담합 인정에 있어서 행정소송 일반과 동일한 처분사유의 추가·변경의 문제가 제기될 수 있다. 이는 공정위 의결 단계에서, 심사보고서에 제기된 담합규정의 적용은 부정하면서 사업활동방해 담합을 별도로 의결할 수 있는지 여부, 공정위 의결에서 A사업자의 사업활동이 방해된 것으로 의결하였으나 항고소송 중 의결에서 제시되지 않은 B사업자의 사업활동을 방해한 것으로 처분사유를 추가·변경하여 공정위 의결을 적법하다고 판단할 수 있는지 여부 등의 문제로 나타난다.

---

* 부산지방법원 부장판사

1) 법령의 내용은 '제1호부터 제8호까지 외의 행위로서 다른 사업자(그 행위를 한 사업자를 포함한다)의 사업활동 또는 사업내용을 방해하거나 제한함으로써 일정한 거래분야에서 경쟁을 실질적으로 제한하는 행위'로 되어 있으나 '일정한 거래분야에서 경쟁을 실질적으로 제한하는 행위' 부분은 1999. 2. 5. 제19조 제1항 본문의 '일정한 거래분야에서 경쟁을 실질적으로 제한하는'이라는 문구가 삭제되면서 실수로 위 제9호상의 문구가 남게 된 것으로 보는 것이 타당하다.

담합은 사업자들이 일정한 행위의 일치를 합의함으로써 그 범위에서 경쟁이 제한되므로 금지되는 것이다. 이 때 경쟁제한성이 어떻게 나타나는지가 문제되는데, 일반적인 담합은 그 가담자들 내부에서의 경쟁제한이 문제되지만 사업활동방해 담합은 이와 다르다. 일정한 행위를 한다는 점에서는 가담자들 내부에서의 경쟁제한이 문제되는 한편 다른 사업자의 사업활동이 방해를 받아서 그 사업자가 봉쇄됨으로 인하여 관련시장에서 경쟁이 제한되는 점도 있기 때문이다. 예컨대 빵제조업자들이 담합하여 특정 밀가루제조업자가 경쟁자인 빵제조업자에게 공급하지 못하도록 한 경우, 담합한 빵제조업자들이 밀가루제조업자와의 관계에서 경쟁이 제한되는 면도 있지만 경쟁자인 빵제조업자가 빵시장에서 경쟁력이 저하되어 경쟁이 제한되는 면도 있는 것이다. 담합가담자들이 속한 관련시장과 경쟁제한효과가 발생하는 관련시장이 분리되는 경우에도 이를 사업활동방해 담합으로 금지할 수 있는지가 문제되고, 또 위와 같은 담합에 밀가루제조업자가 일정한 대가를 지불받는 방식으로 가담하였을 때 밀가루제조업자들과 빵제조업자의 담합을 인정할 수 있는지도 문제된다. 이는 소위 수직적 담합 인정 여부의 문제이다.

사업활동방해 담합에서 경쟁제한의 모습이 사업활동을 방해받는 사업자의 효율성 감소로 인하여 경쟁이 제한되는 것이 문제될 경우, 과연 어느 정도로 효율성이 감소되어야 그의 사업활동이 방해되는 것으로 볼 것인지가 문제된다. 이는 독점규제법이 '방해'라는 용어를 시장지배적 지위남용이나 불공정거래행위 금지규정에서도 사용하기 때문에 그 때의 부당성 판단기준을 사업활동방해 담합에서도 동일하게 가져올 수 있는지의 문제이다. 대법원의 소위 포스코 기준이 여기에서도 그대로 적용되는지가 문제된다. 이는 사업활동방해 담합 금지의 본질이 사업활동방해에 있는지, 아니면 담합에 있는지의 문제이기도 하다.

II. 사업활동방해 담합과 처분사유의 추가·변경

행정청이 다툼의 대상이 되는 처분을 하면서 처분사유를 밝힌 후 그 처분에 대한 항고소송 계속중 처분 당시 제시된 처분사유를 변경하거나 다른 사유를 추가할 수 있는가 하는 것을 처분사유 추가·변경의 문제라 한다.

공정위 의결은 공정위 내부에서 심사관의 심사보고서에 의한 의결청구에 대하여 위원회가 심결로 결정을 함으로써 이루어진다. 이 때 심사보고서에 의하여 제시된 내용과 다른 사항을 심결에서 인정하는 것이 가능한가. 예컨대 심사보고서가 사업자의 행위를 입찰담합으로 의율하였음에도 이를 사업활동방해 담합으로 인정하는 것이 가능한가의 문제이다. 심결이 대심적 구조하에 이루어지기는 하나 행정청 내부의 의사결정과정에 불과하므로 심사보고서상 기재되지 아니한 내용도 심결을 통하여 인정할 수 있다는 입장과 공정위 심결은 1심 소송을 대신하는 것이고 심사보고서는 공소장에 대응하는 것이므로 이와 다른 사실을 인정하는 것은 대심구조의 기본에 반하고 피심인이 된 사업자의 방어권을 현저하게 침해한다는 점에서 허용되지 않는다는 입장이 모두 가능하다. 다만 심사보고서에 법적 근거가 제시되지 않은 어떠한 사항도 심결에서 인정되지 않는다든가, 반대로 법적 근거 제시 여부와 무관하게 어떠한 사항도 심결에서 인정할 수 있다든가 하는 태도는 모두 극단적이다. 행정처분 발령 과정에 대한 국민의 신뢰 보호, 처분상대방의 방어권 보호, 처분의 무익한 반복 방지 등의 측면에서, 문제된 사항이 심사보고서에 명시적으로 제시되지는 않더라도 기본적 사실관계가 충분히 제시되고 그 사실관계에 변경이 없다면 심사보고서에 명시되지 아니한 사항에 대해서도 심결에서 인정할 수 있다고 보아야 한다. 대법원도 심사과정에서의 피심인의 절차적 방어권 침해 주장에 대하여 공정위가 새로운 사실관계를 추가해 피심인에게 불측의 손해를 가한 경우가 아니라면 적법하다고 판단한 바 있다.[2]

처분사유의 추가 · 변경에 있어서는 이보다는 엄격한 접근이 필요하다. 기본적 사실관계의 동일성을 기준으로 삼되, 구체적으로는 적용법령의 변경도 사실관계의 변경이 없으면 가능하지만 제재처분의 경우 제재사유가 변경되면 내용의 변경이 없어도 처분이 변경된 것으로 보는 것이 일반적이다.[3] 사업자의 담합을 둘

---

2) 대법원 2014. 12. 24. 선고 2014두11977 판결.

3) 행정처분의 취소를 구하는 항고소송에서 처분청은 당초 처분의 근거로 삼은 사유와 기본적 사실관계가 동일성이 있다고 인정되는 한도 내에서는 다른 사유를 추가하거나 변경할 수도 있으나, 기본적 사실관계가 동일하다는 것은 처분사유를 법률적으로 평가하기 이전의 구체적인 사실에 착안하여 그 기초적인 사회적 사실관계가 기본적인 점에서 동일한 것을 말하며, 처분청이 처분 당시에 적시한 구체적 사실을 변경하지 아니하는 범위 내에서 단지 그 처분의 근거 법령만을 추가 · 변경하거나 당초의 처분사유를 구체적으로 표시하는 것에 불과한 경우에는 새로운 처분사유를 추가하거나 변경하는 것이라고 볼 수 없다(대법원 2008. 2. 28. 선고 2007두13791 판결).

러싸고 제기될 수 있는 문제는, 독점규제법 제19조 제1항과 제5항의 추가·변경 문제이다. 이를 기본적 사실관계의 동일성이 유지된다고 보고 단지 근거법령의 변경으로 볼 수도 있으나, 합의라는 처분사유를 간접증거에 의하여 추인하는 것과 일정한 요건사실들이 있으면 합의라는 사실이 법률상 추정되는 것은 차이가 있으므로 제1항과 제5항의 처분사유 추가·변경은 허용하기 어려운 경우가 많을 것이다.

사업활동방해 담합의 경우는, 예컨대 ㉠ 사업자들이 제3자의 시장진입을 막기 위하여 제3자의 사업활동을 방해하는 내용의 합의를 하였다고 보고 공정위가 처분한 사건에서, 항고소송 계속중 사업자들의 내부적 사업내용 제한의 합의만 이루어진 것으로 변경하는 것이 허용되는지, ㉡ 또 사업활동을 방해당한 제3자를 A라고 보고 처분이 이루어졌으나 소송계속중 B로 변경하는 것이 가능한지 등이 문제될 수 있다. 담합에 가담한 사업자들의 내부적 사업내용 제한은 제3자에 대한 사업활동 방해의 전제가 되므로 ㉠의 경우는 허용된다고 볼 여지가 크나, ㉡의 경우는 기본적 사실관계를 달리하고 처분을 다투는 사업자의 방어권을 침해하는 면이 크므로 허용되기 어려운 경우가 많을 것이다.4)

결국 사업활동방해 담합이 보충적, 일반적 담합유형이라고 하더라도 그것은 특유의 담합유형의 성격을 가지고, 그에 관한 공정위 의결은 여전히 항고소송의 적법성 통제 하에 있는 것이다. 사업활동방해라는 개념의 추상성 때문에 사업활동방해 담합을 유형화하기는 어려우나, 대체로 다음의 3가지 정도로 분류할 수 있다.

Ⅲ. 사업활동방해 담합의 유형

1. 담합 내부자만 문제되는 경우(사업내용 제한 유형)

사업활동방해 담합의 조문형식에도 불구하고 일반적으로 담합의 본질은 담합

---

4) 이와 유사한 문제는 울산대학교병원의 의약품입찰에서 의약품도매상들인 입찰참가자들끼리 누가 낙찰을 받든 공급약품을 입찰참가자들이 원래 납품가격에 낙찰자에게 공급하기로 담합을 한 사건에서 사업활동을 방해받은 자가 울산대학교병원인지, 아니면 입찰에 참가하지 않은 다른 의약품도매상들인지에 관하여 서울고등법원의 판단이 엇갈리면서 문제된 바 있다. 2014년 기준으로는 대법원에 계속중이다(2013두1676, 1683, 1690, 2389, 2488, 6084, 6121, 각 별개사건).

가담자들 사이의 경쟁을 제한하는 데 있으므로 담합가담자들 사이의 사업내용 제한은 담합의 본질에 가장 부합하는 유형이다. 제19조 제1항 제9호의 '다른 사업자(그 행위를 한 사업자를 포함한다)'는 규정은 당연한 내용이라고 할 수 있다.[5] 담합가담자들 중 일방의 사업활동이나 내용만 제한되는 경우도 포함된다. 담합 내부자만 문제된 사업활동방해 담합에 관한 사안은 찾기 어려우나, 대법원 2014. 2. 27. 선고 2012두24498 판결에서 동아제약이 글락소스미스클라인으로부터 항구토제 조프란의 판매권을 취득하면서 경쟁제품의 취급을 하지 않기로 합의한 것이 사업활동방해 담합이 되는지가 문제되었다. 대법원은, 원고(글락소스미스클라인)가 자신들의 항구토제인 '조프란'의 경쟁제품인 '온다론'을 출시한 적이 있는 동아제약과 체결한 위 합의는 잠재적 경쟁관계에 있는 사업자의 사업내용을 제한하는 합의로서 독점규제법에 정한 '부당한 공동행위'에 해당한다고 판단하였다.

2. 담합 외부자에 대한 일반적 영향력 행사만 문제되는 경우(단순 사업 활동방해 유형)

동일한 관련시장에 속하는 2이상의 사업자들이 당해 시장 및 그 상부 또는 하부시장의 사업자들의 사업활동을 방해하는 합의를 한 경우도 사업활동방해 담합으로 규제될 수 있다. 이 때 담합내부자들 사이의 경쟁제한은 앞서 본 사업내용 제한 유형과 같으나 그 외에도 사업활동을 방해받은 사업자가 가격, 산출량, 거래조건 등에서 영향을 받아 경쟁할 수 있는 능력이 저하된다는 것이 문제된다. 방해행위란 구체적 사업활동과 관련한 의사결정이나 사업내용에 영향을 준 행위를 의미한다고 할 것인데, 이를 위해서는 담합으로 다른 사업자보다 상대적으로 우월한 지위나 상대방의 거래활동에 영향을 미칠 수 있는 지위를 형성하여야 할 것이다.[6]

---

5) 물론 독점규제법 개정 전의 종전 대법원 판례(대법원 2006. 11. 9. 선고 2004두14564 판결)는 담합 외부의 사업자만을 의미한다는 원심을 수긍한 바 있으나(상고이유는 아니었음), 이에 대응하여 입법적으로 해결되었다고 할 것임.

6) 공정위의 공동행위 심사기준은 사업활동방해 담합에 관하여 다음과 같이 규정한다.
　　가. 영업장소의 수 또는 위치를 제한하는 행위, 특정한 원료의 사용비율을 정하거나 직원의 채용을 제한하는 행위, 자유로운 연구·기술개발을 제한하는 행위 등과 같이 제1호부터 제8호까지에 해당하지 않는 행위로서 다른 사업자의 사업활동 또는 사업내용을 방해하거나 제한하는 행위가 포함된다.

대법원은, 점유율 합계가 50%를 넘는 학생복 3사가 학부모들이 추진하는 입찰방식의 학생복 공동구매활동에 대응하면서 다른 학생복 업체들의 입찰참여 등을 방해하고 총판·대리점들에게 입찰 여부 등을 지시함으로써 공동구매 입찰을 어렵게 만든 것이 다른 학생복 제조·유통업체와 학생복 3사의 총판·대리점들의 독자적인 입찰 참여 여부의 결정 등을 방해하여 자유롭고 공정한 경쟁을 통한 영업방식으로 학생복을 판매하는 사업활동 또는 사업내용을 실질적으로 제한하거나 방해하는 것이므로, 법 제19조 제1항 제8호의 사업활동방해 담합에 해당한다고 보았다.[7]

3. 경쟁자를 배제시키는 내용의 합의를 하는 경우(경쟁자 배제형 사업활동 방해 유형)

2이상의 사업자가 직접 또는 제3자를 통하여 경쟁자의 활동을 방해함으로써 그를 경쟁에서 배제시키기 위한 합의를 하는 경우를 말한다. 크게는 앞서의 단순사업활동방해 유형에 포함된다고 할 수 있으나 경쟁자의 배제에 초점이 있다는 점에 특징이 있다. 경쟁자와 거래하는 원료공급업자(상부시장), 제품판매업자(하부시장) 등에게 경쟁자와 거래하지 않는 조건으로만 자신들과 거래하기로 하기로 합의한 경우 또는 원료공급업자 또는 제품판매업자가 시장진입을 시도할 때 기존 사업자들이 담합하여 이들과 거래하지 않기로 하는 경우에는 사업활동방해 담합으로 금지된다.

대법원은, 시멘트 제조·판매업자들이 레미콘 제조업체들에게 시멘트를 공급해 왔는데 레미콘 제조업체들이 시멘트의 대체재로 사용되는 슬래그분말 제조사업에 진출하려고 하자 이들 레미콘 제조업체(아주산업과 유진레미콘)에게 공동으로 시멘트의 공급량을 제한하고, 슬래그분말 제조사업 진출을 포기할 것을 요구한 사안에서 사업활동방해 담합을 인정한 바 있다.[8]

한편 2이상의 사업자들이 자신의 경쟁자를 배제시키기 위하여 상부시장 또는 하부시장의 사업자로 하여금 경쟁자와 거래를 중단하도록 합의한 경우, 어느 정

나. 공동행위 참여 사업자들이 공동행위에 참여하지 않은 다른 사업자의 사업활동 또는 사업내용을 방해하거나 제한하는 경우뿐만 아니라, 공동행위에 참여한 사업자 자신들의 사업활동 또는 사업내용을 제한하는 경우도 포함된다.
7) 대법원 2006. 11. 23. 선고 2004두10586 판결.
8) 대법원 2008. 1. 31. 선고 2006두10764 판결.

도로 봉쇄되어야 위법성이 인정되는지가 문제된다. 이는 사업활동방해 담합에서의 경쟁제한성 및 부당성 판단의 기준에 관한 것이다.

Ⅳ. 사업활동방해 담합의 경쟁제한성 및 부당성

1. 담합의 인정기준

독점규제법 제19조의 문언 내용을 보면 개별 담합유형들의 공통요소로 합의, 경쟁제한성, 부당성을 규정하고 있다. 경쟁제한성과 부당성이 각 독자성을 가지는 개념요소인지, 기준은 무엇인지에 관하여 논란이 있을 수 있지만, 판례는 양자의 독자성을 인정하면서 경쟁제한성은 당해 공동행위로 인하여 경쟁이 감소하여 가격·수량·품질 기타 거래조건 등의 결정에 영향을 미치거나 미칠 우려가 있는지를 살펴 개별적으로 판단하여야 한다고 하고, 부당성은 당해 공동행위에 의하여 발생될 수 있는 경쟁제한적인 결과와 아울러 당해 공동행위가 경제전반의 효율성에 미치는 영향 등을 비롯한 구체적 효과 등을 종합적으로 고려하여 그 인정 여부를 판단하여야 한다고 한다.[9] 또 경쟁제한성 판단의 고려요소로서 당해 공동행위가 경쟁제한적 효과 외에 경쟁촉진적 효과도 함께 가져오는 경우에는 양자를 비교·형량하여 경쟁제한성 여부를 판단해야 하는데, 경쟁제한적 효과는 공동행위에 가담한 사업자들의 시장점유율, 공동행위 가담 사업자들 사이의 경쟁제한의 정도 등을 고려하고, 경쟁촉진적 효과는 당해 공동행위로 인한 효율성 증대가 소비자 후생의 증가로 이어지는 경우를 포괄적으로 감안하되 당해 공동행위가 그러한 효과 발생에 합리적으로 필요한지 여부 등을 고려해야 한다고 한다.[10]

경쟁자 배제형 사업활동방해 담합의 경우, 판례는 신규 진입예정자에 대한 원료 공급 제한행위(레미콘 업체에 대한 시멘트 업체들의 공급 제한)가 시장 진입을 저지하고 시멘트 업체들의 시장지배력을 유지하도록 한 것이므로 경쟁제한성이 인정된다고 판시한 바 있다.[11]

---

9) 대법원 2013. 11. 28. 선고 2012두17773 판결.
10) 대법원 2013. 11. 14. 선고 2012두19298 판결.
11) 대법원 2006. 11. 23. 선고 2004두10586 판결.

2. 시장지배적 지위남용과 불공정거래행위의 부당성

시장지배적 지위남용에 관한 대법원의 부당성 판단기준에 대하여 많은 비판이 있으나 판례는 경쟁제한효과의 입증 또는 경쟁제한의도에 더하여 경쟁제한의 우려가 입증된 경우에 부당성이 인정된다는 이른바 포스코 기준을 견지하고 있다. 불공정거래행위의 경우 단독행위이기는 하나 시장지배적 지위남용과 구분되고, 불정거래행위의 공정거래저해성은 부당성과 동일하지만 경쟁제한성과는 달리 의사결정의 자유제한 등의 요소가 함께 고려되어야 한다는 것이 판례이다.

불공정거래행위에서의 부당성은 공정거래저해성과 동일한 개념이므로 이를 담합에서의 부당성과 동일하다고 보기는 어렵지만 시장지배적 지위남용의 부당성 개념과 관련해서는 담합으로 1개의 사업자처럼 행위하게 된 담합가담자들의 행위가 시장지배적 사업자와 유사한 면도 있으므로 그 부당성 기준도 동일하게 적용되어야 한다는 접근이 가능하다. 특히 사업활동방해 담합과 같이 제3의 사업자의 활동을 방해하거나 시장진입을 저지하기 위한 담합 유형의 경우 이러한 문제가 제기될 수 있다.

3. 사업활동방해 담합과 시장지배적 지위남용에서의 부당성 판단기준

(1) 동일기준설

사업활동방해 담합의 유형 중 경쟁자를 배제시킬 것을 목적으로 한 담합은 배타조건부 거래행위 내지 2차적 거래거절과 그 행위 및 의도하는 효과가 동일하므로 양자의 부당성 판단기준은 동일하다는 입장이다. 이러한 담합의 경우 경쟁제한이 문제되는 국면이 담합을 통하여 가담자들 사이의 경쟁이 제한된다는 것보다는 경쟁자를 얼마나 경쟁에서 배제시키는지에 달려 있다. 따라서 시장지배적 지위남용에서와 같이 경쟁자를 원료확보 면이나 제품판매 면에서 얼마나 봉쇄시키는지에 관한 구체적 입증이 필요하다고 보는 것이 타당하다. 예컨대 A가 B, C를 배제시키고 갑으로부터 독점적으로 원료공급을 받기로 계약하는 경우의 위법성 판단이나 A, B가 C를 배제시키고 갑으로부터 독점공급을 받기로 계약하는 경우의 위법성 판단이 달라질 수 없다는 것이다.

(2) 차등기준설

단독행위와 공동행위는 그 본질이 전혀 다르므로 이를 동일한 기준으로 판단할 수는 없다는 전제에서 단독행위는 그 자체로 적법한 사업활동일 가능성이 큰 행위이므로 이를 위법하다고 보기 위해서는 특별한 입증이 필요하지만 경쟁관계에 있는 사업자들이 특정행위를 공동으로 하는 것은 매우 이례적인 경우이므로 이는 위법하다고 볼 가능성이 커 양자의 부당성 판단기준은 별개로 접근해야 한다는 것이다. 경쟁자를 배제하기 위한 사업활동방해 담합의 경우도 원래 시장지배력이 없던 사업자들이 합의를 통하여 상당한 정도의 시장력(market power)을 형성하고 공동으로 방해행위를 한다는 데 의미가 있고 그 목적이 경쟁자를 배제시키는 데 있다는 점에서 위법성이 용이하게 인정되어야지 합의를 통하여 상당 정도의 시장력을 형성한 후에 경쟁제한 효과까지 입증한 다음에야 금지된다고 보기는 어렵다.

경쟁자 배제라는 점에서 시지남용의 배타조건부 거래행위와 그 의도한 효과 면에서 유사한 면이 있으나, 그 본질은 담합이므로 시지남용과 동일한 기준을 제시할 수는 없다. A가 갑과 독점공급계약을 체결하는 것은 정당할 가능성이 크므로 경쟁제한효과 등의 입증이 필요하다고 볼 여지가 있으나, A, B가 합의하여 갑과 모두 독점공급계약을 맺고 또 그 의도가 경쟁자를 배제하는데 있다면, 합의에 의하여 일정한 시장력 등을 형성시켰다는 면에서 경쟁제한성이 쉽게 인정되어야 한다는 것이다.

(3) 검 토

시장지배적 지위남용의 규제는 이미 유효경쟁이 구조적으로 제약되어 있는 시장에서 시장지배적 사업자가 성과 또는 능률에 의한 경쟁(competition on the merits)을 준수하지 않음으로써 경쟁을 저해 또는 왜곡하는 행위를 금지하는 것으로서, 이미 지배력을 보유한 시장에서 그 지위를 유지 또는 강화하거나 아직 지배력을 보유하지 못한 시장으로 지배력을 확장·이전하는지 여부가 위법성 판단기준이 된다. 반면 담합은 일정행위를 공동으로 함으로써 그 범위에서 시장지배력을 형성한 것 자체를 위법하게 보아야 하는 것이므로, 그 의도나 목적, 경쟁제한 효과 인정을 위한 봉쇄의 구체적 정도까지 입증하도록 하는 것은 담합이

금지되는 근본적 의의를 몰각한 것이다. 물론 사업활동방해 담합으로 경쟁자가
배제되거나 그러한 우려가 생긴다는 점에서 시장지배적 지위남용과 유사한 면이
있기는 하다. 그렇다고 하더라도 시장지배적 지위남용과 동일한 부당성 판단기
준이 적용되어야 한다든지, 다른 담합유형과 본질적으로 다른 경쟁제한성 내지
부당성 판단기준을 적용하여 경쟁제한 효과의 발생이 있을 때까지 기다려서 이
를 금지한다는 것은 담합에 관한 우리 독점규제법의 입법취지를 몰각한 것이다.
또 시장지배적 지위남용을 넘어서 모든 금지행위 유형에 있어서 경쟁제한효과가
입증된 경우에만 금지된다는 논리는 효과주의(Effect-based approach) 자체의 취
지에도 반한다.

미국에서는 집단거래거절을 상부나 하부사업자를 대상으로 가격, 생산량에 영
향을 주기 위한 경우와 경쟁사업자를 배제하기 위한 경우를 구분하여 공모적 담
합과 배제적 담합으로 나누고 공모적 담합의 경우 당연위법의 원칙을 적용하나,
배제적 담합의 경우 합리의 원칙을 적용하고 제한된 조건 아래에서만 당연위법의
원칙을 적용한다.[12) 연방대법원은 1985년 Northwest Wholesale Stationers,
Inc. v. Pacific Stationery & Printing Co. 사건에서 당연위법의 법리가 적용되
는 범위를 제한하면서 집단거래거절에 당연위법을 적용할 수 있는 기준을 제시하
였는데,[13) 그 기준은 배제적 행위,[14) 시장지배력의 형성,[15) 정당화사유의 부존
재[16)의 요건을 갖추어야 한다는 것이다.

---

12) Gavil, Kovacic, Baker, ANTITRUST LAW IN PERSPECTIVE: CASES, CONCEPTS AND
PROBLEMS IN COMPETITION POLICY (2d ed. 2008), Chap. 2 Concerted Action Among
Competitors.

13) Gavil, Kovacic, Baker Hovenkamp, ANTITRUST LAW IN PERSPECTIVE, 776면.
판결원문: "Cases to which this Court has applied the per se approach have generally
involved joint efforts by a firm or firms to disadvantage competitors by... "either directly
denying or persuading or coercing suppliers or customers to deny relationships the
competitors need in the competitive struggle" In these case, the boycott often cut off
access to a supply, facility, or market necessary to enable the boycotted firm to complete,
and frequently the boycotting firm possessed a dominat position in the relevant market. In
addition, the practices were generally not justified by plausible arguments that they were
intended to enhance overall efficiency and make markets more competitive. Under such
circumstances the likelihood of anticompetitive effects is clear and the possibility of
countervailing procompetitive effects is remote.

14) (Exclusionary Conduct) cutting off access to a supply, facility or market necessary to
enable the boycotted firm to complete

15) (Market Power) the boycotting firms possessed a dominant position in the relevant
market

16) (No procompetitive Justification)no pausible arguments that the boycott enhanced overall

대법원은 국가계약을 위한 공동수급체 구성행위에 관하여, 그것이 독점규제법 적용제외 사유는 되지 아니하지만 그렇다고 당연히 경쟁제한성을 인정하기는 어렵다고 판시한 바 있다.[17] 그런데 공동수급체 구성행위는 여러 경쟁자가 입찰에 참여하는 것을 가능하게 하여 최선의 경쟁을 통해서 가장 적절한 사업자가 낙찰을 받도록 하는 것이지만, 경쟁자를 배제하기 위한 사업활동방해 담합은 경쟁자 배제 이외의 경쟁촉진효과를 상정하기 어려우므로 이와는 다르다. 또 올림픽과 같은 특정행사의 독점중계권 계약과 관련하여 컨소시엄을 구성하여 낙찰을 받게 되면 결과적으로 경쟁자들을 배제하기 위한 담합과 동일한 결과를 가져올 수 있지만, 이는 중계권 입찰 단계에서의 관련 법령이나 정책에 따라 허용되는 것으로 이를 사업활동방해 담합으로 보기는 어렵고 그 수익도 일정한 통제하에 이용되므로 그 경쟁제한성 인정에 신중을 기할 수밖에 없다.

요컨대 사업활동방해 담합의 부당성·경쟁제한성의 판단기준을 시장지배적 지위남용과 같이 볼 수는 없다. 다만 경쟁자배제형 사업활동방해 담합에 해당하는지 여부를 구체적으로 판단함에 있어서 당해 행위에 가담한 사업자들의 점유율이나 그 행위로 인한 경쟁자의 봉쇄 정도를 고려할 수는 있을 것이다. 이는 대법원이 담합의 경쟁제한성을 판단함에 있어서 경쟁제제한적 효과의 고려요소로 제시한 공동행위에 가담한 사업자들의 시장점유율, 공동행위 가담 사업자들 사이의 경쟁제한의 정도,[18] 기존의 사업자들의 지배력의 유지 정도[19]에 포섭되는데 불과하다.

V. 사업활동방해 담합의 인정 범위

경쟁자 배제형 사업활동방해 담합의 경우, 원료공급자이든 완성품의 판매자이든 배제의 대상이 된 사업자와 경쟁관계에 있지 아니한 사업자도 그 담합에 가담하는 경우가 있다. 빵제조업자들이 신규진입자를 배제하기 위하여 일정한 대가를 지불하고 밀가루 제조업자와 신규진입자를 배제하고 독점 공급을 받기로

---

efficiency
17) 대법원 2011. 5. 26. 선고 2008도6341 판결.
18) 대법원 2013. 11. 14. 선고 2012두19298 판결.
19) 대법원 2006. 11. 23. 선고 2004두10586 판결.

합의한 경우 밀가루 제조업자를 사업활동방해 담합으로 규제할 수 있는지의 문제이다. 논의의 범위를 넓히면 이는 수직적 담합의 인정 여부의 문제이기도 하다. 독점규제법은 담합의 주체를 상호 경쟁관계에 있는 사업자로 한정하고 있지 아니하고, 경쟁제한 효과가 발생하는 시장에서의 사업자로 제한하고 있지도 아니하다. 수직적 담합을 부당한 공동행위로 금지하지 않는다면 사실상 규제의 방법이 없어서 규제의 공백이 발생할 우려가 있다는 지적도 가능하기 때문에 문제되는 것이다.

1. 수직적 담합 긍정설

수직적 담합 긍정설은 다음의 점들을 근거로 한다.

담합의 본질적 측면에서 당연히 수직적 담합이라는 개념을 상정하기 어렵다고 할 수는 없다. 담합에서 사업자 상호간의 구속은 합의가 실행되는 과정에 불과하고 이를 성립요건이라고 하기 어렵기 때문이다.[20] 미국과 EU에서 수평적 담합뿐 아니라 수직적 담합도 금지하면서 동일한 조문인 셔면법 제1조, EU조약 제101조에 따라 금지하고 있다. 일본법은 부당한 거래제한을 정의하면서 '상호 그 사업활동을 구속하거나 또는 수행할 것'을 성립요건으로 규정하고 있으나, 우리 독점규제법은 상호구속성을 요건으로 하고 있지도 않고, 일본에서도 위 문언에 관한 비판적 견해가 많이 있다. 독점규제법이 합의 상대방을 '동일한 거래분야에서 활동하고 있는' 또는 '서로 경쟁관계에 있는' 다른 사업자라고 하지 않고 단순히 '다른 사업자'라고 정하고 있으므로 그 적용대상을 수평적 합의에 제한할 법적 근거가 없다.[21] 일정한 거래분야에서 경쟁제한효과가 발생하여야 한다는 것이 반드시 그 시장에 있는 사업자들만이 담합의 주체가 될 수 있다는 것을 의미한다고 하기는 어렵다. 수직적 담합으로 하부 사업자들 사이의 상표 내 경쟁이 제한될 수 있는데, 경쟁제한효과가 발생함에도 이를 허용할 수는 없다. 독점규제법은 "합의하거나 다른 사업자로 하여금 이를 행하도록 하여서는 아니된다"고 규정하여, 다른 사업자로 하여금 합의를 하도록 하는 행위를 금지하고 있으므로 수직적 담합의 근거가 될 수도 있다. 재판매가격유지행위나 불공정거래행

---

20) 정호열, 경제법(제3판), 331쪽.
21) 이호영, 독점규제법상 상표내 경쟁제한행위의 규제에 관한 연구, 서울대학교 박사학위논문, 2003.

위 규제를 통하여 수직적 거래관계에 있는 사업자들 간의 행위를 규제하고 있으나, 이들 규제는 기본적으로 단독행위인데 반하여 수직적 합의는 공동행위이므로 규제의 공백은 여전하다.

2. 수직적 담합 부정설[22]

수직적 담합 부정설은 다음의 점들을 근거로 한다.

담합은 본질적으로 담합 가담자 각자의 행위를 제한함으로써 경쟁을 제한하는 것이다. 수직적 담합은 경쟁제한 효과가 발생하는 관련시장이 아닌 다른 시장의 사업자와의 합의도 금지하자는 것인데, 다른 시장의 사업자는 자신의 행위제한이 없고 단지 관련시장의 사업자의 행위를 제한하는데 불과하므로, 이를 담합으로 금지하는 것은 담합의 본질에 반한다. 미국이나 EU에서 수평적 담합과 동일하게 수직적 거래제한을 동일한 조문에 의하여 규제하고 있지만 수평적 담합과 수직적 담합에 대한 규제원리는 전혀 다르고, 수직적 담합은 그 인정에 엄격한 요건을 요한다고 할 수 있다. 독점규제법 제19조 제1항의 합의를 하게 한 행위에 대하여 대법원은 '다른 사업자로 하여금 부당한 공동행위를 행하도록 하는 행위'는 다른 사업자로 하여금 부당한 공동행위를 하도록 교사하는 행위 또는 이에 준하는 행위를 의미하고, 다른 사업자의 부당한 공동행위를 단순히 방조하는 행위는 여기에 포함되지 않는다고 판시하여[23] 그 해석범위를 제한하고 있다. 이를 수직적 담합의 근거규정으로 보기는 어렵다. 독점규제법은 미국이나 EU와 달리 수직적 거래관계에 있는 사업자들에 대하여 재판매가격유지행위, 불공정거래행위로 규제하고 있다.

3. 검 토

수직적 담합의 인정 여부는 담합의 본질론, 규제의 공백 해소, 외국의 규제태도, 독점규제법의 합리적 해석 등을 고려하여 판단하여야 할 것이다. 우선 담합의 본질이 담합 가담자들 사이의 경쟁을 제한하는 것인데, 경쟁관계에 있지 아니한 사업자들이 담합에 가담할 리도 없고 그러한 경우가 있다고 하더라도 담합

---

22) 수직적 담합 긍정설의 입장인 이호영 교수도 수직적 담합 부정설이 다수설이라는 점을 인정하고 있음. 이호영, "공정거래상 수직적 공동행위 규제에 관한 연구", 경영법률, 2011.
23) 대법원 2009. 5. 14. 선고 2009두1556 판결.

의 대상이 되는 가격, 산출량이 아닌 다른 내용에 관한 합의가 위주가 된 내용
일 것이다. 수직적 거래관계의 사업자들은 상호 교섭을 통하여 각자의 이익을
추구하여야 하는 입장이라서 일정한 교섭대상에 대해서는 합의 자체는 존재한다
고 할 수 있고, 다만 그 내용이 경쟁제한적인지 여부가 문제되는 것이다. 이러한
점에서 상부 사업자가 공급하는 원료가격에 대하여 하부사업자와는 언제나 합의
가 있는 것이므로 이것이 금지대상이 될 수는 없고, 하부사업자가 소비자에 대
하여 판매하는 제품가격에 대하여 부당한 공동행위가 문제될 수 있을 뿐인데 이
러한 행위는 상부사업자가 하부사업자에게 일정한 제품가격 판매를 조건으로 하
여 원료를 공급한 행위(배타조건부 거래행위)가 되어 불공정거래행위로 규제가 가
능한 영역이 되는 것이다. 여기에서 제19조와 제23조의 중복 문제가 발생한다.
영화사 담합 사건에서 수직적 담합 인정 여부는 상고이유가 아니라서 대법원이
이를 판단대상으로 삼지 아니하였고, 수평적 담합이 성립한 가운데 수직적 거래
관계의 사업자가 담합 유지수단 제공 등의 일환으로 가담한 것이므로 수직적 담
합의 고유한 형태라고 하기도 어렵다. 이러한 점에서 수직적 담합에 관한 대법
원의 선례가 있다고 하기도 어렵다.[24) 공정위도 부당공동행위 심사기준에서 경
성공동행위를 규정하면서 '경쟁관계에 있는 사업자 간의 행위'를 기준으로 함으
로써, 수평적 담합만을 전제로 하고 있음을 보여준다. 만약 수직적 담합을 긍정
하는 경우, 경쟁제한 효과가 나타나는 시장의 사업자가 아닌 사업자의 과징금
산정을 위한 관련매출액은 어떻게 정하여야 하는지 하는 문제도 있다. 언제나
정액과징금을 부과하여야 하는지의 문제가 생기는 것이다.

Ⅵ. 마 치 며

최근 공정위가 케이블TV 담합이나 울산대학교병원 입찰담합 등에서 사업활
동방해 담합의 적극적 적용을 시도하고 있음에도 이에 관해서 자세한 설명을 한
문언은 많지 않다. 사업활동방해 담합이 일반적·보충적 성격을 가지지만 이또

---

24) 영화배급사와 영화상영업자 7개사가 영화관람료 할인을 제한하기로 하는 담합을 하였다고 보고 이
들에 대하여 시정명령과 과징금을 부과한 사안에서 대법원은 원심을 수긍하였음(대법원 2010. 2.
11. 선고 2009두11485 판결).

한 독자적 유형으로 보아야 하므로 이를 유형화하고 경쟁제한성·부당성 판단의 기준을 제시할 필요가 있다. 특히 경쟁자 배제형 사업활동방해 담합에 이른바 포스코 기준을 확장하는 것은 경계할 필요가 있다. 이는 사업활동방해 담합 역시 담합의 본질을 가지므로 사업활동방해의 성격은 경쟁제한성·부당성 판단에서 고려함으로써 충분하기 때문이다. 수직적 담합과 관련해서는 수직적 행위와 수평적 행위에 관한 규제법제가 포괄적으로 정비될 필요는 있다. 그러나 적어도 담합의 본질이나 현행법의 해석 측면에서 그 적용이 어렵지 않은가 하는 점을 지적해 둔다.

부당한 공동행위의 법적 효력
- 독일 경쟁제한방지법 개정 내용을 중심으로-

차 성 민*

I. 서 론

경쟁제한적 합의와 행위에 있어서 체계 변화를 가져온 EU법에 따라서 독일 경쟁제한방지법도 7차 개정이 이루어졌다. 이에 반하여 제8차 개정 내용은 독일 입법자의 권한에 속하는 사항들이었다. 이에는 기업결합규제, 시장지배적 사업자의 지위남용규제, 의료보험과 물산업에 대한 경쟁제한방지법의 적용 가능성 등이 포함된다.

이 글은 개정판인 Immenga/Mestmäcker, Wettbewerbsrecht, 5. Aufl., 2014 중에서 부당한 공동행위의 법적 효력에 대한 부분을 번역한 것이다. 이 부분에서는 개정 전과 비교하여 많은 내용들이 변경됐다. 위에서 언급한 바와 같이 독일 경쟁제한방지법이 EU법을 수용하여 개정하면서 바뀌었기 때문이다. Immenga/Mestmäcker 주석서는 곧바로 판례의 내용을 인용하여 설명을 하는 경우가 많이 있기 때문에, 문장 간의 연결이 매끄럽지 않은 부분들이 있고, 매우 구체적인 판례 내용 중 거두절미하고 일부만을 소개하고 있는 경우가 있어 이해하기가 쉽지 않다. 그래서 주석서에 있는 각주들을 가능한 한 표기해서 독자들의 이해를 돕도록 하였다. 그럼에도 불구하고 번역자의 능력으로 말미암아 의미 전달에 한계가 있기는 하지만, 독자들에게 독일 카르텔법상 부당한 공동행위의 법적 효력과 관련하여 논의되고 있는 내용들을 전하고자 노력했다.

교수님께서 강의하시면서 부당한 공동행위의 사법상 효력에 관해 연구의 필

---

* 한남대학교 법과대학 교수, 법학박사

요성을 강조하셨던 기억이 난다. 이 주제에 대해 앞으로 더욱 많은 연구들이 이루어지기를 바란다.

Ⅱ. 무   효

경쟁제한방지법 제1조는 경쟁제한적 합의들(Vereinbarungen), 결의들(Beschlüsse) 및 동조행위(abgestimmte Verhaltensweisen)들을 금지하고 있다. 이러한 유형들에는 私法(채권법)상의 구속력 있는 합의들과 사업자들 간의 결의들뿐만 아니라, 순수하게 사실상 결속되어 있는 동조행위도 포함되기 때문에, 유형별로 구분하여 사법상의 법적 효과를 논의해야 할 것이다.

1. 합   의

현행 경쟁제한방지법은 제6차 개정까지와는 달리, 제1조에서 명시적으로 경쟁제한적 합의를 금지하고 있다. 제1조에서 카르텔 합의의 효과에 대한 사법상의 효력에 대해 설명하고 있지는 않지만, 입법 자료에 따르면 그 법적 효력은 일반적으로 규율되며, 이는 독일 민법 제134조가 적용된다는 것을 의미한다.[1] 따라서 이 법 제2조 이하의 규정들에 해당하지 않는 한, 경쟁제한적인 합의들은 무효이다.

그러나 민법 제134조라는 '전환규범(Umschaltnorm)'을 준용하여 이를 사법상 법적 효력의 근거로 삼는 것에 비해서, 카르텔 합의를 금지하는 목적과 취지로부터 직접 법적 효력을 도출하는 것이 더 나아 보일 수 있다.[2] 이 때 합의가 외국의 계약준거법 하에서 맺어진 경우에도 경쟁제한방지법 제130조 제2항에 따라 이 법 제1조를 적용할 수 있는지도 고려해야 한다. 외국의 계약준거법의 경우 독일 법관은 원칙적으로 민법 제134조라는 전환규범을 적용해서는 안된다.[3] 카르

---

1) Immenga/Mestmäcker, GWB § 1 Verbot wettbewerbsbeschränkender Vereinbarungen; in Wettbewerbsrecht, 5. Aufl., 2014, Ⅰ.1.
2) Vgl. zum Vorrang der Auslegung des Verbotsgesetzes auch Hefermehl in: Soergel § 134 BGB Rdnr. 1; ferner Sack/Seibel in: Staudinger § 134 BGB Rdnrn. 57 - 59.
3) Zur Begründung 3. Aufl. § 1 Rdnr. 321; a. A. Kling/Thomas § 17 Rndr. 203; Roth/Ackermann in: FK Rdnr. 110.

텔 금지는 경쟁제한방지법이 카르텔청에 위임한 수단이며(법 제32조, 제32a조, 제34조, 제81조 참조) 경쟁제한방지법 제1조에서 금지하는 요건이기는 하지만, 민법상 무효라고 할 수 없을 수도 있다. 민법상 무효라는 법적 효과를 적용할 수 없는 경우에는, 카르텔 금지는 그 집행가능성 면에서 볼 때 부분적으로 작동하지 않을 수 있다. 유럽연합 카르텔법에서는 AEUV(Vertrag über die Arbeitsweise der Europäischen Union) 제101조 제2항의 민사법상 제재가 제한적 효력의 원칙(또는 속지주의 원칙)을 넘어서 공동체 시장 외부에서의 경쟁 침해에 대해서까지도 적용 가능하다.[4] 경쟁제한방지법 제130조 제2항에 따라 속지주의 범위를 넘어서까지 적용을 하는 목적은 경쟁제한방지법상 규제를 제한 없이 집행하기 위해서이다. 이는 공법상 법적 효력 외에 카르텔 사법(私法)상의 법적 효력의 발생에도 포괄적으로 나타난다.[5] 이에 따라 카르텔 금지에 기인하는 무효라는 법적 효력은 그 자체로 정당화된다.

카르텔 금지의 법적 효력은 무효이다. 즉 다시 말해 경쟁제한적 합의는 최종적으로 무효이다.[6] 경쟁제한방지법 제7차 개정 시까지 존재했던 유동적 무효는 새로운 예외규정 체계에서는 더 이상 존재하지 않는다. 경쟁제한방지법 제1조의 요건에 해당하는 합의와 결의들은 이제 새로운 체계 하에서는 무효이거나 법률상 제외되거나 둘 중의 하나이다.[7] 경쟁제한방지법 제32조c에 의해 카르텔청의 개입을 조치의 내용으로 하는 카르텔청의 의결도 사법상의 판단에 대해서는 효력을 미치지 못한다.[8] 그 대신에 제32조 제1항에 의하여 사업자에게 경쟁제한적인 관념을 제거할 것을 의무로 부과하는 관청의 구속력 있는 조치가 행해진다. 이러한 카르텔청의 결정은 — 민사법원의 법관이 개별 사건에서 판결을 함에 있어서 전문 관청의 판단을 선호하여 이에 편향된 판시를 할 수 있을지는 몰

---

4) Vgl. EuGH 14.7.1972 Slg. 1972, 619, 664 f. "ICI"; EuGH 14.7.1972 Slg. 1972, 787, 837 f. "Ciba-Geigy" = WuW/E EWG/MUV 287; EuGH 21.2.1973 Slg. 1973, 215, 242 f. "Continental Can" = WuW/E EWG/MUV 296; EuGH 27.9.1988 Slg. 1988, 5193, 5242 f. "Ahlström"; zurückhaltend Wiedemann in: Hdb. KartellR § 5 Rdnrn. 6, 9 ff., insb. 11.
5) Rehbinder, Extraterritoriale Wirkungen des deutschen Kartellrechts, S. 278 f., 280 f.; Schwartz, Deutsches Internationales Kartellrecht, S. 182, 210 ff.
6) Bunte in: Langen/Bunte Rdnr. 283; Nordemann in: Loewenheim/Meessen/Riesenkampff Rdnr. 248.
7) Vgl. BGH 13.7.2004 WuW/E DE-R 1335, 1338 "Citroen"; ebenso BGH 28.6.2005 WuW/E DE-R 1621 "Qualitative Selektion".
8) Vgl. § 32c Satz 3 GWB; ferner Bunte in: Langen/Bunte Rdnr. 284; Nordemann in: Loewenheim/Meessen/Riesenkampff Rdnr. 257.

라도 ─ 민사법적으로 구속력 있는 영향력을 행사하지는 못한다.[9] 무효는 모든 자들에게 효력을 미친다. 카르텔 참여자에 대해 합의 이행을 구하는 민사법상의 청구권을 행사하는 경우, 이러한 청구권 행사는 권리방해적 항변으로 다루어진다.[10] 또한 법 제1조를 위반한 당사자들은 법 제81조의 질서를 위반한 것으로 다루어진다.

제1조에 의해 무효라는 일방 당사자의 주장에 대하여, 이는 악의라는 반증이 제기될 수 없다.[11] 여기서는 경쟁의 자유 재확보라는 공익이, 카르텔 금지에 직접적으로 해당하는 계약구성요건들에 대한 계약당사자들 간의 신의성실의 원칙의 적용과 대립상태에 놓이게 된다(민법 제139조 참조). 무효는 카르텔 금지조항의 위반과는 무관하게, 또한 다른 사유들로부터도 도출될 수 있다. 형식상 하자로 인한 무효는 카르텔 계약에 있어서 특별한 서면형식을 요구하는 규정이(6차 개정까지 제34조) 삭제된 후에도, 여전히 일반적 규정들(민법 제125조의 경우들)에 의해 발생할 수 있다.

카르텔 합의의 이행 수단이 아닌 급부계약이라는 점에서, 카르텔과 무관한 제3자와 체결한 후속계약은 유효하다.[12] 법적 안정성에 따라, 카르텔 당사자들 간의 계약의 유효성이나 카르텔 합의에 대해 당사자들 간에 제기되는 청구권 행사에 의해 제3자가 불확실한 상태에 놓여서는 안된다.[13] 이에 따라 가령 입찰계약에서 반환해야 할 초과이익부분까지도 유효하다.[14] 이와 별도로 카르텔로 인한 피해자

---

9) Nordemann in: Loewenheim/Meessen/Riesenkampff Rdnr. 257.

10) Vgl. BGH 21.4.1983 WuW/E BGH 2003 "Vertragsstrafenrückzahlung"; Kling/Thomas § 17 Rndr. 213.

11) BGH 31.5.1972 WuW/E BGH 1226, 1231 f. "Eiskonfekt"; BGH 17.5.1973 WuW/E BGH 1313, 1316 f. "Stromversorgungsgenossenschaft" jeweils zu Art 85 EGV a. F.; ebenso BGH 21.2.1989 WuW/E BGH 2565, 2567 "Schaumstoffplatten". Vgl. zum EU-Recht EuGH 20.9.2001 Slg. 2001, I-6297, Rdnrn. 22, 24 "Courage/Créhan"; K. Schmidt in: Band 1 EU/Teil 1, Art. 101 Abs. 2 AEUV Rdnr. 19; zuletzt auch OLG Frankfurt a. M 11.12.2007, 11 U 44/07 (Kart) (unveröffentlicht).

12) BGH 4.5.1956 WuW/E BGH 152 f. "Spediteurbedingungen"; OLG Stuttgart 20.2.1970 WuW/E OLG 1083, 1089 f. "Fahrschulverkauf"; OLG Düsseldorf 30.7.1987 WuW/E OLG 4182, 4184 "Delkredere-Übernahme"; zu weit jedoch OLG Frankfurt 4.4.1963 WuW/E OLG 629 f. "Öfen"; a. A. BGH 23.9.1955 BGHSt 8, 221, 225 f.; auch Mohr, ZWeR 2011, 383, 384; siehe auch Paul, Gesetzesverstoß und Vertrag im Wettbewerbs- und Regulierungsrecht, 2009, S. 126 ff., 128; zum europäischen Recht wie hier K. Schmidt in Band 1 EU/Teil 1, Art. 101 Abs. 2 AEUV Rdnr. 36.

13) OLG Düsseldorf 30.7.1987 WuW/E OLG 4182, 4184 "Delkredere-Übernahme"; Möschel Rdnr. 225; vertiefend und letztlich zustimmend auch K. Schmidt in: FS Möschel, S. 559, 575.

의 손해배상청구에 대해서는 경쟁제한방지법 제33조에서 규정하고 있다. 입찰담합자들 간의 합의의 무효가 그들이 속해 있는 사업자단체의 협정과 관련이 있는 것은 아니다.[15] 결국 카르텔 참가자들 간의 순수한 교환계약(Austauschvertrag)은 그것이 설령 카르텔 금지조항을 위반하는 내용을 가진 카르텔 계약에 근거했다고 하더라도, 유효로 간주되는 것이다. 이것은 이미 실행된 경쟁제한을 더 확장하는 것은 아니기 때문이다.[16] 경쟁법상 중립적인 계약(neutrale Vertrag)은 유효로 간주되는 것이다. 이러한 계약관계를 처음으로 되돌리는 경우 카르텔 실무상의 어려움을 회피하기 위한 것도 있다. 이러한 카르텔이 이행됨으로 인해 발생하는 카르텔 참가자들의 초과 이익은 과징금이나 부당이득환수와 같은 수단들을 통해 해결해야 할 것이다.

2. 결 의

사업자 간의 결합을 위해 선택된 법적 형식이 독일법상 자본회사(Kapital-gesellschaft)라면, 주식회사에 대해서는 구 주식회사법 제241조 제3호가 적용되고[17] 유한회사에 대해서는 이것이 유추 적용되어[18] (금지위반적 결의의 취소 가능성뿐만 아니라) 그 법적 효력은 무효가 된다.[19] 이러한 경우들에서는 법외관의 원칙(Rechtsscheingrundsätze) 또는 주식회사법 제246조 제1항의 배제기간 등은 카르텔금지의 공공질서적 특성 때문에 고려될 수 없다. 무효는 주식회사법 제249조 제1항에 따른 무효확인소송의 방식으로 해당 조항에서 언급한 자들이 주장할 수 있고, 또는 민사소송법 제256조에 따른 일반적인 확인소송의 방식으로

---

14) OLG Celle 15.2.1963 WuW/E OLG 559, 560 f. "Brückenbauwerk"; vgl. auch den Tatbestand von BGH 22.7.1999 WuW/E DE-R 349 f. "Beschränkte Ausschreibung".
15) OLG Stuttgart 26.11.1982 WuW/E OLG 2803, 2805 "Neubau Bürgerzentrum".
16) Zu § 18 GWB a. F. OLG Düsseldorf 30.4.1987 WuW/E OLG 3993, 3994 "Eismann-Partner"; a. A. LG Hannover 28.9.1995 WuW/E LG/AG 721, 734 "Leitungsnetzwert"; bezüglich Kollegenlieferungen bei verbotenen Spezialisierungskartellen Schwarz, Kartellvertrag und sonstige wettbewerbsbeschränkende Verträge, S. 159.
17) Zum Konzept der Nichtigkeit kartellverbotwidriger Beschlüsse K. Schmidt in: FS Robert Fischer, S. 693, 700 ff.; vgl. a. K. Schmidt AG 1996, 385, 388 u. in: Band 1 EU/Teil 1, Art. 101 Abs. 2 AEUV Rdnrn. 20, 42.
18) Zur Analogie BGH 16.12.1953 BGHZ 11, 231, 235; BGH 28.5.1979 NJW 1979, 2567, 2569; vgl. für eine Verbandszeichensatzung BGH 12.3.1991 WuW/E BGH 2697, 2705 "Golden Toast".
19) Eingehend K. Schmidt in: FS Robert Fischer, S. 693, 700 f.

카르텔 참가자가 아닌 자들이 주장할 수도 있다.[20] 이행소송의 경우 무효는 항변의 기초가 될 수 있다.[21] 경쟁제한방지법 제1조에 따른 카르텔법 위반적인 결의들에 대한 법적 효력은 조합법(Vereinsrecht)이나 인적회사법에 대해서도 동일하다.[22] 기재된 결의들에 대해서는 '가사사건 및 임의적 재판관할절차법(FamFG)' 제398조에 따라 직권말소가 가능하다.

3. 동조행위

사실상 효과가 있는 동조행위의 경우, 채권법상 합의나 결의들에 대해 무효라는 법적 효력을 끌어낼만한 적절한 관련 사례가 없다. 경쟁제한방지법 제32조 이하와 제81조에 의한 법적 효력들은 그대로 존재한다.

Ⅲ. 일부 무효 및 효력유보부 축소

6차 개정 전까지는 경쟁제한방지법 제1조 제1항 제1문에 의해 카르텔 계약들은, 그 계약들이 경쟁을 제한하는 한 무효였다. 이로 인해 개정 전의 제1조의 요건들이 충족되는 경우에 한해서만 카르텔 계약들이 무효라는 법적 효력이 발생한다는 결론이 도출되었다.[23] 개정 후의 제1조의 법문을 AEUV 제101조 제1항에 일치시키면서 법적 상황의 변화가 발생하지는 않았다. 카르텔 계약의 체결금지에서, 입법자는 카르텔법상 중립적인 계약의 구성부분까지도 함께 금지하고자 했다고 볼 수는 없으며, 그러한 중립적인 계약의 구성부분들을 경쟁제한방지

---

20) Vgl. dazu K. Schmidt in: Band 1 EU/Teil 1, Art. 101 Abs. 2 AEUV Rdnrn. 20, 42; s. a. Hüffer/Koch, AktG, § 249 Rdnr. 12.

21) Vgl. Hüffer/Koch, AktG, § 241 Rdnr. 32; vgl. auch § 249 Abs. 1 S. 2 AktG.

22) Vgl. BGH 9.11.1972 BGHZ 59, 369, 374; vgl. zudem Koller/Roth/Morck-Koller, HGB, § 119 Rdnr. 14; Baumbach/Hopt, HGB § 119 Rdnr. 31; Stuhlfelner in: Heidelberger Komm. HGB, § 119 Rdnr. 11; Enzinger in: MünchKomm HGB, § 119 Rdnrn. 94 ff.; Stockmann in: Hdb. KartellR § 7 Rdnr. 76; vgl. zum Verein KG Berlin 8.11.1995 WuW/E OLG 5565 ff. "Fernsehübertragungsrechte"; zweifelnd jedoch K. Schmidt in: Band 1 EU/Teil 1, Art. 101 Abs. 2 AEUV Rdnr. 42 (mit Hinweis auf K. Schmidt, Gesellschaftsrecht, § 21 V 2, § 24 III 3).

23) Vgl. Begr. 1952 S. 31; BGH 26.10.1959 WuW/E BGH 359, 364 "Gasglühkörper" = BGHZ 31, 105; s. a. BGH 19.6.1975 WuW/E BGH 1367, 1373 "ZVN" = BGHZ 65, 30; OLG Stuttgart 20.2.1970 WuW/E OLG 1083, 1088 "Fahrschulverkauf"; Steindorff in: FS Hefermehl, S. 177 ff.; Helm GRUR 1976, 496; Emmerich ZHR 139 (1975), 501, 515.

법 제1조로 금지한다고 해서 경쟁의 자유가 보호되는 것도 아니다.[24] 또한 AEUV 제101조 제2항에 따라 무효로 해석하는 경우에도, 구성요건에 해당하는 합의 중에서 법문에 반하는 부분들만 금지되고 무효가 되는 것으로 받아들여지고 있다.[25] 이는 이 부분들이 다른 계약구성부분들과 분리 가능한 경우에 한해 그러하다.

어떠한 원칙들에 따라 일부무효가 계약의 전체 무효라는 결과를 가져올 수 있는지, 그리고 경우에 따라서는 언제 잔존계약이 존속되어야만 하는지에 대해서는, 독일법에서는 민법 제139조에 따른다.[26] 이에 따르면 법률행위 일부의 무효는 그 무효로 된 부분 없이는 법률행위가 실행되는 것을 감수할 수 없는 경우에 한하여 전부 무효로 된다. 이러한 원칙을 해석함에 있어서, 경쟁제한적 조항이 그 밖의 잔존 부분의 주된 목적에 영향을 미치지 않고서는 계약으로부터 배제될 수 없고, 그로 인해 계약조항들이 법률적·경제적으로 밀접한 연관성이 있어 분리가 불가능한 경우에는, 통상적으로 전부 무효로 한다.[27] 이른바 보충 조항(salvatorischer Klauseln)과 관련해서는 의문의 여지가 있다. 보충조항이란 대부분의 경우 개별 계약조항들이 무효인 때에 유효하게 되는 조항을 의미한다. 종종 무효인 계약조항을 이와 같은 부차적으로 유효한 조항을 통해 보충하고자 당사자들이 서로 의무지운 대체 조항으로 나타난다. 개별 계약조항들의 카르텔법상 무효와 관련하여, 연방대법원은 예전에는 그러한 조항은 계약이 일부 무효가 되더라도 그 외의 계약 부분을 유지하겠다는 당사자의 현재의 의사를 나타내는 것으로 보았다.[28] 그러나 나중에 연방대법원은 입장을 변경해서, 보충 조항

---

24) Vgl. Wendel WRP 2002, 1395, 1399; Emde WRP 2005, 1492 ff.

25) EuGH 30.6.1966 Slg. 1966, 281, 304 "Maschinenbau Ulm" = WuW/E EWG/MUV 117; EuGH 13.7.1966 Slg. 1966, 321, 339 ff. "Grundig-Consten" = WuW/E EWG/MUV 125; EuGH 14.12.1983 Slg. 1983, 4173, 4183 f. "Zementimport" = WuW/E EWG/MUV 629; BGH 21.2.1989 WuW/E BGH 2565, 2569 "Schaumstoffplatten"; BGH 8.2.1994 WuW/E BGH 2909, 2913 "Pronuptia II"; K. Schmidt in: Band 1 EU/Teil 1, Art. 101 Abs. 2 AEUV Rdnr. 21.

26) Auf der Grundlage von § 1 GWB a. F. BGH 24.6.1980 WuW/E BGH 1732, 1735 "Fertigbeton II".

27) BGH 26.10.1959 WuW/E BGH 359, 364 "Gasglühkörper" = BGHZ 31, 105; vgl. weiterhin BGH 7.7.1992 WuW/E BGH 2777, 2781 f. "Freistellungsende bei Wegenutzungsrecht" = BGHZ 119, 101; OLG Karlsruhe 28.6.1995 WuW/E OLG 5478, 5484 "Bedside-Testkarten"; vgl. a. OLG Stuttgart 20.2.1970 WuW/E OLG 1083, 1089 f. "Fahrschulverkauf"; Steindorff in: FS Hefermehl, S. 177, 182 f.; Helm GRUR 1976, 496, 497 f.; zur rechtlichen Trennbarkeit s. OLG Stuttgart 26.11.1982 WuW/E OLG 2803, 2804 f. "Neubau Bürgerzentrum".

28) Anders in der Tendenz noch BGH 15.3.1973 WuW/E BGH 1259 "Bremsrolle" = BGHZ 60, 312; BGH 30.5.1978 WuW/E BGH 1525, 1526 "Fertighäuser"; BGH 8.2.1994 WuW/E BGH

의 합리적인 이용은 다만 입증 관련한 관점에서만 의미가 있다고 판시했다. 즉, 무효인 것을 알았을 경우 전부 무효를 이끌어내려 하지 않았을 것이라는 설명책임과 입증책임이 당사자들에게 있다.29) 그러나 보충 조항을 적용하려 했었다는 구체적인 합의들이 있었다는 것이 재판에서 반드시 받아들여져야 하는 것은 아니다.30) 통상적으로 보충적인 계약해석의 원칙으로부터 당사자들의 보충 책임이 있다는 정도만 증명하면 된다.31)

경쟁제한방지법 제1조에 관한 판례에 의하면, 신의성실에 따라 계약당사자에게 악의가 있었다는 항변을 받아들이지 않고, 민법 제139조에 따라 전부 무효라는 효력을 이끌어낼 수 있다.32) 이는 계약의 유효인 부분과 무효인 부분이 직접적이고 인과적으로 서로 연관되어 있지 않은 경우에, 허용되지 않는 권리실현이라는 의미에서 특히 그러하다.33) 카르텔 위반적인 계약조항에 대해 독자적인 이익을 가지고 있는 계약의 일방당사자는 민법 제139조를 적용하여 계약을 전부 무효로 하는 대신에 잔존 계약 부분을 유지할 수 있다.34) 이에 반하여 무효인 조항이 배제됨으로써 이익을 갖는 당사자는 전부 무효를 주장할 수 없다.35)

그러나 이 판례는 경쟁제한방지법 제1조를 통해 도출되는 무효가 공익적 관점에서 요청되는 것이며, 이에 상응하여 개별적 권리관계 내에서의 민법전 제242조의 신의원칙이 적용될 여지가 없다는 비판에 부딪쳤었다.36) 또한 공공질서

2909, 2913 f. "Pronuptia II"; LG Mannheim 16.4.1999 WuW/E DE-R 298, 302. Zu den Grenzen der Anwendung salvatorischer Klauseln bzw. § 140 BGB vgl. OLG Stuttgart 29.10.1982 WuW/E OLG 2799, 2803 "Pulverbeschichtungsanalage".

29) BGH 24.9.2002 WuW/E DE-R 1031, 1032 "Tennishallenpacht"; hierzu Strohe NJW 2003, 1780; Bunte GRUR 2004, 301; dem folgend OLG Düsseldorf 19.1.2011 VI-U (Kart) 10/10 (unveröffentlicht).

30) Vorsichtige Einschätzung auch bei K. Schmidt in: Band 1 EU/Teil 1, Art. 101 Abs. 2 AEUV Rdnr. 30.

31) BGH 22.3.1994 WuW/E BGH 2914, 2917 "Nachvertragliche Konzessionsabgabe"; OLG München 24.11.1994 WuW/E OLG 5385, 5390 "Treuepflicht kontra GWB"; Helm GRUR 1976, 496, 498 f.

32) BGH 29.10.1970 WuW/E BGH 1168, 1171 f. "Blitzgeräte"; vgl. auch BGH 31.5.1972 WuW/E BGH 1226, 1231 f. "Eiskonfekt"; zu weit jedoch OLG Frankfurt 6.6.1974 WuW/E OLG 1483, 1485 "Stromversorgungsbausteine" = NJW 1974, 2239 m. Anm. Ulmer.

33) BGH 10.7.1969 WuW/E BGH 1039 "Auto-Lok"; Helm GRUR 1976, 496, 500 f.

34) BGH 10.7.1969 WuW/E BGH 1039, 1041 "Auto-Lok".

35) BGH 21.2.1989 WuW/E BGH 2565, 2567 "Schaumstoffplatten"; a. A. OLG Frankfurt WuW/E OLG 1483, 1485 "Stromversorgungsbausteine" = NJW 1974, 2239 mit ablehnender Anm. Ulmer; vgl. auch Bunte in: Langen/Bunte § 1 Rdnr. 277.

36) Emmerich ZHR 139 (1975), 476, 513; vgl. auch Pfeiffer in: FS Benisch, S. 313, 319 f.

를 침해한 카르텔법 위반은 민법 제139조의 범위 내에 있는 상이한 당사자 의
사를 고려하지 말아야 한다는 주장도 제기되었다.[37] 이러한 반대 주장은 이제
더 이상 민법전 제139조를 적용함에 있어서 고려되지 않는데, 왜냐하면 어떠한
계약구성부분들이 직접적으로 카르텔금지로 인한 무효에 포함되는지 여부의 문
제에 있어 이미 공익에 대한 고려가 되었기 때문이다.[38]

효력유보부 축소(geltungserhaltende Reduktion)의 가능성은 일부 무효의 문제
와는 구별된다. 여기서는 계약 중에 카르텔법 위반조항이 계약의 다른 부분들에
영향을 미쳤는지 여부가 중요하지 않고, 오히려 카르텔법 위반인 계약조항이 양
적인 또는 질적인 관점에서 '축소'될 수 있는지 여부가 관건이다. 보통거래약관
에서는 이와 같은 축소가 일어나지 않는다. 무효인 약관조항은 법률 규정으로
대체된다(민법 제306조 제2항). 약관법상의 무효법리의 영향을 받은 이러한 민법
의 가치가 카르텔법에 반드시 고려되어야 하는 것은 아니다.[39] 물론 민법상의
관념을 카르텔법적 행위에 대해서도 고려해야 한다고 말할 수 있다. 금지되는
계약조항을 최대 허용 정도까지로 감축하여, 이 금지되는 규정을 이용하려해서
는 안된다.[40] 따라서 계약체결 시 카르텔법적으로 유효성 문제가 아직 나타나지
않고 있는 경우에는, 어쨌든 효력유보부 축소가 고려될 여지가 있다.[41] 연방대
법원은 이러한 근거에 따라 전기공급계약에 관하여 카르텔법적 판단을 하면서
이를 "가능한 한 조심스럽게 적용"할 것을 주문했다.[42] 후발적인 카르텔법 위반
에 대해 이러한 특별한 관점이 적용되지 않는 한, 판례는 상이한 판결을 할 것
이 당연하며, 목적론적으로 축소 가능한 양적(quantitativ) 위반과 축소할 수 없
는 질적(qualitativ) 위반을 구별한다.[43] 연방대법원은 금지기간에 있어서 경쟁금

---

37) Steindorff in: FS Hefermehl, S. 177, 186 f.
38) Vgl. Ulmer in: FS Steindorff, S. 799, 809 f., 816; ders. Anm. zu OLG Frankfurt NJW 1974, 2239, 2240.
39) Wie hier K. Schmidt in: Band 1 EU/Teil 1, Art. 101 Abs. 2 AEUV Rdnr. 29.
40) Vgl. dazu auch Bunte in: Langen/Bunte Rdnr. 297 sowie Waltz, Das Kartellrecht des Automobilvertriebs, S. 377.
41) Vgl. dazu z. B. für die Behandlung vertikaler Wettbewerbsverbote im Anschluss an die 7. GWB-Novelle Kirchhain WuW 2008, 167, 176 ff.
42) BGH 10.2.2004 WuW/E DE-R 1305, 1306 "Restkaufpreis".
43) Vgl. zu § 138 BGB und einem Wettbewerbsverbot in einem Subunternehmervertrag BGH 10.12.2008 WuW/E DE-R 2554 Rdnr. 25 "Subunternehmervertrag II"; im Anschluss daran OLG München 11.11.2010 WuW/E DE-R 3126 "Gesellschaftsvertragliches Wettbewerbs-verbot"; für die generelle Möglichkeit einer teleologischen Reduktion auch bei gegen-ständlicher Überschreitung Thomas WuW 2010, 177, 183; für eine einzelfallabhängige Zuläs-

지합의를 허용했다.[44] 여기서는 카르텔법 위반이 단지 장기간에 걸쳤을 뿐이지 그 밖에 합의의 내용으로 인한 것은 아니기 때문이다.[45] 지리적인 관점에서도 양적인 위반이 아닌 질적인 위반이 문제되는 한, 법위반인 경쟁제한적 합의가 효력유보부 축소가 될 수 있다.[46]

IV. 회사 정관의 법적 효력

회사 정관 또는 법인 정관에 경쟁제한적 규정이 자주 포함된다. 이러한 경우 그 규정의 무효 여부가 고려되어야 할 것이다. 카르텔법 실무에서는 정관의 개별 규정 안에 포함된 경쟁제한적 조항들이 정관의 실행을 위해 필요하지 않은 경우에 한해, 무효로 인정된다.[47]

---

sigkeit Topel in: Wiedemann, Hdb. KartellR, § 50 Rdnr. 29.

44) BGH 29.5.1984 WuW/E BGH 2090, 2095 "Stadler-Kessel"; vgl. ferner BGH 3.11.1981 WuW/E BGH 1998, 1900 "Holzpaneele" sowie BGH 14.1.1997 WuW/E BGH 3115, 3120 "Druckgussteile"; OLG Düsseldorf 30.6.1998 WuW/E DE-R 187, 193 f. "Überlange Sozietätsbindung"; bestätigend für § 138 BGB mit dem Hinweis auf entsprechende Geltung der Beurteilungskriterien für § 1 GWB BGH 10.12.2008 WuW/E DE-R 2554 Rdnr. 24 "Subunternehmervertrag II"; zustimmend OLG München 11.11.2010 NZG 2011, 65, 66 sowie OLG Naumburg 20.12.2012 WuW/E DE-R 3918, 3921 "Kooperationsvertrag"; anders bzgl. des Gleichlaufes von § 1 GWB und § 138 Abs. 1 BGB noch BGH 19.10.1993 NJW 1994, 384, 386 "Ausscheidender Gesellschafter": "[I]m Hinblick auf die unterschiedlichen Schutzzwecke beider Vorschriften [kann] die Bewertung nicht nach völlig gleichen Maßstäben erfolgen […].".

45) Dazu Bunte in: Langen/Bunte Rdnr. 297 f.

46) In diesem Sinne offenbar auch BGH 6.5.1997 WuW/E BGH 3137, 3138 "Solelieferung"; anders für § 138 BGB der II. Zivilsenat des BGH, der bei Überschreitung des erforderlichen Maßes in gegenständlicher und räumlicher Hinsicht Nichtigkeit der Klausel im Ganzen annimmt: BGH 18.7.2005 WM 2005, 1752; in diesem Sinne auch OLG Naumburg 20.12.2012 WuW/E DE-R 3918, 3921 "Kooperationsvertrag". Wie hier demgegenüber Nordemann in: Loewenheim/Meessen/Riesenkampff

47) BGH 17.5.1973 WuW/E BGH 1313 "Stromversorgungsgenossenschaft" zu einer genossenschaftlichen Ausschließlichkeitsbindung; BGH 19.10.1982 WuW/E BGH 1977, 1979 "Privatmolkerei" zu einer Andienungspflicht in einer Genossenschaftssatzung. Zu genossenschaftlichen Wettbewerbsverboten BGH 15.4.1986 WuW/E BGH 2271, 2274 "Taxigenossenschaft"; BGH 16.12.1986 WuW/E BGH 2341, 2342 f. "Taxizentrale Essen"; BGH 10.11.1992 WuW/E 2828, 2830 ff. "Taxigenossenschaft II"; OLG Frankfurt 28.9.1989 WuW/E OLG 4456 "Gießener Funktaxendienst"; zuletzt OLG Frankfurt am Main 17.3.2009 WuW/E DE-R 2603 "Musikalienhandel"; für eine zulässige Regelung vgl. BGH 23.6.2009 WuW/E DE-R 2742 "Gratiszeitung Hallo" im Anschluss an OLG Düsseldorf 15.8.2007 WuW/E DE-R 2166 "AnzeigenblattGU"; zur Legalisierbarkeit eines derartigen Wettbewerbsverbots nach § 5b GWB a. F. OLG Frankfurt 20.9.1982 WuW/E 2771, 2772 ff.

무효로 된 법인의 정관규정들의 효력이 전체 정관으로까지 미치는 경우에는
단체법(Verbandsrecht)의 일반적 원칙들에 따른다. 이에 따르면 원칙적으로 회사
의 존속 여부는 무효화 된 정관 규정의 배제에 의해 아무런 영향을 받지 않는
데, 왜냐하면 민법 제139조를 그러한 유형의 정관규정들에 대해 적용할 수 없기
때문이다.[48] 나아가 이와 관련해서는 주식회사법에 규정된 신뢰보호와 존속보호
의 원칙이 카르텔 금지의 취지와 목적에 모순되지 않는다는 견해가 인정되고 있
다.[49] ― 가령 경쟁제한방지법 제1조를 위반한 회사의 합의와 같은― 중대한 정
관상의 하자는 그 자체로 소급적 무효의 효력을 이끌어내는 것이 아니라, 유한
회사법 제75조 이하의 규정들, 주식회사법 제275조 이하의 규정들, 협동조합법
제94조 이하의 규정들에 따라 무효 확인을 목적으로 하는 사원이나 조합원의
형성의 소에 기초하여,[50] 또는 가사사건 및 임의적 재판관할절차법 제397조에
따른 직권말소절차에 기초하여 해산 가능할 뿐이다.[51] 또한 유한회사법 제62조
이하의 규정들과 협동조합법 제81조의 규정들 및 경우에 따라서는 주식회사법
제396조 이하의 규정들에 따른 직권 해산이 법률 위반 내지는 사회상규 위반이
될 수 있다. 해산이 가능하다는 것과 무효가 아니라는 것은 결과적으로 볼 때
회사가 경쟁제한방지법 제1조를 위반했음에도 불구하고 그 청산 전까지는 법인
으로서 존재한다는 것을 의미한다. 그래서 가령 카르텔법을 위반한 협동조합의
경우 협동조합원들의 회비납부의무는 그대로 존재한다.[52] 또한 경쟁제한방지법
제1조에 반하는 지분 양도의 경우 청산은 그 시점부터 효력을 갖는다.[53] 이와
반대로 유한회사법 제16조의 법외관의 효력은 경쟁제한방지법 제1조의 위반의

"Taxi-Funkzentrale Kassel". Zu einer Gebietsschutzregelung eines Warenzeichenverbandes
BGH 12.3.1991 WuW/E BGH 2697, 2699 ff. "Golden Toast"; Vorinstanz KG 13.12.1989
WuW/E OLG 4459, 4460 ff. Vgl. a. BGH 3.5.1988 WuW/E BGH 2505, 2507 f.
"neuform-Artikel" = BGHZ 104, 246 ff. (siehe demgegenüber zu vertragsimmanenten
Wettbewerbsbeschränkungen oben Rdnrn. 148 ff.).

48) OLG Stuttgart 23.4.1982 WuW/E OLG 2790, 2794 "Ziegelvertrieb".

49) Insbesondere Benner, Kartellrechtliche Unwirksamkeit bei verfassten Verbänden, S. 79 ff.;
Schwintowski NJW 1988, 937, 939 f.; a. A. Paschke ZHR 155 (1991), 1, 18 ff., der eine
relative Anerkennung im Außenverhältnis nur zugunsten etwaiger Gesellschaftsgläubiger
annimmt.

50) Zur Nichtigkeitsklage nach § 75 GmbHG OLG Stuttgart 23.4.1982 WuW/E OLG 2790, 2794
"Ziegelvertrieb".

51) Vgl. dazu Benner, Kartellrechtliche Unwirksamkeit bei verfassten Verbänden, S. 96 ff.;
Schwintowski NJW 1988, 937, 940; dazu auch K. Schmidt BB 2014, 515, 516.

52) OLG Frankfurt 28.9.1989 WuW/E OLG 4456 "Gießener Funktaxendienst".

53) Siehe dazu Immenga in: FS Benisch, S. 327, 335.

경우에 있어서 영향력을 미치지 않는다.[54]

　문제가 되는 것은 전부 무효인 인적회사 정관에 대한 취급이다. 여기서는 법률상의 존속보호규정들이 존재하지 않기 때문에, 주식회사법과 비교가 가능한 하자있는 회사의 경쟁제한방지법 원칙들로 규율되어야 한다. 그러나 그러한 적용은 지금까지의 지배적인 견해에 따르면 이는 부정되어 왔다.[55] 특히 일반예방적 사유들에 기인하여, 회사에 대해 법적 승인을 거절하고, 이를 통해 법 제1조의 금지를 무시한 계약체결자들에게 이익을 제공하지 말아야 한다는 것이다. 다른 관점에 따르면 외부적 관계에서의 조직법상 존속부분들만이 법률적 승인을 받을 수 있고, 반면 내부적 관계는 법률적 승인을 받을 수 없다고 한다.[56]

　그러나 하자있는 회사의 원칙들을 카르텔법을 위반한 인적 회사들에게도 제한 없이 적용되어야 한다.[57] 인적회사법의 규율들에 따라 규정된 파산 절차를 통해 특히 채권자의 이익이 보장된다. 카르텔금지의 취지와 목적은 회사 정관의 무효를 소급적으로 요구하는 것이 아니다. 오히려 이미 체결된 계약에 경쟁제한방지법 제81조 제1항 제1호의 규정에 따른 과징금 요건 및 제32조에 따른 금지

---

54) OLG Frankfurt 2.4.1992 WuW/E OLG 5035 "Scheingesellschafter und Kartellverbot".

55) So zuletzt OLG Düsseldorf 20.6.2007 WuW/E DE-R 2146, 2152 "Nord-KS/Xella"; bestätigt durch BGH 4.3.2008 WuW/E DE-R 2361 Rdnrn. 11, 16 "Nord-KS/Xella"; zu einer stillen Gesellschaft BGH 13.11.1990 WuW/E BGH 2675, 2678 "Nassauische Landeszeitung"; OLG Hamm 13.3.1986 WuW/E OLG 3748, 3749 "Fehlen der Parteifähigkeit" mit ablehnender Anmerkung K. Schmidt WuW/E OLG 3750 ff.; OLG Hamm 7.7.1987 WuW/E OLG 4033, 4036 f. "Gemeinsamer Zeitungsverlag"; OLG Frankfurt 1.12.1988 WuW/E OLG 4323, 4324 "Nassauische Landeszeitung"; OLG Düsseldorf 17.11.1998 WuW/E DE-R 344, 348 "Rhein-Sieg-Verkehrsverbund"; Theurer, BB 2013, 137 ff.; Topel in Wiedemann, Hdb. KartellR, § 50 Rdnr. 45; Bunte in: Langen/Bunte Rdnrn. 304, 306, der allerdings dennoch eine Abwicklung und Liquidation der kartellrechtswidrig gegründeten Gesellschaft nach gesellschaftsrechtlichen Vorschriften annimmt.

56) Dazu Immenga in der 2. Aufl. § 1 GWB Rdnr. 401.

57) OLG Stuttgart 20.2.1970 WuW/E OLG 1083, 1090 "Fahrschulverkauf"; Benner, Kartellrechtliche Unwirksamkeit bei verfassten Verbänden, S. 105 ff.; Lohse in: FS Säcker, S. 827, 840, 843; Palzer ZGR 2012, 631, 658; K. Schmidt AcP 186 (1986), 421, 448 ff.; ders. WuW 1988, 5, 8 ff.; ders. in: FS Säcker, S. 949, 959, 965 unter Vergleich mit den kapitalgesellschaftlichen Regeln als lediglich spezialgesetzlicher Ausdruck des Rechts der fehlerhaften Gesellschaft; ders. BB 2014, 515; seine Ansicht verteidigend: ders. ZIP 2014, 863.; Schwintowski NJW 1988, 937, 941 f.; Wertenbruch, Die Rechtsfolgen der Doppelkontrolle von Gemeinschaftsunternehmen nach dem GWB, S. 55 ff.; i. E. auch W.-H. Roth in: FS Hopt, Bd. II S. 2881, 2900, der bei einem Verstoß gegen Art. 101 Abs. 1 AEUV eine europarechtliche Anerkennung der Gesellschaft herleitet und diese aufgrund der Angleichung des nationalen Kartellverbots an das europarechtliche auch bei einem alleinigen Verstoß gegen § 1 GWB fordert.

청구 가능성과 아울러 제33조에 따른 제3자에 대해 발생 가능한 손해배상의 의무 가능성을 통해 예방효과가 나타난다. 계약의 무효 그 자체는 당사자들로 하여금 무효의 합의를 실제적으로 준수하는 것을 통해 경쟁제한을 유발하는 것을 막지 못한다. 또한 회사의 법률상 무효는 사원들로부터 금지위반적 카르텔합의의 실행으로 발생하는 경제적인 성과를 빼앗는 것에 효과적이지도 않을뿐더러 필요하지도 않은데, 왜냐하면 이러한 경우의 경제적인 성과가 과징금 상한액(제81조 제5항 참고)이나 제1조에 따라 금지된 행위를 위반하는 경우에 예정된 초과이익 환수액(제34조 참조)을 넘어설 수도 있기 때문이다.

순수한 내부적 회사(reinen Innengesellschaft)들의 경우에는 하자있는 회사의 원칙들을 적용하는 것이 제한되는데, 왜냐하면 여기에서는 채권자보호 및 신뢰보호의 원칙들과 존속보호의 원칙이 고려되지 않아도 되기 때문이다.[58]

V. 손해배상의무

손해배상의무는 카르텔 금지의 간접적인 법적 효력으로서 발생한다. 여기에는 카르텔 합의의 당사자들 내지는 결의자들 간의 카르텔 내부적인 배상의무들과 제3자에 대한 카르텔 외부적 의무들 간의 구분이 이루어져야 한다. 손해배상에 대해서는 경쟁제한방지법 제33조에서 구체적으로 다루고 있다.

VI. 금지절차 및 초과이익환수

카르텔청은 제32조에 근거하여 경쟁제한방지법의 규정들과 AEUV 제102조 또는 제102조에 따라 금지되는 사업자들의 행위들에 대해 시정조치를 할 권한이 있다.[59] 이를 통해 비로소 카르텔 계약의 이행을 금지하는 것이 아니라, 이

58) Vgl. BGH 25.3.1974 BGHZ 62, 234, 240 f.; BGH 24.9.1979 BGHZ 75, 214, 217 f.; BGH 13.11.1990 WuW/E BGH 2675, 2678 "Nassauische Landeszeitung"; OLG Düsseldorf 17.11.1998 WuW/E DE-R 344, 348 "Rhein-Sieg-Verkehrsbund"; Wertenbruch, Die Rechtsfolgen der Doppelkontrolle von Gemeinschaftsunternehmen nach dem GWB, S. 56 ff.; a. A. OLG Stuttgart 20.2.1970 WuW/E OLG 1083, 1090 "Fahrschulverkauf".
59) Vgl. zur Möglichkeit der Umdeutung einer fälschlich auf § 103 GWB a. F. gestützten

미 법 제1조에 해당하는 계약의 체결을 금지(이에 대해서는 법 제32조에 대한 상세한 논의 참조)할 수 있는 가능성이 생긴다. 이제는 경쟁제한방지법 제1조를 위반한 경우에도, 법 제34조에 따라 제32조의 처분을 통해 그 행위가 거절된 경우에 한 해, 고의 또는 과실의 위반행위로 인해 취득한 추가이익이 환수될 가능성이 존재한다(이에 대해서는 제34조에 대한 논의 참조). 한편 제7차 개정으로 새로 추가된 법 제32조c에 따라 카르텔청은 일정한 사건에 대해서는 심결하지 않을 수도 있다.[60]

VII. 과징금 절차 및 형사벌

경쟁제한방지법 제1조에 따른 금지된 합의, 결의 또는 동조행위에 대해서는 제81조 제2항 제1호에서 과징금 부과를 규정하고 있다. 고의뿐만 아니라 과실에 의한 위반행위들도 이에 포함된다.

입찰담합은 그 형사법적 중요성으로 인해 특히 형법 제263조 및 제298조의 적용을 받는다. 입찰담합에 있어 담합 참가자들이 자신의 제안에 있어 가격형성의 적법성에 대해 입찰자를 속이고 입찰자에게 착오로 인한 처분을 통해 재산상 손해를 발생시킨 경우에는 사기죄의 구성요건이 충족된다.[61] 연방대법원은 가격담합을 통해 이루어진 응찰이 입찰자에 의해 승인되고, 이것이 만약 카르텔법을 위반한 담합이 없이 규정에 부합하는 입찰절차가 진행된 경우의 결과로 주어졌을 추정적인 경쟁가격을 상회하는 경우에 한해, 재산상 손해가 있다고 인정한다.[62] 재산상 손해의 인정에 대해서는 간접증거 ― 경쟁가격보다 더 높은 가격을

Untersagungsverfügung in eine solche nach § 32 GWB a. F. I. V. m. § 1 GWB BGH 28.9.1999 WuW/E DE-R 399 "Verbundnetz".

60) 이는 Art. 5 Abs. 3 VO 1/2003에 따라 EU회원국의 경쟁당국에 대해 일정한 경우에는 개입하지 않도록 한 것을 명문화 한 것이다.

61) Vgl. BGH 19.12.1995 WuW/E BGH 3043, 3045 "Fortgesetzte Ordnungswidrigkeit"; zu den einzelnen Betrugsvarianten KG 23.3.1992 WuW/E OLG 4983, 4986 f. „Übergang zum Strafverfahren"; Klusmann in: Wiedemann, Hdb. KartellR, § 56 Rdnr. 25.

62) BGH 8.1.1992 WuW/E BGH 2849, 2853 "Arbeitsgemeinschaft Rheinausbau I" = BGHSt 38, 186; BGH 31.8.1994 WuW/E BGH 2945, 2946 f. "Arbeitsgemeinschaft Rheinausbau II"; BGH 11.10.2004 NStZ 2005, 157, 158; vgl. auch OLG Frankfurt a. M. 7.11.2006 WuW/E DE-R 2015 Rdnr. 40 "Bieterhaftung"; Fischer § 263 StGB Rdnr. 170; anders Cramer/Perron in: Schönke/Schröder § 263 Rdnr. 137a; allenfalls Erfüllungsbetrug, da Preisvereinbarung nichtig.

목표로 하는 담합, 담합 참가자들에 대한 고지, 응찰자에 대한 특혜적 보상의 지불 및 낙찰 가능성 없는 참가자에 대한 보상 지불 등 — 에 기초하여 응찰가격이 경쟁가격보다 높은 수준이라는 것에 대한 법관의 확신만 있으면 충분하며, 이 경우 손해액은 감정을 통해 확정될 수 있다.[63] 그러나 실무상으로는 간접증거에 기초한 이러한 유형의 손해 결정 및 손해액 산정은 적용상의 어려움에 부딪히게 된다.[64]

사기죄 규정 앞에 부패 퇴치를 위한 법률(Gesetz zur Bekämpfung der Korruptionzur)[65]을 통해 새로이 제정된 형법 제298조의 규정이 있다.[66] 이에 따르면 입찰절차에서 위법한 담합에 기초한 응찰가의 제시는 가벌성이 인정된다. 이 규정은 공개 입찰, 제한 입찰, 비공개절차 및 정부조달뿐만 아니라 민간 기업들에 대해서도 경쟁을 보호한다.[67] 여기서 입찰자의 재산은 단지 간접적으로 보호되는 법익이므로, 형법 제263조와는 달리 입찰자에 대한 사기나 입찰자의 재산상 손해는 문제가 되지 않는다. 이를 통해 응찰자 측에서 단독으로 이루어진 담합뿐만 아니라, 응찰자들과 입찰측 구성원들 간의 집단적인 공모도 이에 처벌대상이 된다.[68]

경쟁제한방지법 제1조의 카르텔 금지에 해당되는 합의 및 결의들은 어쨌든 위법한 것으로 인정된다.[69] 의문스러운 점은 동조행위도 넓은 의미에서 담합(Absprache subsumierbar)의 개념에 포함될 수 있는가 하는 점이다.[70] 판례에

---

63) BGH 8.1.1992 WuW/E BGH 2849 "Arbeitsgemeinschaft Rheinausbau I"; BGH 31.8.1994 WuW/E BGH 2945, 2947 ff. "Arbeitsgemeinschaft Rheinausbau II".

64) Vgl. nur die Vorinstanz LG Frankfurt 26.7.1990 NStZ 1991, 86; Klusmann in: Wiedemann, Hdb.KartellR § 56 Rdnr. 27 ff.

65) BGBl. I 1997, S. 203.

66) Zur Verfassungsmäßigkeit des § 298 StGB siehe BVerfG 2.4.2009 NZBau 2009, 530; zur Praxisrelevanz im Überblick Wagner-von Papp WuW 2009, 1236, 1242 ff.

67) Fischer § 298 StGB Rdnrn. 4 ff.; für eine Ausweitung der Strafbarkeit zur Kriminalisierung aller horizontalen Hardcore-Kartelle Wagner-von Papp WuW 2010, 268, 281 f.

68) BT-Drs. 13/5584 S. 14; Fischer § 298 StGB Rdnrn. 17a ff. (mit Nachweisen zu anderen Ansichten); vgl. ferner Kleinmann/Berg BB 1998, 277, 280; a. A. Klusmann in: Wiedemann, Hdb. KartellR, § 56 Rdnr. 16; der BGH konnte die Frage der möglichen Täterschaft auch von Nicht-Kartellmitgliedern zunächst offenlassen, vgl. BGH 22.6.2004 WuW/E DE-R 1287, 1290 "Planungsbüro"; für die Konstellation der Beteiligung des Veranstalters an der Submissionsabsprache hat er dessen mögliche Tätereigenschaft indes nunmehr bejaht, vgl. BGH 25.7.2012 WuW/E DE-R 3691, 3693 f. Rdnrn. 5 ff. "Submissionsabsprachen"; dazu Heuking BB 2013, 1155.

69) Heine in: Schönke/Schröder § 298 StGB Rdnr. 13; vgl. auch LG Düsseldorf 8.3.2007 WuW/E DE-R 2087, 2090 "Polizeipräsidium Düsseldorf".

의하면 담합의 구성요건표지(Tatbestandsmerkmal)의 문리적 한계로 인해 발생하는 동조행위의 포함 여부에 대한 문제는 형법 제298조를 통해 해결해야 한다고 한다. 예를 들면 동조할 것을 기대하면서 이루어지는 시장에서의 장래의 행동에 대한 상호간의 정보제공의 경우가 이에 해당한다.[71)]

형법 제298조의 범죄는 담합이 정상적인 입찰절차의 경우에 고려될 수 있는 방법으로 청약되면 실행이 완성된다.[72)] 이처럼 앞으로 당겨진 범죄완성의 가벌성과 관련해서 — 입찰의 승낙을 필요로 하지 않는다 —, 형법 제298조 제3항은 행위자가 입찰의 승낙 또는 입찰자에 의한 급부의 제공을 자발적으로 저지하거나 또는 자발적으로 진지하게 승낙의 저지를 위해 노력하여 중지된 경우에 처벌을 배제하고 있다.[73)]

---

70) Dafür RegE BT-Drs. 13/5584 S. 14; König JR 1997, 397, 402.
71) Vgl. die kritische Stellungnahme des BR BT-Drs. 13/6424 S. 7; Kleinmann/Berg BB 1998, 277, 280.
72) Fischer § 298 StGB Rdnr. 15; vgl. insoweit auch zu § 264 StGB: BGH 20.1.1987 BGHSt 34, 265, 267.
73) Weiterführend Klusmann in: Wiedemann, Hdb. KartellR § 56 Rdnr. 22ff; zur Verfassungsmäßigkeit der Regelung BVerfG 2.4.2009, NZBau 2009, 530.

부당한 공동행위와 자진신고자 감면제도

황 태 희*

I. 도 입

둘 이상의 사업자가 부당하게 경쟁을 제한하는 합의를 하는 경우에 독점규제 및 공정거래에 관한 법률(이하 '법'이라 한다)은 이를 부당한 공동행위로 규제하고 있다. 카르텔 규정을 위반한 사업자에 대해서는 시정조치, 관련매출액의 10% 이내의 과징금 및 형사처벌 등의 제재를 부과할 수 있다. 그리고 제재와는 별도로 법 위반행위로 인하여 손해를 본 거래 상대방 내지 소비자는 법 위반 사업자를 상대로 손해배상을 청구할 수 있다. 이렇게 부당한 공동행위는 제재의 수준이 높지만, 여전히 사업자는 은밀한 담합행위를 하여 경쟁을 회피하고자 한다.

그런데 법을 집행하는 공정거래위원회(이하 '공정위'라 한다)는 그러한 합의 사실을 적발하거나, 그 존재를 입증하기가 매우 어렵다. 그 입증의 경감을 위하여, 경쟁당국은 특별한 제도를 도입하였다. 부당한 공동행위에 참여한 사업자가 합의의 증거가 될 수 있는 자료를 제출하고 조사에 협조하는 경우에는 그 대가로 사업자가 부담하여야 하는 제재를 상당 부분 감면해 주는 자진신고자 감면제도(이하 '리니언시'라 한다)가 그것이다(법 제22조의2 제1항).

리니언시(Leniency)와 관련해서는 우선 부당한 공동행위의 인센티브로 작용하기 때문에 누가, 얼마나 협조를 하여야 감면을 받을 수 있는지를 결정하는 문제, 그리고 리니언시에 의하여 적발된 부당한 공동행위가 확정된 경우에 후에 제기되는 민사 소송(이른바 follow-on 소송)에서 리니언시 자료의 공개 문제, 그리고 절차상으로 리니언시의 순위와 정도를 정하는 문제 등이 중요한 쟁점으로 언급

---

* 성신여자대학교 법과대학 부교수, 법학박사

될 수 있을 것이다. 이 논문1)은 리니언시의 의의와 법 체계를 살펴보고, 이와 관련하여 발생하는 중요한 쟁점에 관한 논의를 차례로 검토하고자 한다.

II. 리니언시의 의의와 법 체계

1. 개념과 제도적 취지

리니언시는 부당한 공동행위에 참여한 사업자가 합의 입증에 필요한 자료를 제출하고 조사에 협조하는 경우에 그 대가로 사업자가 부담하여야 하는 제재를 상당 부분 감면해 주는 제도를 말한다.

사업자들은 부당한 공동행위에 관한 합의를 은밀하게 진행한다. 그렇기 때문에 법을 집행하는 당국은 그 합의의 존재 자체를 잘 알지 못하고, 존재를 알더라도 입증을 하는 것이 매우 어렵다. 따라서 경쟁당국은 합의의 참여자가 자진하여 신고하고 합의를 입증할 수 있는 자료를 제공하면 형사처벌의 면제, 임원들의 조사면제 등의 혜택을 베풀었다. 이러한 리니언시는 부당한 공동행위에 관한 직접적인 입증자료를 확보하는 데에 매우 효과적이라고 볼 수 있다.2) 우리나라에서는 1999년부터 2013년까지 과징금이 부과된 총 325건의 부당한 공동행위 사건 중 리니언시를 적용하여 과징금을 부과한 사건은 총 141건으로 43.5%에 달하는 사건에 리니언시가 적용되었다.3)

법 위반행위자에 대한 제재의 감경 또는 면제라는 정의관념에 반할 수 있는 소지가 있어서, 리니언시의 과도한 의존을 비판하는 여론도 있기는 하지만,4) 여전히 공동행위자 상호간의 신뢰관계를 무너뜨려 담합 억지력을 높이고, 경쟁 당국의 부당한 공동행위 조사가 실효성을 가질 수 있기 위한 중요한 제도로 인식되고 있다.

자진신고자가 제출하는 자료의 범위는 부당한 공동행위와 관련된 모든 자료

---

1) 이 논문은 拙稿, "담합 자진신고자 감면제도와 손해배상의 법적 쟁점", 선진상사법률연구 통권 제66호(2014. 4.) 및 2014. 6. 5. 한국경쟁포럼에서 발표한 "자진신고자 감면지위부여 관련 법적 쟁점"의 내용에 기초하여 정년기념논문집의 취지에 맞게 작성하였음을 밝힙니다.
2) OECD, "Report on leniency programmes to fight hardcore cartel", DAFFE/CLP(2001-13), 2001.4. p. 5.
3) 공정거래위원회, 2014년 백서(2014), p. 170.
4) 머니투데이 2014. 10. 23. 자 "믿었던 회장사가…제지업계 '부글부글' 왜?"

이다. 부당한 공동행위와 관련된 자료는 기술자료, 즉 필요한 증거로 당해 공동
행위에 참여한 임·직원의 확인서, 진술서 등 공동행위를 할 것을 논의하거나
실행한 사실을 육하원칙에 따라 구체적으로 기술한 자료와 기술자료에 기술된
사업자들 간의 의사연락 및 회합, 합의의 내용 및 실행에 관한 사항 등을 확인
할 수 있는 서류, 물건, 전산자료, 통신자료 등의 추가자료 등이다. 여기서 추가
자료는 비록 기술자료에서 육하원칙에 따라 이미 제시된 내용을 확인하거나 보
강하는 데 지나지 않는다고 하더라도 시행령 상 제출할 수 있는 증거자료의 범
위를 벗어나지 않는다.5)

2. 연혁적 고찰

리니언시는 원래 셔먼법(Sherman Act)에 의하여 부당한 공동행위에 대한 엄
격한 형사처벌을 하도록 한 미국에서 1978년에 도입된 제도이다. 미국은 기업감
면제도(corporate leniency)와 개인감면제도(personal leniency) 프로그램으로 구
별되어 운용된다. 연방 법무부 독점금지국에서 마련한 지침에 근거한 것이며, 최
초로 증거를 제공한 자에 대해서만 처벌 규정의 감면을 할 수 있도록 되어 있
다. 1996년부터 EU를 비롯하여 우리나라, 2006년에 일본 등 다른 나라들도 미
국의 제도와 유사하게 자진신고자 감면제도를 도입하였다.

우리나라의 경우 자진신고자 감면제도는 1996. 12. 30. 법률 제5235호로 개정
된 법률에서 법 제22조의2로 도입되었다. 당시에는 최초의 신고자만 과징금 등
의 감면이 인정되었고, 자진신고자에 대한 감면 여부는 공정위의 재량으로 되어
서 감면요건을 충족시켰음에도 불구하고, 과징금의 감면여부가 불확실한 상태로
남아있었다. 또한 감면의 범위도 법령의 규정이 없었기 때문에 예측가능성이 보
장되지 않았었다. 최초의 적용사례는 원자력발전소 방사선 관리용역 입찰 참가
6개사의 부당한 공동행위 건6)으로써, 5개사에 총 과징금 3억 1천여만원을 부과
하였고, 자진신고자는 과징금을 면제받았다.

2001년 법령의 개정으로 조사협조자에 대한 감면제도가 실시되었다. 그러나
실제로는 1996년부터 2004년까지 불과 7건의 사건에서만 감면신청이 이루어졌

---

5) 대법원 2013. 5. 23. 선고 2012두8724 판결.
6) 공정거래위원회 1999. 6. 2. 의결 제99–93호.

다. 이에 자진신고제도의 활성화에 관한 논의가 있었고, 2005. 4. 1. 시행된 개정 법령은 최초 자진신고자 또는 조사협조자에 대해서는 과징금을 면제하고, 두 번째 자진신고자에 대해서는 과징금을 30% 감경하는 것으로 규정하여 공정위의 재량권에 다소간 제한을 두었다. 특히 감면요건으로 당해 부당한 공동행위를 중단할 것을 규정하였고, 담당 공무원의 비밀보장에 대한 의무를 신설하였다. 이 법 개정 이후에 리니언시 적용이 급격하게 증가하였다.[7]

특히 2006년의 밀가루 제조 8개사의 부당한 공동행위 건[8]에서는 2개의 조사 협조자에 대하여 각각 과징금의 75%와 50%의 감경조치와 함께 최초로 형사고발을 면제한 바 있다. 과징금의 감면여부와 감면수준이 좀 더 예측 가능해졌기 때문에 그렇게 신고건수가 늘어난 것이라고 하는 자체평가도 있었으나, 중요한 것은 형사고발의 면제였다고 생각된다. 또한 부당한 공동행위로 인하여 과징금 부과 또는 시정조치의 대상이 된 자의 경우 그 부당한 공동행위 외에 그 자가 관련되어 있는 다른 부당한 공동행위에 대하여 제1 혹은 제2의 신고를 행하고 조사에 협조한 경우 그 부당한 공동행위에 대하여 다시 과징금을 감경 또는 면제하고, 시정조치를 감경할 수 있도록 하였다. 이것은 이른바 Amnesty plus 제도를 명문화 한 것으로 다른 공동행위에 대한 연쇄적발의 효과를 도모하는 것이다. 미국은 이 제도를 운영하여 '최초' 신고자가 아니더라도 다른 공동행위에 관한 증거를 제공하였을 경우 추가 감면혜택을 주었고, 이를 국제카르텔의 적발에서 유용하게 사용하였다고 하여, 우리나라에도 도입된 것이다.

2007. 11. 시행된 개정 법 시행령은 두 번째 자진신고자 또는 조사협조자에 대한 과징금의 감경 비율을 50%로 상향하고, 강요자에 대해서는 감면을 인정하지 않도록 하였으며, 자진신고자의 신청이 있으면 신원이 공개되지 않도록 분리 심리 내지 분리 의결할 수 있는 제도를 신설하였고, 2009. 5.에는 공동행위에 참여한 2이상의 사업자가 실질적 지배관계에 있는 계열회사인 경우이거나 회사 분할 또는 영업 양도의 당사회사인 경우에 공동자진신고를 허용하였으며, 2012. 6. 시행령 개정으로 최초로 신고한 자의 신고일부터 2년이 지나 신고한 자 및 2개 사업자가 가담한 부당한 공동행위인 경우의 두 번째 신고자에 대해서는 감면을

---

7) 2005년부터 2013년까지 기간동안 과징금 부과 248건 중 137건(55.2%)이 자진신고자 감면제도를 적용한 사건이다. 공정거래위원회, 앞의 글, p. 171.
8) 공정거래위원회 2006. 4. 13. 의결 제2006-79호.

배제하도록 하였다.

3. 현행 법령상 리니언시 체계

공정위는 제19조 제1항의 부당한 공동행위의 사실을 신고한 자 또는 증거제공 등의 방법으로 조사에 협조한 자에 대하여 시정조치 또는 과징금의 제재를 감경 또는 면제할 수 있다. 2013. 7. 개정법은 감사원장, 조달청장, 중소기업청장이 사회적 파급효과, 국가재정에 끼친 피해 정도, 중소기업에 미친 영향 등 다른 사정을 이유로 공정거래위원회에 고발을 요청할 수 있도록 하고 공정위는 특별한 사정이 없으면 고발하도록 하여 형사처벌 가능성을 확대하였으나, 법 제22조의2는 그럼에도 자진신고자 또는 조사협조자에 대하여 법 제71조에 의한 고발을 면제할 수 있다고 규정 하여 형사처벌의 면제 가능성을 분명히 하고 있다.

자진신고자가 이러한 제재를 감경 또는 면제받기 위해서는 ① 공동행위 입증 증거를 제공한 첫 번째[9] 또는 두 번째 자일 것, ② 성실한 조사협조(부당한 공동행위와 관련된 사실을 모두 진술하고, 관련 자료를 제출), ③ 그 부당한 공동행위를 중단하여야 한다. 자진신고자와 조사협조자의 감면의 효과는 1순위자의 시정조치의 감경여부에서 차이가 나는데, 부당한 공동행위의 사실을 최초로 자진신고하는 경우에는 공정위에 사건의 단서를 제공하여 사건이 개시되는 효과가 있어서[10] 그런 차이를 두는지는 모르겠으나, '시정조치의 감경'이라는 것이 실제로 큰 의미가 있다고 보긴 어렵다. 오히려 자진신고자와 조사협조자의 인센티브를 비교하여 전자에게 더 많은 인센티브를 주어야 리니언시 제도의 활성화에 도움을 줄 수 있다는 견해도 있다.[11]

그리고 시행령은 신고자 등에 대한 구체적인 감면정도, 감면제도의 세부운영절차, 증거제출방법, 반복적 법 위반에 대한 판단기준 등을 고시에 위임할 수 있는 근거 및 제보와 관련된 사항의 공개가 가능한 경우 등을 규정하고 있다(시행령 제35조). 그리고 공정위는 '부당한 공동행위자 자진신고자등에 대한 시정조치 등 감면제도 운영고시(이하 '감면고시'라 한다)'[12] 및 공정위 회의운영 및 사건절

---

[9] 공정위가 부당한 공동행위에 대한 정보를 입수하지 못하였거나 부당한 공동행위임을 입증하는데 필요한 증거를 충분히 확보하지 못한 상태여야 함.

[10] 법 위반의 혐의가 있는 경우에는 제3자의 신고 또는 직권인지에 의하여 공정위가 사건을 개시하게 된다(법 49조 1, 2항).

[11] 권남훈, "자진신고자 감면제도의 경제분석", 산업조직연구 제18집 제4호(2010), p. 69.

차 등에 관한 규칙13)(이하 '사건처리절차규칙'이라 한다)을 마련하여 시행하고 있다. 감면고시에는 리니언시의 신청, 지위확인, 비밀 엄수의무, 형사고발의 면제 등의 내용이 담겨있으며, 사건처리절차규칙에는 자진신고와 관련된 자료의 준비 밀자료 보호 등의 내용이 담겨있다.

Ⅲ. 자진신고자 순위 부여

1. 기존 절차에 따른 순위부여 시스템

우리나라의 자진신고자 순위부여에 대한 내용은 법령에 규정되어 있지 않고, 감면고시에 규정되어 있다. 리니언시 제도 도입당시부터 외국의 Marker 시스템을 모델로 하여, 자진신고자가 접수 순서에 따라 일단 잠정적으로 순위를 보장받고, 내부적 조사를 통해 충분한 증거자료를 확보하여 경쟁당국에 제출하여 완전한 면제를 받을 수 있도록 신고 사업자에게 시간적 여유를 부여하였다. 그런데 이러한 잠정적 순위 부여 시스템은 해당 사업자가 자료의 추가 확보를 위하여 부여받은 시간 내에 충분한 입증자료를 제출하지 못하는 경우에는 그 지위를 유지하는 것이 다른(후순위) 사업자와의 형평성에 반하므로 공정위가 그 지위를 인정하지 않을 수 있다는 이념적 배경을 갖고 있다. 즉, Marker제도는 일단 순위를 받은 사업자가 자신의 감면 정도를 예상하고, 부당한 공동행위의 입증에 필요한 자료를 충분히 제출하기 때문에 외국에서는 비교적 바람직한 제도로 평가되고 있다.

우리나라에서도 2015년 개정 전 감면고시에 의하면 자진신고자의 순위는 감면신청의 접수시점에 의해 판단하도록 하고, 신청서 등을 제출받은 조사공무원 등은 즉시 신청서 부본에 접수 일시와 접수 순위를 기재하고 서명·날인한 후 신청인에게 교부한다(구 감면고시 제10조). 만일 증거자료의 수집 등에 상당한 시간을 요하거나 기타 신청서와 동시에 증거자료를 제출할 수 없는 특별한 사정이 있는 경우에는 일부를 생략한 신청서를 제출할 수 있고, 15일(+60일)내에서 추가 보정기간을 부여할 수 있도록 하였다. 그리고 사무처장은 그 신청인이 신청을

---

12) 2015. 1. 2. 공정거래위원회 고시 제2014-19호.
13) 2012. 11. 28. 공정거래위원회 고시 제2012-71호.

접수한 날로부터 15일(+60일)에 모든 자료를 검토하여 만일 시행령 제35조의 감면요건에 해당된다고 판단되면 자진신고자 등에 해당함을 확인하는 서면(확인서)을 작성하여 이에 서명·날인한 후 신청인에게 교부하도록 하고, 시행령 제35조의 감면요건에 해당되지 않는다고 판단하는 경우에는 신청이 접수된 날로부터 15일(+60일) 이내에 감면불인정의 취지를 신청인에게 서면으로 통지하도록 하였다(구 감면고시 제11조).

그리고 이러한 지위확인은 위원회에 의하여 최종적인 효력을 검토 받으며, 공동행위와 관련된 사실을 모두 진술하고, 관련 자료를 제출하는 등 성실하게 협조하지 않는 경우, 제출된 자료가 허위인 경우, 감면신청 후 즉시 또는 심사관이 정한 기간 종료 후 즉시 공동행위를 중단하지 않았거나, 공동행위 중단 상태를 유지하지 않은 경우, 다른 사업자에게 그 의사에 반하여 당해 공동행위에 참여하도록 강요하거나 이를 중단하지 못하도록 강요한 사실이 밝혀진 경우에는 위원회 심의일 전까지 지위확인을 취소하여 서면으로 통지하도록 하였다. 그리고 그와 별도로 시행령 제35조 제1항 요건에 해당하지 않거나 기타의 사유가 있는 경우에는 감면을 불인정하는 제도를 두었다(구 감면고시 제14조). 만일 2인 이상의 신청이 있는 경우에 그 중 일부의 신청이 감면이 인정되지 않은 때에는 그 다음 신청자가 이전 신청자의 접수 순서를 승계하도록 하였다(구 감면고시 제9조 제3항).

2. 잠정적 순위부여 시스템의 문제점

그런데 이러한 잠정적 순위부여 시스템 내에서 사무처장에 의한 지위 확인과 구 감면고시 14조에 의한 지위 불인정 취지의 통지가 그 자체로 처분인지가 문제되는 사건이 있었다. 2009. 3. 26. 甲 주식회사는 甲과 乙 주식회사 간에 행해진 판유리제품 가격에 관한 부당공동행위사실에 관하여 부당한 공동행위 자진신고자 등에 대한 시정조치 등 감면신청서를 제출하였다. 공정거래위원회는 구 감면고시[14] 제10조 제1항에 따라 이 사건 신청서 말미에 '접수일시 2009. 3. 26. 18:20 접수순위 1위'라는 기재를 하여 서명 날인한 후 부본을 신청인에게 교부하였다. 2009. 4. 6. 乙이 감면신청서를 제출하였고, 접수 2순위를 받았다. 이후

---

14) 2009. 5. 19. 공정거래위원회 고시 제2009-9호로 개정되기 전의 것.

4차례에 걸친 甲의 증거제출을 위한 보정기간 연장요청이 있었고, 60일의 보정기간을 부여하였으나, 2009. 5. 27.까지 甲이 합의사실을 입증할 만한 구체적 자료를 제출하지 못함에 따라 공정위 사무처장은 구 감면고시 14조에 근거하여 甲에게 감면 불인정 통지를 하고 동 고시 제9조 제3항에 의거하여 乙에게 '1순위' 조사협조자 지위확인을 해 주었다. 이에 甲은 사무처장의 감면지위 불인정 통지가 처분임을 전제로 하여 이의 취소를 구하는 소를 제기하였다.

원래 대법원은 행정행위의 처분성을 넓게 인정하고 있다. 즉, 행정청의 어떤 행위가 항고소송의 대상이 될 수 있는지의 문제는 추상적·일반적으로 결정할 수 없고, 구체적인 경우 행정처분은 행정청이 공권력의 주체로서 행하는 구체적 사실에 관한 법집행으로서 국민의 권리의무에 직접적으로 영향을 미치는 행위라고 보고 있다. 그리고 관련 법령의 내용과 취지, 그 행위의 주체·내용·형식·절차, 그 행위와 상대방 등 이해관계인이 입는 불이익과의 실질적 견련성, 그리고 법치행정의 원리와 당해 행위에 관련한 행정청 및 이해관계인의 태도 등을 참작하여 개별적으로 결정하여야 한다고 보고 있다.[15]

이러한 사무총장의 지위확인 내지 감면불인정 통지에 대하여 처분성을 인정하는 견해와 부정하는 견해를 나누어 볼 필요가 있다. 우선 처분성을 인정하는 견해에 따르면 감면 신청인이 구 감면 고시 제11조 제1항에 따라 자진신고자 등 지위확인을 받는 경우에는 시정조치 및 과징금 감경 또는 면제, 형사고발 면제 등의 법률상 이익을 누리게 되지만, 그 지위확인을 받지 못하고 고시 제14조 제1항에 따라 감면불인정 통지를 받는 경우에는 위와 같은 법률상 이익을 누릴 수 없게 되므로, 감면불인정 통지가 이루어진 단계에서 신청인에게 그 적법성을 다투어 법적 불안을 해소한 다음 조사협조행위에 나아가도록 함으로써 장차 있을지도 모르는 위험에서 벗어날 수 있도록 하는 것이 법치행정의 원리에도 부합한다거나 또한 선행처분을 받은 사업자가 그 처분의 존재로 인하여 장래에 받을 불이익, 즉 후행처분의 위험은 구체적이고 현실적인 것이므로 선행처분의 취소소송을 통하여 그 불이익을 제거할 필요가 있다고 한다. 대법원은 처분성을 인정하는 입장에서 부당한 공동행위 자진신고자 등의 시정조치 또는 과징금 감면신청에 대한 감면불인정 통지는 항고소송의 대상이 되는 행정처분에 해당한다고

---

15) 대법원 1992. 1. 17. 선고 91누1714 판결.

판시하였다.16)

그런데 법원의 이러한 태도에 대해서는 다소 의문이다. 왜냐하면 리니언시에 의한 순위는 제재를 전제로 하고 있고, 최종적인 제재의 부여 내지 감면여부는 위원회의 재량판단이며, 접수순위의 부여 내지 불인정과 과징금 처분은 선행처분과 후행처분의 관계가 아니라, 과징금 및 시정조치를 부과하는 처분의 과정에 있어서 감면의 정도를 판단하기 위한 하나의 절차일 뿐 그로 인하여 사업자가 가지는 권리의 존부나 범위에 구체적이고 직접적인 영향을 미치는 것이 아니기 때문이다. 또한, 충분한 자료의 제공을 위한 시간적 여유를 주었음에도 그러한 자료가 제공되지 않았다고 판단될 경우에도 리니언시의 지위를 그대로 보전시켜야 한다면 이는 제도의 취지에 맞지 않고, 사업자 간 형평성에도 반하여 다른 사업자의 이익을 침해하는 것이다.

요컨대 접수순위 부여 및 불인정 통지에 처분성을 인정하여 이를 사전에 법원에서 행정소송으로 별도로 판단받게 한다면 정작 중요한 제재처분이 있기도 전에 지위를 다투는 소송이 진행되면서 절차가 한없이 지연될 우려가 있기 때문에 사무처장의 통지를 처분이라고 인정할 필요는 없다고 본다.

3. 새로운 감면고시에 의한 순위부여 시스템

이러한 시스템에 대하여 필자는 접수번호가 순위 부여의 잠정적 절차라는 사실의 통지에 불과하다는 것과 순위에 대해서는 위원회 의결에서 다툴 수 있다는 것을 사업자에게 서면으로 고지하는 시스템적인 개선이 필요하다고 지적한 바 있다.17) 그런데 대법원 판결로 사무처장의 지위 불인정 통지도 처분으로 인정되었고, 자진신고 지위확인 또는 불인정이 위원회의 심의·의결 이전에 사무처에서 사실상 결정되어 제도운영의 투명성을 저해한다는 이유로 국민권익위원회의 관련 제도개선 권고도 있었다.18) 또한 공정위 실무에서도 사무처장에 의한 지위확인제도를 운영하고 있으나, 지위확인 이후 조사 협조가 순조롭게 이루어지지 않는 경우가 있었다. 이에 공정위는 2015. 1. 감면고시를 개정하였다.

---

16) 대법원 2012. 9. 27. 선고 2010두3541 판결.
17) 拙稿, "자진신고자 감면지위부여 관련 법적 쟁점", 한국경쟁포럼 2014. 6. 5. 발표문.
18) 공정위, 보도자료(2014. 12. 31.)

개정된 내용을 보면, 감면지위의 취소와 불인정을 규정한 구 감면고시의 해당 부분을 삭제하여 '사무처장의 잠정적인 자진신고 지위 확인 절차'를 폐지하고, 감면신청자의 제출 자료와 협조상황 등 제반 상황을 위원회에 보고하여 위원회에서 자진신고 지위를 최종 결정하도록 하였다. 새로운 시스템에 따라 접수순위의 기재는 잠정적 효력발생을 시키는 것이 아니라 단순한 사실의 통지에 불과하고, 자진신고자 지위를 별도의 의결로 하는 점을 명확히 하였다는 점에서는 의미가 있다고 볼 수 있다.

그러나 접수 순위에 따른 지위가 부여되며, 60일이라는 보정기한을 인정하는 절차가 그대로 남아 있으면서 그 결과에 대한 통지 내지 확인 절차없이 위원회의 의결까지 자신의 순위를 모른 채 무조건 협조하여야 하는 것은 당사자의 방어권을 보장한다는 측면에서는 다소 문제가 있기 때문에 향후 운영 과정에서의 문제점을 개선할 필요가 있다.

Ⅳ. 리니언시 자료에 대한 비밀보장

1. 문제의 소재

공정거래법상 리니언시의 중요한 내용은 공정위가 부당한 공동행위를 효율적으로 집행하기 위하여 합의 참여자에 대하여 그 존재를 입증할 수 있는 자료를 제출하도록 하는 것이다. 그런데 그러한 자료는 이른바 자기부죄의 증거이기 때문에 자진신고자의 신원이나 제보 내용, 증거자료 등은 당해 사건 처리를 위한 목적으로만 사용하도록 하며, 위원회는 자진신고자 등을 심사보고서에 가명으로 기재, 심사보고서에 첨부되는 관련 증거자료에도 그 신원이 노출되지 않도록 관련 부분을 삭제, 음영처리 기타 필요한 조치 등의 비밀을 유지할 의무가 있다(감면고시 제15조).

한편, 법 제52조의2에서는 당사자 또는 이해관계인이 공정위에 대하여 처분과 관련된 자료의 열람 또는 복사를 요구하는 경우에 '공익상 필요하다고 인정할 때'에는 공정위가 자료를 제공할 의무를 규정하고 있다. 또한, 부당한 공동행위에 대한 손해배상청구의 소가 제기된 때에는 법원은 필요한 경우 공정위에 대하여 당해 사건의 기록(사건관계인, 참고인 또는 감정인에 대한 심문조서 및 속기록 기타 재판상 증거가 되는 일체의 것을 포함한다)의 송부를 요구할 수 있고(법 제56조의2조), 법원은 여러 증거자료 및 변론의 전취지를 통하여 손해액을 인정할 수 있다(법 제57조). 그런데 만일 후행 손해배상 소송에서 민사법원이 공정위에게 송부하도록 요구하는 자료에 리니언시 자료가 해당하는지, 그리고 해당한다면 공정위의 자료제출 범위, 절차, 방법, 리니언시 자료에 대한 비밀보장을 위하여 필요한 조치에 관한 기준은 무엇인지가 명확하지 않아서, 리니언시 신청자의 이해관계와 충돌될 수 있는 측면이 있다.[19]

따라서 위원회가 자진신고나 제보와 관련된 정보 및 자료를 사건 처리와 관계없는 자에게 제공하거나 누설하는 것이 금지되어 있는 제22조의2 및 시행령 제35조 제2항과 법원의 기록 열람권 내지 당사자의 기록 열람권이 허용되는지의 여부를 함께 검토할 필요가 있다.

2. 입법례

다른 나라의 사례를 살펴보면 다음과 같다. 우선, 미국은 연방민사소송규칙(Federal Rules of Civil Procedure, FRCP)상 소송당사자 간에 서로 정보와 문서를 교환하는 증거개시제도 또는 디스커버리(discovery)가 있다. 증거개시의 대상이 되는 자료는 소송원인이나 방어방법에 관련한 일체의 자료로서, 상대방이 소유하거나 통제하고 있는 서면, 물건 등의 자료, 진술을 녹취한 녹취 테이프 등의 자료이다. 경쟁법 위반행위로 인하여 피해를 입은 자가 클레이튼(Clayton)법 제4a조에 의하여 손해 배상을 신청하면, 경쟁당국에 제출하여 서면으로 작성된 리니언시 진술자료는 상대방에게 증거개시의 대상이 될 수 있다.[20] 그래서 미국의 경우에는 증거개시의 대상이 되지 않게 하기 위하여 리니언시와 관련된 증언을 구두로 진행하는 경우가 있다.

EU의 경우에 EU기능조약 제101조를 위반한 사건에 대해서 EU 집행위원회가 직접 과징금 등의 행정적 제재를 가할 수 있다. 그리고 이와는 별도로 부당한 공동행위에 의하여 손해를 받은 피해자를 보호하기 위한 배상 청구도 인정된

---

19) Milde, Schutz des Kronzeugen im Spannungsfeld von behoerdlicher Kartellrechtsdurchsetzung und privaten Schadensersatzklagen, Nomos, 2013, p. 45.
20) 이황 · 김경욱 · 하명호, 앞의 글, 347면.

다. 다만, 손해배상 청구소송의 관할권은 EU 법원이 아니라 개별 회원국 법원에 있다.[21] 이와 관련하여 최근 EU의 사례를 소개해보면 다음과 같다. 독일의 연방 카르텔청(Bundeskartellamt)은 5개 벽지(decor paper) 생산자에 대하여 가격과 생산량을 담합하였다는 이유로 62백만 유로의 과징금을 부과하였다. 이 중 3개 사업자의 고객이었던 Pfleiderer는 손해배상 청구를 위하여 연방카르텔청에 이와 관련한 자료에 대한 접근을 신청하였다. 그런데 독일 연방카르텔청은 사업자들이 제출한 리니언시 신청 서류와 정보 중 일부는 당사자의 방어권을 침해할 수 있어서, 손해배상 소송에서 민사법원에 대하여 그 부분의 제공을 거절하였다. 이에 Pfeiderer는 그러한 자료제공의 거절이 부당하다고 하여 EU법원에 소를 제기하였고, EU법원은 리니언시 신청자의 면책 신청서나 자료 공개여부는 EU법에 구체적으로 정해진 바가 없고 개별 회원국에서 기준을 만들도록 되어 있기 때문에 개별 사건에서 여러 사정들을 종합적으로 고려하여 회원국 국내법원이 자진신고자 면책관련 자료공개와 비공개간의 이익을 형량하여 개별적으로(case-by-case) 결정해야 한다고 판시하였다.[22]

즉, 리니언시 자료의 공개에 대하여 리니언시 프로그램의 효율성과 손해배상 청구소송의 활성화라는 양자의 중요성을 모두 강조하면서 어느 가치에 비중을 둘 것인지를 개별 회원국이 판단하게 하였다. 예컨대 독일의 Bonn 지방법원(Amtsgericht)[23]과 Duesseldorf 고등법원[24]은 연방카르텔청의 카르텔 조사업무의 효율성을 위하여 제3자의 리니언시 자료에 대한 거부는 정당하다고 판시하였고,[25] 반면에 영국의 경우에는 National Grid사건[26]에서 이미 리니언시 혜택을 받은 사업자를 무한히 보호하는 것은 바람직하지 않다고 하여 제한된 범위(영업비밀을 포함하지 않는 범위)에서 자료의 공개를 명하였다. 그래서 이러한 '이익형량'이라는 기준이 오히려 리니언시 신청자의 불확실성만 가중시켰다는 비판[27]은

---

21) C-453/99 Courage v. Crehan 2001 ECR I-6297.
22) Pfleiderer AG v. Bundeskartellamt [2011] C-360/09.
23) Case 51 Gs 53/09, Pfleiderer v Bundeskartellamt, GRUR-RR 2012, 178.
24) Case V-4 Kart 5+6/M (OWi), Roasted Coffee, BB 2012, 2459.
25) Claudia Seitz, "Ist die Frage der Akteneinsicht in Kronzeugenunterlagen zur Vorbereitung von Kartellschadenersatzklagen nun gelöst?", GRUR-RR, 2012, 139.
26) National Grid v ABB [2012] EWHC 869.
27) Sanders/Jordan/Dimoulis/Schwedt/DiLuigi/van Wissen, "Disclosure of leniency materials in follow-on damages actions: striking "the right balance" between the interests of leniency applicants and private claimants?", ECLR 2013, 34(4), pp.181-182.

설득력이 있다. EU는 부당한 공동행위에 대한 공적 집행을 우선하고 있기 때문에 국제카르텔 사건에서의 손해배상 소송에 있어서 미국 등에서의 증거개시 제도에 따라 모든 자료가 공개되는 경우에는 리니언시의 신청 감소가 있을 것이므로 그에 따른 공적 집행의 효율성 감소를 우려한다.[28]

리니언시 자료의 비밀유지 의무[29] 때문에 EU 집행위원회의 심사보고서나 금지결정문에는 리니언시 관련 진술이 아닌 가공된 형태로 기재되거나 유럽 내에서의 효과에 미치는 행위만을 인용하도록 하여 리니언시 자료의 직접 공개를 피하고 있다. 조사단계에서 협조는 구두로 이루어지나, 진술한 내용은 문서화되거나 녹음(tape record)된다.[30] 그런데 '위원회 파일 접근에 관한 고시'[31]에서 녹취된 진술에 대해서는 피심인들이 확인할 수 있을 뿐, 사본이나 파일을 보유하지 않도록 하였다. 만일 리니언시 신청자가 부당한 공동행위에 참여하였다는 내용을 위원회에서 진술한 자료가 문서화되는 경우에 제3국에서 제기된 민사소송에서 개시될 우려가 심각하다는 것을 소명하면 예외적으로 구두로 계속 진행될 수 있다.[32]

3. 리니언시 자료의 비밀유지와 열람의 허용

공정위 조사 및 의결 단계에서 제출되거나 진술된 서면자료는 의결이 확정되면 공정위에서 보관하게 된다. 이 자료에 대하여 후행 손해배상에서의 열람이 가능한지의 여부에 관해서는 다툼이 있다. 긍정설은 리니언시 신청자는 행정적 제재만을 면제받을 뿐 부당한 공동행위자로서 타인에게 끼친 손해를 배상할 의무를 면제받는 것이 아니기 때문에 손해배상의 활성화를 위하여 법원의 요청이 있으면 리니언시 자료인지의 여부와 상관없이 공정위가 제출하고, 그 범위에서는 관련 자료 공개가 가능하다고 한다.[33] 또한 공정거래법 제52조의 2에서 말하

---

28) 이선희, "카르텔의 자진신고에 의한 책임감경제도와 손해배상청구소송의 상호관계에 대한 연구", 성균관법학 제25권 제1호(2013), p. 52.

29) Bechtold/Bosch/Brinker/Hirsbrunner, *EG-Kartellrecht* (2005), Art. 28 Rn. 1.

30) Reynolds/Anderson, "Immunity and leniency in EU cartel cases: current isssues", ECLR 2006, 27(2), p. 82.

31) Commission Notice on the rules fir access to the Commission file in cases pursuant to Art. 81 and 82 of the EC Treaty, Art.53,54 and 57 of the EEA Agreement and Council Regulation No.139/2004 OJ 2005/C 325/07.

32) Reynolds/Anderson, 앞의 글, p. 83.

33) 권오승 편, 독점규제법 30년, 법문사, 2011, p. 309(서정 변호사 집필부분).

는 이해관계인에 후속 손해배상 소송을 제기하는 모든 당사자가 포함된다고 해석거나, 후행 민사소송을 해당 사건과 관련된 소송의 제기, 수행 등에 필요이기 때문에 이를 공익상 필요한 것으로 해석하여 리니언시와 관련된 자료를 손해배상소송에서 원고에게 공개하는 것이 손해배상 소송의 활성화라는 차원에서 긍정되어야 한다고 한다.[34]

그러나 부정설은 리니언시 지위를 부여받기 위하여 원고가 제출한 관련 서류 내지 자료가 모두 민사법원에 송부되어 손해배상에서의 원고가 이를 전부 열람할 수 있도록 해석한다면 리니언시 당사자에게 불리할 수 있는 것을 지적한다. 과다한 손해배상이 예상되는 경우에는 리니언시를 신청하지 않을 수 있고, 부당한 공동행위의 적발 확률 내지 손해배상을 받을 확률이 오히려 떨어질 수도 있기 때문에 공정위의 법 위반행위의 확정으로 손해배상 소송에 유리할 수 있는 점 이외의 자료공개는 필요하지 않다고 한다.[35]

요컨대 공적 집행을 위주로 하는 우리나라는 부당한 공동행위의 경우에 자진신고에 의존하여 적발하는 비율이 높고, 대부분의 손해배상 청구는 공정위가 위반행위를 확정된 이후에 후행소송으로 이루어지고 있다. 만일 리니언시 제출 자료를 손해배상 소송에서 자진신고자에게 불리한 자료로 사용하게 된다면 자진신고의 유인은 대폭 줄어들 것이다. 그렇게 된다면 이른바 후행소송에서 부당한 공동행위의 존재를 입증하는 것은 더 어려움이 있을 것이다. 특히 리니언시 신청자의 인적사항 및 내용 등이 손해배상 소송에서 제3자에게 공개될 수도 있기 때문에 공정위의 리니언시 자료의 비밀유지의무와는 직접 충돌이 될 수도 있다.

따라서 공정위가 해당 사건과 관련된 소송의 제기, 수행 등에 필요한 경우 정보를 제공할 수 있다 하더라도(시행령 제35조 제2항), 다른 피심인이나 손해배상 소송에서의 피해자에게까지 리니언시 자료를 그대로 제공하는 것은 제한을 두어야 하며, '행정소송'이 제기된 때에만 자진신고자 등의 신원사항이 기재된 자료를 법원에 제출하게 하는 것이 바람직할 것이다(감면고시 제15조 제5항).

따라서 적어도 리니언시 자료에 대해서는 법령 상 비밀 유지의무가 당사자 또는 이해관계인의 요청에 의한 자료제출 의무(법 제52조의2)보다 우선한다고 해

---

34) 이선희, 앞의 글, p. 60.
35) 최난설헌, "EU에서의 카르텔 자진신고 관련 자료 및 정보에 대한 보호방안", 상사법연구 제31권 제3호(2012), p. 283.

석하여야 할 것이다. 만일 손해배상 소송에서 법원이 필요한 경우에 공정위에 대하여 당해 사건의 기록(사건 관계인, 참고인, 감정인에 대한 심문조서, 기타 증거자료)의 송부를 요구할 수 있더라도 증거개시 제도가 인정되지 않는 우리나라에서는 손해배상 소송에서의 피해자인 원고에게 열람, 복사를 제한없이 허용할 수는 없다고 해석하여야 할 것이고, 이에 대한 기준을 마련할 필요가 있다.[36]

V. 리니언시와 형사처벌의 면제

독점규제법 제22조의2 제1항은 부당한 공동행위의 자진신고자에 대하여 시정조치 또는 과징금을 감경 또는 면제할 수 있도록 규정하고 있었다. 그리고 법 제정당시부터 행정제재만으로 효과적인 통제가 어려운 위법행위들에 대해서 형사처벌을 받도록 할지의 여부를 공정위가 결정할 수 있도록 하는 전속고발제도가 제66조 및 제67조의 죄에 대하여 인정되었다. 헌법재판소는 법 위반의 소추요건을 규정하고 있는 것에 불과하기 때문에 규정만으로는 자유의 제한, 의무의 부과, 권리 또는 법적 지위의 박탈 등 기본권 침해와 관련된 내용이 없다는 이유로 헌법에 위반되는 것은 아니라고 결정한 바 있으나,[37] 소비자 피해를 시정할 수 있는 방법을 공정위가 독점하는 것이 바람직하지 않다거나, 공정위에 의한 국가 형벌권이 부당하게 제한받는다는 것 등을 이유로 법 상 전속고발권을 폐지하자는 논의가 지속되었다.[38] 그런데 집행비용 감소, 형벌의 보충성 원칙 및 공정위의 전문성을 이유로 전속고발권은 여전히 가치가 있다고 보아, 2013년 공정거래법 개정으로 감사원장, 중기청장 등의 고발요청권이 인정되었다.

그러나 리니언시 제도에 대한 실효성 확보차원에서 법 제22조의2에 리니언시 수혜자는 형사고발을 면제받을 수 있다는 법적 근거가 마련되었다. 법 개정의 방향은 법 위반자에 대한 제재를 강화하고, 고발요청권을 확대하면서 형사처벌을 강화하는 방향으로 나아가는데, 리니언시 사업자에 대한 임원까지 형사처벌에서 면제한다는 것은 입법자의 의도와 부당한 공동행위 참여자에 대한 법 집행

---

36) Grasso, "The EU leniency program and US civil discovery rules:A fraternal fight?", 29 Mich. J. Int'l L(2008) 565, p. 602.
37) 헌재 1995. 7. 21. 94헌마191.
38) 황철규, 카르텔에 대한 공적집행의 개선방안 연구, 한양대학교 박사학위논문, 2009, 115-117면.

에서의 형평성 차원에서 다소 문제가 있다고 생각하지만, 법 집행당국이 리니언시 신청자에 대한 행정적 제재의 감경 또는 면제와 함께 집행 임원 등에 대한 고발을 면제할 수 있는 법적 근거를 마련함으로써 부당한 공동행위 참여자에 대한 '당근효과'는 충분히 달성되었다고 생각한다.

VI. 결   어

공정거래법상 부당한 공동행위 집행의 효율성을 위해서 자진신고자 감면제도가 큰 역할을 한다. 그런데 사업자간 리니언시 순위, 리니언시 신청자에 대한 비밀보장과 리니언시 관련 자료들의 보호조치, 리니언시 수혜자의 형사처벌 면제와 같은 내용들은 자진신고자 감면제도와 관련하여 매우 민감하고 중요한 문제들이라고 생각된다.

그런데 우리나라의 경우에는 비밀보장과 관련하여 이미 의결일 전부터 언론을 통하여 특정 기업의 자진신고 사실이 공개되는 경우가 많다. 또 한편으로 자진신고자가 제출한 자료가 공정위나 법원을 통하여 제3자에게 공개되고, 그것이 후속 소송에 증거자료로 제한없이 사용된다면 부당한 공동행위의 집행수단으로서의 리니언시의 실효성이 떨어질 수도 있을 것이다.[39] 특히 국제카르텔에서 우리나라에 제출된 서류의 증거개시와도 관련이 있기 때문에 자료의 공개에 대한 규정을 만드는 것은 중요한 작업이라고 생각된다.[40]

그리고 최근 시행령의 개정으로 시행령 제35조 제1항 제6호에서 복점사업자의 경우에 2순위자 감경을 인정하지 않도록 하는 등의 제도적 개선이 있었으나, 대부분의 산업이 과점화되어 있는 우리나라의 현실에 비추어 볼 때 향후 리니언시의 2순위자 감경 규정의 필요성에 대해서는 생각해 볼 필요가 있다. 또한 순위 인정 시스템이 변경된 만큼 당사자의 절차상 불안감을 해소시켜줄 수 있는 방안을 강구할 필요가 있다.

공정거래법 위반행위에 대하여 공적 집행이 우선인 우리나라의 입장에서는

---

39) 게다가 리니언시 적용 사건과 비적용 사건의 과징금 비율이 크게 다르지 않을 경우에는 그 반감효과가 더 커질 수 있다는 견해도 있다. 권남훈, 앞의 글, p. 65.
40) 同旨: 손영화, "공정거래법상 리니언시제도에 관한 연구", 기업법연구 제24권 제2호(2010), p. 314.

부당한 공동행위의 위법성 판단기준, 적정한 제재 수준 뿐만 아니라 리니언시 제도가 공정위의 법 집행과정에서 어떻게 적용되어야 할지, 당사자의 권리 및 절차적 효율성 측면에서 꾸준한 검토 및 연구가 필요하다고 생각된다.

▓▌ 참고문헌 ▐▓

■ 국내논문

권오승, 경제법(제11판), 법문사, 2014.

_____, 독점규제법 30년, 법문사, 2011.

신동권, 독점규제법, 박영사, 2011.

신현윤, 경제법(제6판), 법문사, 2014.

양명조, 경제법강의(9판), 신조사, 2012.

이호영, 독점규제법(제4판), 홍문사, 2013.

임영철, 공정거래법, 법문사, 2008.

황철규, 카르텔에 대한 공적집행의 개선방안 연구, 한양대학교 박사학위논문, 2009.

공정거래위원회, 2014년 백서, 2014.

권남훈, "자진신고자 감면제도의 경제분석", 산업조직연구 제18집 제4호(2010)

김나영·김영산, "자진신고자 감면제도의 효과와 그 결정요인들", 산업조직연구 제18집 제4호(2010)

김현수·남재현, "카르텔 자진신고자 감면제도의 주요 쟁점과 효과 분석", 응용경제 제12권 제2호(2010)

손영화, "공정거래법상 리니언시제도에 관한 연구", 기업법연구 제24권 제2호(2010)

이선희, "카르텔의 자진신고에 의한 책임감경제도와 손해배상청구소송의 상호관계에 대한 연구", 성균관법학 제25권 제1호(2013)

이황·김경욱·하명호, "미국 증거개시절차로부터 카르텔 자진신고자 보호의 필요성과 방안(Ⅰ)", 경쟁법연구 제20권(2009)

이황·김경욱·하명호, "미국 증거개시절차로부터 카르텔 자진신고자 보호의 필요성과 방안(Ⅱ)", 경쟁법연구 제22권(2010)

최난설헌, "EU에서의 카르텔 자진신고 관련 자료 및 정보에 대한 보호방안", 상사법연구 제31권 제3호(2012)

황태희, "독점규제 및 공정거래에 관한 법률 상 카르텔 자진신고자 감면제도의 법적 검토", 인권과 정의(2007. 10.)

_____, "담합 자진신고자 감면제도와 손해배상의 법적 쟁점", 선진상사법률연구 제66호, 법무부(2014. 4.)

_____, "자진신고자 감면지위부여 관련 법적 쟁점", 한국경쟁포럼 2014. 6. 5. 발표문

■ 국외논문

ABA, Issues in competition law and policy, 2008.

Bechtold/Bosch/Brinker/Hirsbrunner, EG-Kartellrecht, 2005.

Bellamy & Child, European Community law of Competition(7. ed), oxford, 2013.

Bishop/Walker,The economics of EC Competition law:Concepts, Application and Measurement, Sweet&Maxwell, 2010.

Elhauge, United States Antitrust law and economics, Foundation press, 2008.

Elhauge/Geradin, Global competition law and economics, Hart Publishing, 2011.

Gavil/Kovacic/Baker, Antitrust law in perspective:cases, concepts and problems in competition policy(2. ed.), Thomson, 2008.

Komninos, EC Private antitrust enforcement, Hart, 2008.

Milde, Schutz des Kronzeugen im Spannungsfeld von behoerdlicher Kartel-lrechtsdurchsetzung und privaten Schadensersatzklagen, Nomos, 2013.

Moeschel/Bien(Hrsg.), Kartellrechtsdurchsetung durch private Schadens-ersatzklagen?, Nomos, 2010.

Whish, Competition law(6. ed), Oxford, 2009.

OECD, "Report on leniency programmes to fight hardcore cartel", DAFFE/CLP(2001-13), 2001. 4.

根岸 哲 編, 註釋 獨占禁止法(稗貫俊文 집필부분), 有斐閣, 2009.
金井貴嗣/川濱昇/泉水文雄, 獨占禁止法(제3판), 弘文堂, 2010.
白石忠志, 獨禁法講義, 有斐閣, 2010.

Billet, "How lenient is the EC leniency policy? A matter of certainty and predictability", ECLR 2009, 30(1), 14.

Blake/Schnichels, "Schutz der Kronzeugen im neuen EG-Wettbewerbsrecht", EuZW 2004 Heft 18.

Grasso, "The EU leniency program and US civil discovery rules:A fraternal fight?", 29 Mich. J. Int'l L(2008) 565.

Reynolds/Anderson, "Immunity and leniency in EU cartel cases:current issues", ECLR 2006, 27(2).

Sanders/Jordan/Dimoulis/Schwedt/DiLuigi/van Wissen, "Disclosure of leniency materials in follow-on damages actions: striking "the right balance" between the interests of leniency applicants and private claimants?", ECLR 2013, 34(4).

Sandhu, "The European Commission's leniency policy:A success?", ECLR 2007, 28(3).

Weitbrecht, A."Schadensersatzansprüche der Unternehmer und Verbraucher wegen Kartellverstößen" NJW 2012, 881.

공정거래법상 정당한 행위

윤 인 성*

Ⅰ. 들어가며

우리나라는 헌법상 시장경제를 경제질서의 기본으로 삼고 있고, 그에 따라 여러 제도 및 법률이 마련되어 있다. 특히 독점규제 및 공정거래에 관한 법률(이하 '공정거래법'이라 한다)은 이와 같이 헌법상 기본으로 삼고 있는 경제질서에 관한 내용을 주로 규율하고 있는 중요한 법률이다.

그러나 산업별로는 그 구조적 원인 내지 운용상 형태 등에 터 잡아 특수성이 인정되는 일부 영역이 있다. 그러한 특수성을 어떻게 보아야 하는지 하는 문제와도 관련이 있기는 하지만, 그러한 산업별 특수성을 우선시할 경우 그러한 일부 영역에는 공정거래법이 그대로 적용되어서는 안 된다는 주장들도 제기되고 있는 실정이다. 아울러 시장경제 원리를 충실히 따른다고 하더라도 모든 문제를 그 원리에 따라 해결할 수 없는 경우가 생길 수밖에 없다. 하지만 이러한 주장에 따라 공정거래법의 적용 영역을 아무 기준 없이 대폭 축소할 경우에는 헌법상 기본으로 삼고 있는 경제질서에 관한 기본법인 공정거래법의 실효성 담보가 곤란해지는 문제가 발생한다.

이에 공정거래법은 이러한 경우를 염두에 두고 '적용제외'라는 제목 하에 몇 개의 조문을 두고 있다. 그 중 하나가 바로 이 글에서 논하고자 하는 '법령에 따른 정당한 행위'이다. 이미 이 주제에 관하여는 여러 연구 논문이 발표된 바 있고, 다수의 교과서에도 이 내용을 다루고 있으며, 그 다수의 연구 논문과 교과서에서는 각국의 입법례를 비롯하여 우리나라에서의 논의를 상세히 소개하고 있

* 김·장 법률사무소 변호사

다. 따라서 이 글을 통하여 굳이 이러한 부분을 다시 상세히 언급할 필요는 없다고 생각한다.

이러한 학문적 논의를 바탕으로, 특히 이 글에서 다루고자 하는 내용은 바로 공정거래법 제58조에 관한 대법원 판례의 흐름을 통해 알 수 있는 공정거래법 제58조의 사실상 고사현상이다. 과연 우리 공정거래법은 어떠한 규정 방식과 연혁에 따라 이 문제를 다루어 왔는지, 공정거래법 제58조에 규정된 문언을 일반적인 법해석론에 비추어 살펴볼 때 그 요건은 어떻게 되는지, 우리 대법원 판례가 제시하는 법리와 그 법리를 구체적으로 적용한 결과는 어떻게 평가할 수 있는지, 입법론적, 해석론적 여러 방법을 통하여 공정거래법이 적용되지 않는 영역을 인정하고 있는 다른 외국과 비교할 때 혹시 우리의 실무에 변화가 필요한 것은 아닌지 하는 여러 의문에 관하여 부족하지만 나름대로의 견해를 밝혀보고자 한다.

이에 앞서 필요한 일반론에 관하여는 핵심적인 내용 위주로 그간 학계에서 인정된 연구 성과를 소개하는 방식을 통하여 간략하게 살펴보고자 한다.

II. 적용제외의 인정근거와 외국의 입법례

1. 인정근거

공정거래법은 국가의 경제정책과 경쟁정책이 반영된 법이므로 국가의 다른 정책을 우선시킬 필요가 있는 범위 내에서 그 적용이 배제되는 것은 불가피하다고 보아야 하는 측면이 있을 수 있다.[1]

적용제외의 인정근거에 관하여는 실증적인 관점과 이론적인 관점이 논해질 수 있고, 이론적인 관점에서는 크게 2가지를 그 근거로 제시한다.[2]

첫 번째로는 목표충돌에 대한 정책적 판단이 그 근거로 제시된다. 즉 국가가 특정 활동영역을 직접 관장할 수도 있고, 다른 사람으로 하여금 특별한 감독 하에 이를 영위하게 할 수도 있는데, 이러한 활동에 대하여는 공정거래법을 적용하지 않는다. 한편 적용제외가 국가의 정책적인 목표 달성을 위하여 활용되는

---

1) 양명조, 경제법강의(제4판), 2006, 277쪽 이하.
2) 권오승, 경제법(제6판), 2008, 131쪽 이하.

경우도 있다.

두 번째로는 시장실패에 대한 대처가 그 근거로 제시된다. 시장경제에 있어서는 경쟁에 따라 조정되는 것이 원칙이지만, 일정한 경우에 경쟁이 배제되는 시장의 실패가 생겨나는 수가 있다. 이러한 시장의 실패사유로서 중요한 의미를 가지는 것으로는 자연독점, 과당경쟁, 외부효과 등이 논해지고 있다.

2. 외국의 입법례

(1) 미　국[3]

미국의 경우에는 주요한 연방독점금지법의 하나인 클레이튼법(Clayton Act)이 노동조합의 활동과 관련된 적용제외를 규정하고 있는 것 이외에도 상당수의 개별 법률이 명시적으로 연방독점금지법의 적용제외를 규정하고 있다. 그리고 이러한 명시적 적용제외 이외에도 전통적으로 연방정부의 광범위한 규제를 받아온 운송업, 농업, 증권업, 전기사업 등의 분야에서 법원은 구체적인 사건에서 독점금지법 또는 관련법령의 해석을 통하여 연방독점금지법의 적용을 배제하거나 변경하였다.

나아가 연방법원은 특정한 산업분야에 국한되지 않고 일반적으로 적용될 수 있는 연방독점금지법의 적용제외의 법리를 형성하였는데, 그 내용으로는 첫째, 주행위이론(the State Action Doctrine), 둘째 노어면제(Noerr Immunity)의 법리, 셋째 묵시적 적용제외(Implied Exemptions)의 법리, 넷째 신고요금이론(the Filed Rate Doctrine), 다섯 번째로는 우선적 관할권이론(Doctrine of Primary Jurisdiction) 등이 제시된 바 있다.[4][5]

이러한 각 이론과 관련하여 우리나라에서도 개별 행정사건에서 이를 원용하는 형태로 일부 주장이 제기된 바 있으나, 대법원에서 결국 수용되지 않았다. 이

---

3) 이호영, "규제산업과 공정거래법의 적용제외", 법학논총 제23집 제1호, 한양대학교, 2006, 365쪽 이하. 이 논문을 수정, 보완한 것으로는 권오승·이원우 공편, 공정거래법과 규제산업, 2007, 438쪽 이하(이호영 교수 집필 부분)가 있다. 한편, 정호열, 경제법(제4판), 2012, 98쪽 이하에서는 제정법에 의한 적용면제와 판례법에 의한 적용면제로 나누어 설명하고 있다.

4) 이러한 각 이론의 상세한 내용은 앞의 논문에 상세히 기재되어 있다. 이 글의 성격 및 기술방향에 비추어 이 부분을 자세히 소개하거나 다룰 필요는 없어 여기서는 소개하는 수준에서 그치기로 한다.

5) EU에 관한 내용을 소개한 문헌으로는 김승범, "행정지도가 개입된 담합행위와 공정거래법의 적용제외(Exemption)제도에 관한 연구", 상사판례연구 제24집 제1권, 한국상사판례학회, 2011, 332쪽 이하가 있다.

러한 주장을 할 경우 가장 중요한 부분 중 하나가 적용제외를 명시적으로 규정하고 있는 우리 공정거래법상 해당 조문과의 연계성인데, 이 부분 관련해서는 후술하기로 한다.

(2) 일 본[6]

일본의 적용제외 체계는 종전의 우리나라체계와 매우 유사한 형태를 취하고 있었다. 특히 규제산업과 관련하여 1999년 관련 법률의 개정 및 2000년 '사적독점의 금지 및 공정거래의 확보에 관한 법률'(이하 '독점금지법'이라 한다)의 개정으로 대폭적인 변화를 겪었다. 즉 일본의 경우에도 우리나라와 마찬가지로 1947년 독점금지법 제정 당시부터 그 법 자체에 적용제외 조항을 두고 있었다.

일본 독점금지법은 제6장에 적용제외라는 장을 두고, 자연독점에 고유한 행위(구법 제21조), 사업법령에 기초한 정당한 행위로서 법률로 지정한 것(구법 제22조), 무체재산권에 기초한 정당한 행위(구법 제23조) 및 일정한 조합의 행위(구법 제24조)를 적용제외 사유로 규정하고 있었다. 그 후 1953년 법 개정을 통하여 일정한 요건을 충족하는 재판매가격 유지행위 계약(구법 제24조의2), 일정한 요건을 갖추어 공정거래위원회의 인가를 받은 불황카르텔(구법 제24조의3), 합리화 카르텔(구법 제24조의4)이 적용제외 사유로서 추가되었다.

이 중 특히, 규제산업에 대한 적용제외에 관련되는 것은 구법 제21조의 자연독점에 고유한 행위와 구법 제22조의 사업법령에 기초한 정당한 행위인데, 후자를 근거로 「사적독점의 금지 및 공정거래의 확보에 관한 법률의 적용제외 등에 관한 법률」(이하 '적용제외법'이라 한다)을 제정하여 구체적으로 그 조항상의 적용제외의 근거가 되는 법률들을 지정하였다. 이상과 같은 독점금지법 자체에 근거를 둔 적용제외 이외에도 일부 개별 법률에서도 독점금지법의 적용을 부분적으로 배제하고 있다.[7]

그러나 그 후 종래 자연독점으로 인정되었던 규제산업에서도 기술의 발전 및 경쟁 환경의 변화에 따라 경쟁이 가능하다는 인식 아래 규제완화 및 규제개혁의 과정에서 규제산업에 대한 적용제외를 폐지하여야 한다는 논의가 진행되었다.

---

6) 권오승·이원우 공편, 공정거래법과 규제산업, 2007, 450쪽 이하(이호영 교수 집필 부분).
7) 보다 최근의 문헌으로는 김승범, "행정지도가 개입된 담합행위와 공정거래법의 적용제외(Exemption) 제도에 관한 연구", 상사판례연구 제24집 제1권, 한국상사판례학회, 2011, 335쪽 이하.

결국 1997년 '적용제외제도 일괄정리법'에 의해 개별 법령에 의한 적용제외 제도가 축소되었고, 1999년 「적용제외정리법」에 의해 독점금지법상 불황카르텔 및 합리화 카르텔 조항이 삭제되었을 뿐만 아니라 사업법령에 기초한 적용제외를 규정하고 있던 구법 제22조도 삭제되었다. 또한, 2000년 독점금지법 개정 시에 자연독점에 고유한 행위를 적용제외로 규정하고 있던 구법 제21조도 삭제함으로써 규제산업에 대한 독점금지법의 적용가능성이 대폭 확대되었다.

그 중 우리 대법원 판례에 직접 영향을 준 것으로 보이는 구법 제22조에 관하여 살펴보기로 한다. 구법 제22조는 '사업법령에 기초한 정당한 행위'를 적용제외 사유로 규정하고 있었는데, 제1항은 '특정한 사업에 관한 특별한 법률이 있는 경우에는 사업자 또는 사업자단체가 그 법률 또는 그 법률에 기초한 명령에 의해 행한 정당한 행위'에 대해서는 적용제외를 인정한다고 규정하고, 제2항은 제1항에서 말하는 '특별한 법률'은 별도의 법률로 지정한다고 규정하였다. 이에 따라 적용제외법이 제정되어 그 '특별한 법률'들을 열거하고 있었다.

이 조항의 취지와 관련하여 여기서 발하는 '특정한 사업'은 자유경쟁원리를 적용하기 타당하지 않은 사업영역에 있어서 공공성의 관점에서 특별한 법률이 제정되고, 인가제등에 의해 독점적 지위가 인정되는 반면, 고도의 사업 활동 규제가 가해지고 있는 경우에 그러한 사업에서 행해지는 정당한 행위는 독점금지법상 문제 삼지 않는다는 점을 명백하게 하기 위한 것이라고 이해되었다고 한다.

위 규정의 해석상 특히 문제가 되었던 것은 바로 '정당한 행위' 여부의 판단에 관한 것이었는데, 이에 관하여 학설상 대립이 있었다. 먼저, 다수설은 이를 독점금지법의 관점에서 판단하여 독점금지법상의 '공공의 이익'에 반하는 경우에는 정당한 행위에 해당하지 않는다고 하는 견해로서, 이에 따르면 위 조항은 본래 독점금지법이 적용되지 않는 행위에 관하여 독점금지법을 적용되지 않는다는 의미로서 실질적인 적용제외 규정은 아니고 확인적 규정에 불과하다는 것이다.[8] 이에 대하여 소수설은 '정당성'을 개별 사업법의 이념에 비추어 판단하여야 하는데, 당해 사업법에 의해 정당한 것으로 인정되는 행위에 대해서는 그것을 시인하고 더 이상 반공익성의 유무를 문제 삼지 않는다는 취지로서 창설적 적용제외로 이해하였다고 한다.

---

8) 이러한 견해도 개별적인 내용은 약간 달랐다고 한다. 그 구체적 내용은 이호영, "규제산업과 공정거래법의 적용제외", 법학논총 제23집 제1호, 한양대학교, 2006, 378쪽 이하.

이러한 외국 입법례가 주는 시사점9)에 관하여는 우리의 공정거래법 제58조를 상세하게 살펴본 다음, 마지막 부분에서 함께 살펴보기로 한다.

Ⅲ. 공정거래법 제12장에 규정된 적용제외

1. 유형 및 일반적인 효과

우리 공정거래법은 제12장 적용제외라는 제목 아래에 제58조(법령에 따른 정당한 행위), 제59조(무체재산권의 행사행위), 제60조(일정한 조합의 행위) 3개의 조문을 통하여 이 내용을 규정하고 있다.

법문의 내용 및 공정거래법의 체계와 형식을 비롯하여, 일반적인 법률해석론에 따를 경우, 이 3가지 경우에 해당하는 것으로 인정되는 경우에는 아예 공정거래법이 적용되지 않게 된다. 즉 공정거래법이 적용되지만, 위법하거나 부당한 행위인지, 위법하거나 부당하더라도 책임 이론 차원에서 책임을 일부 감경하거나 면제할 여지가 있는지의 문제가 아니라, 곧바로 공정거래법의 적용이 전면적으로 배제되게 된다.

고시인 공정거래위원회 회의운영 및 사건절차 등에 관한 규칙 제12조(심사절차를 개시하지 아니할 수 있는 경우)는 "심사관은 사전심사를 마친 후 제10조(사전심사) 제1항의 사실이 다음 각 호의 어느 하나에 해당한다고 인정되는 경우에는 심사절차를 개시하지 아니한다는 결정을 할 수 있다."라고 규정하면서, 공정거래법에 관한 것으로서 1. 공정거래법 제2조(정의) 제1호의 규정에 의한 사업자 요건을 충족하지 아니하는 경우, 2. 공정거래법 제12장(적용제외) 각조의 규정에 해당하는 경우, 3. 공정거래법 제49조(위반행위의 인지·신고 등) 제4항 규정에 의한 기간이 경과된 경우(단서에 의한 경우는 제외) 등을 들고 있다. 즉 이러한 고시 내용을 통해서도 공정거래법 제58조의 일반적인 효과를 확인할 수 있다.

그런데 공정거래법의 적용이 배제되는 경우는 공정거래법 제12장에 규정된 것 말고도 다음과 같은 유형의 것이 2가지 더 있다. 즉 첫 번째 유형은 공정거래법 제12장이 아닌 공정거래법 다른 곳에서 개별 규정을 통하여 공정거래법의

---

9) 김승범, "행정지도가 개입된 담합행위와 공정거래법의 적용제외(Exemption)제도에 관한 연구", 상사판례연구 제24집 제1권, 한국상사판례학회, 2011, 338쪽 이하에서는 이러한 시사점을 분석하고 있다.

적용을 배제한 경우(공정거래법 제7조 제2항, 제19조 제2항 등)이고, 두 번째 유형은 형식적 측면에서 공정거래법과 대등한 효력을 가지는 법률에서 개별 규정을 통하여 공정거래법의 적용을 배제하는 경우(대외무역법 제50조 제1항, 하도급거래 공정화에 관한 법률 제28조 등)이다. 이러한 규정들과 공정거래법 제58조와의 관계 등에 관해서는 개정연혁 등를 먼저 살펴본 다음, 곧이어 바로 논하기로 한다.

2. 공정거래법 제58조의 기능 및 개정연혁 등

공정거래법 제58조는 공정거래법과 다른 법 사이의 충돌을 방지하는 완충작용을 함과 동시에 사업자 및 사업자단체의 법적 안정성을 보장하는 기능을 수행하고 있다.[10]

공정거래법은 1980년 법제정 당시로부터 일본 독점금지법의 예에 따라 (1) 법령에 따른 정당한 행위(제58조), (2) 무체재산권의 행사 행위(제59조), (3) 일정한 조합의 행위(제60조) 등 세 가지 일반적인 적용제외 조항을 두고 있고, 그밖에 앞서 본 것처럼 공정거래법 내 개별적인 금지조항별로 특정한 사업자나 행위를 적용대상에서 배제하는 조항을 두기도 하였다. 또한 공정거래법 이외에 소수의 개별 법률에서 명시적으로 공정거래법의 적용배제를 규정하고 있는 것을 찾아 볼 수 있다.[11]

이 중 공정거래법 제58조의 '법령에 따른 정당한 행위'에 해당하는 구법 제47조는 일본 구 독점금지법 제22조와 동일하게 '특별한 법률'이 있는 경우에 구법의 적용이 배제되고, 별개의 법률을 제정하여 구법의 적용이 배제되는 '특별한 법률'을 지정하도록 하였으나, 결국 적용제외법이 제정되지 않았고, 결국 위 적용제외법의 근거 조항은 1986년 1차 법 개정 시 삭제되었다.[12]

따라서 공정거래법 제58조는 당초 일본 구 독점금지법 제22조의 예에 따라 제정되었으나 적용제외법을 제정하여 적용배제의 근거가 되는 개별 사업 법률을 열거하였던 일본의 경우와는 달리 적용제외의 근거가 될 수 있는 법률의 범위가 명확하지 않은 상태에서 공정거래법 제58조만을 가지고 해당 규정에 따른 적용

---

10) 이황, "보험산업에 대한 공정거래법 적용의 범위와 한계", 경쟁법연구 제18권, 한국경쟁법학회, 2008, 348쪽.
11) 예를 들어 대외무역법 제50조 제1항, 하도급거래 공정화에 관한 법률 제28조 등.
12) 권오승·이원우 공편, 공정거래법과 규제산업, 2007, 457쪽 이하(이호영 교수 집필 부분).

제외를 판단해야 하는 상황이 되고 말았다.

즉 대외무역법 제50조 제1항, 하도급거래 공정화에 관한 법률 제28조 등과 같이 일정한 행위에 대하여 공정거래법을 전부, 또는 일부 적용하지 않는다는 명문의 규정을 두고 있는 경우에는 그 명확한 조문에 따라 공정거래법 적용 여부가 결정되므로, 따로 문제될 것이 없다. 또한 공정거래법은 그 자체 내에서도 일정한 경우 예를 들어 공정거래법 제7조 제2항, 제19조 제2항 등과 같은 개별 규정을 통한 적용제외를 인정하고 있으므로, 이 역시 그 개별 규정의 요건을 충족하였다면 공정거래법이 적용되지 않는다는 결론에 의문이 없다.

다만 이러한 공정거래법의 적용제외 중 공정거래법 자체의 개별 규정을 통한 적용제외는 공정거래법 제58조와 무관한 것이 명백하나, 다른 개별 법률에서 명시적으로 공정거래법의 적용을 배제한 것도 공정거래법 제58조를 통한 적용배제로 보아야 하는지 하는 부분에 대하여는 그 이해 방법과 관련된 견해가 통일되어 있지 않은 것 같다.

뒤에서 보는 바와 같이 공정거래법 제58조에는 제일 핵심적인 요건으로 '정당한 행위'라는 요건을 두고 있고, 이 불확정 개념의 해석을 둘러싸고 여러 견해가 나뉠 수 있다. 따라서 공정거래법 제58조를 적용하기 위해서는 그 조문에 따른 다른 요건이 충족된 경우에도 '정당한 행위'라는 요건이 충족되어야 하는 반면, 다른 개별 법률에서 명시적으로 공정거래법의 적용을 배제한 경우에는 법문상 그러한 심사가 요구되지 않는다고 보아야 한다. 따라서 이러한 경우는 공정거래법 제58조에 따라 적용제외가 되는 사례에 포함해서 보지 않는 편이 전체 법체계나 법해석의 원칙상 옳다고 생각한다.

만일 1986년 이전의 공정거래법에 따라 적용제외법이 제정되어 그 법에 따라 개별 법률이 정해졌다면, 이러한 경우는 공정거래법 제58조의 적용제외에 포함해서 논의를 해야 할 것이나, 결국 적용제외법이 제정되지 않았고, 적용제외법의 근거 조항 역시 1986년 1차 법 개정 시 삭제된 이상, 위와 같이 새기는 것이 합리적이다.

그렇다면, 문제는 경쟁 제한적 성격을 가진 행위인데, 다른 개별 법률 등에서 공정거래법 적용에 관한 명문의 규정을 두고 있지 않은 경우이다. 아래에서는 이 부분을 중심으로 살펴보기로 한다.

3. 현재의 문제 상황 등

우리 경제가 정부 주도의 개발경제시대로부터 벗어나 민간 부분의 자율성을 확대하는 방향으로 전환하여 왔고, 정부의 규제 대신에 시장 기능이 강조되는 추세에 있지만, 여전히 규제 산업적 특성을 갖고 있는 영역이 존재하고, 공정거래법의 적용은 시장을 대상으로 하는 것이므로, 공정거래법 제58조는 규제산업의 영역과 시장기능에 의하는 영역 사이의 관계를 설정하는 의의가 있다는 지적13)은 충분히 경청할 만하다.

앞서 본 여러 일반론 중 외국의 입법방식, 특히 일본의 입법방식을 보면, 우리의 공정거래법 제58조가 어떠한 방식으로 입법되었고, 일본의 구법과 어떠한 차이가 있는지를 알 수 있다.

한편 대법원은 "공정거래법 제58조에서 말하는 '법률 또는 그 법률에 의한 명령에 따라 행하는 정당한 행위'란, 당해 사업의 특수성으로 경쟁제한이 합리적이라고 인정되는 사업 또는 인가제 등에 의하여 사업자의 독점적 지위가 보장되는 반면 공공성의 관점에서 고도의 공적 규제가 필요한 사업 등에서, 자유경쟁의 예외를 구체적으로 인정하고 있는 법률 또는 그 법률에 의한 명령의 범위 내에서 행하는 필요·최소한의 행위를 말한다."14)라는 일관된 태도를 유지하고 있다.

우리 대법원이 제시하고 있는 공정거래법 제58조에 관한 법리는 앞서 본 바와 같이 그 내용 및 규범적 상황에 있어 일본의 구법과 일정한 차이가 있음에도 일본의 구법에 관한 해석론과 상당히 닮아 있음을 알 수 있다. 즉 한마디로 일본의 구법의 경우에는 적용제외법에 따른 적용제외가 인정되는 상황에서 이를 전제로 해석론적 관점에서 적용제외의 범위를 밝힌 것임에도, 우리는 이와 달리 적용제외법에 따른 적용제외가 없는 상황에서 일본의 구법과 유사한 해석론을 펴 온 것으로 볼 여지도 있다. 더구나 뒤에서 살펴보는 것처럼, 대법원은 공정거래법 제58조를 적용하여야 한다는 여러 사건에서의 당사자 주장에 대하여 대부분 이를 배척함으로써 공정거래법 제58조를 적용하여 적용제외를 인정한 선례를 거의 찾아 볼 수 없는 상황이다.

---

13) 홍명수, "독점규제법상 행정지도에 의한 카르텔 규제의 법리적 고찰", 경쟁법연구 제21권, 한국경쟁법학회, 2010, 92쪽 이하.
14) 대법원 2014. 5. 16. 선고 2012두13665 판결 등 다수.

구체적 사안에 적용되는 법해석의 원칙과 관련하여 대법원은 "법은 원칙적으로 불특정 다수인에 대하여 동일한 구속력을 갖는 사회의 보편타당한 규범이므로 이를 해석함에 있어서는 법의 표준적 의미를 밝혀 객관적 타당성이 있도록 하여야 하고, 가급적 모든 사람이 수긍할 수 있는 일관성을 유지함으로써 법적 안정성이 손상되지 않도록 하여야 한다. 그리고 실정법이란 보편적이고 전형적인 사안을 염두에 두고 규정되기 마련이므로 사회현실에서 일어나는 다양한 사안에서 그 법을 적용함에 있어서는 구체적 사안에 맞는 가장 타당한 해결이 될 수 있도록, 즉 구체적 타당성을 가지도록 해석할 것도 요구된다. 요컨대, 법해석의 목표는 어디까지나 법적 안정성을 저해하지 않는 범위 내에서 구체적 타당성을 찾는 데 두어야 한다. 그리고 그 과정에서 가능한 한 법률에 사용된 문언의 통상적인 의미에 충실하게 해석하는 것을 원칙으로 하고, 나아가 법률의 입법 취지와 목적, 그 제·개정 연혁, 법질서 전체와의 조화, 다른 법령과의 관계 등을 고려하는 체계적·논리적 해석방법을 추가적으로 동원함으로써, 앞서 본 법해석의 요청에 부응하는 타당한 해석이 되도록 하여야 한다."[15]라고 판시함으로써 법문의 문언해석이 기본 원칙임을 천명하였다.

따라서 이러한 법해석의 원칙에 따라 공정거래법 제58조의 요건을 나누어 가급적 자세히 살펴보고 그 다음으로 공정거래법 제58조에 관한 최근 대법원 판결을 중심으로 대법원 판례의 태도를 분석해 보기로 한다.[16]

4. 공정거래법의 규정 내용 및 요건에 관한 법해석론

공정거래법 제58조는 "이 법의 규정은 사업자 또는 사업자단체가 다른 법률 또는 그 법률에 의한 명령에 따라 행하는 정당한 행위에 대하여는 이를 적용하지 아니한다."라고 규정하고 있다.

이 규정은 소수의 개별 법률에서 명시적으로 공정거래법의 적용배제를 규정하고 있는 것과는 별도로 공정거래법이 확인적 의미에서 재차 포괄적인 근거규정을 두어 공정거래법의 적용을 제외하도록 한 것으로 평가되고 있다.[17] 일단

---

15) 대법원 2009. 4. 23. 선고 2006다81035 판결; 대법원 2012. 7. 5. 선고 2011두19239 판결 등.
16) 권오승 외, 독점규제법(제2판), 2012, 335쪽(이봉의 교수 집필 부분)에 따르면, 이러한 적용제외를 널리 인정하게 되면 공정거래법의 실효성이 크게 저하될 우려가 있기 때문에 우리나라 경제 질서의 기본인 시장경제의 질서기능을 제대로 유지하기 위해서는 적용제외 조항을 가능한 한 제한적으로 해석할 필요가 있다고 보고 있다.

법문에 따라 그 요건을 나누어 살펴보기로 한다.

(1) '사업자 또는 사업자단체'의 행위가 문제된다.

(가) 공정거래법상 사업자와 사업자단체에 관하여는 제2조에서 이를 정의하고 있다. '사업자'라 함은 제조업, 서비스업, 기타 사업을 행하는 자를 말하고. 사업자의 이익을 위한 행위를 하는 임원·종업원·대리인 기타의 자는 사업자단체에 관한 규정의 적용에 있어서는 이를 사업자로 본다.[18] '사업자단체'라 함은 그 형태 여하를 불문하고 2이상의 사업자가 공동의 이익을 증진할 목적으로 조직한 결합체 또는 그 연합체를 말한다.[19]

이상과 같은 정의 규정에서 알 수 있듯이 사업자 및 사업자단체의 경우 불확정개념이 사용된 포괄적 내용으로 되어 있어 그 범위는 제대로 파악하기 힘든 상황이다. 이에 학자에 따라서는 사업자의 개념을 동어 반복적으로 규정하고 있을 뿐이라는 지적을 하기도 한다.[20] 우리 공정거래법의 사업자 개념은 소비자에 대응하는 개념으로 파악한 독일 및 EU법에서 유래하였기에 소비자와 소비자단체는 제외되고, 노동자와 그들의 단체인 노동조합도 사업자로 인정되지 않는다.[21] 다만 이 요건 부분의 해석은 공정거래법 전반에 걸쳐 동일하게 적용되는 것이므로, 여기서만 따로 문제될 것은 없다.

(나) 일반적으로 사업이란 타인에게 일정한 경제적 이익을 제공하고 그것에 상응하는 반대급부를 받는 행위를 계속적, 반복적으로 하는 것을 말한다. 그리고 사업을 한다는 것은 자기의 계산 하에 사업을 영위한다는 의미로서 그 활동이 반드시 영리를 목적으로 할 필요는 없다.[22] 따라서 사업자의 법적 형태도 크게

---

17) 신현윤, 경제법(제4판), 2011, 135쪽.
18) 공정거래법상 규제대상으로 되는 행위의 주체가 사업자에 국한되는지 여부와 관련하여 비교법적으로 보면 크게 미국처럼 적용범위를 인(Person)으로 한정하는 법제와 일본, 독일, EU처럼 사업자(Unternehmen, Entrepreneur)로 한정하는 법제가 있는데, 우리는 후자의 법제를 따랐다고 한다. 신현윤, 경제법(제4판), 2011, 132쪽 이하.
19) 정호열, 경제법(제4판), 2012, 83쪽 이하에서는 관련 규정의 변천을 소개하면서 종래의 한정적 열거주의에서 현재와 같은 방식으로 개정되게 된 이유 등을 설명하고 있다.
20) 정호열, 경제법(제4판), 2012, 84쪽. 한편 신동권, 독점규제법, 2011, 35쪽 이하에서는 사업자와 관련된 쟁점으로 자유업, 국가의 경제적 활동, 공기업, 경제적 동일체 등으로 나누어 상세하게 설명하고 있다.
21) 권오승 외, 독점규제법(제2판), 2012, 23쪽(황태희 교수 집필 부분).
22) 권오승, 경제법(제6판), 2008, 122쪽 이하. 여기서는 보다 상세하게 사업자의 개념을 설명하고, 절대적 사업자와 상대적 사업자 등으로 사업자를 분류하고 있다.

문제되지 아니한다.

(다) 사업자단체에 관해서는 몇 가지 요건이 요구되는 것으로 보고 있다. 우선 (1) 복수의 사업자로 구성되어야 한다. (2) 공동의 이익증진을 그 목적으로 하여야 한다. (3) 사업자들의 결합체 혹은 그 연합체로서 그 법적 형태는 묻지 아니한다.[23)

여기서 요구되는 '공동의 이익'이란 구성사업자의 경제활동상의 이익을 말하고 단지 친목, 종교, 학술, 조사, 연구, 사회활동만을 목적으로 하는 단체는 이에 해당하지 않는다. 또한, 사업자단체에 참가하는 개별 구성사업자는 독립된 사업자이어야 하므로, 개별 사업자가 그 단체에 흡수되어 독자적인 활동을 하지 않는 경우에는 사업자단체라고 할 수 없고, 사업자단체로 되기 위해서는 개별 구성사업자와 구별되는 단체성, 조직성을 갖추어야 한다.[24)

대법원 판례상으로는 사업자단체에 해당하는지 여부가 문제된 사안들이 몇 개 있다. 사단법인 대한의사협회,[25) 사단법인 대한병원협회[26)가 사업자단체로 인정되었고, 또한, 부동산중개업자인 회원 상호간의 친목 도모와 부동산거래질서 확립 및 부동산중개업자 회원의 공동이익 증진 등을 목적으로 하여 특정 지역에서 설립된 부동산중개업자들의 결합체로서, 독자적인 명칭을 갖고 그 대표자로 회장과 그 아래 부회장, 총무 등의 조직을 갖추고 있으며, 총회 및 임시총회에서 주요 의사결정을 하는 등 의사결정절차를 두고 있고, 그 연합체 성격의 회에서 윤리규정을 제정하고, 그 산하 단체로 볼 수 있는 각 회에서 그 회원들에 대한 강제력을 갖는 윤리규정을 시행한 단체의 경우도 사업자단체로 인정되었다.[27)

(2) '다른 법률 또는 그 법률에 의한 명령'에 따라 행하는 행위이어야 하므로 '다른 법률 또는 그 법률에 의한 명령'의 의미가 문제된다.

(가) 앞서 본 것처럼 1980년 제정 당시에는 특별법의 제정을 통하여 공정거래법 적용이 되지 않는 법률을 정하도록 하고 있었으나, 이러한 적용제외법은 결국 제정되지 않았고, 1986년 개정 시에 삭제되어 버렸다. 따라서 현행법상으

---

23) 정호열, 경제법(제4판), 2012, 86쪽 이하.
24) 대법원 2008. 2. 14. 선고 2005두1879 판결.
25) 대법원 2003. 2. 20. 선고 2001두5347 전원합의체 판결.
26) 대법원 2003. 2. 20. 선고 2001두5057 판결.
27) 대법원 2008. 2. 14. 선고 2005두1879 판결.

로는 입법자의 결단에 따른 적용제외법은 존재하지 않고 철저하게 해석론에 맡겨진 상황이 초래되고 말았다.

(나) 일단 형식적 측면에서 먼저 본다.

헌법학, 행정법학 측면에서 볼 때 법률은 국회가 제정한 법률과 이와 동일한 효력을 가지는 법규범을 의미하고, 법률적 효력을 가지는 명령, 법률과 동일한 효력을 가지는 국제법규범도 이에 포함되는 것으로 본다.[28] 공정거래법 역시 헌법 아래에서 헌법이 정한 틀 내에서 경제 질서를 규율하는 것이므로, 공정거래법에 규정된 법률의 의미 역시 헌법에 규정된 형식과 체계 안에서 이와 조화될 수 있는 방향으로 이해함이 옳을 것이다. 따라서 위와 같은 일반적 견해에 따라 법률을 보아야 한다고 생각한다.

(다) 다음으로 '법률에 의한 명령'의 의미가 문제될 수 있다.

이에 관하여 법률에 의한 명령의 의미를 법률에 의하여 위임된 법규명령을 의미하는 것으로 보는 견해가 있다.[29] 즉 명령이라는 표현이 법규명령과 행정처분으로서 하명과 같은 명령적 행위 모두를 지칭하는 것일 수 있지만, 법 규정에서 명령이 양자를 동시에 포함하는 것은 이례적일 뿐만 아니라, 그 규정의 취지가 공정거래법의 적용이 제외되는 경우를 법률에 명시적인 근거가 있는 경우로 한정하는 것에 있다고 본다면, 행정기관의 명령적 행위까지 포함된다고 보는 것은 입법취지에 부합하지 않는 측면이 있다는 점을 그 논거로 제시한다. 이에 대하여 여기서의 명령에는 행정기관의 명령적 행위도 포함되는 것으로 보는 견해도 있다.[30]

사견으로는 이 부분 역시 헌법에 규정된 형식과 체계 안에서 이와 조화될 수 있는 방향으로 이해함이 옳다고 생각한다. 즉 헌법 제107조 제2항은 명령 · 규칙 또는 처분이 헌법이나 법률에 위반되는 여부가 재판의 전제가 된 경우에 대법원은 이를 최종적으로 심사할 권한을 가진다고 함으로써, 명령, 규칙과 처분을 구별하고 있다. 여기서의 명령, 규칙은 법규명령이나 행정규칙으로 해석되고 있다.[31] 더구나 공정거래법 제58조는 단순한 '명령'이 아닌 '법률에 의한 명령'이라

---

28) 정종섭, 헌법학원론(제3판), 2008, 1217쪽.
29) 홍명수, "독점규제법상 행정지도에 의한 카르텔 규제의 법리적 고찰", 경쟁법연구 제21권, 한국경쟁법학회, 2010, 93쪽 이하.
30) 정호열, 경제법(제4판), 2012, 90쪽 이하; 양명조, 경제법강의(제4판), 2006, 278쪽 이하.
31) 정종섭, 헌법소송법, 2014, 240쪽.

고 표현함으로써 법규성을 더욱 강조하고 있다. 따라서 이러한 명문의 규정이나, 전체 법질서와의 조화 등을 생각할 때, '법률에 의한 명령'은 헌법학과 행정법학에서 논의되는 법규명령을 의미한다고 보아야 할 것이다. 이와 관련하여 행정규칙이라도 예외적으로 법규성이 인정되는 법령 보충적 행정규칙이라면, 이 역시 행정법학의 일반적 논의에 따라 '법률에 의한 명령'에서 제외할 이유는 없다.

앞서 본 양 견해의 차이는 가장 결정적으로 행정청의 행정처분 등에 따른 행위에 공정거래법 제58조를 적용하여 공정거래법의 적용제외를 긍정할 것인지 여부인 것으로 보인다. 공정거래법 제58조의 실질적 의미 등을 중시하여 이를 포함하자는 견해는 공정거래법 제58조가 사문화되는 것을 막자는 취지의 견해로서 충분한 설득력이 있는 견해라고 생각한다. 그러나 앞서 본 것처럼, 공정거래법 제58조가 적용된다고 보면, 공정거래법이 아예 적용되지 않는 결과가 된다. 그런데 행정청이 행하는 구체적 사실에 관한 법집행으로서의 공권력의 행사 또는 그 거부와 그 밖에 이에 준하는 행정작용에 따른 행위, 즉 행정청이 구체적 사실관계에 따라 발하는 행정처분 등에 터 잡은 행위에 대하여 아예 공정거래법이 적용되지 않는다고 보는 것은 경제 질서에 관한 기본법인 공정거래법의 위상을 고려할 때, 받아들이기 힘든 견해라고 생각한다.

즉 한마디로 공정거래법 제58조 적용 여부의 실제 의미는 문제가 되는 경쟁제한적 행위를 공정거래법이라는 테이블 위에 놓고 심사를 할 것인지, 말 것인지를 결정하는 것이다. 앞서 본 것처럼 적용제외법이 없는 상태에서 대법원 판례가 제시하는 해석론에 따라서 이러한 결정을 하여야 한다고 본다면, 헌법에서 제시된 경제 질서 확보를 위한 차원의 고려가 옳다고 생각한다. 아울러 법률과 행정처분 사이의 체계적 정합성 이라는 측면에서 볼 때도 그러하다.[32] 반대의

---

[32] 여기에서 등장하는 문제가 바로 행정지도에 따른 행위에 공정거래법 제58조를 적용할 것인지 여부이다. 우리의 적용제외론은 일반론 이외에 행정지도라는 특유의 제도까지 더해져 더 큰 혼란을 겪고 있다. 행정지도의 실체 및 행정법 이론 측면에서의 변화는 최근 들어 매우 두드러지고 있고, 행정법학계에서도 행정지도의 처분성 등을 놓고 여러 견해가 대립되고 있다. 이 부분은 행정법학계의 논의를 비롯하여 최근 논의되는 행정소송법 개정론까지도 참고한 종합적 검토가 필요한 영역이다. 다만 여기서 한 가지 지적하고자 하는 것은 다음과 같다. 즉 행정청은 정책 목적상 필요할 경우 사실상 상대방이 거부할 수 없는 힘을 발휘하여 상대방의 권리의무에 영향을 끼치는 내용으로 일정한 행위 등을 명해 놓고는(상대방에게 의무를 지우거나 권리를 침해하는 내용의 침익적인 것이 많고, 법규명령에 그 근거가 없는 경우가 많다) 상대방이 이를 소송 등을 통해서 다투고자 하면, 법적 강제력이 없는 임의적인 것이므로, 상대방이 이를 따르지 않아도 된다고 주장하면서 행정소송의 대상이 되는 '처분성' 자체를 부정하는 방식을 취해 사법적 통제를 피해 왔다. 그러나 법치행정의 원리를 고려할 때, 상대방에게 불이익을 주고자 한다면, 정식으로 근거 법령 등을 제시하고, 떳떳하게 불복

견해에서 우려하는 공정거래법 제58조의 사문화는 뒤에서 살펴보는 바와 같은 법률 및 법률의 명령에 따른 '정당한 행위'에 관한 적극적 해석론으로 극복되어야 할 것이다. 아울러 공정거래법 제58조의 적용제외를 인정하지 않아 공정거래법의 심사대상으로 삼더라도, 공정거래법상 존재하는 여러 규정, 예를 들어 '부당성'의 문제 내지 책임 문제 등으로 그 구체적 타당성도 얼마든지 담보해 낼 수 있다. 실제 우리 대법원 판례[33]도 그러한 태도에 서 있는 것으로 보이며, 행정지도에 터 잡은 행위에 대하여 공정거래법 제58조에 따른 적용제외가 아닌 부당성 차원에서 판단을 한 것이 있다. 대법원은 "사업자들이 공동으로 가격을 결정하거나 변경하는 행위는 그 범위 내에서 가격경쟁을 감소시킴으로써 그들의 의사에 따라 어느 정도 자유로이 가격 결정에 영향을 미치거나 미칠 우려가 있는 상태를 초래하게 되므로 원칙적으로 부당하고, 다만 그 공동행위가 법령에 근거한 정부기관의 행정지도에 따라 적합하게 이루어진 경우라든지 또는 경제 전반의 효율성 증대로 인하여 친경쟁적 효과가 매우 큰 경우와 같이 특별한 사정이 있는 경우에는 부당하다고 할 수 없다."라고 판단하였다.[34]

(라) 한편 지방자치단체의 조례가 '법률 또는 그 법률에 의한 명령'에 포함되는지 하는 논의가 있고, 위 규정의 해석상 지방자치단체의 조례까지 '법률 또는 그 법률에 의한 명령'에 해당하는 것으로 보기는 어렵다는 견해가 제시되고 있다.[35] 다만 이 경우에 미국 반독점법상 주행위 면책 이론(state action doctrine)을 참고할 수 있되, 기본적으로 주행위 면책 이론은 연방정부와 주정부 사이의 정책의 충돌을 조정하려는 의도와 관련된 것이라는 점에서, 그 이론을 자치단체 조례의

할 수 있는 기회를 준 상태에서 법원의 판단을 받아야 옳지, 행정청이 추구하는 목적만을 달성하고, 이를 다툴 수 있는 기회 자체를 배제하는 것은 현대 행정법 이론상 더 이상 받아들이기 어려운 상황이 되어 가고 있다. 행정지도 부분은 다른 기회에 이를 다루기로 하고, 여기서는 더 이상 언급하지 않도록 하겠다.

33) 대법원 2011. 5. 26. 선고 2008도6341 판결. 즉 이 사건의 경우 공동수급체 구성행위와 관련하여 대법원은 공정거래법 제58조에 따른 적용제외 대상은 아니어서 공정거래법의 심사 대상이라고 본 다음 공동수급체 구성행위의 경쟁제한성을 판단한 결과 부당하지 않다는 취지로 결론을 도출하였다.

34) 대법원 2009. 7. 9. 선고 2007두26117 판결. '컨테이너 운임 적용률 및 운송관리비 징수에 관한 합의' 중 운수회사들이 화주로부터 지급받는 컨테이너 운임의 적용률을 인상하는 내용의 합의 부분은 화물연대 파업사태를 해결하는 과정에서 정부의 행정지도가 있었다고 볼 여지가 있고, 화물연대의 요구사항 중 하나인 하불료를 인상해 주기 위해서는 화물 운수회사들이 화주들로부터 받는 운송료가 인상되어야 하는 등 어느 정도의 수익 증가가 화물 운수회사들에게 필요하다고 보이는 점 등에 비추어, 친경쟁적 효과가 매우 커 공동행위의 부당성이 인정되지 않을 여지가 있다고 한 사례이다.

35) 홍명수, "독점규제법상 행정지도에 의한 카르텔 규제의 법리적 고찰", 경쟁법연구 제21권, 한국경쟁법학회, 2010, 94쪽 이하.

적용제외를 위한 논거로 원용하는 것에는 일정한 한계가 있다는 지적이다.

그러나 이 단계에서의 논의는 형식적 측면에서 조례가 '법률 또는 그 법률에 의한 명령'에 해당하는지 하는 논의이므로, 앞서 본 바와 같은 법률, 법률에 의한 명령과 같은 방향의 이론적 측면에서 이 부분을 살펴보는 것이 옳다고 생각한다. 즉 외국의 이론 등은 다음 단계에서 살펴볼 '정당한 행위' 측면에서 보아야 한다. 그렇게 본다면, 조례는 행정기관인 지방의회에 의하여 제정되는 법으로서 행정입법이라는 측면을 이 단계에서는 주목해야 할 것 같다. 조례 중 행정입법의 성격이 강한 위임조례와 달리 자치조례의 경우에는 조례제정권의 범위와 한계 관련하여 법률유보의 원칙, 법률우위의 원칙상 일부 완화된 기준이 적용되고 있으며,[36] 이에 관하여는 여러 대법원 판결이 선고되어 있다. 따라서 일률적으로 조례가 여기에 포함되는지 여부를 논할 것이 아니라, 문제가 되는 조례의 성격, 내용 등을 종합해서 법규명령으로 볼 수 있는지 여부에 따라 판단하면 충분하다고 생각한다.

(3) 다른 법률 또는 그 법률에 의한 명령에 '따라 행하는 행위'이어야 한다.

(가) 여기서는 앞서 본 요건에서 살펴본 법률 또는 그 법률에 의한 명령에 '따라 행하는 행위'가 문제되는데, 결국 그 범위 내에서 이루어진 행위인지 여부에 의하여 이 부분 요건 충족 여부가 결정될 것으로 보인다.

앞서 본 것처럼 법률 또는 그 법률에 의한 명령이 법규성을 가지는 법률 내지 법규명령이라면, 당연히 그러한 법률 내지 법규명령은 법원 뿐만 아니라, 사업자 및 사업자단체에게도 구속력이 있다. 따라서 그러한 구속력이 있는 법률 또는 그 법률에 의한 명령의 범위 내에서 사업자 및 사업자단체가 행위를 하였다면 이 부분 요건을 충족했다고 보는 것이 옳다.

(나) 대표적으로 이 요건이 문제되는 것은 여러 대법원 판결의 사안에서 나타난 것처럼 '법률 또는 그 법률에 의한 명령'이 있는 것을 기화로 그 범위를 초과하는 형태로 공정거래법에 반하는 행위를 하는 경우이다. 즉 법률 또는 그 법률에 의한 명령에 근거할 경우 일정한 내용까지만 가능함에도 사업자들이 이를 빙자하거나, 일정 부분은 그 범위 내이지만 다른 일정 부분은 그 이상의 내용으로

---

36) 박균성, 행정법론(하) (제10판), 2012, 165쪽 이하.

공정거래법에 반하는 행위를 한다면, 이러한 행위 등을 법률 또는 그 법률에 의한 명령에 '따라 행하는 행위'로 볼 수는 없을 것이다.[37] 다만 그러한 행위가 정당한 행위인지 여부는 다음 단계 심사를 통해 다시 걸러져야 한다.

이 때 사업자 또는 사업자단체의 행위와 관련하여 행정청의 강제성 있는 행위가 있는지 여부도 문제될 수 있으나, 이 부분 요건과 직접 관련은 없다고 생각한다. 즉 사업자 및 사업자단체에게도 구속력이 있는 법률 내지 법규명령인이상, 이를 준수하는 것이 옳다. 따라서 이 자체를 가지고 문제삼기보다는 법률 또는 그 법률에 의한 명령의 범위 내인지를 살피는 것이 필요하다고 생각한다.

(4) 마지막으로 이상의 요건을 모두 충족했다고 하더라도 '정당한 행위'로 평가 받아야만 공정거래법 적용제외 대상이 될 수 있다.

(가) 앞서 본 것처럼 '법률 또는 그 법률에 의한 명령'이 법규성을 가지는 법률 내지 법규명령이라면, 당연히 그러한 법률 내지 법규명령은 법원뿐만 아니라, 사업자 및 사업자단체에게도 구속력이 있으므로, 이러한 '법률 또는 그 법률에 의한 명령에 따라 행해진 행위'는 원칙적으로 적법하다고 보아야만 전체 법질서 간 충돌이 생기지 않으며, 수범자에게도 예측 가능성이 담보된다.

그런데 입법자는 이러한 행위라고 하더라도, 공정거래법 제58조를 통하여 다시 한 번 '정당한 행위'이어야만 공정거래법상 적용제외 대상이 될 수 있음을 천명하였다. 따라서 '정당한 행위'인지 여부는 매우 중요한 문제가 된다.

문제는 위 용어 자체에서 알 수 있듯이, 이 요건은 강학상 논의되는 전형적인 불확정 개념이라는 점이다. 더구나 공정거래법 제58조 자체에서는 무엇이 정당하고 정당하지 않은지에 관하여 판단할 만한 아무런 기준도 제시하지 않고 있다. 특히 우리 공정거래법 제58조의 입법방식과 많은 관련이 있는 일본의 구법에서는 적용제외법을 통하여 나름대로 개별적인 법률을 특정해서 그 범위를 입법적으로 조정해 놓았으나, 우리는 그러한 적용제외법과 같은 구체적 입법도 존재하지 않아, 말 그대로 법관의 판단 영역에 모든 것을 맡겨 놓았다.

엄격한 측면에서 본다면, 명확성의 원칙 등 문제 제기를 할 수도 있는 상황이다. 따라서 이처럼 중요한 조문에 관하여 거의 전적인 판단 권한을 입법자로

---

37) 임영철, 공정거래법, 2007, 540쪽에서도 다른 법령에 의한 행위라 할지라도 그 행위의 내용이 법령에 규정된 범위를 넘어서는 경우에는 공정거래법 적용에서 제외되지 않는다고 한다.

부터 부여받은 법관은 신중하게 이 조문을 해석하여 해석론적 관점에서 누구나 수긍할 수 있는 합리적 기준을 제시한 다음, 그 기준을 적용한 결과 역시도 구체적 타당성을 인정받을 수 있어야 한다.

(나) '정당한 행위'의 해석과 관련하여 살펴보면, 위 조항이 인정하는 적용제외의 범위를 넓게 해석하여 공정거래법이 금지하고 있는 행위들 중에서 다른 법률이나 이에 의한 명령에 따라 행하는 행위는 모두 여기에 해당한다고 해석할 여지도 있고, 반대로 다른 법령에 따른 행위라고 할지라도 특히 합리적인 근거가 있는 행위만이 위 조항에 따라 공정거래법의 적용이 제외된다고 좁게 해석할 여지도 있다.[38]

즉 이와 관련하여 '정당성'을 공정거래법이 관련된 개별 법률 자체에 목적이나 이념에 의해 판단하여야 한다는 견해[39]와 이에 대하여 공정거래법이 우리나라 경제 질서의 기본법이므로 그 실효성을 확보하고 사명을 다할 수 있도록 하기 위해서는 공정거래법의 관점에서 경쟁을 제한하여야 할 합리적인 이유가 있는 경우에 한하여 인정하여야 한다는 견해[40]가 대립된다.[41]

개별 산업의 입장을 주로 대변하는 개별 법률의 목적이나 이념도 중요하지만, 자칫 개별 법률이 추구하는 공익에만 매몰되어서는 시장경제의 기본이 되는 경쟁이 침해될 우려가 있다. 따라서 그러한 경우라고 하더라도, 헌법에 터 잡아 형성된 시장경제 질서유지를 위해 공정거래법의 관점에서 이를 스크린하라는 것이 공정거래법 제58조의 입법취지라고 한다면 후자의 견해가 기본적으로는 타당하다고 생각한다. 다만 이러한 후자의 견해에 따르더라도 공정거래법의 목적만을

---

38) 권오승, 경제법(제6판), 2008, 134쪽.

39) 신현윤, 경제법(제4판), 2011, 136쪽; 김두진, "독점규제법의 적용제외 영역", 상사법연구 제20권 제1호, 2003, 363쪽 이하; 정호열, 경제법(제4판), 2012, 91쪽 이하. 이러한 견해에 서게 되면, 형식적 측면에서 공정거래법과 대등한 효력을 가지는 법률에서 개별 규정을 통하여 공정거래법의 적용을 배제하는 경우(대외무역법 제50조 제1항, 하도급거래 공정화에 관한 법률 제28조 등)와 공정거래법 제58조의 사유는 실질적으로 중복되게 되는 것으로 보인다.

40) 권오승, 경제법(제6판), 2008, 134쪽; 양명조 경제법강의(제4판), 2006, 278쪽; 신동권, 독점규제법, 2011, 1057쪽 이하; 홍명수, "독점규제법상 행정지도에 의한 카르텔 규제의 법리적 고찰", 경쟁법연구 제21권, 한국경쟁법학회, 2010, 95쪽 이하; 권오승 외, 독점규제법(제2판), 2012, 338쪽(이봉의 교수 집필 부분); 이호영, "규제산업과 공정거래법의 적용제외", 법학논총 제23집 제1호, 한양대학교, 2006, 383쪽 이하. 이호영 교수는 이 조항의 입법취지, 모범이 된 일본 독점금지법의 입법례와 법 개정 동향 및 종래의 다수설에 비추어도 이렇게 보아야 한다고 주장한다.

41) 이황, "보험산업에 대한 공정거래법 적용의 범위와 한계", 경쟁법연구 제18권, 한국경쟁법학회, 2008, 348쪽 이하에서는 이러한 견해 대립 자체에 큰 무게를 두지 않고, '정당한 행위'의 의미는 경쟁제한을 인정해야 할 합리적인 이유가 있는 행위를 의미하는 추상적 개념으로 구체적 사건에서 법원의 해석 및 적용에 의하여 구체화될 수 있는 개념이라는 견해도 제시하고 있다.

내세워 개별 산업을 고사시키거나 국제경쟁력을 약화시키는 등 또 다른 공익이 과다하게 침해되지 않도록 개별 법률의 목적이나 이념도 최대한 반영하여 이를 공정거래법 관점에서 합리적으로 해석하는 태도가 바람직하다고 생각한다. 뒤에서 살펴볼 대법원 판례에서 제시된 법리를 살펴보면, 대법원도 후자와 같은 입장으로 보인다.

이상과 같이, 공정거래법 제58조의 요건을 중심으로 해서, 과연 그 요건은 어떻게 해석해야 되는지를 나름대로 상세히 살펴보았다. 그런데 뒤에서 보는 것처럼, 우리 대법원은 이러한 법문과는 약간 다른 각도의 요건을 판례 법리로 제시하면서, 그러한 법리에 따라 공정거래법의 적용제외를 거의 인정하지 않고 있다. 공정거래법 제58조에 관한 대법원 최초 판결을 시작으로 비교적 최근 대법원 판결까지 일별하여 봄으로써 대법원 판례의 태도를 직접 확인해 보고자 한다.

5. 대법원 판례의 태도

(1) 대법원 판례가 제시하고 있는 판단기준

대법원은 일관되게 공정거래법 제58조에 관하여 다음과 같은 판시를 하고 있으며, 이는 공정거래법 여러 분야 중 판례에 따라 확립된 가장 확고한 법리 중 하나이다. 즉 대법원은 일관되게 공정거래법 제58조의 정당한 행위라 함은 (1) 당해 사업의 특수성으로 경쟁제한이 합리적이라고 인정되는 사업 또는 인가제 등에 의하여 사업자의 독점적 지위가 보장되는 반면 공공성의 관점에서 고도의 공적규제가 필요한 사업 등에 있어 (2) 자유경쟁의 예외를 구체적으로 인정하고 있는 법률 또는 그 법률에 의한 명령의 범위 내에서 행하는 (3) 필요·최소한의 행위를 말한다고 하고 있다.

이에 따르면 공정거래법 제58조에서 말하는 법령에 따른 정당한 행위가 되기 위해서는 위 요건을 모두 충족하여야 한다. 그런데 앞서 상세히 살펴본 공정거래법 제58조의 법문상 요건과 대법원 판례가 제시하는 요건 사이에는 일정한 차이가 있다. 즉 공정거래법 제58조에 관한 문언적 해석으로는 도출되지 아니하는 일부 요건들이 있다. 그러한 분석 및 평가에 앞서 중요 대법원 판결을 먼저 살펴본다.

(2) 중요 대법원 판결[42]

■ 대법원 1997. 5. 16. 선고 96누150 판결

가) 사 안

원고협회(대한법무사협회)와 한국주택은행은 집단등기사건이 대하여 법무사들 간에 수임경쟁이 치열하여 한국주택은행이 특정 법무사에게 집단등기사건을 위임하고 그 대가를 요구함으로써 비리가 만연하게 되자, 이를 시정하기 위하여 한국주택은행의 담보권이 수반되는 150세대를 초과하는 민간건설주택에 대한 소유권이전등기 등 집단등기사건을 법무사들에게 공평하게 수임기회가 제공될 수 있도록 정해진 순번에 의하여 지방법무사회 회장이 추천하는 법무사에게 위임하여 처리하도록 합의함.

원고협회는 1992. 11. 27. 집단등기사건 수임업무처리규정을 제정하여, 집단등기사건의 범위를 정해 두고서 집단등기사건의 위촉기관과 협의를 거쳐 위촉기관의 추천의뢰에 따라 소속 법무사로 하여금 순차적으로 집단등기사건을 수임하도록 함.

또한 원고협회와 협의를 거치지 아니한 입주자대표회 등의 단체에서 자체 법무사 선임을 원하는 경우에도 소속 법무사가 이를 임의로 수임할 수 없도록 하고, 더욱이 지방법무사회가 운영경비 조달의 범위를 넘어서 집단등기사건의 보수액 중 일부를 징수하여 공동 분배하도록 함.

공정거래위원회는 원고 협회가 위 규정을 제정, 시행하여 수임법무사를 선정하고 특별회비를 징수하는 것은 공정거래법 제26조 제1항 제3호에 위반된다는 이유로 시정명령을 함.

나) 판 단

공정거래법 제58조는 이 법의 규정은 사업자단체가 다른 법률 또는 그 법률에 의한 명령에 따라 행하는 정당한 행위에 대하여는 이를 적용하지 아니한다고 규정하고 있는바, 위 조항에서 말하는 법률은 당해 사업의 특수성으로 경쟁제한이 합리적이라고 인정되는 사업 또는 인가제 등에 의하여 사업자의 독점적 지위

---

42) 대법원 판결에 따라서는 사안, 판단 이외에 원고의 상고이유, 원심의 판단, 관계 법령을 기재한 것도 있다.

가 보장되는 반면 공공성의 관점에서 고도의 공적규제가 필요한 사업 등에 있어서 자유경쟁의 예외를 구체적으로 인정하고 있는 법률 또는 그 법률에 의한 명령의 범위 내에서 행하는 필요최소한의 행위를 말하는 것임.

법무사법이 부당한 사건위촉의 유치금지(제22조), 성실의무·품위 보전의무·회칙 준수의무(제27조), 회비 분담의무(제28조) 등에 관하여 규정하고 있다고 하여도 집단등기사건을 자유롭게 수임하는 것을 제한함으로써 자유로운 경쟁을 저해하고 있음이 분명한 이 사건 집단등기사건 수임업무 처리규정의 제정과 그 시행은 공정거래법 제58조에 규정되어 있는 정당한 행위에 해당한다고 할 수 없음.

■ 대법원 2005. 8. 19. 선고 2003두9251 판결

가) 사 안

부산광역시 치과의사회가 부산광역시의 치과기공사회와 사이에 각 실무협의회 소속 회원을 통하여 치과기공물의 가격에 관한 가이드라인을 정한 다음 대표자의 추인을 받아 대표자 명의로 회원들에게 위 가이드라인에 대한 안내문을 발송함.

피고는 위 행위가 공정거래법 제26조 제1항 제1호에서 정한 사업자단체에 의한 가격결정행위에 해당한다고 보아 시정명령, 공표명령 및 과징금 납부명령을 함.

나) 판 단

의료기사 등에 관한 법률 제3조, 제22조 및 그 시행령 제2조, 제13조 등은 의료기사 등의 업무범위와 한계, 품위를 현저히 손상시키는 행위 등에 대한 자격정지에 관한 규정일 뿐 자유경쟁의 예외를 구체적으로 인정하고 있는 법률이라고 볼 수 없으므로, 이 사건 행위가 공정거래법 제58조에 규정된 법령에 따른 정당한 행위에 해당한다고 할 수 없음.

■ 대법원 2006. 11. 23. 선고 2004두8323 판결

가) 사 안

원고 손해보험협회 및 10개 손해보험회사들은 ① 1997. 11. 25. 회의를 통해 '기타 응급조치서비스'를 1998. 1. 1.부터 폐지하기로 결의하고 실행하였으며, ②

2000. 11. 1.부터 2001. 3. 1. 사이에 '5개 주요 긴급출동서비스' 중 긴급견인 및 비상급유서비스를, 2001. 4. 1.부터 2001. 6. 1. 사이에는 '5개 주요 긴급출동서비스' 중 나머지 3개 서비스를 폐지하고 유료화함.

피고는 ① 행위는 공정거래법 제19조 제1항 제2호에 위반하는 공동행위이고 ② 행위는 제19조 제5항에 의하여 제19조 제1항 제2호에 위반되는 공동행위라고 보아 시정조치 및 과징금 부과처분을 함.

나) 원고들의 상고이유

원고들이 구 보험업법 제17조의 규정에 의하여 재경원장관의 인가를 받아 체결한 공동행위를 위한 상호협정 제4조에 의거하여 이 협정과 관련된 유권해석 및 세부적용기준을 결정할 수 있었던 '공정경쟁질서 확립 대책위원회'가 1997. 11. 25. 개최된 제3차 위원회에서 기타 응급조치 서비스가 특별이익에 해당한다고 유권해석하여 이를 중지하기로 결정한 것임.

따라서 이는 상호협정에 의거한 정당한 행위이고 구 보험업법 제17조의 취지에도 부합하는 것으로 결국 경쟁제한적인 효과가 없음.

다) 판 단

원심은 채택 증거를 종합하여 판시와 같은 사실을 인정한 다음, 원고 대한손해보험협회(이하 '손해보험협회'라 한다)와 그 구성원인 원고 손해보험회사들이 1997. 11. 25. 제3차 공정경쟁질서 확립 대책위원회 및 사장단회의에서 위 긴급출동 서비스 중에서 1998. 1. 1. 신규계약분부터 자동차종합보험, 장기보험의 5개 주요 긴급출동 서비스를 제외한 '기타 응급조치' 서비스를 전면 폐지하기로 합의한 것은 상품의 거래조건에 관한 경쟁을 실질적으로 제한하는 행위로서 부당한 공동행위에 해당한다고 판단함.

한편 무료 긴급출동 서비스가 위 보험업법 제156조 제1항 제4호에서 금지하는 특별이익 제공에 해당하지 않는 이상, 무료 긴급출동 서비스의 하나인 '기타 응급조치' 서비스를 폐지한 행위가 위법행위를 시정하기 위하여 행한 행위로 볼 수 없고, 보험감독원장은 1997. 9. 19. 원고 손해보험협회에 업계자율로 보험계약자 서비스와 특별이익 제공행위를 구분할 수 있는 기준을 설정할 필요가 있다고 지적한 것이지 구 보험업법(1998. 1. 13. 법률 제5500호로 개정되기 전의 것) 제181조에 기하여 무료 긴급출동 서비스가 특별이익 제공에 해당하여 폐지하도록 명령하거나 행정지도를 한 것이 아니므로 원고들의 '기타 응급조치' 서비스 폐지 합의가 법 제58조에 의한 '사업자 또는 사업자단체가 다른 법률 또는 그 법률에 의한 명령에 따라 행하는 정당한 행위'에 해당한다고 할 수 없다고 봄.

나아가 위 보험업법 제17조가 보험사업자에게 그 사업에 관한 공동행위를 하기 위한 상호협정을 허용한 취지는 보험사업자가 자율적으로 건전한 보험거래질서를 확립할 수 있도록 하기 위함이므로 위 상호협정의 특별이익 제공금지에 관한 세부적용기준에 의거한 공동행위라 하더라도 이러한 보험업법의 취지에 부합하지 않는 공동행위는 허용되지 않는다 할 것이므로, 원고들의 '기타 응급조치' 서비스 폐지의 합의가 특별이익 제공에 해당하지 않는 보험계약의 거래조건에 관한 것으로서 자동차손해보험의 거래조건에 관한 경쟁을 제한하는 행위에 해당하는 이상 위 보험업법 제17조에 따라 행하는 정당한 행위로서 법 제58조에 해당한다고 할 수 없다는 취지로 판단함.

앞서 본 법리, 관계 법령과 기록에 비추어 살펴보면 원심의 위와 같은 사실인정과 판단은 정당함.

■ 대법원 2007. 1. 11. 선고 2004두3304 판결

가) 사 안

원고(한국수자원공사)는 2000. 9. 19. 예정가격 508,000,000원의 시화지구 개발사업 군대체시설공사 책임감리용역을 원고가 한국도로공사, 대한주택공사 및 한국토지공사와 공동으로 출자하여 설립한 주식회사 한국건설관리공사에게 수의계약을 통해 459,000,000원(예정가격 508,000,000원 대비 90.4%)에 발주함.

나) 원심의 판단

원고는 1999. 3. 1. 정부의 공기업경영혁신계획에 따라 원고 및 대한주택공사, 한국토지공사, 한국수자원공사의 자회사이던 4개 감리공단을 통합하여 건설관리공사를 출범시키고 인력을 감축하는 등 강도 높은 구조조정을 하면서 2001년 상반기 중으로 이를 민영화하려고 계획 중이었음.

그런데 수의계약을 전면적으로 중단하는 경우 입찰참가자격 심사 시 평가점수가 낮은 건설관리공사는 일반경쟁에 의한 수주가 어려우므로 그 수지가 급격히 악화되어 민영화를 원만히 추진할 수 없게 된다고 판단함.

이에 정부투자기관회계규칙 제15조 제2호 (라)목에 따른 승인을 신청하여,

2000. 4. 4. 건설교통부장관으로부터 "원고 및 한국도로공사, 대한주택공사 및 한국토지공사의 사장은 정부의 공기업 경영혁신계획에 따라 원활한 민영화를 추진하기 위하여 필요하다고 판단되는 경우 출자회사인 건설관리공사와 건설공사의 감리 및 설계용역의 일부에 대해 계약을 체결하는 때에는 수의계약에 의할 수 있다."라는 내용의 승인을 받고, 이 사건 책임감리용역을 수의계약으로 발주하게 됨.

위와 같이 원고가 주무부장관의 승인을 받고 이 사건 책임감리용역을 수의계약으로 발주한 것이라면 피고로서는 주무부장관의 승인과 지시가 공정한 거래질서나 경쟁구도의 정착에 어긋나는 결과는 가져온다는 점을 지적하여 건설교통부장관과의 협의에 의하여 이를 시정토록 도모함은 별론으로 하고, 주무부장관의 승인에 따라 이루어진 위 계약을 부당지원행위라고 하여 원고에게 시정조치와 과징금의 납부를 명하는 것을 온당하다고 할 수 없음.

이는 결국 법령에 따른 정당한 행위로서 공정거래법 제58조에 의하여 제23조의 적용이 배제된다고 보아야 함.

다) 대법원의 판단

정부투자기관관리기본법 제20조가 자유경쟁의 예외를 구체적으로 인정하고 있는 법률이라고 볼만한 사정이 없는 이상(수의계약에 의한 부당지원행위를 허용하는 취지의 내용이 아님), 위 법 제20조의 위임에 따른 재정경제부령인 정부투자기관회계규칙 제15조 제2호 (라)목의 규정에 의하여 건설교통부장관의 승인에 따른 이 사건 수의계약에 의한 감리용역 발주행위가 공정거래법 제58조에서 말하는 법률 또는 그 법률에 의한 명령에 따른 정당한 행위에 해당하지 아니함.

■ 대법원 2007. 12. 13. 선고 2005두5963 판결

가) 사 안

원고 현대자동차는 2001. 2. 23. 쎄앤씨캐피탈 등 5개사로부터 아이앤아이스틸 주식회사의 주식 830만주를 1주당 5,100원[전일 증권거래소 종가인 1주당 4,800원에 경영권 프리미엄으로 1주당 300원을 더한 가격]에 매입한 다음 2001. 3. 6. 이를 다시 원고 기아자동차에 시간외 종가매매를 통하여 1주당 4,830원(= 시가, 경영권 프리미엄 해당분을 제외한 금액)에 매각하였음.

공정거래위원회는 위 행위가 결과적으로 원고 기아자동차로 하여금 원고 현

대자동차로부터 자금을 지원받은 것과 같은 효과를 발생시켜 원고 기아자동차에 과다한 경제상 이익을 제공한 지원행위이고, 원고 기아자동차의 경영상태 등에 비추어 보면 이 사건 주식매매행위는 지원객체인 원고 기아자동차로 하여금 자금력을 제고시키고 이로 인해 경쟁사업자에 비해 경쟁조건이 유리하게 되거나 시장에서의 유력한 사업자로서의 지위를 형성·유지·강화시킬 수 있게 해 줌으로써 공정하고 자유로운 경쟁을 저해할 우려가 있는 부당한 행위에 해당한다고 보아 시정명령 및 과징금 납부명령을 함.

나) 판 단

원고 현대자동차는, 이 사건 주식을 시가로 매도한 것은 법인세법상 부당행위가 되는 것을 면하기 위한 것이어서 이 사건 주식매매행위가 설사 부당지원행위가 된다 하더라도 이는 공정거래법 제58조 소정의 정당한 행위로서 위법성이 조각된다고 주장함.

법인세법 제52조에 의한 부당행위계산의 부인제도는 법인이 특수관계자와 거래를 함에 있어서 경제적 합리성을 무시함으로써 당해 법인의 소득에 대한 조세의 부담을 부당히 감소시킨 것으로 인정되는 경우에 조세당국이 법인의 행위 또는 소득금액의 계산에 불구하고 객관적으로 타당한 소득이 있었던 것으로 보아 그 소득금액을 다시 계산하여 과세하는 제도임.

부당행위계산 부인의 법리는 공정거래법 제23조 제1항 제7호 소정의 지원행위와 그 제도의 취지 및 판단 기준 등을 달리하는 것이고, 공정거래법 제58조 소정의 정당한 행위라 함은 당해 사업의 특수성으로 경쟁 제한이 합리적이라고 인정되는 사업 또는 인가제 등에 의하여 사업자의 독점적 지위가 보장되는 반면, 공공성의 관점에서 고도의 공적규제가 필요한 사업 등에 있어 자유경쟁의 예외를 구체적으로 인정하고 있는 법률 또는 그 법률에 의한 명령의 범위 내에서 행하는 필요·최소한의 행위를 말하는 것임.

따라서 부당행위계산 부인에 관한 법인세법 제52조 등을 공정거래법 제58조가 규정하고 있는 자유경쟁과 관련된 법령으로 볼 수 없는 이상, 설령 사업자가 법인세법 제52조 등에 따른 불이익을 피하기 위한 목적으로 주식의 매매가격 등을 결정하였다고 하더라도, 이러한 주식의 매매가격에 따른 주식매매 행위가 공정거래법 제58조 소정의 정당한 행위에 해당한다고 할 수는 없음.

■ 대법원 2008. 12. 24. 선고 2007두19584 판결

가) 사 안

원고(KT), 데이콤, 온세통신, 하나로는 유선전화 서비스, 인터넷 전용회선 서비스 등 유선통신업을 영위하는 사업자임.

원고 등은 2002. 8. 19. 동일한 형태의 시외전화 맞춤형 정액요금제 상품을 공동으로 출시하여 사업자간 요금경쟁 및 가입자 유치경쟁을 최소화하기로 합의하고, 그 이후 2002년 9월경 세부 협의를 거쳐 원고의 시외전화 맞춤형 정액요금제 상품과 동일한 내용으로 된 상품을 순차 출시하기로 합의함.

원고 등은 2004. 6. 24. 사업자별 적정 시외전화 사전선택제 가입자 수 분할 및 확보 협조, 하나로의 최저요금제 적용 철회(온세통신의 수준 유지), 번들상품의 출시 금지 등을 내용으로 합의함.

피고는 2002년 합의 및 2004년의 합의 중 시외전화 요금과 관련된 각 합의는 공정거래법 제19조 제1항 제1호, 시외전화 사전선택제 가입자 수 분할 및 상호협조와 관련된 행위는 공정거래법 제19조 제1항 제3호, 번들상품 출시금지와 관련된 행위는 공정거래법 제19조 제1항 제6호에서 각 규정하고 있는 부당한 공동행위에 해당한다는 이유로 시정명령 및 과징금 납부명령을 함.

나) 판 단

원심은 그 채택 증거를 종합하여 그 판시와 같은 사실을 인정한 다음, 이 사건 시외전화 사업이 그 특수성으로 인하여 경쟁제한이 합리적이라고 인정되는 사업 또는 인가제 등에 의하여 사업자의 독점적 지위가 보장되는 사업이라고 할 수 없는 점, 원고가 행정지도의 근거로 들고 있는 전기통신사업법(2008. 2. 29. 법률 제8867호로 개정되기 전의 것) 제34조 제2항이 자유경쟁의 예외를 구체적으로 인정하고 있는 법률에 해당한다고 볼 만한 사정이 없는 점, 원고는 정보통신부 담당공무원으로부터 접속료 부담문제에 관한 행정지도를 받게 되자 이를 이용하여 시외전화 맞춤형 정액요금제 상품을 출시하기로 하는 등 위 행정지도의 범위를 벗어나는 별도의 내용으로 이 사건 2002년 합의를 한 점 등의 이유를 들어, 이 사건 2002년 합의가 공정거래법 제58조에서 말하는 '법률 또는 그 법률에 의한 명령에 따른 정당한 행위'에 해당하지 않는다고 판단함.

위 법리 및 기록에 비추어 보면, 원심의 이러한 사실인정과 판단은 정당함.

■ 대법원 2009. 7. 9. 선고 2007두22078 판결

가) 사 안

원고는 2005. 11. 2. 남해화학 등 10개 비료제조회사의 영업담당 임원 및 책임자들과 함께 '06년 화학비료 사업추진 관련 업무협의회를 개최하여, 다음 년도 식량작물용 화학비료 구매납품계약의 방향과 관련하여 비료 제조회사들의 화학비료 개별 시판을 불허하고, 이를 위반하는 경우 일방적으로 계약해지 및 가격을 인하하겠다는 방침을 통보함.

원고는 2006. 1. 남해화학 등 13개 비료 제조회사들과 사이에 아래와 같은 내용으로 '06년 화학비료 구매납품계약을 체결함.

BB(Bulk Blending) 비료에 대하여는 원고와 전속거래 하도록 약정함. 기타 식량작물용 화학비료에 대하여는, ① 비료제조회사들이 원고가 정한 비종별 대농민 공급기준가격을 조정하여 일반에 시판할 경우, 원고는 사전 통보 없이 비료제조회사로부터 공급받는 식량작물용 화학비료의 구매가격을 임의로 조정할 수 있도록 약정하고, ② 비료제조회사들이 원고와 사이에 전속 계약된 비료종류를 일반에 자체 시판할 경우, 원고는 비료제조회사와 계약된 모든 비종에 대하여 계약을 해지할 수 있도록 약정함.

피고는, 원고가 식량작물용 화학비료 유통시장에서의 시장지배적 사업자의 지위를 이용하여 경쟁사업자와 거래하지 아니할 것을 조건으로 거래상대방과 거래함으로써 거래상대방의 거래처 선택의 자유를 제한함과 동시에 구매 및 유통경로의 독점을 통한 경쟁사업자의 시장진입과 확대를 봉쇄하였고, 또한 경쟁사업자와 거래하지 아니할 조건으로 매년 일괄구매계약을 통하여 전량 납품받음에 따라 시장에서의 자유로운 경쟁을 부당하게 제한하였으므로, 이 사건 행위는 공정거래법 제3조의2 제1항 제5호 및 법 시행령 제5조 제5항 제2호에 해당한다고 보아, 2007. 1. 25. 시정명령 등을 하였음.

나) 판 단

구 농업협동조합법(2007. 8. 3. 법률 제8635호로 개정되기 전의 것) 제134조 제1항 제2호 (가)목은, "원고가 그 목적 달성을 위하여 회원을 위한 구매·판매·제조·가공 등의 사업의 전부 또는 일부를 행한다."라고 규정함. 그러나 위 조항은, 식량작물용 화학비료 구매사업을 경쟁제한이 합리적이라고 인정되는 사업이

라거나, 원고의 독점적 지위를 보장하거나, 고도의 공공적 규제가 필요하여 자유경쟁의 예외를 구체적으로 인정하는 내용으로 규정하고 있지 아니함.

식량작물용 화학비료 구매사업이 사업의 특수성으로 경쟁제한이 합리적이라고 인정되는 사업 또는 인가제 등에 의하여 사업자의 독점적 지위가 보장되는 사업이라고 볼 수도 없음.

구 비료관리법(2007. 8. 3. 법률 제8591호로 개정되기 전의 것) 제7조는 "① 농림부장관은 비료의 수급조절과 가격안정을 위하여 필요하다고 인정할 때에는 농업협동조합법에 의한 농업협동조합중앙회로 하여금 비료를 공급하게 할 수 있다. ② 농업협동조합중앙회는 제1항의 규정에 의하여 비료를 공급하는 경우에 농림부장관이 정하는 바에 의하여 이를 관리하여야 하며, 비료의 멸실·훼손·성분 저하 및 포장의 파손 등의 사고가 발생한 때에는 그 손실액을 제8조의 규정에 의한 비료계정에 전액 배상하여야 한다. 다만, 천재·지변 기타 불가항력의 사유로 인하여 손실이 발생한 경우에는 농림부장관이 사고 당시의 제반사정을 참작하여 배상금액을 감면할 수 있다."라고 규정함.

그러나 같은 법 제8조 제1항은 "농업협동조합중앙회가 제7조의 규정에 의하여 비료를 공급하는 경우에는 자체의 경리와 구분하여 비료계정을 따로 설치·운영하여야 한다."라고 규정하고 있음. 위 제7조는 단지 원고로 하여금 국가가 공급하는 비료의 중개 역할을 맡도록 규정하고 있는 것으로 보이고, 따라서 위 제7조를 자유경쟁의 예외를 구체적으로 인정하고 있는 법률 조항으로 보기 어렵다고 할 것임.

오히려 정부는 정부 주도의 비료 판매체제에서 점차 탈피하여 자유경쟁체제를 도모하고 있는 상황임.

■ 대법원 2011. 5. 26. 선고 2008도6341 판결

가) 사 안

피고인들이 서울지하철 7호선의 연장공사와 관련하여 특정 공구 입찰을 위하여 경쟁사업자와 공동수급체(컨소시엄)를 구성함.

나) 관계 법령

• 국가를 당사자로 하는 계약에 관한 법률

제25조 (공동계약)

① 각 중앙관서의 장 또는 계약담당공무원은 공사·제조 기타의 계약에 있어 필요하다고 인정할 때에는 계약상대자를 2인 이상으로 하는 공동계약을 체결할 수 있다.

• 국가를 당사자로 하는 계약에 관한 법률 시행령

제72조 (공동계약)

② 각 중앙관서의 장 또는 계약담당공무원이 경쟁에 의하여 계약을 체결하고자 할 경우에는 계약의 목적 및 성질상 공동계약에 의하는 것이 부적절하다고 인정되는 경우를 제외하고는 가능한 한 공동계약에 의하여야 한다.

③ 각 중앙관서의 장 또는 계약담당공무원은 제2항의 규정에 의한 공동계약의 경우 추정가격이 50억원 미만(2003년 12월 31일까지는 78억원 미만)이고 건설업 등의 균형발전을 위하여 필요하다고 인정하는 때에는 공사현장을 관할하는 특별시·광역시 및 도에 주된 영업소가 있는 자 중 1인 이상을 공동수급체의 구성원으로 하여야 한다. 다만, 당해 지역 안에 공사의 이행에 필요한 자격을 갖춘 자가 10인 미만인 경우에는 그러하지 아니하다.

• 공동도급계약운영요령(회계예규 2200.04-136-11, 04.8.16)

제7조 (책임)

① 계약담당공무원은 공동수급체 구성원으로 하여금 발주자에 대한 계약상의 시공, 제조, 용역의무이행에 대하여 연대하여 책임을 지도록 하여야 한다. 다만, 별첨 2에 의한 분담이행방식에 의한 경우에는 그러하지 아니하다.

제8조 (입찰공고)

① 계약담당공무원은 입찰공고 시 시행령 제72조 제2항의 규정에 의하여 동일현장에 2인 이상의 수급인을 투입하기 곤란하거나 긴급한 이행이 필요한 경우 등 계약의 목적·성질상 공동도급계약에 의함이 곤란하다고 인정되는 경우를 제외하고는 가능한 한 공동도급계약이 가능하다는 뜻을 명시하여야 한다.

② 계약담당공무원은 시행령 제72조 제1항 또는 제3항의 규정에 의한 공동도급계약의 이행방식과 공동수급체 구성원의 자격제한 사항을 입찰공고에 명시하여야 한다.

제9조 (공동수급체의 구성)

① 계약담당공무원은 공동수급체 구성원으로 하여금 각각 또는 공동으로 당해 계약을 이행하는데 필요한 면허·허가·등록 등의 요건을 갖추게 하여야 한다.

④ 계약담당공무원은 공동수급체구성원이 동일 입찰 건에 대하여 공동수급체를 중복적으로 결성하여 입찰에 참가하게 하거나, 시행령 제72조 제3항의 규정에 의한 공동계약의 경우 독점규제 및 공정거래에 관한 법률에 의한 계열 회사 간에 공동수급체를 구성하게 하여서는 아니 된다.

다) 판 단

국가를 당사자로 하는 계약에 관한 법률(이하 '국가계약법'이라 한다) 제25조 제1항, 국가계약법 시행령 제72조 제2항의 내용은 계약담당공무원 등이 계약상대자를 2인 이상으로 하는 공동계약을 체결하는 것이 가능하고 가급적 이를 원칙으로 한다는 것에 불과하므로, 이는 피고인들과 같이 공동수급체를 구성하여 입찰에 참가하는 것을 가능하게 하는 규정이 될 뿐이지 사업자의 독점적 지위가 보장되는 반면 공공성의 관점에서 고도의 공적규제가 필요한 사업 등에 있어 자유경쟁의 예외를 구체적으로 인정하고 있는 규정이라고 볼 수 없어, 이 사건 공동수급체 구성행위가 공정거래법 제58조에 규정된 '법령에 따른 정당한 행위'에 해당하지 않음.

국가계약법 제25조 제1항은 "각 중앙관서의 장 또는 계약담당공무원은 공사·제조 기타의 계약에 있어 필요하다고 인정할 때에는 계약상대자를 2인 이상으로 하는 공동계약을 체결할 수 있다."라고 규정하고 있고, 국가계약법 시행령 제72조 제2항은 "각 중앙관서의 장 또는 계약담당공무원이 경쟁에 의하여 계약을 체결하고자 할 경우에는 계약의 목적 및 성질상 공동계약에 의하는 것이 부적절하다고 인정되는 경우를 제외하고는 가능한 한 공동계약에 의하여야 한다."라고 규정하고 있으므로, 비록 공정거래법 제58조에 규정된 법령에 따른 정당한 행위에는 해당하지 않더라도, 국가를 당사자로 하는 계약에서 공동수급체를 구성하는 행위 그 자체가 위법한 것은 아님.

한편 여러 회사가 공동수급체를 구성하여 입찰에 참가하는 경우 해당 입찰시장에서 경쟁자의 수가 감소되는 등으로 경쟁이 어느 정도 제한되는 것은 불가피하나, 사실상 시공실적, 기술 및 면허 보유 등의 제한으로 입찰시장에 참여할 수 없거나 경쟁력이 약한 회사의 경우 공동수급체 구성에 참여함으로써 경쟁능력을 갖추게 되어 실질적으로 경쟁이 촉진되는 측면도 있음. 나아가 공동수급체의 구성에 참여한 회사들로서는 대규모 건설공사에서의 예측 불가능한 위험을 분산시키고 특히 중소기업의 수주 기회를 확대하며 대기업의 기술이전을 받을 수 있을 뿐만 아니라, 도급인에게는 시공의 확실성을 담보하는 기능을 하는 등 효율성을 증대하는 효과도 가지고 있다고 볼 것임. 또한 원심판결 이유에 의하면, 서울특별시 및 인천광역시로부터 이 사건 각 공구에 대한 입찰의 실시를 의뢰받은 조달청은 이 사건 각 입찰공고에서 공동수급체의 구성을 통한 공동계약이 가능하다는 점을 명시하였고, 공사현장을 관할하는 지역에 주된 영업소가 있는 업체가 포함된 공동수급체에 대하여는 가산점까지 부가하였음을 알 수 있음.

그렇다면 원심으로서는 이 사건 각 공동수급체 구성행위의 경쟁제한성 유무를 판단함에 있어서 앞에서 본 사정들과 함께, 당해 입찰의 종류 및 태양, 공동수급체를 구성하게 된 경위 및 의도, 공동수급체 구성원들의 시장점유율, 공동수급체 구성원들이 아닌 경쟁사업자의 존재 여부, 당해 공동수급체 구성행위가 입찰 및 다른 사업자들과의 경쟁에 미치는 영향 등을 제대로 심리하여 당해 공동수급체의 구성행위로 입찰에서의 경쟁이 감소하여 낙찰가격이나 기타 거래조건 등의 결정에 영향을 미치거나 미칠 우려가 있는지 여부를 판단했어야 함.

그럼에도 원심은 그 판시와 같은 이유만을 들어 이 사건 각 공동수급체의 구성행위가 경쟁제한성을 가진 부당한 공동행위에 해당한다고 단정하고 말았으니, 이러한 원심판결에는 공동수급체 구성행위의 경쟁제한성에 관한 법리를 오해하여 판결에 영향을 미친 위법이 있음.

■ 대법원 2011. 4. 14. 선고 2009두7844 판결

가) 사 안

은행 등이 수출환어음 매입이자 계산방식 변경에 따른 수익감소를 보전하기 위하여 건당 20,000원의 매입수수료를 신설하기로 합의하고 그에 따라 차례로 매입수수료를 신설함.

나) 판 단

이 사건 공동행위는 원고 등의 수출환어음 매입수수료 시장에서의 시장 점유율이 63% 이상인 점, 은행별로 매입수수료의 신설 시기에 일부 차이가 있기는 하나 이는 합의의 순차적인 이행과정으로 보기에 충분하고, 매입수수료를 동일한 액수로 정한 점 등에 비추어 보면 매입수수료의 신설이 환가료 등의 계산방식 변경에 따른 손실보전 차원에서 이루어진 것이라고 하더라도 이 사건 공동행

위로 인해 독자적으로 매입수수료를 정하여 시행하는 경우에 발생하는 고객이탈 등의 사업자 간 경쟁요소가 제거되어 시장에서의 가격결정에 영향을 미친다고 볼 수밖에 없으므로 경쟁제한성이 있음.

이 사건 공동행위가 정당행위이거나 또는 그 위법성이 조각된다는 원고의 주장에 대해서는 금융감독원이 위와 같은 기간 계산방식을 '양편 넣기'에서 '한편 넣기'로 개선할 것을 요청하였을 뿐 그로 인한 매입수수료의 신설이나 그 수수료율에 관하여 구체적인 지시나 권고를 한 사실을 인정할 증거가 없으므로 이 사건 공동행위가 금융감독원의 행정지도에 따른 행위라고 볼 수 없고, 또한 이 사건 공동행위는 금융감독원의 정책이나 시행방침이 확정된 후에 이루어진 것일 뿐 그와 같은 정책에 영향을 끼치려는 의도로 한 것이 아니므로 청원권을 행사한 행위에도 해당하지 않음.

■ 대법원 2012. 5. 24. 선고 2010두375 판결

가) 사 안

보험회사들이 단체상해보험상품의 영업보험료 할인 등을 합의한 것이 가격결정 등에 관한 부당한 공동행위에 해당한다는 이유로 공정거래위원회가 시정명령 등을 함.

나) 판 단

금융감독원이 단체보험시장에서 보험료율 적용방식이나 과도한 할인·환급 등으로 인한 문제점을 인식하고 그 대책을 마련하기 위하여 보험사들의 의견을 청취한 사실 등이 인정됨. 금융감독원이 이와 같은 의견청취 절차 등을 통하여 이 사건 합의에 관여하기는 하였으나 보험사들로 하여금 이 사건 합의를 할 것을 직접적이고 구체적으로 지시하였다고 할 수 없고, 금융감독원의 보험사들에 대한 감독의 근거가 되는 보험업법의 해당 규정들이 자유경쟁의 예외를 구체적으로 인정하고 있는 법률 등에 해당한다고 볼 수도 없으므로, 이 사건 합의가 공정거래법 제58조에 규정된 법령에 따른 정당한 행위에 해당하지 않음.

정부의 정책 또는 법집행에 영향력을 행사하기 위한 사업자의 행위가 헌법상의 표현의 자유 및 청원권의 행사로 인정된다는 이유만으로 공정거래법의 적용이 배제될 수 없을 뿐만 아니라, 이 사건 합의가 금융감독원의 정책에 영향을 끼치려는 의도 아래 이루어진 것이라고 볼 수도 없다는 이유 등을 들어, 이 사

건 합의에 공정거래법이 적용되지 않는다는 원고의 주장을 배척한 원심의 이와 같은 판단은 정당함.

■ 대법원 2014. 5. 16. 선고 2012두5466 판결

가) 사 안

미국, EU, 호주, 뉴질랜드 등의 경쟁당국에서 일제 집행에 나선 유류할증료에 관한 국제카르텔 사건임.

각국의 항공화물 운송사업자들이 2003년부터 2007년까지 각 항공화물 운송운임에 유류할증료를 도입하고 이후 그 적용단계를 변경하는 것을 합의하는 부당한 공동행위를 함.

나) 판 단

구 항공법(2007. 12. 21. 법률 제8787호로 개정되기 전의 것, 이하 '구 항공법'이라 한다) 제117조 제1항은 "국제항공노선을 운항하는 정기항공운송사업자는 당해 국제항공노선에 관련된 항공협정이 정하는 바에 따라 국제항공노선의 여객 또는 화물의 운임 및 요금을 정하여 건설교통부장관의 인가를 받거나 건설교통부장관에게 신고하여야 한다."고 규정하고 있고, 「대한민국 정부와 일본국 정부 간의 항공업무를 위한 협정」 제10조 제2항은 각 특정노선 및 동 노선의 구간에 대한 운임에 관하여 관계 지정항공사 간에 합의를 보아야 하고, 그러한 합의는 가능하다면 국제항공운수협회의 운임결정기구를 통하여 이루어져야 하며, 이렇게 하여 합의된 운임은 양 체약국 항공당국의 승인을 받아야 한다고 규정하고 있음(「대한민국 정부와 홍콩 정부 간의 항공업무에 관한 협정」 제7조도 이와 유사하게 규정하고 있다. 이 협정과 앞서 본 「대한민국 정부와 일본국 정부 간의 항공업무를 위한 협정」을 합하여 '항공협정'이라 함).

한편 구 항공법 제121조 제1항 본문은 "정기항공운송사업자가 다른 항공운송사업자(외국인 항공운송사업자를 포함한다)와 공동운항협정 등 운수에 관한 협정을 체결하거나 운항일정·운임·홍보·판매에 관한 영업협력 등 제휴에 관한 협정을 체결하는 경우에는 건설교통부령이 정하는 바에 의하여 건설교통부장관의 인가를 받아야 한다."고 규정하면서, 제2항에서 그 인가 요건으로 협정 내용이 '항공운송사업자 간 경쟁을 실질적으로 제한하는 내용'에 해당되어서는 아니 된다고 규정하고 있고, 구 항공법 제129조 제1항은 '정당한 사유 없이 제117조의 규

정에 의하여 인가받은 운임에 관한 사항을 이행하지 아니한 때'(제3호)와 별도로 '운임 등을 과도하게 할인하는 등으로 국익에 반하는 과당경쟁행위를 한 때'(제7호)를 정기항공운송사업자에 대한 면허의 취소·정지사유로 규정하고 있으며, 구 항공법 제150조 제1항은 '정당한 사유 없이 인가받은 사항을 이행하지 아니한 때'(제3호)를 외국인 국제항공운송사업자에 대한 허가의 취소·정지사유로 규정하고 있고, 구 항공법 제152조는 제117조 제1항이 외국인 국제항공운송사업자에게도 준용되도록 규정하고 있음.

이러한 구 항공법 규정의 내용과 취지 등에 비추어 보면, 항공화물운임을 해당 노선의 지정항공사들 사이의 합의에 의하여 정하고 항공당국의 인가를 받도록 규정한 구 항공법 제117조 제1항과 항공협정은 운임에 대한 가격경쟁 자체를 배제하는 것이 아니라 인가받은 운임을 기준으로 그 정도가 과도하지 아니한 범위 내에서 가격경쟁을 예정하고 있는 것이라고 보아야 함.

따라서 지정항공사들 사이의 운임 등에 관한 합의내용이 단순히 운임의 체계에 관한 사항을 변경하는 것을 넘어 일정한 항목에 대한 할인을 제한하는 내용까지 포함하고 있다면, 이러한 합의는 구 항공법과 항공협정이 허용하는 범위를 벗어나는 것으로서 '자유경쟁의 예외를 구체적으로 인정하고 있는 법률 또는 그 법률에 의한 명령의 범위 내에서 행하는 필요·최소한의 행위'에 해당하지 아니함.

■ 대법원 2014. 12. 24. 선고 2012두13412 판결

가) 사 안

미국, EU, 호주, 뉴질랜드 등의 경쟁당국에서 일제 집행에 나선 유류할증료에 관한 국제카르텔 사건임.

각국의 항공화물 운송사업자들이 2003년부터 2007년까지 각 항공화물 운송운임에 유류할증료를 도입하고 이후 그 적용단계를 변경하는 것을 합의하는 부당한 공동행위를 함.

나) 판 단

원심판결 이유와 원심이 적법하게 채택한 증거에 의하면, 유류할증료 도입 이전에 항공화물운임은 기본운임과 기타운임으로만 구성되었는데, 유류비용은 인건비, 보험료 등과 함께 기본운임의 일부를 구성하는 것으로서 항공화물의 중량에 비례하여 징수된 사실, 국제항공화물운송은 각 항공사가 제공하는 역무의 내

용이 동질적이어서 수요의 가격탄력성이 높기 때문에 항공사들은 인가받은 운임을 상한으로 하여 시장 상황에 따라 상시적으로 가격할인을 해 온 사실, 이 사건 합의는 유류할증료의 도입과 변경에 관한 것으로서 이와 같이 기본운임에 대한 상시적인 가격할인으로 인하여 유가 상승 시 유류비용 보전이 어려워질 것을 우려한 항공사들이 기본운임 중 유류비용을 별도의 항목으로 책정하여 이 부분을 할인 대상에서 제외하기로 한 것인 사실, 원고 등은 이와 같은 내용의 유류할증료를 도입하기로 합의하고 구 항공법 제117조에 따라 건설교통부장관으로부터 인가를 받은 사실 등을 알 수 있음.

이 사건 합의는 단순히 전체 운임 중 유류비용 부분을 별도의 항목으로 책정하여 항공화물운임의 체계만을 변경한 것에 그치지 아니하고 종래 기본운임의 일부에 포함되어 상시적인 할인의 대상이 된 유류비용 부분에 대한 할인을 제한하는 행위로서, '자유경쟁의 예외를 구체적으로 인정하고 있는 법률 또는 법률에 따른 명령의 범위 내에서 행하는 필요·최소한의 행위'에 해당하지 아니하므로, 그에 대하여 공정거래법의 적용이 제외된다고 볼 수 없음.

(3) 대법원 판례의 태도 분석

(가) 대법원은 공정거래법의 실효성을 중시하는 차원에서 엄격한 요건의 법리를 제시하고 있다.

이처럼 대법원은 앞서 본 바와 같은 일관된 법리를 제시하고 있다. 그런데 공정거래법 제58조의 법문과 비교하여 볼 경우, 대법원이 제시한 법리상 요건은 공정거래법의 문언과 정확하게 맞아 떨어지지는 않는다. 특히 일부 요건은 문언상 도출되지는 않고, 입법취지 등 다른 근거에서 도출되는 것으로 보아야 설명이 가능한 부분도 있다.[43]

법률 해석의 방법에는 문언적 해석 이외에도 여러 방법이 있고, 기본적으로 대법원이 제시한 해석론은 우리 공정거래법의 위상을 확보함으로써 공정거래법의 실효성을 담보하기 위한 것이라는 측면에서 볼 때 다른 해석론으로도 도출 가능할 수 있는 범위 내에 있어, 다수학자들도 이를 지지하고 있다. 필자 역시

---

[43] 정재훈, "사업자단체의 부당행위와 법령상 정당한 행위", 공정거래법 판례선집, 2011, 649쪽에서는 공정거래법 제58조의 리딩케이스에 해당하는 대법원 1997. 5. 16. 선고 96누150 판결에서 제시된 요건 중 '법령에서 허용된 범위 내에서의 필요 최소한의 행위'라는 기준은 진일보하다는 평가를 하고 있다.

기본적인 측면에서는 이에 충분히 공감한다. 다만 대법원이 제시한 법리상 요건은 한편 매우 엄격하다는 지적도 가능한 상황이다.

그런데 이러한 법리상 요건은 일본의 구법 제22조의 해석론과 비슷하다. 즉 일본의 구법 제22조는 '사업법령에 기초한 정당한 행위'를 적용제외 사유로 규정하고 있었는데, 제1항은 '특정한 사업에 관한 특별한 법률이 있는 경우에는 사업자 또는 사업자단체가 그 법률 또는 그 법률에 기초한 명령에 의해 행한 정당한 행위'에 대해서 적용제외를 인정한다고 규정하고, 제2항은 제1항에서 말하는 '특별한 법률'은 별도의 법률로 지정한다고 규정하였고, 이에 따라 적용제외법이 제정되어 그 '특별한 법률'들을 열거하고 있었다.

결국 일본의 구법 제22조의 해석론은 이처럼 입법자의 결단에 따른 특별한 법률에 해당하는 적용제외법이 존재하는 상태에서 '사업법령에 기초한 정당한 행위'에 따른 특정한 사업을 해석한 것이고, 그 '특정한 사업'은 자유경쟁원리를 적용하기 타당하지 않은 사업영역에 있어서 공공성의 관점에서 특별한 법률이 제정되고, 인가제 등에 의해 독점적 지위가 인정되는 반면, 고도의 사업 활동 규제가 가해지고 있는 경우라고 본 것이다. 아울러 그러한 사업에서 행해지는 정당한 행위는 일본 독점금지법상 문제삼지 않는다는 점을 명백하게 한 것이었다.

반면 법문의 내용도 약간 다르고, 특히 이러한 적용제외법이 없는 우리의 경우에는 공정거래법 제58조를 통하여 해결해야 하는 영역이 훨씬 더 넓어서, 그 규범적 상황이 같지 아니함에도 우리의 대법원 판례는 현재와 같은 법리를 제시하고 있고, 결국 이러한 태도는 공정거래법의 실효성을 중시하는 과정에서 엄격한 기준을 강조하는 것이라고 분석할 수 있다.

(나) 대법원 판례를 통하여 공정거래법 제58조의 적용이 긍정된 사례가 거의 없다.

1997년 '적용제외제도 일괄정리법'에 의해 개별 법령에 의한 적용제외 제도가 축소되었지만 현재 운용 중인 개별 법령에 의한 적용제외 제도가 인정되는 일본과 상황이 똑같지 아니하고, 미국처럼 독자적인 적용제외 이론이 충분히 발달하지 아니하였다. 그렇지만 우리의 경제수준, 우리의 시장 상황에 따른 개별 산업의 구조 및 여건이나 경쟁당국의 역량을 고려할 경우, 이 부분 역시 다른 국가 등과 비교할 때 우리의 특수성이 반영되어야 할 필요는 있겠지만, 공정거래법의 적용제외가 필요한 일정 부분이 있을 수 있다.

게다가 앞서 본 바와 같은 공정거래법 제58조를 비롯하여 공정거래법의 적용이 배제되는 모든 유형을 고려할 때, 우리는 외국과 비교하여 공정거래법 제58조를 통하여 공정거래법의 적용제외 여부를 판단해야 될 대상이 오히려 넓다. 왜냐하면 공정거래법 제12장이 아닌 다른 곳에서 개별 규정을 통하여 공정거래법의 적용을 배제하는 경우와 형식적 측면에서 공정거래법과 대등한 효력을 가지는 법률에서 개별 규정을 통하여 공정거래법의 적용을 배제하는 경우 이외에는 공정거래법 제58조가 포함되어 있는 공정거래법 제12장을 통해서 이를 판단해야 되기 때문이다.

따라서 우리 공정거래법상으로는 이러한 주장과 관련하여 공정거래법 제58조가 유일한 수단이 되는 경우가 많다. 그에 따라 개별 산업별로 그 특수성을 주장하면서, 공정거래법 적용제외를 주장하는 경우도 제법 있을 수 있고, 실제로 그러한 주장이 제기되어 앞서 본 것처럼 제법 많은 수의 대법원 판결이 선고된 바 있다.

그런데 대법원은 이러한 주장에 대하여 앞서 본 법리 기준에 터 잡아 공정거래법 제58조의 적용을 거의 부정하였다. 공정거래법 제58조의 법리로 제시된 기준에 포섭할 수 없는 사안의 구체적 내용 때문에 이러한 결과가 나온 것으로 보이기는 하지만, 결과적으로 현재와 같은 운용 상황이라면, 공정거래법 제58조가 실제로는 제대로 기능하지 않는다는 지적도 경청할 필요가 있어 보인다.

앞서 본 바와 같이 일본의 경우 구법 제22조도 삭제되고, 일본의 독점금지법의 적용 가능성이 확대되기는 하였으나, 아직도 1997년 적용제외제도 일괄정리법에 따라 14개 개별 법률의 경우에는 일본 독점금지법의 적용이 제외되고 있다고 한다.[44] 그 중에는 보험카르텔에 관한 보험업법 해당 규정, 수출카르텔에 관한 수출입거래법 해당 규정, 항공카르텔에 관한 항공법 해당 규정, 해운카르텔에 관한 해상운송법 해당 규정 등이 있다. 이러한 규정 차이에 터 잡아 살펴보면, 예를 들어 항공카르텔의 경우 우리의 경우와 달리 일본에서는 법률의 규정에 따라 일정한 요건 하에서 일본 독점금지법이 적용되지 아니하여 그 행위가

---

44) 김승범, "행정지도가 개입된 담합행위와 공정거래법의 적용제외(Exemption)제도에 관한 연구", 상사판례연구 제24집 제1권, 한국상사판례학회, 2011, 335쪽 이하. 이 내용은 2010. 4. 15. 기준이라고 한다.

허용되는 반면, 우리나라는 그렇지 아니하다. 이와 관련하여 최근에 흥미로운 대법원 판결이 선고된 바 있다.

대법원은 일본 법률에 따른 행위로서 공정거래법의 적용이 제한되는지 여부에 관하여 대법원 2014. 5. 16. 선고 2012두5466 판결을 통해 "국외에서 이루어진 외국 사업자의 행위가 국내시장에 영향을 미치는 경우에는 공정거래법 제2조의2의 요건을 충족하므로, 당해 행위에 대한 외국 법률 또는 외국 정부의 정책이 국내 법률과 상이하여 외국 법률 등에 따라 허용되는 행위라고 하더라도 그러한 사정만으로 당연히 공정거래법의 적용이 제한된다고 볼 수는 없다. 다만 동일한 행위에 대하여 국내 법률과 외국의 법률 등이 충돌되어 사업자에게 적법한 행위를 선택할 수 없게 하는 정도에 이른다면 그러한 경우에도 국내 법률의 적용만을 강제할 수는 없으므로, 당해 행위에 대하여 공정거래법 적용에 의한 규제의 요청에 비하여 외국 법률 등을 존중해야 할 요청이 현저히 우월한 경우에는 공정거래법의 적용이 제한될 수 있다고 보아야 할 것이고, 그러한 경우에 해당하는지는 당해 행위가 국내시장에 미치는 영향, 당해 행위에 대한 외국 정부의 관여 정도, 국내 법률과 외국 법률 등이 상충되는 정도, 이로 인하여 당해 행위에 대하여 국내 법률을 적용할 경우 외국 사업자에게 미치는 불이익 및 외국 정부가 가지는 정당한 이익을 저해하는 정도 등을 종합적으로 고려하여 판단하여야 한다."는 법리를 제시하였다.

한편, 일본 항공법 제110조는 '국내의 지점과 국외의 지점 간의 노선 또는 국외의 각지 간의 노선에서 공중의 편의의 증진을 위하여 국내항공사업자가 다른 항공운송사업자와 행하는 연락운수에 관한 계약, 운임협정 기타 운수에 관한 협정의 체결에 대하여는 일정한 거래분야에서 경쟁을 실질적으로 제한하게 되어 이용자의 이익을 부당하게 해하는 경우에 해당하지 아니하는 한 사적독점의 금지 및 공정거래의 확보에 관한 법률(이하 '일본 독점금지법'이라 한다)의 적용이 배제된다'고 규정하고 있고, 일본발 국내행 노선에 유류할증료를 도입하는 것에 관하여 일본 항공법에 따라 일본 국토교통성의 인가를 받았고, 일본 국토교통성은 위 합의에 대하여 일본 항공법 제110조에 의하여 일본 독점금지법의 적용이 제외된다는 견해까지도 밝힌 바 있었다.

이러한 경우 일본발 국내행 부분에 관한 유류할증료 담합에 우리 공정거래법 적용이 제한되어야 하는지가 문제되었으나, 대법원은 우리 공정거래법을 적용하여야 한다고 판시하였다.

글로벌 시대에 외국과의 경제적 교류가 증가하는 상황 하에서 외국 법률 또는 외국 정부의 정책이 국내 법률과 상이하여 외국 법률 등에 따라 허용되는 행위를 우리의 공정거래법상으로 어떻게 볼 것인지에 관하여 일정한 기준을 제시한 위 법리는 수긍할 수 있다고 생각한다. 그러나 이 글에서 주목하고자 하는 부분은 위 대법원 판결 해당 판시의 당부가 아니다. 일본의 경우에는 그 규모가 축소되고 있지만 아직도 일본 독점금지법의 적용이 배제되는 개별 법률을 유지하는 등 그 나라 특유의 경제적 환경 등에 맞게 일본의 독점금지법을 탄력적으로 운용하고 있다는 점이다.

아울러 미국의 경우 Clayton Act에서 농업, 수출입, 보험, 노동조합, 수산업협동조합의 공동판매, 방위군비관련, 신문사간 합병, 프로스포츠, 중소기업 제휴관련, 주정부 등 당해산업을 규정하고, 이외에도 연방법원은 판례를 통하여 특정산업분야에 국한하지 않고 행정지도와 같은 간접적인 국가의 개입에 대하여 주행위이론(the State Action Doctrine), 노어면제(Noerr Immunity), 묵시적 적용제외(Implied Exemption)의 법리 등 다양하고 풍부한 이론 등을 발전시켜 산업계와 경쟁법의 상충관계를 완화시키고 있음에도 우리는 그러한 노력이 부족하다는 지적도 있는 상황이다.[45]

공정거래법의 위상을 확보하고, 그 실효성이 담보되도록 하는 것도 중요하지만, 공정거래법의 모든 조문이 제대로 작동할 필요가 있다. 그리고 공정거래법의 수범자에게 공정거래법 적용의 문제는 솔직한 측면에서 보면 법적 위험(legal risk)의 문제로 다가오는 것이 현실이다. 따라서 개별 산업의 특성 및 문제되는 해당 법령의 내용상 공정거래법의 적용제외가 필요하고, 그 사안의 내용이 공정거래법 제58조 요건의 범위 내에 있다면 이러한 부분을 전향적으로 수용할 수 있는 탄력적인 태도도 필요할 수 있다고 생각한다.

---

45) 김승범, "행정지도가 개입된 담합행위와 공정거래법의 적용제외(Exemption)제도에 관한 연구", 상사판례연구 제24집 제1권, 한국상사판례학회, 2011, 338쪽 이하.

Ⅳ. 마 치 며

헌법에 근거한 우리의 경제 질서를 유지하기 위한 기본법인 공정거래법이 제대로 운용될 수 있도록 그 실효성이 충분히 담보되어야 하며, 그러한 토대 위에 자유로운 경쟁을 촉진함으로써 창의적인 기업 활동을 조장하고 소비자를 보호함과 아울러 국민경제의 균형 있는 발전 도모라는 공정거래법의 목적이 달성되어야 할 것이다. 그러한 측면에서 본다면, 공정거래법의 적용이 되는지 여부를 결정짓는 공정거래법 제58조의 중요성은 크고, 이러한 규정의 운용 방향에 따라 개별 산업에 큰 영향을 줄 수도 있다.

공정거래법 제58조의 개정 연혁 등에서 알 수 있듯이, 공정거래법 제58조는 공정거래법 제12장이 아닌 다른 곳에서 개별 규정을 통하여 공정거래법의 적용을 배제하는 경우와 형식적 측면에서 공정거래법과 대등한 효력을 가지는 법률에서 개별 규정을 통하여 공정거래법의 적용을 배제하는 경우 이외에는 별도의 적용제외법도 없이 공정거래법의 적용제외 여부를 해석론으로 결정해야 한다는 측면에서 매우 중요한 의미를 가지고 있다. 그에 따라 구체적 사안에 공정거래법 제58조를 적용해서 내리는 법관의 구체적 판결은 개별 산업 입장에서 산업정책을 좌우할 수 있는 중요한 지침이 될 수도 있다.

이러한 큰 틀에서 이상과 같이 공정거래법 제58조에 규정된 정당한 행위에 관하여 전반적인 내용을 살펴보면서, 특히 그 요건을 상세히 분석하고, 대법원 판례 등을 두루 살펴보았다. 대법원은 공정거래법 제58조의 문언과는 완전히 부합하지는 않지만 입법취지 등을 가미한 형태의 일부 요건을 추가하거나 구체화하는 형태로 일관된 법리를 제시하고 있다. 그리고 그 법리는 우리 공정거래법의 위상을 확보함으로써 공정거래법의 실효성을 담보하기 위한 것이라는 측면에서 볼 때 기본방향은 충분히 지지를 받을 수 있다고 생각한다. 다만 이러한 법리의 기본방향을 받아들이더라도, 공정거래법 제58조와 관련된 앞서 본 여러 논의를 종합할 때, 공정거래법 제58조의 해석론이 다음과 같은 측면에서 혹시 일부 보완될 필요는 없는지 생각해 보았으면 한다.

첫째, 앞서 본 일본의 구법의 경우에는 적용제외법에 따른 적용제외가 인정되는 상황에서 이를 전제로 해석론적 관점에서 적용제외의 범위를 밝힌 것임에도, 우리는 이와 달리 적용제외법에 따른 적용제외가 없는 상황에서 일본의 구법과 유사한 해석론을 펴 온 것으로 보인다. 따라서 이처럼 공정거래법 제58조를 통하여 해결해야 될 대상이 일본의 구법과 다른 규범적 상황이라면, 이러한 부분을 고려한 법리가 필요한 것은 아닌지 되짚어볼 필요가 있다. 다만 그 방향은 공정거래법의 실효성 확보를 중시하는 현재의 법리를 기본으로 하되, 경쟁법에 관한 국제적 흐름의 주류 등을 충분히 참작하여 우리의 실정에 맞게 발전시킬 필요가 있다.

둘째, 공정거래법 제58조는 다른 법률과의 충돌을 막는 규정이다. 공정거래법 제12장이 아닌 다른 곳에서 개별 규정을 통하여 공정거래법의 적용을 배제하는 경우와 형식적 측면에서 공정거래법과 대등한 효력을 가지는 법률에서 개별 규정을 통하여 공정거래법의 적용을 배제하는 경우 이외에는 유일하게 이 부분을 교통정리해 줄 수 있는 일반 조항이다. 따라서 공정거래법의 실효성 확보 측면과 개별 산업계의 요구를 반영한 산업 정책적 측면이 조화를 이룰 수 있는 합리적 접점이 담보되는 방향으로 운용되어야 한다.

셋째, 미국 등의 경우에는 판례를 통하여 특정산업 분야에 국한하지 않고 주행위이론(the State Action Doctrine), 노어면제(Noerr Immunity), 묵시적 적용제외(Implied Exemption)의 법리 등 다양하고 풍부한 이론 등을 발전시켜 개별 산업계와 경쟁법의 상충관계를 완화시키고 있음은 앞서 본 바와 같다. 이와 달리 성문법 국가인 우리의 경우는 일정한 차이와 한계가 존재 하겠지만, 적어도 각국의 실정에 맞게 개별 산업계와 경쟁법의 상충관계를 완화시켜야 한다는 현실적 수요에 따른 결과물인 외국의 입법례나 판례가 우리에게 시사한 바를 유의할 필요가 있다. 이 때 외국의 판례에서 인정된 법리 등이 그 자체의 모습으로 우리에게 그대로 통용되어야 한다고 볼 수는 없겠지만, 그 경우에도 외국의 판례상 인정된 합리적이고도 타당한 법리에 나타난 법적 정신이 우리의 법체계상 구현될 통로 내지 수단이 필요하고, 우리 공정거래법을 살펴볼 경우 그 통로 내지 수단은 제58조가 유력하다. 따라서 공정거래법 제58조와 관련된 주장을 판단할 때에는 종래 제시된 대법원 판례상의 법리 이외에도 기존 법리가 앞으로 포섭해야 하는 범위가 어디까지인지를 전향적으로 바라 본 상태에서 거시적으로 판단할 필요가 있다.

넷째, 이와 같은 공정거래법 제58조가 가지는 여러 중요한 의미를 고려할 때, 이 조문과 관련된 주장은 여러 면을 고려한 판단이 되어야 한다. 그런데 대법원은 공정거래법 제58조를 적용하여야 한다는 여러 사건에서의 주장에 대하여 거의 대부분 이를 배척함으로써 공정거래법 제58조를 적용하여 적용제외를 인정한 선례를 찾아 볼 수 없는 상황이다. 여러 가지 원인이 제시될 수 있겠지만, 개별 산업계가 처한 현실 및 산업 정책적 측면과 비교할 때 혹시 대법원이 제시하는 기준이 실제로 충족하기 어려운 것이어서 공정거래법 제58조의 적용을 긍정한 사례가 하나도 없는 것인지 하는 차원의 자체 점검이 필요하고, 이러한 점검에 따라 앞으로 적절한 사안일 경우에는 공정거래법 제58조의 적용을 긍정함으로써 공정거래법 제58조가 실제로 기능하고 있음을 보여줄 필요가 있다.

다섯째, 공정거래법은 헌법을 정점으로 한 우리의 법률체계 내에서 사법관계보다는 공법관계를 주로 규율하는 측면이 있다. 더구나 공정거래법 적용과 관련된 상당수의 사건은 공정거래위원회가 처리하고, 그 중 다수는 행정사건으로 다루어지고 있다. 따라서 공정거래법 제58조의 요건을 해석하고 공정거래법 제58조를 적용하여 결론을 도출함에 있어서는 이러한 성격에 맞게 공법적 관점에서 다른 이론과 조화로운 해석이 가능하도록 할 필요가 있다.

여섯째, 공정거래법 제58조를 둘러싼 구체적인 적용 여부에 관한 검토는 개별 산업별로 큰 차이를 보일 수 있다. 특히 개별 산업의 특성 및 그 산업을 관장하는 행정청의 의지에 따라 개별 산업을 주로 규율하는 법률과 공정거래법 사이에서는 생각보다 큰 충돌이 있을 수 있다. 따라서 공정거래법 제58조의 적용과 관련하여 주로 문제가 될 만한 개별 산업 분야에 관하여는 앞서 본 바와 같은 일반론에 터 잡아 그 개별 산업에 특유한 제도를 중심으로 공정거래법과 함께 고찰하고 학문적으로 깊이 연구할 필요가 있다. 예를 들어 보험 사업에 대한 독점규제법의 집행과 그 한계 등이 그 예가 될 수 있다.[46]

이러한 노력이 조금만 모아 진다면, 우리의 공정거래법 제58조를 둘러싼 논의가 보다 풍성해 질 수 있으며, 특히 공정거래법 제58조에 관한 우리의 대법원

---

46) 이러한 문헌으로는 정호열, "보험산업과 공정거래법 제2편 보험산업에 대한 공정거래법의 적용", 경쟁저널 통권 134호, 한국공정경쟁연합회, 2007 등이 있다. 또한, 한국경쟁법학회에서는 2008년 추계 학술대회 주제로 보험산업과 독점규제법을 삼아 심도 있는 연구회를 진행한 바 있다. 보험업과 카르텔에 관한 고찰(이봉의), 보험산업에 대한 규제의 조화(홍명수), 보험산업에 대한 공정거래법 적용의 범위와 한계(이황)와 같은 부문별 연구가 이루어졌다, 경쟁법연구 제18권, 한국경쟁법학회, 2008.

판례가 더욱 더 중요한 의미를 가진 방향으로 발전할 수 있을 것 같다. 아울러 이러한 노력과는 별도로 공정거래법 적용제외 문제를 법관의 해석을 통한 해결에만 맡겨 둠으로써 법관에게 큰 부담을 주기보다는 우리의 실무경험을 바탕으로 외국의 입법례나 판례, 이론 등에 관한 깊이 있는 검토를 거쳐 입법적 방식을 통한 해결이 가능한 부분이 있다면, 그러한 부분을 찾아내어 입법적 방식에 의한 해결을 도모하는 방안도 고려할 필요가 있다. 모쪼록 수범자에게 충분한 예측 가능성을 제공하면서 그 결론도 합리적이라고 평가받을 수 있는 훌륭한 제도와 실무가 형성되기를 희망해 본다.

IP 권리자의 주관적 경쟁제한의도와 정당성 항변

오 승 한*

Ⅰ. 문제제기

2010년대 이래 진행되고 있는 다수의 특허·저작권(이하 'IP') 분쟁에서는 지식재산권 권리자(이하 'IP 권리자')의 권리행사가 독점규제법에 위반되는지 여부가 그 사건의 배경이 문제되고 있다. 특히, IP 침해소송에 있어서 IP 권리자의 독점규제법 위반 주장이 방어항변으로 허용되어 감에 따라 IP 권리자의 독점규제법 위반여부는 특허침해 여부가 소송의 쟁점이 되는 사적 IP 침해 소송에서도 계속 문제될 수밖에 없다.

다만, IP 권리자의 권리행사는 그 정당성의 경계가 불분명하여 대부분의 권리행사는 무임 승차자를 배제하고 IP 권리를 보호하기 위한 것이라고 주장되거나 혹은 새로운 기술혁신을 위한 행위라고 주장되는 것이 일반적이다. 그런데 이러한 IP 권리자들의 정당성 항변은 성격상 그 행위의 '주관적 동기'가 정당하다는 것인지, 혹은 그 행위를 통해서 발생하는 더 큰 친경쟁적 효율성이 존재하기 때문에 경쟁제한효과를 상쇄하여 위법성이 조각된다는 것인지 여부가 불분명하다. 이러한 정당성 항변의 해석은 IP 권리행사에 대한 소송상 입증책임에 직접 영향을 준다는 점에서 중요한 의의가 있다.

예를 들어, IP 권리자의 정당성 항변을 권리행사의 주관적 의도와 동기에 대한 정당성 주장으로 해석하게 되면, 사업자의 정당성 항변을 인정하는 것은 경쟁제한성 판단 요건 중 하나인 '주관적 경쟁제한의도'를 부인하는 근거를 받아들이는 것이 된다. 결과적으로 IP 권리자는 행위의 경쟁제한효과 여부와 관계없이

---

* 아주대학교 법학전문대학원 교수, 법학박사

정당성 항변 주장만으로 독점규제 및 공정거래에 관한 법률(이하 "독점규제법")의 위반 혐의를 부인 할 수 있는 반면, IP 권리자의 경쟁제한성을 주장하는 경쟁당국 등은 경쟁제한성을 충분히 입증하기 위해서 IP 권리자가 주장하는 정당성 항변을 배척할 수 있어야 한다. 이와 반대로, 권리자의 정당성 항변을 친경쟁적 효율성의 존재에 대한 주장으로 해석하게 되면, 주관적 경쟁제한의도와 별도로 법원은 경쟁제한효과를 상쇄할 친경쟁적 효율성이 존재하는지를 검증하고 이것을 경쟁제한효과와 비교형량하는 과정을 거쳐야 한다. 특히, 친경쟁적 효율성을 검증하는 과정에는 IP 권리실행 행위가 경쟁적 효율성을 창출하기 위해 '합리적으로 필수적인 행위'인지를 확인하는 과정이 포함되어 단순히 IP 권리자의 주관적 주장만으로는 정당성 항변이 인정되기 어렵다.

일반적으로 미국과 EU 경쟁법 실무에서는 IP 권리자의 행위 필요성에 근거한 정당성 항변을 친경쟁적 효율성의 존재에 대한 주장으로 파악하고, IP 권리행사의 친경쟁적 효율성과 경쟁제한효과를 입증책임 분배를 통해 단계적으로 심사하는 과정을 거치고 있다. 그러나 2010년 이후 한국 법원은 이와 달리 IP 권리자의 정당성 항변을 주관적 경쟁제한의도를 배척하는 근거로 해석하고 있다. 이러한 법원의 태도는 독점규제법의 주관적 경쟁제한의도를 형법상 주관적 구성요건인 미필적 고의 수준과 달리 해석하는 결과를 가져와 법원의 판단이 적절한 것인지에 대한 의문을 야기한다. 특히, IP 권리자의 행위 필요성 주장이 한편으로는 설득력이 있으나, 다른 한편으로는 경쟁제한효과를 야기하여 상반된 해석이 가능한 경우에도 법원이 추가적인 분석방법을 도외시한 것이라는 비판을 제기할 수 있다.

이 논문은 이와 같은 관점에서 IP 권리자의 정당성 항변에 대한 법원의 올바른 분석방법을 제시하기 위해, II.절에서는 먼저 IP 권리행사의 정당성이 문제되는 소송의 유형과 '정당성 항변'을 둘러싼 논쟁의 쟁점을 간략히 정리한다. 특히 이 장에서는 IP 권리행사의 정당성을 독점규제법의 기준을 통해 심사하는 최근 이론에 따라 '독점규제법상 위법성 심사' 절차 안에서 IP 권리자의 '정당성 항변'을 어떻게 해석할지에 대한 논의를 살펴 보고, IP 권리자의 정당성 항변을 심사하였던 2010년 이후 한국 법원의 두 가지 사례를 검토한다. 다음으로, 한국의 사례와 비교하기 위해, III.절에서는 미국에서 문제되었던 경쟁제한효과를 야기하는 IP 권리자의 다양한 상품개발 전략과 여기서 제기되는 정당성 항변의 내용들을 살펴보고, 정당성 항변의 심사과정을 살펴본다. 특히, 여기서는 최근 문제가 되고 있는 제약산업의 '주기적 상품변경행위(Product hopping)'를 포함하는 IP 상품의 개량·변경행위에 대한 정당성 항변 심사과정과 IP 사업자간 공동합의에 수반하는 정당성 항변의 내용을 살펴본다. 마지막으로 Ⅳ.절에서는 IP 권리자의 정당성 항변에 대한 올바른 판단방향을 제시하고 앞서 검토한 우리 법원의 IP 권리행사의 정당성 판단에 대한 해석상 문제점과 이러한 해석이 야기하는 실질적 결과를 살펴본다.

Ⅱ. 경쟁제한적 IP 권리행사와 관련된 소송유형과 쟁점

1. IP 권리행사의 정당성 판단이 문제되는 소송 유형

기술 및 창작물 자체를 보호하는 특허·저작권의 소유자는 사적 이익의 극대화를 위해 자신이 보유한 IP를 최대한 이용하려는 경향을 가진다. 특히, IP 권리의 속성은 일단 타인의 접근을 배척하는 배타적 성격을 갖는데, IP 권리자는 이러한 배타적 권능을 무권리자로부터 권리를 보호하기 위한 소극적 목적뿐만 아니라, 이용자의 사용범위를 제한하고 시장을 봉쇄하여 잠재적 경쟁자를 배척하는 수단으로 사용할 수도 있다. 특히, 최근 특허권의 특성은 1개 상품을 1개 특허권이 지배하기보다 다수 복합기술로 구성된 1개 상품이 수개 특허 등으로 구성되어, IP 권리자가 보유한 1개 특허만으로는 상품과 관련된 연관시장을 모두 지배하기 어렵다. 따라서 특허권자는 몇 개의 핵심특허를 기술적으로 활용하여 상품과 관련된 상·하위 연관시장과 상품전체를 지배하려는 경향이 강하다. 실제 특허권의 보호범위가 상품의 특정 구성요소에 한정되어 있다고 하더라도 당해 상품에서 차지하는 특허권의 중요도가 클수록 상품전체를 간접적으로 보호할 가능성이 높아진다고 할 수 있다.

이와 관련해, IP 권리자(특히, 특허권자)가 특정기술에 대한 특허권을 활용하여 상품에 대한 간접적 보호범위를 넓히는 전략은 독점규제법상 끼워팔기(Tying), 거래거절, 약탈적 상품개조행위(Predatory Product Design) 등 다양한 위법행위를 구성할 수 있다. 이와 같은 IP 권리자의 경쟁제한행위의 위법성은 특히 두 가지 소송형태로 문제될 수 있다.

첫째, 일반적인 독점규제법 위반형태로 경쟁당국의 규제대상이 될 수 있고 각 국의 독점규제법이 규정하는 위법성 요건을 충족하는지 판단하기 위해 경쟁제한 효과 및 경제적 효율성의 측정 등이 문제된다. 이 유형에는 단순히 경쟁당국이 원고가 되는 행정소송뿐만 아니라, 사적 당사자가 제기하는 독점규제법 위반행 위에 근거한 손해배상청구소송을 포함한다. 독점규제법 위반을 근거로 한 사적 소송은 실제 민사소송의 형태를 취하지만, IP 권리자의 독점규제법 위반요건과 입증이 문제된다는 점에서 위법성 판단 과정은 행정소송과 큰 차이가 없다.[1]

둘째, IP 권리자의 독점규제법 위반행위는 실제 특허·저작권 침해소송에서 침해자(피고)의 방어항변 혹은 반소의 일종으로 주장될 수 있다. 다만, 이 두 번 째 형태는 각국마다 그 의미나 허용가능성이 다른데, 실제 특허침해소송의 피고 가 주장하는 것처럼 IP 권리자가 독점규제법을 위반한 경우에도 그와 별개로 특 허·저작권 침해 책임이 면제되어야 하는지 여부는 상당히 오랫동안 논쟁이 되 어 왔다. 미국의 경우도 실제 이러한 항변을 소송상 직접 인정한 것은 1980년대 이후이고, EU 각국 법원의 경우 2009년 독일에서 진행된 Philips와 몇몇 CD-R 제조업체 간의 특허침해소송 사건인 Orange Book Standard 사건에서 독일 연방최고법원의 판결이 최초 사례가 된다.[2] 다만, 최근에는 IP 권리행사에 대한 독점규제법 적용의 적절성에 대한 논란에서 보듯이 사인간 특허침해소송에 서 반소 및 항변으로 제기되는 독점규제법 위반주장이 특허 침해소송의 중요한 방어 항변으로 사용되는 경향이 있다.[3]

물론, 이와 달리 특허침해소송 건수가 낮은 한국 및 일본에서는 특허권 침해 에 대항하는 항변이 주로 특허권 자체의 하자(수여요건 결격)에만 집중되어 왔다. 따라서 독점규제법 위반항변의 허용을 전제로 한 논의가 적절하지 의문이 제기

---

[1] 다만, 사적 독점규제법 위반 소송에서 행위자의 독점규제법 위반행위가 인정된 후에 산정되는 손해 배상액의 측정과 인과관계 문제는 행정소송의 법리와는 별도의 문제로서 민사법 법리가 적용되고, 이 점에서 행정소송과 차이가 있다.

[2] BGH, Urteil vom 6. Mai 2009 - KZR 39/06; SEP(Standard Essential Patent)에 근거한 금지 명령의 청구에 대하여 소위 침해자로 제소된 자들이 일정한 요건 하에 독점규제법상 시장지배적 지 위 남용행위 위반을 주장하여 금지청구에 직접 대항할 수 있다는 이론을 제시하였다.

[3] *See, e.g.,* Apple Inc., v. Samsung Electronics Co., Ltd., Counterclaim Defendant Apple Inc.'s Answer, Defenses, and Counterclaims in Reply to Samsung's Counterclaims, No. 11-CV-01846-LHK, (N.D.Cal.) (Trial Pleading), 2011 WL 3205801, ¶87-90, ¶176-184; Broadcom Corp. v. Qualcomm Inc., 501 F.3d 297 (3rd Cir. 2007); Rambus Inc. v. F.T.C., 522 F.3d 456 (D.C. Cir. 2008).

될 수도 있다. 그러나 양법 체계의 조화적 관계를 인정하는 한, 향후에는 특허침해책임의 방어를 위해 독점규제법 위반항변이 인정될 수밖에 없다.

이들 소송유형 모두에서 궁극적으로 문제되는 쟁점은 특허·저작권자의 권리행사가 경쟁제한효과를 야기하고, 다른 한편에서는 기술혁신·창작물의 보호를 위해 필요한 행위라고 주장되는 경우에 그 권리행사의 정당성을 어떻게 심사할 것인지에 대한 것이다. 특히, IP 행사의 정당성 여부에 대한 심사를 독점규제법의 관점에서 심의할 수 있는지, 오히려 독점규제법의 적용이 IP 법이 의도한 기술혁신을 더 감소시키지 않는지, 더 나아가 특허·저작권의 인센티브 보호 필요성을 인정하는 경우에는 어디까지 그 정당성을 인정 할 것인지 등이 문제된다. 이러한 쟁점은 단순한 이론상의 논쟁이 아니라 IP 권리실행 행위의 위법성을 주장하는 자가 부담하는 소송상 입증책임이 어느 범위까지인지, 유효한 IP에 근거한 권리행사는 당연 적법(Per se legal)한 것으로 추정되어야 하는지와 같은 소송상 쟁점과 직접 관련되어 있다.

2. IP 권리자의 정당성 항변과 그 해석

(1) IP 행사의 정당성 항변에 대한 분류와 논쟁 정리

앞서 언급한 두 가지 소송유형에서 모두 문제되는 기본적인 쟁점은 IP 권리행사가 권리보호를 위해 필요한 것이라고 주장하는 IP 권리자의 항변이 타당한지 여부를 독점규제법의 관점에서 어떻게 심사하여야 하는지에 대한 것이다. 이와 관련해 당해 행위가 '정당한 지식재산권의 행사'임을 주장하는 IP 권리자의 정당성 항변은 한국 독점규제법상 두 가지 의미로 해석될 수 있다.

첫째, 독점규제법 제59조의 적용면제 규정과 관련하여, '정당한 IP 권리의 행사'에 대하여 독점규제법의 적용이 처음부터 배제되어야 한다는 주장으로 해석될 수 있다.4) 이러한 의미로 정당성 항변을 해석하면 IP 권리보호의 목적이 외형상 존재하는 대부분의 IP 행사는 독점규제법의 적용 대상에서 제외된다. 둘째, 일단 제59조가 규정하는 IP 권리행사의 '정당성'을 독점규제법의 위법성 심사절차 안에서 판단한다는 전제하에, 구체적인 '독점규제법의 위법성 심사절차' 안에

---

4) 대법원 GSK 사건 판결 2014. 2. 27. 선고 2012두24498, 상고이유 제2점; 서울고등법원 2012. 10. 11. 선고 2012누3028 판결(글락소스미스클라인 동아제약 특허종결합의), 9-10면.

서 IP 권리행사의 정당성을 고려하여야 한다는 주장으로 해석될 수 있다. 두 번째 해석에서는, 다시 IP 권리행사의 정당성이 독점규제법의 위법성 심사단계 중 어느 단계에서 정당성 여부가 심사되어야 하는지가 문제된다.

이와 관련해 우선 독점규제법 제59조의 적용과 관련해 주장되는 IP 권리자의 정당성 항변에 대한 첫 번째 해석은 다수의 지식재산권 학자들과 실무가들의 주장으로서, 경쟁제한효과를 이유로 IP 권리보호를 위한 행위를 금지하는 것은 결국 IP 보호를 통한 혁신을 감소시킬 우려가 높아 IP 법의 궁극적인 목적을 침해할 수 있다는 시각을 반영하고 있다.[5] 특히, 이 견해는 독점규제법을 IP 권리행사에 적용하는 것을 회의적으로 보고 IP 행사의 정당성은 IP 법의 기준을 통해 심사되어야 한다고 주장하고 있다.

그러나 실제 IP 남용이론을 발전시켜온 미국과 달리 한국에서는 기본적인 '최초 판매이론' 등을 제외하고 IP 법상 '권리행사'의 정당성 여부를 판단할 이론이 거의 존재하지 않는다. 한국에서 IP 권리행사에 대한 독점규제법상 예외를 주장하는 견해들이 여전히 다수를 차지하는 이유도 역시 지식재산권 남용이론(IP Misuse Doctrine) 등 외형상 적법한 IP 권리행사를 제한할 이론들이 미국과 달리 독점규제법과 분리된 별도의 이론으로 발전 형성되지 못하여 IP 권리행사의 내제적 한계라는 개념이 생소하기 때문이다. 특히, 독점규제법의 적용이 IP 법의 혁신 보호목적을 침해할 것이라는 우려는 이미 1980년대까지 존재하던 과거의 독점규제법 이론을 전제로 한 것이고, 독점규제법 자체가 IP 법의 근본취지와 목적을 정당한 동태적 효율성 개념으로 포섭하고 있다는 점을 고려하지 않은 주장이라고 할 수 있다.[6]

사견으로는, 새로운 발명·창작을 위한 지속적인 혁신의 유인은 지식재산권법의 목적과 취지일 뿐만 아니라 새로운 기술·상품·서비스의 공급을 유도하여

---

5) 김기영, "특허권자와 제네릭 사업자 사이의 역지불 합의와 공정거래법에 의한 규제", Law & Technology 제7권 제3호, 2011, 55면(제59조는 제58조의 특별법적 규정으로 지식재산권의 정당한 범위는 지식재산권법 자체의 법리로 판단하여야 함); 강명수, "특허권의 행사와 공정거래법의 관계", 인권과 정의 431호, 2013, 58면(특허권에 무효가 존재하는지 특허침해가 성립하지 않음을 알면서 특허침해소송을 제기하는 경우 등의 문제는 모두 특허법의 영역에서 다루어져야 함. 제59조의 문제 역시 창설적 규정으로 정당성행사의 판단은 지적재산권법의 고유의 영역임); 백형기, "라이선스남용과 독점규제법 적용의 한계", 기업법연구 제20권 제2호, 2006, 75~78면(이러한 이분법설이 미국의 지식재산권 남용이론을 정리하여 조문화한 구 독일 경쟁제한방지법 제17조의 해석에 기초한 것에 불과함을 서술하면서도 여전히 지식재산권의 본래적 제한과 비본래적 제한으로 분류하고 있음).

6) 오승한, "특허·저작권 남용의 본질 및 근거와 독점규제법 위반행위와의 구분", 산업재산권 제33호, 2010, 198~205면.

소비자의 선택범위를 확대하는 독점규제법의 궁극적 목적과도 일치한다고 본다.[7] 2013년 결정된 미국 연방대법원의 판결 역시 특허권을 재산권의 일종인 사권으로 보는 한국의 다수설과 달리 특허권의 공익적 성격을 확인하고 특허권의 한계는 특허법 법리뿐만 아니라 독점규제법의 경쟁정책 위반을 함께 고려하여야 한다고 판단한 바 있다.[8] 우리 대법원 역시 2014년 동아제약 GSK 판결에서 이와 동일한 취지를 확인하였다.[9] 이들 판례는 결국 특허권의 행사는 지속적 혁신을 유인하여 장기적 효율성을 가져오기 위한 목적 범위 내로 제한되어야 하고 이것이 특허법의 목적과 취지에 부합한다는 사실을 확인한 것이다.[10] 또한 독점규제법 자체가 이와 같은 특허법의 근본취지와 목적을 동태적 효율성 개념으로 포섭하고 있다는 점을 고려하면 독점규제법을 위반하는 특허권의 행사는 동시에 곧 그 자체로서 특허법의 보호범위를 벗어난 행위가 된다.[11]

이와 같은 관점에서 본다면, 아직도 제59조의 문언 해석을 중심으로 IP 권리 행사에 대한 독점규제법의 적용여부에 대한 논쟁을 지속하는 것은 법리의 발전과는 동떨어져 있는 것이라고 할 수 있다. 오히려 문제의 핵심은 독점규제법의 위법성 심사절차 안에서 얼마나 합리적이고 효율적으로 IP 권리자의 정당한 권리행사와 유력한 경쟁자를 배척하기 위한 부당한 경쟁제한 행위를 구별할 것인지에 대한 것이다. 독점규제법 안의 위법성 심사절차 안에서 IP 권리자의 혁신 노력과 이를 통한 장기적 효율성을 충분히 고려한다면 IP 법이 보호하는 적법한 범위 안에 있음에도 불구하고 IP 권리행사가 독점규제법에 의하여 위법한 것으로 판단될 수는 없다. 반면, 독점규제법의 위법성 심사절차가 확립되지 못하여 IP 권리자의 정당성 항변을 단순히 주관적으로 설득력이 있다는 이유 만으로 쉽게 허용하게 되면 실제 독점규제법 제59조를 적용하여 외형상 유효한 IP 권리 행사에 대하여 무차별적으로 독점규제법의 적용을 면제하는 이론과 동일한 결과가 발생하게 된다.

---

7) 오승한, "지식재산권법과 독점규제법", 독점규제법 30년(권오승 편), 법문사, 2011, 79면 이하.
8) F.T.C. v. Actavis, Inc., 133 S.Ct. 2223, 2232 (2013) ("*the public interest in granting patent monopolies*" *exists only to the extent that* "*the public is given a novel and useful invention*" *in* "*consideration for its grant.*").
9) 대법원 2014. 2. 27. 선고 2012두24498 판결.
10) 오승한, "지적재산권 라이센스의 배타적 조건에 대한 독점규제법의 위법성 판단-독점규제법의 동태적 효율성 분석을 중심으로", 비교사법 제32호, 2006, 755-758면.
11) 오승한, 앞의 글("특허·저작권 남용의 본질 및 근거와 독점규제법 위반행위와의 구분"), 198-205면.

(2) 독점규제법상 위법성 심사절차 안에서 정당성 항변의 위치

1) IP 권리실행을 통한 경제적 효율성 발생 주장으로 해석하는 경우

먼저 IP 권리행사의 정당성 항변은 IP 권리실행 행위가 궁극적으로 친경쟁적 효율성을 발생시키기 위한 필수적인 행위로서 이에 수반되는 경쟁제한효과는 부수적인 것에 불과하다는 주장으로 해석될 수 있다. 이와 같이 정당성 항변을 해석하게 되면, 그 항변이 타당한 경우 독점규제법의 일반적인 위법성 심사방법(합리성의 원칙)을 적용하여 먼저 IP 권리자의 시장지배력에 근거한 시장봉쇄가능성 등을 기준으로 행위의 경쟁제한효과를 측정하여야 한다. 그 다음으로, 사업자가 주장하는 친경쟁적 효율성을 측정하여 이를 비교형량하는 과정을 거쳐야 한다. 특히, 독점규제법상 비교형량과정은 독점규제법이 금지하는 경쟁제한효과를 반대되는 경쟁적 효율성으로 상쇄할 수 있다는 점에서 일반 형법상 금지규정의 위법성 조각사유 판단과 상당한 유사점이 있다. 따라서 시장지배적 사업자의 시장점유율확대 및 유력 경쟁자들의 시장퇴출과 같은 경쟁제한효과(혹은 경쟁제한가능성)가 발생한다고 하여도, 이러한 결과가 사업자의 기술혁신이나 생산적 효율성 강화를 위한 행위의 부수적 효과에 불과하고, 최종적으로 경쟁제한효과보다 장기적 효율성이 더 높은 경우에는 위법한 것으로 판단될 수 없다.[12] 우리 공정거래위원회의 실무상 위법성 심사절차 역시 사업자가 주장하는 정당성 항변을 검토하는 과정을 심사단계 안에 포함하고 있다.[13]

미국의 실무상 친경쟁적 정당성(procompetitive justification)은 문제의 행위가 장기적 효율성을 위한 필수적 수단이라는 것을 의미하고, 정당성 항변을 인정하기 위해서는 경쟁제한효과를 수반하는 사업자의 행위가 생산적 효율성 혹은 동태적 효율성을 달성하기 위한 '합리적인 필수수단(reasonable necessity)'임이 입증되어야 한다.[14] 따라서 시장지배적 사업자의 전략행위는 1) 생산적 효율성 혹

---

[12] Eastman Kodak, 504 U.S. at 483, 112 S.Ct. 2072.; United States v. Microsoft Corp., 253 F.3d 34, 59 (D.C. Cir 2001); 오승한, "배타조건부거래를 포함하는 시장선점 시장봉쇄행위에 대한 단계별 위법성 판단절차", 비교사법 제17권 4호, 2010, 468-471면.

[13] 퀄컴사의 시장지배적지위남용행위, 공정거래위원회 2009. 12. 30. 의결 2009-281호, 2009지식0329; 공정거래위원회 심결, 마이크로소프트 코퍼레이션 및 한국마이크로소프트 유한회사의 시장지배적지위남용행위 등에 대한 건, 2002경촉0453, 2005경촉0375 (2006).

[14] Lawrence A. Sullivan & Warren S. Grimes, The Law of Antitrust : An Integrated Handbook §3.4.b9; Department of Justice and the Federal Trade Commission, *Antitrust Guidelines for the Licensing of Intellectual Property*, §3.4 (Apr. 6, 1995) (*hereinafter "IP*

은 동태적 효율성을 달성하기 위한 필수적 수단으로서, 2) 문제의 전략행위 이외에 '경쟁제한성이 더 적으면서도 사업자가 주장하는 효율성 증진효과를 달성할 수 있는 다른 대안수단'이 합리적인 범위 안에서 더 이상 존재하지 않아야 한다.[15] 이 중에서 먼저 첫 번째 요건으로, '관련 행위가 효율성 증가의 필수적 수단'이라는 사실의 입증에 대해서는 행위사업자가 입증을 하여야 한다.[16] 반면, IP 권리자의 주장을 부인하기 한 '경쟁제한성이 더 적은 다른 대안 수단의 존재'에 대한 입증은 IP 권리행사의 정당성을 부인하는 경쟁당국 등이 그 입증책임을 부담한다.[17]

우리 공정거래위원회도 명시적인 심사기준을 제시하고 있지는 않지만 최근 몇몇 사건에서 이와 같은 방법을 통해 시장지배적 사업자의 효율성 항변을 적극적으로 심사하고 있다.[18] 우리 대법원 역시 "(특정 경쟁제한) … 행위가 경쟁제한적 효과 외에 경쟁촉진적 효과도 함께 가져오는 경우에는 양자를 비교·형량하여 경쟁제한성 여부를 판단하여야 하는데 당해 … 행위가 그러한 효과 발생에 합리적으로 필요한지 여부 등을 고려하여야 할 것이다"고 판시하고 있다.[19] 결론적으로 IP 권리자의 '권리행사의 필요성' 항변을 '친경쟁적 효율성 증가 주장'으로 해석한다면, 이것은 두 개의 상반된 이익에 대한 비교형량으로써 일반 형법상 위법성 심사과정과 비교할 때 위법성 조각 사유에 준하는 해석을 하는 것이 된다.

2) 정당성 항변을 권리행사의 정당한 목적 자체로 해석하는 경우

IP 권리자는 경쟁제한효과를 야기하는 자신의 행위가 '권리 보호를 위한 필수

Guideline"); The Federal Trade Commission (FTC) and the Antitrust Division of the U.S. Department of Justice (DOJ), *Antitrust Guidelines for Collaborations Among Competitors* §3.36 (February 4, 2000).

15) 이와 같은 심사 방식은 2000년에 새롭게 도입된 미국경쟁당국의 공동행위 가이드 라인 및 특허풀에 대한 연방법무성의 검토의견(review letters) 등을 통해 구체화 되고 있다. *See* Collaboration Guideline, *supra* note 14, §3.36(b); IP Guideline, *supra* note 14, § 4.2; *In re* Summit Tech., Inc., ¶ 10, No. 9286 (F.T.C. Aug. 21, 1998) *available at* http://www.ftc.gov/ os/1998/08/ d09286ana.htm [*hereinafter* Summit-VISX Analysis].

16) Herbert Hovenkamp, Federal Antitrust Policy § 2.3c (3d ed. 2005); United States v. Microsoft Corp., 253 F.3d 34, 59 (D.C. Cir 2001).

17) *Microsoft Corp.*, 253 F.3d, at 59.

18) *See, e.g.*, 인텔코퍼레이션, 인텔세미콘덕터리미티드 및 (주)인텔코리아의 시장지배적지위남용행위에 대한 건, 2007독감1790, 2008시장1126, 2008. 11. 5.

19) 대법원 2013. 11. 14. 선고 2012두19298 판결(소니뮤직 등의 공동행위에 대한 위법성 판단).

적인 행위' 혹은 '기술혁신을 위한 인센티브 보호를 위해 필수적인 행위'라고 주장하는데, 대체로 정당한 'IP 권리보호'가 행위의 목적과 실제 동기라는 것을 주장하는 것으로 해석할 수도 있다. 이러한 주장을 그대로 독점규제법의 위법성 요건에 적용하면, IP 권리자의 주장을 2007년 대법원이 포스코 판결 이래 확립해 온 경쟁제한성 요건 중 하나인 '주관적 경쟁제한의도'와 연결할 수 있다. 즉, IP 권리자의 정당성 항변을 인정하는 것은 곧 문제의 행위가 '권리보호'를 위한 '정당한 목적'을 가지고 있기 때문에 '경쟁제한을 의도한 것이 아니라는 것'을 인정하여, 경쟁제한성 판단의 요건인 '주관적 경쟁제한 의도'를 부인하는 결과를 가져오게 된다.[20] 다음 II.3.에서 후술하는 바와 같이, IP 권리자의 사실상 배척행위를 판단하는 두 개 사건에서 한국 법원은 이와 같은 태도를 취하는데, 이러한 입장은 실제 외형상 유효한 IP를 실행하는 권리자의 행위에 대해서 적법성을 우선 추정하는 결과를 가져온다.[21]

그러나 IP를 보호할 필요성 등의 적법한 목적이 존재한다고 하여, IP 권리자의 주관적 경쟁제한의도가 완전히 부인된다고 판단하는 것은 적절하지 않다. 즉, 시장지배력을 가진 IP 권리자는 IP 상품의 개량·변조행위가 야기하는 소비자 선택강제, 경쟁자 봉쇄효과를 일반적으로 충분히 인지할 수 있는 능력이 있고, 이러한 경쟁제한효과를 인식하면서도 문제의 행위를 실행하는 경우에는 경쟁제한 효과를 최소한 용인하는 주관적 의사도 역시 존재한다고 볼 수 있다. 따라서 IP 권리자의 권리보호 목적이 있다는 이유만으로, 유력한 경쟁자를 배척하는 의사 혹은 소비자 선택권을 차단하여 독점적 지위를 유지하려는 주관적 의사 등이 완전히 배척된다고 보기는 어렵다.[22] 특히, 다음 III.1.에서는 그와 같은 정당성 항변이 주장되는 IP 권리행사의 예를 검토하는데, 이 사례들은 형식상 유효한 IP 권리행사로써 정당한 권리보호 목적을 인정할 수 있는 행위들이지만 외형상 추론되는 주관적 경쟁제한의도가 역시 존재하고 궁극적으로 경쟁제한효과가 권리보호를 통한 친경쟁 효과보다 더 높아 위법으로 판단되는 상황을 보여준다.

---

20) *See infra* II. 3 ; 후술하는 한국 법원의 두 개 사건은 모두 사업자의 정당성 항변을 주관적 경쟁제한의도를 부인하는 근거로 사용한 예이다.

21) 이와 관련해서는 다음 IV.1.(1)에서 구체적으로 논의한다.

22) 이와 관련해서는 다음 III.2.(1)1)에서 구체적으로 논의한다.

3. IP권리자의 정당상 항변에 대한 한국법원의 심사

(1) SK이동통신 폐쇄 DRM 장착 사건(2011)

1) 사실관계

SK 이동통신(이동통신 서비스시장의 약 59% 시장점유율, 매출액 300억원)은 2004. 11월부터 이동통신서비스와는 별도로 멜론이라는 음악사이트를 운영하면서 MP3 폰을 보유하고 있는 고객에게 PC 또는 MP3 폰을 통해 다운로드 하는 방식으로 음악파일을 판매하였다. SK 이동통신은 자사의 이동통신 서비스 가입자가 보유한 SK 전용 MP3 폰에는 자체 개발한 DRM을 탑재하여 원칙적으로 자신의 고객들이 자사가 운영하는 멜론 사이트에서 구매한 음악파일만 이 MP3 폰으로 재생할 수 있도록 하였다. 또한 고객들이 타 유료사이트에서 구매한 음악파일을 SK 전용 MP3 폰으로 재생하여 듣기 위해서는 멜론 사이트를 통하여 별도의 번거로운 변환절차를 거치도록 만들었다.

이와 같은 SK 이동통신의 행위에 대해 MP3 음악파일 다운로드 서비스를 제공하는 멜론과 경쟁관계에 있는 온라인 MP3 음악 판매 사업자인 맥스 등은 SK측에 DRM 공유사용을 요청하였으나 거부 당하였다.[23] 이에 따라 온라인 음악 판매사업자들은 SK 이동통신이 시장지배적 지위를 이용하여 다른 사업자의 사업활동을 방해하고 있다고 공정거래위원회에 신고하였다.

2007년 공정거래위원회는 SK 이동통신이 MP3 폰을 디바이스로 하는 이동통신시장의 시장지배적 사업자로서 음악다운로드 시장에서 자사의 멜론 사이트(음악다운로드 점유율 74.1%)가 영업상 우월한 지위를 획득하도록 하기 위해 하위시장 경쟁자의 사업활동을 현저히 곤란하게 만들었다고 판단하였다. 따라서 법 제3조의2 제1항 제3호 '부당한 사업활동 방해행위'[24]와 법 제3조의2 제1항 제5호 후단에서 규정한 '시장지배적 사업자가 부당하게 소비자의 이익을 현저히 저

---

23) 실제 SK 이동통신 측은 경쟁자들의 DRM 공유요구에 대하여 한 곡당 5~10% 실시료를 지급하는 조건을 제시하였으나 경쟁자들이 이를 거부하였다고 주장한다. 그러나 이와 같은 제안은 멜론의 경쟁자들에게 가격상승을 야기하는 행위로 실제 거래거절과 큰 차이가 없다.

24) 동법 시행령 제5조 제3항 제4호, 공정거래위원회의 고시 '시장지배적 지위남용행위의 심사기준' (2005. 7. 13. 공정거래위원회 고시 제2005-15호) IV.3.라.(3)에서 규정한 "시장지배적 사업자가 부당하게 거래상대방에게 불이익이 되는 거래 또는 행위를 강제하는 행위로서 다른 사업자의 사업활동을 어렵게 하는 행위".

해할 우려가 있는 행위'에 해당한다고 판단하였다.[25]

2) 법원의 판단

서울고등법원은 독점규제법 제3조의2 제1항 제3호, '부당한 사업활동 방해 행위'에 있어서 '부당성' 판단의 기준을 이 사건 판결과 근접한 시점에 확정된 2007년 대법원의 포스코 판결을 원용하여 '경쟁제한성'으로 설정하였다.[26] 다음, 법원은 SK 이동통신의 폐쇄 DRM 장착 행위가 경쟁제한성이 인정되는지를 판단하기 위해, 대법원 포스코 판결이 판시한 경쟁제한성 입증을 위한 객관적 '경쟁제한효과' 혹은 '경쟁제한 가능성의 우려'와 함께 주관적 '경쟁침해의도'가 존재하는지를 검토하였다.

우선 경쟁제한성 인정을 위한 첫 번째 요건으로서, 경쟁제한효과의 존재에 대하여 고등법원의 입장은 다소 불분명한 점이 있으나, 일단 이 행위로 인해 SK 멜론의 "시장점유율이 급상승한 반면, 경쟁자인 맥스 MP3 등의 사업자들은 시장점유율이 한자리 숫자로 하락한 점" 등을 설시하여 경쟁제한효과의 존재를 인정하였다.[27] 특히, 경쟁제한효과는 MP3 휴대폰에 경쟁자의 접근을 차단하는 폐쇄 DRM을 장착한 SK 이동통신의 행위를 통해 발생한 것으로, 이것은 결국 "MP3 폰 가입자들의 멜론서비스에 대한 선택을 사실상 강제하는 행위"라고 판단하였다.[28]

그러나 법원은 거래강제행위로 인하여 발생한 이러한 경쟁제한 효과에도 불구하고, "DRM의 특성과 필요성 및 그 개발경위 등에 비추어 볼 때, 경쟁제한효과를 야기할 의도나 목적이 있었다고 보기는 어렵다"고 하여 주관적 경쟁제한의도의 존재를 부인하였다.[29] 결국, 2007년 포스코 판결에 따르면 경쟁제한효과가 존재하는 경우 그에 대한 경쟁제한 의도를 추정할 수 있지만,[30] 이 사건에서 고등법원은 그러한 추정이 사업자가 주장하는 정당한 사유가 존재하는 경우에는 번복될 수 있는 것으로 해석한 것이라고 할 수 있다.

---

25) 공정거래위원회 심결, 에스케이텔레콤(주)의 시장지배적지위 남용행위 등에 대한 건 2006서경0785 (2007).
26) 대법원 2011. 10. 13. 선고 2008두1832 판결(원심: 서울고등법원 2007. 12. 27. 선고 2007누8623 판결).
27) 서울고등법원 2007. 12. 27. 선고 2007누8623 판결, 33-34면
28) 서울고등법원 2007. 12. 27. 선고 2007누8623 판결, 33-34면.
29) 서울고등법원 2007. 12. 27. 선고 2007누8623 판결, 45면.
30) 대법원 2007. 11. 22. 선고 2002두8626 전원합의체 판결, 9면.

이에 대한 대법원의 판단은 고등법원의 판결 내용을 재차 확인하고 지지하는 것으로써, SK 이동통신의 폐쇄 DRM 장착행위가 "음악저작권을 보호하기 위해 필요한 기술로서 그 행위로 인한 경쟁제한 효과가 일정한 정도로 나타났지만 DRM의 특성과 필요성 및 그 개발경위 등에 비추어 원고의 이 사건 행위에 있어서 경쟁제한 효과에 대한 의도나 목적이 있었음을 추단하기 어렵다"고 판단하였다.[31] 특히 대법원은 "그 행위로 인한 경쟁제한효과"가 일정 정도 나타났다고 표현하여 경쟁제한효과의 존재를 명확히 인정하였지만, 그로 인해 추론되는 주관적인 경쟁제한의도와 목적은 '폐쇄 DRM의 필요성'에 의하여 번복되었고 그에 따라 경쟁제한성이 부인되었음을 분명히 하였다.

(2) FRAND 확약 특허에 근거한 금지청구권 행사의 위법성 판단[32]

1) 사건개요

2012년 한국의 삼성 애플 사건[33]에서 삼성은 자사가 보유한 이동통신 관련 표준필수기술(이하 'SEP': Standard Essential Patent)을 애플이 침해한 혐의로 제소하고 금지명령을 청구하였다. 애플은 이에 대항하여 삼성이 제기한 특허침해 금지청구에 대한 방어 항변으로 삼성의 독점규제법 위반 책임을 주장하였는데, 특허침해책임의 회피를 위해 소송과정에서 독점규제법 위반항변이 제기된 사례로는 한국에서 거의 최초 사건이라고 할 수 있다.

이 사건에서 문제가 된 삼성의 특허기술은 표준개발과정에서 SEP로 선정되기 위해 '표준선정 후 특허기술의 공정, 합리적, 비차별적 실시허락을 실시조건으로 약속'한 소위 'FRAND'(Fair, Reasonable and Non-discriminatory, 이하 'FRAND')[34] 확약을 권리자가 스스로 제출하였다는 점에서 일반 특허권과는 다른 권리자의 자발적 의무가 부여된 기술이었다.[35] 따라서 이 사건의 핵심쟁점은

---

31) 대법원 2011. 10. 13. 선고 2008두1832 판결, 3-4면.
32) 구체적인 내용은 다음 논문을 참조. 오승한, "FRAND 확약 특허권자의 자발적 실시자에 대한 금지 청구권 행사와 독점규제법 위반책임", 경쟁법연구 제29권, 2014, 217면.
33) 서울중앙지방법원 2012. 8. 24. 선고 2011가합39552 판결.
34) FRAND 확약은 실제 표준 확정 전(*ex ante*) 양 당사자간의 기술실시 협약을 대체하는 개념으로, 표준 필수기술로 승인되기 위한 필수적 요건으로서 잠재적 실시자들이 표준을 사용한 후속상품·서비스에 비용을 투자하는 근거가 되며 경쟁기술들 중에서 사전에 특정기술을 선택함으로써 감수하게 되는 기술실시료 탈취위험을 방지하는 표준개발의 핵심적 역할을 한다. *See* Suzanne Michel, *Bargaining for RAND Royalties in the Shadow of Patent Remedies Law*, 77 Antitrust L.J. 889, 893 (2011).

SEP로 선정된 특허를 근거로 '금지청구권'을 행사한 삼성의 행위가 특허권의 보호를 위한 정당한 특허권 실행행위인지, 아니면 유력한 경쟁자인 애플을 시장에서 배척하기 위한 경쟁제한행위인지에 대한 것으로 FRAND 확약의 의미가 독점규제법상 위법성 판단을 위해 중요한 의미를 갖는다.

이와 관련해, 독점규제법 적용과 관련된 FRAND 확약의 일반적 의미를 미국 연방법원 등에서는 "FRAND 실시료를 받는 조건으로 기술실시자에게 기술실시를 '당연히 허락 할 것'이라는 약속"으로 해석하고 있다.[36] 이러한 해석에 의하면 권리자는 금전 실시료의 수취만으로도 IP 권리에 대한 충분한 보상이 된다고 스스로 확약하였다고 할 수 있다.[37] 결국 금전실시료의 보전을 넘어서서 유력한 경쟁자를 배척하는 금지청구를 실행하는 경우에는 이것이 IP 권리를 보호하여 기술혁신을 유인하는 효율적 행위인지 아니면, 유력한 경쟁자를 배척하는 경쟁제한행위 인지 여부가 문제된다. 이 사건에서도 역시 삼성의 금지청구권 행사가 '이미 실시료를 지급할 의사를 표시한 자발적 실시자인 애플'에 대한 금지청구인지, 만일 자발적 실시자에 대한 금지청구라면 그것이 독점규제법 위반요건을 성립시킬 수 있는 것인지가 문제되었다.

일단 애플은 사건기록상 명확하지는 않으나 대체적으로 자신이 실시료 지급 의사를 밝힌 자발적 실시자라는 사실을 전제로 삼성의 독점규제법 위반혐의들을 주장하였다. 구체적으로 경쟁침해 행위로서 삼성이 SEP에 근거하여 제기한 이 사건 금지청구가 시장지배적 사업자로서 독점규제법 제3조의2 제1항의 시장지배적 지위남용행위의 일종인 필수설비의 거래 거절행위(부당한 거래거절)를 구성함을 주장하였다.

---

35) Microsoft Corp. v. Motorola, Inc., No. 10-cv-1823, 2012 U.S. Dist. LEXIS 170587, at *33-34 (W.D. Wash. Nov. 30, 2012).

36) *See* Joseph F. Wayland, *Acting Assistant Att'y Gen., Antitrust Div., U.S. Dep't of Justice, Remarks Before the Fordham Competition Law Institute: Antitrust Policy in the Information Age: Protecting Innovation and Competition* 4 (Sept. 21, 2012) [*hereinafter* Wayland speech], *available at* http:// www.justice.gov/atr/public/speeches/287215.pdf

37) Microsoft Corp. v. Motorola, Inc., No. C10-1823JLR(Findings of Fact and Conclusions of Law), 2013 WL 2111217, at 18 (W.D. Wash. Apr. 25, 2013).("Georgia Pacific 사건에서 합리적 실시료 산정의 4, 5번 요소로 지적한 특허권자의 기술실시허락 여부에 대한 내부정책과 권리자와 기술실시자간의 경쟁자 관계여부 등은 FRAND 실시료를 산정하는데 배제되어야 함. 특허권자는 이미 표준개발에 참가하며 제출한 FRAND 확약을 통해 경쟁자를 포함한 모두에게 합리적인 기술실시료를 대가로 기술실시허락을 하기로 약속하였기 때문에 외부에 기술실시를 허락하지 않는다는 사실을 주장할 수 없음.")

2) 법원의 판단

우리 법원은 미국연방법원이나 EU 각국 법원 및 경쟁당국의 해석과 달리, FRAND 확약을 표준기술선정 경쟁에 영향을 미칠 수 있는 중요한 의미가 있는 것으로 해석하지 않았다.[38] 따라서 FRAND 확약 특허권에 근거한 금지청구권의 행사가 독점규제법 위반을 성립시키는지에 대해서 소극적으로 볼 수밖에 없었다고 평가할 수 있다. 다만, 실제 법원의 경쟁제한성 판단은 FRAND 확약의 의미와 관계없이 IP 권리자의 정당성 항변 해석과 관련이 있다. 즉, 법원은 SK 이동통신의 폐쇄 DRM 장착 사건과 동일하게 삼성의 금지청구가 부당한 거래거절에 해당하기 위해서 2007년 포스코 판결이 제시한 경쟁제한성 요건을 갖추어야 한다고 설시하고, 그 결과 객관적 경쟁제한효과와 주관적 경쟁제한의도의 존재를 부인하였다.

구체적으로, 법원은 "애플의 선침해 및 특허의 유효성과 침해에 대한 불인정 사실, FRAND 실시료 수준에 대한 다툼이 양자간 진행되던 중 합의에 이르지 못하고 소송이 진행 점 등"을 그 근거로 주관적 경쟁제한의도를 부인하였다. 이것은 결국 삼성의 금지청구는 SEP에 근거한 '권리보호'에 주 목적이 있기 때문에 유력한 경쟁자인 애플을 배척하고 독점을 유지·강화하기 위한 목적은 부인된다고 판단한 결과이다.[39] 결국 법원은 삼성이 주장한 금지청구권 행사의 필요성 항변을 근거로 경쟁제한을 위한 주관적 경쟁제한의도가 존재하지 않는다고 판단하였고, 유력한 경쟁자인 애플이 배척될 수 있는 위험도 역시 실제 단일 경쟁자의 손해에 불과하여 객관적 경쟁제한효과도 존재하지 않은 것으로 판단하고 있다.[40]

---

38) 서울중앙지방법원 2012. 8. 24. 선고 2011가합39552 판결, 213면; 법원은 "FRAND 위반행위를 통해 확인된 기만적 FRAND 확약 제출행위가 표준개발과정에서 부당하게 고객을 유인한 행위"라는 애플의 주장을 기각하였다. 법원은 그 근거로 "FRAND 선언을 한 것만으로 표준채택과정에서 표준화 기구에 자신의 특허가 경쟁사업자의 것보다 현저히 우량하거나 유리한 것으로 오인시켰다거나 경쟁사업자의 기술이나 규격이 현저히 불량 또는 불리한 것으로 오인시켰다고 인정하기 어렵다"고 판단하고 있다.

39) 서울중앙지방법원 2012. 8. 24. 선고 2011가합39552 판결, 205-206면.

40) 서울중앙지방법원 2012. 8. 24. 선고 2011가합39552 판결, 206면; 법원의 판단과 달리 '유력한 경쟁자'를 배척할 위험성은 독점자에 대한 유일한 경쟁압력을 제거하여 전체 시장경쟁에 영향을 줄 수 있기 때문에 객관적 경쟁제한 효과가 존재한다고 판단하는 것이 타당하다.

(3) 소결: 한국 법원의 정당성 항변에 대한 해석

2007년 SK-멜론사건에서 나타난 고등법원 및 2011년 대법원의 최종판단과 2012년 삼성-애플 사건에서 서울중앙지방법원은 사업자가 주장한 권리보호의 필요성을 인정하여 주관적 경쟁제한 의도 자체를 부인하였다는 점에서 거의 동일한 해석을 하고 있다.

SK-멜론 사건의 경우 법원은 MP3 폰에 장착되는 'DRM의 특성과 필요성 및 그 개발경위 등'을 근거로 소비자의 선택권을 제한하는 폐쇄형 DRM을 장착하는 상품개발행위가 정당한 목적을 가지고 있다고 판단하고, 따라서 주관적 경쟁제한 의도의 존재를 부인하였다. 삼성사건에서도 법원의 해석은 삼성의 금지청구가 'SEP 보호'를 위해 실행되었고, 따라서 경쟁제한을 의도한 것은 아니라고 판단한 것으로, 결국 권리실행 행위가 정당한 목적을 가지고 있다는 근거로 주관적 경쟁제한 의도를 배척하였다고 판단할 수 있다.

결론적으로 IP 권리자는 경쟁제한효과를 야기한 행위에 대하여 권리보호의 필요성을 항변하기가 비교적 용이한데, 두 사건에서 우리 법원은 이러한 정당성 항변을 경쟁제한성 입증을 위한 요소 중 하나인 주관적 경쟁제한의도를 배척하는 근거로 사용하였다고 해석할 수 있다. 법원의 이러한 해석은 권리보호를 위한 정당성 항변의 존재와 주관적 경쟁제한의도의 존재를 혼동하고 양자를 동일시하는 오류를 범하는 것이라고 판단할 수 있다.

Ⅲ. IP 권리자의 배척행위 유형과 정당성 항변의 검토 사례

1. 경쟁제한효과를 야기하는 상품·서비스의 개발·변경 및 사업자간 합의

(1) 경쟁자들을 기술적으로 봉쇄하는 상품·서비스 개발·변경 행위

IP 법은 권리자의 기술개량 행위에 대해 배타적 권한을 인정하고 적법한 것으로 보호하지만,[41] IP 권리자들의 개량행위는 경쟁을 배제하기 위한 기술적 차

---

41) 예를 들어, 특허상품을 단순한 수리차원(Repair)을 넘어서서 원권리자의 허락 없는 재구성(Reconstruction) 개조행위는 원칙적으로 특허침해가 성립한다. 이 이론도 미국 최초판매후 권리소진이론에서 비롯된 것으로 한국과 일본의 대륙법계에 이미 도입되어 있다. *See* Mark D. Janis, *A Tale*

단조치로 사용될 가능성도 대단히 높다. 우선, 사업자들이 제3자와 거래를 진행하면서 가격조건 혹은 그 밖의 경쟁자 배척조건을 부과하는 것은 흔한 일이다. 그러나 거래상대방에게 명시적인 배타적 거래조건을 요구하지 않아도 특허·저작권 등으로 보호되는 주상품의 디자인 혹은 구조 변경을 통해 하위 시장의 경쟁자가 제공하는 보완상품의 호환성을 제거할 수 있고, 기술적으로 경쟁자의 고객접근을 방해할 수 있어서 배타조건부 거래와 유사한 시장봉쇄효과를 발생시킬 수 있다.

특허권자의 개조행위가 독점규제법 위반행위를 성립시키는지를 다룬 전형적인 사건의 예는 C.R. Bard 사건이다.[42] 이 사건에서는 특허권자가 특허상품을 이용하여 연관상품시장에서 경쟁상품을 봉쇄하는 행위가 문제되었는데, 특허권자인 Bard의 특허침해 주장에 맞서 잠재적 침해자는 특허권 남용 및 특허권자의 독점규제법 위반행위 항변을 제기하였다. 이 사건에서 Bard는 피부표면 아래 작은 바늘을 주입하여 세포표본을 얻는 생검(Biopsy)용 특허 주사총을 생산하였는데, 문제의 특허 주사총에 사용되는 바늘은 본래 Bard사를 포함하여 다수의 경쟁회사에서 생산·판매되어 왔었다. 그러나 Bard사는 이후 특허 주사총을 개조하고 특허재출원(reissue)을 요청하여 자사가 생산하는 바늘만 생검용 특허 주사총에 사용할 수 있도록 개조하였다.[43] 결과적으로 특허 주사총에 사용되는 바늘을 생산하였던 경쟁자들이 시장에서 퇴출되는 결과를 가져왔는데, 경쟁자인 M3 System은 Bard의 이전 주사총과 유사한 상품을 자체 생산하여 기존 바늘을 계속 판매하였고, Bard는 이를 특허침해로 제소하였다. 이 사건에서 미국 연방항소법원은 호환성을 제거함으로써 비특허상품의 경쟁자를 배척한 특허권자의 상품디자인 변경행위는 비 특허품 시장의 불법적인 독점화 행위에 해당한다고 판단하였다.[44] 이 사례와 유사한 부류는 저작권에서도 찾아 볼 수 있는

---

of the Apocryphal Axe: Repair, Reconstruction, and the Implied License in Intellectual Property Law, 58 Md. L. Rev. 423, 436 (1999).

42) C.R. Bard, Inc. v. M3 Sys., Inc., 157 F.3d 1340 (Fed. Cir. 1998).

43) 미국의 특허법은 재출원(Reissue)제도에 의해 특허 받은 후 2년 이내에는 출원인이 최초 발명의 상세한 설명에만 기재하고 특허청구범위에 기재하지 않은 내용을 특허 청구항에 추가할 수 있도록 하여, 발명의 상세한 설명 범위 내에서 특허청구범위의 확장을 인정하고 있다. See 35 U.S.C.S. §251.

44) C.R. Bard, Inc. v. M3 Sys., Inc., 157 F.3d 1340, 1372 (Fed. Cir. 1998); Bard는 특허품의 개조가 특허권자의 고유권한이라는 점을 주장하였다. 그러나 소송과정에서 Bard가 재디자인한 총은 이전과 비교해 품질·효율성 면에서 개선된 내용이 없었고, 특허 주사총을 재디자인한 Bard의 유일한 목적은 경쟁자의 바늘을 사용할 수 없도록 만드는 것이라는 증거가 제시되었다.

데, 2001년 Microsoft의 소프트웨어 개조를 통한 Internet Explorer 결합행위와 이를 통한 경쟁 인터넷 웹브라우저 배척행위가 여기에 속한다고 할 수 있다.[45]

또한 Ⅱ.3.(1)에서 살펴본 2007년의 SK 텔레콤 사건(2011년 대법원 확정)도 자사의 MP3 폰을 개조·변경하여 자체 개발한 DRM을 탑재함으로써 MP3 폰을 구매한 자사 고객들이 경쟁자인 다른 음악다운로드 서비스 사업자와 거래하지 못하도록 차단한 점에서 C.R. Bard 사례와 유사하다.[46] 다만, 이 사건에 대한 2011년 대법원 확정판결은 2001년 Microsoft 판결 등을 포함하여 그 밖의 유사사례에서 나타난 미국법원의 판단과 상당한 차이가 있다.

그 외, 독점규제법 위반사건은 아니지만, 경쟁자 배척효과를 가진 IP 상품 개량행위로써 특허권 남용이 인정된 사례도 상당수 존재하는데, 대표적인 예는 2009년 Static Control 사건으로서, 이 사건에서는 레이저 프린터 토너 케이스에 대한 특허권을 가지고 있는 Lexmark가 "PREBATE" 프로그램을 토너에 장착하여 고객들이 자사가 생산한 토너 이외에 다른 경쟁자가 생산한 토너분말을 재충전한 제품을 재사용하지 못하도록 만든 행위가 문제되었다.[47] Lexmark의 상품개조 결과로 동일 품질의 값싼 재생토너를 소비자들에게 생산·공급하던 경쟁자들은 고객에 대한 접근이 차단되고 시장이 봉쇄 당하는 결과가 야기되었다. 이와 같은 봉쇄행위를 회피하고자 경쟁관계에 있는 토너 재생업체들은 이 프로그램을 우회하는 프로그램 칩을 장착하여 재생토너를 판매하였고, Lexmark는 이러한 행위를 불법개조에 의한 특허권 침해 및 소프트웨어 저작권 침해로 제소하였으나 특허법상 최초판매이론 및 저작권법 남용과 유사한 DMCA법상 '호환목적 사용허용' 규정에 따라 Lexmark의 권리실행 주장이 부인되었다.

(2) 규제환경을 활용한 주기적 상품변경(Product Hopping) 행위

IP 권리자의 상품개조·변경 행위와 규제시스템이 결합하여 경쟁자가 소비자에게 접근할 가능성을 방해하거나 차단한 경우에는 일반적인 상품 개조행위 보다 경쟁제한의도와 그 효과가 희석될 가능성이 높다. 대체로 이러한 상황에서는

---

45) United States v. Microsoft Corp., 253 F.3d 34, 58-59 (D.C. Cir 2001).
46) 서울고등법원 2007. 12. 27. 선고 2007누8623 판결.
47) Static Control Components, Inc. v. Lexmark Intern., Inc., 615 F.Supp.2d 575, 585(E.D.Ky. 2009).

IP 권리자의 행위만으로는 봉쇄효과가 발생하지 않기 때문에 경쟁제한효과에 대한 인과관계를 부인하는 것이 일반적이지만,[48] 행위자체가 경쟁제한효과를 직접 발생시키지는 않는다는 점에서 IP 권리자의 자유재량권이 주장되는 경우도 있다.[49]

대표적인 예는 제약산업에서 문제되는 Product Hopping(상품의 주기적 변형) 행위인데, 기간 만료 혹은 특허무효 판결을 통해 제네릭 사업자의 경쟁에 직면한 브랜드 신약 특허권자들은 경쟁자인 제네릭 약품 사업자가 고객에게 접근하는 것을 차단하기 위해 주기적인 약품변형 전략을 사용한다.[50] 우선 브랜드 특허제약 사업자들의 주기적 상품변형 전략은 품목 승인된 약품에 사소한 변경을 가하고 이러한 변경에 대해 FDA의 허가를 받아 실제 약품의 효능에는 변화가 없지만 이를 새로운 상품으로 판매하여 구형 약품을 대체하는 행위를 의미한다. 예를 들어, 캡슐형태에서 실질적인 제형(formulation)은 동일하지만 형태를 테이블렛(Tablet) 형태로 바꾸어 변형약품으로 FDA의 승인을 다시 받는 행위이다. 이와 같은 제형변경은 소비자에게는 실제 큰 문제가 되지 않지만, 제네릭 약품의 판매허가를 위한 간이약품허가청구(An Abbreviated New Drug Application; 이하 'ANDA')[51]는 기존 약품의 성능과 효능자료를 바탕으로 하기 때문에 제네릭 사업자는 변경된 특허약품의 제네릭 버전을 판매하기 위해서 변경된 특허약품과 생물학적 동등성을 다시 입증하여 인증을 받아야 한다.[52] 따라서 기준약품

---

48) Broadcom Corp. v. Qualcomm Inc., No. CIV A 05-3350 MLC, 2006 WL 2528545, at *8 (D.N.J. Aug. 31, 2006) *aff'd in part, rev'd in part and remanded*, 501 F.3d 297 (3d Cir. 2007)(2007년 Qualcomm의 기만적 FRAND 확약이 독점규제법 위반을 구성하는지 문제되는 사안에서 연방지방법원은 Qualcomm의 주장대로 'Qualcomm의 특허기술을 표준으로 지정하여 독점적 지위를 인정하는 것은 표준화 기구'라는 사실을 근거로 표준화 기구의 결정에 영향을 준 Qualcomm의 기만적 FRAND 확약 행위와 독점화 결과 사이의 인과관계를 부인하였다. 다만, 이 결정은 추후 파기 환송되었다.).

49) Abbott Labs v. Teva Pharmaceuticals, 432 F. Supp. 2d 408 (D. Del. 2006).

50) Herbert Hovenkamp, Mark D. Janis, Mark A. Lemley and Christopher R. Leslie, IP & Antitrust: Analysis Antitrust Principle Applied IP Law §15.3c1 (2013).

51) 1984년 미국 Hatch-Waxman 법(21 U.S.C. §§ 355, 360 etc.)은 Generic이 약품품목 허가신청을 제출함에 있어서 신약과 동일한 안전성과 임상효과를 입증하기 위한 자체적인 입증자료를 제출하도록 요구하였던 관행을 개선하여 신약 특허권자가 제출한 임상실험 자료 등을 원용하여 제약 판매를 승인받을 수 있도록 허용하였다. 이에 따라 제네릭 사업자는 7~8년의 기간이 소요되는 임상실험은 생략하고 신약특허권자가 이미 제출한 안정성 자료를 그대로 사용하여 이 약품과의 생물학적 동등성 만을 입증함으로써 제네릭 약품의 생산·판매 허가를 받을 수 있다. 이러한 제네릭 약품 신청절차를 일반적으로 'ANDA'(An Abbreviated New Drug Application) 절차라고 정의할 수 있다. *See* 21 U.S.C. § 355(j)(2)(A)(iv).

52) 21 U.S.C. § 355(b)(2).

이 바뀌게 되는 경우 경쟁자는 처음부터 허가절차를 다시 진행해야 하기 때문에 시장진입이 더 지체되는 효과를 가져오는데, FDA 법은 일반적으로 이러한 절차를 180일로 설정하고 있으나,[53] 통상 훨씬 오랜 기간이 걸리는 것이 일반적이다.

물론 제네릭 사업자의 경우 기존에 허가 받은 제네릭 약품을 계속 판매할 수는 있지만, 일반적으로 소비자들은 제네릭약품을 의사로부터 처방받은 브랜드 특허약품의 대체제로 선택한다는 점에서 브랜드 제약사의 특허약품변경은 필연적으로 소비자들의 접근가능성을 차단하는 결과를 가져온다. 구체적으로, 제네릭이 기존의 등재특허를 기준으로 ANDA를 신청해서 허가를 받은 경우 제네릭은 'AB-rating'을 받는데 이것은 약사들이 브랜드 약품의 조제요청서를 받았을 때 소비자들의 선택에 따라 브랜드 약품을 값싼 제네릭으로 대체할 수 있도록 허용하는 것을 의미한다. 그런데 AB-Rating은 기존 약품에만 적용되는 것으로, 새로운 약품에 성분이 같다는 이유만으로 적용될 수는 없다. 따라서 기존 특허물질을 기반으로 허가된 캡슐형 약품이 새로운 제형(tablet)으로 변경되어 이 약품만 현재 판매되고 있다면, 제네릭 사업자는 대체조제 방식을 통해서 기존에 승인받은 제네릭 약품(캡슐 제형)의 판매 영업을 기대할 수 없는 결과가 된다. 특히, 브랜드 제약사들은 영업망을 통해 의사들에게 브랜드 제약사의 신형약품에 대한 처방을 적극적으로 유도하게 되는데 이 신형 약품에 대한 대체가 불가능한 상황에서, 제네릭 사업자가 대체 조제를 인정받기 위해서는 브랜드 제약사의 새로운 제형약품에 대한 ANDA를 다시 신청하여야 하는 결과가 된다.

문제가 된 'Product Hopping'과 관련된 몇 건의 사건에서,[54] 일반적으로 제약 특허권자들은 '다른 제네릭 경쟁자들을 도울 법적 의무가 없다'거나, '자신의 특정상품 판매를 계속할 의무가 없다는 점에서 구형 상품판매 중단의 책임이 없다'는 항변을 제기하고 있다.[55] 이러한 항변은 결국 사업자들의 상품변경 행위가 전속적인 IP 권리자의 재량행위로서 경쟁제한의도는 물론 IP 권리의 정당한 행사를 근거로 독점규제법의 규제대상 자체를 부인한 것이라고 할 수 있다. 다만, 구체적으로 분석하면 결국 상품개발 혹은 기술혁신을 목적으로 한 정당한 행위를 주장하는 것이라고 할 수 있다.

---

53) 21 U.S.C. § 355(j)(5)(A).
54) Abbott Labs v. Teva Pharm., 432 F. Supp. 2d 408 (D. Del. 2006); FTC v. Warner Chilcott Holdings Co., 2006 WL 3302862 (D.D.C. Oct. 23, 2006).
55) Abbott Labs. v. Teva Pharm. USA, Inc., 432 F. Supp. 2d 408, 423-24 (D. Del. 2006).

실제 이 사건들에서 외형상 당사자들의 행위는 자신의 특허품을 개조·변경할 수 있는 적법한 권한 내의 행위를 한 것으로 부분적으로 특허권의 개량행위라는 목적을 완전히 부인할 수는 없다. 그럼에도 불구하고, 특허권자의 형상변경행위의 위법성을 입증하기 위해서 그 행위가 불법적인 경쟁자 배척 이외에 다른 합법적 목적이 전혀 없다는 사실을 먼저 입증하도록 요구하는 것은 타당하지 않다. 실제로, Abbott 사건에서 브랜드 제약사인 Abbott도 역시 형상변경 행위의 위법성을 주장하는 원고 제네릭 제약사가 상품 개량행위의 실익이 전혀 없다는 사실을 먼저 입증하여야 한다고 주장하였으나, 연방지방법원은 '형상변경 행위의 의학적 효과'가 실질적으로 차이가 없다는 사실을 입증하는 것으로 충분하다고 판단하였다.56)

(3) 경쟁제한 효과를 은닉하는 IP 사업자간 합의

독점규제법의 경쟁제한성 심사는 행위의 경쟁제한효과를 검증하는 것이 주 목적이고, 소위 가격상승과 생산량 감축 및 소비자 선택권의 감소에 미치는 영향력을 분석하는 것이 주 내용이 된다. 반면에 이러한 경쟁제한효과를 상쇄하는 친경쟁적 효율성은 생산적 효율성에 의한 비용감소나 분배적 효율성에 근거한 경쟁증가 또는 다양한 소비자 선택권의 증가 등의 요소로 설명된다.

이미 II.2.(1)에서 살펴본 바와 같이, IP는 단기적 경쟁제한효과에도 불구하고 기술혁신의 유인을 통해 새로운 소비자 선택권을 가져오고 이를 통해 장기적 효율성을 달성한다고 설명되는데, 이와 같은 IP의 효율성은 때로는 경쟁제한행위를 은닉하는 수단으로 사용될 수도 있다. 가장 전형적인 예는 공동행위와 관련되어 있는데, 독점규제법 체계에서 가장 엄격한 금지대상이 되는 가격담합, 생산량 공동책정, 시장분할과 같은 당연위법 유형의 행위들을 감추는 수단으로 IP 실시약정이 효과적으로 사용될 수 있다.

예를 들어, A와 B 특허가 일부 청구항의 범위가 서로 중복되어 상호침해 대상이 되는 차단특허(Blocking Patent)인 경우에, 양 당사자의 합의가 없다면, 두 당사자중 어느 누구도 특허 침해 없이는 각자의 특허를 실시할 수 없기 때문에, 양 사업자 모두 시장에 진입하는 것이 불가능하다. 이때 이들 양 당사자가 합의

---

56) *Id.*, at 422.

(분쟁종결합의)를 통해 각자의 특허권에 대한 실시권을 인정하는 상호실시(Cross License) 약정을 맺게 되면 양 당사자 모두 특허침해 없이 시장에 진입할 수 있게 된다. 따라서 양 당사자의 상호실시 합의는 이 전과 비교해 새로운 소비자 선택권을 제공하고 경쟁자들의 시장진입을 허락하여 시장 생산량을 증가시킨다는 점에서 독점규제법상 친경쟁적 효율성을 가져오는 것으로 평가할 수 있다. 이와 같은 상호차단 특허의 해결방법으로는 그 외에 제3의 기관에 각각의 특허권을 모두 위탁하고 공동 판매하는 특허풀(Pool) 약정도 포함되는데 각각의 사업자가 시장진입이 불가능한 상황에서 공동판매를 통해 새로운 선택권을 제공한다는 점에서 친경쟁적 효율성이 주장될 수 있다.

그러나 이와 같은 사업자들간 합의는 실제 그 효과가 카르텔과 유사하거나 혹은 카르텔을 위해 필요한 가격정보를 합법적으로 교환할 수 있는 상황을 만들어 담합을 조장할 수도 있다. 즉, 합의의 일방당사자 혹은 쌍방이 일정수익을 상호 지급하는 약정을 상호실시 약정 안에 포함하는 경우에는 실시료 산정을 위해 경쟁자간의 생산량과 가격정보의 교환이 필요로 하게 되어, 가격·생산량 공동 책정을 위한 담합을 용이하게 만들 수 있다. 이 상황에서 실제 각 당사자의 특허가 일부 무효이거나 실제로 상호침해 가능성이 낮다면 상호실시는 담합을 가장하기 위한 수단에 불과하다. 더 나아가, 상호실시약정 안에 실제 분쟁대상이 된 특허권의 범위를 넘는 경쟁제한 약정을 함께 체결하는 경우에는 전형적인 담합 은닉방법의 하나로 해석될 수도 있다.[57]

특히, 상호충돌 특허를 보유한 사업자가 특허풀(Pool)을 통해 제3자에게 기술 공동실시를 약정하는 경우에는 각 사업자의 실시료가 공동 책정되어 담합과 같은 효과가 발생한다. 만일 양 당사자가 상호실시를 통해 서로 기술실시 허락을 하여 각자 영업이 가능함에도 특허풀 약정을 실행한다면 실제로 경쟁을 회피하기 위한 의도로 볼 가능성이 높다.[58] 대표적인 사건은 VISX 사건으로, 1998년 각막절제술(performing photo-refractive keratectomy; 'PRK')을 실시하는데 사용하는 레이저 기계의 생산과 그 시술방법의 사용과 관련된 특허기술들을 각각 분산하여 가지고 있던 Summit Technology와 VISX사는 상호간의 특허침해분쟁

---

57) Ethyl Gasoline Corp. v. United States, 309 U.S. 436, 457-461(1940); Cummer-Graham Co. v. Straight Side Basket Corp., 142 F.2d 646, 647 (5th Cir. 1944).
58) II.2.(2)에서 언급한 바와 같이 경쟁제한성이 더 적은 다른 대안이 존재함에도 불구하고 가격 담합을 야기하여 경쟁제한효과가 명백한 pool 약정을 사용한다는 점에서 위법으로 판단된다.

을 막기 위해 각자의 특허권이 공동출자된 특허풀을 구성하였다.[59] 특허풀에는 필연적으로 공동 라이선스 요금책정, 개별적인 제3자 실시허락 금지규정과 가격과 생산량을 제한하는 당연위법 유형의 조항이 포함되었다. 이 사건에서 당사자들은 특허풀 약정과 경쟁제한 약정들이 각자가 보유한 특허기술을 효율적으로 사용하기 위해 필수적인 약정이라고 주장하였으나 FTC는 당사자의 정당성 항변을 부인하였다.[60]

상호차단 특허를 보유한 경쟁자들 간의 분쟁은 역시 합병을 통해서도 해결할 수 있는데, 양 당사자의 합병을 통해 새로운 IP 상품의 시장진입이 가능해진다는 점에서 합병의 효과는 친경쟁적 효율성을 가진 것으로 긍정적으로 평가될 수 있다.[61] 그러나 실제 합병은 시장 내에서 유력한 경쟁자를 영원히 제거할 수 있다는 점에서 경쟁제한 가능성이 높고, 특히 합병 당사자가 시장 내에서 유일한 IP 소유자인 경우에는 특허보호기간 동안 합법적으로 시장진입이 금지되는 배타적 보호를 받게 되어 그 위험성이 더 높다. 더 나아가, 만일 합병 당사자간 특허가 실제 상호 침해가능성이 낮고, 일부 특허가 특허요건을 결격한 것인 경우에는 상호침해 특허분쟁의 해결책으로서 합병과 분쟁종결합의는 합법적 독점탄생을 위한 가장 수단에 불과하다.

이들 사례에서 공통적인 점은 IP 사업자간의 외형상 합의의 목적은 권리자의 정당한 인센티브 보호 혹은 효율성을 창출하기 위한 것으로 쉽게 설득이 가능하다는 점이다. 따라서 단순히 외형상 나타난 사업자의 정당성 항변을 주관적 경쟁촉진의도와 동일시하여 이것을 주관적 경쟁제한의도를 부인하는 근거로 사용하는 것은 적절하지 않다.

---

59) 당시에 미국 식약청으로부터 각막절제술을 시행할 수 있도록 허가받은 장비는 Summit Technology와 VISX 두 회사가 유일하였음으로 사실상 이 두 회사가 관련기술을 독점하고 있었다. 특허풀을 설립하면서 이 두 회사는 특허풀 약정을 통해 각자 회사의 각막이식수술관련 특허기술을 독자적으로 라이선스할 권리를 포기하였고, 대신에 당해 특허풀이 다른 제3자에게 라이선스하는 것을 각각의 회사가 금지할 권리를 보유하게 되었다. 구체적으로 당해 두 회사는 특허풀 약정은 풀이 제3자에게 6년 이상의 특허기간을 줄 수 없도록 했고, 무엇보다도 각각의 각막절제수술에 대하여 개별회사는 250달러를 안과의사에게 부과하도록 요구하였다. 우선 당사자들은 당해 특허풀이 잠재적으로 상호 침해할 우려가 있는 특허기술들을 통합하고 있기 때문에 특허소송의 비용과 특허권 실시에 있어서 불확실성을 제거하는 중요한 의의가 있다고 주장하였다.

60) *In the Matter of Summit Technology, Inc., and VISX*, Inc. Proposed Consent Order (Docket No. 9286)(1998)(*Summit-VISX* Analysis para. 10); Department of Justice and the Federal Trade Commission, *IP Guideline* §4.2 (1995); *See* IV.1(2).

61) *See, e.g.,* Flow Int'l Corp., FTC File No. 081-0079 (July 10, 2008); IBM Corp. v. Platform Solutions Inc., 658 F. Supp. 2d 603 (S.D.N.Y. 2009).

2. 주요사례에서 정당성 항변의 내용과 위법성 판단에 미치는 영향

(1) IP 사업자의 단독행위에 대한 정당성 항변 해석과 주관적 의도

1) IP 권리보호의 의도와 경쟁배제 의도의 분리 필요성

이 논문 III.1.에서 살펴본 IP 권리자들의 상품변경 또는 기술개발 합의는 IP 청구범위 안의 기술변경 등에 대한 행위로써 외관상 특허·저작권이 인정한 배타적 권리행사의 내용이 된다. 따라서 IP 상품의 구조변경 혹은 기술적 조치는 그 자체로는 최소한 기술개발을 위한 IP 권리자의 정당한 목적을 인정할 수 있는 것들이다. 결국, 유력한 경쟁자 봉쇄와 같이 경쟁제한 목적만을 가진것으로 판단할 수 있는 행위는 극히 제한적인 경우로 한정된다고 할 수 있다. 예를 들어, III.1.(1)에서 언급한 1998년 C.R. Bard 사건에서 특허권자인 Bard사가 자신의 특허대상 상품을 개조·변경하여 재출원(Reissue)하는 일련의 과정은 특허법상 적법한 것으로 실제 특허 재출원이 허용되었다는 점에서 특허법상 정당한 목적이 존재함을 주장할 수 있다. 또한 III.1.(2)에서 살펴본 2006년 *Abbott Labs* 사건 역시 상품개조 후 적법한 절차를 통해 FDA의 승인을 받았다는 점에서 제형변경 행위의 정당한 목적을 주장하였다.[62]

그러나 이러한 외형상의 개조목적에도 불구하고 *C.R. Bard* 사건에서 특허권자, 2009년 *Static Control* 사건의[63] 특허권자, 그 외 *Abbott Labs* 사건에서 특허권자는 모두 기존 상품의 디자인을 이용한 보완·대체상품의 관련시장 형성과 경쟁자들의 존재를 알고 있었기 때문에, 그 변경이 미치는 경쟁자 봉쇄효과를 당연히 인지할 수 있었다. 따라서 기존상품의 디자인 변경으로 경쟁자들이 기존 소비자들에게 접근할 기회가 기술적으로 차단될 가능성을 충분히 인식하고, 상당한 비용을 들여 이를 적극적으로 실행하였다는 점에서, 최소한 그 결과를 용인한 것이라고 할 수 있다. 이와 같이 해석한다면, 사례에서 사업자들은 경쟁제한효과에 대하여 형사법상 주관적 구성요건적 고의인 미필적 고의가 존재한다고 판단할 수 있다. 결론적으로 독점규제법상 경쟁제한성의 요건이 되는 주관적 경쟁제한의도 역시 미필적 고의를 성립시키면 충분한 것이라고 해석한다면,

---

62) Abbott Labs. v. Teva Pharm. USA, Inc., 432 F. Supp. 2d 408, 423 (D. Del. 2006).
63) *See supra* III.1.(1).

이들 사례에서는 IP 권리자의 주관적 경쟁제한 의도는 당연히 인정된다고 평가할 수 있다.[64)]

이와 같이 확인된 주관적 경쟁제한의도는 IP 권리자의 권리보호를 위한 다른 주관적 목적이 확인된다는 사실만으로 상쇄되거나 완전히 배척된다고 할 수 없다. 이것은 IP 권리행사의 효율성 심사와 구별되는 점인데, 일반적으로 IP 권리행사의 효율성을 검증할 때는 주로 당해 권리행사의 경쟁제한효과와 친경쟁적 효과를 비교형량 하는 절차로 진행하는 반면, IP 권리자의 경쟁제한적 주관적 동기는 특정한 다른 주관적 의도와 비교형량하는 대상이 되지 않는다. 주관적 경쟁제한의도는 형사법의 주관적 구성요건에 대한 검증과 유사하게 단순히 행위 당시에 존재하는 사업자의 인식과 의도를 확인하는 절차로써 일반적인 경험칙을 통해 간접적으로 확인하는 절차로 진행하게 된다. 따라서 IP 실행행위의 효율성을 검증할 때는 그 행위가 야기하는 경쟁제한효과를 그와 반대되는 경쟁촉진효율성으로 상쇄할 수 있으나, 주관적 경쟁제한 의도는 권리보호 목적이라는 다른 정당한 의도를 통해 상쇄된다고 할 수 없다. 즉, 유력한 경쟁자의 퇴출 혹은 소비자선택권의 감소 등과 같은 경쟁제한효과를 인지하고 용인할 가능성이 존재하는 한 주관적 의도를 인정할 수밖에 없고, IP 권리자의 권리보호 목적이 존재한다는 이유로 주관적 경쟁제한의도가 상쇄된다고 해석할 수는 없다.

앞서 살펴본 *C.R. Bard* 사건의 특허권자 및 *Abbott Labs* 사건의 특허권자는 당연히 그들의 행위가 IP 권리보호 혹은 인센티브 보호를 위해 특허법상 적법한 행위라고 주장할 수 있지만, 그 사실만으로 주관적 경쟁제한의도가 부인되어 관련행위가 정당한 것으로 판단되지 않았다. 이들 사건에서 법원은 모두 실제 당사자의 주장과 달리 관련 상품변경행위를 통해 발생하는 실익은 대단히 낮은 반면, 그로 인한 소비자의 선택권 제한과 경쟁자를 배척하는 효과는 대단히 높다는 사실을 확인하고 있다. 이러한 사례와 비교해보면, 단순히 IP 권리자의 권리보호 필요성이 존재한다는 항변이 설득력이 있다는 사실로 쉽게 인정하고, 이것을 근거로 주관적 경쟁제한의도를 부인하는 한국 법원의 태도는 상당한 문

---

64) 소위 '미필적 고의'를 구성요건적 고의에 포함하는 용인설에 입각한 해석이다. *See, e.g.,* 대법원 2014. 3. 13. 선고 2013도12430 판결(···. 나아가 **행위자가 그 사항이** 허위라는 것을 **인식하였는지** 여부는 성질상 외부에서 이를 알거나 증명하기 어려우므로, ···여러 객관적 사정을 종합하여 판단할 수밖에 없으며, **범죄의 고의는 확정적 고의뿐만 아니라 결과 발생에 대한 인식이 있고 그를 용인하는 의사인 이른바 미필적 고의도 포함하므로**···).

제가 있다고 할 수 있다.

더 나아가, 다른 측면에서 IP 권리자의 행위는 주관적 경쟁배제의사가 존재한다는 사실만으로 최종적으로 독점규제법상 위법성이 인정되는 것도 아니다.[65] 언급한 *C.R. Bard* 사건과 *Abbott Labs* 사건에서 연방법원은 실제 IP 권리자의 주관적 경쟁제한의도를 별도로 검증하는 절차를 수행하지도 않았다. 일반적으로, 상품의 개조·변경 행위뿐만 아니라 신규상품의 개발 등의 혁신행위는 대부분 기존경쟁자들의 퇴출 효과를 야기할 수 있는데, 여기서 독점규제법 위반여부를 심사할 때 중요한 고려요소는 당해 사업자의 주관적 의도가 아니라, 행위의 효과, 즉 '경제적 효율성'의 존재여부와 그 크기에 대한 비교형량의 결과라고 할 수 있다.

예를 들어, 기존의 상품보다 훨씬 효율적이고 혁신적인 상품을 개발한 사업자가 혁신적 상품을 시장에 소개하면서 가격은 높지만 비효율적인 구형상품을 모두 시장에서 몰아내겠다고 공헌한 경우에, 당해 사업자의 기존 경쟁자들을 퇴출시키겠다는 주관적 의도 혹은 독점화의 의도는 명확하다고 판단할 수 있다. 그러나 이와 같은 주관적 의도가 있다고 하여도, 사업자가 혁신적 상품을 시장에 출시하여 소비자에게 제공함으로써 새로운 소비자 선택권을 제공하여 '경제적 효율성'이 명백히 존재하는 경우에는 그 행위가 위법한 것으로 판단될 수 없다. 실제 당해 상품의 효율성이 월등히 높아서 시장에서 소비자들이 그 상품을 압도적으로 선호하여 기존 경쟁자들이 모두 퇴출된 경우라면, 경쟁자들의 퇴출효과는 당해 사업자의 행위가 아니라 경쟁의 과정에서 발생한 당연한 효과와 소비자 선택의 결과에 불과하여 독점규제법상 경쟁제한성을 인정할 수 없기 때문이다.[66] 따라서 실제 사업자 행위의 경쟁제한성은 모호한 주관적 경쟁제한의도 보다는 소비자 선택의 증가와 같은 실제 행위의 효율성 검증에 집중되어야 한다.

2) IP 권리자의 행위에 대한 효율성 검증과 경쟁제한성 입증의 수준

미국에서 독점규제법 위반여부가 다투어지는 다수의 사건들은 기수범의 외관

---

65) Berkey Photo, Inc. v. Eastman Kodak Co., 457 F. Supp. 404, 415-7 (S.D.N.Y. 1978) *aff'd in part, rev'd in part*, 603 F.2d 263 (2d Cir. 1979).

66) Berkey Photo, Inc. v. Eastman Kodak Co., 603 F.2d 263, 286-287 (2d Cir. 1979) ; United States v. Microsoft Corp., 253 F.3d 34, 65 (D.C. Cir 2001); 3B Phillip E. Areeda & Herbert Hovenkamp, Antitrust Law ¶781b (3d ed. 2008).

상 행위에서 그 의도를 추론하는 형사법과 유사하게 대체로 경쟁제한효과가 명
백한 배척행위의 존재로부터 경쟁침해의도를 확정적으로 추론하고 있어서 주관
적 경쟁제한의도의 입증을 별도로 요구하지 않는다.67) 따라서 미국경쟁당국과
법원은 당사자의 의도를 주요 검증 대상으로 정하기보다는 외형상 나타난 행위
의 효과를 위법성 검증의 중점 대상으로 삼고 개량행위의 실질적 효율성이 존재
하는지를 주로 검토하고 있다.68) 결국 IP 권리자의 상품개량·변경행위에 대한
독점규제법 위반 사건은 '상품개량행위의 효율성 존재에 대한 논쟁'이 중점이 될
수 있는데, 문제는 IP 권리자의 위법한 경쟁제한행위를 주장하는 자가 먼저 부
담하는 입증범위에 대한 것이다. 즉, 'IP 권리자의 행위가 어떠한 실익도 발생시
키지 않는다는 사실'을 입증하여야만 독점규제법상 위법성이 인정되는지, 아니면
IP 권리자가 주장하는 실익이 일부 인정된다고 하여도 그 행위가 야기한 '일반
적인 경쟁제한효과의 존재'를 입증하는 것으로 충분한 것인지가 문제된다.

　실제, *Abbott Labs* 사건에서 IP 권리자(Abbott)는 FDA의 상품변경 승인은
자사의 상품변경 행위가 실제 개선효과가 있다는 사실을 입증한다고 항변하였
고, 결과적으로 "원고인 Teva가 특허약품의 새로운 제형 변경이 어떠한 실익도
갖지 않는다는 사실을 입증하지 못하였기 때문에 독점규제법 위반혐의는 각하되
어야 한다"고 주장하였다.69) 이러한 주장은 IP 권리자의 행위가 일부라도 근거
가 있으면 '권리자의 혁신을 위한 상품개조 행위는 당연적법한 것'이라거나, 혹
은 '형식적으로 유효한 IP 권리자의 행위는 권리행사 자체가 경쟁제한만을 목적
으로 하지 않는 한 당연적법(Per se legal)하다'는 결론을 전제로 한 것으로 IP
행사에 대한 독점규제법의 면책 이론에 가깝다.70)

---

67) *Microsoft*, 253 F.3d at 58-74(반경쟁적 행위의 존재로부터 독점유지의 의도를 추정) ;Spectrum
　　Sports, Inc. v. McQuillan, 506 U.S. 447, 459, 113 S.Ct. 884, 892 (1993), *on remand*, 23 F.3d
　　1531 (9th Cir.1994)("독점의 시도에 있어서 특수고의는 행위로부터 추단될 수 있음"); Tops
　　markets, Inc. v. Quality Markets, Inc., 142 F.3d 90 101 (2d Cir.1998); Herbert Hovenkamp,
　　Federal Antitrust Law (2005), §6.4c, 6.5a.

68) *See* ZF Meritor, LLC v. Eaton Corp., 696 F.3d 254, 268-269 (2012) (*"only if its "probable
　　effect" is to substantially lessen competition in the relevant market"*); Tampa Elec. Co. v.
　　Nashville Coal Co., 365 U.S. 320, 327‐29, 81 S.Ct. 623, 5 L.Ed.2d 580 (1961); Dentsply,
　　399 F.3d at 191; Barr Labs., Inc. v. Abbott Labs., 978 F.2d 98, 110 (3d Cir.1992);
　　Hovenkamp, Janis, Lemley, and Leslie, *supra* note 50, §12.3e3 (특허권자는 기술적 이익이 없
　　는 상품변경을 경쟁을 지연시키기 위한 목적으로 시도함. 12.3e3에서 살펴본 바와 같이, 그와 같은
　　변경행위는 어떤 실질적인 의학적 이익이 없는 경우 약탈적 상품개조행위로서 판단될 수 있음).

69) Abbott Labs. v. Teva Pharm. USA, Inc., 432 F. Supp. 2d 408, 423 (D. Del. 2006).

70) *See Abbott labs.*, 432 F. Supp. 2d, at 422; 다만, 이 주장은 II.3.에서 후술하는, 'IP 권리자의 정

Abbott 사건에서 IP 권리자의 정당성 항변에 대해, 미국 연방법원은 "제형변경에 대한 행정적 승인은 새로운 제형변경 신청이 이루어진 것을 인증한 것에 불과하고 그것이 상품 변경행위가 효율적이라는 사실을 입증하는 것은 아니다"고 확인한 후, "제형변경 행위가 경쟁자 배척을 위해 의도된 행위임을 주장하는 원고가 제형변경 행위의 '실익이 전혀 존재하지 않는다는 사실'을 입증할 필요는 없다"고 판시하였다.71) 법원은 특히, IP 권리자의 상품·개조 변경행위의 위법성을 주장하는 자는 "새로운 형상이 이전버전과 완전히 동일하거나 혹은 혁신의 유일한 목적이 경쟁자의 보완상품 제거라는 사실을 입증할 것이 요구되는 것이 아니라, 형상 변경에 따른 일반적 경쟁제한효과를 입증할 필요가 있다고 판단하고 있다.72) 법원은 원고가 입증한 이러한 경쟁제한효과는 IP 권리자가 주장하는 경쟁촉진효과와 비교형량됨으로써 행위의 최종적인 위법성이 판단되어야 함을 강조하고 있다.73)

이와 같은 법원의 판단은 상품·변경에 최소한의 이익이 존재한다면 사실상 당연 적법성을 추정하여야 한다는 IP 권리자의 주장을 배척한 것이다. 특히, 법원은 혁신적 상품의 개발에 의한 경쟁적 효율성과 경쟁제한성 여부를 소비자가 시장에서 판단하여야 하기 때문에 독점규제법의 섣부른 판단이 타당하지 않다는 IP 권리자의 주장을 부인하고,74) 일반적으로 독점자의 신기술 혹은 새로운 상품 도입이 소비자의 선택권을 제한하고 있는 경우에는 더 엄격한 심사가 진행되어야 함을 강조하고 있다.75)

당한 목적(정당성 항변)을 확인하면 이것을 곧 주관적 경쟁제한적 의도를 배척하는 증거로 사용'하는 한국 현행 법원의 해석과는 그 내용이 다르다. 그러나 다음 IV.1.(1)에서 서술하는 바와 같이 이러한 주장을 인정하게 되면, IP 권리자의 상품 개조·변경행위가 완전히 무의미하다는 것을 입증하지 않는 한 그 행위의 경쟁제한효과와 관계없이 적법한 것으로 판단된다는 점에서, 최종결과는 한국 법원의 해석과 동일하다고 할 수 있다.

71) *Abbott Labs.*, 432 F. Supp. 2d, at 423.
72) *Abbott Labs.*, 432 F. Supp. 2d, at 422.
73) *Abbott Labs.*, 432 F. Supp. 2d, at 422; 이와 같은 법원은 판단은 사실 새로운 것이 아니고 이미 2002년 개인용 컴퓨터의 운영체제인 Windows 프로그램의 개조·변경에 대한 Microsoft 사건에서 판시된 것을 재차 확인한 것에 불과하다. *See* United States v. Microsoft Corp., 253 F.3d 34, 59, 66-67 (D.C. Cir. 2001).
74) *Abbott Labs.*, 432 F. Supp. 2d, at 422.
75) *Abbott Labs.*, 432 F. Supp. 2d, at 421; Abbott는 기존 Berkey Photo 사건의 항소법원 설시를 원용하였으나(Berkey Photo, Inc. v. Eastman Kodak Co., 603 F.2d 263, 286-287 (2d Cir. 1979)), 법원은 Berkey Photo 사건에서는 문제가 된 새로운 필름과 카메라가 기존 소비자의 선택권을 제한하지 않고 오히려 신상품에 대한 선택권을 확대하였다는 점에서, Abbott의 제형변경 행위 자체가 기존 소비자의 제네릭 약품접근을 방해하는 이 사안과는 구별된다는 점을 강조하고 있다.

이러한 법원의 판단은 타당한 것으로, 특허권자인 Abbott의 주장을 받아들이면 결국 유효한 IP 권리에 근거한 '권한범위 내의 상품 개발·변경행위'는 대부분 적법성이 우선 추정되는 결과가 된다. 이와 유사한 논리가 '특허범위 심사이론(Patent Scope Test)'인데, 형식적으로 유효한 특허권의 정당성을 추정하는 이론으로서 분쟁종결합의에 대한 미국 연방대법원의 2013년 Actavis 판결 전에 제11, 제2 항소법원이 이 이론을 취하였다.[76] 이 이론은 기본적으로 특허권자의 행위가 외형상 특허청구항의 보호범위 안에 있는 기술·상품을 대상으로 이루어진 경우에는 사실상 당연 적법하다고 추정하는 결과를 가져오는데 당해 행위의 결과가 경쟁제한효과를 유발하는지 여부는 고려하지 않는다.[77] 이와 같이 유효한 특허권의 행사에 대한 사실상 당연적법을 인정하는 법리는 2013년 미국 연방대법원의 Actavis 판결을 통해 파기되었고,[78] 우리 대법원도 역시 2014년 GSK 판결을 통해 동일한 법리를 확인한 바 있다.[79]

결론적으로 IP 권리자가 그 권리보호를 목적으로 하는 배타적 행위의 위법성을 주장하는 경우에는 당해 행위로 인한 경쟁제한효과와 IP 권리자가 '경쟁제한효과를 인식하고 그 결과를 용인'하였다는 사실을 입증하면 충분하다. IP 권리행사의 '실익이 전혀 없다는 사실'을 입증하도록 요구하는 것은 사실상 IP 권리자의 권리범위 내의 모든 행위에 대해 적법성을 추정하는 것으로 타당하지 않다.

(2) IP 사업자간 합의를 통한 경쟁제한효과와 정당성 항변의 해석

이 논문 Ⅲ.1.(3)에서 예시된 사례에서 공동행위나 합병에 참가하는 IP 권리자들은 모두 가격담합 혹은 시장 분할행위에 적용되는 엄격한 당연위법 원칙을

---

76) F.T.C. v. Watson Pharm., Inc., 677 F.3d 1298, 1312 (11th Cir.) *cert. granted*, 133 S. Ct. 787, 184 L. Ed. 2d 527 (2012) *and rev'd and remanded sub nom.* F.T.C. v. Actavis, Inc., 133 S. Ct. 2223, 186 L. Ed. 2d 343 (2013); *In re* Tamoxifen Citrate Antitrust Litig., 466 F.3d 187 (2d Cir. 2006)(특허침해 소송이 Sham 이거나 근거 없는 것이 아닌 한 특허권자는 특허 상품의 유통제조에 대한 합법적 독점권을 보호할 목적으로 분쟁종결 합의수단을 사용할 수 있다고 명시적으로 판시하였다).

77) *See infra* Ⅳ.1.(1).

78) F.T.C. v. Actavis, Inc., 133 S. Ct. 2223, 2224, 2231 (2013)("…. 독점규제법상 위법성의 판단을 분쟁종결 합의가 독점규제법의 정책에 위반되는 지를 고려하기 보다, 단순히 사업자간의 합의가 특허정책에 위반되었는지 만을 기준으로 경쟁제한 효과를 측정한 것은 잘못…").

79) 대법원 2014. 2. 27. 선고 2012두24498 판결(GSK 사건 판결), 5면("… '특허권의 정당한 행사라고 인정되지 아니하는 행위'에 해당하는지는 특허법의 목적과 취지, 당해 특허권의 내용과 아울러 당해 행위가 공정하고 자유로운 경쟁에 미치는 영향 등 제반 사정을 함께 고려하여 판단하여야 한다.").

회피하기 위해 정당성 항변을 주장하는데, 대체로 그 내용은 '당해 사업자간 합의는 경제적 효율성 달성을 목적으로 하는 공동행위 혹은 합병을 위해 필수적인 합의'라는 주장을 제기하게 된다. 예를 들어, 상호차단 특허를 가진 사업자들이 상호실시 약정을 통해 분쟁종결을 합의하는 대신 최소한의 인센티브 확보를 위해 각자의 시장을 단기간 동안 분할하기로 합의한 경우에, 실제 약정에 포함된 시장분할의 합의는 고전적인 당연위법 적용대상이 된다. 현재에도 미국 EU에서 이러한 시장분할 합의는 여전히 위법성이 추정되어 정당한 사유에 대한 입증이 없으면 위법으로 확정된다.[80] 그러나 이러한 시장분할 합의를 포함하는 분쟁종결 합의가 없다면 상호차단 특허로 인해서 두 사업자 모두 시장에 진입할 수 없다는 점에서, 당사자간 합의는 경제적 효율성 달성을 위한 필수적인 합의로서 각 사업자의 시장진입을 통해 새로운 소비자 선택권을 시장에 제공한다.[81] 따라서 IP 권리자들의 합의 이전보다 분명한 효율성이 존재한다는 점에서 경쟁제한성이 부인될 수 있다.[82]

이와 같은 IP 사업자간 공동행위 혹은 합병 과정에서 주장되는 정당성 항변은 대체로 공동행위 등이 야기하는 경쟁제한효과를 상쇄하는 '경제적 효율성'에 대한 주장으로 인식된다. 따라서 정당성 항변 주장이 있다고 하여 이것을 적법한 주관적 의도로 인정하고, 이를 근거로 주관적 경쟁제한의도를 배척하는 사례는 존재하지 않는다. 우리 대법원도 역시 공동행위 사건에서 공동행위의 정당성 항변이 주장된 경우에는 경쟁촉진적 효과의 존재에 대한 주장으로 해석하여 궁극적으로 최종적인 경쟁제한성은 "경쟁제한효과와 경쟁촉진효과를 비교·형량하여 경쟁제한성을 최종적으로 판단하여야 하는 것"으로 해석하고 있다.[83] 그러나 II.3.에서 살펴본 한국 법원의 일부 판결은 IP 권리자가 주장하는 행위 필요성 주장과 정당성 항변을 주관적 경쟁제한의도를 부인하는 근거로 해석하여, 그 주장만으로 독점규제법 위반혐의를 부인함으로써 공동행위 관련 판결과 차이점을 보이고 있다.

---

80) Phillip E. Areeda and Herbert Hovenkamp, Antitrust Law: An Analysis of Antitrust Principles and Their Application ¶ 2046b3 (3d ed. 2012).
81) Hovenkamp, Janis, Lemley, and Leslie, *supra* note 50, § 7.1b.
82) Herbert Hovenkamp et. al., *Anticompetitive Settlement of Intellectual Property Disputes*, 87 Minn. L. Rev. 1719, 1722 (2003); Mark A. Lemley, *The Economics of Improvement in Intellectual Property Law*, 75 Tex. L. Rev. 989, 1009-10 (1997).
83) 대법원 2013. 11. 14. 선고 2012두19298 판결(소니뮤직 등의 공동행위에 대한 위법성 판단).

Ⅳ. IP 권리자의 정당성 항변을 고려한 위법성 심사

1. IP 권리자의 정당성 항변에 대한 판단방향

(1) IP 상품 개량행위의 당연 적법성 추정에 대한 비판

일반적으로 이 논문 Ⅲ.1.에서 살펴본 IP 상품의 개량·변경행위와 직접 관련된 미국사례들을 비롯해 그 외의 미국과 EU의 유사 사례들 중에서 사업자들의 정당성 항변을 주관적 경쟁제한의도를 부인하는 근거로 사용하는 경우는 찾아보기 어렵다. 반면, Ⅱ.3.에서 살펴본 한국법원의 사례는 IP 권리자의 행위가 그 필요성이 인정되면, 이것을 IP 권리자의 주관적 권리보호 목적으로 인정하고 이를 근거로 주관적 경쟁제한의도를 부인하고 있다. 결국 한국 법원의 판단을 다른 방향에서 해석하면, IP 권리자의 주관적 경쟁제한의도의 입증을 위해서는 'IP 권리자의 실행행위가 어떠한 이익이나 필요성이 인정되지 않을 것'을 입증하도록 요구하는 것과 동일한 결과가 된다.

그런데 형식상 유효한 IP를 근거로 하는 권리행사는 대부분 IP 권리보호 혹은 인센티브 보호에 일정부분 기여하는 효과가 있다. 특히, IP 권리보호를 위한 배타적 권리행사는 IP 권리자의 인센티브를 강화시켜 기술혁신을 유인하는 효과를 항상 수반한다는 점에서 최소한도의 IP 권리보호 목적을 인정할 수 있다.[84] 따라서 IP가 일단 형식적으로 유효하다면 IP 권리자의 권리보호의 의도 혹은 장기적 효율성 향상을 위한 의사는 대체로 항상 존재하는 것이 일반적이고 경쟁제한 목적만이 존재하는 IP 권리행사는 거의 존재하지 않는다.

예외적으로 IP 권리행사가 경쟁자 배척의도 혹은 경쟁제한효과만을 인정할 수 있기 위해서는 권리주장의 근거가 되는 IP 권리가 무효이고 권리자가 그 사실을 알면서 권리를 주장하는 경우 이거나 혹은 행정청을 기만하여 취득한 실질적으로 허위인 IP에 근거한 권리행사이어야 한다. 미국의 경우 이러한 IP 권리 실행은 그 위법성이 명확하다는 점에서 정부에 대한 국민의 청원권을 고도로 보

---

84) 오승한, "특허·저작권의 기본목적과 정책에 대한 경제적 분석 및 독점금지법의 경쟁정책과의 비교", 상사판례연구 제18집 제3권, 상사판례학회, 2005, 257-259면.

호하는 소위 Noerr-Pennington 면책이론[85])이 적용되지 않고, 가장소송(Sham Litigation),[86]) 혹은 Walker Process(기만적 수단을 사용한 특허권 취득),[87]) 이론에 따라 즉시 독점규제법의 적용이 인정된다. 그러나 실제 Sham Litigation 등의 이론을 충족하기 위한 요건은 대단히 엄격한 것으로 미국 연방법원은 일반적으로 IP 권리자의 적법한 권리실행이 상황에 따라 독점규제법 위반으로 처벌받지 않도록 하기 위하여 객관적 요건과, 주관적 요건 모두를 엄격히 적용하고 있다.[88])

따라서 IP 권리자의 행위가 IP 권리보호 목적 없이 순수한 경쟁제한 의도만을 가진다고 입증하기 위해서는 이론적으로 권리실행의 근거가 되는 IP 권리가 사실상 무효였고 IP 권리자가 사전에 그 내용을 인지하고 있었던 사실을 확인할 수 있어야 한다. 결국 주관적 권리보호 목적이 전혀 인정되지 않는 IP 권리자의 행위로 판단되는 경우는 특허권 등이 처음부터 무효였던 극히 제한적인 사례에 한정된다.

결론적으로, IP 사업자들의 정당성 항변을 주관적 경쟁제한의도를 부인하는 근거로 사용하는 법리는 외형상 유효한 IP 권리행사에 대해 지나치게 관대한 태

---

85) 전통적으로 미국 연방대법원은 정부의 입법을 촉구하거나 규제촉구 및 소송을 제기하는 것은 수정헌법 제1조가 보호하는 국민의 정부에 대한 청원권의 일종으로서 고도의 보호를 인정하고 있다. 이와 같은 이론이 소위 Noerr-Pennington 면책이론인데, 이 이론하에서 정부의 적극적 행위를 촉구하는 청원 혹은 소송의 제기가 반경쟁적 효과를 야기한다고 할지라도 행위자는 원칙적으로 독점규제법에 근거한 책임이 면제된다. *See* Eastern Railroad Presidents Conference v. Noerr Motor Freight Inc., 365 U.S. 127, 140 (1961); United Mine Workers v. Pennington, 381 U.S. 657, 669 (1965).

86) Eastern Railroad Presidents Conference v. Noerr Motor Freight Inc., 365 U.S. 127, 137-38 (1961)("공공 캠패인 혹은 명백히 정부의 행위에 영향을 미칠 의도를 가진 행위가 실제는 단지 경쟁자의 사업관계를 방해하려는 시도에 불과한 단순한 "Sham"에 불과하다면 셔면법의 적용은 정당화 될 수 있다."); *See* California Motor Transport Co. v. Trucking Unlimited, 404 U.S. 508 (1972); City of Columbia v. Omni Outdoor Advertising, Inc., 499 U.S. 365, 380 (1991); Professional Real Estate Investors v. Columbia Pictures Industry, 508 U.S. 49, 60-61 (1993).

87) Walker Process Equip. v. Food Mach. & Chem. Corp., 382 U.S. 172 (1965).

88) *Sham Litigation*의 인정을 위해서는 1) 객관적 요건으로서 소송 혹은 권리실행이 객관적으로 근거가 없을 것(어떤 합리적인 소송자도 승소 가능성을 인정할 수 없을 것과 2) 주관적 요건으로서 소위 'Sham' 소송을 제기 함에 있어 피고의 주관적 동기가 사법절차 자체를 경쟁제한의 무기로 사용하려고 한 동기가 존재할 것을 요구하고 있다. *See* Professional Real Estate Investors v. Columbia Pictures Industry, 508 U.S. 49, 60-61 (1993); Hovenkamp, Janis, Lemley, and *supra* note 50, §11.1, at 11-3(즉, 지식재산권의 행사와 관련해 권리자의 권리청구 소송이 단순히 실패했다는 점으로는 가장행위를 충족하지 못하고, 이에 더 나아가 그 소송이 정당화 되지 않은 동기로 촉발되었고, 그 외에 독점규제법 위반행위를 성립시키는 일반적인 경쟁침해를 인정할 수 있는 요건을 모두 충족하여야 함.)

도를 취하고, 사실상 유효한 IP 권리행사에 대하여 독점규제법의 적용 예외를
인정하는 일부 미국 연방항소법원이 주장한 'Patent Scope Test(특허범위이론)'
와 동일한 결과를 가져온다.[89] 그러나 언급한 바와 같이 경쟁제한효과를 야기하
는 행위의 근거가 되는 IP가 외형상 유효하다는 이유만으로 IP 권리자의 행위
를 사실상 당연적법으로 인정하는 결과는 이미 2013년 미국 연방대법원의
Actavis 판결과, 2014년 한국 대법원의 GSK 사건 판결의 취지와 부합하지 않
는다고 할 수 있다.

(2) IP 권리자의 정당성 항변을 해석하는 올바른 방향

일반적으로 IP 권리자가 상품 개량·변경 등을 통해 발생하는 경쟁제한효과
에 대한 인식이 존재하고 이를 용인하는 의사가 존재하면 주관적 경쟁제한의도
는 당연히 인정하는 것이 타당하다. 따라서 사업자의 정당성 항변은 존재하는
주관적 경쟁제한의도를 부인하는 증거로 해석할 것이 아니라, II.2.(2)1)에서 언
급한 '행위의 경쟁적 효율성'을 주장하는 것으로 해석하여야 한다. 이것은 마치
일반 형사법에서 구성요건적 행위의 성립에도 불구하고, 다음 단계에서 긴급피
난 등의 다른 법익 달성을 위한 위법성 조각사유의 존재를 검토하는 것과 유사
한 절차이다.

따라서 다음 단계는 II.2.(2)1)에서 설명된 절차로서 'IP 권리자가 주장하는
경제적 효율성이 실제 존재하는지', 'IP 권리자의 경쟁제한행위가 경제적 효율성
달성을 위해 합리적으로 필요한 행위인지', '경쟁제한효과가 더 낮으면서도 동일
한 권리보호 목적을 달성할 수 있는 다른 대안수단'이 존재하는지를 충분히 검
증하여야 한다. 특히, 이와 같은 정당성 항변의 검증과정에서 유효한 IP를 실행
하는 대부분 권리행사는 외형상으로 그 필요성이 있는 것으로 보일 수 있다는
점에서, '경쟁제한성이 더 적은 대안수단의 존재'를 검토하여 실제 행위의 필요
성을 구체적으로 검증할 필요가 있다.

예를 들어, III.1.(3)에서 살펴본 VISX 사건에서 문제되는 사업자들이 보유한
특허는 상호 차단특허로써, 사업자 상호간의 특허침해분쟁을 막기 위해 각자의
특허권을 공동출자한 특허풀을 구성하는 행위는 외관상 당연히 필요한 행위로

---

89) *See* III.2.(1)2).

인정될 수 있다. 그러나 관련시장을 양분한 각 사업자들의 특허기술 경쟁을 완전히 차단하는 특허풀(Pool) 약정보다는 상호실시 약정(Cross License)이라는 경쟁제한성이 더 적은 대안수단이 존재한다는 점에서 당사자들의 공동행위에 대한 정당성 항변은 인정될 수 없었다. IP 권리자의 정당성 항변에 대한 심사가 철저하지 않는다면, 경쟁제한성이 더 적은 대안 수단을 통해서도 IP 권리를 충분히 보호·실행할 수 있음에도 불구하고 더 큰 경쟁제한효과를 유발하는 IP 권리자의 경쟁제한 행위가 방치되고, 결과적으로 경쟁을 통한 IP 기술의 발전 가능성은 더 낮아질 수밖에 없다.

2. 한국 법원의 판단에 대한 비판

(1) 주관적 경쟁제한의도를 부인한 판단의 적절성

SK 이동통신 DRM 장착 사건에서, 시장점유율 50%가 넘는 시장지배적 사업자인 SK 이동통신은 당시에 이미 널리 존재하였던 호환성 DRM이 아닌 자사의 MP3 폰에만 장착되는 폐쇄 DRM을 특별히 개발·장착하면서, 자사 고객과 이 폐쇄 DRM을 이용하지 못하는 다른 온라인 MP3 음악 판매 사업자의 거래가 차단된다는 사실을 당연히 인식할 수 있었다. 또한 자사 MP3 폰 구매고객의 선택권 제한에도 불구하고 판매 전 적절한 설명 등의 조치를 취하지 않았고, 다른 온라인 MP3 음악 판매 사업자의 봉쇄를 통해 자사 온라인 MP3 음악 판매업체인 멜론의 시장점유율이 급상승하는 효과를 취득하였다. 이러한 과정을 살펴보면 최소한 유력한 경쟁자들의 퇴출가능성을 인식하고 그 결과를 용인하였다는 점을 부인하기는 어렵다. 따라서 폐쇄형 DRM을 개발·장착한 행위의 필요성 및 그 효율성 여부와 별개로 주관적 경쟁제한의도를 인정하는 것이 타당하였다고 할 수 있다.

삼성-애플사건에서도 역시 법원은 삼성의 금지청구가 'SEP 보호'를 위해 실행되었고, 따라서 경쟁제한을 의도한 것은 아니라고 판단하였지만, 법원의 이러한 판단은 전체 경쟁제한행위 일부에 존재하는 외관상 목적만으로 주관적 경쟁제한의도 전부를 배척하는 오류를 범하는 것이라고 해석할 수 있다. 즉, 사업자가 권리 실행행위의 효과와 그 대상을 전혀 특정 할 수 없는 상황에서 우연히 경쟁제한효과를 유발한 경우와 달리, 특정 사업자를 목표로 지정하고 실행되는 배타조건부 거래 등에서는 주관적 의도가 용이하게 인정될 수 있다는 것이 경쟁법의 일반적 원칙이다.[90] 따라서 배타조건부 거래행위와 유사하게 금지청구권의 행사는 이미 구체적 상대방을 특정하고 그 배척결과를 용인하며 실행된다는 점에서 유력한 경쟁자를 퇴출시키기 위한 그 주관적 경쟁제한의도를 당연히 인정할 수 있고, 최소한 미필적 고의를 인정하는 것은 큰 무리가 없다고 할 수 있다. 2007년 대법원의 포스코 판결에서 판시된 '주관적 고의' 요건이 독점규제법의 행정형벌 규정을 고려하여 도입된 이상, 최소한 형법상의 구성요건적 고의와 유사한 입증과 해석을 하면 충분한 것이고 그 이상의 요건입증을 요구하는 것은 타당하지 않다.[91]

일반적으로 거래 당사자를 구속하여 유력한 경쟁자를 배척하기 위한 의도가 당연히 포함되는 배타조건부 거래약정에서는 거래고객을 강제하여 실질적인 배척효과를 야기하는 행위의 존재를 검증함으로써 그 경쟁침해 의도를 입증할 수 있다. 이와 같은 경쟁제한 의도는 사업자가 자신이 야기하는 배척효과의 발생가능성을 전혀 인지하지 못하였다는 것을 입증하지 않는 한 원칙적으로 번복될 수 없는 것이다.[92] 따라서 이들 사건에서 법원은 사업자의 IP 권리보호의 필요성에 근거한 정당성 항변을 근거로 주관적 경쟁제한의도를 부인할 것이 아니라, 최소한의 경쟁제한효과에 대한 인식과 결과를 용인하는 의사의 존재여부를 판단한 후에 주관적 경쟁제한의도를 인정하였어야 한다.

(2) 한국 법원의 판단 문제점과 정당성 항변에 대한 올바른 판단방향

SK 이동통신의 폐쇄 DRM 장착사건에서 문제가 된 'DRM'은 저작권의 보호를 위해 사용되는 것이고, MP3 폰에 DRM을 장착하는 행위 그 자체는 당연히 정당한 목적을 가진 행위이다. 그러나 SK 이동통신이 오직 자사용 휴대폰에만

---

90) 대법원 2009. 7. 9. 선고 2007두22078 판결("시장지배적 지위남용행위로서의 배타조건부 거래행위는 …., 통상 그러한 행위 자체에 경쟁을 제한하려는 목적이 포함되어 있다고 볼 수 있는 경우가 많을 것이다."); Spectrum Sports, Inc. v. McQuillan, 506 U.S. 447, 459, 113 S.Ct. 884, 892 (1993), on remand, 23 F.3d 1531 (9th Cir. 1994)("불공정하거나 약탈적인 행위는 독점화에 대한 고의요건을 입증하는 데에 충분할 수 있다."); Herbert Hovenkamp, Federal Antitrust Law (2005), §6.4c, 6.5a.

91) *See supra* III.2.(1)1)

92) *See* ZF Meritor, LLC, 696 F.3d at 254, 268-269(only if its "probable effect" is to substantially lessen competition in the relevant market"); Tampa Elec. Co. v. Nashville Coal Co., 365 U.S. 320, 327‑29, 81 S.Ct. 623, 5 L.Ed.2d 580 (1961); Dentsply, 399 F.3d at 191; Barr Labs., Inc. v. Abbott Labs., 978 F.2d 98, 110 (3d Cir. 1992).

장착되는 '폐쇄 DRM'을 직접 개발하고 이를 사용한 동기는 DRM 자체의 성격과는 구분되어야 한다. 즉, SK 이동통신의 폐쇄 DRM 장착 행위는 한편으로는 '저작권 보호를 통해 저작물의 창작을 유도한다는 점에서 소비자에게 선택권을 제공하는 효율성이 존재하지만, 비호환 DRM의 폐쇄성을 통해 음악 다운로드 시장에서 경쟁자를 봉쇄하는 다른 목적도 역시 존재한다고 해석하는 것이 현실적이라고 할 수 있다. 이와 같이 두 개의 목적이 병합하는 경우 법원은 양자를 주관적으로 선별하여 한 개만을 인정할 것이 아니라, 주관적 경쟁제한의도를 인정한 상태에서 추가적으로 그 행위의 결과를 분석하여 위법성을 심사하는 것이 타당하다. 따라서 폐쇄 DRM 장착행위가 경쟁제한효과를 상쇄할 수 있는 효율성을 가져오기 위해, 그것이 저작권 보호를 위해 합리적이고 필요한 행위로서 실제 정당한지 여부를 '정당성 항변 심사절차'를 통해 검토하는 것이 타당하였다고 할 수 있다.

삼성-애플사건에서도 역시 법원은 일단 주관적 경쟁제한의도를 인정하되, 삼성이 주장한 구체적인 권리보호의 필요성 여부를 정당성 항변단계에서 구체적으로 검증하는 절차를 진행하였어야 한다. 특히, 삼성사건의 경우 일반적인 특허권자의 금지청구권과 삼성사건에서 문제된 FRAND 확약이 부과된 특허권에 근거한 금지청구권은 특허권 행사의 범위가 다르게 해석되어야 하는데, '금지청구권'의 행사가 특허법이 의도한 권리보호를 위해 합리적으로 필요한 수단인지 여부는 개별상황에 맞게 해석될 필요가 있다. 따라서 법원은 금지청구권 보다 경쟁제한성이 더 적은 대안 수단으로 '금전실시료'의 지급을 통해서 삼성의 FRAND 특허권 보호 혹은 삼성의 인센티브 보호 목적을 달성할 수 없었는지 여부를 검증하는 것이 필요하였다. 이를 위해서 법원은 FRAND 확약 특허권을 사용한 애플이 금전실시료를 당연히 지급할 '자발적 실시자'에 해당하는지 여부를 IP 법의 목적과 취지를 고려하여 구체적으로 심사 하였어야 한다.[93)]

---

93) IP 법의 목적과 취지를 고려할 때, 특허권의 무효 여부는 누구든지 적극적으로 심사를 요청할 수 있어야 한다는 점에서, 단순히 특허권의 무효 확인을 법원에 청구하였다는 사실로 '자발적 실시자' 지위를 부인할 수는 없다.

V. 결   론

2011년 대법원이 확정한 SK 이동통신의 폐쇄 DRM 장착사건과 최근 논란이 된 삼성전자의 금지청구권 행사에 대한 독점규제법 위반 심사 과정에서 법원은 IP 권리자들의 정당성 항변을 주관적 경쟁제한의도를 부인하는 근거로 사용하고 있다. 결과적으로 IP 권리행사가 권리보호를 위해 필요하다는 정당성 항변을 부인하지 않는 한 명백한 경쟁제한효과가 존재하는 경우에도 주관적 경쟁제한의도를 입증할 수 없다. 따라서 사실상 경쟁제한성을 주장하는 자는 '당해 IP 권리행사의 목적이 오직 경쟁을 제한하기 위한 것으로, IP 권리보호를 위한 필요성이 인정되지 않음'을 입증하도록 강제하는 결과가 된다. 그런데 외형상 유효한 IP 권리에 근거한 권리범위내의 권리실행 행위는 대부분 권리자의 인센티브를 보호하는 최소한도의 실행이익이 존재한다는 점에서, 'IP 권리자의 경쟁제한만을 위한 무의미한 권리행사'를 입증하기 위해서는 IP 권리의 당연무효와 이를 악용하는 사업자의 주관적 의사를 입증하여야 한다. 이러한 결과는 '형식적으로 유효한 IP 권리'를 그 권리범위 안에서 행사하면 사실상 당연 적법하다는 'Patent Scope Test(특허범위 심사이론)' 이론과 동일한 결과를 가져오는 것으로, IP 권리행사의 적법성을 전적으로 IP 법의 기준을 통해서만 판단하는 것이 된다.

이와 같은 결론은 이미 확정된 2013년 미국의 Actavis 판결과 2014년 한국 대법원의 GSK 판결의 결론과도 불일치하는 것이고, IP 권리범위 안에서 상품을 개량·변경하여 소비자가 다른 경쟁자와 거래하는 것을 봉쇄함으로써 사실상 특허권의 배타적 권리행사 범위를 확대하려고 시도하는 IP 권리자의 전략적 행위를 모두 허용하는 결과가 된다. 특히, IP 법상 허용된 권리범위를 넘어서 IP 권리의 보호대상이 아닌 상품·기술까지 IP 권리가 확대되는 경우에는 공공에게 허용된 사용권한이 특정 IP 권리자에게만 귀속되고, IP 사업자는 기술혁신을 통한 이익 추구보다는 기존 특허권의 청구범위를 사실상 확대하는 전략을 개발하는데 매진하는 결과를 가져올 수 있다. 이것은 기술혁신을 유인하기 위해 최소한의 보호 수단을 IP 권리자에게 제한적으로 부여한 IP 법의 취지와도 부합하지 않은 것이다.

따라서 IP 권리자의 상품 개발·변경행위가 소비자 선택권을 제한하거나 혹은 경쟁자들을 봉쇄하는 효과를 야기하는 경우에는 IP 사업자의 권리보호 필요성 주장을 IP 권리행사 전부의 정당한 의도로 받아들이는 것은 적절하지 않다. 오히려 IP 권리자가 주장하는 정당성 항변은 경쟁제한효과와 별도로 존재하는 경제적 효율성 창출을 위한 의도로 해석하여, 실제 사업자가 주장하는 경제적 효율성이 존재하는지를 검증하여야 한다. 또한 경쟁제한효과를 유발하는 IP 권리실행은 그와 같은 경제적 효율성을 달성하기 위해 합리적으로 필수적인 행위로서 동일한 목적을 달성할 수 있는 경쟁제한성이 더 적은 다른 대안 수단이 존재하지 않는지를 확인하여야 한다. 최종적으로 IP 권리자의 행위가 경제적 효율성 달성을 위해 필수적인 행위라고 인정되는 경우에는 이 행위가 야기하는 경쟁제한효과와 반대되는 경제적 효율성을 비교형량하여 최종적인 위법성을 결정하여야 한다. 이와 같이 행위의 효율성을 중심으로 그 위법성을 판단하는 것은 외형상 추론되는 IP 권리자의 주관적 의도를 위법성 판단의 중점에 두지 않고, IP 상품의 출시 결과를 주요 위법성 판단요소로 설정하는 것이다. 따라서 사업자의 주관적 의사보다는 IP 권리행사가 실제 기술혁신에 기여하는 효과를 직접 검증하는데 중점을 두는 것으로 지속적 혁신과정을 보호하는 IP 법의 목적과 취지에도 더 부합하는 것이 된다.

공정거래법상 공적집행과 사적집행 간의 관계[*]

홍 대 식[**]

I. 서 론

우리나라의 「독점규제 및 공정거래에 관한 법률」(이하 '공정거래법') 집행체제는 제도적으로 공적집행과 사적집행[1]이 혼합된 이원적 체제이면서 공정거래위원회(이하 '공정위')가 주도적인 역할을 담당하는 공정위 중심의 집행체제라고 할 수 있다. 사적집행에 관한 논의는 현재의 공정위 중심의 집행체제 개선을 위하여 사적집행을 활성화할 필요가 있는가, 있다면 그 방법은 무엇인가에 관한 논의를 중심으로 전개되어 왔다.

흔히 공정거래법의 사적집행이라고 할 경우 이는 마치 공정거래법을 집행하기 위한 수단의 하나로서 공정거래법의 특성이 반영된 제도인 것처럼 보일 수 있다. 그러한 관점에서 공정거래법상 사적집행에 관한 그동안의 제도적 논의도 전체적인 법체계와의 정합성에 관한 깊이 있는 논의와는 거리를 두고, 이른바 선진국들의 제도와 우리 제도를 단순히 접목하려는 방향으로 전개되어 온 것이

---

* 이 논문은 한국개발연구원(KDI)의 2012년 대표과제인 '독과점 시장구조의 개선과 경쟁촉진' 연구의 일환으로 작성된 원고를 수정, 보완한 것이다.

** 서강대학교 법학전문대학원 교수, 법학박사

1) '사적집행'이란 사인에 의한 집행을 말한다. 집행은 어느 정도 구속력 있는 규칙 준수 강제 또는 위반행위에 대한 억제 또는 제재를 의미하는 용어로 사용되기 때문에, 원래는 공적 기능에 속하는 것이다. 그럼에도 불구하고 경쟁법 영역에서 사적집행이라는 용어가 사용되는 것은 연방 반독점법에 3배 손해배상제도나 행위금지청구제도와 같이 공적 기능을 대체하는 특별한 사적소송제도를 두고 있는 미국의 영향이 크다. 그에 비해 우리나라에는 공정거래법에 민법과 별도로 손해배상청구 제도를 두고 있기는 하지만 전보적(compensatory) 성격을 유지하고 있기 때문에 이를 사적집행으로 부를 수 있는지에 대하여는 이론의 여지가 있다. 그러나 이 글은 보상을 주된 기능으로 하는 전보적 손해배상청구 제도 역시 제도의 설계와 운영에 따라서는 위반행위의 억제라는 공적 기능을 부수적으로 수행할 수 있다는 관점에 서 있기 때문에, 전보적 손해배상청구제도를 사적집행의 한 수단으로 이해하기로 한다.

사실이다. 그러나 우리나라에서 공정거래법의 사적집행 수단으로서 인정되고 있는 손해배상청구제도는 기본적으로 불법행위법의 체계 내에서 운영되는 것이므로, 법리로서의 개념 해석이나 판단기준의 정립 역시 다른 법의 영역에서 형성, 발전되어 온 불법행위이론의 연장선상에서 이루어질 수밖에 없다. 이 점을 간과할 때, 외국의 제도나 사례 소개에 기초한 연구나 법적 주장은 실제적 관련성이 다소 떨어질 수 있다. 따라서 법위반행위를 억제하기 위한 집행 시스템의 한 축으로서 사적집행의 역할과 그것이 공적집행과 가져야 할 바람직한 관계를 논의하기 위해서는 현재의 집행체제에서 사적집행이 전체 법체계 내의 한계에서 이루어질 수밖에 없는 상황이라는 점을 분명히 인식할 필요가 있다. 이러한 상황 인식하에 그 한계 내에서 가능한 운영상의 개선방안을 먼저 찾고, 필요한 경우 전체 법체계와의 조화라는 관점에서 제도적 개선방안을 모색할 필요가 있다.

이 연구는 이러한 인식하에 현행 공정거래법 집행체제에서 사적집행이 갖는 지위와 역할을 분석하는 한편, 공정거래법 집행 전반의 균형과 실질이라는 관점에서 공적집행과 사적집행 간의 관계를 재정립하기 위한 정책 목표를 제시하고 그 목표를 달성하기 위한 제도적 또는 운영상의 개선방안을 검토, 모색하는 것을 그 목적으로 한다. 이 연구에서는 기본적으로 공적집행 위주인 현재의 집행 체제의 제도적 불가피성을 인정하지만, 그동안의 집행경험에 비추어 최적의 집행 수준에 접근하기 위하여 공적집행만으로는 부족하다는 것이 드러난 상황이라는 문제의식을 갖는다. 그리고 그 부족한 점을 보완하기 위하여 현행 사적집행제도의 운영방식을 개선하거나 제도 자체를 개선하는 방안을 제시하고자 한다. 현행 사적집행제도의 운영방식을 개선하는 방안에는 현행법상 인정되는 수단인 손해배상청구제도와 관련된 법적 개념의 해석과 기준을 새로이 정립하는 방안과 손해배상청구제도의 활성화를 위하여 관련된 공적집행 수단의 운영을 개선하는 방안이 있다. 제도 자체를 개선하는 방안으로는 손해배상청구제도와 관련하여 전보적 손해배상제도 외에 징벌적 배상제도, 집단적 청구제도를 도입하는 방안, 손해배상청구제도와 성격을 달리하는 제도로서 행위금지청구제도를 도입하는 방안, 그리고 정부에 의한 사법적 집행수단을 도입하는 방안 등이 논의될 것이다.

Ⅱ. 경쟁법 집행체제와 사적집행의 지위와 역할

1. 공정위 중심의 경쟁법 집행체제의 의의와 한계

경쟁법의 집행은 기본적으로 법위반행위를 억제하는 데 목적이 있다. 따라서 집행체제의 효율성을 평가하는 요소는 그 체제의 억제효과(deterrence effect)가 될 수 있다. 경쟁법 집행을 억제효과에 비추어 평가하는 접근은 형사정책에 대한 법경제학적 분석을 시도한 Becker(1968)[2]의 연구를 반독점법 집행에 관한 법경제학적 분석에 원용한 Posner(1976)[3]와 Landes(1983)[4]의 연구에 기초한다. 이러한 접근은 집행체제의 주된 목적을 위반행위자가 선택하는 법위반행위로 인한 기대이익과 기대비용을 비교하는 데 더하여 집행체제를 관리·운영하는 비용, 즉 행정비용(administrative cost) 또는 집행비용(enforcement cost)까지를 고려하여 사회적 총후생을 극대화하는 것에 둔다. 이런 관점에서는 공적집행뿐만 아니라 사적집행에 대하여도 피해구제라는 본래의 기능이 아니라 억제효과라는 측면에서 집행수단으로서의 의의를 평가하게 된다. 그런데 대륙법계에 속하는 우리나라의 경우 영미법계에 비하여 손해배상청구제도와 같은 사법적 제도가 억제효과라는 측면에서 집행기능을 갖는다는 인식이 부족했기 때문에, 집행이라고 하면 통상 공적집행을 말하는 것으로 이해되었다.

공적집행제도는 특정한 정부기관에 의하여 독점적으로 이루어지는 집행을 말한다. 우리나라의 경우 공정거래법의 공적집행은 공정위에 의한 행정적 집행과 검찰에 의한 형사적 집행으로 나누어진다. 공정위에 의한 행정적 집행은 일정한 행위를 행정법으로서의 공정거래법 위반행위로 규정한 후 공정위가 그에 대한 효과로서의 행정처분을 해당 사업자에게 부과하는 방식으로 이루어진다. 행정적 집행수단으로는 시정조치와 과징금이 있다. 이 중 시정조치는 그 목적과 기능이

---

2) Gary S. Becker, "Crime and Punishment: An Economic Approach", *Journal of Political Economy*, 76 (1968).

3) Richard A. Posner, *Antitrust Law: An Economic Perspective*, The University of Chicago Press (1976).

4) William Landes, "Optimal Sanctions for Antitrust Violations", *50 University Chicago Law Review* 652 (1983).

위반행위로 인한 경쟁질서 또는 거래질서의 침해 회복 또는 예방을 통한 구제
(remediation)에 있는 데 비하여, 과징금은 위반행위를 억제(deterrence)하는 데
그 목적과 기능이 있다고 할 수 있다. 검찰에 의한 형사적 집행의 수단은 형사
벌 제도가 있다.

형사벌의 경우에도 억제 목적을 가장 중요한 목적의 하나로 지향하고 있기
때문에, 공정위에 의한 행정적 집행수단 중 동일한 목적을 지향하는 과징금과
형사벌의 관계 설정이 문제가 된다. 현재의 제도는 검찰의 형사벌 집행의 전제
로서 공정위의 완화 또는 견제된 전속고발권[5]을 인정하고 있는데, 이는 공적집
행에 있어 공정위 중심의 집행체제를 입법적으로 채택한 취지로 볼 수 있다.

공적집행과 사적집행 간의 관계라는 점에서 볼 때, 현재의 집행 시스템은 위
반행위가 발생할 경우 이를 억제하기 위한 수단은 공정위의 행정적 집행에 우선
권을 두고, 사적집행에는 큰 비중을 두고 있지 않는 시스템이다. 즉 위반행위가
발생할 경우 이를 억제하기 위한 수단은 공정위의 시정조치와 과징금에 집중시
켜 공적 집행 중에서도 공정위의 행정적 집행에 우선권을 두고 있고, 사인에게
는 위반행위로 인한 손해가 발생한 경우 사후적으로 그 배상을 청구할 수 있는
권리를 부여하였지만 그 집행 기능에는 큰 비중을 두고 있지 않다. 그런데 공정
위의 행정적 집행만으로도 억제효과를 충분히 발휘할 수 있다면 모르겠지만, 이
러한 집행체제가 바람직한 집행수준의 달성에 효과적인 체제인지에 대하여는 계
속적으로 의문이 제기되어 왔다. 공정위의 행정적 집행이 위반행위자의 기대이
익을 정확하게 산정하여 이를 넘는 제재를 가하는 수준에 이르지 않는 한 위반
행위자의 경제적 유인체계(incentive)를 바꾸어 위반행위를 억제하는 효과를 얻
기 어렵기 때문이다.

공정위의 행정적 집행만으로 적정한 집행 수준을 달성하기 어렵다고 볼 때,
사적집행의 보완적 역할이 대두된다. 사적집행의 활성화를 통해 사인에 의한 소
송의 위협이 실제적으로 존재할 경우 공적집행과 사적집행은 상호보완적으로 작
용하여 단독으로는 얻기 어려운 위반행위자에 대한 복합적인 억제효과를 발휘할
수 있다. 그러나 현재의 집행 시스템에서 사적집행 수단으로 볼 수 있는 전보적
손해배상청구제도는 이러한 보완적인 집행 기능을 고려하여 설계되었다고 보기

---

5) 공정위만이 고발권을 갖는다는 점에서 전속고발권의 성격을 갖지만, 공정위의 권한은 검찰총장의 고발
요청제도와 감사원장, 조달청장, 중소기업청장의 의무적 고발요청제도에 의하여 완화 또는 견제된다.

어렵고, 집행기능이 보다 강조되는 다른 사적집행 수단은 도입되어 있지 않다.

공정위는 기본적으로 사적집행을 공적집행의 파트너로 인식하기보다는 공정위가 담당하기 어려운 피해구제기능을 수행하기 위한 부수적인 제도로 인식하는 경향이 있는 것으로 보인다. 최근에는 공정위가 주도하는 집행 수단을 통하여 피해자의 피해구제를 직접 모색하는 방안이 제기되고 있다. 그런 방안으로는 신청인이 제안하는 시정방안에 피해구제 또는 예방에 필요한 시정방안을 포함하도록 하는 동의의결제도(법 제51조의2)를 활용하는 방안,[6] 사업자 간의 불공정거래행위에 적용되는 분쟁조정제도(법 제48조의7)의 적용범위를 확대하는 방안[7]이 제안된다. 그러나 이런 방안들은 기본적으로 공적집행이 고려되는 대상 사건의 조사에 따른 처분 절차에 의하여 이를 해결하는 데 드는 비용과 불확실성을 줄이기 위한 절충적인 방안이다. 이러한 방안을 이용해 절충적으로 분쟁을 해결하면서 그 보완책으로 대안적인 피해구제 기능을 결합할 수는 있으나, 이로써 적정한 집행 수준을 달성하기 위한 명확한 지침을 주기는 어렵다.

2. 공적집행의 보완 수단으로서 사적집행의 정책적 근거와 공적집행 수단과의 비교

공정거래법의 사적집행제도는 공정거래법 위반행위가 민사적으로 불법행위 또는 채무불이행에 해당한다는 것을 전제로 하여 그에 대한 효과로서 부여되는 사법상의 구제수단에 의한 집행제도를 말한다. 이러한 제도로 영미 보통법(common law)에서는 손해배상(damages)이 있고, 영미 형평법(equity law)에서는 행위금지청구(injunction), 원상회복(restitution) 등을 인정하고 있다. 원상회복이 금전에 의해 이루어질 경우에는 손해배상과 기능 면에서 큰 차이가 없으나, 손해배상은 피해자의 손실에 기초한 것이고 원상회복은 가해자의 이익에 기초한 것이라는 점에 차이가 있다. 독일 민법에서도 손해배상과 원상회복을 모두 규정하면서 원상회복을 원칙으로 하고 있는데, 여기에는 금전에 의한 원상회복이 포함된다.[8] 손해배상은 피해자의 손해를 사후적으로 전보할 뿐이므로 가해자가 손

---

6) 조성국, "동의의결 운용에 대한 제언", 경쟁저널 제160호, 공정경쟁연합회, 2012. 1.
7) 홍명수, "독점규제법상 집단분쟁해결제도의 도입 검토", 경쟁저널 제164호, 공정경쟁연합회, 2012. 9.
8) 윤진수, "손해배상의 방법으로서의 원상회복-민법 개정안을 계기로 하여", 비교사법 제10권 1호(통권 20호), 한국비교사법학회, 2003. 2.; 박수곤·김진우·가정준·권철, "손해배상의 방법에 관한 비교법적 고찰: 원상회복과 금전배상의 개념에 대한 재고", 비교사법 제19권 1호(통권 56호), 한국비

해를 배상한 후에도 위법한 이익을 일부 보유하고 있는 경우에는 불법행위가 발생하기 전 상태로 완전히 회복된 것이라고 할 수 없다. 그런 점에서 손해배상이 갖는 보상(compensation)기능과 원상회복이 갖는 회복(recovery)기능이 반드시 일치한다고 할 수 없다. 다만, 우리 민법은 금전배상을 원칙으로 하고 금전에 의한 원상회복을 예정하고 있지 않으므로, 이하에서는 금전적 구제수단으로는 손해배상만을 살펴보고, 이를 비금전적 구제수단으로서의 행위금지청구와 비교하여 그 특징을 살펴보기로 한다.

다른 구제수단의 예방기능과 대비할 때 손해배상의 보상기능도 넓은 의미에서는 회복기능에 포함될 수 있으므로, 손해배상과 행위금지청구는 그 기능 면에서 동질적인 제도라고 할 수 있다. 반면에 손해배상제도는 위반행위로 인한 사인의 손해가 발생한 후의 사후적 구제수단인 반면에, 행위금지청구제도는 위반행위로 인한 사인의 손해가 현실적으로 발생하지는 않았으나 그 우려가 있는 경우의 예방적 구제수단이라는 점에서 구별된다. 즉, 행위금지청구제도는 손해의 발생 우려를 제거하여 피해자를 그 전의 상태로 회복시켜 준다는 점에서 회복의 기능을 주로 하고 그에 수반하여 예방(prevention)의 기능을 갖는다고 할 수 있다.

손해배상제도는 금전적 구제수단이라는 점에서 공정위의 과징금제도와 비교될 수 있는 반면에, 행위금지청구제도는 비금전적 구제수단이라는 점에서 공정위의 시정조치와 비교될 수 있다. 공정위의 과징금제도는 피해자에 대한 손해의 보상이 아니라 가해자의 부당이득 환수를 포함한 사회적 피해에 대한 억제(deterrence)의 목적을 갖는다는 점에서 손해배상제도와는 구별된다. 공정위의 시정조치는 공익 보호의 관점에서 위반행위로 인한 경쟁질서 또는 거래질서의 침해를 회복한다는 측면에서의 구제를 목적으로 하는 데 반하여, 행위금지청구제도는 사익 보호의 관점에서 위반행위로 인한 피해를 교정한다는 측면에서의 구제를 목적으로 한다는 점에서 구별될 수 있다.

이처럼 억제기능을 주로 갖는 공적집행 수단과 달리 사적집행 수단은 그 유형에 따라 보상, 피해 회복 또는 예방 기능을 주로 갖고 억제기능은 부수적인 경우가 대부분이다. 이는 사적집행 수단의 경우 기본적으로 사인이 자신의 이익을 추구하기 위하여 선택하는 수단이기 때문이다. 다만, 사인에 의한 자신의 이익 추구를 정책적으로 유도할 경우 집행의 목적 달성을 위한 적절한 보완재가 될 수 있는 측면을 고려할 때, 사적집행 수단을 위반행위 억제를 목적으로 하는 집행의 수단으로 인식한 후 공적집행 수단과 비교하고 그 상호작용의 가능성을 검토할 필요가 있다.

3. 사적집행의 활성화라는 정책목표의 타당성과 실현 가능성

기본적으로 공정거래법 위반행위에 대한 집행수단의 선택은 바람직한 집행 수준을 달성하기 위하여 공적인 집행수단과 사적인 집행수단의 관계를 재정립하고, 그 역할을 적정하게 분담하도록 한다는 측면에서 법정책적으로 접근할 필요가 있다. 사적집행은 피해자에 대한 보상, 피해 회복 또는 예방을 그 기능으로 하므로 공적집행과 본래의 목적을 달리하지만, 바람직한 집행 수준을 사회적으로 해로운 행위를 적정한 수준으로 억제하는 것으로 상정할 경우 그 사회적 효과라는 측면에서 사적집행 역시 위반행위에 대한 집행수단의 기능을 한다고 볼 수 있다.

다만 독립된 경쟁정책 집행기관인 공정위에 공정거래법의 전반적인 운용을 맡기고 있는 우리나라 법체계에서는 미국과 달리 집행 수단으로서의 사적집행의 역할에 대한 인식이나 경험이 부족하다. 이런 점에서, 사적집행이 공적집행의 미비점을 적극적으로 보완하는 역할을 수행할 것으로 보는 견해부터 사적집행의 역할이 제한적이며 오히려 사회적 비용을 증가시킨다는 견해에 이르기까지 사적집행의 역할 자체에 대한 시각 차이가 다양하게 존재한다.

공정위 중심의 현행 공적집행체제를 긍정적으로 평가하는 입장에서는 사소의 활성화를 주장하는 견해가 대체로 우리나라와 집행구조가 상이한 미국 제도를 여과 없이 국내에 소개하는 과정에서 비롯되었다고 보고, 금지청구제도의 도입을 포함한 사적집행의 역할에 대하여 유보적인 태도를 취한다.[9] 그 논거는 다음과 같다.

첫째, 그동안 공적집행이 꾸준히 강화되어 공정위의 집행 역량 역시 상당 부분 실효성이 인정되고, 공정위에 집중된 집행체제가 효과적인 집행을 저해한다고 볼 근거가 없다. 반면에 사적집행이 공적집행에 비해 더 효과적이라는 증거

---

9) 이봉의, "공정거래법의 실효적 집행", 경쟁법연구 제10권, 한국경쟁법학회, 2004, 14-18면.

가 없다.

둘째, 사적집행의 경우 남소로 인한 경쟁질서 훼손과 사회적 비용의 증가를 초래할 우려가 있고, 공정위의 업무부담은 줄지 않는 대신 소송비용 등 사회적 비용만 증가할 수 있다.

셋째, 사적집행이 활성화되어 있는 미국의 법체계는 우리와 상당 부분 다르다는 점에서 우리나라에서 사적집행이 공적집행이 수행하는 역할을 대신할 수 있을 것으로 보기 어렵다.

넷째, 공정위가 경쟁과 관련 없는 사건까지 개입하여 자원을 효율적으로 쓰고 있지 못하다는 문제는 사적집행의 강화로 해결되는 문제가 아니다.

다섯째, 법원이 고도의 경제분석을 요하는 공정거래법 사건을 처리할 역량이 있는지에 대하여 의문이 있다.

그러나 공정위의 집행 역시 사건의 난이도, 정치상황, 인사권자의 성향 등에 따라 집행의 기복 및 편향성이 생기지 않는다고 말하기는 어려울 뿐 아니라, 공정위가 모든 분야의 모든 사건에 대한 전문가 풀을 구축할 수는 없고, 인력 및 자원의 한계로 인하여 모든 사건에 같은 정도의 역량을 투입할 수는 없다. 또한 현행 체제에 의하여 최적의 집행 수준을 달성하고 있다거나, 사적집행을 활성화할 경우 과다한 집행이 초래될 것인지 여부에 대한 증거도 없다.

이에 대하여 사소 당사자는 경쟁당국이 보유하고 있는 적발 수단을 대신할 내부 전문성을 가질 수 있으며, 사적집행이 공적집행보다 더 효율적일 필요는 없고 공적집행의 보완적 역할로 충분하다는 반론이 가능하다. 또한 사적집행 수단으로서 이미 전보적 손해배상제도가 인정되고 있으나 그와 관련한 실무상 폐해나 비용이 크지는 않고, 사소의 폐해가 발생하더라도 이는 법원의 감독 등을 통한 남소방지 대책을 적절하게 도입하여 해결하여야 할 문제이다.

집행 수준의 최적화를 위하여 사적집행 수단을 다양화하고 개선하는 한편, 그 활용을 촉진하는 방식으로 활성화하는 정책목표를 설정하고 추진하는 방안의 타당성은, 공적집행과 사적집행의 주요한 차이점을 고려하여 각 집행수단이 억제와 집행비용 및 그 상호작용에 미치는 효과를 분석하는 작업을 통하여 보다 명확하게 제시될 수 있다. Segal과 Whinston(2006)의 연구[10]는 미국에서도 선행

---

10) Ilya R. Segal & Michael D. Whinston, "Public vs. Private Enforcement of Antitrust Law: A Survey", Stanford Law and Economics Olin Working Paper No. 335 (2006. 12.)

연구가 많지 않은 이 분야에 대한 주목할 만한 연구이다. 이 연구에 따르면, 공적집행과 사적집행은 (1) 집행자들에게 입수 가능한 정보와 그 취득비용, 그리고 (2) 집행자들의 상이한 목적이라는 두 가지 주된 차이점이 있다.

첫째, 집행자들에게 입수 가능한 정보와 그 취득비용이라는 점에서 공적집행과 사적집행 사이에 주된 차이점이 있다는 설명은 많은 경우에 사적 당사자가 잠재적인 위반행위와 그 결과로 그들에게 야기되는 피해에 대하여 우월한 정보를 갖고 있다는 사실에서 출발한다. 이는 미국에서 위반행위로 인하여 피해를 입은 당사자에게 위반행위에 대하여 제소할 원고적격을 부여하는 주된 논거가 된다. 또한 이는 미국에서 반독점 위반행위에 대한 원고적격이 때로는 가장 큰 손해를 입은 당사자에게 주어지지 않고 잠재적 위반행위에 관하여 정보를 입수할 가능성이 가장 높은 당사자에게 주어지는 이유에 대한 논거가 된다. 연방 대법원의 Illinois Brick 판결[11]에서 직접 구매자가 위반행위로 인한 손해를 하방 시장에 있는 소비자에게 전가할 지위에 있음에도 그에게만 원고적격을 부여한 것이 그러한 사례이다.

다만, 사인이 우월한 정보를 갖고 있다는 가정이 모든 유형의 반독점 위반행위에 적용되지는 않을 수 있다. 예컨대, 문제되는 경쟁행위가 행위의 가능한 사회적 비용과 편익을 비교하는 합리성의 규칙(rule of reason)에 의하여 판단되는 반독점 위반행위인 경우 그 행위가 위반행위인지를 판단하기 위한 정보는 경제학과 시장조건에 대한 상당한 지식을 필요로 한다. 사인은 전문가를 직원으로 갖고 있는 공적기관에 비하여 이러한 정보를 가질 수 있는 가능성이 낮다. 따라서 공적집행과 사적집행 사이에 입수 가능한 정보와 그 취득비용을 비교할 경우 그 정보가 위반행위에 관한 초기 정보(initial information)인지 아니면 그 위반행위의 위법성 입증에 필요한 추가 정보(additional information)인지 여부, 그리고 행위 유형이 이 중에 어떤 정보의 비중이 더 높은 유형인지에 따라 각 집행수단이 억제와 집행비용 및 그 상호작용에 미치는 효과가 달라질 수 있다는 점이 고려될 필요가 있다.

둘째, 공적집행자와 사적 제소자는 다른 목적을 갖고 있는데, 이는 집행체제의 작동에 중요한 영향을 줄 수 있다. 먼저 집행자가 억제에 신경을 쓰는지 여

---

11) 431 US 720, 97 S Ct 2061 (1977).

부를 고려할 필요가 있다. 사적 당사자는 자신이 입은 피해에 대한 배상을 추구할 뿐 소송의 억제효과에 대하여는 일반적으로 신경을 쓰지 않는다. 반면에 공적 기관은 행위를 감시하고 탐지된 위반행위에 대응하는 방법에 관한 정책에 사전에 헌신되어 있을 수 있다. 공적집행자와 사적 제소자 사이에 억제 목적에 대한 헌신 여부에 차이가 있다는 가정은 집행 전략에 영향을 줄 수 있다.

보다 구체적으로 살펴볼 때, 공적집행자와 사적 제소자 내부에서도 억제 목적에 대한 헌신 여부를 획일적으로 보기 어려운 측면이 존재한다. 공적집행자의 경우 사회적 후생의 극대화를 추구하는 자로 묘사되는 것이 보통이다.[12] 실제로는 반드시 그렇지는 않다. 자애로운 설계자로 설계된 공적기관의 경우에도 그 직원들은 설계자와 다른 개인적인 목적을 갖고 있을 수 있다. 직원이 사적인 노력을 경제화하거나 일정한 정치적 목적이나 자신의 경력이나 평판을 촉진하려고 하는 이른바 회전문(revolving-door) 유인체계의 문제로 인하여 기관의 목적과 그 대리인의 목적이 엇갈리는 대리인 문제(agency problem)가 발생할 수 있다. 사적집행자의 경우 전형적으로 잠재적인 금전적 보상에 의하여 동기부여가 되는데, 이러한 사적집행자의 유인체계와 그로 인한 억제는 사회적 적정성에서 벗어날 수 있다. 예컨대, 사적 당사자는 손해가 소송비용에 미치지 못할 경우 사회적으로 비효율적인 행위에 대하여 제소하지 않을 수 있는 반면에, 사회적으로 효율적인 행위라고 하더라도 제소하기를 원할 수 있다. 즉, 손해배상청구제도의 경우 사회적 효율성과 반드시 일치하지 않을 수 있다. 특히 소비자 소송이 아닌 경쟁자 소송의 경우 유력한 경쟁자에게 타격을 가할 목적으로 전략적으로 이용될 가능성이 있다.[13]

공적집행과 사적집행의 주된 차이점을 특히 공적집행에 상대적으로 부족한 측면을 보완하는 사적집행의 장점이라는 관점에서 접근할 때, 사적집행을 활성화하여 공적집행을 보완할 필요성이 타당성을 가질 수 있다. 또한 그 차이점과 그로 인하여 억제와 집행비용 및 그 상호작용에 미치는 효과를 면밀히 검토하여 제도 설계나 운영에 반영할 경우, 사적집행의 활성화를 통하여 공적집행에 대부

---

12) Mitchell A. Polinsky, "Private v. Public Enforcement of Fines", *Journal of Legal Studies* 9 (1980); R. Preston McAfee, Hugo M. Mialon, and Sue H. Mialon, "Private v. Public Antitrust Enforcement: A Strategic Analysis", *Journal of Public Economics* Vol. 92, Issue 10–11 (2008).

13) McAfee et al. (2008).

분 의존하는 경우에 비해 집행 수준을 최적화된 수준으로 끌어올리기 위한 실현
가능한 방안을 마련할 수 있다.

Ⅲ. 사적집행제도의 현황과 운영상의 쟁점

1. 사적집행제도의 현황

사적집행제도는 정부에 의하여 주도되는 공적집행에 대비해 집행을 추진하는
주체가 사인, 사인을 대표하는 단체, 정부 또는 지방자치단체[14] 등으로 분권화
되고 법원의 사법절차에 의하여 이루어지는 집행을 말한다. 사적집행은 공정거
래법 위반행위를 민사상 불법행위로 규정하여 그에 대한 효과로서 피해자에게
가해자에 대한 손해배상청구 또는 행위금지청구를 허용하는 방식으로 집행이 이
루어진다.

우리 법상으로는 손해배상제도, 그 중에서도 전보적 손해배상제도만이 인정되
고 있다.[15] 그에 따라 현행법상 사적집행제도의 특징은 (1) 사인에 의한 개별적
청구에 한정된 사적집행제도, (2) 전보적 배상에 한정된 손해배상청구제도, (3)
행위금지청구제도의 미도입으로 요약할 수 있다.

공정거래법 제56조 제1항은 본문에서 "사업자 또는 사업자단체는 이 법을 위
반함으로써 손해를 입은 자가 있는 경우에는 당해 피해자에 대하여 손해배상의
책임을 진다."고 규정하고, 그 단서에서 사업자 또는 사업자단체가 고의 또는 과
실이 없음을 입증한 경우에는 책임을 면할 수 있음을 규정하고 있다. 공정거래
법상 손해배상책임은 민법상 불법행위책임과 법적 성격이 동일하면서, 다만 주
관적 요건의 입증책임이 완화되어 있을 뿐이다. 또한 공정거래법은 법위반행위

---

14) 여기서 정부 또는 지방자치단체는 사인과 마찬가지로 피해자의 지위에서 소제기의 주체가 되는 것
   이다. 그런 점에서 뒤에서 보는 정부에 의한 사법적 집행과는 구별된다.
15) 공정거래법에 위반되는 계약을 사법적으로 무효화하는 것을 사적집행 수단의 하나로 열거하는 견해
   도 있다. 곽상현, "공정거래법의 집행과 금지청구제도-미국의 판례 및 도입과 관련된 쟁점을 중심으
   로-", 법조 통권 제607호, 2007. 4; 김두진, "공정거래법 집행제도의 개선방안", 법제연구원, 2003;
   이선희, "독점규제법의 사적집행", 권오승 편, 독점규제법 30년, 법문사, 2011. 예컨대, 공정거래법
   제19조 제4항은 부당한 공동행위를 약정하는 계약에 대하여는 이를 사업자 간에 무효로 하는 명시
   적인 규정을 두고 있다. 그러나 이는 민법의 일반원리에 따른 계약법적 구제수단으로서 해석상 그
   이용이 제한되어 있어 이를 사적집행 수단이라고 할 만큼 집행기능이 있다고 보기는 어려우므로 이
   연구에서는 따로 다루지 않는다.

로 인하여 손해가 발생된 것은 인정되나, 그 손해액을 입증하기 위하여 필요한 사실을 입증하는 것이 해당 사실의 성질상 극히 곤란한 경우에는, 법원이 변론 전체의 취지와 증거조사의 결과에 기초하여 상당한 손해액을 인정할 수 있다는 손해액의 인정조항(법 제57조)을 두고 있다. 이 조항을 통해 기대할 수 있는 효과는 공정거래법 위반으로 인한 손해배상청구 사건에서 손해액의 입증이 곤란하여 승소 가능성이 높지 않다는 일반의 선입견에 따른 심리적 부담을 경감하여 손해배상제도의 활용도를 높이는 것이라고 할 수 있다.[16)]

공정거래법상 손해배상청구제도와 관련된 해석 및 기준 정립의 쟁점은, (1) 원고적격, (2) 인과관계의 인정 기준, (3) 전가(passing-on) 항변, (4) 손해액의 정의와 계량화, (5) 증거에 대한 접근으로 나누어 볼 수 있다. (1) 내지 (4)는 손해배상청구가 성립하기 위한 실체법상의 요건에 관한 쟁점인 반면에, (5)는 입증방법에 관한 절차법적인 권리에 관한 쟁점이다. 한편, (4) 손해액의 정의와 계량화는 실체법과 절차법에 모두 걸쳐 있는 쟁점이다. 손해액을 어떻게 정의할 것인가 하는 점은 실체법의 문제이지만 그 계량화는 산정에 관한 입증방법의 문제이기 때문이다.

(1) 원고적격과 (3) 전가 항변 쟁점은 미국 연방 대법원이 연방 반독점법상 손해배상청구제도를 운영하면서 간접구매자의 원고적격을 부정하고 직접구매자의 청구에 대한 피고의 전가 항변을 받아들이지 않는 것과 관련이 있다. 또한 (5) 증거에 대한 접근 역시 미국 민사소송법상 증거개시(discovery) 절차와 관련이 있다. 그러나 우리나라 공정거래법상 손해배상청구제도는 기본적으로 민법상의 손해배상청구제도의 연장선상에 있는 제도이므로, 우리 법상으로는 간접구매자의 원고적격이나 직접구매자의 청구에 대한 피고의 전가 항변도 인정된다.[17)] 또한 민사소송법은 미국식의 증거개시 절차를 도입하고 있지 않으므로, 증거개시 절차가 있는 경우에 비해 원고의 입증에 어려움이 있다는 사정은 공정거래법

---

16) 홍대식, "공정거래법상 손해배상제도의 현황과 과제", 공정경쟁 제98호, 2003, 15-16면.
17) 하급심 판례 중에는 원칙적으로는 피고의 전가 항변을 인정하지 않지만 실제에 있어서는 손해액 또는 책임의 제한 단계에서 비용 전가를 사실상 인정한 것이 있다(서울중앙지법 2009. 5. 27. 선고 2006가합99567 판결 및 그 항소심인 서울고법 2010. 10. 14. 선고 2009나65012 판결). 이 판결에 대한 자세한 설명은 전성훈·이한식·홍대식, "중간재시장에서의 담합시 직접구매자 및 간접구매자에 대한 손해배상: 법리적 쟁점과 경제학적 산정방법", 법경제학연구 제9권 제1호, 2012. 6, 111-112면. 대법원은 이 사건의 상고심에서 하급심 판례의 판시 내용을 그대로 인용하였다(대법원 2012. 11. 29. 선고 2010다93790 판결).

상 손해배상청구제도라고 하여 달라지지 않는다. 다만 (2) 인과관계의 인정 기준과 (4) 손해액의 정의와 계량화와 관련된 쟁점은 해석이나 기준 정립을 어떻게 발전시키고, 제도 운영을 통하여 추가적인 제소 유인을 제공할 것인가에 따라 공정거래법상 손해배상청구제도를 사적집행 수단으로서 활성화할 수 있는 계기로 작용할 수 있다.

2. 운영상의 쟁점

공정거래법상 인정되는 전보적 손해배상제도가 공적집행 수단을 보완하는 사적집행 기능을 충분히 가질 수 있다는 것을 전제로 할 때, 주로 지적되는 문제는 이 제도가 사적집행 수단으로서의 잠재력에 비하여 활용도가 매우 낮아 집행의 최적 수준 달성을 위해 기대되는 역할을 제대로 하지 못하고 있다는 것이다. 다만, 국내에서의 논의는 실제로 일어나고 있는 공정거래법상 손해배상청구에 대한 통계적 자료를 근거로 하여 그것이 집행의 최적화를 위해 기대되는 역할을 수행하고 있는지에 대한 실증적 연구를 기초로 하고 있지 않다. 기본적으로 국내에서는 사실 공정거래법상 손해배상청구 사건에 대한 체계적 통계 수집도 이루어지고 있지 않다.[18] 그러나 일반적으로 학계와 실무계에서 손해배상청구제도가 제대로 활용되고 있지 못하다는 전제 하에 피해자인 사인이 이 제도를 활용하도록 유인체계를 제공하기 위한 운영상 또는 제도적인 개선이 필요하다는 주장은 줄기차게 제기되어 왔다. 이러한 주장은 특히 공정거래법 개정(2004. 12. 31.)으로 손해배상청구제도와 관련하여 시정조치 선확정주의를 폐지하고 손해액 인정제도를 도입하는 것으로 이어졌다.

최근 몇 년 사이에 공정거래법상 손해배상청구제도와 관련한 두드러진 발전은 공정위가 법위반행위를 인정한 후에 그에 뒤따라 제기되는 후속적 소송(follow-on actions)으로서의 손해배상청구 건수가 증가하고 있다는 점이다. 특히 부당한 공동행위의 피해자들이 제기하는 소송 사례가 그렇다. 이와 관련된 정확한 통계자료 역시 아직 없지만, 김차동·주진열의 연구[19]는 언론매체에 보도된

---

18) 비교적 오래된 자료이지만 홍대식, "독점규제법상 손해배상청구: 실무의 관점에서", 경영법률 제13집 제2호, 2003. 2, 248-249면에서는 2002년 말을 기준으로 할 때 공정거래법 위반과 관련된 손해배상청구소송의 판결례가 하급심 판결을 포함하여 31건에 이른다는 점을 밝히고 판결례를 분석함으로써, 당시까지 나온 대법원 판결이 4건에 불과하다는 점을 근거로 손해배상청구 제도의 활용이 매우 저조하다는 통념만큼 상황이 나쁜 것은 아니라는 점을 보였다.

〈표 1〉 부당한 공동행위로 인한 손해배상청구 사건

순번	사건명	원고의 성격	시민단체 등 개입(도움) 여부
1	간염백신 담합 사건	지방자치단체	×
2	군납유류 담합 사건	대한민국	×
3	화학비료 담합 사건	소비자	○
4	학생복 담합 사건	소비자	○
5	시내전화 담합 사건	소비자	○
6	용인동백지구 아파트 분양가 담합 사건	소비자	×
7	밀가루 담합 사건	사업자	×
8	4개 정유사 유류 담합 사건	소비자	○
9	신용카드 부가통신망(VAN)사 수수료 담합 사건	사업자	×
10	LPG 담합 사건	소비자	○
11	시스템에어컨/TV 담합 사건	지방자치단체	×
12	보험상품 이자율 담합 사건	소비자	○
13	삼성전자-LG전자 담합 사건	소비자	○
14	CD금리 담합 의혹 사건	소비자	○

사례를 토대로 하여 2012. 7.까지 종결되었거나 진행 중인 부당한 공동행위로 인한 손해배상청구 사건 14건을 원고의 성격(소비자, 사업자, 정부 등)과 시민단체 또는 각종 단체의 개입(도움) 여부를 중심으로 <표 1>로 정리하였다.

우리 민법은 명시적으로 원상회복의 원칙을 규정하여 완전배상주의를 취하는 독일 민법[20]과는 다른 구조를 취하고 있지만, 전보적 배상의 대상이 되는 손해를 넓게 인정하고 있기 때문에 넓은 의미의 손해에 대한 완전한 보상(full compensation)을 전제로 할 때 피해자의 손해배상 청구 유인은 결코 적지 않다. 이

---

19) 김차동·주진열, 소비자피해 구제를 위한 민사적 구제 수단 확충방안 연구-집단소송제/징벌적손해배상제 등을 중심으로-, 공정거래위원회 연구용역보고서, 2012.
20) 독일 민법 제249조 제1항은 손해배상책임을 지는 자는 그가 손해배상채무를 부담하게 된 상황이 발생하지 않았다면 있었어야 할 상태를 회복시켜야 한다고 규정하여 회복(restoration, restitution)에 기초한 완전배상주의를 취한다.

처럼 현재의 제도가 잘 활용되는 경우를 상정하면 위반행위가 모두 적발되지 않는 집행오류(enforcement error)의 문제[21]를 감안하더라도 사업자에 대하여 위반행위의 한계적 억제효과가 있는 금전적 부담을 부과할 수 있다. 따라서 현재 인정되는 전보적 손해배상청구제도가 집행의 최적화를 위해 기대되는 보완적 역할을 충분히 수행하지 못하고 있다는 정책적 판단이 내려진다면, 제도를 개선하지 않더라도 우선 그 운영과 관련된 쟁점을 검토하여 해석과 기준 정립 또는 추가적인 유인 제공을 통해 제도의 활성화를 유도할 필요가 있다.

앞서 본 바와 같이 공적집행과 사적집행 사이에 입수가능한 정보와 그 취득 비용이라는 점에서 주된 차이점이 있다면, 이를 고려하여 공적집행과 사적집행의 적절한 조합 방안을 강구해 볼 수도 있을 것이다. 특히 사적 당사자가 위반행위에 관한 초기 정보를 많이 갖고 있는 데 반하여 그 위반행위의 위법성 입증에 필요한 추가 정보 입수에는 비용이 많이 드는 경우(합리성의 규칙에 의하여 판단되는 단독행위 유형의 경우)와 사적 당사자가 위반행위에 관한 초기 정보를 얻기 어렵고 피해가 분산되어 조직화되기 어려운 경우(소비자 피해를 유발하는 경성 공동행위의 경우)를 구별하여 각각의 경우에 적정한 역할분담 방안을 생각해 볼 수 있다.

공적집행과 사적집행을 공정거래법 집행의 두 축으로 볼 때, 사적집행은 원칙적으로 공적집행의 보완재(complement)가 되는 것이지 대체재(substitute)가 되는 것은 아니다. 다만, 사적집행 수단에 따라서는 실제로는 공적집행 수단에 대한 대체재적 성격을 갖는 경우도 있다. 이런 점은 공정거래법에 아직 도입되지 않은 행위금지청구제도와 징벌적 손해배상청구제도에서 주로 발견되지만, 전보적 손해배상청구제도의 경우에도 금전적 집행수단이라는 점에서 공적집행 수단으로서의 과징금제도와의 경합성을 고려해 볼 수 있다. 이처럼 공적집행 수단과 사적집행 수단이 유사한 기능을 한다고 볼 경우 유사한 기능을 하는 공적집행 수단과 사적집행 수단을 복수로 제공하여 집행 경쟁을 유발할 경우 집행의 효율성이 제고되는 효과가 있는지, 아니면 중복된 집행으로 인하여 과잉 억제의 우려가 발생하지는 않는지 면밀한 검토가 필요하다. 이러한 검토를 토대로 하여

---

21) 총 피해자 중 배상받은 피해자의 비율을 집행오류(enforcement error)라고 하고, 그 집행오류를 상쇄하기 위하여 배상액을 조정하는 승수를 징벌승수(punitive multiple)이라고 한다. Robert D. Cooter and Thomas Ulen, 한순구 역, 법경제학(제5판), 경문사, 2009, 467면.

긍정적 효과를 최대화하고 부정적 효과를 최소화하는 방안을 강구하는 것도 제도 운영에서 검토해야 할 중요한 쟁점이다.

Ⅳ. 공적집행과 사적집행 간 관계 재정립을 위한 정책목표의 설정

1. 공적집행의 보완 수단으로서 사적집행의 지위와 역할 재검토

사적집행의 활성화를 위한 제도의 확충, 보완에 반대하는 논의는 대체로 우리나라 법체계의 문제, 사적집행에 대한 공적집행의 우월성, 공정거래법 집행의 특성과 전문성, 사적집행의 활성화로 인한 폐해 등에 근거하고 있다. 그러나 이는 실증적인 분석이 뒷받침되어 있지 않은 상태에서의 주장이라는 점에서, 그 근거가 충분하지 않은 것으로 판단된다.

그에 반하여 사적집행의 활성화를 위한 제도의 확충, 보완에 찬성하는 논의의 경우 사소제도의 확충을 위한 제도의 도입과 개선이 공정위의 법집행을 '대체'하는 것이 아니라 '보완'하는 역할을 수행할 것으로 기대하는 점을 전제로 한다는 점에서, 바람직한 방향을 지향하는 것으로 생각된다.

우리나라처럼 공정위와 같은 경쟁당국 중심의 공적집행을 우선하는 경쟁법 집행체제를 갖는 나라에서 사적집행의 지위와 역할을 어떻게 정립할 것인가에 관하여 참조할 만한 사례로는 유럽연합(EU)을 들 수 있다. EU 집행위원회는 집행의 최적화를 달성하기 위하여 사적 손해배상소송을 활성화하는 것이 바람직하다고 가정하고, 이 소송을 활발하게 촉진하기 위한 방안에 대한 일련의 연구를 진행한 바 있다. 위원회는 2004년부터 이 주제에 관한 논쟁을 활성화하고 반독점 손해배상소송을 촉진할 수 있는 여러 가지 가능한 방안에 관한 이해관계자들의 피드백을 얻기 위해 여러 조치를 취하였다. 위원회는 외부 연구용역(Study on the condition of claims for damages in case of infringement of EC antitrust rules, 2004. 8.)[22])을 통해 25개 회원국들의 국내법 영역에서 손해배상제도의 현

---

22) 위원회가 브뤼셀에 사무실을 둔 법률회사(Ashurst)에 의뢰하여 제출받은 보고서로서, EU 회원국들의 법제도를 비교 연구한 보고서(Comparative Report)와 손해액 산정을 위한 경제학적 모델을 연구한 보고서(Analysis of Economic Models for the Calculation of Damages)로 구성되어 있다.

황을 연구한 결과, 손해배상제도가 '완전한 저발전'의 상태에 있을 뿐만 아니라 회원국들이 취하고 있는 접근방식이 '놀라운 다양성'의 상태에 있다는 결론을 얻었다. 2005. 12. 19. 위원회의 경쟁총국 국장은 'EC 반독점법 위반에 대한 손해배상청구에 관한 녹서'(Green Paper on damages actions for breach of EC antitrust rules, 이하 '녹서')를 발표하였다. 녹서는 특히 가격담합 사건에서 이른바 사적집행, 즉 EC 경쟁법 문제에 있어서 사적 원고에 의한 손해배상청구를 촉진하기 위한 방안을 연구하기 위한 것이다. 여러 공개적인 자문의 결과에 기초하여 위원회는 2008. 4. 2. 'EC 반독점법 위반에 대한 손해배상 청구에 관한 백서'(White Paper on Damages actions for the breach of the EC antitrust rules, 이하 '백서')를 발표하여 EC 경쟁법 위반에 대한 사적 손해배상소송과 관련된 특정한 정책대안과 조치들을 제안하였다. 제안된 조치들과 정책대안은 1) 원고적격: 간접적 구매자와 집합적인 소송(collective redress), 2) 증거에 대한 접근: 당사자들 간의 공개, 3) 회원국 경쟁당국 결정의 구속적 효과, 4) 과실요건, 5) 손해액, 6) 전가(passing-on) 초과 지급액, 7) 소멸시효기간, 8) 손해배상소송의 비용, 9) 자진신고자 감면제도와 손해배상소송의 상호관계 항목으로 나누어 제시되고 있는데, 특징적인 점은 녹서에서 도입이 검토되었던 징벌적 배상제도는 최종적으로 도입하지 않기로 결정된 점이다.

EU 위원회의 제도 도입 논의에서 주목되는 것은 사적집행의 활성화라는 정책목적을 위하여 징벌적 손해배상제도의 도입을 비롯한 여러 대안들을 제시하면서 이에 대하여 이해관계인들의 의견을 폭넓게 수렴하여 이를 충분히 고려하여 EU의 법문화와 전통에 뿌리를 둔 균형 잡힌 조치들을 실제적인 대안으로 채택하는 접근방법이다. 특히 징벌적 손해배상제도가 활발하게 활용되는 미국의 경쟁법 집행체제나 민사소송제도, 손해액 인정 범위와 EU와의 차이에 주목하여 EU의 장점을 살리고 보완하는 관점에서 '진정한 유럽식 접근방법'에 기초한다는 지도원리에 충실한 방안을 마련하였다.

기본적으로 EU 위원회의 방안은 손해배상청구제도의 본래 기능인 형평의 관념, 즉 회복과 보상의 기능이라는 원칙을 유지하는 것과 그러한 원칙을 훼손하면서도 효과적인 억제를 달성하기 위한 제도적 실험을 하는 것 사이에서 전자를 선택한 것이다. 이러한 선택의 배경에는 제도적 실험의 중심에 있는 징벌적 배상제도를 실행하고 있는 미국에서조차 그 제도로 인한 부작용이 적지 않은 점,

제도적으로 전보적 배상의 범위가 제한적이라서 완전한 보상이 이루어지지 않아 징벌적 배상제도가 보다 확실히 보상하기 위해서 필요한 미국과 달리 EU 회원 국들의 경우 전보적 배상의 범위를 조정하면 완전한 보상(full compensation)에 이를 수 있는 점, 경쟁당국에 의한 공적집행이 중심적인 역할을 하므로 사적집 행은 그에 대한 보완적인 역할로 충분하다고 보는 점, 공적집행이 상대적으로 기능하지 못하는 분야에서는 징벌적 배상제도와 같이 보상의 범위를 넘는 배상 을 가능하게 하는 제도의 도입보다는 대표소송제(representative actions)와 선택 참여 집단소송제(opt-in collective actions)의 도입으로 억제효과를 얻을 수 있다 고 본 점 등이 작용하였다.

요컨대, 사적집행은 공적집행의 보완 수단으로서의 지위를 갖고 있으므로, 사 적집행의 활성화는 기본적으로 공적집행의 역할을 존중하는 가운데 공적집행과 사적집행 간의 조화와 균형으로 이루어지는 공정거래법의 집행체제 내에서 보완 적인 역할을 하는 것이다. 현행법상 인정되는 전보적 손해배상제도의 경우 공적 집행이 수행하는 억제 또는 제재의 기능과 구별되는 보상의 기능을 수행한다는 점에서, 공적집행을 대체하거나 위태롭게 하는 것이 아니라 공적집행을 보완하 는 기능을 수행한다.

2. 경쟁법 집행의 균형과 실질의 관점

사적집행의 활성화를 위한 제도의 확충, 보완 논의에는 (1) 사인 또는 사인 이외의 주체에 의한 집단적 청구제도의 도입, (2) 징벌적 배상 등 전보적 배상 의 범위를 넘는 손해배상청구제도의 도입, (3) 행위금지청구제도의 도입에 관한 논의가 포함된다.

전보적 손해배상청구제도 외의 다른 사적집행 제도를 도입하기 위해서는 그 와 같은 제도가 공정위의 법집행 수단과 사실상 동일한 기능을 수행한다는 점에 유의할 필요가 있다. 예컨대, 행위금지청구제도의 경우 공정위의 법집행 수단인 시정조치와 사실상 동일한 기능을 수행하고, 징벌적 배상청구제도의 경우 공정 위의 과징금과 중복되는 기능을 하는 제도가 될 가능성이 높다. 따라서 공적집 행과 사적집행 간의 관계를 재정립하기 위하여 현행법상 인정되는 사적집행 수 단의 세부적인 내용을 조정하고 운영을 개선하거나 새로운 제도 도입 여부를 검토하는 과정에서는 검토 대상이 되는 사적집행 수단이 공적집행의 보완 기능에 충실한 것인지를 우선 고려할 필요가 있다. 또한 이를 전제로 하여 그 성격상 공적집행에 대한 대체재적 성격을 갖는 사적집행 수단의 경우 이를 도입하는 것이 집행 경쟁을 통한 집행의 효율화를 가져오는지 아니면 중복된 집행으로 인한 폐해를 가져오는지를 고려해야 한다. 즉 사적집행의 활성화를 위하여 제도를 확충하거나 보완하는 방안을 논의할 때는 그로 인하여 공적집행과 사적집행을 포함한 집행 전반에 걸쳐 각 집행의 기능과 역할에 따른 균형이 이루어지는지, 그리고 새로운 제도의 도입이 집행의 효율화를 가져오고 폐해를 최소화하는 실질적인 방안인지에 대한 검토를 필요로 한다.

3. 최적 집행(Optimal Enforcement) 측면에서의 효율성 분석과 역할분담의 관점

법경제학적 관점에서 집행은 예방(prevention) 또는 억제(deterrence)의 패러다임 사고에 입각한 것이다. 피해 보상의 관점에서는 위반행위로부터 피해자가 입은 사적 손해를 측정하여 그 배상을 명하는 것만으로 제도의 목적을 달성했다고 할 수 있다. 그러나 공정거래법의 효과적인 집행은 피해 보상에 머무르지 않고 사회적으로 바람직하지 않은 행위를 억제하기 위한 것이므로, 피해자의 손해를 전보하는 것 이상으로 그 위반이 사회에 부담시킨 비용과 동일한 비용을 위반자에게 부담시키도록 집행제도를 설계할 필요가 있다.

집행체제의 목적은 위반행위를 적발하고 위반행위자를 제재함으로써 법을 준수하는 유인을 제공하여 사회적 총후생을 극대화하는 것이다. 여기서 사회적 총후생에는 위반행위자가 선택한 행위로 인한 모든 경제적 편익과 비용은 물론 집행체제의 행정비용이 포함된다.

공적집행과 사적집행을 대안적인 집행체제로 이해할 때, 최적의 집행제도 설계의 문제는 집행 수단의 공적인 특성과 사적인 특성을 조합하는 문제이다. 즉, 공적집행과 사적집행의 대안 체제 간 선택의 문제가 아니라 각 체제의 다양한 변수를 미세 조정함으로써 최적의 조합을 찾는 문제이다.

집행제도 설계의 문제는 법정책적인 문제이지만, 제도를 최적화하기 위해서는 경제학적인 관점을 도입하고 그 관점에 기초하여 개발된 모형과 방법론을 제도

설계에 반영하는 방안을 적극적으로 고려할 필요가 있다. 경제학적 관점은, 위반행위자는 이익극대화의 목적이 있다는 전제하에 위반행위자는 기대이익이 기대비용보다 큰 경우 행위를 하게 되므로 금전적 제재를 통해 위반행위자가 기대이익과 기대비용을 비교하여 행위를 자제하도록 하는 방식으로 경제적 유인체계를 변경시킴으로써 행위를 억제할 수 있다는 억제효과 가설(deterrence hypothesis)을 기초로 하고 있다.

억제력에 관한 이론은 구체적으로는 고전 억제력 학파(Classical Deterrence School) 또는 억제력 접근법(deterrence approach)과 적정 제재 학파(Optimal Penalty School) 또는 내부화 접근법(internalization approach)으로 나눌 수 있다. 고전 억제력 학파의 경우 독점이윤 또는 부당이득에 상응하는 기대이익보다 금전적 제재를 높게 설정하면 된다는 입장이므로 금전적 제재의 한계가 없는 절대적 억제의 입장인 반면에, 적정 제재 학파는 금전적 제재의 일정한 한계를 의미하는 기대비용을 설정하여 위반행위자가 기대이익과 기대비용을 일치시키는 방식으로 행위를 하도록 유인하는 한계적 억제의 입장이라고 할 수 있다. 적정 제재 학파 또는 내부화 접근법의 입장에 따르면, 위반행위로 인한 사회적 후생의 감소분을 산정하는 '사회적 피해기준'(harm-based method)이 적정한 억제 수준을 설정하기 위하여 보다 정확한 기준이라고 할 수 있다.

전보적 손해배상청구제도의 경우 피해자가 입은 손해를 사후적으로 전보하는 보상기능을 주로 담당한다는 점에서는 공적집행이 하지 못하는 역할을 수행하고, 피해자의 손해가 위반행위자의 이익에 상응한다는 것을 전제로 할 경우 회복기능도 수행한다는 점에서는 공적집행의 역할을 보완한다. 다만, 피해자의 손해가 전보된 후에도 위반행위자가 위반행위로 인한 이익을 일부 보유하고 있는 경우나 위반행위자가 효율성 증대를 통해 사회적 편익을 가져오는 경우에는 사회적 피해기준과 부합하지 않을 수 있다. 전자의 경우는 전보적 손해배상청구제도에 의해서는 해결될 수 없고, 후자의 경우는 위반행위자의 주의의무 수준의 결정이나 손해액의 제한 여부의 결정에 사회적으로 효율적인 수준을 고려하는 방법으로 전보적 손해배상청구제도의 운영에 반영하는 방식으로 문제에 대처할 수 있다.

전보적 손해배상청구제도를 제외한 다른 사적집행제도, 예컨대 징벌적 손해배상청구제도, 행위금지청구제도의 경우에는 공적집행의 역할을 대체하는 측면도 있으므로, 이러한 제도가 수행하는 역할을 공적집행이 제대로 수행하지 못하고 있는가 하는 점을 고려하여 이를 도입하거나 공적집행에 그 요소를 반영할 것인지 여부, 그리고 공적집행제도와의 조합 방식에 대한 논의가 필요하다.

V. 목표 달성을 위한 운영상 또는 제도적인 개선방안

1. 전보적 손해배상청구제도와 관련 공적집행제도 운영의 개선

공정거래법상 인정되는 사적집행 수단인 전보적 손해배상청구제도와 관련된 법적 개념의 해석과 기준의 정립과정에는 다음과 같은 점이 충분히 참작될 필요가 있다. (1) 다른 법, 특히 사법의 영역에 속하는 민법이나 상법과 달리 공정거래법의 집행은 공적집행을 중심으로 이루어지고 있어 사적집행은 보완적 기능을 하고 있다는 점, (2) 지식재산권법도 법의 집행이 공적집행과 병행하여 또는 그와 결부되어 이루어지고 있다는 점에서 공정거래법과 유사한 지위에 있으나 공정거래법에서는 지식재산권법과 달리 행위금지청구제도가 없는 점, (3) 일반 민사법리에 의하더라도 우리나라에서는 불법행위에 대하여 금전배상을 원칙적 구제수단으로 채택하면서 이에 대한 일반적인 부작위청구권은 인정하고 있지 않은 점 등이다. 이러한 점을 고려할 때, 전보적 손해배상청구제도의 운영과 관련된 개선점은 관련된 법적 개념의 해석과 기준을 정립하는 것, 그리고 추가적인 제소 유인 제공을 통하여 그 제도의 활성화를 유도하는 것에 초점이 맞추어질 필요가 있다.

전보적 손해배상청구제도와 관련된 법적 개념의 해석과 기준을 정립하기 위해서 검토되어야 할 쟁점은 손해액의 정의와 인과관계의 인정 기준에 관한 것이다. 공정거래법 위반행위에 대한 손해배상청구의 경우에도 일반 불법행위로 인한 손해배상청구와 마찬가지로 위법행위, 손해의 발생, 위법행위와 손해 발생 간의 인과관계, 주관적 요건으로서의 고의 또는 과실을 그 요건으로 한다. 공정거래법은 이 중에서 주관적 요건으로서의 고의 또는 과실에 대한 입증책임을 전환하는 특별 규정을 두고 있을 뿐이기 때문에, 다른 요건의 해석과 기준이 어떻게 정립될 것인가 하는 점은 판례에 맡겨져 있다. 그런데 아직까지 판례는 공정거

래법 위반행위에 대하여 일반 불법행위와 다른 특성을 고려한 특수한 법리를 발
전시키고 있지 않다. 판례가 환경오염피해소송, 의료과오소송, 제조물책임소송과
같은 일정한 유형의 불법행위에 대해서 그 특성을 고려한 특수한 법리를 발전시
켜 온 사례에 비추어, 공정거래법 위반행위에 대하여도 손해액의 정의와 인과관
계의 인정 기준에 대하여 원고의 입증 부담을 경감하는 방향으로 특수한 법리를
발전시킬 경우 이는 사적 소송의 활성화를 유도하는 계기가 될 수 있다.

그와 같은 방법으로 손해액의 정의에 관해서는, 손해를 피해자에게 발생한 손
해액이 아니라 경쟁에 대한 피해로 넓게 이해하는 법리의 개발,[23] 손해액 추정
과 관련된 경제적 증거에 대하여 법원이 이를 손해액 인정의 기초로 삼으면서
적정한 재량을 발휘할 수 있도록 하는 절차와 법리의 개발,[24] 손해와 손해액을
구별하지 않고 손해액의 입증을 전제로 하는 차액설에서 벗어나 손해와 손해액
을 구별하여 손해를 구체적·현실적 손해로 파악하여 손해액에 대한 입증 부담
을 경감하는 법리의 개발,[25] 인과관계 인정기준에 관해서는, 법위반행위와 손해
발생 사이의 인과관계 입증의 어려움을 완화하기 위한 해석기준으로서의 사실상
추정 법리의 개발,[26] 책임 발생의 인과관계와 책임 귀속의 인과관계를 구별하여
인과관계 인정 단계에서는 전자만을 문제삼는 법리의 개발[27]을 생각해 볼 수
있다. 즉, 제도 운영상 개선의 초점은 현재의 제도가 제 기능을 발휘할 수 있도
록 세부적인 보완을 하는 데 있어야 한다.

전보적 손해배상청구에 대하여 추가적인 제소유인을 제공하기 위해서는 특히
공정거래법상 인정되는 손해액인정제도(법 제57조)를 실질적으로 운영하는 방안
을 적극 검토할 필요가 있다. 손해액인정제도는 공정거래법 위반행위로 인한 손
해액 입증의 어려움을 덜어주어 손해배상청구소송이 활성화되도록 하기 위한 목
적으로 도입된 것이다. 이는 원고가 손해액을 정확히 입증하지 못하더라도 법원
이 합리적인(reasonable) 손해액을 재량적으로 판단할 수 있을 정도의 증거를 제

---

23) 홍대식, "공정거래법의 사적 집행에 관한 국내 동향과 쟁점", 경쟁저널 제145호, 공정경쟁연합회, 2009. 7.
24) 홍대식, "가격담합으로 인한 공정거래 손해배상소송에서의 손해액 산정", 비교사법 제19권 제2호, 2012. 5.
25) 이선희, 독점규제법상 부당한 공동행위에 대한 손해배상청구, 서울대학교 법학박사학위논문, 2012. 8.
26) 홍대식, "독점규제법상 손해배상청구: 실무의 관점에서", 경쟁법률 제13집 제2호, 2003.
27) 이선희 (2012).

출한 경우 그러한 증거 조사의 결과와 변론 전체의 취지를 종합하여 법원이 상당하다고 판단되는 액수를 손해액으로 정할 수 있도록 하는 것이다.

우리 판례는 불법행위로 인한 재산상 손해의 산정방법에 관하여 차액설의 입장에 있다. 즉, 위법한 가해행위로 인하여 발생한 재산상 불이익, 즉 그 위법행위가 없었더라면 존재했을 재산상태와 그 위법행위가 가해진 현재의 재산상태의 차이가 손해로 산정되며, 여기에는 기존의 이익이 상실되는 적극적 손해와 장차 얻을 수 있을 이익을 얻지 못하는 소극적 손해가 포함된다.[28] 또한 무형의 손해에 대한 위자료와 불법행위일로부터 판결 전 기간에 대한 이자도 손해액의 범위에 포함되므로, 전보배상의 범위가 징벌적배상제도가 시행되고 있는 미국보다 더 넓다.

또한 우리 법상 손해배상청구제도는 침해된 정의의 실현을 그 이념적 기초로 하며, 이를 실현하기 위한 실천적 지도이념은 손해의 공평·타당한 분담으로 이해된다. 단순히 실손해를 전보한다는 교정적 정의의 차원을 떠나 구체적 당사자 간의 형평성을 도모한다는 분배적 정의를 지향한다는 점에서, 실손해의 전보 외에 손해를 둘러싼 당사자 간 이해관계 조정의 측면도 지도원리로서 고려된다. 이러한 점은 EU 집행위원회의 백서에서 표방한 완전한 보상의 원리에 부합한다. 이러한 손해의 공평·타당한 분담의 원리는 회복기능을 중심으로 하되, 예방기능도 상당 부분 수행할 수 있다. 불법행위법이 회복기능만 제대로 수행하더라도 이에 수반되는 예방적 효과도 의미 있는 정도로 증가할 것이다.[29] 따라서 현재 존재하는 손해액 인정제를 실질적으로 운영함으로써 공정거래법 위반행위의 피해자에게 손해배상소송 제기의 유인을 보다 더 효과적으로 제공할 수 있다.

전보적 손해배상청구제도가 완전한 보상을 추구한다고 할 때, 함께 생각해 보아야 할 점은 공적인 금전적 집행수단으로서 과징금제도와의 관계이다. 공적인 금전적 구제수단으로서의 과징금 부과는 온전히 억제기능을 수행하는 것인 반면에, 사적인 금전적 구제수단으로서의 손해배상은 보상기능을 주로 수행하는 것이다. 그러나 손해배상이 완전한 보상에 이르러 위반자의 행위 수준이나 주의의무 수준에 영향을 줄 경우 억제 또는 예방기능도 보완적으로 수행하게 된다. 따

---

28) 대법원 1992. 6. 23. 선고 91다33070 전원합의체 판결; 대법원 1996. 2. 9. 선고 94다53372 판결; 대법원 1998. 7. 10. 선고 96다38971 판결 등.

29) 권영준, "불법행위법의 사상적 기초와 그 시사점−예방과 회복의 패러다임을 중심으로−", 저스티스 통권 제109호, 한국법학원, 2009.

라서 과징금 부과와 손해배상을 통한 완전한 보상이 병행할 경우 집행오류의 문제를 고려할 때 최적의 억제 수준이 달성될 수 있다고 설명된다.

다만, 과징금 부과액수 중 부당이득 환수적 성격을 갖는 부분은 사실상 피해자의 손해액과 중복될 수 있다. 부당이득액은 위반자 입장에서 위반행위로 인하여 취득한 경제적 이익을 의미하는 데 반하여, 소비자피해액은 위반행위로 인하여 피해를 입은 피해자의 입장에서 입은 초과가격 지급으로 인한 손해 또는 기대이익 상실로 인한 손해를 의미하므로 개념적으로는 구별된다. 그러나 초과가격 지급으로 인한 피해자 손해의 경우 바로 위반자 입장에서 위법한 이익을 구성하게 되므로 사실상 중복된다. 이때 위반자가 전자에 해당하는 금액을 손해배상청구제도에 의하여 피해자에게 배상하고 후자에 해당하는 금액을 과징금제도에 의하여 과징금으로 납부할 경우, 집행오류의 문제가 발생하지 않거나 그 우려가 적은 상황에서는 금전적 부담의 총합이 최적의 집행 수준을 초과하게 될 위험이 발생한다. 이는 억제기능과 회복기능 사이에 긴장과 충돌이 발생하는 상황이다. 집행오류의 문제가 발생하지 않거나 그 우려가 적은 상황은 적발 확률이 높은 단독행위의 경우에 많이 발생할 수 있다.

과징금 부과의 근거가 되는 부당이득액 또는 소비자피해액 부분의 경우 그 계량화를 위한 여러 가지 방식이 개발되어 있다. 따라서 과징금 징수와 손해배상청구소송을 통해 사업자에게 사실상 중복 부과되는 상황에서는 과징금 산정과정에서 손해배상액을 고려하는 방식으로 제도적 수단을 강구하는 것이 타당하고 또한 가능하다.

2. 징벌적 배상청구제도의 도입 가능성

'징벌적 배상'(punitive damages)이란 악의적인 불법행위로 인하여 발생한 손해에 대하여 피해자가 입은 실손해를 전보하여 주는 것 이외에 추가로 징벌적 의미를 갖는 추가 배상을 명함으로써 이러한 악의적 불법행위가 재발하는 것을 방지하고자 하는 배상청구제도이다. 징벌적 배상은 (1) 대상으로서의 행위가 일반 불법행위보다 주관적 요건이 가중된 불법행위이고, (2) 배상되는 금액이 보상적 배상을 넘는 추가적인 금액이며, (3) 손해배상의 본래적 성격인 보상 또는 회복의 성격과 구별되는 억제, 예방 또는 제재의 성격을 갖는다는 점에 그 특징이 있다. 즉, 징벌적 배상을 다른 손해배상과 구별하게 하는 요소는 배상의 대상 행위와 그 요건, 배상금액, 배상의 목적이라고 할 수 있다.

외국에서 경쟁법의 사적 집행수단으로 도입되었거나 도입이 검토된 징벌적 배상제도는 배액배상(multiple damages)제도라는 공통점이 있다. 징벌적 배상과 배액배상은 엄밀히 말하면 구별되는 개념이다. 본래의 의미의 징벌적 배상은 그 크기를 제한하고 있지 않지만 배액배상은 전보배상의 크기에 비례하여 일정한 배액을 정하여 그 크기를 제한하고 있기 때문이다. 다만, 배액배상의 아이디어도 징벌적 배상에서 나온 것이고, 배액배상의 방법은 징벌적 배상의 크기를 합리적으로 정하기 위한 기준 정립에서 비롯된 것이므로, 이 역시 징벌적 배상의 한 유형으로 볼 수 있다. 따라서 이 글에서는 배액배상제도를 징벌적 배상제도와 구별하지 않는다. 우리나라에도 2011년 공정거래법의 특별법인 「하도급거래공정화에 관한 법률」(이하 '하도급법')에서 원사업자의 기술자료 유용행위에 대하여 실손해의 3배까지 배상책임의 범위를 넓히는 개정이 이루어진 후(법 제35조 제2항),[30] 이러한 제도를 공정거래법에도 도입해야 한다는 주장이 심심치 않게 제기되고 있다.

징벌적 배상은 과징금과 마찬가지로 보상기능이 아닌 억제기능만을 갖고 있고 그 경제적인 근거가 위반행위가 위반자의 이익 또는 피해자의 손실을 넘어 사회에 미친 피해, 즉 사중손실(deadweight loss) 부분에 있는데, 이는 과징금의 기본금액을 구성하는 사회적 피해와 정확하게 중복된다. 이러한 사중손실은 전보적 손해배상의 대상이 되는 피해자의 손실과 달리 이를 정확히 계량화하기가 극히 어려워 불확실성이 크다. 또한 원래 그 배상액은 위반행위가 결부된 거래로 인하여 피해를 입은 소비자들에게 귀속되는 것이 아니라 위반행위로 인하여 거래에 참여할 기회에서 배제된 소비자들(excluded consumers)에게 귀속되어야 할 부분이다.[31] 따라서 억제 목적을 중시한다고 하더라도, 이 부분을 과징금 징수의 방법으로 공적으로 환수하는 것에 더하여 위반행위자로 하여금 위반행위가 결부된 거래에 참여할 수 있었던 소비자들에게 징벌적 배상의 방법으로 배상하도록 할 경우, 중복 부과 및 과잉 배상의 문제가 정면으로 발생할 뿐만 아니라, 계량화의

---

30) 2013년 법 개정으로 기술자료 유용행위뿐만 아니라 하도급 대금의 부당한 단가인하, 부당한 발주취소, 부당한 반품 행위도 징벌적 배상의 대상이 되는 것으로 대상 행위의 범위가 확대되었다.

31) Christopher R. Leslie, "Antitrust damages and deadweight loss", *The Antitrust Bulletin* Vol. 51, No. 3 (2006).

어려움으로 인하여 이 문제를 해소할 제도적 수단을 강구하기도 어렵다.

징벌적 배상은 전보배상만으로는 피해자에 대한 손해를 넘는 사회적 피해를 야기하는 악의적 불법행위를 효과적으로 억제할 수 없다는 점을 이유로 그 필요성이 주장된다. 즉, 전보배상만으로는 악의적 불법행위가 사회에 입히는 피해를 내부화(internalization)하기 어렵고 또한 모든 피해자들이 보상받지는 못하게 됨으로 인한 집행오류가 존재하기 때문에, 위반행위자의 기대이익과 기대비용이 같아져 위반행위자가 행위를 자제하는 효과가 있을 수 있도록 징벌적 배상을 통하여 손해액의 크기를 증가시켜야 한다는 주장이 있다. 다만 이는 법경제학적인 설명일 뿐이고, 실제로는 징벌적 배상의 크기를 어떻게 결정할 것인지에 대한 불확실성이 크며, 또한 사적집행만으로 효과적인 억제를 달성한다는 것을 전제로 한 논의로서 공적집행의 측면을 고려하지 않은 문제가 있다.

징벌적 배상제도는 전보적 손해배상 이외에 추가적인 배상의 형태로 공적집행이 수행하는 억제 또는 제재의 기능을 수행할 권한을 사적 당사자에게 부여하는 것이므로, 공적집행과 그 기능이 중복·상충되는 성격이 있다. 사적집행으로서의 징벌적 배상청구제도는 단순히 공적집행을 보완하는 역할에 머무르는 것이 아니라 공적집행을 대체하는 역할을 하게 된다. 즉 징벌적 배상제도는 공적집행의 보완재가 아니라 대체재이다. 징벌적 배상제도의 공적집행에 대한 대체재적 성격을 간과한 채 현재의 공적집행체제를 그대로 두고 징벌적 배상제도만을 도입할 경우 제재의 총합이 과다한 수준이 될 위험성이 매우 높아진다.

따라서 제도개선의 초점은 우리 법체계상 공적집행과 사적집행의 조화와 균형을 허물면서까지 이질적인 징벌적 배상제도를 도입하는 데 있지 않고, 현재의 제도가 제 기능을 할 수 있도록 세부적인 보완을 하면서 손해배상청구의 유인체계가 충분하지 않은 소액 다수의 피해자에 대한 유인체계를 제공하거나 보완하기 위한 제도적 개선방안을 찾는 것이 되어야 한다. 징벌적 배상제도는 불법행위법의 요건이나 효과가 우리나라와 다르고 배심재판제도와 결합되어 운영되는 미국의 특수한 상황을 전제로 하는 것이고, 우리나라의 경우 미국보다 전보적 손해배상의 범위가 넓게 인정될 수 있다는 점도 고려되어야 한다.

〈표 2〉 한국, 독일, 미국의 손해배상 범위 비교

손해의 유형		한국	독일	미국
재산적 손해	적극적 손해	포함(통상손해 및 특별손해)	포함	포함
	소극적 손해 (일실이익의 손해)	포함(통상손해 및 특별손해)	포함	포함
비재산적 손해		포함(특별손해)	포함	불포함
간접구매자 손해		포함	포함	불포함
배제된 구매자 손해 (기회비용의 손해)		포함	포함	불포함
판결 전 이자		모든 기간 포함	모든 기간 포함	일부 기간만이 제한적으로 포함

다만 전보적 손해배상제도에 의한 완전한 보상이 이루어지지 않는 경우 차선책으로 징벌적 배상제도의 취지를 살려 판사에게 배상액 산정의 재량을 넓히는 방안도 고려할 수 있겠으나, 이는 어디까지나 문제되는 행위에 대하여 전체적인 법체계에 맞지 않는 제도를 특별법에 의하여 도입하는 것이 필요하다는 사회적 합의(consensus)가 충분히 성숙될 것을 전제로 한다.32) 그런 점에서 하도급법에 규정된 징벌적 배상제도의 운용을 지켜보면서 공정거래법에도 이를 도입하는 것이 바람직한지를 검토해 볼 필요가 있다.33)

3. 행위금지청구제도의 도입 필요성과 방법

행위금지청구제도는 사익 보호의 관점을 갖기는 하지만 기능 면에서는 위반행위로 인한 피해 교정을 통해 위반행위로 인하여 파급되는 공익으로서의 경쟁질서 또는 거래질서의 침해를 회복시키는 효과도 기대할 수 있다는 점에서, 공정위의 시정조치를 보완하는 기능을 하는 제도로서 논의될 수 있다. 행위금지청구제도의 도입 논의는 공정위가 시정조치라는 집행수단을 통해 독점하고 있는 예방적 구제기능을 분권화하여 집행시장에 경쟁의 원리를 도입하는 것이 우리나

---

32) 권영준 (2009), 101면.
33) 이선희 (2012), 260면.

라의 경제현실에 비추어 필요한 것인가 하는 쟁점을 출발점으로 한다.

현재의 집행제도는 위반행위가 발생할 경우 이를 금지시킬 수 있는 수단을 공정위의 시정조치에 집중시키고 사인은 위반행위로 인한 손해가 발생한 경우 사후적으로 그 배상을 청구할 수 있도록 하는 것인데, 이러한 집행체제가 위반행위로 인한 피해를 구제하는 바람직한 집행 수준의 달성을 위하여 효과적인 체제인지가 문제될 수 있다.

예컨대, 공정거래법에 위반되는 행위가 있고 그로 인한 피해가 예견되지만 아직 그 피해가 현실화되지 않은 경우, 또는 위반행위로 얻는 이익이 기대 손해배상액을 초과하여 위반행위자가 기대비용/편익 분석을 통하여 합리적인 의사결정을 할 경우 위반행위의 유인이 더 크다고 인정되는 경우, 손해배상액의 입증이 극히 곤란한 경우, 장래에 계속적인 침해가 예상되는 경우 등에 해당함에도 공정위의 인적·물적 자원배분의 한계로 인하여 적시의 효과적인 집행을 충분히 기대하기 어려운 경우가 있다는 점이 행위금지청구제도를 도입할 필요성의 근거로서 제시된다.

공적집행과 사적집행의 보완적 관계를 고려할 때, 우리나라에서는 사인에 의한 금지청구를 허용한다고 하더라도 그 대상은 단독행위 유형에 한정하는 것이 바람직할 것으로 생각된다. 다만, 법규정 형식이나 공정위의 실무 운용에 비추어 볼 때, 불공정거래행위에는 반경쟁적 행위뿐만 아니라 경쟁수단의 불공정성 또는 거래내용의 불공정성 기준만으로 위법하다고 평가받는 행위 유형도 포함되고 있다는 점에서, 공정위의 공적집행수단인 시정조치 기능과의 역할분담을 분명히 할 필요가 있다. 이러한 행위를 금지청구의 대상으로 하는 것은, 민사적 분쟁을 담당하는 법원이 사인에 의한 금지청구소송을 관할하면서 민사적 분쟁의 성격이 강한 행위와 반경쟁적 행위를 구별하는 권한을 갖게 됨을 의미할 수 있기 때문이다. 따라서 사인에 의한 금지청구제도를 도입할 경우 그 대상 행위는 시장지배적 지위 남용행위(법 제3조의2), 불공정거래행위(법 제23조), 재판매가격유지행위(법 제29조), 사업자단체가 사업자로 하여금 불공정거래행위, 재판매가격유지행위를 하게 하는 행위(법 제26조 제1항 제4호)가 될 수 있다. 다만, 불공정거래행위의 경우 그 행위 유형에 '반경쟁적 행위'가 아닌 행위도 포함되어 있다는 점에서, 사인에 의한 금지청구제도를 도입하면서 불공정거래행위의 실체법적 요건을 독일의 불공정경쟁방지법(UWG)의 2004년 개정 규정[34]을 참조하여 경쟁법적인 규정으로 개정하거나 불공정거래행위 규정 집행에 관한 공정위의 권한 중 일정한 부분을 사인에 의한 행위금지청구제도로 이관하는 제도적 보완이 수반될 필요가 있다.

4. 집단적 청구제도의 도입 가능성

일반적인 공정거래법 위반행위의 피해자의 경우에는 회복기능을 위주로 하는 현재의 손해배상제도하에서도 제도의 실질적인 운영 내지는 약간의 제도 보완을 통하여 완전한 보상(full compensation)을 추구할 수 있으므로 손해배상소송 제기의 유인체계가 부족하다고 할 수 없다. 문제는 소액 다수의 피해자의 손해배상소송 제기의 유인체계가 충분하지 않다는 것이다. 이러한 문제는 기본적으로 개개인이 보상받을 금액이 적기 때문에 발생하는 것이므로, 이로 인하여 사적집행의 보완적 역할이 제대로 수행되지 않는 부분은 공적집행의 활발한 운영으로 충분히 보충할 수 있을 것이다. 보상액이 적어 유인체계가 충분하지 않다는 이유로 전보배상만으로는 손해배상소송 제기의 유인이 적은 개개인에게 징벌적 배상제도를 통해 횡재할 기회를 부여하려는 것은, 그로 인하여 추가적인 억제효과가 얼마나 발생할 것인지가 불확실한 상태에서 제도를 개선하고 관련된 제도들 간의 충돌을 조정해야 하는 부담, 사회적으로 바람직한 기업활동이 위축되는 효과 등 추가적인 사회적 비용이 너무 크기 때문에 바람직하지 않다.

유인체계의 문제를 해소하는 방안으로서 집단적 청구 또는 집합적 소송(collective action) 제도의 도입이 논의되고 있다. 집단적 청구제도는 다수의 피해자를 하나의 소송절차로 일거에 구제하여 주고 소송의 반복을 방지하는 것을 목적으로 하는 소송제도를 말한다. 집단적 청구제도는 넓은 의미에서 집단적 분쟁을

---

34) 독일은 2004년 불공정경쟁방지법을 개정하여, 제1조에 이 법의 목적이 경쟁자, 소비자 그리고 기타 시장 참가자들을 불공정한 행위로부터 보호하는 것이라는 명문의 규정을 두고, 일반조항인 제3조에 "경쟁자, 소비자, 기타 시장 참가자들을 침해함으로써 불공정하고 경쟁을 실질적으로 왜곡할 수 있는 경쟁행위는 금지된다."고 규정하여 경쟁행위(act of competition)를 규제대상으로 하고 있다. 규제대상 행위를 특정함에 있어 개정 전 법이 "영업 거래의 과정에서, 그리고 경쟁의 목적을 위한"이라는 포섭 범위가 넓은 표현을 썼던 데 반하여 개정법은 경쟁행위라는 개념을 사용함으로써 경쟁 과정과 관련 없이 영업상 발생하는 행위와 관련되거나 영업상 이익의 보호에 국한된 문제는 법의 적용범위에서 제외하고 있다고 볼 수 있다. Manuela Finger & Schmieder, "The New Law Against Unfair Competition: An Assessment", *German Law Journal* Vol. 6 No. 1 (2005); Jan Peter Heidenreich, "The New German Act Against Unfair Competition" (2005). Available at http://www.iuscomp.org/gla/literature/heidenreich.htm 참조.

해결하기 위한 제도로 이해할 수 있다. 비교법적으로는 미국의 대표당사자소송(class action), 독일의 단체소송(Verbandsklage) 또는 대표소송(representative actions) 및 영국과 스웨덴의 그룹소송(group litigation)이 이에 해당한다. 이는 개별적인 소송 제기에 따른 거래비용이나 정보수집비용을 줄여 주는 효과가 있다고 논의된다.

사인이 주체가 되는 대표당사자소송 또는 그룹소송과 사인을 대신하는 일정한 단체가 주체가 되는 단체소송은 서로 대안이 되는 제도인데, 소 제기 자격이 있는 주체가 실제 소를 제기할 수 있는지 또는 그런 의사가 있을 것으로 예상되는지를 고려하여 두 가지 집단적 청구제도의 유형을 상호 보완적으로 도입할 수 있을 것이다. 또한 대표당사자소송 또는 그룹소송은 선택불참여 또는 제외신고(opt-out) 방식과 선택참여 또는 참여신고(opt-in) 방식으로 구분될 수 있다. 선택불참여방식은 대표당사자가 특정되거나 특정될 수 있는 피해자 집단을 위하여 소를 제기하면 실제 피해자로 특정된 자들은 소 제기 사실을 알 필요 없이 그 집단의 구성원이 되고, 그 피해자가 소송에 참여하지 않을 것을 선택하지 않는 한 판결의 효력이 피해자 집단의 정의에 해당하는 모든 사람에게 적용되는 방식이다. 이에 대하여 선택참여방식은 소 제기를 개별적으로 알고 참여할 것을 선택한 피해자들이 그 집단의 구성원이 되는 방식이다.

현행법상으로도 집단적 청구제도와 유사한 기능의 소송제도가 있다. 공동소송제도와 선정당사자제도가 그것이다. 현재도 소비자가 원고가 되는 카르텔 손해배상소송으로서 소비자단체의 지원을 얻거나 변호사가 원고를 집단적으로 모집하여 제기하는 소송의 경우 이와 같은 소송제도를 이용하고 있다. 만일 이에 더하여 집단적 청구제도의 도입이 필요하다면 현재의 공동소송제도와 선정당사자제도가 갖는 불편을 해소하는 차원에서 필요한 한도에서 적합한 제도를 도입하는 것으로 충분할 것이다. 현재의 공동소송제도와 선정당사자제도가 갖는 불편은 원고를 모집하는 과정이 시간이 걸리고 복잡하다는 것이다. 그렇다고 하여 소 제기 의사가 없는 피해자까지도 굳이 소송에 자동적으로 참여시킬 필요는 없다. 소 제기 의사가 없는 피해자의 전보적 손해배상청구가 이루어지지 않아 과징금 부과의 방법으로는 위반행위자에 대한 억제효과가 부족하다는 정책적 판단이 내려진다면, 그러한 범위에서는 단체소송 또는 국가후견소송이라는 대안으로 대처하는 것이 보다 적절하다. 따라서 집단적 청구제도를 도입하더라도 무가치한 소송을 유발할 우려가 있는 선택불참여방식을 바로 도입하기보다는 소 제기 의사가 있는 주체만을 대상으로 하는 선택참여방식이 사적집행의 보완적 역할에 알맞은 제도라고 할 수 있다. 선택참여방식은 다수의 사람 중 1인 또는 수인의 대표가 소를 제기한 후 법원의 절차에 의하여 같은 그룹의 구성원들에게 통지하여 등록받는 방식이므로, 현재 도입되어 있는 공동소송제도나 선정당사자 제도에 비하여 원고 모집 과정에서의 절차적 편리성을 높일 수 있는 장점이 있다.

다만, 어떤 형태이든 집단적 청구제도를 도입할 경우 현재보다 과징금제도와의 경합성이 증가한다는 점에서 전보적 손해배상청구제도만이 있는 경우에 비하여 금전적 부담의 총합이 최적의 집행 수준을 초과하게 될 위험 역시 증가할 수 있다는 점을 고려할 필요가 있다. 따라서 집단적 청구제도를 모든 위반행위 유형에 대하여 도입하는 것보다는 공적집행과 사적집행의 차이점을 고려하여 사적집행자에게 집단적 청구제도를 통하여 유인체계를 부여하는 것이 보다 효율적인 행위 유형을 선택하여 그러한 유형에 한하여 이러한 제도를 선택적으로 도입하는 방안을 고려해 볼 수 있다. 그와 같은 행위 유형으로는 사적 당사자가 위반행위에 관한 초기 정보를 많이 갖고 있고 그 위반행위의 위법성 입증에 필요한 추가 정보 입수에도 많은 비용이 들지 않는 유형을 들 수 있다. 거래의 불공정성을 문제 삼는 불공정거래행위가 대표적인 유형이다. 부당한 공동행위의 경우도 분산되고 상대적으로 소액의 손해를 입은 피해자들에 대한 소 제기 유인체계를 부여하기 위하여 집단적 청구제도의 도입 검토가 필요한 유형이다. 부당한 공동행위의 경우에는 사적 당사자 위반행위에 관한 초기 정보를 얻기 어렵고 피해가 분산되어 조직화되기 어렵다는 점에서 공적집행이 사적집행자에 대한 정보 제공 기능을 할 수 있다.

또한 일정한 공정거래법 위반행위 유형에 집단적 청구제도를 도입할 경우, 그와 함께 새로운 제도의 추가에 따라 예상되는 과다 억제의 위험 증가에 대비하기 위하여 공적집행과 사적집행의 조합 방식을 합리적으로 변경할 필요가 있다. 예컨대, 거래의 불공정성을 문제 삼는 불공정거래행위 유형에 대하여는 행위금지청구제도를 함께 도입하여 집행권한을 사적집행의 영역으로 이관하는 방안을 생각해 볼 수 있다. 이 유형에 대한 공적집행의 역할을 남겨둔다고 하더라도 집행수단인 과징금제도를 폐지하여 금전적 구제는 사적집행의 영역에 맡기고 공적집행은 위법성 판단의 기준과 사례를 제공하는 역할에 충실하도록 역할을 분담하는 방안을 생각해 볼 수 있다. 이에 대하여 부당한 공동행위의 경우에는 시장질서를 저해하는 공익 침해의 성격이 있으므로, 집단적 청구제도를 도입하더라도 불공정거래행위와 달리 적발 확률과 시장기능 침해로 인한 사회적 피해를 고려하여 과징금제도와 손해배상제도를 병행해야겠지만, 과징금 액수와 손해배상 액수의 총합이 적정한 수준을 초과하지 않도록 한쪽이 확정될 경우 다른 쪽에서 금액을 조정하는 절차를 마련할 필요가 있다.

5. 정부에 의한 사법적 집행수단의 도입 가능성

사익 보호를 반드시 이익이 귀속되는 사인의 처분에 맡길 것인지 사익을 대변할 수 있는 단체, 정부 또는 기관이나 지방자치단체 등에 의한 이른바 '준공적(準公的)'(quasi-public) 역할 수행에 의존할 것인지 하는 문제도 입법정책적으로 논의될 필요가 있다. 사익을 대변할 수 있는 단체의 역할 수행에 의존하는 방식은 앞에서 본 단체소송을 도입하는 방안이므로, 이 역시 사적집행의 한 수단이 된다. 그에 비하여 정부 또는 기관이나 지방자치단체의 역할 수행에 의존하는 방식은 사적집행을 사인에 의한 집행으로 볼 경우 엄밀히 말하면 사적집행을 도입하는 것이 아니라 공적집행의 범위를 확장하는 것이다. 다만, 그 방식이 행정적 또는 형사적 수단에 의한 것이 아니라 '사법적(私法的)'(through civil law) 수단에 의한 것이라는 점에서 사적집행 수단 확대의 대안으로 고려될 수 있다.[35]

금전적 부담을 통한 위반행위의 억제 목적과 피해자 보상에 의한 구제 목적을 조화롭게 달성하기 위한 절충적인 제도로서 미국의 '국가후견소송'(parens patriae action) 제도의 도입을 긍정적으로 검토할 필요가 있다.[36] 미국의 국가후견소송은 영미법상 '후견인으로서의 국가'(parens patriae) 원칙에 의하여 행정청이 제기하는 소송을 일컫는다. 이는 원래는 법적 무능력자의 보호를 위한 소송에서 기원하였으나 미국에 와서 가족법이나 소년법의 영역에 머무르지 않고 주나 연방이 후견인으로서의 역할을 담당하도록 변화되었는데, 연방보다는 주가 훨씬 활발하게 이 원리에 따라 권한을 행사하였고, 대상도 점차 건강, 복지, 인종차별, 자원 및 환경, 반독점의 영역에까지 확장되었다.

---

35) 사적집행과 사법적 집행의 구별에 대하여는 신영수, "경쟁법의 사적집행 활성화: 전제와 현실, 그리고 과제", 법학논고 제36집, 경북대학교 법학연구원, 2011. 6, 172-174면 참조.

36) 홍대식, 공정거래법상 과징금 제도에 관한 연구, 서울대학교 법학박사학위논문, 2006. 8, 289-290면.

반독점법 영역에 도입된 국가후견소송제도에 의하면, 지방정부가 반독점법에 근거하여 제기한 손해배상청구소송을 통해 지급받은 손해배상액을 지방정부의 수입으로 귀속시킨 후 이해당사자에게 분배하거나 피해자들을 위하여 사용할 수 있게 된다. 그에 따라 집단소송 또는 단체소송에서 이해관계인들을 조직화하고 통지하거나 손해배상액을 분배하는 데 드는 소송비용을 경감하는 이점도 있다. 이러한 국가후견소송은 위반행위자가 얻은 이익의 환수를 통한 장래의 반경쟁적인 행위의 억제뿐만 아니라 법위반행위로 인한 피해자에 대한 보상을 통한 구제의 목적과 기능도 아울러 수행하는 장점을 가진다고 할 수 있다. 이는 법위반행위의 억제를 주된 목적으로 하는 과징금 제도에 비하여 보다 다양한 목적과 기능의 수행이 가능하다고 할 수 있다.

우리나라에서도 공정거래법상 공익소송의 형태로 국가후견소송을 도입하는 것을 긍정적으로 검토할 필요가 있다. 그런데 이는 소 제기 의사가 없는 피해자의 전보적 손해배상청구가 이루어지지 않아 과징금 부과의 방법으로는 위반행위자에 대한 억제효과가 부족하다는 정책적 판단이 내려질 경우 그에 대한 보완책으로 도입이 검토될 수 있는 대표당사자소송이나 단체소송의 대안적인 제도라는 점에서, 집단적 청구와 그 일환으로서의 단체소송의 도입 여부를 종합적으로 고려하여 정책적으로 선택할 문제이다. 만일 대표당사자소송의 주체인 대표당사자나 단체소송의 주체인 소비자단체가 패소 부담이나 소송비용 부담 등의 리스크로 인하여 소 제기 유인이 충분하지 않다고 인정되는 상황이라면 국가후견소송이 이를 보완하는 방안이 될 수 있다. 다만, 공익소송제도 역시 과징금제도와 중복적인 기능을 수행하고 있다는 점에서 공익소송을 통해 환수되는 손해배상액에서 이미 부과된 과징금액을 공제되도록 하거나 손해배상액이 결정될 경우 이미 납부한 과징금액을 위반행위자에게 환급하도록 하는 등 과징금액과 손해배상액의 총합이 과잉금지의 원칙에 반하지 않도록 하는 제도적 장치를 마련할 필요가 있다.

6. 신속한 피해구제를 위한 분쟁해결제도 개선

소액 다수의 피해자 입장에서는 피해 자체가 흩어져 있고 상대적으로 피해의 금전적 가치가 적기 때문에 복잡한 소송절차를 통해 피해구제를 받기보다는 간

편한 대안적 절차를 통해 신속하고 효율적으로 피해구제를 받는 유인이 더 크다고 할 수 있다. 공정거래법에는 제23조(불공정거래행위의 금지) 제1항을 위반한 혐의가 있는 행위와 관련된 분쟁을 조정하기 위하여 공정거래조정원에 공정거래분쟁조정협의회를 두고(법 제48조의3 제1항), 제23조(불공정거래행위의 금지) 제1항을 위반한 혐의가 있는 행위로 인하여 피해를 입은 사업자는 대통령령으로 정하는 사항을 기재한 서면을 공정거래위원회 또는 협의회에 제출함으로써 분쟁조정을 신청할 수 있도록 규정하고 있다(법 제48조의6 제1항). 이러한 공정거래조정원의 권한을 확대하여 분쟁조정 신청의 대상이 되는 행위 유형을 다양화하고, 피해를 입은 소비자도 분쟁조정 신청을 할 수 있도록 하면, 특히 소액 다수의 피해자들에 대한 신속한 피해구제에 보다 효과적인 방안이 될 것이다. 이 역시 사적집행 수단을 도입하는 것은 아니지만, 정부 또는 기관에 의한 대안적 분쟁해결 제도로서 사적집행이 활성화되지 않은 단계에서는 이를 보완하고 궁극적으로 사적인 구제방식을 활성화하는 데에도 일정한 기여를 할 수 있을 것이다.[37]

또한 소액 다수의 피해자들의 집단적인 분쟁해결을 위한 집합적인 구제소송 도입의 대안으로서 소비자기본법에 있는 집단적 분쟁신청제도를 공정거래법에 도입하는 방안을 고려할 수 있다. 이는 소비자기본법 제68조에서 국가·지방자치단체·한국소비자원 또는 소비자단체·사업자에게 소비자의 피해가 다수의 소비자에게 같거나 비슷한 유형으로 발생하는 경우로서 대통령령이 정하는 사건에 대하여 소비자분쟁조정위원회에 일괄적인 분쟁조정을 의뢰 또는 신청할 수 있도록 한 규정을 공정거래법의 상황에 맞게 변형하여 도입하는 방안이다.

공정거래법의 공적집행이 손해배상청구의 보완적인 메커니즘으로서의 공적인 보상으로 작용하기 위한 방안은 공식적인 집행수단을 활용하는 것에 의해서도 가능하다.[38] 첫 번째는 자발적인 피해 보상을 과징금의 감경사유로 규정하여 사실상 '과징금 마이너스'(Fine Minus) 접근방식을 채택하는 것이다. 공정거래법에는 과징금 부과의 참작사유로 위반행위의 내용 및 정도, 기간 및 횟수, 그리고 위반행위로 인하여 취득한 이익의 규모 등만을 규정하고 있는데(법 제55조의3 제1항), 소비자 관련 개별법에서 그에 더하여 피해에 대한 보상노력 정도를 과징금

---

37) 홍명수 (2012), 17면.
38) Ariel Ezrachi and Maria Ioannidou, "Public Compensation as a Complementary Mechanism to Damages Actions: From Policy Justifications to Formal Implementation", *Journal of European Competition Law & Practice* (2012).

부과의 참작사유로 규정하고 있는 사례를 참조할 수 있다(예컨대, 「할부거래에 관한 법률」 제42조 제2항). 두 번째는 동의의결제도에 의해 사건처리를 종결하는 절차에 피해 보상을 결합하는 방식이다. 이는 공정거래법에 신청인이 제안하는 시정방안으로 피해구제 또는 예방에 필요한 시정방안을 포함하도록 하는 규정(법 제48조의7)을 활용하는 방안이다. 이러한 방안은 사적 당사자가 손해배상청구를 하는 데 장애가 되는 것이 아니라는 점에서 사적집행에 추가적인 유인을 제공하여 사적집행의 활성화에도 기여하는 방안이 될 수 있다.[39]

---

39) 조성국 (2012).

▌▌ 참고문헌 ▌▌

◉ 국내문헌

곽상현, "공정거래법의 집행과 금지청구제도-미국의 판례 및 도입과 관련된 쟁점을 중심으로-", 법조 통권 제607호, 2007. 4.

권영준, "불법행위법의 사상적 기초와 그 시사점-예방과 회복의 패러다임을 중심으로-", 저스티스 통권 제109호, 한국법학원, 2009.

김두진, 공정거래법 집행제도의 개선방안, 법제연구원, 2003.

김차동·주진열, 소비자피해 구제를 위한 민사적 구제 수단 확충방안 연구-집단소송제/징벌적손해배상제 등을 중심으로-, 공정거래위원회 연구용역보고서, 2012.

박수곤·김진우·가정준·권철, "손해배상의 방법에 관한 비교법적 고찰-원상회복과 금전배상의 개념에 대한 재고", 비교사법 제19권 1호(통권 56호), 한국비교사법학회, 2012. 2.

박희주, 소비자피해구제 활성화를 위한 소송제도 발전방안 연구, 한국소비자원, 2007.

신영수, "경쟁법의 사적 집행 활성화: 전제와 현실, 그리고 과제", 법학논고 제36집, 경북대학교 법학연구소, 2011. 6.

윤진수, "손해배상의 방법으로서의 원상회복-민법 개정안을 계기로 하여", 비교사법 제10권 1호(통권 20호), 한국비교사법학회, 2003. 2.

이봉의, "공정거래법의 집행체제에 관한 고찰", 인권과 정의 통권 327호, 대한변호사협회, 2003. 11.

_____, "공정거래법의 실효적 집행", 경쟁법연구 제10권, 한국경쟁법학회, 2004.

이선희, "독점규제법의 사적 집행", 권오승 편, 독점규제법 30년, 법문사, 2011.

_____, 독점규제법상 부당한 공동행위에 대한 손해배상청구, 서울대학교 법학박사 학위논문, 2012. 8.

전성훈·이한식·홍대식, "중간재시장에서의 담합시 직접구매자 및 간접구매자에 대한 손해배상: 법리적 쟁점과 경제학적 산정방법", 법경제학연구 제9권 제1호, 2012. 6.

조성국, "동의의결제 운용에 대한 제언", 경쟁저널 제160호, 공정경쟁연합회, 2012. 1.

주진열, "카르텔 억지 및 피해자의 효과적 구제를 위한 독점규제법의 사적집행 방안", 행정법연구 제34권, 2012.

_____, "카르텔 집단손해배상소송제에 대한 비교법경제학적 고찰", 2012년 상반기 법·경제분석그룹(LEG) 연구보고서, 한국공정거래조정원, 2012.

홍대식, "독점규제법상 손해배상청구: 실무의 관점에서", 경영법률 제13집 제2호, 2003.

_____, "공정거래법상 손해배상제도의 현황과 과제", 공정경쟁 제98호, 2003.

_____, 공정거래법상 과징금 제도에 관한 연구, 서울대학교 법학박사 학위논문, 2006. 8.

_____, "공정거래법의 사적집행에 관한 국내 동향과 쟁점", 경쟁저널 제145호, 공정경쟁연합회, 2009. 7.

_____, 가격담합으로 인한 공정거래 손해배상소송에서의 손해액 산정, 비교사법 제19권 제2호, 2012. 5.

홍명수, "독점규제법상 집단분쟁해결제도의 도입 검토", 경쟁저널 제164호, 공정경쟁연합회, 2012. 9.

Robert D. Cooter and Thomas Ulen, 한순구 역, 법경제학(제5판), 경문사, 2009.

▣ 국외문헌

Becker, Gary S., "Crime and Punishment: An Economic Approach", *Journal of Political Economy*, 76, 1968.

Becker, Rainer, Nicolas Bessot and Eddy De Smijter, "The White Paper on damages actions for breach of the EC antitrust rules", *Competition Policy Newsletter* No. 2, 2008.

Cavanagh, Edward D., "The Private Antitrust Remedy: Lessons from the American Experience", 2009. Available at: http://works.bepress.com/cgi/viewcontent.cgi?article =1004&context=edward_cavanagh

Ezrachi, Ariel and Maria Ioannidou, "Public Compensation as a Complementary Mechanism to Damages Actions: From Policy Justifications to Formal Implementation", *Journal of European Competition Law & Practice*, 2012.

Finger, Manuela & Schmieder, "The New Law Against Unfair Competition: An Assessment", *German Law Journal* Vol. 6 No. 1, 2005.

Landes, William, "Optimal Sanctions for Antitrust Violations", *50 University Chicago Law Review* 652, 1983.

Landes, Rober H. and Joshua P. Davis, "Benefits from Private Antitrust Enforcement: An Analysis of Forty Cases", *University of San Francisco Law Review* Vol. 42, 2008.

McAfee, R. Preston, Hugo M. Mialon, and Sue H. Mialon, "Private v. Public Antitrust Enforcement: A Strategic Analysis", *Journal of Public Economics* Vol. 92, Issue 10-11, 2008. 1.

Polinsky, Mitchell A., "Private v. Public Enforcement of Fines", *Journal of Legal Studies* 9, 1980.

Posner, Richard A., *Antitrust Law: An Economic Perspective*, The University of

Chicago Press, 1976.

Heidenreich, Jan Peter, "The New German Act Against Unfair Competition", 2005. Available at http://www.iuscomp.org/gla/literature/heidenreich.htm

Leslie, Christopher R., "Antitrust damages and deadweight loss", *The Antitrust Bulletin* Vol. 51, No. 3, 2006.

Segal, Ilya R. & Michael D. Whinston, "Public vs. Private Enforcement of Antitrust Law: A Survey", Stanford Law and Economics Olin Working Paper No. 335, 2006. 12.

공정거래법 위반 손해배상소송의 쟁점과 현황*

윤 성 운**

I. 서 론

「독점규제 및 공정거래에 관한 법률」(이하 '공정거래법'이라 한다) 위반을 이유로 한 손해배상소송, 그 중에서도 부당한 공동행위(이하 '담합'이라 한다) 관련 손해배상소송 사건의 리딩-케이스(Leading-case)이자 경제전문가에 의해 손해액 산정을 위한 감정이 본격적으로 이루어진 군납유담합 손해배상 소송의 대법원 판결이 2011. 7. 28. 선고된 후 3년이 지났다.

담합 사건의 피해자들이 제기한 공정거래법위반을 이유로 한 손해배상청구 소송은 계속하여 증가 추세다. 우리나라의 법제상 집단소송(class action) 제도는 도입되어 있지 않고 피해자들이 개별적으로 소송을 제기하여 손해를 입증해야 하기 때문에, 다수의 피해자가 존재하는 경우에도 손해배상청구의 소를 제기한 당해 피해자에 대해서만 배상판결의 효력이 미치고, 이론적으로는 동일한 사건임에도 불구하고 개별 당사자의 소송수행능력에 따라 동일 행위에 대한 소송결과가 달라질 수 있으며, 이를 피하기 위해 다수의 피해자가 동일한 소송에 관여할 경우 소송진행이 번잡해지는 등의 문제가 발생하기도 한다.

공정거래법 제56조 내지 제57조에서는 공정거래법 위반에 따른 손해배상책임 및 손해액 인정과 관련하여 특별 규정을 두고 있으며, 이 중 제57조에 따르면 손해액 입증을 위해 필요한 사실을 입증하는 것이 성질상 극히 곤란한 경우, 법

* 본 논문은 필자와 함께 근무하는 김진훈, 최휘진, 권도형 변호사의 많은 도움을 받아 작성된 것임을 밝히며, 감사의 표시를 전합니다.
　본 글의 내용은 저자가 속한 법무법인(유한) 태평양이나 그 고객의 입장과는 아무런 관련이 없으며, 순수하게 저자의 개인적인 견해를 밝힌 것입니다.
** 법무법인(유한) 태평양 변호사

원은 변론 전체의 취지 등에 기초하여 상당한 손해액을 인정할 수 있다. 하지만 실제 소송 실무에서는 위 규정이 거의 적용되지 않으며, 손해액 산정을 위한 감정(전문가에 의한 손해액 추정을 위한 경제분석)에 상당한 기간이 소요되고 법원의 손해액 판단은 감정 결과에 의존하는 경향도 발견된다.

우리나라에서는 미국과 달리 공정거래법 위반을 이유로 한 징벌적 손해배상이 인정되지 않으며 실제 손해액만 배상 청구가 가능하다. 반면 「하도급거래 공정화에 관한 법률」(이하 '하도급법'이라 한다)의 경우 2011. 3. 29. 법 일부개정(법률 제10475호)으로 동법 제35조 제2항에서 기술자료 유용행위(하도급법 제12조의3 제3항)에 대해 발생한 손해의 3배 이내의 범위에서 손해배상책임을 부담하도록 하는 징벌적 손해배상제도를 규정한 이래, 2013. 5. 28. 법 일부개정(법률 제11842호)으로 부당단가 결정 및 감액(하도급법 제4조, 제11조 제1, 2항), 부당발주취소(하도급법 제8조 제1항) 및 부당반품(하도급법 제10조)에 대해서까지 확대 도입되었다. 동 행위유형들의 경우 비교적 발생 손해의 특정이 용이하다는 점에서 향후 하도급법상 징벌적 손해배상제도의 적극적인 활용이 예상된다.

한편 현재까지의 소송 실무에서는 대부분 공정거래위원회(이하 '공정위'라 한다)의 의결 이후에 소송이 제기되고 있으나, 공정거래법은 손해배상 소송을 제기하기 위하여 공정위의 처분이 확정될 것을 요구하지는 않는다.[1]

공정거래법 위반을 이유로 한 손해배상 소송이 증가하면서 그 유형과 소송상에서 다투어지거나 이론적으로 논의되는 쟁점들도 함께 증가하고 있다. 담합에 따른 손해배상청구가 주를 이루지만, 시장지배적 지위 남용이나 불공정거래행위를 이유로 한 손해배상청구도 제기되고 있다. 이하에서는 경쟁법규 위반 관련 주요소송의 현황(II절)과 경쟁법규 위반을 이유로 한 손해배상소송의 관련 쟁점(III절)을 살피고, 마지막으로 군납유류 담합 손해배상소송 사건 이후 판결이 이루어진 주요 사건들의 내용을 정리(IV절)하는 순서로 논의를 전개하겠다.

---

1) 공정거래법 제56조.

Ⅱ. 경쟁법규 위반 관련 주요소송 현황[2]

1. 초기의 선례적 사건들

공정거래법 위반 관련 손해배상 소송의 선례적 사건에는 거래거절에 따른 손해배상이 문제된 소위 정산실업 사건,[3] 조합의 조합원에 대한 수입 대두의 예정 배정량 일방 감축에 따른 손해배상이 문제된 연식품공업 사건,[4] 입찰담합으로 인한 손해액 산정이 시도된 최초 사례인 4개 약품도매상 사건,[5] 대리점의 거래처 제한 및 재판매가격유지 위반을 이유로 한 거래거절 사건인 남양알로에 사건[6] 등이 있다.

정산실업 사건에서 대법원은 공정위 인정사실은 민사소송에서 법원을 구속하지 못하고 사실상 추정을 받게 되는데 그치는 것이라고 판단하였고, 이후 대법원은 "시정조치에 있어서 공정위의 인정 사실 및 판단은 그 시정조치에서 지적된 불공정거래행위에 의하여 입은 손해를 배상받고자 제기한 민사소송에서 법원을 구속하지 못하는 것"이라고 판시[7]하여, 정산실업 사건에서의 판단을 재차 확인한 바 있다.

2. 담합 관련 사건들

(1) 원고가 1개 또는 소수인 사건

군납유담합 손해배상 소송의 서울고등법원은 2009. 12. 30. 담합에 가담한 정유사들에게 약 1,960억원의 손해배상을 명하는 판결을 선고하였다. 이 사건은 대법원이 항소심 판결을 파기환송[8]하여 서울고등법원에서 화해권고결정으로

---

2) 본 항은 윤성운·강일, "공정거래법 위반으로 인한 손해액의 산정방법과 주요 쟁점", (경쟁법연구 제25권, 2012. 5.)을 기초로 보완한 것이다.
3) 대법원 1990. 4. 10. 선고 89다카29075 판결.
4) 대법원 1991. 5. 19. 선고 90다17422 판결.
5) 서울고등법원 1998. 5. 20. 선고 97나4465 판결(확정).
6) 대법원 1997. 4. 22. 선고 96다54195 판결.
7) 대법원 1999. 12. 10. 선고 98다46587 판결.
8) 대법원 2011. 7. 28. 선고 2010다18850 판결.

2013. 7. 10. 확정되어 종결되었다.[9]

밀가루 담합사건과 관련하여, 밀가루 제품의 구매자인 샤니, 삼립식품 등 제빵 회사가 밀가루 제조 및 판매회사인 삼양사 등을 상대로 손해배상 소송을 제기하였다.[10] 동 사건에서는 계량경제학적 방법에 의한 손해액 산정이 시도되었다. 특히 원고들이 담합으로 인상된 밀가루 가격 중 일부를 자신들의 제품(빵 등) 가격인상으로 보전하였으므로 원고들의 제품가격 인상분, 즉 최종 소비자들에게 전가된 손해는 손해액에서 제외되어야 한다는 전가항변이 주된 쟁점이 되었다. 감정 결과 손해액의 50% 이상이 전가된 것으로 추정되었는데, 대법원은 전가항변을 받아들이지 아니하는 한편 장려금 지급 및 제품 가격 인상에 의한 손해전가에 관한 사정들을 참작하여 손해배상책임을 제한한 원심판결을 수긍하였다. 설탕 담합사건과 관련해서도 역시, 구매자인 삼립식품, 샤니, 파리크라상 등이 삼양사, 대한제당 등을 상대로 손해배상 소송을 제기한 바 있다.[11]

한국전력공사 광섬유복합가공지선(OPGW) 구매입찰 관련 4개사 담합 사건에서는 전후비교법과 비용·마진 추정방법을 혼합한 일정마진 접근법(constant margin approach)을 채택하여 손해를 산정하였고, 2014. 4. 30. 대법원에서 심리불속행 기각으로 확정되었다.[12] 한국전력공사는 전력선(연간단가 계약품목) 구매입찰 관련 35개사 담합 사건과 관련하여서도 국내 전선회사들을 상대로 손해배상을 구하여 소송이 진행 중이다.[13]

최근 엘리베이터 담합사건과 관련하여, 구매자인 한국토지주택공사가 오티스엘리베이터 등 엘리베이터 제조업체를 상대로 제기한 손해배상 소송의 항소심판결이 선고되었다.[14] 위 판결은 감정인의 감정 결과에 따라 손해액을 인정하고,

9) 서울고등법원 2013. 6. 20.자 및 2013. 7. 3.자 2011나62825 결정; 약 135,584,101,130원을 지급하라는 내용의 화해권고결정인데, 결정 이유를 보면 동 화해권고결정금액은 1심 판결 상의 원금 약 810억원은 그대로 하되 1심 판결 선고일 이후의 지연손해금을 연 20%에서 연 5%로 삭감한 것이다(안승국, "군납유사건의 손해액 산정과 경제분석", 경쟁과 법(2014. 4.) 70면 참조). 한편 공정위가 군납유류 담합과 관련하여 정유회사들에게 부과한 과징금은 1,901억원 수준이었다.

10) 샤니 vs. 삼양사 외 4인 사건(서울중앙지방법원 2009가합57106 사건)은 원고가 소를 취하하였다. 삼립식품 vs. 삼양사 외 2인 사건은 서울고등법원 2009나65012 사건으로 2심 판결이 선고되었고, 이후 상고가 기각되었다(대법원 2012. 11. 29. 선고 2010다93790 판결).

11) 삼립식품 vs. 삼양사, CJ, 대한제당 등 사건이 서울중앙지방법원 2010가합71696, 71702, 71597 사건(병합)으로 진행 중이었으나 원고와 피고들 사이에 손해배상액에 대한 합의가 이루어져 원고들이 2012. 3. 16. 소를 취하하였다.

12) 서울중앙지방법원 2013. 2. 21. 선고 2009가합129216 판결; 서울고등법원 2013. 12. 20. 선고 2013나29228 판결.

13) 서울중앙지방법원 2012가합501962 사건.

전가항변을 배척하면서 다만 손해배상의 책임을 제한하였다. 한편 위 판결은 원고의 사옥의 경우에는 그 비용을 전적으로 원고가 부담하는 것으로 볼 수 있으므로, 소비자에게 비용이 전가될 여지가 없다고 할 것이어서, 원고가 피고들로부터 구매한 엘리베이터 중 원고의 사옥을 건축하는데 사용된 엘리베이터에 관하여는 비용전가분을 공제하지 않는 것이 타당하다고 판시하였다.

서울특별시는 지하철 7호선 담합을 이유로 건설회사들을 상대로 손해배상 소송을 제기하였고, 각 공구 낙찰사가 연대하여 원고에게 270억원을 지급하도록 하는 1심 판결이 선고된 후 항소심이 진행 중이다.[15] 지방자치단체의 시스템에어콘, TV의 조달입찰에서의 입찰담합 사건과 관련하여서도, 서울특별시가 삼성전자와 엘지전자 등을 상대로 손해배상 소송을 제기하여 심리가 진행되고 있다.[16] 가온전선 등 13개 전선제조회사들이 2000년부터 2010년까지 KT가 발주하는 광케이블 구매입찰에서 입찰담합을 한 사건과 관련하여 구매자인 KT가 제기한 손해배상 소송도 심리가 진행되고 있다.[17] 일본의 샤프와 그 계열회사들이 국제적인 CRT 담합사건과 관련하여 삼성 SDI 및 그 계열회사들, 엘지 Display와 그 계열회사들을 상대로 제기한 손해배상 소송도 심리가 진행 중에 있다.[18]

엽연초생산협동조합중앙회가 연초용 비료입찰 담합을 이유로 비료회사들을 상대로 제기한 손해배상 소송에서는 최근 1심 판결이 있었다.[19] 위 판결은 피고들의 공동행위로 연초용 비료 가격이 인상되었다고 하더라도 연초용 비료의 소비자인 경작자에게 손해가 발생하였음은 별론으로 하고 원고에게 손해가 발생하였다고 볼 수 없다는 이유로 원고의 청구를 기각하였다.

이 외에도 은행들이 ATM기 담합을 이유로 노틸러스효성 등 ATM기 제조회사들을 상대로 제기한 손해배상 소송,[20] 한국수자원공사가 4대강 살리기 사업 1

---

14) 서울고등법원 2014. 12. 18. 선고 2014나4899 판결. 현재 한국토지주택공사가 상고하여 대법원 2015다6494 사건으로 계속 중이다.
15) 서울중앙지방법원 2014. 1. 10. 선고 2011가합26204 판결(서울고등법원 2014나9467 사건으로 계속 중).
16) 서울특별시 vs. 삼성전자 등 사건 중 시스템에어콘 관련 사건은 서울중앙지방법원 2011가합78441 사건으로, TV 관련 사건은 서울중앙지방법원 2011가합78434 사건으로 진행 중이다.
17) 서울중앙지방법원 2011가합16146 사건.
18) 수원지방법원 2010가합21125 사건.
19) 서울중앙지방법원 2014. 11. 27. 선고 2012가합90776 판결(서울고등법원 2015나559 사건으로 계속 중).
20) 서울중앙지방법원 2012가합96873 사건.

차 턴키공사 입찰 담합을 이유로 건설회사들을 상대로 제기한 손해배상 소송,[21] 인천광역시가 인천도시철도 2호선 턴키공사 입찰 담합을 이유로 건설회사들을 상대로 제기한 손해배상 소송,[22] 대구광역시가 대구도시철도 3호선 턴키대안공사 입찰 담합을 이유로 건설회사들을 상대로 제기한 손해배상 소송,[23] 부산교통공사가 부산지하철 1호선 연장공사 입찰 담합을 이유로 건설회사들을 상대로 제기한 손해배상 소송,[24] 엘지전자 등이 유류할증료 관련 담합을 이유로 항공사들을 상대로 제기한 손해배상 소송,[25] 엘지전자 등이 TFT-LCD 관련 담합을 이유로 패널 사업자들을 상대로 제기한 손해배상 소송[26] 등이 진행 중이다.

한편 스테인레스 코일 가격 담합 사건[27]에서는 부당한 공동행위가 없었다고 보아 원고들의 청구가 기각된 바 있다.

(2) 원고가 다수인 사건

2007년 교복담합 손해배상 소송에서 3개 교복업체에 대하여 학부모 3,500여 명에게 2억 5천만원을 배상하라는 판결이 선고된 바 있다.[28] 2008년 시내전화요금 담합 손해배상 소송에서는 2개 유선통신 사업자에 대하여 가입자 482명에게, 1인당 담합에 따라 인상된 월 기본료 인상분 1,000원에 담합기간 12개월을 곱한 12,000원을 배상하라는 판결이 선고되었다.[29]

시내전화요금 담합과 교복담합 관련 손해배상 소송 외에 현재 VAN수수료 담합과 관련하여 다수의 VAN대리점들이 제기한 손해배상 소송이 확정되었거나 진행 중이다.[30] 정유사들의 경질유(휘발유, 등유, 경유) 담합사건과 관련하여 1

---

21) 서울중앙지방법원 2014가합520936 사건.
22) 인천지방법원 2014가합52953 사건.
23) 대구지방법원 2014가합202596 사건.
24) 서울중앙지방법원 2014가합579815 사건.
25) 서울중앙지방법원 2013가합557276 사건.
26) 서울중앙지방법원 2014가합504385 사건.
27) 서울남부지방법원 2007. 3. 22. 선고 2005가단66903 판결(확정).
28) 서울고등법원 2007. 6. 27. 선고 2005나109365 판결(확정); 공정위가 3개 교복업체에 대하여 부과한 과징금은 약 115억원이었다.
29) 서울고등법원 2009. 12. 24. 선고 2008나22773 판결(확정); 공정위가 2개 유선통신사업자에게 애초 부과한 과징금은 약 1,151억원이었다.
30) 대법원 2014. 8. 28. 선고 2013다16619, 2013다16626(병합) 판결은 상고를 기각하여 확정되었으나, 대법원 2014. 9. 4. 선고 2013다215843 판결은 손해액 산정에 일부 잘못이 있다는 이유로 원심을 파기 환송하여 서울고등법원 2014나2034285호로 해당 사건이 계속 중이다. 이 외에도 서울고등법원 2013나10262, 2013나29204 사건 등이 계속 중이다.

심 또는 항소심 판결이 있었다.[31] LPG 담합사건과 관련하여 LPG의 구매자인 개인택시(조합), 장애인, 법인택시 등이 LPG회사들을 상대로 제기한 손해배상 소송의 심리가 진행 중이다.[32] 후술하는 바와 같이 경질유 담합사건과 LPG 담합 사건에서는 이른바 우산효과(Umbrella effect)가 주요 쟁점이 되고 있다.

합성수지 담합사건과 관련하여 다수의 거래처들이 제기한 손해배상 소송이 심리 중이다.[33] 비료 담합사건과 관련하여서는 약 4만 명의 비료 구매자들이 비료회사들을 상대로 제기한 손해배상 소송이 진행 중이며,[34] 20개 증권사의 채권 신고수익률 담합사건과 관련하여 손해배상 소송이 진행 중이다.[35] 대형 화물상용차 담합사건과 관련하여서도 손해배상 소송이 진행 중이다.[36] 한편 전자제품 가격 담합을 이유로 TV 또는 노트북 구매자들이 제기한 손해배상 소송에서는 원고들의 청구가 기각된 바 있다.[37] 용인동백지구 분양가 담합 사건,[38] 생명보험사 이율 담합 사건[39] 등에서는 부당한 공동행위가 없었다고 보아 원고들의 청구가 기각된 바 있다.

---

31) 서울고등법원 2014. 10. 24. 선고 2012나99336 판결(서울중앙지방법원 2012. 11. 9. 선고 2007가합114265 판결의 항소심, 대법원 2014다81511 사건으로 상고 계속 중), 서울고등법원 2014. 10. 24. 선고 2013나65194 판결(서울중앙지방법원 2013. 9. 26. 선고 2007가합57669 판결의 항소심, 대법원 2014다81528 사건으로 상고 계속 중), 서울중앙지방법원 2013. 6. 20. 선고 2010가소51408 판결(서울고등법원 2013나34616 사건으로 계속 중), 서울중앙지방법원 2012. 11. 8. 선고 2007가합43530 판결(서울고등법원 2012나104344 사건으로 계속 중).

32) 서울중앙지방법원 2011가합3591 사건, 2011가합53565 사건, 2010가합123542 사건 등.

33) 서울중앙지방법원 2010가합15344 사건.

34) 서울중앙지방법원 2012가합518601 사건, 2012가합518618 사건, 2012가합79342 사건.

35) 서울중앙지방법원 2013가단5093176 사건.

36) 서울중앙지방법원 2014가합514924 사건, 2014가합514955 사건 등.

37) 서울남부지방법원 2014. 3. 18. 선고 2012가합19193 판결(확정)은 가전제품 시장의 유통구조와 소비자판매가격의 결정체계를 고려하면 피고들의 공급가 인상·유지가 반드시 유통업체에서 소비자들에게 판매하는 가격인 소비자판매가격과 직접적으로 연동된다고 보기는 어려운 점과 원고들의 손해발생 여부 및 그 범위를 확정하기 위하여는 먼저 공동행위가 없었을 경우에 형성되었을 가상 경쟁가격의 산정이 선행되어야 하는데 가상 경쟁가격에 대한 원고들의 아무런 입증이 없는 점에 비추어 보면, 제출된 증거들만으로는 직접 거래 관계가 없는 피고들의 공동행위로 인하여 원고들이 손해를 입었다는 사실을 인정하기 부족하다고 판시하면서 원고들의 청구를 기각하였다.

38) 서울남부지방법원 2007. 4. 13. 선고 2004가합14254 판결(확정).

39) 서울중앙지방법원 2014. 4. 25. 선고 2012가합541298 판결(확정), 2013가합528483 판결(확정) 등; 본 사건은 생명보험사들이 단순히 미래의 예정이율 및 공시이율 등에 관한 정보를 교환한 것만으로 부당한 공동행위가 있었다고 인정하기에 부족하다고 본 대법원 2014. 7. 24. 선고 2013두16951 판결 등과 관련한 사건이다.

3. 시장지배적 지위남용이나 불공정거래행위 관련 사건들

최근에는 담합 사건 외에도 시장지배적 사업자의 지위남용행위나 거래상대방의 불공정거래행위 등을 이유로 한 손해배상 소송도 제기되고 있다. 예컨대, 거래상대방이 시장지배적 사업자로서 지위를 남용하여 높은 가격을 책정하였음을 이유로 하는 손해배상 청구[40]나, 판촉사원 파견 강요 등 불공정거래행위를 이유로 하는 손해배상 청구에 대하여 판결이 확정된 바 있다.[41]

또 시장지배적 지위를 가진 사업자의 끼워팔기 등으로 인하여 해당 사업자의 경쟁자들이 시장에서 배제되는 손해를 입었음을 이유로 하는 손해배상 소송[42]이나, 공인인증기관이 시장점유율이 높은 특정 웹브라우저만을 기반으로 공인인증 역무를 제공하고 시장점유율이 낮은 웹브라우저에 관해서는 인증역무를 제공하지 않는 것이 거래거절에 해당함을 이유로 하는 손해배상 소송이 있었으며,[43] 대리점 계약 해지가 거래거절에 해당한다는 등의 이유로 제기되어 인용된 손해배상 소송도 있었다.[44]

이외 수입자동차의 딜러회사 중 일부가 수입자동차 본사의 사실상 판매목표 강제, 불이익 제공 등을 이유로 적절한 수준의 영업이익에 관한 손해배상을 청구한 사건이 있었고,[45] 현대자동차 주주들이 현대자동차의 글로비스 등에 대한

---

[40] 공단 내 집단에너지사업자인 고려아연이 시장지배적 지위를 남용하여 스팀가격을 높게 책정함으로써 손해를 입었다는 취지로 손해배상 소송이 제기되었으나 원고 패소의 1심 판결(서울중앙지방법원 2009. 5. 7. 선고 2007가합30305 판결)이 확정되었다.

[41] 판촉사원 관련 대법원 2009. 7. 23. 선고 2008다40526 판결에서는 공정거래법에 반하는 판촉사원 파견에 따른 인건비 등 비용의 합계액이 손해액으로 인정되었다. 다만, 협력사원 파견으로 얻은 매출의 확대 등을 감안하여 신의칙 내지 공평의 원칙을 고려하여 책임 제한이 이루어졌다.

[42] 소위 마이크로소프트사 사건에서 서울중앙지방법원 2007가합90505 판결은 마이크로소프트사의 메신저 결합판매와 원고의 사업실패 사이의 상당인과관계가 입증되었다고 볼 수 없다고 하여 원고의 청구를 기각하였다. 동 판결은 같은 취지로 항소(서울고등법원 2012. 7. 6. 선고 2009나71437 판결) 및 상고(대법원 2013. 2. 15. 선고 2012다79446 판결)가 기각되어 확정되었다. 한편 마이크로소프트사의 미디어 플레이어 결합판매와 관련한 서울중앙지방법원 2009. 6. 11. 선고 2006가합24723 판결도 상당인과관계가 입증되었다고 볼 수 없다는 이유로 원고의 청구를 기각하였고, 항소심(서울고등법원 2009나65487 사건)에서 2010. 3. 4. 항소 취하로 종결되었다.

[43] 동 사건(대법원 2009. 9. 24. 선고 2009다28998 판결, 2009다29038 판결)에서 대법원은 거래거절의 부당성에 관한 소위 포스코 판결의 판단을 유지하면서, 불공정거래행위와 시장지배적 지위남용행위로서의 거래거절은 요건을 달리하는 것이므로, 각기 그 요건 충족 여부를 판단하여야 한다고 판시하였다(원고 패소).

[44] 대법원 2012. 6. 14. 선고 2010다26035 판결.

[45] 동 사건은 1심(서울중앙지방법원 2008가합104708 사건)에서 패소한 원고가 항소를 제기하였으나 항소가 기각되어 확정되었다(서울고등법원 2010. 8. 13. 선고 2009나100458 판결).

부당지원행위를 이유로 경영진에게 손해배상을 청구한 주주대표소송 사건이 있었다.[46] 화장품 비교 광고를 부당한 고객 유인행위라고 주장하면서 제기한 손해배상 청구 소송이 있었으며,[47] 일부 영화제작업자 및 투자자들이 영화상영관의 무료 입장권 발급으로 인하여 손해를 보았다고 주장하면서 멀티플렉스 3사를 상대로 손해배상을 청구한 사건도 있었다.[48]

Ⅲ. 경쟁법규 위반을 이유로 한 손해배상소송의 관련 쟁점

1. 경쟁법규 위반을 이유로 한 손해배상소송의 기능

경쟁법규 위반을 이유로 한 손해배상소송의 기능에 대해서 공정거래법 위반의 억제 또는 예방 기능을 강조하는 견해들이 있다.[49][50] 그러나, 공정거래법 관련 손해배상 제도에 결과적으로 법 위반행위의 발생을 억제하는 일반 예방적 기능이 있다하더라도, 애초 예방적 기능을 위한 것으로 보기는 어렵다고 본다.[51]

공정거래법상 과징금 부과 등 행정제재가 법 위반행위에 대한 억제기능을 수행하고 있고, 손해배상 제도는 피해자에 대한 피해 보상 또는 사회구성원 전체의 이익을 조정하는 배분적 기능을 수행하는 것으로서 양자는 서로 취지와 목적

---

46) 서울중앙지방법원 2011. 2. 25. 선고 2008가합47881 판결(확정)은 현대자동차가 부당지원행위로 인하여 입은 손해액을 지원금과 과징금 상당으로 보고 피고들의 손해배상책임을 일정 부분 제한하여 원고들의 청구를 인용하였다. 4대강 담합사건, 백판지 담합사건 등과 관련하여서도 주주대표소송이 제기되어 있는 상황이다.

47) 부당한 고객 유인행위라고 볼 수 없다는 등의 이유로 원고들의 청구가 기각되었다(대법원 2014. 3. 27. 선고 2013다212066 판결).

48) 1심은 피고들이 원고들과 사전 협의 없이 무료 입장권을 발급한 것은 거래상 지위 남용 행위(불이익제공)로서 손해를 배상하여야 한다고 하였으나(서울중앙지방법원 2013. 10. 4. 선고 2011가합15266 판결), 최근 2심은 원고들과 피고들 사이에 원고들이 주장하는 불공정거래행위 성립의 전제가 되는 거래관계가 존재한다고 볼 수 없고, 무료 입장권 발급이 부당하게 불이익을 주는 행위에 해당한다고 단정할 수 없으며, 무료 입장권을 통해 관람한 관객수에 해당하는 입장수입 감소의 손해가 발생하였다는 원고들의 주장을 받아들일 수 없다고 판시하면서 원고들의 청구를 기각하였다(서울고등법원 2015. 1. 9. 선고 2013나74846 판결).

49) 김영갑, "독점규제법과 손해배상책임", 저스티스 제30권 제4호, 1997. 12., 59면; Robert H. Lande, "Are Antitrust 'Trebel' Damage Really Single Damage?", 54 Ohio State Law Journal, 1993. 124면(김기윤, "독점규제법상 손해배상청구의 연구", 서울대학교 법학석사학위논문, 2009. 12., 6면에서 재인용). 이 견해는 공정거래법 위반을 이유로 한 손해배상청구제도의 주된 기능이 예방적, 억지적 기능에 있다고 한다.

50) 홍대식, "공정거래법의 사적 집행에 관한 국내 동향과 쟁점", 경쟁저널(2009. 7.), 11면 이하

51) 같은 취지로는 김기윤, 위 박사논문, 8 내지 15면 참조.

을 달리함과 동시에 서로를 보완하는 역할을 수행하고 있는 것이다.[52][53]

따라서 공정거래법 위반으로 인한 손해배상 제도는 일반 민법상의 불법행위로 인한 손해배상 제도와 동일하게 회복적·배분적 기능을 수행하고 있음이 원칙이고, 그 요건사실에 있어서도 손해배상청구와 관련하여 고의 및 과실의 입증책임 전환 등 특별한 규정(공정거래법 제56조)을 둔 사항 이외에는 일반 불법행위의 요건과 동일하게 보아야 할 것이다. 손해액의 인정에 관한 공정거래법 제57조에 대한 해석에 있어서도 민법상 불법행위에서의 종전 판례의 입장을 주의적으로 규정한 것으로 보는 것이 타당할 것이다.

2. 경쟁법규 위반을 이유로 한 손해배상청구 관련 쟁점

(1) 경쟁법규 위반을 이유로 한 손해배상청구 요건사실 관련 쟁점

경쟁법규 위반을 이유로 한 손해배상청구의 요건사실은 ① 고의·과실의 존재, ② 위법성, ③ 손해의 발생과 손해액의 입증, ④ 경쟁법규 위반 행위와 손해 사이의 인과관계로 구분할 수 있다.

고의·과실의 존재와 관련하여서는 고의·과실의 의미, 시장지배적 사업자와 일반 사업자의 과실 정도의 구별, 부당한 공동행위의 '담합'과 고의의 구별, 과실책임과 입증책임 전환 등이 문제될 수 있다. 이와 관련한 피고들의 주요 항변사유로는 행정지도가 존재하였다는 점, 민법 제756조 제1항 단서에 기하여 사용자의 피용자에 대한 주의감독의무를 다하였다는 점 등이 있을 수 있다.

위법성과 관련하여서는 경쟁법규 위반행위 유형에 따라 시장지배적지위 남용행위의 위법성과 관련한 쟁점, 부당한 공동행위의 위법성 관련 쟁점, 재판매가격유지행위의 위법성 관련 쟁점 등이 논의될 수 있다. 실제로 시장지배적지위 남용행위를 이유로 한 손해배상청구가 문제된 포스코 사건과 공인인증서 사건에서 대법원은 불공정거래행위와 시장지배적 지위남용행위로서의 거래거절은 요건을

---

52) 같은 취지로는, 이선희, "공정거래법 위반을 이유로 한 손해배상청구권 – 부당한 공동행위를 인한 손해배상청구권을 중심으로 –", 민사판례연구 31권, 925면.
53) 군납유담합 손해배상 사건에서는 과징금을 부과한 주체와 손해배상을 청구하는 주체가 동일하게 대한민국인바, 이러한 경우에도 부과된 과징금의 액수를 손해배상 소송에서 고려할 필요가 없는지 논의가 되었다. 하지만 서울중앙지방법원과 서울고등법원은 "과징금을 부과함에 있어서 담합행위로 인하여 취득한 이익의 규모를 고려할지언정 담합행위로 인한 손해액을 산정함에 있어서 과징금의 부과 여부 및 그 액수를 고려할 것은 아니다"라고 판시하였다.

달리하는 것이므로 각기 그 요건 충족 여부를 판단하여야 한다고 판시하였다.

부당한 공동행위의 위법성과 관련하여서는 부당한 공동행위의 인가에 따른 적법한 공동행위와 손해배상청구, 자진신고자에 대한 손해배상책임의 면제 여부 등이 논의될 수 있다. 참고로 유럽의회가 최종 승인한 EU경쟁법 및 회원국의 국내 경쟁법 위반으로 인한 손해배상청구소송에 관한 지침(Directive on antitrust damages actions; 2014/104/UE[54])에서는 손해배상소송과 경쟁당국 법집행의 조화를 위해, 경쟁법 위반자에 대한 연대책임(joint and several liability)은 인정하나, 리니언시제도의 과징금 전액 면책자(immunity recipient[55])의 연대책임은 일부 면제하도록 규정하고 있다[56](지침 제11조).

경쟁법규 위반을 이유로 한 손해배상청구의 원고의 범위와 관련하여, 직접 구매자(Direct Purchaser)에 한정할 것인지 아니면 최종 소비자를 비롯한 간접 구매자(Indirect Purchaser)를 포함할 것인지 문제될 수 있다. 미국 연방대법원은 Illinois Brick 판결에서 간접구매자는 손해배상청구의 소를 제기할 수 없다고 판시하여 간접구매자의 원고적격을 인정하지 않았다.[57] 하지만 우리나라의 경우 VAN 수수료 담합 사건에서 대법원은 "부당한 공동행위를 한 사업자로부터 직접 상품을 구입한 직접구매자뿐만 아니라 그로부터 다시 그 상품 또는 그 상품을 원재료로 한 상품을 구입한 이른바 간접구매자도 부당한 공동행위와 자신의 손해 사이에 상당인과관계가 인정되는 한 부당한 공동행위를 한 사업자에 대하여 손해배상청구를 할 수 있다"고 판시하여 간접 구매자의 원고적격을 명시적으로 인정하였다. 실제로 간접 구매자에 의한 손해배상 청구 사례는 날로 증가하고 있다. 다만, 간접구매자에 의한 손해배상 청구에 있어서는 소송 실무적으로 인과관계 입증이 추가적으로 문제될 것이다.

---

54) 2014년 12월 25일 발효된 유럽 의회 지침으로 각 회원국들은 2016년 12월 27일까지 동 지침에 부합하는 내용으로 회원국의 법령 등을 정비할 의무가 있다(동 지침 제21조 참조).

55) Directive on antitrust damages actions Article 2. (19) 'immunity recipient' means an undertaking which, or a natural person who, has been granted immunity from fines by a competition authority under a leniency programme.

56) Directive on antitrust damages actions Article 11. 4.
By way of derogation from paragraph 1, Member States shall ensure that an immunity recipient is jointly and severally liable as follows:
(a) to its direct or indirect purchasers or providers; and
(b) to other injured parties only where full compensation cannot be obtained from the other undertakings that were involved in the same infringement of competition law.

57) Illinois Brick Co. v. State of Illinois, 431 U.S. 720(1977).

원고의 범위와 관련한 쟁점으로서 손해전가의 항변 인정 여부가 문제될 수 있다. 미국의 경우 연방법원의 차원에서는 Hanover Shoe 판결 이후 손해전가 항변이 인정되지 않는다.[58] 하지만 우리나라의 경우 밀가루 담합 사건에서 원심은 손해전가의 항변은 배척하였으나 손해액 제한 단계에서 이를 감안하여 판결하였고, 대법원은 원심 판결을 그대로 인용하였다. 이러한 법원의 태도는 원칙적으로 전가항변을 인정하지 않되, 손해배상책임의 제한을 통해 전가항변을 사실상 인정하는 것으로 평가된다. 한편, 서울지하철 7호선 담합 사건에서 1심 법원은 원고(서울특별시)와 시민의 이해이나 이익이 동일할 수 있다는 점을 이유로 피고들의 책임제한 주장을 배척하였다. 밀가루 담합 사건과 서울지하철 7호선 담합 사건에 관하여는 이하에서 상술하도록 한다.

경쟁법규 위반을 이유로 한 손해배상청구의 피고인 담합 등 경쟁법규 위반행위자들은 부진정연대책임을 부담하게 된다. 자진신고로 과징금 감면의 대상이 된 가담자도 손해배상청구의 피고가 된다. 이와 관련하여 회사의 합병, 분리, 영업 양도의 경우 책임 승계 여부 등이 문제될 수 있다. 실제로 합성수지 담합사건에서는 담합행위자인 SK 외에도 담합행위 종료 이후 SK로부터 분할설립된 구 SK에너지(현 SK이노베이션)에 대해서도 소송이 제기되었고, 소송 계속 중 구 SK에너지의 석유화학 부문이 분할·설립된 SK종합화학으로 소송이 수계된 상황이다.

한편, 회사가 담합의 주체일 경우 책임자, 의사결정자 또는 실무 관여자의 책임 문제, 즉 주주대표소송의 제기 가능성이 문제된다. 회사가 담합으로 인해 과징금을 부과 받은 경우 주주는 담합에 책임이 있는 회사의 이사들에 대하여 주주대표소송을 제기할 수 있다. 이때 손해의 의미와 범위가 문제된다. 회사에게 부과된 과징금이 손해인지 아니면 "과징금 부과액 – 담합으로 인한 회사의 이익"이 손해인지 여부가 문제될 수 있는 것이다. 부당지원행위 관련한 주주대표소송 사례로는 글로비스 사건이 있다.[59] 대우건설이 4대강 사업 등과 관련하여

---

58) Hanover Shoe, Inc. v. United Shoe Machinery Corp.,392 U.S. 481 (1968). 미국연방대법원은 반독점법 위반행위를 통하여 초과이득을 얻은 자는 자신으로부터 재화 등을 구매한 직접구매자가 다시 그 고객에게 초과가격을 전가하여 손해를 전보받았음을 주장하여 직접구매자에 대한 손해배상 책임을 면할 수 없다고 하여 전가항변을 배척하였다. 이 판결은 손해의 전가를 이유로 한 손해액의 감액 주장에 대한 배척이지 간접구매자들의 원고적격이나 간접구매자들의 손해와 위법행위 사이의 인과관계를 직접 부인하는 내용은 아니나, 실제에 있어서는 간접구매자들의 손해배상청구를 부인하는 의미까지를 가진 것으로 해석된다.

입찰담합으로 과징금을 부과 받은 것과 관련해 소액주주들이 당시 등기이사인 금호아시아나그룹 회장과 대우건설 당시 대표 등을 상대로 약 466억원의 손해배상을 청구하는 주주대표소송을 제기하기도 하였으며, 백판지 담합사건과 관련하여서도 주주대표소송이 제기되어 있는 상황이다.

(2) 경쟁법규 위반에 따른 손해액 산정 방법 관련 쟁점[60]

공정거래법 위반행위에 대한 손해액 인정 조항에서 보는 바와 같이 공정거래법 위반행위에 따른 손해의 경우 그 정확한 산정이 용이하지 않은 바, 합리적인 손해액 산정방법(clear and easy method)은 무엇인지 및 이러한 방법에 의한 손해액 산정이 소위 "just and reasonable estimation"이 되기 위한 조건은 무엇인지 논의된다.

합리적인 손해액 산정방법으로 논의되는 각 분석방법은 상호배척 관계가 아니라 상호보완적이며, 통상 손해액 분석 시 여러 분석방법을 같이 사용할 수 있으나, 주로 사용되는 "comparator- based method"인 표준시장비교법, 전후비교법, 이중차분법 중 이중차분법이 일응 더 개선되고 정교한 방법으로 볼 수 있다.

미국의 경우 손해배상 소송에서 손해액의 추정과 관련하여, 손해액 추정치는 그 추정에 불확실성이 존재하더라도 객관, 과학적이고 공정하게 추정된 합리적 추정치이면 법원은 손해액 산정의 유효한 자료로 사용 가능하다는 입장이다.[61] 우리나라의 경우도 미국 입장과 유사하다고 판단된다. 군납담합 사건 1심 법원은 "손해액을 추정함에 있어서 다소 불확실성이 존재할 수밖에 없다고 하더라도, 경제학적 이론과 사실적 근거에 입각하지 아니한 채 단순히 주관적인 추측에 의거하여 모형을 설정하는 것은 배척되어야 하나, 손해액이 이론적 근거와 자료의 뒷받침 아래 과학적이고 합리적인 방법에 의하여 정당하게 추정되었다고 한다면 법원은 그와 같이 산정된 손해액을 기준으로 배상을 명하여야 한다"고 판시하였는바, 이는 적절한 판단으로 보인다.

---

59) 서울중앙지방법원 2011. 2. 25. 선고 2008가합47881 판결. 동 판결에서는 지원금 상당액 및 과징금 합계 약 820억원의 손해가 인정되었다. 이에 관하여는 후술한다.

60) 이에 관하여는 윤성운·강일, "공정거래법 위반으로 인한 손해액의 산정방법과 주요 쟁점", (경쟁법 연구 제25권, 2012. 5.)에서 자세히 살핀 바 있으므로 간략히 살핀다.

61) Story Parchment Co. v. Paterson Parchment Paper Co.(1931).

3. 보 론

(1) 입증 관련 전문가 증언의 신뢰성 판단 기준

세계 각국의 경쟁법 집행을 보면 날이 갈수록 경제분석의 중요성이 강조되고 있다. 우리나라의 경우에도 공정위의 사건처리절차 또는 경쟁법규 위반 손해배상소송절차에서 심사관이나 피심인 또는 소송당사자가 자신의 주장을 뒷받침하기 위해 경제전문가를 활용하거나, 법원이 감정인이나 최근 도입한 전문심리위원제도를 통하여 경제전문가를 활용하는 사례가 증가하고 있다.

미국의 경우 연방소송절차에 적용되는 연방증거규칙(Federal Rules of Evidence) 제702조 및 연방민사소송규칙(Federal Rules of Civil Procedure)에서는 경제전문가 증언 규제와 관련하여 ① 충분한 사실이나 자료에 근거를 두어야 함, ② 신뢰성 있는 원칙과 방법을 통해 도출된 것이어야 함, ③ 그 원칙과 방법을 당해 사건의 사실관계에 신뢰성 있게 적용한 것이어야 함을 규정하고 있다.

또한 동 조항에 관한 자문위원회(Advisory Committee Note) 주석상의 전문가 증언의 허용성 판단을 위한 추가적 요소로서 ① 당해 소송과 무관하게 독립적으로 행한 연구의 결과인지 또는 당해 소송에 사용하기 위한 목적으로만 이루어진 것인지 여부, ② 승인된 전제로부터 부당하게 근거 없는 결론을 도출하였는지 여부, ③ 분명한 대안적 설명을 검토하였는지 여부, ④ 전문적 연구 영역에서 기대되는 정도의 주의를 기울였는지 여부, ⑤ 당해 전문가가 제시하는 전문영역이 그가 제시하는 종류의 의견을 제시할 수 있는 신뢰할 수 있는 결과를 낳을 수 있는 것으로 알려져 있는지 여부 등을 열거하고 있다.[62]

미국에서는 연방증거규칙 제702조상 허용되는 전문가 증언의 요건과 관련하여 판례상 풍부한 논의가 있어왔는데, 연방대법원의 1993년 Daubert 판결[63]이 제시한 전문가 증언의 신뢰성 판단 기준은 현재의 판례이론을 형성하는데 중요한 의미를 가진다. 동 판결은 전문가 증언의 신뢰성 판단 기준과 관련하여 ① 이미 검증되었거나 검증될 수 있는 것인지 여부, ② 동료들에 의해 검토, 검증(peer review)되고 공간된 것인지, ③ 당해 이론이 관련된 과학적 공동체에서 일

---

[62] 경쟁법 사건절차상 경제전문가 증언의 활용에 관한 연구, 이호영, Federal Rules of Evidence 702 Advisory Committee Note, 1999.

[63] Daubert v. Merrell Dow Pharmaceuticals, Inc 509 U.S. 579 1993.

반적으로 승인된 것인지, ④ 알려진 혹은 잠재적 오류의 가능성 및 당해 기법의 적용을 통제하는 기준의 존재 등을 제시하고 있다.

(2) 증거수집 관련 쟁점들

우리나라 민사소송에서는 미국의 경우와 달리 증거개시(Discovery) 절차가 인정되지 않아, 소송당사자의 자체적 증거수집(인과관계나 손해액 입증 등을 위한 증거수집)이 요구된다. 이러한 증거수집 방법으로서 소송당사자가 법원에 문서송부촉탁신청을 하여 법원에 의한 문서송부촉탁(행정 소송, 형사 소송 기록 등 관련 사건 문서 포함)을 하는 방법이 대표적이다. 이와 관련하여 공정거래법 제56조의2에서는 법원이 공정거래위원회에 당해 사건기록(심문조서, 속기록 기타 일체 기록)의 송부를 요구할 수 있음을 규정하고 있다.

그밖에도 특히 손해액의 입증과 관련하여 경제전문가를 활용하는 방법이 있다. 구체적으로 현행 민사소송법에 따른 전문가 활용 방법으로는 ① 법원이 경제전문가를 감정인으로 지정하여 그 의견을 제출 또는 진술하게 하는 방법(민사소송법 제335조 및 제339조), ② 당사자가 경제전문가에 의뢰하여 작성한 의견(사정 감정)을 증거로 제출하는 방법(민사소송법 제343조), ③ 당사자가 경제전문가를 감정증인으로 신청하여 그 증언을 청취하는 방법(민사소송법 제340조), ④ 법원이 경제전문가를 전문심리위원으로 지정하여 소송절차에 참여시키는 방법(민사소송법 제164조의2 이하) 등을 생각해볼 수 있다.

(3) 우산가격효과의 수용문제

우산가격효과란, 카르텔로 인하여 특정 상품의 가격이 인상되면 그와 수요대체성이 존재하는 다른 상품들의 가격도 일정 수준 인상되기 때문에 카르텔에 참여하지 않은 그러한 상품제조사로부터 구매한 구매자도 카르텔 가담사업자들에게 손해배상을 청구할 수 있는가의 문제라고 할 수 있다.

미국의 경우 우산가격효과는 주로 하급심에서 다투어 지고 있으며, 이에 대해서는 이를 긍정하는 입장과 부정하는 입장이 있으나, 최근의 하급심들은 청구적격에 관한 연방대법원 사건[64]의 판단기준에 따라 이를 부정하는 입장이 대부분

---

64) Associated General Contractors v. California State Council of Carpenters, 459 U.S. 519 (1983).

인 것으로 파악된다.

우리나라에서도 경질유담합 손해배상 사건에서 원고가 담합 참여가 인정되지 않은 S-Oil로부터의 구매 물량과 관련하여 이를 주장하여, 4건의 판결 중 1건에서 동 주장이 인정되었고, LPG 담합사건 등에서도 개인택시조합은 우산가격효과를 이용하여 손해배상의 확대를 주장하고 있다. 이와 관련한 유럽사법재판소 (ECJ)의 최근 판시 등은 이하 경질유 담합 사건 판결 항목에서 살피겠다.

(4) 공동불법행위자들 내부적 구상권 행사 문제

담합으로 인한 손해배상청구소송의 경우 부진정연대책임을 부담하는 불법행위자가 다수이다. 수인이 공동하여 타인에게 손해를 가하는 공동불법행위의 경우 행위자 상호간의 공모는 물론 공동의 인식 여부와 관계없이 객관적으로 그 행위가 관련 공동되어 있으면 각자 손해액 전체에 대하여 배상책임을 부담한다.65)

공동불법행위자들 내부적으로는 관여 정도, 과실의 정도에 따라 부담 부분이 있고, 공동불법행위자 중 1인이 부담 부분 이상을 변제하여 공동으로 면책되었을 경우에는 다른 공동불법행위자에게 구상권을 행사할 수 있는 점은 일반적인 불법행위 및 부진정 연대책임의 경우와 같다.66)

다만, 담합행위자들 사이의 내부 구상관계에서 어떻게 부담부분을 결정하여야 하는지와 관련하여, 담합행위자들 사이에는 상호간의 의사의 연락이 있어야 하고 과실로 담합에 가담하는 경우는 상정하기 어렵다는 점에서, 대법원이 판시하고 있는 "각자의 과실의 정도"를 담합행위자들 사이의 내부 구상관계에서까지 고려하는 것이 타당한지, 다른 기준으로는 무엇이 있을지 문제될 수 있다.

한편, 국가에 따라 미국은 공동불법행위자들 간의 구상권을 부정하는 입장인 것으로 보이고, EU는 구상권 인정 여부가 불분명해 보인다. 이와 같이 국가별로 구상권 행사 관련 법리에 차이가 있는바, 국제적으로 이루어진 담합으로 인한 손해배상을 청구하는 소송에서 담합행위자들 사이의 내부 관계가 문제될 수 있다.

---

65) 대법원 2001. 5. 8. 선고 2001다2181 판결.
66) 대법원 1978. 3. 28. 선고 77다2499 판결; 대법원 1997. 12. 12. 선고 96다50896 판결 등 참조.

Ⅳ. 최근 주요 판결 정리

1. 개 관

군납유담합 손해배상 소송의 경과와 대법원 판결 내용 등을 종합하면, 대법원은 군용유류 구매입찰시장만을 기준으로 담합기간과 비담합기간만을 비교대상으로 삼기는 어렵고 민수거래처 등과의 담합시기 동안의 가격의 비교, 담합 이전 및 이후 기간의 가격의 비교 등을 동시에 이용함으로써 군용유류 구매입찰시장과 관련하여 담합기간 동안이나 담합기간 이전 및 이후의 가격형성상의 특성, 경제조건, 시장구조, 거래조건 및 그 밖의 경제적 요인의 변동의 내용 및 정도 등을 분석하고 그러한 변동 요인이 담합행위 후의 가격형성에 미친 영향을 제외하여 가상 경쟁가격을 산정함으로써 그 담합행위와 무관한 가격형성요인으로 인한 가격변동분이 손해의 범위에 포함되지 아니하도록 하여야 한다는 취지로 판단된다.

나아가 대법원은 "위법한 입찰 담합행위로 인한 손해는 그 담합행위로 인하여 형성된 낙찰가격과 그 담합행위가 없었을 경우에 형성되었을 가격('가상 경쟁가격')과의 차액을 말하는데, 여기서 가상 경쟁가격은 그 담합행위가 발생한 당해 시장의 다른 가격형성요인을 그대로 유지한 상태에서 그 담합행위로 인한 가격상승분만을 제외하는 방식으로 산정하여야 한다"고 하고, 특히 담합행위 종료 이후 가격형성에 영향을 미치게 하는 요인들의 현저한 변동이 있는 경우에는 "그 상품의 가격형성상의 특성, 경제조건, 시장구조, 거래조건 및 그 밖의 경제적 요인의 변동의 내용 및 정도 등을 분석하여 그러한 변동 요인이 담합행위 후의 가격형성에 미친 영향을 제외하여 가상 경쟁가격을 산정함으로써 그 담합행위와 무관한 가격형성요인으로 인한 가격변동분이 손해의 범위에 포함되지 아니하도록 하여야 한다"고 판시하였는바, 이는 손해액과 관련한 차액설의 원칙과 가상경쟁가격 산정시 고려할 사항을 적절하게 지적하고 있는 것으로 판단된다.

이러한 대법원의 판단은 담합 전후의 군용유류 구매입찰시장 및 비교대상이 되었던 담합 전후의 대량수요처 시장의 입찰가격에 영향을 주는 제반 요소를 파악한 후 중회귀분석방법을 이용하여 가상경쟁가격을 산정하여야 한다는 취지로 매우 타당하다고 판단된다. 나아가 대법원 판결은 군납담합으로 인한 손해액 산정과 관련하여 이중차분법에 기초한 중회귀분석방법이 동 사건에서 가장 합리적이고 타당한 손해액 산정방법임을 인정한 데에 큰 의미가 있다. 이하에서는 군납유류 담합 손해배상소송 사건 이후 판결이 이루어진 주요 사건들의 내용을 정리하면서 관련 쟁점을 제시하도록 하겠다.

2. 밀가루 담합 사건 판결[67]

(1) 소송의 경과

1) 원고의 청구원인

원고 삼립식품은 피고 삼양사와 피고 씨제이 제일제당으로부터 밀가루를 매입하여 제빵, 제과 사업을 영위하는 회사로서 피고들을 포함한 8개 밀가루 제조·판매 사업자들이 생산량 제한, 가격인상 등 담합을 하였다는 이유로 피고들을 상대로 손해배상을 청구하였다.

원고는 피고들의 위와 같은 담합행위로 인하여 원고가 피고들로부터 매수한 밀가루 총 구매액 중 피고들의 담합행위로 인하여 인상된 가격, 즉 실제 거래가격에서 담합행위가 없었을 경우 형성되었으리라고 인정되는 가격을 공제한 금원에 구매한 밀가루 수량을 곱한 금액 상당의 손해를 입었다고 주장하였다.

2) 1심에서의 피고들의 주장

피고들은 대형구매처인 원고와 사이에 별도로 거래가격을 정하여 거래하였으므로, 담합가격에 의한 거래라고 할 수 없어 손해배상책임이 없다고 주장하였다. 그리고 피고들은 아래에서 보는 바와 같은 담합 후 더미변수 사용 불가 주장과 이른바 비용전가의 항변을 하였다.

3) 1심에서의 법원 감정

1심에서 감정인은 계량경제학적 모형에 의한 추정방법(축약형 방정식[68]) 중 중

---

67) 서울중앙지방법원 2009. 5. 27. 선고 2006가합99567 판결; 서울고등법원 2010. 10. 14. 선고 2009나65012 판결; 대법원 2012. 11. 29. 선고 2010다93790 판결; 밀가루 담합 사건 판결에 대한 상세한 소개는 이선희, "부당한 공동행위에 대한 손해배상청구에서 손해전가항변과 책임제한", 고려법학 제70호, 2013. 9.을 참조하였다.

회귀분석방법69)을 사용하여 손해액을 산정하였다.

위 방법은 가격(종속변수)과 가격에 영향을 주는 요소(설명변수)의 상관관계를 축약방정식을 사용하여 특정하는 방법이다. 그 중 기본적인 모형의 하나로 더미변수 모형을 들 수 있는데, 이는 가격에 영향을 주는 모든 변수를 고려한 가격결정 계량모형을 설정하고, 담합시기와 비담합시기 간의 가격을 모두 활용하여 가격과 설명변수 사이의 관계를 추정한다. 이때 포함되는 더미변수는 담합시기에는 1, 비담합시기에는 0의 값을 가지므로, 다른 모든 조건들에 변화가 없는 경우 담합시기의 가격이 비담합시기의 가격에 비해 실제로 얼마나 증가하였는지를 나타낸다.

이 사건에서 감정인은 밀가루의 시장균형가격의 결정식인 축약형 방정식을 근거로 한 회귀분석모형을 설정하고, 담합시기를 구분하는 더미변수와 밀가루의 수요와 공급에 영향을 미치는 여러 경제 변수들을 설명변수로 고려한 모델을 설정하고 손해액을 산정하였다. 특기할 만한 내용은 감정인이 더미변수를 사용함에 있어서 담합이 적발되더라도 기업이 가격을 담합이전의 수준으로 즉각적으로 인하하지 않을 많은 현실적 유인을 무시할 경우 담합의 효과가 과소 측정될 가능성이 있다는 이유로 담합 후 일정 기간에 대하여 1의 값을 취하는 추가적인 더미변수를 설명변수로 포함시켰다는 것이다.

4) 1심 판결의 요지

먼저 1심 법원은 대형구매처인 원고와 사이에 별도로 가격을 정하여 거래하였기 때문에 담합가격에 의한 거래라고 할 수 없어 손해배상책임이 없다는 원고의 주장에 대하여, 대형구매처와의 거래가격도 담합의 대상이거나 담합에 의한 영향을 받았다고 보고 피고들은 공정거래법 제56조에 따라 원고가 입은 손해를 배상할 의무가 있다고 판시하였다. 그리고 감정인의 감정결과를 채용하여 손해액을 산정하였다.

담합 후 더미변수 사용과 관련하여, 피고들은 이는 3배 손해배상제도가 존재하는 미국에서 가능한 논의일 뿐, 담합 사업자가 손해배상액을 줄일 목적으로 담합 종료 후에 가격을 이윤극대화 가격보다 높게 설정할 현실적인 개연성이 없

---

68) Reduced-Form Econometric Estimation of Price
69) 독립변수가 2개 이상인 회귀분석(regression analysis)을 말한다.

음에도 담합 후 더미변수를 사용할 경우 실제의 담합효과보다 과대 추정될 위험
이 있다고 주장하였다.

이에 대하여 1심은 감정인의 여러 분석 결과를 보면 감정인이 단순히 담합이
적발되더라도 그 가격이 담합 이전의 수준으로 되돌아가지 않을 가능성이 있다
는 이유만으로 위 변수를 사용한 것으로 보기 어렵다는 이유로 위와 같은 피고
들의 주장을 받아들이지 아니하였다.

피고들은 원고가 밀가루 가격의 상승을 제품 원가에 반영하여 최종 제품의
가격을 상승시킴으로써 그 비용 인상분을 소비자들에게 전가하였다면, 전가액을
포함한 전체 가격인상분을 손해액으로 볼 수 없다는 이른바 비용전가의 항변을
하였다.

이에 대하여 1심은 피고들의 이른바 비용전가의 항변을 배척하면서, 다만, 원
고가 자신이 입은 손해의 전부 또는 일부를 하위 구매자인 간접 구매자에게 전
가한 사정은 손해액의 제한 단계에서 고려될 수 있을 뿐이라고 하였다.

결론적으로 1심은 원고가 밀가루 가격의 인상분을 빵 가격에 전가한 액수(전
가액에 대한 감정 결과 손해액의 50% 이상이 전가되는 수치가 산정되었다), 원고가 피
고들로부터 담합기간 중 지급받은 장려금 등을 고려하여 원고가 입은 손해액을
피고 씨제이 제일제당의 경우 손해액 감정결과 약 29억 8천만원 중 약 12억 4
천만원으로, 피고 삼양사의 경우 손해액 감정결과 약 7억 5천만원 중 약 2억 3
천만원으로 제한하였다.

5) 2심 판결의 요지

2심 판결은 원고와 피고들의 항소를 모두 기각하여 1심의 결론을 유지하였다.
피고들은 담합 후 더미변수 사용과 관련하여 공급과점시장을 형성하고 있는 밀
가루 시장에서 어떤 형태로든 새로운 가격에 합의를 한다는 것은 비현실적이며,
짧은 기간 안에 경쟁가격으로 회귀할 것이라는 등의 주장을 하였으나, 2심 판결
은 이 사건에서 담합 종료 후 밀가루 가격이 즉시 담합 이전 가격으로 하락하지
않은 점에 비추어 보면 담합 후 더미변수 사용이 단순히 가능성에 근거한 것으
로 보이지 않고, 감정인의 감정결과는 그 감정방법 등이 경험칙에 반하거나 합
리성이 없는 등의 현저한 잘못이 없는 한 이를 존중하여야 한다고 하면서 피고
들의 주장을 배척하였다.

다만, 2심 판결은 감정인이 담합 후 경쟁가격으로 회귀한 시점을 정확히 특정할 수 없는 어려움으로 인하여 담합 후 기간 1년 6개월 전체에 대하여 더미변수를 적용하였고, 이러한 경우 원고의 손해액이 과대평가될 수 있다는 점을 감안하여, 피고들의 책임제한에서 이를 고려하였다(이 부분이 1심과 차이가 있는 부분이다).

그러나, 2심은 비록 더미변수를 설정한 담합 후 기간의 어느 시점에 밀가루 가격이 경쟁가격으로 복귀하였다면 손해액이 과대평가될 수 있는 점은 인정하였으나, 원고가 피고들로부터 담합기간 동안에 장려금을 지급받은 점, 원고가 피고들의 담합행위로 인하여 입은 손해 중 일부를 소비자에게 전가시킨 점 등을 고려하여 손해배상 금액에 있어서는 1심과 같은 손해배상 금액을 인정하였다.

6) 대법원 판결의 요지

대법원은 원고와 피고들의 상고를 모두 기각하였다. 대법원은 피고들의 행위는 공정거래법상 부당한 공동행위에 해당하고, 그 실행행위가 있었으며, 피고들이 원고에게 장려금을 지급하였다고 하더라도 그로 인하여 손해배상책임이 면제된다고 볼 수 없으므로 피고들은 원고가 입은 손해를 배상할 의무가 있다고 판단한 원심에 잘못이 없다고 판시하였다.

담합 후 더미면수 등과 관련하여서, 대법원은 원심의 판단에 감정 방법 등이 경험칙에 반하거나 합리성이 없는 등의 현저한 잘못이 있는 감정 결과를 채택하거나 손해액 산정 및 손해배상의 범위에 관한 법리를 오해한 위법 등이 있다고 할 수 없다고 판단하였다.

또한, 대법원은 다음과 같이 판시하면서 손해전가의 항변을 받아들이지 아니하는 한편 이를 손해배상액을 정할 때에 참작할 수 있다고 판시하였다.

"담합에 의하여 가격이 인상된 재화 등을 매수한 매수인이 다시 이를 제3자인 수요자에게 판매하거나 그 재화 등을 원료 등으로 사용·가공하여 생산된 제품을 수요자에게 판매한 경우에, 재화 등의 가격 인상 후 수요자에게 판매하는 재화 등 또는 위 제품(이하 이를 모두 포함하여 '제품 등'이라 한다)의 가격이 인상되었다고 하더라도, 재화 등의 가격인상을 자동적으로 제품 등의 가격에 반영하기로 하는 약정이 있는 경우 등과 같이 재화 등의 가격 인상이 제품 등의 판매가격 상승으로 바로 이어지는 특별한 사정이 없는 한, 제품 등의 가격은 매수인이 당시의 제품 등에 관한 시장 상황, 다른 원료나 인건비 등의 변화, 가격 인상으로 인한 판매 감소 가능성, 매수인의 영업상황 및 고객 보호 관련 영업상의 신인도 등 여러 사정을 고려하여 결정할 것이므로, 재화 등의 가격 인상과 제품 등의 가격 인상 사이에 직접적인 인과관계가 있다거나 제품 등의 인상된 가격 폭이 재화 등의 가격 인상을 그대로 반영하고 있다고 단정할 수 없다. 그뿐 아니라 제품 등의 가격 인상은 제품 등의 수요 감소 요인으로 작용하여 전체적으로 매출액 또는 영업이익의 감소가 초래될 수 있고, 이 역시 위법한 담합으로 인한 매수인의 손해라 할 수 있으므로, 이와 같은 여러 사정을 종합적으로 고려하지 아니하고 제품 등의 가격 인상에 의하여 매수인의 손해가 바로 감소되거나 회복되는 상당인과관계가 있다고 쉽게 추정하거나 단정하기도 부족하다. 다만 이와 같이 제품 등의 가격 인상을 통하여 부분적으로 손해가 감소되었을 가능성이 있는 경우에는 직접적인 상당인과관계가 인정되지 아니한다고 하더라도 이러한 사정을 손해배상액을 정할 때에 참작하는 것이 공평의 원칙상 타당할 것이다."

아울러 대법원은 불법행위로 인한 손해배상사건에서 불법행위의 발생경위나 진행경과, 그 밖의 제반 사정을 종합하여 피고의 책임비율을 제한하는 것은 그것이 형평의 원칙에 비추어 현저히 불합리하다고 인정되지 않는 한 사실심의 전권사항에 속한다고 하면서 원심의 판단을 수긍하였다.

(2) 대법원 판결의 의의

위 대법원 판결은 대법원이 최초로 손해전가 항변(passing-on defence) 및 이와 관련한 손해배상책임의 제한에 대한 견해를 밝혔다는 점에 의의가 있다. 위 대법원 판결에 따라 소송 실무상 손해전가에 대한 감정이 더욱 일반적으로 이루어지게 된 것으로 생각된다.

위 대법원 판결에 대하여 원심 판결이 전가액에 대한 감정결과를 어떤 비율로 채용하였는지를 명시하지 않은 채 다른 책임제한 사유와 뭉뚱그려 발생한 손해액 중 일정 부분의 손해배상책임만을 인정하였음에도 대법원이 불법행위로 인한 손해배상사건에서 책임비율의 제한은 원칙적으로 사실심의 전권사항에 속한다는 이유로 원심의 조치를 긍정한 점에 대하여는 회의적이라는 견해가 있다.[70]

---

70) 이선희, "부당한 공동행위에 대한 손해배상청구에서 손해전가항변과 책임제한", 고려법학 제70호, 2013. 9., 90면.

3. VAN 수수료 담합 사건 판결[71]

(1) 소송의 경과

1) 원고들의 청구원인

VAN[72]대리점들은, 신용카드사들이 VAN사에 지급하는 매출전표 등의 수거, 보관 및 검증 업무에 대한 수수료를 담합하여 인하하였고 VAN사들은 VAN대리점에게 지급하는 위 수수료를 담합하여 인하하였다고 주장하면서,[73] 신용카드사들과 VAN사들을 공동피고로 하여 손해배상을 청구하였다.

2) 1, 2심 판결의 요지

1, 2심은 계량경제학적 방법(중회귀분석방법)에 기초한 감정결과와 기타 사정을 종합하여 감정결과에서 추정된 가상경쟁가격을 손해액 산정의 기초로 삼았다. 즉, 1, 2심 판결은 가상경쟁가격이 80원이라는 원고들의 주장을 배척하고, 감정인들이 추정한 가격인 61.87원을 가상 경쟁가격으로 인정하였다.

피고 신용카드사들은 원고들과 같은 간접구매자들의 손해배상청구가 인정되어서는 안 된다는 취지로 주장하였으나, 1, 2심은 ① 직접구매자가 담합행위자에게 공정가격을 초과하여 지급한 부분을 제품의 가격에 반영하여 간접구매자에게 전가할 것이라는 점은 합리적으로 예상되므로 직접구매자가 가격을 올려 간접구매자에게 제품을 판매하는 행위가 개입되어 있으면 담합행위와 간접구매자의 손해 사이에 상당인과관계를 인정할 여지가 있는 점(이는 2심의 논거이다), ② 간접구매자라 하여 일률적으로 손해배상청구를 부인할 것이 아닌 점, ③ 공정거래법 제56조 제1항 본문이 '사업자 또는 사업자단체가 이 법의 규정을 위반함으로써 피해를 입은 자'라고 규정하여 직·간접 피해자를 구분하고 있지 않은 점, ④ 미국의 간접구매자 법리[74]를 이 사건에 그대로 적용할 수는 없는 것으로 보

---

71) 서울중앙지방법원 2012. 8. 17. 선고 2011가합95248 판결; 서울고등법원 2013. 10. 15. 선고 2012나 77060 판결; 대법원 2014. 9. 4. 선고 2013다215843 판결.

72) 신용카드 VAN(Value Added Network, 일명 부가통신망)업무란 신용카드 VAN사가 신용카드사와 가맹점간에 통신망을 구축하여 신용카드 결제 및 정산과정에서 신용카드 조회·승인 등의 업무를 대행해 주고 일정한 수수료를 받는 것을 말한다.

73) 「7개 신용카드사업자의 부당한 공동행위에 대한 건」(공정위 2008. 3. 5. 의결 제2008-079호), 「10개 신용카드 VAN사의 부당한 공동행위에 대한 건」(공정위 2008. 3. 5. 의결 제2008-080호).

74) 미국 연방대법원은 Illinois Brick 판결에서 간접구매자는 손해배상청구의 소를 제기할 수 없다고

이는 점 등을 종합하여 피고 신용카드사들의 주장을 배척하였다.

3) 대법원 판결의 요지

대법원은 "부당한 공동행위를 한 사업자로부터 직접 상품을 구입한 직접구매자뿐만 아니라 그로부터 다시 그 상품 또는 그 상품을 원재료로 한 상품을 구입한 이른바 간접구매자도 부당한 공동행위와 자신의 손해사이에 상당인과관계가 인정되는 한 부당한 공동행위를 한 사업자에 대하여 손해배상청구를 할 수 있는데, 이러한 법리는 부당한 공동행위를 한 사업자에게 용역을 공급하는 자를 상대로 다시 그 용역의 일부를 공급하는 이른바 간접적인 용역공급자에게도 마찬가지로 적용된다"고 판시하였다.

나아가, 담합에 따른 손해배상청구권의 단기소멸시효의 기산점과 관련하여서는 "비록 공정위의 시정명령과 과징금부과명령이 있다고 하더라도 행정소송에 의하여 부당한 공동행위에 해당하는지 여부가 다투어지고 있는 상황이라면 공정위의 처분이 있다는 사실만으로는 피고들 행위에 대한 법적 평가의 귀결이 확실해졌다고 할 수 없고, 피고들의 행위가 공정거래법상의 부당한 공동행위에 해당되고 이로 인하여 손해를 입었다고 주장해야 하는 원고로서는 위와 같은 행정소송 판결이 확정된 때에 비로소 피고들의 공정거래법 위반으로 인한 손해의 발생을 현실적이고도 구체적으로 인식하였다고 보아야 할 것이나, 특별한 사정이 없는 한 공동행위자들 모두에 관한 행정소송 판결이 확정될 필요는 없고 그중 1인에 의한 행정소송 판결이 확정됨으로써 관련 공동행위자들 전부의 불법행위를 현실적이고 구체적으로 인식하였다고 보아야 한다."고 판시하면서, 관련 행정소송 판결이 상고기각으로 확정된 날로부터 3년이 경과하기 전에 이 사건 소가 제기되었으므로, 원고의 피고들에 대한 손해배상청구권은 소멸시효의 완성으로 소멸되었다고 볼 수 없다고 판시하였다.

(2) 대법원 판결의 의의

위 대법원 판결은 간접구매자의 손해배상청구를 용역거래에 있어서도 명시적으로 긍정한 점에 의의가 있다. 이와 같이 간접구매자의 손해배상청구가 재차 긍

판시하여 간접구매자의 원고적격을 인정하지 않았다(Illinois Brick Co. v. State of Illinois, 431 U.S. 720(1977)).

정되면서 이중배상을 방지하기 위해서는 직접구매자로부터 간접구매자로의 전가액을 손해배상책임의 제한 시 고려해야 할 필요성이 더 분명해졌다고 생각된다.

위 대법원 판결은 또한 공정위 처분에 대하여 행정소송이 제기되어 부당한 공동행위에 해당하는지 여부가 다투어지는 경우에는 그 중 행정소송의 판결이 최초로 확정된 날을 피해자가 손해 및 가해자를 안 날로 볼 수 있고, 이때부터 손해배상청구권의 단기소멸시효가 기산된다는 점을 명시적으로 밝힌 점에서 의의가 있다.

4. 경질유 담합 사건 판결[75]

(1) 소송의 경과

1) 사안의 개요

공정위는 2007. 4.경 4개 정유사(SK에너지, GS칼텍스, 현대오일뱅크, S-Oil)가 2004. 4. 1.부터 2004. 6. 10.까지 경질유(휘발유, 등유, 경유) 가격에 관한 부당 공동행위를 하였다는 이유로 시정명령 및 과징금 납부명령을 내린 바 있다.[76] 그런데 위 공정위 처분과 관련한 행정소송에서 S-Oil은 담합에 가담하지 않았다는 내용의 대법원 판결이 있었다.[77] 한편 나머지 정유사들에 대하여는 행정소송 상고심이 대법원에 계속 중이다.[78]

이와 관련하여 경유를 사용하는 화물차주 등 소비자들이 정유사들을 상대로 여러 건의 손해배상청구 소송을 제기하였다.[79]

---

75) 서울고등법원 2014. 10. 24. 선고 2012나99336 판결(서울중앙지방법원 2012. 11. 9. 선고 2007가합114265 판결의 항소심, 대법원 2014다81511 사건으로 상고 계속 중), 서울고등법원 2014. 10. 24. 선고 2013나65194 판결(서울중앙지방법원 2013. 9. 26. 선고 2007가합57669 판결의 항소심, 대법원 2014다81528 사건으로 상고 계속 중), 서울중앙지방법원 2013. 6. 20. 선고 2010가소51408 판결(서울고등법원 2013나34616 사건으로 계속 중), 서울중앙지방법원 2012. 11. 8. 선고 2007가합43530 판결(서울고등법원 2012나104344 사건으로 계속 중).
76) 「4개 정유사의 부당한 공동행위에 대한 건」(공정위 2007. 4. 11. 의결 제2007-232호). 한편 위 4개 정유사 외에 인천정유의 경우에는 담합 가담 혐의가 없어서 공정위 조사 및 처분의 대상이 되지 않았다.
77) 대법원 2010. 2. 11. 선고 2008두3784 판결.
78) 대법원 2012두1587 사건, 2012두9055 사건, 2012두997 사건.
79) 서울중앙지방법원 2007가합114265 사건, 서울중앙지방법원 2007가합57669 사건, 서울중앙지방법원 2010가소51408 사건, 서울중앙지방법원 2007가합43530 사건 등.

2) 주요 쟁점 – 이른바 우산효과(Umbrella effect)의 인정 여부

카르텔에 참여하지 않은 회사가 카르텔에 의하여 펼쳐진 가격우산의 보호 하에 가격을 올리는 효과를 이른바 우산효과(umbrella effect)라고 한다.

카르텔 참여자들의 위법행위에 의하여 손해를 입었다는 이유로 비 참여자로부터 물품을 구매한 매수자가 카르텔 참여자들을 상대로 손해를 배상받을 수 있는지에 대하여, 미국의 경우 이에 대한 연방대법원의 판례는 아직 존재하지 않는다고 하며, 이에 반대하는 논리로서는 과잉억제(over-deterrence)의 문제, 인과관계와 손해에 대한 입증의 어려움 등이 제시되고 있다고 한다.[80]

이와 관련하여 최근 EU 사법재판소(ECJ)는 카르텔에 가담하지 않은 기업이 카르텔의 영향을 받아 가격을 높게 결정했을 경우, 그로 인해 발생한 손해에 대해서도 카르텔에 가담한 기업에게 손해배상책임이 있을 수 있다고 판시한 바 있다.[81] 오스트리아 연방 철도회사의 자회사인 OBB-Infrastruktur AG가 엘리베이터 카르텔에 가담하지 않은 제3의 기업으로부터 엘리베이터 등을 구매하여 입은 손해에 대해 카르텔에 가담한 기업을 상대로 손해배상소송을 제기하였는데, 이에 대하여 EU 사법재판소는 카르텔에 참여하지 않은 제3의 기업이 카르텔의 영향을 받아 가격을 인상(umbrella pricing)하였다면, 이 가격 인상으로 손해를 입은 피해자는 카르텔에 가담한 기업에 손해배상을 청구할 수 있다고 판시한 것이다.

그런데 위 EU 사법재판소 판결은 우산효과가 인정될 수 있는 가능성을 제시한 것으로서 실제 손해배상책임의 인정 여부는 EU에서도 구체적인 사안에 따라 달라질 것으로 보인다. 그리고 우리나라의 경우에는 상당인과관계가 인정되는 경우에만 손해배상책임이 인정되고 있으므로, 상당인과관계가 인정되지 않는 한 우산효과라는 이론을 통하여 손해배상 책임이 확장될 수는 없다고 생각된다.

이 사건의 경우 담합에 가담하지 않은 것으로 판단된 정유사들이 존재하기 때문에, 위와 같은 우산효과의 인정 여부가 주요 쟁점이 되고 있다.

---

80) 이선희, 독점규제법상 부당한 공동행위에 대한 손해배상청구, 서울대학교 박사학위논문(2012), 128, 129쪽 참조.
81) Case C-557/12, Kone AG and Others, judgment of June 5, 2014.

3) 1심 판결의 요지

원고들은 S-Oil이나 인천정유가 이 사건 담합행위에 참여한 사실이 인정되지 않았음에도 S-Oil 또는 인천정유로부터 구매한 경유인지 여부를 불문하고 손해액산정을 위한 원고별 경유사용량을 산정하였다. 한편 관련 1심 사건 중 다수사건에서 재판부는 원고들의 청구를 기각하였다.[82]

원고들의 청구를 기각한 서울중앙지방법원 2012. 11. 9. 선고 2007가합114265 판결의 다음 판시 내용을 보면, 이 사건 담합행위로 인해 피고 S-Oil 및 인천정유가 공급한 경유가격까지 상승하였음이 입증되지 않았다고 하여 원고의 청구를 기각하였는바, 이에 의하면 우산효과의 인정여부는 명백하지 않는 것으로 판단된다.

"물론 피고 S-Oil과 소외 인천정유가 이 사건 담합행위에 참여하지 않았다고 하더라도 이 사건 담합행위의 영향으로 인해 피고 S-Oil 및 인천정유가 공급한 경유가격까지 상승하였음이 입증되었다면 피고 S-Oil과 인천정유가 공급한 경유를 구입한 소비자들 역시 위 담합행위로 인한 피해자라고 볼 여지는 있으나 원고들이 제출한 증거들로는 피고 S-Oil과 인천정유가 다른 피고들의 담합행위에 영향을 받아 이 사건 담합기간 중 자사가 공급하는 경유가격을 결정하였음을 인정하기에 부족한 반면, 오히려 앞서 본 바와 같이 피고 SK 내부에서 작성된 문서 등에는 피고 S-Oil 및 인천정유가 담합기간 중 계속하여 경유를 저가로 공급하였다는 내용들이 반복적으로 등장하는 점에 비추어 피고 S-Oil 및 인천정유는 이 사건 담합행위와 무관하게 위 담합기간 중의 경유공급가격을 결정한 것으로 추측된다.

따라서 원고들의 경유구입내역 중에 피고 S-Oil 및 인천정유가 공급한 경유를 구입한 것이 포함되어 있다면 이러한 구입내역은 '원고별 경유사용량'을 산정함에 있어 제외되어야 하는데 원고들은 이러한 점을 고려하지 않고 '원고별 경유사용량'을 산정하였기 때문에 이를 이 사건 담합행위로 인한 손해액을 계산하기 위한 기초자료로 채택할 수도 없다."

82) 서울중앙지방법원 2012. 11. 9. 선고 2007가합114265 판결; 서울중앙지방법원 2013. 9. 26. 선고 2007가합57669 판결; 서울중앙지방법원 2013. 6. 20. 선고 2010가소51408 판결; 반면 서울중앙지방법원 2012. 11. 8. 선고 2007가합43530 판결은 SK에너지, GS칼텍스, 현대오일뱅크의 손해배상 책임을 1인당 50만원 한도로 인정하였는데, 위 판결에 대하여 항소심이 계속 중이다.

4) 2심 판결의 요지

위 1심 판결과 관련하여 최근 있었던 서울고등법원 2014. 10. 24. 선고 2012
나99336 판결은 원고들의 우산효과 관련 주장을 1심판결과 유사한 취지로 배척
하였다. 위 서울고등법원 판결은 피고 S-Oil이 담합에 가담하지 아니하였더라
도, 이른바 우산효과(umbrella effect)에 따라 원고들이 피고 S-Oil로부터 공급받
은 경질유에 관하여도 담합에 가담한 다른 피고들의 손해배상책임이 인정된다는
취지의 원고들의 주장에 대하여, 담합에 가담하지 아니한 기업이 담합가격에 영
향을 받아 가격을 인상하였음이 증명된 경우 위 법리가 적용될 여지가 있는데,
원고들이 제출한 증거를 모두 모아 보더라도, 피고 S-Oil이 담합에 참여하지 아
니한 것으로 판단한 근거에 비추어 볼 때, 피고 S-Oil이 다른 피고들의 담합행
위에 영향을 받아 가격을 인상하였다고 단정하기 부족하고, 달리 이를 인정할
만한 증거가 없다는 이유로 원고들의 주장을 받아들일 수 없다고 판시하였다.

(2) 서울고등법원 판결의 의의

위 서울고등법원 판결은 우산효과가 쟁점이 된 사안에서 담합 미가담자의 가격
인상사실 및 담합 미가담자의 가격인상이 담합의 영향을 받아 이루어졌다는 인과
관계의 입증이 없는 한 우산효과라는 이론만으로 인과관계를 확장하여 손해배상
을 인정할 수 없다는 점을 분명히 하였다는 점, 담합으로 말미암은 높은 가격으로
제품 등을 구매하여 손해를 입었다고 주장하는 원고들로서는 제품 등의 구매내역
을 명확히 입증하여야 한다는 점을 재차 확인하였다는 점에 의의가 있다.

5. OPGW 담합 사건 판결[83]

(1) 소송의 경과

1) 원고의 청구원인

원고 한국전력공사는 전선회사들로부터 전력선 등을 구매하여 발전, 송전, 배
전 사업 등을 하는 사업자로서 입찰을 통해 OPGW[84] 제품을 구매하여 왔다.

---

83) 서울중앙지방법원 2013. 2. 21. 선고 2009가합129216 판결; 서울고등법원 2013. 12. 20. 선고 2013
나29228 판결; 대법원 2014. 4. 30.자 2014다7469 심리불속행기각결정.
84) OPGW란 광섬유복합가공지선(Composite Overhead Ground Wire with Optical Fiber)의 영문

원고는 1999년경부터 입찰을 통해 피고들로부터 구매해 온 OPGW와 관련하여, 피고들이 거래물량 배정에 관한 기본합의[85]와 그 이행을 위한 '밸런스 방식'[86] 및 '순번제 방식'[87]의 합의에 따라 원고와 OPGW 매매계약을 체결하거나 입찰을 유찰시킨 후 수의계약을 체결하였고 이와 같은 피고들의 부당한 공동행위로 인해 원고가 손해를 입었음을 이유로 손해배상을 청구하였다.

특이한 점은 원고는 ① 공정위가 처분대상으로 삼은 피고들의 17건의 행위(이하 '공정위 처분대상 행위'라 한다) 외에도 ② 공정위 처분 대상행위가 이루어진 1999년 상반기부터 2006년 하반기까지 사이에 위 대상행위 외에 원고가 실시한 OPGW 입찰에 피고들이 응찰하거나 또는 원고와 피고들이 수의계약을 체결한 18건(이하 '공정위 처분대상 외의 행위'라 한다), ③ 공정위 처분 대상행위가 이루어진 이후, 즉 공정위의 조사가 개시된 이후인 2007년 상반기부터 2009년 하반기까지 원고가 실시한 입찰에 피고들이 응찰한 6건(이하 '공정위 조사 개시 이후의 행위'라 한다)의 입찰건과 관련하여서도 손해배상청구를 하였다는 점이다.

2) 피고들의 주장

피고들은 공정위 처분대상 행위와 관련하여 2003년 상반기에 피고들 간의 담합이 깨져 기본합의의 효력이 소멸되었고, 그 이후 피고들 사이에 입찰에 관한 의사연락이 있었던 사실만으로 부당한 공동행위가 있었다고 볼 수는 없다고 주장하였다.

공정위 처분대상 외의 행위와 관련하여서는 공정위 처분대상 행위와 같은 기

약자로서, 가공지선(송전선에 벼락이 떨어지는 것을 방지하기 위하여 지면에 연결된 상태로 송전선 맨 위에 설치하는 별도의 선)에 초고속·광대역 통신회선 기능을 수행하는 광섬유를 내장시킨 케이블을 의미한다. OPGW는 낙뢰로부터 송전선을 보호하는 기능과 통신회선 기능을 복합적으로 수행한다.

85) 위 기본합의의 내용은 원고가 입찰을 통해 구매하는 OPGW 물량에 대해서 피고 대한전선, 엘에스, 삼성전자는 각 26.67%씩, 피고 가온전선은 20%의 각 비율로 공급하기로 한다는 것이다.

86) 밸런스 방식이란, 원고의 특정 입찰이 실시될 때 그 입찰이 실시되기 이전까지 각 회사가 수주한 실적과 위 기본합의에서 정한 각 회사의 '기본 M/S', 즉 피고들 사이에 합의된 공급비율을 비교하여 수주실적이 '기본 M/S'에 가장 많이 미달하는 업체를 그 입찰에서의 수주예정자로 선정하는 방식이다.

87) 순번제 방식이란 말 그대로 피고들 사이에서 순서를 정하여 수주예정자를 선정하는 방식이다. 피고들은 밸런스 방식에 따른 의견조정이 되지 않아 2003년 상반기 실시 구매입찰에서 경쟁이 이루어지게 되자, 2003년 하반기 구매입찰에서부터 총 2차에 걸쳐 순번제 방식의 합의를 하게 된다. 순번제 방식에서는 각 회사의 실제 수주실적을 기본합의에서 정한 배정 물량대로 맞추는 데 어려움이 있어, 피고들은 낙찰받은 회사가 배정물량에 비해 수주실적이 미달된 회사에게 낙찰물량 중 일부를 주문자위탁생산(OEM)의 형태로 나누어 주는 방식을 추가하였다.

간 내에 있었다거나 투찰율(예정가격 대비 투찰가의 비율)이 높다는 것만으로 담합이 있었다고 볼 수 없고, 유찰수의계약 방식으로 체결된 건은 담합 때문이 아니라 첨탑 교체 및 이설로 인한 물량으로서 최초 설치 업체 외의 다른 업체들이 참가할 동기가 낮았기 때문에 유찰된 것에 불과하여 손해배상책임이 성립하지 않는다고 주장하였다. 피고들은 공정위 조사 개시 이후의 행위에 관하여는 담합행위가 있었다고 볼 만한 아무런 증거가 없고 원고의 일방적인 추측에 불과하다고 주장하였다.

가사 피고들 사이에 일부 공동행위가 있었다 하더라도, 이는 OPGW 시장의 특성과 원고의 불합리한 구매 관행에서 비롯된 것으로서 위법하지 않다고 주장하였으며, 공정위 처분대상 행위 및 공정위 처분대상 외의 행위 중 일부 입찰건에 대해서는 각 담합행위가 종료된 날로부터 10년이 지난 후 소가 제기되었으므로 소멸시효가 완성되었다고 주장하였다.

3) 1심에서의 법원 감정

감정인은 OPGW의 경우 국제시장과 국내시장이 단절되어 있는 까닭에 해외시장에서의 가격형성과정과 국내시장에서의 가격형성과정이 다를 수 있다는 점, 국내의 경우 원고 이외에는 OPGW에 대한 다른 구매처가 존재하지 않는 점을 이유로 비교시장법을 사용하기는 어렵다고 판단하였다. 한편, 전후비교법을 사용할 경우 시간의 흐름에 따라 다른 요인에 의해 시장가격이 변동할 가능성이 있어 다른 가격형성 요인을 통제할 필요가 있다고 하면서, 전후비교법과 비용·마진 추정방법을 혼합한 hybrid 방식인 일정마진 접근법(constant margin approach)에 따라 손해액을 산정하였다.

감정인은 손해액 산정에 있어 전후비교법 측면에서 경쟁기간을 어떻게 볼 것인지와 관련하여 2가지 가설을 세우고 각각 분석을 진행하였다. OPGW 사건에서는 경쟁기간에서 관측된 경쟁가격의 후보 군으로 담합 중 합의가 파기된 2003년 상반기 입찰건이 존재하였고, 담합 후 입찰인 2008년 및 2009년 입찰건도 존재하였다. 하지만 2003년 상반기 입찰건의 경우 단 한 차례에 불과하였다는 점에서 이 때 관측된 가격이 장기적 경쟁가격인지에 대한 판단이 필요하였다. 2008년 및 2009년 입찰건의 경우 담합기간 동안의 관행으로 인해 담합 종료 후에도 가격이 경쟁적으로 책정되지 않았을 가능성 또는 담합 종료 후 담합에 따

른 비판을 피해 일시적으로 낮은 가격을 책정하였을 가능성과 2008년 및 2009
년의 입찰에서는 OPGW 신규설비에 대한 수요 감소로 인해 그 이전 기간에 비
하여 원고의 구매량이 현저히 낮은데 따른 이질성이 문제되었다. 감정인은 이를
모두 고려하여 최종 판단을 법원에 유보한 채, 경쟁기간에 대한 2가지 가설(가설
1: 2003년 상반기 경쟁입찰의 낙찰가격을 경쟁가격으로 가정, 가설 2: 2008년 및 2009년
의 낙찰가격을 경쟁가격으로 가정)을 세우고 각각에 대해 분석을 진행하였다.

한편, 감정인은 비용·마진 추정방법 측면에서 비용지수와 경쟁가격 간에 일
정한 비율의 관계가 있다고 가정하는 정률마진 방식과 비용지수와 경쟁가격 간
의 격차가 일정하다고 가정하는 정액마진 방식을 제시하면서, 먼저 OPGW 생
산비용 중 재료비의 90% 이상을 차지하는 광섬유, 알루미늄, 경강선의 단가에
소요량을 곱하여 계산한 재료비를 각 규격별 OPGW의 '비용지수'로 삼고, 그
비용지수를 바탕으로 정률마진 방식에 따라 위 가설 1, 2 하에서의 부당이득액
(Overcharge)을 산정하였다. 정률마진 방식 하에서는 "경쟁가격 = α × 비용지수"
의 공식이 성립하고, 가설 1에 따르면 2003년 상반기 낙찰가격을 경쟁가격으로
가설 2에 따르면 2008년 및 2009년의 낙찰가격을 경쟁가격으로 가정하기 때문
에, 각 가설 하에서의 α 값을 산정할 수 있는 것이다.

나아가 감정인은 모형의 확장을 통해 정률마진 방식 뿐만 아니라 정액마진
방식도 함께 제시하고, 위 비용지수에 재료비뿐만 아니라 노무비 및 경비까지
포함시킨 새로운 비용지수를 계산, 반영하여 총 4가지 경우의 수[88]에 따른 부당
이득액을 산정하였다. 그리고 위 각각의 경우에 있어 2003년을 기준으로 노무비
및 경비가 비용지수에서 차지하는 비율이 0%, 5%, 10%, 15%, 20%인 상황으
로 구분하고 그에 따른 부당이득액을 각각 산정하였다.

4) 1심 판결의 요지[89]

1심 법원은 공정위 처분대상 행위와 관련한 피고들의 주장에 대하여, 2003년
상반기에 일회적으로 담합행위가 이루어지지 않았다고 하여 부당한 공동행위가

---

88) 정률마진 방식과 가설 1이 결합한 경우, 정률마진 방식과 가설 2가 결합한 경우, 정액마진 방식과
    가설 1이 결합한 경우, 정액마진 방식과 가설 2가 결합한 경우.
89) 1심 판결에 대해 원피고 모두 항소하였으나, 항소심에서는 원고 패소부분 중 일부 지연손해금 부분
    에 대해서만 인용되었고 나머지 항소는 모두 기각되었으며, 피고가 상고한 상고심에서는 심리불속
    행기각결정에 이루어졌기 때문에 별도로 살피지 않는다.

종료되었다거나 기본합의가 파기되었다고 할 수 없다고 판시하였다. OPGW 시장의 특성과 원고의 불합리한 구매 관행과 관련한 피고들의 주장에 대하여는, 그 주장 사유들은 단순한 사업경영상 필요 또는 거래상의 합리성 내지 필요성에 관한 것에 지나지 않는 것으로 부당한 공동행위의 해당성을 조각하기 위한 '정당한 이유'로 인정될 수 없다고 판시하였다.

공정위 처분대상 외의 행위와 관련하여서는 공정위 처분대상 행위가 있었던 1999년 상반기부터 2006년 하반기까지 사이에 각 입찰이 실시되어 피고들 중 일부가 입찰에 참여하여 낙찰을 받거나 유찰된 후 원고와 수의계약을 체결한 점, 피고들 사이의 담합에 관한 명시적 합의인 기본합의가 유효하게 존재하는 기간에 이루어진 것인 점, 공정위 처분대상 행위보다 금액이 비교적 적을 뿐 행위의 방식은 동일한 점, 공정위 처분대상 행위 및 처분대상 외의 행위에 따라 피고들이 실제로 얻게 된 수익을 합산한 금액의 비율이 기본합의에서 정한 비율에 근접하는 점, 공정위가 처분대상 외의 행위에 관하여 명시적으로 부당한 공동행위에 해당하지 않는다고 판단한 자료를 찾을 수 없는 점 등에 비추어, 공정위 처분대상 외의 행위도 피고들 사이의 명시적 합의인 기본합의와 밸런스 방식 합의 및 순번제 방식 합의에 따라 OPGW 시장에서의 경쟁을 부당하게 제한하는 공동행위에 해당한다고 판시하였다.

다만, 공정위 조사 개시 이후의 행위와 관련하여서는, 공정위의 조사 개시 이후에 실시된 각 입찰에 응찰하거나 수의계약을 체결한 사실만으로는 피고들이 공정위의 조사에도 불구하고 계속하여 이 사건 기본합의의 효력을 유지하기로 하고 그에 따라 미리 수주예정자를 정하여 위 각 입찰에 참여하였다는 점을 인정하기에 부족하다고 판시하였다.

피고들의 소멸시효 항변과 관련하여서는, 민법 제766조 제2항에 따른 소멸시효는 입찰에 따른 구매계약이 성립된 때부터 진행된다고 할 것이므로, 입찰에 따른 구매계약 성립일 또는 수의계약일로부터 10년이 지나 소가 제기된 건은 위 소멸시효가 완성되었다고 판시하였다.

손해액 산정방법과 관련하여서는 감정인 의견과 마찬가지로 일정마진 접근법에 따라 손해액을 산정하되, 경쟁기간 설정에 있어서는 2003년 상반기 입찰건에서 경쟁이 이루어졌고 낙찰자로 선정된 피고 엘에스의 투찰율이 53.3%였다는 점을 고려하여 2003년 상반기 입찰건 무렵을 경쟁기간으로 설정하였고(즉 감정인의 감정기간에 대한 가설 중 가설 1을 선택하였고), 경쟁가격과 비용지수 사이의 관계에 관한 가설에 있어서는 비용지수 외의 다른 생산비용들과 적정마진이 시간의 흐름이나 비용지수의 변동에 따라 일정한 비율로 함께 변화한다고 보는 정률마진이 합리적이고 적합한 가설로 판단하였으며, 감정인의 감정결과 및 한국은행의 1999년부터 2006년까지의 기업경영분석 제조원가명세서 자료, OPGW 생산비용 중 노무비 및 경비에 관한 충분하고 정확한 자료를 찾는 것은 사실상 불가능한 점 등을 고려하여 2003년을 기준으로 비용지수 중 노무비 및 경비가 차지하는 비중을 20%로 하여 손해액을 산정하였다.[90]

한편, 원고가 피고들의 담합으로 인한 OPGW 구입비용 상승분을 전기요금 결정 및 인상에 반영함으로써 손해가 발생하지 않았거나 상승분만큼을 공제하여야 한다는 취지의 피고들의 손해 전가 주장에 대해서는, 담합으로 인한 OPGW 구입비용 상승에 따른 원고의 손해와 원고가 전기요금 인상에 의하여 취득한 가액 사이에 상당인과관계를 인정하기는 어렵다는 이유로 받아들이지 않았다.

그러면서도 정률마진 방식이 전적으로 타당하지 않은 점, 노무비 및 경비에 관한 정확한 자료를 찾는 것은 극히 곤란한 점, 원고가 피고들의 담합 가능성을 의심할 수 있었음에도 이에 대하여 상당한 주의를 하지 않은 점, 원고가 피고들의 담합행위로 인하여 입은 손해 중 일부를 전기요금을 통해 전기 사용자들에게 전가하였을 가능성을 전혀 배제할 수는 없는 점 등을 고려하여, 손해의 공평한 분담이라는 손해배상제도의 이념에 비추어 피고들의 원고에 대한 손해배상책임을 위 손해액의 70%로 제한하였다.

(2) 위 판결의 의의

위 1심 판결은 공정위의 인정 사실 및 판단은 법원을 구속하지 못한다는 법리 아래 공정위 처분대상 외의 행위에 대해서까지 손해배상책임을 확장하고, 단순한 사업경영상의 필요는 담합의 위법성 조각 사유가 될 수 없다는 법리 아래 판단을 하였으며, 민법 제766조 제2항에 따른 장기소멸시효의 기산점을 계약체결시로 보고 있다.

---

90) 감정인은 감정서에서 한국은행 기업경영분석의 제조원가명세서를 통해 2003년에 총제조비용(=재료비+노무비+경비)에서 차지하는 '노무비+경비'의 비중이 약 20%임을 알 수 있다고 밝히고 있다. 다만, 2003년을 기준으로 삼은 것이 자의적일 수 있다는 잠재적인 문제점을 고려하여 위 비중을 0%부터 20%까지 변화시켜 분석결과를 산정하였다.

손해액 산정방법과 관련하여서는 감정인의 의견에 따르면서도, 감정인이 제시한 가설들 중 제반 사정을 고려하여 합리적이라고 판단되는 가설을 선택하여 손해액을 인정하였다. 동시에 감정방식의 한계와 비용전가 가능성을 고려하여 손해의 공평한 분담이라는 손해배상제도의 이념에 비추어 감정인이 구체적인 비용전가액을 산정하지 않았음에도 손해배상책임을 손해액의 70%로 제한하였다.

한편 제766조 제2항에 따른 장기소멸시효의 기산점에 관한 판단은 아래에서 살펴볼 서울지하철 7호선 담합 사건의 1심 판결의 판단과 차이가 있는바, 이는 향후 상급심 법원에서 정리되어야 할 것으로 보인다.

6. 엘리베이터 담합 사건 판결[91]

(1) 소송의 경과

1) 원고의 청구원인

원고 한국토지주택공사는 피고 엘리베이터 6개사를 상대로 피고들이 1996. 4.경부터 2005. 11. 24.경까지 원고가 실시한 50건의 엘리베이터 입찰에 참가하면서 담합행위를 하였고, 위와 같은 행위는 공정거래법 제19조 제1항 제1호, 제3호, 제4호에서 금지하고 있는 부당한 공동행위에 해당하며, 이로 인하여 원고는 경쟁가격보다 높게 형성된 낙찰가격을 계약금액으로 하여 물품구매계약을 체결하는 손해를 입었다고 주장하면서, 피고들을 상대로 공정거래법 제56조 제1항 및 민법 제750조에 기한 손해배상을 청구하였다.

원고는 소송 초기에는 경쟁가격을 예정가격에 최저 투찰률을 곱하여 산정해야한다고 주장하다가, 감정이 이루어진 후 감정결과에 따른 가격인상분(overcharge)을 손해액으로 주장하였다. 참고로 감정인은 가격인상분(overcharge)과 그 금액에서 비용전가분(cost pass-through)을 공제한 이익감소분(lost profit)을 계량경제학적 방식으로 모두 추정하였다.

2) 피고들의 주장

피고들은 예정가격에 최저 투찰률을 곱하여 경쟁가격이나 손해액을 산정할

---

91) 서울남부지방법원 2013. 11. 28. 선고 2009가합5378 판결; 서울고등법원 2014. 12. 18. 선고 2014나4899 판결; 현재 한국토지주택공사가 상고하여 대법원 2015다6494 사건으로 계속 중이다.

수는 없고, 계량경제학적 방식에 의해 손해액을 산정할 필요가 있다고 주장하였다. 감정결과가 나온 후에는 비용전가분에 기초한 비용전가 항변 및 손해배상책임 제한 주장을 하였다. 나아가 일부 입찰건의 경우 손해배상의 대상에서 제외되어야 하고, 감정인의 기본모형이 수정될 필요가 있다고 주장하였다.

구체적으로, 피고들은 ① 담합에 참여하지 않은 업체가 낙찰받은 입찰(감정서상 설명변수 'DUM 1'), ② 합의된 업체가 아닌 다른 업체가 낙찰받은 입찰(설명변수 'DUM 2'), ③ 담합이 중단된 기간에 이루어진 입찰(설명변수 'DUM 3'), ④ 담합에 참여하지 않은 업체가 입찰에 참가하여 사실상 경쟁입찰이 이루어진 입찰(설명변수 'DUM 4')은 실질적으로 경쟁입찰에 해당하여 손해가 발생하지 않거나 담합행위와 손해 사이의 인과관계가 존재하지 않으므로 손해배상의 대상에서 제외되어야 한다고 주장했다. 나아가 DUM 1, DUM 2, DUM 3의 경우 사실상 경쟁이 이루어진 것을 전제로 손해를 산정하여야 한다고도 주장했다.

한편, 감정인의 기본모형은 경쟁정도 변수인 '입찰 참가 업체 수'(FIRMNUM)를 통계적으로 의미가 없다는 이유로 기본모형에서 제외하였고, 제도측면 변수에서 예정가격 결정 구간 변경은 'CHANGE'라는 더미변수로 반영하였으나 원고의 적격심사제 시행 여부와 관련하여 최저 투찰률이 변경되어 온 점을 반영하지는 않았다. 피고들은 이러한 기본모형이 담합 기간의 입찰 참가 업체 수에 '1'의 값을 부여하여 '실질적인 경쟁업체의 수'를 설명변수 'CFIRMNUM'으로 고려하고, 1997. 12.경까지의 적격심사제 면제 기간에는 최저 투찰률이 존재하지 않았으나, 적격심사제가 실시된 이후 1998년부터는 최저 투찰률이 73%, 2002. 4. 29.자 입찰부터는 최저 투찰률이 80.5%로 변경되어 온 점을 제도측면 변수로 추가 반영하여야 손해액을 보다 정확히 추정할 수 있다고 주장하였다.

3) 1심에서의 법원 감정

감정인은, 엘리베이터의 시장가격은 담합에 의한 요인 이외에도 엘리베이터의 수요와 공급에 미치는 요인들에 의해 영향을 받는 점을 고려하여, 담합 이외에 엘리베이터 가격에 영향을 미치는 요인을 통제하고 난 후 담합의 효과를 추정하기 위하여 중회귀분석(multiple regression analysis)을 통한 계량분석법(econometric analysis)에 따라 담합으로 인한 손해액을 산정하였다.

감정인은 계량분석법에 따라 엘리베이터 1대당 낙찰가격에 해당하는 단위낙찰가격을 종속변수로, 담합시기를 구분하는 담합 더미 및 담합의 정도를 설명하는 더미변수들, 엘리베이터 가격 결정에 영향을 미치는 수요, 공급, 제도 등에 관한 여러 변수들을 설명변수로 설정한 후, 엘리베이터 시장균형가격의 결정식인 축약형 방정식(reduced form equation)을 기초로 설정한 회귀모형에 이들 설명변수들을 반영하여 단위낙찰가격 및 경쟁가격을 산정하고, {(실제 낙찰단가 − 단위당 가상 경쟁가격) × 수량}의 산식에 따라 손해배상 대상행위에 따른 원고의 추정손해액을 산정하였다.

나아가 아파트 분양가격을 종속변수로 하고, 엘리베이터 가격, 택지비, 공사비, 인근매매가격을 설명변수로 설정한 후, 공사비에 대해 건설공사비지수를 도구변수로 하여, 도구변수 회귀분석을 통한 이익감소분 추정치를 산정하였다.[92]

4) 1심 판결의 요지

1심 법원은 피고들의 민법 제766조 제1항의 단기소멸시효 완성 주장에 대하여, 원고가 2008. 9. 말 공정위로부터 원고가 실시한 엘리베이터 구매입찰과 관련하여 피고들의 행위에 대한 의결내용을 통지받은 무렵에 비로소 원고는 피고들의 입찰담합의 방식, 내용, 기간, 입찰담합에 참가한 업체의 존재, 손해배상청구권의 발생 사실 등에 대하여 현실적이고도 구체적으로 인식할 수 있었다고 할 것이라고 하면서, 위 주장을 배척하였다.

민법 제766조 제2항의 장기소멸시효 완성 주장에 대하여는, 피고들의 합의, 입찰참가, 낙찰자결정 및 계약체결 등의 일련의 과정에서 낙찰자와 원고 사이에 구매계약이 체결됨으로써 피고들의 담합행위는 종료되었고, 원고가 낙찰자에게 지급할 금액이 구체적으로 확정되었으며, 이로 인하여 손해가 현실적인 것으로 되었다고 할 것이므로, 이 사건에서 민법 제766조 제2항에서 정하는 10년의 장기소멸시효의 기산점은 개별입찰에 따른 엘리베이터 구매계약 체결 시라고 보아야 한다고 판시하였다.[93] 이에 따라 이 사건 소 제기일인 2009. 3. 13.로부터 10

---

92) 구체적으로, 엘리베이터 가격이 1% 상승하면 주택 분양원가가 0.0066% 상승하고, 주택 분양가격은 0.0037% 상승한다는 것인바, 이를 바탕으로 비용전가율을 계산하면 56%(= 37/66)가 도출된다. 감정결과에 따르면, 엘리베이터 가격이 1원 인상된다고 가정하면 원고는 그 중 56%를 분양가 인상으로 전가하여 원고의 이익감소분은 44%에 그치게 된다는 것이다. 결국 원고는 총 손해액 중 56%를 분양가 인상을 통해 전가하였으므로, 나머지 44%가 원고의 이익감소분이 되는 것이다.

93) 동시에 통상 엘리베이터 구매계약이 체결된 후 약 2년의 장기간에 걸쳐 대금을 분할하여 지급하는 점을 고려하면, 계약대금 중 일부에 불과한 마지막 대금의 지급일에 손해가 현실적인 것으로 되었다고 볼 수 없다고도 판시하였다.

년 이전에 엘리베이터 구매계약이 체결된 순번 1 내지 9 입찰과 관련하여 발생한 원고의 손해배상청구권은 소멸시효가 완성하였다고 판시하였다.

1심 법원은 손해액을 감정인의 감정결과에 따라 산정하였으며, 밀가루 담합사건에서 대법원 판시 법리에 따라 비용전가분을 손해액에서 공제하지는 않았으나, 손해배상책임의 제한으로 감정결과에서 인정한 비용전가분을 그대로 고려하여 손해배상 액수를 감액하였다.

한편, 피고들이 이의권을 포기하여 공평부담 또는 책임제한을 이유로 한 면책 또는 감액을 주장할 수 없다는 원고의 주장에 대해서는, 피고들이 입찰 참가 당시 서약서를 통해 피고들의 입찰 담합이 있을 경우 원고에 대하여 이의를 제기하지 않겠다고 약정한 것은 '출입금지, 입찰보증금의 몰수, 입찰무효 및 부정당업자로 제재조치' 등 원고가 부과하는 제재에 한정되며, 피고들이 민사소송에서 당연히 제기할 수 있는 항변을 할 수 있는 권리까지 포기한 것으로 보기는 어렵다고 판단하였다.

5) 항소심 판결의 요지

위 1심 판결에 대하여 원고와 피고들은 항소를 제기하였고, 항소심에서는 1심에서 다투어진 쟁점이 재차 검토되었다. 하지만 항소심 판결은 그 결론에 있어서 원고가 피고들로부터 구매한 엘리베이터 중 원고의 사옥을 건축하는데 사용된 엘리베이터 14대에 관하여는 비용전가분을 공제하지 않는 것이 타당하다고 판시한 것을 제외하고는 1심 판결과 차이가 없다.

항소심 판결은 원고의 사옥의 경우에는 그 비용을 전적으로 원고가 부담하는 것으로 볼 수 있으므로, 소비자에게 비용이 전가될 여지가 없다고 할 것이어서, 원고가 피고들로부터 구매한 엘리베이터 중 원고의 사옥을 건축하는데 사용된 엘리베이터에 관하여는 비용전가분을 공제하지 않는 것이 타당하다고 판시하였다.

(2) 위 판결의 의의

감정인은 다양한 변수를 고려하여 가격인상분과 비용전가분 및 이익감소분을 추정하였다. 위 1심 판결과 항소심 판결은 감정인의 분석 결과를 그대로 인용하여, 손해액과 손해배상의 책임 제한액을 판단하였다.

엘리베이터 가격이 아파트 분양가격에서 차지하는 비율이 0.66% 수준에 불과하여 엘리베이터의 가격변화가 분양가에 미치는 영향을 계량적으로 유의하게 추정하는 작업은 현실적으로 쉽지 않을 것으로 예상되었고, 실제로도 통상적인 유의수준에 따른 가설검정 결과 '엘리베이터 가격이 주택가격에 영향을 주지 않는다'는 가설을 기각할 충분한 실증적 증거가 표본 내에 존재하지 않는 것으로 나타났다. 하지만 감정인은 이러한 결과를 '엘리베이터 가격이 주택가격에 영향을 주지 않는다', 따라서 '엘리베이터 가격상승이 주택가격으로 전가되지 않는다'는 직접적인 증거로 해석하는 데는 문제가 있을 수 있다고 하면서 새로운 귀무가설을 제시하여 가설검정을 수행하였다. 구체적으로 감정인은 "분양주택 가격의 엘리베이터가격에 대한 탄력성이 0.001, …, 0.010보다 크다는 일련의 귀무가설"을 제시하고 가설검정을 해본 결과 이 역시 기각되지 않음을 확인하였다. 이러한 수정 귀무가설에 따라 감정인은 "엘리베이터 가격의 상승이 분양주택의 가격상승으로 전가될 가능성을 실증적으로도 배제하기 힘들다"고 하면서 감정서상의 "입찰건별 전가분과 이익감소분의 추정치"에 대하여 "합리적으로 도출된 결과"로 판단된다고 의견을 밝혔다.

항소심 법원은 경제학적 논리에 입각하여 볼 때 위와 같은 감정인의 감정결과가 타당한 것으로 보인다고 판단하였고, 감정서상 비용전가분을 고려하여 손해배상책임의 제한을 하였다. 엘리베이터 가격 인상이 주택가격 인상에 영향을 미치는지 여부에 관한 감정결과에 대하여 법원의 적극적인 검토가 이루어진 부분이다.

한편, 1심 판결과 항소심 판결은 모두 민법 제766조 제2항 장기소멸시효의 기산점은 개별입찰에 따른 엘리베이터 구매계약 체결 시라고 보았다. 이는 아래에서 살펴볼 서울지하철 7호선 담합 사건의 1심 판결과 차이가 있다고 판단되며, 이는 향후 상급심 법원에서 정리되어야 할 것으로 보인다.

7. 서울지하철 7호선 담합 사건 판결[94]

(1) 소송의 경과

1) 원고의 청구원인

원고 서울특별시는 인천광역시와 서울지하철 7호선 연장공사 시행 및 사업비

---

94) 서울중앙지방법원 2014. 1. 10. 선고 2011가합26204 판결; 1심 판결에 대하여 피고들이 항소하여 현재 서울고등법원 2014나9467 사건으로 계속 중이다.

부담에 관하여 업무협약을 체결한 후 위 연장공사를 추진하면서 조달청장에게 공사계약 체결을 요청하였고, 조달청장은 연장공사를 701 내지 706공구로 구분한 다음, 원고가 의뢰한 701 내지 704공구에 대하여 각 공구별로 '기본설계 대안입찰[95]'의 방식으로 입찰공고를 하였다.

연장공사는 공동수급체, 이른바 컨소시엄의 구성을 통한 공동이행이 허용되었는바, 피고 대림산업, 현대건설, 대우건설, 삼성물산은 각각 대표자로서 컨소시엄을 구성하여 701 내지 704공구 입찰에 참가하였고, 각 해당 공구의 낙찰자, 즉 '실시설계 적격자'로 선정되었다.

피고 대림산업, 현대건설, 대우건설, 삼성물산은 각 해당 공구의 '실시설계 적격자'로 선정되기 위해 공구분할 및 형식적 입찰참가, 소위 들러리입찰을 주도하였고, 피고 코오롱글로벌은 피고 현대건설이 702공구의 실시설계적격자로 선정될 수 있도록 702공구의 들러리입찰자로 참여하였다. 위와 같은 공구분할 및 들러리 입찰로 인해, 701공구에서만 경남기업이 실질적으로 입찰에 참여하여 일부 실질적인 경쟁이 이루어졌을 뿐이고, 702 내지 704공구에서는 실질적인 경쟁이 일어나지 않았다.

원고는 낙찰자인 피고 대림산업, 현대건설, 대우건설, 삼성물산과 들러리입찰자인 피고 코오롱글로벌, 그리고 컨소시엄 구성회사들인 나머지 피고들을 상대로 연장공사 입찰에서 ① 공구분할 및 들러리 입찰, ② 컨소시엄 구성을 통해 사업자들 간의 경쟁을 제한하여 공정거래법 제19조 제1항을 위반하여 원고가 손해를 입었으므로, 위 피고들은 공정거래법 제56조에 따라 원고의 손해를 배상할 책임이 있다고 주장하였다.

2) 피고들의 주장

피고들의 주장 중 소멸시효 항변을 정리하면 다음과 같다. 먼저 피고들은 공정위가 2007. 7. 11. 담합행위를 인정하고 과징금을 부과할 것을 의결하였고 이

---

95) '대안입찰'은 원안입찰과 함께 '대안'이 허용된 공사의 입찰을 말하고, '대안'이라 함은 정부가 작성한 기본설계 또는 실시설계에 대하여 기본방침의 변경 없이 정부가 작성한 설계에 대체될 수 있는 동등 이상의 기능 및 효과를 가진 신공법·신기술·공기단축 등이 반영된 설계로서 해당 설계서상의 가격이 정부가 작성한 설계서상의 가격보다 낮고 공사기간이 정부가 작성한 설계서상의 기간을 초과하지 아니하는 방법(공기단축의 경우에는 공사기간이 정부가 작성한 설계서상의 기간보다 단축된 것에 한한다)으로 시공할 수 있는 설계를 말한다(국가를 당사자로 하는 계약에 관한 법률 시행령 제79조).

와 같은 사실이 2007. 7. 17. 언론보도를 통해 알려졌으므로, 원고는 그 무렵 담합행위로 말미암은 손해 및 가해자를 알았다고 할 것인데 이 사건 소는 그로부터 3년이 지난 2010. 7. 23. 제기되었으므로, 원고의 피고들에 대한 손해배상청구권은 민법 제766조 제1항의 3년 단기소멸시효가 완성되었다고 주장하였다.

다음으로, 지방자치단체인 원고의 손해배상청구권은 지방재정법 제82조에 의하여 '불법행위가 있은 날'로부터 5년간 행사하지 않으면 시효로 소멸한다고 할 것인데, 이 사건에서 위 소멸시효의 기산점은 ① 피고들이 담합행위를 한 2004. 11. 초순경이거나 ② 늦어도 원고가 공사대금 채무를 부담함으로써 위 피고들의 담합행위로 인한 손해가 현실화된 '1차분 계약'을 체결한 2004. 12. 30.이라 할 것이고, 이 사건 소는 그로부터 5년이 지난 2010. 7. 23. 제기되었으므로, 원고의 위 피고들에 대한 손해배상청구권은 지방재정법상 5년의 소멸시효가 완성되었다.

한편, 피고들은 아래에서 보는 감정인의 가상 경쟁가격의 낙찰률 추정방식과 관련하여, ① 701공구와 702 내지 704공구는 실제 낙찰률에 차이가 있고, 각 공구별 공사물량이나 난이도에서 차이가 있어 그 경쟁상황이 같을 수 없는 점, ② 701공구의 낙찰률이 비정상적으로 낮은 이유는 경남기업이 원안설계 입찰방식으로 입찰에 참여함에 따라 피고 대림산업도 더욱 낮은 가격으로 입찰함으로써 가격 과당경쟁이 발생하였기 때문인 점, ③ 기존 대안설계 입찰방식 사례에서의 낙찰률은 80%보다 훨씬 높았던 점 등을 고려하면, 701공구의 낙찰률인 80.74%를 702 내지 704공구 가상 경쟁가격의 투찰률 상한으로 간주하는 것은 부당하다고 주장하였다.

3) 1심에서의 법원 감정

감정인은 가상 경쟁가격의 투찰률 하한선과 상한선을 분석하고 그 중간값을 가상 경쟁가격의 낙찰률로 보아, 각 공구의 공사예정금액에 가상 경쟁가격 낙찰률을 곱하여 가상 경쟁가격을 산정하였다. 그리고 실제 낙찰금액 중 가상 경쟁가격을 상회하는 부분을 피고들의 담합행위로 원고가 입은 손해로 분석하였다.

감정인은 이 사건 가상 경쟁가격의 투찰률 하한선을 80%로 분석하였다. 이 사건 입찰에 적용된 적격심사기준(2000. 4. 29.부터 2006. 5. 25.까지 적용) 상의 '가격점수' 산정 방식을 분석해 볼 때, 대안설계 입찰방식으로 입찰에 참가한 사업자들의 경우, 경쟁자의 입찰금액과의 차이에 따라 산정되는 '가격점수' 항목에서 얻을 수 있는 점수의 범위를 고려하면 80% 미만의 투찰률로 입찰에 참여할 가능성은 매우 적었다는 것이다. 실제로 조달청 계약대장을 기준으로 같은 기간 실제 낙찰률을 분석한 결과에 의하더라도, 자료 확인이 가능한 공사의 낙찰률은 모두 80%를 상회하였던 것으로 파악되었다.

이 사건 가상 경쟁가격의 투찰률 상한선과 관련하여, 경남기업이 실질적으로 입찰에 참여하여 일부 실질적인 경쟁이 이루어진 701공구의 낙찰률 80.74%를 상한선으로 분석하였다. 701공구는 702 내지 704공구와 동일한 시기에 동일한 방식으로 공사예산이 산정되고, 동일한 입찰방식에 의해 입찰이 진행되었으므로, 701공구는 702 내지 704공구와 가장 유사한 경제환경, 거래가격 형성요인을 가진 공구로 판단하였다. 만약 702 내지 704공구에서 공구분할 및 들러리 입찰이 없는 경쟁이 실행되었다면 일부 경쟁이 존재한 701공구의 낙찰률 80.74%보다는 낮은 투찰률이 형성되었을 것으로 보이므로, 이 사건 경쟁가격의 투찰률 상한선을 80.74%로 본 것이다.

이와 같은 분석에 따라 가상 경쟁가격의 투찰률 하한인 80%와 상한인 80.74%의 중간값인 '80.37%'를 가상 경쟁가격의 낙찰률로 보고, 각 공구의 공사예정금액에 80.37%를 곱하여 가상 경쟁가격을 산정하였다.

4) 1심 판결의 요지

1심 법원은 공구분할 및 들러리 입찰에 참여한 피고 대림산업, 현대건설, 대우건설, 삼성물산에 대하여 담합행위에 따른 공동불법행위자로서 각자 701 내지 704공구에서 발생한 원고의 손해를 배상할 책임이 있다고 판시하였다. 702공구의 들러리 입찰에 참여한 피고 코오롱글로벌에 대하여는 702공구에서의 담합행위에 따른 공동불법행위자로서 701공구 낙찰자인 현대건설과 각자 702공구에서 발생한 원고의 손해를 배상할 책임이 있다고 판시하였다. 다만, 이 사건에서 원고는 피고 코오롱글로벌을 상대로 원고가 702공구에서 입은 손해 중 일부에 대해서만 청구하였기에, 원고가 구한 범위에서 손해배상책임이 인정되었다.

하지만 컨소시엄 구성회사들인 나머지 피고들에 대해서는, 이 사건 컨소시엄 구성이 공정거래법 제19조 제1항 각 호에 해당하는 부당한 공동행위라고 인정하기 부족하고 달리 이를 인정할 증거가 없다고 하면서, 원고의 컨소시엄 구성

을 원인으로 한 부당한 공동행위 주장은 이유 없다고 판시하였다. 참고로 공정
위도 공구분할 및 들러리 입찰 참여사들에 대해서만 시정명령 및 과징금 납부명
령을 하였을 뿐, 컨소시엄 구성사들에 대해서까지 처분을 내리지는 않았다.

피고들의 소멸시효 항변과 관련하여, 1심 법원은 민법 제766조 제1항의 3년
단기소멸시효와 관련하여 공정위가 2007. 7. 25. 정식으로 이 사건 공구분할에
대하여 시정명령 및 과징금 납부명령을 서면 의결한 사실, 공정거래법 제45조
제1항에 의하면 공정위가 공정거래법의 규정에 위반되는 사항에 대하여 의결하
는 경우에는 그 이유를 명시한 의결서로 하여야 한다고 규정하고 있는 점을 근
거로, 원고는 최소한 공정위의 정식 서면 의결이 있은 2007. 7. 25. 이전에는 피
고들의 담합행위를 이유로 손해배상을 청구할 수 있다는 것을 인식할 수 없었다
고 보아야 할 것이라고 하며, 피고들의 위 주장은 이유 없다고 판시하였다.

지방재정법상 5년의 소멸시효와 관련하여서는, 가해행위와 그로 인한 현실적
인 손해의 발생 사이에 시간적 간격이 있는 불법행위에 기한 손해배상채권의 경
우, 소멸시효의 기산점이 되는 '불법행위를 한 날'의 의미는 단지 관념적이고 부
동적인 상태에서 잠재적으로만 존재하고 있는 손해가 그 후 현실화되었다고 볼
수 있는 때, 다시 말하자면 손해의 결과 발생이 현실적인 것으로 되었다고 할
수 있는 때로 보아야 한다[96]고 하면서, 원고는 이 사건 공사계약에 따른 공사대
금을 지급할 때까지는 부당입찰 부분에 대하여 무효나 취소를 주장하여 그 대금
지급을 거절할 수 있으므로, 이 사건 공사계약을 체결함으로써 공사대금 지급채
무를 부담하는 것만으로는 손해가 현실화되어 소멸시효가 기산된다고 볼 수 없
고,[97] 원고가 해당 공사금액을 실제로 각 지급한 시점에야 비로소 손해가 현실
화되고 소멸시효가 기산된다고 볼 것이라고 판시하였다. 따라서 이 사건 소 제
기일인 2010. 7. 23.로부터 5년 전인 2005. 7. 22. 이전에 지급된 공사대금 부분
에 관한 원고의 손해배상청구권은 소멸시효가 완성하였다고 판단하였다.

이에 따라 1심 법원은 감정인의 감정 결과에 의하면서도 총 공사금액 기준

---

96) 대법원 2012. 8. 30. 선고 2010다54566 판결.
97) 1심 법원은, 만일 공사계약을 체결한 시점에 손해가 현실화되어 소멸시효가 기산된다고 본다면, 원
　　고로서는 이 사건 공사계약을 체결하였다는 사정만으로는 아무런 현실적인 손해가 없어 부당입찰을
　　이유로 손해배상청구소송을 제기할 수 없음에도 그 손해배상청구권의 소멸시효는 기산된다는 불합
　　리한 결과가 된다고 판시하고 있다. 그리고 같은 맥락으로 손해액 원금에 대한 지연손해금 발생일
　　의 기산점을 원고의 손해가 현실화된 시점, 즉 해당 공사금액을 실제로 각 지급한 시점으로 보았다.

손해에서 각 소멸시효가 완성된 2005. 7. 22. 이전에 지급된 공사대금에 상응하는 손해는 제외하였다.

피고들의 손익상계 주장에 대하여, 1심 법원은 대안설계에 따른 원고의 공사비 절감 및 공사기간 단축으로 인한 이익은 낙찰자 선정 당시 고려된 요소일 뿐 원고의 손해에 대응하는 이익이라고 볼 수 없다는 점, 공적 제재의 성격을 지닌 과징금을 원고의 손해액에서 공제할 이유가 없다는 점을 이유로, 피고들의 손익상계 주장은 이유 없다고 판시하였다.

피고들은 ① 이 사건 가상 경쟁가격을 산정한 이 사건 감정결과가 부정확하다는 점, ② 원고가 담합으로 늘어난 공사비를 지하철 요금 인상을 통하여 최종 소비자들에게 전가하였을 것인 점 등을 고려하면, 원고의 손해액 산정시 위 피고들의 책임을 제한하여 손해액을 감액하여야 한다고 주장하였다.

그러나 1심 법원은 ① 감정인의 가상 경쟁가격에 관한 감정결과가 부당하다고 보이지 않는 점, ② 설령 원고가 위 피고들의 담합행위로 입은 손해액을 시민들의 지하철 요금에 반영하였다고 할지라도, 원고와 그 구성원인 시민은 실질적으로 경제적 이해관계가 동일하여 원고의 손해와 이익은 곧 시민의 손해와 이익으로 직결되므로, 지하철 요금을 인상하였다고 하여 이를 들어 손해를 전가하였다고 볼 수 없고, 원고가 피고들로부터 손해배상금을 받게 되면 이는 다시 시민의 이익으로 환원될 것이어서 일단 손해를 보게 된 시민들이 다시 이익을 가지게 되는 점 등에 비추어, 피고들의 책임 제한 관련 주장을 받아들이지 않았다.

한편, 원고는 피고들이 이 사건 공사계약의 내용으로 편입된 담합금지의무를 위반한 채무불이행책임도 부담하므로 상법이 정한 연 6%의 비율에 의한 지연손해금 지급을 구하였다. 하지만 1심 법원은 계약서 기재만으로는 담합금지의무가 이 사건 공사계약의 내용으로 편입되었다고 인정하기에 부족하고 달리 이를 인정할 증거가 없다고 하며, 원고의 위 주장을 받아들이지 않았다.

(2) 위 판결의 의의

앞서 본 OPGW 담합 사건의 1심 판결은 감정방식의 한계와 비용전가 가능성을 고려하여 손해의 공평한 분담이라는 손해배상제도의 이념에 비추어 감정인이 구체적인 비용전가액을 산정하지 않았음에도 손해배상책임을 손해액의 70%로 제한한 반면, 위 1심 법원은 책임제한을 하지 않았다.

위 사건 1심에서의 법원 감정은 "일부 실질적인 경쟁이 이루어진 701공구의 낙찰률 80.74%를 상한선으로 분석"하였고, 이를 토대로 가상 경쟁가격의 낙찰률을 산정하였다. 건설공사는 각 공구별 공사물량이나 난이도에서 차이가 있어 담합이 이루어진 공구에 대한 비교대조군을 찾기 어려웠을 것으로 보인다. 그러나, 공구별 공사물량이나 난이도에서 차이가 있어 각 공구별로 경쟁상황이 같을 수 없는 점, 701공구의 경우 경남기업이 원안설계 입찰방식으로 입찰에 참여한 점, 기존 대안설계 입찰방식에서의 낙찰률은 80%보다 훨씬 높았던 점 등의 피고들의 주장이나, 역으로 701공구 역시 입찰에 담합행위자들이 관여하였다는 점을 고려하면, 701공구의 낙찰률을 가상 경쟁가격의 낙찰률 산정에 그대로 고려하는 것은 그 전제에서 어느 정도 한계가 있는 것으로 보인다. 또한, 서울특별시와 그 구성원인 서울시민의 경제적 이해관계를 동일시하였다는 점 역시 다소 논거가 부족해 보인다(서울지하철 7호선 탑승자는 비단 서울시민에 국한되지 않을 것이다). 이러한 점을 고려한 책임제한이 가능할지 여부는 향후 상급심 법원에서 정리되어야 할 것으로 보인다.

한편, 위 1심 법원은 소멸시효의 기산점이 되는 '불법행위를 한 날'에 대하여 OPGW 담합 사건 판결이나 엘리베이터 담합 사건 판결과 달리 보고 있다. 이 역시 상급심 법원에서 정리되어야 할 쟁점으로 보인다.

8. 엽연초비료 담합 사건

(1) 소송의 경과

1) 원고 청구원인 및 손해액 산정방법

엽연초 손해배상 소송에서 원고의 청구원인은, 비료판매회사들인 피고들이 2000년부터 2010년까지의 기간 동안 연초용 비료의 입찰에서 투찰가격과 낙찰자를 합의하여 정하고, 입찰절차에서 낙찰자가 결정되면 물량을 배분하는 행위(이하 '이 사건 공동행위')를 하였고, 원고는 이 사건 공동행위로 인하여 부당하게 높게 형성된 가격으로 연초용 비료를 구입함으로써 손해를 입었다는 것이다.

2) 피고들의 주장

피고들은 감정인의 감정결과는 통계적 유의성이 없어 해당 수치만큼 가격상

승효과가 있다고 단정할 수 없으므로 손해 발생사실과 그 규모가 증명되었다고 볼 수 없고, 원고는 연초용 비료의 구매대금을 직접 부담하지 않고 농민들을 위하여 연초용 비료의 구매대행 업무를 하면서 그 수수료를 지급받을 뿐인바, 설령 이 사건 공동행위로 연초용 비료 가격이 상승하였다고 하더라도 그로 인하여 원고가 손해를 입었다고 볼 수 없다고 주장하였다.

3) 감정인의 손해액 산정방법

이와 관련하여 감점인은 중회귀분석을 이용한 "전후비교방법"을 사용하였고, 소멸시효가 도과된 기간을 제외한 2003년부터 2010년까지 총 8년간 피고들이 취득한 부당이득액을 약 19억원으로 추정하였다. 하지만 기본모형을 추정한 결과 담합효과 추정치는 0.0389[98]가 도출되었으나, 표준오차 0.0482에 비추어 볼 때 위 추정치는 통계적 유의성(statistical significance)을 갖추지 못하였다.

4) 1심 판결의 요지

법원은, ① 원고는 구매계약에서 정한 낙찰자에 대한 대금지급의무를 이행하는 데 경작자의 몫인 지원금, 선급금 및 대출금을 이용하였을 뿐, 자기 고유의 자금을 지출하지 않은 점, ② 원고가 경작자로부터 받는 수수료는 실비 변상적 성격을 갖는 것으로 수수료의 변동이 연초용 비료의 낙찰대금 인상에서 비롯되었음을 인정할 증거가 없는 점, ③ 원고는 엽연초조합을 통하여 경작자의 수요를 파악한 다음 엽연초조합의 물품구매요청에 따라 연초용 비료를 구매하였으므로, 연초용 비료의 가격인상으로 연초용 비료에 대한 장기적인 수요량도 변동되지 않는바, 낙찰대금의 인상으로 원고가 지급받는 수수료가 인상될 경우 인상된 수수료액과 일정 수준을 유지하는 전체 거래물량을 곱한 수수료 합계는 인상 전보다 늘어날 수는 있어도 반대로 줄어든다고 볼 수는 없는 점, ④ 감정인의 감정결과는 피고들의 부당이득액을 감정한 것으로 피고들의 이 사건 공동행위로 인하여 원고가 손해를 입었는지 여부와 직접적인 관련이 없다는 점 등을 이유로 원고의 청구를 기각하였다.

---

98) 이는 비료의 주원료 가격, 환율 등 담합 이외의 요인이 연초용 비료 가격에 미친 효과를 통제하여 순수히 담합으로 인한 영향을 고려하면, 연초용 비료 가격이 비담합기간에 비하여 담합기간 동안 약 3.89% 정도 높았다는 것을 의미한다.

(2) 위 판결의 의의

이 사건 공동행위로 손해를 입은 것은 낙찰자와 구매계약을 체결하는 원고가 아니라 연초용 비료의 소비자인 경작자라는 점과 감정결과를 통해 산출된 담합으로 인한 "부당이득액"의 경우 원고가 손해를 입었는지 여부와 직접적인 관련이 없다는 점을 분명히 하였다는 점에서 그 의의를 찾을 수 있다.

9. 영화상영관 무료 초대권 사건 판결[99]

(1) 소송의 경과

1) 사안의 개요

공정위는 멀티플렉스 영화상영관들이 배급사와 사전협의 없이 무료 초대권을 발급하는 행위가 거래상 지위의 남용(불이익제공)에 해당한다는 이유로 시정명령을 내린 바 있다.[100] 멀티플렉스 영화관들은 이를 법원에서 다투지 않았으며, 공정위 시정명령의 취지에 따라 배급사들과 협의를 거쳐 영화상영계약에 무료 입장권 발급의 한도를 규정하였다.

그런데 일부 영화제작업자 및 투자자들은 멀티플렉스 영화상영관 3사를 상대로 위 공정위 의결 이전에 영화상영계약을 맺은 영화에 관한 무료 초대권(입장권) 발급에 대하여 손해배상을 청구하였다.

2) 1심 판결의 요지

1심은 피고들이 원고들과 사전 협의 없이 무료 초대권을 발급한 것은 거래상 지위 남용 행위(불이익제공)로서 손해를 배상하여야 한다고 판단하였다.

3) 2심 판결의 요지

서울고등법원은 2015. 1. 9. 다음과 같은 이유로 위와 같은 1심 판결을 취소하고 원고들의 청구를 기각하였다.

① 원고들과 피고들 사이에 원고들이 주장하는 불공정거래행위 성립의 전제

---

99) 서울중앙지방법원 2013. 10. 4. 선고 2011가합15266 판결; 서울고등법원 2015. 1. 9. 선고 2013나74846 판결.

100) 「씨제이씨지브이(주)의 거래상지위남용행위에 대한 건」(공정위 2008. 2. 21. 의결 제2008-056호) 등.

가 되는 거래관계가 존재한다고 볼 수 없다.

공정거래법 시행령 제36조 제1항 [별표 1의2] 제6호 라.목에 따르면 '거래상 지위 남용'의 유형 중 하나인 '불이익제공'은 구입강제, 이익제공강요, 판매목표 강제에 해당하는 행위 외의 방법으로 거래상대방에게 불이익이 되도록 거래조건을 설정 또는 변경하거나 그 이행과정에서 불이익을 주는 행위를 의미한다. 위와 같은 관련 법령의 내용 및 입법취지 등에 비추어 보면, 공정거래법은 거래관계의 존재를 전제로 우월한 지위를 이용하여 거래의 상대방에 대하여 불이익을 주는 행위를 불공정거래행위로 금지하고 있는 것으로 보아야 하고, 거래관계가 없는 자에 대해서까지 그 적용 범위를 확대할 수는 없다(이는 공정위의 불공정거래행위 심사지침을 보더라도 분명하다). 원고들과 피고들 사이에는 아무런 계약 관계가 없고, 단지 원고들은 배급사 등과의 계약에 따라 배급사가 피고들로부터 영화상영계약에 따라 지급받게 되는 수익 중 일부를 배급사로부터 지급받는 지위에 있을 뿐이다(원고들이 배급사 등과 체결한 계약을 보면 대체로 영화상영에 관한 마케팅 권한이 배급사에게 있다).

② 무료입장권 발급이 부당하게 불이익을 주는 행위에 해당한다고 단정할 수 없다.

먼저 무료입장권 발급의 마케팅 효과가 미미하다고 단정할 수 없다. 무료입장권의 대부분은 여가 시간에 다른 오락 수단보다 영화 관람을 선택하게 하는 유인효과가 있다. 그리고, 무료입장권의 규모가 적정 범위 내인 경우 사전 협의가 없었다는 사정만으로 부당하게 불이익을 주는 행위로 볼 수 없다.

③ 무료입장권을 통해 관람한 관객수에 해당하는 입장 수입 감소의 손해가 발생하였다는 원고들의 주장은 받아들일 수 없다.

무료입장권을 발급하지 아니하였다면 모든 관객들이 당연히 입장료를 지급하고 영화를 관람하였을 것이라고 단정하기 부족하다. 그리고, 무료입장권 발급을 통한 유료 관객 창출 및 입장 수입증대의 효과도 있다.

(2) 서울고등법원 판결의 의의

1심에서는 영화상영관으로부터 받은 입장료 수입을 배급사와 영화제작업자 및 투자자가 분배받는 구조라는 이유로 간접적인 거래관계를 인정하여 사전 협의 없는 무료입장권 발급 행위를 불공정거래행위로 판단하였는데, 항소심에서는 이와 같이 거래관계의 상대방을 확대해서는 안 된다고 본 점에 의의가 있다.

그리고 손해발생의 입증책임이 원고들에게 있다는 원칙을 구체적인 사안에서 다시 한 번 확인하여 주었다는 점에서도 의의가 있다고 생각된다.

10. 화장품 비교 광고 관련 사건

(1) 소송의 경과

1) 원고 청구원인

피고는 2011. 10. 1.부터 미샤 에센스를 출시하면서 "밝고 투명한 피부를 원하시나요? 모자이크의 비밀 뷰티넷에서 확인하세요. 이제 더 이상 값비싼 수입 화장품에 의존하지 않아도 됩니다. 발효 효모액 80% 함유"(이하 '이 사건 광고'라 한다)라는 문구를 사용하여 광고하였고, 2011. 9. 29.부터 2011. 10. 26.까지 뷰티넷 또는 미샤페이스북에서 신청하는 모든 고객을 대상으로, 원고가 수입·판매하는 SK-II 에센스 제품의 다쓴 공병을 전국 미샤 매장으로 가지고 오면 2011. 10. 10.부터 2011. 11. 10.까지 미샤 에센스 정품으로 교환해주는 행사(이하 '이 사건 공병행사')를 하였다.

이에 대한 원고의 청구원인은, 이 사건 광고와 이 사건 공병행사는 각 공정거래법 제23조 제1항 제3호의 "부당한 이익에 의한 고객유인" 및 부당한 의도에 기한 무임승차 행위에 해당하여 위법하고, 또한 이 사건 광고는 미샤 에센스의 품질이 SK-II 에센스와 동일함에도 그 가격이 훨씬 저렴하다는 내용의 광고로 표시·광고법 제3조 제1항 제3호의 "부당하게 비교하는 표시·광고행위"에 해당하여 위법하므로, 민법상 불법행위책임에 기하여 피고가 원고에게 무형적 손해 1억 원을 배상할 의무가 있다는 것이다.

2) 제1심 판결의 요지

제1심은 ① 이 사건 광고 및 이 사건 공병행사의 대상은 피고의 제품을 구매한 고객이나 제3의 회사 제품을 구매한 고객을 제외하고 오직 원고의 제품을 구매한 고객만을 대상으로 하였다는 점, ② 부당한 이익에 의한 고객 유인 행위를 판단함에 있어, 경쟁사업자의 고객을 이익제공자인 피고와 거래하도록 유인할 가능성이 있으면 족하고 반드시 이익제공자와 실제로 거래관계를 맺을 것을 요건으로 하고 있다고 보이지 않는다는 점, ③ 이익제공의 방법에는 제한이 없다고 할 것인데, 피고는 이 사건 제품을 무상 제공함으로써 원래 지급받아야 할 대금 비용을 면제하여 준 점, ④ 이 사건 광고 및 이 사건 공병행사로 소비자 후생 증대 효과와 효율성 증대 효과가 현저히 나타났다고 인정할만한 증거는 부족한 점을 들어, 이 사건 광고 및 이 사건 공병행사는 정상적인 거래관행에 비추어 부당하거나 과대한 이익을 제공한 것이므로, 공정거래법 제23조 제1항 제3호의 부당하게 경쟁자의 고객을 자기와 거래하도록 유인하는 행위에 해당한다고 판단하였다.

또한 제1심은, ① 이 사건 광고 및 이 사건 공병행사의 대상은 오직 원고의 제품을 구매한 고객만을 대상으로 한 점, ② 미샤 에센스도 SK-II 에센스 제품처럼 발효효모액을 함유하기는 하였으나 그 성분은 동일하지 않은 것으로 보이고, 피고가 이 사건 광고 및 이 사건 공병행사 이전에 두 제품의 성분비교분석을 한 사실은 없는 점, ③ 피고는 SK-II 에센스 제품을 특정하여 미샤 에센스와 그 품질이 비슷하다는 것처럼 광고한 것으로 보이고, 실제로도 원고는 기존 원고의 고객들로부터 이 사건 광고 및 이 사건 공병행사와 관련하여 SK-II 에센스 제품이 이 사건 제품과 동일하게 평가받는다는 것에 대하여 불만제기를 받은 점을 들어, 피고가 이 사건 광고 및 이 사건 공병행사를 한 것은 SK-II 에센스 제품의 고급 이미지를 실추시키고 그 사회적 평가나 신용을 훼손하는 행위라고 할 것이고, SK-II 에센스 제품의 인지도에 편승하려는 무임승차 행위이기 때문에 공정한 거래질서에 반하는 불법행위라고 판단하였다.

그리고 제1심은 위 사정들 및 원고와 피고가 경쟁업체인 점 등 여러 사정을 참작하면 피고가 원고에게 배상하여야 할 무형적 손해에 대한 배상액은 50,000,000원 정도로 정함이 상당하다고 판단하였다.

3) 제2심 및 대법원 판결의 요지

제2심 및 대법원은 제1심 법원의 판단과 달리 원고의 청구를 기각하였다. 제2심 및 대법원은 ① 화장품 업계에서는 다양한 형태의 샘플이나 정품 증정행사가 관행적으로 이루어지고 있고, 특히 신제품을 출시할 경우 샘플이나 고가의 정품을 무료로 제공하여 소비자들이 직접 체험할 수 있도록 하는 마케팅 수단이 보편적으로 활용되고 있는 점, ② 이 사건 공병행사는 피고가 미샤 에센스라는 신

제품을 출시하면서 보편적으로 활용되고 있는 점, 이 사건 공병행사는 SK-II 에센스의 공병을 가지고 오는 소비자에게 피고 제품을 구매하여야 한다거나, SK-II 에센스를 구매하지 못하게 하는 등의 아무런 조건 없이 미샤 에센스를 무료로 제공하여 제품 사용의 기회를 주는 것에 중점이 있는 점, ③ 피고는 이 사건 공병행사의 광고문에 "부담없이 경험하고, 냉정하게 평가하자"라고 기재하였고, 소비자 입장에서는 두 제품을 모두 사용해 보고 품질과 가격을 비교평가할 기회를 갖는 반면, 다시 미샤 에센스를 구입할 것인지의 최종결정은 여전히 소비자의 선택에 맡겨져 있는 점, ④ SK-II 에센스는 미샤 에센스보다 약 3배 이상 고가의 수입화장품으로서 그 판매처나 구입하는 소비층이 같다고 할 수 없어 1회적으로 실시된 이 사건 공병행사로 인하여 SK-II 에센스를 구매하던 소비자가 미샤 에센스를 실제로 구입하게 될 것이라고 단정하기 어려운 점 등을 이유로 이 사건 광고 및 이 사건 공병행사가 '부당한 이익에 의한 유인행위'에 해당한다고 보기 어렵다고 판단하였다.

또한 제2심 및 대법원은 ① 여러 가지 사정에 비추어 피고가 비교 평가의 대상으로 SK-II 에센스를 선택하였다는 점만으로 그 제품의 인기도에 편승하여 무임승차할 의도였다고 보기 어려운 점, ② 미샤 에센스와 SK-II 에센스는 서로 성분을 달리하는 점, ③ 미샤 에센스가 사용한 원형의 화장품 용기는 피고가 이전부터 다른 화장품에도 적용하여 사용했던 용기 모양인 점에 비추어 미샤 에센스가 SK-II 에센스의 모방품이라고 보기 어려운 점 등을 이유로 부당한 의도에 의한 무임승차 행위로 공정한 거래질서에 반하는 행위로 보기 어렵다고 판단하였다.

그리고 제2심 및 대법원은, 이 사건 광고는 미샤 에센스가 발효 효모액 80%를 함유한 제품이라는 사실과 값비싼 수입화장품과 비교하여 가격이 저렴하다는 사실만을 비교하고 있을 뿐, 그 품질에 대해서는 이 사건 공병행사를 통해 소비자들이 직접 체험하고 냉정하게 평가하여 달라는 내용의 것이므로, 품질에 있어 소비자를 속이거나 소비자로 하여금 잘못 알게 할 우려가 있는 비교광고로 볼 수 없다고 판단하였다.

(2) 위 판결의 의의

위 판결은 이익 제공행위를 함으로 경쟁사업자의 고객을 자기와 거래하도록 유인할 가능성이 인정된다고 하더라도, 개별 사안에서 사업자와 경쟁사업자 상품 간의 가격 등 비교를 통한 소비자의 합리적인 선택이 저해되는지 여부, 대상 행위의 구체적 태양과 해당업계의 거래관행, 해당 업계 사업자 간의 공정한 경쟁질서가 저해되는지 여부와 함께 사업자가 제공하는 경제적 이익의 정도, 그 제공의 방법, 제공기간, 이익 제공이 계속적·반복적인지 여부 등을 종합적으로 고려하여 그 고객 유인행위의 위법성 판단을 하여야 하고, 자기에게 유리한 대상 및 기준을 근거로 다른 사업자의 상품과 비교하는 경우에도 소비자를 속이거나 소비자로 하여금 잘못 알게 할 우려가 없다면, 해당 비교광고는 부당한 비교광고에 해당하지 않는다는 점을 명시하였다는 점에서 그 의미를 찾을 수 있다.

11. 글로비스 사건

글로비스 사건[101]에서 원고들은 ① 현대자동차가 현대모비스의 섀시모듈 부품의 단가를 인상해준 행위, ② 현대자동차가 기아자동차를 대신하여 현대모비스에게 모듈단가 인상분을 지급한 행위, ③ 현대자동차의 글로비스에 대한 운송거래 물량 몰아주기는 각 부당지원행위에 해당하여 현대자동차가 그 지원금 상당액 및 과징금만큼 손해를 입었으므로,[102] 피고들에게 현대자동차에 대하여 위 손해를 배상하라고 청구하였다.

이 사건에서 법원은, ① 현대자동차가 현대모비스의 섀시모듈 부품의 단가를 인상해준 행위, ② 현대자동차가 기아자동차를 대신하여 현대모비스에게 모듈단가 인상분을 지급한 행위, ③ 현대자동차의 글로비스에 대한 운송거래 물량 몰아주기는 모두 부당지원행위에 해당하고, 위 행위는 피고들의 임무해태에 의한 것이므로 피고들에게 손해배상의무가 있다고 인정하였다.

위 판결은, 부당지원행위로 인한 회사의 손해의 경우 주주 대표소송을 통한 이사들에 대한 배상 청구가 가능한 점, 이 때 부당지원행위로 인한 회사의 손해액은 지원금 상당액 및 과징금이라는 점, 공정위의 과징금 부과처분은 적법하게 취소되기 전까지 유효하므로 달리 과징금액이 과다하여 감액 등 변경되어야 할 만한 특별한 사정이 없는 한 회사에게 과징금 상당의 손해가 발생하였다고 보아

---

101) 서울중앙지방법원 2011. 2. 25. 선고 2008가합47881 판결(확정).
102) 편의상 공정거래법 위반에 따른 손해배상청구에 대해서만 살펴본다.

야 한다는 점 등을 명시하였다는 점에서 의의를 찾을 수 있다.

V. 결   론

경쟁법규 위반을 이유로 한 손해배상 소송이 증가하면서 그 유형과 소송상에서 다투어지거나 이론적으로 논의되는 쟁점들도 함께 증가하고 있다. 담합에 따른 손해배상청구뿐만 아니라 시장지배적 지위 남용이나 불공정거래행위를 이유로 한 손해배상청구도 제기되고 있으며, 관련 쟁점으로는 기존의 손해액 산정과 관련한 쟁점에서 입증 관련 전문가 증언의 신뢰성 판단 기준, 증거수집 관련 쟁점들 및 최근의 우산가격효과의 수용문제에 이르기까지 다양한 쟁점이 논의되고 있다.

군납유류 담합 손해배상소송 사건 이후 많은 손해배상 사건의 재판 과정에서 다양한 방식의 감정이 이루어지고 있으며, 하급심 판시 내용 중에는 서로 상충되는 판단도 있다. 이러한 부분은 향후 대법원의 판시를 통해 정리되어야 할 것으로 보인다.

경쟁법규 위반을 이유로 한 손해배상 소송 증가 추세는 앞으로도 계속될 것으로 보이며, 하급심 판결뿐만 아니라 대법원 판결도 계속하여 축적될 것으로 보인다. 이와 함께 관련 쟁점에 대한 이론적 연구도 활발히 진행되고 있는바, 이를 통해 향후 경쟁법규 위반을 이유로 한 손해배상소송에서 더욱 명확한 기준이 확립되고 합리적인 손해액 산정이 이루어지길 기대한다.

경쟁법의 형사적 집행에 관한 연구

조 성 국*

I. 서   언

경쟁법의 집행방식은 국가별로 상이하지만 대체적으로 분류하여 본다면 공적인 집행과 사적인 집행으로 나눌 수 있고, 공적인 집행은 행정적 집행과 형사적 집행으로 나눌 수 있다. 공적인 집행은 국가기관이나 공적인 기관에 의한 집행을 의미하는데, 행정적 집행은 행정적 제재를 목적으로 하는 법집행을 의미하고 형사적 집행은 형사적 제재를 목적으로 하는 법집행을 의미한다. 사적인 집행은 피해를 입은 사인이 법원에 소송을 제기하여 구제받는 것을 의미한다. 예외적으로 미국에서는 법무부가 법원에 민사소송을 제기하여 금지행위 판결을 받아내기 위한 민사적 집행이 있는데 이것은 미국의 특이한 집행방식이다.

이 중 행정적 집행과 사적인 집행은 각국별로 차이점이 있지만 대체로 유사하다. 행정적인 집행은 경쟁당국이 시정명령이나 과징금 부과명령을 내리고 이에 대해 불복하는 경우 사법심사를 받는다는 점에서 공통점이 있다. 사적인 집행은 피해자가 법원에 소송을 제기하여 손해배상을 받는다는 점에서 공통점이 있다. 반면 형사적 집행은 그 절차가 다소 상이하다. 국가에 따라서는 검찰이 처음부터 직접 조사하여 기소까지 하는 경우가 있는가 하면 대부분의 국가에서는 경쟁당국이 조사한 후 경쟁당국의 판단에 따라 검찰에 사건을 이첩하여 기소절차를 밟도록 하고 있다.

선진국이라 할 수 있는 OECD 34개 회원국을 대상으로 살펴보면 경쟁법에 형벌조항을 두고 있는 나라들 중에서도 실제로 경쟁법 위반행위에 대해 형사벌

---

* 중앙대학교 법학전문대학원 교수, 법학박사

부과를 활발히 하는 나라는 드물다. 미국과 우리나라가 형사적 집행에서는 세계적으로 가장 활발한 나라이다. 미국은 법무부가 타 경쟁당국의 고발 없이 직접 형사조사를 개시하기 때문에 고발 건수라는 통계는 있을 수 없다. 다만, 경쟁법 위반에 대한 형사적 제재를 위한 대배심조사(Grnad Jury Investigations) 개시 건수는 최근 3년(2011년-2013년) 연간 10-20여 건 정도 되는 것으로 알려져 있다. 일본이나 영국은 연간 1건 내외 수준이다. 우리나라 공정거래위원회의 최근 3년(2010년-2012년) 형사고발 건수는 101건으로 연평균 약 34건이다.[1] 그 이외의 국가는 형사고발보다는 행정적 제재로 법을 집행한다. 우리나라의 공정거래위원회가 활발한 고발을 하고 있음에도 불구하고 형사적 집행이 취약하다는 지적은 고발이 되더라도 기소단계나 재판단계에서 처벌수준이 너무 낮고 사적인 구제가 원활하지 않기 때문인 것으로 생각된다.

본고에서는 경쟁법의 형사적 집행과 밀접한 관련이 있는 전속고발제도의 내용과 법적 성격을 분석해 보고 주요 선진국의 경쟁법 집행방식 중 형사적 집행방식에 대한 비교법적 검토를 통해 바람직한 형사적 집행방안을 모색해 보고자 한다.

Ⅱ. 전속고발제도에 대한 고찰

1. 우리나라 전속고발제도의 개요

(1) 법적 근거

일반 형사사건은 누구나 고발할 수 있는 것이 원칙임에 반하여 일부의 사건은 고발권자를 한정하고 있는데 이를 전속고발제도라고 한다. 전속고발제도는 독점규제 및 공정거래에 관한 법률(이하 '공정거래법' 또는 '법'이라 한다)뿐만 아니라 조세범처벌법 등 여러 법에서 인정하고 있다. 공정거래사건은 공정거래위원회의 고발이 있어야만 검찰이 공소를 제기할 수 있다. 공정거래법 제71조 제1항에서는 제66조 및 제67조의 罪는 公正去來委員會의 告發이 있어야 검찰은 公訴를 제기할 수 있다고 규정하고 있다. 전속고발권이 인정되는 법위반 행위는 원

---

1) 공정거래위원회, 2013년판 공정거래백서, 2013, 64면.

칙적으로 카르텔이나 불공정거래행위와 같은 실체적 규정위반행위이다. 추가로 이러한 실체적 규정의 집행을 위해 밀접한 관련이 있는 노골적인 조사방해[2]나 시정명령 불이행[3]에 대해서도 전속고발제도를 인정하고 있다.

이러한 전속고발제도는 검사가 공소를 제기하는 데 있어서 피해자와 그 밖의 법률에 정한 사람의 고소를 필요로 하는 범죄인 친고죄(親告罪)와 대단히 유사하다.

(2) 전속고발제도의 유래

처음부터 경쟁법을 법무부가 집행한 미국을 제외한다면 대부분의 선진국가들은 명문의 법규정에 의하든 사실상의 관행에 의하든 일차적으로 경쟁당국이 형사적 처벌의 필요성 유무를 판단한다. 거의 대부분의 사건은 행정적 제재로 종결되지만 형사처벌의 필요성이 있다고 판단되는 일부 사건의 경우 검찰에 고발하여 형사적 제재의 절차를 밟게 된다. 우리나라는 公正去來委員會의 전속고발제도를 법문에 명시하고 있는데 이는 직접적으로는 일본 獨占禁止法[4]의 영향을 받은 것이다. 日本 獨禁法 제96조 제1항에서는 "형사벌을 부과하기 위해서는 公正取引委員會에 의한 고발이 있어야 한다"고 규정하고 있다.

(3) 취 지

전속고발제도의 의의는 자유로운 기업활동을 보장하고 법위반이 있다 하더라도 경제분석과 시장의 상황에 비추어 시정조치나 과징금과 같은 행정제재로서 시정이 가능하다면 굳이 형벌을 부과할 필요가 없다는 것과 그러한 판단의 전문성은 경제분석 기능이 있는 公正去來委員會가 가지고 있다는 점을 들 수 있다. 따라서, 전속고발제도는 실체적 규정위반에 대한 것이고 각종 보고의무 위반과 같은 절차적 규정 위반에 대한 것은 아니다. 그러한 법위반은 공정거래위원회와

---

2) 공정거래법 제66조 제1항
  11. 제50조제2항에 따른 조사 시 폭언·폭행, 고의적인 현장진입 저지·지연 등을 통하여 조사를 거부·방해 또는 기피한 자
3) 공정거래법 제67조
  6. 제5조(是正措置), 제16조(시정조치 등)제1항, 제21조(是正措置), 제24조(是正措置), 제27조(是正措置), 제30조(재판매가격유지계약의 수정), 제31조(是正措置) 또는 제34조(是正措置)의 규정에 의한 시정조치 또는 금지명령에 응하지 아니한 자
4) 일본 獨禁法 제74조 제1항.

같은 경제전문기관의 경제분석이 필요한 것이 아니기 때문에 전속고발제도의 대상으로 하지 않는다.

헌법재판소는 1995. 7. 21. 선고 94헌마136 결정에서 "공정거래법위반행위는 기업의 영업활동과 밀접하게 결합되어 있거나 영업활동 그 자체로서 행하여지기 때문에, 그에 대하여 무분별하게 형벌을 선택한다면 관계자나 관계기업은 기업활동에 불안감을 느끼게 되고 자연히 기업활동이 위축될 우려가 있고, 그렇게 되어서는 공정거래법 제1조에서 말하는 '공정하고 자유로운 경쟁을 촉진'하는 것도, '기업활동을 조장'한다는 것도 불가능하게 될 것이므로, 공정거래법위반행위에 대한 형벌은 가능한 한 위법성이 명백하고 국민경제와 소비자일반에게 미치는 영향이 특히 크다고 인정되는 경우에 제한적으로 활용되지 아니하면 아니 된다는 측면도 이를 간과할 수는 없다고 할 것이다."고 판시하였다.

또한, "공정거래법 위반죄를 親告罪로 하고 公正去來委員會만이 고발을 할 수 있도록 한 전속고발제도는 이와 같은 제 사정을 고려하여 독립적으로 구성된 公正去來委員會로 하여금 거래행위의 당사자가 아닌 제3자의 지위에 있는 법집행기관으로서 상세한 시장분석을 통하여 위반행위의 경중을 판단하고 그때 그때의 시장경제상황의 실상에 따라 시정조치나 과징금 등의 행정조치만으로 이를 규제함이 상당할 것인지 아니면 더 나아가 형벌까지 적용하여야 할 것인지의 여부를 결정하도록 함으로써 獨占規制法의 목적을 달성하고자 하는 데 그 취지가 있다고 할 것이다."라고 판시한 바 있다.

2. 전속고발제도의 법적 성격

(1) 소추 요건

공정거래위원회의 고발은 검찰이 소추를 제기하기 위한 요건이다. 공정거래위원회의 고발이 없으면 검찰은 소추를 할 수 없고, 만약 고발이 없이 소추를 하게 되면 법원은 절차의 하자를 이유로 사건의 실체에 대한 판단이 없이 기각을 하는 공소기각 판결을 내리게 된다(형사소송법 제327조 제2호). 그리고, 전속고발제도는 소추의 요건을 규정한 것에 불과한 것이기 때문에 그 규정 자체만으로 기본권 침해 등의 문제가 생기는 것은 아니다.

憲法裁判所 1995. 7. 21. 선고 94헌마191 사건에서 청구인은 전속고발권 조항이 형사피해자의 재판절차진술권을 비롯한 청구인의 기본권 침해 등을 이유로 위헌임을 주장하였다.[5] 憲法裁判所는 본안인 당해 조항의 합헌성 여부에 대하여는 판단을 하지 아니하고 단지 청구의 직접관련성이 없어 부적법한 것으로서 각하한다고 결정하였다. 憲法裁判所에 따르면 법률조항 자체가 헌법소원의 대상이 되기 위해서는 그 법률 또는 법률조항에 의하여 구체적인 집행행위를 기다리지 아니하고 직접, 현재, 자기의 기본권을 침해받아야 하는 것을 요건으로 하는데 전속고발권 조항 그 자체가 기본권을 직접적으로 침해하는 것은 아니라는 것이다.

한편, 일반적인 사건의 경우 공정거래위원회의 고발이 없이 검찰이 기소를 하는 경우는 없겠지만 카르텔 사건에서 리니언시 제도와 관련하여 자진신고자를 고발하지 않는 경우 告訴不可分의 원칙[6]과 관련하여 문제가 되는 경우가 있었다. 리니언시 제도에 대하여 공정거래위원회는 일부 범죄자에 대해 처벌을 하지 못하더라도 자진신고를 유도하여 시장질서를 바로 잡아야 한다는 인식이 있는 반면 검찰은 동일한 범죄를 저지르고서도 자진신고하는 자에게만 혜택을 베푸는 것은 정의관념에 어긋난다는 인식이 있어 왔다. 또한 리니언시 제도의 근거조항인 법 제22조의2 및 동법 시행령 제35조에서는 시정명령과 과징금의 감면에 대하여만 규정을 하고 있고 고발면제에 대해서는 규정하고 있지 않아 해석의 여지가 있어왔다.

실제로 리니언시 제도가 적용된 사건에서 공정거래위원회가 일부 사업자 및 임직원은 고발을 하고 일부 사업자 및 임직원은 고발을 하지 않았던 사건[7]에서 검찰이 고발되지 않은 사업자와 임직원까지도 기소를 하여 문제가 되었었다. 서울중앙지법은 이에 대해 공소기각의 판결을 내려 공정거래위원회의 입장을 존중해 주었다.[8] 법원은 우선 당해 사안에서 고소불가분의 원칙이 유추 적용되지 않을 뿐만 아니라 어떤 자를 형사처벌의 대상으로 삼을지 말지에 대하여는 검찰이

---

5) 그 외에도 일반 범죄자와 獨占規制法 위반자를 차별하여 헌법상 평등권을 침해한다는 점, 검사가 公正去來委員會의 결정에 의존하게 됨에 따라 권력분립의 원칙에 반한다는 점, 소비자의 기본권을 침해한다는 점 등을 위헌성의 근거로 주장하였다.

6) 형사소송법 제233조(고소의 불가분)
   친고죄의 공범 중 그 1인 또는 수인에 대한 고소 또는 그 취소는 다른 공범자에 대하여도 효력이 있다.

7) 공정거래위원회 2007. 6. 5. 의결 제2007-300호, 공정거래위원회 2007. 6. 5 의결 제2007-301호.

8) 서울중앙지법 2008. 2. 12. 선고 2007고단7030 판결 및 서울중앙지법 2008. 2. 12. 선고 2007고단6909 판결 참조. 검찰이 항소하였으나 항소가 기각되었다.

아닌 공정거래위원회가 결정할 사안이라는 이유를 들었다. 리니언시 제도와 관련해 법에서는 시정명령 및 과징금 감면에 대해서만 명시적인 근거규정을 두고 있다하더라도 법 제71조의 전속고발규정이 있기 때문에 이를 근거로 고발을 면제한다 하더라도 문제가 될 것은 없다는 취지인 것으로 이해된다.

(2) 起訴獨占主義와의 관계

국가기관 중 검사만이 공소를 제기하고 수행할 권한을 가지는 제도를 起訴獨占主義라고 한다. 형사소송법 제246조에서는 "공소는 검사가 제기하여 수행한다."고 규정하고 있다. 그런데, 공정거래위원회의 전속고발제도가 이러한 起訴獨占主義를 해치지 않는지 문제가 된다. 즉, 전속고발제도로 인해 검사의 기소권이 제한되어 결과적으로 起訴獨占主義가 침해될 수 있다는 주장이 제기될 수 있다.

우선, 起訴獨占主義라는 것은 헌법상의 원칙이나 국제적으로 통일된 보편타당한 원칙이라기보다는 각국의 사법형편에 맞게 마련한 제도에 불과하다. 주로 대륙법계 국가에서 기소독점주의를 채택하고 있고 미국이나 영국, 프랑스 등은 起訴獨占主義를 채택하지 않고 있다. 특히, 영국에서는 전통적으로 검찰이 아닌 일반 시민도 私的 訴追를 할 수 있었다.

또한, 전속고발제도 하에서도 기소는 검찰만이 독점한다는 사실에는 변함이 없고 단지 그 전제요건으로서 공정거래위원회의 고발을 규정하고 있는 것에 불과하다. 검사가 공소를 제기하는 데 있어서 피해자와 그 밖의 법률에 정한 사람의 고소를 필요로 하는 범죄인 친고죄(親告罪)에서도 마찬가지이다. 간통죄·강간죄·친족상도 등처럼 범인에 대한 소추가 피해자의 명예를 해롭게 할 염려가 있는 경우 등에 친고죄를 규정하고 있는데, 친고죄에 있어서 고소가 없으면 검사가 공소를 제기할 수 없다. 전속고발제도가 起訴獨占主義 원칙상 문제가 된다면 친고죄도 마찬가지로 문제가 된다는 논리가 성립한다.[9]

(3) 起訴便宜主義와의 관계

전속고발제도는 공정거래위원회의 고발권이 없이는 검찰이 기소를 제기할 수

---

9) 임영철, 공정거래법, 법문사, 2007, 524면.

없다는 것을 의미하지 고발한 사건에 대해 기소를 하여야 할 구속을 받는다는 것을 의미하지는 않는다. 검찰은 起訴便宜主義의 원칙에 따라 고소나 고발에 대해 기소를 할 것인지의 여부에 대해 재량을 가지고 결정할 수 있다.[10]

그런데, 공정거래위원회가 형사처벌이 필요하다고 판단한 사안에 대해 검찰이 의견을 달리하여 무혐의 처분하는 등 기소를 제기하지 않는 경우 문제가 될 수 있다. 이러한 일들이 발생하는 것은 경제전문기관인 공정거래위원회와 형사전문기관인 검찰과의 시각차이 때문이다. 일본에서는 검찰이 公正取引委員會의 고발에 대해 공소를 제기하지 않는 경우에는 檢事總長이 法務大臣을 경유하여 그 취지와 이유를 문서로 기재하여 內閣總理大臣에게 보고하도록 하고 있다.[11] 이것은 公正取引委員會의 전문적인 판단을 존중해 주기 위한 것이다.

(4) 공정거래위원회의 고발 재량권과 한계

공정거래위원회는 고발에 있어서 재량권이 있다고 할 수 있지만 그것이 무한정의 재량권을 의미하는 것은 아니다. 헌법재판소는 헌재 1995. 7. 21. 94헌마 136 사건에서 이에 대한 구체적인 판단을 하고 있다.

"모든 행정청의 행정재량권과 마찬가지로 전속고발제도에 의한 공정거래위원회의 고발재량권도 그 운용에 있어 자의가 허용되는 무제한의 자유재량이 아니라 그 스스로 내재적인 한계를 가지는 합목적적 재량으로 이해하지 아니하면 안 된다고 할 것이다. 만약 공정거래위원회가 대폭의 가격인상카르텔 등의 경우와 같이 그 위법성이 객관적으로 명백하고 중대한 공정거래법 위반행위를 밝혀내고서도 그에 대한 고발을 하지 아니한다면 법집행기관 스스로에 의하여 공정하고 자유로운 경쟁을 촉진하고 소비자를 보호한다는 법목적의 실현이 저해되는 결과가 되어 부당하기 때문이다."고 판시하였다. 나아가, "결국 공정거래법이 추구하는 앞서 본 법목적에 비추어 행위의 위법성과 가벌성이 중대하고 피해의 정도가 현저하여 형벌을 적용하지 아니하면 법목적의 실현이 불가능하다고 봄이 객관적으로 상당한 사안에 있어서는 공정거래위원회로서는 그에 대하여 당연히 고발을 하여야 할 의무가 있고 이러한 작위의무에 위반한 고발권의 불행사는 명백히 자

---

10) 형사소송법 제247조(기소편의주의)
　　검사는 「형법」 제51조의 사항을 참작하여 공소를 제기하지 아니할 수 있다.
11) 日本 獨禁法 제74조 제3항.

의적인 것으로서 당해 위반행위로 인한 피해자의 평등권과 재판절차진술권을 침해하는 것이라고 보아야 할 것이다."라고 밝혔다.

이러한 헌법재판소의 결정을 반영하여 1996. 12. 30.에 공정거래위원회의 고발재량권을 제약하는 내용의 법개정이 이루어졌다. 동법(법률 제11937호, 2013. 7. 16, 일부개정이전의 법) 제71조 제2항에서 "공정거래위원회는 제66조 및 제67조의 죄중 그 위반의 정도가 객관적으로 명백하고 중대하여 경쟁질서를 현저히 저해한다고 인정하는 경우에는 검찰총장에게 고발하여야 한다."고 규정하여 일정한 경우 고발을 의무화하였다. 제3항에서는 "검찰총장은 제2항의 규정에 의한 고발요건에 해당하는 사실이 있음을 공정거래위원회에 통보하여 고발을 요청할 수 있다."고 규정하여 검찰의 고발요청권을 규정하였다. 제4항에서는 "공정거래위원회는 공소가 제기된 후에는 고발을 취소하지 못한다."고 규정하여 고발권의 자의적인 행사를 금지하고 있다.

2013. 7. 16. 개정법에서는 경제민주화의 일환으로서 의무고발요청제도를 신설하였는데, 공정거래위원회가 고발요건에 해당하지 아니한다고 결정하더라도 감사원장, 조달청장, 중소기업청장은 사회적 파급효과, 국가재정에 끼친 영향, 중소기업에 미친 피해 정도 등 다른 사정을 이유로 공정거래위원회에 고발을 요청할 수 있게 한 것이다. 이러한 의무고발요청제도로 인해 감사원장 등이 고발을 요청하면 공정거래위원회는 의무적으로 고발을 하여야 하기 때문에[12] 이 범위 내에서 공정거래위원회의 재량권이 더욱 축소된 것으로 볼 수 있다.

Ⅲ. 비교법적 고찰

1. 미 국

(1) 개 요

미국은 현대적인 의미에서 세계 최초로 1890년에 Sherman법을 제정하였고 이 법의 집행을 검찰에 맡겼다. 하지만, 경쟁법은 검찰이 기존에 집행해 오던 법

---

12) 공정거래법 제71조 제5항
　　제3항 또는 제4항에 따른 고발요청이 있는 때에는 공정거래위원회 위원장은 검찰총장에게 고발하여야 한다.

들과 성격이 상이하였고 법무부가 경쟁사건을 다루는 데는 일정한 한계가 있었기 때문에 검찰이 집행해 오던 Sherman법을 그대로 둔 채 1914년에 FTC법을 추가로 제정해 새로운 집행기관으로서 FTC를 설립하였다. 이로써 경쟁법 법집행이 이원화되었다.

이러한 법집행의 이원화는 그 동안 양 기관의 업무중복, 판단기준의 차이로 인한 법집행의 혼란, 양 기관 간 업무조정에 따르는 시간과 노력의 낭비 등 많은 비판이 있어 왔다. 제2차 세계대전후 점령군의 자격으로 일본에 경쟁법을 전수해 준 미국이 미국식의 이원적 법집행이 아니라 소위 '公正取引委員會 中心主義'를 채택해 일원적인 법집행방식을 따르도록 한 것은 미국의 법집행방식에 문제가 있음을 시사해 주는 것이라고 할 수 있다.

그러나, 미국에서 1914년 경쟁법 집행이 이원화된 지 100여년의 기간이 경과하면서 FTC와 법무부의 양 기관 간의 명시적인 업무조정과 오랜 법집행을 통해 형성된 관행에 따른 업무관장의 정리 등으로 인해 지금은 과거와 같은 비판이 많이 줄어들었다. 일례로 2006년 미국의 경쟁법현대화위원회(AMC)[13]는 경쟁법 법집행의 이원화에 따른 비효율성을 보완하여 기존의 이원적 법집행을 그대로 유지하는 것으로 의견을 제시한 바 있다.

(2) 법무부에 의한 경쟁법의 형사적 집행[14]

1) 형사적 집행의 대상

법무부 독점금지국은 FTC와 달리 행정적인 처분이 아니라 법원에 민사소송이나 형사소송을 제기하여 Sherman법 등을 집행한다. Sherman법에서는 크게 두 가지 행위를 금지하고 있다. 제1조에서는 거래제한을 제2조에서는 독점력 남용을 금지하고 있다. Sherman법에서 거래제한이란 수평적 합의인 카르텔뿐만 아니라 수직적 합의까지 포괄하는 개념이다. 독점력 남용은 대체로 시장지배적 지위의 남용에 해당한다. 두 가지 행위 모두에 대하여 형사적 제재가 가능하지만 실제로 형사적 제재가 내려지는 행위는 제1조의 거래제한 중 경성카르텔로 한정이 되고 나머지 행위에 대해서는 법적으로 형사적 제재가 불가능한 것은 아

---

13) 2002년 11월 제정된 'Antitrust Modernization Commission Act of 2002'에 근거하여 2004년 4월 설립되었는데, 위원장, 부위원장, 10명의 위원 등 총 12인의 위원으로 구성되어 미국 경쟁법의 현대화를 위한 입법 및 행정적 권고사항 등을 포함한 최종 보고서를 마련하였다.

14) 조성국, 독점규제법 집행론, 경인문화사, 2011, 121-129면 참조.

니지만 형사적 제재가 내려지는 경우는 찾아보기 어렵다.

2) 형사적 집행의 절차

독점금지국은 사건 초기 특정 사건이 민사사건인지 아니면 형사사건인지 구분하는 것이 대단히 중요하다. 그렇게 하여야 이후의 조사절차에서 기소를 위한 대배심(grand jury)을 소집할 것인지 아니면 민사조사요구권(Civil Investigative Demand; CID)을 활용할 것인지 등을 결정할 수 있고 나아가 어떠한 소송절차를 활용해서 어떠한 제재를 내릴 것인지 결정할 수 있다.

사건에 따라서는 그 성격만으로도 민사사건인지 아니면 형사사건인지 가려질 수 있지만 경우에 따라서는 그 판단이 쉽지 않을 수도 있다. 독점금지국의 기본 입장은 법률을 '명백하고 의도적으로 위반한 경우'(a clear, purposeful violation of the law) 형사사건으로 처리한다는 것이다. 독점금지국의 매뉴얼에서도 당연위법형인 카르텔 사건 즉 가격합의, 입찰담합, 시장분할, 물량합의 등은 형사사건으로 분류하고 합리성의 원칙에 따른 심사가 필요한 사건은 민사사건으로 분류한다. 그리고 법적 결론이 분명하지 않은 사건, 법률이나 사실관계가 새로운 사건, 이전 검찰의 기소에 일관성이 없었던 경우, 피조사인이 행위의 결과를 인식하지 못하였던 경우는 형사사건으로 처리하지 말아야 한다고 설명하고 있다.[15] 입증의 정도도 영향을 미치는데, '합리적인 의심의 여지가 없는'(beyond a reasonable doubt) 사건은 형사사건으로, '증거의 우위'(preponderance of the evidence)로 판단할 수 있는 사건은 민사사건으로 처리한다.

그리고 형사사건으로 처리하고자 하는 경우 범죄의도(criminal intent)가 입증되어야 하는지 문제가 될 수 있는데, 연방대법원은 형사사건의 경우는 범죄의도의 입증이 필수적이라고 판시하였다.[16] 범죄의 의도는 행위의 결과가 반경쟁적 효과가 있고 피고가 그러한 결과가능성에 대하여 알고 있었다는 점을 입증하거나 반경쟁적 효과의 발생을 의도하여 그러한 행위를 하였다는 점을 입증하면 된다. 당연위법형 행위에 대하여는 입증책임이 완화되는 데 행위 자체가 경쟁제한적이라는 것은 당연히 인정되는 것이기 때문에 피고가 합의의 내용을 알고서 합의에 참여하였다는 것만 입증을 하면 된다.

---

15) Antitrust Division Manual 2008, Chapter III. C. 5.
16) U.S. v U.S. Gypsum Co., 438 U.S. 422, at 435, 436 (1978).

〈표 1〉 최근 5년간 연방대배심 조사개시 건수

연 도	2009	2010	2011	2012	2013
조사개시건수	38	12	17	12	13

예비심사 결과 명백하고 의도적인 당연위법의 법위반이라고 판단되면 형사사건으로 처리를 하게 된다. 강제력을 수반하지 않는 임의적인 조사는 법무무가 자체적으로 수행하고 특히 연방수사국(Federal Bureau of Investigation; FBI)의 협조를 많이 받기도 하지만 강제조사를 위하여서는 독점차관보(AAG)의 승인을 받아 대배심(grand jury)17)을 소집하여 영장을 발부받아야 한다. 대배심의 설치 및 조사에 대하여는 연방형사소송규칙(Federal Rules of Criminal Procedure)이 적용된다. 조사가 종료되면 독점금지국은 기소여부를 판단하여 대배심에게 기소권고를 하고 대배심은 조사를 개시한다. 최근 5년간 연방대배심의 조사개시건수는 <표 1>과 같다.18) 특별한 하자가 없는 한 기소권고를 하는 것이 상례이다.19)

사건의 조사 중에 독점금지국과 피조사인은 사건의 처리방향에 대해 협상을 하게 되고 대부분의 사건은 동의판결로 종료가 된다. 형사사건에서 동의판결에 관한 절차는 연방형사소송규칙(Federal Rules of Criminal Procedure)의 절차에 따라 일반 형사사건과 마찬가지로 처리된다. 법무부는 합의의 내용을 법원에 제출하고 법원의 검토를 받아 동의판결을 받게 된다.

독점금지국과 피조사인 간의 합의가 결렬되어 정식으로 형사기소가 되고 법원의 판결이 내려지는 사건이 많지는 않다. 기소 후 소송절차는 일반 형사소송절차를 따르게 된다. 다만, 형량은 Sherman법 제1조에서 법인은 1억 달러까지의 벌금, 자연인은 100만 달러까지의 벌금 또는 10년까지의 금고형 또는 양자의 병과가 가능하다고 규정하고 있지만, 형사벌금개선법(Criminal Fines Improvement Act) 제6조에 따라서 피고가 입힌 손해액의 두 배 혹은 피고가 불법으로 얻은 이익의 두 배에 상응하는 액수의 벌금이 부과될 수 있다.

---

17) 大陪審은 인원수가 12~23명으로 민사소송에서 6명, 형사소송에서 12명으로 구성되는 小陪審(petit jury)에 비해 규모가 크고 만장일치로 결정하는 小陪審과 달리 다수결에 의하여 기소여부를 결정한다.

18) 자료출처: 미국 법무부 홈페이지(www.justice.gov/atr/public/workload-statistics.html). 미국에서는 2000년대 중반이후 연간 대배심조사 개시 건수가 30~40여건에 이르렀으나 2010년 이후에는 연간 10~20건으로 감소되었다.

19) 정세훈, 미국 경쟁당국의 사건처리절차와 제도에 관한 연구, 공정거래위원회 용역보고서, 1999, 141면.

(3) 특　징

1) FTC와 법무부에 의한 이원적 법집행

미국의 경쟁법 집행은 FTC와 법무부에 의한 이원적 집행체제를 갖추고 있다. 이원적 집행체제란 FTC뿐만 아니라 법무부도 조사단계부터 법집행에 관여하고 있다는 의미이다. 이렇게 된 배경은 법이 제정될 당시부터 법무부가 경쟁법을 집행하여 왔다는 역사적인 이유가 가장 크다. 그와 함께 100여년에 걸친 법집행 역사를 통하여 FTC와 적절히 업무를 분담하고 조정하여 왔기 때문에 지금은 이원적 집행방식이 정착되었다는 점이다. 미국처럼 경쟁법이 이원적으로 집행되는 경우에는 전속고발제라는 것이 논의될 여지가 없다. 왜냐하면 법무부가 처음부터 직접 사건을 조사하여 기소하기 때문에 고발의 필요가 없기 때문이다.

물론 2006년 경쟁법현대화위원회에서도 또 다시 이슈가 될 정도 이원적 집행에 따른 일관성 저하와 비효율성이 가끔은 문제가 되기도 하지만 오랜 기간 동안의 법집행경험을 통해 부정적인 측면보다는 시너지 효과가 더 크다고 보는 것이 오늘날 미국의 분위기로 보인다.

2) 私訴의 활발

미국에서는 FTC나 법무부 같은 정부기관의 역할이 중요한 것은 사실이지만 그보다는 민간부문에서 사소에 의해 경쟁법이 집행되는 비중이 압도적으로 높다. Clayton법상의 3배 손해배상제도(treble damages)와 집단소송제도(class action), 당연위법 법리(per se illegal)의 발달 등이 그 이유로 지적되는데 그만큼 사법시스템이 경쟁법상의 피해를 배상하는데 효율적임을 반증해 주는 것이다.

2. 일　본

(1) 개　요

일본에서는 경쟁법의 집행을 합의제 형태인 公正取引委員會로 일원화하였다. 합의제기관으로서 公正取引委員會를 만들 당시 미국식의 이원적 집행체제를 채택하는 방안에 대한 논의도 진지하게 이루어졌으나 부작용을 우려하여 일원적 집행체제를 채택하게 되었다. 미국 점령군의 다수파도 미국식의 獨任制·合議制

혼합형태의 이원적 법집행체제는 문제점이 많다고 생각하여 합의제 형태의 일원적인 법집행체제를 구축하도록 강하게 주장하였다고 한다. 그 이유는 이원적인 체제는 법집행의 일관성에 문제가 있고, 경제적인 현상에 대해 고도의 전문적 판단을 요하는 업무를 독임제인 검찰당국이 담당하는 것은 한계가 있기 때문에 전문성 있는 위원회가 전담하는 것이 낫다는 것이었다.20) 이러한 일원화의 결과 전속고발제도가 마련되었는데, 만약 公正取引委員會의 고발이 없으면 형사벌을 부과할 수 없다. 이러한 專屬告發制를 두고 있는 이유는 獨禁法의 전문기관인 公正取引委員會로 하여금 위반행위가 국민경제에 미치는 영향과 기타 제반 사정을 종합적으로 고려하여 형사제재를 할 수 있도록 하기 위한 배려 때문이다.21)

(2) 경쟁법의 형사적 집행

1) 형사적 집행의 대상

일본 獨禁法 제89조부터 제91조까지 법위반행위에 대한 형사벌이 규정되어 있는데 여기에 해당하는 사건을 犯則事件이라 한다. 그런데 이러한 범칙사건은 시장지배적지위 남용행위에 해당하는 私的獨占과 카르텔에 해당하는 부당한 거래제한이 핵심이다. 은행업 등을 영위하는 회사의 의결권 취득 규제를 제외한다면 나머지는 사업자단체에 의한 경쟁제한행위, 부당한 거래제한을 그 내용으로 하는 국제협정 등으로서 넓은 의미에서 본다면 부당한 거래제한에 해당하는 행위들이다. 우리나라와 달리 법집행건수가 가장 많은 불공정거래행위는 형사벌의 대상이 아니다.

2) 형사적 집행의 절차

형사적 집행은 범칙사건 조사에서 시작되는데 이것은 2005년 법 개정으로 도입되었다. 公正取引委員會로부터 지정을 받은 직원만 범칙사건을 조사할 수 있다. 일본의 獨禁法은 카르텔 등 일부의 행위에 대해서만 형사벌이 규정되어 있고 그동안 그나마도 법집행이 활발하지 않았다는 평가를 받아 왔다. 그래서 이러한 犯則調査權의 도입은 법 집행의 강화를 위한 일환으로 평가된다. 범칙조사

---

20) 谷原修身, 獨禁法の執行・實施をめぐる體系論, 獨禁法の理論と展開[2], 日本經濟法學會 編, 三省堂, 2002, 230-231면.
21) 岸井大太郎 等 5人 共著, 經濟法(第5版), 有斐閣, 2008, 50면.

에 대하여 獨禁法 및 「公正取引委員會 犯則調査에 관한 規則」22)에서 그 절차를 규정하고 있다.

범칙조사를 담당하는 직원은 범칙혐의자나 참고인 등에 대하여 출두를 요구하여 질문을 하거나 소지하거나 보유하고 있는 물건을 검사할 수도 있고 임의로 제출받아 영치할 수도 있다.23) 범칙조사에서 주목할 만한 부분은 그 직원은 이러한 임의조사권뿐만 아니라 강제조사권도 행사할 수 있다는 점이다. 범칙조사를 담당하도록 지정을 받은 직원은 조사를 위해 필요한 경우 公正取引委員會를 관할하는 지방재판인 동경지방재판소 또는 동경간이재판소의 재판관에게 허가장을 발부받아 임검, 수색, 압수까지 할 수 있다.24) 만약 긴급을 요하는 경우에는 임검이나 수색 등의 대상이 되는 장소나 신체, 물건 등의 소재지를 관할하는 지방재판소 또는 간이재판소의 재판관이 발부하는 허가장에 의해 그렇게 할 수 있다.25)

일본에서 문제가 되는 것은 행정조사를 통해 얻은 정보나 자료를 단서로 하여 범칙조사를 하는 것이 허용되는가 하는 점이다. 조세법과 관련된 일본 最高裁判所의 판결은 이를 긍정하고 있다. 하지만, 이 판결은 행정조사권이 범칙조사를 위한 수단으로서 활용된다면 이는 위법한 것일 수 있다는 가능성을 시사해 준다. 즉 행정조사를 위해서는 필요하지도 않은 것인데도 불구하고 범칙조사를 위해 행정조사를 이용한 경우는 위법일 수 있다는 것이다.26)

범칙조사를 담당한 직원이 조사를 종료한 경우 그 결과를 위원회에 보고하여야 한다.27) 만약 위반행위가 악질이고 중대하다고 판단하는 경우에는 고발협의회를 경유한 후 검사총장에게 고발한다.28) 일본 獨禁法 제74조 제1항에서는 公正取引委員會는 범칙의 심증을 얻은 경우 이를 검사총장에게 고발하여야 한다고 규정되어 있다. 그러나, 일본에서는 公正取引委員會가 고발에 있어서 재량권을 갖는다는 것이 통설로 되어 있다.29) 일본에서는 그 근거로서, 두 가지의 대

---

22) 「公正取引委員會の犯則事件の調査に關する規則」(平成 17年, 公正取引委員會 規則 제6호).

23) 日本 獨禁法 제101조.

24) 日本 獨禁法 제102조 제1항.

25) 日本 獨禁法 제102조 제2항.

26) 白石忠志, 獨占禁止法, 有斐閣, 平成 18年(2006), 401면.

27) 日本 獨禁法 제115조.

28) シテイユーワ法律事務所 編, 獨禁法のしくみ、中央經濟社, 平成 18年(2006), 164면.

29) 菊地元一・佐藤一雄・波光巖・瀧川敏明, 續 コンメタール 獨占禁止法, 勁草書房, 1995, 311면.

표적인 견해가 있다. 石井良三에 의하면, 이 규정은 일본 형사소송법 제239조 제2항의 "관리나 공리는 직무집행에 있어서 범죄가 있다고 생각하는 때에는 고 발하여야 한다"는 규정에 대응되는 것인데 이 규정은 관리 등에게 재량권을 부 여하고 있는 것으로 해석이 되고 있기 때문에 獨禁法도 마찬가지로 해석하여야 한다는 것이다. 今村成和에 의하면, 일본에서는 公正取引委員會 중심주의를 채 택하고 있는데 배제조치 명령뿐만 아니라 형사적 처벌에 대하여도 公正取引委 員會의 판단을 존중해 주어야 한다는 것이다. 동경고등재판소도 행정목적 달성 을 위하여 公正取引委員會에 재량권이 인정된다는 입장을 표명한 바 있다.

고발에 대해 공소의 제기는 원칙적으로 검찰의 起訴便宜主義에 따르지만 검 찰이 公正取引委員會의 고발에 대해 공소를 제기하지 않는 경우에는 檢事總長 이 法務大臣을 경유하여 그 취지와 이유를 문서로 기재하여 內閣總理大臣에게 보고하여야 한다.[30] 이것은 고발문제에 대한 公正取引委員會의 전문적인 판단 을 존중해 주기 위한 것이다.

(3) 특　징

1) 행정적 제재위주

형사벌이 가능한 행위는 주로 사적독점과 부당한 거래제한인데 미국과 유사 한 구조이다. 우리나라와 달리 불공정거래행위뿐만 아니라 우리나라의 하도급법 에 해당하는 下請法이나 景品表示法도 일본에서는 형사벌의 대상이 아니다. 1947년에 독점금지법이 제정된 이후 전통적으로 독점금지법 위반행위에 대해서 는 형사적인 제재를 거의 해오지 않아 왔다. 이러한 일본식 법집행에 대해 1989 년 미일구조협의 당시 미국은 강한 불만을 표시하였고 그 후 형사적 집행을 강 화하기로 선언하였으나 실제로는 형사적 집행이 거의 이루어지지 못하였다. 2005년에 범칙조사권을 도입한 것도 이러한 배경에서 나온 것이다. 하지만, 지 금도 일본에서는 독점금지법 집행이 배제명령이나 과징금 납부명령 등 행정적 집행일변도로 행해지고 있고 형사적 집행은 사례가 많지 않다. 1991년부터 2008 년까지 18년간 형사고발은 13건에 불과하였다.[31] 처벌수준도 높지 않은데 경쟁 법 위반으로 인해 실형이 선고된 적이 없다.

---

30) 日本 獨禁法 제74조 제3항.
31) 小林 覺 等 6人 共著, 獨占禁止法の法律相談, 靑林書院, 2010, 258면.

2) 전속고발제도

일본에서 형사처벌을 위해 반드시 公正取引委員會의 전속고발을 거치도록 하는 것은 일본 독점금지법 제정당시 법 집행을 公正取引委員會로 일원화한 '公正取引委員會 中心主義'와 관련이 있다. 이것은 경제의 기본법인 獨占禁止法의 집행을 전문성이 있는 합의제 기관인 公正取引委員會로 일원화하고자 한 것이다. 한편으로는 경제적 사안에 대해 무분별하게 형사벌을 가하는 경우 경제가 위축될 수 있다는 고려가 함께 작용한 결과이다. 우리나라와 달리 일본에서는 이러한 전속고발제도에 대해 논란이 많지 않은 편이다. 公正取引委員會가 형사고발을 활발하게 하여서 그렇다기보다는 행정목적 실현을 위해서는 가급적 행정적 수단에 의존하는 것이 바람직하다고 보기 때문에 형사벌을 적극적으로 활용하고 있지 않기 때문이다.

3. 영 국

(1) 개 요

현재 영국의 경쟁법은 1998년 경쟁법(Competition Act 1998)과 2002년 기업법(Enterprise Act 2002)이 핵심적인 법률이다. 1998년 경쟁법에서는 반경쟁적 합의와 시장지배력의 남용을 금지하고 있다. 1998년 경쟁법 위반행위에 대해서는 행정적인 제재만 가능하고 조사방해 등의 절차적인 법위반이 아닌 한 실체법 위반에 대해 형사적 제재는 할 수 없게 되어 있다. 영국에서는 이러한 기존의 경쟁법제를 강화하기 위해 2002년에 기업법을 제정하였다. 기업법은 경쟁법제를 강화하기 위한 다양한 조치와 함께 현대적 기업결합 규제를 도입하였고 경성카르텔에 부정하게(dishonestly) 가담한 개인을 처벌하는 카르텔죄가 마련되어 있다.

영국의 경쟁당국인 Office of Fair Trading(OFT)은 1998년 경쟁법과 2002년 기업법을 집행하기 때문에 행정조사권뿐만 아니라 경성카르텔에 대하여는 형사조사권도 보유하여 사안에 따라 행정조사를 하거나 형사조사를 수행한다. 미국과 비교해 본다면 경쟁법 집행에 있어서 미국 FTC의 행정적 권한과 법무부의 형사적 권한을 합쳐 놓은 것과 유사하다.

영국의 형사절차는 대륙법계국가들과 다른 점이 많은데 가장 특징적인 것은 오랫동안 검찰제도가 존재하지 않았다는 점이다. 과거 영국에서는 형사사건에 있어서도 피해자나 그 가족이 가해자를 상대로 소추를 하는 私人訴追(private prosecution)가 원칙이었다. 그 후 사회가 복잡해지면서 경찰이나 국왕의 관리에 의한 조사와 소추가 일반적인 모습으로 자리 잡게 되었고, 1980년대에 들어서면서 공소를 전담하는 기관의 설립필요성이 크게 제기가 되어 1985년에 범죄소추법(Prosecution of Offenses Act)이 제정되어 이듬해에 국가공소처(Crown Prosecution Service)가 설립되기에 이른다. 이것의 모태는 경찰서에 고용되어 형사소추업무를 수행하던 변호사부(Solicitor Department)인데 이것이 독립한 것으로 보기도 한다. 어쨌든 형사소추를 전담하는 공소기관이 생겼다는 점에서 이때부터 영국에서 검찰제도가 도입되었다고 보기도 한다. 1987년에는 이와 유사한 기관으로서 중대하고 복잡한 사기사건을 전담하는 중대범죄수사처(Serious Frauds Office)가 설립되었다. 경쟁법과 관련하여서는 경성카르텔에 대한 공소업무를 수행한다.[32]

(2) 경쟁법의 형사적 집행

1) 형사적 집행의 대상

경쟁법에 있어서 형사적인 제재는 기업법 제188조에서 규정하고 있는데, 경성카르텔(hard-core cartel)에 가담한 개인에 한정하여 도입되었다. 여기에 해당하는 행위로는 가격담합, 공급 또는 생산제한 합의, 시장분할 협정, 입찰담합 등이다. 당해 합의가 실제로 실행될 필요는 없다. 유의할 점은, 다른 나라들과 달리 기업은 형사적 제재의 대상이 아니라는 것이다. 기업은 행정적인 제재인 과징금의 대상이 되거나 민사소송에서 손해배상의 주체는 될 수 있지만 형사적 제재의 대상은 아니다.[33] 그 이유는 기업에 대한 제재는 행정제재로서 금전적인 것만으로 족하다는 것이다. 따라서, 형사적 제재의 대상은 개인에 한정된다.

2) 형사적 집행의 절차

OFT는 행정적인 조사권뿐만 아니라 형사적인 수사권을 동시에 보유하고 있다. 이것은 우리나라와 같은 대륙법계 국가에서 행정조사권은 일반 행정기관이

---

32) 김종구 외 8인 공저, 검찰제도론, 법문사, 2011, 379-445면 참조.
33) Renato Nazzini, *Concurrent Proceedings in Competition Law*, Oxford, 2004, p. 286.

갖고 수사권은 경찰 혹은 검찰이 갖는 것과 크게 대조가 되는 부분이다. OFT 는 행정적 제재를 위한 절차와 형사적 제재를 위한 절차를 동시에 수행할 수도 있고, 형사적 절차를 마칠 때까지 행정적 절차를 보류해 둘 수도 있다. 그리고 두 개의 조사가 연계될 필요는 없다. OFT는 카르텔조사의 효율성을 제고하기 위해 조사에 협력한 자에 대하여 불기소장(no-action letter)을 발부할 수 있다.34)

영국에서는 OFT가 두 가지 권한을 동시에 가지고 있는 제도에서 비롯될 수 있는 피의자의 인권침해를 예방하기 위한 필수적인 조치를 마련해 두고 있다. 예컨대, 자기부죄 면책특권(the privilege against self-incrimination)의 법리상 행정조사에서 획득한 정보와 형사조사에서 획득한 정보의 공유가 제한되기도 한다. OFT가 수사한 후 법위반이라고 판단하는 경우에는 형사적 제재를 위해 법원에 기소를 하게 된다. 영국에서는 common law상 사인소추가 인정되기는 하지만 경쟁법의 기소는 통상 중대범죄수사처(SFO)가 담당한다. 2002년 Enterprise Act 190(2)(a)에서는 중대범죄수사처가 기소를 맡는다고 명시적인 규정을 두고 있다. 동 기관은 1987년 형사법(Criminal Justice Act 1987)에 의해 설립되었는데, 심각하거나 복잡한 사기가 관련된 범죄를 수사하여 기소하는 것이 주된 임무이다. 다만, Scotland에서는 Lord Advocate가 중대범죄수사처의 기능을 맡고 있다.

그런데, 중대범죄수사처가 카르텔 사건을 효과적으로 처리할 수 없거나 하고자 하지 아니하는 경우 OFT가 직접 기소를 할 수 있다[Enterprise Act 190(2)(b)]. OFT가 직접 기소를 할 수 있는 것은 외국의 경쟁법제에서는 찾아보기 어려운 것으로서 영국의 common law 전통에서 기인한 것이다.

또한, 영국 common law의 전통에 따라 카르텔로 인해 피해를 입은 사인도 기소를 할 수 있다. 그러나, 이 경우는 타 기업의 명예를 훼손할 의도로 제기될 수 있는 악의적 기소를 방지하기 위해 OFT의 동의를 받도록 하고 있다[Enterprise Act 190(2)(b)]. 외국의 경쟁법제에서는 찾아보기 어려운 것으로서 영국의 common law 전통에서 기인한 것이다.

제1심 법원은 왕립형사법원(the Crown Court)과 치안법원(magistrate's court)

---

34) Enterprise Act 190(4).

이다. 왕립형사법원은 사안이 중대한 형사사건의 1심을 담당하는 법원이다. 경쟁법 사건에 있어서 치안법원이 담당하는 형벌 이상이 부과될 수 있는 사건으로서 5년 이하의 징역이나 무제한의 벌금이 부과될 수 있는 사안을 다룬다. 치안법원은 사안이 경미한 형사사건의 1심을 담당하는 법원이다. 경쟁법 사건에 있어서 6개월 이하의 징역형이나 한정된 벌금이 부과될 수 있는 사안을 다룬다. 1심 판결에 불복을 하면 항소법원(the Court of Appeal)에 항소를 제기할 수 있다. 여기에 불복하면 대법원(the Supreme Court)에 상고할 수 있다.[35]

(3) 특　징

1) 행정적 제재 위주

영국에서는 경쟁법 위반행위에 대하여 주로 행정적인 제재를 가하고 형사적인 제재의 범위는 대단히 좁다. 경쟁법 위반행위는 경성카르텔을 제외한다면 형사적으로 제재하기보다는 행정적인 제재가 적합하다고 본다. 우리나라는 카르텔뿐만 아니라 시장지배적지위 남용행위, 불공정거래행위 등 사실상 공정거래법에 규정된 실체법 위반행위 전반에 대해 시정명령이나 과징금 등의 행정적인 제재뿐만 아니라 형사적 제재가 가능하다. 반면 영국은 경성카르텔에만 한정하여 형사적 제재가 가능하도록 하고 있다. 또한 우리나라에서는 기업과 개인 모두에 대하여 형사적 제재가 가능하지만 영국에서는 개인에게만 형사제재가 가능하다.

2) 사실상의 전속고발제도

영국에서는 OFT가 행정조사뿐만 아니라 형사조사까지 담당하여 기소단계에서 중대범죄수사처에 사건을 이관하는 식으로 법을 집행하고 있어 사실상 검찰이 경쟁법 집행에서 관여하는 범위가 한정되어 있다. 물론 영국에는 대륙법계의 검찰과 같은 검찰이 존재하지 않고 중대범죄수사처를 검찰로 간주하기에 무리가 있긴 하지만 형사기소를 담당한다는 점에서 검찰과 유사한 것으로 보기도 한다. 형사적인 제재에 있어서 기소 이전단계까지 OFT가 조사를 담당할 뿐만 아니라 경우에 따라서는 OFT가 직접 기소까지 할 수 있다는 점을 감안한다면 형사적 제재에 있어서도 OFT의 역할은 지대하다 할 수 있다.

---

35) 종래 상원에 해당하는 귀족원(the House of Lords)이 위원회를 설치하여 다른 나라의 대법원에 해당하는 기능을 수행하였으나, 2005년에 제정된 헌법개혁법(the Constitutional Reform Act)에 따라 대법원이 설치되었다.

OFT가 조사하여 이첩한 사건에 대해서만 중대범죄수사처가 기소할 수 있다는 점을 감안한다면 영국 경쟁법 상에 전속고발제도 자체는 없지만 사실상 경쟁법의 형사적 제재절차는 전속고발제도가 있는 것과 유사하다.

Ⅳ. 주요 국가의 형사적 집행의 시사점

1. 경쟁법의 형사적 집행의 범위

경쟁법 위반행위에 대하여 행정적인 제재만 가하는 것이 나은지 아니면 형사벌까지 가하는 것이 나은지에 대해 일의적으로 결론을 내리기 어렵다. 본 연구의 비교대상이 된 나라들의 사례를 살펴보더라도 각국의 형편에 따라 차이점이 많다. 물론 조사방해와 같은 절차법 위반에 대해서는 대부분의 나라들이 형사적 제재를 가하는 편이지만 실체법 위반에 대해서는 아래의 <표 2>에서 볼 수 있듯이 각국별로 차이가 많다. 형사벌의 범위를 기준으로 한다면, '독일 < 영국 < 미국·일본 < 한국' 순으로 범위가 넓다고 할 수 있다.

단일국가가 아닌 EU의 성격상 형사적 제재가 불가능하다는 점은 특수성이 있다. 나머지 나라를 살펴보면 독일은 경쟁법 위반행위에 대해 아예 형사벌을 부과하지 않는다. 물론 독일에서는 형법 제298조에서 입찰담합에 대해 형사벌을 부과할 수 있도록 하고 있어 경쟁법 위반행위에 대해 전혀 형벌이 불가능한 것

<표 2> 주요 국가의 형사벌 제도 현황

행위유형	미국	일본	영국	독일	EU	한국
거래제한 행위	○	○	○	×	×	○
시지남용 행위	○	○	×	×	×	○
기업결합	×	×	×	×	×	○
불공정거래 행위	–	×	–	–	–	○
형사벌 범위	중간	중간	좁음	없음	없음	넓음

은 아니다. 하지만, 입찰담합죄는 경쟁법 위반행위 유형이기도 하지만 그와 상관없이 형법에 의해 제재한다는 점에서 엄밀한 의미에서의 경쟁법 위반에 대한 형사적 제재라고 하기는 어렵다.

영국은 경성카르텔에 대해서만 기업이 아닌 개인에게 한정하여 형사벌을 부과할 수 있다. 영국도 기존에는 경쟁법 위반행위에 대해 행정적 제재만을 부과하여 왔으나 법집행을 강화하기 위해 2002년 기업법이 제정되면서 아주 제한적인 범위 내에서 형사벌을 허용하고 있다. 미국과 일본은 영국보다는 형사벌의 범위가 넓은 편인데 거래제한과 시장지배적지위 남용행위에 대하여 형사벌을 부과할 수 있다. 그러나, 양국 모두 실질적으로는 경성카르텔이 아닌 한 형사적 제재를 하는 경우는 사실상 없다.[36] 따라서, 제도상으로는 영국과 차이가 있지만 실질적인 측면에서는 큰 차이가 없다.

우리나라는 공정거래법 위반행위 전반에 대하여 형사적 제재를 부과할 수 있다는 점에서 비교대상이 되는 나라 중에는 형사벌의 범위가 가장 넓은 편이다. 심지어는 불공정거래행위뿐만 아니라 공정거래법에서 파생된 가맹사업법이나 표시광고법, 하도급법 위반행위에 대하여도 형사적 제재가 가능하도록 되어 있어 형사벌의 범위가 대단히 넓다. 특히 「독점규제 및 공정거래에 관한 법률 등의 위반행위의 고발에 관한 公正去來委員會의 지침」에 의해 고발요건이 점수로 계량되어 있어 일정한 법위반이 있으면 사실상 자동으로 형사고발하게 되어 있다. 그 결과 다른 나라에서는 형사벌의 제도적인 차이점에도 불구하고 경성카르텔에 한하여 형사적 제재가 이루어지는 것에 반하여 우리나라에서는 시장지배적지위 남용이나 불공정거래행위, 부당한 표시광고 등 상당히 넓은 범위에 걸쳐 형사적인 제재가 가능하다.

이러한 이유로 우리나라에서는 告發의 전제가 되는 공정거래법의 형사벌조항에 대하여 비판이 적지 않다. 행정적 목적 달성을 위해서는 형사벌보다는 가급적 행정적 제재를 활용하는 것이 바람직하다. 차제에 지나치게 많은 형사벌을 대폭 정비할 필요가 있다. 무분별한 형사벌의 집행이 이루어지는 경우 기업의 경제활동이 위축될 우려가 있고, 기업이 형사벌에 지나치게 노출되는 것은 경제활동의 위축을 넘어 이를 회피하기 위한 정경유착을 초래하여 사회의 건전한 발

---

36) 瀧川敏明, 日・米・EUの獨禁法と競爭政策(第3版), 靑林書院, 2006, 150면.

전을 저해할 우려도 있다. 이러한 측면에서 공정거래위원회는 고발권의 행사를 신중히 할 필요가 있다.

2. 경쟁법 집행체제와 형사적 집행의 상관관계

세계 각국의 경쟁법집행의 역사와 전통, 각국의 형편에 따라 경쟁법 집행은 일원적으로 이루어지기도 하고 이원적으로 이루어지기도 한다. 경쟁법은 경제의 기본법으로서 법집행방식에 따라 경제활동이 크게 영향을 받게 된다는 점을 고려한다면 경쟁법 집행의 일관성확보를 위해서는 법집행방식이 일원화되는 것이 바람직하다. 일본은 전속고발제도를 통해 公正取引委員會의 전문적인 판단을 존중하는 방식으로 법집행의 일관성을 유지하고 있다. 반면 미국과 같이 경쟁법 집행의 역사적 연유로 인해 경쟁법집행을 이원화하면서도 성공적으로 경쟁법을 집행하는 사례도 있다. 미국은 독립된 두 개의 기관이 경쟁법을 집행하고 있지만 법무부와 FTC와의 업무중복문제는 업무조정절차(Clearance Procedures)와 오랜 법집행관행을 통해 해결되고 있어 지금은 법집행의 일관성에 심각한 문제가 발생하고 있지는 않다. 영국도 일종의 이원화라고 할 수 있는데 OFT 외에 경쟁위원회가 설치되어 있기 때문이다. 물론 경쟁위원회는 어디까지나 OFT를 지원하는 기관이지 미국과 같이 독립된 두 개의 기관으로 보기는 어렵기 때문에 미국과 차이는 있다.

이러한 경쟁법 집행체제가 일원적인지 아니면 이원적인지에 따라 형사적 집행을 전속고발에 따라 하는지 여부가 결정된다.[37]

〈표 3〉 경쟁법 집행체제와 형사적 집행방식

구 분	미국	일본	영국	독일	EU	한국
법집행 일원화	×	○	○	○	○	○
형사적 집행방식	법무부 자체 기소	전속고발	사실상 전속고발	–	–	전속고발

---

37) 캐나다는 전속고발제를 법률로 규정하고 있지 않으나, 경쟁당국(Competition Bureau)이 먼저 조사 후 고발하면 검찰(director of public prosecutions)이 기소여부를 결정한다. 아일랜드도 카르텔 위반행위에 대해 경쟁당국이 사건을 조사하고 고발하면, 검찰이 기소여부를 결정하는 사실상 전속고발제 운영하고 있다.

그런데 경쟁법 집행을 일원화하는 것이 좋은지 아니면 이원화하는 것이 좋은지 일의적으로 결론을 내리기는 쉽지가 않다. 전속고발제도 자체에 대해서도 학자나 실무가들이 어느 한 방향으로 동의하기가 쉽지 않다. 지금으로서는 전속고발제도의 존폐에 대한 논란보다는 이러한 전속고발제가 원래의 취지대로 잘 활용될 수 있도록 경쟁당국과 검찰의 협조채널을 보강하고 객관적이고 투명한 절차에 따라 운영될 수 있도록 제도적 장치를 강화하는 것이 바람직하다고 생각된다.

V. 결 어

우리나라 경쟁법의 형사적 집행문제는 선진외국과 비교하여 그 집행이 과도하다거나 아니면 그 반대라고 쉽사리 결론내리는 것은 바람직하지 않다. 이러한 문제는 우리나라의 사법시스템 전반과 행정풍토에 비추어 판단해 보아야 한다.

1960년대 이후 정부주도의 경제개발과정에서 행정은 경제개발뿐만 아니라 사회문제 해결에 있어서도 중추적인 역할을 하여 왔는데 선진국에서는 당연히 사적인 해결을 도모하여야 할 사안까지도 행정이 해결해온 측면이 적지 않다. 물론 검찰도 행정부의 일원으로서 중요한 역할을 수행하여 왔음은 당연하다. 반면 사인들 간의 사적인 해결은 법원에서 민사소송을 통하여 해결하여야 하는데 아직까지도 행정적인 해결에 비해 효율성이 크게 떨어져 있다고 판단된다. 예컨대, 미국에서는 경쟁법상의 분쟁이 법원에서 사인들 간의 금지청구(injunction)이나 손해배상소송을 통해 해결되는 것이 대부분이고 극히 일부의 경우만 FTC나 법무부가 나서서 해결하는 것에 비해 우리나라는 대부분을 공정거래위원회에 의존하고 있는 현실이다. 그리고 공정거래위원회의 제재만으로는 문제가 충분히 해결되지 않기 때문에 형사적 처벌에 기대고자 하는 경향이 있다. 심지어 불공정거래행위까지 형사적으로 해결하고자 하는 기대는 경성카르텔 이외에는 형사적 처벌을 하지 않는 선진국과 분명한 대비가 된다.

형사적 집행을 강조하는 분위기는 경쟁법에 국한된 것은 아니다. 건설, 환경, 식품, 교통 등 행정이 관여하는 대부분의 분야에서 형사적 집행을 선호하는 사회분위기가 우리나라에 팽배해 있다. 행정법규에 우리나라만큼 형사처벌 조항이 많은 나라도 드물지 않을까 생각된다. 물론 이러한 이유는 민사적 구제가 활발하지 않기 때문이다. 그런데, 형사적 집행은 문제해결을 위한 간접적인 수단은 될 수 있지만 근본적인 문제 해결책은 되지 못한다는 점에서 한계가 있다.

경쟁법으로 인한 피해는 과징금이나 형사처벌보다는 훼손된 경쟁질서의 조속한 회복과 더불어 피해자에 대한 손해전보가 근원적인 해결책이다. 이러한 점을 고려한다면 경쟁법집행에 있어서 제재만 강화하기보다는 경쟁질서회복을 위한 시장에 대한 철저한 분석과 피해자의 손해전보를 위한 효율적인 사법시스템의 구축이 절실히 요구된다 할 수 있다.

▓▎ 참고문헌 ▎▓

◼ **국내문헌**

공정거래위원회, 2013년판 공정거래백서, 2013.

권오승, 경제법(제6판), 법문사, 2008.

김종구 외 8인 공저, 검찰제도론, 법문사, 2011.

임영철, 공정거래법, 법문사, 2007.

정세훈, 미국 경쟁당국의 사건처리절차와 제도에 관한 연구, 공정위 용역보고서, 1999.

조성국, 독점규제법 집행론, 경인문화사, 2011.

◼ **외국문헌**

ABA Section of Antitrust Law, *Antitrust Law Developments*, 4th ed., Vol. I, 1997.

Department of Justice, *Antitrust Division Manual 2008*.

Nazzini, Renato, *Concurrent Proceedings in Competition Law*, Oxford, 2004.

Whish, Richard, *Competition Law*, Oxford University Press, 2005.

谷原修身, 獨禁法の執行・實施をめぐる體系論, 獨禁法の理論と展開[2], 日本經濟法學會 編, 三省堂, 2002.

岸井大太郎 等 5人 共著, 經濟法(第5版), 有斐閣, 2008.

白石忠志, 獨占禁止法, 有斐閣, 平成 18年(2006).

 シテイユーワ法律事務所 編, 獨禁法のしくみ、中央經濟社, 平成 18年(2006).

菊地元一・佐藤一雄・波光巖・瀧川敏明, 續 コンメタール 獨占禁止法, 勁草書房, 1995.

 瀧川敏明, 日・米・EUの獨禁法と競爭政策(第3版), 靑林書院, 2006.

통일과 경쟁법의 역할
- 시장경제체제로의 전환의 관점에서 -

이 호 영*

I. 서   론

최근 북한의 상황은 물론이고 한반도를 둘러싼 국제정세의 흐름에 비추어 볼 때 많은 국민들이 통일의 계기가 시시각각 다가오고 있음을 피부로 느끼는 듯하다. 정부 역시 2014년 1월 신년기자회견 과정에서 대통령이 제기한 소위 '통일대박론'을 계기로 대통령을 위원장으로 하는 '통일준비위원회'를 구성하는 등 통일에 대한 체계적인 준비를 역설하고 있다. 비록 늦은 감이 있지만 이제부터라도 각 분야별로 지혜를 모아 통일을 대비하고 통일 이후 실행하여야 할 구체적인 프로그램을 준비하는 것이 필요하다는 점은 두말할 나위가 없을 것이다.

분단된 한국에서 경쟁법을 공부하는 학생으로서 자연스레 그 동안 공정거래위원회를 포함한 우리나라 경쟁법 커뮤니티에서 통일에 대하여 어떠한 준비가 이루어졌는지, 현재는 어떤 준비를 하고 있는지를 돌아본다. 우리가 상정하는 통일은 필연적으로 북한을 시장경제체제로 전환시키는 과정을 수반할 텐데, 시장경제질서의 근간을 이루는 경쟁법을 공부하는 사람으로서 통일이 된다면 당장 무엇을 어떻게 할 것인지, 무엇이 중요하고 무엇이 상대적으로 덜 중요한지, 예상되는 어려움은 무엇인지, 이를 극복하기 위해 필요한 것은 무엇인지를 고민한 적이 있는지 생각해본다. 몹시 부끄럽고 우려된다. 오히려 이웃나라인 일본의 경우에 1990년대 이후 체제전환경제에 대한 다양한 연구가 이루어져서 상당한 선행연구가 축적된 것과 비교할 때 더욱 안타까울 뿐이다.

---

* 한양대학교 법학전문대학원 교수, 법학박사

불모지였던 우리나라 경쟁법 분야의 학문적 기틀을 마련하신 권오승 교수님
의 영광스런 정년에 즈음하여 위와 같은 문제의식을 담아 통일과 경쟁법의 역할
에 관한 시론적인 글을 바치고자 한다. 통일이 우리가 기대하는 바와 같이 북한
이 시장경제체제로 전환하는 방식으로 이루어진다는 전제에서 우선, 체제전환경
제의 의미와 과제를 개설적으로 살펴보고(Ⅱ), 특히 구 소련이나 동유럽 국가들
의 경우와 비교하여 한반도 통일에 따른 북한의 체제전환이 가지는 특징을 제시
해본다(Ⅲ). 이러한 논의를 바탕으로 통일이 이루어질 경우 경쟁정책이 수행해야
할 기능과 경쟁정책이 초점을 맞추어야 할 주안점을 설명하고(Ⅳ), 구체적으로
통일 후 체제전환경제로서의 북한의 경쟁정책의 수립·집행상 중요하게 고려해
야 할 요소들을 제시하고(Ⅴ), 글을 맺기로 한다(Ⅵ).

Ⅱ. 체제전환경제의 의미와 과제

체제전환경제(transition economies) 또는 체제이행경제란 흔히 어떤 경제체제
로부터 다른 이질적인 경제체제로의 전환 또는 이행의 시기에 등장하는 경제로
서, 체제전환경제를 오랫동안 연구한 한 일본 학자는 "선행하는 경제체제의 하
강운동과 신흥 경제체제의 상향운동이 교차하는 시기의 경제"라고 정의하고 있
다.[1] 이러한 체제전환경제는 다양한 계기에 다양한 규모로 발생하는데, 한 국가
의 차원을 넘는 대규모의 체제전환은 20세기 이후 두 차례에 걸쳐서 정반대의
방향으로 이루어졌다고 할 수 있다.

먼저, 20세기 전반기에 소련과 동유럽 국가들에서, 그리고 20세기 중반에 중
국과 북한 등에서 자본주의 경제체제로부터 사회주의 경제체제로의 전환이 이루
어졌고, 1980년대 이후에는 반대로 이들 국가에서 자본주의 경제체제로의 전환
이 이루어지고 있다. 물론 우리나라의 통일과 관련하여 논의되는 체제전환은 후
자에 해당하는데, 그러한 체제전환경제는 생산수단의 공적 소유와 국가에 의한
계획경제를 특징으로 하는 사회주의적 계획경제로부터 생산수단의 사적 소유와
시장경제를 특징으로 하는 자본주의적 시장경제로 전환하는 과정의 경제를 의미
한다. 아래에서는 이러한 시장경제로의 체제전환경제만을 상정하여 논의하기로

---

1) 福田敏浩, 體制移行の經濟學-理論と政策, 晃洋書房, 2000, 158頁.

한다.

그런데 종전의 사회주의적 계획경제로부터 자본주의적 시장경제로 전환하는 체제전환경제의 구체적인 모습은 각국의 사정에 따라 매우 다양하게 나타난다. 다양한 체제전환경제를 분류하는 방법 역시 다양한데, 아래와 같은 분류가 다양한 체제전환경제의 특징을 이해하는데 도움이 되고 현실설명력을 가진 것으로 볼 수 있다.[2] 먼저, 크게 전면적 시장경제전환국가와 부분적 시장경제전환국가로 분류할 수 있다. 전자는 경제시스템으로서의 시장경제뿐만 아니라 정치시스템으로서의 민주주의제도를 모두 선택한 체제전환국가로서 구 소련을 비롯하여 발틱 3국과 폴란드, 헝가리, 구 체코슬로바키아 등 동유럽 국가들이 이에 해당하고, 후자는 공산당 일당독재 제도를 유지하고 국영기업을 존속시키는 것을 기본으로 하되, 시장경제제도를 도입하여 확대시키는 국가들로서 중국, 쿠바, 북한 등이 이에 해당한다.

또한 전면적 시장경제전환국가를 다시 민영화와 가격과 대외무역의 자유화 및 국영기업에 대한 보조금 삭감 등을 급진적으로 추진하는 국가와 상대적으로 점진적으로 추진하는 국가로 나눌 수 있는데, 러시아가 전자에, 헝가리가 전자에 해당하고 기타 동유럽 국가들은 양자가 혼합된 중간적 형태에 해당한다고 할 수 있다. 부분적 시장경제전환국가의 경우에도 다시 중국과 같이 자유무역지역의 확대와 외국기업과의 합작기업의 설립을 적극적으로 용인하는 국가와 북한과 같이 이에 소극적인 국가로 구분할 수 있다.

위에서 본 바와 같이 시장경제로 전환하는 체제전환경제의 구체적인 모습은 매우 다양하지만 모든 체제전환경제가 공통적으로 해결해야 할 과제가 있다. 첫째, 종전에 국가가 소유하고 있던 주요한 생산수단을 민간 부문에 이전하는 민영화 작업을 진행하여야 한다. 다만, 그 범위와 속도 및 구체적인 민영화 방식은 각 체제전환국가에 따라 다양한 양상을 띠게 된다. 둘째, 시장거래를 자유화하여 종전에는 정부의 계획에 의해 자원을 배분하던 것을 시장(가격)기구를 통하여 수요와 공급이 조정되도록 하여야 하는데 이는 시장형성 작업이라고 할 수 있다. 마지막으로 민영화와 시장거래의 자유화에 필연적으로 수반되는 과도기적

---

2) 五井一雄, 市場經濟移行の多樣な經路とその展開, 市場經濟移行政策と經濟發展−現狀と課題, 中央大學出版部, 1998, 1−5頁.

시장불안을 적절히 통제하여야 한다.

그 동안 체제전환을 경험했던 동유럽 국가들의 사례에 비추어보면, 대부분의 체제전환경제는 여러 가지 시장불안을 겪게 되는데 특히 극심한 인플레이션을 경험하게 된다.[3] 흔히 종전의 사회주의경제에서는 국유기업에 발생한 적자에 대하여 국가가 온정주의적으로 대응하여 국가예산으로 보전해주므로 기업은 실제의 비용조건보다 낮은 비용조건에서 생산량을 결정하고 국가는 생필품 등 기초재의 가격을 인위적으로 낮은 수준으로 유지하므로 특히 기초재 부문에 대규모의 적자가 발생하게 된다. 사회주의경제의 말기에 이르러서는 이러한 국가의 재정적자를 중앙은행의 차입금으로 보전함에 따라 과잉유동성이 발생하게 되는데, 이러한 잠재적 인플레이션 압력이 체제전환이 개시된 후 가격자유화에 따라 급격하게 현재화된다. 또한 흔히 사회주의국가들은 자국 화폐의 가치를 인위적으로 높게 유지하는데 체제전환이 개시되어 대외무역이 자유화되면 환율이 급격하게 인상되고 수입가격의 인상에 따른 인플레이션 압력이 가중된다. 물가가 급격하게 상승하게 되면 국민들의 실질소득이 감소하게 되면 일반 소비자들은 시장과 가격기구에 대한 신뢰를 잃게 된다.

더욱이 새로이 경쟁에 노출된 비효율적인 기업들이 외국기업과의 경쟁에서 뒤떨어지게 되면 실업률이 증가하여 근로자의 지위가 급격하게 약화됨에 따라 대규모 노사분규가 발생하기도 한다. 따라서 체제전환경제는 급격한 인플레이션이나 실업 및 대규모 노사분규 등의 과도기적 시장불안을 적절히 통제할 수 있는 시장안정화정책을 실시하여야 한다. 그런데 체제전환경제에 있어서 시장불안을 통제하는 것은 매우 어려운 것으로 평가되고 있다. 즉, 위에서 설명한 바와 같이 시장거래의 자유화에 따라서 일정한 정도의 인플레이션이 발생하는 것은 불가피하다고 할 수 있는데, 실질소득이 감소된 근로자들의 대폭적인 임금인상 요구를 수용할 경우에는 기업의 비용조건이 악화되어 다시 공급측면에서의 인플레이션 압력이 발생하고 기업의 대외경쟁력은 더욱 낮아지게 된다.

---

3) 위 서술은 다음의 선행연구를 요약한 것임. 吉井昌彦, ルーマニアの市場経済移行-失われた90年代?, 勁草書房, 2000, 21-23頁.

Ⅲ. 통일의 체제전환적 특징

통일이 초래하게 될 북한의 시장경제체제로의 전환은 소련이나 중국 및 동유럽 체제전환국가들의 경우와 비교할 때, 특히 다음과 같은 특징을 가진다고 할 수 있다. 첫째, 통일에 따른 북한의 체제전환은 단독의 체제전환이 아니라 60년 이상 자본주의적 시장경제체제를 유지해온 남한과의 시장통합이라는 점이다. 이런 측면에서 구 소련이나 동유럽 국가들의 경우보다는 구 동독의 경우와 유사하다고 할 수 있다. 따라서 통일의 방식과는 무관하게 체제전환과정에서 불가피하게 남한식 자본주의적 시장경제질서의 영향을 크게 받을 수밖에 없을 것이다. 따라서 체제전환과정에서 민영화되거나 국영형태로 존속하면서 새롭게 시장경쟁에 직면하게 되는 북한의 기업들이 경쟁력이 현저히 우월한 남한의 기업과의 경쟁에서 열위에 처할 개연성이 높은데, 이는 경쟁정책의 측면에서 시장구조의 악화를 가져올 뿐만 아니라 북한 주민들의 큰 반발을 야기하여 심각한 정치적 문제를 초래할 수도 있다. 점진적인 시장통합과 이에 대응한 적절한 과도기적 경쟁정책이 필요한 이유이기도 하다.

둘째, 남한과 북한은 1950년 6.25를 겪었고 그 이후에도 오랫동안 군사적 긴장관계를 유지함에 따라 장기간 경제적 교류가 사실상 단절된 상태이다. 이는 구 동독의 경우와도 다른 측면이라고 할 수 있는데, 북한 정권은 6.25 이후 소위 '주체사상'을 무기로 사회주의국가들 중에서도 가장 고립된 국가를 수립하고 고도의 중앙집권적 경제체제를 유지해왔다.[4] 이러한 사정에 비추어 볼 때, 대다수 북한 주민들은 자본주의적 시장경제질서에 대한 경험이 극히 적어서 시장통합과 시장거래의 자유화가 이루어진 초기에 지배적 기업들의 착취적 남용행위(exploitative abusive practices)나 지위남용행위 또는 사업자들의 부당한 표시나 광고 등의 불공정한 거래행위에 매우 취약할 것으로 예상된다. 이러한 상황이

---

4) 예컨대, 1990년대 초반에 구 소련, 구 동독 및 동유럽 국가들뿐만 아니라 북한, 중국, 몽고, 쿠바, 베트남 등 광범위한 체제전환국가들에 대하여 정치적·경제적 부문, 대외무역·외국투자 부문, 사적 부문 등을 포괄적으로 분석한 선행연구는 북한을 가장 고립된 사회주의국가라고 지적하고 부분적인 개혁조치에도 불구하고 고도로 중앙집권적인 경제체제를 유지하고 있다고 결론을 내리고 있다(Ian Jeffries, *Socialist Economies and The Transition to The Market: A Guide,* Routledge, 1993, pp. 204-205).

발생할 경우에 일반 주민들의 시장경제체제에 대한 불신을 키워서 시장경제체제로 원활하게 전환하는데 큰 장애가 될 수 있다.

마지막으로 통일은 북한이 기존에 나름대로 추진해오던 소극적인 체제전환정책과 새롭게 전면적으로 추진되는 체제전환정책 간에 상당한 혼란을 초래할 우려가 있다. 즉, 북한 역시 1980년대 중반 이후 주로 중국에 의존하는 제한적인 자유무역지역과 외국기업과의 합작기업을 허용하는 것을 내용으로 하는 나름의 체제전환정책을 추진해왔다. 그러나 전자는 자유무역지역에 보장된 대외거래의 자유가 불충분하였을 뿐만 아니라 정책의 일관성이 결여되었고, 후자는 중국기업과 재일본 조선인기업과의 합작에만 국한되어 별다른 성과를 거두지 못한 것으로 평가되었다.[5] 이러한 종전의 소극적인 체제전환정책과 통일이 이루어질 경우에 전면적으로 추진될 수밖에 없는 체제전환정책은 사실상 양립하기 불가능한 것으로서 오히려 종전의 부분적 체제전환정책이 전면적 체제전환정책을 체계적이고 일관되게 추진하는데 상당한 장애물로 작용할 우려가 있다.

Ⅳ. 통일 후 경쟁정책의 기능과 주안점

우리가 기대한 대로 통일이 이루어지고 북한이 시장경제체제로 전환할 경우에 경쟁정책이 수행하여야 할 기능과 경쟁정책이 특히 초점을 맞추어야 할 것들은 어떤 것이 있을까? 우선, 통일에 따른 체제전환이 이루어질 경우에 국영기업의 민영화와 시장거래의 자유를 허용하는 것만으로는 결코 시장경제체제가 제대로 작동할 수 없다는 점은 명백하다. 구 소련 및 동유럽 체제전환국가들의 경험에 비추어 볼 때, 국영기업의 상당수가 민간기업에 매각되고 정부의 계획당국에 의한 생산 및 구매 지시가 철폐된다고 할지라도 결코 이것만으로 시장거래가 원활하게 이루어질 것으로 기대할 수 없다. 종전의 국영기업들은 여전히 공식·비공식적 네트워크를 활용하여 종전의 거래상대방과 종전과 유사한 내용의 거래관계를 유지하고 이윤의 극대화보다는 임직원들의 고용상 안정의 확보를 최고의 가치로 삼는 경영방식을 고수할 개연성이 높다.

---

5) Ian Jeffries, *Socialist Economies and The Transition to The Market: A Guide*, Routledge, 1993, pp. 194-205.

이러한 상황에서 경쟁정책의 적극적 기능이 필요하다. 그런데 체제전환경제에서의 경쟁정책은 단순히 경쟁을 제한하는 기업행동을 사후적으로 적발·제재하는 협의의 경쟁정책에 그쳐서는 안 되고, 시장의 기초를 구축하기 위한 다양한 공공정책수단들을 동원하여 시민들에게 재무서비스를 제공하고 중간기업에게 투입물을 공급하고 국제시장에서 무역과 경쟁에 종사하는 것이 가능한 효율적이고 경쟁적인 기업의 창출과 성장을 용이하게 하는 제반조건을 만드는 광의의 경쟁정책을 체계적으로 수립·집행하여야 한다.6)

또한 체제전환경제의 경우에는 정부에 의한 중앙집권적 계획이 폐지되어 가격이 자유화되고 산출목표가 폐지된 이후에도 신규기업이 시장에 진입하는 것을 방해하는 다양한 제도적·비제도적 장벽이 존재하는데, 경쟁정책은 이러한 진입장벽을 철폐하는데 초점을 두어야 한다. 예컨대, 종전의 국유대기업이 금융기관으로부터의 여신을 독점하거나 차별적으로 유리한 조건으로 여신을 받거나, 또는 신규기업이 시장에 진입하는데 필요한 토지나 건물 및 유통망 등의 희소한 자산을 확보하는 것이 곤란하거나 기존 기업에 유리하게 배분되거나, 기존 기업에 적용되는 예산제약이 철저하지 못하여 신규기업이 경쟁을 통하여 기존 기업을 무너뜨릴 가능성이 희박하게 되는 등의 사정 때문에 신규진입이 활발하게 이루어지기 어려운데, 경쟁정책을 통하여 이러한 문제를 해소하고 경쟁적인 산업구조를 창출하는 것이 중요하다.7)

둘째, 비록 과도기적일지라도 기업의 착취적 남용행위나 불공정한 거래행위로부터 북한 주민을 보호하기 위한 후견적(paternalistic) 경쟁정책을 수립·집행하는 것이 필요하다. 위에서 이미 언급한 바와 같이 북한 주민의 대다수는 시장거래의 경험이 부족하여 기업들의 착취적 남용행위나 불공정한 거래행위로부터 스스로를 보호할 수 있는 능력이 현저히 부족할 것으로 예상되는데, 특히 아직 시장의 경쟁여건이 제대로 갖추어지지 않은 상태에서 기업들이 급격한 가격인상을 단행하거나 소비자거래에 있어서 다양한 형태의 불공정한 경쟁수단을 사용하거나 거래상 지위를 남용하여 불공정한 거래내용을 강제할 경우에 소비자의 권익이 심각하게 침해될 우려가 크다. 따라서 북한에 대한 경쟁정책을 수립·집행함

---

6) 中野守, 中歐經濟の競爭政策と市場轉換, 市場經濟移行政策と經濟發展 – 現狀と課題, 中央大學出版部, 1998, 153-154頁 참고.
7) 中野守, 上揭書, 163-164頁.

에 있어서 시장의 경쟁여건이 성숙되기까지 상당한 기간 동안 특히 소비자거래에 관한 기업의 행동에 대해서는 시장의 자가치유력에 의존하는 자유주의적 (liberalistic) 접근보다는 경쟁당국이나 규제당국의 적극적 시장개입을 활용할 필요가 있다.

셋째, 위에서 설명한 것과 관련된 것으로서 소비자와 기업에 대한 시장경제교육에 큰 비중을 두어야 한다. 우선, 북한 주민들에 대하여 시장경제에 대한 이해도를 높이고 기업의 다양한 경쟁제한행위나 불공정한 거래행위를 식별하여 스스로를 보호할 수 있는 최소한의 인지력과 지식을 제공하는데 주안점을 두어야 한다. 이는 단순히 경쟁당국 차원의 정책수단만으로는 가능하지 않고 전 정부 차원 나아가 언론이나 학계 및 소비자단체 등의 NGO를 망라한 범국가적 차원의 협력이 필요할 것이다. 또한 새롭게 시장거래를 행하는 기업들에 대해서도 시장거래와 경쟁법·정책에 대한 이해도를 높이는 지속적인 교육과 홍보가 필요할 것이다. 물론 기업에 대한 가장 효과적인 경쟁법 교육 및 홍보는 강력하고 철저한 경쟁법 집행이라고 할 수 있지만, 아래에서 보는 바와 같이 체제전환과정의 초기부터 새롭게 시장거래를 행하는 기업들에 대하여 경쟁법을 전면적이고 강력하게 집행하는 것은 무리라고 할 수 있을 것이다.

그 밖에도 구 소련이나 동유럽 체제전환국가들이 실시한 경쟁정책에 관하여 발생한 문제점들이 재현되지 않도록 유의할 필요가 있다. 예컨대, 2000년대 후반에 구 소련을 포함한 동유럽 체제전환국가들의 경쟁정책과 그 효과에 대하여 광범위하게 실시된 선행연구에 따르면 이들 체제전환국가의 경쟁정책에 관하여 특히 다음의 세 가지 문제점들이 공통적으로 지적되었다.[8] 먼저, 종전의 국유기업 등 시장지배적 사업자의 신규진입 방해에 대한 대처가 미흡하였다. 즉, 구 소련을 비롯한 대부분의 구 공산국가의 산업구조는 중공업 위주로서 장치산업의 성격상 독과점화된 상태였는데, 체제전환과정에서 제도적으로 신규진입이 허용되더라도 종전의 국유기업이 지배적 지위를 유지하면서 다양한 방법을 동원하여 신규진입을 방해함으로써 신규진입이 매우 미미한 것으로 나타났다. 참고로 러시아의 경우 잘 알려진 바와 같이 구 소련으로부터의 체제전환과정에서 공고한 재벌구조가 형성되었는데,[9] 이는 일본이나 우리나라의 경험에 비추어 볼 때 경

---

8) Gradiska-Temenugova & Mamucevska, *Effectiveness of Competition Policy in Transition Economies*, 2009, pp. 7-9.

쟁정책의 관점에서 오랫동안 부정적인 영향을 미칠 수 있는 매우 바람직하지 못한 현상이라고 할 수 있다.

체제전환과정에서 비로소 형성된 시장이 기존의 국유기업이 지배적 지위를 유지한 채 고도로 집중된 상태로 출발하는 것은 추후 오랫동안 경쟁정책의 효과를 극도로 제한하는 요소로 작용할 개연성이 크다. 각국의 경쟁법 집행경험에 비추어 볼 때, 시장구조가 고도로 집중된 상태에서 기업의 경쟁제한적 행태를 사후적으로 적발·제재하는 것만으로 시장구조를 경쟁적으로 개선하고 경쟁시장에서 기대할 수 있는 시장성과를 거두기는 사실상 불가능하다. 따라서 우선 민영화정책을 잘 설계하여 서로 비교적 대등한 경쟁자들이 유효한 경쟁을 펼칠 수 있는 시장구조를 만드는데 초점을 맞추어야 하고, 특히 지배적 지위를 유지하는 기존 국유기업의 신규진입 방해행위를 엄격하게 감시하여 제재할 필요가 있다.

또한 많은 체제전환국가가 경쟁법 도입 초기에 기업결합규제를 느슨하게 운영함에 따라 시장구조의 악화를 막지 못한 경험이 있다. 실제로 통일이 이루어질 경우에 북한의 국유기업에 대한 민영화과정에서 남한의 대기업에 의한 인수·합병이 대규모로 이루어질 것이고 통일에 따른 급격한 시장환경변화에 대응하기 위한 기업들의 구조조정 역시 활발하게 이루어질 것으로 예상된다. 이러한 상황에서 엄격한 기업결합규제가 이루어지지 못할 경우에는 주요 산업이 독과점화될 우려가 크다. 더욱이 그 동안 한국을 포함한 다수의 후발 경쟁법제에서 자국기업의 성장우선정책 및 경쟁당국의 역량부족으로 인하여 상대적으로 기업결합규제에 소극적인 경향을 보였다. 따라서 통일 이후 북한에 대한 경쟁법 운용에 있어서 특히 엄격한 기업결합규제를 중요한 과제로 삼아야 할 것이다.

마지막으로 다수의 체제전환국 경쟁법제는 경쟁당국의 인력이나 예산 또는 법 집행상 전문성의 부족으로 인하여 소위 '경성카르텔'(hardcore cartels)에 대하여 충분한 법 집행이 이루어지지 못한 것으로 지적되었다. 실제로 아직 기업들이 경쟁법 및 경쟁정책에 대하여 충분한 인식을 가지지 못한 상황에서 가격담합이나 입찰담합 등의 경성카르텔이 다수 발생할 우려가 있는데, 경성카르텔이 만연할 경우 새롭게 시장경제체제를 접하는 시민 일반의 신뢰를 근본적으로 훼손하게 되어 시장경제체제의 순조로운 정착에 큰 장애가 된다. 따라서 통일 이후

---

9) 러시아의 체제전환과정상 재벌이 형성된 과정에 대해서는 加藤志津子, 市場経済移行期のロシア企業, 文眞堂, 2006, 164-168頁 참고.

북한에 적용되는 경쟁법규 중 특히 경성카르텔에 대한 규정을 신속하게 시행하고, 경쟁당국 역시 이를 적용하기 위한 하위법령을 신속히 정비하고 조사인력 등을 충분히 투입하여 엄정한 법 집행활동을 실시하여야 한다. 다만, 경쟁당국의 법 집행자원의 현실적인 한계에 비추어 볼 때, 엄격한 사후적 법 집행활동 이외에 경성카르텔에 초점을 맞춘 준법교육과 준법활동의 권장 등 적극적 사전 예방활동이 수반되어야 경성카르텔의 효과적인 억제가 가능할 것이다.

V. 통일 후 경쟁정책의 수립·집행상 고려요소

통일 이후 실제로 북한의 체제전환과정에서 새롭게 형성된 시장에 가급적 신속하게 경쟁질서를 정착시키고 경쟁을 활성화시키기 위한 경쟁정책을 수립·집행함에 있어서 다음과 같은 몇 가지 요소들을 중요하게 고려할 필요가 있다. 첫째, 가장 중요한 것은 독립적이면서도 충분한 정책역량 및 법집행역량을 갖춘 경쟁당국을 만드는 것이다. 실제로 체제전환경제의 경쟁정책의 효과를 실증적으로 분석한 선행연구에 따르면 경쟁정책의 다양한 요소 중 실제 시장경쟁의 강도와 가장 높은 상관관계를 가진 것은 '효율적인 경쟁당국의 존재'로 나타났다.[10] 그러나 체제전환국가에서 경쟁당국이 중립적이고 효율적으로 경쟁정책을 수립하고 경쟁법 집행활동을 실시하는 것은 매우 곤란한 것으로 나타났다.

통상적으로 체제전환국가의 경쟁당국은 다음과 같은 문제들에 직면하게 된다.[11] 먼저 경쟁정책을 수립하고 이를 제도화하여 집행할 인적·물적 법 집행자원이 부족하고, 또한 반드시 경쟁당국의 법 집행 자원뿐만 아니라 예컨대 경쟁정책의 수립·집행과 경쟁법 집행에 필요한 시장데이터 등 관련 제도적 인프라가 결여되어 있으며, 나아가 정치권으로부터의 방해 또는 저항으로 인하여 중립적인 경쟁법 집행이 어려운 상황에 처하게 된다. 그럼에도 불구하고 중립적이고 효율적인 경쟁당국의 존재가 체제전환국가의 경쟁정책의 효과에 가장 큰 영향을 미치는 요소 중 하나라면 다음과 같은 전제조건을 충족시킴으로써 그 목표에 접

---

10) Dutz & Vagliasindi, *Competition policy implementation in transition economies: an empirical assessment,* 1999, p. 9.
11) William Kovacic, *Getting Started: Creating New Competition Policy Institutions in Transition Economies,* 1997, p. 408.

근할 수 있다.

무엇보다도 최고 정권담당자와 정책결정기구가 경쟁정책의 중요성에 대한 확신을 가지도록 하여 이들의 전폭적인 지원을 이끌어 내야 한다. 왜냐하면, 이미 설명한 바와 같이 체제전환경제에 있어서는 광의의 경쟁정책이 실시되어야 하는데, 이를 위해서는 경쟁당국은 단순히 기업의 경쟁제한행위를 사후에 적발·제재하는 권한뿐만 아니라 경쟁을 제한하거나 또는 촉진할 수 있는 정책을 결정·집행하는 모든 다른 국가기관의 정책결정과정에 중요한 영향을 미칠 수 있어야 한다.12) 이를 위해서는 최고 정권담당자와 정책결정기구의 전폭적인 지원이 필수적이다. 또한 경쟁당국의 구성 및 운영상 고도의 정치적 독립성과 중립성이 확보되어야 한다. 특히 경쟁당국은 오직 경쟁질서의 유지와 촉진에 전념할 수 있는 충분한 고급인력과 이에 필요한 재원을 갖추어야 하는데, 이를 위해서는 조직상 국유재산관리 임무를 수행하는 기관이나 산업진흥의 임무를 수행하는 기관과는 독립적으로 설계되어야 할 것이다.13)

둘째, 단계적 접근을 취하여야 한다. 시장경쟁의 도입 초기부터 지나치게 완비된 형태의 경쟁법제를 마련하여 시행하는 것은 현실과의 괴리로 인하여 가능하지도 바람직하지도 않다. 경쟁당국의 법 집행자원의 구비, 관련 제도적 인프라의 구축 및 경쟁문화의 성숙 등을 기다려서 점진적으로 경쟁법제를 완비하고 법집행의 범위와 수준을 높여나가야 할 것이다. 따라서 북한시장의 전부 또는 일부에 대하여 경쟁법규의 한시적 적용제외나 적용유예 등을 활용할 필요가 있는데, 다만 이러한 적용제외나 적용유예는 그 정책적 필요성과 타당성에 관하여 경쟁당국을 포함한 광범위한 정부기관과 입법기관이 참여한 공개적인 논의를 거쳐서 명시적인 법적 근거를 마련하되, 그 범위와 기한을 명확하게 설정하고 이를 변경·연장하는 경우에도 마찬가지로 엄정한 심사를 거치도록 하여야 한다.

셋째, 통일 이후 과도기적으로 북한시장에 적용할 경쟁법제, 나아가 통일 한국에 전면적으로 적용할 경쟁법제를 구상함에 있어서 반드시 당시 시행 중인 대한민국의 경쟁법제를 염두에 둘 필요는 없을 것이다. 물론 통일이 이루어질 경우 대한민국의 경쟁정책 및 경쟁법 집행경험은 북한의 체제전환과정에서 매우

---

12) Kahn & Peck, "Price Deregulation, Corporatization, and Competition", Peck & Richardson (ed.), *What Is To Be Done: Proposals for the Soviet Transition to the Market,* Yale University Press, 1991, p. 75.
13) Id. p. 74.

긴요하게 활용될 것임이 분명하지만, 우선 체제전환경제로서의 북한의 시장상황은 60년 이상 자본주의적 시장경제체제를 유지해온 대한민국의 경우와 비교할 수 없을 정도로 상이할 것이 당연하고 체제전환경제로서의 고유한 과제와 기능이 있으므로 대한민국의 경쟁법제를 모델로 하는 것은 전혀 바람직하지 않을 것이다.

또한 주지하는 바와 같이 대한민국의 경쟁법제는 1980년 제정 당시 주로 일본의 경쟁법제로부터 많은 영향을 받았으나, 그 후 법 집행 및 개정 과정에서 미국과 EU의 경쟁법제와 그 법 집행사례 및 판례이론의 영향을 많이 받았고 일본의 경쟁법제 및 관련 이론 역시 그 동안 상당한 변화를 겪었다. 이처럼 현재 우리나라의 경쟁법제는 다양한 경쟁법제로부터 서로 매끄럽게 조화시키기 어려운 여러 가지 이질적인 요소들을 받아들여 내적 정합성이 상당한 정도로 떨어진 상태이다. 뿐만 아니라 경쟁법을 도입·시행한 이후 30년 이상이 경과한 현재 우리나라의 시장상황도 급격하게 변화하였고 그 동안의 법 집행경험에 비추어 경쟁법제의 대대적인 개편이 요구되는 상황이라고 할 수 있다.

대표적으로 현행 독점규제 및 공정거래에 관란 법률은 단독행위에 대한 규제체계와 관련하여 한편으로 EU나 독일의 경우와 유사한 시장지배적 지위 남용행위의 금지 규정을 가지면서 다른 한편으로 일본의 경우와 매우 흡사한 불공정거래행위의 금지 규정을 가지고 있는데 법 해석·집행상 양자의 관계를 어떻게 설정하여야 할 것인지에 관하여 매우 어려운 쟁점들이 제기되었고, 2007년 논란이 된 대법원의 POSCO 사건 판결[14]이 내려진 이후에도 여전히 해결되지 않은 상태이다. 따라서 통일을 계기로 경쟁법제의 전면적인 개편을 통하여 통일 한국에 적용될 수 있는 새로운 경쟁법제를 마련하는 것이 바람직할 것이다.

VI. 결   론

위에서 우리 민족이 주도하여 북한이 시장경제체제로 전환하는 형태로 통일이 이루어질 것이라는 전제에서 경쟁법·정책이 수행해야 할 역할과 기능, 그리고 경쟁정책을 결정·집행함에 있어서 고려하여야 할 요소들을 서술하였다. 통

---

14) 대법원 2007. 11. 22. 선고 2002두8626 판결.

일의 시기를 예측하기란 매우 어렵지만 최근 국내외 동향에 비추어 볼 때, 통일의 계기가 머지않은 장래에 다가올 것이라는 점은 충분히 예측할 수 있다. 그러나 더욱 중요하면서도 어려운 것은 과연 그런 계기에 통일이 이루어질 것인지, 통일이 이루어지더라도 어떤 형태로 이루어질 것인지이다. 비록 소수에 불과하지만 필자가 접한 일본 지식인들의 다수는 설령 북한 내부에 극적인 변화가 발생하더라도 가까운 장래에 우리가 바라는 통일은 어려울 것이라고 내다보는 듯하다. 결국 향후 여러 가지 변화에 대응하여 우리가 바라는 통일을 이루어낼 수 있을 것인지 여부는 주변 국가들과의 관계라는 외부적 요인으로부터도 상당한 영향을 받을 것임이 분명하지만 결정적으로 우리나라 정부와 국민의 역량과 준비노력에 달려있다고 볼 것이다.

다행스럽게 우리가 기대하는 대로 통일이 이루어진다고 하더라도 북한을 시장경제체제로 순조롭게 전환시키는 것은 매우 어려운 작업이 될 것이다. 정부는 물론이고 기업·학계 등 전문가집단·사회단체 등 모든 국가의 역량을 모아도 쉽지 않은 작업이다. 물론 그 출발점은 각 분야별로 정부와 전문가들이 다른 체제전환국가들의 사례를 연구하고 통일 이후 각 분야별 체제전환 프로그램을 마련하는 것이다. 그런데 종래 우리나라의 통일 후 법제 관련 논의는 그나마 주로 정치제도나 재산권제도 및 민영화 문제에 집중된 듯하다. 이에 반하여 정작 통일이 가지는 시장경제체제로의 체제전환적 성격에 비추어볼 때, 체제전환과정에서 소비자를 보호하고 신속하게 자유롭고 공정한 경쟁질서를 확립하기 위한 경쟁법·정책이 매우 중요함에도 불구하고 그에 관한 논의는 너무 소홀한 것이 아닌지 우려된다.

비록 매우 늦은 감이 있지만 시급히 공정거래위원회를 포함한 경쟁법 커뮤니티가 앞장서서 구 동독, 구 소련, 동유럽 및 중국을 비롯한 아시아 체제전환국가들의 경쟁정책의 사례와 경험을 연구하고 시사점을 도출한 후, 통일 후 다양한 상황에 따른 경쟁정책 프로그램을 마련하는 논의를 적극적으로 추진하기를 기대한다.

南泉 權五乘 教授 停年紀念論文集

제 2 부

규제산업과 경쟁법

금산분리의 역사성과 현재성

홍 명 수*

I. 서 론

금산분리는 산업자본과 금융자본의 분리를 의미하며, 양 영역에서 자본의 지배관계가 교차적으로 나타나는 것을 제한하는 형태로 구체화된다. 따라서 금산분리는 특정한 법률에 의하여 단일한 방식으로 이루어지기는 어려우며, 양 영역을 규율하는 법체계에 속한 다양한 관련 법률이 종합적으로 동 원칙의 실현에 기여하고 있다.

금산분리 원칙의 실현을 위한 제도는, 산업자본에 의한 금융산업 지배를 제한하는 제도와 금융자본이 산업을 지배하는 것을 규제하는 제도로 구분할 수 있으며, 이들은 전체적으로 금융자본과 산업자본이 분리된 우리 경제의 기본적인 구조를 형성하고 있다. 따라서 금산분리는 제도적으로 양 영역에서의 규제를 포괄하는 것이지만, 구체적인 규제의 수준이나 내용이 동등하게 전개되어 온 것은 아니다. 이는 금융산업과 일반 산업에 대한 규제가 지향하는 궁극적인 목적이나 제도 설계에 있어서 불가피한 기술상의 차이에 기인하는 측면도 있지만,[1] 금산분리를 필요로 하는 우리 경제의 특수한 상황과도 관련된다. 주지하다시피 우리나라 경제에서 재벌로 통칭되는 대규모기업집단은 핵심적 역할을 수행하여 왔으며, 이들은 금융에 대한 지배를 가능하게 하는 산업자본의 원천이기도 하였다.[2]

---

* 명지대학교 법과대학 교수, 법학박사
1) 금융산업의 규제는 궁극적으로 실물 경제에 부정적인 영향을 미치게 되는 금융 시스템의 불안정성을 최소화하는 것을 목적으로 하는 반면, 일반적인 경제 규제는 시스템의 안정성뿐만 아니라 성장, 고용, 국제관계에서의 균형 등 다양한 정책 목표를 추구하고, 이를 종합하는 과정을 통해서 이루어진다. E. P. Ellinger, Eva Lomnicka, & C. V. M. Hare, *Ellinger's Modern Banking Law*, Oxford University Press, 2011, 26-27면 참조.

따라서 지속적인 관심은 재벌로 대표되는 산업자본이 금융을 지배하게 됨으로써 나타나는 부정적 효과에 집중하였으며, 오랜 관치금융의 경험을 가진 금융부문에서 산업을 지배할 수 있는 사적인 금융자본의 형성이나 이에 대한 우려는 부차적인 의미가 있었다. 이러한 점에서 비교경쟁법상 드물게 재벌에 의한 일반집중 등의 문제를 경쟁법의 주요 의제로 다루고 있는 「독점규제 및 공정거래에 관한 법률」(이하 '독점규제법')에서 금산분리에 관한 중요 규제의 도입은 불가피하였던 것으로 이해된다.

이와 같이 금산분리 규제에서 독점규제법이 중요한 역할을 수행하고 있는 구조는 우리나라에서의 금산분리 정책이 재벌정책과 밀접히 관련되어 전개되어 왔음을 보여주는 것이다. 따라서 현 시점에서 금산분리를 유지할지 여부에 관한 정책적 판단도 현재 추진하고 있는 재벌정책과 분리하여 사고할 수 없을 것이다. 새 정부 출범 이후 독점규제법의 소관부서인 공정거래위원회는 2013. 4. 24. 청와대 업무보고를 통하여, 대기업집단의 폐해 시정을 공정거래위원회의 4대 중점 정책과제로 선언하고, 구체적인 실행 방안의 하나로 중간금융지주회사의 설립을 포함한 지주회사 규제 개편과 금융보험사 의결권 제한의 강화 등을 제시하였다.[3] 이는 현 정부의 대기업집단 정책(재벌정책)의 기본 방향을 시사한 것이며, 아울러 금산분리도 이러한 정책적 기조 위에서 추진될 것임을 보여준 것이다.[4] 그러나 금산분리는 금융산업의 구조와 직접적으로 관련되기 때문에 금융정책적 고려가 불가피하다는 점도 간과될 수 없다. 특히 2007년 미국의 서브프라임 모기지 사태로 촉발된 세계적 금융위기는 시스템 리스크에 대한 대처를 포함한 금융규제의 문제점을 노출시켰으며, 이에 대한 대응으로서 금융규제 개혁에 관한 논의가 전개되고 있는 상황이다.[5] 금융에 대한 산업자본 지배를 제한하는 금산분리의 문제를 다룸에 있어서도 이러한 논의 과정에 대한 이해가 반영되어야 하

---

2) 한국 경제의 성장에 있어서 家閥財産의 축적에 크게 의존하였다는 분석으로, 김만제. Edward S. Mason 외, 한국 경제·사회의 근대화, 한국개발연구원, 1981, 44면 참조.

3) 이 외에 구체적 실행 방안으로서 공정거래위원회는 총수일가 사익편취행위 근절, 신규 순환출자 금지 등을 제시하고 있다. 공정거래위원회, 2013년 공정거래위원회 업무보고, 2013. 4. 24., 1-3면.

4) 2014년 10월 국정감사 업무현황 보고에서 공정거래위원회는 총수일가 사익편취 규율, 신규순환출자 금지 등의 입법을 완료하고, 남아 있는 입법 과제로서 중간금융지주회사의 도입, 금융보험사 의결권 제한 강화 등을 제시하고 있다. 공정거래위원회, 2014년 업무현황, 2014. 10. 20., 3-5, 24면 참조.

5) 금융 위기로부터 얻게 된 교훈으로서, 금융 규제 개선이 systemic risk에 대한 고려, 시장 규율(market discipline)의 강화, 경기순응적 대응(pro-cyclicality)의 필요성 등에 초점을 맞추어야 한다는 지적으로, Jan Brockmeijer, "글로벌 금융위기의 교훈과 시사점", 국제세미나 「글로벌 금융위기 이후 금융산업의 변화」, 한국금융연구원, 2009, 33-34면 참조.

며, 이는 결국 재벌정책과 금융정책의 종합이 이 문제에 대한 올바른 해결 방향임을 의미하는 것이다.

이하에서의 논의는 현재 추진하고 있는 공정거래위원회의 정책을 중심으로 금산분리의 문제를 다룬다. 우선 금산분리 원칙의 역사적 전개과정과 동 원칙의 실현을 위한 독점규제법상 제도의 의의를 살펴볼 것이다(Ⅱ). 이를 토대로 금산분리 원칙에 기초하여 공정거래위원회가 추진하고 있는 정책의 타당성을 검토하고(Ⅲ), 결론으로서 바람직한 정책 방향을 제시하고자 한다(Ⅳ).

Ⅱ. 금산분리 원칙의 실현과 독점규제법

1. 금산분리 실현을 위한 규제의 연혁

금융산업에 관한 최초의 규제체계는 1950년 제정된 은행법과 한국은행법의 제정에 의하여 기초되었다.[6] 이 중에서 은행법은 국내에 있는 외국금융기관의 지점, 대리점을 포함한 모든 금융기관(보험업무, 무진업무, 신탁업무만을 취급하는 기관 제외)을 규제 대상으로 하여, 은행업무와 금지사항을 법정하고, 은행업무에 대한 정부의 통제 및 예금지불준비금의 의무 보유에 관한 규정 등을 둠으로써, 은행 시스템의 기초를 마련하였다. 특히 금융기관의 설립, 변경, 합병 등은 금융통화위원회의 인가를 받도록 규정하였는데(제9조), 인가 요건으로서 민간 주체가 은행 등 금융기관을 설립할 경우 그 자격에 특별한 제한을 부과하지는 않았다. 당시 정책적으로는 제2차 세계대전 이후 일본계 은행(적산은행)의 민간 불하가 추진되었으며,[7] 불하받을 수 있는 사적 주체의 형성이 미흡한 상황에서 정책 추진에 상당한 어려움을 겪게 되었다. 결국 당시 정부에 의하여 추진된 은행 민영화 촉진 정책은 이미 초기 형성의 단계를 지나고 있었던 소수 재벌을 대상으로 추진될 수밖에 없었는데, 특히 삼성그룹은 가장 유력한 인수 주체가 되었다. 우선 흥업은행 주식의 공매 절차는 1957년 8월 최종적으로 삼성그룹이 83%의 주식을 인수하는 것으로 종결되었으며, 또한 동 그룹은 조흥은행 주식의 55%를

---

6) 정찬형·도제문, 은행법, 박영사, 2005, 10-11면.
7) 특히 조흥은행, 상업은행, 저축은행(이후 제일은행) 그리고 상공은행과 신탁은행이 합병된 흥업은행 등 4대 시중은행의 민영화가 추진되었다.

매수하였다. 한편 흥업은행은 상업은행 주식의 33%를 차지한 최대주주이었기 때문에, 결과적으로 삼성그룹은 4대 시중은행 주식의 약 50%를 보유한 금융콘체른으로 부상하고, 1950년대 1위의 기업집단을 형성하게 되었다.[8]

이와 같은 삼성그룹의 금융 콘체른화는 우리나라에서 산업자본이 금융을 지배하는 전형으로서 최초로 등장한 것이다. 이러한 현상은 처음부터 경제적 자원의 과도한 집중에 대한 우려를 낳았고, 정치적 상황이 변한 이후 주된 규제 대상이 되었다. 제2공화국 시기인 1961년 4월 「부정축재특별처리법」이 입법되었으며, 이어서 비상입법기구였던 국가재건최고회의에서 동년 6월 이 법을 대체한 「부정축재처리법」이 제정되고, 동법에 의하여 국가재건최고회의 산하기구로 설치된 부정축재처리위원회의 활동이 이어졌다. 1961. 8. 3. 동 위원회는 재벌이 보유하고 있었던 은행 주식의 환수조치를 취하고, 동년 6월 제정된 「금융기관에 대한 임시조치법」 제2조는 금융기관 대주주의 의결권 행사를 제한함으로써, 재벌에 의한 금융 지배는 사실상 종료되었다.

이상의 조치들은 과도기적인 기구와 입법에 의한 것으로서 비상적인 성격을 갖고 있었다. 1980년대 이때의 환수조치로 인하여 취하게 된 정부보유 은행주식을 민간부문으로 환원하는 정책을 추진하는 과정에서 이 주식들이 다시 재벌에게 귀속되는 것에 대한 우려가 제기되었으며, 결국 이러한 우려를 불식시키기 위하여 1983년 은행법 개정에서 산업자본의 금융지배를 제한하는 규제가 명문화되었다.[9] 이후 1986년 독점규제법 개정에 의하여 경제력집중 억제를 위한 규제가 이루어지고, 주요 규제의 하나로 재벌(대규모기업집단)에 속한 금융·보험사의 계열사 주식에 대한 의결권 제한 규정이 도입됨으로써, 산업자본 중에서도 특히 재벌에 의하여 형성된 자본이 금융을 지배하는 방향으로 작용하는 것에 대한 규제가 실질적으로 강화되었다. 한편 지주회사 규제에 근본적인 변화가 있었던 1999

---

8) 이 외에도 삼호그룹은 제일은행, 개풍그룹은 1959년 설립된 서울은행의 지배주주가 되었는데, 해당 그룹은 각각 1950년대 재계순위 2위와 3위에 해당하였다. 이들과 1위의 삼성그룹은 모두 은행을 계열사로 둠으로써 다른 재벌에 비하여 자금 동원에 있어서 유리한 지위를 점하였고, 이를 기반으로 상위의 기업집단을 형성할 수 있었다. 이한구, 한국 재벌형성사, 비봉출판사, 1999, 77-90면 참조.

9) 1983년 개정 은행법은 은행의 경영에 관한 은행감독원장의 포괄적인 지시·명령권을 삭제하는 등 기본적으로 금융의 자율화·민영화를 지향하는 법 개정이었지만, 급격한 변화가 낳을 부정적 효과를 억제하기 위한 내용도 포함하고 있었다. 대표적으로 동일인이 소유하거나 의결권을 행사할 수 있는 주식의 한도를 금융기관발행주식총수의 100분의 8로 제한하거나(법 제17조의3 제2항), 동일인에 대한 여신규제를 강화하는(동일한 개인 또는 법인에 대한 금융기관의 자기자본의 100분의 25를 초과하는 대출, 법 제17조의3 제3항 제4호) 등의 규제가 이에 해당한다. 김용재, 은행법원론, 박영사, 2012, 97면 참조.

년 독점규제법 개정에 의하여 지주회사 설립·전환의 원칙적 금지는 원칙적 허용과 일정한 행위 제한이 부과되는 방식으로 변경되었고, 일반 지주회사와 금융지주회사가 영역을 넘는 자회사를 둘 수 없다는 것이 행위 제한 내용에 포함됨으로써 지주회사 체계에 금산분리 원칙이 반영되었다.10) 나아가 2000년 「금융지주회사법」 제정은 기본적으로 지주회사 하에 상업은행과 투자은행을 모두 자회사로 둘 수 있는 구조를 허용함으로써 업역 분리를 해소하는 방향으로 금융지주회사 체계를 구축하였지만, 또한 지주회사 체계 내에서 산업자본과 금융자본의 상호 지배 가능성을 제한하는 규제를 도입함으로써 금산분리 원칙의 적용을 강화하였다.11)

2. 금산분리 실현을 위한 규제의 내용과 특징

(1) 규제의 구체적 내용

전술한 것처럼 금산분리는 산업자본과 금융자본의 분리를 의미하며, 각 영역에서 형성된 자본이 다른 영역에서 지배관계를 구축하는 것을 제한하는 내용으로 구성된다. 현행 법체계에서 이러한 내용은 양 영역을 규율하는 개별 법을 통하여 구체화되고 있으며, 이를 종합하여 전체적으로 금산분리 원칙이 실현되고 있다.

주요 규제 내용을 살펴보면, 우선 산업자본이 금융을 지배하는 것에 대한 제한은 은행의 지분소유 제한의 형태로 이루어지고 있다. 은행법 제16조의2는 비

---

10) 동 개정에서 지주회사의 순기능을 활용하는 대신에, 경제력집중에 부정적 영향을 미칠 가능성을 고려하여 일정한 제한을 부과하는 내용으로 지주회사 규제의 근본적인 변화가 이루어졌다. 동 개정에 대한 상세한 논의로서, 홍명수, "경제력집중 억제", 권오승 편, 독점규제법 30년, 법문사, 2011, 249-250면 참조.

11) 입법 과정에 1999년 미국의 「금융서비스현대화법」(financial services modernization act; Gramm-Leach-Bliley Act) 제정이 영향을 미쳤다. 특히 미국의 금융서비스현대화법은 상업은행과 투자은행의 업역 분리 해소를 주요 내용으로 하였으며, 「금융지주회사법」도 지주회사 방식의 겸업주의를 취함으로써 이러한 규제 변화를 수용하였다. 이와 관련하여 미국 내에서 지주회사 방식에 의한 상업은행과 투자은행의 결합에 대한 비판이 제기되었으며, 특히 상업은행의 전통적 기능의 공익성과 이러한 제도 변화의 근거로서 제시된 상업은행의 산업적 침체가 우려할 만한 것인지에 의문을 표하고 상업은행의 전통적 기능의 공익적 성격을 강조하면서, 상업은행과 투자은행의 단순한 결합이 보다 타당한 방안이 될 수 있다는 비판으로, Jonadan R. Macey, "The Business of Banking: Before and After Gramm-Leach-Bliley", Faculty Scholarship Series. Paper 1412, 2000, 692-295면 참조. 금융지주회사법과 관련하여 금융지주회사 규제가 은행의 경쟁력 강화 및 은행의 안전성과 건전성 확보의 두 가지 측면의 조화를 통하여 이루어져야 한다는 것에, 이영대, "금융지주회사의 규제", 권오승 편, 자유경쟁과 공정거래, 법문사, 2002, 408면 이하 참조.

금융주력자의 은행 주식 보유 한도를 4% 이하로 정하고 있으며(지방은행은 15% 이하), 동일한 제한이 금융지주회사법 제8조의2에 의하여 은행지주회사에 대해서도 적용된다.12) 한편 독점규제법 제8조의2 제2항 제5호는 일반지주회사가 금융업 또는 보험업을 영위하는 자회사를 두는 것을 제한하는 규정을 두고 있는데, 동 규정은 기업집단의 지배구조를 지주회사 체계에 의하고자 하는 경우 금융업 또는 보험업을 영위하는 계열사의 처분을 요구하는 것이기 때문에, 그 한도에서 산업자본이 금융산업을 지배하는 것에 대한 억제의 의미를 갖는다.

금융자본이 일반 산업을 지배하는 것에 대해서도 일정한 제한이 이루어지고 있다. 은행법 제37조와 보험업법 제109조는 은행과 보험회사가 원칙적으로 다른 회사의 의결권 있는 발행주식의 15%를 초과하는 주식의 소유를 금지하며,13) 금융지주회사법 제6조의3은 원칙적으로 금융지주회사의 비금융회사 주식 소유를 금지하고 있다. 또한 독점규제법 제8조의 제2항 제4호에 의하여 금융지주회사는 금융·보험업 또는 이와 밀접한 관련이 있는 회사 외의 국내 회사의 주식 취득이 금지된다.

한편 독점규제법 제11조에서 대규모기업집단에 속한 금융·보험업 영위 회사의 계열회사 주식에 대한 의결권을 제한하고 있는 규정도 금융·보험사가 보유하고 있는 계열사 주식을 지배 목적으로 활용하는 것을 제한하는 것이기 때문에 금융자본의 산업 지배를 억제하는 효과를 갖는다.14)

---

12) 또한 은행법 제15조의3은 사모투자전문회사 등에 의한 간접적 지배 가능성을 제한하는 규정을 두고 있는데, 동조 제1항은 "사모투자전문회사 등이 해당 은행의 최대주주가 되거나 임원을 임면하는 등의 방법으로 해당 은행의 경영에 관여하는 경우로서 은행의 의결권 있는 발행주식 총수의 100분의 4를 초과하여 주식을 보유하고자 하는 경우에는 금융위원회의 승인을 받아야 한다"고 규정하고 있다.

13) 은행법 제37조와 관련하여, 동 규정의 입법취지로서 금융자본의 산업 지배를 제한하는 것에 의문을 제기하며, 은행의 자산운용의 건전성을 도모하기 위한 것으로 동 규정을 이해하는 것으로서, 고동원, "은행 자회사 규제에 관한 법적 고찰", 규제연구 제16권 제2호, 2007, 197면 참조. 한편 보험업법은 제109조 외에도 제106조 제1항 제2호에서 동일법인의 채권 및 주식 소유의 합산액을 자기 자산의 일반계정상 7%, 특별계정상 10%로 제한하는 규정을 두고 있다.

14) 금융 관련법에서 은행·보험의 계열사 주식취득 제한을 규정하고 있음에도 불구하고, 독점규제법에 별도의 의결권 제한 규정의 도입 이유에 관하여, 공정거래위원회는 동일 대규모기업집단에 복수의 금융·보험회사가 존재하는 것이 일반적이고 이를 합산하여 지배권을 형성하는 것이 가능하기 때문에, 이들의 의결권 행사를 제한할 필요성이 있다고 보고 있다. 공정거래위원회, 공정거래위원회 30년사, 2011, 258면 참조.

(2) 규제의 특징

이상의 우리나라에서 금산분리 규제는 몇 가지 특징적인 양상을 보여주고 있다. 첫째, 현행 법체계에서 금산분리 규제는 통일적이고 단일한 규제로서 입안된 것이 아니라, 금융법이나 경쟁법의 운용 과정에서 개별적으로 금산분리 원칙을 반영하여 규제 내용이 형성되어 왔다. 따라서 금융산업의 모든 부문에 규제가 일관해서 적용되는 것은 아니며, 규제 수준에서도 차이가 나타난다. 예를 들어 전술한 것처럼 은행법에 의하여 산업자본의 은행 주식 보유에 대한 일정한 제한이 있지만, 보험 등 다른 금융산업에서 이와 같은 내용의 소유 제한은 부과되고 있지 않다. 물론 은행, 보험, 증권 등 금융산업의 각 부문에서 산업자본의 지배가 미칠 영향은 일률적이지 않고, 시스템 리스크의 차이를 낳는 각 부문의 고유한 특성을 고려할 경우에,[15] 금산분리의 적용도 각 부문에서 상이한 내용으로 구성되는 것은 불가피할 수 있다. 따라서 현행 법체계에서 금산분리는 개별 영역의 고유한 의의를 전제하여 이해될 필요가 있다.

둘째, 우리 법체계에서 실현되고 있는 금산분리는 비교법상 엄격한 제한에 해당한다는 점도 특징적이다. 예를 들어 EU의 제2차 은행업 지침(second banking directive)[16] 제11조 제1항은 비금융사가 금융기관(credit institution)의 의결권 또는 주식의 보유가 20%, 33%, 50%를 초과하게 될 때 또는 금융기관을 자회사로 두게 될 경우에 금융당국에 통지할 의무를 부과하고 있으며, 주식 보유 자체를 제한하고 있지는 않다. 전 세계 62개국을 대상으로 2000년에 조사한 금산분리 규제 현황을 보면, 산업자본의 은행 소유를 금지하는 국가 29%, 사전 허가 또는 승인을 요구하는 국가 32.3%이며, 은행의 산업자본의 지배와 관련하여 소유를 금지하는 국가 14.5%, 일정한 기준을 초과하는 소유를 금지하는 국가 22.6%로 나타나고 있다.[17] 우리의 경우 주된 규제는 일정한 비율로 지분 보유

---

15) 금융의 융합화 현상이 심화됨으로써 개별 금융기관 차원에서 복합금융 리스크 관리의 필요성이 제기되거나(김진호, 금융위기와 리스크 관리, 박영사, 2012, 178-179면), 정부 차원에서 개별 금융 부문의 미시적 차원이 아닌 거시건전성 대책의 필요성이 주장되고 있다(윤석헌·정지만, "시스템리스크와 거시건전성 정책체계", 금융연구 제24권 제2호, 2010, 38면 이하). 이러한 논의 역시 개별 금융 부문에서 발생하는 시스템 리스크의 차이를 전제한 것이라 할 수 있다.

16) Second Council Directive 89/646/EEC of 15 December 1989 on the coordination of laws, regulations and administrative provisions relating to the taking up and pursuit of the business of credit institutions and amending Directive 77/780/EEC.

17) 이인실·남주하, "금산분리 완화의 논거", 한국경제연구 제23권, 2008, 143-144면.

나 의결권 행사를 제한하는 방식으로 이루어지고 있고, 이때 기준은 실질적으로 지배관계 형성을 억제하는 수준에서 정해진 것이라는 점을 감안하면, 엄격한 금산분리가 행해지고 있는 것으로 볼 수 있다. 이와 같은 비교법적 분석은 금산분리 규제 완화의 논거로 원용될 수도 있을 것이다.[18]

셋째, 앞서 살펴본 것처럼 금산분리 규제의 중요한 부분이 독점규제법에 의해서 이루어지고 있다는 점에도 주목할 필요가 있다. 경쟁법은 시장의 자율적 조정 기능을 보호·유지하기 위한 규범체계이고, 따라서 산업정책적 측면이 강하게 드러나는 금산분리 원칙의 적용이 당연하게 요구되는 영역은 아니며, 비교법적으로도 경쟁법에 이와 관련된 규정을 두고 있는 예는 드물다. 거의 유일한 비교 예는 일본 獨占禁止法에서 찾을 수 있는데, 동법 제11조 제1항은 원칙적으로 금융회사가 사업회사 의결권의 100분의 5(보험회사의 경우 100분의 10)를 초과하는 취득행위를 금지하고 있다. 동 규정은 일률적 수량기준으로서 엄격한 예방적 규제로 기능하는데, 동 규정의 입법취지는 거대한 자금을 보유한 금융회사가 사업회사를 지배하거나 지배에 이르지 않더라도 친밀한 관계를 형성함으로써 사업회사 간 경쟁에 부정적 영향을 미치게 되는 것을 방지하고자 하는 것으로 이해되고 있다.[19] 이와 같은 입법취지는 독점규제법에도 원용이 가능하며, 또한 일반집중·소유집중의 관점에서 경제력집중 억제를 위한 규제를 두고 있는 독점규제법의 규제체계도 금산분리 원칙을 제도화한 근거가 될 것이다.

3. 독점규제법상 금산분리의 의의

전술한 것처럼 독점규제법상 금산분리에 관한 규정은 두 가지 형태로 도입되었다. 즉 동법 제11조에 의한 금융·보험사의 계열회사 주식의 의결권 제한 규정과 동법 제8조의2 제2항 제4호 및 제5호에 의하여 금융지주회사 및 일반지주회사가 다른 영역의 자회사를 둘 수 없도록 한 규정이 이에 해당한다. 두 규정은 모두 경제력집중 억제를 위한 규제의 하나로 도입된 것이지만, 규제의 구체적 내용이 산업자본과 금융자본의 분리를 의도하고 있다는 점에서 금산분리 정책과도 밀접히 관련된다.

---

18) 윤창현, "금산분리제도의 현황과 과제: 금산분리완화를 중심으로", 저스티스 제104호, 2008, 28면 이하 참조.
19) 實方謙二, 獨占禁止法, 有斐閣, 1998, 109면 참조.

은행법은 형식적 기준에 의하여 비금융산업에서 주된 사업을 영위하는 사업자를 비금융주력자로 파악하고(법 제2조 제1항 제9호),[20] 이를 금융자본에 대비되는 산업자본의 주체로 정하고 있다.[21] 현실 경제에서 이에 해당할 수 있는 주체를 대규모기업집단 외에 상정하기 어렵다는 점에서, 비금융주력자를 대상으로 한 규제는 실질적으로 대규모기업집단에 대한 금융 규제로 이해할 수 있으며, 따라서 동 규제는 금산분리의 실현뿐만 아니라 대규모기업집단에 대한 규제로서의 의의도 있다. 이러한 관점에서 보면, 독점규제법상 금융업 · 의결권 제한이나 기주회사에 관한 규제는 은행법 등 금융관련법에 의한 규제가 대규모기업집단에 의한 경제력집중 억제에 충분하지 못하다는 인식에 따라서 규제 범위를 확대한 것이며, 그 한도에서 금산분리 원칙의 규제도 강화되는 의미를 갖는다.

---

20) 9. "비금융주력자"라 함은 다음 각목의 1에 해당하는 자를 말한다.

    가. 동일인중 비금융회사(대통령령이 정하는 금융업이 아닌 업종을 영위하는 회사를 말한다. 이하 같다)인 자의 자본총액(대차대조표상 자산총액에서 부채총액을 차감한 금액을 말한다. 이하 같다)의 합계액이 당해 동일인중 회사인 자의 자본총액의 합계액의 100분의 25 이상인 경우의 그 동일인

    나. 동일인 중 비금융회사인 자의 자산총액의 합계액이 2조원 이상으로서 대통령령이 정하는 금액 이상인 경우의 그 동일인

    다. 「자본시장과 금융투자업에 관한 법률」에 따른 투자회사(이하 "투자회사"라 한다)로서 가목 또는 나목의 자가 그 발행주식총수의 100분의 4를 초과하여 주식을 보유(동일인이 자기 또는 타인의 명의로 주식을 소유하거나 계약 등에 의하여 의결권을 가지는 것을 말한다. 이하 같다)하는 경우의 그 투자회사

    라. 「자본시장과 금융투자업에 관한 법률」에 따른 사모투자전문회사(이하 "사모투자전문회사"라 한다)로서 다음 각각의 어느 하나에 해당하는 사모투자전문회사

       1) 가목부터 다목까지의 어느 하나에 해당하는 자가 사모투자전문회사 출자총액의 100분의 10 이상 지분을 보유하는 유한책임사원인 경우(이 경우 지분계산에 있어서 해당 사원과 다른 유한책임사원으로서 해당 사원의 특수관계인의 지분을 포함한다)

       2) 가목부터 다목까지의 어느 하나에 해당하는 자가 사모투자전문회사의 무한책임사원인 경우[다만, 가목부터 다목까지의 어느 하나에 해당하지 아니하는 무한책임사원이 다른 사모투자전문회사를 통하여 비금융회사의 주식 또는 지분에 투자함으로써 가목부터 다목까지의 어느 하나에 해당하게 된 경우로서 해당 사모투자전문회사의 유한책임사원(해당 사원과 다른 유한책임사원으로서 해당 사원의 특수관계인을 포함한다)이 그 다른 사모투자전문회사에 출자하지 아니한 경우에는 이를 제외한다]

       3) 다른 상호출자제한기업집단(「독점규제 및 공정거래에 관한 법률」에 따른 상호출자제한기업집단을 말한다. 이하 같다)에 속하는 각각의 계열회사(「독점규제 및 공정거래에 관한 법률」에 따른 계열회사를 말한다. 이하 같다)가 취득한 사모투자전문회사의 지분의 합이 사모투자전문회사 출자총액의 100분의 30 이상인 경우

    마. 라목에 해당하는 사모투자전문회사(「자본시장과 금융투자업에 관한 법률」 제271조제1항제3호나목 및 다목에 따라 투자목적회사의 주식 또는 지분을 취득한 자 중 이 호 가목부터 다목까지의 어느 하나에 해당하는 자를 포함한다)가 투자목적회사의 주식 또는 지분의 100분의 4를 초과하여 취득 · 보유하거나 임원의 임면 등 주요 경영사항에 대하여 사실상의 영향력을 행사하는 경우의 해당 투자목적회사

21) 비금융주력자를 산업자본으로 이해하면서, 특히 다목의 경우 산업자본의 지배적 영향력이 해당 요건으로 가능한지에 의문을 표하는 견해로, 김용재, 주 9)의 책, 116-118면 참조.

무엇보다 산업자본과 금융자본의 교차 지배가 대규모기업집단의 유지·확대에 있어서 특별한 의미를 갖고 있다는 점은, 대기업집단 정책과 금산분리 정책의 정책적 결합의 불가피함을 시사한다. 따라서 대규모기업집단에 의한 경제력 집중을 억제하기 위하여 금산분리 원칙을 반영한 독점규제법상 규제의 타당성은 두 정책의 종합에 기초하여 판단되어야 할 것이다.

Ⅲ. 공정거래위원회의 정책방향 검토

1. 정책 제안의 주요 내용

2013년 4월 공정거래위원회는 청와대 업무보고에서 금산분리 원칙이 반영된 지주회사 규제와 금융·보험사의 의결권 제한에 관한 독점규제법 개정 방향을 제시하였다.[22] 우선 지주회사 규제와 관련하여, 일반지주회사의 금융자회사 보유를 허용하고, 대신 금융·보험사가 3개사 이상이거나 금융·보험사 자산규모가 20조원 이상 등의 추가적 요건을 충족하는 경우 중간금융지주회사 설치를 의무화하도록 하는 개정을 제안하였다. 공정거래위원회가 업무계획에서 밝힌 바에 따르면, 금산융합의 폐해와 소유·지배구조의 왜곡을 개선하기 위해서 대기업집단의 지주회사 체제로의 전환을 유도하는 것이 바람직한데, 일반지주회사는 금융보험사를 자회사로 둘 수 없어 금융·보험사를 매각하지 않는 한 지주회사 전환이 곤란한 상황이다. 따라서 일반지주회사의 금융·보험 자회사를 허용할 필요성이 있으며, 대신에 중간금융지주회사의 설치를 강제하면, 금융과 비금융간 출자관계가 단절되어 기업집단 내에서 금산분리가 강화될 수 있다는 설명을 추가하고 있다.[23]

그렇지만 비록 중간금융지주회사의 설치가 의무적으로 요구된다 하더라도, 최상위 지주회사의 자회사 형태로 금융회사의 설립이 가능해질 수 있기 때문에, 동 개정안은 금산분리 규제의 완화로 이해될 여지도 있을 것이다. 또한 공정거

---

[22] 공정거래위원회의 정책 제안은 2012년 9월 국회에 상정된 독점규제법 개정안(김상민의원 대표발의, 의안번호 1994)과 거의 동일한 내용으로 구성되어 있으며, 현재 공정거래위원회는 국회에 상정된 개정안을 기본으로 하여 보완을 통한 입법을 추진하고 있다. 공정거래위원회, 공정거래위원회 업무추진실적, 2014. 12, 194면 참조.

[23] 공정거래위원회, 주 3)의 자료, 12면 참조.

래위원회가 밝힌 것처럼 중간금융지주회사의 형태가 기업집단 내에서 계열사 간 출자관계를 배제하는 기능을 할 수 있지만, 금융회사의 자금 운용이 출자 형식으로만 가능한 것은 아니기 때문에, 금산분리의 완화에 따른 우려가 완전히 불식될 것으로 볼 수 있는지에 대해서도 논의의 여지가 있다. 결국 일반지주회사의 자회사로 금융회사가 가능하게 된 점과 중간금융지주회사의 설치가 의무화된 점을 종합하고, 금산분리 정책과 대기업집단정책의 관점에서 형량하는 과정이 필요할 것이다.

한편 현행 독점규제법 제11조에 의하면, 대규모기업집단에 속한 금융·보험사가 행하는 계열사 주식의 의결권 행사는 원칙적으로 금지되고, 다만 경영권 방어 등을 위해 필요한 경우 특수관계인과 합하여 15%까지의 의결권 행사가 예외적으로 인정되고 있다. 전술한 것처럼 동 규정은 금융자본이 산업자본을 지배하는 것을 제한하는 내용으로 구성되어 있지만, 금융·보험사가 고객으로부터 취득한 자금을 대규모기업집단의 확대 수단으로 활용하는 것을 억제하려는 대기업집단 정책의 관점에서 이해할 수 있다. 공정거래위원회의 조사에 따르면, 대규모기업집단에 속한 금융·보험 계열사가 보유하고 있는 비금융·보험 계열사 주식의 의결권을 행사한 건수는, 2003년 140회, 2007년 82회, 2010년 68회, 2013년 60회로서 점차 감소하는 추세를 보이고 있지만,[24] 여전히 상당수의 대규모기업집단이 금융·보험 계열사를 집단 내에 두고 있는 상황이다. 2014년 4월 기준으로 63개 대규모기업집단 중 29개 집단이 147개의 금융·보험사를 보유하고 있으며, 총수 있는 대규모기업집단 중에서는 24개 집단이 117개 금융·보험사를 두고 있다. 총수 있는 대규모기업집단을 유형별로 보면, 10개 '지주회사 기업집단'에서 17개의 금융·보험사를 보유하고 있고,[25] 14개 일반 기업집단이 100개의 금융·보험사를 계열사로 두고 있는 상황이다.[26] 이러한 조사 결과는 현행 금융·보험사의 의결권 제한 규정이 대기업집단 정책의 실현에 충분한 기여를 하고 있는지에 의문을 낳으며, 예외적 허용 범위의 축소, 즉 특수관계인과 합하여 15%까지 인정되는 의결권 행사의 범위를 금융·보험사에 한정하여 5%까지

---

24) 공정거래위원회, 주 22)의 자료, 181면.
25) 지주회사 기업집단은 주력회사(자산총액이 가장 큰 계열사)가 지주회사 체제 내에 있는 기업집단을 의미하며, 이 유형의 기업집단에서 금융·보험 계열사는 지주회사 체제 밖에 위치한다. 일반 기업집단은 총수 있는 민간 기업집단 중 지주회사 기업집단이 아닌 기업집단을 말한다.
26) 공정거래위원회, 보도자료: 2014년 대기업 집단 주식 소유 현황 공개, 2014. 7, 10면.

점진적으로 축소하는 것을 내용으로 하는 공정거래위원회의 개정안도 이러한 인식에 기초한 것으로 보인다. 이와 같은 금융·보험 계열사 의결권 행사의 예외적 허용 범위의 축소는 금산분리 원칙뿐만 아니라 대기업집단 정책의 측면에서도 규제의 강화로 이해될 수 있는 부분이다.

2. 타당성 검토

(1) 금산분리 정책의 타당성 문제

1) 긍정적 논거

공정거래위원회가 추진하고 있는 정책의 타당성을 검토함에 있어서 금산분리가 여전히 유효하고, 타당한 정책인지의 문제가 선행적으로 검토되어야 한다. 일반적으로 금산분리는 산업자본과 금융자본의 결합으로 인하여 금융산업의 효율성이 저해될 수 있다는 것을 논의의 출발점으로 한다.

이로 인한 폐해는 다양한 측면에서 구체화될 수 있는데, 우선 이러한 결합의 구체적 당사자인 산업 주체는 그렇지 않은 다른 경쟁자에 비하여 자금력에서 우위를 점하게 되며, 이는 구체적인 상품 시장에서 경쟁의 우위로 이어질 수 있고, 결과적으로 공정한 경쟁을 제한하는 효과를 낳을 수 있다. 이러한 점은 전술한 것처럼 일본 독점금지법상 금융·보험사의 주식 취득 제한 규정의 주된 근거로 이해되고 있다.

또한 금융과 산업의 결합이 금융시장에서 시스템 리스크를 유발하거나 강화할 수 있다는 점도 언급되고 있다. 산업자본이 금융을 지배할 경우에, 금융시장의 고유한 조정 메커니즘 대신 산업의 특수한 이해가 금융시장에 직접적으로 영향을 미칠 가능성이 크고, 이는 금융시장에서 자원배분의 효율성을 저해할 뿐만 아니라, 나아가 산업 자체의 안정성을 침해하는 결과를 낳을 수 있다.[27] 이러한 시스템 리스크 문제가 구체화 되는 정도는 은행, 보험, 증권, 투자 등의 각 부문별로 상이할 수 있지만, 모든 금융 산업에서 공유하는 문제라 할 수 있다. 특히 2008년 금융 위기의 경험은 금융의 특정 부문에서 발생한 리스크가 금융산업

---

[27] 경제위기 상황에서 기업들로서는 유동성 확보가 최우선의 생존 전략일 것이며, 기업들이 유동성 확보 수단으로 금융기관이나 은행의 실질적 지배권을 확보한다면 심각한 시스템 리스크가 야기될 수도 있을 것이라는 지적으로, 박상인, "금산분리 완화와 시스템 리스크", 한겨레신문, 2009. 1. 2.

나아가 실물 경제 전반으로 확대될 수 있음을 보여주고 있다.

또한 우리나라에서는 재벌의 사금고화가 실질적인 우려로 존재하고 있다는 점에 대해서도 주의를 기울일 필요가 있다. 이러한 현상은 그 자체로 국민경제 차원에서 금융의 효율적 기능을 저해할 수 있음을 의미하지만, 또한 거대한 자금의 내부화가 기업집단의 유지·확대 수단으로 활용될 수 있다는 점에서도 문제가 될 수 있다. 즉 산업자본의 금융회사 지배는 적은 비용으로 다수의 계열회사를 둘 수 있는 방법 중의 하나이며, 높은 부채비율이 제도적으로 허용되고 있는 금융회사의 특성이 이를 현실화시키는 요인으로 작용하고 있다.[28]

2) 부정적 논거

한편 금산분리 규제의 타당성에 의문을 제기하고, 규제 완화를 주장하는 논거로서, 산업과 금융 결합이 시너지 효과를 낳고, 금융 산업의 경쟁력을 제고할 수 있다는 점을 들 수 있다. 앞에서 살펴본 것처럼 국내 많은 대규모기업집단이 금융·보험업을 영위하는 계열사를 두고 있지만, 이러한 현상은 외국의 대기업에서도 흔히 나타나고 있는 현상이다. 물론 기업의 입장에서 간접금융 또는 직접금융의 메커니즘을 내부화 하는 것이 비용 측면에서 이점으로 작용할 수 있지만, 경제 전반에 걸쳐서 나타나고 있는 금융화(financialization) 경향은 이러한 결합이 개별 기업의 관점을 넘어서 분석될 필요가 있음을 보여준다. Duménil & Lévy의 미국과 프랑스의 비교 분석에 따르면, 최근 금융기업의 이윤율(profit rate)은 비금융기업에 비하여 지속적으로 높게 나타나고 있다.[29] 이러한 상황에서 기업은 내부에 금융 부문을 설립하고 여기에 보다 많은 투자를 행할 유인이 존재하며,[30] GE(General Electric)가 설립한 GE Capital, GM(General Motors)이 설립한 GMAC(General Motors Acceptance Corporation) 등이 그룹 전체 이윤에서 절대적인 비중을 차지하고 있는 것은 이러한 유인이 실제적으로 작용하고 있음을 보여준다.[31] 물론 실물 투자의 축소와 같은 관점에서 비금융기업의

---

28) 전성인, "금산분리 규제의 의미와 개선과제", 경쟁과 법 제1호, 2013, 81면 참조.

29) 미국의 경우 1952년부터 2003년, 프랑스의 경우 1960년부터 2001년까지의 시계열 분석에 의하면, 미국은 1980년대부터, 프랑스는 1990년대 중반부터 금융기업의 이윤율이 비금융기업 이윤율을 상회하고 있다. Gérard Duménil & Dominique Lévy, "Costs and Benefits of Neoliberalism", Gerald Epstein ed., *Financialization and the World Economy*, Edward Elgar, 2005, 37-38면 참조.

30) 위의 글, 39면에서는 이윤율이 높은 영역으로의 자본의 전이 현상을 충분히 예상할 수 있는 것으로 보고 있다.

금융화 현상에 대한 부정적인 논의가 가능하지만, 이러한 현상이 보편적으로 나타나고 있는 상황에서 금융자본과 산업자본의 결합은 기업이 선택할 수 있는 하나의 대응으로서 고려될 수 있을 것이다.[32]

또한 산업자본에 의한 은행 소유는 오히려 다양성을 강화하고, 리스크에 덜 취약한 금융 구조를 만들어 낼 수 있다는 점도 금산분리에 긍정적인 논거로서 원용된다.[33] 주지하다시피 최근 금융시장은 상품 구성 측면에서 파생금융상품(derivatives)에 의하여 주도되고 있다. 특히 다수의 금융상품을 묶어 위험을 평준화 하거나(collateralized debt obligation; CDO) 평가를 거쳐 위험을 구조화 하여(structured finance) 새로운 금융상품을 만들어 내고, 이러한 과정이 반복적으로 진행되어 무수한 종료의 파생상품이 금융시장에 나타나고 있다.[34] 이러한 상품 구성은 금융상품의 위험을 구조화 하여 거래의 안전성을 높임으로써 금융시장 확대에 많은 기여를 하였지만, 2008년 금융 위기에서 경험하였듯이 파생상품의 기초가 된 최초의 금융상품에 내재되었던 위험 자체를 본질적으로 해소하기 어려우며,[35] 특히 파생상품 시장의 규모가 폭발적으로 증가하면서 금융시장의 자율적 조정에 의하여 위험의 확산을 억제하는데 한계를 드러냈다. 이러한 점에서 이질적인 성격을 갖는 산업과 금융의 자본적 결합은 위험을 완화하거나 적어도 위험 이전을 부분적으로 차단하는데 기여할 수도 있다. 그러나 이러한 결합

---

31) 비금융기업의 금융화 현상과 관련하여, 장하준, 경제학 강의, 부키, 2014, 297-302면 참조.

32) 이러한 논거는 1999년 금융업종 간 겸업화 허용, 특히 은행과 증권의 벽을 낮추는 것을 주된 내용으로 하는 미국의 금융현대화법(Gramm-Leach-Bliley Act) 제정의 주된 입법 근거가 되었다. 정대, 미국은행법, 동방문화사, 2009, 175면 이하 참조.

33) 미국에서 2005년 Wall-Mart의 은행업 진출 시도를 예로 분석하면서, 이러한 주장을 전개하고 있는 것으로서, Mehrsa Baradaran, "Reconsidering the Separation of Banking and Commerce", George Washington L. R. v. 80 n. 2, 2012, 427면 이하 참조.

34) 파생상품은 기초가 되는 자산의 가치 변동에 따른 위험을 회피(hedge)하기 위하여 고안된 금융상품이다. 미국 재무부(DOT) 통화관리국(OCC)은 파생상품을 기초가 되는 이율, 환율 그리고 원자재, 신용 및 자산 가격 등의 시장 요소의 변화에 따라서 가치가 결정되는 금융계약(A derivative is a financial contract whose value is derived from the performance of underlying market factors, such as interest rates, currency exchange rates, and commodity, credit, and equity prices)으로 정의하고 있다. 이러한 정의가 시사하는 것처럼, 처음 파생상품은 위험 회피 수단으로 고안된 것이지만, 점차 투적 목적에 따른 거래 수단으로 기능이 확장되어 왔다. http://www.occ.gov/topics/capital-markets/financial-markets/trading/derivatives/index-derivatives.html 참조.

35) 2008년 금융위기의 발단이 되었던 서브프라임 사태는 하위 신용등급(sub-prime)의 채권을 기초로 하여 이를 묶은 CDO가 투자은행에 의하여 발행되었고, 기초가 되었던 서브프라임 채권의 부실이 일반화 되자 파생상품시장 나아가 금융시장 전반에 위기를 초래하는 방향으로 전개되었다. 즉 최초의 금융상품인 서브프라임 채권에 내재한 위험이 다양한 파생상품의 구성을 통하여 해소되지 않았음을 보여주었다. 동 사태와 개요와 시사점에 관하여, 전창환, "2008년 미국의 금융위기-원인과 교훈", 동향과 전망 제75호, 2009, 150면 이하 참조.

이 금융 위기 시에 어떻게 작용할지를 예단하기는 어려울 것이며, 금융시장의 위험이 실물 경제에 직접적으로 영향을 미칠 가능성도 염두에 두어야 한다.[36]

이 외에 금산분리 규제로부터 자유로운 외국자본과 국내자본 간의 규제 형평성 문제도 제기될 수 있다. 현행 은행법은 전술한 비금융주력자를 제외하고 동일인이 보유할 수 있는 한도를 은행의 의결권 있는 발행 주식의 10%로 제한하고 있으며(법 제15조 제1항), 또한 동 기준의 10%, 25%, 33%를 초과할 경우에 금융위원회의 승인을 요구하고 있다(법 제15조 제3항). 이상의 주식 보유 제한 규정은 내외국인의 구별 없이 적용되므로, 외국인의 은행 주식 보유에 있어서 금융위원회의 승인을 제외하고, 실질적인 제한은 없는 상황이다.[37] 물론 금융위원회의 승인 과정에서 외국 자본의 성격에 대한 분석이 가능하고, 국내 비금융주력자에 대한 규제에 상응하는 제한이 이루어질 수도 있지만, 제도적인 한계가 없는 상황에서 형평성에 관한 문제 제기는 가능한 것으로 보인다.

3) 종 합

결국 금산분리가 여전히 유지되어야 할 정책지표이며, 이를 실현하기 위한 제도적 타당성이 유지되고 있는지의 판단은, 상반되는 금산분리에 대한 이해를 종합함으로써 가능할 것이다. 이와 관련하여 James Barth 등이 수행한 금산분리에 관한 비교 연구에서, 산업자본의 금융지배나 금융자본의 산업지배를 제한하는 규제가 금융산업의 발달이나 산업 경쟁력 제고 효과를 낳고 있는지에 대한 일의적인 판단이 가능하지 않다는 지적은 시사하는 바가 크다.[38]

형량 과정에서 종래 전개되었던 금산분리의 다양한 시각에 더하여, 다음의 두 가지 관점이 결합될 필요가 있다. 우선 2008년 금융위기에 따른 금융규제 개혁

---

36) 금융위기가 경제 전반에 미치는 영향은, 신용경색에 따른 유동성 공급 축소, 가계소비 및 기업투자 부진, 기업 성장 및 수익성 악화, 실물 경기 침체 가속화의 단계로 나타날 것이다. 2008년 금융 위기 이후 전 세계 경제성장률이 60년 만에 처음으로 마이너스 성장률(-1.3%, 34개 선진국 -3.8%)을 보여주었으며, 이는 금융위기가 경제 전반에 미치는 부정적 효과의 전형적인 예가 될 것이다(이윤석, "글로벌 금융위기 추이 및 전망", 한국경제포럼 제2집 제2호, 2009, 73면 이하 참조). 한편 금융과 산업이 자본적으로 결합하고 있는 상황에서는 금융 부문의 위기가 경제적 단일체(singel entity) 내의 다른 부분으로 직접적인 영향을 미칠 수 있다.

37) 1997년 외환위기 이후 공적 자금이 투입된 은행 지분의 매각 대상을 외국 자본 외에 찾을 수 없는 상황에서 이와 같은 주식 보유 제한 제도가 형성된 것으로 이해된다. 김용재, 주 9)의 책, 98면 참조.

38) James R. Barth, Gerard Caprio Jr. & Ross Levine, "Banking Systems around the Globe: Do Regulation and Ownership", Frederic S. Mishkin, ed., *Prudential Supervision: What Works and What Doesn't*, University of Chicago Press, 2001, 47면 참조.

은 금산분리에 관한 논의에 있어서도 간과할 수 없는 부분이다. 전술한 것처럼 금융위기의 원인과 처방에 관하여 다양한 논의가 이루어지고 있다.[39] 특히 시장 규율(market discipline)의 한계를 자각하고 금융부문에 대한 규제를 강화하는 방향이 유력한 상황이다. 이와 같은 논의 전개는 규제의 범위(regulatory perimeter)를 확대하고 또한 경기 순환에 적절히 대응하면서 위기에 대한 조기 인식과 실효적 조치를 가능하게 하는 내용으로 구체화되고 있으며,[40] 금산분리의 문제도 이러한 논의 전개와 무관할 수 없다. 즉 금산분리 규제를 취하지 않는다면, 산업자본이 금융을 지배하거나 그 역의 경우에 상호 간에 리스크가 전이되면서 발생할 수 있는 상황에 대한 추가적 고려가 금융 안정성의 관점에서 불가피할 것이다. 또한 거대 재벌이 경제를 주도하고 있는 한국적 특수 상황을 고려하는 것은 여전히 중요하다. 산업자본의 실체가 재벌에 한정될 수밖에 없는 상황에서, 금산분리에 관한 논의는 대규모기업집단 정책과 밀접히 관련될 수밖에 없다는 점도 염두에 두어야 한다.

(2) 독점규제법 개정안의 타당성 검토

1) 중간금융지주회사 제도의 도입

공정거래위원회가 추진하고 있는 지주회사 개정안은 일정한 요건 하에 중간 금융지주회사의 설치 의무화를 포함하고 있지만, 동 개정의 전체적인 취지는 그

---

39) 미국은 연방정부 차원에서 2008년 금융위기의 원인에 대한 최종 보고서를 발행하였는데, 동 보고서에서는 금융위기를 피할 수 있었던(avoidable) 것으로 결론을 내리고, 그 원인으로서 ① 금융 규제 및 감독의 광범위한 실패, ② 중요 금융기관의 지배구조 및 리스크 관리의 실패, ③ 과도한 차입, 위험성 높은 투자 및 투명성 결여의 조합, ④ 정부의 부적절한 대응과 일관적이지 못한 조치, ⑤ 책임성과 윤리의식의 체계적 붕괴, ⑥ 담보대출 기준과 담보 증권화 간의 연계성(pipeline) 붕괴, ⑦ 장외 파생상품에 대한 규제 완화, ⑧ 신용평가기관의 적정한 리스크 평가의 실패 등을 제시하였다. The National Commission on The Causes of The Financial and Economic Crisis in The United States, The Financail Crisis Inquiry Report, 2011, pp. xvii-xxvii 참조. 논의에 따른 입법적 결과로서 2010년 「Dodd-Frank Wall Street Reform and Consumer Protection Act(금융개혁 소비자보호법)」이 제정되었다. 동법의 제정 의의에 관하여, 이전의 금융개혁법에 비하여 적극적이고 종합적인 접근을 하고 있다는 점, 최근에 전개되어 온 규제 완화 흐름과 배치되는 방향을 취한 점, 규제 기관에 상당한 재량을 부여하여 탄력적인 대응을 가능하게 한 점 등을 들고 있는 것으로서, Douglas Evanoff & William Moeller, "The Dodd-Frank Act: An Overview", Evanoff & Moeller ed., *Dodd-Frank Wall Street Reform and Consumer Protection Act: Purpose, Critique, Implementation Status and Policy Issues*, World Scientific, 2014, pp. 5-6 참조.

40) Jan Brockmeijer, 주 5)의 글, 34-37면 및 G20 워킹그룹에서 행한 글로벌 금융위기 원인 분석에 관하여, 김화진, "글로벌 금융위기와 금융산업의 구조재편-금융산업의 역사와 발전전략-", 서울대학교 법학 제51권 제3호, 2010, 131-133면 참조.

동안 지주회사 체제에서 엄격하게 유지되어 왔던 금산분리 원칙의 완화에 있는 것으로 보인다. 무엇보다 동 개정은 현행 독점규제법 제8조의2 제2항 제4호 및 제5호에서 금융지주회사의 일반 자회사 주식 소유와 일반지주회사의 금융 자회사 주식 소유를 금지하던 규정의 폐지를 핵심적인 내용으로 하고 있으며, 중간 금융지주회사의 의무화는 이와 같은 규정 변화를 보완하는 의미가 강하다.[41)

따라서 개정안의 타당성에 관한 논의는 두 가지 관점에서 이루어질 필요가 있다. 우선 지주회사 체제에서 금산분리 원칙을 완화하는 것 자체가 바람직한 것인지의 문제를 피할 수 없을 것이다. 그리고 공정거래위원회의 제안에서 드러나고 있는 것처럼, 중간금융지주회사 제도의 도입이 전체적으로 금산분리 원칙을 여전히 유지하는 의미를 갖는지, 적어도 금산분리 원칙의 완화에 따른 폐해를 최소화할 수 있는 실효성 있는 방안이 될 수 있는지가 검토되어야 한다.

개정안은 현행 독점규제법상 일반지주회사 및 금융지주회사가 각각 다른 영역에서 사업을 영위하는 자회사를 두는 것을 금지하는 지주회사 행위 규제를 폐지하고 있다. 따라서 개정안에 의하면 일반지주회사 체제 내에 금융 자회사의 존재가 가능하게 된다. 이러한 개정에 의할 경우 금융지주회사도 일반 자회사를 둘 수 있지만, 금융지주회사는 여전히 「금융지주회사법」에 의한 제한을 받으며, 따라서 금융지주회사의 일반 자회사의 설립에는 제도적인 한계가 뒤따른다.[42) 한편 일반지주회사를 중심으로 한 수직적 구조에서 일반 회사와 금융 회사의 교차가 제한 없이 허용되는 것은 아니며, 계통적인 분리가 요구되고 있다는 점에도 주의할 필요가 있다. 즉 자회사, 손자회사, 증손회사로 이어지는 수직적 단계에서, 일반 자회사 이하에는 금융회사를 둘 수 없으며, 그 역의 경우도 마찬가지이다.[43) 따라서 금산분리 원칙의 전면적인 폐지에까지 이른 것은 아니지만, 일

---

41) 이은정, "중간(금융)지주회사 제도 도입의 효과 분석", 경제개혁리포트 2013-06호, 2013, 9면 참조.
42) 「금융지주회사법」 제2조 제1항 제1호에 의하면, 금융지주회사란 주식의 소유를 통하여 금융업을 영위하는 회사 또는 금융업의 영위와 밀접한 관련이 있는 회사를 대통령령이 정하는 기준에 의하여 지배하는 것을 주된 사업으로 하는 회사를 말한다. 이때 금융지주회사의 자회사는 금융업을 영위하거나 금융업의 영위와 밀접한 관련이 있는 회사로서, 특히 후자의 범위는 동법 시행령 제2조 제2항이 정하고 있는데, 금융업을 영위하는 회사에 대한 전산·정보처리 등의 용역의 제공(제1호), 금융기관이 보유한 부동산 기타 자산의 관리(제2호), 금융업과 관련된 조사·연구(제3호), 「자본시장과 금융투자업에 관한 법률」에 따라 설립된 사모투자전문회사의 재산 운용 등 그 업무집행사원이 행하는 업무(제4호), 기타 금융기관의 고유 업무와 직접 관련되는 사업(제5호) 등이 이에 해당한다. 이상의 규정에 의하여 금융지주회사의 자회사에는 금융업 외에도 일정한 범위에서 금융업 이외의 사업을 영위하는 회사도 해당할 수 있다.
43) 개정 법률안 제8조의2 제3항 제3호와 제4호 및 제4항 제4호와 제5호 참조.

반지주회사가 자회사 단계에서 금융 자회사를 둘 수 있는 것은 그 자체로 산업
자본의 금융 지배를 허용하는 의미를 갖기 때문에 금산분리 원칙에 의한 규제의
상당한 완화로 볼 수 있을 것이다.

공정거래위원회는 두 가지 측면에서 금산분리의 완화를 정책적으로 추진하는
근거를 제시하고 있다. 우선 공정거래위원회가 밝히고 있는 것처럼, 이러한 개정
안은 지주회사 체제를 적극적으로 권장하고 있는 공정거래위원회 정책의 연장선
에 있다. 따라서 개정안의 타당성도 공정거래위원회가 추진하고 있는 지주회사
정책과 관련지어 검토하는 것이 불가피하다. 대규모기업집단이 지주회사 체제를
적극적으로 채택할 것을 권장하는 공정거래위원회의 정책은 지주회사의 설립·
전환이 허용된 1999년 법 개정 시부터 계속된 것이고, 정책 추진의 결과로서 지
주회사의 수도 지속적으로 증가하여 왔다. 2014년 4월 기준으로 지주회사는 132
개사(일반지주 117사, 금융지주 15사)이며, 대규모기업집단에 속한 지주회사의 수
는 31개사이다. 또한 주력회사가 지주회사 체제 내에 있는 지주회사 기업집단은
총 15개 기업집단으로 나타났다.[44] 지주회사 체제가 제도적으로 허용되었던 배
경에는, 소유와 경영을 지주회사와 자회사로 분리하는 방식이 상황에 따라서 기
업 운영의 효율성을 높일 수 있으며, 따라서 이러한 체제를 기업의 자율적 선택
의 대상으로 두는 것이 바람직하고, 지주회사가 대규모기업집단의 확대 수단으
로 활용될 것이라는 우려는 감소한데다가 적절한 규제를 통하여 통제할 수 있다
는 사고가 유력하였다.[45] 기업집단의 구조로서 지주회사 체제를 권장하는 근거
는 대규모기업집단의 다수가 취하고 있는 순환형(네트워크형) 체제와의 비교를
통해서도 제시되고 있다. 즉 지주회사 체제가 기업집단의 구조적 투명성을 높이
며, 아울러 기업집단의 운영에 있어서 효율성을 제고하고 기업승계 과정의 투명
성을 보장하는 효과를 낳을 수 있다는 점이 강조되고 있다. 공정거래위원회는
이러한 견해의 근거가 되는 자료를 지속적으로 제시하고 있는데, 2014년 4월 기
준으로 지주회사 기업집단은 평균 출자단계가 3.2단계로서 일반 기업집단의 5.2
단계보다 낮으며, 총수일가의 지분율은 지주회사 기업집단이 4.8%로서 일반 기
업집단의 3.8%보다 높게 나타나고 있다.[46]

---

44) 공정거래위원회, 보도자료: 2014년 공정거래법상 지주회사 현황 분석결과 발표, 2014. 10, 1-2면.
45) 홍명수, "경제력집중의 억제", 권오승 편, 독점규제법 30년, 법문사, 2011, 249-250면 참조.
46) 공정거래위원회, 주 26)의 자료, 5면.

〈표 1〉 지주회사 비(非)전환 대기업집단의 금융사 · 순환출자 보유 여부[47]

구분	삼성	현대자동차	롯데	현대중공업	한진	한화	신세계	금호아시아나	동부	대림	현대	오씨아이	현대백화점
금융사	보유	보유	보유	보유	–	보유	–	–	보유	–	보유	–	–
순환출자	보유	보유	보유	보유	보유	–	–	보유	–	보유	보유	–	보유

구분	효성	동국제강	영풍	미래에셋	케이씨씨	한라	태광	현대산업개발	교보생명보험	이랜드	태영	삼천리	한솔
금융사	보유	–	–	보유	–	–	보유	보유	보유	보유	–	보유	–
순환출자	–	–	보유	–	–	보유	–	보유	–	–			보유

　이러한 자료는 대규모기업집단을 지주회사 체제로 개편하는 정책의 타당성을 뒷받침하며, 특히 일반 기업집단이 지주회사 기업집단으로 전환하는데 어려움을 낳는 현실적인 문제들을 제도적으로 해결하는 방향으로 구체적인 방안을 마련하는 근거가 되고 있다. <표 1>은 일반 기업집단의 금융사 및 순환출자 보유 여부에 관한 것이다.

　<표 1>에서 알 수 있듯이, 일반 기업집단 중 14개 기업집단이 계열사로서 금융사를 보유하고 있다. 전술한 것처럼 현행 독점규제법상 지주회사 규제는 금산분리 원칙에 기초하고 있으며, 따라서 금융사를 보유하고 있는 기업집단의 경우 지주회사 체제로 전환하는 것이 용이하지 않다. 따라서 개정안이 제시하고 있는 것처럼, 현행 독점규제법 제8조의2 제2항 제4호 및 제5호를 폐지하여 금산분리 원칙을 완화하는 것은, 금융사를 계열사로 두고 있는 기업집단이 보다 수월하게 지주회사 체제로 전환하는데 도움이 될 수 있을 것이다.[48]

---

47) 공정거래위원회, 주 44)의 자료, 2면.
48) 지주회사 기업집단으로 전환하는데 있어서 금융사 보유 여부만이 고려 사항이 되는 것은 아니며, 동일인 및 계열사의 출자관계 등 다양한 이해관계가 고려 대상이 될 것이다. 개별 기업집단을 대상으로 한 분석에서 금산분리를 완화하는 개정안이 금융사를 보유하고 있는 일반 기업집단이 지주회사 기업집단으로 전환하는데 실질적인 영향을 미칠 것인지에 대하여, 현대자동차 그룹, 롯데 그룹 등을 제외하고 큰 영향을 미치지 못할 것이라는 분석 결과를 제시하고 있는 것으로, 이은정, 주 41)의 글, 3-4면 참조.

이러한 논의는 지주회사 체제로 유인하는 제도적 개선 효과와 적어도 부분적으로 금산분리의 완화에 따른 부정적인 효과 간에 형량이 필요함을 시사한다. 물론 전자가 후자를 상회한다면, 개정안이 제시하고 있는 제도 개선 방향의 타당성이 인정될 수 있지만, 이러한 판단이 명확한 것은 아니다. 우선 공정거래위원회가 지속적으로 추진하고 있는 지주회사 전환 정책 자체에 대해서도 일정한 의문이 제기된다. 전술한 것처럼 지주회사 체제의 투명성이 강조되지만, 지주회사 제도 도입 이후 지속적으로 행위 제한이 완화되어 온 상황에서,[49] 현재 이러한 장점이 유지되고 있는지에 관하여 논의의 여지가 있다. 예를 들어 지주회사 기업집단에 속한 계열사 중 지주회사 체제 내에 속한 계열사 비율(지주회사 편입율)은 2010년 73.3%에서 지속적으로 감소하여 2014년에는 69.1%를 보여주고 있다. 즉 지주회사 기업집단의 경우에도 30% 이상의 계열사가 지주회사 체제 안에 있지 있으며, 가장 많은 체제 외 계열사를 보유하고 있는 지에스 그룹의 경우 전체 80개 계열사 중 41개 계열사가 지주회사 체제 외로 존재하고 있다.[50] 이러한 상황은 지주회사 기업집단이 지배구조 측면에서 일반 기업집단에 비하여 투명성이 높은지에 대한 의문을 낳는다. 또한 그 동안 지주회사 전환의 예에서 드러나듯이, 총수의 추가적 출자 없이 인적분할과 공개매수를 통하여 총수의 지배구조를 강화하는데 지주회사 전환이 이용된 측면이 있으며,[51] 더욱이 출자총액제한제도의 폐지 이후 순환형 기업집단에 대한 실질적인 규제 가능성이 미약한 상황에서 지주회사 권장 정책의 의의도 제한될 수밖에 없다. 이러한 상황에서 금산분리의 완화를 함의로서 갖는 정책 추진이 바람직한 것인지에 대해서는 논의의 여지가 있다.

공정거래위원회는 일반지주회사와 금융지주회사가 다른 영역에서의 자회사를 두는 것을 허용함에 따른 금산분리 완화 효과를 억제하는 취지에서 중간금융지주회사 제도의 도입을 시도하고 있다. 전술한 것처럼 일반지주회사에 속한 금융자회사는 금융·보험업을 영위하지 않는 일반 회사를 손자회사 이하의 단계에서 둘 수 없으며, 이러한 구조는 지주회사 내에서 일반 회사와 금융 회사 간에 차단

---

49) 대표적으로 1999년 법 개정 시 도입된 지주회사 제도에서 행위제한으로 부과되었던 부채비율은 100%, 자회사 주식 보유비율은 50%(상장법인 30%)이었으나, 현재 동 제한의 부과 기준은 부채비율 200%, 자회사 주식 보유비율 40%(상장법인 20%)로 완화되었다.
50) 공정거래위원회, 주 44)의 자료, 4-5면 참조.
51) 이에 관한 비판적 논의로서, 홍명수, 주 45)의 글, 265-266면 참조.

벽(firewall) 역할을 수행할 것으로 기대되고 있다. 물론 이러한 구조는 양 영역 간의 지분적 관계를 허용하지 않는다는 점에서 양 영역에서 발생한 위험이 상호 이전되는 것을 억제하는데 일정한 기여를 할 수 있을 것이다. 그러나 중간금융지 주회사는 이미 양자 간에 자본관계가 있는 일반 지주회사의 자회사로서 존재하며, 동일한 기업집단에 속해 있는 계열사 간에 내부적 거래방식을 통하여 여신관계나 채권 등 금융 상품의 거래 관계가 형성되는 것을 방지할 수는 없기 때문에 이러한 차단벽이 의미 있는 수준으로 기능할 수 있을지는 의문이다.52) 더욱이 개정안에서 중간금융지주회사에 대한 규제는 「금융지주회사법」에 유보되며, 일반 회사와 금융 회사가 지주회사 체제 안에 공존하게 되는 새로운 상황에 대한 충분한 고려가 이루어지지 않고 있다는 점도 지적할 수 있을 것이다. 예를 들어 개정안은 중간금융지주회사(일반지주회사의 자회사)가 일반 회사를 손자회사로 지배하는 것을 금지하고 있지만,53) 다른 계열사 주식 보유 자체가 금지되는 것은 아니기 때문에 지분관계가 완벽히 차단되지는 않을 것이다.54) 결국 공정거래위원회가 의도하는 것처럼 중간금융지주회사 제도가 금산분리 완화에 따른 부정적 효과를 억제하고, 일반 회사와 금융 회사 간에 차단벽으로서의 기능을 수행할 수 있도록 하기 위해서는 추가적인 규제 설계가 불가피할 것으로 보인다. 특히 은행법상 이해상충 규제와 같이 중간금융지주회사와에 속한 금융 회사와 동일 기업집단에 속한 계열사 간의 거래에 대한 규제 수단이 논의될 필요가 있다.

2) 금융 · 보험사의 의결권 제한의 강화

개정안은 금융 · 보험사의 의결권 제한을 강화하는 내용을 포함하고 있다. 주지하다시피 금융 · 보험사의 의결권 제한 제도의 취지는 계열사인 금융 · 보험사를 통하여 대규모기업집단을 확대하려는 시도를 방지하려는데 있으며, 주식 보유 자체를 직접 금지하기보다는 보유 주식의 의결권 행사의 한계를 법정함으로써 간접적으로 경제력집중의 확대 수단으로 금융 · 보험사의 지배관계를 이용하는 것을 규제한다.

---

52) 지주회사 기업집단의 내부거래 비중은 평균 15.65%로서 민간 대규모기업집단의 평균 12.46%보다 높게 나타나고 있다는 점에 주의를 기울일 필요가 있다. 공정거래위원회, 주 44)의 자료, 7면 참조.
53) 개정안에 의하면, 손자회사와 증손회사의 관계에 있어서도 동일한 규제가 적용된다.
54) 이러한 문제 제기에 관하여, 이은정, 주 41)의 글, 4-5면 참조. 이에 대한 지적은 공정거래위원회에서도 수용 의사를 밝히고 있다. 공정거래위원회, 주 22)의 자료, 195면 참조.

이러한 관점에서 개정안에 나타난 금융·보험사의 의결권 제한 규정의 개정은 예외 인정 범위의 축소를 통하여 규제의 실효성을 제고하는 의미가 있다. 또한 이러한 제한 강화의 정책적 함의로서 지주회사 체제 외에 금융·보험사를 두는 경우에 이를 지주회사 체제 내로 편입하거나 나아가 기업집단 자체를 지주회사 기업집단으로 전환하는 방향으로 유인하는 효과를 기대할 수도 있을 것이다. 물론 이러한 유인 효과가 현실화 될 수 있는지 그리고 바람직한지에 대하여 논의의 여지가 있지만, 경제력집중을 억제하기 위한 기본 정책에 부합하는 측면이 있음은 분명하다. 특히 은행을 제외한 다른 금융 분야에서 산업자본의 주식 취득 등에 대한 실질적 제한이 존재하지 않는다는 점도 염두에 둘 필요가 있다. 따라서 대규모기업집단 내 존재하는 금융·보험사의 규모나 현실적 기능에 비추어 이와 같은 규제 강화 방향은 타당한 것으로 보이며, 공정거래위원회가 이러한 내용의 제안을 공개한 이후 금융·보험사가 계열사에 출자한 비율이 2013년 10.7%에서 2014년 5.8%로 감소한 것은[55] 동 규제가 긍정적으로 작용할 것이라는 예상을 가능하게 한다.

Ⅳ. 결 론

1. 금융자본주의 또는 주주자본주의의 시대적 상황

Rudolf Hilferding은 자본주의의 최종 단계로서 금융자본주의를 제시하였다. 금융자본(finance capital, Finanzkapital)을 자본의 최고 형태로서 역사적 경향으로 파악한 것에 대하여 이론적 비판이 가능할 것이고, 무엇보다 20세기 초반 이후 자본주의 발전의 경험은 금융자본주의의 일반화에 동의하기 어려운 근거가 된다. 그러나 주식회사와 같은 법인 조직이 산업의 주체가 되고, 지분이 증권화되면서 소유와 경영이 분리되는 현상 그리고 이 과정에서 은행(투자은행)이 증권화와 거래 과정에 밀접히 관련됨으로써 주식회사 성립(산업조직 형성)을 주도한 창업자(promoter) 이익의 상당 부분이 은행의 몫으로 돌아가게 된다는 분석은[56]

---

55) 공정거래위원회, 2014년 대기업집단 주식소유현황 및 소유지분도, 2014. 7, 6면 참조.
56) Rudolf Hilferding, 김수행·김진엽 공역, 금융자본, 새날, 1997, 143면 이하 참조. 한편 소유와 경영의 분리는 Berle & Means식의 표현으로 기업의 소유가 기업경영에 무관심한 다수의 주주에게

지금도 현실적인 설명력을 갖는다. 나아가 Hilferding은 금융자본의 실질적 운영자로서 은행이 산업 주체와 이해관계를 같이하게 되고, 이윤 극대화를 추구하는 과정에서 산업의 독점, 나아가 카르텔이나 트러스트와 같은 인위적 결합을 주도하게 되며, 궁극적으로 은행으로 대표되는 금융자본은 산업을 지배하게 되는 것으로 분석하고 있다.[57] 전술한 것처럼 이러한 논의는 일반화의 한계를 갖고 있지만,[58] 경제사회적 조건에 따라서 금융자본이 산업을 지배하는 경우가 발생할 수 있고, 이때 가능한 메커니즘에 대한 적절한 이해를 제공한다.

이러한 관점에서 자본주의의 전개 과정에 관한 논의를 유보하는 대신, 현상적 이해로서 주주자본주의 내지 비금융기업의 금융화에 관한 논의는 유력한 의미가 있다. 주주 이익의 극대화를 회사가 추구하는 궁극의 목표로 설정하는 주주자본주의의 강화 또는 기업 운영에 있어서 거의 유사한 효과를 낳는 비금융기업에 있어서 이윤 창출의 주도적인 역할을 금융 사업부문이 담당하는 현상은 최근 경제 현실의 중요한 특징의 하나로 부각되고 있다. 이러한 현상에 대한 실제적인 이해를 돕는 것으로서, 기업이 시장점유율의 신화에 집착하는 것이 실패에 이르는 원인이 되고 있다고 분석하고, 네트워크 효과가 요구되는 시장이나 양면시장의 경우를 제외하고 시장점유율이 아니라 이윤 증대 자체가 기업의 목표가 되어야 한다는 Richard Miniter의 주장을 참고할 만하다.[59] 물론 이윤은 기업의 가장 중요한 목표로서 자리매김되는 것이지만, 기업의 지분을 하나의 금융 상품으로 이해하고 있는 주주에게 이윤 흐름의 장기적인 관점이 결합될 여지는 크지 않으며, 따라서 보다 단기적인 이윤 확보에 초점을 맞추게 될 것이고, Miniter 주장의 이면에는 이와 같은 성격의 이윤 동기가 자리하고 있다. 이러한 현상과 관련하여 Özgür Orhangazi는 1973년부터 2003년까지 미국 경제에서 비금융기업(non-financial corporate)을 대상으로 한 조사에서 실물투자(real investment)에 비하여 금융투자가(finanacial investment) 상대적으로 증가 폭이 컸으며, 비

분산되는 현상을 가리킨다(Adolf A. Berle & Gardiner C. Means, *The Modern Corporation and Private Property*, Harcourt, Brace & World, INC., 1968, 12면 이하 참조). Hilferding은 지분의 분산이 적은 지분으로 기업 전체를 지배하게 되는 현상을 낳고 있다는 점을 강조하고 있다. 위의 책, 163-164면 참조.

57) Rudolf Hilferding, 위의 책, 257면 이하 참조.

58) Hilferding의 금융자본주의의 일반화에 대한 비판으로, Paul Sweezy, 이주명 역, 자본주의의 발전이론, 필맥, 2009, 375-376면 참조.

59) Richard Mieter, 송광자 역, 시장점유율의 신화, 매일경제신문사, 2003, 55면 이하 참조.

금융기업은 점점 더 증대하는 금융시장의 압력에 직면하고 있다는 분석을 제시하고 있다.[60]

이러한 현상의 부정적 측면은 주로 실물경제의 투자 부문에서 드러날 것이다. Orhangazi는 금융화의 결과로서 자본축적의 점차 감소하는 추세에 있고, 금융시장과 비금융기업 간의 관계가 생산적 투자가 방해가 될 수 있음을 지적하고 있다.[61] 물론 이러한 문제가 우리나라 경제에서도 현안인지는 구체적인 분석 없이 단정할 수 없는 것이지만, 이러한 우려에 사전적인 주의를 기울일 필요를 부정하기는 어려울 것이다.[62] 이러한 관점에서 개정안이 담고 있는 지주회사 개편 방안을 살펴볼 수도 있다. 중간금융지주회사를 둔다 하더라도, 개정안은 지주회사 내에 일반 자회사와 금융 자회사를 모두 가능하게 하며, 이는 결국 금산복합 기업집단의 제도화로 이해될 수 있다. 이와 같은 방식의 금융과 산업의 결합이 경제력집중 억제의 관점뿐만 아니라, 독점규제법 제1조도 궁극적 목적으로 하고 있는 국민경제의 균형 발전의 관점에서 바람직한 것인지가 검토될 필요가 있다.

2. 정책의 기초

금산분리 정책의 타당성 문제는 오랜 기간 논의되어 온 주제이며, 경합하는 찬반 논거에 대한 이해가 축적되어 왔다. 이에 더하여 2008년 금융 불안정성이 노출된 전 세계적인 금융 위기를 경험한 후 시스템 리스크를 적절히 통제하여 금융 안정성을 강화하는 문제가 중요한 고려 요소가 되었다. 물론 이 역시 금산 분리에 관한 일의적인 판단으로 이끄는 것은 아니다. 그러나 금융과 산업의 자본적 결합이 이루어질 경우에, 금융 부문의 위험이 실물 부문으로 전이되거나 또는 그 역의 가능성에 대한 고려는 불가피하며, 무엇보다 현재의 금융 규제 시스템이 금융 안정성을 확고히 하는데 한계가 있을 수밖에 없다는 점을[63] 염두

---

60) Özgür Orhangazi, "Financialization and Capital Accumulation in the Non-Financial Corporate Sector: A Theoretical and Empirical Investigation of the U.S. Economy 1973-2003, PERI Working Paper no. 149, 2007, 30면.

61) 위의 책, 31면 참조.

62) 시사적인 관점에서 주주자본주의를 전 지구적 문제로 보고 한국 경제에도 필연적으로 영향을 미칠 것이라는 분석으로, 이종태, 금융은 어떻게 세상을 바꾸는가, 개마고원, 2014, 123면 이하 참조.

63) 규제 실패로서 과잉규제(over-regulation)가 발생하는 원인의 하나로, 규제의 취지에 반하는 효과를 낳을 수 있다는 점에 대한 고려가 충분히 이루어지지 않은 경우를 지적하면서, 은행 분야에서 안정성을 제고하기 위한 규제가 불안정한 운영을 낳을 수 있다는 것을 예로 들고 있는 것으로, Robert Baldwin, Martin Cave, & Martin Lodge, *Understanding Regulation*, Oxford University

에 두어야 한다.

　개정안에 금산분리의 완화를 시도하는 배경에는 지주회사 체제를 권장하는 공정거래위원회의 정책이 동인이 되고 있다. 결국 지주회사 체제의 확산과 금산분리의 완화의 효과를 형량하는 과정이 요구될 것이다. 이때 지주회사 체제가 여전히 정책적으로 권장할 만한 대상이 되는지, 특히 제도 도입 이후 지속적으로 행위 규제를 완화하여 온 상황에서 현재의 지주회사 체제가 바람직한 기업집단 모델로서 기능하고 있는지가 선행적으로 논의되어야 한다.

　공정거래위원회는 중간금융지주회사의 설치 의무화가 기업집단 내에서 금산분리를 실현하고자 하는 것이라는 입장을 취하고 있다.64) 그러나 개정안이 현행 독점규제법상 금산분리 원칙을 반영하고 있는 규제를 폐지하는 것은 금산분리 완화의 의미를 갖는 것으로 보아야 하며, 중간금융지주회사는 이를 보완하는 의미로 이해하는 것이 타당하다. 이러한 관점에서 중간금융지주회사 의무화만으로 금산분리 완화에 따른 부정적 효과를 억제하는데, 특히 공정거래위원회가 상정한 것과 같이 산업 부문과 금융 부문의 차단벽 역할을 실효적으로 수행하는데 한계가 있으며, 따라서 중간금융지주회사를 직접적인 대상으로 하는 규제의 도입 논의가 추가적으로 이루어질 필요가 있다.

　Press, 2012, 70면 참조.
64) 공정거래위원회, 주 3)의 자료, 12면 참조.

두 법정 이야기: 독점력 법정과 경제력 법정의 재조명

이 영 대*

I. 서   론

찰스 디킨스의 소설 '두 도시 이야기'는 주인공 찰스 다네이가 런던과 파리에서 재판을 받게 되는 상황을 생생하게 묘사한다. 런던에서는 프랑스 첩자로 기소되어 법정에 서게 되고, 파리에서는 반혁명 분자로 사형 선고를 받는다. 소설은 변호사 시드니 카턴의 영웅적 사랑을 극화하지만, 정작 법률가의 관심은 동일인에 대한 두 법정의 서로 다른 태도에 머문다. 자유·평등·박애의 대혁명의 기운을 전파하려는 사회와 이를 차단하고 기존의 공동체를 온존하고자 입장의 격한 긴장과 대립이다. 이는 오늘의 경제법정으로 등장하는 독점력 법정과 경제력 법정의 구도를 연상시킨다.

독점력 법정의 적용법인 경쟁법은 실물 시장에서의 경쟁저해를 규제한다. 이는 단일 산업의 구조·조직·성과·폐해·행태에 초점을 맞추고 있다는 점에서 미시경제학의 산업조직론과 중첩된다. 이런 의미에서 경쟁법은 미시경제법의 영역에 속한다. 우리 독점규제 및 공정거래에 관한 법률(이하 '공정거래법')은 시장지배적 사업자의 남용행위, 기업결합의 금지와 신고, 경쟁을 실질적으로 제한하는 부당한 공동행위의 제한 등으로서 일반적으로 시장가격과 수량이라는 경쟁법이 마련한 규제도구를 이용한다.[1]

한편, 공정거래법에는 "기업집단"이라는 개념이 도입되어 대규모기업집단에 대하여 경제력 집중에 관한 규제도 포함되어 있다. 당시 입법이유를 보면 경제

---

* 법무법인 수호 변호사

1) 이동원, "독점규제법상 경제력집중 조항에 대한 법적 평가", 충북대학교 법학총집 제36권 제1호, 2012. 6, 783면 이하.

력 집중의 폐해로서 부채에 의존하는 기업경영에 의한 기업체질의 약화와 여신 편중현상의 심화, 문어발식 기업경영이나 중소기업분야에의 무분별한 침투로 전문화지연 및 중소기업의 성장기반 저해, 우월한 경제력을 남용하여 거래상의 부당이득 추구, 소유 집중현상으로 소득불균형 심화 등을 들면서 무리한 기업 확장보다는 내실 있는 기업성장에 주력하도록 유도함으로써 대규모기업집단에의 과도한 경제력 집중현상을 억제하고 국민경제의 활력제고 및 균형발전을 도모"한다는 점을 들고 있다. 학계의 주류적 견해도 경제력 집중이 시장기능의 왜곡, 기업조직의 경직화, 비관련분야로의 다각화, 정경유착의 심화, 정치·사회적 민주화 저해의 부정적 측면을 지적하고 있다.[2] 나아가 공정거래법은 추가적으로 제23조2를 신설하여 자산규모 5조 이상의 기업집단에 속하는 회사를 대상으로 부당한 이익의 제공을 규제하고 있다. 공정거래법상 규제 외에도 기업집단에 따라 규제를 추가하고 있다.[3]

경제력 집중을 억제하기 위한 규제에 관해서는 부정적 견해도 팽배하다. 이는 다른 나라에 없는 한국 특유의 제도이며, 개방경쟁 환경에 맞지 않는 역차별 규제라는 점에서 폐지해야 한다거나,[4] 헌법 합치성을 고려하면 폐지되어야 하지만, 정치적·사회적 고려 때문에 채택한 불가피한 원죄라는 정치색을 거두어야 한다는 견해들이 그것이다.[5]

이와 같은 규제 구조의 원천은 헌법이다. 즉, 헌법 제119조 제2항은 시장의 지배와 경제력 남용을 방지하는 2중적 규제 목표를 설정하고 있다. 헌법이 독점력 외에 별도로 경제력 남용을 방지하고자 하는 이유는 경제력집중이 과도하게 높을 경우 정경유착의 현상이 나타나기 쉽다는 문제 때문이다. 이와 같이 경제력 집중 억제는 헌법에 그 근거가 있고 사회의 민주적 발전과 자원의 효율적 분배를 저해한다는 문제점을 가지고 있다.

---

2) 권오승, 시장경제와 법, 서울대학교 출판부, 2006, 125면.
3) 예컨대 독점규제법상 상호출자제한기업집단 중 자산총액 10조원 이상인 기업집단 소속 회사와 그 계열회사는 지상파방송사업자의 주식(또는 지분)총수의 10%를 초과하여 소유할 수 없으며, 종합편성 또는 보도에 관한 전문편성을 행하는 방송채널사용사업자의 주식(또는 지분)총수의 30%를 초과하여 소유할 수 없고('방송법' 제8조 제3항, 시행령 제4조 제1항), 일반일간신문을 경영하는 법인이 발행한 주식(또는 지분)의 1/2을 초과하여 취득 또는 소유할 수 없다('신문 등의 진흥에 관한 법률' 제18조, 시행령 제14조 제1항).
4) 황인학·최원락, "경제력 집중 통계의 진실", KERI Insight, 2013, 14면.
5) 이동원, "독점규제법상 경제력집중 조항에 대한 법적 평가: 연혁적 고찰을 통한 각론적 평가를 중심으로", 법학논총 제36권 제1호, 2012, 806면.

그렇다면, 경제력과 시장지배력, 혹은 독점력은 서로 어떤 관계를 갖는 것인가. 전혀 무관한 것이 아니라면 구체적으로 어떤 내용적 포섭과 상관관계를 갖는 것인가. 이러한 내용적 본질을 구명하는 것은 결국 합목적적 규제를 설계하고 집행하는 출발점이 된다는 점에서 필수적이며 중요하다. 본격적으로 그 관계를 살펴보기에 앞서 현행법에서 경제력과 독점력을 측정하는 단위를 알아본다. 독점력은 관련시장에서의 매출액을 기준으로 하는 반면, 경제력은 대차대조표상 자산을 기준으로 한다. 매출액은 투입되는 자산을 토대로 창출되며, 발생되는 이익은 다시 자산으로 귀속되므로, 두 개념은 밀접한 상관관계를 지닌다. 그러나 자산으로 환원되는 원천은 오로지 매출액 내지 매출이익에 의해서만 발생되는 것은 아니다. 자본거래에서 도출되는 자본이익, 자산의 재평가 등에서 발생되는 수익도 포함된다. 반면, 매출액은 자산을 투입비용화하지 않고는 발생되지 않는다. 결국 자산으로 표시되는 경제력은 매출액 내지 시장점유율로 표시되는 독점력을 부분집합으로 삼는 모집합의 성격을 가진다.

이러한 분석은 두 가지 점에서 유의하다. 하나는 경제력의 중심적 요소로서 독점력이 자리 잡고 있다는 점이며, 다른 하나는 독점력 이외에 경제력을 구성하는 다른 요소가 존재한다는 점이다. 본고에서는 독점력 이외에 경제력을 구성하는 요소가 무엇인지 살펴보고 이러한 요소를 포함하는 경제력이 집중될 때 합리적인 규제 방안과 기준을 아울러 살펴본다. 만일 기업집단의 행태가 관련 상품의 가격과 수량에 관한 독점력의 행사 외에 내부자본시장을 형성하고, 금융자원의 배분양식을 합리적인 배분이라기보다는 자의적인 기준에 따라 배분되는 양상을 보일 때, 이는 보유하는 경제력의 부당한 행사로 인한 집중의 심화를 추구하는 동기에 주목하여 이를 직접 규율하는 것이 필요하다.[6]

---

6) 이한규, 기업집단의 내부자본시장에 대한 분석, 서울대학교 대학원 석사학위논문, 2000, 46면.

Ⅱ. 경제력의 본질과 구성요소

1.경제력의 본질

(1) 화폐수량 방정식

화폐 시장과 실물 시장의 균형을 통해 경제력의 구성요소로서의 자산가치의 의미를 살펴보자. 이는 경제력의 측정을 자산총액을 단위로 하는 이유와도 맞닿아 있다. 한 기업이 보유하는 자산총액을 화폐로 환산하여 이를 토대로 산출되는 총생산량을 역시 화폐로 환산하여 표시하면, 다음과 같은 식이 성립한다.

$$MV = PQ$$

여기서 M은 화폐의 수량이며 V는 유통속도, P는 거래가 이루어지는 가격이고, Q는 거래수량이다. 우변의 거래 가격과 거래 수량의 곱은 매출액을 나타낸다. 결국 매출액을 구성하는 가장 기본적인 요소는 보유하는 자산규모이며, 이러한 자산 가치는 독점력과 경제력을 잇는 중핵적 요소로 이해된다. 본 연구는 위 화폐수량방정식에서 시사하는 대로 독점력 규제와 경제력 규제는 서로 양립할 수 있는 필요 규제임을 살펴본다.

(2) 뉴튼 역학의 비유

화폐수량 방정식 좌변의 M×V는 고전 역학의 다음 공식을 떠올린다.

$$F = MV'$$

이 공식에서 힘(F)은 질량(M)과 가속도(V')의 곱으로 표현된다. 경제력도 하나의 힘이라면 질량은 화폐량 내지 자산액으로 치환될 수 있다. 그렇다면 속도나 가속도를 지칭하는 V 내지 V'는 결국 화폐의 유통속도를 의미하며, 이는 기업집단의 수직계열화를 통한 상품자본과 화폐자본의 전환 속도로 설명될 수 있다. 그렇다면, 경제력 집중을 억제하는 변수는 결국 자산총액과 수직계열화로 집약될 수 있는 것이다. 이는 방정식의 우변에서 독점가격과 수량조절에 의한 시장지배력 남용을 규제하는 일반 독점력 규제와 공존하며, 국민경제의 성장과 안정화에 기여하는 규제수단으로 자리매김할 수 있다.

2. 경제력의 구성 요소

(1) 경제력 = 산업자본력 + 금융자본력

독점력은 관련시장에서의 시장지배력이며, 점유율로 측정된다. 즉, 구체적 상품이나 서비스와 같은 실물시장에서의 경제성과를 토대로 한다. 이때 관련시장에서 판매 직전 독점력은 보유하고 있는 상품의 수량에 가격을 곱한 매출액으로 계산된다.

일단 매출이 되면, 위 상품은 화폐로 전환된다. 이 화폐가 다시 비용으로 투입되기 전까지는 화폐로서의 기능을 할 수 있다. 이는 관련시장에서 대상 상품이 가진 독점력을 구성하는 경쟁력으로서의 상품의 품질, 특성, 브랜드파워 등과는 무관하게 화폐 자체가 지는 특성을 구현할 수 있다. 이때의 화폐의 역할은 결국 대부·투자 등의 상업 자본으로서 이해된다. 따라서 화폐로 인한 보유자의 능력은 결국 관련시장에서의 독점력 이외에 경제력을 구성하는 요소로 파악될 수 있다. 다액의 자산 그 자체가 보유하는 수익력으로 자금이 되는 사업의 종류나 생산되는 상품이나 서비스가 무엇이든 관계없다. 환언하면, 실물시장에서 독점력을 바탕으로 획득된 화폐는 금융자본으로 자본거래를 통해 수익을 창출할 수 있으며, 이는 관련시장에서의 시장지배력과 구별되는 경제력의 요소가 된다.

(2) 금융자본력(F) = 자산총액(M) × 유통자본력(V′)

1) 수직계열화로 인한 기업가치의 증가

독점력은 개념적으로 관련시장, 즉 수평시장에서의 경쟁력을 뜻한다. 이러한 경쟁력은 기본적으로 제조 과정에서 번영과 이익을 창출하는 인적·물적 자산에서 기인한다.[7] 구체적으로는 창업자나 현재의 경영자의 능력을 지칭하는 인적 독점력이나 그 회사의 기술력 수준으로 나타나는 기술적 독점력이 바로 그 중심적 내용이 된다.[8] 그러나 종종 매입 영역이나 판매 영역에서의 이른바 관계자산

---

7) 다카세 소타로(高瀨莊太郞), GOODWILL의 연구, 모리야마 서점, 1933, 22면.

은 엄격한 회계준칙에 의하여 장부에 계상되지 않은 채 공급사슬에서의 효율적 계열화는 계산되지 않은 무형자산으로 저평가되었다.

수직계열화의 가장 큰 편익은 상품과 화폐로의 신속한 상호 전환을 가능케 한다. 원료·부품·소재의 안정된 공급원 확보는 시장 상황에 적시에 대응할 수 있어서 화폐는 상품으로 용이하게 바뀐다. 한편 고정 판매처와의 계속적 영업 관계의 형성은 상품을 화폐로 빠르게 전환시킨다. 결국 이러한 속도의 증가는 이익과 총자산을 증가시키는 선순환의 촉매제 작용을 한다. 만일 동일한 매출액을 올리는 독점력을 지닌 기업이라도 이러한 수직계열화 여부에 따라 측정되는 경제력의 크기는 달라질 수 있다. 이러한 측면에서 수직계열화로 인한 편익의 증가, 나아가 기업자산 가치의 증가는 경제력을 이루는 구성요소이면서도 직접적인 관련시장에서의 시장지배력과는 구별되는 요소라 할 수 있다.

2) 상업자본의 기능과 자본의 축적·순환

앞서 살펴본 화폐수량식을 통해 수직계열화의 의미를 살펴보자. $M×V=P×Q$ 의 식에서 우변의 매출액을 결정하는 요소는 좌변의 자산총액과 유통속도이다. 한 기업이 보유하는 자산총액이 일정할 때, 매출액의 증가, 즉 독점력의 증가를 결정하는 것은 유통속도이다. 수직계열화는 유통속도를 높여 실물자산과 금융자산의 신속한 전환을 가능하게 하고, 이는 결국 경제력 집중으로 나타난다. 즉, 독점력에 대한 합리적인 규제는 실물시장의 가격과 수량을 통제하는 것뿐만 아니라 화폐시장, 즉 자본이라는 요소시장에서의 자산총액과 유통속도를 통제하는 것에 의해서도 달성될 수 있다.

Ⅲ. 경제력 집중 억제 수단의 존재 의의

1. 금융규제적 성격

기업집단은 내부자본시장을 형성한다. 시장 내에서의 계열회사 간의 자본거래 내지 금융거래는 신용과 위험을 반영한 엄격한 금융규제의 대상임에도 현행 금

---

8) 하야카와 마사루·다나카 히로시, 기업결합에서의 '영업권'의 회계, 상경논업 제44권, 2009.

융규제는 은행 등 본격적인 여신기관만을 대상으로 하므로 내부자본시장은 규제의 공백 상태에 놓이게 된다. 기업집단의 자산규모를 고려할 때, 건전성을 해치는 거래의 허용은 결국 기업집단 자체를 채무불이행 위험에 빠뜨리게 되며, 이는 다른 경제주체에도 심각한 악영향을 끼칠 수 있는 국민경제적 과제가 된다. 금융규제의 핵심은 자본 확보 규제이며, 그 구체적 방법으로는 지급 여력 규제, 자본적정성 규제 등이 있다. 경제력 집중 억제 조항에서 지주회사 제한, 상호출자 제한, 채무보증 제한을 포함하는 것은 이러한 금융규제의 본질을 담고 있는 것이며, 다만 그 대상을 금융기관에서 기업집단으로 확대한 것에 불과하다.[9]

공정거래법상 경제력 집중 억제 규정을 은행법상 금산분리제도와 비교해 보자. 금산분리제도는 산업자본과 금융자본의 결합을 막아 과도한 경제력이 집중되는 것을 방지하는 기능을 한다.[10] 이 제도는 특히 산업자본이 금융자본을 이용하여 경제력을 더욱 집중하는 것을 막고, 또한 금융자본이 산업자본에 투자함으로써 산업자본이 갖는 위험성이 전이되어 금융시스템이 붕괴되는 것을 막는 기능을 한다. 현행 금산분리제도는 산업자본의 은행 소유제한, 은행 대주주적격성 심사제도 등이 은행법에 존재한다. 즉, 은행법은 산업자본이 은행을 소유하는 한도가 전체 의결권 지분의 9%를 초과할 수 없고, 은행 의결권 지분의 4%를 초과하여 보유하는 자는 대주주적격성 요건을 충족하고 있는지 여부에 대한 심사를 받도록 하고 있다(은행법 제16조의2). 기업집단내에서 집중된 경제력은 내부자본시장에서 금융기관의 역할을 함에도 이러한 금산분리 규정은 은행법에만 존재하여, 기업집단 내의 금융안정성에 관한 금융법적 규율은 공백 상태이며, 이로인한 국민경제적 위험 통제도 금융법에 의해서는 적절하게 이루어질 수 없다. 경제력 집중은 바로 이러한 내부자본시장에서의 거시경제적 리스크를 관리하는 보완적 수단의 성격을 띤다.

관련 사례를 살펴보면, 2004. 10. 14. 선고 2001두2935 판결에서 대우중공업은 임직원에게 524억원을 무이자 대출하여, 그들로 하여금 대우자판으로부터 자동차 5,711대를 구매하여 경제적 이익을 받도록 하였다. 이는 기업집단 소속 계열회사들이 기업집단 전체의 이익을 위해 계속적으로 서로 지원을 주고받으면서

---

9) 이영대, 금융지주회사의 규제에 관한 연구, 서울대학교 법과대학원 법학박사학위논문, 2002, 147면 이하.
10) 김효연, 금산분리제도의 발전방향: 경제민주화 논의와 관련하여, 국회입법조사처, 2013, 13면.

계열의 유지·확장을 위한 수단으로 부당지원행위를 이용함으로써 중·장기적으로 볼 때 부당지원행위는 경제력 집중을 통하여 결국 지원주체에게도 상당한 자산증가 효과를 발생시키게 된다. 이때 발생되는 경제적 효익은 정상적인 영업활동에 기한 것이 아니라, 계열기업이라는 관계로부터 파생되는 자본거래상 금융이익이므로 경제력 집중에서 규율하고자 하는 위험에 포섭된다.

2. 건전성 규제

자본건전성은 자본비율로 판단하고, 자산건전성은 부실채권 비율과 커버리지 비율로 판단한다. 이때 커버리지 비율이란 여신에 대비해 쌓아 둔 대손충당금 적립 비율을 지칭한다.

(1) 자본건전성 규제

경제력 집중 억제는 기업집단의 자본건전성을 유지할 수 있는 장치로서 금융거래의 공정성을 확보하여 부당이익의 귀속이나 손해의 분산을 방지한다. 이로 인하여 기업집단이 가지는 담보자산의 충실을 기하고, 공시된 자산과 실제 자산과의 불일치를 제거한다. 은행의 경우에도 규제의 본질은 자본건전성 규제와 자산건전성 규제로 본다.[11]

1) 지주회사 규제

지주회사 규제의 경우 지주회사의 부채비율이 순자산액의 100%를 넘거나 개별 자회사에 대한 지분율이 50% 미만이 되는 경우 경제력 집중으로 인한 폐해라는 입법 목적의 저해에 대한 추가적인 심리 없이 당연위법으로 취급되어 제재를 받는다. 공정거래법 제8조의2 제2항은 자회사에 의한 손자회사의 지배를 금지하고 있는 바, 관련 사례를 살펴보면, 지주회사인 씨앤엠커뮤니케이션 주식회사의 자회사인 한국케이블티비마포방송은 새시대방송의 주식을 지배목적으로 취득함으로써 공정거래법을 위반하였다고 판시하였다.[12] 이와 같이 원칙적으로 자회사에 의한 다른 회사의 소유자체를 금지하는 방식으로, 지주회사의 행위를 규제하는 이유는 피라미드식으로 지배영역을 확장함으로써 경제력이 집중되는 것

---

11) 김용재, 은행법 원론, 박영사, 2010, 45면, 80면.
12) 서울고등법원 2004. 4. 28. 선고 2003누5336 판결.

을 방지하기 위한 것이다. 이는 지주회사에 투입된 자본이 순환식 상호출자에 의하여 과다한 자산을 지배하게 되는 것은 결국 자본적정성을 해치는 것으로 평가할 수 있기 때문이다.

2) 상호출자 제한

기업집단인 대한해운의 계열회사인 동양선박 주식회사와 한국선무 주식회사의 상호출자,[13] 대우증권 주식회사와 대우중공업 주식회사의 상호출자,[14] 기아산업 주식회사와 기아기공 주식회사의 상호출자[15] 사례에서 모두 상호출자 관계 해소를 명 받았다.

현대전자산업 주식회사(이하 '현대전자')의 상호출자 사례에 관하여 자세히 살펴보면, 현대전자는 현대증권 주식회사(이하 '현대증권')가 1998. 3.부터 1999. 6. 24.까지 현대전자의 주식을 최소 20,000주에서 최대 1,000,000주를 지속적으로 보유하고 있음에도 불구하고 현대증권이 발행한 전환사채 80억원을 인수하여 세 차례에 걸쳐 주식으로 전환하고 1999. 6. 15. 유상증자에 참여하여 총 773,116주를 취득하였다. 공정거래법 제9조에 의하면, 기업집단 소속 회사는 자기 주식을 취득 또는 소유하고 있는 계열회사의 주식을 취득 또는 소유하는 것이 원칙적으로 금지된다. 즉, 2개 계열회사간의 상호출자는 상호보유주식의 규모나 지분율의 과다와 관계없이 전면 금지된다. 본 사안의 경우 추가투자 없는 가공자본, 가공지분으로 기업의 자본 및 자산 총액이 높아지며, 경제력 집중이 심화된다. 이로 인하여 여신한도, 회사채발행한도 또한 상승하게 되므로 이러한 상호출자는 금지된다.

3) 채무보증 금지

경제력 집중 억제의 구성요건은 상호출자 금지, 채무보증 금지 등 자본거래를 대상으로 한다. 이는 거래대상이 주식·채권 등 자본증권임을 의미한다. 현행법이 현금 기타 금융상품 거래를 명시적으로 열거하고 있음에 비추어 이러한 자본거래는 경제력 집중 억제의 본령을 구성한다. 여기에는 적절한 가치평가 방법이 확립되기 어려우며, 원용할 시장가격도 제대로 형성되어 있지 않다. 내부거래의

---

13) 공정위 1992. 4. 24. 의결 92-39호, 9204기159.
14) 1989. 12. 20. 권고 제89-46호.
15) 1987. 12. 8. 권고 제87-30호.

특성상 기업집단 내 계열기업의 주식이나 회사채를 정상가격보다 높이 책정할 위험 동기가 상존한다.

관련 사례를 살펴보면, 고려합섬주식회사는 기업집단에 속하는 회사로서 계열회사에 6천억원의 채무보증을 하여 1천5백억원 가량의 기준 초과 보증을 해소하지 않은 사실에 대하여 공정거래법 위반의 판단을 받았다.[16]

또 다른 사례에서, LG화재해상보험 주식회사(이하 'LG화재해상보험')는 1997. 12. 31. 하나은행을 통하여 LG전자 주식회사(이하 'LG전자')에 16%의 금리를 적용한 회사채를 인수함으로써 우회적인 방법으로 계열회사인 LG전자를 지원하였다. 당시 LG 전자는 27.44% 금리로 공모보증사채를 발행한 사실이 있고, 하나은행은 IMF사태를 맞이하여 "bis자기자본비율"을 높이기 위해 안간힘을 쓰고 있던 상황 불구하고 현저하게 낮은 16%의 금리를 적용하여 LG전자의 무보증 사모사채를 인수하였다. 따라서 LG전자는 과다한 경제상의 이익을 얻고 당해시장에서 유력한 사업자로서의 지위를 유지·강화하게 되어 공정거래법 위반의 판단을 받았다.[17]

이 사안을 경제력 집중 억제의 측면에서 재조명해 보면, 사건 시기 LG화재해상보험의 단기 가격 이동평균 금액은 2,940원에서 3,034원으로 증가하여 주가가 상승추세에 있다.[18] 또한, 상승에 대한 긍정적인 전망으로 주주들의 거래가 위축되어 거래량이 감소하였다. 이와 같이 무보증 회사채를 간접인수하여 위험이 증가하였음에도 불구하고 회사 가치는 상승 추세에 있는 것은 LG 전자의 상대적으로 안정화된 회사가치가 LG화재해상보험의 투자유가증권 가치에 반영되어 위험도가 상계되기 때문이다. 즉, 계열사 간의 내부거래로 인하여 기업집단의 총 경제력은 상승된다. 살피건대, 경제력 집중 억제의 본령에 속하는 지주회사, 상호출자, 채무보증 등의 조항으로는 이와 같은 내부거래로 인한 경제력 집중 심화를 규제할 수 없어 이는 사각지대에 놓여 있었다. 본건과 같은 내부거래로 인한 경제력 집중은 영업이익 증가로 인한 순자산 증가와는 명백히 구별되며, 장기 위험도의 측면에서 자본건전성은 악화되어, 거시적인 관점에서 그 파급력 만큼 차후 국민경제가 부담하는 위험도 커져 부정적인 영향을 끼치게 된다. 그럼

---

16) 공정위 1995. 8. 28. 심결.
17) 서울고등법원 2004. 2. 3. 선고 2000누4868 판결.
18) 미래에셋증권 Home Trading System(KAIROS) 참고.

에도 특정 산업 내의 독점력 규제 조항으로는 이러한 경제력 집중을 억제하는데 한계가 있다. 따라서 새로이 신설된 공정거래법 제23조의2는 이러한 내부거래로 인한 경제력 집중을 억제하기 위한 데에 그 존재의의를 찾을 수 있다.

(2) 자산건전성

1) 여신 규제

포괄적으로 기업집단에 의한 경제력 집중을 규제하고 있는 제도는 은행법에 기초한 여신관리제도이다. 이는 기업집단에 대한 편중여신을 억제함으로써 국민 경제에 악영향을 미치는 불합리한 화폐의 흐름을 규제하는 제도이다.[19] 실제로 내부자본시장에서도 이러한 자금의 흐름은 같은 이유로 규제될 필요가 있다.

관련 사례를 살펴보면, 삼성생명보험 주식회사(이하 '삼성생명')는 조흥은행과 신탁계약을 맺어 은행으로 하여금 신탁자금을 원천으로 원고가 지정하는 삼성자 동차가 발행한 기업어음을 매입하도록 한 사안을 부당지원행위로 의율하였다.[20] 이를 독점력 규제의 측면에서 파악한 판결문에서는 삼성자동차의 기업어음을 삼 성생명이 고가 매입한 것으로 인하여 삼성자동차가 당해 시장에서의 유력한 사 업자로서의 지위를 형성 또는 유지·강화할 필요가 있다고 판단하고 있다. 이를 경제력 집중 억제의 측면에서 재해석하면, 삼성생명이 정상할인율보다 낮은 할 인율로 기업어음을 매입했다면, 이는 해당 기업의 건전성을 과대평가하여 할인 율을 낮춘 것이므로, 결과적으로는 낮춘 할인율을 적용할 만큼 건전한 기업이 아닌 대상에 대하여 그와 동등한 취급을 하여 어음을 매입한 것이 된다. 따라서 자산건전성 측면에서는 위험이 증가하게 된다.

에스케이 텔레콤이 예탁금을 에스케이 증권으로 하여금 사실상 차입금과 같 이 사용할 수 있도록 한 사안을 부당지원행위로 의율하였다. 이를 독점력 규제 의 측면에서 파악한 판결문에서는 예탁금의 이율은 연 5%에 불과한 반면, 당시 에스케이 증권의 실제 차입 금리는 최저 연 22%에 이르렀던 점에 비추어 보면, 이 거래는 에스케이 증권이 그 거래분야에서 퇴출되는 것을 방지하고 효율과는 무관하게 경쟁에서의 우위를 확보할 수 있게 해 줌으로써 공정하고 자유로운 경

---

19) 장훈각, 한국의 경제력집중규제제도의 변동요인에 관한 연구: 공정거래법, 여신관리제도, 공업발전법 을 중심으로, 연세대학교 대학원 박사학위논문, 2006, 12면.
20) 서울고등법원 2003. 12. 23. 선고 98누13081 판결; 대법원 2006. 12. 22. 선고 2004두1483 판결.

쟁을 저해할 우려가 있는 부당한 행위에 해당한다. 이를 경제력 집중 억제의 측면에서 재해석하면, 에스케이 텔레콤이 정상금리보다 낮은 금리를 적용하였다면, 이는 에스케이 증권의 건전성을 과대평가하여 금리를 낮춘 것이므로 결과적으로는 낮춘 금리를 적용할 만큼 건전한 기업이 아닌 대상에 대하여 그와 동등한 취급을 한 것이 된다. 따라서 자산건전성 측면에서는 위험이 증가하게 된다.

2) 수직계열화 규제

관련시장에서의 독점력이 강력한 수직계열화와 결합할 때, 시장봉쇄 효과와 실질적 거래 거절과 같은 경쟁법적 폐해 외에 실제 수익력 이상의 자산상승 효과를 누리게 된다. 이러한 과대평가된 기업집단의 자산 가치 상승은 국민경제 전체로 볼 때 재무자원의 왜곡된 흐름을 초래한다. 완벽한 수직계열화는 기존의 독점력 분석으로는 규제할 수 있는 수준과 범위가 제한되는 한계를 지닌다. 따라서 계열화된 기업을 하나의 경제적 실체로 파악하여 다양한 폐해를 원인부터 처방할 수 있는 경제력 남용 금지 접근을 사용하는 것이 유용하다.

관련 사례를 살펴보면, 주식회사 한화가 실제로 광고가 게재되지 않았음에도 불구하고 지급하여야 할 광고비가 있는 것으로 처리하여 이를 이자와 상계하였다.

주식회사 경향신문사의 5,682억원의 채무를 인수하되, "자산"인 대여금채권을 갖는 것으로 하고 대여금채권에 대한 이자를 실질적으로 없애기 위해 금전소비 대차약정과 함께 연 0.3%의 이자약정을 하고 나아가 광고비와 상계처리하기로 약정하게 된 것이다. 재무제표에서 볼 수 있듯이 채무가 6,000억원이나 있음에도 불구하고, 1998년의 총자산은 1997년도와 비교해 보았을 때, 약 1조원 가량 높은 것을 볼 수 있다. 이는 건전하지 않은 자산증가의 효과를 보여준다. 이러한 경제력집중에 대한 억제장치가 필요함은 명백하다.

〈표 1〉 ㈜한화의 재무제표[21]

대 차 대 조 표

제 47 기 1998.12.31 현재
제 46 기 1997.12.31 현재
제 45 기 1996.12.31 현재

(단위 : 원)

과 목	제 47 기	제 46 기	제 45 기
자 산			
Ⅰ. 유 동 자 산	(855,769,205,266)	(871,533,971,692)	(618,876,348,345)
(1) 당 좌 자 산	(554,082,359,802)	(563,813,668,857)	(316,313,273,243)
5. 미수금	2,478,022,861	3,371,637,954	7,476,649,150
10. 기타당좌자산	6,291,864,133	298,150,726	1,183,921,148
Ⅱ. 고 정 자 산	(2,080,366,167,620)	(936,298,624,018)	(861,233,170,642)
(1) 투자자산	(748,469,254,027)	(300,391,151,680)	(279,779,200,622)
4. 장기대여금	266,290,453,810	59,357,585,302	61,531,116,360
자 산 총 계	2,936,135,372,886	1,807,832,595,710	1,480,109,518,987

Ⅳ. 규제 방식의 특징

1. 입증책임의 전환: 당연위법의 법리

경제력 집중 억제 위반 행위는 형법상 신분범이다. 따라서 기업집단에 해당되는 신분을 일단 획득하면, 주관적 구성요건에 해당된다. 이후 객관적 구성요건에 해당되는 행위는 위법성이 추정되어 별도의 합리성이나 합목적성에 의한 사법심사가 배제된다. 지주회사 규제의 경우 지주회사의 부채비율이 순자산액의 100%를 넘거나 개별 자회사에 대한 지분율이 50% 미만이 되는 경우 경제력 집중으로 인한 폐해라는 입법 목적의 저해에 대한 추가적인 심리 없이 당연위법으로 취급되어 제재를 받는다.

2014년 개정된 공정거래법 제23조의2에서도 합리적인 고려나 비교과정 등 적합한 거래상대방을 선정하는 과정 없이 상당한 규모로 거래하는 행위 금지를 통

---

21) 금융감독원 전자공시시스템, http://dart.fss.or.kr/

해 구체적으로 정상가격과의 차액에 의한 불공정 거래의 규모 산정을 입증하지 않은 채 규제가 가능하게 되었다.

2. 구조규제

현행 공정거래법의 독점력 규제는 대부분 폐해규제·행태규제 차원의 메카니즘을 작동시키는데 반해, 경제력 규제는 상호출자 제한, 채무보증 제한, 의결권 제한 등과 같은 시장구조를 규제하는 법적 수단을 보유하여 성과규제를 보완한다.22)

V. 법철학적 함의

1. 정의 관념의 구현

법철학에서의 정의 관념이 절대적 목표라면, 합목적성은 구체적 타당성을 담보하는 상대적 목표이다. 독점력 규제는 그 경쟁촉진 효과와 경쟁저해 효과를 비교 형량하여 부당성을 판단하는 합리성 심사의 대상이 된다. 이에 반하여 경제력 억제는 힘의 차이에서 발생되는 불공정성을 교정하는 보다 원초적인 성격의 정의 관념에 부합한다. 각자의 몫을 분배하는 비례적 평등조차 실현될 수 없는 승자독식의 현실 상황에서 보다 절박하게 법적 구제를 갈망하는 이들에 대한 최소한의 응답이다. 합목적성은 개별 사건에서의 구체적 타당성을 담보한다. 따라서 법이 목적하는 지향점과 그 법을 구체적으로 적용했을 때의 결론과의 합치가 요구된다.23)

독점력 규제는 이러한 합치에 관한 개별적 판단이 개재될 때 정당성을 갖는다. 이에 반하여 경제력 집중 억제는 이러한 법 발견의 실체가 압축적으로 전개된다. 구성요건 해당성이 곧 위법성과 책임의 징표이다.

경제력 집중 억제가 추구하는 경제정의는 분배적 정의(distributive justice)와 교정적 정의(corrective justice)를 모두 아우른다. 후자는 불공정을 시정하는 정

---

22) 유지수, "한국대기업의 지배구조", 경쟁법 포럼 발표문, 2013, 2면.
23) 심헌섭, 법철학, 법문사, 1989.

의이다.24) 독점력 규제는 매출액 증가 자체를 금지하지 않고, 독점의 폐해나 남용을 조절하는 수준에서 일정한 행태를 규율한다. 이에 반하여 경제력 규제는 자산의 증가를 초래하는 출자, 보증 자체를 일정한 요건 하에 원천 금지한다. 따라서 경제정의를 실천하는 직접적 수단으로 평가된다.

2. 이중위험의 금지: 상상적 경합

독점력 법정과 경제력 법정 양자의 관계에 관해서는 특히 공정거래법 제23조 제1항 제7호와 제23조의2 제1항의 상호 존재의의를 밝히는 것이 필요하다. 먼저 일반법·특별법이라는 형식적 구분에 근거하여 양자가 모두 문제가 되는 경우에 어느 하나를 우선 적용해야 한다는 입장과 이를 완전한 실체적 경합으로 인정하여 모든 경우에 함께 적용하는 것으로, 통칙적 법으로서 경쟁법의 적용을 우선적으로 고려하고, 경제력 집중 억제 조항은 이와는 완전히 독립적으로 존재하여 필요성 및 구성 요건이 완전 상이한 것이라는 입장의 양 극단이 존재한다.

그러나 이러한 견해들은 개별·구체적인 문제 해결에 있어서 경쟁법을 우선 적용하되, 입증의 편의나 집행의 필요성상 경제력 집중 억제 조항을 결정하게 되는 편의적인 해석론의 입장을 벗어나지 못하거나, 적용의 기준을 분명히 적용하지 못한 채, 적용 법조를 추가로 나열하는 미온적인 견해라는 비판을 면하기 어렵다.

오히려 독점력의 법원(法源)과 경제력 집중 억제의 법원을 상상적 경합관계로 보면, 그 법률 효과와 제재 조치의 수준을 유기적으로 연결하여 해석할 수 있다. 이에 따르면, 법원의 판결에 의한 제재를 받는 경우 기판력의 확장으로 인한 이중처벌도 금지되며, 과징금을 부당이득의 환수로 보는 입장에서 과다 징수가 있는 경우, 환급청구 내지 반환청구가 인정되거나 과징금 부과 단계에서는 적극적 공제요소가 될 것이다.

---

24) 홍기빈, 아리스토텔레스, 경제를 말하다, 책세상, 2001, 100면.

VI. 타 법과의 관계

1. 상법 위반과 양립

상법상 이사의 선관주의 의무 위반이나 형법상 업무상 배임은 피해자인 회사 내지 주주, 채권자의 손해를 전제로 한다. 이에 반하여 경제력 집중 억제는 모기업을 포함한 전체 기업집단의 자산 가치 상승의 위험을 구성요건으로 하므로, 손해가 없는 경우에도 적용이 된다. 현대자동차 주식회사(이하 '현대자동차') 사례에 관하여 보면, 현대자동차는 1997. 11. 19.부터 1998. 3. 12. 사이에 계열회사인 대한알루미늄 공업 주식회사(이하 '대한알루미늄')이 발행한 2,100억원의 전환사채를 대한알루미늄의 요청에 따라 상환기간 1999. 12. 31., 만기보장이자율 연 11%~연 18%로 하여 인수하였다. 현대자동차 기업집단은 계열회사인 현대제철, 현대하이스코, 현대비앤지스틸, 대한알루미늄으로부터 소재를 공급받아 왔다. 이와 같이 수직계열화를 하게 되면, 거래비용이 줄어 업무처리가 효율적이게 된다. 현대자동차의 경우 자신의 계열회사인 대한알루미늄을 통해 필요한 소재를 안정적으로 공급받아 거래비용을 줄일 수 있다. 아웃소싱을 할 때에 가장 큰 문제점이 될 수 있는 대리인 문제를 해결할 수 있고, 기업의 영업 비밀을 유지하여 관련 노하우를 축적할 수 있으며 신속한 생산을 할 수 있다. 결국 이러한 이점으로 인하여 기업집단의 자산가치가 상승되는 경제력 집중의 효과가 있다. 한편, 1997년 현대자동차의 유동비율과 당좌비율은 각각 87.97%와 71.45%를 나타내고 있으나 그 이후 유동비율은 71.89%, 70.79%, 70.32%로 감소하고 있으며 당좌비율 역시 57.91%, 53.90%, 53.37%로 감소하고 있는 것을 알 수 있다. 통상 유동비율의 경우 150%, 당좌자산의 경우 100%가 넘어가면 해당 기업의 단기채무 상환능력에 문제가 없다고 판단한다. 현대자동차의 경우 이와 같은 부당지원 행위에도 불구하고 경제력 집중효과를 가져온 반면, 이에 대응하는 위험이 추가되어 안정성 비율이 크게 감소하였고 자산, 자본의 건전성 또한 불안정해졌다.

[그림 1] 현대자동차 주가변이[25]

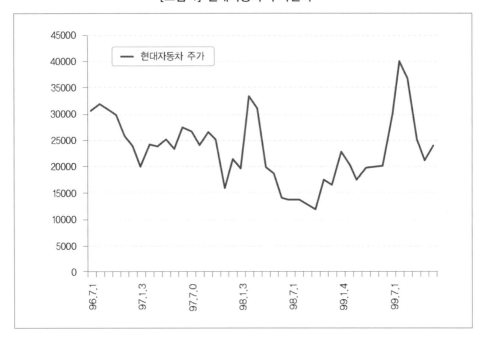

따라서 위 부당지원행위는 불실한 경제력 집중을 초래하는 행위로 규제되어야 하며, 이 때 경제력 집중을 억제하는 규제 동기는 상법의 특정 주주·채권자 보호와 그 궤를 달리하는 것으로 양 규제는 서로 대체될 수 없다.

2. 경쟁법 규제의 한계 극복

경쟁법의 본령은 수평적 결합이다. 동양화학공업 주식회사(이하 '동양화학공업')가 경쟁관계에 있는 한국과산화공업 주식회사의 주식 50%를 취득하여 시장지배적 사업자가 된 사례,[26] PVC 안정제 생산 부문에서 54% 시장점유율을 보유하는 송원산업 주식회사가 경쟁관계에 있는 시장점유율 19%의 대한정밀 주식 전부를 취득하여 73%에 달하는 시장점유율을 보유하게 된 사례[27]에서 위법판단을 내린 바와 같이 관련시장에서의 독점력을 억제하는 것이 경쟁법의 주된 관심

25) 네이버금융, http://finance.naver.com/item/sise.nhn?code=005380
26) 공정위 1982. 1. 13. 의결 제82-1호.
27) 공정위 1982. 12. 15. 의결 제82-24호.

사이다.

이에 반하여 수직 계열화의 경우 그것이 경쟁에 미치는 영향을 예측하기 어렵기 때문에 이를 규제하기 곤란하다.[28] 미국의 ITT_Grinnell(1970) 사건에서 판시된 '수많은 시장에 경쟁저해적 효과를 가져온다'는 내용을 경제력 집중과 연결시키는 견해도 있다.[29] 이러한 미온적 해석방법에서 진일보하여 현행 독점력 규제로 해결되지 않는 수직계열화로 인한 사회적 비용의 증가, 외부비경제의 증가 등의 문제를 해결하는 규제수단으로 경제력 집중 억제 조항을 이해하는 것이 필요하다.

Ⅶ. 결   론

"경쟁법"이란 원칙적으로 자유경쟁시장의 유지를 목표로 한다. 따라서 경쟁의 반대 개념인 "독점"이 경쟁법에서의 주요 규제대상이 된다. 독점력이란 특정 시장에서의 시장지배력을 의미하는 것으로 일반적으로 해당 시장에서의 시장점유율을 기준으로 한다.

그러나 우리 공정거래법은 이와 같은 전통적인 의미의 경쟁제한성 규제 이외에 경제력 규제를 별도로 하고 있다. 공정거래법 제3장은 "기업결합의 제한 및 경제력집중의 억제"라는 제하에 일정한 자산규모를 초과하는 기업집단에 대하여 채무보증 제한, 상호출자 제한, 순환출자 제한 등의 규제를 두고 있다.

이러한 규제는 여러 측면에서 전통적인 경쟁법상 규제와 그 궤를 달리 한다. 일반적으로 경쟁법 규제는 특정 시장에서의 독점력을 규제하는 것으로서 경쟁법 규제의 첫 단계는 관련 시장을 획정하는 것이다. 그러나 위에서 언급한 경제력 규제는 기업집단을 규제 대상으로 삼고 있기 때문에 단일한 시장이 아닌 다양한 시장에서 활동하는 기업의 집단이 규제 대상이 된다. 또한 규제 대상의 선정 역시 일반적으로 시장에서의 규모를 판단하는 기준인 매출액이나 시장 점유율이 아닌 자산 총액으로 하고 있다. 마지막으로 경제력 규제는 경쟁제한성에 관한 규범적 판단이나 합리성 판단을 통한 정당화 과정이 없이 해당 구성요건이 성립

---

28) 권오승, "독점규제법의 현황과 과제", 공정거래법 강의 Ⅱ, 법문사, 2000, 22면.
29) 이재구, "기업집단에 대한 규제", 공정거래법 강의 Ⅱ, 법문사, 2000, 287면.

하면 당연히 위법한 것으로 보게 된다.

2013년 공정거래법 개정으로 신설된 제23조의2를 통하여 이러한 경제력 집중 규제는 더욱 강화되었다. 신설된 제23조의2(이하 '신설 조문')는 부당지원행위의 금지에 관한 규정으로서 내용적으로는 공정거래법 제23조 제1항 제7호(이하 '기존 조문')와 유사하다고 할 수 있다. 그러나 기존 조문은 "공정한 경쟁을 저해할 우려"를 구성요건으로 한데 비하여 신설 조문은 그러한 요건이 없는 대신 그 적용 범위를 일정한 자산이 넘는 기업집단에 한정하고 있다. 즉, 양자는 부당지원행위라는 비슷한 행위 유형을 규제 대상으로 삼고 있지만 그 규제 원리는 각각 경쟁제한 금지와 경제력 집중 억제라는 다른 원리에서 그 근거를 찾고 있는 것이다.

이러한 공정거래법상의 경제력 집중 방지 규제는 독점력의 방지라는 전통적인 경쟁법의 원리와는 차이가 있어 그 정당성의 근원이 무엇인지 문제된다. 혹자는 이러한 이유로 공정거래법상의 경제력 집중 방지 규제의 철폐를 주장하거나, 해당 내용을 상법 등으로 규제해야 한다고 주장하거나, 아니면 그 존재를 인정하면서도 그 존립의의를 오로지 사회정치적 근거에서 찾고 있다.

그러나 경제력 집중 억제 규제는 궁극적으로는 국민경제의 내실 있는 발전을 추구하고 있다는 점에서 위와 같은 규제는 모두 타당하지 않다. 즉, 경제력 집중 억제 제도는 경제적 관점을 도외시하고 있는 것도 아니고 상법과 같이 기업 내부 규제의 문제로 보는 것은 타당하지 않다.

경제력 집중 억제 규제는 기본적으로 건전성 규제의 성격을 띠고 있다. 특히, 기존에 공정거래법 제3장을 통한 규율을 살펴보면 이러한 성격이 더욱 두드러진다. 채무보증을 제한하는 입법취지는 계열사 간에 합리적인 심사 없이 채무 보증을 함으로 인하여 한 계열사의 재정 상황이 악화되었을 경우 다른 계열사들이 채무 보증으로 인하여 영향을 받는 것을 방지하기 위한 것이다. 상호출자 및 순환출자 규제 역시 계열사 간 상호 또는 순환출자로 인하여 각 계열사의 자본의 공동화가 발생하는 것을 방지하는데 목적이 있다. 신설된 부당지원행위에 대한 규제 역시 이러한 측면에서 이해할 수 있다. 기존에는 부당지원행위를 지원받는 회사의 입장에서 경쟁시장에서 부당한 우위를 가지게 된다는 경쟁법적 측면으로 접근하였다. 그런데 부당지원행위가 있을 경우 그러한 지원을 한 회사(이하 '모회사') 입장에서는 불리한 거래 조건을 받아들인 것이 된다. 즉, 모회사 입장에서는 계열사의 성장을 위하여 자신의 재정건전성을 일정부분 포기한 결과가 되는 것이다.

그렇다면 이러한 기업의 건전성 문제를 왜 상법과 같은 기업 내부 규제의 문제로 접근하지 않고 경제법의 문제로 접근해야 하는지 문제된다. 이는 특히 왜 모든 기업이 아닌 일정한 자산규모를 초과하는 기업집단에 대한 "경제력 집중 억제"의 형태로 규제해야 하는지의 문제와 직결된다.

이에 대한 해답은 중력이론을 통하여 도출할 수 있다. 물리학에서 두 점질량 간의 중력의 크기는 두 점질량의 곱에 비례하고 두 점질량 간의 거리에 반비례한다($F=G*(m1*m2)/R^2$). 즉, 두 물체의 질량이 크고 양자간의 거리가 가까울수록 해당 물체에 적용되는 힘의 크기가 크다고 할 수 있다. 이를 경제에 비유하면 힘은 국민 경제에 미치는 영향력이라고 할 수 있다. 또한 질량은 기업의 규모라고 할 수 있고 거리는 해당 기업간의 관계라고 할 수 있다. 대규모 기업의 거래는 국민경제에 미치는 영향이 클 수밖에 없다. 특히 중력 법칙이 보여주듯이 질량, 즉 규모는 단순히 합산되는 것이 아니라 곱해져서 영향을 미치게 된다. 한편, 기업이 상품 또는 서비스의 생산 과정의 전방 또는 후방에 있는 산업을 계열화시키는 수직계열 구조의 경우 수직계열회사 간에는 긴밀한 관계를 유지하게 된다. 기업이 많은 비용을 지출하면서 수직계열화를 확보하고 유지하는 이유는 이를 통하여 자신의 규모의 우위를 계속하여 유지하기 위해서이다. 따라서 이러한 계열사 내부 거래는 국민경제에 미치는 영향이 일반적인 거래와는 다르다고 할 수 있다.[30]

이처럼 대기업의 거래 그리고 계열사 내부 거래가 국민경제에 미치는 영향이 크다는 사실을 인정할 경우 이러한 기업의 건전성 문제는 단순히 기업 내부의 문제가 아닌 국민경제의 문제가 된다. 과거 경제 위기의 경험을 통해 알 수 있다시피 대기업의 재정위기는 국민경제 전체의 위기로 번지는 경우가 많다. 이러한 관점에서 신설된 제23조의2 제1항은 일정한 기업집단이 특수관계인에게 부

---

30) 뉴튼은 그의 만유인력의 법칙에서 두 물체 사이의 힘을 질량의 곱을 거리제곱으로 나눈 값으로 정의 하였다. 그의 정의에 따르면 물체 사이에 작용하는 힘은 물체들의 질량의 곱에 비례하며, 거리에 반비례한다. 즉 크거나 무거울수록, 또한 관계가 가까울수록 작용하는 힘은 커진다. 기업이 명백한 사회적 실체라면 기업 사이에도 이와 같은 힘이 작용한다. 그 힘의 크기는 기업이 클수록, 즉 자산이 많을수록, 또한 계열화되어 관계가 긴밀할수록 커진다. 주목할 점은 질량의 곱으로 힘을 계산한다는 점이다. 따라서 단순한 합산이 아니라 승수효과를 내면서 경제력은 커진다. 또한 개체의 수가 증가하면 상호작용하는 관계의 숫자가 증가하므로 그만큼 경제력은 폭발적으로 증가한다. 나아가 거리가 가까워지면, 그 집단이 가지는 힘은 원래의 힘을 능가하는 가공할 만한 위력을 갖추게 된다.

당한 이익을 제공하지만, 실제 이에 수반하는 자본건전성과 자산건전성을 갖추지 못할 위험이 있는 기업집단의 경제력 집중은 억제되어야 한다. 따라서 대기업집단의 경제력 집중 억제 규제, 특히 계열사 부당지원규제는 대기업집단의 건전성을 확보하기 위한 규제에서 그 의의를 찾을 수 있다.

░▌ 참고문헌 ▌░

▣ 국문

권오승, "독점규제법의 현황과 과제", 공정거래법 강의 II, 법문사, 2000.

_____, 시장경제와 법, 서울대학교 출판부, 2006.

김용재, 은행법 원론, 박영사, 2010.

김효연, 금산분리제도의 발전방향: 경제민주화 논의와 관련하여, 국회입법조사처, 2013.

심헌섭, 법철학, 법문사, 1989.

유지수, "한국대기업의 지배구조," 경쟁법 포럼 발표문, 2013.

이동원, 독점규제법상 경제력집중 조항에 대한 법적 평가, 충북대학교 법학총집 제36권 제1호, 2012.

_____, "독점규제법상 경제력집중 조항에 대한 법적 평가: 연혁적 고찰을 통한 각론적 평가를 중심으로", 법학논총 제36권 제1호, 2012.

이영대, 금융지주회사의 규제에 관한 연구, 서울대학교 법과대학원 법학박사학위논문, 2002.

이재구, "기업집단에 대한 규제", 공정거래법 강의 II, 법문사, 2000.

이한규, 기업집단의 내부자본시장에 대한 분석, 서울대학교 대학원 석사학위논문, 2000.

장훈각, 한국의 경제력집중규제제도의 변동요인에 관한 연구: 공정거래법, 여신관리제도, 공업발전법을 중심으로, 연세대학교 대학원 박사학위논문, 2006.

홍기빈, 아리스토텔레스, 경제를 말하다, 책세상, 2001.

황인학·최원락, "경제력 집중 통계의 진실", KERI Insight, 2013.

▣ 일문

다카세 소타로(高瀬莊太郎), GOODWILL의 연구, 모리야마 서점, 1933.

하야카와 마사루·다나카 히로시, "기업결합에서의 '영업권'의 회계," 상경논업 제44권, 2009.

▣ 영문

Greer, Douglas, "The Concentration of Economic Power", *Journal of Market Power and Economy*, 1988.

■ 판례

공정위 1992. 4. 24. 의결 92-39호, 9204기159.

공정위 1982. 1. 13. 의결 제82-1호.

공정위 1982. 12. 15. 의결 제82-24호.

공정위 1995. 8. 28. 심결.

대법원 2006. 12. 22 선고 2004두1483 판결.

서울고등법원 2003. 12. 23. 선고 98누13081 판결.

서울고등법원 2004. 2. 3. 선고 2000누4868 판결.

서울고등법원 2004. 4. 28. 선고 2003누5336호 판결.

1989. 12. 20. 권고 제89-46호.

1987. 12. 8. 권고 제87-30호.

■ URL

네이버금융, http://finance.naver.com/item/sise.nhn?code=005380

금융감독원 전자공시시스템, http://dart.fss.or.kr/

검색중립성의 경쟁법적 쟁점

최 승 재*

I. 서 론

구글에 대한 미국과 EU(European Union) 경쟁당국의 경쟁법[1] 위반 여부에 대한 조사에서 구글이 검색결과를 검색알고리즘을 자사의 수직계열화된 콘텐츠를 먼저 보여주도록 설계하여 이용자들이 원하는 정보가 아니라 자신들이 보여주고 싶은 정보를 먼저 보여주는 것이 아닌가 하는 문제가 제기되면서 소위 검색중립성이라는 논의가 시작되었다. 이들 국가에서 이 문제가 제기되면서 국내에서도 네이버와 다음 커뮤니케이션즈와 같은 국내 1, 2위 검색사업자들이 같은 방식으로 검색결과를 보여주고 있는 것이 아닌가 하는 문제제기가 되었고, 이에 대해서 공정거래위원회(이하 '공정위')와 미래창조과학부(이하 '미래부')에서 이 문제를 본격적으로 보기 시작하면서 검색중립성이라는 주제가 2013년 국내에서도 본격적으로 논의되었다. 공정위는 독점규제 및 공정거래에 관한 법률(이하 '공정거래법')의 적용을 통해서 인터넷 산업을 규율하려고 하고 미래부는 인터넷 산업의 진흥과 규제를 하는 정부부처로서 산업으로서의 인터넷을 규율하려고 한다는 점에서 양자의 규율은 중첩되는 것처럼 보이지만 차별성이 있다.

검색중립성이라는 용례는 망중립성[2]과 같이 일련의 중립성 논의의 연장선상에 있는 것으로 보인다. 망중립성 이슈가 다수의 정보사용량(traffic)을 기록하는 검색서비스사업자들을 포함한 인터넷서비스 사업자들과 망을 가지고 있는 통신

---

* 대법원 재판연구관, 변호사, 법학박사
1) 본고에서는 독점규제법, 독점금지법 등 여러 가지 용례를 모두 경쟁법으로 사용한다.
2) 망중립성과 관련된 경쟁법적 쟁점에 대해서는 최승재, "경쟁법 관점에서 본 망중립성에 대한 연구", 언론과 법 제10권 2호, 2012, 369면 이하 참조.

사업자간의 이해조정의 문제였다면 검색중립성이슈는 콘텐츠 제공사업자와 인터넷검색서비스 제공사업자간의 문제이다. 망중립성 논쟁의 결과 지금도 고품질 네트워크(premium network)의 허부에 대한 논란이 있지만 이미 대세는 (인터넷) 검색서비스사업자3)에 유리하게 귀결된 것으로 보인다. 망을 보유하고 있다는 것은 망에 대한 접근 차단을 통해서 시장에서의 경쟁우위를 확고하게 확보할 수 있는 자원을 가지고 있는 것이지만 역설적으로 그 자원의 우위는 너무 강력한 힘이기 때문에 사회적인 규제의 대상이 되고 결과적으로 경쟁전략이라는 면에서 실제 사용하기 어려운 수단이었다. 인터넷서비스사업자들은 사실상 망사업자들의 도전을 물리치고 이제는 자신들을 플랫폼으로 하여 사업을 영위하는 콘텐츠 제공사업자들과 경쟁을 하게 되었다. 경쟁법의 시각에서 보면 이러한 모습은 이전의 망사업자의 지위를 인터넷서비스사업자들이 이어받은 것처럼 보인다. 이들에 대한 경쟁법에 의한 규율은 경쟁법이 당면한 주요과제 중의 하나이다.

지금 논의되고 있는 검색중립성 개념은 논란은 있지만 그 의의가 명확하게 논자들 사이에서 정의되고, 일관되게 사용되는 것은 아닌 것으로 보인다. 본고에서는 우선 검색중립성의 개념을 정리하고, 이와 관련된 국내외의 사례를 검토하면서 관련된 경쟁법적 쟁점들을 살펴보고자 한다.

Ⅱ. 검색중립성

1. 의 의

인터넷은 자유로운 접근과 이용이라는 기본적인 전제하에서 차별없이 접속하는 것은 기본적인 이념으로 하였다. 이러한 전제는 인터넷의 폭발적인 발전의 기본적인 기제로 작용하였다. 그 결과 인터넷에서의 비차별의 원칙은 검색중립성이라는 이름으로 정의되었다. 망중립성이라는 논쟁은 구글과 같은 인터넷 사업자들이 망사업자와의 관계에서 지위를 확보하고 망사업자의 견제를 막아내는 성공적인 수단이 되었다. 그리고 그 연장선상에서 이제는 인터넷 콘텐츠 제공사업자들은 인터넷 검색사업자들에게 검색중립성을 요구하고 있다.4)

---

3) PC를 통한 검색이나 모바일 검색을 모두 포함하는 의미에서의 검색서비스.
4) Daniel A. Crane, Search Neutrality as an Antitrust Principles, 19 Geo Mason L. Rev. 1199,

망중립성이 개념이 다양하게 정의되었고 그 가장 기본적인 형태가 망내에서의 어떤 차별도 불허하여야 한다는 생각에서부터 프리미엄 망(premium network)과 같은 별도의 차별화된 망은 허용하되 동일한 망 안에서의 패킷(packet) 사이에서의 인위적인 차별을 허용하지 않는다는 원칙이 적용되어야 한다는 견해까지 다양하게 나뉜 것처럼,5) 검색중립성의 개념도 다양하게 정의될 수 있다고 본다. 그러나 기본적인 중립성 개념의 속성은 결국 콘텐츠 사업자에 대한 검색사업자 내지 포탈의 차별금지(non-discrimination principles)라고 할 것이다.6) 다만 망중립성 이슈가 망사업자와 검색사업자와 콘텐츠 사업자 간의 문제였다면, 이제 검색중립성의 논의 주체는 검색사업자와 콘텐츠 사업자 간의 문제라는 점도 다르다. 그러나 논의의 국면은 망중립성의 경우에도 망 사업자가 스스로 독자적인 인터넷서비스 사업을 하는 경우의 차별의 문제가 등장하였던 것처럼 검색사업자의 경우에도 스스로 자신의 서비스를 하면서도 다른 한편 관문으로서의 역할을 하는 과정에서 발생하는 문제로서 유사하다고 생각된다.7)

2. 인터넷 검색산업

(1) 인터넷 검색산업의 발전

월드 와이드 웹(World Wide Web)의 등장으로 인터넷을 통해 제공되는 정보량은 기하급수적으로 증가하고 있다. 필요한 정보를 찾는 것이 중요해 졌다. 검색을 했을 때 이용자들이 자신이 원하는 정보가 가장 쉽고 빠르게 접근할 수 있도록 하는 것이 검색서비스의 요체이다. 이런 점에서 검색서비스는 이용자의 정보 탐색 편의성을 증진시키기 위해 개발된 것이다. 거칠게 설명하면 인터넷은 크게 웹사이트와 검색 엔진으로 이루어져 있다고 할 수 있다. 그 중에서 검색

2011-2012.

5) 최승재, 앞의 논문, 371-372면. 패킷 간의 차별을 하지 않는다는 것은 결국 선착순의 원칙에 따른 것이 될 것이다.

6) Crane, *op cit.*, at 1199.

7) 필자는 이 문제는 포괄적으로 규율할 수 있는 상위개념으로 플랫폼 중립성이라는 개념을 제안한 바 있다. 최승재, "모바일 플랫폼 중립성의 개념 정립", 서강대학교 법학연구소 법과 기업 연구 제1권 제1호, 2011. 7, 139-170면. 향후 인터넷 사업을 포함한 IT 생태계는 생태계 구축과 그 생태계의 활동성(vitality)에 따라서 당해 생태계를 지배하는 기업의 성장성과 수익성이 정해질 것이다. 그리고 경쟁정책의 관점에서는 IT산업의 경우 플랫폼에 대한 규율이 경쟁법 규율의 핵심이 될 것이라고 본다.

엔진은 이용자가 원하는 정보에 접근하기 위한 길 또는 최종적인 정보에 관한 중간 정보라고 설명된다.[8]

역사적으로 보면 인터넷 웹(web) 환경에서의 검색은 1990년 캐나다에서 개발된 '아키(Archie)'가 최초로 평가된다. 초기 인터넷은 마이크로소프트에 의해서 그리 높게 평가되지 않았으나 이후 시장을 휩쓴 검색 도구인 웹 브라우저였던 넷스케이프(Netscape)와 추격자였던 마이크로소프트의 인터넷 익스플로러간의 경쟁은 웹 브라우저 전쟁(Web Browser War)라고 불릴 정도로 치열하게 이루어졌다. 이 경쟁과정에서 마이크로소프트는 자신이 장악하고 있던 운용체계(operating system)의 일부로 인터넷 익스플로러를 사전에 탑재(pre-install)함으로써 법적으로 소위 기술적 끼워팔기(technology tying)이라는 논의를 촉발했다.[9] 결국 승자는 마이크로소프트였고, 넷스케이프는 수차의 매각을 거쳐 역사 속으로 사라졌다. 이후에도 여러 가지 웹 브라우저가 등장했지만 실제 시장은 인터넷 익스플로러로 정리되었다.

이후 웹 브라우저는 여전히 중요한 경쟁수단이지만 점차 검색엔진(search engine)이 시장에서 중요해 졌다. 오늘날 한국 및 몇몇 국가를 제외한 거의 대부분의 국가에서의 검색서비스 시장을 장악한 구글(Google)이 등장하기 전에도 다수의 검색엔진이 있었고, 이들은 치열하게 경쟁을 하고 있었다.[10] 구글은 1998년 세르게이 브린과 래리 페이지가 공동 개발한 검색엔진이다.[11] '구글'은 문서 간 연관도에 주목한 '페이지랭크(PageRank)' 알고리즘을 적용하였고, 이후 전세계적인 검색 서비스와 관련된 주도사업자로서 위치를 공고히 하게 된다.

한편 국내에서는 1990년대 후반 삼성에스디에스에서 분리되어 벤처기업으로 출발한 네이버(Naver)가 대표적이다. 네이버는 2003년 지식 검색 서비스인 '지식iN'을 성공시키면서 대표적인 검색사업자로 자리를 잡게 되었다. 구글로 정리

---

8) 최수민·최광희, "인터넷 검색서비스 주요이슈 및 정책방향", 한국인터넷진흥원, 2013, 7-8면.

9) 전통적으로 미국 경쟁법에서 끼워팔기는 당연위법(per se illegal)으로 보고 있었기 때문에 위법성의 추정을 복멸할 수 없었다. 그러나 이 논의에서 기술시장에서의 끼워팔기의 경우에는 당연위법이 아니라 합리의 원칙이 적용되어야 한다는 논의가 진행되었다. 그리고 이러한 논의는 이후 한국 및 유럽에서 진행된 운영체제와 미디어 플레이어나 메신저 끼워팔기 문제에서도 그 연장선상에서 논의되었다. 상세는 최승재, "마이크로소프트 유럽공동체 사건 판결에 대한 연구", 정보법학 제11권 제2호, 2007. 12, 57-87면 참조.

10) 마이크로소프트는 빙(Bing)이라는 검색엔진으로 이번에도 다시 구글과의 경쟁을 기획하였으나 검색엔진 전쟁에서의 전황은 이전과 같지 않은 상태이다.

11) 에릭 슈미트가 영입되어 회사의 경영을 맡으면서 3두 마차로 회사를 끌고 가고 있다.

된 검색서비스시장에서 한국시장에서 네이버의 역할을 독보적이다. 네이버와 구글은 유사하지만 차이가 있다. 구글의 검색엔진과 네이버의 검색엔진은 교과서적인 관점에서 중요하게 고려하여야 하는 요소들, 예를 들어 관련성(relevancy)을 판단하기 위한 요소 들을 어떻게 정할 것인가와 같은 점들에 대한 기본적인 알고리즘은 유사한 것으로 알려져 있지만 콘텐츠가 폐쇄적으로 내부 콘텐츠를 많이 활용하는지 아니면 웹에서 검색 스파이더(search spider)가 웹상에 있는 정보들을 크롤링(crawling)을 해서 가지고 오는 외부 콘텐츠가 많은지 등의 관점에서는 상당한 차이를 가지고 있다.12) 실무상 입법이나 분쟁 발생시 사건의 처리에서 주의할 점이다. 이런 차이를 고려하여 양자를 살펴보아야 한다.

(2) 인터넷 검색산업에 대한 법적 규율

이제 인터넷검색서비스가 인터넷 산업에서의 축이 되었다. 이에 따라 법적 규율을 하려는 논의가 이루어지고 있다. 그런데 어려운 점의 하나가 정의가 어렵다는 점이다.13) 이런 점을 제외하고 규율방식에 있어서도 공정거래법의 적용인가, 아니면 별도의 특별법을 제정하여야 할 것인가, 아니면 경성법이 아니라 자율규제를 통한 연성법을 우선 정립하고 필요 최소한의 규제만을 수행하도록 할 것인가 등의 문제가 있다.

3. 인터넷 광고

인터넷 검색은 인터넷 자체가 군용(軍用) 네트워크에서 시작하였지만 이후 상용화되는 과정에서 개방성을 전제로 하여 발전해 왔기 때문에 검색서비스를 제

---

12) '크롤링'이란 무수히 많은 컴퓨터에 분산 저장되어 있는 문서를 수집하여 검색 대상의 색인으로 포함시키는 기술. 어느 부류의 기술을 얼마나 빨리 검색 대상에 포함시키는지 여부가 최근 웹 검색엔진의 우수성을 판단함에 있어서 가장 중요한 요소의 하나임(네이버 지식백과 2014. 11. 9. 최종접속) 검색 엔진은 검색할 데이터를 수집하는 '크롤링'과 키워드별로 색인을 만들어 내는 '인덱싱'의 과정을 거친 후, 이용자의 요청에 따라 검색결과를 제시한다. 인덱싱 과정에서는 사용 가능한 모든 단어들에 대한 색인을 만들어서 검색어가 들어오면 미리 생성된 문서 목록에서 찾아서 검색어와 검색어가 들어있는 문서 목록을 비교하여 일치하는 목록을 보여 주는 과정을 거치게 된다.
13) 인터넷 검색서비스 사업을 규제하기 위한 법안은 여러 번 발의되었지만 인터넷 검색서비스 사업의 동태(動態)성을 감안하면, 실제 그 입법과정에서 인터넷 검색서비스 사업을 정의하는 것은 쉽지 않다. 참고로 2013. 9. 5. 김용태 의원이 발의한 공정거래법 일부개정안에서는 인터넷 검색서비스를 "정보통신서비스 제공자가 정보통신망을 통하여 다양한 형태의 정보를 종합적으로 수집·축적하였다가 이용자가 기호·단어·문장·음성 등을 정보통신망에 입력하여 특정 정보를 요청하는 경우 그 정보 또는 그 정보의 위치를 정보통신망을 통하여 제공하는 서비스"로 정의했다.

공하는 것은 분명히 추가적인 가치를 이용자에게 제공하는 것임에도 무상(無償)으로 제공되는 것이 관행화되어 검색 자체를 과금하여 수익모델로 하기 어려운 문제가 있었다. 그런데 검색서비스를 지속적으로 제공하기 위해서는 수익이 있어야 서비스를 제공하고 개선할 수 있을 것이기 때문에 수익모델의 발굴이 문제되었다.

그 결과 검색사업자의 수익 모델로 이용된 대표적인 방법이 검색광고(Search Advertisement)였다. 웹페이지에 사용하는 배너광고가 포탈 운영자들이 사용하는 대표적인 유형의 광고라면 검색서비스 제공자로서는 검색키워드를 입력하면 사용자가 입력한 키워드에 대해 검색 결과 내 상단에 일정한 영역으로 광고를 내보내는 검색광고가 대표적인 수익모델이었다. 이 모델은 광고주가 검색 결과가 눈에 잘 보이는 상단을 차지하기 위해 높은 금액을 제시하여 입찰을 받는 방식으로 발전해 왔다.14) 이러한 광고 형태는 높은 검색 점유율을 가진 업체에 사용자가 몰리는 네트워크 효과(network effect)로 인해 점유율이 높은 업체로 수익이 몰리는 결과를 가져 왔다.

인터넷 광고는 무상으로 공급되는 검색결과를 이용자가 보는 대가로 광고를 보는 것과 같은 것으로 이해할 수 있는 바, 이런 인터넷검색서비스 산업의 특성은 이런 점에서 소위 양면시장(two sided market)15)으로 이해된다. 그런데 광고를 하는 입장에서는 광고라고 표시를 하게 되면 이용자들이 광고를 보지 않으려고 할 가능성이 있기 때문에 검색결과와 섞이고 싶어 하는 유인이 있다. 그런데 단정적으로 이렇게 말할 수 없는 경우가 있다. 예를 들어 광고를 처음부터 검색하는 이용자의 경우16) 및 광고라고 하더라도 검색결과와 확연히 구별되는 정보가치가 없는 것은 아니기 때문에 반드시 구별하지 않으면 이용자가 보기 싫은 정보를 강제로 본다고 하기 어려운 경우가 있을 수 있다.

---

14) 실제 광고가격을 정하는 방식은 사업자마다 다양하므로 일률적으로 말할 수 없으나 일반적으로 옥션(auction) 모델을 취하는 것으로 알려져 있다.

15) 이런 양면시장으로서의 속성에 대해서는 김성환 외, "양면시장이론에 따른 방송통신 서비스 정책 이슈 연구", 정보통신정책연구원, 2008; 실제 판례에의 적용가능성에 대해서는 최승재, "티브로드 사건과 양면시장이론의 적용가능성", 경쟁저널 143호, 2009. 3, 76-88면. 법학분야에서 양면시장이론을 최초로 소개한 문헌으로 최승재, "양면시장이론과 한국 경쟁법상 역할에 대한 연구: 구글의 더블클릭 인수 사건을 포함하여", 경쟁법연구 제17권, 2008. 5, 225-265면이 있음. 이 이론을 주장한 티롤(J. Tirole) 교수는 2014년 노벨경제학상 수상자가 되었다.

16) 예를 들면 꽃 배달 서비스를 이용하려고 검색을 하는 경우나 부동산을 찾기 위해서 업체를 검색하는 경우.

그런데 이런 점을 감안하더라도 광고에서도 외부 광고주와 검색광고를 제공하는 서비스제공자가 동일한 업을 영위하는 경우[17]에는 광고결과 사이에서도 검색결과 차별의 문제가 있을 수 있다. 이런 경우 검색서비스 시장에서 점유율이 높은 상위 사업자들이 자사의 서비스를 우대하는 알고리즘을 작성하여 먼저 보이도록 하거나, 일정한 경우에는 경쟁사업자의 검색결과를 보여주지 않는 경우에는 이런 행위가 검색중립성을 위반한 것이 아닌가 하는 비판에 직면하게 된다. 그리고 이런 검색중립성 위반이 공정거래법을 포함한 경쟁법 위반이 아닌가의 문제가 생긴다.

Ⅲ. 경쟁법의 관점에서 본 검색중립성의 주요 쟁점

1. 검색결과차별행위

(1) 검색알고리즘 공개의 문제

검색결과는 각 검색서비스제공사업자의 검색알고리즘에 따라서 보여 진다. 그런데 이 알고리즘에서 사용자가 특정한 검색어를 입력하였을 경우 자사 콘텐츠가 첫 페이지에 보이게 되는 것과 같은 우대행위가 이루어지는 경우 이러한 행위를 검색중립성 관점에서 규율할 수 있을지 여부의 문제가 있다. 이 논의와 관련하여 검색결차 차별이 있을 수 있다는 의심을 해결하기 위한 가장 명확한 판단자료는 검색알고리즘일 것이나 문제는 이 알고리즘은 검색서비스사업자의 핵심역량(core competency)이고 동시에 영업비밀이다. 그래서 이를 공개하라고 명하는 것은 사실상 많은 노력과 비용을 들인 경쟁의 핵심자산을 포기하라고 하는 것이므로 곤란하다. 만일 법원에서의 영업비밀침해사건이라면 이런 경우 소위 in-Camera제도를 활용하여 재판장을 포함한 재판부의 법관 중의 일부 또는 전부가 검토하는 방법이 있을 수 있을 것이나 규제기관이 이를 제출하라고 명령하는 것은 곤란하다고 생각한다. 이 문제는 영업비밀이슈외에 검색어뷰징(search abusing)의 문제도 가지고 있다. 검색어뷰징이란 검색알고리즘이 공개될 경우

---

17) 예를 들어 네이버에서의 부동산 검색서비스를 제공하는데, 외부에 부동산 검색을 업을 하는 사업자가 있을 경우.

그 공개된 알고리즘을 이용하여 자신이 원하는 자리에 원하는 검색결과를 보이도록 할 수 있다는 점을 설명하는 용어이다. 검색조작이라고 말할 수 있다. 그러므로 검색알고리즘을 공개하는 것은 사실 이용자 관점에서 오히려 원하는 않는 검색결과를 보도록 하는 역효과를 야기할 수 있다. 그러므로 기본적으로 검색알고리즘이 아닌 검색결과를 가지고 실제로 차별의 의도와 결과가 발생하는지를 판단하여야 한다는 점이 실무상의 애로이다.[18]

(2) 차별문제가 발생할 수 있는 국면

검색결과차별 문제는 검색서비스제공사업자가 자신의 자사 콘텐츠를 가지고 있는 경우나 검색광고수입을 높이기 위해서 이용자가 원하는 정보가 아닌 광고수입이 높은 정보를 검색결과로 제공하려고 할 때 발생할 수 있다. 원래 검색서비스제공사업자는 자신의 검색서비스에서 가지고 있는 알고리즘에 따라서 검색목록에 인덱싱되어 있는 정보 중에서 관련성을 필요한 각종 가중치를 부여한 결과 가장 높은 점수를 받은 정보부터 거리가 있는 정보를 순서대로 나열하여 보여준다. 이러한 알고리즘의 교과서적인 설계태도는 그 목적이 이용자가 원하는 정보에 근접하는 정보에 가장 근접하는 정보를 우선적으로 보여주는 것이므로 이용자의 요구를 분석한 결과에 요구에 대한 연관성(relevancy)이 높을수록 첫 화면에 보이고, 그 정도가 낮다고 판단되는 정보들은 화면에 디스플레이 되는 순서가 뒤로 밀릴 것이다. 경제적인 誘因이라는 점에서 보면 자신의 콘텐츠는 전혀 가지고 있지 않거나 광고수익 등 다른 경제적인 이해관계가 없는 검색서비스제공사업자라면 이용자의 관점에서 검색결과를 보여주는 것이 자신의 서비스에 대한 선호도를 높이는 것이 될 것이므로 이런 관점에 부합하는 서치 엔진을 개발하려고 노력할 것이다.

그런데 만일 자사의 수익 콘텐츠가 있거나 광고로 인해서 수익을 발생시킬 목적으로 광고비가 있는 콘텐츠의 경우에 광고비의 정도에 따라 검색결과에서 먼저 보여주는 경우에는 법적으로 이 문제를 제재하여야 하는 것이 아닌가 하는 의문이 들 수 있다. 이 지점이 검색차별이라는 주제로 문제가 되는 지점이다.

---

18) 2013년 미래부는 이런 문제점을 인식하고 알고리즘을 공개하는 대신 국내에서 검색서비스 제공사업을 하는 사업자들에게 검색정책을 공표하도록 하였다.

(3) 해외사례

1) 유럽의 경우

이 이슈는 2010년 2월 영국의 가격비교사이트 파운뎀(Foundem), 프랑스의 법률정보 검색엔진 이저스티스(Ejustice.fr), 마이크로소프트 소유의 영국 검색엔진 시아오(Ciao)가 구글에 대해 반독점 혐의와 관련된 조사를 실시해 줄 것을 EU 경쟁위원회에 신청하면서 현실에서의 사건이 되었다. 이들 3개 검색서비스제공 회사는 전문분야에 특화된 검색(vertical search)서비스를 제공하는 사업자들로서 구글이 특정 콘텐츠에 대해서는 우대 조치를 취하는 반면 자신의 회사와 경쟁관계에 있거나 잠재적인 경쟁가능성이 있는 검색서비스사업자의 콘텐츠는 노출 정도를 낮춤으로써 시장 경쟁을 저해하고 있다고 주장했다.[19]

파운뎀의 사이트는 서로 다른 시장에서의 가격정보를 모아서 비교한 결과를 보여주는 것을 사업모델로 하는 회사이다.[20] 문제를 제기한 파운뎀이 독창성을 가지는 것은 그다지 눈에 띄지 않고 단순히 모아온 가격정보를 나열하는 것에 불과하여 이러한 정보를 제공하는 것이 구글의 알고리즘상의 정보제공 우선순위를 못 가진 것뿐이며, 만일 구글을 사용하여 영업을 하고자 한다면 구글이 제시하는 정책에 부합하여야 하는 것이고 이를 통해서 검색결과에 보여 지도록 하여야 하는 것이라고 하면서 결국 구글이 좋은 검색엔진을 제공하였고, 그래서 누구의 강요도 아닌 자발적으로 구글을 사용하고는 구글의 검색결과 제공을 문제 삼은 것은 비판하기도 한다. 특히 구글이 2007년 출시한 하나의 입력 키워드에 대해 웹문서, 이미지, 동영상, 뉴스, 블로그 등 다양한 카테고리의 검색 결과를 통합하여 검색 순위를 정한 다음, 가장 연관성이 높은 순으로 검색 결과를 한 페이

---

19) 이후 파운뎀은 구글을 상대로 영국법원에 소송을 제기하였다(Infederation v. Google, High Court of Justice, Chancery Division, No. HC12A02489. at 2013. 1. 10. Bloomberg). 파운뎀은 ICOMP 라는 브뤼셀에 거점을 둔 연합체의 멤버이다. 이 연합체의 회원의 하나가 구글의 경쟁 서치엔진인 빙 (Bing)을 보유하고 있는 마이크로소프트이다.

20) 이 사건이 제기된 이후 2013년 유럽집행위원회는 2년에 걸친 조사결과 동의명령으로 이 사건을 종결 하는 것을 모색하였다(COMMITMENTS IN Case COMP/C-3/39.740 – *Foundem and others*). 구글은 2010년 이후 검색서비스시장에서의 독점력을 이용해 검색결과를 조작했다는 혐의를 받아왔고 이에 대해서 여러 차례 동의명령으로 사건을 종결하려고 하였으나 마무리되지 못했다. 이에 대해서 2014년 10월 사임한 호아킨 알무니아 EU집행위원회 경쟁담당 집행위원이 구글의 반독점법 위반 사 건에 대해 "정치적 압력이 있었다"고 16일 밝혔고, 이와 별개로 구글을 비롯한 다국적기업과 세금 담 합에 대한 추가 증거조사 착수도 시사했다고 한다.

지에 보여주는 소위 유니버셜 서치(Universal Search)가 이런 경쟁사업자 배제행위의 대표적인 예로 주장하였다.[21] 2010년 11월 집행위원회의 구글에 대한 조사가 시작되었다. 조사는 크게 2가지 면에서 이루어졌다. 첫째는 구글이 호텔, 식당, 항공예약 정보 등의 특별한 분야에 대한 검색결과를 제공함에 있어서 경쟁사의 서비스에 우선하여 자사의 정보를 보여주는 행위가 문제가 되었다. 나머지 우려는 온라인 광고에 대한 것이다. 구글이 광고주와 독점적인 계약(exclusive agree- ments)을 체결하는 방식을 취해서 온라인 광고에서 구글 플랫폼 접근을 제약하고 있다는 것이 문제가 되었다.[22]

집행위원회는 구글의 검색서비스가 자사의 웹 서비스를 우선적으로 노출시킴에 따라 이용자 트래픽을 자사로 우회시키는 방법으로 소비자의 선택을 제한하고 있다고 보았다. 집행위원회는 이 문제를 동의명령(commitment, undertaking) 방식으로 해결하고자 하였다.[23] 구글은 지난 2013년 4월 3일, 검색서비스 결과 표시 방법의 개선안을 제출했다. 개선안의 주요 내용은 콘텐츠 주체 명시, 검색결과 차별 및 광고주 차별 조건 제거 등이었다. 우선 구글은 검색 결과 노출 시 콘텐츠의 주체를 이용자에게 분명히 인지시키고, 리뷰나 위치정보 서비스 등 타 정보 사이트의 링크를 적어도 3개 이상 함께 노출시키는 방안을 제안했다.[24] 또한 구글은 사업자들이 특정 콘텐츠를 자사의 검색서비스에서 표시되지 않도록 요구하더라도, 해당 사업자의 여타 콘텐츠에 대한 노출에 있어 불이익이나 차별을 가하지 않겠다는 했다.[25] 그러나 구글에 대한 제재논의는 이후에도 수 차례

---

21) 이러한 모습은 네이버의 통합검색과 같은 것으로 이해하면 쉬울 것으로 생각된다. 네이버 통합검색도 검색을 하면 구분을 하여 블로그, 뉴스, 전문정보, 지식인, 광고 등을 동시에 보여준다.

22) Joaquin Almunia, Statement on the Google Investigation, 5 Feb. 2014.

23) 동의명령은 경쟁법 위반 사건의 조사·심의과정에서 피심인이 스스로 소비자피해구제, 원상회복 등 타당한 시정방안을 제안하고 경쟁당국이 이해관계자 등의 의견수렴을 거쳐서 그 타당성이 인정되는 경우 위법성 여부를 판단하지 않고 사건을 종결하는 제도이다. 우리나라에서는 동의의결이라는 형식으로 도입되었다. 우리나라에서도 네이버나 다음의 유사한 사건이 동의의결로 마무리되었다. 공정거래법 해외 입법례를 포함하여 우리나라에서의 동의의결 입법배경 및 내용에 대한 상세는 최승재, "동의의결제도의 적용범위와 구체적 적용방안", 한국공정거래조정원 법경제분석그룹(LEG) 연구보고서, 2012. 7. 참조.

24) 예컨대 음식점, 금융, 쇼핑 검색 등 자사 검색서비스 결과 노출 시 구글이 제공하는 서비스라는 것을 명시하고, 해당 검색 결과를 다루는 여타 전문 사이트나 타 검색 사이트 링크들을 함께 표시함으로써 이용자들에게 선택권을 제공하겠다는 것이다.

25) 유럽집행위원회가 구글을 검색서비스부문과 광고부문으로 분리하는 계획을 검토하고 있다는 언론기사에 나왔다. 이 기사에 의하면, "EU는 2010년 11월 검색 관련 업체들의 제소 이후 지난 4년간 구글의 독점 혐의를 조사해왔다. 또 유럽연합 의회는 구글의 검색 서비스를 다른 사업 부문과 분리하도록 요구하는 방안을 상정해 오는 27일 표결할 예정"이라고 한다. 이에 대해서 미국 의회가 유럽

동의명령으로 종결하고자 하였으나 2014년 연말까지도 마무리되고 있지 않다.[26]

2) 미국사례

구글의 자사콘텐츠 우대에 대한 논란은 미국에서도 있었다. 그러자 관련 사업자들의 문제 제기에 따라 미국 연방거래위원회(Federal Trade Commission)도 2012년 구글이 구글 검색 결과에서 자사 콘텐츠를 우선하고, 경쟁사의 콘텐츠를 선택적으로 배제하였다는 혐의에 대한 조사를 진행하였다. 조사에 있어 위반여부가 문제된 조항은 부당한 경쟁수단사용 금지에 대한 연방거래위원회법 제5조(Federal Trade Commission Act Section 5) 및 독점 또는 독점 시도 등 경쟁에 심각한 저해할 가능성을 야기하는 행위의 금지에 대한 셔먼법 제2조(Sherman Act Section 2)였다.

구글이 검색알고리즘을 조작하여 검색결과에 대한 차별을 행했고, 그 결과 이들 조항의 위반하였는지 여부에 대한 조사를 함에 있어 문제제기가 되었던 행위는 검색 알고리즘 및 검색 결과 페이지의 조작 여부였다. 구글이 이와 같은 행위를 통해서 경쟁사업자들은 배제하고, 자사콘텐츠를 우대하였는지 여부를 판단하기 위해서 연방거래위원회는 구글이 수직적 인터넷 검색 사이트 경쟁사들의 위협을 줄이거나, 자사의 제품 품질과 이용자의 사용 만족감을 향상시키기 위해

집행위원회에 대해서 구글 문제를 정치쟁점화하지 말라는 경고를 했다고 한다. 현재 구글은 유럽 인터넷 검색 시장의 90%를 차지하고 있으며 유럽연합 정치인 중 상당수는 구글 등 미국 기업이 인터넷 산업에 압도적 지배력을 행사하는데 대해 우려를 표명하고 있다고 한다(연합뉴스 2014. 11. 26.자).

26) 2014년 현재 유럽은 구글에 대해서 전방위적인 공세를 하고 있다. "구글은 다른 다국적 기업과 마찬가지로 법인세가 상대적으로 싼 국가나 조세회피처에 법인을 세우는 방식으로 '합법적 탈세'를 하고 있다. 구글은 특히 스마트폰 확대 등으로 모바일 분야에서 막대한 매출을 올리고 있지만 이런 방식으로 쥐꼬리 세금을 내고 있다는 비난을 받고 있다. 이에 프랑스 정부는 2012년 구글에 총 10억 유로(약 1조 3,560억원)에 달하는 세금을 부과하기로 하는 등 공세를 강화하고 있다. 미국 하겐스버먼이라는 로펌, 포르투갈 앱마켓 사업자 앱토이드 등은 안드로이드폰에 사전 탑재되는 구글 앱이 불공정하다며 구글을 제소했다. 인도 정부도 인터넷 검색시장에서 독점적 지위를 남용한 혐의로 구글에 50억 달러(약 5조s 1,170억원) 벌금형을 검토 중이다. 미국, 독일, 영국, 프랑스 등 각국 정부는 구글이 삼차원 지도 서비스인 스트리트뷰를 제작하는 과정에서 불법적으로 개인정보를 수집했다며 이에 대해 과징금 부과, 시정명령 등 제재를 강화하고 있다. 이는 국내에서도 마찬가지다. 방송통신위원회는 올해 초 구글에 과징금 2억여 원을 부과하고 개인정보 삭제 행정처분을 내렸다. 방통위는 이 같은 제재와 더불어 구글이 국내 개인정보를 제대로 삭제했는지 본사에서 확인하는 절차도 추진했다. 구글 검색 서비스에 영향을 미치는 판결도 나왔다. 유럽사법재판소는 지난 5월 "원하지 않는 구글 검색 결과에 삭제를 요청할 수 있다"고 판결했다. 이 판결은 이른바 '잊힐 권리(right to be forgotten)'를 인정해 전 세계 인터넷 업계에 큰 논란을 일으켰다. 특히 이번 판결은 무분별하게 개인정보를 수집한다는 비난을 받고 있는 구글에 대한 본격적인 제재라는 점에서 관심을 끌고 있다" (매일경제 2014. 8. 21.자).

검색 알고리즘과 검색결과 페이지에 대한 조작이 있었는지를 조사했다. 조사결과 연방거래위원회는 구글의 행위가 결과적으로 경쟁사업자의 시장점유율을 떨어뜨리거나 진입에 제한을 가했을 수는 있지만 이런 결과는 구글이 자사의 검색서비스의 경쟁력을 높이기 위해서 행한 품질향상노력의 결과로 발생한 부수적인 효과에 불과하다고 보았고, 따라서 구글의 행위는 경쟁법 위반행위라고 볼 수 없다고 판단하였다.[27]

(4) 국내사례

국내에서는 공정위는 2013년 5월 네이버 등 주요 인터넷 검색서비스 사업자에 대한 공정거래법 위반혐의를 조사하고, 네이버의 신청을 받아들여 2014년 3월 최종 동의의결 결정을 했다.[28] 이 사건에서 네이버가 받은 혐의는 검색서비스 시장에서의 지배력을 남용하여 경쟁을 제한하는 행위를 하고 이용자를 기만하는 등의 불공정거래행위를 했다는 것이다. 또 다음 커뮤니케이션즈(이하 '다음') 사건[29]도 동의의결로 마무리되었다.

이 사건의 논의 과정에서도 검색결과차별의 문제가 제기되었다. 공정위는 심사보고서에서 일반정보검색결과와 네이버의 부동산 등에 대한 전문검색결과는 서로 별개의 상품이고 양자가 필수적으로 함께 제공되어야 할 서비스라고 반드시 보아야 할 것이 아님에도 네이버가 자사의 전문검색서비스에서의 시장점유율을 높이기 위한 목적으로 일반정보검색결과에 전문검색결과를 끼워서 제공하는 방식으로 이용자의 거래를 강제하였다고 판단하였다. 이런 행위를 통해서 이용자들이 다른 경쟁 전문검색서비스를 선택할 기회를 제한받게 되었고 경쟁사업자의 사업활동을 방해하여 관련시장에서의 경쟁을 제한하였다고 판단하였다.[30]

---

27) 2013. 1. 3. FTC File Number 111-0163.
28) 공정거래위원회 전원회의 2014. 5. 8. 자 2014서감0596 네이버(주)의 시장지배적지위남용행위 등에 대한 건 관련 동의의결에 대한 건.
29) 공정거래위원회 전원회의 2014. 5. 8. 자 사건번호 2014서감0594 사건명 (주)다음커뮤니케이션의 시장지배적지위남용행위 등에 대한 건 관련 동의의결에 대한 건.
30) 공정위, 네이버(주)의 시장지배적 지위남용행위 사건에 대한 심사보고서 참조. 심사보고서 내용은 송태원, "네이버 등 검색서비스 사업자에 대한 동의의결 사건의 법적 쟁점", 규제와 법정책 제2호, 2014. 4, 42면에서 참조.

(5) 소 결

검색결과차별행위가 있는지 여부는 검색중립성 논의에서 핵심적인 쟁점이다. 이러한 행위가 위법하게 되려면 공정위 사안에서 문제가 된 것처럼 끼워넣기 형식일 수도 있고, 의도적으로 알고리즘을 조작해서 이용자가 원하는 검색결과가 아니라 자사의 검색결과를 보여주는 경우 이용자이익저해행위로 포섭할 수 가능성도 있다. 그리고 광고비를 적게 낸 것에 대해서 티브로드사건에서의 광고료 인상요구에 응하지 않았다는 이유로 홈쇼핑 채널을 비선호채널로 배정한 것과 같이 봐서 시장지배력을 전이하여 사업활동을 방해한 행위로 볼 여지가 있어 보인다.31)

검색결과차별이라는 개념은 이처럼 실제 공정거래법 적용에서는 다양한 법조에의 포섭가능성을 가지고 있다. 다만 기본적으로 이러한 판단을 함에 있어 기초가 되어야 할 것은 미국 연방거래위원회의 판단에서 보는 것처럼 인터넷검색서비스제공사업자가 자신의 검색서비스의 질을 개선하여 이용자에게 보다 정확한 정보를 제공하려고 하는 과정에서 자사의 우수한 콘텐츠가 우선적으로 보여

---

31) 티브로드 강서 관련해서 2건의 의미 있는 대법원 판결이 있다. 이 중 첫 번째 대법원 판결에서 "독점규제 및 공정거래에 관한 법률(이하 '법'이라 한다) 제3조의2 제1항은 시장지배적 사업자의 지위남용행위를 금지하고 있고, 같은 항 제3호는 그 지위남용행위의 하나로 다른 사업자의 사업활동을 부당하게 방해하는 행위를 규정하고 있다. 그리고 법 제3조의2 제2항이 남용행위의 유형 또는 기준을 대통령령에 위임함에 따라 독점규제 및 공정거래에 관한 법률 시행령(이하 '법 시행령'이라 한다) 제5조 제3항 제4호는 '다른 사업자의 사업활동을 부당하게 방해하는 행위'의 하나로 ' 제1호 내지 제3호 외의 부당한 방법으로 다른 사업자의 사업활동을 어렵게 하는 행위로서 공정거래위원회가 고시하는 행위'를 규정하고 있고, 이에 따라 공정거래위원회가 고시한 시장지배적 지위남용행위 심사기준(2002. 5. 16. 공정거래위원회 고시 제2002-6호) Ⅳ. 3. 라. (3)은 법 시행령 제5조 제3항 제4호의 한 경우로서 "부당하게 거래상대방에게 불이익이 되는 거래 또는 행위를 강제하는 행위(이하 '불이익 강제행위'라 한다)"를 규정하고 있다. 결국, 위 관련 법령 등의 규정에 의하면, 시장지배적 사업자의 지위남용행위로서의 불이익 강제행위는 '시장지배적 사업자가 부당하게 거래상대방에게 불이익이 되는 거래 또는 행위를 강제함으로써 그 사업자의 사업활동을 어렵게 하는 행위'라 할 것이다."라고 법리를 설시하면서 불이익제공강제행위를 부정하였고, 시장지배적지위도 부정하였다(대법원 2008.12.11. 선고 2007두25183 판결). 이용자이익저해와 관련해서 두 번째 대법원 판결에서 "독점규제 및 공정거래에 관한 법률 제3조의2 제1항 제5호 후단은 '부당하게 소비자의 이익을 현저히 저해할 우려가 있는 행위'를 시장지배적사업자의 지위남용행위의 한 유형으로 규정하고 있는바, 이때 소비자의 이익을 '현저히' 저해할 우려가 있는지 여부는 당해 상품이나 용역의 특성, 당해 행위가 이루어진 기간·횟수·시기, 이익이 저해되는 소비자의 범위 등을 살펴, 당해 행위로 인하여 변경된 거래조건을 유사 시장에 있는 다른 사업자의 거래조건과 비교하거나 당해 행위로 인한 가격상승의 효과를 당해 행위를 전후한 시장지배적사업자의 비용 변동의 정도와 비교하는 등의 방법으로 구체적·개별적으로 판단하여야 한다."라고 법리설시한 후에 부당성을 인정한 원심을 파기하여 환송하였다(대법원 2010. 5. 27. 선고 2009두1983 판결). 관련 평석으로 최승재, "티브로드 사건과 양면시장이론의 적용가능성", 경쟁저널 143호, 2009. 3, 76-88면 참고.

지게 되는 것까지 규제하여 품질개선노력을 위축시키거나, 명확하게 광고로 구분된 영역에서 광고비를 더 낸 광고가 더 이용자의 시선을 끌 수 있는 자리에 배치되는 것과 같이 사적자치에 따라서 이루어진 시장에서의 결정을 왜곡하는 방식으로 규제가 이루어져서는 안된다는 것이다.

2. 검색사업자의 지배력 남용

(1) 검색서비스의 필수설비적 속성 유무

공정거래법은 시장지배적 지위남용과 관련하여 필수요소(설비)에 대해서는 일정한 추가적인 규율을 하고 있다. 그리고 이는 법원도 이 개념을 인정하고 있다.[32] 우리 법에서도 인정되고 있다고 해석되는 이른바 '필수설비'(Essential Facilities) 이론은 시장에서 경쟁하는 데 불가결한 시설(반드시 유형의 시설만을

---

[32] "이 사건 공동이용망을 직접 이용할 수 있는 다른 카드회사와의 제휴계약을 통한 간접적인 이용방법은 가맹점 모집 및 가맹점 수수료율 결정에 있어서의 제한 등으로 독자적인 영업활동이 불가능하여 이를 직접 이용할 수 있는 다른 카드회사들과 대등하게 경쟁할 수 없다는 등의 이유를 들어 신한은행에게도 직접 이용할 수 있도록 해 주어야 할 필수설비적 성격을 가진 시설"이라고 본 원심에 대해서 파기환송한 사안에서 필수설비라는 개념을 사용하고 있고(대법원 2005. 8. 19. 선고 2003두5709 판결[시정명령등취소청구]), "서울 노원지역 부동산중개업자들이 원고 한국부동산정보통신 주식회사(이하 '원고 부동산정보통신'이라 한다)의 부동산거래정보망에 가입하지 않더라도 다른 사업자의 부동산거래정보망에 가입하여 부동산중개업을 수행할 수 있다 할 것이므로, 원고 부동산정보통신의 부동산거래정보망은 이 사건 거래거절을 당한 자들이 부동산중개업을 영위하기 위하여 반드시 이용하여야 하는 필수설비라고는 할 수 없[다]"고 본 원심을 수긍하여 상고기각한 사안에서도 필수설비라는 개념을 사용한 바 있다(대법원 2007. 3. 30. 선고 2004두8514 판결[시정명령취소청구의 소]). 한편 서울고등법원이 "위와 같은 기준 등을 고려하더라도 다음과 같은 제반 사정에 비추어 보면 원고의 SKT DRM이 위 법령상의 '필수적 설비'에 해당한다고 보기 어렵다고 할 것이며, 따라서 원고의 SKT DRM의 공동사용 거절은 거래상 지위를 남용한 부당한 행위라고 볼 수 없다."라고 하여 DRM의 필수설비성을 부인한 바 있다(서울고등법원 2007. 12. 27. 선고 2007누8623 판결). 대법원은 이 사건의 상고심에서 "이동통신서비스 업체인 갑 주식회사가 자신의 MP3폰과 자신이 운영하는 온라인 음악사이트의 음악파일에 자체 개발한 DRM(Digital Rights Management)을 탑재하여 갑 회사의 MP3폰을 사용하는 소비자로 하여금 위 음악사이트에서 구매한 음악파일만 재생할 수 있도록 하고, 다른 사이트에서 구매한 음악은 위 음악사이트에 회원으로 가입한 후 별도의 컨버팅 과정 등을 거치도록 한 행위에 대하여, 공정거래위원회가 시정명령 및 과징금 납부명령을 한 사안에서, 갑 회사의 행위가 '다른 사업자의 사업활동을 방해하는 행위'에 해당하더라도 그 부당성을 인정할 수 없다는 이유로 위 처분이 위법하다고 본 원심판단을 수긍하였고," 이동통신서비스 업체인 갑(甲) 주식회사가 자신의 MP3폰과 자신이 운영하는 온라인 음악사이트의 음악파일에 자체 개발한 DRM(Digital Rights Management)을 탑재하여 갑 회사의 MP3폰을 사용하는 소비자로 하여금 위 음악사이트에서 구매한 음악파일만 재생할 수 있도록 하고, 다른 사이트에서 구매한 음악은 위 음악사이트에 회원으로 가입한 후 별도의 컨버팅 과정 등을 거치도록 한 행위에 대하여, 공정거래위원회가 시정명령 및 과징금 납부명령을 한 사안에서, 갑(甲) 회사의 행위가 '소비자의 이익을 현저히 저해할 우려가 있는 행위'에 해당하지 않는다"고 보아 상고기각을 한 사례에서 원심인 서울고등법원은 필수설비성을 부정하였던 바, 대법원은 필수설비성에 대한 언급 없이 원심을 수긍하였다(대법원 2011. 10. 13. 선고 2008두1832 판결[시정명령등취소]).

의미하는 것은 아니다)을 가지는 사람은 그 시설에의 접근을 거절해서는 안 된다고 하는 이론으로서 다른 사업자에게 사용이나 접근을 거절하는 하는 '필수적 요소'에 해당하는 경우 경쟁당국은 필요한 경우 필수설비를 적정한 가격에 다른 경쟁사에게 개방하도록 의무화하거나 극단적으로는 필수설비 소유자가 필수설비를 이용하는 서비스를 사용하지 못하도록 할 수 있는 정책을 실행할 수 있다는 것이다. 독일의 경쟁제한방지법 제19조도 필수설비소유 사업자의 접근거절행위를 시장지배적지위의 남용행위로 규정하고 있으며, 미국에서도 독점사업자가 필수설비의 사용을 거절하는 행위는 셔먼법 제2조에 위반될 수 있다고 보고 있다.[33] 일반적으로 어떤 설비가 위 법령상 '필수적 설비'에 해당하기 위해서는, ① 필수성, 즉 당해 요소를 사용하지 않고서는 상품이나 용역의 생산·공급 또는 판매가 사실상 불가능하여 일정한 거래분야에 참여할 수 없거나, 당해 거래분야에서 피할 수 없는 중대한 경쟁 열위상태가 지속되어야 하고, ② 통제성, 즉 특정 사업자가 당해요소를 독점적으로 소유 또는 통제하고 있어야 하며, ③ 당해 요소를 사용하거나 이에 접근하려는 자가 당해 요소를 재생산하거나 다른 요소로 대체하는 것이 사실상·법률상 또는 경제적으로 불가능하여야 하며, ④ 예외적으로 필수요소를 제공하는 사업자에게 '정당한 이유'가 있는 경우에는 제외할 수 있다.[34]

필수설비적 성격을 가진 시설의 보유자들에게 경쟁상대방도 그 시설을 이용할 수 있도록 강제하는 것은 그 거래분야에서의 공정한 경쟁을 촉진하고 그러한 시설에 대한 불필요한 중복투자를 방지하여 소비자후생을 기하고 국민경제의 균형 있는 발전을 도모하고자 함에 있는 것이므로, 이러한 시설은 그 독점적 이익이 배제된 적정한 가격에 이용할 수 있도록 해 줄 필요가 있기 때문에 거래거절행위를 공정거래법 위반(부당한 거래거절, 이용자이익저해, 내지 사업활동방해 등)으로 보아야 할 경우가 있을 수 있다. 본 조의 적용을 위해서는 인터넷 검색서비스가 이와 같은 필수설비적 성격을 가지고 있는지 고려해 볼 필요가 있다.

---

33) 서울고등법원 2007. 12. 27. 선고 2007누8623 판결("이 사건의 발단은 위에서 본 바와 같이 경쟁사업체인 AD이천엔터테인먼트가 원고로부터 SKT DRM의 공동사용을 거절당하여 야기된 것이므로 원고의 DRM이 법령상의 '필수적 설비'에 해당하는지 여부가 판단될 필요가 있다.").

34) 공정거래위원회의 고시 '시장지배적지위남용행위의 심사기준'(2005. 7. 13. 개정, 공정거래위원회 고시 제2005-15호) Ⅳ. 3. 다. (1)항, (4)항 참조.

(2) 사안의 경우

인터넷 검색서비스가 위 법조에 의한 단독의 거래거절의 대상이 될 수 있는 가를 보기 위해서 필수요소가 되어야 할 것이다. 검색서비스사업자들은 소위 인터넷 포털(internet portal)이라고 불리면서 인터넷 관련 시장에서의 기본 플랫폼으로 기능하고 있다. 물론 복수의 플랫폼이 경쟁하고 있지만 구글은 시장의 동태성을 고려하더라도 사실상 지배적인 플랫폼으로 기능하고 있으며, 이 시장에 대해서 별도의 특별법을 제정하여 직접규제 방식이 아닌 경쟁법 집행을 통해서 규율을 하려고 하는 경우 일종의 사실상 표준과 같은 기능을 하는 유럽과 같은 경우에는 검색서비스 사업자의 지위가 인터넷 포털을 콘텐츠제공사업자의 관점에서 일종의 필수요소로 보고 규율할 가능성을 생각할 수 있다.

그런데 문제는 망중립성(network neutrality) 논의에서와 마찬가지로 근본적인 속성은 차별의 문제이고, 검색중립성 문제도 본질은 차별의 문제이다. 다만 차이가 있다면 망중립성의 경우에는 필수설비가 유용한 규제수단이 될 수 있는 반면 검색중립성의 경우에는 적용가능성에 한계가 있을 것으로 보인다는 점이다. 필수설비(Essential Facilities) 이론을 시장경쟁에 필수불가결한 시설을 보유한 자는 그 시설에의 접근을 거절해서는 안 된다는 이론이라고 간략하게 요약할 수 있고, 이 이론의 적용을 통해서 필수설비 보유자가 소유한 재산권의 가장 중요한 권능의 하나인 사용·수익권을 행사하기 위한 계약거절권능이 제한되는 것이다. 결국 이 이론의 적용을 제한하는 방법은 필수설비가 아니라고 할 수밖에 없게 되는데, 다른 사업자에게 사용이나 접근을 거절하는 것이 시장에의 진입을 봉쇄하는 것으로 판단되는 필수설비에 대한 판단은 그 대상이 원래 용어에서 의미하는 설비(facility)에 국한하지 않고 필수요소(essential element)의 의미로 읽히고 있다. 그 결과 우리나라에서의 필수설비는 광범위한 포섭범위를 가지게 된다.[35] 필수설비에 해당하는 경우 경쟁당국은 필요한 경우 필수설비를 적정한 가격에 다른 경쟁사에게 개방하도록 의무화하거나 극단적으로는 필수설비 소유자가 필수설비를 이용하는 서비스를 사용하지 못하도록 할 수 있는 정책을 실행할 수 있다는 것이 이 이론을 적용하는 경우 따라오는 경쟁당국의 집행수단이다.

---

[35] 그렇지만 각주 32)에서 보는 것처럼 대법원은 필수설비성의 인정에 대해서 소극적인 태도를 취하고 있는 것으로 보인다.

문제는 어떤 견해를 취해도, 그리고 미국, 독일, 일본의 어느 국가의 실무예에 의하더라도 실제로 존재하는 통신망, 특히 기간통신망은 필수설비가 아니라고 보기는 어렵기 때문에[36] 망중립성 논의에서 망사업자가 이 관점에서 우위에 서는 것은 쉽지 않았다.

반면 그럼에도 불구하고 인터넷서비스사업은 여전히 성장하는 사업이므로 시장상황의 변화가 클 수 있고, 상대적으로 진입장벽이 크지 않은 것으로 보인다는 점에서 특정한 포탈이 현재 높은 시장점유율을 가지고 있다고 해서 필수설비라고 보기는 쉽지 않다.[37] 산업의 특성상 동태적으로 시장에서의 경쟁상황이 변화하기 때문에 인터넷서비스사업자를 공정거래법 위반으로 규율함에 있어서는 전통적인 시정명령이나 과징금과 같이 집행수단이 아니라 사업자 스스로가 자발적으로 개선하도록 유도하는 것이 필요할 수 있다. 이런 점에서 공정위가 네이버와 다음에 대한 조사결과를 바탕으로 이들 사건을 동의의결로 처리한 것은 수긍할 수 있는 태도라고 생각된다.[38]

---

36) 독일의 망규제청과 같이 망(network)이 가지는 사회기반시설의 속성에 착목하여 보면 이를 규제하는 것은 어느 국가에서나 필요한 기본적인 규제의 하나가 된다. 특히 대부분의 경우 망을 구축하는 것은 많은 비용이 일시에 소요되고, 대신 그 망구축비용의 회수는 장기간에 걸쳐서 이루어지기 때문에 그 비용의 회수방식이나 기간을 감안하면 민간에서 이를 하기는 어렵고 결국 국가나 공기업이 이러한 일을 하게 되는 경우가 많다. 실제로 국민국가의 형성과 관련하여 網構築은 공적 구축이 많았다. 물론 미국에서의 철로부설과 같이 민간에서 자발적으로 사회기반시설을 형성한 경우가 없는 것은 아니지만 공적인 영역에서 출발한 국가들의 경우 이런 연혁적인 점도 이들 사업이 민영화가 되고 난 이후에도 여전히 고도규제산업으로 남게 되는 이유가 되고 있다.

37) 진입장벽에 상대적으로 높지 않은 것으로 보이는 것이 아니라 실제로 낮다는 반론이 있을 수 있다. 진압장벽은 봉쇄효과의 판단에 있어서 매우 중요한 요소이다. 그런데 진입장벽의 판단에서 진입을 위해서 라우터를 몇 대를 사야하고 직원을 몇 명을 고용하는 것과 같은 회계적인 비용도 고려하여야겠지만 인터넷 검색서비스 사업의 경우에도 이미 초기단계에서의 극심한 경쟁국면을 벗어나 구글을 중심으로 재편되어 있는 상황이라는 점에서 보면 회계적인 비용이라는 관점에서 서버팜(server farm)의 구축이나 검색엔진 개선에도 이제 대규모 투자가 필요하게 되었다는 점에서 진입장벽이 높아졌고, 사용자의 인식이나 사용경험(user experience)의 관점에서 쉽게 현재 고착(lock in)되어 있는 검색엔진을 대신하여 새로운 검색서비스사업자를 쓰도록 하는 것이 어려워졌다는 점에서 진입장벽이 높은(또는 높아진) 것은 아닌가 하는 생각도 가능하다고 본다.

38) 한편 인터넷을 기반으로 하는 IT 사업자들의 경우, 그 경쟁국면은 전지구적이다. 그렇기 때문에 국내사업자에 대한 한국에만 존재하는 규제는 국경 없는 인터넷 시장에서 갈라파고스 규제로 작용해 국내 사업자에 대한 역차별을 발생시켜 산업경쟁력을 저하시킬 수 있다는 점도 규제시 고려할 요소이다.

3. 광고 등과 일반검색결과의 구별과 사용자 혼동 방지

(1) 문제의 소재

일반적으로 광고를 검색하고자 하는 이용자가 아니면 광고가 아닌 다른 정보들을 검색하는데 광고를 보게 되는 것을 피하고 싶을 수 있다. 그런데 광고를 게재하는 입장에서는 마치 신문에 광고면을 그 신문사의 기사인 것처럼 보이고 싶어 하는 것처럼 광고를 검색결과로 구별하기 어렵게 하려고 할 유인이 있다.

이 문제는 공정거래법상의 이용자이익저해행위의 문제로 접근할 수도 있고, 표시광고 등의 공정화에 관한 법률(이하 '표시광고법')에 의한 문제로 접근할 수도 있다. 그 정보 자체가 기만적인 내용이라면 이를 문제삼아 제재하면 되고 이는 표시광고법이 규율할 수 있는 대상이라고 본다. 문제는 내용은 기망이라거나 오인을 유도하는 광고가 아니지만 이것이 광고인지 광고가 아닌 검색결과인지가 오인이 되도록 구별을 어렵게 하는 경우를 공정거래법이나 표시광고법으로 규율할 수 있는가에 있다.

(2) 검 토

이 문제도 우리나라 및 유럽, 미국에서 문제가 되었다. 2013년 2월 구글이 유럽공동체에 제시한 동의명령(안)에서 광고 등과 일반검색결과의 구별과 사용자 혼동 방지이에 대한 규정이 적시되어 있다. 구글은 2013년 구글의 일반적인 검색상자에 검색어를 입력하면 그 결과를 사용자의 페이지 뷰의 5%를 넘지 않는 범위에서 보여주어야 하며, 구글의 전문검색(Specialised Search Results)라는 표시를 부착하고, 명확하게 구별되는 아이콘을 사용하여야 하며, 구글의 전문검색결과와 다른 일반적인 검색결과를 사용자가 혼동하지 않도록 하여야 하며, 사용자가 다른 경쟁링크를 사용할 수 있는 방법을 알려주어야 한다고 했다. 구글의 전문검색링크는 물리적으로 다른 일반검색결과로 구별되도록 해서 사용자가 혼동하지 않도록 하여야 하며, 다른 경쟁링크 3개도 대안으로 사용자가 인식할 수 있도록 하여야 한다고 하였다. 그 외에도 구글 전문검색에 대해서는 다양한 소비자 혼동방지를 위한 장치가 제안되어 있다.[39] 미국에서도 이 점에 대해서 미

---

39) COMMITMENTS IN Case COMP/C-3/39.740 I. Search A. Links To Google Specilised Search Results Pages 1.-7.

국 연방거래위원회는 구글이 검색결과와 광고의 구분에 대해서는 일반 검색결과
와 검색광고를 명확하게 구분하도록 하는 권고의견(Guidance Letter)을 통한 시
정권고를 하였다. 그리고 우리나라에서도 이런 행위가 부당고객유인행위가 성립
될 수 있는 것이 아닌지 등의 논란이 있었고, 네이버와 다음과 이루어진 동의의
결의 내용에도 반영되었다. 그리고 미래부의 2013년 권고에도 광고는 분명하게
광고라고 표시하고 음영 등의 방식을 통해서 다른 검색결과와 구별될 수 있도록
할 것을 규정하고 있다.

Ⅳ. 결   론

검색중립성이라는 쟁점은 구글이라는 한 회사에 대한 규제의 관점에서 논의가
전개되는 듯한 모습이 있다. 그것이 구글이 워낙 강력한 시장지배력을 가지고 있
기 때문일 것이다. 현재 구글은 한국을 제외한 거의 대부분의 국가에서 검색서비
스 시장에서의 최강자이다. '검색한다(searching)'는 말이 '구글한다(googling)'는
말로 통한 정도의 상황은 이전 운용체제(operating system)라는 말이 윈도우즈
(windows)라고 불리던 시절을 떠올리게 한다. 향후 유럽, 미국에서 이루어지는
이와 관련된 논의들은 우리나라에서의 논의국면에도 영향을 줄 것이므로 이 점
에 대해서 계속적으로 볼 필요가 있다.

그러나 어느 경우이건 검색서비스 산업의 동태성을 감안하여 시장에 대한 충
격이 최소화할 수 있도록 하는 방향으로 규제기관의 접근이 이루어져야 한다.
특히 경쟁법은 직접규제가 아니라 경쟁을 촉진하여 혁신을 도모하는 것을 목적
으로 하는 법제이므로 그 자체로 충분히 시장이 이루어지고 있거나 시장경쟁의
결과로 발생하는 부수적 효과를 규제대상으로 봐서 시장을 왜곡하는 개입을 해
서는 안된다고 본다. 특히 우리나라의 특수한 규제상황인 대기업과 중소기업 상
생(相生)론과 이를 뒷받침하는 일련의 법들은 경쟁법적 관점에서 다시 검토될
필요가 있다.

후기: 은사님의 정년기념논문집에 기고를 할 수 있어서 영광으로 생각하며, 1992
    년 처음 뵌 이후 박사논문지도를 받고 삶에 대해서도 가르침을 주신 은사
    님의 건강을 기원합니다.

참고문헌

■ 국내문헌

공정거래위원회 전원회의 2014. 5. 8. 자 2014서감0596 네이버(주)의 시장지배적지위남용
　행위 등에 대한 건 관련 동의의결에 대한 건.

공정거래위원회 전원회의 2014. 5. 8. 자 사건번호 2014서감0594 사건명 (주)다음커뮤니
　케이션의 시장지배적지위남용행위 등에 대한 건 관련 동의의결에 대한 건.

송태원, "네이버 등 검색서비스 사업자에 대한 동의의결 사건의 법적 쟁점", 규제와 법정
　책 제2호, 2014. 4.

최수민 · 최광희, "인터넷 검색서비스 주요이슈 및 정책방향", 한국인터넷진흥원, 2013.

최승재, "경쟁법 관점에서 본 망중립성에 대한 연구", 언론과 법 10권 2호, 2012.

_____, "동의의결제도의 적용범위와 구체적 적용방안", 한국공정거래조정원 법경제분석
　그룹(LEG) 연구보고서, 2012. 7.

_____, "마이크로소프트 유럽공동체 사건 판결에 대한 연구", 정보법학 제11권 제2호,
　2007년 12월.

_____, "모바일 플랫폼 중립성의 개념 정립", 법과 기업연구 제1권 제1호, 서강대학교 법
　학연구소, 2011년 7월.

_____, "양면시장이론과 한국 경쟁법상 역할에 대한 연구: 구글의 더블클릭 인수 사건을
　포함하여", 경쟁법연구 제17권, 2008년 5월.

_____, "티브로드 사건과 양면시장이론의 적용가능성", 경쟁저널 143호, 2009. 3.

■ 해외문헌

2013. 1. 3. FTC File Number 111-0163.

Almunia, Joaquin, Statement on the Google Investigation, 5 Feb. 2014.

COMMITMENTS IN Case COMP/C-3/39.740 - *Foundem and others*

Crane, Daniel A., Search Neutrality as an Antitrust Principles, 19 Geo Mason L.
　Rev. 1199, 2011-2012.

Infederation v. Google, High Court of Justice, Chancery Division, No.
　HC12A02489

■ 주요판결

대법원 2005. 8. 19. 선고 2003두5709 판결.

대법원 2007. 3. 30. 선고 2004두8514 판결.
대법원 2008. 12. 11. 선고 2007두25183 판결.
대법원 2010. 5. 27. 선고 2009두1983 판결.
대법원 2011. 10. 13. 선고 2008두1832 판결.
서울고등법원 2007. 12. 27. 선고 2007누8623 판결.

철도산업 규제의 법적 쟁점

김 윤 정*

Ⅰ. 서 론

철도산업은 전국적으로 이어진 철도망의 네트워크를 기초로 여객 및 화물을 운송하고 있으므로 대표적인 네트워크산업이라 할 수 있다. 네트워크산업은 국민생활 전반에 미치는 공익적 성격과 다른 산업 발전의 초석이 되는 국가 기간산업으로서의 성격을 지니며, 이러한 사회적 파급적 효과와 네트워크 건설에 소요되는 막대한 비용 때문에 국가가 망의 건설에 참여하는 경우가 일반적이다. 우리나라에서도 철도를 비롯하여 전력·수도·가스·통신 등 네트워크산업에서 전국적 망을 국가주도로 건설한 바 있다. 이 때문에 우리나라에서 네트워크산업의 관리와 운영은 국가 또는 공기업이 독점적으로 담당하여 왔다.

그런데, 이와 같은 네트워크산업의 독점적 관리체제가 일반적인 다른 산업에서 존재하는 독점기업의 문제와 마찬가지로 비효율적인 경영을 초래한다는 지적이 지속적으로 제기되어 온 것은 주지의 사실이다. 그리하여 통신산업에서는 이미 1980년대부터 경쟁이 도입되어 현재는 어느 정도 활발한 경쟁체제가 형성되어 있으며, 전력산업에서는 부분적이지만 발전부문에서 경쟁이 도입된 바 있다. 그러나, 우리나라의 철도산업은 이러한 통신산업이나 전력산업과는 달리 최근까지도 종래 철도청의 독점적 관리체계를 이어받은 한국철도공사(Korail)의 독점적 운영방식이 지속되어 오고 있다. 이에 대해 철도산업에 대한 독점적 관리체계의 비효율성에 대한 논쟁이 끊이지 않았으며, 구체적으로는 여객운송부문에서의 고비용적 운영방식과 만성적자의 문제점이 지적된 바 있다. 이에 2000년대 초반부

---

* 한국법제연구원 부연구위원, 법학박사

터 철도산업에서의 경쟁도입이 주장되어 왔으며, 2004년 이후 「철도구조개혁 기본계획」에 따라 철도운영부문에서의 경쟁도입을 위한 발판으로 시설부문과 운영부문이 분리되고, 2013년 말에는 수서고속철도㈜의 철도사업법상 사업면허가 발급됨으로써 고속철도 여객운송부문에서 드디어 경쟁체제가 막을 올리기에 이르렀다. 수서고속철도 주식회사는 2016년부터 사업을 시작할 예정이다.

본고에서는 철도산업, 구체적으로는 고속철도 여객운송부문에 경쟁이 막 도입되려는 현재 시점에서 네트워크산업으로서의 철도산업에 성공적으로 경쟁이 도입되기 위해서는 어떠한 규제가 필요하며 우리나라의 철도 관련법이 어떠한 방향으로 개정되어야 하는지 분석해보고자 한다. 아울러, 네트워크산업으로서 철도산업의 공익성을 유지하기 위해서는 경쟁규제 이외에 어떠한 규제가 수반되어야하는지도 함께 검토하고자 한다.

다음에서는 먼저 철도산업 규제의 대상인 우리나라 철도산업의 구조를 살펴보고(Ⅱ), 네트워크산업이자 공익산업으로서 철도산업의 특징과 규제의 필요성을 검토한 후에(Ⅲ), 철도산업 규제의 법적 쟁점을 분석하고 철도 관련법의 개정방향을 제시하고자 한다(Ⅳ).

Ⅱ. 철도산업 구조개혁과 현행 철도산업의 구조

1. 철도산업 구조개혁

우리나라에서 철도의 역사는 1899년 노량진~제물포 구간 개통과 함께 시작되었으며, 이후 일본의 대륙진출 목적으로 경부선과 경의선이라는 종단 철도망이 구축되고, 이후 남서와 동북을 연결하는 교차철도망으로 경원선, 호남선, 경전선이 차례로 건설되었다.[1] 철도는 1960년대와 1970년대 산업수송의 동맥과같은 역할을 한 중요한 물류수단으로 우리나라 산업발전의 근간이 되었으며, 전국적인 네트워크 구축으로 안전하고 빠르게 여행객을 수송하는 주요 여객운송수단이 되었다. 2004년부터는 경부고속철도의 1단계 구간인 서울~동대구 구간이개통됨에 따라 KTX가 운행되기 시작하면서 고속철도시대가 막을 올렸다. 그러

---

1) 최진석 외, 「철도산업발전과 경쟁력제고를 위한 연구」, 국토교통부 용역보고서, 한국교통연구원, 2010, 13면.

나, 1970년대 경부고속도로가 개통됨에 따라 자동차 등 다른 여객운송수단 및 화물운송수단의 발달에 의한 철도부문 수익률 감소와 한국철도공사의 독점체제에 따른 비효율적 운영의 문제 등으로 인하여 철도산업에는 만성적인 적자가 발생하게 되었으며,[2] 이에 2000년대 초반부터 철도산업 구조개혁의 목소리가 높아졌다.

우리나라에서 철도산업은 2000년대 이전까지는 舊철도청이 철도시설과 철도서비스를 독점적으로 관리·운영·공급하는 직영체제를 취하고 있었다. 그러나, 2000년대 초반 김대중 정부에서부터 시작되어 2004년 노무현 정부에서 적극적으로 추진된 「철도산업 구조개혁 로드맵」에 따라, 철도청이 통할하는 상하부문(시설부문과 운영부문)의 독점적 관리체제를 해체하기에 이르렀다. 시설의 건설·관리와 철도서비스 운영을 분리하기 위해 2004년에는 철도시설공단을, 2005년에는 한국철도공사(Korail) 등을 설립하였다(이른바 '상하분리' 또는 '시설과 운영의 분리').

하지만, 그 이후에도 여전히 철도서비스 운영부문에서는 한국철도공사의 독점체제가 계속되었으며, 철도구조개혁이 시작된 지 10년이 지난 2013년 12월 27일이 되어서야 비로소 한국철도공사 출자회사인 수서고속철도㈜가 철도사업법에 따른 철도운송사업 면허를 발급받음으로써 고속철도 여객운송부분에서 경쟁체제가 시작되기에 이르렀다.

2. 현행 철도산업의 구조[3]

(1) 시설과 운영이 분리(상하분리)된 구조

우리나라 철도산업의 구조는 2004년 이후 「철도구조개혁 기본계획」에 따라 철도시설부문과 운영조직이 분리되어 철도시설부문은 한국철도시설공단이, 철도운영부문은 한국철도공사가 담당하고 있다. 원래 철도시설의 소유권은 국가에게 있으나 한국철도시설공단이 그 관리를 대행하고 있으며, 한국철도공사는 철도시

---

2) 철도산업의 독점적 관리체계의 비효율성과 만성적자의 문제에 관해서는 다음의 글을 참조할 것. 최진석 외, 「철도운영 효율화 및 철도시장 참여방안 연구」, 국토교통부 용역보고서, 한국교통연구원, 2013; 「철도산업 만성적자 개선방안(1차년도) - 2013 일반사업 요약」, 한국교통연구원, 2014.

3) 현행 철도산업의 구조와 관련하여서는, 한정미·김윤정, 「네트워크산업 법제 연구 - 전력 및 철도산업을 중심으로」, 연구보고 2014-8, 한국법제연구원, 2014, 178-189면의 내용을 요약하여 정리하였음.

설의 사용대가를 한국철도시설공단에 납부하고 있다. 이와 같이 철도산업의 시설과 운영을 분리한 이유는 철도운영부문에 한국철도공사 이외의 복수의 철도운송사업자를 두어 경쟁체제를 도입하기 위해서였다.

2004년 1월 1일에 발족한 한국철도시설공단은 국가 소유의 국가철도망을 정부로부터 위탁받아 관리하는 등 시설관리자의 역할을 수행하고 있으며, 국가철도망의 모든 간선 및 지선, 광역철도의 시설관리를 정부를 대행해서 수행하고 있다.[4]

한편, 2005년 1월 1일에 발족한 한국철도공사는 철도운송사업자로서, 기존 철도청 및 한국고속철도건설공단이 운영관련 부문을 전환하여 정부가 100% 출자한 공기업이다.[5] 현재 우리나라에서 철도운영 부문을 맡고 있는 철도운송사업자는 철도법상 철도사업자로서 한국철도공사 외에도 코레일공항철도 주식회사(AREX)와 신분당선 주식회사, 그리고 수서고속철도 주식회사가 있으며, 도시철도법상 도시철도운영자로서 지방자치단체가 건설에 참여한 후 지방공기업 형태로 운영을 담당하고 있는 도시철도공사와 민간자본으로 운영되는 서울메트로 9호선 등이 존재한다.[6]

(2) 철도운영부문의 철도사업자 구분

현행법상 철도사업자에게 면허를 부여할 수 있는 근거규정은 철도사업법 제5조와 도시철도법 제26조가 있다. 따라서, 철도사업자는 철도사업법상 철도사업자와 도시철도법상 철도사업자로 나누어질 수 있다.

1) 철도사업법상 철도사업자

철도사업법 제2조 제8호는 "철도사업자란 한국철도공사법에 따라 설립된 한국철도공사 및 제5조에 따라 철도사업 면허를 받은 자를 말한다"고 규정하고 있으므로, 철도사업법상 철도사업자는 면허발급이 필요 없는 당연사업자인 '한국철도공사'와 '철도사업법 제5조에 따른 면허를 발급받은 철도사업자'로 분류될 수

---

4) 최진석 외, 「철도운영 효율화 및 철도시장 참여방안 연구」, 앞의 글, 43면.
5) 서용준 외, 「철도산업구조개혁 및 철도발전 계획 수립 연구」, 국토교통부 용역보고서, 한국교통연구원, 2013, 3면.
6) 다만, 최근 서울메트로 9호선은 기존의 도시철도공사 운영방식이 아닌 민간자본 참여에 따른 전문운송사업체를 설립한 형태이며, 코레일 공항철도 역시 출자에 의한 사업자가 운영을 담당하고 있는 형태이다. 최진석 외, 「철도산업발전과 경쟁력제고를 위한 연구」, 앞의 글, 15면.

있다.

철도사업법상 면허를 발급받은 철도사업자는 ⅰ) 코레일공항철도 주식회사
(AREX)[7]와 ⅱ) 신분당선 주식회사, 그리고 2013년 12월에 면허를 발급받은
ⅲ) 수서고속철도 주식회사가 있으므로, 현재 철도사업법상의 철도사업자는 당
연사업자인 ⅳ) 한국철도공사를 포함하여 총 4개의 사업자이다.

기존의 국가철도망에서 운영되는 새마을호, 무궁화호 등의 일반철도 운송사업
은 한국철도공사가 독점적으로 주관하고 있으며, 수요가 극히 부족하여 운행이
어려운 노선에서의 열차운영을 담당하고 있으므로 공익서비스(PSO: Public
Service Obligation) 보상을 국가에게 신청할 수 있다.[8]

한국철도공사는 일반철도 운송사업 이외에도 고속철도부문의 KTX여객 운송
사업도 운영하고 있는데, KTX가 통과하는 노선 중 상당부분은 고속신선으로
고속·대량 운송이 가능하기 때문에 수요는 증가추세에 있으며, 이 중 특히 경
부선 KTX의 경우는 안정적인 수익창출을 이루고 있다.[9] 그러나, 정부의 고속
철도 건설기본계획에 따라 고속신선 건설투자비의 60%(경부축 제1단계)를 철도
시설 이용요금로 지불해야 하는 수혜자 부담의 원칙이 적용되고 있으므로, 철도
시설공단이 고속철도 건설을 위해 조달한 비용 중 일부는 철도시설 이용요금의
명목으로 회수되고 있다.[10]

2) 도시철도법상 철도사업자

도시철도법 제2조 제2호에 따르면 '도시철도'란 "도시교통의 원활한 소통을
위하여 도시교통권역에서 건설·운영하는 철도·모노레일·노면전차(路面電車)·
선형유도전동기(線形誘導電動機)·자기부상열차(磁氣浮上列車) 등 궤도(軌道)에 의
한 교통시설 및 교통수단"을 말한다. 동조 제8호에 따르면, '도시철도운영자'란
"도시철도운송사업을 하는 자로서 국가, 지방자치단체 및 제26조에 따라 도시철

---

7) 2009년 개통된 공항철도는 우리나라 최초의 철도부문 민간투자사업이며, 민간이 지분을 100% 소유
   한 독자적 법인인 코레일공항철도 주식회사(Arex)가 운송사업을 담당하고 있다. 민간의 자본으로
   건설된 철도시설을 이용하는 철도운송사업은 일반 교통 SOC 민간투자사업과 마찬가지로 민간이
   건설하되 투자된 비용을 계약기간(30년) 동안 시설을 활용한 사업, 즉 철도운송사업을 통해 회수하
   도록 하는 구조를 취하고, 다만 매년 기대한 수입이 발생하지 않는 경우 정부가 최소운영수입을 지
   불하도록 하고 있다(최진석 외, 「철도산업발전과 경쟁력제고를 위한 연구」, 위의 글, 22면).
8) 위의 글, 20면.
9) 위의 글, 21면.
10) 위의 글.

도운송사업 면허를 받은 자(「사회기반시설에 대한 민간투자법」에 따른 사업시행자로서 도시철도에 관한 민간투자사업을 하는 자를 포함한다)"를 말한다. 그리고, 도시철도법 제26조에 따른 면허를 발급받은 사업자로는 현재 서울메트로, 서울도시철도, 인천메트로, 부산교통공사, 광주도시철도, 대전도시철도, 대구도시철도, 서울메트로9호선㈜[11] 등이 있다.

Ⅲ. 철도산업의 특징과 규제의 필요성

철도산업은 네트워크산업이자 공익적 산업의 성격을 아울러 지니고 있기 때문에, 경쟁법적 측면의 규제와 공익적 측면의 규제가 동시에 필요한데, 구체적으로 어떠한 측면에서 이러한 규제가 필요한지 다음에서 자세히 살펴보기로 한다.

1. 네트워크산업으로서 철도산업의 특징과 규제의 필요성

철도산업은 전국적으로 연결된 철도망에서 철도운송서비스를 공급하는 전형적인 네트워크산업으로, 철도망으로 구성되는 '네트워크 부문'과 철도망 위에서 철도운송서비스 등을 제공하는 '非네트워크 부문'으로 구분될 수 있다. 이중 네트워크 부문인 철도망 등 철도시설(철도선로, 철도역사, 부대설비 등)을 건설하기 위해서는 초기에 막대한 비용이 투입되어야 하므로, 대규모 자금력을 보유한 사업자나 국가가 이를 독점적으로 담당하여 왔고 이에 따라 네트워크 독점의 문제가 발생하고 있다.

일반적으로 철도산업과 같은 네트워크산업에서는, 네트워크 건설과 관련하여 소요되는 막대한 초기 고정비용 때문에 생산량이 증가할수록 평균비용이 하락하는 규모의 경제(economy of scales)가 발생하므로, 자연스럽게 하나의 기업이 생

---

11) 2009년 개통된 서울메트로 9호선은 민간투자자가 출자자로 참여하고 있다. 서울메트로 9호선 철도시설의 하부구조는 서울시의 재정으로 건설되었고 철도운송과 관련된 상부구조, 즉 레일, 전차선, 신호, 차량 등은 민간자본에 의해 건설되었으며, 완공 이후 민간자본 출자자들은 철도운송사업을 위한 법인을 프랑스계 대중교통운송사업자인 베올리아(Veolia Transport Korea)와 함께 출자하게 되는데, 이 법인이 서울시메트로 9호선(주)이다. 실제 운영부분은 서울9호선운영(주)이 계획, 요금, 유지보수 등 일련의 운영계획을 서울시와 협약 아래 주도하고 있으며, 계약은 수익창출을 목적으로 하기 보다는 적정한 비용을 기준으로 서울시가 요구하는 열차서비스를 제공하는 형태로 수익창출과는 거리가 있다(최진석 외, 「철도산업발전과 경쟁력제고를 위한 연구」, 위의 글, 21-22면).

산을 담당하는 것이 가장 효율적이며 오히려 경쟁이 사회전체적 측면에서는 손실이라는 자연독점(natural monopoly)론에 근거한 주장이 제기된 바 있다. 그러나, 최근에는 기술진보에 의해 장기비용함수가 안쪽으로 이동하는 경우 네트워크산업의 자연독점적 특성이 유지될 수 없다는 사실이 입증되었으며,12) 그러므로 네트워크산업에서 신기술이 도입되는 경우 일정한 경쟁을 통해 더욱 효율적인 공급이 가능하다.

그런데, 네트워크산업은 규모의 경제라는 특성 이외에도 더 많은 사람들이 참여하는 네트워크일수록 이용자에게 더 큰 효용을 준다는 네트워크 외부성(network externality)이 발생하기 때문에, 다른 사업자들보다 먼저 네트워크를 확보하여 이용자를 선점한 기존의 네트워크 사업자가 시장을 독점할 수 있는 특성이 있다. 이와 같이 네트워크산업에서 독점체제가 유지되는 경우, 독점체제로 운영되는 여타의 일반적인 산업과 다르지 않게 독점적 지위의 기업에게는 효율적인 경영을 할 인센티브가 결여되므로 사회적 비용을 증가시킬 수 있는 여지가 존재한다.13) 이 때문에 철도산업과 같은 네트워크산업에서도 경쟁이 도입되어야 한다는 목소리가 높아지고 있다.

하지만, 전국적인 철도망 등 철도시설을 건설하기 위해서는 막대한 투자비용이 소요되므로, 사철이 발달한 미국이나 일본 등을 제외한 대부분의 나라에서는 국가가 주도하여 철도망을 건설하여 왔으며, 우리나라도 마찬가지이다. 그리고 국가의 철도시설 관리권한을 승계받은 공기업 등 기존의 철도사업자가 철도시설과 철도서비스를 독점하고 있는 나라에서는, 경쟁체제가 도입되더라도 기존의 공기업이 철도망을 통제하고 있기 때문에 경쟁사업자가 살아남기는 쉽지 않다. 경쟁사업자가 네트워크 부문을 복제하는 데에는 너무나 많은 비용이 들기 때문에 철도시설은 필수설비(essential facility)로서 기능하게 된다. 이와 같이 네트워크 부문을 장악한 기존의 철도사업자는 필수설비인 네트워크에 대한 경쟁사업자의 접근을 통제할 수 있기 때문에 네트워크에 대한 차별적 접근(discriminatory access)의 문제가 발생하고 있다.

또한, 국가로부터 철도망 등 철도시설의 관리권한과 철도서비스 제공권한을

---

12) 조창현, 「공익산업 민영화의 국제비교와 시사점 - 영국, 호주, 아르헨티나의 전력산업을 중심으로」, 산업연구원, 1999, 3면.

13) 오성백 외, 「공익재산업(Public Utilities) 규제이론 연구」, 연구보고 00-27, 정보통신정책연구원, 2000, 138면.

승계받아 당연사업자로서 법적으로 안정적 지위를 누리고 있는 기존의 철도사업자와는 달리, 새로운 경쟁사업자가 철도산업에 진입하기 위해서는 철도사업자면허를 취득하여야 하는 법적 진입장벽이 존재한다. 그리고 이러한 경쟁사업자가 철도면허를 취득하고 철도시설에 대한 공동사용권한을 획득하였다 할지라도 철도면허기간이 무한정 보장되지 않는 상황에서 철도차량을 구비하고 이를 지속적으로 정비·관리하며 노후화된 차량을 교체하는 데에는 막대한 자금이 소요되므로 재정적 측면에서 보이지 않는 진입장벽이 존재한다.

이와 같은 이유로 네트워크산업인 철도산업에 경쟁을 도입하기 위해서는 진입장벽을 제거하고 공정한 경쟁여건을 조성하기 위한 여러 가지 규제가 필요하다.[14]

첫째, 철도시설 관리권한과 철도서비스 제공권한을 동시에 보유하고 있는 공기업으로부터 철도시설 관리권한을 분리하여 독립적인 제3자가 이를 담당하도록 함으로써 네트워크 독점의 문제를 해결하고 '진입장벽을 제거'해야 한다. 그 외에도 신규 시장진입자가 철도차량을 구비하는 데 소요되는 큰 비용부담이 재정적 진입장벽으로 작용하는 것을 막기 위해 독립적인 제3자의 철도차량 임대업과 정비수리업을 활성화할 필요가 있다.

둘째, 철도시설과 철도운영이 분리되어 철도운영부문에서 경쟁이 도입된 이후에도 '비차별적인 네트워크 접근'을 보장하여 공정한 경쟁조건을 마련해야 한다. 이를 위해서는 철도망 등 철도시설의 이용조건을 적정하게 설정하고 경쟁사업자도 공평하게 선로를 이용할 수 있도록 철도관제의 중립성을 보장해야 한다.

셋째, 철도산업에는 철도사업법상 철도사업자 또는 도시철도법상 도시철도운영자로서 면허를 받아야 시장에 진입할 수 있는 법적인 진입장벽이 있으므로, 시장에 존재하는 하나 또는 소수의 철도사업자들은 비용을 과도하게 초과하는 요금(excessive pricing)을 책정함으로써 독점이윤을 얻고자 하는 유인을 가지고 있다. 따라서 철도산업에서는 이용자에 부과되는 과도한 요금에 대해 '요금규제'가 필요하다.[15]

---

14) 네트워크산업에 대한 규제가 필수불가결한 이유는, 복제 불가능한 인프라구조, 대규모 수익과 기업의 결합이익, 네트워크 외부성, 종래의 국가독점기업들과 지역독점기업들이 주요한 인프라구조의 소유자였다는 사실 등과 같은 네트워크산업의 구조적 특수성에서 비롯된다. Iris Henseler-Unger, "Die Bundesnetzagentur als Regulierungsbehörde", Jörn Lüdemann(Hrsg.), 「Telekommunikation, Energie, Eisenbahn, Mohr Siebeck」, 2008, pp. 39-40.

또한, 철도산업에는 신규 철도사업자를 보호하기 위해 사업자에 부과되는 '철도시설 이용요금에 대한 규제'도 필요하다. 기존의 철도사업자가 철도운영부문뿐만 아니라 철도시설부문까지도 관리하는 경우 경쟁사업자에게는 과도하게 높은 철도시설 이용요금을 부과함으로써 경쟁을 제한하려는 유인이 존재하기 때문이다. 그리고 철도시설 관리를 제3의 독립된 기관이 담당하여 시설과 운영이 분리되어 있는 경우에도, 철도시설관리자와 기존의 철도사업자 사이에는 기존 망의 건설비용 중 일부를 선로사용료로 징수하는 것에 더하여 신설 망의 선로사용료를 징수하고 시설정비 대행료를 반대로 지급해야 하는 등 서로 주고 받아야 할 복잡한 채무관계가 존재하는 것이 일반적이므로, 이러한 기존의 채무관계 없이 새로이 기존 철도망 또는 신설 철도망에서 운영하게 될 신규사업자에게는 기존 사업자보다 상대적으로 불리하게 선로사용료 등 철도시설 이용요금이 산정될 가능성도 존재한다. 따라서 동일한 선로망에 대해서는 기존사업자와 신규사업자에 대하여 철도시설 이용요금을 객관적이고 비차별적으로 설정함으로써 공정한 경쟁이 가능하도록 할 필요가 있다.

넷째, 국가의 철도업무를 승계한 공기업 등 기존의 철도사업자는 시설과 운영이 분리되어 시설관리자가 별도로 존재하는 경우에도 실제로 철도망 등 철도시설을 점유하고 사용하는 주체이기 때문에 시설관리 권한의 일부를 시설관리자로부터 위임받는 경우가 일반적이다. 이 경우 기존의 철도사업자는 시설관리비용을 높이 책정하여 경쟁사업자의 시설사용비용을 높임으로써 경쟁사업자가 불리한 경쟁조건에 처하도록 할 유인이 존재한다. 그러므로 비용 간 세밀한 '회계분리'를 통해 비용조작의 가능성이 없도록 할 필요가 있다.

2. 공익적 산업으로서 철도산업의 특징과 규제의 필요성

철도는 국민생활에 밀접한 관련을 가지는 대중교통수단이자 물류수단으로서

---

15) 일반적으로 경쟁적인 시장에서는 과도한 요금이 새로운 시장진입자를 불러일으키게 되므로 착취적인 요금설정 행위는 시장 스스로의 교정이 가능하지만, 경쟁이 제한되어 있는 시장 즉 지속적이면서 높은 진입장벽이 존재하고 법적으로 보장되는 배타적인 권리로 인해 독점 또는 준독점이 존재하는 경우에는 과도한 요금을 시장 스스로 교정할 수 있는 시장의 자정능력이 없으므로 이에 대한 국가의 규제로 교정할 수밖에 없다(Massimo Motta and Alexandre de Streel, "Exploitative and Exclusionary Excessive Prices in EU Law", 8th Annual European Union Competition Workshop, 2003, pp. 16-17). 따라서, 이와 같은 요건들을 모두 충족시키고 있는 철도산업의 경우 철도서비스 이용자를 보호하기 위해 국가가 과도한 철도요금에 대한 규제를 할 필요가 있다.

다른 산업 발전의 초석이 되는 국가기간산업이므로 앞에서 살펴본 네트워크산업으로서의 특징 이외에 공익적 산업으로서의 성격도 동시에 지니고 있다.

철도는 단위 수송량당 CO_2 배출량이 승용차의 43%, 화물차의 20%에 불과하고, 에너지소모량이 승용차의 6%, 버스의 26%, 화물차의 11%에 불과하므로,[16] 다른 운송수단보다 더 친환경적이면서 에너지 효율적인 교통수단이라 할 수 있다. 그러므로, 국토를 관통하는 철도의 간선노선 이외에도 전국 각 주요지역에 지선노선을 확보하고 광역철도와 도시철도 구간을 확대함으로써 자동차를 대체하는 대중교통수단으로 철도를 활발하게 이용할 수 있도록 환경을 조성할 필요가 있다.

이와 같이 공익적 측면에서의 철도산업 규제는 철도에 대한 대중의 접근가능성을 보장하고 인프라를 확보하는 일과 관련이 깊으며, 이를 위해서는 공익서비스 보상제도와 안전규제 등이 요구된다.

우선, 누구나 철도서비스를 이용할 수 있도록 전국의 각 지역에 철도서비스를 제공하기 위해서는 적자노선을 운행하는 철도사업자에 대해 공익서비스 보상 (PSO: Public Service Obligation)을 해줄 필요가 있다.

그런데, 일반적으로 국가의 철도업무를 승계한 공기업 등 기존의 철도사업자는 이용자가 상대적으로 적은 지역의 적자노선과 이용자가 집중되는 흑자노선을 동시에 운행하는 경우가 대부분이다. 이때 적자노선 부분에 대해서는 공익서비스 보상을 해주고 있는데, 적자노선과 흑자노선을 동시에 운행하는 철도사업자는 적자노선에 많은 인력을 배치하여 과도한 보상을 받을 유인이 존재한다. 이 때문에 국민의 세금이 낭비되고 국가의 재정부담이 가중될 우려가 있으므로, 적절한 보상이 이루어지도록 제도 개선이 필요하다.

다음으로, 국가기간산업으로서 공익적 성격을 가지는 철도산업에 대해서는 '안전에 대한 규제'가 수반되어야 한다. 안전에 대한 규제는 비단 철도산업뿐만이 아니라 버스와 택시 등 대중교통수단으로 이용되는 운송산업 일반에 적용되고 있는 규제이다. 그러나 특히 최근에는 부실정비 등으로 인해 철도 관련 사고가 빈번히 발생하고 있으므로, 대중교통수단으로서 철도에 대한 이용자의 안전한 접근을 보장하고 철도산업의 공익성을 제고하기 위해서는 철도안전에 대한

---

16)「철도산업구조개혁기본계획」, 건설교통부, 2004. 6, 8면.

규제가 강화될 필요가 있다.

Ⅳ. 철도산업 규제의 법적 쟁점과 철도 관련법의 개선방향

앞에서 살펴본 바와 같이, 우리나라의 철도산업은 철도시설부문과 철도운영부문으로 나눌 수 있고, 철도운영부문은 철도사업법상 철도사업자와 도시철도법상 철도사업자로 구성된다. 철도산업의 철도운영부문에서는 여객운송과 화물운송을 수행하고 있는데, 본고에서 철도산업 규제와 관련하여 관심을 가지는 대상은 철도사업법상 철도사업자의 여객운송부문이다.

1. 경쟁법적 측면의 철도 관련법 내용과 개선방향

(1) 철도산업의 진입장벽 제거

철도서비스를 제공하기 위해서는 철도망 등의 철도시설 네트워크를 갖추어야 하지만 막대한 초기비용 때문에 신규사업자에게는 이것이 진입장벽으로 작용하고 있다. 그러므로 독일, 프랑스, 영국 등 철도산업에 경쟁을 도입한 유럽연합(EU) 회원국들에서는 네트워크 부문인 철도시설에 대해서만큼은 국가 또는 중립적인 제3자가 이를 독립으로 관리하도록 하고, 非네트워크 부문인 철도운송서비스 부문에 대해서만 경쟁을 도입하고 있다.[17]

우리나라에서도 2000년대 초반부터 추진된 철도구조개혁에 따라 2004년에 철도시설의 관리를 맡은 한국철도시설공단이 설립되고 2005년에는 철도운송서비스를 담당하는 한국철도공사가 설립되어 시설과 운영이 분리되었음은 앞에서 살펴본 바와 같다. 이러한 '시설과 운영의 분리원칙'은 철도시설과 관련된 조항 및 철도운영과 관련된 조항을 별도로 규정하는 방식으로 철도산업발전기본법 제20조와 제21조에서 철도시설 조항 및 철도운영 조항을 별도로 규정하고 관리주체를 분리하는 방식으로 나타나 있다.

우선 철도산업발전기본법 제20조 제1항에서는 "철도산업의 구조개혁을 추진

---

17) 독일, 프랑스, 영국 등 유럽연합(EU) 회원국들의 철도산업 경쟁도입에 관한 자세한 내용은 한정미·김윤정, 「네트워크산업 법제 연구 - 전력 및 철도산업을 중심으로」, 198-225면을 참조할 것.

함에 있어서 철도시설은 국가가 소유하는 것을 원칙으로 한다"고 규정함으로써 '철도시설'의 소유권이 국가에게 있음을 선언하고 있으며, 제3항에서는 "국가는 철도시설 관련업무를 체계적이고 효율적으로 추진하기 위하여 그 집행조직으로서 철도청 및 고속철도건설공단의 관련 조직을 통·폐합하여 특별법에 의하여 한국철도시설공단을 설립한다"고 규정하여 국가를 대신해서 철도시설을 관리할 독립적인 기관으로 '한국철도시설공단'을 설립근거를 명시하고 있다.

그리고 '철도운영'과 관련된 내용은 철도산업발전기본법 제21조에서 규정하고 있다. 동조 제1항에서는 "철도운영 관련 사업은 시장경제원리에 따라 국가외의 자가 영위하는 것을 원칙으로 한다"고 규정함으로써 철도운영은 '시장경제원리'에 따라 이루어져야 함을 선언하고 있으며, 제2항 제4호에서는 국토교통부장관은 철도운영에 대한 '공정한 경쟁여건의 조성'의 시책을 수립·시행한다고 명시하고 있고, 제3항에서는 "국가는 철도운영 관련사업을 효율적으로 경영하기 위하여 철도청 및 고속철도건설공단의 관련조직을 전환하여 특별법에 의하여 한국철도공사(이하 '철도공사'라 한다)를 설립한다"고 규정함으로써 철도운영사업자로서 '한국철도공사'의 설립근거를 규정하고 있다.

이러한 조항들을 종합적으로 해석하면, 종래에 철도청이 함께 관리하던 철도시설과 철도운영을 분리하여 철도시설은 한국철도시설공단이 관리하고 철도운영은 한국철도공사가 담당하되, 한국철도공사 이외에 새로운 철도사업자를 허용하여 철도운영부문에 경쟁을 도입하려는 '철도산업 구조개혁'의 의지를 엿볼 수 있다.

이러한 취지는 철도산업발전기본법뿐만 아니라 철도사업법에서도 잘 나타나고 있다. 즉 철도사업법 제2조 제8호에서는 "철도사업자란 한국철도공사법에 따라 설립된 한국철도공사 및 제5조에 따라 철도사업 면허를 받은 자를 말한다"고 규정함으로써, 한국철도공사가 유일한 철도사업자가 아님을 명시하고 있다.

그러나, 현행 철도 관련법은 신규 시장진입자가 시장진입비용을 줄일 수 있도록 독립적인 제3자로부터 철도차량을 임대하고 정비 및 수리를 맡길 수 있는 근거를 규정하고 있지는 않으므로, 아직까지 경쟁도입의 환경이 완전히 마련되어 있다고는 할 수 없다. 2016년부터 운행을 시작할 수서발 KTX의 경우 철도차량을 한국철도공사로부터 임대할 예정인데, 한국철도공사가 과도한 임대료를 부과하는 경우 수서고속철도 주식회사는 불리한 경쟁조건에 처하게 될 수도 있다.

이와 관련하여서는 철도사업법이 보완이 되어야 할 필요가 있다.

(2) 비차별적인 네트워크 접근의 보장

현재 우리나라에서는 철도운영부문에서 한국철도공사 이외의 경쟁사업자로 수서고속철도 주식회사가 철도사업법상 면허를 발급받은 상황이지만, 철도시설에 대한 비차별적인 접근을 보장하는 조항이 없으므로, 새로운 경쟁사업자인 수서고속철도 주식회사가 기존의 사업자인 한국철도공사와 공정한 경쟁을 할 수 있도록 하는 제도적 여건이 완비되어 있다고 할 수는 없다.

먼저, 철도사업법 제31조에서는 '철도시설의 공동 활용'이라는 표제 하에 "공공교통을 목적으로 하는 선로 및 다음 각 호의 공동 사용시설을 관리하는 자는 철도사업자가 그 시설의 공동 활용에 관한 요청을 하는 경우 협정을 체결하여 이용할 수 있게 하여야 한다"고 규정하고, 각 호에서 ① 철도역 및 역 시설(물류시설, 환승시설 및 편의시설 등을 포함한다), ② 철도차량의 정비·검사·점검·보관 등 유지관리를 위한 시설, ③ 사고의 복구 및 구조·피난을 위한 설비, ④ 열차의 조성 또는 분리 등을 위한 시설, ⑤ 철도 운영에 필요한 정보통신 설비를 규정하고 있지만, 이러한 철도시설의 이용조건이 공정하고 적절해야 하며 모든 사업자에게 비차별적인 조건으로 부과되어야 함을 규정하고 있지는 아니하다.

또한, 새로운 경쟁사업자가 철도선로망에 대한 공정하고 비차별적인 접근을 보장받기 위해서는 철도관제권이 중립적인 제3자에게 독립되어 있어야 하지만, 현재 철도관제권은 기존의 철도사업자인 한국철도공사에게 위탁되어 있다는 문제가 있다. 즉, '권한의 위임 및 위탁'을 규정하고 있는 철도산업발전기본법 제38조 본문의 위임에 따라 동법 시행령 제50조 제3항에서는 "국토교통부장관은 법 제38조 본문의 규정에 의하여 제24조 제4항의 규정에 의한 철도교통관제시설의 관리업무 및 철도교통관제업무를 다음 각 호의 자 중에서 국토교통부령이 정하는 자에게 위탁한다"고 규정하고 각 호에서 ① 한국철도시설공단과 ② 철도운영자를 규정하고 있지만, 다시 이에 근거한 동법 시행규칙 제12조 제2항에서는 "국토교통부장관은 영 제50조 제3항의 규정에 의하여 영 제24조 제4항의 규정에 의한 철도교통관제시설의 관리업무 및 철도교통관제업무를 한국철도공사에 위탁한다"고 규정함으로써, 철도관제업무를 한국철도공사에게 위탁하고 있다.

따라서, 철도산업에서 경쟁을 활성화하기 위해서는, 철도시설의 공동활용을 규정하고 있는 철도사업법 제31조의 규정과 한국철도공사에게 철도관제업무를 위탁하고 있는 철도산업발전기본법 시행규칙 제12조의 규정을 경쟁사업자의 철도시설에 대한 비차별적인 접근을 보장하는 방향으로 개정하여야 할 필요가 있다.

(3) 철도시설 이용요금 규제의 도입

철도서비스를 제공하기 위해서는 철도사업법상 면허를 받아야 하므로 철도산업에는 법적인 진입장벽이 존재하고 있다. 이와 같이 독점 또는 준독점이 보장되고 있는 철도산업에서는 철도서비스 요금을 과도하게 부과하지 못하도록 규제할 필요가 있는데, 철도사업법은 제정 당시부터 요금규제를 규정하고 있다.

즉 철도사업법 제9조 제1항에서는 운임·요금을 국토교통부장관에게 신고할 의무를 철도사업자에게 부과하고 있고, 제2항에서는 "철도사업자는 운임·요금을 정하거나 변경하는 경우에는 원가(原價)와 버스 등 다른 교통수단의 운임·요금과의 형평성 등을 고려하여야 하며, 여객 운임의 경우에는 국토교통부장관이 지정·고시한 여객 운임의 상한을 초과하여서는 아니 된다"고 규정함으로써, 철도서비스 이용요금에 대해 규제할 수 있음을 규정하고 있다.

한편, 철도서비스 이용요금 이외에 철도산업에서는 신규사업자의 공정한 경쟁을 보장하기 위하여 철도사업자에게 부과되는 선로사용료 등 철도시설 이용요금이 비용에 기반하여 적절히 산정될 수 있도록 규제할 필요가 있지만, 현행 철도 관련법에서는 이에 관한 규정은 두고 있지 않다.

즉 철도산업발전기본법 제31조에서는 '철도시설 사용료'라는 표제 하에 제1항에서 "철도시설을 사용하고자 하는 자는 대통령령이 정하는 바에 따라 관리청의 허가를 받거나 철도시설관리자와 시설사용계약을 체결하거나 그 시설사용계약을 체결한 자의 승낙을 얻어 사용할 수 있다"고 규정하고, 제2항에서 "철도시설관리자 또는 시설사용계약자는 제1항의 규정에 의하여 철도시설을 사용하는 자로부터 사용료를 징수할 수 있다. 다만, 대통령령이 정하는 바에 의하여 그 사용료의 전부 또는 일부를 면제할 수 있다"고 규정하고 있지만, 제3항에서 "제2항의 규정에 의한 철도시설 사용료를 징수함에 있어 철도의 사회경제적 편익과 다른 교통수단과의 형평성 등이 고려되어야 한다"고 규정하고 있을 뿐, 비용에 기반한 적절한 요금이 산정되어야 함을 규정하고 있지는 아니하다.

2016년부터 운행을 시작할 수서발 KTX의 경우 선로사용료를 한국철도시설공단에 지급하여야 하고 철도기지와 역사 등 한국철도공사가 투자하여 설립한 일부 철도시설에 대해서는 한국철도공사에게 철도시설 사용료를 지급하여야 하는데, 한국철도시설공단이나 한국철도공사가 과도한 선로사용료나 철도시설 사용료를 부과하는 경우 한국철도공사와의 공정한 경쟁이 불가능할 수 있다. 그러므로, 철도산업발전기본법 제31조를 개정함으로써 선로사용료 등 철도시설 사용료를 산정함에 있어서는 비용에 기반하여 적절하게 산정되어야 함을 규정할 필요가 있으며, 또한 이러한 사용료는 철도사업자 간 비차별적으로 부과되어야 함을 규정할 필요가 있다.

(4) 엄격한 회계분리 제도의 도입

현재 철도시설과 철도운영이 분리되어 철도시설에 대해서는 한국철도시설공사가 관리권한을 가지고 있지만, '권한의 위임 및 위탁'을 규정하고 있는 철도산업발전기본법 제38조 단서에서는 "다만, 철도시설유지보수 시행업무는 철도공사에 위탁한다"고 규정하고 있으므로, 한국철도공사에게 철도시설 유지보수 시행업무가 위임되어 있는 실정이다. 그런데 현재 철도회계는 세분화되어 있지 못하므로, 한국철도공사는 이러한 철도시설 유지보수 비용을 과도하게 높게 책정하여 경쟁사업자의 철도시설 사용비용을 올림으로써 공정한 경쟁을 저해할 가능성이 있다.

'회계의 구분'을 규정하고 있는 철도사업법 제32조는 "제32조(회계의 구분) 철도사업자는 철도사업 외의 사업을 경영하는 경우에는 철도사업에 관한 회계와 철도사업 외의 사업에 관한 회계를 구분하여 경리하여야 한다"고 규정하고 있을 뿐, 자산과 부채를 구분하지 않고 있다. 이와 같이 세분화되어 있지 않은 회계분리 규정 하에서는 화물운송비용이 매출의 2배나 투입되고 있고, 차량정비·시설유지보수 비용으로 수입의 각각 20%가 투입되는 등 과다한 비용지출이 초래되고 있으며, 여객·화물·차량정비 등 각 분야의 다양한 기능을 구분하여 계산하기가 어렵다는 문제가 있다.[18] 특히 한국철도공사가 한국철도시설공단으로부터 위탁받은 철도시설 유지보수 부문의 경우 이에 관한 명확한 회계분리 및 시행기

---

18) 「우리나라 철도산업 발전방안 - 경쟁체제 도입을 중심으로 -」, 글로벌 리더십 과정 정책보고서, 2014, 37면.

준이 미흡하므로, 고속철도 유지보수비가 일년에 1천억원이 드는데 비하여 일반철도 유지보수비에 연간 6천억원이 소요되고 있으며, 일반철도 유지보수비의 대다수를 차지하는 인건비의 비중은 무려 71.6%에 달하고 있다.[19]

그러므로, 철도사업법 제32조를 개정하여 철도회계에 대하여 엄격한 회계분리제도를 도입함으로써 한국철도공사 비용지출이 적절한지를 평가하고 시설유지보수에 대한 과다한 비용계상을 막을 필요가 있다.

2. 공익적 측면의 철도 관련법 내용과 개선방향

(1) 최저보조금 입찰제의 도입

현재 우리나라에서는 노약자 등 운임할인과 벽지노선 운영 등으로 인한 철도사업자의 손실발생에 대하여 정부가 의무적으로 공익서비스 보상(PSO)을 하고 있다.

즉 철도산업발전기본법 제32조에서는 제1항에서 "철도운영자의 공익서비스 제공으로 발생하는 비용(이하 '공익서비스비용'이라 한다)은 대통령령이 정하는 바에 따라 국가 또는 당해 철도서비스를 직접 요구한 자(이하 '원인제공자'라 한다)가 부담하여야 한다"고 규정하고, 제2항에서 공익서비스비용의 범위를 ① 철도운영자가 다른 법령에 의하거나 국가정책 또는 공공목적을 위하여 철도운임 · 요금을 감면할 경우 그 감면액, ② 철도운영자가 경영개선을 위한 적절한 조치를 취하였음에도 불구하고 철도이용수요가 적어 수지균형의 확보가 극히 곤란하여 벽지의 노선 또는 역의 철도서비스를 제한 또는 중지하여야 되는 경우로서 공익목적을 위하여 기초적인 철도서비스를 계속함으로써 발생되는 경영손실, ③ 철도운영자가 국가의 특수목적사업을 수행함으로써 발생되는 비용으로 규정하고 있다.

이러한 공익서비스 보상 제도로 인하여 적자노선과 흑자노선을 동시에 운행하는 한국철도공사는 적자노선에 불필요한 인력을 배치하여 과도한 보상을 받을 유인이 존재한다. 이 때문에 국민의 세금이 낭비되고 국가의 재정부담이 가중될 우려를 방지하기 위해서는 공익서비스 보상과 관련하여 영국 등에서 이미 시행하고 있는 '최저보조금 입찰제' 등을 도입하여 국가의 재정부담을 감소시킬 필요

---

19) 위의 글, 41면.

가 있다.

(2) 안전규제의 강화

철도안전은 대중교통수단으로서 철도에 대한 접근가능성을 제고시킴으로써 철도산업의 공익성을 실현시키는 중요한 토대이지만, 최근 철도와 관련된 안전사고가 빈번히 발생하고 있는데 이는 철도안전법상 꼭 필요한 의무들이 구비되고 있지 못한 문제에서 비롯되고 있다. 그러므로 다음과 같은 측면에서 현행 철도안전법이 개정되어야 할 필요가 있다.

우선, 현재의 열차운행 관행에 따르면 대부분의 열차운행시에 운전실에 기관사 1인만 탑승하도록 하고 있는 등 1인 승무제가 날로 확대되는 실정인데, 철도안전법에는 열차운행 시 기관사 및 운전업무종사자 1인 등 2인 승무를 의무화하는 규정이 마련되어 있지 아니하다. 수송 인원이 1개 편성열차당 수천 명에 이르는 상황에도 불구하고 기관사 1인에게 이용자의 안전을 책임지도록 하는 것은 졸음운전 등 부주의가 발생하는 경우 대형 인명사고로 이어질 수 있는 원인이 되므로, 철도운영자에게 열차운행 시 안전에 필요한 운전업무종사자를 탑승시키도록 하는 규정이 신설될 필요가 있다.[20]

다음으로, 철도종사자의 인적 과실로 인한 철도사고가 지속적으로 발생하고 있지만 현행 철도안전법에서는 음주 또는 약물을 사용하고 운전한 경우에만 기관사 자격의 취소·정지 및 벌칙을 규정하고 있고, 반면 고의·중과실에 의한 사고발생시에는 기관사 자격의 취소·정지만을 규정하고 있음에 그치고 있다. 따라서 고의·중과실 및 기본안전수칙 위반사고로 사망이나 상해를 일으킨 경우에도 벌칙 규정을 신설하여 기관사에 대한 징역 또는 벌금을 부과할 필요가 있으며, 행위자 외에도 철도운영기관 등에 벌금을 부과할 필요가 있다. 또한 현재는 철도안전을 위해 철도종사자가 필수적으로 준수하여야 하는 중요한 안전수칙인 열차 출발전 확인사항, 사고·장애 시 조치사항 등 기본안전수칙에 관한 사항을 철도운영기관의 내규로 관리하고 있으므로, 기본안전수칙 준수의 법적 의무가 없고 기본안전수칙 준수 실효성 확보에도 한계가 있다. 따라서 철도종사자의 안전책임 강화를 위해 철도종사자에게 기본안전수칙 준수의무를 부여하고,

---

20) 이와 관련한 철도안전법의 구체적인 개정방안은 철도안전법 일부개정법률안(김상희의원 대표발의), 2014. 12. 23. 참고.

이를 위반하는 경우에는 과태료, 자격정지, 자격취소 등의 제재를 통해 인적과실에 의한 철도사고를 예방할 필요가 있다.[21]

---

21) 이와 관련한 철도안전법의 구체적인 개정방안은 철도안전법 일부개정법률안(이노근 의원 대표발의), 2014. 11. 28. 참고.

▌▌ 참고문헌 ▌▌

◼ 국내문헌

서용준 외, 「철도산업구조개혁 및 철도발전 계획 수립 연구」, 국토교통부 용역보고서, 한국교통연구원, 2013.

오성백 외, 「공익재산업(Public Utilities) 규제이론 연구」, 연구보고 00-27, 정보통신정책연구원, 2000.

「우리나라 철도산업 발전방안 - 경쟁체제 도입을 중심으로 -」, 글로벌 리더십 과정 정책보고서, 2014.

조창현, 「공익산업 민영화의 국제비교와 시사점 - 영국, 호주, 아르헨티나의 전력산업을 중심으로」, 산업연구원, 1999.

최진석 외, 「철도산업발전과 경쟁력제고를 위한 연구」, 국토교통부 용역보고서, 한국교통연구원, 2010.

_____, 「철도운영 효율화 및 철도시장 참여방안 연구」, 국토교통부 용역보고서, 한국교통연구원, 2013.

「철도산업구조개혁기본계획」, 건설교통부, 2004. 6.

「철도산업 만성적자 개선방안(1차년도) - 2013 일반사업 요약」, 한국교통연구원, 2014.

철도안전법 일부개정법률안(김상희의원 대표발의), 2014. 12. 23.

철도안전법 일부개정법률안(이노근의원 대표발의), 2014. 11. 28.

한정미·김윤정, 「네트워크산업 법제 연구 - 전력 및 철도산업을 중심으로」, 연구보고 2014-8, 한국법제연구원, 2014.

◼ 국외문헌

Henseler-Unger, Iris, "Die Bundesnetzagentur als Regulierungsbehörde", Jörn Lüdemann(Hrsg.), *Telekommunikation, Energie, Eisenbahn, Mohr Siebeck*, 2008.

Motta, Massimo and Alexandre de Streel, "Exploitative and Exclusionary Excessive Prices in EU Law", 8th Annual European Union Competition Workshop, 2003.

우리나라 건설산업규제 관련법제의 발전사

- 법개발학의 관점에서 -[*]

김 대 인[**]

I. 서   론

'국제개발협력'(International Development Cooperation)은 개도국의 개발을 위한 국제적인 협력을 총칭하는 개념이다. 이러한 국제개발협력은 공공부문 및 민간부문에서 모두 이루어질 수 있다. 이 중 공공부문의 국제개발협력을 '공적 개발원조'(Official Development Assistance: ODA)라고 부른다. 2010년도에 우리나라가 OECD 개발원조위원회(Development Assistance Committee: DAC)에 가입하면서 공적 개발원조의 양과 질을 높여야 하는 과제를 안게 되었다. 이러한 맥락에서 국제개발협력기본법이 제정되는 등 국제개발협력의 선진화를 위한 여러 가지 노력이 이루어지고 있다.

법을 통한 국제개발협력도 다방면에서 이루어지고 있다. 우리나라의 대외무상원조를 담당하고 있는 한국국제협력단(KOICA)에서는 법무연수원 및 대법원과 협력하여 개도국의 법률가들을 초청하여 연수하는 프로그램을 운영하고, 외국에 사법연수소를 건립하는 등 다양한 법률분야 국제개발협력이 이루어지고 있다.

---

[*] 권오승 선생님께서는 법개발학 분야의 중요성을 강조하면서 관련 선행연구(권오승 외, 체제전환국 법제정비지원, 서울대학교 출판부, 2006 참조)를 진행하신 바 있고, 사단법인 아시아법연구소를 설립하여 이와 관련된 활동을 현재도 지속하고 계신다. 필자도 이러한 선생님의 학문적 영향으로 이 분야에 대한 연구를 지속하고 있다. 이 글은 필자의 관련 선행연구들을 건설산업을 중심으로 종합·정리해본 것이다. 이 글의 토대가 된 필자의 선행연구들은 다음과 같다. "베트남을 중심으로 본 법과 개발의 현황과 과제", 아시아법연구 제8호, 2007; "주계약자 공동도급제도의 발전방안", 지방계약연구 제1권 제1호, 2010; "발전국가론에 대한 공법적 고찰", 법과 사회 제47호, 2014.

[**] 이화여자대학교 법학전문대학원 부교수, 법학박사, 변호사

이처럼 법률분야의 국제개발협력이 우리나라에서 증가함에 따라 이와 관련한 서구나 일본의 경험들에 대한 소개도 지속적으로 이루어지고 있다. 서구에서는 개발도상국(이하 '개도국')에 대한 법률원조프로그램 및 이와 관련된 학문분야를 '법개발학'(Law and Development)[1]이라는 이름으로 부르고 있다.[2] 이러한 '법개발학'은 실천지향성이 강하여 '법개발운동'(Law and Development Movement)이라고 부르기도 한다. '법개발운동'은 1960년 중반경부터 미국을 중심으로 한 선진국에서 발생하였는데, 이는 서구적인 법질서의 구축이 개도국의 경제발전에 주요한 기초를 이루게 된다는 근대화이론을 기반으로 하고 있었다.[3] 이러한 이론적 기반을 토대로 주로 남미, 아프리카 등에 대한 법률원조 프로그램이 진행되기에 이른다.

이러한 법개발운동은 1970년대 중반에 중요한 이론적인 비판[4]에 직면하게 된 이후에 상당히 오랜 기간의 침체를 겪다가 다시 1990년대에 들어와 다시 부흥하게 된다. 이러한 부흥의 계기가 된 것은 소련을 중심으로 한 공산주의권의 붕괴로 인해 많은 체제전환국가들이 등장하게 된 데에서 연유한다. 1990년대 이후의 법개발운동은 1960년대 중반부터 시작된 초기 법개발운동에 대한 비판을 고려하여 차별성을 추구하고 있으나, 과연 차별성이 제대로 관철되고 있는지에 대해서는 많은 논의가 이루어지고 있다.[5]

---

1) 'development'라고 할 때에는 '개발'로 번역되기도 하고, '발전'으로 번역되기도 한다. 개도국에 대한 원조를 언급하는 과정에서는 '개발'이라는 표현이 보다 일반적으로 사용되고 있으므로 본 논문에서도 원칙적으로 '개발'이라는 표현을 사용하도록 한다. 법개발운동에 관해 자세히는 서원우, "새로운 법과 개발운동의 의의와 전개 - 법정비기술지원과 관련하여-", 법조 제567호, 2003; 김대인, "베트남을 중심으로 본 법과 개발의 현황과 과제", 아시아법제연구 제8호, 한국법제연구원, 2007; 박광동, 법제교류지원사업의 이념과 과제, 한국법제연구원, 2008 등 참조.

2) David Trubek, "Law and Development," in N. J. Smelser and Paul B. Baltes (eds.) *International Encyclopedia of the Social & Behavioral Sciences.* Pergamon: Oxford, 2001, p. 8443.

3) 이는 막스 베버의 법사회학이론의 영향을 받은 바 크다. David Trubek, "Law and Development," in N. J. Smelser and Paul B. Baltes eds., *International Encyclopedia of the Social & Behavioral Sciences,* Pergamon: Oxford, 2001, p. 8443.

4) 법과 개발운동의 기초가 된 근대화이론이 개도국의 문화적 특수성을 고려하지 않은 지나치게 순진한 이론일 뿐만 아니라, 자민족중심적이고, 제국주의적이라는 비판을 받게 된다. David Trubek, and Marc Galanter, Scholars in Self-Estrangement: Some Reflections on the Crisis in Law and Development Studies in the United States, 1974 *Wisconsin Law Rev.* pp. 1062- 1102 참조.

5) 이에 관한 대표적인 문헌으로 David Trubek & Alvaro Santos, ed., *The New Law and Economic Development;A Critical Appraisal,* New York: Cambridge University Press, 2006 참조.

선진국에서 시작된 법개발운동은 1990년대에 들어서면서부터 한국에서도 나타나고 있다. 이처럼 법개발운동이 한국에서도 나타나게 된 원인으로는 여러 가지를 지적할 수 있을 것이나, 아무래도 가장 큰 원인은 짧은 기간 동안 법치주의와 시장경제질서의 발전을 이루어낸 우리나라의 모델이 서구선진국의 모델에 비해서 개도국에게 더 적실성이 있다는 인식이 확산되고 있다는 점을 들 수 있다.[6]

개도국들은 우리나라의 여러 가지 법제, 특히 경제관련법제의 발전과정에 대해서 많은 관심을 보이고 있다. 그럼에도 불구하고 우리나라의 경제관련법제들을 법개발학의 관점에서 연구한 문헌들은 찾아보기가 쉽지 않다. 이러한 연구공백을 메우기 위해서 이 글에서는 건설산업규제 관련법제를 법개발학의 관점에서 살펴보고자 한다. 건설산업규제 관련법제를 연구의 대상으로 삼고자 하는 이유는 무엇보다 건설산업이 국가경제에서 차지하는 비중이 크기 때문이다.[7] 건설산업의 건전한 발전은 도로나 댐과 같은 다양한 사회기반시설의 확충수요가 큰 개도국에서 그 중요성이 더욱 높다고 할 수 있다. 이러한 이유로 최근 캄보디아에서는 건설산업관련법제에 대한 자문을 우리나라 국토교통부에 요청하기도 하였다.

우리나라의 주요 건설산업규제 관련법제로는 건설산업기본법, 건설기술관리법, 하도급거래공정화에 관한 법률, 주택법, 택지개발촉진법, 도시개발법, 건축법, 국가를 당사자로 하는 계약에 관한 법률, 지방자치단체를 당사자로 하는 계약에 관한 법률 등을 들 수 있다. 이글에서는 이 중에서 건설산업규제의 핵심을 이루는 건설산업기본법을 중심으로 살펴보도록 한다. 또한 우리나라의 경제사를 1) 건국초기(1948년)부터 1950년대까지(이승만 정권), 2) 1960년-1970년대(박정희 정권), 3) 1980년-1997년 외환위기까지(전두환, 노태우, 김영삼 정권), 4) 1997년 외환위기 이후(김대중, 노무현, 이명박, 박근혜 정권)로 나누어보고,[8] 이 시기별로 건설산업규제 관련법제가 어떻게 변모했는지를 추적해보도록 한다.

---

6) 권오승 외, 체제전환국 법제정비지원, 서울대학교 출판부, 2006, 3면 참조.
7) 2007년도 기준으로 우리나라 GDP 대비 건설투자액은 14.9%를 차지하고 있고, 취업자수는 전체취업자대비 7.7%(182만명)을 차지하고 있다. 국가경쟁력강화위원회, 건설산업 선진화 방안 – 글로벌 미래성장 산업으로의 발전전략 –, 2009, 2면 참조.
8) 한국경제60년사 편찬위원회, 한국경제60년사(경제일반), 한국개발연구원, 2010; 한국개발연구원 김두얼 편, 경제법제60년사, 도서출판 해남, 2011; 정영화, "한국의 경제발전과 법: 1961년-1979년", 법학논집(이화여자대학교), 제16권 제4호, 2012 등에서 일반적으로 취하고 있는 시기구분이다.

Ⅱ. 건국초기(1948년)부터 1950년대까지의 건설산업규제 관련법제

건국초기 및 1950년대는 국가형성, 식민잔재의 청산, 전쟁수행 및 전후복구, 국가기본질서의 확립이 시급한 과제였다. 독립과 동시에 분단과 전쟁이라는 위기를 맞았고, 극한의 좌우 이념대립 속에서 근대 법제도의 정착을 위한 진통의 시기였다. 이 시기에 이승만 정권은 일련의 개발계획을 통해 경제재건을 추구했다. 그 최초의 것은 산업부흥 5개년계획(1949년)이었고, 이후에도 부흥계획(1951년), 종합부흥계획(1954년), 경제부흥 5개년계획(1955년), 경제개발 3개년계획(1960년) 등 5개 종합계획을 수립하여 자립경제 건설을 도모하였다.[9]

1948년 건국당시에 제정된 제헌헌법 제5조에서는 자유와 평등에 비해 공공복리에 우선적 지위를 부여했다. 그리고 경제에 대해서 제6장에서 별도의 장을 두고 있다. 이 장의 핵심조항인 제84조는 생활의 기본적 수요를 충족할 수 있게 하는 사회정의의 실현과 국민경제의 발전을 경제질서의 목표로 제시하고 개인의 경제상의 자유는 이러한 한계 내에서 보장된다고 하여 자유보다 사회적 배려와 사회통합을 우선시 했다. 제87조에서는 운수, 통신, 금융, 보험, 전기, 수리, 수도, 가스 및 공공성을 가진 기업을 국영 또는 공영으로 한다고 규정하고, 대외무역도 국가가 통제하도록 했다.

현재 건설산업기본법의 모태가 된 건설업법은 1958년 3월 11일에 제정되었다. 동법은 전체 8장, 43조로 구성되었는데, 당시 내무부에서는 동법의 제정목적을 "건설업을 영위하는 자에 대한 면허의 실시, 청부계약의 규정, 기술자의 보유 등에 의하여 건설공사의 적정한 시공을 확보함과 동시에 건설업의 건전한 발달을 도모하려는 것"으로 밝히고 있다. 건설산업에 대한 별도의 법률을 두는 것은 선진국에서는 찾아보기 힘든데, 이는 경제에 대한 국가의 개입이 광범위하게 가능토록 되어 있던 제헌헌법의 영향을 받은 것으로 보아야 할 것이다. 제정 건설업법의 주요내용은 다음과 같다.

---

9) 한국경제60년사 편찬위원회, 위의 책, 5면 참조.

1) 건설업을 영위하고자 하는 자는 내무부장관의 면허를 받도록 하되, 건설업의 면허에 관한 사항을 심사하기 위하여 내무부에 업자심사위원회를 두도록 했다.

2) 건설공사의 청부계약의 내용을 구체적으로 정하고, 건설업자는 그 청부한 건설공사를 일괄하여 제삼자에게 하청부시킬 수 없도록 했다.

3) 내무부장관의 건설업자에 대한 감독사항을 정했다.

4) 건설업자는 그 품위보전·건설공사의 시공방법개량과 건설업의 건전한 발전을 기하기 위하여 건설업회를 설립할 수 있도록 했다.

위와 같은 내용을 보면 제정 건설업법에서는 이후에도 지속적으로 나타나는 우리나라 건설산업의 주요한 특징이 담겨져 있음을 알 수 있다. 첫째, 1999년에 등록제도로 바뀌지만 건설업면허제도는 이후 40여년 동안 건설시장의 시장진입규제의 핵심을 이루게 된다. 둘째, 건설공사와 관련된 계약 및 하도급관련사항이 건설산업규제의 주요한 내용을 이루게 된다. 셋째, 건설업체에 대한 다양한 국가감독이 이루어지게 된다. 넷째, 건설협회가 조직됨으로써 동 협회는 건설산업계의 이해를 대변하고 건설규제관련법제에도 지속적인 영향을 미치게 된다.

특히 네 번째의 특징은 발전국가론[10]의 대표적인 이론가 중의 하나인 에반스가 설명하는 '연계성'(embeddedness)과 관련해서 살펴볼 필요가 있다. 에반스는 발전국가와 약탈국가가 구별되는 핵심개념으로 '연계된 자율성'(embedded auto-nomy)[11]라는 개념을 제시하고 있다. 그는 발전국가가 산업의 혁신에 성공할 수 있었던 요인을 사회에 대한 국가의 자율성과 연계성의 균형에서 찾는다. 이러한 국가의 자율성은 '강력하고 유능하며 집합적 응집력을 지닌 관료제'에 의해서 확보될 수 있으나, 발전국가가 되기 위해서는 이것만으로는 충분하지 않다고 본다. 국가와 사회, 특히 산업자본과의 연결망이 공존해야 한다. 다시 말해 외견상 상

---

10) 발전국가론은 동아시아 경제발전모델을 설명하는 유력한 이론이다. 발전국가는 "사유재산과 시장경제를 기본원칙으로 하면서도 부국강병이라는 목표를 위해 국가가 시장에 대해 장기적이면서도 전략적인 개입을 하는 국가"로 정의되고 있다. 그리고 이러한 발전국가의 주요한 특징으로는 다음과 같은 점들이 언급되고 있다. 1) 국가목표로서의 경제발전, 2) 사적 소유와 시장의 원칙을 무너뜨리지 않는 범위에서의 경제에 대한 국가의 전략적 개입, 3) 정책을 형성·집행하는 선도기구(pilot agency)의 중요성, 4) 조직적·제도적으로 밀접하면서도 적절한 격리성이 보장되는 관료와 기업의 관계가 그것이다(김일영, "한국에서의 발전국가의 기원, 형성과 발전 그리고 전망", 한국정치외교사논총 제23권 제1호, 2001, 89면 참조). 발전국가론에 대한 공법적인 접근으로 김대인, "발전국가론에 대한 공법적 고찰", 법과 사회 제47호, 2014 참조.

11) '배태된 자율성', '착근된 자율성' 등 다양하게 번역이 되고 있으나 국가와 기업 간의 쌍방적인 관계를 잘 드러낸다는 점에서 '연계된 자율성'으로 번역하도록 한다.

호 모순되는 연계성과 자율성이 결합될 때 산업혁신을 위한 국가개입이 성공적
일 수 있는 기반이 구축될 수 있다는 것이다.[12]

에반스는 이러한 '연계성'을 발전국가의 긍정적 특징으로 언급하고 있으나, 우
리나라에서 건설협회의 존재를 이러한 측면에서만 보는 것은 무리가 따른다고
할 수 있다. 우리나라의 건설관련 법제도는 많은 정부부처들과 이익단체들이 개
입해 서로 영향력과 이익의 극대화를 위해 각축을 벌이는 과정에서 보호 위주,
후견적 규제 일변도의 구조가 고착된 측면이 강하기 때문이다.[13]

Ⅲ. 1960년-1970년대의 건설산업규제 관련법제

1960년-1970년대는 정부주도의 고도성장정책을 적극적으로 추진한 시기라고
할 수 있다. 박정희 정권은 국민에 의해 선출된 합법정부를 비합법적으로 전복
시킨 정통성 결여를 보전하기 위해서는 경제적인 측면에서 성공을 거두는 것에
초점을 맞출 수밖에 없었다. 정부주도의 고도성장정책에 핵심에 놓이게 된 것이
수출진흥정책이었다. 수출진흥을 위해 수출입링크제, 수출보조금, 수출우대금융
및 세제상의 혜택을 주는 각종 정책이 실시되었다. 이러한 각종 유인체계 이외
에도 각종의 행정지원제도가 존재했다. 수출목표제도를 도입하여 개별 기업별
수출예상치를 집계하고 당해 연도의 총체적 수출목표를 설정하였으며, 대통령이
주재하는 월례수출진흥확대회의를 개최하여 전 각료와 수출업계 대표들이 수출
목표 달성여부를 점검·평가하고 그 실적이 부진할 때 대응책을 모색했다.[14] 박
정희 정권시에게 거의 매월 총 152번 개최된 이 회의에 박 대통령은 147회 참
석하였다. 이 회의에는 산업계의 대표들도 참석하여 수출확대를 위한 대응책을
관료들과 함께 논의했다. 이 회의는 매우 높게 책정된 수출목표 달성에 긍정적
으로 기여한 것으로 평가되고 있다.[15]

---

12) Peter Evans, *Embedded Autonomy: States and Industrial Transformation*, Princeton Uni-
versity Press, 1995, p. 44 및 박은홍, 동아시아의 전환: 발전국가를 넘어서, 아르케, 2008, 50면
참조.
13) 홍준형, "한국 건설법제 혁신을 위한 법정책 연구 - 건설산업관계법을 중심으로-", 법학(서울대학
교) 제47권 제3호, 2006, 409면 참조.
14) 한국경제60년사 편찬위원회, 앞의 책, 13면 참조.
15) 수출진흥확대회의에 대해서 상세히는 최상오, "한국의 수출지향공업화와 정부의 역할, 1965-1979
- 수출진흥확대회의를 사례로-", 경영사학 제25집 제4호, 2010 참조.

경제개발관련 행정계획이 지속적으로 수립된 것도 이 시기의 특징이라고 할 수 있다. 제1차 경제개발 5개년계획(1962-1966)에 이어 제2차 경제개발 5개년계획(1967-1971)에 따라, 에너지 자원 확충, 기간산업 확충, 사회간접자본 확충, 식량자급자족과 산림녹화, 공업화 추진, 과학기술의 진흥을 중점사업으로 추진하게 된다. 1960년대의 경제개발 5개년계획이 경공업 중심의 공업화 정책에 중점을 두었다면, 1970년의 제3차 경제개발 5개년계획(1972-1976)과 제4차 경제개발 5개년계획(1977-1981)은 중화학공업 육성과 자력성장구조의 확립에 역점을 두게 되었다.[16] 이러한 경제개발관련 행정계획은 관주도로 수립되었고 민간의 참여는 적었다는 평가가 있으나,[17] 수출진흥확대회의를 통한 대통령 및 관료들의 경제현장에 대한 이해확대가 이들 계획을 세우는 데에 영향을 미친 것으로 볼 수 있기 때문에[18] 이 점에서 에반스가 이야기한 연계성이 여전히 작동했다고 보아야 한다. 다만 이 시기의 법제는 정부정책을 지원하는 수단적 역할로 전락하였고, 법제의 규범적 방향설정기능은 소홀하게 취급되었다는 평가가 있다.[19]

이 시기의 수출진흥정책은 건설산업에도 예외가 아니었는데, 1976년 4월 1일에는 해외건설촉진법이 제정되었다. 이 법은 해외건설업에 관한 정부의 지원제도를 확립하고, 해외건설공사의 적정한 시공을 기할 수 있도록 함으로써 해외건설수출을 촉진하려는 것이었다. 이 법의 주요내용은 다음과 같다.

1) 해외건설업을 영위하고자 하는 자는 건설부장관의 면허를 받도록 했다.
2) 건설부장관은 해외건설업자등이 단독 또는 공동으로 출자하여 해외공사의 수주업무만을 담당하는 법인을 설립한 경우에는 해외건설업의 면허를 할 수 있도록 했다.
3) 해외건설업자가 해외공사를 도급받고자 할 때에는 건설부장관의 허가를 받도록 했다.
4) 해외건설업자 상호간의 수주경합의 경우에 건설부장관이 조정하거나 필요한 명령을 할 수 있도록 했다.
5) 건설부장관은 해외건설업자 상호간의 과당경쟁의 방지를 위하여 국가별 또는 지역별로 진출업자의 수를 제한할 수 있도록 했다.

---

16) 한국개발연구원 김두얼 편, 앞의 책, 6-7면 참조.
17) 강광하, "경제개발 5개년계획", 경제논집 제36권 제1호, 1997 참조.
18) 제2차 경제개발 5개년계획에서는 제1차 경제개발 5개년계획과는 달리 7억 달러라고 하는 구체적인 수치의 수출목표가 설정되게 된다(강광하, 위의 논문, 42면 참조). 이는 1965년부터 시작된 수출진흥확대회의의 영향이라고 보아야 할 것이다.
19) 권영설, "국가경제와 법: 진단과 전망", 공법연구 제29집 제2호, 2001, 4면; 한국개발연구원 김두얼 편, 위의 책, 22-23면 등 참조.

해외건설촉진법은 건설업체의 해외진출을 촉진하기 위한 목적으로 제정되었지만 국가별 진출업자의 수를 제한하는 등 건설부장관의 개입가능성을 열어두고 있다는 점에서 오히려 건설업체의 해외진출을 저해하는 측면도 있었음을 부정할 수 없다. 현재 이 법은 이름과 달리 해외건설산업을 촉진하는데 별다른 영향을 미치지 못하는 사문화된 법률이나 다를 바 없다는 평가가 이루어지고 있다.[20]

1975년 12월 31일 개정된 건설업법은 "건설면허제도의 적정화로 건설수요에 상응한 건설업면허를 하도록 하고, 하도급을 양성화하여 그 법률관계를 명확히 함으로써 건설업의 전문화·계열화를 기하는 한편 하도급으로 인한 제문제의 발생을 방지"하는 것을 개정취지로 하였다. 주요 개정내용은 다음과 같다.

1) 건설업면허는 3년마다 갱신하도록 했다.
2) 건설업을 일반공사업·특수공사업 및 단종공사업으로 구분하고, 일반공사업자와 특수공사업자는 중복하여 단종공사업면허를 받지 못하며 단종공사를 도급받지 못하도록 했다.
3) 건설업의 양도·상속 또는 법인합병은 건설부장관의 인가를 받도록 했다.
4) 도급계약의 내용, 시공상의 책임 등에 관한 분쟁을 심사조정하기 위하여 건설부에 건설업분쟁조정위원회를 설치하고 그 조직과 운영에 관하여는 따로 법률로 정하도록 했다.
5) 일반공사업자 또는 특수공사업자에게는 발주자의 서면에 의한 승낙이 있는 경우에 한하여 부분하도급을 할 수 있으며, 단종공사업자에 대하여는 발주자에게 통지만 하면 단종공사의 하도급을 할 수 있도록 했다.
6) 원수급인이 공사대금을 받았을 때에는 10일 이내에 하수급인에게 그 시공하는 분에 상당한 금액을 지불하여야 하며 원수급인은 하수급인의 준공통지를 받았을 때에는 10일이내에 준공검사를 하고 인수하도록 했다.
7) 후급인의 채권자는 건설공사의 도급금액 중 수급인이 당해 공사노무자에게 지급하여야 할 노임에 상당하는 금액에 대하여는 압류할 수 없도록 했다.
8) 1년 이상 영업실적이 없을 때를 면허취소요건으로 신설했다.

위 개정법률의 주요한 특징으로 볼 수 있는 것은 업역별로 겸업제한에 기초한 칸막이규제가 형성되었다는 점을 들 수 있다. 이러한 겸업제한은 이후 30여

---

20) 이상호·한미파슨스, 일류발주자가 일등 건설산업 만든다, 보문당, 2007, 25면 참조.

년간 지속되는데, 건설산업의 경쟁력을 약화시킨 주범이라는 평가를 받게 되고 지속적인 개혁의 대상으로 지목되게 된다.[21]

Ⅳ. 1980년-1997년 외환위기까지의 건설산업규제 관련법제

1980년대는 정치적 민주화를 이루었고 1990년에는 문민정부가 집권하면서 군사정권을 막을 내렸다. 경제정책의 기조에도 많은 변화가 있었는데 정부는 정부주도의 고도성장정책을 포기하고, 시장기능과 민간주도의 안정과 자율을 지향하는 방향으로 정책기조를 변경했다. 경제개발 5개년계획의 명칭도 경제사회개발 5개년계획으로 변경되었다. 또한 은행 민영화 및 경쟁정책의 강화 등을 추진하였다. 이러한 '안정·자율·개방'을 향한 정책선회는 부분적으로 성공을 거두었다.[22]

이 시기에 시장경쟁의 창달에 중요한 기여를 한 것은 1980년에 제정되어 1981년 4월부터 시행된 「독점규제 및 공정거래에 관한 법률」(이하 '공정거래법') 이었다. 제정당시 공정거래법의 주된 내용은 시장지배적 지위의 남용 금지, 경쟁제한적 기업결합의 제한, 부당한 공동행위의 제한, 불공정거래행위의 금지 등이었다. 그 후 공정거래법은 수차례 개정을 거치는 과정에서 전통적인 경쟁법의 범위를 넘어서 재벌에 의한 경제력집중을 억제하는 중요한 제도적 장치로 발전하게 되었다.[23]

1980년대 법제는 정책의 수단적 역할만 하던 수준에서 벗어나 적극적·능동적 역할을 회복해가는 시기였다는 평가가 있다.[24] 법치주의가 국정지표가 되었고, 법제의 내용과 절차에 있어서도 참여, 정의, 투명성 등 헌법적 가치가 강조되었기 때문이다. 1988년에 헌법재판소가 설립되면서 법률의 합헌성에 대한 통제가 이루어지게 된 것도 특징이다. 이러한 법치주의의 발전에도 불구하고 오랜 정부의존 관행 때문에 시장경제 민간주도로 전환하는 데에는 한계가 있었다.

1985년 7월 1일 전면개정된 건설업법의 개정취지는 "건설업의 경영합리화를

---

21) 이에 관해 자세히는 권오현, 건설업 업역구조 개편방안에 대한 연구, 2006 참조.
22) 한국경제60년사 편찬위원회, 앞의 책, 36면 참조.
23) 위의 책, 51면 참조.
24) 한국개발연구원 김두얼 편, 위의 책, 22면 참조.

유도하기 위하여 건설업자에게 도급질서확립 등의 의무를 부과하고, 원도급자와 하도급자간의 계열화촉진을 위하여 원도급자로 하여금 하도급자를 등록받도록 하여 등록받은 자에게 우선하여 건설공사를 하도급하도록 하여 건설기술관리제도의 간소화를 위하여 건설기술자면허제도를 폐지하여 국가기술자격법상의 제도로 일원화하여 건설업의 건전한 발전을 도모"하는 데에 있었다. 이 법의 주요내용은 다음과 같다.

1) 건설업양도에 따른 제3자의 피해를 방지하기 위하여 건설업양도절차를 개선하여 양도신청이 있는 경우 건설부장관이 이를 공고하여 이해관계인의 의견을 듣도록 했다.

2) 건설업자는 도급질서를 확립하고, 건설공사의 시공의 적정화를 기하며, 재무관리의건전화 등 경영합리화와 건설기술의 개발을 위하여 노력하도록 했다.

3) 건설부장관은 건설공사하도급의 계열화에 관하여 건설업자에게 필요한 지도를 할 수 있게 하고, 일반건설업자 및 특수건설업자로 하여금 그가 하도급하고자 하는 업종의 전문건설업자를 등록받도록 하여 등록한 이들 전문건설업자에게 우선하여 하도급하도록 했다.

4) 전문건설업자의 지위향상의 일환으로 전문건설협회를 건설협회와는 따로 설립하도록 했다.

5) 건설업자의 법위반내용이 경미한 사항등에 관한 것일 때에는 영업정지처분을 하기전에 건설부장관은 그 행위의 시정등을 명할 수 있게 하고, 건설업자가 이에 따르지 아니한 때에는 영업정지를 명하거나 이에 갈음하여 과징금을 부과하도록 했다.

6) 종래 영업정지의 사유나 면허취소의 사유를 과태료처분의 사유로 전환했다.

위의 내용을 보면 하도급질서의 확립이 주요한 과제로 제시되고 있음을 알 수 있다. 공정거래위원회에서도 하도급질서의 확립을 위한 노력을 지속적으로 기울이게 된다. 그리로 주로 하수급인의 지위에 놓이게 되는 전문건설업자의 지위를 향상시키기 위해서 전문건설협회가 별도로 설립된 것도 주요한 특징으로 볼 수 있다. 이로써 건설협회와 전문건설협회가 서로 경쟁, 협력을 하면서 건설관련법제에 영향을 미치게 된다. 과도한 행정제재를 피하고 비례원칙에 부합하는 행정제재를 하기 위한 노력도 기울여지고 있음을 볼 수 있다.

V. 1997년 외환위기 이후 현재까지의 건설산업규제 관련법제

1997년 외환위기 직후의 김대중 정권은 시스템의 붕괴에 직면한 경제의 체질을 개선하고 국가경영 시스템의 개혁을 위해 대폭적인 법제 정비를 단행했다. 금융기관이 부실화해지는 것을 막기 위해서 「금융감독기구의 설치 등에 관한 법률」을 제정하고, 「금융산업구조 개선에 관한 법률」을 개정하였다. 기업부문의 개혁에 있어서는 외환위기의 원인이었던 기업의 부실을 일소하고 시장의 힘에 의하여 상시적 구조조정이 이루어질 수 있는 제도와 환경을 구축하는 데 중점을 두고 「대외무역법」, 「산업발전법」 등을 정비했다. 민영화를 통해 공공부문에도 경쟁의 원리를 도입하는 데 중점을 두었는데, 이를 위해 「정부조직법」, 「국가공무원법」, 「지방공무원법」을 개정하여 조직을 축소하고, 공공부문의 인력을 감축했다. 이후에 노무현 대통령 시기에는 자유무역협정(Free Trade Agreement: FTA) 체결을 위해 적극적으로 노력했고, 이명박 정권시기에도 정부조직을 축소·개편 등 공공부문 혁신을 위한 노력을 기울였다.[25] 이러한 점들은 이 시기에 신자유주의적인 성격이 존재했음을 보여준다.[26]

그러나 1997년 외환위기 이후에 이러한 신자유주의적인 흐름만이 존재했던 것은 아니다. 김대중과 노무현 정권 시기에 IT산업과 중소기업의 역량강화를 위한 다양한 산업정책이 실시되었고, 이명박 정권시기에는 저탄소 녹색성장을 신성장동력으로 삼으며 법제정비를 단행했다.[27] 이는 발전국가론적인 전통이 여전히 이 시기에도 남아 있음을 보여준다. 그러나 신자유주의적인 성격이 동시에 존재함으로 인해 기존의 발전국가와는 다른 특징을 보여준다.[28]

25) 한국개발연구원 김두얼 편, 앞의 책, 26-27면 참조.
26) 신자유주의의 개념에 대해서는 민경국, "신자유주의 이념의 역사적 기원과 공공정책의 어젠다", 제도와 경제 제5권 제2호, 2011 참조.
27) 김인영, "발전국가에서 포스트 발전국가로: 이명박 정부 '저탄소 녹색성장'을 중심으로", 세계지역연구논총 제3집 제1호, 2013 참조.
28) 이처럼 이 시기에 발전국가와 신자유주의가 공존함으로 인해 이 시기의 성격을 학계에서는 '포스트 발전국가', '발전주의적 신자유주의' 등으로 표현하기도 한다. 김인영, "발전국가에서 포스트 발전국가로: 이명박 정부 '저탄소 녹색성장'을 중심으로", 세계지역연구논총 제3집 제1호, 2013; 윤상우, "외환위기 이후 한국의 발전주의적 신자유주의화", 경제와 사회 제83호, 2009 등 참조.

이 시기에 건설산업규제도 세계화의 영향으로 중요한 변화를 겪게 된다. 1996년 12월 30일에 기존의 건설업법이 건설산업기본법으로 법명이 바뀌게 되었는데, 당시 건설교통부는 이 법의 전면개정취지를 "건설시장의 개방등 건설환경의 변화에 부응하여 건설업체의 경쟁력을 강화하고 부실공사를 근원적으로 방지할 수 있도록 건설산업관련제도를 전반적으로 재정비하는 한편, 현행규정의 운영상 나타난 일부 미비점을 개선·보완하려는 것임"으로 밝히고 있다. 이 법의 주요 내용은 다음과 같다.

1) 일반건설업·특수건설업 및 전문건설업으로 구분하던 건설업의 종류를 일반건설업 및 전문건설업으로 단순화하고, 매년 1회에 한하여 발급하던 건설업면허를 수시로 발급하도록 했다.

2) 공사금액이 일정금액을 초과하면 건설공사를 도급받지 못하게 하는 도급한도액제도를 폐지하는 대신 건설교통부장관이 건설업자의 시공능력을 평가하여 공시하도록 하고, 발주자가 이 시공능력평가를 참고로 하여 건설공사의 특성에 따라 그 공사를 도급받을 수 있는 건설업자의 자격을 제한할 수 있도록 했다.

3) 시공관리대장에 건설공사에 참여한 기능공장비임대업자등 시공참여자를 명시하도록 하는 현장실명제를 도입하고, 시공참여자에 대하여는 하도급의 경우와 같이 공사대금을 현금으로 지급하게 하거나 수급인이 직접 지급할 수 있도록 했다.

4) 표준산업분류표상 건설업으로 분류되는 가스시설공사업·시설물유지관리업·온돌시공업 등 건설관련 5개 시공업을 이 법에 의한 건설업에 포함시키되, 관계중앙행정기관의장에게 이들 시공업에 관한 권한을 위탁할 수 있도록 했다.

다음으로 1999년 4월 15일 개정된 건설산업기본법에서는 "건설업의 면허제를 등록제로 전환하는 등 불합리한 규제제도를 폐지 또는 완화하여 건설업계의 자율성을 바탕으로 한 경쟁력 향상과 건설산업의 건전한 발전을 도모하는 한편, 현행 규정의 운영상 나타난 일부 미비점을 개선·보완하려는 것"을 개정취지로 들고 있다. 그 주요내용은 다음과 같다.

1) 건설업의 면허제를 등록제로 전환하되, 일반건설업은 건설교통부장관에게 등록하고 전문건설업은 시·도지사에게 등록하도록 했다.

2) 전문건설업자도 일반건설업자와 대등한 지위에서 건설공사를 도급받아 시공할 수 있도록 하기 위하여 일반건설업자와 전문건설업자간 공동도급의 허용범위를 확대했다.

3) 시공능력공시 의무제를 임의제로 전환하여 건설업자의 신청이 있는 경우에 시공능력을 공시하도록 했다.

4) 일정규모이상의 건축물등 특수구조물의 시공제한은 건설업면허대여등 부작용을 유발하고, 시공능력이 있는 발주자의 자유를 제한하는 규제가 되므로 폐지했다.

위와 같은 건설산업기본법의 개정들은 기본적으로 시장개방에 대비하여 건설산업의 규제를 완화하고 경쟁력을 강화하는 데에 초점이 맞추어졌다고 할 수 있다. 도급한도액폐지와 면허제로부터 등록제로의 전환 등이 그 대표적인 예라고 할 수 있다. 특히 면허제로부터 등록제로 전환됨에 따라 건설업 등록업체의 수는 1997년 45,000개에서 2007년에 102,000개로 2.3배 수준으로 증가했다.[29] 그러나 도급한도액제도가 시공능력평가제로 이름만 바뀌었을 뿐 그 본질은 차이가 없다는 평가가 있다.[30]

하도급의 문제점을 해결하기 노력의 일환으로 공동도급제도가 도입되었다는 점도 특징이다. 이후 이 제도의 문제점을 보완하여 주계약자공동도급제도가 도입되기에 이르는데 이 부분은 건설협회와 전문건설협회의 입장차이가 분명하게 드러나고 있는 부분 중의 하나이다. 주계약자 공동도급제도가 도입되게 된 배경은 크게 두 가지로 설명해볼 수 있다. 첫째, 건설하도급제도의 문제점을 들 수 있다. 우리나라 건설업은 수직적인 분업에 의한 생산방식을 전통적인 특징으로 한다. 수직적인 분업에 의한 생산을 제도적으로 보장, 보호하기 위한 목적에서 건설산업기본법을 비롯하여 관련 법률에서 종합건설업과 전문건설업을 구분하고 상호 업역에 진출하지 못하도록 운영되어 왔다.[31]

그런데 이러한 수직적인 건설생산체계에서 파생되는 저가하도급으로 인한 품질저하의 폐단을 개선해야 하는 목소리가 높았고 이를 위한 여러 가지 대책이 마련되었으나 성공적이지 못했다. 예를 들어 원도급자가 하도급 할 부분의 하도급 공종, 하도급 금액, 하도급자 등 하도급에 관한 사항을 입찰서에 첨부하여 제출하는 부대입찰제도를 1993년에서 2001년까지 운영하였으나, 여러 가지 문제로 인해 폐지를 한 바 있다.[32]

29) 국가경쟁력강화위원회, 건설산업 선진화 방안 - 글로벌 미래성장 산업으로의 발전전략 -, 2009, 3면 참조.
30) 이상호·한미파슨스, 앞의 책, 25면.
31) 박광배·이은형, 주계약자 공동도급제도의 현황 및 활성화 방안, 대한건설정책연구원, 2007, 17면 참조.

주계약자 공동도급제도는 이러한 기존의 원도급-하도급 구조를 근본적으로 깨뜨리고 종합건설업체와 전문건설업체가 함께 공동수급체를 구성하여 직접 발주를 하도록 함으로써 기존의 하도급에 따른 여러 가지 폐단을 근본적으로 해결하기 위해 도입되었다고 볼 수 있다.

둘째, 기존 공동도급제도의 한계를 들 수 있다. 공동도급제도는 기본적으로 중소건설업자를 보호하기 위해 도입되었다. 공동도급제도의 전통적인 유형으로는 '공동이행방식'과 '분담이행방식'이 있다.[33] 그러나 이들 방식은 중소건설업자의 보호라고 하는 취지를 달성하지 못하고 있다는 비판을 받고 있고, 오히려 다음과 같은 문제점들이 지적되고 있다. 획일적인 제도의 운영, 공사수주를 위한 수단으로 전락, 구성원 간 원활하지 못한 관계, 구체적인 운영규정의 미비, 공동수급체 법인격의 문제, 불성실한 구성원 강제탈퇴수단의 미비, 하도급 선정 및 관리의 문제 등 종합적으로 운영의 효율성이 낮다는 점이 지적되고 있다.[34]

주계약자 공동도급은 공동수급체 구성 및 운영방법이 공동이행방식과 분담이행방식을 절충한 형태로 운영되고 따라서 현행 공동도급의 문제를 개선할 수 있는 방안이 될 수 있다는 지적이 있다.[35] 이처럼 기존 공동도급제도(공동이행방식과 분담이행방식)의 한계도 주계약자 공동도급제도가 도입된 배경이 되었다고 할 수 있다.

이상과 같은 배경을 갖고 도입된 주계약자 공동도급제도의 연혁을 정리해보면 다음과 같다.[36]

---

32) 부대입찰제도의 문제점으로는 ① 도입취지인 하도급업자(전문건설업자)의 견적능력 향상이 미흡하고, ② 기존과 달리 견적과정에 필요한 인력과 시간이 추가로 소요되고, ③ 대형 전문건설업체 중심의 부대입찰제 운영으로 중소기업활성화 취지가 퇴색되고, ④발주기관의 입장에서 운영이 용이하지 않은 점 등을 들 수 있다. 박광배·이은형, 앞의 보고서, 34-48면 참조.

33) 공동이행방식은 출자비율이 중요하게 작용하는 공동도급유형이다. 건설공사 계약이행에 필요한 자금과 인력 등을 공동수급체 구성원이 공동으로 출자 또는 파견한다. 계약이행으로 발생하는 이익과 손실은 출자비율에 따라 배분하게 된다. 분담이행방식은 공동수급체가 시공하는 공사에서 각자 책임으로 분담하여 시공하는 방식이다. 박광배·이은형, 앞의 보고서, 44면 참조.

34) 박광배·이은형, 앞의 보고서, 45면 참조.

35) 위의 보고서, 47면 참조.

36) 위의 보고서, 48면 참조.

〈표 1〉 주계약자 공동도급제도의 연혁

시기	주요내용
1999. 4. 15.	- 건설산업기본법 개정시 일반, 전문간 주계약자형 공동도급제도 도입
1999. 8. 6.	- 건설산업기본법 시행령 개정시 주계약자형 공동도급 장려책 반영 - 건설교통부장관의 공동도급 지도근거 신설 - 일반과 전문건설업체의 공동도급 등 협력관계 우수업체 평가 우대근거마련: 시공능력평가(실적 6%) 및 PQ 심사시 우대(최고 4점)
1999. 9. 1.	- 건설산업기본법 시행규칙 개정시 주계약자형 공동도급 장려책반영 - 일반과 전문건설업체 공동도급시 전문건설업체에게 공동도급된 금액의 100%를 주계약자(일반건설업)의 실적으로 인정 - 일반과 일반건설 공동도급시에는 50%만 인정 - 의무하도급비율을 공동도급으로 대체할 수 있도록 함
2000. 4. 7.	- 건설교통부에서 「주계약자형 공동도급 운영기준」 제정, 시행 - 민간공사는 건설교통부 운영기준에 의거 즉시 시행가능하나, 국가공사는 재정경제부 회계예규가 우선적용
2005. 12. 30	- 「지방자치단체를 당사자로 하는 계약에 관한 법률」 제정시 주계약자형 공동도급제도 도입 - 행정자치부 「지방자치단체 공동도급계약 운영요령」 제정, 시행
2007. 5.	- 건설산업기본법 개정으로 겸업제한 폐지
2009. 2. -12.	- 16개 지자체를 대상으로 주계약자 공동도급제도 시범운영
2010. 1. 12.	- 행정안전부「주계약자 공동도급 운영요령」을 근거로 주계약자 공동도급제도의 전면실시

2007년 5월 17일에 개정된 건설산업기본법은 "건설업체가 자율적으로 사업범위를 선택할 수 있도록 일반건설업과 전문건설업간의 겸업제한을 폐지하고, 하수급인 및 건설기계대여업자 등 건설공사 참여자에 대한 보호를 강화하는 등 건설산업의 건전한 발전에 필요한 제도적 기반을 구축하는 것"을 목적으로 했다. 이 법의 주요내용은 다음과 같다.

1) 십장 등이 시공참여자로서 건설공사의 일부를 건설업자와 도급계약을 체결하고 건설근로자를 고용하여 건설공사를 수행하는 시공참여자 제도가 다단계 하도급의 수단이 되고, 임금체불, 사회보험료 미납 등으로 인한 건설근로자 처우 악화의 원인이 되고 있어서 시공참여자제도를 폐지했다.

2) 종합공사를 시공하는 건설업종과 전문공사를 시공하는 건설업종간의 겸업이 가능하도

록 하여 건설업자가 자율적 판단에 따라 사업범위를 선택할 수 있도록 일반건설업과 전문건설업의 겸업제한을 폐지했다.

3) 발주자로부터 건설공사를 도급받은 원수급인은 하수급인이 재하도급에 관한 사항을 위반하지 아니하도록 지도·감독하고, 하수급인이 이를 위반하는 경우 수급인은 그 도급계약내용의 변경이나 해지를 요구할 수 있으며 하수급인이 이에 응하지 아니하는 경우에는 해당 건설공사에 관한 하수급인과의 계약을 해지할 수 있도록 했다.

4) 건설산업의 투명성 확보와 수급인과 하수급인간의 상생협력을 위하여 하수급인 선정 과정이 공정하고 투명하게 이루어질 수 있도록 국가지방자치단체 또는 공공기관이 발주하는 건설공사의 경우 건설업자로 하여금 하도급계획을 제출하게 하고, 발주자가 그 적정성을 검토하며, 그 이행 여부를 감독하도록 했다.

위 개정내용의 가장 큰 특징이라고 할 수 있는 것은 30여 년간 지속되어 온 일반건설업과 전문건설업간의 겸업제한이 폐지되었다는 점을 들 수 있다. 겸업제한은 건설업자의 업종 선택 자율성을 제한하고 건설생산체계의 효율성을 저해할 수 있다는 점이 문제로 제기되어 왔다. 또한 겸업금지 규정에도 불구하고 친인척 명의의 별도법인을 설립하는 등 사실상 편법으로 다수의 건설업체가 겸업을 시도할 뿐 아니라 별도 법인을 설립하여 운영함에 따른 낭비가 발생하고 있었다. 2007년 개정으로 겸업제한이 폐지됨으로써 건설업자가 자율적 판단과 능력에 따라 업종에 관계없이 건설업 등록범위를 선택할 수 있게 되었다.[37]

2013년 8월 6일 개정된 건설산업기본법에서는 민간건설공사의 도급계약은 대금지급을 담보할 수 있는 제도적 장치가 미흡하므로 민간건설공사 시 공사대금을 담보할 수 있는 지급보증제도를 신설하고, 계약당사자 간 현저하게 불공정한 계약을 체결하는 경우 무효로 하는 한편, 최근 건설경기의 지속적 침체와 부동산시장 악화 등으로 증가하고 있는 건설관련 분쟁을 신속하고 공정하게 해결하기 위해 분쟁조정 신청 시 당사자의 참여를 의무화하고, 조정의 효력을 재판상 화해로 강화하며, 지방분쟁조정위원회를 폐지하고, 건설분쟁조정위원회 내에 별도의 사무기구를 설치하였다. 위와 같이 2013년의 개정내용은 분쟁해결제도의 개선을 위한 노력이 그 핵심을 이루고 있음을 볼 수 있다. 이는 규제자로서의 국가에만 초점이 맞추어지던 것에서 분쟁의 조정 또는 중재자로서의 국가의 역

---

37) 이홍일·이승우·박승민, 「건설산업기본법」의 주요 개정 내용과 시사점, 한국건설산업연구원, 2007, 7-8면 참조.

할이 강조되는 경향을 보여준다고 할 수 있다.

2014년 11월 15일 개정된 건설산업기본법에서는 반복적으로 건설업의 등록기준에 미달하는 업체에 대한 제재를 강화하고, 공공 공사의 수급인이 해당 공사를 하도급한 경우, 그 공사의 발주기관이 하도급 계약 내용 등을 의무적으로 공개하도록 하여 건설시장의 건전성과 공공 공사의 투명성을 강화하며, 공공 공사 저가낙찰시 발주자의 하도급대금 직접 지급을 의무화하는 등 하도급업체와 관련한 불공정 거래 관행을 개선했다. 이처럼 가장 최근까지도 하도급 문제의 해결을 위한 노력이 지속적으로 기울여지고 있음을 볼 수 있다. 하도급 문제가 근본적으로 해결되지 않고 있는 원인 중의 하나로 최저가낙찰 위주의 공공발주제도를 들 수 있다. 이는 최고가치(best value)를 지향하는 선진국의 공공발주제도와 대비되는 것으로 건설산업의 건전을 위해서는 이러한 공공발주제도의 개혁이 지속적으로 필요하다고 할 수 있다.[38]

Ⅵ. 결   론

법개발학의 관점에서 우리나라의 건설산업규제 관련법제의 발전역사를 살펴보면 개도국들은 다음과 같은 교훈을 얻을 수 있다. 첫째, 적절한 시장진입규제 수준을 설정하는 것이 중요하다. 면허제에서 등록제로 변경되면서 건설사의 숫자가 대폭 증가하였지만 무자격 건설사들의 난립으로 인한 폐해도 만만치 않았음을 볼 수 있다. 유효경쟁을 확보하면서도 과당경쟁으로 인한 문제점을 극복할 수 있는 시장진입규제의 확보가 중요함을 알 수 있다. 또한 겸업폐지에서 볼 수 있듯이 칸막이식 진입규제를 통한 경쟁제한은 득보다 실이 크다는 점을 인식할 필요가 있다.

둘째, 공공발주제도가 건설산업에 미치는 영향이 크다는 점에 대한 인식이 필요하다. 가격위주의 낙찰제도로 인해 공사의 품질이 떨어지고 하도급비리가 근본적으로 해결되지 않는 문제가 지속적으로 발생했음을 알 수 있다. 공공발주법제의 지속적인 개혁을 통해 건설산업이 건전하게 발전할 수 있는 토대를 마련하는 것이 중요하다. 이를 위해서는 건설산업기본법과 같은 산업관계법과 국가를

---

38) 한국건설산업연구원, 건설산업의 당면 현안과 정책 대응 방안, 2010, 17면 이하 참조.

당사자로 하는 계약에 관한 법률과 같은 공공조달법간의 관계를 종합적으로 고려한 법제정비가 필요하다.

셋째, 건설산업규제 관련법제의 발전을 위해서는 건설협회나 전문건설협회와 같은 사업자단체들과 행정주체(국가나 지방자치단체)간의 건전한 관계형성이 무엇보다 중요하다. 행정주체는 사업자들의 견해를 경청하되, 이들에게 포획(capture)되지 않는 것이 필요하다. 이를 위해서는 행정주체들이 건설산업 관련통계들을 정확하게 파악하고 중립적인 연구기관이 분석한 자료를 활용할 수 있어야 한다.

넷째, 과거 발전국가의 영향으로 후견적인 건설산업규제가 여전히 많이 남아 있고, 다양한 정부부처가 건설산업규제에 중첩적으로 관여함에 따라 이로 인해 건설산업의 발전이 저해되고 있다는 비판이 많다. 건설산업 규제관련법제는 전반적인 경제발전모델과 밀접한 관련이 있을 수밖에 없다. 개도국들은 우리나라의 건설산업을 발전국가모델의 발전과 쇠퇴라는 맥락에서 비판적으로 볼 필요가 있다고 하겠다.

▓▐ 참고문헌 ▐▓

◼ 국내문헌

강광하, "경제개발 5개년 계획", 경제논집 제36권 제1호, 1997.

강운산, 건설관련 처벌법규 개선방안, 한국건설산업연구원, 2006.

권영설, "국가경제와 법: 진단과 전망", 공법연구 제29집 제2호, 2001.

권오승 외, 체제전환국 법제정비지원, 서울대학교 출판부, 2006.

권오승·김대인·이상현, 베트남의 체제전환과 법, 서울대학교 출판문화원, 2013.

권오현, 건설업 업역구조 개편방안에 대한 연구, 2006.

국가경쟁력강화위원회, 건설산업 선진화 방안 – 글로벌 미래성장 산업으로의 발전전략 –,
    2009.

김대인, "베트남을 중심으로 본 법과 개발의 현황과 과제", 아시아법제연구 제8호, 2007.

_____, "주계약자 공동도급제도의 발전방안", 지방계약연구 제1권 제1호, 2010.

_____, "발전국가론에 대한 공법적 고찰", 법과 사회 제47호, 2014.

김인영, "발전국가에서 포스트 발전국가로: 이명박 정부 '저탄소 녹색성장'을 중심으로",
    세계지역연구논총 제3집 제1호, 2013.

김일영, "한국에서의 발전국가의 기원, 형성과 발전 그리고 전망", 한국정치외교사논총 제
    23권 제1호, 2001.

민경국, "신자유주의 이념의 역사적 기원과 공공정책의 어젠다", 제도와 경제 제5권 제2
    호, 2011.

박광동, 법제교류지원사업의 이념과 과제, 한국법제연구원, 2008.

박광배·이은형, 주계약자 공동도급제도의 현황 및 활성화 방안, 대한건설정책연구원,
    2007.

박은홍, 동아시아의 전환: 발전국가를 넘어서, 아르케, 2008.

서원우, "새로운 법과 개발운동의 의의와 전개–법정비기술지원과 관련하여", 법조 제567
    호, 2003.

윤상우, "외환위기 이후 한국의 발전주의적 신자유주의화", 경제와 사회 제83호, 2009.

이상호·한미파슨스, 일류발주자가 일등 건설산업 만든다, 보문당, 2007.

이홍일·이승우·박승민, 「건설산업기본법」의 주요 개정 내용과 시사점, 한국건설산업연
    구원, 2007.

정영화, "한국의 경제발전과 법: 1961년-1979년", 법학논집(이화여자대학교), 제16권 제4
    호, 2012.

최상오, "한국의 수출지향공업화와 정부의 역할, 1965~1979 - 수출진흥확대회의를 사례로 -", 경영사학 제25집 제4호, 2010.

최석인 외, 2020년 한국건설산업 주요이슈 및 트렌드 예측, 한국건설산업연구원, 2011.

한국경제60년사 편찬위원회, 한국경제60년사(경제일반), 한국개발연구원, 2010.

한국개발연구원 김두얼 편, 경제법제60년사, 도서출판 해남, 2011.

한국건설산업연구원, 건설산업의 당면 현안과 정책 대응 방안, 2010.

홍준형, "한국 건설법제 혁신을 위한 법정책 연구 - 건설산업관계법을 중심으로 -", 법학(서울대학교) 제47권 제3호, 2006.

◼ 외국문헌

Evans, Peter, *Embedded Autonomy: States and Industrial Transformation*, Princeton University Press, 1995.

Trubek, David and Galanter, Marc, Scholars in Self-Estrangement: Some Reflections on the Crisis in Law and Development Studies in the United States, 1974 *Wisconsin Law Rev.* pp. 1062-1102.

Trubek, David, "Law and Development," in N. J. Smelser and Paul B. Baltes (eds.) *International Encyclopedia of the Social & Behavioral Sciences.* Pergamon: Oxford, 2001.

베트남 정보기술 분야 법제 연구[*]

Ⅰ. 서론: 베트남의 정보기술 분야 법제 연구 필요성

1991년 수교 이래 우리와 경제적 협력관계가 더욱 깊어지고 있는 베트남은 2014년 12월 한국과 FTA를 체결하는 등 21세기 동남아시아 국가들 가운데서도 우리와의 협력 관계가 눈에 띄게 밀접해 지고 있는 국가다. 컴퓨터 등의 하드웨어 부문 도입이 늦고 인터넷·정보기술의 인프라 구축이 약했던 베트남에서는 2000년대를 거쳐 2010년대에 이르며 이룩한 정보기술(information technology, IT)의 발전이 빠르게 이루어 지고 있다.[1] 또한, 정부의 IT 육성 정책에 대한 비판적인 문제제기[2]가 있어 왔음에도 베트남의 IT산업은 전반적으로 높은 성장률을 보이고 있다. 베트남의 정보통신산업은 불모지에 가깝던 1995년에서 2000년까지 매년 45%, 2001년에서 2005년까지는 20~25%의 성장률을 기록하였고, 2000년대 중반 이후에는 이동통신 분야의 성장률이 연평균 60~80%를 기록하고 있다.[3] 또한, 소프트웨어 부분에서 2012년에서 2013년 사이 30억불에 이르는 수익의 창출(전년도 대비 52% 증가)되었으며, 하드웨어 부문은 같은 기간 368억불의 수익 창출(전년도 대비 70.5% 증가)이 이루어졌다.[4]

---

[*] 위 논문의 일부분은 한국법제연구원(2013. 9. 17)에서 발표한 내용을 수정·보완한 것이다.

[**] 숭실대학교 법과대학 국제법무학과 교수, 법학박사(S.J.D.), 미국 뉴욕주 변호사

[1] 외교부, 베트남 개황: 베트남의 정보통신, 네이버 지식백과, 2011. 11 (http://terms.naver.com에서 검색)

[2] 응위엔 바 지엔, 베트남 통신기술 발전을 위한 법이론적 측면의 도전들, 정보와 법, 96-104면, 2002; Hoang-Giang(H-G) Dang, Internet in Vietnam: Science Technology and Information, Joerg Becker, ed. Internet in Malaysia and Vietnam, pp. 69-70 (Schriften des Deutsche Ueberseen Instituts Hamburg, 2004).

[3] 외교부, 주 1)의 자료.

[4] Uy ban nh nuc ve hop tc đau tu (Vietnam), Vietnam Investment Review, no.1205.

대한민국의 IT 기업들, IT 분야 연구소 및 대학들도 현재 베트남에 진출하여 베트남 IT 산업에 직·간접적으로 관여하고 있다.[5] 하지만, 이러한 베트남 정보기술 발전을 뒷받침해 주었던 법제에 대한 국내의 관심은 그리 높지 못했다. 베트남의 법제의 수준이 한국에 미치지 못한 점, 베트남 법제 전반에 관한 증가하는 관심에 비해 IT 관련 법제가 특수 분야라는 점, 공산당 독재의 정치체제를 유지하고 있어 분쟁 해결 절차가 아직 불투명하고 인적 네트워크를 통하지 않고는 획득하기 어려운 정보 등이 원인이었을 것이다.

본 논문은 접근·수집이 가능한 국내외의 베트남 IT 관련 법령을 토대로, 베트남의 정보기술법과 정보기술을 이용한 정보공개법 규정을 제시해 보았다. 구체적으로는 Ⅱ. 정보기술의 발전과 입법 필요성 대두, Ⅲ. 정보기술 관련 제도 및 정보기술법, Ⅳ. 정보기술과 정보공개법제에 대한 조사를 제시한다. 마지막으로, Ⅳ. 결어로 베트남 IT법제에 대한 제안으로 본 논문을 마무리하고자 한다.

Ⅱ. 베트남의 정보기술의 발전과 입법의 필요성 대두

1. 정보기술 발전의 역사

1인당 GDP 2,073$로 개발도상국에 속하는 베트남의 정보기술(information technology, IT) 수준은 우리 대기업의 정보기술 수준이 세계 일류 기업의 수준에 육박하고 있다는 한국에 미치지는 못하나 뒤늦게 정보화를 시작한 국가로서는 발전 속도가 상당히 빠르다. 베트남 정부는 과학기술 분야를 육성하여 경제발전에 응용하려고 노력해 왔는데, 과학기술 분야 중 정보기술, 바이오기술, 신재료(new materials), 자동화(automation)에 우선순위를 두고 국가적으로 지원해 왔다. 이 중 가장 고도로 선진화된 국가지원 프로그램이 정보기술 분야를 대상으로 하고 있으며 이를 통해 국영연구소, 국영기업 등 종사 과학자 및 기술자가

---

5) SKT가 2001년 베트남 유선통신망 사업에 먼저 진출했으나, 지속적 수익창출에 실패하면서 2010년 철수하였다. 현재 KT와 LG가 베트남 통신시장에 진출해 있다. 또한, 모바일 메신저 서비스기업으로 '라인'과 '카톡'이 진출해 있고, NHN도 현지 기업 인수를 통해 서비스를 제공하고 있다. 여혁종·박은지, "베트남 통신서비스 시장 통상환경과 한-베트남 FTA 협상에 대한 시사점", 초점 제25권 13호 통권 558호, 2013. 7, 45-47면. 교육기관으로는 숭실대학교도 베트남 호치민시에서 IT교육센터를 운영하고 있다.

협력을 통해 연구를 지속해 오고 있다.[6]

인터넷은 네트워크간 연결에 관심을 가지고 있던 국립자연과학센터(National Center for Natural Science) 소속의 하노이과학기술대(Hanoi Institute of Information Technology, IOIT)가 호주 국립대학(Australian National University), 호주 통신회사와의 교류를 통해 1992~93년에 걸쳐 베트남에 유선전화선을 통한 이메일 등이 활용되면서 그 첫 이용이 이루어졌다. 1994년 베트남 정부와 하노니과학기술대간 베트남의 인터넷 도메인 .vn 사용에 관한 합의, 국제적 등록, 그리고 네트워크간 연결을 통해 VARENet(Vietnam Academic Research & Education Network)이 형성되면서 인터넷서비스를 위한 여건이 마련되었다.[7] 그후 캐나다 NGO 조직(Cooperation Internationale poor la Development et la Solidarite, CIDS)의 지원을 통해 연결된 NetNam이 NGO, 외국 기업들의 이용이 활발해 지면서, 여러 다른 네트워크의 구축이 뒤따랐다.[8]

현재 베트남의 통신 기술 분야는 유선전화, 유선인터넷 등의 유선 통신 분야와 이동통신 등 무선통신 기술 분야로 나눌 수 있다.

먼저 유선 통신 분야는 국영기업체 VNPT(Vietnam Post & Telecommunication)가 대부분의 지역에서 독점적 운영을 하고 있다. 여기에 호치민시와 하노이시를 중심으로 Viettel과 SPO가 유선전화 서비스를 제공하고 있는 상황이다. 베트남의 유선 통신 분야는 1990년대 후반 50%에 가까운 성장률을 보였고, 2000년대 초반에는 20%대의 성장률을 보여 왔다. 2009년까지는 가입자가 지속적으로 증가해 왔으나, 이동통신의 보급으로 2010년부터 가입자 수가 하락하여 2012년에는 280만명 가량의 가입자 수 하락이 예상되고 있다. VNPT, Viettel은 유선 통신의 지방 확산 및 전국적 유선통신망 확대를 통해 가입자 수 감소를 만회하려고 시도하고 있으나, 모바일 통신의 유선 대체 상황에 따라 지속적 가입자 수 하락이 예상된다.[9]

---

6) Dang, 앞의 논문, Jorg Becker (ed.), Internet in Malasia and Vietnam, pp. 71-73 (Schriften des Deutche Ueberseen Instituts Hamburg, 2002).

7) D-N Dinh, D-N Anh, N-D Tri, H-G Dang, Internet Development in early Years, Jorg Becker (ed.), 앞의 책, pp. 107-108.

8) D-N Dinh, D-N Anh, N-D Tri, H-G Dang, 앞의 논문, Hecker, 앞의 책, pp. 108-110.

9) 여혁종·박은지, "베트남 통신서비스 시장 통상환경과 한-베트남 FTA 협상에 대한 시사점", 초점 제25권 제13호, 2013, 42-43면.

<표 1> 베트남 유선무선 통신서비스 보급률 현황 및 예상[10]

구분	2010	2011	2012e	2013f
유선전화 보급률	14,374	10,175	7,300	5,694
이동전화 가입자 수	111,570	127,318	137,503	145,066
3G전화 가입자 수	7,800	8,400	16,000	20,800
이동전화 보급률	127.0%	143.4%	153.2%	160.0%
이동전화 시장에서 3G 시장 비중	8.9%	9.5%	17.8%	22.9%

한편, 무선 통신 분야는 최대 시장점유율을 차지하고 있는 Viettel Telecom, VNPT의 자회사인 Mobifone 및 Vinaphone이 시장을 주도하고 있다. 특히, 2000년대 후반 들어 무선 통신 분야는 60~80% 대의 고도 성장률을 보이며 주목할 만한 시장이 되었다. 현재는 높은 이동전화 보급률로 인해 이동통신 시장의 양적 성장이 더뎌지고 있는 상황이다.[11] 유선통신과 무선통신 분야 성장률의 이러한 차이의 원인으로 베트남 국토가 남북으로 길게 뻗어 있어서 유선통신보다는 무선통신에 유리한 지형적 여건을 갖추었다는 점을 들기도 한다.[12]

1997년 인터넷 서비스를 개시한 이래 18년이 지난 현재, 베트남의 인터넷 이용자는 3천만명을 초과하고 있다.[13] DSL 가입자 수가 다수를 차지하고 있는데, 무선 통신의 확대, 초고속통신기술의 보급에 따라 Wi-Fi 등 기술 방식의 활용이 증대될 것으로 예상된다.

2. 정보기술 관련 입법의 필요성 대두

베트남 정부는 기술 집약적 산업의 발전을 통한 지속적인 경제 발전과 국제 사회로의 편입을 위해 정보기술 분야의 발전이 중요함을 인식하고 있었다. 전문가 그룹에서는 선진국의 정보기술 산업 발전의 경험을 토대로 이러한 정보기술 산업의 발전을 위해서는 기술적 인프라 건설과 투자 유치 뿐만 아니라, 분쟁 조

---

10) e/f: 예측치/전망치, BMI(2013). 여혁종·박은지, 위의 글, 43-44면에서 인용.
11) 여혁종·박은지, 위의 글, 43면.
12) 외교부, 베트남 개황 – 베트남의 정보통신, 2011. 11을 참조.
13) 여혁종·박은지, 앞의 글, 45면.

정과 불법적 권익 침해행위의 제재를 위한 법적 규범의 확립이 요청된다는 주장을 제기해 왔다.14) 또한, 국제사회의 일원으로 기술 교류를 위해 예측가능한 규범을 통해 국제적 수준의 규범을 수용할 요청에도 부합할 필요가 있음이 주장되기도 하였다.15) 이에 베트남 정부는 이 분야를 규율하기 위한 법적 규율을 제정, 도입하기 위한 노력을 하였다.

이하는 베트남의 정보기술 관련 법제도에 관해 1) 형법의 개정을 통한 정보기술 관련 범죄화 입법, 2) 정보기술 관련 행정입법, 3) 이 분야 핵심적 법률로서의 2006년 정보기술법을 조사·분석해 본다. 또한, 사회 다변화와 경제 발전에 따라 이러한 정보기술이 정보공개에 활용된 법제를 소개하면서, 정보기술의 발전에 따른 정보공개의 확대 양상에 대해 살펴본다.

Ⅲ. 베트남의 정보기술 관련 법제도

1. 형법상 정보기술 관련 범죄화 규정 채택

인터넷을 통한 정보화가 도입되어 사용되며 대중화에 진입하기 전이던 1999년 베트남은 개정형법을 통해 정보기술 관련 범죄화 규정들을 도입하는 입법을 채택하였다. 이들 규정은 컴퓨터 통신 이용의 보안 및 적법한 이용, 네트워크의 안정성을 보호법익으로 하는 범죄군과 산업재산권을 보호법익으로 하는 산업재산권 침해범죄로 나뉜다.

먼저, 컴퓨터 통신 및 네트워크의 보안 및 안정성을 보호법익으로 하는 범죄는 1) 컴퓨터 바이러스 생성·유포(제224조), 2) 컴퓨터 네트워크의 사용, 운행에 장애를 야기하는 행위(제225조), 3) 컴퓨터 통신을 위법하게 이용한 행위(제226조)로 세분된다. 구체적으로 제224조는 컴퓨터 바이러스 프로그램을 생성하고 의도적으로 네트워크를 통해 유포하여 운영장애, 데이터의 변형 또는 파괴를 야기하는 자를 6개월 이상 3년 이하의 징역, 또는 5백만 동에서 1억 동 이하의 벌

---

14) 응위엔 응옥 찌, "베트남 통신기술 법률의 현실과 바람직한 방향", 정보와 법 제6호, 2004, 52-53면; 응위엔 바 지엔, "베트남 통신기술 발전을 위한 법이론적 측면의 도전들", 정보와 법 연구 제6호, 2004, 96-97면.
15) 응위엔 응옥 찌, 위의 논문, 57면; 응위엔 바 지엔, 위의 논문, 97면.

금으로 처벌하도록 규정한다(제1항). 이 범죄를 통해 매우 심각한 결과를 야기하는 자는 2년에서 7년 이하의 징역에 처할 것을 규정한다(제2항).

형법 제225조에 따르면, 컴퓨터 네트워크를 사용하도록 허용받은 자가 그 운영, 이용에 관한 규칙을 위반하여 운영의 장애 또는 차단, 데이터의 변형(deformation) 또는 파괴를 야기하는 경우 같은 1년 이상 3년 이하의 징역(또는 3년 이하의 비구금처우), 또는 5백만 동 이상 1억 동 이하의 벌금을 부과하고 있다(제1항). 본 범죄를 조직적으로 또는 이 범죄를 통해 매우 심각한 결과를 야기하는 경우는 2년 이상 5년 이하의 징역에 처한다(제2항).

제226조에서는, 위법하게 정보를 컴퓨터 네크워크에 입력할 뿐만 아니라 네트워크상 정보를 불법적으로 사용하는 자 중 이미 이러한 행위로 행정제재를 부과받았으나 이 행위를 다시 범한 자로서 그 행위로 인해 심각한 결과를 야기하는 자는 5백만에서 5천만 동의 벌금, 또는 6개월 이상 3년 이하의 징역(또는 3년 이하의 비구금처우)로 처벌함(제1항)을 규정한다. 조직적으로 범행하거나 매우 심각한 결과를 야기하는 경우 2년 이상 5년 이하의 징역에 처하게 된다(제2항).

다음 산업재산권(industrial property right) 침해 범죄(제171조)는 본래 정보기술 관련 범죄의 처벌을 위한 입법이라기 보다 산업재산권 보호를 위한 입법이었으나, 인터넷을 통한 산업재산권 침해가 증대됨에 따라 정보기술 관련 파생 범죄로 분류될 수 있다. 제171조는 불법적으로 또는 비즈니스 목적으로 발명품, 유틸리티 솔루션, 산업디자인, 상표, 원산지, 기타 베트남에서 보호되는 산업재산권의 대상을 이용하여 중대한 결과를 야기하는 자는 2천만 동에서 2억 동 사이의 벌금 또는 2년 이하의 비구금처우를 부과받게 된다(제1항). a) 조직적 방법으로, 또는 b) 두 번 이상 이 범죄를 행하거나 c) 이 범죄를 통해 매우 심각한 결과를 야기하는 때에는 6개월 이상 3년 이하의 징역에 처한다(제2항).

2. 행정부의 정보기술 관련 입법

2000년대 들어 베트남 정부는 소프트웨어 산업의 육성과 발전을 위한 행정부 결정(government resolution No.07/2000/NQ-CP), 2001~2005년 기간 산업화 및 현대화라는 취지의 정보기술의 이용 및 발전의 촉진에 관한 정치국 58호 명령(Directive No.58 CT-TW)을 실행하기 위한 집행 프로그램을 승인하는 제81호 수상 결정(No.81/2001/QD-TTg)를 발하였다. 이러한 통신기술의 이용과 발전에 관한 총체적 계획이 제95호 수상 결정(No.95/2002/QD-TTg)를 통해 2002년 5월에 제시되었다. 이러한 행정법령은 국가의 정보기술 수준을 동남아시아 지역의 기술선진국 수준에 도달하게 하기 위한 목적을 가지고 입법된 것이었다(Article 1 참조). 한편, 2002년 3월 제176호 수상 결정은 위 정치국 58호 명령을 실시하기 위한 조직을 구축하기 위한 근거 법령으로 위 집행 프로그램을 지도할 지도반을 발족시켰다.

2000년대 들어 인터넷이 활성화되기 시작하자, 인터넷 자원의 사용과 관리에 관한 규정으로 우정통신부(Ministry of Post and Telematics, MPT) 장관이 2003년 제92호 결정을 내렸다. 또한, 같은 해인 2003년 4월 8일자 우정통신부 장관의 제139호 결정은 우편 및 컴퓨터통신, 통신기술의 감찰 계통의 업무관계, 권한·임무 및 조직구조 등을 규정하고 있다. 2006년에는 '인터넷 리소스의 관리 및 이용에 관한 규칙을 천명한 우정통신부 장관의 결정'(Decision No. 27/2005/QD-BBCVT)을 내렸다. 이 결정은 2003년 제92호 결정을 대체한 것으로, 국자정보 리소스의 한 부분 인터넷 리소스를 파악하면서, 반국가적인 인터넷 리소스 사용을 엄격히 금지한다(제2조). 베트남 국립 인터넷센터를 두어 인터넷 리소스의 사용을 촉진, 보조하는 외에 관리, 감시권을 부여하고 있다(제3조). 이러한 결정은 사회주의국가인 베트남 체제의 특성을 잘 반영하고 있다. 베트남의 인터넷 도메인 ".vn" 등 구조, 베트남 언어 도메인 설정 허용, 등록·변경방법, ID 주소 및 자율체계 번호(autonomous system numbers), 마지막으로 분쟁처리 및 위반행위에 관한 규제(제4장)에 관해 규정하고 있다.

베트남은 2000년대 중반 들어서도 지속적으로 정보기술 산업 발전을 위한 법제도적 기반을 마련해 왔다. 2006년 후술하는 정보기술법을 입법하여 정보통신 분야 발전을 위한 법제화의 기초를 놓았다. 2007년에는 정부조직 개편을 통해 우정통신부의 관할 업무에 언론, 방송, 출판 업무를 추가한 조직으로 정보통신부(MIC, Ministry of Information and Communications)를 신설하였다. 이를 통해 정보기술과 출판, 방송 산업간의 협력과 융합기술의 발전을 위한 일원화된 정부 지원과 규제를 가능하게 하고 있다. 또한, 2009년에는 전기통신 사업자, 인터넷 관련 자원, 상호접속, 기술표준화를 규율하는 관할법령인 전기통신법(No.41/2009/QH12)을 개정하여 민간기업 및 외국인 투자범위를 확대하였다. 2007년

WTO 가입에서 약정한 2012년까지의 통신시장 전면개방의 이행을 위한 법개정으로 평가된다.[16)]

3. 정보기술법

(1) 입법 개요

2006년 6월 베트남 정부는 인터넷 사용자의 급증으로 인한 부작용 등에 대한 대책을 마련하고 정보기술의 건전한 발전을 위한 제도적 기반을 위한 법제화에 성공하였다. 이것이 의회를 통과하여 2007년 1월 1일부터 시행된 베트남의 '정보기술법'(law on information technology)이다. 베트남의 정보기술법은 5개장 79개조로 구성되어 있는 정보기술에 관한 법이다. 이 법은 정보기술의 적용과 발전에 관한 활동, 정보기술의 응용(application) 및 발전(development)을 보장하기 위한 조치, 정보기술의 응용 및 발전 활동에 종사하는 개인, 기관과 조직의 권리 의무에 관해 규정한다(제1조).

(2) 구체적 내용

1) 총 칙

제1장의 총칙(General Provisions)에서는 전술한 입법 목적 및 내용, 적용대상, 다른 법률과의 충돌시 해결방안 그리고 정보기술 분야를 육성하기 위한 정부 정책에 관한 규정을 둔 후, 정보기술의 응용 및 개발 활동에 종사하는 개인, 기관 및 조직의 권리 의무를 자세히 규정하고 있다.

적용대상에 대해서는 속지주의를 채택하여, 베트남에서 정보기술 응용 및 개발 분야에 종사하는 베트남의 개인, 조직 또는 외국인이나 외국의 조직에 적용될 수 있 있다. 또한, 정보기술의 응용 및 개발 활동에 관해 이 정보기술법과 다른 법간 충돌이 발생할 경우 이 법이 우선 적용된다. 그러나, 외국과의 조약과 이 정보기술법간 충돌이 발생할 경우에는 외국의 조약이 우선 적용된다(제2조). 정보기술의 응용 및 개발 활동 부분을 규율하는 국내법률 중에는 효력에서 우선순위에 있음을 알 수 있다.

---

16) 여혁종·박은지, 앞의 논문, 49면을 참조하라. 50면 이하에서는 베트남의 WTO 가입에 관해 자세히 설명하고 있다.

　여기서 사용되는 '정보기술'의 의미는 '디지털 정보의 생산, 이전, 수집, 처리 보관 및 교환을 위한 과학적 그리고 기술적 방법(methods)과 현대 기술적 수단(tools)의 집합체를 일컫는다(제4조 1). 또한 '정보기술의 응용(application)'이라 함은 사회-경제적, 외적, 방어, 보안 및 기타 활동에 관해 이러한 활동의 생산성, 질 및 효율성을 증진시키기 위한 정보기술 사용을 의미한다. '정보기술의 개발(development)'라 함은 ① 디지털 정보의 생산, 이전, 수집, 처리, 보관 및 교환의 과정에 관한 연구 및 개발 활동, ② 정보기술 인력 개발, ③ 정보기술 산업의 개발 그리고 ④ 정보기술 서비스의 개발을 의미한다.

　그리고, 정보기술 응용 및 개발에 관한 국가 정책 과제를 다음과 같이 8개로 나열하고 있다: ① 사회경제 발전 전략에서 우선 순위 부여, ② 이 분야 종사 개인과 조직을 위한 유리한 여건 조성, ③ 투자 촉진, ④ 이 분야 국가 예산의 책정, ⑤ 국가 정보 인프라 개발을 위한 유리한 조건 조성, ⑥ 농업, 도서 지역 기타 원거리 지역 등에 정보기술의 응용과 개발에 유리한 정책 채택, ⑦ 이 분야 종사 개인 및 조직의 적법한 권리와 이익 보장 및 ⑧ 국제적 협력 증진. 또한, 이러한 정책 과제를 수행하기 위한 정보기술에 관한 국가 관리의 구체적 내용에 대해서도 규정(제6조)하면서, 이를 수행하는 정부의 책임, 우정통신부(Ministry of Post and Telematics)의 책임에 대해서도 규정하고 있다. 또한, 우정통신부 소속의 감독관은 IT 관련 감독 업무를 수행한다(제10조). IT 응용 및 개발에 종사하는 개인과 조직의 권리 및 의무를 나열하여 규정하고 있고 있다. 이 중에는 네트워크 환경에서는 후술하는 금지된 정보를 제외한 정보의 청구, 교환 및 이용권, 역시 같은 범위의 정보 소스(sources of information)에 대한 접근할 수 있는 권한의 회복 또는 정보의 회복을 요청할 수 있는 권리를 이 분야 종사자(조직)에게 부여함이 특징이다(제8조 제1항 a)). 여기서 청구, 교환 및 이용 또는 접근이 금지되는 정보 금지된 행위로 규정되어 있는 행위들(제12조) 중 하나로 아래의 다섯 가지에 해당하는 행위에 관한 정보를 말한다.

〈표 2〉 제12조 금지행위 제2항

a)	베트남 사회주의 공화국 정부에 반대하거나 인민의 단결(all-people unity)을 흔드는 행위
b)	폭력을 선동하거나, 침략전쟁을 선전하거나, 국가 및 개인간 혐오감을 야기하거나, 외설, 부패, 범죄, 사회악 또는 미신을 자극하거나, 국가의 선량한 풍습과 전통을 저해하는 행위
c)	국가·군사기밀, 보안, 경제적, 대외적 관계, 법에서 규정한 기밀을 누설하는 행위
d)	시민의 명예, 위엄, 위신 또는 조직(organizations)의 위신을 손상시키는 행위
e)	법률상 금지된 상품 또는 서비스를 선전하는 행위

2) 정보기술의 응용

응용(application)에 관한 장(제2장)은 4개의 절(sections)로 구성된다. 정보기술의 응용에 관한 장(제2장)을 통해 위 법은 여러 가지 일반규정들로 구성된 제1절(section 1)을 도입하였고, 국가기관의 운영에 대한 정보기술 응용에 관한 제2절(section 2), 상거래에 대한 정보기술 응용에 관한 제3절(section 3), 그리고 교육, 보건, 문화 및 국가안보 분야에 대한 정보기술 응용에 관한 제4절(section 4)를 추가하고 있다. 먼저, 일반규정 중에서는 이 분야 종사자 개인과 조직이 관련 법규를 준수할 것, 국가가 사회-경제, 외교관계, 국방과 보안, 홍수, 폭풍 등 자연재해와 참사의 예방과 대처, 구조 기타 활동을 위해 정보기술의 응용을 장려할 것을 규정(제11조 제2항)하고 있다. 자연재해와 참사 방지 및 대처, 구조활동, 전염병 통제, 예방, 범죄 통제 및 예방, 사회질서 안전 유지, 보안 및 국방에 대한 정보기술의 우선적 활용(prioritizating the application of IT)을 위한 국가의 의무에 대한 규정(제14조)은 공적 이용 부분이 경제발전보다 우선됨을 명확히 하는 것으로 사회주의 국가적 특징을 나타내고 있다. 또한, 국가기관의 디지털 정보에 대한 모니터링과 감시, 위법행위에 대한 조사의무에 관한 규정(제20조)도 역시 정보기술에 대한 통제적 성격을 나타내는 규정으로 자유민주주의 국가에서 쉽게 볼 수 없는 규정들이다.

디지털 정보의 관리, 이용, 전송, 임시저장에서의 정보기술 관련 산업 종사 개인 및 기관의 자유 및 책임 제한에 관한 규정은 다른 자본주의국가에서 볼 수 있는 정보 이용권의 확대와 유사한 규정이다. 또한, 웹사이트 설립 운영의 자유 및 운영자의 준법의무 규정(제23조)도 채택되어 있다. 여기에 개인정보 이용, 처리에서 당사자의 동의 요구, 제3자 제공금지 규정은 디지털 정보의 자유로운 활용의 과정에서 발생하는 개인정보 침해의 문제에 대해서 보호 필요성을 분명히 하는 개인정보보호에 관한 핵심적인 법규정(제21조와 제22조)이다. 아직 개인정보 보호에 관한 일반법이 존재하지 않는 것으로 보이는 베트남에서 위 개인정보 보호에 관한 정보기술법 제21조와 제22조 규정은 개인정보 보호를 위한 법률적 근거로서 그 의의가 크다.

국가기관의 운영에 대한 정보기술의 응용은 타 분야에 비해 국민의 권리와 의무를 잘 수행할 수 있는 조건을 마련하기 위해 공공성 및 투명성이 보장되고, 타 분야에 비해 우선되어야 한다(제24조). 그 구체적 내용으로 국가기관의 웹사이트 설립, 데이터베이스의 설립·자료수집·운영, 국가기관의 운영과 국가기관 및 개인(또는 조직)간 정보교환·제공에 이용되는 정보인프라의 구축과 이용, 다른 국가기관에 대한 정보 공유와 제공, 네트워크 환경에서의 공공서비스 제공 등을 나열하고 있다(제26조). 한편, 상거래에 대한 정보기술의 응용 부분은 정보기술법외에도 상법, 전자거래법(law on e-transactions)를 준수해야 하며, 전자상거래를 하는 자의 계약체결을 위한 계약서 정보 등의 제공 의무를 규정하고 있다(제31조, 제32조). 전자상거래에서 나타는 문제를 차단하기 위해 부정확한 정보를 제공한 구매자의 계약해지권에 대한 일정한 제한 규정(제32조) 그리고 온라인 대금지불에 대한 국가의 세부규정 제정의무를 규정(제33조)하고 있다.

3) 정보기술의 개발 및 이를 보장하기 위한 조치(제3~4장)

정보기술의 개발은 크게 인프라·규제, 인력 양성, 산업 및 서비스 개발로 구성되어 있다. 먼저, 국가는 정보기술 분야의 개발을 위한 물질적·기술적 기반과 연구소 구축에 관한 투자를 장려하고, 예산의 일부를 투자하며, 정보기술 상품의 표준(standards)을 관련 법에 따라 관리한다(제39조에서 제41조). 관리의 수단으로 표준·기술규제 부합 증서(certificate of conformity), 기술규제 부합 여부 공표, 품질평가를 열거하면서, 정보기술 상품 질의 관리의 구체화, 기술 규제의 공표, 국내외 심사기관 기준의 설정, 적격 있는 심사기관의 공표와 함께, 외국과의 표준 부합에 관한 상호인정도 국제조약을 준수할 것을 규정하고 있다(제41조).

정보기술 인력 양성에 대한 규정들도 도입하고 있다. 구체적으로 인력 양성을 위한 정부정책 시행을 규정하고, 사기업·개인의 인력 양성 프로그램 설립과, 해외 정보기술 분야 활동에 베트남 근로자의 참여를 위한 사기업·개인의 노동시장 개척활동을 적극 장려하고 있다(제42조, 제45조). 또한, 정부기술 지식의 보편화, 지역으로의 보급을 장려하며, 교육부가 국가교육체제 내에 이러한 정책을 채택, 장려할 것을 규정한다(제46조).

정보기술 산업을 소프트웨어, 하드웨어 및 콘텐츠 산업으로 3분하여, 소프트웨어 및 콘텐츠 산업에 대한 특별한 관심을 가지고 정보기술 산업 개발을 위한 정책, 투자 장려 정책을 정부가 수행할 것을 규정한다(제47-48조). 국내 정보기술 산업 시장 확대를 위한 국산 상품 정부 조달 및 상품의 국제적 홍보, 무역박람회 개최, 국제 박람회 참여 지원 등을 정부가 담당할 것을 규정한다(제48조-49조). 정부 계획을 통해 정보기술 분야 연구, 개발, 생산, 판매 및 인력개발을 가능케 하는 하이테크 공원(information technology or hi-tech parks)에 대해 국내외 사기업·개인들의 투자와 참여를 독려하도록 규정하고 있다(제51조). 시장조사, 컨설팅, 계획, 분석과 웹사이트 디자인 유지, 정보 안전성 보장, 데이터 검색, 저장 및 처리, 정보기술 관련 훈련, e-서명 증서 등 정보기술 관련 서비스를 예시하여 규정하고, 이러한 정보기술 관련 서비스의 개발을 격려하기 위한 정부정책을 시행할 것을 규정한다(제52조-53조).

4) 응용과 개발을 위한 조치(제4장) 및 분쟁 해결 조치(제5장)

정부는 국가 정보 인프라 및 공공서비스 정보 인프라 개발, 사기업·개인의 인프라에 대한 투자 장려를 위한 정책, 컴퓨터와 공용 인터넷 접속점(public internet access point)이 우체국, 터미널 등 관청, 백화점, 문화·체육센터에 설치되도록, 예산을 통해 설치·이용·유지를 지원할 것을 규정한다(제54-57조). 공익과 경제 분야 정보 요구(requirements), 정부의 각 부처의 요구를 충족할 수 있도록 국가 데이터베이스(national database)를 설치, 유지, 운영하고, 그 데이터베이스 이용 규칙의 공표 및 운영자의 행정법규 준수의무를 규정하고 있다(제58-60조, 제56조). 그리고, 정보기술에 대한 민간 투자 장려 및 정부 투자와 국제적 협력에 관한 규정들(제61-66조)도 도입하였다. 마지막으로, 이용자의 법익, 권리 보호를 위한 정부 조치 의무와 함께 다음과 같은 의무 규정들을 두고 있다: 베트남 국가도메인(.vn) 이용 장려 및 보호, 지적재산권의 보호, 익명이용 또는 타인사칭 금지, 이용자의 스팸메일 수령 거절권 및 무단송부 금지, 타인의 정보 수집과 정보보안 소프트웨어 삭제 등 이용자의 권익의 침해를 목적으로 하는 컴퓨터 바이러스 악성코드 생성·유포 금지, 정보 보안 및 기밀성 보장, 네크워크 이용시 아동 및 장애인 보호에 관한 국가 의무(제67-74조).

네트워크 관련된 분쟁해결을 위해서는 분쟁 당사자간 조정전치주의, 그리고 국가도메인 이용에 관한 분쟁은 조정, 중재, 제소를 통해 해결할 것을 규정하고 있다(제75-76조). 정보기술법 위반자는 그 행위의 성질 및 중함에 따라 행정제재 또는 형사제재에 처할 것을 규정하고, 손해를 야기한 경우 배상책임을 지우고 있다. 본 법을 위반한 조직·단체(organization)은 위반행위의 성질 등을 고려하여 행정제재 또는 운영정지, 손해배상책임을 지우고 있다(제77조).

4. 평 가

정보기술법은 베트남의 IT 분야를 규제하는 종합적 법률이다. 우리의 '정보통신망 이용촉진 및 개인정보보호에 관한 법률'에 대응한다고 하겠다. 총칙부터 응용, 개발, 투자촉진·장려, 분쟁 및 위법행위에 관한 정부의 제재까지 다양한 분야를 망라하고 있고, 통신네트워크상 타인사칭 등에 대한 법적 책임, 스팸메일 수령 거절권까지 인정하고 있는 점에서 주목할 만하다. 하지만, 정보망 이용의 대중화로 인한 SNS 등 데이터의 공유가 확산됨에 따라 더욱 문제되고 있는 개인정보보호, 정보망에 대한 침투로 인해 야기되는 대규모 개인정보 유출 및 그에 대한 피해구제에 대해서는 아직 법적 규율이 미흡하다. 뿐만 아니라 네트워크 자체에 장애를 야기하는 DDos 공격, 사이버테러 등 정보 보안에 관한 정부 조직적 대처방안 등도 마련되어 있지 않은 것으로 보인다. 또한, 형법상 보안 침해에 대한 처벌도 다수인의 상해, 사망의 결과 발생 가능성에 대해서는 아직 상응하는 형사책임을 부과하고 있지 못하고 있는 점이 개선되어야 할 부분이다.

Ⅳ. 베트남의 정보기술과 정보공개법

1. 베트남의 정보기술 및 경제 발전과 정보공개법제 도입

베트남 경제의 발전과 중산층 생성과 활발한 기업 활동, 외국인 투자 증가 등의 사회 변화는 국가 정책의 예측가능성, 국가 정보의 공개에 대한 일반적 필요성을 증대시켰다. 또한, 컴퓨터와 통신기기의 보급, 인터넷 및 정보기술의 발전 및 대중화는 이러한 정보 공개의 비용을 낮추어 정보 공개의 편이성을 현저히 높였다. 이에 따라, 베트남 정부는 전술한 정보기술법에서 정보의 일반적 공개를 허용하는 규정을 채택하였으며, 개별법에서 부분적으로 정보 공개에 관한 규정을 두고 있었다. 그 예로는 증권시장 관련 법령, 토지법령이 있으며, 시행령, 시행세칙의 조항을 통해 정보공개의 법적 근거를 인정해 왔다. 2012년에는 이러한 개별법규에 대한 일반법으로서 정보 공개에 관한 법을 제정, 시행해 오고 있다.

2. 온라인상 정보 공개에 관한 법제

(1) 정보기술법: 온라인상 공적 서비스 정보의 공표 근거 규정 채택

전술한 2006년 정보기술법(law on information technology)[17]은 온라인상 정보의 공개에 대한 법적 근거를 마련하였다. 구체적으로 법상 금지하는 사항(제12조)이 아닌 내용을 담은 정보에 대해서는 IT를 적용하고 있는 개인, 단체는 네트워크 환경에 있는 정보를 요청, 사용, 교환할 수 있는 권리, 정보원에 대한 접근 자격의 회복(restoration of the ability to access) 또는 정보의 회복을 요구할 수 있는 권리, 앞의 회복이 거절된 사건을 담당 행정기관에서 법에 따라 해결해 줄 것을 요구할 수 있는 권리를 제8조에서 인정하였다.

위 법에서 정보 접근, 요청을 금지하고 있는 사항으로는 (a) 사회주의 베트남 공화국에 대한 반대 또는 전복시키려는 행위, (b) 폭력의 선동, 침략 전쟁의 선전, 국가 및 개인들간 증오를 야기하는 행위, 음란, 타락, 범죄, 사회악 또는 미신적 행위를 자극하는 행위, 국가의 선량한 풍속을 저해하는 행위, (c) 국가기밀,

---

17) 영문본은 법제처 세계법제정보센터(http://world.moleg.go.kr)에서 검색 가능하다.

군사, 경제, 외교상 기타 법상 규정된 기밀을 누설하는 행위, (d) 조직의 위상, 시민의 명예, 위험 또는 자긍심을 왜곡, 모욕 또는 침해하는 행위, (e) 법으로 금지된 물품, 용역을 선전하는 행위이다.

(2) 국가기관의 웹사이트 · 포탈의 공공서비스와 온라인 정보의 제공에 관한 시행령

정보기술법 도입 5년 후인 2011년에는 좀더 구체적인 공공 서비스의 관련 정보의 공개를 위해 '국가기관의 웹사이트 · 웹포탈의 공공서비스와 온라인 정보의 제공에 관한 시행령(Decree ON PROVISION OF ONLINE INFORMATION AND PUBLIC SERVICES ON WEBSITES OR WEB PORTALS OF STATE AGENCIES)'을 제정, 시행하여 구체적인 공공기관의 서비스에 관한 정보의 온라인상 공표에 관해 규율하고 있다.[18] 특히 시행령 제18조는 관리담당기관이 행정절차에 관한 국가데이터베이스에서 온라인 공공서비스(online public service)에 관한 충분한 정보를 공표하고 변경시 업데이트할 것과, 국가기관의 웹포털이 온라인 공공서비스에 관한 섹션을 두고 구체적인 서비스를 나열하고 그 수준에 관한 정보를 제공할 것을 명하고 있다.

3. 개별 법제에서의 정보 공개 규정 및 정보기술의 이용

(1) 토지이용계획에 관한 정보 공개

토지법에 근거해 제정된 시행령(Decree Providing For Implementation of Law on Land)[19]은 제27조에서 국토이용계획에 대한 정보 공개를 명하고 있다. 구체적으로 국회가 결정한 전국토의 토지이용 구획(zoning) 및 계획(plan)에 관한 정보는 자연자원 및 환경부(Ministry of Natural Resources and Environment)가 공개하되, 그 요지를 중앙의 신문(central newspaper)에 게재할 것을 명하면서도, 정부 행정정보 네트워크(network)상의 관보에 공표하는 규정도 분명히 두고 있다. 종전과 같이 오프라인뿐만 아니라 온라인상의 공표도 함께 시행하고 있음을 알 수 있다.

---

18) Decree No. 43/2011/ND-CP (June 13, 2011).
19) Decree No. 181-2004-ND-CP (Oct. 29, 2004).

(2) 증권시장에 관한 정보의 공개

사적 시장 영역에서 기능하는 공공기관에게 정보 공개를 명하는 법규들도 존재한다. 그 중, 증권시장에서 상장법인 등 이해관계자들에게 정보의 공개를 명하는 '증권시장에 관한 정보공개에 관한 시행세칙(Circular 52/2012/TT-BTC)'[20]은 상장회사(public companies), 증권회사(securities company)뿐만 아니라 국영법인(state owned legal entity)인 증권거래소(stock exchange, SE)[21]에 대한 정보 공개를 요구하는 시행세칙(circular)이다. 이 세칙은 증권거래소에서의 증권 거래에 관한 정보(제32조상 자세히 규정)와 증권거래소에 등록된 여러 형태의 조직 및 회사 등에 대한 정보(제33조상 규정)를 공개대상으로 규정한다. 이러한 정보들은 보고, 고지를 받은 후 또는 사건 발생 후에 즉시 공개해야 한다(제34조 제2항).

〈표 3〉 공개대상 정보

증권 거래에 관한 정보	증권거래소에 등록된 여러 조직 및 회사 등에 관한 정보
1) 거래시간 중의 정보: 거래시간 동안의 거래가, 허용된 증권의 종류의 수, 전날의 종가, 당일 각 세션의 최고가, 최저가, 개장가 및 종가 등(제32조 제1항) 2) 거래시간 중 주기적 정보(periodical information): 전체 시장에서의 거래가 허용된 주식의 전체 종류의 수, 당일 주식가격의 진폭의 수준, 거래의 총량, 주문·구매량과 그에 대응하는 각 종류의 주식가격 등(동조 제2항)	거래를 위해 등록 또는 상장된 조직(organization listed or registered for trading)에 관한 정보, 공급(closed public fund)에 관한 정보, 상장 주식투자회사(public securities investment company)에 대한 정보를 회원증권회사에게 제공하도록 규정(제33조 제6항)

위 정보의 공개 수단으로 공개기관의 매년 보고서, 기타 출판물 뿐만 아니라 웹사이트, 증권거래소의 디스플레이 보드도 이용하도록 규정(제34조)되어 있다.[22] IT의 발전이 증권 분야 정보공개에 관한 규정에도 영향을 미치고 있음을

---

20) Circular 52-2012-TT-BTC on Disclosure of Information on the Securities Market으로 2012년 4월 5일 입안되어 6월 1일부터 발효되었다.
21) 베트남 증권거래소는 호치민시와 하노이시의 두 개로 구성되어 있다. 호치민시 증권거래소는 호치민시 소재 증권거래센터가 2007년 수상의 결정으로 전환된 것이며, 하노이시 증권거래소도 2009년부터 운영되고 있다.
22) Mayer Brown JSM, Information Disclosure on the Securities Disclosure, Legal Update: Banking & Finance, Construction & Engineering, Corporate & Finance Vietnam, July 06,

알 수 있다.

4. 정보공개법

베트남에서의 컴퓨터와 통신기기의 보급, 인터넷 및 정보기술의 발전 및 대중화는 이러한 정보 공개의 비용을 낮추어 정보 공개의 편이성을 현저히 높였다. 전술한 경제 발전에 따른 사회적 요청에 따라 정보공개의 확산의 근거법령을 위해 베트남 정부는 정보공개에 관한 일반법으로서 정보공개법(Law on Access to Information)[23]을 도입하여 2012년 6월 1일부터 발효하게 하였다.

〈표 4〉 공표 대상 정보와 요청에 의해 공개되는 정보

	(i) 공표 대상 정보	(ii) 요청에 의해 공개되는 정보
(a)	국가기관이 공포한 법률규범 문서(legal normative documents), 행정규칙(rules and regulation)	관련 기구 리더의 활동에 관한 정보
(b)	국가 및 지방의 사회·경제 발전계획	행정기구의 활동을 위한 프로그램, 목적 및 예산, 진행중인 공적 프로젝트에 관한 정보
(c)	인민의 자발적 기부 및 그 사용에 관한 정보	사회·경제발전에 관한 통계
(d)	국가 정책, 부처·지방정부 프로젝트의 실행에 관한 정보, 거시 경제정보, 경제성장 통계, 재정 및 금융시장에 확실히 영향을 야기하는 경제적 행위 및 다른 정보	대규모 공적 프로젝트 및 공익 프로젝트 집행에 관한 정보
(e)	토지 배분, 획득, 보상 및 경제 원조의 배분에 관한 정보	관련 기구의 운영 예산, 예산의 관리·이용에 관한 정보
(g)	긴급 구호의 관리, 이용에 관한 정보, 재난 대응 및 구호	부채 및 채무 이행 정보
(h)	법규에 따라 공개가 요구되는 정보	계약 및 입찰에 관한 정보들

총 5개장과 30개조로 구성되어 있는 이 정보공개법은 모든 중앙정부의 부서, 지방의 인민위원회 및 인민협의회, 국영기업 및 국가기금(national funds)까지를 적용대상으로 한다. 한편, 이 법은 정보를 (i) 널리 공표되는 정보와 (ii) 요청

2012.
23) 2009년 3월 24일에 입법되었다.

에 의해 공개되는 것으로 정보로 <표 4>와 같이 구분한다.

정보공개법은 위와 같이 요청이 없어도 공개되어야 하는 공표 대상 정보((ⅰ)의 대상)를 요청에 의해 공개되는 정보((ⅱ)의 대상)와 나누어 규정하지만, 공표와 공개를 모두 규율하는 법이다. 이 법은 이러한 정보들에 대해, 공개를 제한한 영역(제9조)에 해당하지 않는 한, 기관(agency), 조직(organizations) 및 개인에게 알권리를 부여하고 본 법의 적용대상인 기관들에게 요청된 정보를 정확하고 충분히 그리고 신속하게 제공할 의무를 지운다.

한편, 공개를 제한한 영역은 매우 넓으며, 구체적으로 정보공개법은 아래 <표 5>와 같이 공개 제한 대상 정보를 규정(제9조 제1항)하고 있다. 아래의 정보들은 관련 기관의 장 및 제3자에 관련된 경우 제3자의 승인을 받은 경우에만 공개될 수 있다.

〈표 5〉 공개가 제한되는 정보

a)	법률에 의해 기밀로 인정된 정보
b)	외국의 또는 베트남 지방의 정부, 기구로부터 획득한 기밀 정보
c)	중앙정부의 경제, 재정, 및 외환정책의 안전과 공적 경제적 이익을 위해 필수적인 정보
d)	국가안보 또는 다른 국가, 국제기구와의 관계에 위협이 되는 정보, 법집행, 공공질서의 유지 및 범죄인 소추에 필수적인 기밀정보
e)	개발 또는 준비절차 중에 있는 문서에 관련된 장기 또는 매년 예산
g)	입찰·입찰제안서의 기술적 기밀, 또는 영업활동을 위해 준비된 정보
h)	개인정보, 프라이버시 관련 정보
i)	범죄 제보자의 주소 전화번호 등 연락 정보
k)	영업비밀, 생산 및 경영 기밀에 관한 기술적 절차 또는 조건에 관한 정보 또는 유사 정보
l)	파산사건에서 재산회복을 위한 법원 재판에 필수적인 정보를 제외한 신청절차(the adjuration process) 준비자료
m)	공적 기구의 일상적 의무, 내부 토론, 회의기록에 관한 서류 및 정보
o)	하부기관에 의해 내부적으로 준비된 기관 자료
p)	기관간 연락 및 통신

V. 결론: 베트남 정보기술 이용의 전망과 법제 지원의 전략 변화

베트남은 정보 인프라가 상대적으로 약하지만, 높은 교육열과 정보 인력 훈련을 위한 교육 및 이를 위한 인력은 풍부하다. 따라서, 인프라의 구축과 기술 투자 및 선진기술의 이전 등의 여건이 마련된다면, IT산업의 잠재력이 큰 국가로 분류될 수 있다. 경제성장 잠재력이 높은 베트남 경제가 향후 더 분화되고 전문화되면서, 고도 정보통신기술을 적용하게 되는 사회로 발전하게 되는 장래에, IT 분야에 관한 법제도는 좀더 세밀하게 보충되고 개정되게 될 것으로 예상된다.

다변화되는 지식경제사회에서 첨단기술은 창의적 혁신과 자율에서 나타나고 있는 만큼, 베트남도 향후 기술 발전에 있어 민간 기업과 외국 기업간의 교류를 지원하면서 개인의 통신의 자유를 좀더 보장하는 방향으로의 전환을 할 필요가 있다. 사회주의를 유지하면서도 좀더 국민의 인권과 자유를 보장하는 수준의 법적 개선이 이루어져야 혁신적 기술의 계발 및 발전을 가능하게 할 수 있는 제도적 터전의 마련에 기여할 수 있을 것이다.

정보공개법제는 일반법이 시행된 지 수년도 채 지나지 않은 상태로, 운영상황을 지속적으로 조사해 볼 필요가 있다. 하지만, 경제 및 사회의 발전과 분화에 따라 국민들의 정보 공개에 대한 요청 － 알권리의 요구 － 은 더욱 증가할 것으로 예상된다. 이에 따라, 정보공개 범위에 대한 재검토가 필요하게 될 것이다. 또한, 구체적이고 특수한 영역에서 정보 공개에 관한 행정입법을 통해 일반법의 실효성을 높여야 할 것이다.

우리의 베트남 IT법제 지원도 베트남 정부로부터의 요청에 부응하는 종래의 방식을 벗어나 법제 지원의 필요성과 방향에 대한 구상을 제시하면서 베트남 정부를 설득하는 식의 전략 변화가 요청된다. 정보공개의 범위, 절차, 행정절차의 공정성 및 투명성 확보 및 국민의 접근성 증대 및 부패 통제를 위한 시스템 구축 및 운영이 그 예가 될 수 있을 것이다. 최근 베트남 전자정부 구축에 외국 정부와 기업들의 지원이 있다고 한다. 우리 정부의 전자정부 구축 경험과 법제화 운영 모델을 베트남 정부의 전자정부 구축에 지원하는 것도 한 방법일 것이다. 또한, 이러한 IT기반의 정부 운영이 국민의 권익 증진, 공정하고 투명한 행정절차 및 제도의 구축 및 부패억제와 효과 면에서 연계되어 있고 상호 긍정적 영향을 주고 있음을 구체적 연구를 통해 알리는 것이 뒷받침되어야 할 것이다.

南泉 權五乘 教授 停年紀念論文集

제3부

공정거래와 사회조화

거래상 지위남용 규제 법리의 형성과 전개

신 영 수*

I. 머리에

경쟁법의 한국적 규범인 「독점규제 및 공정거래에 관한 법률」(이하 '공정거래법'이라 한다)에는 '기업과 경쟁' 측면에서 관련성이 적어 보이는 규정들이 적지 않게 발견된다. 법 제23조 제1항 제4호 소정의 '거래상 지위남용 금지' 규정이 대표적이다.

일본의 사적독점금지법[1]을 제외하고 딱히 견줄 만한 입법례를 찾아보기 어려운[2] 이 규정은, 주지하다시피 '시장의 지배(market dominance)'에 기인한 절대적 지위가 아닌 거래상대방과의 상대적 지위 차이에서 오는 남용의 문제를 규율대상으로 삼고 있다. 사인간의 민사분쟁적 성격의 사안에 대해서도 공정거래위원회의 고권적 개입을 가능케 했다는 점에서 우리 공정거래법이 가진 독특한 면모 가운데 대표적인 하나로 꼽히고 있다. 경쟁법에서 일반적으로 채용되는 경쟁제

---

* 경북대학교 법학전문대학원 부교수, 법학박사
1) 일본의 사적독점금지법(「사적독점금지 및 공정거래의 확보에 관한 법률」) 제2조 제9항 제5호는 '자기의 거래상 지위를 부당하게 이용하여 상대방과 거래하는 행위'를 불공정거래행위로 규정하고 있고, 불공정한 거래방법에 관한 一般指定 제14항에서 '자기의 거래상 지위를 이용하여 정상적인 상관습에 비추어 보아 부당한 행위는 금지하도록 하고, 계속적 거래관계의 상대방에 대한 구입강제, 이익제공강요, 상대방에 불이익을 주는 거래조건을 설정하거나 변경하는 행위, 불이익제공, 경영간섭'을 예시하고 있다. 이에 관한 자세한 분석은 根岸 哲, 注釋 獨占禁止法, 有斐閣, 2009, 485면 이하 참조.
2) 독점금지법은 경쟁자를 보호하기 위한 법제도가 아니라 경쟁 자체를 보호하기 위한 법제도로 인식하는 미국에서는 거래당사자간의 지위상 우열문제를 독과점 규제의 틀 속에서 포섭하여 접근하는데 그칠 뿐 이에 관한 직접적인 규제수단을 갖고 있지 않다. 다만 독일 경쟁제한방지법의 경우 1973년 법 개정시에 당시 제26조 제2항 2문을 통해 "상대적인 시장우위"로 인한 문제를 규제를 한 적이 있으나, 현재는 시장지배적 지위(marktbeherrschende Stellung)와 우월적 지위(berragende Markstellung)를 남용 규제로 통일하여 규율하고 있다.

한성(anti-competitiveness)을 위법성의 요건으로 하지 않는다는 점에서 보면 경쟁법 본령으로부터 꽤나 이격되어 있는 조항이지만, 바로 그 때문에 매우 큰 쓰임새를 가진 것이기도 하다.

실제 공정거래위원회의 불공정거래행위 관련 사건처리 건수 가운데 거래상 지위남용 행위가 30% 안팎의 비중을 점하고 있으며,3) 지난 2009년 이후로는 한국공정거래조정원의 공정거래분쟁조정제도에 흡수되는 사건도 대단히 많다는 점을 감안하면 사건발생의 실제빈도는 훨씬 높은 것으로 볼 수 있다. 「하도급거래의 공정화에 관한 법률」, 「가맹사업의 공정화에 관한 법률」, 「대규모유통업에서의 거래 공정화에 관한 법률」 등도 실상은 거래상 지위남용 규제와 맥을 같이 하는 규범들이어서 거래상 지위남용 규제의 실무적 위상과 중요성은 더욱 커보인다. 최근 들어서는 이른바 '갑-을'관계에서 발생하는 불공정 계약 및 거래관행의 개선 필요성이 정부 안팎에서 강하게 제기되고 있어서 제도의 정책적 효용에 대한 기대감도 커지는 양상이다.

하지만 '거래상 지위남용 규제'는 오랜 기간 공정거래법 규율대상으로 적절한 것인지에 관하여 법리적 다툼의 소재를 제공해 온 것이기도 했다. 조문의 외견상으론 공정한 경쟁질서를 저해할 것을 규제의 요건으로 하고 있지만, 집행 현실에서는 순수 민사분쟁과의 경계가 불분명한 영역이 적지 않아서 거래상 지위남용의 문제를 공정거래법 규율대상으로 하는 것이 타당한지에 대한 원론적 문제제기였다. 특히 다툼의 당사자가 자신의 권익을 더 잘 보호할 수 있는 사업자들인 경우에는 공정위와 같은 행정청의 개입에 관한 반론의 여지가 더욱 강했다.4)

이 같은 일련의 논란과 쟁점들은 갑-을간의 불공정거래 관행에 대한 문제의식이 불거지고 있는 최근의 정책환경 속에서 더욱 부각될 것으로 보인다. 이 제도의 향후 전개방향에 관한 전망과 교통정리가 필요한 시점이다.

본고는 이 같은 문제의식을 배경으로 하여 최근 역할이 더욱 강조되고 있는

---

3) 2009년부터 2012년까지의 기간을 기준으로 할 때, 불공정거래행위 가운데 가장 많은 비중을 차지하는 유형은 부당한 고객유인과 거래상 지위남용으로 나타났다. 공정거래위원회, 2013년 공정거래백서, 2013. 4, 213면.

4) 사법질서에 따른 유효성 검증을 통과한 사인간의 거래에 대해서 경쟁보호라는 근본가치와 무관하게 단지 거래주체의 상호 대등한 지위보장만을 위해서 과징금이나 심지어 형벌을 부과하는 것은 사적자치의 원리에 반할 소지가 크다는 지적이 제기된다. 서정, "불공정거래행위의 사법상 효력", 민사판례연구 제31권, 박영사, 2009. 2, 808면.

거래상 지위남용 규제가 그간 어떤 발전과정을 거쳐 현재의 모습을 갖추게 되었는지를 대법원 판례를 통해 추적해 보고 향후의 해석론에 관해 나름의 견해를 제시해 보고자 한다.

아래에서는 거래상 지위남용 규제의 공정거래법상 의미와 쟁점을 살펴보는 것으로 논의를 시작한다.

II. 논의의 출발점: 거래상 지위남용행위의 법 체계상 의미와 지위

1. 입법의 취지

주지하다시피 현행 공정거래법상 사업자의 지위남용 행위에 대한 규제는, 시장지배적 지위남용과 거래상 지위남용의 두 가지 갈래로 실행된다. 이 중 시장지배적 지위의 남용을 규제는 유효경쟁(effective competition)이 제대로 발휘되지 못하는 독과점적 시장 상황 하에서 절대적 지배력을 이미 확보한 사업자가 자신의 지위를 유지·강화할 목적으로 그 지배력을 착취적(exploitative) 혹은 배제적(exclusive) 방식으로 남용할 경우에, 그 남용으로 인해 경직된 시장구조가 고착화되지 못하도록 방지하거나 시정하는 역할을 수행한다. 이에 비하여, 불공정거래행위의 일 유형으로 거래상 지위남용을 금지하는 이유는 현실의 거래관계에서 상대적 지배력을 가진 사업자와 경제력, 교섭력 면에서 열위에 있는 거래 거래방과간의 관계에 있어서 대등한 지위를 확보함으로써[5] 당사자들이 속한 시장에서 공정한 거래환경을 조성하려는 데에 궁극적인 취지가 있다.[6] 양자 모두 거래관계에서 나타나는 '종속성'의 문제를 해결하기 위한 수단으로 마련된 것으로서, 규모의 격차, 거래처의 전환가능성, 거래에 특수한 투자여부 등을 종합적으로 고려하는 판단의 과정을 거친다. 양자를 통합할 것인지 시장지배의 문제와 불공정거래의 문제로 구분하여 규제할 것인지는 입법정책상의 결단 문제이며, 우리는 후자를 택한 것으로 볼 수 있다.

---

5) 대법원 2000. 6. 9. 선고 97누19427 판결.

6) 이봉의 "거래상 지위남용으로서 불이익제공의 부당성대상판결: 대법원 2002. 10. 25. 선고 2001두1444 판결", 공정경쟁 제94호, 한국공정경쟁연합회, 2003. 6, 25면.

이 가운데, 공정거래법상 거래상 지위남용행위는 법 제정시점부터 불공정거래 행위의 하나로 공정거래위원회가 고시했던 '우월적 지위의 남용'행위를 그 모태로 한다.[7] 우리 공정거래법은 제정 이래로 줄곧 거래당사자간 지위의 격차에 기인한 불공정의 문제를 법적용의 대상으로 포섭해 왔던 것인데, 사업자가 거래상 우월한 지위를 기반으로 하여 열등한 지위의 거래상대방에 대해 일방적인 불이익을 가하는 것이 경제적 약자를 착취하는 것일 뿐만 아니라 거래상대방의 자생적 발전기반을 저해하고 공정한 거래기반을 침해한다는 현재의 인식과 맥을 같이 하고 있다.[8]

다만, 초기의 고시에서는 일본의 一般指定[9]을 답습하여 "우월적 지위의 남용"이라는 표제 하에 "사업자간의 거래에 있어 자기의 거래상의 지위가 우월함을 이용하여 정당한 이유 없이 정상적인 거래관행에 비추어 불이익을 조건으로 당해 상대방과 거래하는 행위"를 규율대상으로 함으로써 법률과는 다소 거리가 있는 표현을 채용하고 있었다.[10] 이는 공정거래법에서 명시하지 아니한 요건, 즉 거래상 지위의 우월성 및 정상적인 거래관행에 배치되는 것인지 여부를 위법성의 전제로 삼은 것이기도 했다. 이 때문에 이내 고시의 내용이 상위법의 적용범위와 요건에 부합하지 않는다는 지적들을 낳게 되었다.[11] 그 결과 공정거래위원회는 1993. 11. 19. 동 고시를 개정(제1993-20호)하는 한편, 공정거래법이 사용한 "자기의 거래상의 지위를 부당하게 이용하여 상대방과 거래하는 행위"의 표현을 채용함으로써 논란의 소지를 해소하였다. 단, 고시상 표제는 여전히 '우월적 지위남용'으로 한 동안 유지되었다.

---

7) 1981. 5. 13. 고시된 불공정거래행위지정고시(경제기획원고시 제40호) 제9조에서 규정하였다.

8) 불공정거래행위 심사지침(공정거래위원회 예규 제134호), 2012. 4. 25. 6. 거래상 지위남용 (1) 금지이유 참조.

9) 一般指定 14에서는 우월적 지위의 남용에 관하여 "자기의 거래상의 지위가 상대방 보다 우월하다는 것을 이용하여, 정상적인 상관습에 비추어 부당하게, 다음 각호의 어느 하나에 열거된 행위를 하는 것"으로 정의하고 있다.

10) 당시 우월적 지위남용 규제에 관한 상세한 설명은 이기수·유진희, 경제법(제9판), 세창출판사, 2012, 297면 참조.

11) 당시 공정거래법상 불공정거래행위의 유형 및 기준에서는 '우월적 지위남용'이란 표제를 사용하기는 했으나, 위법성의 성립요건상 우월적 지위가 존재할 것을 요구하지는 않았었는데, 이와 유사한 규정을 가지고 있었던 일본 불공정한 거래방법(1982. 6. 18. 公正取引委員會 告示 제15호)상의 '우월적 지위의 남용' 규제의 해석론을 우리 학계나 법원이 수용하는 과정에서 법률과 다른 요건들이 도출되는 일이 있었다. 박해식, "불공정거래행위의 하나인 '자기의 거래상의 지위를 부당하게 이용하여 거래상대방에게 불이익이 되도록 거래조건을 설정 또는 변경하거나 그 이행과정에서 불이익을 주는 행위'를 하였음을 이유로 시정명령 등 행정처분을 하기 위한 요건으로서 '불이익'의 의미", 대법원판례해설 제41호, 법원도서관, 2002. 5. 31, 55면 참조.

이후 1996. 12. 30. 공정거래법 전면개정 및 1997년 동법 시행령 개정에 따라 일반불공정행위의 유형과 기준에 관한 공정거래위원회의 고시제도를 폐지하고 대통령 사항으로 전환되면서 우월적 지위남용을 대신하여 '거래상 지위의 남용'이 불공정거래행위의 유형 가운데 하나로 열거되었다.

요컨대 규제의 운용 초기에는 법령상의 표제와 달리 일본식의 해석에 따라 우월적 지위의 존재를 요건으로 하는 등 변칙적 운용이 행해지기도 했지만 이내 해석을 통해 거래상 지위남용으로의 규제가 행해졌으며, 고시의 변경 및 시행령 개정 이후로는 입법적 체계도 완성되어 현재에 이르고 있다.

한편, 현행 시행령이 거래상 지위남용행위의 유형으로 열거한 행위들은 구입강제,[12] 이익제공 강요,[13] 판매목표강제,[14] 불이익제공,[15] 경영간섭[16] 등 모두 다섯 가지인데, 그 가운데 '불이익 제공' 방식의 지위남용이 법위반 사례의 주류를 이룬다. 이 유형의 발생빈도가 유독 높은 이유는 다른 지위남용 행위의 경우 개념적 표지나 외연이 비교적 구체적이어서 적용범위가 포괄적이지 않은데 비하여, 불이익 제공의 경우 불이익이란 개념 자체가 추상적이고 경계도 불투명한데다 규정상 "가목 내지 다목에 해당하는 행위 외의 방법으로" 거래상대방에게 불이익을 주는 행위라고 표현함으로써 일반규정적 성격을[17] 내포하고 있기 때문이다. 거래상 불이익을 받은 자들로 하여금 규정에 의존하게 만드는 외형을 갖고 있어서 신고 내지 고발도 빈번히 뒤따르는 것도 원인의 하나로 꼽을 수 있다. 이에 따라 실제 판례 및 해석론도 불이익제공을 중심으로 형성되어 오고 있고, 대개는 사업자들간의 계약내용이나 계약이행 과정상 일방당사자의 행위를 거래상 지위남용으로 인정할 것인지에 집중되어 있다.

---

12) 거래상대방이 구입할 의사가 없는 상품 또는 용역을 구입하도록 강제하는 행위를 말한다.
13) 거래상대방에게 자기를 위하여 금전·물품·용역 기타의 경제상 이익을 제공하도록 강요하는 행위를 말한다.
14) 자기가 공급하는 상품 또는 용역과 관련하여 거래상대방의 거래에 관한 목표를 제시하고 이를 달성하도록 강제하는 행위를 말한다.
15) 가목 내지 다목에 해당하는 행위 외의 방법으로 거래상대방에게 불이익이 되도록 거래조건을 설정 또는 변경하거나 그 이행과정에서 불이익을 주는 행위를 말한다.
16) 거래상대방의 임직원을 선임·해임함에 있어 자기의 지시 또는 승인을 얻게 하거나 거래상대방의 생산품목·시설규모·생산량·거래내용을 제한함으로써 경영활동을 간섭하는 행위를 말한다.
17) 이호영, 독점규제법(제4판), 홍문사, 2013, 309면.

2. 조문상의 요건 해석

법률규정의 외형상으로는, 1) 행위 사업자가 거래상 지위가 있어야 하고, 2) 그 지위를 부당하게 이용(⇒ 남용)하여 상대방과 거래해야 하며, 3) 그 결과 공정한 거래를 저해할 우려가 있어야 한다. 단 구체적인 행위유형과 위법성 판단 기준은 시행령이 제시하고 있는데 시행령 별표에서는 시행령에 열거된 행위가 존재하면, 거래상 지위의 존재와 그 지위를 부당하게 이용했음이 인정되는 구조를 취하고 있다. 보기에 따라서는, 거래상 지위남용의 경우 시행령은 마치, 법률이 제시한 요건의 존재를 법률상 추정케 하는 것으로 볼 여지도 있다.

단, 조문상 강제한 것인지, 강요한 것인지, 불이익을 준 것인지, 간섭한 것인지 등의 행위사실의 존재여부를 가리는 것이 위법성 인정의 관건이 될 터인데, 강제나 강요, 간섭 등의 행위발생이 행위자의 거래상 지위를 이미 전제한 것이며 그것이 곧 그 지위 이용의 부당성(즉, 남용)의 의미를 내포한 것으로 볼 수 있으므로 이런 시행령의 내용이 법률상의 요건을 간과하거나 생략한 것이라고만 볼 것은 아니다. 더욱이 후술하는 바와 같이 법원은 시행령에 열거한 행위가 존재했다고 해서 곧바로 거래상 지위남용으로 추단하지 않고, 거래상 지위의 존재와 부당성을 일일이 따져 법위반 여부를 가늠해 오고 있다.

이 부분에서 행위유형과 관련하여 이와 관련하여 주목해 보아야 할 유형이 곧 불이익 제공 행위이다. 시행령상 강제, 강요, 간섭이 행해진 유형들과는 달리 불이익제공의 경우에는 반드시 거래상의 지위의 차이를 배경으로 하지 않더라도 결과적으로 거래상대방에게 불이익을 줄 수 있는 유형이라는 점에서 다른 행위와 차이가 있다. 즉 시행령상의 불이익을 주는 행위가 존재했다고 해서 곧바로 거래상 지위남용으로 보기 어려운 상황이 발생할 수 있다.

거래상 지위남용 사건의 발생빈도가 불이익 제공에 집중되어 있는 점도 이와 관련하여 설명될 수 있다. 말하자면 거래상대방의 경우, 강제, 간섭, 강요가 있었다는 것은 거래상 지위가 존재한다는 것을 암시하므로 거래상 열등한 지위에 있는 상대방이 이를 문제삼기에도 용이치 않을 수 있다. 반면에 불이익이 여러 배경과 상황 속에서 발생할 수 있기 때문에 불이익의 제공이 반드시 거래상 지위의 차이를 전제하는 것이라고 보기 어렵다. 법원이 불이익제공 관련 사건을 파기하는 사례가 많은 이유도 이와 무관치 않다고 생각된다.

이상을 정리하자면, 법령의 외형에도 불구하고 거래상 지위남용의 위법성을 입증하기 위해서는, 처분청인 공정거래위원회가 적어도 1) 거래상 지위의 존재, 2) 지위의 부당한 이용을 입증해야 하며, 부당한 이용이 입증되면 관념상 남용행위가 성립되며, 제23조 제1항 본문상의 요건인 공정거래저해성도 충족하는 것으로 볼 수 있다.

Ⅲ. 쟁점의 소재와 원인

1. 규율대상 행위의 법적 성격

엄격히 보자면 모든 거래당사자들 사이에는 지위의 차이가 존재하며 우위를 점한 자는 자신의 지위를 행사하여 이익을 극대화하려는 유인을 갖기 마련이다. 이 점에서 거래당사자간의 지위차이 자체를 문제삼을 수는 없으며, 사업자가 자신의 우월한 지위를 토대로 교섭력을 극대화하여 유리한 거래를 성사시키고 그 결과 거래상대방의 사익이 저하되더라도 그 모든 경우를 공정거래법 위반으로 볼 수는 없다. 하지만, 그 거래차이가 너무 커서 거래상대방이 합리적으로 용납할 수 있는 정도를 벗어난 불이익을 강요받을 정도가 된다면 이를 용납하는 것 또한 법의 이념에 부합하지 않는 결과가 된다. 공정거래법은 부분과 관련하여 입법자로부터 규제관할권을 부여받은 것인데, 이 대목이 전술한 것처럼 경쟁제한적 영업관행을 주된 표적으로 삼아야 할 경쟁당국의 역할과는 다소 거리가 있는 것이어서 논란이 되어 왔다.

이를테면 거래상의 지위 차이나 그에 따른 급부 및 반대급부의 불균형으로 인한 다툼은 결국 사인간의 민사적 분쟁의 성질을 가지는 것이고, 따라서 당사자주의에 따라 민사적 절차에 의해 다루어야 할 사안을 공정거래법적 수단에 의해 규제하는 것이 과연 가능하거나 적절한 것인지 의심스럽다는 것이 문제의 핵심이었다.[18] 이런 문제제기는 해석론은 물론 입법론까지 확장되어 전개되고 있다.

당사자간의 균형이 완벽히 유지되는 거래는 현실에서 찾아보기 어렵다. 이 점

---

18) 홍대식, "독점규제법상 불공정거래행위의 사법적 효력", 사법논집 30집, 법원도서관, 1999, 123면 이하; 서정, "불공정거래행위의 사법상 효력", 민사판례연구 제31권, 박영사, 2009. 2, 770면 이하.

에서 거래는 늘 분쟁의 소지를 내포하고 있는데 거래당사자간의 이해충돌은 단계별로 여러 층위가 존재할 수 있다. 이를테면, ⅰ) 실질적 대등성이 인정되는 (거래상 지위차이가 미세한) 상태에서 발생하는 사익의 다툼, ⅱ) 거래상 지위 차이가 인정되는 상황에서 상대방의 이익이 침해된 경우, 그리고 ⅲ) 거래의 내용이 민법상 공서양속이나 사회질서에 위반되거나(민법 제103조 위반), 거래상대방의 궁박, 경솔, 무경험을 악용한 불공정행위에 이른 경우(제104조 위반) 등의 구분이 가능하다.

ⅰ)과 ⅱ)의 경계는 '거래의 공정'과 '계약의 자유'의 구분기준에 관한 것이라 할 수 있다. 이에 관해서는 해석론상 쟁점이 제기되어 왔고, 거래상 지위가 존재했는지 그 지위를 남용했는지 여부의 해석에 따라 개별 사건의 공정거래법 혹은 민법 적용대상 여부가 가려졌다. 반면에 ⅱ)와 ⅲ)의 경계와 중첩부분에 관해서는 해석론과 입법론적 문제제기가 함께 있어 왔다. 이를테면 공정거래법상 거래상 지위남용이 민법 제103조나 제104조와 구분되는 독자성을 가지는지, 즉 제103조나 제104조 위반에 미치지 못하는 행위이더라도 거래상 지위남용의 독자성을 인정할 수 있는지에 대한 논의가 있었다. 거래조건의 공정성 내지 계약내용의 공정성은 결국 급부와 반대급부 사이에 현저한 불균형이 없음을 의미하는 것이므로 적어도 거래상 지위의 남용행위가 되기 위하여는 신의칙이나 선량한 풍속을 위반하는 등 민법의 일반원칙에 반하는 행위이어야 한다거나, 공정성이 훼손되는 거래가 행하여지더라도 민법상 사인간의 거래상 불공정성을 문제삼을 수 있는 규정(예를 들어 제103조나 제104조)이 마련되어 있는 만큼 이에 우선권을 부여해야 한다는 지적, 설령 공정거래법이 개입하더라도 '경쟁'이라는 기준을 포기한 상태에서 달리 별다른 기준을 세울 수 없는 이상 민법의 일반원칙 이외에는 달리 그 기준이 될 만한 것이 없고, 위법성 판단의 통일성이라는 측면에서도 사법의 일반원칙상 문제되는 행위만을 규율대상으로 삼아야 한다는 많은 지적들[19]이 그러하다.

2. 관련 규정의 법제적 적합성

앞의 지적과 같은 맥락이되 경쟁당국의 역할 측면에서 조망한 문제제기도 있

---

19) 변동열, "거래상 지위의 남용행위와 경쟁", 저스티스 제34권 제4호, 한국법학원, 2001, 187-190면.

었다. 말하자면 거래상 지위남용 규제가 시장의 경쟁제한성보다는 개별 거래의 불공정성에 주안점을 두고 있어서 경쟁법의 본연의 임무에 적합한지에 관한 의문에 따른 것인데,[20] 행정관청인 공정거래위원회가 전적으로 사적인 문제에 개입하기 위해서는 그 문제가 경쟁정책상의 문제인지 여부는 떠나서라도 어느 정도의 공공성 혹은 공익성은 있는 문제여야 할 것인데 거래상 지위의 남용금지 규정은 대개 개별 거래 당사자들 사이의 사적 이익다툼일 가능성이 크다는 점, 민사분쟁에 대하여 직권주의가 아닌 당사자주의를 채택하고 있는 우리 법체계상, 공정거래위원회가 전적으로 사적 다툼에 개입할 경우 경쟁당국 본연의 독과점 및 카르텔 규제에 집중해야 할 행정력이 분산될 수 있다는 점에 관한 의식이다.

특히나 우리 공정거래법은 일본과는 달리 불공정거래행위에 대해 시정명령이외에 과징금 부과, 형사처벌이 가능하게 하는 규정을 두고 있고, 그 효과면에서도 시장지배적 사업자 지위 남용금지 규정과 큰 차이가 없는 것이어서, 공정거래위원회로서는 복잡한 독과점 규제 규정의 적용시 부담할 입증책임에서 벗어나기 위하여 우월적 지위 남용금지 규정을 적용하여 행정처분할 가능성이 많다는 점이 지적될 수 있다.[21]

반면에 상반된 논거 제시도 충분히 가능하다. 사법관계에서의 규율은 본래 대등한 당사자를 전제로 한 것인데 비하여, '거래상 지위 남용행위'는 현실의 경영풍토에서의 거래주체간의 실질적 불평등에 주목하여 이를 시정함으로써 경제민주화를 꾀하고자 하는 것이라고 보면 위와 같은 사법상의 법원칙에 위배되지 않는 경우라고 하더라도 실거래상 부당성이 발생하는 경우가 빈번한 것이 현실이고 이 점에서 법제도로서의 독자성이 인정될 수 있다. 오히려 거래상 지위 남용행위에서의 부당성은 사법관계상의 법원칙과 비교할 때 상대적으로 넓은 범위에서 인정되어야 한다고 볼 수도 있다. 법정책적 측면에서 시장지배적 지위에 이르지 않더라도 지위의 상대적 우위를 가진 자에 의해서도 경쟁질서를 훼손할 수 있으며 이에 대한 규제를 통하여 독과점의 전단계 혹은 맹아적 행위를 포섭할 수 있다고 하거나,[22] 상대적으로 우월적 지위에 있는 사업자에 대하여 그 지위

---

20) 임영철, 공정거래법(제2판), 법문사, 2010, 347면.
21) 이와 같은 맥락의 지적으로는 김차동, "독점규제법에서 요건사실적 접근이 가능한지와 우월적 지위 남용행위의 요건사실 및 그 고려요소에 관한 검토", 판례연구 제17집(상), 서울지방변호사회, 2003, 32면 참조.
22) 정호열, 경제법(제2판), 박영사, 2008, 382면.

를 남용하여 상대방에게 거래상 불이익을 주는 행위를 금지함으로써 당사자들이 속한 시장에서 공정한 경쟁을 실현할 필요가 있다는 점이 주장도 같은 맥락으로 이해될 수 있다. 사법제도의 접근성이 용이치 않은 환경에서는 법원을 통한 사법적 구제만으로는 거래상 지위의 남용금지에 불충분한 면이 있으므로 행정기관이 이를 조사하고 시정조치를 할 필요가 있으며, 이를 통해 보다 쉽게 증거를 수집하고, 경제적 열위에 처한 피해자의 입장에서 비용을 절감할 수 있는 장점도 경제적 약자인 거래상대방 입장에서 놓칠 수 없는 부분이다.

3. 정리되어야 할 부분, 주목해야 할 부분

위의 문제제기와 첨예한 주장대립은 사실 입법론적 논쟁으로서 현행법이 그런 권한을 공정거래위원회에 부여한 이상 그 역할을 방임할 수도 없는 것이 현실이기도 하다. 이 규제가 오히려 최근 들어 수행하게 된 새로운 소임에 비추어 제도의 의미를 재고해야 할 필요도 있다. 거래 당사자간 지위의 차이에서 발생하는 불공정성은 한국 경제현실에서 유독 심화되어 출현하고 있음을 부인하기 어렵고, 최근에는 그 폐해가 업종별로 다각화하여 전개되는 상황이다. 사법서비스의 접근성 측면에서 국가기관의 개입방식이 경제적 약자에게 매우 현실적인 도움이 될 수 있고 우월적 지위를 보유한 사업자의 남용행위를 억제하는데도 현행 법의 접근방식이 훨씬 효과적이라는 점, 공적집행의 효율화 측면에서 공정위가 거래당사자간 사적 분쟁적 사안에 개입토록 함으로써 행정력이 낭비될 수 있지만, 지난 2009년 이후 공정거래조정제도가 도입되었고, 실제 거래상 지위남용 사건을 중심으로 사건을 처리해 오고 있어서 그 같은 우려를 희석할 만한 장치와 기반이 마련되었다고 볼 수 있는 점 등 새로운 고려사항들이 등장했다.

종합하자면 현 단계에서 주안점을 둘 부분은 제도의 존폐에 관한 논거라기보다는 거래상 지위남용 규제의 역할과 한계를 명확히 하는 일이다. 현재로선 거래상 지위남용 규제에 있어서 어느 정도가 되면 거래상의 지위가 큰 것이고, 그에 기초한 행위를 남용으로 볼 것인지가 여전히 명확치 않아 보인다.

그 흐름은 공정위 심결을 통해서도 확인할 수 있지만, 본고에서는 판례 특히 대법원 판례에 주목하였다. 그간 거래상 지위남용 규제에 관해서는 공정거래법상 불공정거래행위금지 규정 가운데 유독 많은 수의 대법원 판결들이 도출된 데다 규제흐름상 법의 해석과 집행에 보다 많은 영향을 준 것 또한 그것이라고 보기 때문이다. 아래에서는 그 가운데 판례 흐름과 그 방향의 전환 포인트를 짚어볼 수 있는 몇 가지 판례들을 살펴보기로 한다.

Ⅳ. 판례의 형성과 발전의 궤적

거래상 지위남용에 관한 공정위 심결은 법 집행 초기부터 이루어져 왔으나 대법원 판결은 1990년대 초반에 이르러서야 발견된다. 초기 판례들은 거래상 지위남용의 의미와 규제의 취지를 규명하는 데 주력하고 있고, 그 후로는 거래상 지위남용 규제의 한계를 지적한 판결들이 주를 이루었던 것으로 평가할 수 있다. 그리고 비교적 최근에 들어서는 공정거래법상 지위남용 규제법리를 민사법상 계약법리와 구분하여 이해하는 한편 규제의 취지를 적극적으로 인정하는 판결들이 나오고 있다.

1. 조문상 요건을 추출한 판결들

(1) 대법원 1993. 7. 27. 선고 93누4984 판결(서울지하철공사의 우월적 지위 남용 사건)

이 판결은 서울특별시지하철공사의 지체상금 상당의 대금 지급거부행위가 "우월적 지위남용에 의한 불공정거래행위"에 해당하지 않는지가 문제된 초기 사안에 관한 것으로서 우월적 지위남용(현재의 거래상 지위남용)에 관한 요건을 추출한 판결로서 의미가 있다. 당시 대법원은 법 제23조 제1항 제4호, 고시 제6조 제4호 소정의 우월적 지위남용에 의한 불공정거래행위로 보기 위해서는 ⅰ) 사업자간의 거래에 있어, ⅱ) 사업자가 자기의 거래상의 지위가 우월함을 이용하여, ⅲ) 정상적인 거래관행에 비추어 부당하게, ⅳ) 상대방에게 불이익이 되도록 거래조건을 설정 또는 변경하거나 그 이행과정에서 불이익을 주는 행위로서, ⅴ) 공정한 거래를 저해할 우려가 있어야 할 것이라고 하여 거래상 지위남용행위 규제의 전신인 우월적 지위남용 규제의 행위요건 및 위법성을 제시하였다.[23)]

---

23) 동 판결에서 대법원은, 소외회사의 기업규모를 고려할 때 전동차의 판매시장이 반드시 국내에 한정

하지만 주로 행위와 요건을 분기하여 설명한 것에 그치고 공정거래법상 거래상
지위남용과 민사계약상 분쟁의 구분선을 제시하는 데까지는 이르지 못하였다.
동 판결의 기본 취지는 대법원 1998. 3. 24. 선고 96누11280 판결, 대법원 1998.
3. 27. 선고 96누18489 판결, 대법원 1999. 12. 10. 선고 98다46587 판결 등 후
속판결에서도 지속되었다.

(2) 대법원 1998. 3. 27. 선고 96누18489 판결(조선일보사의 거래상 지위남용 사건)

신문사의 경품제공, 사원판매행위 및 각 지국과의 약정서에서 당해 계약으로
발생하는 일체의 소송은 자신의 관할법원에서 행함을 원칙으로 한다는 조항이
문제된 사안으로서, 대법원은 약정서상의 조항이 지국장에게 다소 불이익한 것
이지만, 그 불이익이 반드시 부당한 것이라거나 자유경쟁의 기반을 약화시키는
등 공정한 거래를 저해할 우려가 있다고 단정할 수 없다고 보았다. 이 사안 역
시 시행령이 우월적 지위남용금지로 규정되어 있었던 시점에 나온 것이기는 했
지만, 거래상 지위남용행위 가운데 특히 불이익제공행위의 위법성 판단기준을
대법원이 제시해 주었다는 점에 의미가 있었다. 이를 정리하면 ⅰ) 그 행위의
내용이 상대방에게 다소 불이익하다는 점만으로는 부족하고, ⅱ) 다른 행위유형
인 구입강제·이익제공강요·판매목표강제 등과 동일시할 수 있을 정도로 일방
당사자가 우월적 지위를 남용하여 그 거래조건을 설정한 것이 인정되고, ⅲ) 그
로써 정상적인 거래관행에 비추어 상대방에게 부당하게 불이익을 주어 공정거래
를 저해할 우려가 있어야 하는 것이며, 또한 ⅳ) 상대방에게 부당하게 불이익을
주는 행위인지 여부는, 문제되는 거래조건에 의하여 상대방에게 생길 수 있는

된다고 할 수 없고, 원고가 독점적 수요자의 지위에 있었다고 할 수 없으며, 위 계약체결에 있어서
원고가 소외회사의 자유의사를 부당하게 억압하였다고 볼 자료도 없는 점에서 원고가 소외회사에
비하여 거래상 우월적 지위에 있다고 보기는 어렵다 할 것이고, 물건공급계약이나 도급계약 등의 계
약체결에 있어 물건공급자나 수급인 등의 채무자가 이행기에 채무를 이행하지 아니하는 경우에 대
비하여 하는 지체상금의 약정은 정상적인 거래관행에 속한다고 보여지므로, 이 사건 전동차제작공
급계약에서의 지체상금에 관한 약정이 거래상대방에게 불이익이 되도록 거래조건을 설정한 행위라
고는 보여지지 아니하고, 원고가 소외회사에 대하여 1991. 2. 9. 이후의 지체상금상당의 대금지급을
거부하는 행위는 계약상 물건의 인도시기에 관한 해석을 둘러싸고 소외회사와 사이에 다툼이 있어
원고측의 주장을 펴면서 소외회사가 청구하는 대금의 일부지급을 거부하는 것에 지나지 않는다고
볼 것이고, 따라서 이를 가리켜 원고가 거래상의 우월적 지위를 이용하여 정상적인 거래관행에 비추
어 부당하게 소외회사에게 거래조건이행과정에서 불이익을 주는 행위에 해당한다고는 볼 수 없으며,
나아가 이것이 공정한 거래를 저해할 우려가 있는 행위라고도 볼 수 없다고 보았다.

불이익의 내용과 불이익 발생의 개연성, 당사자 사이의 일상거래과정에 미치는 경쟁제약의 정도, 관련 업계의 거래관행과 거래형태, 일반 경쟁질서에 미치는 영향, 관계 법령의 규정 등 여러 요소를 종합하여 판단하여야 한다는 것이다.

비교적 최근의 대법원 2011. 5. 13. 선고 2009두24108 판결에서도 '거래상 지위'는 일방이 상대적으로 우월한 지위 또는 적어도 상대방과의 거래활동에 상당한 영향을 미칠 수 있는 지위를 갖고 있으면 인정할 수 있고, 거래상 지위가 있는지는 당사자가 처한 시장의 상황, 당사자 간의 전체적 사업능력의 격차, 거래의 대상인 상품의 특성 등을 종합적으로 고려하여야 한다고 판시함으로써, 기존의 대법원 판결의 입장이 재확인되었다.

(3) 이후에 있었던 대법원 2005. 12. 8. 선고 2003두5327 판결에서도 종전의 판례[24]를 따르면서도 이에 한발 더 나아가 불이익제공이라 함은 사업자가 거래상 지위를 이용하여 거래를 함에 있어 거래상대방에 대한 거래조건의 설정 또는 변경이나 그 이행과정에서 거래상대방에게 불이익을 주는 행위를 의미하는 것이므로, 그 사업자가 제3자에 대한 거래조건의 설정 또는 변경이나 이행과정에서 제3자에게 이익을 제공함으로써 거래상대방이 제3자에 비하여 상대적으로 불이익한 취급을 받게 되었다고 하여 사업자가 거래상대방에게 불이익을 제공한 것으로 볼 수는 없다고 함으로써 거래상 지위남용행위로서 불이익제공의 의미를 좀 더 명확히 하였다. 이 같은 판례의 태도는 이후 대법원 2006. 6. 29. 선고 2003두1646 판결, 대법원 2009. 6. 25. 선고 2007다12944 판결에서도 확인되었고, 특히 대법원 2010. 8. 26. 선고 2010다28185 판결에서는 공정거래저해성의 판단에 있어서 정상적인 거래관행을 벗어난 것인지를 기준으로 제시함으로써 대법원 2000. 6. 9. 선고 97누19427 판결의 태도를 거듭 확인하기도 하였다.

2. 거래상 지위남용 규제의 독자성을 명확히 한 판결들

(1) 대법원 2000. 6. 9. 선고 97누19427 판결 (파스퇴르유업의 거래상 지위남용 사건)

규정의 취지를 규명하고 위법성 판단을 위해 고려해야 하는 요소들을 구체적

---

24) 대법원 2003. 12. 26. 선고 2001두9646 판결 참조.

으로 제시하였으며, 우월적 지위남용 사건을 민사적 계약자유의 법리에 따라서 만 판단해서는 안 된다는 점을 밝힌 점에 의미가 있다.[25] 이 판결에서 대법원은 먼저 불공정거래행위의 한 유형으로 사업자의 우월적 지위의 남용행위를 규정하고 있는 것은 현실의 거래관계에서 경제력에 차이가 있는 거래주체간에도 상호 대등한 지위에서 법이 보장하고자 하는 데 그 취지가 있다고 하여 제도의 취지를 명확히 규명하는 한편, 우월적 지위에 해당하는지 여부는 당사자가 처하고 있는 시장의 상황, 당사자 간의 전체적 사업능력의 격차, 거래의 대상인 상품의 특성 등을 고려하여야 하고, 그러한 우월적 지위를 부당하게 이용하여 상대방에게 불이익을 준 행위인지 여부는 당해 행위의 의도와 목적, 효과와 영향 등과 같은 구체적 태양과 상품의 특성, 거래의 상황, 해당 사업자의 시장에서의 우월적 지위의 정도 및 상대방이 받게 되는 불이익의 내용과 정도 등에 비추어 볼 때 정상적인 거래관행을 벗어난 것으로서 공정한 거래를 저해할 우려가 있는지 여부를 판단하여 결정하여야 한다고 함으로써 위법성 판단기준을 비교적 구체적으로 제시하였다.[26]

이 같은 판결의 취지는 지연배상금 미지급 행위에 대하여 단순한 민사분쟁이 아니라 공정거래법 적용대상이 된다고 판시한 대법원 2007. 12. 13. 선고 2007 두20287 판결에서도 확인되었다.

(2) 또한 대법원 2009. 10. 29. 선고 2007두20812 판결에서는 독점규제 및 공정거래에 관한 법률은 사업자의 시장지배적 지위남용과 과도한 경제력 집중을 방지하고, 부당한 공동행위 및 불공정거래행위를 규제하여 공정하고 자유로운 경쟁을 촉진함으로써 창의적인 기업활동을 조장하고 소비자를 보호함과 아울러

---

25) 판결에서 대법원은 본건 보조참가인의 대리점주 회의 1회 불참과 2일간의 공장견학 불참 및 일부 소비자들에 대한 배달 태만과 매출실적의 부진과 같은 그 판시 사유가 원고 회사와 보조참가인 사이의 대리점 거래의 구체적 형태와 상황, 그 외 거래제품의 특성 등에 비추어 볼 때 달리 참작의 여지가 있거나 부차적인 사유에 그치는 것이 아니라, 원고 회사가 기존 대리점주의 투하자본 회수를 위하여 통상 승인하여 주고 있던 대리점 양도를 허용하지 아니할 정도의 거래상의 의무위반에 해당하는지 여부뿐만 아니라 원고 회사가 위와 같은 사유를 들어 참가인의 대리점 양도에 대한 승인을 거절하기 이른 구체적 의도와 목적, 그 효과와 영향, 그리고 그 외 원고회사가 참가인에 대하여 가지는 우월적 지위의 정도와 원고 회사의 대리점 양도 승인에 대한 거부행위로 참가인이 받게 되는 불이익의 내용과 정도 등을 구체적으로 살펴 그것이 우월적 지위의 부당한 이용행위에 해당하는지 여부를 판단함이 없이 단지 대리점 거래에 있어서의 그 판시와 같은 계약 체결의 자유를 근거로 이를 부정하고 있어 법리오해 및 심리미진의 위법이 있다고 보았다.

26) 이후, 대법원 2002. 1. 25. 선고 2000두9359 판결; 대법원 2006. 9. 8. 선고 2003두7859 판결도 같은 취지로 판결하였다.

국민경제의 균형있는 발전을 도모함을 목적으로 하는 것으로서(제1조), 계약의 해석에 관하여 다툼이 있는 민사 사안이라는 이유만으로 독점규제 및 공정거래에 관한 법률의 적용이 배제되어야 한다고 볼 수 없다고 하였다.

(3) 민법상 관련 규정과의 관계에 관해서는 하급심에서 구체적인 판결이 나오기도 하였는데, 서울고등법원은 2004. 4. 1. 선고 2002누13613 판결에서 공정거래법이 불공정거래행위의 한 유형으로 규제하는 거래상 지위남용행위는 사인간의 거래를 규율하는 민법의 제규정과는 그 취지 및 요건을 달리하고 있으므로, 비록 과다한 손해배상액의 약정이 계약 내용을 규제하는 민법 제103조, 제104조, 제398조 제2항에 의하여 무효로 되거나 감액될 수 있다고 하더라도 공정한 거래질서를 유지하기 위하여 그 행위에 공정거래법을 적용하는 것이 위법한 법령의 적용이 되지는 않는다고 하였다.

3. 민사분쟁적 성격의 사안에 대해 신중한 기조를 견지한 판결들

(1) 비록 거래상 지위남용행위의 독자성이 인정된다고 하더라도, 법원은 조선일보사의 거래상 지위남용 사건[27]에서 제시된 기준에 따라 거래상 지위남용행위에 관한 다수의 판결에서 신중한 기조를 유지해 오고 있다. 예를 들어 대한주택공사가 구매계약을 한 업체에 종합성능시험 완료시까지 일부 물품대금의 지급을 유보하고, 선시공 공사에 대한 개산급을 미지급하며, 중간공정관리일 미준수에 대하여 위약금을 부과한 행위 등이 '불이익제공' 행위에 해당하는지가 문제된 사례에서 대법원은 "원고가 … 상대방에게 다소 불이익하게 거래조건을 설정하거나 그 이행과정에서 불이익을 준 사실을 인정할 수 있으나, 상대방에게 생길 수 있는 불이익의 내용과 불이익 발생의 개연성, 당사자 사이의 일상거래과정에 미치는 경쟁제약의 정도, 관련 업계의 거래관행과 거래형태, 일반 경쟁질서에 미치는 영향, 관계 법령의 규정 등 기록에 나타난 여러 요소를 종합하여 볼 때, 원고의 이러한 행위가 구입강제, 이익제공강요, 판매목표강제 등과 동일시할 수 있을 정도로 자기의 거래상의 지위를 부당하게 이용하여 그 거래조건을 설정 또는 변경하거나 그 이행과정에서 불이익을 주었다거나, 그로써 정상적인 거래관행에

---

27) 대법원 1998. 3. 27. 선고 96누18489 판결.

비추어 상대방에게 부당하게 불이익을 주어 공정거래를 저해할 우려가 있는 것이라고는 보이지 않는다"고 판단하였다.[28]

(2) 도시철도공사가 지하철승강장 매립형 광고틀을 시공완료하고 그 비용을 광고대행사에게 구상청구하면서 상호협의절차를 통한 금액의 조정 없이 일방적으로 납부를 요구한 경우에 대하여 '불이익제공'에 해당하는지가 문제된 대법원 2002. 5. 31. 선고 2000두6213 판결[29]에서 대법원은 종전의 판결에서 제시된 기준과 고려요소들을 종합하여 설시한 다음, 원고의 이러한 행위가 구입강제, 이익제공강요, 판매목표강제 등과 동일시할 수 있을 정도로 자기의 거래상의 지위를 부당하게 이용하여 그 이행과정에서 불이익을 주었다거나, 그로써 정상적인 거래관행에 비추어 상대방에게 부당하게 불이익을 주어 공정거래를 저해할 우려가 있는 것이라고는 보이지 아니한다고 하였다.

(3) 마찬가지로, 대형할인점업자와 납품업자 사이에 있어서 대형할인점업자의 대금감액 등 요청에 대한 납품업자의 동의가 자발적으로 이루어진 것인지 여부에 관한 대법원 2003. 12. 26. 선고 2001두9646 판결에서도 대형할인점업자와 납품업자 사이에 있어서 대형할인점업자의 요청에 의한 대금감액, 인건비부담, 광고비부담 등에 대한 납품업자의 동의가 자발적으로 이루어진 것인지, 그렇지 않고 납품업자가 거래관계의 지속을 위하여 어쩔 수 없는 강요에 의하여 이루어진 것인지가 다투어지는 경우 법원으로서는 납품업자에 대한 대형할인점업자의 거래상 우월적 지위의 정도, 납품업자의 대형할인점업자에 대한 거래의존도, 거래관계의 지속성, 거래 상품의 특성과 시장상황, 거래 상대방의 변경가능성, 당초의 거래조건과 변경된 거래조건의 내용, 거래조건의 변경경위, 거래조건의 변경에 의하여 납품업자가 입은 불이익의 내용과 정도 등을 정상적인 거래관행이나 상관습 및 경험칙에 비추어 합리적으로 추단할 수밖에 없다고 보고, 이 사건 대금감액, 인건비부담, 광고비부담에 요청에 대한 동의는 자발적으로 이루어진

---

28) 대법원 2001. 12. 11. 선고 2000두833 판결.
29) 이 판결은 자기의 거래상의 지위를 부당하게 이용하여 거래상대방에게 불이익이 되도록 거래조건을 설정 또는 변경하거나 그 이행과정에서 불이익을 주는 행위'를 하였음을 이유로 행정처분을 하기 위해서는 거래상대방에게 발생한 '불이익'의 내용이 객관적으로 명확하게 확정되어야 하고, 여기에서의 '불이익'이 금전상의 손해인 경우에는 법률상 책임 있는 손해의 존재는 물론 그 범위(손해액)까지 명확하게 확정되어야 한다고 판시한 점에도 의미가 있다.

것으로 보아야 하다고 판시하여 공정위 패소판결을 내렸다.

(4) 한편 대법원 2002. 5. 31. 선고 2000두6213 판결에서는 자기의 거래상의 지위를 부당하게 이용하여 거래상대방에게 불이익이 되도록 거래조건을 설정 또는 변경하거나 그 이행과정에서 불이익을 주는 행위'를 하였음을 이유로 행정처분을 하기 위해서는 거래상대방에게 발생한 '불이익'의 내용이 객관적으로 명확하게 확정되어야 하고, 여기에서의 '불이익'이 금전상의 손해인 경우에는 법률상 책임 있는 손해의 존재는 물론 그 범위(손해액)까지 명확하게 확정되어야 한다고 판시하기도 했다.

4. 거래상 지위남용 규제에 적극적 기조를 견지한 판결들

(1) 거래상 지위남용 규제가 민사적 분쟁 사안에 대해서 독자적 기능을 수행한다는 파스퇴르유업의 거래상 지위남용 사건[30] 이래 2000년대 중반 이후로 이를 공정위의 판단을 수긍하는 판례들이 잇달아 도출되고 있다는 점이 주목된다.

(2) 먼저 신용카드업을 영위하는 시중은행이, 자신과 가맹점 공동이용 등 업무제휴계약을 맺고 있는 제휴은행들에게 자신의 가맹점에 적용되는 수수료율을 동일하게 적용하도록 하고 이에 따르지 않을 경우 업무제휴계약을 해지할 수 있다고 통보하여 제휴은행들로 하여금 가맹점 수수료율을 변경하도록 한 행위가 불이익제공행위에 해당하는지를 다툰 대법원 2006. 6. 29. 선고 2003두1646 판결에서 대법원은 판례를 통해 형성된 기존의 기준을 적용한 결과, 신용카드사인 원고가 제휴은행들에게 자기의 가맹점에 적용되는 수수료율을 일괄적으로 동일하게 적용하도록 하고 이를 따르지 않을 경우 업무제휴계약을 해지할 수 있다고 통보함으로써 제휴은행들로 하여금 가맹점 수수료율을 변경하도록 한 행위는 제휴은행들의 시장에서의 경쟁력을 필요 이상으로 제한하는 것으로서 정상적인 거래관행을 벗어나 공정한 거래를 저해할 우려가 있는 부당한 행위라고 판단하여 법위반이라는 판결을 내렸다.

(3) 거래상 지위남용을 긍정한 이 같은 판결태도는 공교롭게 그 직후 일련의

---

30) 대법원 2000. 6. 9. 선고 97누19427 판결.

사건에서도 유지되었는데, 예를 들면 대법원 2007. 1. 26. 선고 2005두2773 판결에서 대법원은 택지개발공급업 품목에서 시장지배적 사업자이었던 원고가 시공업체들에 대해 간접비용을 지급하지 않은 사안에 대하여 시공업체들이 간접비용을 신청하지 못한 것은 원고가 시공업체에게 공기연장으로 인한 비용지출을 최대한 억제할 것을 요구하여 사실상 시공업체로 하여금 간접비 청구를 포기하게 하거나 또는 시공업체로 하여금 간접비 포기동의서를 제출하게 하였기 때문이므로, 그로 인해 원고가 위 간접비용을 지급하지 아니한 행위는 자신의 거래상의 지위를 부당하게 이용한 행위에 해당한다고 판단하였고, 한국도로공사가 고속도로휴게소 임차인들과 사이에 체결한 고속도로카드 판매대행계약에 따라 임차인들에게 지급하는 판매수수료율을 2%에서 1%로 인하한 행위에 대한 대법원 2007. 3. 29. 선고 2005두3561 판결에서도 행위의 목적, 경위, 결과 등에 비추어 거래상 지위남용행위에 해당한다고 판단하였다.

(4) 최근 대법원 2011. 5. 13. 선고 2009두24108 판결에서도 대법원은 '거래상 지위'는 일방이 상대적으로 우월한 지위 또는 적어도 상대방과의 거래활동에 상당한 영향을 미칠 수 있는 지위를 갖고 있으면 인정할 수 있고, 거래상 지위가 있는지는 당사자가 처한 시장의 상황, 당사자 간의 전체적 사업능력의 격차, 거래의 대상인 상품의 특성 등을 모두 고려해야 한다는 기존의 판결을 확인하면서, 종합유선방송사업자를 통해 협력업체들에 대해 케이블방송 및 인터넷의 신규가입자 유치목표를 설정하고, 이를 달성하지 못할 경우 지급할 업무위탁 수수료를 감액하는 불이익을 주는 방법으로 협력업체들의 자유로운 의사결정을 저해하거나 불이익을 강요한 것은 '거래상 지위의 남용행위(판매목표 강제)'로서 공정한 거래를 저해할 우려가 있다고 보았다.

이외에 백화점을 운영하는 대규모소매업자가 자기의 거래상 지위를 부당하게 이용하여 납품업체들이 매출 대비율을 일정하게 유지하도록 관리하고자 자사 백화점 및 경쟁백화점에서 할인행사를 진행할지 여부에 관한 자유로운 의사결정을 저해하는 등 납품업체들의 거래내용을 제한함으로써 경영활동을 간섭하였다고 판단하였고,[31] 농약제조업체들에게 가격차손장려금 및 반품조항을 거래조건으로 설정하고 이를 근거로 가격차손장려금을 부담시키거나 농약제품을 반품한 것은

---

31) 대법원 2011. 10. 13. 선고 2010두8522 판결.

거래상 지위를 부당하게 이용하여 거래조건을 설정하고 거래상대방에게 불이익을 준 것으로서 정상적인 거래관행을 벗어나 공정한 거래를 저해할 우려가 있는 행위에 해당한다고 보았다.[32]

V. 판례가 말해 준 것, 말해 주지 않은 것

1. 이 문제에 관한 법원의 기본적 입장

대법원의 태도에 시기에 따른 변화의 뚜렷한 흔적은 발견되지 않는다. 다만 초기에는 거래상 지위남용으로의 규제에 신중한 입장을 견지한 반면, 상대적으로 최근 들어서는 거래상 지위남용을 인정하는데 적극적인 것으로 평가해 볼 수도 있겠다. 초기에는 거래상 지위남용(정확히는 우월적 지위남용)의 위법성 판단구조를 명확히 한 1993년의 서울지하철공사 판결이 영향을 준 것으로 보이는데, 비록 법원이 고시의 내용을 분설한 수준의 기준을 제시하는데 그치기는 했지만, 위법성의 판단이 단계적이면서도 복합적으로 이루어져야 한다는 점만큼은 명확히 했다는 의미는 있는 것이어서 법원이 사안판단에 신중한 접근을 하도록 유도한 측면이 있었다고 평가할 수 있다. 반면에 2000년의 파스퇴르유업 판결에서 이 규정의 독자성이 명확해 지면서 법원으로 하여금 전향적 입장으로 선회할 수 있는 토대를 제공해 주었던 것으로 보인다.

단, 이를 법원의 근본적 입장전환으로 이해하기는 무리로 생각되고, 일응 거래상 지위남용 내지 우월적 지위남용에 관한 공정위의 규제 노하우가 축적되지 않았고 위법성 요건에 대한 판례나 학리해석도 충분치 않았던 초창기에는 거래 당사자 가운데 불이익을 본 일방이 사실상 민사분쟁적 성격의 사안을 거래상 지위남용으로 문제제기한 예가 많았던데 비하여, 이후 규정의 의미와 요건이 규명되면서부터는 공정거래저해성이 비교적 명확한 사건에 공정위의 심결이 집중된 결과 정도로 보이기도 한다.

그럼에도 이 과정에서 판결은 거래상 지위남용의 행위요건 및 위법성 판단기준의 일부를 제시해 준 점은 의미가 크다.

---

32) 대법원 2012. 1. 12. 선고 2011두23054 판결.

〈표 1〉 주요 판례의 비교

거래상 지위남용이 아니라고 본 주요 판결들	거래상 지위남용으로 본 주요 판결들
대법원 1993.7.27. 선고 93누4984 판결 대법원 1998.3.24. 선고 96누11280 판결 대법원 1998.3.27. 선고 96누18489 판결 대법원 1999.12.10. 선고 98다46587 판결 대법원 2001.12.11. 선고 2000두833 판결 대법원 2004.7.9. 선고 2002두11059 판결 대법원 2005.12.8. 선고 2003두5327 판결 대법원 2006.5.26. 선고 2004두3014 판결 대법원 2006.12.21. 선고 2004누5119 판결 대법원 2007.12.27. 선고 2007두18833 판결 대법원 2008.4.24. 선고 2008다405 판결 대법원 2009.6.25. 선고 2007다12944 판결 대법원 2010.8.26. 선고 2010다28185 판결	대법원 2000.6.9. 선고 97누19427 판결 대법원 2006.6.29. 선고 2003두1646 판결 대법원 2007.1.26. 선고 2005두2773 판결 대법원 2007.3.29. 선고 2005두3561 판결 대법원 2007.12.13. 선고 2007두20287 판결 대법원 2009.10.29. 선고 2007두20812 판결 대법원 2011.5.13. 선고 2009두24108 판결 대법원 2011.10.13. 선고 2010두8522 판결 대법원 2012.1.12. 선고 2011두23054 판결

2. 거래상 지위남용의 규범적 독자성

먼저 법원은 민법 제103조, 제104조 위반 등에 이르지 않는 사안에 대해 경쟁당국이 거래당사자간 내부적 이해관계 조정이라는 명목으로 개입하는 것을 허용함으로써, 거래상 지위남용의 독자성에 관한 명확한 입장을 천명해 주었다. 불공정거래행위의 한 유형으로 사업자의 우월적 지위의 남용행위를 규정하고 있는 것은 현실의 거래관계에서 경제력에 차이가 있는 거래주체간에도 상호 대등한 지위에서 법이 보장하고자 하는 데 그 취지가 있다고 한 소위 파스퇴르유업 사건 판결[33]이 결정적이었던 것으로 평가되며, 이후 이후 지연배상금 미지급 행위에 대하여 단순한 민사분쟁이 아니라 공정거래법 적용대상이 된다고 판시한 판결[34]과 민법 제103조, 제104조, 제398조 제2항에 의하여 무효로 되거나 감액될 수 있다고 하더라도 공정한 거래질서를 유지하기 위하여 그 행위에 공정거래법을 적용하는 것이 위법한 법령의 적용이 되지는 않는다고 한 판결도 이를 확인해 주고 있다.

---

33) 대법원 2000. 6. 9. 선고 97누19427 판결.
34) 대법원 2007. 12. 13. 선고 2007두20287 판결.

3. 거래상 지위의 의미와 판단기준

거래상 지위의 의미에 관해 대법원은 비교적 최근의 판결에서 일방이 상대적으로 우월한 지위 또는 적어도 상대방과의 거래활동에 상당한 영향을 미칠 수 있는 지위로 풀이하였다.35) 법률에서의 거래상 지위는 상대적으로 판단될 수밖에 없는데 그 기준으로 고시 폐지 이후에도 여전히 우월성이 발견된다는 점이 주목된다. 사실 거래상 지위라는 표현은 다분히 중립적인 성격이어서 규범적 판단기준으로서는 불충분한 측면이 있다. 법원의 규정의 해석상 기준을 구 고시의 흔적에서 찾으려 시도한 것으로 평가할 수 있겠다.

거래상 지위 여부의 판단기준에 관해서는 상대적으로 다양한 기준을 판시해 주었는데, 대법원은 거래상대방의 의사결정의 자유를 제약하는지, 구체적으로는 거래선을 변경할 수 있는지 여부를 기준으로 제시하는 한편, 거래선을 변경할 수 있는지는 업종과 거래형태, 당사자의 시장지위 등을 종합적으로 고려해야 한다는 기준을 제시하고 있다. 행위자가 대규모 또는 유력한 사업자이고 상대방이 상품이나 용역의 특성상 행위자와 거래를 계속해야 할 경우, 상대방이 다른 거래처를 발견하기 어려운 경우, 행위자의 사업능력이나 법률지식이 상대방에 비하여 월등한 경우, 행위자와 상대방간에 유통계열화가 상당한 정도 진척되어 의존성이 높은 경우, 특히 독점적 공급관계, 하도급거래관계, 대리점계약관계 등에서 거래상 지위를 인정하고 있다.

4. 부당성의 판단기준

또한 부당성 내지 거래상 지위남용 여부에 관해서, 대법원은 선행 판결들을 통해 추출된 요건을 적용한 결과 거래상의 지위는 넓게 인정하되 문제된 행위의 부당성 혹은 부당한 불이익제공 여부에 대해서는 신중한 기조를 유지해 오고 있다는 것으로 정리해 볼 수 있다. 주로 물건공급계약이나 도급계약에 있어서 지체상금에 관한 약정이나 그 약정에 기한 대금지급거절이나 신문사 본사와 지국 사이의 약정에서 일방 당사자의 주소지를 관할법원으로 지정하는 것은 우월적 지위남용에 해당하지 않는다고 본 반면, 계약사의 근거 없이 또는 이를 정당화

---

35) 대법원 2011. 5. 13. 선고 2009두24108 판결.

할 수 있는 특별한 사정이 없이 상대방에게 불리한 사항을 일방적으로 강요한
경우에 문제를 삼고 있으며, 당사자간 약정 가운데 판매지정구역의 일방적 변경,
사전통지없는 일방적인 계약해지 및 손해배상 등의 배제에 관한 조항에 관해 거
래상 지위남용으로 보았다.[36]

또한 앞서 본 파스퇴르유업 사건[37]이나 한국토지공사 판결[38] 등은 공서양속
에 반한다거나 상대방의 궁박·경솔·무경험을 악용한 행위라고 평가하기는 곤
란하다는 점에서 민법 제103조나 제104조에 위반한다고 보기 어려운 사안에 대
해서도 경쟁당국이 거래당사자 간 내부적 이해관계 조정을 이유로 개입할 수 있
음을 거듭하여 확인해 주고 있다. 거래의존도, 거래관계의 지속성, 거래 상품의
특성과 시장상황, 거래 상대방의 변경가능성, 당초의 거래조건과 변경된 거래조
건의 내용, 거래조건의 변경경위, 거래조건의 변경에 의하여 납품업자가 입은 불
이익의 내용과 정도 등을 정상적인 거래관행이나 상관습 및 경험칙에 비추어 합
리적으로 추단할 수밖에 없다고 하여 거래상 지위가 있는지와 부당성을 함께 제
시한 판결도 발견된다.

공정거래저해성의 판단에 있어서 정상적인 거래관행을 벗어난 것인지를 기준
으로 제시하였는데,[39] 정상적인 거래관행은 시행령상의 요건이 아니고 구 고시
에서 제시되어 있는 표현이지만 법원은 최근에도 이를 요건으로 제시한 점도 주
목된다.

5. 불이익제공 행위의 제도적 의미

개별 행위유형 가운데 가장 많은 사례가 축적되어 있는 분야는 역시 불이익
제공행위이다. 대법원은 먼저 그 요건에 대해 불이익제공: ⅰ) 그 행위의 내용이
상대방에게 다소 불이익하다는 점만으로는 부족하고, ⅱ) 다른 행위유형인 구입
강제·이익제공강요·판매목표강제 등과 동일시할 수 있을 정도로 일방 당사자
가 우월적 지위를 남용하여 그 거래조건을 설정한 것이 인정되고, ⅲ) 그로써
정상적인 거래관행에 비추어 상대방에게 부당하게 불이익을 주어 공정거래를 저

---

36) 지연배상금 미지급 행위에 대하여 단순한 민사분쟁이 아니라 공정거래법 적용대상이 된다고 판시한
　　사례가 있다(대법원 2007. 12. 13. 선고 2007두20287 판결).
37) 대법원 2000. 6. 9. 선고 97누19427 판결.
38) 대법원 2006. 5. 26. 선고 2004두3014 판결.
39) 대법원 2010. 8. 26. 선고 2010다28185 판결.

해할 우려가 있어야 하는 것이며, 또한 ⅳ) 상대방에게 부당하게 불이익을 주는 행위인지 여부는, 문제되는 거래조건에 의하여 상대방에게 생길 수 있는 불이익의 내용과 불이익 발생의 개연성, 당사자 사이의 일상거래과정에 미치는 경쟁제약의 정도, 관련 업계의 거래관행과 거래형태, 일반 경쟁질서에 미치는 영향, 관계 법령의 규정 등 여러 요소를 종합하여 판단하여야 한다고 보았다. 또한 그 사업자가 제3자에 대한 거래조건의 설정 또는 변경이나 이행과정에서 제3자에게 이익을 제공함으로써 거래상대방이 제3자에 비하여 상대적으로 불이익한 취급을 받게 되었다고 하여 사업자가 거래상대방에게 불이익을 제공한 것으로 볼 수는 없다고도 하였고, '불이익'의 내용이 객관적으로 명확하게 확정되어야 하고, 여기에서의 '불이익'이 금전상의 손해인 경우에는 법률상 책임 있는 손해의 존재는 물론 그 범위(손해액)까지 명확하게 확정되어야 한다고 판시하였다.

한편 개별 행위유형 가운데 판매목표강제의 위법성을 판단함에 있어서 법원은 불이익이 수반되거나 불이익을 강요하였는지를 기준으로 한 사례가 많았다. 판결에 비추어 보았을 때 세부 행위유형으로서 불이익 제공은 개별 행위유형이라기보다는 일반규정 내지 시행령에서 명시되지 않은 위법성 판단기준을 보충하는 기능을 수행하는 것으로 이해할 수 있다. 시행령상 조문의 위치도 그러하다.

단 불이익제공 뒤에 경영간섭행위를 배치한 것은 경영간섭은 불이익이 수반되었는지를 꼭 입증해야 하는 것은 아님을 암시하는데, 판결에서도 경영간섭에 대해서는 주로 자유로운 의사결정을 저해하는지를 기준으로 위법성을 가늠함으로써, 유형별 독자성을 인정하였다.[40]

6. 향후의 과제

거래상 지위남용에 관한 사례는 많지만, 개별 행위에 특유한 판단기준, 특히 강제와 강요, 간섭의 의미는 여전히 모호하다. 대부분은 불이익의 수반여부 등을 기준으로 이를 가늠해 오고 있는데, 판결과 심결의 축적을 통한 조밀한 기준 정립이 필요한 것으로 보인다.

아울러 대법원은 최근까지 거래상대방이 사업자인지 소비자인지에 따라 구분하지 않고 '사업자 대 소비자의 행위'보다 그 위법성 판단을 더욱 엄격하게 하여

---

40) 대법원 2011. 10. 13. 선고 2010두8522 판결.

야 하는 '사업자 대 사업자의 행위'의 경우까지 동일한 판단기준을 적용하고 있는 점도 지적할 수 있다.[41] 지위의 남용 내지 거래상대방이 소비자인 경우와 사업자인 경우를 어떻게 달리 취급할 것인지는 향후 과제가 될 것으로 보인다.

---

41) 대법원 2011. 5. 13. 선고 2009두24108 판결.

▓▌ 참고문헌 ▐▓

공정거래위원회, 2013년 공정거래백서, 2013. 4.

김차동, "독점규제법에서 요건사실적 접근이 가능한지와 우월적 지위 남용행위의 요건사실 및 그 고려요소에 관한 검토", 판례연구 제17집(상), 서울지방변호사회, 2003.

박해식, "불공정거래행위의 하나인 '자기의 거래상의 지위를 부당하게 이용하여 거래상대방에게 불이익이 되도록 거래조건을 설정 또는 변경하거나 그 이행과정에서 불이익을 주는 행위'를 하였음을 이유로 시정명령 등 행정처분을 하기 위한 요건으로서 "불이익"의 의미", 대법원판례해설(제41호), 법원도서관, 2002. 5. 31.

서 정, "불공정거래행위의 사법상 효력", 민사판례연구(제31권), 박영사, 2009. 2.

이기수·유진희, 경제법(제9판), 세창출판사, 2012.

이봉의, "거래상 지위남용으로서 불이익제공의 부당성대상판결: 대법원 2002. 10. 25. 선고 2001두1444 판결", 공정경쟁 제94호, 한국공정경쟁연합회, 2003. 6.

임영철, 공정거래법(제2판), 법문사, 2010.

정호열, 경제법(제2판), 박영사, 2008.

홍대식, "독점규제법상 불공정거래행위의 사법적 효력", 사법논집 30집, 법원도서관, 1999.

根岸 哲, 注釋 獨占禁止法, 有斐閣, 2009.

대·중소기업 동반성장을 위한 하도급법의 역할과 구조적 접근
- 일본의 경험을 참고하여 -

이 황*

Ⅰ. 서   론

최근 우리나라 사회와 경제 전 분야에 걸쳐 양극화 문제가 심각하게 제기되면서 중소기업 보호·육성이 절실하고 이를 위해서는 「하도급거래 공정화에 관한 법률」(이하 '하도급법')을 강력하게 집행하여야 한다는데 사회적 컨센서스가 형성되는 것으로 보인다. 필자도 이에 적극 찬성한다. 다만 중소기업 보호·육성 시책의 하나인 하도급법이 담당해야 할 역할과 구체적인 하도급법 집행의 방향과 방법이 소기의 목적을 달성하는데 효과적이고 합리적인 것이라야 한다는 점에서 최근의 법 개정 및 집행의 동향에 대하여 문제를 지적하고자 한다.

하도급법이 단순히 하도급사업자를 직접 보호하는 수단에 머물 것이 아니라 독과점체제를 벗어나 가장 효율적인 경쟁시장을 조성하는데 기여하는 것이라야 한다는데 대해서는 이견이 많지 않다. 이럼으로써 "원사업자와 수급사업자가 대등한 지위에서 상호보환하며 균형있게 발전"하고 "국민경제의 건전한 발전에 이바지"하도록 한다는 하도급법 제1조의 궁극적 목적을 달성할 수 있기 때문이다. 공정거래위원회 역시 이러한 취지에서 하도급대금이 원활하게 지급되도록 하는데 주안점을 두던 종래 하도급법 집행방향을 전환하고 있다. 2005년 제6차 하도급법 개정을 계기로 하도급계약 체결단계에서부터 적정한 수준의 거래조건을 정

* 고려대학교 법학전문대학원 교수, 법학박사

하도록 하고 2013년 이른바 '경제민주화 입법'을 통한 하도급법 개정으로 이러한 입장을 강화하였다.

위와 같은 흐름은 기본적으로 바람직한 것으로 평가된다. 그런데 문제는 당사자 간 거래조건이 적정수준인지 여부가 위법성 판단의 전면에 나섬에 따라 그 판단기준이 모호해지고 다른 한편으로는 하도급사업자를 보호하는 효과가 원사업자의 손해로 귀결된 우려가 있다는 것이다. 이는 중소 하도급사업자와 대기업의 동반성장을 추구하는 목표와 상치되는 결과를 초래할 수 있다는 점에서 우려의 여지를 남기게 된다. 동시에 중소기업 보호 · 육성시책의 근간을 차지하는 중소기업 지원정책과의 간섭현상이 초래되어 적절한 역할분담을 저해하고 궁극적으로는 오히려 하도급법의 효과적 집행을 가로막는 역효과마저 우려될 여지가 있다고 보인다.

우리가 경제의 많은 분야를 벤치마킹하고 있는 일본의 경우 위와 같은 문제는 부각되고 있지 않는 것으로 알려진다. 그것은 무엇보다 1960년대 고도성장기 이래 중소기업 문제가 상당히 해결되었기 때문이다. 나아가 현재 일본경제의 원동력은 중소기업의 기술력에 있다고 보는 시각이 많을 정도이다. 그러므로 장기간의 불황은 경제 전반의 문제이지 중소기업 분야에 특별한 문제가 있는 것으로 인식되지 않는다.[1] 이러한 상황에 이르기까지는 중소기업 보호 · 육성을 위한 체계적이고 종합적인 정부대책과 기업의 노력이 크게 작용했고 그 중 하나가 전체적인 중소기업정책과 조화를 이루는 하도급법 집행노력이었던 것으로 평가되고 있다.

일본의 중소기업 관련 현재 상황은 일응 우리가 중소기업 육성에 있어서 당면과제로 지향하는 목표와 유사하다. 우리는 그러한 뜻에서 일본의 갖가지 중소기업 육성정책을 대부분 도입하여 왔다. 그럼에도 그 결과는 일본과 달리 참담하기까지 한 실정이다. 이 글에서는 일본의 중소기업 정책을 간략히 조망하고 그 배경을 바탕으로 우리나라 하도급법의 역할과 발전방향을 검토해보고자 한다.

---

1) 이우광, "일본 중소기업이 강한 이유", 월간조선(2010. 9.). http://monthly.chosun.com/client/news/print.asp?ctcd=B&nNewsNumb=201009100032

Ⅱ. 일본의 대-중소기업 관계 변천과 한국의 상황

1. 일본 경제에서 중소기업의 중요성과 중소기업 정책의 변천

일본 경제에서 중소기업은 대단히 중요하고 커다란 지위를 차지하고 있다. 일본 중소기업의 기여도를 간략히 보면 다음 표와 같다. 우리나라와 비교해도 상당한 차이가 있는 것을 알 수 있고, 다른 선진국과 비교하면 더욱 그러하다. 특히 제조업에 있어서는 미국, 영국, 독일 등에서 대기업의 고용비율이 60~70% 달하는 반면 일본은 70% 이상이 중소기업에 고용되어 있을 정도로 중소기업의 기여가 큰데 이는 선진국으로서는 매우 이례적이라고 한다.[2] 우리나라와 비교해서는 전체 고용에서 차지하는 비중은 약간 낮지만 부가가치 점유율은 오히려 훨씬 높은 것으로 나타난다. 바로 이것이 일본 중소기업의 강점을 대변하는 것으로 볼 수 있다. 일본 중소기업들이 2008년 글로벌 금융위기로 큰 타격을 입어

주요국 경제에서 중소기업 기여도[3]

SMEs contribution to total, 2007 (%)	Number of enterprises	Total employment	Value added
France	99.8	60.5	56.0
Germany[a]	99.5	60.4	53.6
Japan[b]	99.7	69.0	53.0[c]
South Korea[b,c]	98.9	71.0	45.5
UK[a]	99.6	54.1	51.5
US[d]	98.9	57.9	na

[a]Value added at factor cost [b] 2006 [c] Excluding services [d] 2004–05
Source: OECD, Structural and Demographic Business Statistics; Japan METI/Ministry of Internal Affairs

---

2) 김창남, "일본 중소기업의 기술개발 경험과 한국경제에 대한 시사점", 한일경상논집 제22권, 2001. 이 설명은 2000년경을 기준으로 한 것이나 현재도 별다른 차이가 없는 것으로 알려져 있다.

3) "SMEs in Japan – A new growth driver?", Economist Inteligence Unit 2010, The Economist, p. 6. Chart available at http://www.economistinsights.com/sites/default/files/EIU_Microsoft _JapanSMEs_FINAL-WEB.pdf.

현재는 상당한 위기에 처한 것으로 지적되지만 이러한 현상과 기여도에는 변함이 없다.

　일본의 현대 중소기업정책은 1950년대 고도성장을 이룩한 다음 시기인 1960년대에 본격적으로 제기된 대기업과 중소기업의 이중구조론을 어떻게 극복할 것인가의 문제에서 비롯하였다.4) 1930년대 이중구조의 원인이면서 동시에 이후의 고도경제성장을 가능하게 했던 하도급관계가 본격화된 이래 일본정부는 대기업과 중소기업이 서로 전속적인 관계를 맺도록 함으로써 이중적 산업구조를 장려하였다. 1948년 중소기업청을 설치하여 체계적으로 중소기업 육성정책을 시행하기 시작하였지만 근간은 대-중소기업간 전속적 협력관계 발전에 있었다. 당시 중소기업정책의 중점은 자금공급을 원활하게 하기 위한 금융정책, 경제적 약자의 힘을 모으기 위한 조직화정책, 선진 경영기법을 전수하기 위한 진단·지도정책 등에 있었다.5) 그러나 이 시기까지는 이중구조론을 극복하기보다는 오히려 이를 심화시켜 경제발전에 활용한다는 관점에 치중하였다.

　그러던 중 이중구조론의 극복과제가 대두된 시기인 1963년 제정된 중소기업기본법은 중소기업의 자주적 노력에 바탕하여 생산성 격차를 시정하는 것을 새로운 목표로 제시하였다. 이는 종래 이중적 산업구조의 근본원인이 생산성과 부가가치 창출의 격차로 이해되었는데 이를 근본적으로 시정하여 중소기업의 자생력을 키우지 않고서는 지속적 경제발전이 어렵다는 자각에 따른 것이다. 그에 따라 1970~1980년대에 들어 대기업과 중소기업 간의 격차가 시정되고 중소기업들의 고부가가치 제품 생산이 가능해졌다.6) 이러한 과정에서 취한 전략은 기술개발에 의한 전문화였다. 중소기업들이 대기업과의 하도급관계를 통해 기반기술을 개발하고 이를 바탕으로 점차 자주적인 개발능력을 향상시켜 전문화되고 생산성을 향상시켰던 것이다. 기업 간 유기적 협력을 강조하였던 일본의 기업 간 분업생산시스템이 여기에 결정적으로 기여한 것으로 이해된다.7)

---

4) 일본의 중소기업정책의 변화는 다음과 같이 5기로 분류하는 것이 보통이다. 전후 부흥기(1945~1954), 제1차 고도성장기(1955~1962), 제2차 고도성장기(1963~1972), 안정성장기(1973~1990), 장기불황기(1990년 이후). 윤관호, "일본 중소기업의 현황과 정책에 관한 고찰", 일본연구 제5권, 1995, 명지대학교 일본문제연구소, 122-123면 참조. 하도급관계의 변화는 제2차 고도성장기를 전후하여 시작된 것으로 보는 것이 일반적이다.

5) 이우광, 전게칼럼.

6) 김창남, 전게논문, 218면 참조.

7) 김창남, 전게논문, 219면, 227-229면 참조.

위와 같은 과정을 거쳐 중소기업의 기술력과 생산성이 성장하게 되자 대기업들은 외주를 적극적으로 이용하게 되고 이는 대기업 조직의 경량화와 유연성 확보로 이어졌으며, 국제적 경쟁력 향상에도 기여하게 되었다. 1990년대 이래 국제화와 대기업들의 부품조달 탈계열화, 경영 다각화 등의 새로운 도전이 생겼으나 중소기업들은 네트워크 체제 등을 활용하여 잘 적응하는 것으로 평가된다.[8] 현재 일본 중소기업들은 2008년 글로벌 금융위기로 인하여 막대한 타격을 입었고 향후 일본경제의 주춧돌 역할을 지속하기 위해서는 특단의 대책이 필요하다는 것이 중론이다. 일본 정부는 이를 위해 여러 분야의 진입장벽을 낮추고 지도·육성정책을 확대하는 등의 노력을 하고 있으며 중소기업들 역시 국제화와 우수인력 확보를 통한 혁신 등 다각적 노력을 기울이는 것으로 평가되고 있다.[9]

2. 일본의 대-중소기업 간 하도급관계[10]

일본의 하도급제도는 오랫동안 이중구조론에 입각하여 설명되었다. 즉 대기업이 중소 하도급사업자의 저렴한 임금을 이용하거나 경기변동에 따른 위험을 전가하기 위해 고안된 것이 하도급제도라는 것이다. 이러한 견해는 전시체제 하에서 하도급제도가 생성되었던 1931년경부터 경제성장기 직전인 1960년대 초에 걸쳐 유력하게 받아들여졌다. 이 시기에 하도급사업자가 대기업과의 지배·종속적 관계를 받아들이고 거래관계를 유지하였던 것은 자신의 기술향상과 안정적 거래를 통하여 기업이 존속하는데 상당한 인센티브가 있었기 때문이라고 이해되었다.

그러나 1960년대 들어 일본경제가 고도성장을 하면서 대기업과 중소기업 간의 지배·종속적 관계보다는 상호보완적 협력관계가 더 강조되기 시작하였다. 이는 대-중소기업의 하도급관계에 질적 변화가 찾아온 데서 비롯되었다. 급속한 경제성장과 함께 수요가 다양화되면서 소비자의 선택기준이 가격보다는 품질이나 기능 쪽으로 변화되었다. 급변하는 환경 속에서 중소 하도급기업들은 대기업과의 긴밀한 협력관계를 바탕으로 기술개발과 생산성 향상에 성공할 수 있었고

---

8) 김창남, 전게논문, 220-221면 참조.
9) "SMEs in Japan – A new growth driver?", *ibid.*
10) 이 항의 설명은 대체로 다음 논문에 바탕을 둔 것이다. 이광근·김정욱, "일본의 하청제도 변화에 관한 이론적 연구", 한국중소기업학회지 제22권 제1호, 2000, 352-358면 참조; 김창남, 전게논문, 215-216면. 다른 대부분은 문헌도 대동소이한 관점에 입각한 것으로 보인다.

이는 임금향상과 대기업에 대한 대등한 교섭력 확보로 이어졌다. 이에 따라 대기업과 하도급기업 간의 긴밀한 협력관계가 다시 공존을 위한 전략적 요소로 자리잡고 그에 따라 장기·계속적 관계가 유지되게 되었다. 이와 같은 경제상황의 변화와 발전을 설명하고 촉진하는데 있어서 단순한 가격효율성에 기반을 둔 종래의 이중구조론에 입각한 시각은 유효하지 않게 되었던 것이다. 이와 같은 동적인 발전과정을 거친 끝에 얻어낸 오늘날 대-중소기업 간 긴밀한 협력관계와 중소 하도급기업의 성장은 일본기업이 뛰어난 국제경쟁력을 확보하는데 견인차 역할을 해온 것으로 이해되고 있다.

일본경제의 이중적 구조를 극복하는 과정에서 발생한 하도급관계의 변화는 미국에서 1970년대 초 이래 시카고학파(Chicago School)가 중점적으로 부각시켰던 수직적 거래(제한)의 효율성 효과를 실증적으로 입증하였을 뿐 아니라 나아가 이를 능동적으로 발전시켜 상생협력관계의 모델로 격상시킨 것으로 이해할 수 있다. 즉 대기업과 중소 하도급기업 간의 역할분담에는 빠른 환경변화에 대응하여 이윤극대화를 추구한다는 것과 같은 합리적 기업경영의 목적의식과 이에 입각한 합리적 경영활동이 뒷받침된다는 것이다. 구체적으로는 거래비용론, 중간조직론, 네트워크 조직론 등 다양한 학문적 설명이 시도되고 있다.[11] 그러나 어떠한 시각에 의하건 대기업 조직의 경량화 및 효율화, 중소기업의 기술력 및 생산성 증대, 양자 간의 대등하고 효율적인 거래관계라는 3가지 기본요소가 핵심적인 것으로 평가되는 것은 차이가 없다고 보인다.

결국 오늘날 일본에서 대기업과 중소 하도급기업은 긴밀한 상호협력을 통해 상생하고 있다고 평가된다. 여기에는 대기업 규제와 중소기업 지원을 적절히 조화하고자 하는 하도급제도가 상당히 기여한 것으로 이해된다. 물론 일본에서 대-중소기업 간 하도급관계에 아무런 문제가 없는 것은 아니다. 뒤에서 보듯이 매년 수천 건의 하도급법 위반사건이 발생하는 것도 사실이다. 그러나 그 대부분은 하도급계약의 사소한 위반에 관한 것으로 행정지도 등에 의해 자발적으로 해결되고 있어서 중소 하도급기업이 생존문제가 일반적으로 제기되는 우리나라와는 상당히 다른 것이다.

---

11) 이들 이론의 구체적 내용은 이광근·김정욱, 상계논문, 358-372면 참조.

3. 우리나라의 대-중소기업 간 하도급 관계

우리나라에서 양극화 현상이 심화되면서 동시에 대기업과 중소기업 간의 상생과 동반성장이 핵심과제로 대두된 것은 이미 오래된 일이다. 앞에서 보았듯이 일본은 1960년대 들어 과거의 대-중소기업 간 이중구조에서 탈피하여 중소기업의 기술력이 대기업에 유사한 수준에 이르게 되고 일본경제의 발전에 주도적 역할을 해왔다. 그 결과 대기업과 중소기업이 피라미드식 계열화를 통한 대등한 하도급관계를 형성하고 있고, 중소기업들의 자주적 노력과 탈계열화가 병행되고 있다. 그에 따라 상호신뢰와 공생적 협력관계가 안정적으로 구축된 것으로 평가된다.[12]

이에 비하여 우리는 아직도 일본의 과거 이중구조론적 상황에서 벗어나지 못하는 것이 현실이다. 산업구조는 고도화됨에도 관련부품산업이 같이 발전하지 못하여 지속성장의 발목을 잡고 있는 등 경제성장의 제약요인이 되고 있다.[13] 특히 자동차, 전기, 기계류 등과 같은 핵심 제조업의 경우가 전형적이라 할 수 있다. 대기업은 기술이 복잡하고 어려울수록 오히려 이를 자체생산하는 경향을 보이고 있다. 이는 미세한 전문성이 요구되는 세부분야에 특화된 중소기업의 전문성과 효율성을 활용하지 못하는 것으로 볼 수 있고, 그 결과 기업 간 효율적인 역할분담이 실현되지 못하는 것이다. 대기업 일변도의 산업구조에서 수요자의 다양하고도 개별화된 요구를 재빨리 충족시키지 못하는 현상이 경제발전의 발목을 잡는 것은 당연할 것이다. 이러한 문제는 최근 들어 개선되는 것이 아니라 오히려 심화되는 경향마저 보이고 있다. 즉 이른바 경제민주화 논의과정에서 내부거래 내지 일감 몰아주기 등을 통한 경영진의 충실의무 위반 내지 도덕적 해이 현상이 문제로 거론되고 공정거래법과 세법 등을 통한 규제가 강화되자, 해결방안을 효율적인 방향에서 접근하기보다 오히려 외주생산을 줄이고 부품 등의 자체조달을 확대하거나 특수관계인의 지분율을 줄이는 쪽에서 찾는 경향이 커지고 있다.[14] 중장기적 맥락에서 이러한 현상이 퇴행적이고 대기업의 경쟁력

---

12) 김창남, 전게논문, 229면 참조.
13) 김창남, 전게논문, 216면.
14) "'일감 몰아주기' 규제 임박…재벌들, 꼼수 총동원", KBS, 2015. 2. 7. http://news.kbs.co.kr/news /NewsView.do?SEARCH_NEWS_CODE=3016410&ref=A.

확보에도 치명적임은 주지의 사실이다.15)

Ⅲ. 일본과 한국의 하도급법제

1. 일본의 하도급법제 변화

일본의 하도급거래 규제는 주로 1956년 제정된 「하도급대금 지급지연등 방지법」16)(이하 '일본 하도급법')에 의한다. 이는 「사적독점의 금지 및 공정거래의 확보에 관한 법률」(이하 '일본 독점금지법')상 불공정거래행위의 일종인 우월적 지위남용행위가 하도급거래관계에 대하여 적용된 결과였던 1954년 「하도급대금의 부당한 지급지연에 관한 인정기준」을 입법화한 것이었다. 일본 하도급법은 하도급대금의 지급지연이 문제된 것을 계기로 하였다는 점, 「사적독점의 금지 및 공정거래의 확보에 관한 법률」(이하 '일본 독점금지법')의 특별법으로 마련되었다는 점, 공정하고 자유로운 시장경쟁의 촉진이라는 공정거래법 내지 독점금지법의 목적과는 달리 하도급거래의 공정화와 경제적 약자인 수급사업자의 보호를 목적으로 하고 있다는 점(일본 하도급법 제1조)17) 등에서 우리나라 하도급법과 많은 공통점을 갖는다.18)

건설공사 관련 하도급에 대하여는 일본 하도급법 이전인 1949년에 제정·운영되었던 「건설업법」이 적용된다. 한편 국가와 지방자치단체가 발주하는 공사에 있어서는 「정부계약의 지급지연방지등에 관한 법률」(1949년 제정) 등이 적용된다. 한편 하도급법과 같은 규제법 외에 하도급관계를 근대화하고 하도급 중소기업의 진흥을 도모한다는 목적으로 「하도급중소기업진흥법」을 1970년에 제정하였다.

---

15) 최근 삼성전자의 위기론이 확산되고 있는데, 삼성전자의 생존전략으로 외주확대가 자주 거론되는 것은 주목할 만하다.
16) 원문은 「下請代金支拂遲延等防止法」이다.
17) 이효경, "일본의 하도급거래 공정화에 관한 법 제도와 시사점", 상사판례연구 제24집 제4권, 2011, 374면 참조.
18) 우리 하도급법은 구체적으로는 "공정한 하도급거래질서를 확립하여 원사업자와 수급사업자가 대등한 지위에서 상호보완하며 균형 있게 발전할 수 있도록 함"을 목적으로 하여 일본 하도급법보다는 현대적인 목적을 천명하고 있다. 그러나 그 배경과 구체적인 지향점은 유사하다고 할 수 있다.

2. 우리나라와 비교

위에서 살펴본 일본의 하도급법제는 그 제정배경, 체계, 입법의 변천경위 등에서 우리나라 하도급법제와 비슷하다.[19] 우리나라도 「독점규제 및 공정거래에 관한 법률」(이하 '공정거래법')상 불공정거래의 하나인 우월적 지위 남용행위를 하도급거래관계에 구체화한 1983년 「하도급거래의 불공정거래행위 지정고시」를 시행하고 1984년 하도급법으로 입법화하였던 것이다. 제정 초기 하도급법은 그 내용도 일본 하도급법과 대단히 비슷하였다.

현재도 하도급법의 체계는 우리나라와 일본의 하도급법이 비슷하지만, 구체적인 내용을 보면 우리 하도급법이 일본법보다 훨씬 방대하고 구체적인 규정을 담고 있다. 두 법에 공통된 서면교부의무, 보존의무, 하도급대금 지급의무 등을 보아도 구체적인 의무내용이나 이행확보 등의 면에서 우리나라 하도급법이 훨씬 충실하다.[20] 특히 위법행위에 대한 처벌로 우리 하도급법이 공정거래법과 마찬가지로 과징금과 3배손을 포함한 손해배상책임 등의 제도를 두는 반면, 일본법은 그렇지 않다. 법 위반행위에 대해서도 일본은 원칙적으로 행정적 제재처분 대신 향후 금지행위를 하지 않도록 '권고'하거나 대부분은 행정지도에 그치고 있다(일본 하도급법 제7조).[21] 이는 우리 공정거래위원회가 강력한 조사와 시정조치 그리고 제재처분을 가하여 위반행위 시정을 도모하는 것과 대비되는 것이다.

요약하면, 우리 하도급법제는 주로 행정적 제재에 의존하는 반면 일본법은 계약자유의 원칙을 기초로 하고 법적 규제는 일정 한도에 그치는 차이가 있다고 할 수 있다.[22] 이러한 차이는 물론 하도급법에 한정된 것은 아니고 우리나라와 일본 간의 기본적 법문화의 차이를 바탕으로 전 분야에 공통된 현상이고 특히

---

19) 이효경, 전게논문, 390면.

20) 이효경, 전게논문, 390-391면 참조. 이러한 평가는 일본 학자도 동일한 것으로 보인다. 中山武憲, "下請取引公正化に關おる韓兩國法制の比教檢討", 北犬法學論集54(5), 北海道 大學, 2003年, 145면 참조(이효경, 전게논문, 391면에서 재인용).

21) 일본 공정거래위원회의 하도급법 사건처리 내역을 보면, 2013년의 경우 총 4,959건 중 '권고'는 10건에 불과하고 나머지 4,949건은 행정지도에 의해 해결된 것으로 나타난다(나머지 466건은 불문처리되었다). 이와 같이 많은 사건은 대부분 서면조사에서 비롯된다. 2013년의 경우 서면조사가 단서가 된 사건이 5,418건으로 대부분이고 신고건수 59건, 중소기업청 장간으로부터 조치청구 1건이 있었다. 이 내용은 일본 공정거래위원회의 2013. 4.부터 2014. 3.까지 1년동안 하도급법 운용성과를 정리한 것이다. 公正取引委員會「平成25年度における下請法の運用狀況及び企業間取引の公正化への取組」

22) 이효경, 전게논문, 391면.

공정거래 관련법에 있어서는 차이가 두드러진다. 일본과 달리 우리나라는 공정
거래법을 강력하게 집행한 것이 경제발전에 커다란 기여를 하였고 생산성 향상
과 혁신노력을 중심으로 한 향후의 경제발전방향에도 중요한 전략으로 작동할
것으로 기대된다는 점에서, 우리나라가 일본과 달리 하도급법을 강력하게 집행
한 것도 긍정적으로 평가할 수 있을 것이다. 그런데 하도급법과 관련하여서는
전체 중소기업정책에 있어서 하도급법이 차지하는 역할과 기대의 차이도 크게
작용하는 것으로 생각된다. 그러한 차이가 하도급법의 집행방향에도 영향을 줄
수 있을 것이다.

　일본의 중소기업정책은 중소기업에 대한 체계적 경영지도와 육성정책에 중점
을 두어온 것이 사실이다. 대기업 역시 중소기업의 중요성과 적절한 협력의 필
요성을 인식하고 상생을 위하여 역할분담을 한 결과 중장기적 신뢰관계가 쌓여
왔다. 이러한 바탕에서 하도급법에 의한 규제는 정부의 지원 · 육성정책, 그리고
대-중소기업 간 신뢰와 협력관계라는 전체적인 틀을 훼손하는 행태에 대한 것
으로 제한되어 왔다.

　그에 비해 우리나라의 대-중소기업 관계는 아직도 일본이 1960년대 이후 극
복에 성공한 1930년대식 이중구조의 모습을 강하게 보이고 있다. 중소기업 육성
을 위하여 정부가 다양한 지원 · 육성정책을 펼쳐왔지만 어떠한 이유에서건 큰
성공을 거두지 못하고 있다. 이러한 상황에서 중소 하도급기업의 명맥이라도 잇
는 것이 중요한 과제가 되고, 그에 따라 그나마 최소한의 제 역할을 해온 공정
거래위원회와 하도급법이 중요한 역할을 하게 되었다. 이러한 과정에서 이른바
규제의 보충성 원칙이 무너지는 경향을 보이는 것으로 이해된다. 일본과 같은
본격적인 중소기업 육성정책과 대기업의 협력노력이 결여된 결과로 초래된 황무
지 상태를 초래하였고, 그 안에서 하도급법에 의한 규제가 유일한 대안으로 여
겨졌던 것이다.

　우리나라 특유의 위와 같은 환경 속에서 하도급법이 중소기업 지원 · 육성정
책의 임무까지 일부나마 할 것으로 기대하고 공정거래위원회가 그 역할을 자임
하게 된 것을 완전히 긍정적으로 보기는 어렵지만 그렇다고 이를 크게 탓하기도
어렵다. 그럼에도 그 부작용에 대한 우려를 지우기는 어렵다. 최근 경제민주화의
일환으로 이루어진 하도급법 개정은 하도급법의 기본적 임무였던 하도급계약상
하도급대금의 신속한 지급을 확보하는데서 나아가 하도급계약 단계에서 하도급

대금이 적정수준에서 결정되도록 배려하는 데까지 확장되었다. 이는 하도급기업의 성장을 위한 조치로 설명되고 있다. 이러한 방향은 본질적으로는 중소기업보호·육성정책의 일환으로 추진되어야 할 것들이다. 그럼에도 하도급법이 이영역에까지 확장됨으로써 본래의 취지에도 불구하고 위법성 판단기준의 불명확성과 원사업자의 원가절감 노력과의 상충 등 여러 문제를 낳을 수 있어 우려된다. 다시 말해 부작용에도 불구하고 적극적 중소기업 육성대책의 부족을 부분적으로나마 보충한다는 차원에서 강력하게 집행되어온 하도급법이 오히려 적극적중소기업 육성정책의 영역을 본격적으로 대체하고자 하는 듯한 모습을 보이는 것은 바람직하지 않다는 것이다.[23]

일본의 중소기업정책은 중소기업 보호·육성을 근간으로 함은 물론, 하도급관계 개선에 관하여도 제재 중심의 하도급법과는 별도로 하도급관계를 근대화하고하도급중소기업을 육성하기 한 「하도급중소기업진흥법」을 별도로 두고 있다. 전자는 하도급거래에 있어서 원사업자의 의무와 금지행의를 규정하고 위반 시 공정거래위원회가 시정하도록 하는 규제적 수단으로 구성되어 있지만, 후자는 중소기업청 주관 하에 원사업자의 협력을 수반하여 수급사업자가 능력을 발휘하여성장시키는 것을 목적으로 하고 있다. 즉 하도급관계에 있어서도 규제와 지원·육성의 조화를 도모하는 것이다.

우리나라도 2010년 제정된 「대중소기업 상생협력 촉진에 관한 법률」(이하 '상생법')에 수탁기업을 육성하기 위하여 수탁기업협의회를 구성하고 수탁·위탁거래의 공정화를 위한 다양한 규정을 두고 있다. 그러나 상생법이 효과적으로 집행되는지에 대한 의문은 별론으로 하더라도, 이 법에는 각종 지원과 규제의 내용이 혼재되어 있어 하도급법과의 역할분담이나 중소기업청과 공정거래위원회와의 관계 등에 관한 체계상 문제가 제기된다. 일본과 같이 규제와 지원의 역할분담이 분명하지 않은 것이다.[24] 이는 관료제의 병폐로 흔히 지적되는 할거주의의사례로 지적될 여지가 없지 않다. 일본의 예를 참고하여 하도급법에 의한 규제정책과 상생법에 의한 지원·육성정책의 역할분담을 도모할 필요가 있을 것이다. 다만 하도급법의 역할은 규제를 통한 단순한 하도급업체들의 대금확보 기능

---

23) 구체적인 내용은 필자의 다음 글에 설명되어 있다. 졸고, "하도급법의 최근 개정 동향과 발전 방향: 하도급대금 부당결정을 중심으로", 경쟁저널 제177호, 2014. 11, 39-40면.
24) 이효경, 전게논문, 393면도 동일한 의견이다.

에서 발전하여 대기업과의 수직적 동반성장을 도모하는 중소기업 교섭력 강화법으로 도약하는 것이 중소기업 정책 전체의 체계상 지위나 필요성에 비추어 바람직할 것으로 생각한다.[25]

Ⅳ. 결   론

과거 수십년 간 모든 정부가 예외없이 중소기업 육성을 중요한 정책목표로 제시하여 왔음에도 결과는 그리 성공적이지 못하였다. 그 결과 대기업과 중소기업의 조화 대신 거대 독점기업과 영세 자영업이라는 비극적 상황에 부딪치게 되었다.

대-중소기업 동반성장을 이루기 위한 중소기업 보호·육성에는 여러 가지 길이 있다. 그 중 가장 어려운 방법은 기업들이 자발적으로 신뢰관계를 구축하고 상생하는 것이다. 이러한 틀에서 정부는 경제적 인센티브를 적절히 조정하여 기업행태를 유도하게 된다. 일본의 예와 같이 이러한 방법은 실천하기 어렵지만 시장기능을 저해하지 않으면서도 가장 효과적이다. 그에 비하여 무거운 제재를 통한 정부규제의 방법은 어찌 보면 가장 쉬운 수단이지만 채찍의 본질적 한계를 노정할 수밖에 없다. 어느 편이 중소기업 육성을 위해 효과적이고 궁극적으로 추구해야 하는 길인지는 명확하다고 생각한다. 공적 제재를 핵심수단으로 하는 정부규제는 "있는 것을 없도록" 하는 것은 가능하지만 "없는 것을 있도록" 만드는 데에는 본질적으로 취약할 수밖에 없다. 현대경제학에서 경제문제 해결의 기본을 인센티브의 조정과 배치에 두는 것을 감안하여야 한다.

현 시점에서 보면 현 정부가 초기부터 강조해온 경제민주화 특히 그에서 가장 중요한 영역의 하나인 대-중소기업 동반성장과 중소기업 보호·육성정책은 추진동력이나 정부의 정책순위 등의 면에서 한계에 부딪친 것으로 우려된다. 무엇보다 구조적 변혁에 불만을 갖는 기득권층 대기업들의 조직적 저항을 극복하고자 하는 의지가 부족하였다고 반성할 수 있다. 그렇기 때문에 그나마 작동하는 공정거래위원회의 공정거래정책과 하도급법에 대한 기대가 클 수밖에 없지

---

25) 하도급법의 바람직한 집행방향에 대한 필자의 의견은 다음 글의 결론 부분을 참고하기 바란다. 전게 졸고, "하도급법의 최근 개정 동향과 발전 방향: 하도급대금 부당결정을 중심으로".

만, 제재를 중심으로 하는 그 역할에는 본질적 한계가 있다. 보충성의 원리를 간과하고 본연의 역할을 넘어서는 지원·육성의 영역까지 돌보려 할 때 법치주의 원리 구현에 무리가 생길 수밖에 없는 것이다.

결국 대기업과 중소기업의 동반성장을 위해서는 뼈를 깎는 고통을 수반해서라도 과감하게 경제구조를 경쟁적으로 개혁하는 구조론적 접근을 우선하는 길이 절실하다고 생각한다. 대기업에 대해서는 중소기업과의 협력을 유도하는 인센티브 정책을, 중소기업에 대해서는 합리적으로 설계된 지원·육성정책을 과감하게 제공해야 할 것이다. 이러한 모든 과정에서 경쟁정책에 기반한 합리적 정책설계가 필요함은 일본의 경험에서 잘 알 수 있다. 그러한 바탕 위에서 비로소 하도급법에 의한 규제의 실효성이 확보될 수 있을 것이다.

위와 같은 접근을 강조할 경우, 현실적인 구체적 수단의 부재가 염려되고 그 결과 오히려 하도급법에 의한 중소 하도급기업의 최소한의 보호마저 소홀하게 되는 결과가 초래되지 않을까 우려할 수도 있다. 그러나 우리에게는 일본이 갖지 못한 두 가지 중요한 수단이 있으므로 이를 적극적으로 활용하여 우려를 해소할 수 있다고 생각한다. 무엇보다 공정거래위원회의 강력한 경쟁주창기능을 적극적으로 활용할 필요가 있다. 경쟁제한적 법령의 제·개정에 관하여 공정거래위원회가 갖는 사전 법령협의 권한(공정거래법 제63조), 독과점 시장구조 개선을 위한 의견제시 및 조사권한(공정거래법 제3조), 행정규제기본법에 근거한 규제영향분석서에 있어서 경쟁영향평가에 관한 의견제시 권한(행정규제기본법 제7조 제1항) 등이 그것이다. 이러한 제도는 일본뿐만 아니라 많은 외국에 유례가 없는 것으로 중소기업 육성을 위한 각종 정책을 합리적 경쟁정책에 입각하여 효과적으로 설계하도록 하는데 중요한 역할을 할 수 있다. 공정거래위원회의 역할은 공정거래나 하도급 관계법령의 단순한 집행과 규제에만 그쳐서는 안된다. 우리 공정거래법은 공정거래위원회에 독과점적 시장구조를 개선하여 경쟁을 촉진하도록 하는 정책적 의무를 부과하였다. 이는 단순한 규제보다 훨씬 중요하고도 강력한 임무이다. 공정거래위원회가 이를 외면하고 단순한 규제업무에만 충실하려 한다면 이는 본연의 임무를 외면하는 소극적 자세로 비판받게 될 것이다. 둘째로는 기존의 하도급법을 강력하게 집행하는 일이다. 일본과는 다른 문화적, 사회적, 경제적 배경 하에서 우리나라는 공정거래법과 하도급법을 강력하게 집행해 왔고 이에 대하여 상당한 노하우(know-how)와 사회적 컨센서스가 형성되었다고 할 수 있다. 그렇다면 이를 적극적으로 활용하여 합리적 법 집행이 담보되는 한 탈법행위가 발생하지 않도록 전면적이고 강력하게 현행법을 집행하는 것이 필요하다. 이를 통하여 중소기업의 지원·육성정책과 대-중소기업 간 신뢰·협력관계 조성도 힘을 받을 수 있을 것이다.

대규모유통업법의 체계적 정합성에 대한 검토[*]
- 위법성 판단기준 및 과징금 부과기준을 중심으로 -

정 성 무[**]

I. 논의의 출발

유통(流通)[1]의 사전적 의미는 "상품 따위가 생산자에서 소비자, 수요자에 도달하기까지 여러 단계에서 교환되고 분배되는 활동"이다. 상품(용역 포함)은 소비자(수요자)에 대한 판매를 전제로 하는 것이므로, 어떤 상품이든 간에 기본적으로 유통이라는 단계는 발생하게 마련이다. 다만, 현대 사회의 유통업자는 상품(용역)의 생산자(제공자)와 소비자(수요자)를 연결하는 단순한 통로 역할을 넘어 소비 성향(Trend)을 파악하여 상품의 생산 및 공급에 영향을 미치고 다양한 상품을 발굴하여 소비 성향에 영향을 미치는 매개체(플랫폼)로 자리잡고 있고,[2] 규모 및 범위의 경제를 갖춘 대규모유통업자가 연관 산업의 발전 및 소비자 후생 증대에 기여하는 긍정적인 효과만큼 힘의 우위를 바탕으로 납품업자 등의 이익을 착취하여 상생을 저해하는 부정적인 효과를 낳고 있다는 비판이 제기되고 있다.

1985년부터 대규모소매업에 있어서의 특정 불공정거래행위의 유형 및 기준 지정고시(이하 '대규모소매업고시')를 제정하여 불공정거래행위(거래상 지위남용행위)

---

　* 본 글은 필자의 개인 의견임을 밝혀 둔다.
　** 법무법인 율촌 변호사
　1) 네이버 국어사전 참고. 그 외에도 ① 공기 따위가 막힘이 없이 흘러 통함, ② 화폐나 물품 따위가 세상에서 널리 쓰임이라는 뜻도 가지고 있다.
　2) 그에 따라 최근 유통업 분야의 기업결합 사건에서는 유통시장의 양면시장(two-sided market) 또는 다면시장(multi-sided market)의 성격을 감안한 경쟁제한성 분석이 이루어져야 한다는 논의가 이루어지고 있다.

를 규제하다가 대규모유통업에서의 거래 공정화에 관한 법률(이하 '대규모유통업법')을 제정하여 2012. 1. 1.부터 시행한 것은 바로 위와 같은 특성과 문제점을 감안한 것으로 이해된다. 특히 당시 ① 유통산업의 독과점화가 심화되었다는 지적과 함께 불공정거래 관행이 상존한다는 일부 조사 결과들이 공표되었던 사정, ② 독점규제 및 공정거래에 관한 법률(이하 '공정거래법') 제23조 제1항 및 대규모소매업고시의 해석상 위법성(부당성)에 대한 증명책임은 공정거래위원회(이하 '공정위')에 있는데,3) 공정위는 조사대상업체의 임의적인 협조에 의존할 수밖에 없어 불공정거래행위의 포착 및 부당성 입증에 어려움을 겪는다는 문제 제기가 있었던 사정, ③ 하도급거래 공정화에 관한 법률(이하 '하도급법'), 가맹사업거래의 공정화에 관한 법률(이하 '가맹사업법')과 같이 고시를 개별 법률로 제정한 유사 입법례가 이미 존재한다는 사정들이 복합적으로 작용하여 별도 법률로 제정할 필요성이 없다는 반대 주장에도 불구하고 국회 본회의를 통과하였다.4)

대규모유통업법은 수범자와 법원 등을 기속하는 법규적 효력을 가진 법률이고, 대규모소매업고시에 비해 거래내용 및 조건을 더 많이 규정하는 한편 5가지 행위 유형에 대하여는 입증책임을 전환하여 대규모유통업자가 정당성을 소명하지 못하는 한 위법한 것으로 규정하고 있으며, 시정명령과 함께 관련납품대금 또는 연간임대료의 100%까지 과징금을 부과할 수 있도록 하고 있다. 대규모소매업고시의 내용을 기본 토대로 하도급법의 일부 내용 및 체계를 차용하는 한편 과징금 부과 체계는 불공정거래행위와 부당지원행위의 기본 틀을 섞은 형태를 띠고 있지만, 대규모유통업법의 적용을 받느냐 아니면 공정거래법 등 다른 법률의 적용을 받느냐에 따라 위법성의 인정 여부, 입증책임의 소재, 제재의 수준 등이 달라질 수 있기 때문에 상당한 파급효과를 가져올 수 있다.

그런데, 법률을 제정하기 전에 충분한 법적 검토를 하였다고 보기는 어렵고, 시행된 후 약 3년이 지난 지금까지도 본격적인 연구와 사례들이 집적되지 못하고 있는 상황이다. 필자는 이 글을 통해 위법성 판단기준 및 과징금 부과기준과 관련하여 대규모유통업법이 다른 공정거래 관련 법률들과 체계적으로 정합성을 가질 수 있도록 하기 위한 해석·집행 방안을 살펴 보고자 하며, 필자의 단상과

---

3) 대법원 2003. 12. 26. 선고 2001두9646 판결 등 참조.
4) 대규모유통업법의 제정 경위는 최영홍, "대규모유통업법의 제정과 운용상 쟁점", 경쟁법연구 25권 한국경쟁법학회, 2012, 3쪽 이하 참조.

의문 제기가 앞으로 이루어질 대규모유통업법에 대한 깊이 있는 연구와 성찰의
단초가 되기를 희망한다.

Ⅱ. 위법성 판단기준에 대한 검토

대규모유통업법은 ① 별도의 위법성 요건 없이 특정 행위를 할 의무를 부과
하거나 금지하는 규정(서면교부 및 보존의무, 상품판매대금 지급의무, 판매촉진비용의
부담 전가 금지 등), ② 정해진 유형의 행위를 하더라도 그 행위를 부당하다고 평
가할 수 있는 경우에만 위법성을 인정하는 규정(경영정보 제공 요구 금지 등), ③
정해진 유형의 행위가 이루어진 경우 대규모유통업자가 그 행위에 대한 정당한
사유를 입증하지 못하는 한 위법성을 인정하는 규정(상품의 반품 금지, 상품권 구
입 요구 금지 등) 등을 두고 있다. 그 중 상당 수의 규정들은 거래상지위남용행위
를 규제하는 공정거래법 제23조 제1항 제4호에 대하여 특별법적 지위를 가지는
데(대규모유통업법 제4조 본문 참조), 양자간의 주된 차이는 위 ③과 같이 대규모
유통업자가 스스로 정당한 사유를 입증하지 못하는 한 위법성이 인정되는 규정
들을 두고 있다는 점이다.

이러한 차이점은 실무상 중요한 의미를 가진다. 행위자가 대규모유통업자에 해
당하는지 여부에 따라 적용되는 법률이 달라지고, 그에 따라 위법성 입증의 방법
과 책임 소재, 제재 수준 등이 달라지기 때문이다. 예를 들어, A가 납품업자에게
불이익을 주는 행위를 했다고 가정해 보자. 만약 A가 대규모유통업자에 해당하
지 않는 경우[5])에는 공정거래법 제23조 제1항 제4호에 위반되는지를 따져 보기
위해 공정위가 불이익을 주는 행위의 존재, 그 행위의 부당성을 증명해야 하며,
위반으로 인정되더라도 관련매출액의 2%까지만 과징금을 부과할 수 있다. 반면
A가 대규모유통업자에 해당하는 경우에는 대규모유통업법 제17조에 위반되는지
를 따져 보게 되는데, 공정위는 A가 제1호부터 제9호까지의 행위 유형에 해당하
거나 그에 준하는 행위로서 제10호에서 말하는 불이익 제공 행위에 해당한다는

---

5) 일부 대형 쇼핑몰처럼 임대차 거래만 하는 경우에는 대규모유통업자에 해당하지 않는다. 대규모유통
업법 제2조 제1호에 따르면 "소비자가 사용하는 상품을 다수의 사업자로부터 납품받아 판매하는
자"로서 매출액 또는 매장면적 기준을 충족해야 대규모유통업자에 해당하는데, 임대차 거래만 하는
경우에는 그 요건을 충족하지 않기 때문이다.

것만 증명하면 A가 정당한 사유를 입증하지 못하는 한 위법성이 인정되며, 위반으로 인정될 경우 관련납품대금의 범위 내에서 과징금을 부과할 수 있다.

어떤 기준에 따라 위법성을 판단할 것인지에 따라 위와 같은 차이점은 더 커질 수 있다. 불공정거래행위의 위법성은 경쟁제한성보다 넓은 개념인 불공정성으로 보는 것이 다수의 견해이고, 불공정거래행위 심사지침은 거래상지위남용행위의 위법성을 거래내용의 공정성을 침해하는지 여부를 중심으로 판단한다고 규정하고 있는데, '거래내용의 공정성'은 해석 여하에 따라 매우 폭 넓은 의미를 가질 수 있기 때문에 개별 납품업자와의 거래관계(거래내용의 공정성)에 초점을 맞추어 위법성을 판단하고 제재를 할 경우에는 양자간의 차이가 더 커질 수 있다.

대규모유통업법은 공정한 경쟁보다 거래상대방을 보호하는 데 초점이 있으므로 법의 운용도 그에 맞출 필요가 있다는 취지의 견해가 있다.[6] 그러나, 어떤 견해가 옳고 그름의 문제는 아니지만, 대규모유통업 분야는 대규모유통업자 간의 경쟁뿐만 아니라 납품업자 간 경쟁도 치열하게 이루어지는 장(場)으로서 좋은 품질의 상품이 낮은 가격으로 다양하게 유통될 수 있는 매개체 역할이 유지되도록 하는 것에 규제의 초점이 맞추어져야 한다고 생각한다. 건전한 시장경제 발전을 위하여 대규모유통업자와 납품업자 간의 공정한 거래를 확보하는 것도 중요하지만 이를 확보하는 방법이나 수단이 오히려 시장경제를 위축하지 않도록 유의하는 것이 더 중요하다고 생각되기 때문이다.[7] 개별 납품업자의 이익을 보호하는 쪽에 너무 많은 비중을 두게 되면 납품업자들간의 경쟁이 위축되는 결과를 가져올 수 있을 뿐만 아니라 대규모유통업법이 오히려 진입장벽으로 작용할 수도 있고, 그로 인해 다양하고 새로운 상품 및 서비스에 대한 소비자의 선택권 및 접근권도 제약될 수도 있다는 점을 감안해야 한다고 생각한다.

대규모유통업법의 목적은 "대규모유통업에서의 공정한 거래질서를 확립하고 대규모유통업자와 납품업자 또는 매장임차인이 대등한 지위에서 상호 보완적으

---

6) 최영홍, 앞의 글, 26-27쪽 참조.
7) 2008년 10월 OECD 회의에서 논의된 바로는 구매자의 힘이 일견 문제가 있는 것으로 보이더라도 신중한 접근이 필요하다고 한다. 수요독점력(Monopsony Power)이 있는 경우에는 국민후생에 악영향을 미치지만, 단순히 구매자의 협상력(Bargaining Power)이 있는 경우에는 그것이 국민후생에 악영향을 미치기보다는 긍정적 효과를 미칠 가능성이 크므로 신중한 접근이 필요하다는 것이다. 구체적인 내용은 주순식, "대규모유통업에 대한 공정거래법상 규제 강화 움직임에 관한 제언: OECD 회의에서 논의된 각국의 공정거래법 집행 경험을 바탕으로", 경쟁저널 통권 154호, 한국공정경쟁연합회, 2011. 1, 12쪽 이하 참조.

로 발전할 수 있도록 함으로써 국민경제의 균형 있는 성장 및 발전에 이바지함"
이다(대규모유통업법 제1조 참조). 위 문구에 경쟁이라는 말이 포함되어 있지 않다
고 하여 경쟁과 상관 없이 폭 넓게 사법관계(거래내용의 공정성)에 관여하는 것을
목적으로 한다거나 거래 내용의 공정성에 주된 초점을 맞추어야 한다고 보기는
어렵다. 공정한 거래질서, 상호 보완적 발전이라는 것은 다면적인 유통시장의 공
정한 경쟁을 포괄하는 것으로 보아야 하며, 거래내용의 공정성, 즉 급부와 반대
급부간의 균형, 당사자간 이익 조정 측면에서만 부당성을 판단하고 법을 집행할
경우에는 오히려 거래의 효율과 소비자 후생을 저해하는 결과를 초래할 수 있
다. 불공정거래행위는 사법적 관점에서 계약의 불공정성을 문제삼는 것이 아니
기 때문에 거래관계의 특성이나 거래관계가 위치한 시장의 상황 등도 불이익 판
단에 반영되어야 하고 거래관계를 구성하는 구체적인 조건이나 행위들의 의미는
개별적인 것이 아니라 거래관계의 전체적인 관점에서 파악되어야 한다는 지적[8]
에 귀를 기울일 필요가 있다.

보다 구체적으로 살펴 보면, 행위 유형에 따라서는 당해 납품업자와의 관계에
서 거래내용의 공정성에 주된 초점이 맞추어져야 하는 경우가 있는가 하면 납품
업자 전반 또는 거래를 희망하는 업체 전반에 그 영향이 미칠 수 있는 경우가
있는데, 전자는 거래내용의 공정성 측면에서 그 위법성을 평가할 수 있다고 보
더라도,[9] 후자는 단순히 거래내용의 공정성에만 초점을 두어서는 안 되고 경쟁
질서에 미치는 효과를 감안하여 그 위법성을 평가해야 할 것이고, 제재 수준에
있어서도 그러한 사정을 감안하여 차등을 둘 필요가 있다.[10]

대법원은 거래상 지위남용행위의 위법성 판단과 관련하여, 당사자가 처하고
있는 시장 및 거래의 상황, 당사자 간의 전체적 사업능력의 격차, 거래의 대상인

---

8) 홍명수, "불공정거래행위에 관한 대법원 판결 분석(2010)", 경쟁법연구 제23권, 한국경쟁법학회, 2011,
   113쪽 참조.
9) 납품업자와의 거래내용의 공정성을 문제삼는 경우에도 기본적인 선을 지켜야 할 것이다. 시장기구가
   정상적인 기능을 수행하지 못하는 폐해를 조정하고 당사자 간의 이해관계를 합리적으로 조정하기
   위해 정부가 개입할 필요성이 인정된다고 하더라도, 공법적 법률관계가 사법적 법률관계의 모든 영
   역에 침투하거나 나아가 이를 대체하는 것은 시장경제 고유의 속성인 자율성이라는 관점에서 바람
   직하지 않기 때문이다.
10) 공정거래법상 불공정거래행위의 경우에도 부당한 거래거절과 같이 당사자간의 거래관계에 그 효과
   가 미치는 경우에는 대법원이 시장의 경쟁에 미치는 영향을 살피는 것이 아니라 계약의 내용, 당사
   자들의 귀책사유, 사업경영상 필요성 등을 중시하는 태도를 보이는 반면, 부당한 차별취급과 같이
   시장에 미치는 경쟁제한의 정도를 함께 살피는 경우가 있고, 배타조건부거래와 같이 시장에 미치는
   경쟁제한의 정도를 주로 살피는 경우가 있다.

상품 또는 용역의 특성, 그리고 당해 행위의 의도·목적·효과·영향 및 구체적인 태양, 해당 사업자의 시장에서의 우월한 지위의 정도 및 상대방이 받게 되는 불이익의 내용과 정도 등에 비추어 볼 때 정상적인 거래관행을 벗어난 것으로서 공정한 거래를 저해할 우려가 있는지 여부를 판단하여 결정하여야 한다는 입장을 취하고 있는데,[11] 이에 더하여 거래상대방의 예측가능성, 경쟁질서에 미치거나 미칠 수 있는 영향(대규모유통업자간, 납품업자간 경쟁을 위축시키지는 않는지, 진입장벽으로 기능할 우려는 없는지 등을 감안), 소비자에게 미칠 수 있는 영향(대규모유통업자와 납품업자간 이익 조정이 어느 한쪽의 비용 상승으로 이어질 경우 소비자에 대한 전가 가능성 등을 감안)도 함께 고려할 필요가 있다.

Ⅲ. 과징금 부과 기준에 대한 검토

대규모유통업법을 위반한 대규모유통업자에게는 시정권고, 시정명령 등 시정조치 외에 과징금 납부명령을 할 수 있다. 그 중 과징금은 관련납품대금(해당 대규모유통업자가 위반행위를 한 기간 동안 구매한 관련상품의 매입액 또는 이에 준하는 금액)이나 연간 임대료를 초과하지 않는 범위에서 부과할 수 있고, 여러 개의 위반행위를 하였을 때는 위반행위를 규정한 조문별로 산정하되 관련납품대금이나 연간 임대료의 2배까지만 부과할 수 있으며, 매출액을 산정하기 곤란한 경우 등에는 5억원까지만 부과할 수 있다(대규모유통업법 제35조 제1항 및 제2항, 시행령 제28조 제1항 참조).

위와 같은 과징금 부과기준은 대규모유통업자에게 부과할 수 있는 과징금의 상한인데, 다른 공정거래 관련 법률에 비해 매우 높게 설정되어 있다. 정률과징금만 비교해 보더라도, 공정거래법상 시장지배적지위남용행위의 경우에는 관련매출액의 3%, 불공정거래행위의 경우에는 관련매출액의 2%, 부당한 공동행위의 경우에는 관련매출액의 10%가 상한이고, 가맹사업법을 위반한 경우에도 관련매출액의 2%가 상한이다. 대규모유통업법보다 과징금의 상한이 더 높아질 수도 있는 경우는 하도급대금의 2배를 상한으로 정하고 있는 하도급법을 위반했을 때이다.

---

11) 대법원 2000. 6. 9. 선고 97누19427 판결 등 참조.

공정거래법에 비해 과징금 부과 상한이 매우 높게 설정되어 있지만, 그것만으로 헌법에 위반된다고 평가하기는 어렵다고 생각한다. 과징금의 부과 상한은 사업자의 과징금 부담능력을 고려하여 과징금의 한계를 설정하는 기능을 하는데, 관련납품대금 또는 연간임대료를 초과하지 않는 범위까지 과징금을 부과할 수 있도록 규정하였다고 하여 그 자체만으로 사업자의 과징금 부담능력을 초과하여 비례의 원칙에 반한다고 평가하기는 무리라고 볼 수 있기 때문이다.

다만, 위반행위의 실질이 사실상 동일하더라도 상대방이 된 사업자가 납품업자(직매입 또는 특약매입)에 해당하는지 아니면 매장임차인에 해당하는지에 따라 과징금의 부과 상한이 서로 달라 실제 부과되는 과징금의 액수가 달라질 수도 있다는 것은 비례의 원칙 및 형평의 원칙에 비추어 볼 때 헌법에 위반된다고 볼 소지가 있다. 만약 대규모유통업자가 납품업자와 매장임차인에게 2년간 똑같은 위반행위를 하였다고 가정할 때 납품업자와의 관계에서는 "2년 동안 구매한 관련 상품의 매입액"까지 과징금을 부과할 수 있는 반면 매장임차인과의 관계에서는 "1년간 임대료"까지 과징금을 부과할 수 있도록 규정되어 있어서 실제 부과될 수 있는 과징금의 액수가 서로 달라질 수 있는데, 과연 그러한 차이를 두어야 할만큼 위반행위의 내용 및 정도가 다르거나 서로 달리 취급해야 할 정도의 특별한 사유를 인정할 수 있을지 의문이기 때문이다.[12]

한편, 관련매출액의 2~10%를 과징금의 부과 상한으로 설정하고 그 범위 내에서 과징금을 산정하여 부과하도록 되어 있는 공정거래법, 가맹사업법 등과 달리, 대규모유통업법 및 시행령은 앞서 살펴본 것처럼 관련납품대금 또는 연간임대료의 범위에서 과징금을 부과할 수 있도록 하고, 대규모유통업법 위반사업자에 대한 과징금 부과기준 고시(이하 '대규모유통업법 과징금고시')는 관련납품대금 또는 연간임대료에 위반행위의 중대성에 따른 3가지 부과율(중대성이 약한 위반행위는 20%, 중대한 위반행위는 40%, 매우 중대한 위반행위는 60%)을 곱한 금액을 기준으로 과징금을 산정하도록 규정하고 있다. 주요 공정거래 관련 법률의 과징금 산정기준 및 부과 상한과 어떤 차이가 있는지를 한눈에 비교해 보기 위해 간략히 정리하면 다음 표와 같다.

---

12) 이는 이른바 임대乙 방식(매출의 일정 비율을 임대료로 산정하는 방식)으로 거래하는 매장임차인과 특약매입 방식으로 거래하는 납품업자에게 동일한 위반행위를 하였다고 가정하여 비교해 보면 잘 알 수 있다.

구 분	과징금 산정기준(기준금액)	과징금 부과 상한
공정거래법	관련매출액 × 부과율 (시지남 3%, 불공정 2%, 카르텔 10% 까지)	• 정률 – 左同 (여러 위반행위: 합산) • 정액 – 시지남 10억원, 불공정 5억원, 카르텔 20억원
가맹사업법	관련매출액 × 2%까지	• 정률 – 左同 (여러 위반행위: 합산) • 정액 – 5억원
하도급법	하도급대금의 2배 × 10%까지	하도급대금의 2배
대규모 유통업법	관련납품대금 또는 연간임대료 × 60% 까지	• 정률 – 관련납품대금, 연간임대료 (여러 위반행위: 2배) • 정액 – 5억원

표에서 보듯이 대규모유통업법을 위반한 사업자에게 부과하는 과징금의 산정기준은 매우 높게 정해져 있다. 물론 공정거래법 위반행위의 경우에는 관련매출액이 모수(母數)이고, 대규모유통업법 위반행위의 경우에는 관련납품대금 또는 연간임대료가 모수이기 때문에, 양자가 부과율의 차등을 두어야 할 만큼 서로 다른 경우에는 단순히 부과율이 높게 정해져 있다고 하여 비례의 원칙에 반한다고 보기는 어려울 것이다. 그러나, 관련매출액은 "위반사업자가 위반기간 동안 일정한 거래분야에서 판매한 관련 상품이나 용역의 매출액 또는 이에 준하는 금액"으로서 위반행위가 상품이나 용역의 구매와 관련하여 이루어진 경우에는 "관련 상품이나 용역의 매입액"을 말하고(공정거래법 시행령 제9조 제1항 참조), 관련납품대금은 "대규모유통업자가 위반행위를 한 기간 동안 구매한 관련 상품의 매입액 또는 이에 준하는 금액"을 말하기 때문에(대규모유통업법 시행령 제28조 제1항 참조), 부과율이 곱해지는 모수의 기초는 사실상 동일하다고 볼 수 있다. 그런데, 공정거래법상 위법성의 정도가 높다고 보는 시장지배적 지위남용행위는 3%까지, 부당한 공동행위는 10%까지 부과할 수 있도록 되어 있고, 대규모유통업법이 금지하는 행위의 모태인 불공정거래행위는 2%까지 부과할 수 있도록 되어 있음에도 불구하고, 대규모유통업법을 위반한 경우에는 60%까지 부과할 수 있도록 되어 있다.13) 뿐만 아니라, 대규모유통업법 과징금고시는 위반행위의 중대

---

13) 대규모유통업법 제35조, 시행령 제28조는 대규모유통업법 위반행위에 대한 과징금액의 산정 기준이나 부과율을 특정하지 않고 있다. 과징금의 부과 상한과 구체적인 산정기준은 서로 구분되는 것이며, 구체적인 산정기준은 불법적인 경제적 이익 박탈 및 제재금 부과를 통해 위반행위의 효과적인 억제라는 목적 달성을 위해 (대규모유통업법 제35조 제3항이 준용하고 있는) 공정거래법 제55조의3 제1항 각호에서 정한 사유를 반영하여 정하는 것이기 때문에, 이론상으로도 서로 구분된다. 그러므

성에 따른 부과율을 20%, 40%, 60%로 정하고 있어 공정거래법을 위반했을 때 적용되는 과징금고시처럼 일정한 범위의 부과율을 정하고 있는 경우14)에 비하여 위반행위의 내용 및 정도에 부합하는 탄력적인 제재를 하는 것도 매우 어렵게 되어 있다. 대규모유통업법 위반행위자에게 부과하는 현재의 과징금 산정기준은 법적 타당성을 인정하기 어렵고, 비례의 원칙 및 형평의 원칙에 위반될 소지가 높다고 생각한다.

거래상 우월적 지위를 이용한 행위가 시장지배적 지위를 형성, 유지 또는 강화하는데 활용되고, 그로 인해 다시 거래상 우월적 지위를 이용한 행위가 구조적으로 반복될 우려가 있으므로 보다 더 높은 수준의 과징금을 부과할 필요가 있다는 주장도 제기될 수는 있겠으나, 설령 그렇다고 하더라도 거래상 우월적 지위를 이용한 행위에 대한 제재의 수준이 왜 시장지배적 지위남용행위 또는 부당한 공동행위보다 더 높아야 하는가? 불공정거래행위보다는 시장지배적 지위남용행위 규정을 우선 적용한다는 기본 원칙을 따를 때, 시장지배적 지위를 가진 대규모유통업자가 시장에서의 독점을 유지·강화할 의도나 목적, 즉 시장에서의 자유로운 경쟁을 제한함으로써 인위적으로 시장질서에 영향을 가하려는 의도나 목적을 갖고, 객관적으로도 그러한 경쟁제한의 효과가 생길 만한 우려가 있는 행위로 평가될 수 있는 행위로서의 성질을 갖는 사업활동 방해행위를 하였을 때 오히려 제재 수준이 낮아지는 결과가 발생할 것인데, 이를 어떻게 합리적으로 설명할 수 있는가? 그리고 종속성이 더 강할 수 있는 하도급 관계를 맺었을 때는 하도급법이 적용될 것인데, 하도급법을 적용받으면 제재 수준이 더 낮아질 수도 있다는 것은 어떻게 합리적으로 설명할 수 있는가?

그리고 똑같은 거래상 지위남용행위를 했는데 왜 대규모유통업자라는 이유로

로 대규모유통업법 위반행위를 한 경우에 적용하는 부과율을 60% 이하로 정한 것은 대규모유통업법 과징금고시에 의하여 창설된 것이지 대규모유통업법에 정해진 것, 즉 법규적 효력을 가진 것으로 볼 수 없다. 이는 하도급법에서 하도급대금의 2배까지 과징금을 부과할 수 있도록 규정하고 있으나, 실제 하도급법 위반사업자에 대하여 부과하는 과징금은 ① 기본 산정기준(하도급 대금의 2배×부과율)에 ② 행위 또는 행위자 요소에 의한 가중·감경을 거친 후 ③ 사업자의 부담능력 및 위반행위의 정도·파급효과 등을 고려하여 결정되고, 그 중 부과율은 하도급법 위반 사업자의 위반행위 유형, 위반금액의 비율, 위반행위 수, 위반 전력을 고려하여 하도급법 시행령 제13조 제1항 관련 [별표2]에 의해 계산된 점수를 기준으로 정하는데 2013. 5. 22.부터 시행된 하도급법 과징금고시는 3～10%로 정하고 있다는 것과도 대비된다.

14) 불공정거래행위를 한 사업자에게 부과하는 과징금의 부과율의 경우, 매우 중대한 위반행위는 1.6% 이상 2.0% 미만, 중대한 위반행위는 0.8% 이상 1.6% 미만, 중대성이 약한 위반행위는 0.1% 이상 0.8% 미만으로 정해져 있다.

수십 배 더 높은 과징금을 부과받아야만 하는지도 최소한 법리적으로는 수긍하기 어렵다. 대규모유통업자의 불공정거래행위가 다른 사업자의 불공정거래행위에 비하여 위반행위의 내용 및 정도가 더 중대하다거나 그로 인한 이득액이 더 높다는 실증적인 근거가 있는지, 즉 대규모유통업자에 해당하는지 여부가 제재수준의 엄청난 차이를 불러올 정도로 중요한 문제인지 심각하게 고민해 보아야 한다. 또한 대규모유통업법은 이미 사전 서면교부, 각종 서면 보존 등의 의무를 부과하고, 상당 수 행위들에 대해 그러한 자료 등을 통해 정당성을 대규모유통업자 스스로 입증하도록 하는 태도를 취함으로써 위반행위를 좀 더 쉽게 적발할 수 있는 장치를 두고 있는데, 이러한 상황에서 과징금 부과 기준까지 높게 설정할 필요성이 있는지 재검토해야 한다.

Ⅳ. 결 론

계약 체결 즉시 거래조건 등을 명시하고 각각 서명 또는 기명날인한 서면(전자문서, 공인전자서명 포함)을 제공하도록 하고, 서면 교부 전에 제조·주문하게 하거나 설비·장치를 준비하도록 요구하지 못하도록 하며, 계약이 끝난 날부터 5년간 관련 서류(전자적 문서 포함)를 보존하도록 한 것은 납품업자의 예측 및 선택 가능성을 높여 주었을 뿐만 아니라, 처분대상 제한기간(위반행위가 끝난 날부터 5년)과 연결되어 위법성 판단 또는 분쟁 해결을 신속하게 할 수 있는 가능성을 높여 주었다. 그리고 대금지급의무를 규정함과 아울러 거래관계에서 자주 발생하는 다툼인 대금감액, 수령지체·거부, 반품, 판촉비용 부담 전가 등에 대한 사항을 법률에 규정함으로써 거래의 공정성을 담보하기 위한 장치를 강화하고, 행위의 속성상 부당성을 추정할 만한 유형(통상적인 시장의 납품 가격보다 현저히 낮은 가격으로 납품하게 하는 행위 등)에 대해 입증책임을 전환함으로써 위법행위를 사전에 예방하는 효과를 가져왔다.

필자는 대규모유통업법의 제정이 가져온 위와 같은 긍정적인 효과를 도외시하거나 평가절하하려는 것이 아니다.[15] 이 글을 통해 대규모유통업법의 위법성

---

15) 다만, 이 글에서 다루지는 않았으나, 거래의 교섭 단계부터 종료 이후까지 거의 모든 과정을 서류화하도록 하고 이를 보존하도록 한 점, 납품업자의 보호에 주안점을 둔 규정을 마련하면서 포괄적인

판단기준, 과징금 부과기준을 어떻게 설정하고 운용하여야 다른 공정거래 관련 법령과 체계적 정합성을 깨뜨리지 않으면서 위와 같은 긍정적인 효과를 배가시킬 수 있을지에 대한 깊은 고민과 연구가 이어지길 희망한다.

문언을 많이 사용함으로써 거래관계의 자율성, 신속성 및 효율성을 저해할 우려가 있다는 점 등 부정적인 효과를 가져올 소지가 있는 부분들을 최대한 제거하기 위한 노력이 필요하다고 생각한다.

▒▌ 참고문헌 ▌▒

주순식, "대규모유통업에 대한 공정거래법상 규제 강화 움직임에 관한 제언: OECD 회의에서 논의된 각국의 공정거래법 집행 경험을 바탕으로", 경쟁저널 통권 154호, 한국공정경쟁연합회, 2011. 1.

최영홍, "대규모유통업법의 제정과 운용상 쟁점", 경쟁법연구 제25권, 한국경쟁법학회, 2012.

홍명수, "불공정거래행위에 관한 대법원 판결 분석(2010)", 경쟁법연구 제23권, 한국경쟁법학회, 2011.

간접할부계약에서 지급거절 항변권의
소송실무상 쟁점들

김 구 년*

I. 머 리 말

1. 간접할부계약의 의의

할부매매는 매수인이 매매의 목적물을 인도받은 후에 그 대금을 일정한 기간 동안 분할해서 지급하는 특수한 형태의 매매이다.[1] 일반적인 할부매매의 모습은 할부계약에 의한 재화 등의 공급을 업으로 하는 할부거래업자와 할부계약 또는 선불식 할부계약에 의하여 제공되는 재화 등을 소비생활을 위하여 사용하거나 이용하는 소비자 사이의 양자간 법률관계만 존재하는 "직접할부계약"이었으나, 신용카드거래의 증대, 시설대여업·할부금융업의 발달 등을 통하여 할부거래업자가 아닌 제3자가 소비자에게 신용을 제공함으로써 목적물제공과 신용제공이 1인에게 귀속하지 않는 "간접할부계약"이 크게 늘어나게 되었다.[2]

우리나라의 할부거래에 관한 법률(이하 '할부거래법'이라 한다)은 제정 당시부터 "매수인이 신용제공자에게 목적물의 대금을 2월 이상의 기간에 걸쳐 3회 이상 분할하여 지급하고, 그 대금의 완납 전에 매도인으로부터 목적물의 인도 등을 받기로 하는 계약"을 할부거래법의 적용대상으로 규정하였고, 2010. 3. 17. 전부

---

* 수원지방법원 안산지원 판사
1) 권오승, 소비자보호법(제5판), 법문사, 2005, 178면.
2) 이하에서는 현행 할부거래에 관한 법률 제2조에 따라 할부계약에 의한 재화 등의 공급을 업으로 하는 자는 '할부거래업자'로, 할부거래업자와 할부계약 또는 선불식 할부계약에 의하여 제공되는 재화 등을 소비생활을 위하여 사용하거나 이용하는 자를 '소비자'로, 간접할부계약에서 소비자에게 신용을 제공하는 자를 '신용제공자'로, 할부거래업자와 소비자 사이의 매매계약, 용역 또는 서비스공급계약을 '매매계약 등'으로 통칭한다.

개정을 통해 제2조 제1항 가목에서 "소비자가 사업자에게 재화의 대금이나 용역의 대가를 2개월 이상의 기간에 걸쳐 3회 이상 나누어 지급하고, 재화 등의 대금을 완납하기 전에 재화의 공급이나 용역의 제공을 받기로 하는 계약"을 "직접할부계약"으로, 같은 항 나목에서 "소비자가 신용제공자에게 재화 등의 대금을 2개월 이상의 기간에 걸쳐 3회 이상 나누어 지급하고, 재화 등의 대금을 완납하기 전에 사업자로부터 재화 등의 공급을 받기로 하는 계약"을 "간접할부계약"으로 정의하기에 이르렀다.

간접할부계약에서는 직접할부계약과 달리 할부거래업자와 소비자 사이에 체결된 매매계약 등과 소비자와 신용제공자 사이에 체결된 금전소비대차계약의 두 개의 계약이 존재하거나, 할부거래업자와 신용제공자 사이에 할부금융약정이 체결되는 경우에는 3개의 계약관계가 존재하기도 한다. 따라서 간접할부계약에서는 할부거래업자와 소비자 사이에 체결된 계약관계가 해제 등으로 해소될 경우 목적물의 반환, 미지급된 할부금의 지급 여부, 할부거래업자가 신용제공자로부터 수령한 매매대금의 반환 등을 둘러싸고 복잡한 문제가 발생하고, 만약 소비자가 매매계약 등의 목적을 달성하지 못한 상태에서 신용제공자에게 할부금을 지급하여야 한다면 직접할부계약에서보다 불리한 지위에 놓이게 된다.

현행 할부거래법은 소비자의 권리실현 차원에서 민법에서는 도출될 수 없는 권리를 간접할부계약의 소비자에게 부여하고 있는데, 대표적인 것이 할부거래법 제16조 제2항에 규정한 지급거절 항변권이다.[3)4)]

---

3) 간접할부계약에 관한 각종 입법적 규제내용에 관한 상세한 논의는, 배소라, "간접할부거래에 관한 연구-소비자보호의 관점에서-", 명지대학교 대학원 석사학위논문, 2014. 2. 참조

4) 할부거래법 제16조(소비자의 항변권)
　① 소비자는 다음 각 호의 어느 하나에 해당하는 사유가 있는 경우에는 할부거래업자에게 그 할부금의 지급을 거절할 수 있다.
　　1. 할부계약이 불성립·무효인 경우
　　2. 할부계약이 취소·해제 또는 해지된 경우
　　3. 재화 등의 전부 또는 일부가 제6조 제1항 제2호에 따른 재화 등의 공급 시기까지 소비자에게 공급되지 아니한 경우
　　4. 할부거래업자가 하자담보책임을 이행하지 아니한 경우
　　5. 그 밖에 할부거래업자의 채무불이행으로 인하여 할부계약의 목적을 달성할 수 없는 경우
　　6. 다른 법률에 따라 정당하게 청약을 철회한 경우
　② 소비자는 간접할부계약인 경우 제1항 각 호의 어느 하나에 해당하는 사유가 있으면 할부가격이 대통령령으로 정한 금액 이상인 경우에만 신용제공자에게 할부금의 지급을 거절하는 의사를 통지한 후 할부금의 지급을 거절할 수 있다.
　③ 소비자가 제2항에 따라 신용제공자에게 지급을 거절할 수 있는 금액은 할부금의 지급을 거절한 당시에 소비자가 신용제공자에게 지급하지 아니한 나머지 할부금으로 한다.

실제 할부거래법과 관련된 소송에서는 지급거절 항변권과 관련된 쟁점이 자주 등장하고 있으나, 아직 판례가 충분히 축적되어 있지 않고 그에 관한 연구는 그 근거와 취지, 기지급 할부금의 반환청구 가능성에 집중되어 있어, 이하에서는 간접할부계약에서 지급거절 항변권이 문제된 실제 판결례를 검토함으로써 민사소송 실무상 쟁점이 된 지급거절 항변권의 요건과 효과에 관하여 개괄적으로 살펴보기로 한다.

2. 할부거래법 관련 민사소송 동향

2014. 12. 말을 기준으로 할부거래법의 적용과 해석이 직접적 쟁점이 된 민사사건은 150여건으로 보인다.5) 이 중 대법원 판결은 4건에 불과하였고, 항소심판결은 80여건(이 중 1심이 소액사건인 경우는 30여건이었다) 정도였다.

민사판결들에서 거론된 할부거래법상 쟁점들은, 지급거절 항변권, 할부거래법의 적용 여부, 선불식 할부계약의 해제 등 효력, 청약철회권, 할부대금채권의 소멸시효 등이었는데, 이 중 다수를 차지하는 부분이 지급거절 항변권(70여건), 할부거래법의 적용 여부(30여건)였다. 지급거절 항변권과 함께 소비자보호에 큰 역할을 담당하는 청약철회권이 쟁점이 된 판결은 10건 미만이었다.

지급거절 항변권이 소송상 제출되는 모습을 보면, 소비자가 원고가 되어 신용

---

④ 소비자가 제1항에 따른 항변권의 행사를 서면으로 하는 경우 그 효력은 서면을 발송한 날에 발생한다.

⑤ 할부거래업자 또는 신용제공자는 소비자의 항변을 서면으로 수령한 경우 지체 없이 그 항변권의 행사가 제1항에 해당하는지를 확인하여야 한다. 제1항에 해당하지 아니하는 경우 소비자의 항변을 수령한 날부터 다음 각 호의 어느 하나에 해당하는 영업일 이내에 서면으로 소비자의 항변을 수용할 수 없다는 의사(意思)와 항변권의 행사가 제1항 각 호의 어느 하나에 해당하지 아니한다는 사실을 소비자에게 서면으로 통지하여야 한다.
  1. 할부거래업자는 5영업일
  2. 신용제공자는 7영업일

⑥ 할부거래업자 또는 신용제공자가 제5항에 따른 통지를 하지 아니한 경우에는 소비자의 할부금 지급 거절의사를 수용한 것으로 본다.

⑦ 할부거래업자 또는 신용제공자는 제1항부터 제6항까지의 규정에 따라 소비자가 할부금의 지급을 거절한 경우 소비자와 분쟁이 발생하면 분쟁이 해결될 때까지 할부금 지급 거절을 이유로 해당 소비자를 약정한 기일 이내에 채무를 변제하지 아니한 자로 처리하는 등 소비자에게 불이익을 주는 행위를 하여서는 아니 된다.

5) 법원의 판결검색시스템에 "할부거래법"이라는 검색어를 입력하여 검색한 결과 대법원 판결까지 포함하여 모두 167건의 민사판결이 등록되어 있었는데, 이 중 10여건은 중복 등록되어 있었다. 다만 할부거래에 관한 분쟁은 소가가 2,000만원을 초과하지 않는 소액사건이 많을 것이고, 소액사건에 관한 판결에는 이유를 기재하지 않을 수 있으므로(소액사건심판법 제11조의2 제3항), 실제 할부거래에 관한 민사소송은 이보다 더 많을 것으로 추측된다.

제공자를 상대로 미지급 할부금지급채무의 부존재확인을 구하거나 이미 지급한 할부금에 대한 부당이득반환을 구하는 소를 제기하면서 지급거절 항변을 청구원 인으로 주장하는 경우가 다수를 이루고 있었고, 흔하지는 않지만 신용제공자가 원고가 되어 소비자를 상대로 미지급 할부금의 지급을 청구하는 소송에서 소비 자가 소송상 지급거절 항변권을 행사하며 원고 청구의 기각을 구하는 경우도 있 었다.

이하에서 지급거절 항변권의 근거와 성격을 먼저 살펴보고, 지급거절 항변권 과 관련한 우리 법원의 판결 동향을 검토하고자 한다.

Ⅱ. 지급거절 항변권의 근거와 성격

1. 결합계약에 관한 독일민법의 규정과 논의

간접할부계약의 경우 소비자는 할부거래업자와 매매계약 등을 체결하고, 신용 제공자와 금전소비대차계약을 체결한다. 이 두 계약은 법률상 서로 별개의 계약 으로서, 원칙적으로 각 계약의 효과를 계약상대방에 대하여만 주장할 수 있다. 그러나 독일의 법원실무는 양 계약의 법률상 독립성을 전제로 하면서도, 기능적 으로 관찰하면 양 계약은 "고객에게 분할지급에 의한 상품의 구입을 가능하게 한다"는 목적에 봉사하고 있다고 하여, 매매계약으로부터 구입자가 취득하는 대 항사유, 예를 들면, 물건의 미인도, 물건의 하자, 계약의 무효·취소·해제 등을 매매계약의 당사자가 아닌 금융기관에 대하여도 주장할 수 있다고 하고 금융기 관의 고객에 대한 대여금반환청구를 기각하는 판결을 종종 하여 왔다고 한다.[6]

한편, 독일민법 제358조 제3항은 "물품의 인도 또는 기타의 급부를 실행하기 로 하는 계약과 소비자대차계약은, 그 대차금의 전부 또는 일부 전자의 계약의 자금조달에 기여하고 또 두 계약이 경제적으로 일체(wirtschaftliche Einheit)를 이루는 경우에는, 결합된 것이다."라고 규정하여 간접할부계약을 결합계약(Ver- bundene Verträge)으로 보고 있고, 제359조에서는 "소비자가 결합계약의 상대방 인 사업자에 대하여 결합계약상의 대항사유에 기하여 자신의 급부이행을 거절할

---

6) 양창수, "서독 소비자신용법제의 개관", 민법연구 제1권, 박영사, 2004, 453면.

수 있는 경우에는, 대차금의 반환을 거절할 수 있다. 융자받은 액이 200유로를 넘지 아니하는 때, 또는 그 대항사유가 그 사업자와 소비자 사이에 소비자금융계약의 체결 후에 합의된 계약변경에 기한 것인 때에는 그러하지 아니하다. 소비자가 추완을 청구할 수 있는 경우에는 그 추완이 달성되지 아니한 때에 비로소 대차금의 반환을 거절할 수 있다."고 규정하고 있다.[7]

소비자가 보통의 할부거래의 당사자와 비교하여 불리하게 되어서는 안된다는 것이 이와 같은 법적 규율의 배경이므로 이와 같은 항변의 관철은 소비자에게 존재하는 급부거절권과 관련하여 대주에 대하여 장래의 할부금의 지급을 중지할 수 있는 권능을 주는 것에 불과하다고 한다.[8]

2. 우리 판례와 학설

독일과 달리 우리나라에서는 판례를 통해 지급거절 항변권의 법리가 구성되어 왔다기보다는 할부거래법의 제정과 개정을 통해 지급거절 항변권이 도입된 것으로 보인다.

대법원 2006. 7. 28. 선고 2004다54633 판결에서는 구 할부거래법상 지급거절 항변권의 근거와 성격에 관하여 "할부거래에 관한 법률 제12조 제2항에서 매수인의 신용제공자에 대한 할부금의 지급거절권을 인정한 취지는, 할부거래에서 할부금융약정이 물품매매계약의 자금조달에 기여하고 두 계약이 경제적으로 일체를 이루는 경우에 그 물품매매계약이 해제되어 더 이상 매매대금채무가 존재하지 아니하는데도 할부거래의 일방 당사자인 매수인에게 그 할부금의 지급을 강제하는 것이 형평의 이념에 반하므로, 매수인으로 하여금 매도인에 대한 항변 사유를 들어 신용제공자에 대하여 할부금의 지급을 거절할 수 있는 권능을 부여한 것이라고 볼 것이다."라고 판시하고 있고, 대구지방법원 2014. 7. 24. 선고 2012가합13051(본소), 2013가합10318(반소) 판결은 현행 할부거래법상 지급거절 항변권의 근거와 성격에 관하여 "할부거래법 제16조 제1항 제3, 5호에 의하면 간접할부계약의 소비자는 재화의 전부 또는 일부가 소비자에게 공급되지 아니하거나, 할부거래업자의 채무불이행으로 인하여 할부계약의 목적을 달성할 수 없

---

7) 독일민법의 번역은 양창수 역, 독일민법전(2008년판), 박영사, 2008에서 그대로 인용하였다.
8) 김병선, "할부거래법상 간접할부계약의 실효와 부당이득반환관계-대법원 2006. 7. 28. 선고 2004다 54633 판결을 중심으로-", 이화여자대학교 법학논집 제16권 제4호, 2012. 6, 307면.

는 경우 신용제공자에게 할부금 지급을 거절할 수 있다고 규정하고 있는바, 이
는 할부거래에 있어서 물품구매계약과 할부금융약정이 그 성립·이행 및 존속에
있어서 서로 밀접한 의존관계에 있음을 감안할 때 할부거래업자가 약정시기까지
매수인에게 거래목적물을 인도하지 않고 있음에도 할부거래의 일방당사자인 매
수인에게만 신용제공자에 대한 할부금의 지급을 강제하는 것이 형평의 이념에
반하므로, 매수인으로 하여금 신의칙에 반하지 아니한 범위 내에서 매도인에 대
한 항변사유를 들어 신용제공자에게도 할부금의 지급을 거절할 수 있는 권능을
부여하려는데 있다."고 판시함으로써, 매매계약 등과 금전소비대차계약의 '경제
적 일체성' 또는 '밀접한 의존관계'에서 비롯되는 형평의 이념을 지급거절 항변
권의 근거로 제시하고 있다. 다만 우리 판결들은 '경제적 일체성'과 '밀접한 의존
관계'의 개념이나 판단기준을 구체적으로 제시하고 있지는 않다.[9]

지급거절 항변권의 성격을 지급을 거절할 수 있는 권리에 지나지 않는 것으
로 본다면 소비자는 신용제공자에 대하여 이미 지급한 할부금의 반환을 청구할
수는 없을 것이다. 이에 관해서는 뒤에서 다시 살피기로 한다.

Ⅲ. 간접할부계약에서 지급거절 항변권의 요건

1. 일 반 론

(1) 일반 요건

할부거래법 제16조 제2항의 지급거절 항변권을 행사하기 위해서는 ① 할부거
래법 제2조 제1호 나목에 규정한 간접할부계약이고 제3조에 규정한 적용제외
요건에 해당하지 않을 것, ② 할부거래법 제16조 제1항 각호에 규정한 사유가
있을 것, ③ 신용제공자에게 할부금의 지급을 거절하는 의사를 통지할 것 등의
요건이 입증되어야 한다.

---

9) 이병준, "다수 당사자 사이의 경제적 일체성 있는 계약의 해제, 취소와 반환관계", 민사법학 제42호,
한국사법행정학회, 2006. 7, 384면.

(2) 입증책임

지급거절 항변권은 신용제공자의 소비자에 대한 할부금청구를 저지하거나 소멸시키는 법률상 항변에 해당하므로 그 요건사실은 모두 소비자가 입증하여야 할 것이다. 할부거래법 제8조에 규정된 청약철회권의 경우, 소비자는 계약서를 받은 날로부터 7일이 경과하지 않았거나 계약서를 받은 날보다 재화 등의 공급이 늦게 이루어진 경우 재화 등을 공급받은 날부터 7일이 경과되지 않았다는 사실만 입증하면 되는 데 비하여, 할부계약의 불성립, 무효, 취소, 해제 또는 해지 등을 이유로 지급거절 항변권을 행사하는 경우에는 계약의 불성립, 무효, 취소, 해제 또는 해지 요건이 발생하였다는 사실까지도 입증하여야 한다. 따라서 이러한 측면에서는 지급거절 항변권이 청약철회권보다는 소비자의 입증 부담이 더 크다고 할 것이다.

다만 소비자가 지급거절 항변권을 서면으로 행사하는 경우 그 효력은 서면을 발송한 날에 발생하고, 신용제공자는 소비자의 항변을 서면으로 수령한 경우 지체 없이 그 항변권의 행사가 할부거래법 제16조 제1항에 해당하는지를 확인하여야 하며, 그에 해당하지 아니하는 경우 소비자의 항변을 수령한 날부터 7영업일 이내에 서면으로 소비자의 항변을 수용할 수 없다는 의사와 항변권의 행사가 제1항 각 호의 어느 하나에 해당하지 아니한다는 사실을 소비자에게 서면으로 통지하여야 하고, 그 통지를 하지 아니한 경우에는 소비자의 할부금 지급 거절 의사를 수용한 것으로 보게 되므로(할부거래법 제16조 제5항, 제6항), 할부거래법 제16조 제5항, 제6항이 적용되는 경우에는 소비자로서는 서면으로 지급거절 항변권을 행사한 사실, 그 서면이 신용제공자에게 도달된 사실, 7영업일 이내에 신용제공자로부터 거절의사 등이 기재된 서면을 수령하지 못하였다는 사실만 입증하면 될 것이다.

아래에서는 민사판결에서 쟁점이 된 지급거절 항변권의 구체적인 요건에 관해 보기로 한다.

2. 할부거래법 제2조 제1호 나목에 규정한 간접할부계약에 해당할 것

(1) 대법원 2008. 7. 10. 선고 2006다57872 판결

이 판결은 할부거래법상 간접할부계약의 요건을 구체적으로 밝힌 가장 최근의 대법원 판결인바, "할부거래에 관한 법률 제2조 제1항 제2호 소정의 할부계약은 매도인, 매수인, 신용제공자라는 3당사자의 존재를 전제로 하여 매도인과 매수인 사이의 매매계약 이외에 신용제공자와 매도인 사이의 보증이나 채권양도 등의 약정과 신용제공자와 매수인 사이의 할부금의 지급 등에 관한 약정이라는 3면 계약에 의하여 이루어진 것을 말하고, 매도인과 신용제공자 사이에서는 아무런 계약관계 없이 매수인이 목적물의 대금을 신용제공자로부터 차용하여 목적물을 구입한 후 나중에 그 차용금을 분할하여 상환하는 방식은 분할변제의 특약이 있는 신용제공자와 매수인 사이의 순수한 소비대차계약으로서 위 법률이 적용되지 않는다."고 판시하였다.

즉, 할부거래법이 적용되기 위해서는 신용제공자와 매도인 사이의 보증이나 채권양도 등의 약정이 있어야 하는바 할부거래법상 간접할부계약은 소비자와 할부거래업자 사이의 매매계약 등과 소비자와 신용제공자 사이의 금전소비대차계약 외에 할부거래업자와 신용제공자 사이의 계약이라는 3개의 계약관계가 있어야 한다는 것이고, 3면 계약이 존재한다는 사실은 소비자가 입증하여야 한다. 이 판결이 선고된 이후 '할부거래업자와 신용제공자 사이에 보증이나 채권양도 등의 약정이 존재한다고 인정할 증거가 없다'는 이유로 할부거래법이 적용되지 않는다고 판시한 하급심 판결이 다수 등장하였다.

(2) 검 토

위 대법원 2006다57872 판결은 할부거래법의 법문 해석에 충실한 것으로 보이기는 한다. 즉, 제정 당시 할부거래법 제1항 제2호는 신용제공자의 의의를 "매도인·매수인과의 각 약정에 따라 목적물의 대금에 충당하기 위하여 신용을 제공하는 자"라고 규정하고 있었고, 현행 할부거래법 제2조 제6호도 "신용제공자란 소비자·할부거래업자와의 약정에 따라 재화 등의 대금에 충당하기 위하여 신용을 제공하는 자를 말한다."라고 규정하고 있어 법문상으로는 '신용제공자와 할부거래업자와의 약정'이 있어야만 할부거래법이 적용되는 것으로 해석할 여지는 충분하다.

특히 위 대법원 판결은 자동차를 판매하는 피고 회사와 예비적 피고인 캐피탈 회사(신용제공자)가 피고 회사의 자동차를 할부로 구입하는 소비자들에 대한 할부금융업무를 위한 할부금융포괄협약을 체결하고 있었고 소비자인 원고에게 피고 회사의 자동차를 직접 판매한 피고 회사의 영업소 운영자가 예비적 피고 캐피탈 회사와 자신의 영업소의 자동차 판매와 관련하여 할부금융업무의 제휴점 약정을 체결하기까지 한 사인이었는데, 이 판결은 피고 회사와 예비적 피고 사이의 할부금융포괄협약이나 피고 회사의 영업소 운영자와 예비적 피고 사이의 제휴점 약정으로는 부족하고 '보증 또는 채권양도'와 같이 구체적인 계약관계를 요구하고 있다.

할부거래법의 해석상 간접할부계약이 3면 계약을 필요로 하더라도 보증계약이나 채권양도계약에 이를 정도의 구체적 계약관계가 필요하다고 해석할 근거는 없으며, 위 대법원 판결에서도 보증이나 채권양도의 약정이 필요한 이유를 설시하지 않고 있는바, 이러한 판결의 태도에는 찬성하기 어렵다.[10]

이에 비하여, 대법원 2008. 5. 15. 선고 2006다71595 판결은 신용카드사인 피고와 할부거래업자로부터 결제업무를 위탁받은 A회사 사이에 체결된 결제대행업무계약에는 할부거래업자와 피고 사이의 신용카드가맹점계약도 포함되어 있는 것으로 봄이 상당하다고 판시함으로써 피고가 할부거래법 제2조 제1항 제2호의 신용제공자에 해당한다고 보았고, 서울중앙지방법원 2013. 1. 16. 선고 2012나24940 판결에서도 할부거래업자와 신용카드회사 사이에 신용카드가맹점계약이 체결되어 있으면 신용카드회사는 할부거래법상 신용제공자에 해당한다고 판시하였다.

한편 독일민법 제358조 제3항 제2문은 "특히, 사업자 자신이 소비자의 반대급부의 자금을 융자하는 때, 또는 제3자의 자금제공의 경우에 소비자소비대차계약의 준비 또는 체결에 있어서 그 대주가 사업자의 협력을 이용한 때에는, 경제적 일체성이 인정된다."고 규정하고 있고, 독일에서는 두 개의 계약이 일체가 된 계약서식의 존재 또는 금융기관이 판매자에게 대출신청서용지를 교부하고 판매자에 의하여 융자가 알선되었다는 사정, 금융기관과 판매자 간의 계속적 거래관계 또는 기본계약(Rahmenvertrag)의 존재, 목적물에 대한 금융기관의 소유권유보, 대여금이 판매자에게 직접 지급되었다는 사정, 구입자의 차용금반환의무에 대한 판매자의 보증 등이 '경제적 일체성'의 징표로 논의되고 있고, 독일연방대법원

---

10) 그 원심판결인 대전고등법원 2006. 7. 26. 선고 2004나8188 판결은 소비자인 원고와 자동차판매자인 피고 회사 사이의 매매계약은 구 할부거래법 제2조 제1항 제2호의 할부계약에 해당한다고 판시하였다.

(BGH)은 두 개의 계약이 내부적으로 하나의 계약이 체결되지 않았다면 다른 계약도 체결되지 않았을 것이라고 하는 정도로 결합된 경우에는 "경제적 일체성"이 존재한다고 하며,[11] 그리하여 구체적으로는 위와 같은 객관적인 사정, 즉 소위 결합요소(Verbindungselemente)가 존재한다는 것도 고려하여 판매자와 금융기관이 일체적인 계약상대방으로 자신과 대치하고 있다는 인상이 구입자에게 야기되었는지를 주로 문제삼고 있어 중점이 객관적 사정보다는 구입자의 주관적인 사정으로 옮아가고 있다고 한다.[12]

요컨대, 할부거래법상 간접할부계약에 해당하려면 신용제공자와 할부거래업자 사이에 약정이 존재하여야 한다고 하더라도 대법원 2006다57872 판결과 같이 '보증 또는 채권양도 약정'과 같이 구체적인 계약관계를 요구하는 태도에는 찬성하기 어렵고 신용카드가맹점계약이나 할부금융포괄협약과 같은 기본적인 약정 정도로 충분하다고 보아야 할 것이다. 나아가 대법원 2004다54633 판결이 지급거절 항변권의 근거를 '할부금융약정의 물품매매계약의 자금조달에 기여'와 두 계약의 '경제적 일체성'에서 찾고 있는바, 그렇다면 할부거래업자와 신용제공자 사이에 체결된 약정이 없다고 하더라도 독일의 논의와 같이 '경제적 일체성'이 인정될 정도면 할부거래법상 간접할부계약에 해당하는 것으로 인정하는 것이 소비자보호에 충실하다고 생각된다.

3. 할부거래법 제16조 제1항 각호에 해당하는 사유가 있을 것[13]

(1) 할부계약이 불성립·무효인 경우

의사무능력자가 체결한 할부계약, 원시적 불능인 할부계약, 강행법규에 반하는 할부계약, 선량한 풍속 기타 사회질서에 반하는 할부계약, 불공정한 할부계약, 상대방이 표의자의 진의 아님을 알았거나 알 수 있었을 경우의 할부계약, 통정한 허위의 의사표시에 기한 할부계약은 무효이고, 청약과 승낙의 의사표시가 합치하지 않는 할부계약은 불성립으로 돌아갈 것이다. 다만, 비진의표시에 기한 할부계약, 통정허위표시에 기한 할부계약의 무효는 선의의 제3자에게 대항하지

---

11) BGH NJW 1982, 1964 참조(양창수, 앞의 글, 456면에서 재인용).
12) 양창수, 앞의 글, 453 내지 456면.
13) 이에 대한 상세한 논의는 김성천, "할부거래법상 항변대항에 관한 고찰", 외법논집 16집, 2004, 217-240면 참조.

못하므로 이 경우 소비자는 신용제공자의 악의를 입증하여야 할 것이다.14)

(2) 할부계약이 취소 · 해제 또는 해지된 경우

미성년자(민법 제5조)나 피성년후견인(민법 제9조)이 체결한 할부계약, 착오 · 사기 · 강박에 의한 할부계약은 취소할 수 있으나, 착오 · 사기 · 강박에 의한 할부계약의 취소는 선의의 신용제공자에게는 대항할 수 없을 것이므로, 이 경우 소비자는 신용제공자의 악의를 입증하여야 할 것이다.15)

해제 또는 해지 사유는 법정 해제 · 해지 사유에 해당하는 경우뿐만 아니라 약정에 의한 해제 · 해지도 포함된다고 할 것이다.16)

(3) 재화 등의 전부 또는 일부가 제6조 제1항 제2호에 따른 재화 등의 공급 시기까지 소비자에게 공급되지 아니한 경우

이는 매도인의 귀책사유로 정해진 공급 시기까지 재화 등이 공급되지 않은 경우를 의미한다.

(4) 할부거래업자가 하자담보책임을 이행하지 아니한 경우

소비자는 이 요건을 주장하기 위하여 매매목적물에 하자가 있을 것과 자신이 선의 · 무과실이라는 사실을 입증하여야 한다. 한편 하자담보책임의 내용은 계약해제권, 손해배상청구권, 완전물급부청구권 등인데, 다만 소비자는 하자담보책임의 제척기간이 경과하기 전에 이 권리를 행사하여야 할 것이다.

(5) 그 밖에 할부거래업자의 채무불이행으로 인하여 할부계약의 목적을 달성할 수 없는 경우

이행지체, 불완전이행 등이 이에 해당할 것이나, 소비자는 채무불이행 사실뿐만 아니라 그로 인하여 할부계약의 목적을 달성할 수 없다는 점을 입증하여야 한다.

---

14) 위의 글, 227면.
15) 위의 글, 227면.
16) 위의 글, 228면.

(6) 다른 법률에 따라 정당하게 청약을 철회한 경우

전자상거래 등에서의 소비자보호에 관한 법률 제17조, 방문판매 등에 관한 법률 제8조, 제17조 등에 따라 청약철회권을 행사하는 경우가 이에 해당한다고 할 것이다.

4. 신용제공자에게 할부금의 지급을 거절하는 의사를 통지할 것

(1) 의사통지의 방법

지급거절 의사는 반드시 소송 외에서 행사할 필요가 없고, 소비자가 지급거절 항변을 이유로 신용제공자를 상대로 채무부존재확인소송을 제기하면서 소장 부본이 신용제공자에게 송달되거나 지급거절 항변권과 관련된 소송 중에 지급거절 의사가 표시된 준비서면 부본이 신용제공자에게 송달되면 이로써 충분하다.

부산지방법원 2004. 6. 24. 선고 2004나336 판결, 인천지방법원 2000. 11. 17. 선고 2000나5145 판결 등에서도 "신용제공자에 대한 지급거절의사의 통지는 3면 계약관계에 있는 할부거래법 제2조 제1항 제2호에서 규정한 소위 간접할부계약의 존속을 좌우하는 효력요건이 아니라 단지 물품구매계약상의 당사자가 아닌 신용제공자에 대하여 매수인이 물품구매계약관계에서 발생한 항변사유를 들어 할부금의 지급을 거절하기 위한 대항요건에 불과하다고 봄이 상당하다고 할 것이며, 한편 그 통지의 시기, 절차 및 방법 등에 관하여는 법령상 아무런 제한을 발견할 수 없으므로 어느 방법으로든 매수인의 지급거절의사가 신용제공자에게 도달하기만 하면 이로써 매수인은 신용제공자에게 대항할 수 있다고 할 것이다."라고 판시하였다.

(2) 소비자의 연대보증인의 지급거절 항변권 행사 가능성

민법 제433조 제1항은 보증인은 주채무자의 항변으로 채권자에게 대항할 수 있다고 규정하고 있으므로 소비자의 연대보증인도 신용제공자에 대하여 지급거절 항변권을 행사할 수 있다.[17]

---

17) 대구지방법원 2014. 7. 24. 선고 2012가합13051(본소), 2013가합10318(반소) 판결.

(3) 신용제공자가 소비자와 할부거래업자 사이의 특별한 약정을 알아야 하는지 여부

할부계약에서 소비자와 할부거래업자 사이에 일반적인 매매계약 외에 할부금 대납약정 등을 부가하여 체결하는 경우가 있고 소비자가 그러한 약정의 불이행을 이유로 할부거래업자와의 계약을 해제하는 경우가 있다.[18] 이때 신용제공자가 그러한 약정의 내용을 알고 있어야만 소비자가 지급거절 항변권을 행사할 수 있을 것인지 여부가 문제된다.

대법원 2004다54633 판결은 "이른바 간접할부계약에서 신용제공자가 물품매매계약상의 해제의 원인이 된 약정 내용을 알지 못하였다고 하더라도, 매수인은 매도인과 체결한 물품매매계약을 해제하면서 신용제공자에게도 할부거래에 관한 법률 제12조 제2항에 따라 지급거절의사를 통지한 후 그 할부금의 지급을 거절할 수 있다."고 판시하고 있고, 다수의 하급심 판결도 이러한 판시에 따르고 있다.[19]

따라서 할부계약 체결 당시 할부거래업자와 소비자 사이에 작성된 서면에 매도인과 소비자 사이의 부수약정이 기재되어 있지 않아도 된다.[20]

Ⅳ. 지급거절 항변권 행사의 효과

1. 일반론

할부거래법 제16조 제3항에 의하면 지급거절 항변권의 행사로 소비자가 신용제공자에게 지급을 거절할 수 있는 금액은 '할부금의 지급을 거절한 당시에 소비자가 신용제공자에게 지급하지 아니한 나머지 할부금'이다. 그런데 할부거래법은 이미 지급한 할부금의 반환을 청구할 수 있는지, 만약 반환청구가 인정된다면 신용제공자가 반환하여야 할 할부금의 범위에 관해서는 아무런 규정을 두고

---

18) 대법원 2006. 7. 28. 선고 2004다54633 판결; 서울중앙지방법원 2012나24940 판결 등.

19) 서울중앙지방법원 2012나24940 판결; 의정부지방법원 고양지원 2008. 10. 1. 선고 2007가단44166 판결 등.

20) 서울중앙지방법원 2005. 6. 7. 선고 2004가단163481 판결.

있지 않다. 이하에서 이에 관해 살피기로 한다.

2. 지급거절이 가능한 할부금의 범위

앞서 본 바와 같이 원칙적인 지급거절 항변권 행사의 범위는 '할부금의 지급을 거절한 당시에 소비자가 신용제공자에게 지급하지 아니한 나머지 할부금'이다. 이에 대해서 활발한 논의는 없으나 지급거절이 가능한 할부금이 연체된 할부금을 포함하여 모든 미지급 할부금인지, 할부거래업자에게 해제권을 행사할 당시에 미지급한 할부금인지, 아니면 신용제공자에게 지급거절을 통지할 당시의 미지급 할부금인지 해석의 여지가 있을 수 있다.[21]

이에 관해 구체적으로 판시한 대법원 판결은 보이지 않으나 하급심 판결들은 법문언에 충실하게 소비자가 신용제공자에게 지급거절의사를 통지할 당시에 지급하지 않은 모든 할부금에 대해서 지급거절 항변권을 행사할 수 있다고 판시하고 있다.[22] 예컨대 소비자가 할부금을 단 1회도 지급하지 않은 경우에도 신용제공자에게 할부금을 전혀 지급할 필요가 없고,[23] 소비자가 할부거래업자로부터 어떤 이익을 얻게 되더라도 이를 지급거절할 수 있는 할부금에서 제외할 필요가 없다[24]는 것이다.

한편, 소비자가 지급거절의사를 통지한 후 신용제공자가 소비자로부터 수령한 할부금은 부당이득이 되므로, 신용제공자는 이를 소비자에게 반환하여야 한다.[25]

아래에서 보는 바와 같이 현행 할부거래법의 기본 입장이 기지급 할부금의

---

21) 구남수, "할부거래에 따른 동시이행항변권과 상계-대법원 2006. 7. 28. 선고 2004다54633 판결-", 판례연구 19집, 부산판례연구회, 2006. 7. 28, 129-131면.

22) 대구고등법원 2014. 12. 4. 선고 2014나1288(본소), 2014나1295(반소), 2014나1301(병합반소) 판결; 대구고등법원 2014. 8. 28. 선고 2013나5986(본소), 2013나5993(반소) 판결; 대구지방법원 2014. 7. 24. 선고 2012가합13051(본소), 2013가합10318(반소) 판결; 서울중앙지방법원 2013. 10. 8. 선고 2012가단317467(본소), 2013가단75296(반소) 판결 등

23) 서울중앙지방법원 2003. 12. 18. 선고 2003나36484 판결.

24) 서울중앙지방법원 2012나24940 판결. 이 판결에서는 소비자인 원고들이 할부거래업자와 콘도이용계약을 체결하면서 신용제공자인 피고가 발행한 신용카드로 회원가입비 명목의 금원을 결제하였다면, 할부가격은 회원가입비 상당액이라고 보아야 할 것이고, 원고들이 위와 같이 할부대금을 결제한 후 할부거래업자로부터 매월 할부대금 상당액을 돌려받는다고 하더라도 이러한 사정만으로는 콘도이용계약의 할부가격이 실질적으로 무료라거나, 입회비 혹은 보증금을 원금으로 하는 정기예금 이자와 정기적금 이자의 차액으로 20만 원 미만의 금융이익 상당액이라고 볼 수는 없다고 판시하였다.

25) 위 서울중앙지방법원 2012나24940 판결.

반환청구를 허용하지 않는다고 본다면 지급거절이 가능한 할부금의 범위를 넓게 보는 판결의 태도는 소비자보호의 관점에서 타당하다고 할 것이다.

3. 매수인의 신용제공자에 대한 기지급 할부금의 반환청구가능성

(1) 일반적인 경우[26]

그렇다면 소비자가 신용제공자에게 지급거절의사를 통지하기 전에 지급한 할부금을 신용제공자에게 반환청구할 수 있는지 여부가 문제된다. 매매계약 등이 해제, 무효, 취소 등으로 실효되고 할부거래업자가 도산 등으로 신용제공자로부터 수령한 대금을 반환할 자력을 잃었을 경우에 이 문제는 특히 의미 있다.

우리나라에서는 매수인의 항변권은 지급을 거절할 수 있는 권리에 지나지 않기 때문에 매수인이 매도인에게 이미 지급한 할부금의 반환을 신용제공자에 대하여 청구할 수 없다는 부정설,[27] 항변권은 그 성질상 상대방의 청구권 행사를 거부하는 소극적 권리에 불과하므로 적극적으로 기불금의 반환을 청구할 수는 없으나, 카드회사가 카드회원에게 가맹점에 대한 항변사유가 존재하고 있음을 알았거나 알 수 있었음에도 카드회원의 계좌에서 매매대금을 인출해 간 경우에는, 카드회사가 그 사실을 알았거나 알 수 있었던 때 이후에 인출해 간 금액에 대하여는 반환청구권이 있다는 제한적 긍정설,[28] 소비자보호를 위한 법정책적 관점과 정당화 사유가 있는 항변권이 행사되면 카드발행인의 대금수령은 원칙적으로 부당이득이 되므로 법해석학적 관점에서 기지급 할부금의 반환청구가 허용되어야 한다는 긍정설[29]이 논의되고 있다.

이에 관한 명시적인 대법원 판결은 없지만 하급심의 실무는 기지급 할부금의 반환청구를 부인하고 있다. 예컨대, 대전지방법원 2003. 1. 17. 선고 2002나4724 판결은 "소외 회사(할부거래업자)와 체결한 위 각 매매계약과 피고(신용제공자)와 체결한 위 각 할부금융계약은 서로 밀접한 관계에 있기는 하나 엄연히 별개의 계약이라고 할 것이므로, 위 각 매매계약이 해제 내지 취소되었다고 하여 위 각

---

26) 이와 관련한 일본의 학설과 판례에 대해서는 구남수, 앞의 글, 104면 내지 109면 참조. 독일의 논의에 대해서는, 김진우, "신용카드거래와 항변권-비교법적 고찰을 통한 시사-", 소비자문제연구 제17호, 1996. 6, 105-108면과 김병선, 앞의 글, 308-309면 참조.

27) 권오승, 앞의 책, 197면.

28) 이창범, "신용카드회원의 항변권대항이론", 소비자문제연구 제13호, 1994. 6, 65면.

29) 김진우, 앞의 글, 109-110면.

할부금융계약도 자동적으로 해제 내지 취소된다고 할 수 없어, 피고가 위 할부금융계약에 따라 납입받은 할부금을 부당이득이라고 볼 수 없고, 위 법 제12조에 규정한 항변권은 매수인이 항변권을 행사할 당시까지 지급하지 아니한 나머지 할부금의 지급을 거절할 수 있는 권리에 불과하지, 그로부터 더 나아가 위 항변권을 행사하기 전 혹은 행사한 이후 임의로 납부한 할부금의 반환까지 청구할 수 있는 권리라고 할 수는 없다."고 판시하고 있고, 대전지방법원 2005. 4. 29. 선고 2005나334 판결, 서울중앙지방법원 2002. 12. 11. 선고 2002나21782 판결도 같은 취지로 판시하였다.

살피건대, 원칙적으로 소비자와 할부거래업자 사이의 매매계약 등과 소비자와 신용제공자 사이의 금전소비대차계약은 별개의 계약이고, 할부거래법상 지급거절 항변권은 경제적 일체성의 관점에서 소비자에게 특별한 항변권을 부여한 것이라고 볼 것이므로 소비자가 신용제공자에게 지급거절의사 통지 이전에 이미 지급한 할부금에 대한 반환청구는 할 수 없을 것이다.

(2) 할부거래업자의 소비자에 대한 매매대금채권이 신용제공자에게 양도된 경우

소비자는 원칙적으로 신용제공자에게 기지급 할부금의 반환청구를 할 수 없을 것이나, 할부거래업자의 소비자에 대한 채권이 신용제공자에게 양도된 경우에는 사정이 달라질 수 있다.

대법원 2003. 1. 24. 선고 2000다22850 판결은 "민법 제548조 제1항 단서에서 규정하고 있는 제3자란 일반적으로 계약이 해제되는 경우 그 해제된 계약으로부터 생긴 법률효과를 기초로 하여 해제 전에 새로운 이해관계를 가졌을 뿐아니라 등기·인도 등으로 완전한 권리를 취득한 자를 말하고, 계약상의 채권을 양수한 자는 여기서 말하는 제3자에 해당하지 않는다고 할 것인바, 계약이 해제된 경우 계약해제 이전에 해제로 인하여 소멸되는 채권을 양수한 자는 계약해제의 효과에 반하여 자신의 권리를 주장할 수 없음은 물론이고, 나아가 특단의 사정이 없는 한 채무자로부터 이행받은 급부를 원상회복하여야 할 의무가 있다."고 판시하고 있는바, 계약이 해제되면 당해 채권의 발생원인인 계약이 그 효력을 소급적으로 상실하였으므로, 양도의 대상인 채권도 애초부터 발생하지 아니한 것으로 다루어지므로 채권양수인은 처음부터 당해 채권양도에 의하여 아무런 권리도 취득하지 못하였던 것이 되어 그가 채무의 변제로서 수령한 급부도 이제 그 법률상 원인이 없는 것이 되어, 이를 그 급부를 행한 채무자에게 반환하지 않으면 안 된다는 것이다.[30]

따라서 신용제공자가 할부거래업자와의 약정으로 할부거래업자의 소비자에 대한 채권을 양수한 후 소비자와 할부거래업자 사이의 매매계약 등이 해제, 취소, 무효 등으로 소급적으로 소멸할 경우에는 예외적으로 소비자는 신용제공자에 대하여 기지급 할부금의 반환을 청구할 수 있게 될 것이다.

V. 소송실무상 문제된 신용제공자의 재항변

1. 서

소송실무상 소비자의 지급거절 항변권 행사에 대하여 신용제공자가 소비자가 할부금 납입을 지체하였으므로 기한의 이익을 상실하였다거나, 소비자가 지급거절 의사를 통지한 후 납입한 할부금은 비채변제에 해당하여 반환을 청구할 수 없다거나, 소비자가 신용제공자와 할부금을 성실히 납입하기로 약정하였다는 이유 등으로 재항변을 한 사례가 있다. 이러한 재항변이 문제된 사안들을 구체적으로 살펴본다.

2. 구체적 사례

(1) 기한이익 상실 주장 사례

대구고등법원 2014나1288(본소), 2014나1295(반소), 2014나1301(병합반소) 판결은, 원고(소비자)가 할부금 연체 등으로 인하여 기한의 이익을 상실하였으므로, 할부금융약정을 해지하고 잔존 대출 원리금 전부의 지급을 구한다는 신용제공자의 항변에 대하여, 원고가 위 나머지 미지급 할부금 전부의 지급을 거절할 수 있는 이상 위 기한이익 상실 주장에 관하여는 더 나아가 판단하지 않는다고 판

---

30) 양창수, "매매대금채권 일부의 양수인이 대금을 수령한 후에 매매계약이 해제된 경우 그 금전반환의 무는 매수인의 목적물인도의무와 동시이행관계에 있는가?", 민법연구 제7권, 박영사, 2003, 369-371면.

시하였다.

할부거래법 제16조 제7항은 "할부거래업자 또는 신용제공자는 제1항부터 제6항까지의 규정에 따라 소비자가 할부금의 지급을 거절한 경우 소비자와 분쟁이 발생하면 분쟁이 해결될 때까지 할부금 지급 거절을 이유로 해당 소비자를 약정한 기일 이내에 채무를 변제하지 아니한 자로 처리하는 등 소비자에게 불이익을 주는 행위를 하여서는 아니 된다."고 규정하고 있는바, 이 판결은 이와 같은 법문과도 부합하는 것으로 평가할 수 있다.

(2) 비채변제 주장 사례

소비자가 신용제공자에 대하여 지급거절의사를 통지한 후에도 할부금을 납부한 것이 민법 제742조에서 정한 비채변제에 해당하는지 여부가 문제된 사안에서, 대법원 2006. 7. 28. 선고 2004다54633 판결은 "비채변제는 지급자가 채무없음을 알면서도 임의로 지급한 경우에만 성립하고, 채무 없음을 알고 있었다 하더라도 변제를 강요당한 경우나 변제거절로 인한 사실상의 손해를 피하기 위하여 부득이 변제하게 된 경우 등 그 변제가 자기의 자유로운 의사에 반하여 이루어진 것으로 볼 수 있는 사정이 있는 때에는 지급자가 그 반환청구권을 상실하지 않는다."고 판시함으로써 신용제공자의 주장을 배척하였다.

즉, 소비자는 할부금 지급을 거절함으로써 신용불량자로 등록될 우려가 있고, 항변권행사의 효력 여부에 대한 판단이 불투명한 상태에서 할부금에 대한 고율의 지연이자가 발생할 우려가 있었기 때문에 지급거절의사를 통지한 후에도 할부금을 계속 지급하는 경우도 있으므로, 이러한 경우에는 비채변제에 해당하지 않는다는 것이다.

(3) 신용제공자가 계약해제에 따른 매도인의 원상회복청구권 이행을 지급거절 항변의 저지 사유로 주장할 수 있는지 여부

소비자가 신용제공자에서 지급거절의사를 통지한 후 지급한 할부금의 반환을 청구하자 신용제공자가 계약해제에 따른 할부거래업자의 소비자에 대한 원상회복청구권을 재항변 사유로 주장한 사안에서, 대법원 2006. 3. 24. 선고 2005다28730 판결은 소비자인 원고가 지급거절의 항변권 행사 이후에는 잔여할부금을 납입할 의무가 없으며, 부득이 납입한 할부금은 부당이득이 되므로 그 반환을 청구하였을 뿐인바, 이러한 부당이득반환청구권은 소비자의 할부거래업자나 신용제공자에 대한 원상회복청구권과는 다른 권리이고, 이러한 부당이득반환청구권이 할부거래업자 등의 원상회복청구권과 동시이행관계에 있다고 볼 수 없다는 취지로 판시하여 신용제공자의 주장을 배척하였다.

그런데, 대법원 2006. 7. 28. 선고 2004다54633 판결[31]은 "원고들(소비자)이 위 지급거절 통지 전에 지급한 위 컴퓨터매매대금 등의 반환의무뿐만 아니라, 위 지급거절 통지 후에 지급된 할부대금 상당의 이 사건 부당이득반환의무 역시 이 사건 컴퓨터 매매약정 및 그 해제와 관련하여 발생된 것이고, 원고들이 피고에 대하여 반환의무를 부담하는 컴퓨터 사용이익 중에는 위 지급거절 통지 후에 발생된 사용이익도 포함될 수 있는바, 피고의 원고들에 대한 이 사건 부당이득반환의무와 원고들의 피고(신용제공자)에 대한 위 컴퓨터 사용이익 반환 등의 원상회복의무는 동일한 사실관계에 기인한 것으로서 서로 동시이행관계가 있다고 인정함이 공평의 원칙에 합치한다고 할 것이므로, 피고는 원고들에 대한 위 컴퓨터 사용이익 반환 등의 금전적인 원상회복채권을 자동채권으로 하여 원고들의 피고에 대한 이 사건 부당이득반환채권과 상계할 수 있다고 할 것이다."고 판시함으로써, 지급거절의사 통지 후 지급된 할부금의 반환청구권과 해제에 따른 사용이익 반환 등의 원상회복청구권이 동시이행관계에 있다고 보아 피고의 상계권 행사를 허용하였는데, 이러한 태도에 대해서는 원고들의 원상회복의무와 피고의 부당이득반환의무는 그 발생원인이 다르므로 동시이행관계에 있다고 볼 수 없다는 비판이 있다.[32]

(4) 할부금 지급거절의사 통지 후 할부금의 계속 변제로 항변권의 사전 또는 사후 포기하였다거나 소비자가 신용제공자와 할부금을 지급거절하지 아니하기로 약정한 사실을 주장한 사례

이러한 신용제공자의 주장이 제출된 사안에서, 대전지방법원 2005. 4. 29. 선고 2005나334 판결과 그 원심판결인 대전지방법원 2004. 12. 9. 선고 2004가단11534 판결은 할부금 지급거절권 포기 약정은 소비자에게 불리한 약정이므로

---

31) 이 판결은 신용제공자가 할부거래업자와의 약정으로 할부거래업자가 매도인의 지위에서 갖는 권리 일체가 신용제공자에게 이전된 사안이었다.
32) 구남수, 앞의 글, 121면.

할부거래법에 위반하여 무효이고, 할부금의 계속 지급이 항변권의 사후 포기라고 보기 어렵다고 판시하였다.

VI. 맺 음 말

이상에서 민사소송에서 나타난 지급거절 항변권에 대한 쟁점들을 살펴보았다. 대체로 법원의 실무는 소비자보호의 법리에 충실하게 지급거절의사의 통지방법은 소장 부본 또는 준비서면 부분의 송달로도 충분하고, 법문에 충실하게 지급거절의사 통지 당시까지 지급하지 않은 할부금 전체를 지급거절이 가능한 할부금의 범위에 포함하고 있으며, 신용제공자의 재항변을 대체로 배척하는 태도를 보임으로써 소비자보호에 충실한 판단을 하고 있는 것으로 평가할 수 있을 것이다. 다만 간접할부계약의 성립범위를 지나치게 엄격하게 보거나 발생원인이 다른 지급거절의사 통지 후 지급된 할부금의 반환의무와 소비자의 원상회복의무 사이의 견련성을 인정한 대법원 판결들은 다소 아쉬움이 남는다.

현행 할부거래법의 해석상 간접할부계약의 성립에 할부거래업자와 신용제공자 사이의 약정이 있어야 한다고 보더라도 그 약정은 신용카드가맹계약 등과 같이 포괄적인 약정으로 해석할 여지가 있다고 할 것이고, 나아가 법개정을 통하여 간접할부계약의 근거를 독일민법과 같이 '경제적 일체성' 정도로 개방적으로 규정하는 것이 소비자보호에 더 충실하지 않을까 한다.

한편 아직 할부거래법에 대한 판결례는 충분이 축적되어 있지 않아 향후 더 많은 판결례와 연구의 축적이 기대된다.

▚ 참고문헌 ▚

▣ **단행본**

권오승, 소비자보호법(제5판), 법문사, 2005.

권오승, 경제법(제11판), 법문사, 2014.

신현윤, 경제법(제6판), 법문사, 2014.

양명조, 경제법, 신조사, 2013.

양창수 역, 독일민법전(2008년판), 박영사, 2008

이남기 · 유진희, 경제법(제9판), 세창출판사, 2012.

▣ **논문**

고형석, "할부거래와 소비자보호", 상사법연구 22권 5호, 한국상사법학회, 2004.

_____, "특수거래에 있어서 소비자의 청약철회권에 관한 연구", 민사법학 29호, 한국사법
행정학회, 2005.

구남수, "할부거래에 따른 동시이행항변권과 상계-대법원 2006. 7. 28. 선고 2004다54633
판결-", 판례연구 19집, 부산판례연구회, 2006. 7. 28.

권오승, "할부매매", 사법행정 385호, 한국사법행정학회, 1993.

_____, "소비자보호의 계약법적 구성과 한계-독일민법개정과 일본 소비자계약법제정을
중심으로-", 법학 43권3호, 서울대학교 법학연구소, 2002.

김병선, "할부거래법상 간접할부계약의 실효와 부당이득반환관계-대법원 2006. 7. 28. 선
고 2004다54633 판결을 중심으로-", 이화여자대학교 법학논집 제16권 제4호, 2012. 6.

김성천, "할부거래법상 항변대항에 관한 고찰", 외법논집 16집, 2004.

김진우, "신용카드거래와 항변권-비교법적 고찰을 통한 시사-", 소비자문제연구 제17호,
1996. 6.

_____, "독일 소비자계약법의 동향과 전망-우리 민법학에의 시사점을 덧붙여-", 외법논
집 30집, 한국외국어대학교 법학연구소, 2008.

_____, "소비자계약법의 현황과 전망", 민사법학 62호, 2013.

박희주, "전자거래법제하에서의 소비자보호", 인터넷과 법률 II, 법문사, 2005.

배소라, "간접할부거래에 관한 연구-소비자보호의 관점에서-", 명지대학교 대학원 석사학
위논문, 2014. 2.

양창수, "서독 소비자신용법제의 개관", 민법연구 제1권, 박영사, 2004.

_____, "매매대금채권 일부의 양수인이 대금을 수령한 후에 매매계약이 해제된 경우 그

금전반환의무는 매수인의 목적물인도의무와 동시이행관계에 있는가?", 민법연구 제7권, 박영사, 2003.

이병준, "다수 당사자 사이의 경제적 일체성 있는 계약의 해제, 취소와 반환관계", 민사법학 제42호, 한국사법행정학회, 2006. 7.

_____, "독일민법상 소비자계약에서의 철회권과 반환권", 외법논집 18집, 한국외국어대학교 법학연구소, 2005. 2.

_____, "금융할부계약의 법적 구조와 문제점", 재산법연구 22권 1호, 법문사, 2005. 6.

이창범, "신용카드회원의 항변권대항이론", 소비자문제연구 제13호, 1994. 6.

황경웅, "신용카드대금의 변제와 소비자의 항변", 재판자료 64집, 법원도서관, 1994.

의약품결함과 제조물책임

신 은 주*

I. 서   언

의약품은 인체 내에서 화학반응을 일으켜 생명이나 신체의 건강을 지켜 주는 효능을 가지고 있지만 동시에 신체에 유해한 반응을 일으키는 부작용도 가지고 있다. 인체에 약인 동시에 독이 될 수 있는 성격을 가지는 것은 의약품의 속성이면서 동시에 의약품이 가지는 특징이기도 하다. 의약품의 부작용에 의해서 생명을 잃게 되는 경우도 존재하기 때문에 의약품은 부작용방지를 위한 대책을 포함한 안전관리가 매우 중요하다. 이를 위하여 식품의약품안전처는 정기적인 의약품의 유익성과 위해성의 평가를 할 수 있는 가이드라인을 마련하여 운용하고 있고 2014년 12월 19일부터는 의약품부작용으로 인한 피해를 구제하는 제도를 시행하고 있다.[1]

피해구제의 대상은 정상적인 의약품사용 후 발생한 사망이나 장애 등의 부작용으로 인한 손해이다. 즉 일반의약품으로서 소비자 등이 적절한 약품의 사용을 한 경우나 전문의약품으로서 의사의 처방에 따라 약사의 조제와 투약이 적절하게 이루어지고 적절하게 복용했음에도 불구하고 사망이나 입원치료 등의 피해를 입은 경우에 사망보상금이나 장해보상금을 지급한다. 이 제도에 의해 복잡하고 긴 시간을 요하는 소송절차를 거치지 않고 보상받을 수 있다. 그러나 결함있는 의약품으로 인한 손해가 제조자의 고의나 중과실에 의한 경우에는 피해구제를 받지 못한다. 따라서 이러한 경우에는 피해자가 제조자에게 이 제도와 별개로

---

* 한동대학교 국제법률대학원 교수, 법학박사
1) http://www.mfds.do?mid=675&seq=25964&cmd=v 참조.

손해배상책임을 청구해야 한다. 의약품이 제조물에 해당하는 경우에는 일반불법행위에 대한 책임이 아닌 제조물책임법에 의하여 가해자에게 책임을 부담시킬수 있으므로 의약품과 제조물책임의 관계에 관하여 검토하고 제조물책임법이 의약품의 결함에 대한 적절한 피해구제의 수단이 될 수 있는지에 관하여 고찰하기로 한다.

Ⅱ. 제조물로서 의약품

1. 제조물의 개념

제조물책임법에 있어서 제조물이란 다른 동산이나 부동산의 일부를 구성하고있는 것을 포함한 제조되거나 가공된 동산을 말한다(제2조 제1호). 제조물책임법의 규율대상이 되는 것은 동산이어야 하고 그것이 제조 또는 가공의 산물이어야한다. 제조 또는 가공의 물건을 제조물로 하고 있으므로 민법의 동산보다는 넓은 개념이다. 그런데 제조 또는 가공의 개념을 어떻게 파악하는가에 따라 제조물의 외연이 다르게 되므로 이에 대한 개념 정의에 따라 제조물책임의 적용범위가 다르게 된다.

(1) 물 건

1) 동 산

물건 중에서 동산은 제조물책임법의 대상이 된다. 제조물책임법은 제조물로서동산의 개념을 독자적으로 규정하고 있지 않으므로 동산의 개념은 이를 규정하고 있는 민법에서 출발해야 한다. 민법에 따르면 동산은 부동산을 제외한 물건이다(제99조). 그런데 동산은 유체물 및 전기 기타 관리할 수 있는 자연력 중에서 토지와 그 정착물을 제외한 물건을 말한다(제98조). 제조물책임법에서 동산을제조물로 규율하고 있는 것은 부동산을 제조물에서 배제하기 위한 것이라고 할수 있다. 그런데 동산 중에서 등기나 등록의 공시제도를 마련해 놓고 있어서 부동산에 준하여 다루어지는 물건은 동산으로서 제조물의 대상이 되는지 여부가문제된다. 등기나 등록된 선박이나 항공기 또는 중기는 부동산이므로 동산으로

서 제조물에 해당되지 않는다는 견해가 있다.[2]

이와 달리 선박, 항공기 또는 중기를 등기나 등록여부와 상관없이 동산으로 보아야 한다는 견해도 있다.[3] 민법이 동산과 부동산을 구별하는 이유는 경제적 가치 및 공시방법의 차이에 두고 있다.[4] 토지와 건물과 같은 부동산은 양적으로 제한되어 있고 경제생활의 중심이 되므로 권리의 득실변경을 신중하고 명확하게 규율할 필요가 있다. 선박이나 항공기·중기 등은 경제적 가치가 높은 동산에 속하여 그 물건을 둘러싼 권리관계를 보통의 동산보다 명확히 할 필요성이 있으므로 선박이나 항공기 등에 등기 또는 등록과 같은 공시제도를 두고 있다. 그런데 권리관계가 아니라 책임관계를 규율함에 있어서는 등기나 등록제도는 큰 의미를 가지지 못 한다.[5] 선박이나 항공기·중기는 등기하거나 등록하지 않은 경우에는 동산이다. 따라서 책임유무를 판단함에 있어서 제조물인지 여부는 물건의 성질과 관련한 것이므로 등기나 등록 여부와 상관없이 제조물에 포함된다고 할 것이다. 제조물책임법이 부동산의 일부를 구성하는 경우에도 제조물의 범위에 포함시키고 있는 점을 비추어 볼 때 제조물의 범위를 매우 제한적으로 해석하기보다는 물건의 결함이 있는 경우에 피해자구제를 두텁게 할 수 있도록 넓게 해석하는 것이 입법자의 의도에도 부합한다고 할 것이다.

2) 물건의 일부인 경우

물건이 다른 동산이나 부동산의 일부를 구성하는 경우에는 제조물에 해당한다(제조물책임법 제2조 제1호). 동산이나 부동산의 일부를 구성하는 구성물도 제조물에 포함하여 제조물의 책임범위를 확대하고 있다. 예컨대 냉·난방시설, 엘리베이터나 가스배관 등은 동산으로서 당연히 제조물에 해당된다. 그런데 이러한 물건이 건물에 설치되어 있는 경우에는 건물의 일부를 구성하게 되며 동산으로서의 독립성을 상실하게 된다. 부동산에 부합이 있으면 그 부합물은 독립성을 잃게 되어 부합된 물건의 소유권이 이 부합물에도 미치게 되기 때문이다(민법 제256조 제1항).

---

2) Staudinger-Oechler, Produkthaftungsgesetz, 2003, §2 Rn. 20.

3) Rolland, Produkthaftungsrecht, 1990, Rn. 11.

4) 곽윤직·김재형, 민법총칙[민법강의 I], 박영사; 2014, pp. 228; 이영준, 민법총칙, 박영사; 2007, pp. 992.

5) Taschner / Frietsch, Produkthaftungsgesetz und EG-Produkthaftungsrichtlinie, 2. Aufl., 1990, §2 Rn. 34.

따라서 냉·난방시설이나 가스배관 등이 건물에 부합되어 있으면 동산으로서 독립성을 잃고 부동산인 건물의 일부가 된다. 따라서 동산을 제조물로 보는 경우에 이 부합물은 제조물이 아니다. 그럼에도 불구하고 제조물책임법은 이러한 부합물도 제조물이라고 하고 있다. 민법의 부합규정은 물건의 구성부분이 특별한 권리의 객체가 될 수 있는지에 대한 여부를 판단하는 목적을 갖는 규정으로서 책임관계를 규율하는 것을 목적으로 하는 것은 아니다. 각 물권관계와 제조물책임관계를 규율하는 규범목적이 다르기 때문에 부합물과 제조물은 서로 차원을 달리 하고 있다.[6] 그러므로 건물에 설치된 냉·난방시설이나 가스배관은 부동산 물건의 일부로서 독립한 물건성을 상실하여 별도의 독립한 소유권의 객체가 될 수 없지만 그 부합물에 결함이 있으면 그 물건의 제조자는 제조물책임을 부담한다.

3) 제조 또는 가공물

(가) 제조 또는 가공

제조물이 되기 위해서는 물건이 제조 또는 가공되어야 한다. 즉 인간의 일정한 활동이 개입되어야 한다. 제조 또는 가공의 의미는 추상적이어서 그 의미의 해석 여하에 따라 제조물의 개념범위가 다르게 나타난다. 제조의 사전적 의미는 "원료에 인공을 가하여 정교한 제품을 만드는 것"이다. 가공은 "원자재나 반제품을 인공적으로 처리하여 새로운 제품을 만들거나 제품의 질을 높이는 것"이다.[7] 사전적 의미로서 제조나 가공은 인공적인 행위를 통하여 새로운 물건을 만들거나 질을 높이는 넓은 의미의 생산이다.

제조물책임법에 있어서 제조나 가공은 사전적 의미와는 다르게 해석된다. 제조란 일반적으로 부품 또는 원재료에 인공을 가하여 새로운 물품을 만드는 것으로 생산보다는 좁은 개념이다.[8] 가공은 민법에 따르면 타인의 동산에 노력을 사용하여 새로운 물건을 만들어내는 것이다(제259조 제1항). 민법에 있어서 가공의 핵심적 요소는 사람의 노력에 의해 새로운 물건을 만드는 신규성에 있다. 민법

---

6) Buchwaldt, Die erste Verarbeitung landwirtschaftlicher Naturprodukte und Jagderzeugnisse, NJW, 1996, S. 13, 15 ff.

7) 표준국어대사전 참조<http://stweb2.korean.go.kr/search/List_dic.jsp>

8) 이상정, 제조물책임법 제정의 의의와 향후 과제, 저스티스, 2002; 68: 8; 안법영, 의료와 제조물책임, 제14기 의료법학 연구과정 교재, 2002: 179.

의 이러한 가공개념은 제조물책임법에 있어서 그것과 동일한 것으로 이해될 필요는 없다. 양자의 규범목적이 다르기 때문이다.[9] 그리하여 가공을 제1차 생산품이나 제2차 생산품에 인공을 가하여 그 경제적 가치를 높이거나 그 기능을 변경시키는 것으로서[10] 제조와 가공을 원재료에 인력이 투입되어 소비자들이 사용하고 소비할 수 있도록 만드는 과정에서 위험이 증가하는 것을 본질적인 내용으로 하는 행위로 보면[11] 제조물책임법에 있어서 가공은 신규성 이외에 제조업자의 위험증가행위도 그 요소가 된다. 그러나 위험증가행위를 가공의 본질적 요소로 본다면 원래 위험한 1차적 자연물의 위험성을 인식하고 또한 객관적으로 그러한 위험이 있는 물건에 인간의 행위가 가해진 때에도 그 추가된 행위 자체가 물건이 지닌 본래의 위험을 증가시키지 않았다면 제조물책임의 적용이 배제되는 결과가 된다. 따라서 위험증가행위를 너무 강조하는 것은 제조자의 책임을 면제하게 되므로 신규성을 대체하는 요소로까지 보는 것은 타당하지 않다.

(나) 제조 또는 가공에 대한 개별적 검토

가) 농수산물

자연의 상태에서 재배되어 생산된 농작물이나 자연의 상태에서 수확된 수산물은 제조물이라고 할 수 없다. 그러나 농산물은 대부분 재배하는 과정에서 농약 등을 사용하고 있어서 농산물에 잔류된 농약으로 인체에 손해를 야기할 수 있다. 따라서 농수산물의 안전성에 대한 농어민의 통제가능성, 수입 농산물로부터 피해자를 보호할 필요성을 고려하여 농수산물에 대해서도 제조물책임이 인정되어야 한다는 견해가 있다.[12] 가공여부를 판단하는 기준을 완화하여 이해하여 농수산물의 위험에 대한 통제가능성이 있고 이에 대한 인간의 노력이 개입될 수 있다는 이점이 있다. 따라서 수산물의 양식행위 농산물의 재배행위를 가공에 해당하다고 보아 농수산물을 제조물로 보고 있다.[13] 제조물책임은 위험을 창출하고 이익을 얻는 자에게 손해의 위험을 전가하는 것이 정당하고 손해를 분산할 능력이 인정된다는 점에 있다. 그런데 농어민의 경우에는 위험분산능력이나 배

---

9) Staudinger-Oechler, Produkthaftungsgesetz, a.a.O., §2 Rn. 100.
10) 김천수, 제조물책임법상 제조물의 개념 - 미국 제조물책임 리스테이트먼트와 비교하여 -, 성균관법학, 2004; 16(1): 52.
11) 권대우, 제조물책임에서의 제조물과 결함의 개념, 디지털시대의 소비자보호와 법 Ⅱ - 전자상거래와 제조물책임 -, 2002: 17.
12) 이상정, 앞의 논문, 10.
13) 박동진, 제조물책임법상 제조물의 개념, 비교사법, 2003; 10(4): 299.

상능력이 부족하고 책임소재도 분명하지 않은 경우가 많다. 따라서 입법자도 농수산물을 제조물에서 제외하고 있다고 추정할 수 있다. 농수산물의 경우에 가공개념을 어느 범위에서 인정하는가는 제조물책임법의 입법취지에 부합하는 해석이 필요하고 가공개념을 너무 넓게 해석하는 것은 입법취지를 무색하게 할 수 있다.

한편 유전자를 조작한 농수산물이나 단순 포장을 넘어서 제조나 가공된 식품 등 2차 생산물은 제조물에 해당한다.

나) 동물·미생물·백신

동물은 민법상 동산이지만 자연의 상태에 있는 동물은 제조물에 해당하지 않는다. 광견병과 같은 질병에 걸린 동물은 제조물이라고 할 수 없다.[14] 광견병의 감염이 인간의 행위에 의한 제조나 가공에 해당하지 않기 때문이다. 그러나 유전공학적으로 개량된 슈퍼 젖소나 돼지 등은 가공된 동물이라고 할 수 있으므로 제조물에 해당한다.

박테리아나 미생물이 자연의 상태에 있는 경우에는 제조물에 해당하지 않는다. 그러나 특별한 목적으로 인공적으로 조작되어 배양된 미생물은 제조물로 본다. 단지 단순검사를 위한 배양한 미생물도 제조물로 볼 수 있는지가 문제될 수 있다. 단순배양은 미생물의 자연적인 발달과정을 이용한 것이므로 제조물로 볼 수 없을 것이다.

백신이라 함은 감염증 또는 전염병의 병원균 자체나 그 일부를 사용하여 비감염자를 면역시키는데 사용하는 항원을 의미한다. 항원의 상태에 따라 생균백신(live vaccine)과 사균백신(killed vaccine)으로 나눌 수 있다.[15] 백신이 생균백신의 경우에는 제조물에 해당되지 않으나 조작을 가한 백신은 제조물에 해당된다.

다) 혈액제제

민법은 혈액이 신체에서 분리되면 외계의 일부가 되어 물건성을 인정한다(제98조 참조). 그러나 혈액 자체는 제조나 가공되지 않은 것으로서 제조물이 아니다. 그러므로 결함있는 혈액의 제공자인 헌혈자는 제조물책임을 부담하지 않는다. 그러나 혈액제제는 혈액의 응고 또는 혈장의 추출과정에서 가공행위가 이루

---

14) 김천수, 앞의 논문, 55면도 같은 견해임; 그러나 이 경우에 제조물로 보고 있는 견해도 있다. 박동진, 앞의 논문, 304-305.
15) http://www.kfda.go.kr

어지는 제조물에 해당한다. 전혈제제도 응고 내지 부패방지를 위하여 일정한 처리를 하는 경우에는 가공된 동산에 해당된다.[16) 인간 면역결핍바이러스(Human Immunodeficiency Virus: HIV)에 감염된 혈액 등도 제조물에 해당한다.

2. 의약품의 개념

의약품은 일반인의 통념에 의한 의약품과 약사법상의 의약품이 있다. 전자는 질병의 치료·예방의 목적이라는 주관적 요소를 갖추고 있는 것을 의약품이라고 여긴다.[17) 그러나 후자는 주관적 요소 이외에 약리작용 등의 객관적 요소를 갖추고 있는 것을 의약품이라고 한다.

약사법은 의약품에 대한 개념을 정의하고 있으며(제2조 제4호) 의약품 중에서 일반의약품과 전문의약품을 별도로 규정하고 있다(동조 제9호, 제10호). 이 밖에 한약과 신약의 의약품에 대해서도 따로 규정하고 있다(동조 제5호, 제8호).

(1) 약사법상 의약품의 일반적 개념

약사법에 의하면 의약품은, 첫째 대한약전에 수재된 물품으로서 의약외품이 아닌 것, 둘째 사람 또는 동물의 질병의 진단·치료·경감·처치 또는 예방의 목적으로 사용되는 물품으로서 기구·기계 또는 장치가 아닌 것, 셋째 사람 또는 동물의 구조기능에 약리학적 영향을 주기 위한 목적으로 사용되는 물품으로서 가구·기계 또는 장치가 아닌 것이어야 한다(제2조 제4호). 이 법은 의약품의 객관적인 효능에 따라서가 아니라 사용목적이 무엇인가에 따라 의약품의 개념을 정의하고 하고 있다. 그런데 사용목적을 구체화하지 않고 있어서 의약품이 어느 범주에 해당하는지, 의약품인지 아닌지를 판단하기 위하여 그 의미를 명확히 할 필요가 있다.

1) 대한약전에 수재된 물품

대한약전에 수재된 의약품은 오랫동안 의약업계에서 여러 가지 실험과 경험에 의하여 그 효능의 공신력이 인정된 것이므로 대한약전은 의약품의 공정서로

---

16) 박동진, 앞의 논문, 300.
17) 의약품의 사전적 의미는 "병을 치료하는 데 쓰는 약"이라고 하여 일반인의 통념은 주관적인 요소를 갖추면 의약품으로 보고 있다.

서 이 약전에 수록된 것을 의약품으로 인정하는 것은 의문의 여지가 없다. 그런
데 생약 중 겨자, 결명자나 계피 등을 그대로 의약품으로 인정하여 약사법을 적
용하는 것에는 의문이 있다.[18] 대법원은 "대한약전에 수록된 생약제가 의약품
재료의 일부로 사용되었다고 하여 그 제조품을 대한약전의 수재내용에 비추어
막바로 의약품이라고 단정할 수 없고, 그 제법, 성분 및 함량, 효능, 사용목적,
외관성상, 사회인의 섭생실정 등 제반사정을 종합하여 의약품인지 여부를 판단
하여야 한다."고 판시[19]하고 있다. 어떤 물품이 의약품인지 여부를 판단하기 위
해서는 그 물건의 구성부분에만 한정하지 않고 외관 등 제반사정을 고려해야 한
다는 것이 대법원의 판단이다. 단지 대한약전에 수록되어 있다는 것만으로 의약
품으로 인정하는 것은 무리이고 그 물품이 어떤 목적으로 사용되었는지 여부도
함께 고려하여 의약품인지를 판단해야 할 것이다.

2) 질병의 치료 등의 목적으로 사용되는 물품

사람이나 동물의 질병을 진단, 치료, 처치, 경감 또는 예방할 목적으로 사용되
는 물품은 의약품이라고 한다(약사법 제2조 제4호 나목). 의약품의 객관적 효능을
목적으로 사용되는 물품을 의약품이라고 하고 있다. 이 규정에 의하면 객관적인
효능을 목적으로 사용되는 것이라면 의약품에 해당되고 질병치료나 예방의 효능
등 그 물건의 약리적 효능이 인정될 필요는 없다.

3) 약리학적 영향을 주기 위한 목적으로 사용되는 물품

사람이나 동물의 구조와 기능에 약리학적 영향을 줄 목적으로 사용하는 물품
은 의약품이다(동조 동호 다목). 질병의 예방이나 치료와 상관없이 사람이나 동물
에 약리적 영향을 미치는 것을 목적으로 사용되는 물품은 의약품에 해당한다.
예컨대 각성제나 카페인이 주성분이 수면방지제 등도 사람에게 약리학적 영향을
미치는 것을 목적으로 사용되므로 의약품이다.

(2) 한약과 한약제제

한약이란 동물, 식물 또는 광물에서 채취된 것이며 이를 주로 원형대로 건
조·절단 또는 정제된 생약으로서 이를 한방원리에 따라 배합하여 제조된 의약

---

18) 이희영, 약사법 제2조 제4항의 규정에 의한 의약품의 정의와 법률의 착오, 법조, 1995; 45(6): 131.
19) 대법원 1987. 2. 24. 선고 85도1443 판결.

품을 한약제제라고 한다(동조 제5호, 제6호). 한의약육성법도 동물·식물 또는 광물에서 채취된 것으로서 주로 원형대로 건조·절단 또는 정제된 생약(生藥)을 한약이라고 하고 있다(제2조 제4호). 약사법은 한방원리에 따라 배합과 제조가 된 것을 의약품으로 인정하고 있으나 약사법에서 규정하고 있는 한약이 의약품 인가에 관하여 논란이 있다. 한약 중 한방원리에 따라 배합·제조된 것은 의약품이지만 기타의 생약은 의약품에 해당하지 않는다는 견해[20]와 한약도 의약품의 정의요건을 갖추고 또한 한약의 정의요건을 갖추어야 의약품이 될 수 있다는 견해[21]가 있다. 이에 대하여 동물·식물 또는 광물에서 채취한 것으로서 주로 원형대로 건조·절단 또는 정제된 생약의 범위성과 형태성, 한의학의 기본이론을 바탕으로 질병의 예방이나 치료를 위하여 사용되는 약물의 목적성, 한 가지 또는 한 종류 이상의 식물을 가공하였거나 가공하지 않은 성분을 함유한 치료를 목적으로 하거나 또는 건강증진을 목적으로 하는 식품에서 추출한 물질 및 조제품의 의미성 등을 고려하여 한약의 성립기준으로 하는 것이 바람직하다는 견해가 있다.[22]

대법원은 "한약이라 함은 동물·식물 또는 광물에서 채취된 것으로서 주로 원형대로 건조, 절단 또는 정제된 생약을 말하는 것인바 위와 같은 한약이 위약품에 해당되는지 여부는 그 물건의 성분, 형상, 명칭 및 표시된 사용목적, 효능·효과, 용법·용량, 판매할 때의 선전 또는 설명 등을 종합적으로 판단하여 사회 일반인이 볼 때 농산물이나 식품 등으로 인식되는 것을 제외하고 그것이 위 목적에 사용되는 것으로 인식되고 혹은 약효가 있다고 표방되는 경우에는 이를 약사법의 규제대상인 의약품에 해당된다"고 판시하고 있다.[23]

대한약전에는 감초, 인삼, 당귀 등 한약이 다수 수록되어 있다. 그런데 동물, 식물 또는 광물에서 채취된 재료를 원형대로 건조, 절단된 것만으로 의약품이라고 하기는 어렵고 이를 한방원리에 따라 배합하여 제조한 것으로서 약사법 제2조 제4호에서 정한 목적에 사용된 것에 한하여 의약품이라고 하여야 할 것이다.

20) 정규원, 약사법에 관한 법률의 착오 - 대법원 2004. 1. 15. 선고 2001도1429 판결 -, 의료법학, 2004; 5(2): 358.
21) 이희영, 앞의 논문, 132; 허용·박일상, 약사법론, 청운사; 1969, pp. 36.
22) 신순식·김경철·정행철, 한의의료와 제조물책임, 의료법학, 2002; 3(2): 12, 91.
23) 대법원 1996. 2. 9. 선고 95도1635 판결.

(3) 대체의약품

대체의료의 일환으로 사용되는 대체의약품이 약사법에 의한 의약품인가에 관하여는 논란이 있다. 물품의 사용목적이 동법 제2조 제4호에 해당하므로 그 재료가 동물, 식물 또는 광물에서 채취하고 한방원리에 따라 배합하여 제조한 것은 의약품이라고 할 것이다. 대법원에 의하면 의약품이 되기 위해서는 반드시 대한약전에 수재되어야 하는 것은 아니며 효능이나 구조, 기능에 대한 약리학적 영향이 인정되지 않아도 된다. 다만 동법 제2조 제4호에서 정한 목적으로 사용되는 물품이면 동법에 의한 의약품이 된다. 또한 의약품성의 판단을 사회일반인의 인식을 기준으로 판단한다. 즉 사회 일반인에게 물품이 특정 질병의 예방이나 치료에 효능이 있고 이를 위해 사용할 것을 목적으로 하거나 특정 신체구조나 기능에 약리학적 영향을 줄 목적으로 그 물건의 용도 또는 목적성을 인식하고 있는지 여부에 따라 의약품인지 여부를 판단하고 있다.[24] 이러한 의약품의 개념에 따르면 대체의약품은 약사법의 규율을 받는 의약품으로 인정할 수 있다.

(4) 혈액과 혈액제제

혈액관리법에 의하면 혈액은 인체에서 채혈한 혈구 및 혈장으로서(제2조), 혈액제제란 혈액을 원료로 하여 제조한 「약사법」 제2조에 따른 의약품으로서 다음 각 목의 어느 하나에 해당하는 것을 말한다. 가. 전혈(全血), 나. 농축적혈구, 다. 신선동결혈장(新鮮凍結血漿), 라. 농축혈소판 마. 그 밖에 보건복지부령으로 정하는 혈액 관련 의약품을 말한다(동조 제8호). 혈액은 혈액제제의 원재료가 되고 혈액제제는 혈액을 원료로 하여 일정한 처리를 한 것으로 후자는 의약품이지만 혈액은 그 자체로서 의약품이라고 할 수 없다.

(5) 조혈모세포와 줄기세포

조혈모세포와 줄기세포가 질병치료목적으로 체외에서 증식하고 배양된 것인 경우에 조혈모세포와 줄기세포는 세포치료제에 해당한다. 생물학적 제제 등 허가 및 심사에 관한 규정에서는 살아있는 자가, 동종, 이종 세포를 체외에서 배양·증식하거나 선별하는 등 물리적, 화학적, 생물학적 방법으로 조작하여 제조

---

24) 대법원 2004. 1. 15. 선고 2001도1429 판결.

하는 의약품을 세포치료제라고 하고 있다(제2조 제12호). 이 규정에 의하면 조혈
모세포와 줄기세포는 의약품에 해당한다.

서울동부지방법원은 탯줄은행에서 저온보관 중인 제대혈로부터 기술력을 이
용하여 줄기세포를 따로 분리한 다음 줄기세포 이식수술 등 질병 치료 목적으로
체외에서 증식·배양한 줄기세포를 이용하여 간경화증 환자에게 이 세포로 이식
수술을 시행한 사건에서 "위와 같은 제대혈의 보관관계, 줄기세포의 채취 및 증
식·배양과정, 이러한 일련의 과정이 추구하는 치료 목적, 위에서 본 약사법과
그 시행규칙, 식품의약품안전청 고시 각 규정의 취지, 내용 및 규정 상호간의 관
계를 종합하여 검토해 보면, 위 사용된 줄기세포는 세포증식(cell expansion)을
통하여 세포나 조직의 원래의 생물학적 또는 관련되는 기능적 특성을 변화시키
는 조작이 가해진 것으로서 약사법 및 그 시행규칙의 위임을 받은 식품의약품안
전청 고시인 '생물학적제제등 허가및심사에 관한 규정' 제2조 제13호가 정한
"세포치료제" 중 같은 규정 제20조 별표 3에서 정한 "동종유래세포치료제(어떤
사람으로부터 적출된 세포나 조직을 다른 사람에게 제공하기 위해 공정 처리되어 만들어
진 세포치료제)"로서 약사법 제2조가 정한 "의약품"에 해당한다고 판단된다."고
하여[25] 줄기세포의 의약품성을 인정하고 있다.

(6) 생물학적 제제

'생물학적 제제 등의 제조·판매관리규칙'에 있어서 "생물학적 제제 등"이라
함은 물리적·화학적 시험만으로는 그 역가와 안전성을 평가할 수 없는 생물체,
생물체에서 유래한 물질 또는 그 유사합성에 의한 물질을 함유한 의약품으로서
약사법 제44조 제1항의 규정에 의하여 식품의약품안전처장이 그 제법·성상·
성능·품질 및 저장방법과 기타 필요한 기준을 정하는 백신·혈청 및 항독소 등
생물학적 제제와 이와 유사한 제제를 말한다(제2조 제1호). 따라서 백신, 혈청이
나 항독소 등 생물체에서 유래한 물질을 의약품이다.

3. 의약품의 제조물성

약사법상의 의약품이 제조물책임법에 있어서 제조물이 되는지가 문제된다. 약

---

25) 서울동부지방법원 2005. 12. 1. 선고 2004가합8263 판결.

사법과 제조물책임법이 규율하고자 하는 규범목적이 다르기 때문에 그 규범목적에 따라 판단해야 한다. 그러나 제조물책임법의 대상으로서 의약품이 제조물이 되는가는 의약품에 대해 규율하는 관련법규와 무관하게 판단할 수 없다. 따라서 제조물이 되기 위하여 요구되는 제조나 가공의 개념을 약사법과 관련하여 해석할 필요가 있다.

(1) 의약품의 제조

의약품이 제조물책임의 대상이 되기 위해서는 제조물이어야 한다. 약사법은 의약품의 조제란 일정한 처방에 따라서 두 가지 이상의 의약품을 배합하거나 한 가지 의약품을 그대로 일정한 분량으로 나누어서 특정한 용법에 따라 특정인의 특정된 질병을 치료하거나 예방하는 등의 목적으로 사용하도록 약제를 만드는 것이라고 규정하고 있다(제2조 제11호). 또한 약사와 한약사가 각각 면허의 범위에서 의약품을 조제하여야 한다고 규정하고 있다(제23조 제1항).

약사법에 의하면 의약품의 조제는 특정인의 수요에 응하기 위하여 의약품을 제조하는 것으로 규정하고 있다. 그런데 대법원은 "일반의 수요에 응하기 위하여 일정한 작업에 따라 약전에 수재된 약품 또는 수재되지 않은 것으로 보건사회부장관의 승인을 받은 약품을 산출하는 행위를 말하는 것으로 의약품 등의 원료를 화학적 방법에 의하여 변형 또는 정제하는 것은 물론 의약품의 약간 양과 다른 의약품의 약간 양을 조합하는 등으로 화학적 변화를 가져오지 아니하는 가공품의 약간 양을 조합하는 등으로 화학적 변화를 가져오지 아니하는 가공까지를 포함하는 것"[26]이며 "기존의 각종 의약품을 혼합하지 않고 별개로 구분하여 포장한 후 이것들을 모아 상자에 담아 다시 포장한 것은 위에서 말하는 가공에 해당하지 않으나 형식적으로 각 약재를 분리·포장한 후 이것들을 상자에 모아 담아 다시 포장했다고 하여 반드시 의약품의 제조행위에 해당되지 않는다고 볼 수는 없고 당해 제조시설 및 제조방법, 제품의 외관 및 성상, 제품의 용법, 판매할 때의 설명 및 선전내용, 사회 일반인의 인식가능성 등 제반 사정을 종합하여 제조행위에 해당하는지 여부를 판단해야 한다"[27]고 한다.

---

26) 대법원 2003. 7. 22. 선고 2003도2432 판결; 같은 취지의 판결로서 대법원 1986. 5. 27. 선고 83도1715 판결; 대법원 1992. 3. 31. 선고 91도2329 판결이 있음.
27) 앞의 주 25) 서울동부지방법원 판결 참조.

판례는 일정한 작업에 따라 약품을 산출하는 행위만이 아니라 원료를 화학적 방법에 의해 변형하거나 정제하는 등의 가공행위까지 포함하여 제조라고 하는 등 제조의 개념을 넓게 파악하고 있다. 또한 특정인의 수요에 응하여 행하는 조제행위뿐만 아니라 일반인의 수요에 응하기 위하여 행하는 조제행위도 조제라고 인정하여 의약품의 제조의 개념을 약사법보다 더 넓게 보고 있다. 제조물책임법에 있어서 제조를 일반적으로 부품 또는 원재료에 인공을 가하여 새로운 물품을 만드는 것으로 보고 있어서 의약품은 제조물이다.

(2) 의약품의 가공

의약품을 가열처리, 약독화, 농도조정 등을 하는 것은 가공에 해당한다.[28) 일정한 처방에 따라서 두 가지 이상의 의약품을 배합하거나 한 가지 의약품을 그대로 일정한 분량으로 나누어서 약제를 만드는 조제행위는 가공에 해당한다. 예컨대 의약품 정제를 혼합 내지 배합하여 투약용으로 조제하는 행위, 혹은 경구용 정제 등의 의약품을 조합·포장하여 판매하는 행위는 비록 분말로 만드는 행위가 없다 해도 일반의약품으로 조제·판매하는 것은 제조물책임법의 가공에 해당한다.[29) 그런데 이와 같은 조제의약품은 의사와 약사의 행위가 매개되므로 가공행위에 해당되며 의료서비스행위에 해당한다고 할 수 있다.[30) 제조물책임법의 제조나 가공은 2차 산업에서 행해지는 생산행위를 의미하는 것이며 3차 산업의 서비스를 포함하지 않기 때문에 의사의 처방에 의하여 약사의 조제행위가 있는 경우에 의사의 처방행위를 가공행위로 볼 것인가, 약사의 조제행위를 가공행위로 볼 것인지가 문제된다.

약사법은 원칙적으로 약사는 의사나 치과의사의 처방전에 따라 전문의약품과 일반의약품을 조제하여야 하고(제23조 제3항) 한약사는 한의사의 처방에 따라 한약을 조제하여야 한다(동조 제6항)고 규정하고 있다. 또한 약사 또는 한약사는 처방전을 발행한 의사·치과의사·한의사의 동의없이 처방을 변경하거나 수정하여 조제할 수 없도록 하고 있다(제26조 제1항). 만약 약사가 처방전에 적은 의약품을 성분·함량 및 제형이 같은 다른 의약품으로 대체하여 조제하려는 경우에

---

28) 안법영, 앞의 논문, 180.
29) 위의 논문, 180.
30) 전병남, 제조물책임법상 제조물로서 의약품의 개념, 의료법학, 2006; 7(2): 345.

는 미리 그 처방전을 발행한 의사 또는 치과의사의 동의를 받도록 하고 있다(제 27조 제1항). 만약 약사가 의사 또는 치과의사의 사전동의를 받지 않고 처방전에 적힌 의약품을 대체조제하였고 그 약품으로 인하여 약화사고가 발생했다면 그 사고에 대하여 의사 또는 치과의사는 책임을 부담하지 않는다(동조 제5항). 이들 규정에 의하면 의사의 처방에 따른 약사의 조제행위는 의사의 사자(使者)로서 행한 행위라고 할 것이므로 의사의 처방행위가 가공행위라고 할 것이다.[31]

Ⅲ. 의약품의 결함

의약품은 인간신체에 화학적 영향을 주도록 설계된 물질로서 약이면서 독이 라는 이중적인 성격을 본질적으로 가지고 있다. 그러므로 의약품에 의해 부작용이 발생하는 것은 불가피한 것이다. 따라서 의약품의 부작용이 있다고 하고 그 것만으로 의약품에 결함이 있다고 하기는 어렵다. 의약품에서 부작용은 제품 자체에 문제가 있어서 발생할 수 있지만 환자의 체질적 특성이나 건강상태 등 여러 가지 복합적인 요인에 의해 발생한다. 대법원도 "의약품은 통상 합성화학물질로서 인간의 신체 내에서 화학반응을 일으켜 질병을 치유하는 작용을 하는 한편 정상적인 제조과정을 거쳐 제조된 것이라 하더라도 본질적으로 신체에 유해한 부작용이 있다는 것을 고려하여야 한다"고 하고 있다.[32]

따라서 유해한 부작용만으로 제조자에게 책임을 부담시킬 수 있는 것은 아니다. 유해한 부작용이 있는 경우에 그 유해함이 어느 정도일 때 그로 인해 발생한 손해에 대한 책임을 부담해야 하는지가 문제된다. 이에 대하여 독일 의약품법은 약품복용목적과 지시된 내용에 맞게 복용을 하였으나 의학적 지식의 견지에서 볼 때 그 의약품이 용인할 수 있는 정도를 넘어선 유해한 작용을 하면 그 부작용에 대해 책임을 부담해야 하는 것으로 규정하고 있다.[33]

제조물책임법은 제조물에 결함이 있는 경우에 제조자에게 결함으로 인하여 발생한 손해에 대한 책임을 부담시키고 있다. 따라서 의약품에 의한 부작용이나

---

31) 위의 논문, 350.
32) 대법원 2008. 2. 28. 선고 2007다52287 판결.
33) 독일 의약품법 제84조 2문 1호.

피해가 그 결함에 기인한 경우에는 제조자가 결함으로 인한 손해배상책임을 부담하게 된다. 제조자가 손해배상책임을 부담하기 위해서는 의약품의 결함이 제조물책임법이 규율하는 결함에 해당하는지 여부를 판단할 필요가 있다.

1. 제조상의 결함

(1) 의 의

제조상의 결함이란 제조물이 원래 의도한 설계와 다르게 제조·가공됨으로써 안전하지 못한 경우를 말한다(제조물책임법 제2조 제2호 가목). 의약품이 원래 의도한 설계와 다르게 제조되거나 가공되어 안정성을 결여한 경우에 그 의약품은 제조상의 결함이 존재하는 것이다. 예컨대 의약품에 불순물이나 이물질이 포함되어 있거나 설계된 것과 다른 비율로 성분이 배합된 경우에 제조상의 결함이 존재하게 된다.

(2) 제조상 결함의 판단기준

의약품의 결함이 존재하는지 여부는 약사법에 의하여 판단할 수 있다. 약사법은 의약품의 제조업과 원료의약품의 관리 등에 관하여 규율하고 있다.[34] 의약품을 제조하려는 자는 대통령령으로 정한 시설기준에 따라 시설을 갖추어야 하고 제조할 약품의 품목허가를 품목별로 받아야 한다(제31조 제1항, 제4항). 품목허가를 받은 의약품 중에서 그 효는 또는 성분별로 안전성 및 유효성을 검토할 필요가 있는 경우에는 재평가를 할 수 있도록 하여(제33조) 안전성과 유효성을 검토하고 관리하고 있다. 이와 같이 약사법이 제조에 관하여 정하고 있는 제반 규정을 준수하여 의약품을 제조해야 하는데 이를 준수하지 않은 경우에 그 의약품은 제조상의 결함이 있다고 할 수 있다.

2. 설계상의 결함

(1) 의 의

설계상의 결함이라 함은 제조자가 합리적인 대체설계를 채용했더라면 피해나

---

[34] 약사법 제31조 이하 참조.

위험을 줄이거나 피할 수 있었음에도 대체설계를 채용하지 않아 당해 제조물이 안전하지 않은 경우를 말한다(제조물책임법 제2조 제2호 나목). 설계상의 결함은 의약품이 설계대로 제조되었음에도 불구하고 결함이 발생하는 경우로써 제조자가 의약품을 생산하기 위하여 기획하고 결정한 품질설계에 이미 내재한 결함을 의미한다. 설계상의 결함이 있으면 그 설계에 기초하여 제조된 모든 의약품은 결함이 존재하게 된다.[35]

(2) 설계상 결함의 판단기준

의약품이 부작용이 있다고 하여 곧바로 설계상의 결함이 인정되는 것은 아니다. 모든 의약품에는 생명이나 신체의 안전성을 위협하는 위험이 다소간 내재하고 있기 때문이다. 의약품의 부작용이 불가피한 것이라고 한다면 효과는 크고 부작용이 적은 의약품을 원하는 것은 누구나의 바람이다. 따라서 어떤 의약품이 부작용은 적지만 효과가 전혀 없다면 의약품으로서 존재의미가 없어지지만 효과가 현저하다면 어떠한 부작용이 분명히 존재함에도 결함이 있다고 보기 어렵다. 어떤 의약품이든 효능을 발휘하는 경우가 있고 그 한도 내에서는 의약품으로서 의미가 있다. 이와 같은 의약품의 사회적 기능과 부작용의 속성을 고려한다면 의약품에 부작용이 존재한다는 것만 가지고 안전성이 결여되었다고 판단할 수 없다.[36]

1998년 미국의 3차 불법행위 리스테이트먼트[37]도 의약품에 부작용이 있다고 하여 곧바로 설계상의 결함을 인정하고 있지 않다. 리스테이트먼트는 1단계로 의약품을 사용함으로써 기대할 수 있는 치료의 이익과 예견할 수 있는 부작용의 위험을 비교·형량하여 결함여부를 판단한다. 즉 의사의 처방전에 의한 의약품이 정부의 기준을 준수하고 적절한 지시와 경고를 행하였음을 전제로 의사가 어떤 환자에게 처방해 준 의약품이 그 환자에게 순효용(net benefit: 총효용성에서 총위험성을 뺀 것)을 창출했다면 그 의약품은 설계상 결함이 없다고 판단한다(§4 (b), §6 (d) 참조).

---

35) 김민중, 제조물책임법의 입법화와 그 내용, 전북법학논집, 2002: 46.
36) 전병남, 감기약 컨택 600 제조물책임사건에 관한 민사법적 고찰 – 대법원 2008. 2. 28. 선고 2007다 52287 판결–, 의료법학, 2009; 10(1): 227.
37) Mark D. Shifton, The Restatement (Third) of Torts: Product Liability– The Ali's Cure for Prescription Drug Design Liability, 29 Fordam Urb. L. J.p. 2359.

1) 위험-효용기준

제조물의 결함을 판단하는 기준으로 위험과 유용성을 비교·형량하여 위험성이 유용성보다 큰 경우에 그 제품은 결함이 있는 것으로 된다. 위험-유용성을 판단하는 요소로는 제조물의 회사와 사용자에 대한 유용성과 필요성, 손해발생의 가능성과 손해의 정도, 대체설계의 가능성, 제조자에 의한 위험회피 가능성, 사용자에 의한 위험방지가능성, 위험에 대한 사용자의 인식, 제조자에 의한 책임보험 또는 제조물에 가격을 전가함으로써 손해를 분산할 가능성이 있다.[38]

의약품의 설계상의 결함을 판단함에 있어서 위험-효용기준에 따라 의약품의 유효성과 안전성을 비교·형량하여 그 유용성을 판단할 수 있다. 즉 의약품의 유효성과 부작용을 비교·평가한 후에 위험성이 유용성을 초과하는 경우에는 설계상의 결함이 있는 것으로 판단하는 것이다. 예컨대 새로 개발한 신약의 부작용으로 극소수의 사람이 피해를 입은데 반하여 그 약품으로 인해 수십만 명이 질병이 개선된 효능을 나타낸 경우에 그 위험과 효용을 비교형량함에 있어서 어떤 요소를 기준으로 할 것인지가 문제된다. 다수의 사람이 신약으로 혜택을 입었으므로 손해발생의 가능성만을 판단요소로 하게 되는 경우에 만약 소수의 부작용이 치명적인 것이라면 이러한 판단기준은 적절하지 않을 것이다. 따라서 손해발생의 가능성, 빈도, 부작용의 치명성 정도, 대체약품의 개발가능성 등을 복합적으로 고려하여 유용성과 위험성을 판단해야 할 것이다.

미국의 리스테이트먼트는 "전문의약품 또는 의료기기가 설계결함으로 인하여 통상의 안전성을 결여한 경우란 의약품 또는 의료기기로 인한 손해의 예견되는 위험이 그 예견되는 치료이익에 비하여 훨씬 커서 양자를 아는 통상의 의사라면 어떠한 유형의 환자에게도 당해 의약품 또는 의료기기를 처방하지 않는 경우"(§6(c))라고 규정하고 있다. 따라서 미국에서는 1단계로 기대할 수 있는 치료이익과 예견할 수 있는 부작용의 위험을 비교·형량하여 결함여부를 판단하고 2단계로 합리적인 의료인이라면 이 의약품을 처방하지 않았을 것으로 볼 수 있는지의 여부를 판단하여 의약품의 설계상 결함을 판단하는 기준으로 삼는다.

우리나라 제조물책임법은 합리적 대체설계의 존재를 인정하고 있다. 합리적

---

38) J. Wade, On the Nature of Strict Tort Liability for Products, 44 Miss. L. Rev., 1973: 825, 837-838.

대체설계 여부는 위험-효용기준에 의해 설계상의 결함을 판단하는 요소 중에 하나이다. 대법원은 콘택 600 제조물책임사건에서 "결함 중 주로 제조자가 합리적인 대체설계를 채용했더라면 피해나 위험을 줄이거나 피할 수 있었음에도 대체설계를 채용하지 아니하여 제조물이 안전하지 못하게 된 경우"라고 함으로써 합리적인 대체설계가 요구된다고 판시하였다.[39] 합리적인 대체설계는 위험과 효용을 비교형량한 결과 위험이 효용을 초과하는 점을 입증하는 데 가장 효과적인 수단이다.

2) 소비자기대수준

소비자가 제품에 통상적으로 기대할 수 있는 안전성이 결여되어 있어서 비합리적으로 위험하다면 결함이 있는 것으로 판단한다. 여기서 소비자란 통상의 지식을 구비한 성인을 상정한 것으로 합리적인 소비자가 제조물의 위험한 상태를 예견하고 그로부터 발생할 수 있는 사고의 위험을 충분히 인식할 수 있는 경우라면 부당하게 위험한 제조물이 아닌 것이 된다.[40] 소비자기대수준은 제조자의 인식이 아니라 소비자의 인식과 관련하고 있으며 소비자의 지식과 기대이므로 과학계의 그것이 아니다. 따라서 소비자가 의약품의 위험에 대해 모르고 있었고 제조자도 그것을 모르는데 정당한 이유가 있다면 제조물책임이 인정되지 않는다.

미국 제2차 리스테이트먼트에서는 당해 약품이 불가피하게 안전하지 않지만 용납할 수 있는 정도인지 여부에 따라 설계상 결함을 판단하였다(§ 402 A 참조). 그런데 제3차 리스테이트먼트는 결함판단기준에서 소비자기대수준을 채용하고 있지 않다.[41] 우리나라의 콘택 600 제조물책임사건에 있어서 "의약품의 경우에는 소비자의 입장에서 위험성이 있음에도 그러한 위험성이 있는 의약품을 사용할 기대가능성이 있는지 여부를 결함이 있는 의약품 여부를 살펴보는데 중요한 요소로 삼아야 할 것"이라고 판시하고 있다.[42]

소비자기대수준은 사안에 따라서 지나치게 불특정적이고 주관적이어서 일반적인 기준으로서 소비자기대를 확정하기가 어렵다. 더구나 복잡하고 기술적인 제조물들에 대하여 소비자의 기대를 형성하기는 더욱 더 어렵다. 제품은 제조자

---

39) 대법원 2008. 2. 28. 선고 2007다52287 판결.
40) 박경재, 제조물의 결함과 입증책임, 법학연구, 2008; 48(2): 158.
41) 박훈, 제조물책임에 관한 최근의 리스테이트먼트 개정, 서울대 법학, 1998; 39(2): 373.
42) 서울중앙지방법원 2005. 12. 13. 선고 2004가합68644 판결.

가 의도한 대로 제조하여 유통시키는 것이므로 제품의 종류에 따라서는 제조자의 지식 등을 기준으로 판단을 전환할 필요가 있다.[43] 따라서 결함판단을 위한 독자적인 기준으로 삼는 것은 부적절하다.

3) 합리적인 의사기준

합리적의 의료서비스제공자가 환자에게 투여할 의약품을 처방전에 기재하면 의약품제조회사는 면책이 될 수 있다는 것을 합리적인 의사기준이라고 한다.[44]

의약품의 예견가능한 위험이 예견되는 치료이익보다 훨씬 커서 그런 예견가능한 위험과 치료효과를 인식하고 있는 합리적인 의료제공자라면 어떠한 종류의 환자에게도 그런 약이나 의료용구를 처방하지 않았을 경우라면 그 의약품은 설계상 결함으로 인하여 합리적으로 안전하지 않은 것이 된다. 합리적인 의사기준은 위험-효용기준에 의해 양자를 비교형량한 후의 단계에서 설계상 결함의 판단기준으로 삼는다. 합리적인 의사기준은 의사에 의하여 처방되는 의약품에 적용될 수 있다. 그런데 약국에서 의사의 처방없이 판매되는 의약품(over the counter drug; OTC제제)의 경우에도 이 기준이 적용될 수 있는지가 문제된다. 위험-효용의 비교형량도 의사의 처방을 전제로 하는 것이라고 할 수 있으므로 이러한 경우에는 소비자기대수준을 중심으로 설계상 결함여부를 판단해야 한다는 견해가 있다.[45]

부작용이 있는 의약품인데도 의약품으로서 사용될 수 있으며 결함이 없는 것으로도 판단될 수 있는 것은 의료인에 의한 처방을 전제로 한다는 점을 이유로 들고 있다. 이에 대해 합리적 의사기준을 의약품의 설계상 결함을 판단하는 기준으로 삼는 것은 적절하지 않다는 견해가 있다.[46] 미국 3차 리스테이트먼트가 다른 제조물과 별개로 의약품에 대한 규정을 따로 두고 있다. 1단계로 위험-효용기준에 의하고 2단계로 의사의 처방을 판단기준으로 하고 있다. 이것은 의약품의 독특한 위험과 효용의 결합이라는 특성 때문에 처방전을 작성하는 의사가 문제된 의약품을 합리적으로 처방했다면 그 의약품의 설계상 결함을 인정하지

---

43) 김민동, 의약품의 설계상 결함으로 인한 제조물책임 - 미국의 리스테이트먼트와 판례이론을 중심으로, 고려법학, 2010; 56: 108-109.

44) 미국 리스테이트먼트(1998), §6(c) 참조.

45) 김제완, 제약산업과 제조물책임 - PPA 감기약 약화사건에 관한 하급심 판례를 중심으로 -, 사법, 2007; 2: 15.

46) 김민동, 앞의 논문, 121.

않는다는 합리적인 의사기준에 의한다. 그러나 처방을 해주는 의사들은 자신이 알고 있는 의약품을 선정해 주는 것으로서 가장 효율적인 의약품에 대한 완벽한 지식을 가지고 객관적으로 선정하여 준다는 보장은 없다. 의사의 판단에 대한 객관성은 소송절차에서 구체적인 증거자료에 의하여 검증되어야 하므로 의약품의 설계상 결함이 문제된 경우에 개별적 소송에서 판사가 객관적으로 규범적인 위험-효용기준을 적용하여 판단해야 한다. 이런 의미에서 의사의 합리적인 의사를 기준으로 포괄적인 면제를 인정하는 3차 리스테이트먼트의 입장을 받아들이기 어렵고 법원에 의하여 개별적인 의약품에 따라 위험-효용기준을 적용하는 구체적인 판단방식에 의하여야 한다는 것이다. 이 견해에 의하면 OTC제제나 의사의 처방에 의한 의약품이나 의약품의 설계상의 결함을 판단하는 기준을 달리 볼 이유가 없다.

4) 검 토

의약품에 설계상의 결함이 있는지 여부를 판단하는 기준으로서 소비자기대수준은 개별적 사안에 따라 정해질 수 있는 것으로 그 기준을 일반화하기 어렵고 모든 결함유형에 공통적으로 적용하는 판단기준이라고도 할 수 없다. 따라서 이 기준으로 설계상의 결함 여부를 판단하는 것은 적절하지 않다.

의약품은 인간에게 유용성이 있어야 한다는 것이 가장 강력하게 요구되므로 유용성이 없는 의약품은 결함이 있는 것이다. 그런데 의약품은 효능도 존재하지만 동시에 부작용도 수반하기 때문에 설계상의 결함을 판단함에 있어서 의약품의 유효성과 안정성을 비교하여 그 유용성을 판단해야 한다. 의약품의 유용성을 판단함에 있어서 유효성의 대소, 부작용의 위험성과 대소, 치료대상인 질병의 경중, 대체약품의 존부 등을 종합적을 참작하여 결정하고[47] 고도의 의학적·약학적 식견에 근거하여 판단하므로 다른 기준보다는 합리적이다. 합리적인 대체설계의 요구도 이 기준에 의해 판단하는 것이 가장 효과적이라고 할 수 있다. 따라서 위험-효용성 기준이 의약품의 설계상 결함을 판단하는 기준으로서 가장 효과적이라고 할 수 있다. 그러나 부작용도 개발당시에 알려지지 않았으나 후에 밝혀지는 경우가 있어서 의학적·약학적 지식의 진보에 따라 유용성과 위험의 대소가 달라질 수 있게 되므로 이 판단기준도 고정적이고 절대적인 것은 아니

---

47) 석희태, 의약품에 관한 제조자와 의료인의 주의의무, 민법학의 회고와 전망, 1993: 694.

다. 그러므로 하나의 판단기준으로 설계상의 결함을 판단하는 것은 적절하지 않다. 위험-효용기준이 일차적이고 가장 중요한 판단기준이 되는 것으로 하고 합리적인 의사의 기준이나 소비자기대수준도 고려하여 결함여부를 판단하는 것이 타당할 것이다.

3. 표시상의 결함

(1) 의 의

표시상의 결함이란 제조자가 합리적인 설명·지시·경고 또는 그 밖의 표시를 하였더라면 해당 제조물에 의하여 발생할 수 있는 피해나 위험을 줄이거나 피할 수 있었음도 불구하고 이를 하지 않은 경우를 말한다(제조물책임법 제2조 제2호 다목). 의약품의 제조물책임에서 가장 문제가 많이 되는 것은 표시상의 결함이다. 주로 지시나 경고 등이 제대로 이루어지지 않아 의약품에 안정성이 결여되게 된다.

표시상의 결함은 의약품의 제조나 설계에는 결함이 없지만 의약품의 사용이나 관리에 따른 위험성에 관하여 필요한 지시나 경고가 없거나 설명을 하지 않아 안전성이 결여된 것이다. 그러므로 의약품의 표시상의 결함이 존재하더라도 사용자가 주의깊게 의약품을 사용하는 경우에는 그 위험이나 손해를 방지할 수도 있는 특징이 있다.[48] 그러나 사용자가 늘 주의깊게 의약품을 사용하는 것은 아니므로 설명이나 지시 또는 경고 등이 적절하게 이루어져야 한다.

1) 경고 · 지시의무

의약품의 제조자는 의약품 첨부서에 기재된 의약품의 사용설명을 통하여 의약품에 대한 정보를 제공한다(약사법 제58조). 독일 의약품법에 따르면 의약품에는 사용자가 이해할 수 있는 모국어로 사용설명이 된 의약품 첨부서를 부착해야 한다고 규정하고 있다(제11조). 의약품 첨부서에는 의약품의 효과나 부작용, 금기사항 등에 대하여 경고 등의 설명이 포함되어야 한다.

설명이나 경고, 지시가 적절한지 여부에 대한 판단은 상황에 의존하고 있다. 의약품은 환자가 구입하고 이를 사용하는 경우와 의사가 구입하여 약품을 처방

---

48) 김민중, 앞의 논문, 47.

하고 그 처방약을 최종적으로 환자가 사용하는 경우가 있다. 따라서 제조자의 의약품에 대한 경고의무는 환자에 대한 것과 의료인에 대한 것으로 나누어 볼 수 있다.

의약품이 의사의 처방없이 소비자에게 공급될 수 있는 경우나 예방주사, 집단 전염병접종과 같이 의약품이 환자에게 적합한지 여부를 의사가 통상적인 진료로서 직접 관리할 수 없는 경우에는 제약업체가 사용설명서를 통하여 직접 사용자에게 경고해야 한다. 대법원도 "제조업자 등이 합리적인 설명, 지시, 경고 기타의 표시를 하였더라면 당해 제조물에 의하여 발생될 수 있는 피해나 위험을 피하거나 줄일 수 있었음에도 이를 하지 아니한 때에는 그와 같은 표시상의 결함에 대하여도 불법행위로 인한 책임이 인정될 수 있고 그와 같은 결함이 존재하는지 여부에 관한 판단을 함에 있어서는 제조물의 특성, 통상 사용되는 사용형태, 제조물에 대한 사용자의 기대의 내용, 예상되는 위험의 내용, 위험에 대한 사용자의 인식 및 사용자에 의한 위험회피의 가능성 등의 여러 사정을 종합적으로 고려하여 사회통념에 비추어 판단하여야 한다고 한다"고 하고 있다.[49]

그런데 의약품은 소비자가 직접 사용하는 경우보다는 의료인의 처방에 의해 사용되는 경우가 더 많다. 이러한 경우에는 제조자가 사용설명서 등을 통하여 환자에게 직접 경고나 지시를 하는 것으로 족한 것인가, 의사에게 경고나 지시를 해야 하는지가 문제된다. 미국에 있어서는 제조물의 최종 사용자와 제조자 사이에 의사가 개입된 경우에 전통적인 제조물책임의 원칙으로서 '학식있는 중간자의 원칙(the learned intermediary rule)'을 인정하고 있다. 제조물을 구입하는 자와 최종적으로 이를 사용하는 자가 다른 경우에 제조자와 최종사용자 중간에 있는 자, 즉 중간자에 의해 최종 사용자에게 정보를 전달해야 할 상황에 있는 경우에 제조자는 중간자에게 경고나 지시를 하는 것으로 족하다.[50] 미국 리스테이트먼트는 의약품에 대한 지시나 경고에 따라 손해의 위험을 축소시킬 지위에 있는 처방자 내지 기타 의료인에게 의약품에 대한 지시 또는 경고가 부적절하여 통상의 안전성을 결여한 경우에 제조자, 판매자 유통업자가 책임을 부담하도록 하고 있다(§ 6 (d))고 규정하여 '학식있는 중간자 원칙'을 채용하고 있다. 이 규정에 따르면 제조자는 의료인에 대하여 의약품에 대한 충분한 경고를 해야 원칙

---

49) 대법원 2008. 2. 28. 선고 2007다52287 판결.
50) 권오승·신은주·홍명수·차성민·이현종, 제조물책임법, 법문사; 2003, pp. 52.

적으로 의약품에 대한 경고의무를 다한 것이 된다. 이러한 경고는 의사만으로 한정되는 것이 아니라 진료에 관계된 다른 의사, 간호사 등에 대한 경고의무도 인정된다.

의사는 환자 개인에 대한 충분한 조사를 하고 자신의 지식에 따라 환자에게 적합하게 처방해 준다. 그러므로 의약품의 부작용을 예견할 수 있는 자는 원칙적으로 의료인이다. '학식있는 중간자 원칙'에 의하면 이러한 경우에는 제조자는 환자를 치료하기 위하여 처방하고 사용하는 의사에게 경고하는 것으로 충분하고 환자에 대해 직접 경고하지 않아도 된다. 환자는 의약품의 복용을 비롯한 의료에 관한 충고를 그의 의사에게 의존하고 있기 때문이다.

2) 지시·경고의 범위

제조자는 의약품의 사용에 관한 지시와 설명을 해야 한다. 복용해야 할 구체적인 용량, 용법, 적응증과 금기사항, 주의사항 등 투약에 관한 명확한 지시가 있어야 한다. 약사법은 의약품의 용기나 포장에 의약품의 명칭, 사용기한, 용량을 기재해야 하고(제56조), 용법, 용량 기타 사용 또는 취급할 때의 주의사항을 의약품에 첨부하는 문서에 기재하도록 하고 있다(제58조). 또한 의약품의 용기와 포장 및 첨부문서에 용법, 용량 등을 기재할 때에는 읽기 쉽고 이해하기 쉬운 용어로 정확하게 적도록 하여(제59조) 의약품의 사용상의 결함으로 인한 피해를 방지하도록 하고 있다.

의약품의 부작용에 대하여도 경고하여야 한다. 부작용이 있을 수 있다는 경고만으로는 부족하고 부작용의 내용을 특정하여 경고하여야 한다. 그런데 부작용이 일반적으로 알려진 경우에도 부작용에 대해 경고해야 할 것인지가 문제된다. 일반적으로 제조물판매자는 제조물사용자에게 명백하거나 일반적으로 알려진 위험에 관하여 그 위험과 위험의 회피가능성에 관한 지시나 경고를 하지 않아도 책임을 부담하지 않는다.[51] 일반적으로 알려진 위험에 대해 경고하더라도 사용자나 소비자가 이를 무시할 수 있고 오히려 불명확하거나 일반적으로 알려지지 않은 위험에 대한 경고의 의미를 감소시키게 되므로 일반적으로 경고의 효력을 감소시킬 수 있기 때문이다. 그런데 의약품의 경우에는 어떠한 부작용이 소비자에게 명백하고 일반적으로 알려진 것인가를 판별할 기준이 없고 또한 의약품에

---

51) 위의 책, pp. 53.

관하여 문외한인 소비자로서는 개개의 의약품에 어떠한 부작용이 내재하는지 알 수 없는 경우가 대부분이기 때문에 의약품에 부작용이 존재하는 한 널리 알려져 있는지 여부와 상관없이 경고를 하여야 한다.[52] 부작용의 발생가능성이 희소한 경우에도 위험이 양적으로도, 질적으로도 의사나 환자의 선택적 판단을 필요로 하는 경우에는 경고를 하여야 한다.[53]

의약품이 오용과 남용의 우려가 있는 경우에는 이에 대하여도 경고하여야 한 다(의약품 등의 안전에 관한 규칙 제70조 제1항 제3호). 의약품은 다른 일상의 생필 품과는 다르게 유용성 이면에 위험성도 함께 내포하고 있다. 또한 의약품은 이 에 의존적인 사람들이 존재하고 이들은 통상 육체적 및 심리적으로 해당 의약품 을 적정하게 사용할 수 있는 상태에 있지 않은 특수성을 가진다. 한편 의약품의 원래 의도된 사용목적에 사용되지 않는 경우도 존재하게 된다. 예컨대 정맥주사 용 마취유도제인 프로포폴이 불면증을 없애고, 피로를 해소할 뿐 아니라 불안감 이 사라지고 기분이 좋아지는 등 환각을 일으키는 효과도 있어 환각제 대용으로 오·남용되는 사례가 있다. 따라서 의약품제조자의 경고와 지시는 다른 제조물 과 비교하여 보다 세심한 고려를 해야 한다. 그러므로 의약품의 원래 의도된 목 적으로 사용되지 않고 그 의약품의 사용과 거리가 먼 자가 사용하거나 중독자가 사용하는 행태를 미리 예견할 수 있는 경우에는 이에 대한 경고와 지시가 필요 하다. 의약품의 오용되거나 남용되는 행태가 존재하는 것을 예견하고도 이를 방 치하는 경우에는 지시, 경고상의 결함이 있다고 할 것이다.

3) 지시 · 경고의 방법

의약품에 대한 지시나 경고는 사용자가 이해하기 쉬운 방법으로 행해져야 한 다. 약사법은 의약품의 용기와 포장 및 첨부문서에 용법, 용량 등을 기재할 때에 는 읽기 쉽고 이해하기 쉬운 용어로 정확하게 적도록 하여(제59조) 의료문외한이 라도 그 용법이나 부작용 등을 지시나 경고를 보고 이해할 수 있게 하고 있다. 전문의약품은 의사의 처방에 의해 최종소비자가 사용하게 되므로 의사나 약사가 이해할 수 있도록 지시나 경고가 행해져야 한다.

---

52) 전병남, 앞의 논문, 233.
53) Davis v. Wyeth, Laboratories, 399 F. 2d 121(9th Cir 1968).

(2) 판단기준

표시상의 결함은 제조자가 합리적인 설명, 지시, 경고 기타의 표시를 하지 않아 피해를 입은 경우이다. 제조자가 합리적인 지시나 경고가 있는지에 대하여 대법원은 "제조물의 특성, 통상 사용되는 사용형태, 제조물에 대한 사용자의 기대의 내용, 예상되는 위험의 내용, 위험에 대한 사용자의 인식 및 사용자에 의한 위험회피의 가능성 등의 여러 사정을 종합적으로 고려하여 사회통념에 비추어 판단하여야 한다"고 하고 있다.54) 제조자의 지시와 경고의 합리성은 제조물의 사용으로 예상되는 위험, 위험에 대한 사용자의 인식, 위험회피 가능성 및 기대가능성 등과 관련하여 판단할 수 있다. 즉 소비자의 기대수준이 표시상의 결함을 판단하는 기준이 될 수 있다. 따라서 소비자의 기대에 합치하지 않는 지시와 설명이 있는 경우에는 표시상의 결함이 있다고 할 수 있다.

(3) 결함의 판단기준시점

제조물에 결함이 나타나는 시기는 동일제품에서도 각각 다를 수 있다. 제조시를 기준으로 하는 경우에는 제조당시에 제조자가 활용가능한 지식이나 기술이 결함판단의 기준이 된다. 이 단계에서는 제품이 출하되지 않은 시기이므로 사용자에 대한 제품의 결함여부를 논할 실익이 없다. 제품이 출하된 때를 기준으로 하는 경우에 제품이 시장화된 시점에서 결함여부를 판단하게 된다. 이는 제조자의 지배가 상실되고 소비자가 제품에 대한 위험에 처음 노출되어 위험한 상태가 되는 시점을 판단의 기준시점으로 하는 것이다. 손해가 현실화되어 피해자가 소송을 제기한 시점을 결함의 판단기준시점으로 할 수도 있다. 이 시기를 결함의 판단기준시점으로 하는 경우에는 과학적인 지식에 대한 증거의 제시나 그 결정 면에서 출하시보다 더 명료하다. 제조시나 출하시보다는 소제기시가 제조자의 책임범위가 커지기 때문에 좀 더 안전한 제품을 만들 수 있게 할 수 있다. 그러나 소제기시를 기준으로 하는 경우에는 제조자가 결함에 대한 개선책을 알게 되었다 하더라도 이미 유통된 제품들에 대한 책임을 부담하지 않기 위하여 제조자가 결함을 숨길 수 있으며 신약개발과정에 있는 의약품의 생산에 큰 장애가 될 수

---

54) 대법원 2008. 2. 28. 선고 2007다52287 판결.

있다는 단점이 있다. 콘택 600 사건에서는 "제조 및 공급 당시의 기술수준과 경제성 등에 비추어 기대가능한 안전성을 갖추지 못하여"[55]라고 하여 제조와 공급시를 판단의 시점으로 삼고 있다. 여기서 공급이 의미하는 바가 제품이 유통된 때인지 최종 소비자에게 구매되어 인도된 시점인지에 관하여 명백하지 않다.

제조물의 결함을 판단하는 시점은 제품의 종류와 기능, 사용방법을 고려하여 위험의 예방이나 손해에 대한 분산 등을 고려하여 소비자와 제조자에게 공정한 시기여야 할 것이다. 이러한 점에서 출하시를 기준으로 판단하는 것이 타당할 것이다. 다만 공급당시에는 예견하지 못했으나 공급 이후에 제조물의 위험성을 발견한 경우에 제조자에게 판매 후의 경고의무를 인정할 수 있는지는 문제가 된다. 제조물의 제조단계에서 주의의무위반을 표시상의 결함으로 판단하고 있는 것에 비추어 공급 후에 그 위험을 알게 된 경우에 결함이 있다고 하는 것에 의문을 제기하는 견해가 있다.[56] 제조물책임법은 제조물을 공급한 후에 당해 제조물에 결함이 존재한다는 사실을 알거나 알 수 있었음에도 그 결함에 의한 손해의 발생을 방지하기 위한 적절한 조치를 하지 않은 때에는 개발도상의 항변이나 제조물을 공급할 당시의 법령을 준수했다는 것을 근거로 면책됨을 주장할 수 없다고 규정하고 있다(제4조 제2항). 이 규정에 의하면 제조자는 제조당시나 공급시에만 소비자의 안전을 배려할 의무를 부담하는 것이 아니라 공급 후에도 적극적인 의무와 추가적인 지시와 경고를 취할 의무를 부담한다. 따라서 이러한 위험의 경고도 표시상의 결함으로서 경고의무에 포함된다고 할 것이다.

Ⅳ. 의약품결함에 대한 제조물책임

1. 손해배상책임의 당사자

(1) 손해배상책임의 주체

의약품의 결함으로 인하여 손해가 발생한 경우에 제조업자, 판매업자 또는 의약품의 공급자는 그 손해에 대한 책임을 부담한다(제조물책임법 제3조).

---

55) 위의 판결 참조.
56) 소영진, 제조물책임에 있어서 결함의 개념과 입증책임, 부산판례연구회 판례연구; 13: 563.

우선 의약품을 제조, 가공 또는 수입한 자는 제조물책임의 주체가 된다(제2조 제3호 가목). 의약품을 실질적으로 제조하는 자는 본 법의 책임주체이다. 약사법에 의하여 제조의 허가를 받지 않은 자가 무허가로 의약품을 제조한 경우에는 그 자도 제조물책임의 주체가 된다. 제조업자의 책임근거는 의약품의 제조라는 기술공정에 관여했기 때문이 아니라 원천공급자로서 결함있는 의약품을 유통시키는 행위를 하였기 때문이다.[57]

제조물책임의 주체가 될 수 있는 자는 단순히 의약품을 제조한 자는 아니며 제조의 행위를 '업'으로 해야 한다. 즉 제조행위를 반복하는 자이어야 한다. 의약품의 제조를 업으로 하는 자 이외에도 가공이나 수입을 업으로 하는 자도 책임의 주체가 된다. 또한 제조자를 알 수 없는 경우에는 제조물을 영리목적으로 판매나 대여 등의 방법에 의하여 공급한 자가 제조물의 제조업자 또는 제조물을 자신에게 공급한 자를 피해자에게 고지하지 않은 경우에도 책임을 부담한다(제3조 제2항). 제조자가 존재하지 않거나 불명한 경우에도 피해자의 피해를 구제할 수 있는 보완책으로 판매자 등에게 책임을 지우고 있다. 이와 같이 책임의 주체를 제조업자만으로 한정하지 않고 판매자에게 확대하고 있는 것은 피해자를 두텁게 보호하기 위한 것이다. 의약품의 제조, 유통, 소비의 구조는 의약품의 종류에 따라 다양하고 복잡한데 피해자가 제조와 유통에 관여한 자를 하나 하나 확인하는 것은 많은 시간과 노력을 필요로 하게 된다.[58] 따라서 의약품의 생산과 가공 또는 유통에 관여한 자를 책임주체로 함으로써 책임주체의 범위를 확대하여 피해자가 용이하게 구제를 받을 수 있도록 하고 있다.

제조물에 성명, 상호 기타 식별가능한 기호 등을 사용하여 자신을 제조자로 표시하거나 제조자로 오인시킬 수 있는 표시를 한 자도 제조자이다(제2조 제3호 나목). 한편 약사법은 의약품의 품목허가를 받은 자는 의약품의 용기나 포장에 품목허가를 받은 자 또는 수입자의 상호와 주소, 위탁 제조한 경우에는 제조소의 명칭과 주소를 적어야 한다고 규정하고 있으며(제56조 제1항 제1호) 이러한 사항이 의약품을 담는 외부의 용기나 포장에 가려 보이지 아니하면 그 외부의 용기나 포장에도 같은 사항을 적도록 하고 있다(제57조). 또한 용기나 포장에 제조자나 수입업자를 반드시 표시하도록 하고 있다. 제조에 관여하지 않은 자라 하

---

57) 이은영, 채권각론, 박영사; 2007, pp. 903.
58) 안법영, 앞의 논문, 199.

더라도 제조업자로 오인할 수 있는 외관을 만들어낸 자도 책임의 주체가 된다. 소비자의 외관에 대한 신뢰를 보호해야 하기 때문이다. 공급업자에 대한 제조물 자체의 표시내용이 불명확하여 그것만으로는 공급업자를 당해 제조물의 제조업 자로 오인할 수 없으나 그렇다고 공급업자로 단정할 수도 없는 경우라면 공급업 자가 제조물에 사용한 표시와 함께 형성시킨 외관도 종합적으로 고려하여 그 공 급업자를 표시제조업자로 인정할 수 있을 것이다.[59] 이렇게 해석하는 것이 제조 물책임법이 직접 목적으로 하고 있는 바와 같이 피해자의 피해구제에 충실을 기 할 수 있기 때문이다.

(2) 손해배상청구권자

제조업자의 제조물의 결함으로 인하여 생명·신체 또는 재산에 손해를 입은 자는 손해배상청구를 할 수 있다(제3조 제1항). 손해배상청구권자는 제조물을 구 입한 자 뿐만 아니라 구입자로부터 증여받은 자나 구입자의 가족구성원 등 실제 로 이 물건을 사용한 자이다.

제조물의 제조상, 설계상, 표시상의 결함에 의한 손해이어야 한다. HIV에 감 염된 혈액제제를 수혈받은 자가 HIV에 감염된 경우에 그 자는 제조물책임을 청 구할 수 있다. 그런데 그 자로부터 감염된 제3자도 제조자에 대해 손해배상을 청구할 수 있는지가 문제된다. 제조물책임법이 제조물의 직접적인 이용자에게만 적용된다고 해석하면 간접적인 제3자는 손해배상청구권자에 포함되지 않을 것 이다. 그러나 본 법은 제조물로부터 직접적인 피해를 입은 자 뿐만이 아니라 그 밖의 제3자도 그 물건으로부터 피해를 입은 경우에는 손해배상청구권이 인정된 다고 해석하는 것이 이 법의 피해자구제의 목적에 부합한다고 할 것이다.[60]

한편 의사의 처방전에 따라 조제되는 전문의약품의 경우에 이 의약품을 처방 받은 환자가 아닌 제3자가 오용한 결과 피해가 발생한 경우에 이 자도 의약품 제조자에게 손해배상청구권을 가지는 것인지가 문제된다. 의약품 제조자가 통상 적인 오용의 위험을 적절하게 경고한 경우에 사용자의 오용을 제조자의 표시상 의 결함에 기인한 것이라고 할 수 없다. 따라서 의사에게 의약품을 처방받은 환 자가 아닌 제3자가 오용하여 발생한 손해에 대하여 제조자에게 책임을 부담시킬

---

59) 권오승·신은주·홍명수·차성민·이현종, 앞의 책, pp. 182.
60) 안법영, 앞의 논문, 203.

수 없다고 할 것이다.

제조물의 결함으로 태아가 손해를 입게 되는 경우가 있다. 산모가 임신 중에 모체 내에서 결함있는 의약품으로 인하여 직접적인 손해를 입거나 간접적으로 손해를 입은 때에는 태아는 손해배상청구권이 있다(법 제8조, 민법 제762조).

2. 면책사유

제조자가 당해 제조물을 공급하지 않은 사실, 당해 제조물을 공급한 때의 과학, 기술수준으로는 결함의 존재를 발견할 수 없었다는 사실, 제조물의 결함이 제조업자가 당해 제조물을 공급할 당시의 법령이 정하는 기준을 준수함으로써 발생한 사실, 원재료 또는 부품의 경우에는 당해 원재료 또는 부품을 사용한 제조물 제조업자의 설계 또는 제작에 관한 지시로 인하여 결함이 발생했다는 사실을 입증한 때에는 제조업자의 손해배상책임을 면한다(제조물책임법 제4조 제1항).

(1) 법령의 준수

제조자가 법령이 정한 기준은 제조물의 안전성에 필요한 최소요건을 규정한 것에 불과하다. 그러므로 법령의 기준을 준수한 것만으로 책임을 면할 수 없다고 할 것이다. 법령을 준수한 것은 단지 제조물책임법에 따른 최소한의 면책요건에 불과하다. 그러므로 민법이나 다른 특별법에 의한 책임까지 면하는 것은 아니다.

(2) 개발위험의 항변

제조자가 당해 제조물을 공급한 때의 과학·기술수준으로는 결함의 존재를 발견할 수 없다는 사실을 입증한 경우에 제조자는 책임을 면하게 되는데 이를 개발위험의 항변이라고 한다. 새로운 제조물에는 어느 정도의 위험성을 가질 수 있다. 그런데 그 위험성이 제조할 당시 혹은 출시할 당시의 과학과 기술수준에 의하면 위험성을 발견할 수 없었으나 뒤늦게 그 위험성을 밝혀질 경우에 그 모든 책임을 제조자에게 부담시킨다면 새로운 제조물은 개발되지 않게 될 것이다. 이와 같은 경우에는 과학과 산업의 발달을 규범이 저해하고 있는 것이 된다. 따라서 제조물책임법은 개발위험에 대한 책임을 제조자에게 부담시키지 않고 있다.

우리나라에 있어서는 의약품도 제조물책임법에 의해 규율하여 의약품 제조물만을 독자적으로 규율하는 법률은 없다. 그러므로 의약품의 경우에도 다른 제조물과 동일하게 제조자는 개발도상의 위험의 항변에 의해 책임을 면제한다. 그런데 의약품 결함으로 손해가 발생하는 전형적인 사례가 개발과 제조당시에 과학과 기술수준으로 알 수 없었던 결함으로 인한 것이라고 할 수 있다. 따라서 가장 전형적인 의약품의 결함에 대하여 제조자의 책임을 면제해 주게 됨으로써 피해자보호가 제대로 이루어질 수 없게 된다. 더구나 의약품의 경우에는 다른 제조물과 비교해 보면 항상 어느 정도의 위험성을 가진다. 따라서 개발위험의 항변이 쉽게 제조자의 책임을 면제시키는 도피처가 되어서는 안 된다. 독일의 제조물책임법에서는 개발위험의 항변을 인정하고 있지만[61] 위험책임을 인정하고 있는 의약품법에서는 개발위험에 대한 책임을 인정하고 있다(제84조 제3항). 예컨대 예방접종을 하였으나 항체가 형성되지 않아 방지하려던 질병이 발생한 경우에 접종면역체의 개발과정에서 그러한 합병증위험이 인식될 수 없었다 해도 책임이 인정된다.

제조물책임법은 개발위험의 항변을 인정하면서 소극적으로 면책의 제외사유를 규정하고 있다. 제조물의 공급 후에 그 제조물에 결함이 존재함을 알거나 알 수 있었을 경우에는 필요한 조치를 취해야 하고 이를 행하지 않은 경우에는 제조자가 면책을 주장할 수 없도록 하고 있다(제4조 제2항). 한편 소비자기본법에 있어서 "사업자는 소비자에게 제공한 물품 등의 결함으로 인하여 소비자의 생명·신체 또는 재산에 위해를 끼치거나 끼칠 우려가 있는 경우에는 대통령령이 정하는 바에 따라 당해 물품 등의 수거·파기·수리·교환·환급 또는 제조·수입·판매·제공의 금지 그 밖의 필요한 조치를 취하여야 한다"고 규정하고 있다(소비자기본법 제48조). 이들 조항에 따라 개발위험의 항변으로 제조자가 책임을 면할 수 있다 하더라도 결함을 알거나 알 수 있게 된 후에는 적절한 조치를 취해야만 책임이 면제된다. 따라서 제조자는 리콜과 같은 적절한 조치를 취해야만 한다. 이러한 조치를 취하지 않던 중에 결함으로 사고가 생긴 경우에는 개발위험의 항변으로 책임을 면할 수 없게 된다.

---

61) H. Kötz / G. Wagner, Deliktsrecht, 9. Aufl., 2001, Rn. 464.

3. 손해배상의 범위

제조물책임법은 제조물의 결함으로 인하여 발생한 손해 중 생명·신체 또는 재산상의 손해에 대해서만 손해배상책임을 인정하고 있다(제3조 제1항). 그러므로 위자료와 같은 비재산적 손해는 이 법에서는 인정하고 있지 않다. 또한 당해 제조물에 대해서만 발생한 손해를 배제하고 있다. 제조물 결함에 의한 손해배상책임에 관하여 제조물책임법에 규정된 것을 제외하고는 민법의 규정이 적용된다(제8조). 그러므로 비재산적 손해나 당해 제조물에만 국한하여 발생한 손해를 전보받기 위해서는 민법의 불법행위책임이나 하자담보책임 또는 채무불이행책임을 통해 해결된다.

의약품의 결함으로 인하여 발생하는 피해는 생명과 신체상 손해이다. 생명이나 신체상에 손해가 발생한 경우에는 재산적 손해만이 문제되는 것이 아니라 비재산적 손해도 문제가 된다. 이러한 경우에 피해자는 제조물책임법에 의해 전자의 손해를 전보받게 될 뿐이다. 독일 의약품법은 피해자에게 위험한 의약품의 위험책임에 의한 손해배상청구권을 인정하면서도 손해의 범위에 있어서 위자료 청구도 인정하고 있다(제87조). 의약품은 유용성과 위험성을 동시에 가지고 있어서 일반 공업생산품과 다른 특수성을 가지고 있다. 따라서 제조물책임법에서도 의약품의 특수성을 고려한 규율이 필요하다. 이러한 이유에서 미국의 3차 리스테이트먼트가 전문의약품과 의료용구의 결함에 대한 책임을 별개로 규율하고 있으며 독일에 있어서도 의약품법을 제정하여 의약품의 결함을 제조물책임법과 구별하여 규율하고 있다. 우리 제조물책임법 아래에서도 의약품에 대하여 이러한 고려가 필요하다.

V. 결   어

의약품은 인체에 화학적 영향을 주도록 설계된 물질로서 약이면서 독이라는 이중성을 가지고 있다. 또한 의약품은 인체에 들어가 화학작용을 하는 것으로 사람의 체질에 따라 그 의약품이 목적하고 있는 효능이 아니라 인체에 해를 일으키는 부작용이 발생할 수 있다. 따라서 부작용이 발생했다고 하여 그것이 의약품의 결함으로 인한 것이라고 하기 어렵다. 또한 의약품은 그 투여가 일회성인 경우보다는 반복적으로 행해지는 경우가 통상적이며 투여와 그에 따른 나쁜 결과 사이에 시간적인 간격이 길다 따라서 손해가 의약품의 결함으로 인한 것인가를 입증하는 것이 가해행위가 일회적이고 행위와 악결과 발생의 시간적 간격이 비교적 짧은 의료행위보다 어려운 특징을 가지고 있다.

 따라서 의약품으로 인하여 손해를 입은 피해자가 불법행위로 인한 손해배상청구를 하기 위해서는 의약품제조자의 과실 및 과실과 손해가 제조자의 과실로 인한 것임을 입증하여야 한다. 그런데 의약품이 가지고 있는 특성상 피해자가 이를 입증하여 손해를 전보받는 것은 매우 어렵다. 이러한 점에서 제조물책임법은 의약품으로 인하여 손해를 입은 피해자를 구제하는데 유용하다. 피해자는 의약품제조자의 과실을 입증하는 대신에 의약품에 결함이 있다는 것을 입증하는 것으로 족하게 된다. 그러므로 의약품의 제조상의 결함, 설계상의 결함 또는 표시상의 결함이 있는 경우에 의약품제조자는 제조물책임을 부담하게 된다.

 제조물책임법에 의하여 의약품피해자는 의약품의 결함을 입증하면 제조자에게 손해배상책임을 청구할 수 있으므로 불법행위법에 의하는 것보다는 손해전보에 유리하다. 그러나 제조물책임법은 제조물의 개발위험의 항변이 인정되면 제조자의 책임을 면제함으로써 제조자와 피해자의 이익을 모두 고려하고 있다. 따라서 제조물책임법은 제조물의 개발위험을 피해자에게 부담시키고 있다. 의약품도 제조물로서 제조물책임법이 적용되므로 현행 제도 아래에서는 의약품 개발의 위험을 약품사용자가 부담하게 된다.

 그러나 의약품 결함으로 손해가 발생하는 전형적인 사례는 개발과 제조 당시에 과학과 기술수준으로 알 수 없었던 결함으로 인한 것이라고 할 수 있다. 따라서 의약품의 설계는 개발의 위험을 내포하고 있다. 그런데 이 경우에 제조자의 책임을 면제해 주게 됨으로써 피해자보호가 제대로 이루어질 수 없게 된다. 더구나 의약품의 경우에는 다른 제조물과 비교해 보면 항상 어느 정도의 위험성을 가진다. 따라서 개발위험의 항변이 쉽게 제조자의 책임을 면제시키는 도피처가 되어서는 안 된다. 독일의 제조물책임법에서는 개발위험의 항변을 인정하고 있지만 위험책임을 인정하고 있는 의약품법에서는 개발위험에 대한 책임을 인정하고 있다. 미국의 3차 리스테이트먼트에서도 의약품제조자의 책임을 별도로 규정하고 있다. 이러한 입법태도는 우리에게 시사하는 바가 크다. 제조물책임법에 의약품이 가진 특수성을 반영한 책임의 규율이 입법론적으로 필요하다.

▓▒ 참고문헌 ▒▓

▣ 국내논문

권대우, 제조물책임에서의 제조물과 결함의 개념, 디지털시대의 소비자보호와 법 II-전자
　　상거래와 제조물책임-, 2002: 17.

김민동, 의약품의 설계상 결함으로 인한 제조물책임-미국의 리스테이트먼트와 판례이론
　　을 중심으로, 고려법학, 2010; 56: 108-109, 121.

김민중, 제조물책임법의 입법화와 그 내용, 전북법학논집, 2002: 46, 47.

김제완, 제약산업과 제조물책임-PPA 감기약 약화사건에 관한 하급심 판례를 중심으로-,
　　사법, 2007; 2: 15.

김천수, 제조물책임법상 제조물의 개념-미국 제조물책임 리스테이트먼트와 비교하여-, 성
　　균관법학, 2004; 16(1): 52.

박경재, 제조물의 경함과 입증책임, 법학연구, 2008; 48(2): 158.

박동진, 제조물책임법상 제조물의 개념, 비교사법, 2003; 10(4): 299-300, 304-305.

박　훈, 제조물책임에 관한 최근의 리스테이트먼트 개정, 서울대 법학, 1998; 39(2): 373.

석희태, 의약품에 관한 제조자와 의료인의 주의의무, 민법학의 회고와 전망, 1993: 694.

소영진, 제조물책임에 있어서 결합의 개념과 입증책임, 부산판례연구회 판례연구; 13:
　　563.

신순식 · 김경철 · 정행철, 한의의료와 제조물책임, 의료법학, 2002; 3(2): 12,91.

안법영, 의료와 제조물책임, 제14기 의료법학 연구과정 교재, 2002: 179-180, 199, 203.

이상정, 제조물책임법 제정의 의의와 향후 과제, 저스티스, 2002; 68: 8, 10.

이희영, 약사법 제2조 제4항의 규정에 의한 의약품의 정의와 법률의 착오, 법조, 1995;
　　45(6): 131-132.

정규원, 약사법에 관한 법률의 착오 - 대판 2004. 1. 15. 선고 2001도1429 판결 -, 의료법
　　학, 2004; 5(2): 358.

전병남, 제조물책임법상 제조물로서 의약품의 개념, 의료법학, 2006; 7(2): 345, 350.

_____, 감기약 컨택 600 제조물책임사건에 관한 민사법적 고찰-대법원 2008. 2. 28. 선
　　고 2007다52287 판결 -, 의료법학, 2009; 10(1): 227, 233.

▣ 외국논문

Buchwaldt, Die erste Verarbeitung landwirtschaftlicher Naturprodukte und
　　Jagderzeugnisse, NJW, 1996, S. 13, 15 ff.

Davis v. Wyeth, Laboratories, 399 F. 2d 121(9th Cir 1968).

Kötz / Wagner, Deliktsrecht, 9. Aufl., 2001, Rn. 464.

Rolland, Produkthaftungsrecht, 1990, Rn. 11.

Shifton, Mark D. The Restatement (Third) of Torts: Product Liability- The Ali's Cure for Prescription Drug Design Liability, 29 Fordam Urb. L. J.p. 2359.

Staudinger-Oechler, Produkthaftungsgesetz, 2003, §2 Rn. 20.

Staudinger-Oechler, Produkthaftungsgesetz, a.a.O., §2 Rn. 100.

Taschner/Frietsch, Produkthaftungsgesetz und EG-Produkthaftungsrichtlinie, 2. Aufl., 1990, §2 Rn. 34.

Wade, J. On the Nature of Strict Tort Liability for Products, 44 Miss. L. Rev., 1973:825, 837-838.

▣ 단행본

권오승·신은주·홍명수·차성민·이현종, 제조물책임법, 법문사, 2003.

곽윤직·김재형, 민법총칙[민법강의 I], 박영사, 2014.

이영준, 민법총칙, 박영사, 2007.

이은영, 채권각론, 박영사, 2007.

허용·박일상, 약사법론, 청운사, 1969.

市場經濟와 社會調和

2015년 3월 25일 초판 인쇄
2015년 3월 30일 초판 1쇄 발행

저 자   南泉 權五乘 敎授 刊行委員會
         停年紀念論文集

발 행 인   배   효   선

발행처   도서   法 文 社
         출판

주 소   413-120 경기도 파주시 회동길 37-29
등 록   1957년 12월 12일 / 제2-76호(윤)
전 화   (031)955-6500~6   FAX (031)955-6525
E-mail   (영업) bms@bobmunsa.co.kr
         (편집) edit66@bobmunsa.co.kr
홈페이지 http://www.bobmunsa.co.kr

조 판   법 문 사 전 산 실

정가 60,000원   ISBN 978-89-18-08477-0